आधुनिक परामर्शन मनोविज्ञान
[MODERN COUNSELLING PSYCHOLOGY]

अमरनाथ राय
अध्यक्ष, मनोविज्ञान विभाग
महात्मा गांधी सती स्मारक महाविद्यालय
गाजीपुर

एवं

मधु अस्थाना
प्राचार्या
श्री अग्रसेन कन्या पी॰जी॰ कॉलेज, वाराणसी
(नैक द्वारा 'ए' श्रेणी प्राप्त स्वायत्तशासी संस्था)

मोतीलाल बनारसीदास
दिल्ली, मुम्बई, चेन्नई, कोलकाता,
बंगलूरू, वाराणसी, पटना

द्वितीय पुनर्मुद्रण: दिल्ली, 2018
प्रथम संस्करण : 2010

ISBN: 978-81-208-3475-0 (सजिल्द)
ISBN: 978-81-208-3476-7 (अजिल्द)

मोतीलाल बनारसीदास

41 यू.ए. बंग्लो रोड, जवाहर नगर, दिल्ली 110 007
236, नाइंथ मेन, III ब्लॉक, जयनगर, बंगलूरू 560 011
1-बी, ज्योति स्टुडियो कम्पाउन्ड, केन्नेडी ब्रिज, नाना चौक, मुम्बई 400 007
203 रायपेट्टा हाई रोड, मैलापुर, चेन्नई 600 004
8 कैमेक स्ट्रीट, कोलकाता 700 017
अशोक राजपथ, पटना 800 004
चौक, वाराणसी 221 001

आर.पी. जैन के द्वारा एन ए बी प्रिंटिंग यूनिट,
ए-44, नारायणा, फेज-1, नई दिल्ली 110 028 में मुद्रित
एवं जे.पी. जैन द्वारा मोतीलाल बनारसीदास
41 यू.ए., बंगलो रोड, जवाहर नगर, दिल्ली-110 007 के लिए प्रकाशित

With

Our Love

To

Anurag Rai

•

Shweta Asthana

•

Chitranshu

आमुख

विश्व स्वास्थ्य संगठन द्वारा स्वास्थ्य को 'समग्र शारीरिक, मानसिक एवं सामाजिक कुशलक्षेम की अवस्था एवं मात्र रोग या निर्बलता की अनुपस्थिति नहीं के रूप में परिभाषित किया गया है। स्वास्थ्य की इस व्यापक एवं सकारात्मक अवस्था को प्राप्त करने के लिए मानव विकास एवं उपचार से सम्बन्धित विविध क्षेत्रों के माध्यम से योगदान की अपेक्षा की जाती है। व्यक्ति के मनोवैज्ञानिक विकास एवं स्वास्थ्य के मानसिक कारकों के विषय में विशेषज्ञता के कारण मनोविज्ञान की भूमिका महत्त्वपूर्ण हो जाती है। मनोविज्ञान की भूमिका मानसिक स्वास्थ्य के अतिरिक्त शारीरिक एवं सामाजिक स्वास्थ्य के क्षेत्र में भी देखी जा सकती है। बदलती हुई जीवन शैली, बढ़ती हुई आकांक्षाओं और अभिलाषाओं, प्रतिस्पर्धा, विफलता, कुण्ठा एवं तनावग्रस्तता के युग में मानसिक स्वास्थ्य सेवा का विकास एवं विस्तार आवश्यक हो गया है। परामर्शन मनोविज्ञान का सम्बन्ध व्यक्ति के जीवन अथवा व्यक्तित्व में व्याप्त समस्याओं के समाधान की दिशा में योगदान देने के अतिरिक्त, समस्याओं की उत्पत्ति के परिहार एवं अधिक सक्षम व्यक्ति के विकास के साथ भी है; अर्थात्, परामर्शन मनोविज्ञान का स्वरूप त्रिस्तरीय-विकासात्मक, परिहारात्मक एवं उपचारात्मक है। अपने इस त्रिविमात्मक स्वरूप के माध्यम से परामर्शन मनोविज्ञान शारीरिक, मानसिक एवं सामाजिक कुशलक्षेम की समग्र दशा विकसित करने में सहायक सिद्ध हुआ है।

'आधुनिक परामर्शन मनोविज्ञान' जीवन के आधुनिक संदर्भों, आधुनिक जीवन की नयी-पुरानी समस्याओं और आधुनिक प्रविधियों को दृष्टगत रखकर संयोजित है। हमें इस पुस्तक को लिखने की प्रेरणा अपने पूर्व प्रकाशित ग्रन्थ 'निर्देशन एवं परामर्शन' की सफलता के अतिरिक्त उस पुस्तक की सीमाओं को समाप्त करने की इच्छा से प्राप्त हुई। 'निर्देशन एवं परामर्शन' के परामर्शन खण्ड के अध्यायों की सीमाओं को इस पुस्तक में दूर करने की चेष्टा की गयी है।

इस पुस्तक के सात खण्ड हैं:—

प्रथम खण्ड में संप्रत्ययात्मक बिंदुओं के अतिरिक्त लक्ष्य एवं उद्देश्य, दक्षता एवं प्रशिक्षण, सामाजिक-सांस्कृतिक पृष्ठभूमि प्रस्तुत किया गया है।

द्वितीय खण्ड में परामर्शन मनोविज्ञान के विकास के लिये शोध उपागमों का वर्णन किया गया है।

तृतीय खण्ड में परामर्शन प्रक्रिया एवं परामर्शन के विविध उपागमों से सम्बन्धित अठारह प्रविधियों का वर्णन किया गया है।

चतुर्थ खण्ड के अन्तर्गत जीवन धारा के संदर्भ में परामर्शन से सम्बन्धित विविध पक्षों पर विचार प्रस्तुत किया गया है।

पंचम खण्ड में परामर्शन के विशिष्ट रूपों को सम्मिलित किया गया है।

षष्ठ खण्ड के अन्तर्गत परामर्शियों द्वारा सामान्यतः प्रस्तुत की जाने वाली समस्याओं पर विचार किया गया है एवं

सप्तम खण्ड भारतीय संदर्भ में परामर्शन से सम्बन्धित विभिन्न पक्षों पर विचार करने के अतिरिक्त परामर्शन मनोविज्ञान के वर्तमान प्रवाह एवं प्रवृत्तियों का मूल्यांकन प्रस्तुत करता है।

हम आशा करते हैं कि अपने इस स्वरूप में परामर्शन मनोविज्ञान छात्रों, अध्यापकों के अतिरिक्त मानसिक स्वास्थ्य, व्यक्तित्व विकास एवं स्वास्थ्य सेवा के विभिन्न क्षेत्रों से जुड़े अन्य सहभागियों के लिए भी उपयोगी सिद्ध होगा।

परामर्शन मनोविज्ञान के लिए एक पाठ्य-पुस्तक लिखने के लिए आग्रह करने वाले मनोवैज्ञानिकों डा॰ अशोक कुमार सक्सेना, डा॰ आर॰ एस॰ सिंह, डा॰ रामजीलाल, डा॰ आनन्द कुमार सिंह, डा॰ अम्बिका प्रसाद पाण्डेय, डा॰ यशवंत कुमार सिंह के हम आभारी हैं। उनके आग्रह एवं सुझाव के बिना हमारे कार्य में त्वरित प्रगति नहीं हो पाती। पुस्तक लेखन की अवधि में हमारे परिजनों को अनेक प्रकार की पीड़ा का वहन करना पड़ा है। उनके धैर्य, सहनशीलता एवं सहयोग के बिना यह कार्य पूरा नहीं हो पाता। हम अपने परिजनों के प्रति आभारी हैं। प्रकाशक के आग्रह, तत्परता एवं सहयोग के बिना पुस्तक पाठक वर्ग तक पहुँच नहीं पाती, अतः हम उनके आभारी हैं।

वैशाखी, 2008

—अमरनाथ राय

—मधु अस्थाना

विषय-सूची

खण्ड-प्रथम
(Section – I)

संदर्भ में परामर्शन मनोविज्ञान
(COUNSELLING PSYCHOLOGY IN CONTEXT)

अध्याय

अध्याय **पृष्ठ सं॰**

अध्याय **पृष्ठ सं०**

अध्याय **पृष्ठ सं०**

अध्याय **पृष्ठ सं०**

खण्ड–तृतीय
(Section – III)

परामर्शन प्रक्रिया एवं उपागम
(COUNSELLING PROCESSES AND APPROACHES)

अध्याय | पृष्ठ सं०

अध्याय | पृष्ठ सं०

खण्ड–पंचम
(Section – V)

परामर्शन के कुछ विशिष्ट रूप
(SOME SPECIAL FORMS OF COUNSELLING)

अध्याय **पृष्ठ सं०**

❑

प्रथम : खण्ड

संदर्भ में परामर्शन मनोविज्ञान

(COUNSELLING PSYCHOLOGY IN CONTEXT)

- परामर्शन मनोविज्ञान का स्वरूप एवं विषय विस्तार
  (Nature and Scope of Counselling Psychology)
- परामर्शन के लक्ष्य, उद्देश्य एवं प्रकार्य
  (Goals, Objectives and Functions of Counselling)
- परामर्शदाता : व्यक्तिगत विशेषताएँ, दक्षता का विकास एवं व्यावसायिक वृत्ति
  (Consellor : Personal Qualities, Development of Skills and Professsional Practice)
- परामर्शन में सामाजिक-सांस्कृतिक परिप्रेक्ष्य
  (Socio-Cultural Perspectives in Counselling)
- परामर्शन मनोविज्ञान का ऐतिहासिक परिप्रेक्ष्य
  (Historical Perspective of Counselling Psychology)

अध्याय 1

परामर्शन मनोविज्ञान का स्वरूप एवं विषय विस्तार

(NATURE AND SCOPE OF COUNSELLING PSYCHOLOGY)

उत्सव भार्गव, चार वर्षीय बालक, पिता उच्च पदासीन है एवं माँ शीघ्रतापूर्वक सक्रिय सामाजिक कार्यकर्त्री के रूप में लोकप्रियता प्राप्त करने का सतत यत्न करते हुए उत्सव की श्रेष्ठता भी स्थपित कराना चाहती हैं। उत्सव लोगों के बीच एवं विद्यालय में सदैव असहज रहता है। विद्यालय निष्ठापूर्वक यह चाहता है कि वह अन्य बच्चों की भाँति अध्ययन, खेल-कूद एवं अन्य अवसरों पर सहज रहे। ऐसे में विद्यालय क्या कर सकता है? क्या विद्यालय में सक्रिय मनावैज्ञानिक इस लक्ष्य को प्राप्त करने में सहायक एवं सफल हो पायेगा।

श्रद्धा एक छः वर्षीया बच्ची समाज में बढ़ते हुए घिनौनेपन की शिकार है। एक ऐसी आयु अवस्था में, जहाँ वह अभी स्त्री-पुरूष का भेद भी ठीक प्रकार नहीं जान पायी थी, दुर्भागयवश यौन अपराध की शिकार बन गयी। लम्बी अवधि तक अस्पताल में रहकर लौटी है। श्रद्धा एवं उसके परिजन स्तब्ध हैं, मानसिक आघात और अवसाद से ग्रस्त हैं। उनके लिए यह आवशयक है, वे इस मनःदशा से बाहर आयें, लेकिन कैसे? कौन, कैसे उनकी सहायता कर सकता है?

आठ वर्षीय अंकित पर्याप्त संरक्षण एवं परिश्रम के बाद भी अपने सहपाठियों के समान शैक्षिक परिणाम नहीं दे पाता है। उसकी अधिगम की गति मन्द है। प्रायः अभिभावक एवं अध्यापक उसकी आलोचना करते रहते हैं तथा उसे यह बतलाते रहते हैं कि वह कभी भी कुछ भी सफलता अर्जित नहीं कर सकेगा। क्या यह उचित दृष्टिकोण है ? प्रश्न यह है कि उससे क्या अपेक्षाएँ की जानी चाहिए तथा उसके साथ कैसा बर्ताव किया जाना चाहिए कि वह अभीष्ट स्तर पर सफलता अर्जित कर सके।

जाह्नवी, अतुल, पूजा और कई अन्य बच्चों के विभिन्न शारीरिक कष्ट लक्षणों का सम्पूर्ण विश्वास के साथ उपचार कर रहे चिकित्सक की परेशानी का विषय यह है कि औषधियों से अपेक्षित लाभ प्राप्त नहीं हो पा रहा है। क्या उनका कष्ट लक्षण दैहिक रोग का परिणाम नहीं है? क्या पीड़ा का स्रोत मनोदैहिक है? यदि हाँ तो अब क्या किया जाना चाहिए?

जूली, जावेद, जमुना एवं अनन्या ने इस वर्ष कॉलेज में प्रवेश लिया है। 10+2 पाठ्यक्रम में अच्छे परिणाम के साथ प्रोफेशनल पाठ्यक्रम में प्रवेश पाने की चुनौती इन सबके सामने एक जैसी है। लेकिन अनन्या का आजकल पढ़ाई में बिलकुल ही मन नहीं लग रहा है। वह बेहद परेशान है। वह तय नहीं कर पा रही है कि जावेद के साथ अपने रिश्ते को किस स्तर पर रखे तथा अध्ययन में रुचि को कैसे स्थपित करे।

अब्राहम और आयसा ने लम्बी अवधि तक एक ही कार्यालय में साथ-साथ काम करते हुए अपने आपसी प्रेम को वैवाहिक सम्बन्ध में बदल दिया। विवाह को अभी छः महीने ही बीते हैं लेकिन तलाक की सोच रहे हैं। क्या यह रिश्ता समाप्त होना चाहिए? उनके वैवाहिक जीवन में पारस्परिक प्रेम की वापसी कैसे होगी? क्या कहीं कोई है जो उनकी सहायता कर सकता है?

रचना माथुर को अपनी सहकर्मी राशि अरोड़ा से प्रेम हो गया है तथा उससे विवाह करना चाहती है। घर, कार्यालय एवं समाज के लोगों को समलिंगी विवाह स्वीकार नहीं है। वे अलग नहीं रहना चाहती हैं, कहती हैं कि वे आत्महत्या कर लेंगी। अब ऐसे में किसे, कौन समझाए।

राजेश, अनिल, अभिलाषा, इन्दु...एक निजी कंपनी में उच्च पदस्थ अधिकारी हैं। अच्छा वेतन, गाड़ी, बंगला सबकुछ मिला हुआ है लेकिन फिर भी कहीं कुछ गड़बड़ है। प्रायः इन सभी की समस्या तनावग्रस्तता है। जब अधिसंख्य कर्मियों को तनावग्रस्तता पीड़ित कर रही हो तो कम्पनी प्रबंधन को भी चिन्तित होना ही पड़ता है। इस तनावग्रस्तता का प्रबंधन कैसे किया जाए?

...जितने लोग, उतनी कथाएँ और उतनी ही समस्याएँ। इन समस्याओं ने आयु, जाति, धर्म, वर्ग की सीमाओं को मिटा दिया है। प्रायः सभी के जीवन में किसी-न-किसी मोड़ पर ऐसी स्थिति उत्पन्न हो जाती है जब व्यक्ति को किसी अन्य से परामर्श लेने की आवश्यकता का अनुभव होता है। ऐसी सहायता प्रायः परिजनों, मित्रों, अध्यापकों, धर्मगुरुओं, झाड़-फूँक विशेषज्ञों एवं तान्त्रिकों आदि से प्राप्त होती रहती है लेकिन बहुधा समस्याएँ यथावत बनी रहती हैं तथा कई बार (अथवा प्रायः ही) समस्या और जटिल एवं विकृत हो जाती है। बहुधा 'ज्यों-ज्यों इलाज किया त्यों-त्यों मर्ज बढ़ता गया' वाली कहावत चरितार्थ होती देखी जा सकती है। ऐसा होना स्वाभाविक है क्योंकि व्यक्तित्व, व्यवहार, संज्ञान, अनुभूति एवं अन्तर्वैयक्तिक व्यवहार से जुड़ी, इन समस्याओं के वास्तविक स्वरूप के विषय में इन परामर्शदाताओं का मत त्रुटिपूर्ण एवं असंगत होता है। ऐसी समस्याओं के उत्पन्न होने पर हमारी सफल सहायता के लिए एक ऐसे मनोवैज्ञानिक के द्वारा हस्तक्षेप की आवश्यकता होती है जिसे परामर्शन मनोविज्ञान में प्रशिक्षण, दक्षता एवं अनुभव प्राप्त है। परामर्शन मनावैज्ञानिक के प्रशिक्षण एवं दक्षता विकास का कार्य परामर्शन मनोविज्ञान की पाठ्य-पुस्तक से आरम्भ होता है।

परामर्शन मनोविज्ञान : एक व्यापक सहायताकारी विज्ञान
(Counselling Psychology : A Heterogeneous Helping Science)

फ्रेज (Fretz, 1985) ने परामर्शन मनोविज्ञान की पुस्तक में एक अध्याय लिखते हुए विभिन्न प्रकार की परिस्थितियों में मनोवैज्ञानिकों द्वारा किये जा रहे विविध प्रकार के कार्यों की एक सूची प्रस्तुत करते हुए पाठकों से यह अनुमान करने के लिऐ कहा है कि उक्त में से कौन-सा कार्य परामर्शन मनोवैज्ञानिक द्वारा सम्पन्न नहीं किया जाता है। स्वाभाविक उत्तर यही प्राप्त होता है कि वर्णित सभी प्रकार के कार्य क्षेत्रों में परामर्शन मनोवैज्ञानिक को सक्रिय देखा जा सकता है। इसीलिए **आइवी** (Ivey, 1979) ने यह कहा कि परामर्शन मनोवैज्ञानिक के पास क्लायंट के विकास में सहायता देने के लिए सर्वाधिक संभव हस्तक्षेप तंत्र उपलब्ध है तथा वह शिशुओं से लेकर वृद्धों तक सभी वर्गों के लिए असीमित परिस्थितियों में कार्य करता है।

Counseling psychology needs to declare itself for what it is-the most broadly based applied speciality of the American Psychological Association. Our practitioners focus on the broadest array of professional psychological activities of any speciality. The counseling psychologist has the greatest array of possible interventions to assist client development and works with populations from infants through seniors in an almost infinite array of settings (Ivey, 1979).

गेल्सो एवं **फ्रेज** (1995) ने परामर्शन मनोविज्ञान के स्वरूप पर टिप्पणी करते हुए लिखा है कि, परामर्शन मनोविज्ञान विविधरूपी है और विविधरूपता इसकी प्रमुख परिसम्पत्ति है। लेकिन गहन विविधरूपता और स्पष्ट एवं सरल स्व-परिभाषिता साथ-साथ सम्भव नहीं है। इसीलिए यह आश्चर्यजनक नहीं है कि परामर्शन मनोविज्ञान के लिए स्वयं को परिभाषित करना कभी भी सरल नहीं रहा है।

Clearly counseling psychology is diverse and diversity is one of its major assets. However, clear and easy self-definitions and rich heterogeneity do not go hand in hand. It is not surprising that counseling psychology has had difficulty defining itself over the years (Gelso & Fretz, 1995).

यद्यपि परामर्शन मनोवैज्ञानिकों के कार्यों में असीमित विविधताएँ हैं लेकिन उनकी भूमिका में कुछ केन्द्रीय तत्त्व है जो परामर्शन मनोविज्ञान के सीमांकन और पहचान के विकास में सहायक रहे हैं। ऐसे संगठनात्मक तत्त्वों (unifying themes) का रेखांकन करने से पूर्व परामर्शन मनोविज्ञान में विकसित हुए विभिन्न प्रकार के परिप्रेक्ष्यों (perspectives) या प्रारूपों (models) तथा सम्बद्ध मूल्यों (values) का अवलोकन इसके स्वरूप को समझने में सहायक होगा।

विज्ञान, मनोविज्ञान, परामर्शन एवं परामर्शन मनोविज्ञान (Science, Psychology, Counselling And Counselling Psychology)

मनोविज्ञान का विकास जहाँ विज्ञान की परम्परा में प्रयोगशालाओं में हुआ वहीं परामर्शन का विकास मुख्यतः वृत्तियात्मक कार्यक्षेत्र (professional practice) में हुआ। मनोविज्ञान का प्रथम उद्देश्य मानव व्यवहार एवं अनुभूति का वैज्ञानिक विश्लेषण करना तथा ज्ञान का विकास करना रहा है, वहीं परामर्शन का प्रथम उद्देश्य परामर्शी की सहायता करना रहा है। स्ट्राब्रिज एवं वूल्फे (Strawbridge & Woolfe, 2003) मानते है कि, परामर्शन मनोविज्ञान परामर्शन की मनोविज्ञान की ओर वापसी है जिसकी शुरुआत परामर्शन एवं मनोचिकित्सा में प्रशिक्षित मनोवैज्ञानिकों द्वारा की गयी है (.....Counselling psychology.....can in someways be seen as a return of counselling to psychology. p . 5)। आज परामर्शन मनोविज्ञान में कई परिप्रेक्ष्यों का महत्त्व है जो उसके आधुनिक स्वरूप को परिभाषित करते हैं तथा परामर्शन की मनोविज्ञान की ओर वापसी को रेखांकित करते हैं। इन परिप्रेक्ष्यों के अवलोकन एवं मूल्यांकन से पूर्व विज्ञान, मनोविज्ञान एवं परामर्शन के केन्द्रीय तत्त्व विचारणीय हैं।

विज्ञान के प्रारूप का विकास इन्द्रियानुभविकता एवं संवेदनमूलक परिज्ञान (empiricism and positivism) के दर्शन के आधार पर हुआ है। विज्ञान इस बात पर बल देता है कि

ज्ञान का विकास ऐसे तथ्यों के वस्तुनिष्ठ अवलोकन के आधार पर किया जाना चाहिए जिसका मात्रात्मक मूल्यांकन एवं सत्यापन किया जा सके। विज्ञान में निम्नांकित तत्त्वों पर बल दिया जाता है :—

(1) मूल्य-रहित जाँच (value-free inquiry),

(2) वस्तुनिष्ठ अवलोकन,

(3) मापन एवं मात्रात्मक प्रदत्त का संकलन,

(4) सामान्य नियमों/सिद्धान्तों का विकास (development of universal/common laws) एवं

(5) घटनाओं का वैध एवं विश्वसनीय पूर्वकथन (prediction).

वैज्ञानिक विधा के रूप में मनोविज्ञान का विकास करते हुए वुण्ट ने मनोविज्ञान को चेतना के विज्ञान के रूप में परिभाषित किया। **वुण्ट** शोध प्रयोज्यों को अपनी संवेदनाओं एवं अनुभूतियों का अवलोकन करने के लिऐ कहते थे। व्यवहारवादियों ने व्यवहार को मनोविज्ञान की विषय-वस्तु बनाया जिसका बाहर से अवलोकन एवं मात्रात्मक मापन किया जा सके। बीसवीं शताब्दी के उत्तरार्द्ध में संज्ञानात्मक प्रणालियों के अध्ययन पर बल दिया गया।

मनोविज्ञान के प्रमुख रूप में आज निम्न तत्त्वों पर बल दिया जाता है :—

(1) मूल्य-रहित जाँच

(2) व्यवहार का वस्तुनिष्ठ अवलोकन

(3) मनोवैज्ञानिक/अवलोकनकर्त्ता का अध्ययन के तत्व (प्रयोज्य) से पार्थक्य (detachment)

(4) प्रदत्तों की मापनीयता/मात्रात्मक मूल्यांकन हेतु उपयुक्तता

(5) सांख्यिकीय नियमों का प्रतिपादन

(6) पूर्वकथन एवं नियंत्रण एवं

(7) शुद्ध शोध ('Pure' research) का व्यवसाय/वृत्ति में उसके अनुप्रयोग से अलगाव

परामर्शन एवं मनोचिकित्सा का विकास मुख्यतः वैज्ञानिक मनोविज्ञान के क्षेत्र से अलग स्वतंत्र रूप में होता रहा। फ्रायड के साथ इस प्रक्रिया का आरम्भ भी जर्मनी, ब्रिटेन और अमेरिका—जहाँ वैज्ञानिक मनोविज्ञान के विकास का मुख्य कार्यक्षेत्र अवस्थित है—से अलग भौगोलिक-सामाजिक-राजनीतिक परिवेश में हुआ। इस कारण परामर्शन एवं मनोचिकित्सा का केन्द्रीय परिप्रेक्ष्य मनोविज्ञान के मुख्य प्रारूप से पृथक रहा। मनोविश्लेषणात्मक प्रणाली (psychoanalytic approach) की अगुवाई में परामर्शन एवं मनोचिकित्सा का आरम्भिक प्रारूप जैव-चिकित्सकीय (Bio-medical model) रहा। रॉजर्स, (Rogers), मे (May), मैस्लो (Maslow) के विचारों के प्रभाव से दृश्यप्रपंचीय, मानवतावादी एवं अस्तित्ववादी मॉडल (Phenomenological, Humanistic and Existential models) परामर्शन एवं मनोचिकित्सा के प्रमुख मार्गदर्शक सिद्धान्त बन गये। परामर्शन एक सहायताकारी विज्ञान के रूप में इन परिप्रेक्ष्यों में क्लायंट की सहायता करता रहा किन्तु जहाँ परामर्शन का विकास

एक वृत्ति (profession) के रूप में होता रहा, वहीं परामर्शन मनोविज्ञान, जिसकी एक स्वतंत्र पहचान हो, एक मान्य परिभाषा हो, का पृथक विकास होना अभी शेष था।

परामर्शन की अनेक परिभाषाएँ परामर्शन के स्वरूप से सम्बन्धित विभिन्न पक्षों पर बल देती हैं। आज तक परामर्शन की कोई सर्वस्वीकार्य परिभाषा नहीं दी जा सकी है जिससे यह विचार और भी अधिक मजबूत होता है कि परामर्शन एक बहुआयामी प्रक्रिया है जिसमें अनेक उपागमों एंव प्रविधियों को प्रयुक्त करके व्यक्ति के व्यक्तित्व का विकास, समस्याओं का समाधान, व्यवहारगत/समायोजनात्मक समस्याओं के परिहार एवं/अथवा उपचार द्वारा व्यक्ति के जीवन को सहज, उद्देश्यपूर्ण एवं सन्तोषप्रदायी बनाने का प्रयत्न किया जाता है। परामर्शन द्वारा व्यक्ति को प्रकार्यात्मक दृष्टि से सर्वोत्कृष्ट इकाई के रूप में विकसित होने के लिए सहयोग दिया जाता है।

परिभाषाएँ
(Definitions)

रूथ स्ट्रैंग[1] (Ruth Strang, 1956) के अनुसार, ''परामर्शन प्रक्रिया एक संयुक्त प्रयास है। परामर्शन प्रक्रिया का सारतत्व ऐसा सम्बन्ध है जिसमें व्यक्ति, जिसका परामर्शन हो रहा है, स्वयं को पूर्णतः अभिव्यक्त करने के लिए स्वतंत्रता का अनुभव करता है, तथा अपने लक्ष्यों, उनकी सिद्धि के बारे में स्पष्टीकरण व उनकी सिद्धि हेतु अपनी सामर्थ्यों और समस्याओं के प्रकट होने पर उनके समाधान की विधियों या साधन के बारे में आत्मविश्वास अर्जित करता है।'' **क्रो एवं क्रो**[2] (Crow & Crow, 1960) के अनुसार, ''साक्षात्कार परामर्शन का केन्द्र बिंदु है।'' **मायर्स**[3] (Myers, 1947) के अनुसार, ''वस्तुतः, परामर्शन साक्षात्कार व्यक्ति के साथ उसकी शैक्षिक, व्यावसायिक, मनोरंजन सम्बन्धी या अन्य योजनाओं को प्रभावित करने वाली उसकी किन्हीं व्यक्तिगत सामर्थ्यों और सीमाओं के बारे में विचार करने एवं सामर्थ्यों का विकास करने व सीमाओं को समाप्त करने की सम्भव विधियों की दिशा में चिन्तन को उन्मुख करने के लिए विचार करने का अवसर प्रदान करता है।''

उपर्युक्त परिभाषाओं में परामर्शन के साक्षात्कार स्वरूप पर बल देते हुए व्यक्ति की सामर्थ्यों के विकास, आत्मविश्वास अर्जित करने और समस्याओं के समाधान की विधियों के अधिगम पर बल दिया गया है जबकि **रॉबिन्सन**[4] (Robinson, 1950) समायोजनात्मक

---

1. ''The counseling process is a joint quest. The essence of the counseling process is a relationship in which the individual being counseled feels to express himself fully and gain clarification of his goals, self-confidence in his abilities to realize them and methods or means of solving difficulties as they arise.''
—Ruth Strang, 1956
2. ''Interview is the focal point of counseling'' —Crow & Crow, 1960
3. ''In fact the counseling interview affords an opportunity to discuss with individual any of his personal assets and liabilities that seem likely to affect his educational, vocational, recreational or other plans and to direct his thinking towards increasing the assets and decreasing the liabilities in any way possible''.
—George, F. Myers, 1947
4. ''The goals of counseling are to increase a client's feeling of personal adjustment and effectiveness in society—not only in immediate but also in later situations.''
—Francis P. Robinson, 1950

पक्ष पर बल देते हुए लिखते हैं कि ''परामर्शन का लक्ष्य व्यक्ति की समायोजनात्मक अनुभूति और न केवल तात्कालिक अपितु दीर्घकालिक परिस्थितियों में भी, उसकी समाज में सार्थकर्ता में वृद्धि करना है।''

स्मिथ के अनुसार, परामर्शन ''एक प्रक्रिया है जिसमें परामर्शदाता परामर्शी को चयन, योजना से सम्बन्धित तथ्यों की व्याख्या करने या समायोजन जो उसे स्थापित करने की आवश्यकता होती है के लिए सहायता देता है।''

पैरेज (Perez, 1965)[1] तथा **पेपिन्सकी** एवं **पेपिन्सकी**[2] (1954) इसके अन्तर्क्रियात्मक स्वरूप पर बल देते हैं। **पैरेज** के अनुसार, ''परामर्शन एक अन्तर्क्रियात्मक प्रक्रिया है जो कि परामर्शी, जिसे सहायता की आवश्यकता है और परामर्शदाता, जो कि सहायता देने के लिए शिक्षित एवं प्रशिक्षित है, को जोड़ता है।''

पेपिन्सकी एवं **पेपिन्सकी** (Pepinsky & Pepinsky, 1954) के अनुसार, ''परामर्शन वह अन्तर्क्रिया है जो परामर्शी और परामर्शदाता के नाम से पुकारे जाने वाले दो व्यक्तियों के मध्य व्यावसायिक पृष्ठभूमि में घटित होती है तथा परामर्शी के व्यवहार में परिवर्तन आरम्भ करने और उसके अनुरक्षण को सहज बनाती है।''

पैटर्सन (Patterns, 1950)[3] की परिभाषा मनोवैज्ञानिक विधियों के उपयोग और मानसिक स्वास्थ्य के विकास पर बल देती है। पैटर्सन के अनुसार परामर्शन और मनोचिकित्सा प्रक्रिया में एक या अनेक क्लायंट और चिकित्सक के मध्य अन्तर्वैयक्तिक सम्बन्धों की स्थापना होती है जिसमें चिकित्सक मानव व्यक्तित्त्व के बारे में व्यवस्थित ज्ञान के आधार पर क्लायंट के मानसिक स्वास्थ्य को विकसित करने हेतु मनोवैज्ञानिक विधियों की सेवा लेता है।

गुस्टैड (Gustad, 1953)[4] की परिभाषा परामर्शन के अधिगम पक्ष की ओर विशेष रूप में ध्यान आकृष्ट करती है। गुस्टैड के अनुसार, ''परामर्शन एक अधिगम उन्मुख, एक एवं एक के सरल सामाजिक परिवेश में क्रियान्वित प्रक्रिया है जिसमें प्रासंगिक मनोवैज्ञानिक

---

1. ''Conseling is an interactive process conjoing the counselec who needs assistance and the counselor who is trained and educated to give this assistance''
—Joseph F. Perez (1965)
2. ''Conseling is that interaction which (i) occurs between two individuals called consellor and client, (ii) takes place in a professional setting, and is initiated and maintained to facilitate changes in the behaviour of a client.''.
—H.B. Pepinsky & P. Pepinsky (1954)
3. Counseling is ''the process involving interpersonal relationship between a therapist and one or more clients by which the former employs psychological methods based on systematic knowledge of the human personality in attempting to improve the mental health of the latter.'' —C. Patterson, (1954)
4. ''Counseling is a learning oriented process, carried on a simple, one-to-one social environment, in which the counselor, professionally competent in relevant psychological skills and knowledge seeks to assist the client, by methods appropriate to the latter's needs and within the context of the total personal program, to learn how to put such understanding into effect in relation to more clearly perceived realistically defined goals to the end that the client may become a happier and more productive member of society.'' —J. W. Gustad, (1953)

दक्षता और ज्ञान में निपुण परामर्शदाता परामर्शी की आवश्यकताओं और समग्र वैयक्तिक निर्देशन कार्यक्रम के संदर्भ में, अधिक स्पष्ट रूप में प्रत्यक्षित यथार्थपूर्णता के साथ परिभाषित लक्ष्यों के सम्बन्ध में उसे अपने अधिगम का उपयोग करने के लिए सहायता देने का प्रयास करता है जिससे व्यक्ति समाज का अधिक उत्पादक और प्रसन्न सदस्य बन सके।''

इन अनेक एवं अन्य परिभाषाओं को पीछे छोड़ते हुए **कॉलिन फेल्थम** (Colin Feltham, 2000)[1] परामर्शन और मनोचिकित्सा को समानार्थी रूप में स्वीकार करते हुए एक विस्तृत परिभाषा प्रस्तुत करते हैं लेकिन उससे पूर्णतः सन्तुष्ट न हो पाने के कारण व्याख्या के आधार रूप में उसे अंतरिम परिभाषा (tentative definition) का नाम देते हैं। फेल्थम (Feltham) के अनुसार, ''परामर्शन और मनोचिकित्सा, मनोदैहिक एवं मनोवैज्ञानिक समस्याओं और परिवर्तनों, जिसमें गम्भीर तथा दीर्घकालिक मानवीय पीड़ा, पारिस्थितिक असमंजस, संकट और विकासात्मक आवश्यकताएँ, और मानव सामर्थ्य की सिद्धि के लिए अभिलाषाएँ सम्मिलित हैं, के समाधान के लिए अनिवार्यतः तो नहीं, किन्तु मुख्यतः श्रवण और बातचीत पर आधारित विधियाँ हैं। जैव-चिकित्सकीय उपागमों की तुलना में मनोवैज्ञानिक चिकित्सा प्रणालियाँ मुख्य रूप में औषधि या दूसरे भौतिक हस्तक्षेपों के बिना कार्य करती है और इसका सम्बन्ध मात्र मानसिक स्वास्थ्य से ही नहीं, अपितु व्यक्ति के जीवन के आध्यात्मिक, दार्शनिक, सामाजिक और अन्य पक्षों के साथ भी हो सकता है। परामर्शन और मनोचिकित्सा के व्यावसायिक रूप औपचारिक प्रशिक्षण आधारित होते हैं जिसमें प्रासंगिक सिद्धान्त, नैदानिक और/या सूक्ष्म-दक्षताओं का विकास, व्यक्ति के विकास, प्रशिक्षु की चिकित्सा और पर्यवेक्षणाधीन वृत्ति पर ध्यान दिया जाना सम्मिलित है।''

फेल्थम का कथन है कि इस कामचलाऊ परिभाषा में चिकित्सा पद्धतियों के विभिन्न सम्प्रदायों, परामर्शन कार्य करने की विभिन्न परिस्थितियों और विभिन्न वृत्तियों (प्रोफेशन) जिनमें परामर्शन सक्रिय होता है, का उल्लेख छोड़ा गया है। इसके अतिरिक्त फेल्थम का कथन है कि, परामर्शन और मनोचिकित्सा में समानताएँ अधिक और भिन्नताएँ अत्यन्त न्यून है अतः मनोचिकित्सा और परामर्शन को भेदपरक रूप में देखने की तुलना में एक ही प्रणाली के रूप में देखना श्रेयस्कर और लाभकारी है।

---

1. ''Counselling and psychotherapy are mainly, though not exclusively, listening-and-talking based methods of addressing psychological and psychosomatic problems and change, including deep and prolonged human suffering, situational dilemmas, crises and developmental needs, and aspirations towards the realization of human potential. In contrast to biomedical approaches, the psychological therapies operate largely without medication or other physical interventions and may be concerned not only with mental health but with spiritual philosophical, social and other aspects of living. Professional forms of counselling and psychotherapy are based on formal training which encompasses attention to pertinent theory, clinical and/or microskills development, the personal development/therapy of the trainee, and supervised practice.''

—Colin Feltham, 2000.

उपर्युक्त परिभाषाओं, अन्य परिभाषाओं (जिनका यहाँ वर्णन नहीं किया गया है) और संलग्न टिप्पणियों से परामर्शन के स्वरूप के बारे निम्नांकित विशेष बिंदु प्रकट होते हैं:—

(1) परामर्शन एक प्रक्रिया है;

(2) परामर्शन परामर्शी (क्लायंट) और परामर्शदाता के मध्य अन्तर्क्रियात्मक सम्बन्ध है;

(3) परामर्शन एक सतत (continuous) प्रक्रिया है जिसमें अनेक अनुक्रमिक गतिविधियाँ सम्पन्न होती हैं;

(4) परामर्शन प्रक्रिया में परामर्शदाता प्रशिक्षण, अनुभव और मनोवैज्ञानिक सिद्धान्तों के आधार पर सहायता देता है;

(5) परामर्शन प्रक्रिया परामर्शी के लिए अधिगम की परिस्थितियाँ उत्पन्न करती है जिनके द्वारा संज्ञान, अनुभूति, अनुक्रिया, अन्तर्वैयक्तिक सम्बन्धों में परिवर्तन उत्पन्न करने में व्यक्ति को लोकतांत्रिक सहायता प्राप्त होती है;

(6) परामर्शन का कार्य घर, विद्यालय, उद्योग, चिकित्सालय, सामाजिक और सामुदायिक केन्द्र, पुनर्वास केन्द्र जैसी विविध परिस्थितियों में सम्पन्न किया जाता है;

(7) परामर्शन का स्वरूप विकासात्मक (developmental), निरोधात्मक (preventive) तथा उपराचारात्मक (therapeutic) होता है;

(8) परामर्शन मूलतः व्यक्ति के हित की दिशा में उन्मुख होता है;

(9) परामर्शन में सम्बन्ध संरचना की विशेषताएँ स्नेह (warmth) स्वतः स्फूर्त रुचि (responsiveness) और बोध (under-standing) होती है;

(10) परामर्शन प्रक्रिया में सत्यनिष्ठा (integrity), निष्पक्षता (impartiality), और सम्मान/आदर (respect) को महत्त्व दिया जाता है।

(11) परामर्शन प्रक्रिया की अनेक अवस्थाएँ-आयोजन/तैयारी (preparatory), आरम्भिक (beginning), मध्यवर्ती (middle), समापन/अवसान (end/terminal) और अनुवर्ती (follow-up) होती हैं।

(12) एक व्यवसाय/वृत्ति (profession) के रूप में परामर्शन के क्षेत्र में आचार-संहिता (ethics) का पालन किया जाता है। यह आचार संहिता सदैव सामाजिक आचार-संहिता (social ethics) के अनुरूप हो यह आवश्यक नहीं है।

(13) परामर्शदाता परामर्शी के व्यवहार के बारे में निर्णय नहीं करता है।

(14) परामर्शन परामर्शी के आत्मविश्वास, आत्म-बोध, आत्म-निर्देशन, आत्म-सिद्धि, आत्म-निर्णयन और आत्म-उन्नयन का विकास करने में सहायक होता है; परामर्शन द्वारा व्यक्ति के जीवन में सार्थकता में वृद्धि होती है;

(15) परामर्शन का मुख्य उद्देश्य भविष्य की समस्याओं का निरोध करने तथा भविष्य की समस्याओं के समाधान हेतु व्यक्ति को समर्थ बनाना होता है किन्तु वर्तमान समस्याओं के समाधान के लिए भी सहायक होता है;

(16) व्यक्ति की परामर्शन सम्बन्धी आवश्यकताओं में विविधता होती है; परामर्शी की आवश्यकताओं के अनुसार परामर्शदाता चिकित्सक, मनोचिकित्सा विधि विशेषज्ञ, अध्यापक, सामाजिक कार्यकर्ता, राजनेता या अन्य अनुभवी व्यक्ति हो सकते हैं किन्तु जहाँ उद्देश्य क्षेत्र संज्ञान, अनुभूति, व्यवहार से सम्बन्धित हो वहाँ मनोवैज्ञानिक ज्ञान और प्रशिक्षण प्राप्त परामर्शदाता सहायक होता है। इस प्रकार परामर्शदाता और मनोवैज्ञानिक परामर्शदाता के पृथक वर्ग है।

मनोवैज्ञानिक की मुख्य धारा का बल व्यवहार के प्रयोगात्मक विज्ञान का विकास करने की दिशा पर है अतः वस्तुनिष्ठ अवलोकन पर ध्यान केन्द्रित किया जाता है। मनोवैज्ञानिक प्रयोज्य के साथ संलिप्तता (engagement) से स्वयं को दूर रखने का प्रयत्न करता है। परामर्शन मनोविज्ञान के लिए इसके विपरीत 'क्लायंट' के साथ सम्बन्ध में होना (being-in-relation) महत्त्वपूर्ण होता है। परामर्शन मनोविज्ञान की जड़े रॉजर्स, मैस्लो, मे जैसे मनोवैज्ञानिकों के चिन्तन में निहित हैं जो कि मनोविज्ञान में व्यक्ति (स्वयं एवं अन्य self and others) के व्यक्तिनिष्ठ संसार (subjective world) के बारे में बोध का उन्नयन करते हैं। परामर्शन मनोविज्ञान की जड़ें मानवतावादी और अस्तित्ववादी दृश्यप्रंपचीय में भी स्थित हैं जहाँ बोध एवं अर्थ (understanding and meaning) का अन्वेषण केन्द्रीय तत्व है। परामर्शन मनोवैज्ञानिक के लिये परामर्शी के व्यक्तिनिष्ठ अनुभवों, मूल्यों एवं विश्वासों के साथ जुड़ाव (engagement) महत्त्वपूर्ण होता है। **स्ट्राब्रिज** एवं **वूल्फे** (Strawbridge & Woolfe, 2003) ने परामर्शन मनोविज्ञान में निम्नांकित तत्त्वों को रेखांकित किया है:—

(1) प्रैक्टिस का मूल्य आधारित होना,

(2) आत्मगत अनुभव, अनुभूतियाँ एवं अर्थ,

(3) क्लायंट/परामर्शी के संसार के साथ मनोवैज्ञानिक/परामर्शदाता की परानुभूतिपूर्ण संलिप्तता (empathic engagement),

(4) परामर्शी के निजी संसार (subjective world) को उसके लिए सार्थक और वैध रूप में स्वीकार करना,

(5) वस्तुनिष्ठ रूप में अन्वेषण योग्य सत्य के विषय में किसी अभिग्रह के बिना परामर्शी के प्रत्यक्षणों और विश्व-दृष्टि के बारे में वार्ता की आवश्यकता,

(6) अनुभव का गुणात्मक (qualitative) वर्णन,

(7) अन्तर्दृष्टि का विकास एवं पसन्द वरण (choice) की क्षमता में वृद्धि एवं

(8) ज्ञान की उत्पत्ति में प्रैक्टिस का प्राथमिक महत्त्व,

मनोविज्ञान की एक विकासशील शाखा के रूप में परामर्शन मनोविज्ञान मनोविज्ञान की तीन महत्त्वपूर्ण परम्पराओं के मूल्यों को स्वीकार करने एवं स्थापित करने के लिए प्रतिबद्ध है। ये तीन परम्पराएँ दृश्यप्रपंचीय (मानवतावादी एवं अस्तित्ववादी सहित) चिन्तन; मनोविश्लेषणात्मक/मनोगत्यात्मक मनोविज्ञान एवं संज्ञानात्मक-व्यवहारात्मक मनोविज्ञान हैं।

मनोविज्ञान का ज्ञान प्रारूप प्राकृतिक विज्ञान का रहा है जिसमें इन्द्रियानुभविकता एवं संवेदनमूलक परिज्ञान (empiricism and positivism) का दर्शन महत्त्वपूर्ण रहा है लेकिन आरम्भ से ही अनेक मनोवैज्ञानिकों ने इस प्रारूप में मानव जगत के अध्ययन हेतु उपयुक्तता पर प्रश्नचिह्न अंकित किया है। तथापि, मनोविश्लेषणात्मक उपागम के अनुयायी प्रैक्टिस में जैव-मेडिकल मॉडल (Bio-medical model) का अनुसरण करते रहे हैं। इस कारण से अमेरिकी परामर्शन मनोविज्ञान का आरम्भिक रूप साइंटिस्ट-प्रैक्टिसनर (scientist-practitioner) का रहा है जहाँ मनोवैज्ञानिक ज्ञान अर्जित करने वाला है तथा उसका उपयोग करने वाला भी है लेकिन हमारी प्रैक्टिस की अनिश्चित दशाओं में, जहाँ क्लायंट

में अनिश्चितता, अद्वितीयता और मूल्य-द्वन्द्व की परिस्थितियाँ समुत्पन्न होती है, तकनीकी बुद्धिबाद का प्रारूप (technical rationality model) प्रैक्टिस के लिए न केवल अनुपयुक्त होता है अपितु वृत्तियात्मक अक्षमता (professional incompetence) के विकास में योगदान भी करता है (Donald Schon, 1987)। सफल प्रैक्टिस में औपचारिक सिद्धान्त एवं शोध की तुलना में अनुभव के आधार पर सीखी गयी बातों का अधिक महत्त्व होता है। अनुभत के साथ चिन्तन का योग (reflection-on-action and reflection-in-action) प्रैक्टिस करने की परिस्थितियों की अनिश्चितताओं और विशिष्टताओं के परिप्रेक्ष्य में अत्यन्त महत्त्वपूर्ण होता है। इसीलिए परामर्शन मनोविज्ञान में सतत पर्यवेक्षण की वकालत की जाती है। स्पिनेल (Spinelli, 2001) का विचार है कि प्रैक्टिसनर (practitioner) और वैज्ञानिक (scientist) की सन्निकटता परामर्शन मनोविज्ञान की पृथक पहचान के महत्त्वपूर्ण कारक है किन्तु इस संदर्भ में विज्ञान का अर्थ और अधिक स्पष्ट होना चाहिए। इस संदर्भ में एल्टन विल्सन एवं बारखम (Elton, Wilson and Barkham, 1994) तथा स्ट्राब्रिज एवं वूल्फे (Strawbridge & Woolfe, 2003) प्रैक्टिसनर साइंटिस्ट (Practitioner-Scientist) मॉडल की बात करते हैं। यह प्रारूप मूल्य-निरपेक्ष विज्ञान (value-free science) तथा मानवतावादी मूल्यों, अनिश्चितताओं एवं मूल्य द्वन्द्वों के मध्य सक्रिय प्रैक्टिस के बीच की दूरी को समाप्त करने का प्रयत्न है। स्पष्ट है कि जहाँ मनोविज्ञान के प्रभावशाली प्रारूप में प्रैक्टिस के लिए मेडिकल एवं व्यवहारवादी मॉडल पर बल दिया जाता है वहीं परामर्शन मनोविज्ञान में मानवतावादी मूल्य-आधारित प्रैक्टिस पर बल दिया जाता है। परामर्शन मनोविज्ञान का परिप्रेक्ष्य प्राकृतिक विज्ञान का नहीं, मानवतावादी विज्ञान का है।

परामर्शन मनोविज्ञान : मानव विज्ञान परिप्रेक्ष्य (*Counscelling Psychology : Human Science Perspective*)

परामर्शन मनोविज्ञान के लिऐ मानवतावादी मनोविज्ञान के मूल्यों का केन्द्रीय महत्त्व है। परामर्शन मनोविज्ञान का उपागम प्राकृतिक विज्ञान के उपागम से भिन्न है । मनुष्य की आत्म-चेतना (Self-consciousness), चयन की क्षमता, व्यक्तिगत जिम्मेदारी, अपने भविष्य के निर्धारण की प्रवृत्ति उसे अन्य प्राणियों अथवा प्राकृतिक घटनाओं से पृथक करती है जहाँ सम्पूर्ण कारण उन आन्तरिक एवं बाह्य निर्धारकों में निहित होता है तथा जिनका निर्धारण करने में प्रभावित होने वाले घटक को कोई भूमिका नहीं होती है। स्किनर और रॉजर्स के मध्य इस बिंदु पर विवाद था। मानवतावादी परिप्रेक्ष्य का मनुष्य के प्रति सकारात्मक दृष्टिकोण है जहाँ मनुष्य और अधिक उपयुक्त बनने की प्रक्रिया ('in the process of becoming') में होता है तथा उसकी स्व-आत्मीकरण (Self-actualization) की प्रवृत्ति इस दिशा में उसका मार्गदर्शन करती है। मैस्लो के स्व-आत्मीकरण के सम्प्रत्यय की भाँति है रॉजर्स का प्रकार्यात्मक-पूर्ण व्यक्ति (fully functional person) का सम्प्रत्यय जिसके अनुसार व्यक्ति अनुभवों के लिए खुलापन रखता है, जो अस्तित्व में हैं (सतत प्रक्रिया में है, लचीला और अनुकूलनीय है) तथा जिसका मूल्यांकन और नियंत्रण का केन्द्रक आत्मगत होता है (Patterson, 2000)। इस तुलना में प्राकृतिक विज्ञान का परिप्रेक्ष्य अधिक निर्धारणवादी है क्योंकि इस परिप्रेक्ष्य में व्यवहार के कारणों की व्याख्या के आधार पर पूर्वकथन और नियंत्रण (prediction and control) की सामर्थ्य अर्जित करने की चेष्टा की जाती है। इस प्रकृति विज्ञान परिप्रेक्ष्य को कार्यकुशलता के अमेरिकन

दर्शन से और भी बल मिलता है जिसके फलस्वरूप दीर्घकालिक एवं जटिल मनोपचार की प्रणाली के प्रति असन्तोष देखा जाता है।

ड्यूशेन-स्मिथ (Deuszen Smith, 1990) का कथन है कि परामर्शन मनोविज्ञान का दार्शनिक आधार उस बिंदु में अन्तर्निहित है जिसकी मनोविज्ञान द्वारा विज्ञान के सीमित सिद्धान्तों के प्रति प्रतिबद्धता के कारण अनदेखी की गयी। इस प्रकार परामर्शन मनोविज्ञान इस बात पर पर्याप्त ध्यान देता है कि मनुष्य होने का क्या अर्थ है जबकि मनोविज्ञान एक 'कला' (art) के रूप में कार्य करने की अपनी क्षमता खो चुका है। परामर्शन मनोविज्ञान का उद्देश्य लोगों को और अधिक संतुष्टि प्रदायी जीवन जीने (living more fulfilled lives) हेतु सहायता देना है। अतः स्वाभाविक रूप में इसका प्रवेश आदर्शों और नैतिकता के दार्शनिक क्षेत्र में हो जाता है। ड्यूशेन-स्मिथ का मानना है कि परामर्शन मनोविज्ञान मानव विज्ञान परिप्रेक्ष्य (human science perspective) में अवस्थित है और यहाँ एक ऐसा वैज्ञानिक उपागम प्रदान करता है जो कि दार्शनिक एवं नैतिक प्रश्नों के महत्त्व को स्वीकार करता है तथा व्यावसायिक वृत्ति में कलात्मकता को मूल्यवान मानता है। इसीलिए **ब्रिटिश साइकोलाजिकल सोसाइटी** (2000) का यह मत है कि परामर्शन मनोविज्ञान ''व्यक्तिनिष्ठता एवं अन्तर-व्यक्तिनिष्ठता, मूल्यों तथा अनुभूतियों के साथ जुड़ती है तथा परानुभूतिपूर्वक किसी व्यक्ति के व्यक्तिगत विवरण को वैध मानती है तथा उसका सम्मान करती है....और अनुभव, अनुभूति, मूल्यांकन एवं ज्ञानार्जन की किसी प्रणाली की स्वाभाविक श्रेष्ठता स्वीकार किये बिना प्रत्यक्षणों एवं संसार दृष्टि के मध्य व्याख्या, विवेचन एवं वार्ता का प्रयत्न करती है।''

Counselling psychology seeks to ' engage with subjectivity and inter-subjectivity, values and feelings...to know empathically and respect first person accounts as valid in their own terms... and.... to elucidate, interpret and negotiate between perceptions of any one way of experiencing, feeling, valuing and knowing. (British Psychological Society, 2000)

परामर्शन मनोविज्ञान के दर्शन में यह विश्वास सम्मिलित है कि परामर्शी एवं परामर्शदाता के मध्य स्थापित परामर्शन सम्बन्ध में समकक्षों का निष्ठापूर्ण मिलन (authentic meeting of equals) होता है जिसमें परामर्शी की आत्म-निर्धारण की क्षमता के उन्नयन का प्रयत्न किया जाता है। डफी (Duffey, 1990) परामर्शदाता के मानसिक सेट (mind-set) को महत्त्वपूर्ण मानते हैं जिससे कि यह सम्भव हो कि समस्याओं और संकटों को, वे कितने भी गम्भीर या मृत्युतुल्य ही क्यों न हों, किसी रोग का लक्षण नहीं, अपितु साधारण जीवन अनुभव और समायोजन की दैनिन्दिनी के संदर्भ में देखा जाये। इस प्रकार समस्याओं को जीवन का अभिन्न अंग माना जाता है। व्यक्ति के जीवन में सदैव सृजनात्मक परिवर्तन एवं जीवन की कुशलता में उन्नयन की सम्भावना होती है। इसलिए परामर्शन मनोविज्ञान उपचार की बात नहीं करता है अपितु एक ऐसी अन्तर्क्रिया पर बल देता है जिसमें परामर्शदाता के साथ कार्य करते हुए परामर्शी आत्मनिष्ठ अनुभव के आधार पर अपने आन्तरिक जगत को समझने एवं सत्य की रचना (construction of reality) का प्रयत्न करता है। इस प्रकार परामर्शदाता परामर्शी के लिए कुछ करने (doing something) के स्थान पर उसके साथ होने (being with clients) पर बल देता है। परामर्शन की तकनीकी प्रविधि/उपागम कुछ भी हो, इन लक्ष्यों की प्राप्ति हेतु रॉजर्स द्वारा

बताई गयी परामर्शन की मर्म दशाएँ—परानुभूतिपूर्ण समझ, सकारात्मक सम्मान, निष्ठा आदि—महत्त्वपूर्ण होती हैं। इस प्रकार परामर्शन मनोविज्ञान के अन्य सजातीय क्षेत्रों, जैसे नैदानिक मनोविज्ञान, से भेद का वास्तविक आधार न तो प्रविधियों के अन्तर में और न ही समस्याओं के अन्तर में है, अपितु वास्तविक अन्तर परामर्शी के लिऐ कुछ करने की अपेक्षा सम्बन्ध में होना (being-in-relation rather than doing-something) में निहित है। महत्त्वपूर्ण विषय यह है कि सहायताकारी सम्बन्ध में मनोवैज्ञानिक कैसा उपागम, अभिवृत्ति या आशय (intention) प्रस्तुत करता है। परामर्शन एक सहभागी अन्वेषण है, पारस्परिक सहयुक्त अन्वेषण है जिसमें परामर्शदाता स्वयं अपने स्व तथा संवेगात्मक इतिहास के साथ निष्ठापूर्वक सम्मिलित होता है। इसीलिए परामर्शन मनोविज्ञान में प्रशिक्षण और पर्यवेक्षण काल में परामर्शदाता का व्यक्तिगत मनोपचार महत्त्वपूर्ण माना जाता है।

स्ट्राब्रिज एवं **वूल्फे** का मत है कि यद्यपि परामर्शन मनोविज्ञान की जड़े मानवतावादी मूल्यों एवं मानव विज्ञान परिप्रेक्ष्य में अवस्थित हैं, परामर्शन मनोविज्ञान मनोविज्ञान की तीन महत्त्वपूर्ण परम्पराओं के महत्त्व की मान्यता एवं स्थापना के लिऐ दृढ़ संकल्पित है। परामर्शन मनोविज्ञान का उद्देश्य क्लायंट के आत्म-निर्धारण की क्षमता का उन्नयन करना है जिसके लिए मनोविश्लेषणात्मक एवं संज्ञानात्मक-व्यवहारात्मक मनोविज्ञान की अन्तर्दृष्टियों एवं प्रविधियों का उपयोग किया जा सकता है।

परामर्शन मनोविज्ञान में संरचनावादी, उत्तर-संरचनावादी एवं उत्तर- आधुनिकतावादी परिप्रेक्ष्य *(Perspectives of Structuralism, Post-structuralism and Post-Modernism in Counselling Psychology)*

मानवतावाद की समीक्षा में अन्य बातों के अतिरिक्त एक महत्त्वपूर्ण बात यह हुई कि व्यक्ति की पहचान और उसके इतिहास में सामाजिक संरचनाओं के महत्त्व की पुनर्स्थापना हुई। व्यक्ति की सम्पूर्ण दशाओं के लिए व्यक्ति को ही पूर्णतः जिम्मेदार मानने के लिए मानवतावाद की आलोचना हुई किन्तु आलोचकों ने अर्थ एवं चेतना के घटकों को स्वीकार करते हुए आत्मनिष्ठ चेतना को भाषा पर निर्भर, मूलतः सामाजिक एवं स्पष्टतः वैज्ञानिक अध्ययन के लिए उपयुक्त एवं उपलब्ध माना है। उन्होंने माना कि मानवीय गतिविधियाँ सांकेतिक अर्थ प्रणालियों (symbolic meaning systems) में उत्पन्न होती हैं, जिसमें सामाजिक-राजनीतिक शक्तियाँ विचाराधाराओं के माध्यम से वैधता अर्जित करती है। चूँकि भाषा और विचारधारा की संरचना चेतना से नीचे कार्य करती है, अतः मनोविश्लेषण में पुनः रुचि विकसित हुई। इस प्रकार भाषा चेतन एवं अचेतन अर्थ-संसार एवं अभिप्रेरणाओं के अध्ययन के लिए उपर्युक्त कुंजी मानी गयी।

संरचनावाद, जैसा कि ऊपर वर्णित है, अत्यधिक निर्धारणवादी प्रकट होता है अतः उत्तर-संरचनावाद और कालान्तर में उत्तर-आधुनिकतावादी विचार विकसित हुए। उत्तर-संरचनावादी विचारों के मुख्य प्रेरणा स्रोत फोकाल्ट, डेल्यूस एवं नीत्से (Michel Focault, Gilles Deleuze & Nietzsche) हैं। इस विचारधारा की यह मान्यता है कि कारण एवं सत्य के सभी अतिव्यापी (overarching) व्याख्यान अवदमनकारी है। किसी भी एक संगठित सैद्धांतिक प्रणाली के माध्यम से इस विश्व की उचित व्याख्या नहीं की जा सकती है। जीवन बहुआयामी एवं विरोधाभासी है तथा समस्त चिन्तन एवं मूल्यांकन अपने परिप्रेक्ष्य की सीमाओं में बँधे हुए हैं। अतः उत्तर-संरचनावादियों ने भाषा और चेतना

का संबंध स्वीकार करते हुए भी भाषा को वृहद् संगठित प्रणाली और चेतना के लिऐ सर्वोपयुक्त प्रणाली मानने की जगह पर विशिष्ट सामाजिक सम्बन्धों में अन्तर्निहित लघुतर प्रणालियों या वार्ता को महत्त्व दिया।

उत्तर-आधुनिकतावादी चिन्तन की प्रमुख चिन्ता यह है कि विचारों की अतिव्यापी प्रणालियाँ सर्वसत्तात्मक(totalitarian) हो जाती है। ल्योटार्ड(Lyotard, 1979; Lyotard & Theband, 1979) अतिव्यापी विश्वास प्रणालियों को आधुनिक युग की महान 'आप्लव-कथा'('Meta-narratives')कहते हैं तथा उससे मुक्ति का पक्ष लेते हैं। ल्योटार्ड इस कार्य के दो सोपान बताते हैं। **प्रथम,** सामाजिक जीवन के विविध रूपों को स्वीकार करना या लघु कथानकों('little-naroatives') को मान्यता देना क्योंकि इससे किसी एक विचारधारा या प्रणाली के आतंक से मुक्ति का मार्ग प्रशस्त होता है। **द्वितीय** सोपान सीमित सहमति का सिद्धान्त (principle of limiting consensus) है। सामाजिक जीवन छोटे-छोटे जीवन वृत्तान्तों की बहुलता से नियंत्रित होता है जिन्हें सरलतापूर्वक चुनौती दी जा सकती है एवं निरस्त किया जा सकता है। इस प्रकार उत्तर-आधुनिकतावाद में आप्लव कथानकों की सर्वव्यापी विचारधाराओं की सर्वसत्तात्मकता से मुक्ति की सम्भावना उपजती है।

पॉलकिंगहार्न (Polkinghorne, 1992) ने उत्तर-आधुनिक चिन्तन को प्रैक्टिस आधारित मनोविज्ञान (परामर्शन मनोविज्ञान) हेतु प्रासंगिक बताया है। उनका कथन है कि प्रैक्टिस के मनोविज्ञान का विकास सैद्धान्तिक मनोविज्ञान की छाया में हुआ। मनोविज्ञान जहाँ मानव व्यवहार के सामान्य नियमों के प्रतिपादन पर ध्यान केन्द्रित करता रहा वहीं प्रैक्टिस करने वाले मनोवैज्ञानिक मानसिक स्वास्थ्य सेवा और व्यक्ति के विकास में व्यस्त रहे। सैद्धान्तिक मनोविज्ञान के प्रारूप की परामर्शी की सेवा हेतु सीमित प्रासंगिकता के परिप्रेक्ष्य में प्रैक्टिस करनेवाले मनोवैज्ञानिकों ने एक पृथक ज्ञान भण्डार विकसित किया जिसमें सिद्धान्त और प्रविधियों का स्वरूप अव्यवस्थित था। किन्तु उनके बोध का आधार परामर्शियों के साथ वास्तविक अन्तर्क्रियाओं में अवस्थित था। प्रैक्टिस के आधार पर ज्ञान के विकास की प्रक्रिया में अन्तर्निहित ज्ञानशास्त्र (epistemology) का स्वरूप भी उत्तर-आधुनिक है। इस ज्ञानशास्त्र की मान्यता है कि असंदिग्ध सत्य स्थापित करने का कोई ठोस आधार नहीं होता है, ज्ञान का भण्डार लघु-कथानकों (little-narratives) का अव्यवस्थित ढेर होता है न कि तार्किक रूप में संगठित किया हुआ विशद् वर्णन। ज्ञान भण्डार के लघु-कथानकों की रचना संस्कृतियों में होती है तथा इस ज्ञान का व्यावहारिक परीक्षण इसकी उपयोगिता के आधार पर होता है। पॉलकिंग हार्न 'प्रैक्टिस के उत्तर-आधुनिक ज्ञान-शास्त्र' को अनेक विधाओं से जुड़े हुए प्रोफेशनल विशेषज्ञों द्वारा ज्ञानोपार्जन और उसके अनुप्रयोग के अध्ययनों के साथ जोड़ते हैं।

उत्तर-आधुनिक चिन्तन की प्रवृत्ति मनोविज्ञान में विकसित हो रहे अध्ययन के अनेक उपागमों को प्रभावित कर रही है (स्ट्राब्रिज एवं वूल्फे, 2003)। सामाजिक निर्मितिवाद (social constructionism), प्रवचन विश्लेषण (discourse analysis), वार्ता विश्लेषण, (conversation analysis), विनिर्मिति (deconstruction) तथा समीक्षा मनोविज्ञान (critical psychology) मनोविज्ञान में ज्ञानशास्त्र की बढ़ती हुई विविधता के उदाहरण है। मनोविश्लेषणात्मक एवं दृश्यप्रपंचीय शोध के क्षेत्र में हो रहे विकास के साथ-साथ इन उपागमों ने विगत कुछ वर्षों में सामाजिक संबंधों, संस्कृति एवं विचारधारा, व्यक्तिनिष्ठता एवं अर्थ, चेतन एवं अचेतन प्रक्रियाओं को गुणात्मक विधियों (qualitative methods)

द्वारा अध्ययन करने में महत्त्वपूर्ण योगदान दिया है। इन उपागमों ने मूल्यों तथा राजनीतिक समीक्षा को कार्यसूची पर वापस ला दिया है तथा वैज्ञानिक एवं मानवतावादी/कला-आधारित शोध के मध्य पुनर्मिलन को स्थापित किया है।

परामर्शन मनोविज्ञान में प्रैक्टिस और शोध की आधुनिक प्रवृत्तियों पर दृष्टिपात करने पर स्पष्टतः उत्तर-आधुनिकतावादी विशेषताओं को देखा जा सकता है। इसी प्रभाव का यह परिणाम है आधुनिक परामर्शन मनोविज्ञान किसी एक उपागम/प्रारूप के साथ जुड़ने को तत्पर नहीं है (विशेषतः वैज्ञानिक कारणवाद के प्रभावशाली प्रारूप के साथ)। आधुनिक परामर्शन मनोविज्ञान व्यक्ति के जीवन सम्बन्धी लघु कथानकों में अभिव्यक्त होनेवाले आत्मनिष्ठ सत्य को विशद् कथानकों से अधिक महत्त्व प्रदान करता है; वैयक्तिक भिन्नताओं को महत्त्व देते हुए भिन्नताओं की सराहना करता है तथा दमनकारी शक्तियों का विरोध करके लोगों के सशक्तीकरण की प्रक्रिया को समर्थन देता है। उपचार के विवरणात्मक उपागमों (narrative approaches to therapy) तथा मानव जीवन में कथानकों के महत्त्व में रुचि विकसित हो रही है। ऐसी समस्त प्रवृत्तियाँ आधुनिक परामर्शन मनोविज्ञान में उत्तर-आधुनिकतावादी परिप्रेक्ष्य के प्रभाव को रेखांकित करती हैं।

वृत्तियात्मक संदर्भ में तकनीकी निपुणता एवं 'सम्बन्धों-में-होना' *(Technical Expertise and 'Being-in-Relation' in the Employment Context)*

अंततः परामर्शन मनोविज्ञान और प्रैक्टिस से सम्बन्ध रखनेवाले मनोवैज्ञानिक यह अनुभव कर रहे हैं कि विज्ञान के तकनीकी बुद्धिवाद मॉडल (techinical rationality model) की उपयुक्तता सीमित है। शोध की गुणात्मक विधियों के तीव्र विकास के फलस्वरूप अब प्रैक्टिस की गतिविधियों का श्रेष्ठ अध्ययन हो पा रहा है। इस साक्ष्य का अभाव नहीं है कि विविध उपचारात्मक/परामर्शन प्रविधियों में कुछ सामान्य तत्त्व हैं जिनका परामर्शन/उपचार की दृष्टि से विशेष महत्त्व है (स्ट्राब्रिज एवं वूल्फे, 20003)। इन तत्त्वों में सर्वाधिक महत्त्वपूर्ण घटक परामर्शन सम्बन्ध की गुणवत्ता है। मनोपचार की सर्वप्रथम एवं सर्वाधिक निर्भरता परामर्शदाता के परामर्शी के साथ 'सम्बन्धों' में होने पर है तथा तकनीकी निपुणता गौण तत्त्व है। मनोपचार मूलतः अपने स्वभाव से शोधकार्य (in its very nature, research—Strawbridge & Woolfe, 2003) है तथा मिलर मेअर (Miller Mair, 1999) इसे परिपृच्छा (inquiry) बताते है। दूसरा महत्त्वपूर्ण तत्त्व जैसा कि उत्तर-आधुनिक चिन्तन में रेखांकित होता है, ज्ञान की प्रकृति संदर्भ आश्रित है। इसीलिए ल्योटार्ड ने सीमित सहमति का पक्ष लिया है। तकनीकी ज्ञान की उपयोगिता सीमित है। अनेक परिस्थितियाँ अस्पष्ट एवं अनिश्चित होती है तथापि निर्णय लेना होता है, कार्य करना होता है और जबाबदेही का ध्यान रखना होता है। ऐसी दशा में सत्य की अपेक्षा मूल्य मार्गदर्शक सिद्धान्त होता है। ऐसे में मानवतावादी मूल्यों का ध्यान रखा जाना चाहिए तथा 'वैज्ञानिक प्रैक्टिशनर' एवं 'प्रैक्टिशनर वैज्ञानिक' ('Scientist-practitioner' and 'practitioner-scientist') के मध्य परामर्शदाता को अपनी उपयुक्त पहचान स्थापित करनी चाहिए। स्ट्राब्रिज एवं वूल्फे की दृष्टि में 'परामर्शन मनोविज्ञान वृत्ति' के विकास के लिए जितना महत्त्वपूर्ण है 'अच्छा विज्ञान' होना, उतना ही महत्त्वपूर्ण है मूल्यों को प्रधानता देना।

यहाँ यह उल्लेख्य है कि बहुसंख्य परामर्शन मनोवैज्ञानिक नैदानिक मनोवैज्ञानिकों के साथ चिकित्सकीय संदर्भों में काम करते हैं जहाँ वे जैवचिकित्सकीय भाषा और परम्पराओं

को अपना लेते हैं। जैवचिकित्सकीय प्रारूप (biomedical model) व्यक्ति के सामाजिक, आर्थिक या राजनीतिक संदर्भों तथा लिंग, वर्ग, जाति आदि चरों की अनदेखी करता है। यह प्रारूप सामाजिक निर्मितवाद(social constructionism) से नितान्त भिन्न है। सामाजिक निर्मितिवाद यह मानता है कि मनोरोगी दशाएँ विविध और अंततः अज्ञातव्य मानव दशाओं की अभिव्यक्ति हैं (Pilgrim & Bentall, 1999)। यदि हम माने कि मनोरोगों के वर्गीकरण में भी सामाजिक सांस्कृतिक मूल्यों और प्रक्रियाओं का सर्वत्र वर्चस्व है तो व्यक्ति की मनोदशा की वैकल्पिक व्याख्याओं को विकसित कर सकेंगे तथा पीड़ित व्यक्ति के निजी अनुभवों की वैधता स्वीकार कर सकेंगे। ऐसे में हम व्यक्ति का अस्तित्व उसके ऐसे व्यक्तिगत मैट्रिक्स के केन्द्र में देख सकते हैं जिसकी रचना जैविक कारकों, सामाजिक संरचनाओं और जीवन वृत्तांतों की वैकासिक प्रक्रियाओं के साथ मिलकर होती है, जिसमें किसी भी बिंदु पर विशिष्ट चुनौतियाँ होती हैं। परामर्शदाता, मूल्यांकन करने वाला विशेषज्ञ नहीं बल्कि एक सहयोगी (collaborator) होता है जिसके साथ मिलकर कार्य करते हुए व्यक्ति अपनी समस्या के स्वरूप के विषय में व्याख्या तथा उसे दूर करने के उपागम विकसित करता है। जहाँ चिकित्सकीय प्रारूप साधन का उपयोग करने वाले को रोगी मानता है वहीं पिलग्रिम और राजर्स (Pilgrim, D. & R. Rogers, 1996) उन्हें उपभोक्ता (consumer) मानते हैं। व्यक्ति को सेवा का उपभोक्ता मानने का अर्थ यह हुआ कि व्यक्ति के पास सेवा में उपलब्ध विकल्पों के चयन तथा उन्हें स्वीकार करने या अस्वीकार करने की शक्ति है।

पराशर्मन मनोविज्ञान की पारिभाषिक विशेषताएँ *(Defining Features of Counselling Psychology)*

एक व्यापक सहायताकारी विज्ञान क्षेत्र एवं एक व्यावसायिक वृत्ति के रूप में परामर्शन मनोविज्ञान की विशेषताओं का विविध रूपों में वर्णन किया जा चुका है। परामर्शन मनोविज्ञान की शोध विधियों, सहायता उपागमों एवं प्रारूपों में विविधता पायी जाती है। इसलिए परामर्शन के स्वरूप की व्याख्या कठिन हो जाती है लेकिन इन विविधताओं के होते हुए भी अनेक सामान्य कारक हैं जिनके आधार पर परामर्शन मनोविज्ञान की परिभाषा दी जा सकती है। परामर्शन मनोविज्ञान की मुख्य विशेषताएँ संक्षेप में अधोवर्णित हैं:—

(i) परामर्शन मनोविज्ञान विज्ञान की एक विशिष्ट शाखा है जिसका स्वरूप मानव विज्ञान का है। इसका प्रारूप प्राकृतिक विज्ञान से पृथक है। यह एक सहायताकारी विज्ञान क्षेत्र है।

(ii) परामर्शन मनोविज्ञान मनोविज्ञान का एक वृत्तियात्मक क्षेत्र है जिसका प्रारूप मनोविज्ञान के अन्तर्गत लोकप्रिय एवं प्रभुत्व वाली परम्पराओं, अर्थात् संज्ञानवादी-व्यवहारवादी मनोविज्ञान से पृथक है। इन्द्रियानुभविक अध्ययन एवं संवदेनमूलक परिज्ञान की प्रचलित परम्पराओं से पृथक ज्ञानार्जन के लिए प्रैक्टिस से जुड़े अनुभवों को इसमें मुख्य आधार के रूप में स्वीकार किया जाता है।

(iii) मनोविज्ञान व्यवहार की व्याख्या के लिए सामान्य नियमों के प्रतिपादन पर बल देता है जबकि परामर्शन मनोविज्ञान वैयक्तिक भिन्नताओं को स्वीकार करते हुए उनको महत्त्व देता है।

(iv) परामर्शन मनोविज्ञान का मुख्य परिप्रेक्ष्य मानवतावाद है किन्तु यह मनोविश्लेषणात्मक एवं संज्ञानात्मक व्यवहारात्मक परिप्रेक्ष्यों की उपेक्षा नहीं करता है।

(v) परामर्शन मनोविज्ञान व्यक्ति की सहायता के लिए विविध प्रविधियों से अधिक महत्त्वपूर्ण उपचारात्मक/परामर्शन सम्बन्ध को मानता है। प्रविधि कोई भी हो, परामर्शी के साथ 'सम्बन्ध-में-होना' ('being-in-relation') प्रत्येक दशा में उपयोगी एवं लाभकारी है।

(vi) परामर्शन मनोविज्ञान के लिए तीन प्रकार्यों/भूमिकाओं—उपचारात्मक, परिहारात्मक एवं विकासात्मक का केन्द्रीय महत्त्व है (इन भूमिकाओं की विस्तृत व्याख्या अगले अध्याय में की गयी है।)

(vii) परामर्शन मनोविज्ञान प्रत्येक दशा में व्यक्ति के संसाधनों पर बल देता है। इसकी रुचि सकारात्मक मानसिक स्वास्थ्य में है। सुपर (Super, D. E. 1955) ने यह माना कि अत्यन्त परेशान व्यक्ति में भी अनेक क्षमताएँ होती हैं जिनका विकास करके परामर्शन मनोवैज्ञानिक उसकी समायोजनात्मक क्षमता का विकास कर सकता है। परामर्शन मनोविज्ञान की यह विशेषता यह बात रेखांकित करती है कि जब इसकी भूमिका उपचारात्मक या परिहारात्मक होती है तब भी विकासात्मक उपागम अनिवार्यतः सम्मिलित होता है।

(viii) साधारणतया यह माना जाता रहा है कि परामर्शन मनोविज्ञान अपेक्षाकृत सामान्य व्यक्तित्व वाले लोगों के साथ कार्य करता है किन्तु आज ऐसी सीमा रेखा पहले जैसी महत्त्वपूर्ण नहीं मानी जाती है। समस्याओं के स्वरूप के अनुरूप परामर्शन एवं मनोपचारी उपागमों का सम्मिश्रण होता रहता है। परामर्शन एवं मनोपचार प्राविधिक दृष्टियों से समान प्रक्रिया हो गयी है। इनके मध्य समानताओं का विकास हुआ है। दोनों क्षेत्रों के मध्य निकटता में वृद्धि हुई है।

(ix) परामर्शन मनोविज्ञान अपेक्षाकृत संक्षिप्त हस्तक्षेप (लगभग 15 परामर्शन सत्र तक) पर बल देता है।

(x) परामर्शन मनोविज्ञान व्यक्ति के संदर्भ को महत्त्व देता है। व्यक्ति के मूल्य, सामाजिक और सांस्कृतिक संदर्भ उसके लिए महत्त्वपूर्ण होते हैं। इनका उसके व्यवहार पर प्रभाव पड़ता है। परामर्शन मनोविज्ञान इन प्रभावों को परिप्रेक्ष्य में रखते हुए क्लायंट को सहायता प्रदान करता है। आवश्यक होने पर सामाजिक/संरचनात्मक घटकों को प्रभावित करने के लिए कार्य करता है।

परामर्शन मनोविज्ञान की एक सर्वस्वीकार्य परिभाषा अभी तक प्रस्तुत नहीं की जा सकी है। परामर्शन मनोविज्ञान को ऊपर वर्णित विशेषताओं के संदर्भ में इस प्रकार परिभाषित किया जा सकता है।

''परामर्शन मनोविज्ञान एक व्यापक सहायताकारी विज्ञान, मनोविज्ञान के अन्तर्गत एक वृत्तियात्मक विशिष्टता है जिसकी जड़ें मानवतावादी/मानव विज्ञान परिप्रेक्ष्य में अवस्थित हैं तथापि मनोविज्ञान के अन्तर्गत प्रभुत्व वाली परम्पराओं संज्ञानात्मक-व्यवहारात्मक मनोविज्ञान एवं मनोविश्लेषण को महत्त्व प्रदान करता है। इसका ध्येय परामर्शी को 'सम्बन्धों-में-होने' के माध्यम से अधिक परिपूर्ण जीवन जीने हेतु सहायता देना है।''

(Counselling psychology is a heterogeneous helping science, a professional speciality within psychology, rooted in humanistic/human science perspective while valuing dominant traditions of cognitive behavioural psychology and psychoanalysis. It aims to help clients in living more fulfilled lives by 'being-in-relation'.)

परामर्शन मनोविज्ञान एवं अन्य सजातीय क्षेत्र (Counselling Psychology and Other Cognate Areas)

मनोविज्ञान के व्यापक क्षेत्र के अन्तर्गत अनेक अनुप्रयुक्त विशिष्टताएँ है जिनके कार्य क्षेत्रों का एक दूसरे के साथ जुड़ाव है। ऐसे कार्यक्षेत्रों में पारस्परिक आच्छादन (overlap) है। परामर्शन मनोविज्ञान के स्वरूप को समझने एवं इसके कार्यक्षेत्र का सीमांकन करने हेतु मनोचिकित्सा, निर्देशन, विद्यालय मनोविज्ञान, सामुदायिक मनोविज्ञान एवं औद्योगिक/संगठनात्मक मनोविज्ञान के साथ इसके सम्बन्धों का वर्णन महत्त्वपूर्ण है। पिछले पृष्ठों में यह समझना हो पाया है कि परामर्शन क्या है? यहाँ हम यह भी समझ पायेंगे कि परामर्शन क्या नहीं है?

मनोचिकित्सा एवं परामर्शन मनोविज्ञान (*Psychotherapy and Counselling Psychology*)

मनोचिकित्सा एवं परामर्शन दोनों स्वास्थ्य वृत्ति (health profession) के अंग हैं। मनोचिकित्सा द्वारा व्यक्ति का विकास, उसकी शिक्षा या पुनर्शिक्षा (विशेषतः मनोशिक्षा) आदि सम्भव है किन्तु मनोचिकित्सा का मुख्य सम्बन्ध मानसिक स्वास्थ्य के विकास और मनोरोगों के उपचार के साथ है। मनोचिकित्सा के अन्तर्गत सांवेगिक स्वरूप की समस्याओं का समाधान मनोवैज्ञानिक विधियों द्वारा किया जाता है। व्यक्ति की मनोवैज्ञानिक समस्याओं के संज्ञानात्मक, भावात्मक, व्यवहारात्मक, अन्तर्वैयक्तिक/अन्तर्क्रियात्मक, शारीरिक स्वास्थ्य आदि अनेक पक्ष होते हैं, अनेक विमाएँ होती हैं अतः व्यक्ति की पीड़ा के उपचार के लिए इन विविध विमाओं की पुनर्रचना करनी होती है। वर्णित आयामों पर समस्याग्रस्त/पीड़ित व्यक्तियों की समस्या की तीव्रता या गहराई में भेद होता है। समस्या का स्तर चेतन या/एवं अचेतन प्रकार का हो सकता है। व्यक्तियों के जीवन में उत्पन्न समस्या का प्रभाव अलग-अलग मात्राओं में देखा जा सकता है। कुछ लोगों की समस्या ऐसी होती है कि वे सामान्य लोगों की भाँति कार्य करते हुए मनोवैज्ञानिक विधियों द्वारा दी गयी सहायता के आधार पर अपनी समस्या का समाधान कर सकते हैं जबकि दूसरी श्रेणी के लोगों की समस्याएँ इतनी अधिक व्यापक और तीव्र होती है कि उन्हें दीर्घकाल तक गहन सहायता की आवश्यकता होती है। समस्या के स्वरूप, व्यापकता, तीव्रता, प्रभाव जैसे तत्त्व ही मनोचिकित्सा और परामर्शन के मध्य भेद स्थापित करने में कुछ सीमा तक सहायक हो सकते हैं।

रॉबिन्सन (1950) के अनुसार परामर्शन सामान्य व्यक्तियों को सहायता देने की प्रणाली है। सामान्य व्यक्ति परामर्शन के फलस्वरूप अपना अधिक अच्छा समायोजन स्थापित कर पाते हैं, तथा उनकी परिपक्वता, स्वतंत्रता, जिम्मेदारी और व्यक्तित्व संगठन में परामर्शन के माध्यम से वृद्धि दृष्टिगोचर होती है। थॉर्न (1950) के अनुसार मनोचिकित्सा का सामान्य व्यक्तियों की आवश्यकताओं के अनुरूप अनुकूलन परामर्शन है। परामर्शन से सम्बन्धित समस्याएँ मुख्यतः चेतन स्तर की होती है और ऐसी समस्याओं में भावात्मक पक्ष का होना आवश्यक नहीं है। एक विद्यार्थी की पाठ्यक्रम चयन की समस्या मात्र संज्ञानात्मक प्रकार की हो ऐसी संभावना अधिक है।

मनोचिकित्सा की विधियाँ जब प्रयुक्त की जाती हैं तब समस्या का वर्तमान समय में अस्तित्व, समस्या की तीव्रता, निर्धारकों का अचेतन स्तर और व्यक्ति के जीवन पर समस्या/

लक्षणों का तीव्र प्रभाव स्वीकार किया जाता है अतः रोग के लक्षणों का उपचार करके मानसिक स्वास्थ्य की पुनर्स्थापना और विकास का प्रयास किया जाता है। मनोचिकित्सकीय विधियों के माध्यम से व्यक्ति के शिक्षण एवं पुनर्शिक्षण का कार्य किया जाता है तथा व्यक्तित्व में परिमार्जन किया जाता है। इसकी तुलना में परामर्शन भविष्योन्मुखी होता है अर्थात् (i) समस्या वर्तमान समय में उपस्थित हो सकती है या भविष्य में प्रकट होना सम्भावित है, अतः (ii) भविष्य में समस्या उत्पन्न न हो इस लक्ष्य की दिशा में निरोधात्मक/परिहारात्मक प्रयत्न किया जाता है, या (iii) व्यक्ति को भविष्य में सम्भावित समस्याओं के समाधान हेतु समर्थ बनाया जाता है। परामर्शन में भी उपचारात्मक उपागम प्रयुक्त किया जा सकता है किन्तु जिन समस्याओं का उपचार किया जाता है उनकी तीव्रता कम होती है अर्थात् समस्याग्रस्त व्यक्ति का व्यक्तित्व सामान्य की श्रेणी में वर्गीकृत किया जाता है।

पैटर्सन (1973) के अनुसार मनोचिकित्सा की विधियाँ मनोरोगी की गम्भीर और गहराई में स्थित संवेगात्मक समस्याओं के उपचार के लिए प्रयुक्त होती है और जब रोगी की समस्याएँ अधिक तीव्र नहीं होती है, व्यक्ति की समस्याएँ सामान्य व्यक्तियों की समस्याओं जैसी होती हैं किन्तु प्रकट हुई समस्याओं के कारण व्यक्ति की सामर्थ्यों की अभिव्यक्ति या विकास में बाधा आती है तब परामर्शन कार्य सम्पन्न किया जाता है। पैटर्सन का यह भी मत है कि मनोचिकित्सक परामर्शन कार्य करता है और परामर्शदाता मनोचिकित्सक का कार्य करता है। ("....so called counselors practiced psychotherapy while psychotherapists practiced counselling.") अतः परामर्शदाता का कार्य सामान्य व्यक्तियों की समस्याओं तक ही सीमित नहीं किया जा सकता है।

सूक्ष्मतापूर्वक विचार करने पर यह ज्ञात होता है कि मनोचिकित्सा की तुलना में परामर्शन अधिक भिन्नतापूर्ण परिस्थितियों में, घर, विद्यालय, चिकित्सालय आदि अनेक दशाओं में सम्पन्न किया जाता है। इसकी तुलना में मनोचिकित्सा सीमित परिस्थितियों से सम्बन्धित है किन्तु परामर्शन मनोचिकित्सा, निर्देशन, पुनर्वास, जैव/शरीर चिकित्सा, आपद हस्तक्षेप (crisis intervention) जैसे अनेक कार्यक्रमों में विविध समन्वित सेवाओं के मध्य एक घटक सेवा के रूप प्रयुक्त किया जाता है। परामर्शन मनोवैज्ञानिक और मनोचिकित्सक के अतिरिक्त सामाजिक कार्यकर्ता, परिवीक्षा अधिकारी (प्रोबेशन ऑफिसर), कल्याण अधिकारी, कार्मिक प्रबन्धक, निर्देशन कार्यकर्ता, वृत्ति चिकित्सक, स्पीच थिरेपिस्ट (वाणी चिकित्सक), व्यावसायिक/वृत्ति मनोवैज्ञानिक, स्वास्थ्य मनोवैज्ञानिक, अध्यापक, नर्स और अन्य अनेक लोग भी परामर्शन एवं मनोचिकित्सकीय दक्षता की विभिन्न मात्राओं का उपयोग करते हैं। परामर्शन कार्य करनेवाले विभिन्न पेशागत भूमिकाओं से जुड़े लोग परामर्शन दक्षता (counselling skills) का आकस्मिक, अनियमित (casual), अनौपचारिक (informal), अल्पकालिक (transiet), अप्रशिक्षित और संविदारहित रूप में उपयोग करते हैं। फेल्थम (Colin Feltham, 2000) का विचार है कि परामर्शन वृत्ति के संगठनों को नीतिपूर्ण, औपचारिक परामर्शन और मनोचिकित्सा के मध्य भेद करना चाहिए। इस तथ्य से हमारा यहाँ पर तात्पर्य यह बताना है कि परामर्शन कार्य कितनी विविधतापूर्ण परिस्थितियों में सम्पन्न किया जाता है। परामर्शन कार्य की अनेक श्रेणियाँ (degrees) होती है। इसीलिए पैरी (Parry, 1996) (i) टाइप 'ए' : मानसिक स्वास्थ्य सेवा के घटक के रूप में मानसिक उपचार : (ii) टाइप 'बी' : विभिन्न दर्शनग्राही (eclectic)

मनोवैज्ञानिक चिकित्सा और परामर्शन; एवं (iii) टाइप 'सी' : औपचारिक मनोचिकित्सा (formal psychotherapy) के मध्य अन्तर स्थापित करते हैं।

प्रस्तुत संदर्भ में कॉलिन फेल्थम और ईऑन हार्टन (2000) का यह विचार पुनः उल्लेखनीय है कि मनोचिकित्सा और परामर्शन के मध्य व्यापक समानताएँ है और सूक्ष्म अन्तर हैं। मनोचिकित्सा और परामर्शन के मध्य अन्तर स्थापित करने के प्रयास में संप्रत्ययात्मक और तकनीकी स्तर पर भेद करने में सफलता की प्राप्ति हो सकती है किन्तु इससे क्लायंट को कोई लाभ नहीं होने वाला है। लोगों को दोनों ही प्रकार की सेवाओं की पृथक अथवा एक साथ ही आवश्यकता होती है।

निर्देशन एवं परामर्शन मनोविज्ञान (*Guidance and Counselling Psychology*)

निर्देशन एवं परामर्शन के सम्बन्धों का वर्णन प्रथम एवं द्वितीय अध्यायों में व्यापक रूप में किया जा चुका है। निर्देशन कार्यक्रम के अन्तर्गत पुर्वाभिमुखीकरण (orientation), व्यक्ति मूल्यांकन, सूचना, अनुवर्तन सेवाओं के समुच्चय के मध्य में परामर्शन सेवा प्रदान की जाती है और इसे निर्देशन कार्यक्रम का सर्वाधिक मुख्य अंग माना जाता है। निर्देशन कार्यक्रम में प्राप्य अनेक लक्ष्यों में से अधिकांश की प्राप्ति परामर्शन के बिना संभव नहीं हो सकती है। शैक्षिक एवं व्यावसायिक या अन्य लक्ष्यों के चयन कार्य को परामर्शन सहज बनाता है। व्यक्तिगत निर्देशन के क्षेत्र में लक्ष्यों की प्राप्ति परामर्शन द्वारा ही संभव है। परामर्शन द्वारा परामर्शी को आत्म-बोध की प्राप्ति होती है, समस्याओं के समाधान के लिए आवश्यक क्षमताओं को विकसित करने एवं व्यक्तिगत कमियों को दूर करने में सहायता मिलती है।

स्पष्ट है कि परामर्शन निर्देशन कार्यक्रम का उसी प्रकार एक घटक है जैसे कि मनोचिकित्सा के सोपानों का किन्तु परामर्शन को निर्देशन या मनोचिकित्सा तक सीमित नहीं किया जा सकता है। अन्य अनेक क्षेत्रों में भी परामर्शन मनोविज्ञान की भूमिका है तथापि परामर्शन मनोविज्ञान की समस्त गतिविधियाँ व्यक्ति के स्वास्थ्य, पीड़ा, तनावग्रस्तता, उसकी अन्तर्निहित सामर्थ्यों की पूर्ण सिद्धि, व्यक्ति के सम्पूर्णरूपेण एक प्रकार्यात्मक इकाई के रूप में कार्य करने में समुत्पन्न बाधाओं के निराकरण, वर्तमान समस्याओं के समाधान, भविष्य की समस्याओं के परिहार, व्यक्तित्व विकास आदि से जुड़ी होने के कारण निर्देशनात्मक अथवा/एवं मनोचिकित्सकीय माने जाने योग्य हैं।

विद्यालय मनोविज्ञान एवं परामर्शन मनोविज्ञान (*School Psychology and Counselling Psychology*)

परामर्शन मनोविज्ञान की विद्यालय में सक्रियता एवं विद्यालय मनोविज्ञान की बढ़ती हुई लोकप्रियता के कारण दोनों क्षेत्रों की पारस्परिक तुलना उपयोगी होगी। **बेनेट** (Bennett, 1985) ने विद्यालय मनोविज्ञान को समाज द्वारा बच्चों को सफलता के लिए आवश्यक समझे जाने वाले अधिगम सम्बन्धी समस्याओं के परिहार एवं समाधान के लिए ज्ञान एवं दक्षता की अनुप्रयुक्तता के रूप में परिभाषित किया है।

'School psychology is 'the application of knowledge and skills to the prevention or solution of problems children take in learning what society deems essential for success' (Bennett, 1985).

इस प्रकार विद्यालय में कार्य करते हुए विद्यालय मनोवैज्ञानिक परामर्शन कार्य से जुड़ा होता है जिसका उद्देश्य शैक्षिक प्रक्रिया का उन्नयन होता है। इस तुलना में परामर्शन मनोवैज्ञानिक का कार्य अधिक व्यापक होता है। विद्यालय मनोवैज्ञानिक की रुचियाँ स्वास्थ्य और समायोजन के व्यापक विषयों तक विस्तृत नहीं होती है। शैक्षिक प्रक्रिया में विद्यालय मनोवैज्ञानिक की भूमिका मुख्यतः प्राथमिक/माध्यमिक स्तर तक सीमित रहती है। इस तुलना में परामर्शन मनोवैज्ञानिक विविध परिस्थितियों में व्यापक विषयों पर परामर्शन सेवा प्रदान करता है।

सामुदायिक मनोविज्ञान एवं परामर्शन मनोविज्ञान *(Community Psychology and Counselling Psychology)*

बीसवीं शताब्दी के उत्तरार्द्ध में मनोविज्ञान के अन्तर्गत सर्वाधिक महत्त्वपूर्ण घटना के रूप में सामुदायिक मनोविज्ञान का प्रादुर्भाव हुआ। सामुदायिक मनोविज्ञान के विकास को तीव्र गति से बढ़ते हुए एक आन्दोलन के रूप में देखा जा सकता है जिसकी विश्व दृष्टि(World view) मनोविज्ञान के अन्य क्षेत्रों से भिन्न थी। मनोविज्ञान एवं परामर्शन मनोविज्ञान में अध्ययन/विश्लेषण/कार्य की इकाई एक व्यक्ति रहा है। वैसे मनोविज्ञान के अन्तर्गत अध्ययन एवं शोध की चार विश्व दृष्टियों का विकास हुआ है (Altman & Rogoff, 1987) जिन्हें शीलगुण विश्व दृष्टि (Trait world views), अन्तर्क्रिया विश्व दृष्टि अर्थात कारण कार्य सम्बन्ध की दृष्टि (Interactional world views), आंगिक विश्व दृष्टि (Organismic world views) तथा समय एवं स्थान संदर्भिता विश्व दृष्टि (Transactional world views) के रूप में वर्गीकृत किया जाता है। इनमें से अन्तिम दो दृष्टियाँ पूर्ण (Whole) पर ध्यान केन्द्रित करती है अतः सर्वांगिक दृष्टियाँ (Holistic views) कही जाती है।

अब यदि परामर्शन मनोविज्ञान और सामुदायिक मनोविज्ञान के उद्देश्यों की तुलना करें तो केवल परिप्रेक्ष्य/दृष्टि का ही अन्तर दृष्टिगोचर होता है। सामुदायिक मनोविज्ञान का दृष्टिकोण आंगिक (organismic) है। यह अध्ययन एवं कार्य हेतु व्यक्ति के स्थान पर प्रणाली (system) का इकाई के रूप में चयन करता है। परामर्शन मनोविज्ञान व्यक्ति के हित में उपचार, परिहार तथा विकास तीनों पर ध्यान केन्द्रित करता है, जबकि मानवतावादी एवं उत्तर-आधुनिक उपागम उपचार से अधिक परिहार एवं विकास को महत्त्व देते हैं। वे उपागम विकास को ही उपचार का आधार या माध्यम बनाते हैं। सामुदायिक मनोविज्ञान मूलतः परिहार एवं विश्वास पर ध्यान केन्द्रित करता है, जिसमें उपचार की तुलना में परिहार को वरीयता दी जाती है। यहाँ सर्वाधिक महत्त्वपूर्ण विषय है—हस्तक्षेप की इकाई। सामुदायिक मनोविज्ञान संरचनात्मक/संगठनात्मक चरों(structural variables) पर ध्यान केन्द्रित करता है। प्रणाली (system) को इकाई के रूप में स्वीकार करता है, अतः एक सामुदायिक मनोवैज्ञानिक किसी परामर्शन कक्ष में एक अथवा अनेक परामर्शियों के साथ वार्ता करने के स्थान पर विद्यालय, गाँव, सामुदायिक केन्द्र, संगठन आदि के स्तर पर कार्य करता है। यहाँ यह रेखांकित करना महत्त्वपूर्ण है कि मनोचिकित्सा एवं परामर्शन के क्षेत्र में भी अब सामुदायिक मनोविज्ञान के इस परिप्रेक्ष्य/दृष्टि को अपनाया जा रहा है और परामर्शी की समस्याओं के समाधान के लिए उसके परिवार, विद्यालय या ऐसी ही अन्य इकाइयों में समस्याओं के कारणों की व्याप्ति का अन्वेषण किया जा रहा है। इसका प्रमाण परिवार एवं सर्वांगी परामर्शन(family and systematic counselling) तथा प्राथमिक पोषण दशा में परामर्शन (Counselling in Primary Care Setting—Roslyn Corney, 1996; Eatock, 2000) उपागमों के विकास के रूप में देखा जा सकता है। ऐसे उपागमों का विकास परामर्शन मनोविज्ञान द्वारा सामुदायिक मनोविज्ञान के परिप्रेक्ष्य को महत्त्व देने के कारण हुआ है। यह कहना अधिक उपयुक्त होगा कि परामर्शन मनोविज्ञान ने सामुदायिक मनोविज्ञान से अपनी दूरी को कम किया है तथा दोनों में सहयोग की दशा विकसित हुई है।

औद्योगिक/संगठनात्मक मनोविज्ञान एवं परामर्शन मनोविज्ञान *(Industrial/ Organisational Psychology and Counselling Psychology)*

औद्योगिक/संगठनात्मक मनोविज्ञान (Industrial/Organisational Psychology) व्यवहार का वह विज्ञान है जो उद्योगों एवं अन्य संगठनों में व्यक्तियों के साथ अनुप्रयुक्त किया जाता है। इसका उद्देश्य संगठन की प्रभावोत्पादकता में वृद्धि करना होता है। (सीगेल, 1985)।

'Industrial/Organisation Psychology (I/O Psychology) is 'the science of behaviour applied to persons in industrial and other organisations. Its objective is to enhance organisational effectiveness' (Siegel, 1985).

सीगेल यह रेखांकित करते हैं कि औद्योगिक/संगठनात्मक मनोविज्ञान का केन्द्रीय उद्देश्य ऐसे परिवेश का विकास करना होता है जो व्यक्ति के लिए भौतिक एवं मनोवैज्ञानिक रूप में सुरक्षित एवं स्वास्थ्यप्रद हो। उसका उद्देश्य केवल संगठनों की उत्पादकता बढ़ाना ही नहीं होता है अपितु इस बात का प्रयास किया जाता है कि उसमें कार्यरत व्यक्ति अपनी क्षमताओं का अधिक प्रभावी उपयोग कर सकें, नयी क्षमताओं का विकास कर सकें, तथा ऐसे कार्य कर सकें जो कि बौद्धिक एवं भावात्मक दृष्टियों से अधिक संतोषप्रदायी हो। इन उद्देश्यों की प्राप्ति हेतु कर्मचारियों के लिए विशेष प्रशिक्षण कार्यक्रमों का तथा प्रबंधन एवं कर्मचारियों के लिए परामर्शन सेवा का आयोजन किया जाता है। यहीं पर परामर्शन मनोविज्ञान और औद्योगिक/संगठनात्मक मनोविज्ञान की समानता देखी जा सकती है। परामर्शन मनोविज्ञान व्यावसायिक/वृत्तियात्मक परामर्शन के माध्यम से लोगों को शिक्षा ग्रहण के समय से आरम्भ करके वृत्ति अपनाने एवं तत्पश्चात व्यावसायिक विकास तथा संतुष्टि अर्जित करने एवं जीवन की सफलता का अनुभव करने हेतु सहयोग प्रदान करता है। संगठनात्मक परिवेश में दोनों ही क्षेत्रों के कार्य प्रारूप में कुछ असमानताएँ हैं। प्रथम अन्तर यह है कि परामर्शन मनोविज्ञान व्यक्ति की सहायता संगठनात्मक परिवेश से बाहर शैक्षिक काल से ही आरम्भ कर देता है। द्वितीय अन्तर यह है कि औद्योगिक/संगठनात्मक मनोविज्ञान की रूचि मुख्यतः व्यापक संगठन के साथ कार्य करने में होती है जबकि परामर्शन मनोविज्ञान मुख्यतः व्यक्ति के साथ कार्य करता है। तीसरे, परामर्शन मनोवैज्ञानिक का विशेष ध्यान सांवेगिक समायोजन की दिशा में जाता है जबकि औद्योगिक/संगठनात्मक मनोविज्ञान व्यक्ति की उत्पादकता बढ़ाने एंव तद्संबंधी बाधाओं को दूर करने के लिए प्रयास करता है।

परामर्शन मनोविज्ञान एवं अन्य सजातीय गैर-मनोवैज्ञानिक क्षेत्र *(Counselling Psychology and other Non-Psychological Cognate Areas)*

मनोविज्ञान के व्यापक क्षेत्र से बाहर अनेक क्षेत्र ऐसे हैं जिनका कार्यक्षेत्र परामर्शन मनोविज्ञान के समान है। इन गैर-मनोवैज्ञानिक क्षेत्रों में से साइकियाट्री तथा साइकियाट्रिक-सोशल वर्क की तुलना महत्त्वपूर्ण होगी।

साइक्रियाट्रिस्ट अपने प्रशिक्षण से चिकित्सक होता है। साइक्रियाट्री औषधि विज्ञान का विशिष्ट क्षेत्र है जिसका संबंध जटिल सांवेगिक विकृतियों के औषधीय उपचार से है। एम० डी० डिग्रीधारी चिकित्सक मनोरोगी (साइक्रियाट्री की भाषा में) का उपचार करते हुए औषधीय मनोवैज्ञानिक हस्तक्षेप करता है अर्थात यह कि औषधि का उपयोग करते हुए उपचार को प्रभावी बनाने के लिए परामर्शन कार्य भी करता है। बहुधा लम्बे समय से प्रचलित मनोवैज्ञानिक उपागमों, जैसे—मनोगत्यात्मक उपागम का वे अधिक उपयोग करते हैं।

साइट्रियाट्रिक सोशल वर्क के क्षेत्र में विशेषज्ञों को प्रायः द्विवर्षीय M.S. W. डिग्री के माध्यम से प्रशिक्षण दिया जाता है। प्रायः साइक्रियाट्रिक सोशल वर्कर चिकित्सालयों में चिकित्सकीय दल के सदस्य के रूप में पीड़ित व्यक्ति एवं उसके परिजनों के साथ कार्य करते हुए समस्याओं का सामना करने एवं समाधान करने के लिए आवश्यक परामर्शन सेवा देता है। इस प्रकार मनोविज्ञान की मुख्य धारा से अलग प्रशिक्षण प्राप्त करके ये विशेषज्ञ विभिन्न रूपों में एक ऐसी सीमा तक गतिविधियों को आगे बढ़ाते हैं जिन्हें अन्यथा परामर्शन मनोवैज्ञानिक सम्पन्न करता।

परामर्शन मनोविज्ञान का क्षेत्र विस्तार
(Scope of Counselling Psychology)

पिछले पृष्ठों में परामर्शन मनोविज्ञान के स्वरूप का जिस रूप में वर्णन किया गया है उससे बार-बार इस बात का संकेत प्राप्त होता है कि परामर्शन कार्य का सम्बन्ध व्यक्ति के जीवन की सभी अवस्थाओं और प्रायः सभी क्षेत्रों से है। हमें परामर्शदाता के व्यावसायिक सहयोग की आवश्यकता घर, विद्यालय, कार्य स्थल, उपचार केन्द्र व चिकित्सालय, आवासीय संरक्षण केन्द्र, सामुदायिक केन्द्र, शैक्षिक उपचार केन्द्र, स्वयंसेवी संस्थाओं द्वारा स्थापित बहुउद्देशीय सहायता केन्द्र जैसे विभिन्न स्थलों पर होती है। इन समस्त केन्द्रों पर सुप्रशिक्षित या अल्प-प्रशिक्षित परामर्शदाताओं की पूर्णकालिक या अल्पकालिक सेवाएँ ली जाती है अर्थात यह कि परामर्शदाता के रूप में प्रशिक्षित मनोवैज्ञानिकों के लिए रोजगार के अवसर ऐसे सभी स्थलों पर उपलब्ध हो सकते हैं। व्यक्ति की आयु अवस्था की दृष्टि से परामर्शन की आवश्यकता हमारे जीवन में सभी आयु अवस्थाओं में होती है। परामर्शन कार्य के विभिन्न क्षेत्र अधोवर्णित हैं:—

1. परिवार (*Family*)—परामर्शन अन्तर्वैयक्तिक सम्बन्धों में उत्पन्न समस्याओं के समाधान में उपयोगी उपकरण के रूप में प्रयुक्त किया जाता है। परिवार की जीवन में सर्वाधिक महत्त्वपूर्ण भूमिका होती है। यदि पारिवारिक सम्बन्ध तनावग्रस्त हो जाते हैं तो जीवन में सांवेगिक तनाव की अधिकता हो जाती है। अनेक परिवार परामर्शन के अभाव में विघटित हो जाते हैं, पति-पत्नी वैवाहिक सम्बन्धों के विच्छेद के बिंदु पर पहुँच जाते हैं। वैवाहिक परामर्शन (marital counselling) परिवार से जुड़ा महत्त्वपूर्ण परामर्शन है। वैवाहिक परामर्शन की तीन अवस्थाएँ होती हैं: विवाहपूर्व परामर्शन (pre-marital counselling), अच्छे वैवाहिक सम्बन्धों के लिए परामर्शन, और तनावपूर्ण सम्बन्धों में से तनाव को घटाने के लिए परामर्शन। विवाह में यौनिक सम्बन्धों की गहरी भूमिका होती है। जब यौनिक जीवन से सम्बन्धित समस्याएँ प्रकट होती हैं तब विशिष्ट प्रकार के परामर्शन की आवश्यकता होती है। विवाहपूर्व परामर्शन उपयुक्त जीवन साथी की खोज से

सम्बन्धित प्रश्नों का समाधान करने में सहायक सिद्ध होता है। तनाव-ग्रस्त वैवाहिक सम्बन्धों में परामर्शन का स्वरूप संकटकालीन/आपद हस्तक्षेप जैसा होता है।

वैवाहिक सम्बन्धों के अतिरिक्त बच्चों के व्यक्तित्व से सम्बन्धित समस्याओं, जैसे—जिद्दी एवं अनुत्तरदायितवपूर्ण स्वभाव के समाधान के लिए माता-पिता को परामर्शन की आवश्यकता होती है। वृद्धावस्था से सम्बन्धित संवेगात्मक और अन्य समस्याओं के निराकरण के लिए भी परामर्शन सेवा की आवश्यकता होती है। बाल्यावस्था और किशोरावस्था की समस्याओं के संदर्भ में परामर्शन का स्वरूप उपचारात्मक हो सकता है। ऐसी विशिष्टताओं के बारे में विस्तृत विवरण परामर्शन की विशिष्ट समस्याओं से सम्बन्धित अध्याय में प्राप्त किया जा सकता है। परिवार में परामर्शन कार्य के अनेक रूप हैं जिनका सम्बन्ध व्यक्ति के विकास, समायोजनात्मक समस्याओं के समाधान, संकटकालीन हस्तक्षेप और उपचार से हो सकता है।

2. शैक्षिक संस्थान (*Educational Institutions*)—प्राथमिक एवं माध्यमिक विद्यालय, उच्चशिक्षण एवं प्रशिक्षण संस्थानों में शैक्षिक, व्यावसायिक एवं व्यक्तिगत निर्देशन के क्षेत्र में परामर्शन सेवा की भूमिका अत्यन्त महत्त्वपूर्ण है। बच्चों और किशोरों का विकासात्मक, संवेगात्मक, समायोजनात्मक, यौनिक, व्यसनिता और अन्य अनेक समस्याओं के क्षेत्र में परामर्शन की आवश्यकता होती है।

3. कार्य स्थल (*Work Place*)—कार्यस्थलों पर सेवायोजक कर्मचारियों के लिए परामर्शन प्रक्रिया का विभिन्न समस्याओं और लक्ष्यों के लिए उपयोग करते हैं। सेवायोजक कर्मचारियों के आपसी सम्बन्धों, कार्य स्थल पर तनावग्रस्तता, अल्कोहल सेवन, दुर्घटना और दुर्घटना के पश्चात उत्पन्न संकट, कर्मचारी छँटनी, कर्मचारी अनुपस्थिति जैसी समस्याओं का सामना करने के लिए परामर्शन सेवा का उपयोग करते हैं। बड़े आकार के उद्यम कर्मचारियों के मानसिक एवं पेशागत स्वास्थ्य के लिए समूह परामर्शन सेवा की व्यवस्था सुनिश्चित करते हैं।

4. प्राथमिक उपचार केन्द्र (*Primary Health Centers*)—मनोचिकित्सा से स्पष्टतः भिन्न रूप में परामर्शन कार्य के लिए प्राथमिक उपचार केन्द्र प्रमुख स्थल होते हैं। दुर्घटना के उपरान्त परामर्शन की आवश्यकता सामान्य बात है। परिवार नियोजन के लिए और निःसन्तान माता-पिता के लिए भी प्राथमिक उपचार केन्द्रों पर परामर्शन की आवश्यकता होती है।

5. आवासीय संरक्षण केन्द्र (*Residential Care Centers*)—आवासीय श्रेणी के स्वास्थ्य की देखभाल करने वाले संरक्षण केन्द्रों पर उपचार के अतिरिक्त रोगी/क्लायंट की व्यापक आवश्यकताओं का ध्यान रखा जाता है। ऐसी आवश्यकताओं के अन्तर्गत परामर्शन की आवश्यकता भी सम्मिलित होती है। कैंसर, हृदय रोग, गुर्दे की बीमारी, कुष्ठ रोग, अपंगता, गर्भ समापन, बलात्कार की पीड़ित महिलाओं, घरेलू हिंसा के शिकार बच्चों और महिलाओं, मद्यपान और औषधि व्यसन के शिकार व्यक्तियों, अपराधी/हिंसक व्यवहार वाले व्यक्तियों और बंधकों के चंगुल से मुक्त हुए लोगों की देखभाल में चिकित्सक, सामाजिक कार्यकर्ता, मनोचिकित्सक, पुनर्वास कार्यक्रम हेतु प्रशिक्षित नर्स, परामर्शदाता के सम्मिलित एवं समन्वित प्रयत्न की आवश्यकता होती है।

6. सामुदायिक केन्द्र (*Community Centers*)—सामुदायिक केन्द्रों के माध्यम से

विद्यालय और कार्यालय परिवेश से बाहर स्थित किशोरों, युवक-युवतियों, समाज के निर्बल वर्ग के लोगों की विभिन्न प्रकार की आवश्यकताओं की पूर्ति करने के प्रयत्न की अवधि में उनके लिए परामर्शन की आवश्यकता का भी अनुभव किया जाता है। सामुदायिक केन्द्र लोगों की मनोरंजन और शौक (हॉबी) की पूर्ति में भी सहायक होते हैं। परामर्शन सेवा उपयुक्त मनोरंजन और शौक के विकास, चयन और पूर्ति के लिए आवश्यक सहायता प्रदान करती है।

7. मनोशैक्षिक निर्देशन एवं उपचार केन्द्र (*Psycho-Educational Guidance Clinics*)—पाश्चात्य समुदाय मनोविज्ञान विषय के क्षेत्र में प्राप्त ज्ञान का अधिकाधिक अनुप्रयोग करने की चेष्टा कर रहा है। मनोचिकित्सालयों में मनोपचार एवं परामर्शन के लिए मनोवैज्ञानिक विधियों का अनुप्रयोग आरम्भ हुए सौ वर्षों से अधिक समय व्यतीत हो चुका है। अब मानसिक स्वास्थ्य के प्रति रोग निरोधात्मक दृष्टिकोण अपनाने के अतिरिक्त व्यक्ति के व्यक्तित्व का सकारात्मक दिशा में विकास करने का प्रयास किया जाता है। यहाँ पर उद्देश्य लक्षणों को दूर करना नहीं, अच्छे गुणों का (जब कोई भी समस्या न हो तब भी व्यक्ति पर ध्यान देना) विकास किया जाना उद्देश्य होता है। इस श्रेणी के निर्देशन एवं उपचार केन्द्रों पर अभिभावकत्व एवं मातृत्व से सम्बन्धित योग्यताओं एवं गुणों, सामाजिक दक्षता, तनाव प्रबंधन/प्रतिरोध, जीवनोपयोगी गुणों/दक्षताओं के विकास, शिथलीकरण प्रशिक्षण (relaxation training), निश्चयात्मकता/स्वाग्रहीपन प्रशिक्षण (assertiveness training), वैवाहिक सम्बन्ध समृद्धीकरण जैसी अनेक प्रशिक्षण योजनाओं के अन्तर्गत परामर्शन सेवा की आवश्यकता होती है। व्यक्ति के संज्ञान, व्यवहार और अन्तर्वैयक्तिक व्यवहारों के उन्नयन, जीवन की चुनौतियों का सामना करने के लिए नये जीवनदर्शन और व्यवहार प्रणालियों के विकास पर बल दिया जाता है।

8. स्वयंसेवी संस्थाएँ (*Volunatary Agencies*)—अनेक स्वयंसेवी संस्थाएँ अल्कोहल और औषधि सेवन, आपदा, बलात्कार, एच॰ आई॰ वी॰/एड्स, दंगा पीड़ित व्यक्तियों के पुनर्वास के लिए समन्वित सेवाएँ प्रस्तुत करती हैं। इन सेवाओं के अन्तर्गत परामर्शन एक प्रमुख सेवा के रूप में क्लायंट को उपलब्ध करायी जाती है।

ऊपर किया गया वर्णन एक व्यवस्थित सेवा के रूप में परामर्शन के कार्यक्षेत्र का परिचय प्रस्तुत करता है। इन सभी क्षेत्रों में प्रशिक्षित परामर्शदाताओं के लिए रोजगार के अवसर भी देखे जा सकते हैं।

❑

अध्याय 2

परामर्शन के लक्ष्य, उद्देश्य एवं प्रकार्य
(GOALS, OBJECTIVES AND FUNCTIONS OF COUNSELLING)

बाल्यकाल से वयस्क अवस्था तक विकास की प्रक्रिया में कुछ महत्त्वपूर्ण एवं सुनिश्चित लक्ष्यों की प्राप्ति को प्रत्येक व्यक्ति के लिए अत्यन्त आवश्यक माना जाता है। सभी व्यक्तियों में आत्मनिर्भरता, स्वायत्तता, सक्षमता, ज्ञान, आत्मबोध, परिवेशीय सूझबूझ एवं जानकारी तथा व्यक्तिगत एवं सामाजिक दृष्टि से प्रभावशीलता का विकास आवश्यक समझा जाता है। विकास से सम्बन्धित लक्ष्यों की दिशा में व्यक्ति और समाज द्वारा अनेक प्रकार की योजनाओं एवं कार्यक्रमों का क्रियान्वयन किया जाता है। विकास की पूरी प्रक्रिया की अवधि में अनेक संक्रमण काल आते हैं। अनेक प्रकार की दुविधाएँ प्रकट होती हैं। व्यक्ति को उपयुक्त लक्ष्यों का चयन करना होता है, चयनित लक्ष्यों की सिद्धि हेतु उपयुक्त अनुक्रियाएँ करनी पड़ती हैं, जीवन के विविध क्षेत्रों में समायोजन स्थापित करना पड़ता है; विकास के मार्ग में आनेवाली बाधाओं, कठिनाइयों, समस्याओं को दूर करना पड़ता है। अपनी क्षमताओं का विकास एवं कमियों का उपचार करना पड़ता है। इस पूरी प्रक्रिया को सहज और अधिक सफल बनाने के लिए निर्देशन एवं परामर्शन की आवश्यकता होती है। परामर्शन के अनेक लक्ष्य एवं उद्देश्य होते हैं। परामर्शन के लक्ष्यों के अन्तर्गत परामर्शन प्रक्रिया में सम्मिलित गतिविधियों के अधिक सन्निकट, तात्कालिक एवं प्रकट लक्ष्यों का वर्णन किया जाना उचित प्रतीत होता है जबकि उद्देश्यों के अन्तर्गत अन्तर्निहित अभीष्ट लक्ष्यों पर ध्यान केन्द्रित किया जा सकता है। परामर्शन द्वारा निर्धारित लक्ष्यों एवं उद्देश्यों की पूर्ति द्वारा परामर्शन के जिन प्रकार्यों का अनुभव होता है, उन्हें उपचारात्मक परिहारात्मक एवं विकासात्मक उद्देश्यों के रूप में देखा जा सकता है। परामर्शन के लक्ष्यों एवं उद्देश्यों के निर्धारण में छात्रों, अभिभावकों, अध्यापकों एवं समाज की अपेक्षाओं का प्रभाव पड़ता है। अतः उनकी अपेक्षाओं पर दृष्टिपात उपयोगी होगा।

परामर्शन के लक्ष्य
(Goals of Counselling)

परामर्शन के लक्ष्य अत्यन्त व्यापक होते हैं। कुछ लक्ष्य मुख्यतः समकालीन जीवन से सम्बन्धित होते हैं तथा अन्य लक्ष्यों का सम्बन्ध मूलतः व्यक्ति को भविष्य में प्रकट होने वाली सम्भावित समस्याओं के समाधान के लिए समर्थ बनाने के साथ होता है। परामर्शन के उद्देश्यों की व्यापकता एवं पारस्परिक अंतर्सम्बन्धों के कारण उद्देश्यों को सूचीबद्ध करना जटिल कार्य है। **पारलॉफ्फ** (Parloff, 1961) लक्ष्यों को दो वर्गों तात्कालिक लक्ष्य (immediate goals) और अभीष्ट लक्ष्य (ultimate goals) के रूप में विभाजित करते हैं। **पैटर्सन** (Patterson, 1970) के अनुसार लक्ष्यों के तीन स्तर हैं—मध्यस्थताकारी

लक्ष्य (mediating goals), मध्यवर्ती लक्ष्य (intermediate goals) और अभीष्ट लक्ष्य (ultimate goals) इनके अतिरिक्त प्रक्रिया लक्ष्य (process goals) का भी प्रायः वर्णन किया गया है।

परामर्शन के समकालीन या तत्कालीन लक्ष्यों के अन्तर्गत उन लक्ष्यों को सम्मिलित किया जाता है जिनका सम्बन्ध व्यक्ति की तात्कालिक समस्याओं के समाधान से होता है। अभीष्ट लक्ष्य दीर्घकालिक लक्ष्य होते हैं। तात्कालिक लक्ष्यों की प्राप्ति के द्वारा अंततः अभीष्ट लक्ष्यों की प्राप्ति में सहायता मिलती है। अभीष्ट लक्ष्य भविष्य से सम्बन्धित होने के अतिरिक्त अत्यन्त सामान्य श्रेणी के होते हैं। इस अध्याय की योजना के अनुसार अभीष्ट लक्ष्यों (ultimate goals) का उद्देश्यों (objectives) के रूप में वर्णन किया गया है।

प्रक्रिया लक्ष्यों (process goals) का सम्बन्ध परामर्शन प्रक्रिया के साथ होता है। प्रक्रिया लक्ष्यों की प्राप्ति के माध्यम से ही परामर्शदाता परामर्शन के विविध तात्कालिक, मध्यवर्ती और अभीष्ट लक्ष्यों की प्राप्ति सम्भव बनाता है और परामर्शदाता द्वारा परामर्शी के साथ सौहार्द्रपूर्ण, मित्रवत् एवं भावात्मक अभिव्यक्ति के लिए अनुकूल परिवेश का विकास करता है। इस प्रकार परामर्शदाता जिस परिवेश का निर्माण करता है, परिवेश में जिन विशेषताओं के विकास का लक्ष्य स्थापित करता है उसे प्रक्रिया लक्ष्य के अन्तर्गत सम्मिलित माना जाता है।

व्यवहारवादी परामर्शन पद्धति अभीष्ट लक्ष्यों (इस अध्याय में उद्देश्यों के रूप में अगले खण्ड में वर्णित लक्ष्य) की प्राप्ति के लिए मध्यस्थताकारी/तात्कालिक लक्ष्यों की सिद्धि पर बल देती है। ऐसे लक्ष्यों के दो पक्ष—धनात्मक और ऋणात्मक होते हैं। अभीष्ट लक्ष्यों को प्राप्त करने के लिए इन्हें पहले प्राप्त किया जाना चाहिए। आत्मबोध, परिवेशीय बोध, समायोजनात्मक अनुक्रियाओं का विकास धनात्मक पक्ष के और चिन्ता, आक्रोश, आक्रामकता, अनुचित आदतों, असंगत भय जैसी प्रतिक्रियाओं का निरोध एवं निवारण ऋणात्मक पक्ष के मध्यस्थताकारी लक्ष्यों के कतिपय उदाहरण हैं।

एस॰ एन॰ रॉव (1982) के अनुसार मध्यवर्ती लक्ष्यों का वर्णन परामर्शी द्वारा परामर्शन की आवश्यकता का अनुभव होने के अन्तर्निहित कारणों के माध्यम से होता है और तात्कालिक या मध्यस्थताकारी लक्ष्य (immediate goals) को परामर्शदाता के द्वारा स्थापित किये गये वर्तमान अभिप्राय (intention) के रूप में समझा जा सकता है।

परामर्शन के मध्यस्थ लक्ष्यों की सूची का निर्माण जटिल है। अनेक लक्ष्य एक-दूसरे के क्षेत्र में अंशतः व्याप्त (overlap) होते हैं तथापि छात्रों के लिए सुविधापूर्ण रूप में ऐसे पन्द्रह लक्ष्यों का वर्णन किया जा रहा है जो कि **रॉव** (1982), **फेल्थम** (2000) के द्वारा वर्णित लक्ष्यों के अतिरिक्त कतिपय बिंदुओं पर लेखकों के मतों को भी अभिव्यक्त करते हैं। तात्कालिक लक्ष्य अधोवर्णित हैंः—

(1) अवलम्ब *(Support)*—कुछ व्यक्तियों/क्लायंट के लिए उनके संज्ञान, संवेग, अनुक्रिया प्रणाली, स्व-सरंचना को अनाच्छादित (uncover) करने की तुलना में उनके वर्तमान आत्म-बल (ego-strength) और परिस्थितियों में व्याप्त चुनौतियों का सामना करने की सामर्थ्यों (coping-skills) का समर्थन और प्रोत्साहन उपयोगी होता है। अवलम्बन उपचार (supportive therapy) की मनोचिकित्सकीय एवं परामर्शन प्रविधि क्लायंट को इसी माध्यम से सहायता देने का प्रयत्न करती है। कुछ लोगों को अल्पकालिक

अवलम्बन और अन्य लोगों को दीर्घकालिक अवलम्बन की आवश्यकता होती है। प्रायः सभी मनोचिकित्सकीय एवं परामर्शन प्रविधियों में आरम्भ में इस प्रणाली का उपयोग किया जाता है। व्यक्ति को 'जैसा है वैसा' स्वीकार करने; उसकी आलोचना न करने, उसके विचारों, मतों, प्रतिक्रियाओं पर निर्णय न लेने जैसी परामर्शदाता की सद्भाव, सौहार्द्र, लगाव से परिपूर्ण शैली एवं व्यक्ति में वास्तविक रुचि की अभिव्यक्ति द्वारा उसे अवलम्बन की प्राप्ति होती है।

परामर्शदाता द्वारा दिये जाने वाले अवलम्बन का उद्देश्य सहारा देना होता है। इसका उद्देश्य व्यक्ति के व्यवहार की वकालत करने से भिन्न है। इसके अतिरिक्त यह अवलम्बन मित्रों एवं परिजनों के अवलम्बन से भिन्न पेशेवर एवं अनुशासित श्रेणी का होता है। इसका उद्देश्य व्यक्ति को कठिन समय में सहयोग देकर उसको स्वावलम्बन की दिशा में उन्मुख करना और परामर्शन/उपचार के जटिल आयामों के लिए तैयार करना होता है।

(2) मनो-शैक्षिक निर्देशन (*Psycho-educational guidance*)—परामर्शन निर्देशन सेवाओं का एक घटक है, और निर्देशन का मौलिक स्वरूप शैक्षिक होता है, अतः परामर्शन का लक्ष्य भी विविध रूपों में मनो-शैक्षिक निर्देशनात्मक होता है। व्यक्ति को सूचनाएँ देना, मूल्यांकन सेवा प्रदान करना, शिक्षण/प्रशिक्षण देना, सामाजिक दक्षता का विकास, जीवनोपयोगी व्यवहार में प्रशिक्षण, तनाव प्रतिरोध के लिए प्रशिक्षण, शिथिलीकरण प्रशिक्षण, विवाह-समृद्धिकरण की व्यवस्था, माता-पिता की प्रभावशाली भूमिका हेतु उनका प्रशिक्षण, समस्या/रोग की पुनरावृत्ति का निरोध, दृढ़ता (assertiveness) के लिए प्रशिक्षण जैसे अनेक कार्यक्रमों को फेल्थम (2000) इसी श्रेणी में रखते हैं। अनेक व्यक्तियों की समस्या यह होती है कि वे अपनी रुचियों और सामर्थ्यों की पहचान नहीं कर पाते हैं अतः उन्हें अपने जीवन के विभिन्न क्षेत्रों में लक्ष्यों का चयन करने में कठिनाई होती है। मनोशैक्षिक निर्देशनात्मक लक्ष्यों को सामने रखकर परामर्शदाता व्यक्ति या क्लायंट की अन्तर्निहित समस्याओं को अनाच्छादित किये बिना उसके संज्ञान, व्यवहार और अन्तर्वैयक्तिक सम्बन्धों की प्रणाली का उन्नयन (enhancement) करके व्यक्ति के सम्पूर्ण विकास और जीवन दर्शन एवं समायोजनात्मक दृष्टि से उसे समृद्ध एवं परिपूर्ण करता है।

(3) निर्णय-रचना (*Decision-making*)—परामर्शन का एक मुख्य लक्ष्य परामर्शी को उपयुक्त निर्णय के विकास हेतु सहायता देना होता है। उपयुक्त निर्णय कर पाने में व्यक्ति की असफलता उसकी अनेक विफलताओं, कुण्ठाओं, समायोजनात्मक समस्याओं का मूल कारण होती है। व्यक्ति को उपयुक्त निर्णय अपनाने या विकसित कर पाने में व्यक्ति की विफलता के रूप में देखा जा सकता है। व्यक्ति को जीवन लक्ष्यों के संदर्भ में अनेक प्रकार के लक्ष्यों एवं उपलक्ष्यों का इस प्रकार चयन करना चाहिए कि चयनित लक्ष्य (i) व्यक्ति की क्षमताओं एवं विशेषताओं के अनुरूप हो; (ii) व्यक्ति के परिवेश में व्याप्त संभावनाओं, बाधाओं, सीमाओं को ध्यान में रखकर विकसित किया गया हो; (iii) स्पष्ट हो अर्थात् व्यक्ति लक्ष्य के निहितार्थ और उसकी निष्पत्तियों को समझता हो; (iv) लक्ष्य की रचना व्यक्ति के द्वारा स्वतंत्रतापूर्वक की गयी हो जिससे कि व्यक्ति को चयनित लक्ष्य के प्रति अपनी जिम्मेदारी का बोध हो। ऐसे निर्णय के लिए व्यक्ति को स्वयं अपने बारे में एवं परिवेश के बारे में पर्याप्त वस्तुनिष्ठ सूचना प्राप्त होनी चाहिए साथ ही चयन की उपयुक्तता और तर्कसंगत आधार के बारे में जानकारी होनी चाहिए। रेव्स एवं

रेव्स (Reaves & Reaves, 1965) के अनुसार परामर्शन का मूल उद्देश्य व्यक्ति को लक्ष्य चयन करने, उसका मूल्यांकन करने, उसे स्वीकार करने और अपने चयन का क्रियान्वयन करने के लिए प्रेरित करना होता है।

(4) समस्या-समाधान *(Problem-solving)*—समस्या समाधान का लक्ष्य पूर्व वर्णित निर्णय-रचना के लक्ष्य और आगे अंकित लक्ष्य समायोजन स्थापना से स्वतंत्र नहीं है तथापि यहाँ यह उल्लेख्य है कि कुछ परामर्शियों की परामर्शन से यह अपेक्षा होती है कि परामर्शन द्वारा उसके सम्मुख उपस्थित समस्या का तत्काल समाधान हो। उदाहरणार्थ कोई छात्र चयनित विषय क्षेत्र में प्रवेश कहाँ और कैसे प्राप्त करे, पाठ्यक्रम सम्बन्धी व्यय के लिए धन की व्यवस्था कैसे करे, अनचाही परिस्थिति से बाहर कैसे निकले, स्वास्थ्य समस्या का उपचार कहाँ और कैसे प्राप्त करें। कुछ समस्याएँ दुविधा के रूप में प्रकट होती है जैसे—विवाह सुखसागर है या झमेला? धन आवश्यक है या ज्ञान? घर महत्त्वपूर्ण है या समाज? व्यक्ति धनोपार्जन के लिए विदेश जाये या अपने लोगों के मध्य रहे? स्पष्टतः ऐसे प्रश्न व्यक्ति के जीवन दर्शन में व्याप्त दुविधा को प्रकट करते हैं। परामर्शन का लक्ष्य व्यक्ति के लिए संदर्भित समस्या के बारे में अन्वेषण करना तथा संवेगों और व्यावहारिकता की परख की क्रिया को सहज बनाना है।

(5) समायोजन *(Adjustment)*—समायोजन की दिशा में परामर्शन और निर्देशन का योगदान मुख्यतः विकासात्मक होता है अर्थात् समायोजन के लिए व्यक्ति की क्षमताओं और विशेषताओं का विकास किया जाता है जिससे कि वह भविष्य में उत्पन्न होनेवाली समस्याओं का सामना कर सके किन्तु कुछ विशेष प्रकार की परिस्थितियों में प्रत्यक्ष योगदान भी दिया जाता है। औद्योगिक/संगठनात्मक परिवेश में कर्मचारियों के लिए ऐसे समर्थन की आवश्यकता होती है। कार्यालय, उद्योग या संगठन की कार्यपद्धति के बारे में सूचना देने के अतिरिक्त अवलम्बन, निर्णय रचना, समस्या समाधान, निश्चयात्मकता प्रशिक्षण, विचार मंथन (brain-storming) जैसी तकनीकें समायोजन की स्थापना के लिए प्रयुक्त की जाती हैं। कर्मचारी कल्याण योजनाओं के बारे में सम्यक् जानकारी द्वारा कर्मचारियों को समायोजनात्मक लक्ष्यों की प्राप्ति में सहायता मिलती है।

(6) आपद्कालीन हस्तक्षेप एवं प्रबन्धन *(Crisis intervention and management)*—समाज में तथा व्यक्ति के जीवन में कई बार ऐसी संकट की घड़ियाँ आती हैं कि एक सामान्य व्यक्ति के लिए अथवा ऐसे आपद्काल के बारे में किसी पूर्व अनुभव के अभाव वाले समूह के लिए उत्पन्न परिस्थितियों का सामना करना कठिन होता है अतः व्यावसायिक रूप में प्रशिक्षित परामर्शदाताओं के माध्यम से हस्तक्षेप की आवश्यकता होती है। प्राकृतिक आपदा जैसे बाढ़, बाँध टूटना, या मानव निर्मित संकट जैसे धार्मिक या जातीय दंगे, बंधक या अपहरण की घटनाएँ, अथवा औद्योगिक दुर्घटनाएँ, रेल, बस या वायु दुर्घटना के पश्चात भुक्तभोगी व्यक्ति एवं निकट सम्बन्धी मनोआघात की अवस्था में देखे जा सकते हैं। मनोआघात से बाहर आने के लिए उन्हें तत्काल सहयोग की आवश्यकता होती है। ऐसी परिस्थिति में ऐसे मार्गदर्शन, निर्देशन, सक्रिय एवं प्रत्यक्ष सहयोग की आवश्यकता होती है जिससे व्यक्ति का अत्म बल वापस लौटे और धीरे-धीरे व्यक्ति अपने सामान्य कार्यकलाप के क्षेत्र में सक्रिय हो सके। ''आपद्कालीन हस्तक्षेप का प्राथमिक उद्देश्य संकटकाल आने से पहले की परिस्थितियों के समतुल्य कार्यस्तर को

पुनर्स्थापित करना होता है'' (फेल्थम, 2000)। इसका उद्देश्य व्यक्ति को सकारात्मक रूप में सशक्त बनाना तथा किसी प्रकार की मनोव्याधि का निरोध करना होता है।

(7) लक्षण उन्मूलन (*Symptom amelioration*)—मनोव्याधि से पृथक सामान्य श्रेणी के व्यक्तियों में भी समस्या उत्पन्न होने पर मनोरचनाओं की सक्रियता के अनेक परिणाम उनके व्यवहार में लक्षणों के रूप में प्रकट होते रहते हैं। मनोदैहिक प्रभाव से सम्बन्धित लक्षण, चिड़चिड़ापन, सामान्य रूप में कार्य करने में कठिनाई जैसी परिस्थितियों में लक्षण का उन्मूलन ही व्यक्ति की प्राथमिकता होती है।

(8) अन्तर्दृष्टि का विकास (*Development of insight*)—कुछ व्यक्तियों का व्यवहार ऐसा होता है कि उनके सामने बार-बार समस्याएँ उत्पन्न होती रहती है और उनकी प्रतिक्रिया शैली के कारण समस्या का समाधान प्राप्त होने के स्थान पर समस्या में और वृद्धि होती है। ऐसे क्लायंट/व्यक्ति के लिए परामर्शदाता अन्तर्दृष्टि के विकास का लक्ष्य स्थापित करते हैं। अन्तर्दृष्टि और आत्मबोध का विकास एक सतत् प्रक्रिया है जो विकास, परामर्शन और मनोपचार जैसी सभी प्रक्रियाओं के साथ सम्बन्धित है। अन्तर्दृष्टि के विकास द्वारा समस्याओं के कारणों के विश्लेषण, व्यवहार परिवर्तन, लक्षण उन्मूलन, समस्या समाधान और उपचार में सहायता मिलती है।

(9) आत्म-बोध का विकास (*Development of self-understanding*)—व्यक्ति की अन्तर्दृष्टि और आत्म-बोध का विकास परस्पर सम्बन्धित प्रक्रियाएँ हैं। आत्मबोध अपने आप के बारे में अन्तर्दृष्टि के विकास से सम्बन्धित है। अन्तर्दृष्टि के उपर्युक्त शीर्षक में समस्याओं और सम्बन्धित व्यवहार के विश्लेषण पर ध्यान केन्द्रित किया गया है। यहाँ हमारा सम्बन्ध व्यक्ति की सामर्थ्यों, विशेषताओं, अभिप्रेरणाओं, रुचियों आदि की पहचान करने में उसे सहायता देने से है।

(10) परिवेश एवं स्वयं के प्रति सकारात्मक दृष्टिकोण का विकास (*Development of positive viewpoint towards the environment and self*)—आधुनिक युग चिन्ता, कुण्ठा और विफलताओं का युग है। चतुर्दिक व्यक्ति और परिवेश के बारे में नकारात्मक दृष्टिकोण व्याप्त है। स्वयं अपने या अपने परिवेश के बारे में ऋणात्मक मूल्यांकन व्यक्ति की आशाओं और आत्मविश्वास को क्षीण करता है और उसके लक्ष्य सिद्धि सम्बन्धी प्रयत्नों को शिथिल बनाता है जिसके परिणामस्वरूप लक्ष्य निर्धारण और सिद्धि में व्यवधान आता है। इसकी तुलना में जीवन के प्रति, अपने गुणों और विशेषताओं के बारे में तथा परिवेश के प्रति दृष्टिकोणों की सकारात्मकता व्यक्ति की सफलता, संतुष्टि और प्रसन्नता की प्राप्ति में सहायक होती है। अतः परामर्शन की प्रक्रिया द्वारा व्यक्ति के संज्ञान और जीवनदर्शन में आवश्यक परिमार्जन लक्ष्य किया जाता है।

(11) जीवन में सार्थकता एवं अर्थबोध का विकास (*Development of worth and meaning in life*)—किशोरों, नवयुवकों, वृद्ध व्यक्तियों में बहुधा जीवन की निरर्थकता (meaninglessness) की भावना व्याप्त रहती है। सक्रिय जीवन से अवकाश ग्रहण कर चुके लोगों में सार्थकता का बोध पुनर्जागृत करने की आवश्यकता पर बार-बार बल दिया जाता है। आधुनिक युग में धार्मिक और आध्यात्मिक लक्ष्यों के अभाव में सार्थकता और अर्थबोध का अन्वेषण व्यक्ति के लिए कठिन हो जाता है।

जीवन में प्रति नकारात्मक दृष्टिकोण, निरर्थकता, अर्थबोध की कमी वास्तव में पार्थक्य

(alienation) की समस्या है। परामर्शन का लक्ष्य हम लेखकों की दृष्टि में पार्थक्य की समाप्ति और संज्ञानात्मक, व्यवहारात्मक संलिप्तता (involvement) का विकास करना है। इसके लिए परामर्शन प्रक्रिया के माध्यम से व्यक्तियों को अपनी अन्तरस्थ अभिप्रेरणाओं (intrinsic motivations) के अन्वेषण की दिशा में सहायता दी जानी चाहिए। हम लेखकों का मत है कि भारतीय संदर्भों में लोगों में दान और परोपकार जैसी प्रवृत्तियों को पुनर्जागृत किये जाने की आवश्यकता है। उदाहरण के लिए वृद्धजन विद्यादान के लक्ष्य को सामने स्थापित करके जीवन की सार्थकता का अनुभव कर सकते हैं किन्तु लोगों को ऐसी दिशाओं से अर्थबोध की प्राप्ति करने के लिए परामर्शदाता के माध्यम से सहयोग की आवश्यकता होती है।

(12) अपरिहार्य को स्वीकारने हेतु तत्परता का विकास (*Developing readiness to accept the inevitable*)—जीवन की कुछ घटनाएँ, परिवेश की अनेक परिस्थितियाँ ऐसी होती हैं जिनका कोई विकल्प या उनसे पृथक होने का कोई मार्ग नहीं होता है। हमारा एक परिवार या समुदाय में जन्म लेना, परिजनों का बिछुड़ना (मृत्यु) ऐसी ही घटनाओं के उदाहरण हैं। एक सामान्य व्यक्ति के लिए सामाजिक-आर्थिक-राजनैतिक संरचना को प्रभावित करना या उसका विकल्प तैयार करना संभव नहीं हो सकता है जबकि उसके जीवन की संरचना और स्वरूप इनके द्वारा अनिवार्यतः प्रभावित होते हैं। ऐसी दशा में व्यक्ति के लिए देय परिस्थितियाँ अपरिहार्य हो जाती हैं और उस व्यक्ति का हित इस अपरिहार्य को स्वीकार कर लेने में ही निहित होता है। परामर्शन व्यक्ति को अपरिहार्य दशाओं को सहजतापूर्वक स्वीकार करने हेतु सहयोग देता है।

(13) व्यवहार परिमार्जन एवं व्यक्तित्व परिवर्तन (*Behaviour modification and personality change*)—परामर्शन के अभीष्ट लक्ष्यों एवं उद्देश्यों को प्राप्त करने के लिए व्यक्ति की निजी प्रभावशीलता (effectiveness) में वृद्धि अनिवार्य रूप में आवश्यक होती है। व्यक्ति के व्यवहार को प्रभावशाली बनाने के लिए व्यक्ति में जिम्मदेारी का बोध, श्रम, समय, समर्पण, सम्यक रूप में लाभ-हानि के लिए खतरा मोल लेने की प्रवृत्तियों की आवश्यकता होती है। यदि कोई व्यक्ति आलसी है, निर्णय लेने में विलम्ब करता है, शीघ्र ही अपना लक्ष्य त्याग देता है या उसके व्यवहार में अन्य ऐसी ही कमियाँ व्याप्त हैं तो ऐसे व्यवहार दोषों को परिमार्जित करने की आवश्यकता होती है। व्यवहारवादी-संज्ञानवादी उपागम व्यवहार परिमार्जन पर बल देते हैं किन्तु मानवतावादी उपागम से जुडे परामर्शदाता जीवन-परिवर्तन और व्यक्तित्व परिवर्तन को महत्त्व देते हैं।

(14) व्यवस्था, संगठन या समाज में परिवर्तन (*Systematic, organizational or social change*)—अनेक परामर्शन प्रारूपों में परिवार, घरेलू भागीदारी, कार्य समूहों और अन्य प्रकार के समूहों में परिवर्तन का लक्ष्य अपनाया जाता है। अनेक समूह-परामर्शन दशाओं में समूह के अन्दर तथा समूहों के मध्य व्याप्त द्वन्द्वों के समाधान का प्रयास किया जाता है।

(15) उपयुक्त स्वास्थ्य व्यवहार का विकास (*Development of appropriate health behaviour*)—किशोरों, युवकों के जीवन में उपयुक्त स्वास्थ्य सम्बन्धी व्यवहार का विकास उनके वर्तमान और भविष्य के लिए अत्यन्त उपयोगी होता है। यौनिक व्यवहार का स्वास्थ्य से घनिष्ठ सम्बन्ध है। एच० आई० बी०/एड्स की भयावह स्थिति, मादक

पदार्थों के सेवन से उत्पन्न खतरों और मोटापा, डाइबिटीज एवं अन्य दोषपूर्ण जीवन शैली के कारण विकसित होने वाले रोगों/स्वास्थ्य समस्याओं के संदर्भ में समूह परामर्शन की आवश्यकता का अनुभव सभी वर्गों द्वारा किया जा रहा है।

परामर्शन के उद्देश्य
(Objectives of Counselling)

अब तक के वर्णन में परामर्शन के तात्कालिक/मध्यस्थ लक्ष्यों का वर्णन किया गया है। प्रश्न यह है कि अन्ततः परामर्शन क्या करना चाहता है, इसका अभीष्ट लक्ष्य/उद्देश्य क्या है। परामर्शन का अभीष्ट उद्देश्य व्यक्ति के मानसिक स्वास्थ्य का विकास, उसका एक 'पूर्णतः प्रकार्यात्मक व्यक्ति' के रूप में विकास, उसकी क्षमताओं का अधिकतम विकास, उसका आत्म-उन्नयन/स्व आत्मीकरण, उसकी आत्म-सिद्धि की दिशा में उसे सहयोग प्रदान करना माना जाता है। परामर्शन के प्रमुख उद्देश्यों (objectives) का वर्णन प्रस्तुत हैः—

(1) मानसिक स्वास्थ्य *(Mental health)*—ऊपर वर्णित अनेक लक्ष्यों का दीर्घकालिक/अभीष्ट उद्देश्य मानसिक स्वास्थ्य का लक्ष्य प्राप्त करना होता है। कुछ परामर्शदाता मानसिक स्वास्थ्य के सकारात्मक लक्ष्यों को सामने रखकर उपयुक्त लक्ष्य चयन, वस्तुनिष्ठ आत्मबोध, समस्या समाधान, समायोजन, परिवेश के प्रति सकारात्मक दृष्टिकोण के विकास जैसे मध्यस्थ लक्ष्यों को प्राप्त करते हुए मानसिक स्वास्थ्य के अभीष्ट उद्देश्य की दिशा में अग्रसर होने की वरीयता देते हैं किन्तु अन्य परामर्शदाता लक्ष्यों के बारे में अनिश्चयात्मकता, चिन्ता और सांवेगिक तनाव जैसी समस्याओं के परिहार पर ध्यान केन्द्रित करते हैं।

(2) व्यक्ति के संसाधन का सम्वर्धन *(Improving personal resourcefulness)* —व्यक्ति को परिवेश की संरचना और विशेषताओं के बारे में सूचना की प्राप्ति, अन्तर्वैयक्तिक सम्बन्धों में दक्षता, सकारात्मक दृष्टिकोण, समस्याओं के समाधान की अभिप्रेरणा और तत्परता एवं आत्मविश्वास के माध्यम से जीवन के लक्ष्यों को प्राप्त करने में लाभ मिलता है। सूझबूझ, दृढ़ निश्चयात्मकता, अपनी क्षमताओं और सीमाओं की पहचान भी व्यक्ति के लिए उपयोगी संसाधन हैं जिनके द्वारा सफलता और प्रसन्नता की प्राप्ति होती है। परामर्शन का अभीष्ट उद्देश्य व्यक्ति को भविष्य के लिए निजी संसाधनों की दृष्टि से सम्पन्न करना होता है।

(3) प्रकार्यात्मक दृष्टि से संपूर्ण व्यक्ति का विकास सहज बनाना *(Facilitating development of a fully functioning person)*—मानवतावादी मनोदर्शन यह मानता है कि व्यक्ति घर, परिवार, समाज, संस्कृति और अपने अनुभवों द्वारा स्थापित बाधाओं और प्रतिबन्धों (constraints and restrictions) के कारण प्रकार्यात्मक दृष्टि से एक पूर्ण व्यक्ति के रूप में कार्य नहीं कर पाता है। व्यक्ति की अन्तर्निहित क्षमताओं का अधिकतम सम्भव विकास (optimum development of potential) नहीं हो पाता है। परामर्शन की प्रक्रिया व्यक्ति के लिए ऐसे परिवेश की रचना करती है जिसमें व्यक्ति पूर्ण स्वतंत्रता और सुरक्षा का अनुभव करता है, उसे किसी प्रकार की धमकी या असुरक्षा (threat) का अनुभव नहीं होता है, परामर्शदाता के माध्यम से प्राप्त सुरक्षा और संरक्षण में व्यक्ति अपनी सामर्थ्य का परीक्षण कर सकता है। इस प्रकार का परिवेश व्यक्ति की अन्तर्निहित सामर्थ्य के अधिकतम संभव विकास में सहायक होकर व्यक्ति को प्रकार्यात्मक दृष्टि से सम्पूर्ण व्यक्ति के रूप में विकसित होने में मदद देता है।

(4) स्व-आत्मीकरण *(Self-actualization)*—रॉजर्स (1951, 1959) के अनुसार प्राणी (व्यक्ति) के अन्दर अनुभवशील व्यक्ति के स्व के उन्नयन/आत्मीकरण (actualization) की मूल प्रवृत्ति होती है। व्यक्ति स्व के अनुरक्षण और उन्नयन की चेष्टा करता है। आत्मीकरण की प्रवृत्ति के कारण प्राणी परिवेश के उन पक्षों पर ध्यान देता है जिनमें व्यक्ति के लिए पूर्णता की दिशा में अग्रसर होने की संभावना निहित होती है। स्व-आत्मीकरण व्यक्ति की एक मात्र प्रवृत्ति या अभिप्रेरणा होती है और 'स्व-आत्मीकृत' या 'पूर्ण-मानव' के रूप में विकसित होना व्यक्ति का एकमात्र लक्ष्य होता है किन्तु माता-पिता, अध्यापकों एवं अन्य महत्त्वपूर्ण व्यक्तियों द्वारा बच्चों का नकारात्मक मूल्यांकन किये जाने के कारण इस प्रक्रिया में व्यवधान और विकृति की उत्पति होती है। परामर्शन और मनोपचार का उद्देश्य व्यक्ति को बिना किसी शर्त के सकारात्मक सम्मान (unconditional positive regard) का अनुभव उपलब्ध कराना होता है जिससे कि व्यक्ति के लिए 'स्व-आत्मीकरण' सम्भव हो सके।

रॉजर्स की भाँति ही गोल्डस्टीन (1939) भी 'स्व-आत्मीकरण' पर बल देते हैं। गोल्डस्टीन स्व-आत्मीकरण (self-actualization), आत्म-सिद्धि (self-realization), अन्तर्निहित क्षमताओं (inherent potentialities) के विकास पर बल देते हैं।

(5) आत्म सिद्धि *(Self-realization)*—गोल्डस्टीन के अनुसार व्यक्ति की सभी आवश्यकताएँ जीवन के सर्वोच्च लक्ष्य की अभिव्यक्ति मात्र होती हैं। सर्वोच्च लक्ष्य/अभिप्रेरणा 'स्व-आत्मीकरण' या 'आत्म सिद्धि' होती है जिसका अर्थ यह है कि व्यक्ति सतत् अपनी अन्तर्निहित क्षमताओं (inherent potentialities) का उपलब्ध सभी प्रकार के संभव मार्गों से सिद्धि (realization) के लिए प्रयास करता है। व्यक्ति की क्षमताओं को उसकी वरीयताओं और उस कार्य के माध्यम से जाना जा सकता है जिसे वह सर्वोत्कृष्ट रूप में सम्पन्न करता है। सभी लोगों की अन्तर्निहित क्षमताएँ पृथक प्रकार की होती है अतः परामर्शन प्रक्रिया का उद्देय व्यक्ति की अन्तर्निहित क्षमताओं को ध्यान में रखते हुए व्यक्ति को उसकी (निजी) क्षमताओं की सिद्धि की दिशा में सहायता देना होता है।

परामर्शन लक्ष्यों का निरूपण और उसमें व्याप्त बाधाएँ
(Formulations of Counselling Goals and Difficulties in it)

परामर्शन के लक्ष्यों एवं उद्देश्यों का सीधा सम्बन्ध व्यक्ति की आयु, रुचियों, अनुभवों और समस्याओं के साथ होता है। परामर्शन व्यक्तियों को लक्ष्यों के चयन, समस्याओं के विश्लेषण, समायोजन के विकास आदि अनेक लक्ष्यों की दिशा में सहायता देता है। परामर्शन की सफलता के लिए लक्ष्यों का निरूपण अत्यन्त स्पष्ट एवं विशिष्ट रूप में किया जाना चाहिए। साधारणतया परामर्शी को स्पष्ट रूप में यह ज्ञात नहीं रहता है कि उसे परामर्शन प्रक्रिया से किस प्रकार की सहायता चाहिए अथवा उस का लक्ष्य क्या है। उस लक्ष्यों के बारे में अनिश्चियतता, अस्पष्टता और असमंजस की स्थिति में रहता है। परामर्शदाता का प्रथम कर्त्तव्य इस अस्पष्टता और असमंजस को समाप्त करके व्यवहार के क्षेत्र में उस स्पष्ट लक्ष्य का निर्धारण करना होता है जिसे कि वह प्राप्त करना चाहता है।

सुस्पष्ट एवं विशिष्ट लक्ष्यों का निरूपण सरल कार्य नहीं है। इस कार्य में अधोवर्णित कारणों के फलस्वरूप अनेक कठिनाइयाँ आती है:—

(1) परामर्शी की समस्या का किसी अन्य व्यक्ति के व्यवहार से सम्बन्धित होना—परामर्शदाता से सहायता की माँग करनेवाले परामर्शी की समस्याएँ प्रायः उसके निजी व्यवहार से सम्बन्धित नहीं होती है, उसकी समस्या का सम्बन्ध किसी अन्य व्यक्ति के व्यवहार सम्बन्धी दोष के साथ होता है। ऐसे परामर्शी व्यक्ति माता-पिता, मित्र, अध्यापक जैसे लोग होते हैं जो अपने पाल्य, मित्र या विद्यार्थी की व्यवहार सम्बन्धी किसी समस्या का समाधान प्राप्त करना चाहते हैं। ऐसी परिस्थिति में परामर्शदाता के समक्ष समस्या को प्रस्तुत करने वाले व्यक्ति को ही क्लायंट माना जाता है क्योंकि जिस व्यक्ति के व्यवहार की समस्या का समाधान किया जाना है उसके लिए समाधान का अन्वेषण समस्या प्रस्तुत करने वाले माता-पिता, मित्र या अध्यापक द्वारा किया जाना अपेक्षित होता है। परामर्शदाता सम्पर्क स्थापित करने वाले/समस्या प्रस्तुत करने वाले व्यक्ति के माध्यम से ही कार्यक्रम का क्रियान्वयन करेगा। परामर्शदाता ऐसी परिस्थिति की सरंचना का इस प्रकार से निरूपण करता है कि क्लायंट अपनी जिम्मेदारी को स्वीकार करते हुए ऐसा व्यवहार करता है जिसके द्वारा सम्बन्धित समस्या (प्रस्तुत की गयी समस्या) का समाधान सहज हो सके।

(2) समस्या का भावानुभूति के रूप में अभिव्यक्त किया जाना—परामर्शदाता के समक्ष कुछ समस्या 'अवांछित अनुभूति' के रूप में अभिव्यक्त की जाती है और व्यक्ति (परामर्शी) उनसे छुटकारा पाना चाहता है। परामर्शी यह समझता है कि उसके पास आवश्यक निपुणता या दक्षता नहीं है। अनेक निपुण और सक्षम व्यक्ति भी जब ऐसे लक्ष्यों को अपने सामने स्थापित कर लेते हैं जो यथार्थपूर्ण नहीं होते हैं तब उनके अन्दर भी अनुपयुक्तता की अनुभूति उत्पन्न हो जाती है। ऐसी परिस्थिति में परामर्शदाता का उद्देश्य (i) अक्षम परामर्शी को सामर्थ्य के विकास हेतु सहायता देना होता है तथा (ii) परामर्शी को अपनी इच्छा (desire) के अनुरूप कार्य लक्ष्य अपनाने के बदले ऐसे कार्य/जीवन लक्ष्य अपनाने के लिए प्रेरित करना होता है जो कि वांछनीय (desirable) होती हैं। व्यक्ति की इच्छा वांछनीय हो ऐसा स्वाभाविक रूप में आवश्यक तो नहीं होता है किन्तु परामर्शन के सिद्धान्तों की दृष्टि में व्यक्ति की इच्छाएँ ऐसी होनी चाहिए कि वे वांछनीय भी हो।

भावानुभूति रूपी समस्या की दशा में परामर्शदाता (i) परामर्शी को अपनी अनुभूतियों को अन्य व्यक्तियों (क्लायंट) के साथ बाँटने (share) के लिए अभिप्रेरित करता है, (ii) उन लोगों के साथ सम्पर्क में आने के लिए (ऐसे व्यक्तियों की खोज के लिए) प्रोत्साहित करता है जो कि कम सक्षम होते हुए भी सफल एवं प्रसन्न हैं, एवं (iii) क्लायंट को उच्चतम लक्ष्यों की सिद्धि के लिए वैकल्पिक कार्य योजनाओं के अन्वेषण हेतु सहायता देता है।

(3) लक्ष्य की अनुपस्थिति—अधिकतर लोगों की समस्या यह होती है कि उनके सामने कोई स्पष्ट लक्ष्य उपस्थित नहीं है, उन्हें यह ज्ञात नहीं हो पाता है कि उन्हें क्या करना है। ऐसी परिस्थिति में परामर्शदाता परामर्शी को लक्ष्य या लक्ष्यों की श्रृंखला के अन्वेषण कार्य में व्यस्त रखता है और इस दिशा में वांछित सहायता देता है। परामर्शदाता की यह अपेक्षा/आशा रहती है कि अन्ततोगत्वा परामर्शी किसी उपयुक्त लक्ष्य या लक्ष्य समुच्चय का अन्वेषण कर पायेगा जो कि उसके जीवन को अर्थपूर्णता प्रदान करेगी।

(4) अवांछित व्यवहार लक्ष्य की समस्या—कुछ परामर्शी व्यक्तियों का लक्ष्य अवांछित (undesirable) होता है। परामर्शी की इच्छा उस लक्ष्य को प्राप्त करने की होती है किन्तु अन्य व्यक्तियों या क्लायंट की अपनी ही दृष्टि में वह लक्ष्य अवांछित होता है। यहाँ पर परामर्शदाता का कार्य यह होता है कि वह व्यक्ति को स्थापित लक्ष्य और अन्य लक्ष्यों के सम्भावित परिणामों पर विचार करने हेतु सहायता करे, उन लक्ष्यों और उनकी कीमत (मूल्य) के बारे में विचार करने के लिए सहयोग प्रदान करे। अंत में लक्ष्य परामर्शी द्वारा ही निरूपित होना चाहिए।

(5) परामर्शी को व्यवहार की अनुपयुक्तता का ज्ञान न होना—लोग बहुधा घटनाओं और परिस्थितियों का इस प्रकार मूल्यांकन करते हैं कि उन्हें उनका कार्य और व्यवहार उचित प्रतीत होता है। परामर्शदाता क्लायंट को वस्तुस्थिति का उचित मूल्यांकन करने हेतु सहायता देता है। इस कार्य हेतु अन्य व्यक्तियों के साथ साक्षात्कार और विचारों के आदान-प्रदान की दिशा में परामर्शदाता सहायता देता है।

(6) पसंद के द्वन्द्व की समस्या—लक्ष्य निरूपण में एक कठिनाई उस समय आती है जब क्लायंट के समक्ष दो अथवा अनेक वांछनीय विकल्पों का द्वन्द्व उपस्थित हो जाता है। परामर्शदाता उस द्वन्द्व का समाधान करने के लिए परामर्शी की सहायता करता है। यह उचित माना जाता है कि परामर्शी को यह अधिगम करने के लिए सहायता दी जाये कि विकल्पों के बारे में निर्णय किस प्रकार किया जाना चाहिए।

(7) परामर्शी जान-बूझकर लक्ष्य की पहचान नहीं करना चाहता है—कुछ परामर्शियों के सम्मुख लक्ष्य निरूपण की कोई कठिनाई नहीं होती है, असमंजस की किसी प्रकार की स्थिति नहीं होती है किन्तु परामर्शी जान-बूझकर लक्ष्य की पहचान नहीं करना चाहता है जिससे कि परामर्शदाता के साथ उसका साक्षात्कार सुनिश्चित हो पाये और उसकी बातें परामर्शदाता द्वारा सुनी जाएँ।

परामर्शन के प्रकार्य
(Functions of Counselling)

परामर्शन द्वारा अनेक उद्देश्यों की पूर्ति, अनेक लक्ष्यों की प्राप्ति की जाती है। इन लक्ष्यों एवं उद्देश्यों के माध्यम से परामर्शन अनेक प्रकार की भूमिकाओं/प्रकार्यों (roles/ functions) का निर्वहन करता है। इन प्रकार्यों/भूमिकाओं को तीन श्रेणियों में विभाजित किया जाता है (सम्भवतः **मायर्स, लेटन** एवं **मॉर्गन**–Myers, Layton & Morgan, 1968; ने सर्वप्रथम ऐसा वर्गीकरण प्रस्तुत किया था।) उक्त तीन श्रेणियाँ उपचारात्मक (remedial/therapeutic), परिहारात्मक (preventive) एवं विकासात्मक (developmental) हैं।

उपचारात्मक (remedial therapeutic) भूमिका परामर्शी की समस्याओं को ऐसी विकृति के रूप में स्वीकार करती है कि उसको दूर करना आवश्यक माना जाता है। यह समझा जाता है कि उपचार किये बिना अर्थात् उक्त विकृति को दूर किये बिना, परामर्शी के जीवन को सुखद नहीं बनाया जा सकता है। किसी व्यक्ति के लिए कतिपय बाधाओं के कारण एक पूर्ण प्रकार्यात्मक इकाई के रूप में कार्य करने में व्यवधान आता है अतः उपचारात्मक उपागम इन बाधाओं को दूर करके व्यक्ति की क्षमताओं को व्यवधानमुक्त बनाने का प्रयत्न करता है। चिन्ता, भय, विषाद, मनोग्रस्तता, बाध्यतामूलक व्यवहार आदि

की दशा में उपचारात्मक पद्धतियाँ महत्त्वपूर्ण होती है। साधारणतया संज्ञानात्मक पुनर्गठन, व्यवहार परिमार्जन, संवेगात्मक अभिव्यक्ति जैसी तकनीकों द्वारा इन बाधाओं को दूर किया जाता है। आपद हस्तक्षेप (crisis intervention) परिवार चिकित्सा, आंगिक उपागम (systemic approach) आदि भी परामर्शन की उपचारात्मक भूमिका के विस्तार हैं। इस प्रकार की भूमिका में परामर्शन मनोविज्ञान मनोचिकित्सा एवं नैदानिक मनोविज्ञान के अधिक सन्निकट होता है। यह भी कहा जा सकता है कि इस प्रकार की भूमिका में परामर्शन मनोविज्ञान, मनोचिकित्सा एवं नैदानिक मनोविज्ञान के मध्य का कोई भी अन्तर समाप्तप्राय हो जाता है।

कॉर्चिन (Korchin, 1975) **परिहारात्मक** उपागम (preventive approach) को मानसिक स्वास्थ्य के क्षेत्र में सामुदायिक मनोविज्ञान के रूप में अभ्युदित तृतीय आन्दोलन का नाम देते हैं (प्रथम आन्दोलन यह मानना था कि मनोरोगों का उपचार सम्भव है तथा द्वितीय आन्दोलन मनोवैज्ञानिक निर्धारकों को मनोविकृतियों के कारण के रूप में स्वीकार किया जाना था।) परिहारात्मक उपागम उन कारकों एवं परिस्थितियों की पहचान पर बल देता है जिन्हें यदि समय रहते पहचान कर दूर किया जा सके तो उपचार की आवश्यकता होने की दशा को प्रकट होने से रोका जा सकता है। समस्याओं का परिहार उपचार की तुलना में अधिक सरलतापूर्वक एवं सफलतापूर्वक किया जा सकता है। शैक्षिक एवं व्यावसायिक परामर्शन, जो कि परामर्शन के आरम्भिक रूप है, इसी भूमिका में सक्रिय देखे जा सकते हैं। शैक्षिक एवं व्यावसायिक परामर्शन द्वारा समय रहते ऐसे उपाय किये जाते हैं जिससे कि परामर्शी की सफलता की संभावना में वृद्धि होती है तथा विफलता एवं मनोविकृतियों/समस्याओं की उत्पत्ति से बचाव होता है। पारिवारिक, औद्योगिक/संगठनात्मक परिवेश में अन्तर्वैयक्तिक सम्बन्ध संरचना में परिवर्तन के सुझावों के द्वारा अनेक समस्याओं का परिहार किया जा सकता है तथा उपचार की आवश्यकता उत्पन्न हो, ऐसी दशा से बचा जा सकता है।

परामर्शन मनोविज्ञान की तृतीय भूमिका **विकासात्मक** (developmental) प्रकार्यों के रूप में देखी जाती है। परामर्शन मनोविज्ञान के मानवतावादी परिप्रेक्ष्य में समस्त मनोपचार भी मूलतः शैक्षिक/विकासात्मक प्रक्रियाएँ है क्योंकि समस्त कार्यक्रम/प्रक्रिया क्लायंट या परामर्शी की आन्तरिक शक्तियों के विकास के लिए नियोजित होती हैं। जार्डन एवं अन्य (Jordan et. al. 1968) परामर्शन मनोवैज्ञानिक का कार्य व्यक्तियों को ऐसे अनुभव उपलब्ध कराना बताते हैं जिससे कि व्यक्ति अपनी क्षमताओं की पहचान एवं अन्वेषण हेतु सहायता प्राप्त कर सके। परामर्शन की अनेक विशिष्ट गतिविधियों यथा स्वाग्रहिता प्रशिक्षण, दम्पति परामर्शन, यौनिकता तादात्मीकरण-विकास परामर्शन, तनाव प्रबंधन, व्यक्तिगत विकास हेतु परामर्शन (counselling personal growth) अन्तर्वैयक्तिक सम्बन्ध दक्षता विकास (interpersonal relations skill development), को इसी रूप में देखा जा सकता है। विकासात्मक भूमिका/प्रकार्य में परामर्शन का ध्यान व्यक्ति की क्षमताओं के अधिकाधिक संभव विकास की दिशा में केन्द्रित होता है जिसका उद्देश्य यह होता है कि व्यक्ति अपनी क्षमताओं के उन्नयन द्वारा अपने जीवन को अधिक परिपूर्ण (more fulfilled) अनुभव कर पाये।

सूक्ष्मतापूर्वक विचार किया जाय तो हम यह पायेंगे कि परामर्शन मनोविज्ञान की तीनों भूमिकाएँ एक साथ जुड़ी हुई है। परामर्शन प्रक्रिया में किसी बिंदु पर किसी एक भूमिका

का महत्त्व अधिक हो सकता है किन्तु कहीं पर भी इन भूमिकाओं को एक-दूसरे से पूर्णत पृथक नहीं किया जा सकता है।

परामर्शन से प्रत्याशाएँ
(Expectations from Counselling)

परामर्शन कार्य से अनेक पक्ष-परामर्शी, परामर्शदाता, अभिभावक, अध्यापक, विद्यालय, समाज एवं समुदाय, वित्तीय सहयोग प्रदान करने वाले अभिकरण जुड़े होते हैं। इनकी परामर्शन कार्य/प्रक्रिया से अलग-अलग अपेक्षाएँ होती है। इन अपेक्षाओं द्वारा परामर्शन के लक्ष्यों एवं उद्देश्यों के निर्धारण के अतिरिक्त परामर्शन के परिणाम का मूल्यांकन (उपभोक्ता दृष्टिकोण) भी प्रभावित होता है, इसलिए इन अपेक्षाओं का वर्णन उपयोगी हो जाता है। विविध वर्गों की अपेक्षाओं को उनके सांस्कृतिक/संदर्भात्मक परिप्रेक्ष्य में देखा जाना चाहिए।

परामर्शी (Counsellee) की परामर्शन से प्रत्याशा यह होती है उसकी शैक्षिक, व्यावसायिक, व्यक्तिगत, उपव्यावसायिक समस्याओं का समाधान उसे प्राप्त हो। वास्तविक प्रत्याशा का स्वरूप व्यक्ति की समस्याओं के अनुरूप परिवर्तित हो सकता है। एक छात्र की प्रत्याशा अच्छे शैक्षिक निष्पादन के लिए अध्ययन की नयी तकनीकों के अधिगम से सम्बन्धित हो सकती है। बेरोजगार व्यक्ति की प्रत्याशा व्यावसायिक अन्वेषण और स्थापन से सम्बन्धित हो सकती है। अन्य व्यक्तियों की अपेक्षा यह होती है कि उनकी चिन्ताएँ कम हों तथा श्रेष्ठ कोटि का समायोजन स्थापित हो। परामर्शी की प्रत्याशाएँ अच्छे जीवन और समायोजन के लिए सहायता पाने के रूप में होती हैं।

माता-पिता की प्रत्याशाएँ यह होती हैं कि परामर्शन उनके बच्चों के शैक्षिक और व्यावसायिक विकास में सहायक सिद्ध होने के अतिरिक्त बच्चों के व्यवहार विषयक दोषों को भी दूर करने का कार्य भी सम्पन्न करेगा। प्रायः माता-पिता की अपेक्षाएँ अत्यधिक उच्च कोटि की तथा अवास्तविक होती हैं, उसमें यथार्थ का अभाव होता है।

अध्यापकगण विद्यार्थियों की अनुशासनात्मक समस्याओं के संदर्भ में परामर्शन प्रक्रिया से यह अपेक्षा करते हैं कि विद्यार्थी/बालक के व्यवहार एवं व्यक्तित्व का इस प्रकार परिमार्जन और संवर्धन होगा कि बच्चा अनुशासित, मित्रवत्, परिश्रमी, सहिष्णु, जिम्मेदार और अन्य अनेक स्वस्थ एवं आदर्श व्यक्तित्व के लक्षणों को प्रदर्शित करेगा।

समाज की अपेक्षाएँ यह होती हैं कि बच्चा एक जिम्मेदार नागरिक और समाज के जिम्मेदार तथा सक्रिय सदस्य के रूप में विकसित होगा। परामर्शदाता की प्रत्याशाएँ यह होती हैं कि परामर्शी के व्यक्तित्व की एक संगठित इकाई के रूप में अभिव्यक्ति होगी, व्यक्ति का मानसिक स्वास्थ्य स्थापित/पुनर्स्थापित होगा, उसकी अन्तर्निहित क्षमताओं को पूर्ण अभिव्यक्ति का अवसर प्राप्त होगा और व्यक्ति पूर्णरूप में एक प्रकार्यात्मक इकाई की भाँति कार्य करने की दिशा में सफल होगा।

परामर्शन से प्रत्याशाओं के संदर्भ में सांस्कृतिक कारकों का स्थान महत्त्वपूर्ण है। उदाहरणार्थ बाल विकास/मानव विकास के बारे में विभिन्न संस्कृतियों की अपेक्षाएँ पृथक होती है। तदनुरूप ही परामर्शन प्रक्रिया से अपेक्षाओं का निर्धारण होता है कि परामर्शन व्यक्ति की अपेक्षानुरूप विकास की प्रक्रिया में सहायक हो। दाम्पत्य एवं वैवाहिक परामर्शन

की उपयुक्तता/आवश्यकता के बारे में विभिन्न संस्कृतियों की अपेक्षाएँ विविध प्रकार की हो सकती है।

परामर्शी की परामर्शन से अपेक्षाओं के निर्धारण में यह बात महत्त्वपूर्ण है कि उसने परामर्शदाता के विषय में क्या छवि विकसित कर रखी है—वह उसे एक विशेषज्ञ मानता है या कि एक सहायक अथवा किसी अन्य रूप में उसे देखता है। इस कारण से परामर्शी या किसी अन्य सम्बन्धित वर्ग की अपेक्षाएँ अनुचित हो सकती हैं। **नाथन** एवं **हिल्ल** (Nathan & Hill, 1992) यह रेखांकित करते हैं कि परामर्शी को इस बात के लिए आरम्भ में ही प्रोत्साहित किया जाना चाहिए कि परामर्शन से उसकी अपेक्षाएँ यथार्थवादी हो। परामर्शन के लक्ष्यों एवं उद्देश्यों तथा उनकी प्राप्ति की पद्धतियों के बारे में लिखित सूचना अथवा दूरभाष पर वार्ता के माध्यम से गलतफहमियों को दूर किया जा सकता है तथा उपयुक्त परामर्शन संविदा पर सहमति प्राप्त की जा सकती है।

❑

अध्याय 3

परामर्शदाता : व्यक्तिगत विशेषताएँ, दक्षता का विकास एवं व्यावसायिक वृत्ति

(COUNSELLOR : PERSONAL QUALITIES, DEVELOPMENT OF SKILLS AND PROFESSIONAL PRACTICE)

निर्देशन, परामर्शन एवं मनोचिकित्सा की सफलता में अच्छे परिमर्शन परिवेश (climate) और परामर्शदाता/मनोचिकित्सक की विशेषताएँ, शिक्षण, प्रशिक्षण, अनुभव, दक्षता, व्यावसायिक अभिवृत्ति, नैतिक आचरण की महत्त्वपूर्ण भूमिका होती है। परामर्शदाता के कार्य व्यापक रूप में फैले हुए होते हैं। परामर्शदाता परामर्शी की समस्याओं के स्वरूप को ध्यान में रखकर उसके संज्ञान, अनुभूति, व्यवहार और अन्तर्वैयक्तिक सम्बन्धों के क्षेत्र में विभिन्न प्रविधियों के माध्यम से हस्तक्षेप करके समस्याओं के समाधान और लक्ष्यों की प्राप्ति की दिशा में सहयोग देता है। **ट्रैक्सलर** एवं **नार्थ** के अनुसार, ''परामर्शदाता अपनी बुद्धि, समझ, दक्षता और व्यक्तित्व के माध्यम से इन प्रविधियों को जीवन देता है।'' यदि परामर्शदाता में आवश्यक व्यक्तिगत विशेषताओं एवं व्यावसायिक दक्षता का अभाव हो तो परामर्शन के लक्ष्यों को प्राप्त करना सम्भव नहीं हो सकेगा। आवश्यक दक्षता के विकास हेतु गहन प्रशिक्षण की आवश्यकता होती है।

परामर्शदाता की व्यक्तिगत विशेषताएँ, अनुभव एवं वृत्तियात्मक प्रशिक्षण

(Personal Qualities, Experience and Professional Training of Counsellors)

व्यक्तिगत गुणों की दृष्टि से परामर्शदाता में शैक्षिक अभिक्षमता, रुचि, क्षमता एवं उपयुक्त व्यक्तित्व गुण होना चाहिए। सामान्य शिक्षा एवं परामर्शन कार्य हेतु प्रशिक्षण पाठ्यक्रम पूरा करने के लिए शैक्षिक अभिक्षमता पर्याप्त रूप में अनुकूल होनी चाहिए। परामर्शदाता की रुचियाँ और क्षमताएँ लोगों के साथ कार्य करने के लिए उपयुक्त होनी चाहिए। व्यक्तिगत गुणों की दृष्टि से परामर्शदाता में सामाजिक सम्बन्धों की परिपक्वता; अन्य व्यक्तियों के विचारों और अभिवृत्तियों के प्रति संवेदनशीलता; चतुराई, शान्तचित्त प्रवृत्ति, विनोदी स्वभाव और लक्ष्य के प्रति तत्परता (पलायनवादी प्रवृत्ति से मुक्ति); अच्छा एवं आकर्षक शरीर गठन, मीठी वाणी और लोगों को अपनी ओर आकर्षित करने का गुण होना चाहिए।

परामर्शदाता के पास पर्याप्त अनुभव होना चाहिए। परामर्शी को अपनी क्षमता का परिचय दे पाने के लिए परामर्शन कार्य का अनुभव होना चाहिए। यदि परामर्शदाता

विद्यालयीय परिवेश में कार्य कर रहा है तो शैक्षिक परिवेश के बारे में जानकारी और छात्रों, अभिभावकों एवं अध्यापकों के साथ कार्य करने की रुचि तथा क्षमता की अभिव्यक्ति हेतु शिक्षण कार्य का अनुभव उपयोगी होता है। कार्य जगत के बारे में भी समझ और अनुभव परामर्शन कार्य में उपयोगी सिद्ध होता है।

परामर्शदाता के शिक्षा और प्रशिक्षण के तीन क्षेत्र बताये जाते हैं : सामान्य शिक्षा, परामर्शन के विशिष्ट क्षेत्र में प्रशिक्षण, और दक्षता का विकास, एवं अन्य सम्बन्धित विषयों/ पाठ्यक्रमों में प्रशिक्षण। सामान्य शिक्षा की दृष्टि से परामर्शदाता को मनोविज्ञान विषय का स्नातक होना चाहिए। यदि परामर्शदाता शैक्षिक निर्देशन के क्षेत्र में कार्य कर रहा है तो शिक्षक प्रशिक्षण (बी॰ एड॰) उपाधि उपयोगी होगी।

परामर्शन के विशिष्ट क्षेत्र में प्रशिक्षण और दक्षता के विकास के लिए निम्नांकित क्षेत्र विशेषतः ध्यान देने योग्य होते हैं:—

(1) निर्देशन एवं परामर्शन का सिद्धान्त और दर्शन;
(2) मानव व्यवहार (सामान्य एवं असामान्य) की गत्यात्मकता की समझ;
(3) व्यक्तियों के अध्ययन/मूल्यांकन की विधियाँ;
(4) प्राप्त आँकड़ों का परामर्शन कार्य हेतु उपयोग कर लेने की दक्षता;
(5) व्यावसायिक अवसर, प्रशिक्षण पाठ्यक्रमों की उपलब्धता, व्यावसायिक स्थापन के स्रोत और संसाधन, अर्पण संसाधन (referral resources) के बारे में सूचना का संकलन, मूल्यांकन एवं उपयोग;
(6) प्रशासकीय एवं अन्य उपयोगी संबंधों की स्थापना और अनुरक्षण;
(7) परामर्शन कार्य में प्रयुक्त होने वाली विभिन्न प्रविधियों के सैद्धान्तिक और प्रकार्यात्मक पक्ष का अध्ययन;
(8) मूल्यांकन एवं शोध कार्य सम्पन्न करने के लिए शोध विधियों का ज्ञान;
(9) व्यावसायिक वृत्ति (professional practice) के लिए आवश्यक तैयारी, नैतिक संहिता (ethical code) की जानकारी, व्यावसायिक संगठनों (professional organization) में भागीदारी, आदि।

उपर्युक्त विशिष्ट क्षेत्र (core area) के अतिरिक्त परामर्शदाता को समाज शास्त्र, मनोविज्ञान, अर्थशास्त्र, समाज कार्य, प्रबन्ध शास्त्र का कामचलाऊ ज्ञान प्राप्त होना चाहिए। अतः प्रशिक्षण कार्यक्रम इन संबंधित विषय क्षेत्रों में परामर्शदाता को प्रशिक्षित करता है।

परामर्शदाता की दक्षताएँ
(Skills of the Counsellor)

परामर्शन और मनोचिकित्सा (प्रविधियों की दृष्टि से यह पुस्तक दोनों क्षेत्रों की मौलिक समानता को स्वीकार करती है) का कार्य कोई परामर्शदाता सफलतापूर्वक सम्पन्न कर सके, इस हेतु आवश्यक दक्षताओं को तीन श्रेणियों के रूप में वर्णित किया जाता है :—

(1) परामर्शदाता की सामान्य दक्षता (Generic skills of the Counsellor)
(2) परामर्शदाता की विशद् एवं सूक्ष्म दक्षता (Macro and Micro skills of the Counsellor)
(3) परामर्शदाता की अनुषांगिक दक्षता (Axcilliary skills of the Counsellor) या पूर्व एवं पश्चात दक्षता (Before and after skills)

1. परामर्शदाता की सामान्य दक्षताएँ (*Generic Skills of the Counsellor*)

परामर्शन एवं मनोचिकित्सा की अनेक प्रविधियाँ प्रचलित हैं। किसी विशिष्ट प्रविधि का उपयोग करने के लिए परामर्शदाता में विशिष्ट क्षमताएँ या दक्षताएँ (specific skills) होनी चाहिए जिसका उस प्रविधि से सीधा सम्बन्ध होता है किन्तु सभी प्रविधियों के लिए परामर्शदाताओं में कुछ सामान्य दक्षताओं (generic skills) का होना आवश्यक माना जाता है।

रॉजर्स (1957) ने परानुभूतिक बोध (empathic understanding), अप्रतिबंधित सकारात्मक सम्मान (unconditional positive regard) तथा सर्वांग समता/संगति (congruence) और उनके समुचित संप्रेषण को परामर्शदाता के उन गुणों का आवश्यक तत्त्व बताया है जिनके आधार पर परामर्शदाता परामर्शी को वांछित परिवर्तन स्थापित करने के लिए सहायता देता है। कार्कहफ्फ (Carkhuff, 1969) ने इस सूची में चार और आवश्यक दक्षताओं निश्चयात्मकता (concreteness), आत्म-अभिव्यक्ति (self-disclosure), सामना (confrontation) और तात्कालिकता (immediacy) को आवश्यक मौलिक दक्षता के रूप में जोड़ा। केगन (Kagan, 1975) परामर्शदाताओं के प्रशिक्षण में अन्तर्वैयक्तिक प्रक्रिया प्रत्याह्वान (Interpersonal Process Recall—IPR) प्रणाली की ओर ध्यान आकृष्ट करते हैं। यह प्रणाली प्रशिक्षण काल में आडियो-वीडियो रिकार्ड के मूल्यांकन के समय परामर्शदाताओं को मार्गदर्शन प्रदान करके आन्तरिक सजगता या बोध (internal awareness) की दक्षता के विकास का कार्य करती है। इस प्रक्रिया का उद्देश्य अन्तर्क्रिया प्रक्रिया के बारे में परामर्शदाता में सजगता, अपने अन्तर्वैयक्तिक व्यवहार के पक्षों का अध्ययन करने और अपनी संवेदनाओं एवं विचारों के प्रति लयबद्धता को प्रोत्साहित करना होता है। इस प्रकार परामर्शदाता वास्तविक उपचारात्मक या परामर्शन परिस्थितियों में अपने बोध को संप्रेषित करके परामर्शन सम्बन्धों को विकसित करना सीख लेते हैं।

पिछले दशक में ब्रिटेन में नेशनल कौंसिल फॉर वोकेशनल क्वालिफिकेशन्स ने एक दल का गठन किया, जो कि CAMPAG के नाम से पुकारा जाता है। इस संगठन ने परामर्शदाताओं को मान्यता देने के लिए सामान्य दक्षताओं (जेनरिक स्किल्स) की एक सूची तैयार की है। यह सूची अभी पूरी नहीं बतायी जाती है, विभिन्न पद्धतियों के लिए विशिष्ट दक्षताओं की सूची तैयार की जा रही है। अन्तरिम सूची के रूप में **इंसकिप्प** (Francesca Inskipp, 2000) ने छः सामान्य दक्षताओं का वर्णन किया है:—

(1) क्लायंट के साथ सम्पर्क स्थापित करने की दक्षता,
(2) परामर्शन दशा की संरचना सुनिश्चित करने की दक्षता,
(3) परामर्शन सम्बन्ध को विकसित करने की दक्षता,
(4) क्लायंट के साथ अन्तर्क्रिया के विकास और अनुरक्षण की दक्षता,
(5) अपने कार्य और आत्म मूल्यांकन की दक्षता करने की दक्षता एवं
(6) परामर्शन/उपचारात्मक प्रक्रिया में स्वयं का अनुश्रवण (मॉनीटरिंग)।

प्रथम श्रेणी के अन्तर्गत अनेक आन्तरिक और बाह्य दक्षताएँ सम्मिलित की गयी है:—

आन्तरिक दक्षताएँ	वाह्य दक्षताएँ
(1) अवलोकन	(1) ध्यान देना
(2) सुनना	(2) अभिवादन
(3) संवेदनाओं, संवेगों, विचारों, प्रतिबिम्बों की पहचान के लिए शरीर की भाषा का अध्ययन	(3) सक्रिय श्रवण (अनुभूतियाँ अभिव्यक्त करना, संक्षेप करना, व्याख्या करना)
(4) तटस्थ मूल्यांकन/निर्णय	(4) प्रश्न पूछना
(5) विभेदन	(5) संविदा (उद्देश्य एवं वरीयता का वर्णन)
(6) आत्म प्रत्यावर्तन (सेल्फ-रेफलेक्शन)	(6) परामर्शन की भूमिका को स्पष्ट करना
(7) परामर्शदाता के बारे में अन्य व्यक्तियों (परामर्शी) के अनुभवों के बारे में ज्ञान	(7) प्रदत्त अभिलेखन की आधुनिक ऑडियो-वीडियो तकनीक में दक्षता

द्वितीय श्रेणी का कार्य सम्पन्न करने के लिए क्लायंट को स्वीकार करने, उसका परीक्षण और मूल्यांकन करने, टेपरिकार्डिंग करने, तथा सम्बन्धों का निर्माण करने के लिए आन्तरिक और बाह्य दक्षता की आवश्यकता होती है। प्रमुख दक्षताएँ निम्नांकित हैं:—

(1) प्रश्न पूछना और प्रश्न पूछने एवं उनके अभिलेखन का कारण परामर्शी को स्पष्ट करना,

(2) उद्देश्य का वर्णन करना,

(3) वरीयता का वर्णन करना,

(4) कुछ क्लायंट को परानुभूति, सम्मान और सुसंगत रूप में इनकार करना,

(5) ठीक ढंग से टेप रिकार्डिंग करना,

(6) क्लायंट के साथ संविदा (contract) तैयार करना और परामर्शन के बारे में अर्पण संगठनों (रेफरल ऑर्गनाइजेशन) को चिन्हित करना,

(7) कार्य में सम्पूर्ण ऊर्जा के साथ, बाधक तत्त्वों जैसे—चिन्ता, परामर्शी को पसन्द न करना आदि बातों के प्रभाव से मुक्त होकर कार्य करना,

(8) अवलोकन करना,

(9) ध्यानपूर्वक सुनना एवं

(10) सहजीकरण बाह्य दक्षता (fecilitating outside skill), जैसे परानुभूति का संप्रेषण, प्रश्न पूछना, प्रतिक्रिया करना आदि।

क्लायंट के साथ अन्तर्क्रिया और परामर्शन/मनोचिकित्सकीय सम्बन्धों को विकसित और अनुरक्षित करने के लिए उपर्युक्त दक्षताओं के अतिरिक्त कुछ अन्य आन्तरिक एवं बाह्य दक्षताओं का इंसकिप्प ने वर्णन किया है:—

आन्तरिक दक्षताएँ (1) चुनौती देने की अभिवृत्ति का आत्म-बोध,
(2) सिद्धान्तों की जाँच-परख एवं
(3) प्रत्यावर्तन और अभिलेखन।

वाह्य दक्षताएँ (1) अभिसरण (फोकसिंग),
(2) सार संक्षेपण,
(3) मूर्त उदाहरण,
(4) गहरी परानुभूति,
(5) चुनौती देना,
(6) उपयुक्त आत्म-अभिव्यक्ति एवं
(7) तात्कालिकता।

पूर्व वर्णित दक्षताओं को सहयोगात्मक (supportive) माना जाता है क्योंकि इनके उपयोग द्वारा परामर्शदाता परामर्शी को सुरक्षा की ऐसी अनुभूति अर्जित करने में सहायता देता है जिसके आधार पर क्लायंट स्वयं अपना और अपनी परिस्थितियों का अन्वेषण आरम्भ कर पाता है किन्तु परामर्शन सम्बन्धों और अन्तर्क्रियाओं को विकसित करने के लिए, क्लायंट को लक्ष्य एवं उद्देश्य की दिशा में अग्रसर करने के लिए ऐसी दक्षताओं की आवश्यकता होती है, जो परामर्शी के लिए चुनौतीपूर्ण (challenging) हो, जो कि क्लायंट को और आगे अन्वेषण करने, नया परिप्रेक्ष्य अर्जित करने, नयी मनोदशा प्राप्त करने और विश्व को नये ढंग से देखने की दृष्टि प्रदान करे।

परामर्शदाता परामर्शी को चुनौती दे इसके लिए उसे अपनी अनुभूतियों का परीक्षण करना होगा, उसे अपने भय, क्रोध तथा परामर्शी के क्रोध और भय की संभावना का बोध होना चाहिए। ऐसी चुनौती देने के लिए उपयुक्त समय का ध्यान रखा जाना आवश्यक होता है। चुनौती प्रस्तुत करने का कार्य जिम्मदारी के साथ करने के लिए संचार/संप्रेषण दक्षता की आवश्यकता होती है। परामर्शदाता के पास सार-संक्षेपण और अभिसरण (फोकसिंग) दक्षता होनी चाहिए। संक्षेपण के माध्यम से ही विभिन्न बातों के मध्य सेतु निर्माण (अर्थात उन्हें परस्पर जोड़ने) और परामर्शन साक्षात्कार को लक्ष्य की दिशा में लीक पर बनाये रखना संभव हो पाता है। **इंसकिप्प** (2000) ने सार-संक्षेपण के लिए तीन विशिष्ट विधियाँ सुझाई हैं:—

(1) संक्षिप्त करते हुए परामर्शी से विकल्पों का चुनाव करने के लिए कहना,
(2) संक्षिप्त बातें प्रस्तुत करने के साथ ही परामर्शी को विपरीत परिस्थितियों की कल्पना (विपरीत परिस्थिति का परामर्शदाता वर्णन करता है) करते हुए अन्वेषण करने के लिए कहना,
(3) वार्ता को संक्षिप्त करके वार्ता को फोकस बिंदु की ओर ले जाना।

इस सार संक्षेपण क्रिया के लिए (i) ध्यानपूर्वक, शुद्ध रूप में सुनने; (ii) प्रासंगिक विचारों एवं अनुभूतियों को छाँटने; और (iii) स्पष्ट संप्रेषण की क्षमता की आवश्यकता होती है। कभी-कभी सार संक्षेपण करते समय परामर्शी से अपने अनुभवों, विचारों और अनुभूतियों को मूर्त उद।हरण के रूप में प्रस्तुत करने के लिए कहा जाता है। संक्षेपण और फोकसिंग परामर्शी के लिए चुनौतीपूर्ण होता है क्योंकि परामर्शन वार्ता परामर्शी को स्वयं का अधिक सन्निकटता के साथ परीक्षण/अन्वेषण करने के लिए बाध्य करती है। परामर्शदाता की आत्म-अभिव्यक्ति के अनेक लाभ होते हैं किन्तु परामर्शदाता को यह सुनिश्चित करना होगा कि कब और क्या अभिव्यक्त किया जाय अन्यथा परामर्शी की आत्म-अभिव्यक्ति और सभ्य व्यक्ति के रूप में विकास में यह क्रिया सहायक होने के स्थान पर बाधक हो

जायेगी। तात्कालिक (immediacy) का तात्पर्य किसी क्षण की परामर्शन क्रिया के बारे में प्रत्यक्ष, खुले एवं स्पष्ट रूप में वार्ता करना होता है। इसमें यह बोध सम्मिलित होता है कि परामर्शदाता के भीतर (मन में) क्या चल रहा है या यह अनुमान किया जाता है कि परामर्शदाता और परामर्शी के मध्य क्या घटित हो रहा है। तात्कालिकता की दक्षता का अर्थ यह जानना है कि इस सामर्थ्य का कब उपयोग किया जाय; जब वार्ता रुक जाये, जब सम्बन्ध में तनाव उत्पन्न हो जाये; विश्वास का प्रश्न उत्पन्न हो; वर्ग, जाति, लिंग भेद हो; या परामर्शदाता परामर्शी के बारे में असमंजस में हो।

परामर्शन प्रक्रिया में परामर्शदाता के 'स्व' की देख-रेख (मॉनीटरिंग) और कार्य के मूल्यांकन हेतु पूर्व वर्णित दक्षताओं के अतिरिक्त आत्म-प्रबंधन दक्षताओं (self-management skills) की भी आवश्यकता होती है। ये दक्षताएँ हैं:—

(1) आत्म-स्वीकृति का विकास और अपने अन्दर न्यायपूर्ण ढंग से देखना;
(2) अपनी अधिगम, सांवेगिक, शारीरिक और आध्यात्मिक आवश्यकताओं की पहचान और उनकी पूर्ति के लिए संसाधनों का उपयोग;
(3) मूल्यों, विश्वासों, सिद्धान्तों की पहचान और जाँच;
(4) प्रशिक्षण और व्यक्तिगत विकास की चल रही प्रक्रिया का नियोजन;
(5) प्रतिबिम्बन (रेफलेक्शन), अभिलेखन (रिकार्डिंग), प्रस्तुतीकरण और पर्यवेक्षण का उपयोग;
(6) क्लायंट के साथ मिलकर पुनर्मूल्यांकन एवं
(7) क्लायंट से पुनर्निवेशन (फीडबैक) की माँग करना।

2. परामर्शदाता की विशद और सूक्ष्म दक्षताएँ (*Macro and Micro Skills of the Counsellor*)

दक्षताओं का विकास करने, उन्हें अर्जित करने, उनका अपनी वृत्ति में उपयोग करने के लिए यह भी उपयोगी होता है कि एक क्षमता या निपुणता को छोटी-छोटी इकाइयों में विभाजित करने के लिए परामर्शदाता समर्थ हो। उदाहरण के लिए 'संविदा' तैयार करने की क्षमता के लिए संधिवार्ता (negotiation) की क्षमता चाहिए और इसके लिए अन्य अनेक सूक्ष्म क्षमताएँ—जैसे सुनना, सार संक्षेपण करना और अनुभूतियों को प्रतिबिम्बित करने की योग्यता आदि होनी चाहिए। सूक्ष्म दक्षता का अधिगम और अभ्यास करके परामर्शदाता परामर्शी को अंतःकरण से स्वीकार किये बिना भी परानुभूति (empathy) और संगति संप्रेषित कर सकता है।

परामर्शदाता के प्रशिक्षण कार्यक्रम में अनेक सूक्ष्म-दक्षताओं की पहचान करके उनका अभ्यास, अन्तर्निवेशन और विकास किया जाता है जिससे कि परामर्शी की कार्यशैली में उक्त दक्षताएँ सम्मिलित हो जाएँ।

3. परामर्शदाता की अनुषांगिक दक्षताएँ (*Ancilliary Skills of the Counsellor*)

परामर्शन सत्र से सम्बन्धित आन्तरिक और बाह्य दक्षताओं; अन्तर्वैयक्तिक, परामर्शन दक्षताओं के अतिरिक्त परामर्शदाता में अच्छी व्यावसायिक वृत्ति (professional practice) के लिए अनेक अनुषांगिक दक्षताएँ भी होनी चाहिए। कॉलिन फेल्थम (2000) के अनुसार अनुषांगिक दक्षताएँ मुख्य रूप से पूर्व एवं पश्चात दक्षताओं (before and after skills)

के रूप में होती है। अनुषांगिक दक्षता का सम्बन्ध परामर्शी के साथ किसी सम्पर्क या संदर्भ सूत्र के माध्यम से सम्बन्ध स्थापित होने, परामर्शन की पृष्ठभूमि, सुरक्षा जैसे विषयों से होता है। ऐसी क्षमताओं को परामर्शन और व्यवसाय के मध्य की क्षमता के रूप में समझा जा सकता है। **फेल्थम** ने इस श्रेणी में निम्न दक्षताओं को सम्मिलित किया है:—

(i) अर्पण प्राप्त करना *(Receiving referrals)*—परामर्शी के साथ सम्पर्क किसी अर्पण करने वाले व्यक्ति या संगठन या अभिकरण के पत्र, टेलीफोन आदि के माध्यम से अथवा सीधे स्थापित हो सकता है। परामर्शी के साथ मिलने के लिए स्थान, तिथि, समय, फीस का निर्धारण अत्यन्त सतर्कतापूर्वक करना होता है, अन्य क्लायंट या व्यस्तताओं के साथ टकराव नहीं होना चाहिए। इन विषयों में अनुभव की बहुत उपयोगिता होती है।

(ii) सुरक्षा *(Safety)*—नैतिक, वैधानिक और व्यक्तिगत कारणों से परामर्शदाता और परामर्शी दोनों की सुरक्षा की आवश्यकता को ध्यान में रखा जाना महत्त्वपूर्ण होता है। परामर्शी की सुरक्षा की दृष्टि से सुनसान कार्यस्थल, अंधकार, परिवहन आदि के खतरे; अन्य खतरनाक श्रेणी के परामर्शियों द्वारा आक्रमण का खतरा; हृदय, श्वास, मिर्गी, मनोविक्षिप्तता जैसे रोगों की आकस्मिक उत्पत्ति की सम्भावना आदि को ध्यान में रखना होता है। परामर्शदाता की अकेले कार्य करने की दशा (विशेषकर जब क्लायंट दूसरे लिंग का हो), अप्रत्याशित टेलीफोन कॉल या आगन्तुक, किसी क्लायंट की आक्रामक प्रवृत्ति, किसी तीसरे क्लायंट का बीच में हस्तक्षेप जैसे अनेक प्रश्न पूर्व तैयारी, सतर्कता, आकलन और अन्तर्वैयक्तिक दक्षता की माँग करते हैं।

(iii) परामर्शन परिवेश की भौतिक सज्जा का निर्माण *(Developing physical setting of the counselling climate)*—परामर्शन के लिए उपयुक्त परिवेश की रचना करने के लिए भौतिक सज्जा पर ध्यान देने की आवश्यकता होती है, प्रवेश कक्ष, प्रतीक्षा कक्ष, शोर से सुरक्षित कक्ष का निर्माण और गोपनीयता, सुरक्षा, सुविधा को ध्यान रखने वाली संरचना एवं सज्जा परामर्शन को सहज बनाती है। परामर्शन के लिए उपयुक्तता को ध्यान में रखकर सम्पूर्ण भौतिक दशा की रचना का प्रबंध किया जाना चाहिए।

(iv) अभिलेख, व्यक्ति विवरण एवं व्यक्ति अध्ययन *(Keeping records, case notes and writing case study/reports)*—परामर्शी की गोपनीयता के हित को ध्यान में रखकर परामर्शदाता की व्यक्तिगत डायरी और केस डायरी (परामर्शी की विवरणिका) अलग-अलग होनी चाहिए। परामर्शी के बारे में विवरणी में आरम्भिक धारणा, अवलोकन, सम्पर्कों-सम्बन्धों, अनुभवों, स्वप्नों, आशाओं, लक्ष्यों, उद्देश्यों, भय; परामर्शदाता के लक्ष्य, व्यूह रचना, उनका परिणाम, भावनात्मक-स्थानान्तरण जैसी बातों को अंकित किया जाता है। व्यक्ति अध्ययन का उपयोग प्रशिक्षण, शोध, मान्यता/प्रत्यायन (accreditation), और प्रकाशन के लिए औपचारिक रूप में किया जाता है। परामर्शी के बारे में आरम्भिक सूचना, नैदानिक मूल्यांकन, परामर्शन प्रक्रिया और परामर्शन के फल का मूल्यांकन एक व्यक्ति अध्ययन (केस स्टडी) के तत्त्व होते हैं। परामर्शदाता को प्रशिक्षित करने वाले कुछ संस्थान इस पक्ष पर पर्याप्त अधिक बल देते हैं। परामर्शी की गोपनीयता आवश्यक होने पर उसकी स्पष्ट/लिखित अनुमति, पहचान संभव बना सकने वाली सूचनाओं को छिपाना, लिखे गये विवरण की भौतिक सुरक्षा परामर्शदाता की अनुषांगिक दक्षता के आवश्यक तत्त्व होते हैं।

परामर्शदाता की दक्षता वस्तुतः व्यापक रूप में अपेक्षित है। सामान्य, सूक्ष्म, विशिष्ट एवं अनुषांगिक दक्षताओं के साथ-साथ उसमें नैदानिक वृत्ति, तकनीकी ज्ञान और व्यावसायिक वृत्ति से सम्बन्धित दक्षताओं की भी आवश्यकता होती है।

परामर्शन वृत्ति
(Counselling Profession)

परामर्शन के क्षेत्र में व्यावसायिक अवसरों का उपयोग करके कार्य करने वाले व्यक्तियों के व्यवसाय से सम्बन्धित दो प्रकार की बातों पर यहाँ विचार किया जायेगा (1) परामर्शन में वृत्तियात्मक मर्यादा के तत्त्व और (2) परामर्शन के क्षेत्र में अवसर।

(1) परामर्शन में वृत्तियात्मक मर्यादा के तत्त्व *(Professional Issus in Counselling)*

किसी परामर्शदाता का कार्य, स्थापित उद्देश्य एवं लक्ष्य, परामर्शन की भौतिक दशा और सामाजिक संदर्भ, प्रयुक्त तकनीक/प्रविधि परामर्शन के वर्णनात्मक तत्त्व माने जाते हैं (कॉलिन फेल्थम एवं इयॉन हार्टन, 2000)। इनसे सम्बन्धित अनेक प्रश्नों का परामर्शन प्रक्रिया की अविध में परामर्शदाता निरन्तर उत्तर खोजता या प्राप्त करता अथवा देता रहता है। इसके अतिरिक्त प्रश्नों की एक अलग श्रेणी होती है। इन प्रश्नों का सम्बन्ध परामर्शन वृत्ति (Counselling practice) से है और साधारणतया इन्हें व्यावसायिक वृत्ति के प्रश्न (professional issue) कहते हैं। प्रशिक्षण संस्थाएँ और व्यावसायिक संगठन (प्रोफेशनल ऑर्गनाइजेशन/बॉडी) परामर्शदाता की दक्षता और वृत्ति के क्षेत्र में कुछ शर्तों का निर्धारण करते हैं। दक्षता ओर आदर्श पालन के अभाव में प्रशिक्षण संस्था उपाधि देने से मना करती है और व्यावसायिक संगठन परामर्शदाता की निजी परामर्शन वृत्ति (private practice) या किसी संस्था में परामर्शन कार्मिक के रूप में कार्य करने पर रोक लगाते हैं।

व्यावसायिक प्रश्नों के अन्तर्गत परामर्शदाता के प्रशिक्षण, सतत विकास, व्यावसायिक संगठन की सदस्यता, मान्यता और रजिस्ट्रेशन, आगामी प्रशिक्षण, शोध; पर्यवेक्षण; निजी वृत्ति, इंश्योरेंस, प्रचार, और आर्थिक लेखा-जोखा; नैतिक आचरण; संगठन में कार्य करते समय मतभेद, उपभोक्ता के दृष्टिकोण, वैधानिक विवाद, गोपनीयता, शिकायत और उनका समाधान, प्रतिबंध, कार्य की गुणवत्ता के मूल्यांकन जैसे अनेक विषय सम्मिलित होते हैं। इस पुस्तक में एक अध्याय के उपभाग के रूप में उपर्युक्त सभी प्रश्नों पर गम्भीरतापूर्वक विचार नहीं किया जा सकता है अतः मुख्य ध्यान नैतिक प्रश्नों (ethical issues) पर केन्द्रित किया जायेगा और अन्य प्रश्नों का विवरण इस प्रकार प्रस्तुत किया जायेगा कि छात्रों को प्रश्नों के रूप का परिचय प्राप्त हो सके। विवरण के प्रथम भाग में नैतिक प्रश्न और द्वितीय भाग में अन्य व्यावसायिक प्रश्नों को सम्मिलित किया जायेगा।

परामर्शन में नैतिक मर्यादा के तत्त्व *(Ethical Issues in Counselling)*— परामर्शन/मनोचिकित्सा सेवा का कार्य करने वाले व्यक्ति किसी व्यावसायिक अथवा समाजसेवी संगठन के कर्मचारी हो सकते हैं अथवा निजी वृत्ति (प्राइवेट प्रैक्टिस) से जुड़े हो सकते हैं। सभी परामर्शदाताओं से ऐसे आचरण की अपेक्षा की जाती है जो वृत्तियात्मक मर्यादा/नैतिकता के अनुकूल हो। परामर्शदाताओं के कार्य आचरण को नियंत्रित करने के लिए सभी देशों में वहाँ के व्यावसायिक संगठन, जो सदस्यों को इस क्षेत्र में कार्य करने

के लिए मान्यता प्रदान करते हैं, नैतिक संहिता (Code of ethics) और निर्देशक नियम (guideline) प्रस्तुत करते हैं।

नैतिकता या मर्यादा का दर्शनशास्त्र ऐसे निर्देशक तत्त्वों को स्थापित करने का प्रयत्न करता है जिनके आधार पर व्यक्तिगत चरित्र सम्बन्धों या कार्यों को अच्छा या बुरा, उचित या अनुचित माना जाता है। इन्हें मूल्य सिद्धान्तों की संहिता के रूप में परिभाषित किया जाता है।

शेल्विट (Tjelveit, 1999) नैतिक प्रश्नों को वैज्ञानिक आधार तत्त्वों से व्यापक मानते हैं। नैतिक मार्गदर्शिका को छः पृथक किन्तु आपस में अन्तर्सम्बन्धित विमाओं पर प्रकाश डालना चाहिएः—

(1) वृत्तियात्मक मर्यादा (*Professional Ethics*)—इसके अन्तर्गत प्रैक्टिसनर से वृत्ति के अन्दर प्रचलित/मान्य संहिता द्वारा वर्णित आदर्श व्यवहार की अपेक्षाओं को सम्मिलित किया जाता है।

(2) सैद्धान्तिक मर्यादा (*Theoretical Ethics*)—इसके अन्तर्गत नैतिक विचारों का बौद्धिक आधार सम्मिलित होता है।

(3) नैदानिक मर्यादा (*Clinical Ethics*)—इनका सम्बन्ध परामर्शी विशेष के संदर्भ में उपचारात्मक वृत्ति एवं लक्ष्यों के अनुरूप प्रैक्टिसनर द्वारा लिए जाने वाले व्यावहारिक एवं नैतिक निर्णय आते हैं।

(4) मूल्य मर्यादा (*Virtue Ethics*)—इस श्रेणी में ऐसे मूल्य, विशेषताएँ और जीवन व्यवहार शैलियाँ सम्मिलत हैं जो कि किसी विशिष्ट संदर्भ से परे होती हैं। इन मूल्यों में विवेक/समझदारी (prudence) एवं निष्ठा (integrity), सम्मानभाव (respectfulness) एवं शुभचिन्ता/हितैषिता (benovelence) के तत्व सम्मिलित होते हैं।

(5) सामाजिक मर्यादा (*Social Ethics*)—सामाजिक मर्यादा व्यक्तियों एवं उनके समुदायों, वृत्तियात्मक संस्थाओं और समाज के मध्य के सम्बन्ध पर बल देती है।

(6) सांस्कृतिक मर्यादा (*Cultural Ethics*)—सांस्कृतिक मर्यादा विषयक तत्त्वों का सम्बन्ध इस बात से है कि विभिन्न संस्कृतियों का नैतिक मर्यादाओं, मूल्यों एवं सिद्धान्तों के बारे में प्रत्यक्षण कैसा है। उदाहरण के लिए विभिन्न संस्कृतियाँ पारिवारिक एवं सामाजिक/सामुदायिक आवश्यकताओं और व्यक्तिगत स्वायत्तता (personal autonomy) को अलग-अलग ढंग से महत्त्व प्रदान करती है।

विभिन्न व्यावसायिक संगठन स्थानीय सामाजिक और नैतिक संदर्भों, परामर्शन प्रक्रिया के बारे में उस संगठन में व्याप्त विश्वासों, अभिग्रहों एवं मान्यताओं, कार्य क्षेत्र में घटित हो रहे परिवर्तनों और राजनैतिक व्यवस्था को ध्यान में रखते हुए, नैतिक संहिता और मार्गदर्शिका का प्रकाशन और क्रियान्वयन सुनिश्चित करते हैं। प्रकाशित हुई नैतिक संहिता कभी भी सम्पूर्ण रूप में उपयुक्त नहीं होती हैं, उनमें कुछ कमियाँ रह जाती है अतः उत्पन्न होने वाली नई समस्याओं, नई प्रविधियों और सामाजिक परिवर्तनों को दृष्टिगत रखते हुए संशोधन आवश्यक हो जाता है। प्रकाशित नैतिक संहिता का उद्देश्य परामर्शदाताओं का मार्गदर्शन करना, कार्य के स्तर को ऊँचा बनाये रखना, परामर्शी एवं परामर्शदाता के हित को संरक्षित करना एवं समाज के अन्य वर्गों के हितों को भी सुरक्षित करना होता है। कई

राष्ट्रों में अनेक व्यावसायिक संगठन कार्यरत होते हैं और सभी अपने सदस्यों के लिए अलग-अलग संहिता क्रियान्वित करते हैं। कुछ बिंदुओं पर संगठनों में परस्पर सहमति होती है किन्तु कुछ बिंदुओं पर अन्तर पाया जाता है। भारत में भारतीय पुनर्वास परिषद (Rehabilitation Council of India) द्वारा लागू किया गया अधिनियम (Act) महत्त्वपूर्ण है। ब्रिटेन में ब्रिटिश एसोसिएशन फॉर कौंसलिंग (BAC, 1997) ब्रिटिश साइकोलॉजिकल सोसाइटी (कौंसलिंग साइकोलॉजी डिवीजन, BPS, 1995 & 1998) और युनाइटेड किंगडम कौंसिल फॉर साइकोथिरेपी (UKCP, 1998) तथा अमेरिका में अमेरिकन पर्सनेल गाइडेंस एसोसिएशन (APGA) की अलग-अलग संहिताएँ हैं। यहाँ पर इन संहिताओं के मुख्य बिंदुओं का वर्णन किया जा रहा है। नैतिक आचरण के बिंदुओं का इस प्रकार वर्णन किया जा रहा है कि प्रमुख बिंदुओं का परिचय प्राप्त हो सके। अतः किसी संहिता विशेष का विशिष्ट वर्णन या यथावत् प्रस्तुतीकरण नहीं किया जा रहा है। कुछ बिंदु परामर्शदाता की योग्यता, प्रशिक्षण, परामर्शन की तैयारी और पृष्ठभूमि से सम्बन्धित है; अन्य प्रमुख बिंदु मुख्यतः परामर्शी के साथ संचार, संविदा (Contract) गोपनीयता और परामर्शी के सम्मान से सम्बन्धित हैं; शेष बिंदु शोध, प्रकाशन, पर्यवेक्षण से सम्बन्धित हैं। सभी आचरण सम्बन्धी बिंदुओं को अपेक्षाएँ (requirements) या माँग कहा जा सकता है जिसकी पूर्ति परामर्शदाता द्वारा की जाती है।

सामान्य नैतिक अपेक्षाएँ ***(General Ethical Requirements/Expectations)***

(i) परामर्शन के लिए दक्ष होना,
(ii) परामर्शन क्षेत्र का निष्ठापर्वक विकास करना,
(iii) निरन्तर अध्ययन और दक्षता अर्जित करते हुए परामर्शन सामर्थ्य को अपने व्यावसायिक कैरियर में बढ़ाते रहना,
(iv) अपनी योग्यता के बारे में सही विवरण प्रस्तुत करना,
(v) व्यावसायिक वृत्ति(प्रोफेशनल प्रैक्टिस) के रूप में परामर्शन को अपनाने के लिए निजी विशेषताओं, योग्यताओं, मान्यता, इंश्योरेंस आदि की दृष्टि से सक्षम होना एवं
(vi) सम्बन्धित वैधानिक व्यवस्थाओं का ज्ञान होना।

व्यावसायिक संविदा सम्बन्धी अपेक्षाएँ ***(Requirements related to Professional Contract)***

(i) कार्य करने की शर्तें-सत्रों की संख्या, समय, स्थान, परामर्शी द्वारा दी जाने वाली राशि; प्रदत्त सूचना, अन्य वरिष्ठ परामर्शदाताओं को अर्पण (रेफर) किये जाने के विषय में सहमति की स्पष्टता,
(ii) लिखित संविदा श्रेयस्कर,
(iii) शर्तों की अग्रिम जानकारी एवं
(iv) परामर्शन सम्बन्ध में विश्राम और समापन की व्यवस्था।

परामर्शी की स्वायत्तता/आत्म-निर्णयन के लिए सम्मान ***(Respect for client's autonomy/self-determination)***

(i) परामर्शन कार्य परामर्शी की सहमति से आरम्भ किया जाय,
(ii) किसी अन्य परामर्शदाता की सेवा प्राप्त करने के विचार का अधिकार के रूप में सम्मान,

(iii) परामर्शी के विरुद्ध धर्म, जाति, लिंग आदि पर भेदभाव न किया जाय एवं
(iv) परामर्शी का यौनिक(sexual) या किसी रूप में शोषण नहीं किया जाना चाहिए।

परामर्शी के बारे में सूचनाओं की गोपनीयता ***(Confidentiality of Information about the Client)***

(i) परामर्शी द्वारा दी गयी सूचना, परीक्षण एवं मापन से प्राप्त सूचना को गोपनीय रखा जाए,
(ii) परामर्शी के केस स्टडी/केस फाइल को भौतिक रूप में सुरक्षित रखा जाये जिससे कि त्रुटिवश सूचना किसी अन्य को प्राप्त न हो सके,
(iii) जब सूचनाएँ अन्य लोगों के साथ बाँटी (share) जायें तब व्यक्ति की पहचान छुपाने का सभी सम्भव उपाय सुनिश्चित किया जाये,
(iv) सूचनाओं की गोपनीयता के महत्त्व को परामर्शी को स्पष्ट किया जाये,
(v) विधिक दृष्टि से सूचना को अभिव्यक्त करना आवश्यक हो तो परामर्शी की सहमति अपेक्षित है, एतद्विषयक सहमति प्राप्त कर लेना उपयोगी है,
(vi) जब समाज/लोक हित में सूचना को प्रकट करना उपयोगी और वैधानिक रूप में आवश्यक हो तब गोपनीयता के आश्वासन/संविदा शर्त को भंग करना श्रेष्ठ व्यवहार माना जायेगा एवं
(vii) जब परामर्शी का इरादा स्वयं को या अन्य किसी व्यक्ति को शारीरिक क्षति पहुँचाना हो तब परामर्शी या अन्य व्यक्ति के हित में आवश्यक उपाय किये जाने चाहिए; आवश्यक प्रतीत होने पर सक्षम अधिकारी को सतर्क किया जाये।

परामर्शदाता के सम्बन्धों के बारे में अपेक्षाएँ ***(Requirements Related to Supervision)***

(i) परामर्शदाता के पास अनुभव की कमी होने पर उसे अनुभवी परामर्शदाताओं के साथ सम्पर्क में, उनकी देख-रेख या पर्यवेक्षण में कार्य करना चाहिए,
(ii) पर्यवेक्षण एक निरन्तर प्रक्रिया है अतः कुछ व्यावसायिक संगठन जीवन पर्यन्त (BAC सभी सदस्यों के लिए प्रतिमाह 1½ घंटा समय निर्धारित करती हैं।) पर्यवेक्षण पर बल देते हैं एवं
(iii) परामर्शदाता को एक परामर्शन परियोजना/कार्यक्रम/अभिकरण में कार्यरत मूल्यांकनकर्ता, अन्य परामर्शी और अन्य कर्मचारियों के बारे में जानकारी रखनी चाहिए।

शोध एवं प्रकाशन के क्षेत्र में नैतिक मानक ***(Ethical Standards in the field of Research and Publication)***

(i) प्राप्त प्रदत्तों का निष्ठा/ईमानदारी के साथ विश्लेषण,
(ii) सहयोगी व्यक्तियों के साथ सहमति की स्पष्टता,
(iii) परामर्शी की पहचान सुरक्षित रखी जाये एवं
(iv) अन्य परामर्शदाताओं को शोध परिणाम के विषय में अवगत कराया जाये।

अन्य व्यावसायिक प्रश्नों पर विचार करने से पूर्व ऊपर वर्णित नैतिक मानदंडों के बारे में उत्पन्न होने वाले कुछ महत्त्वपूर्ण विवादों और असमंजस (dilemma) तथा उनके संदर्भ में सुझाये गये समाधान पर विचार किया जाना उपयोगी होगा।

नैतिक एवं विधिक किंकर्त्तव्यता (*Ethical and Legal Dilemmas*)

टिम बाण्ड (Tim Bond) जो कि क्रिस्टल विश्वविद्यालय में परामर्शन और प्रोफेशनल इथिक्स के रीडर है, ने हैण्डबुक ऑफ कौंसिलिंग एण्ड साइकोथिरेपी (Hand Book of Counselling and Psychotherapy, Sage, 2000) में नैतिक विवादों और विधिक विवादों के बारे में एक पृथक अध्याय के माध्यम से परामर्शी की स्वायत्तता, संविदा और गोपनीयता विषय अधिकारों के क्षेत्र में उत्पन्न विवादों का वर्णन करते हुए समाधान खोजने की चेष्टा की है। टिम बाण्ड का मत है कि इस क्षेत्र में उठे विवादों पर न्यायालयों में जाने पर परामर्शदाता को अनावश्यक कठिनाई का सामना करना पड़ सकता है क्योंकि परामर्शदाता-परामर्शी के स्वरूप की समझ अधिवक्ताओं में नहीं होती है। उदाहरणार्थ यह प्रश्न उत्पन्न हो सकता है कि परामर्शदाता ने कोई स्पष्ट सुझाव नहीं दिया और इस प्रकार परामर्शी ठगा गया है जबकि परामर्शदाता परामर्शन के लिए जिस मानवीय/व्यक्ति-केन्द्रित प्रणाली का उपयोग कर रहा था उसमें समस्या का समाधान/लक्ष्य की प्राप्ति का कार्यभार व्यक्ति के कंधों पर ही था, परामर्शदाता को कोई सुझाव नहीं देना था, कोई निर्देशन नहीं देना था, उसे तो परामर्शी की सहायता इस रूप में करनी थी कि उसकी अन्तर्दृष्टि और समझ में वृद्धि हो। ऐसे बिंदु पर विधिक विवाद उठ खड़े होने पर पहले अधिवक्ता और न्यायालय का पुनर्भिमुखीकरण (reorientation) करना होगा किंतु परामर्शदाता के लिए और भी अच्छा यह होगा कि वह नैतिक संहिता और संदर्भित विधिक व्यवस्था का पहले से अध्ययन करे और उसका पुनर्अवलोकन करता रहे।

परामर्शदाता के हित में यह है कि वह परामर्शी के साथ तय शर्तों को लिखित रूप में रखे। पूरी स्पष्टता के साथ सभी बातों--समय, सत्र संख्या, फीस, गोपनीयता आदि को निर्धारित करें। परामर्शन प्रक्रिया का मूल आधार पारस्परिक विश्वास है। संविदा का नैतिक एवं विधिक महत्त्व के अतिरिक्त परामर्शन/मनोचिकित्सा के क्षेत्र में भी महत्त्व है। विवाद की उत्पत्ति विश्वास की समाप्ति की दशा है अतः पूरी सतर्कता के साथ ऐसी परिस्थिति का परिहार किया जाना चाहिए। संविदा किस रूप में विधिक प्रक्रिया के अनुरूप होती है इसकी जानकारी परामर्शदाता को होनी चाहिए। गोपनीयता एक ऐसा प्रश्न है जो विधिक क्षेत्र में स्वीकार्य होने के अतिरिक्त मनोचिकित्सकीय/परामर्शन लक्ष्यों की दृष्टि से भी महत्त्वपूर्ण है।

साधारणतया किसी परामर्शदाता के समक्ष अनेक गोपनीय सूचनाएँ प्रकट होती हैं जिनके बारे में परामर्शदाता के समक्ष नैतिक एवं विधिक असमंजस की दशा उत्पन्न हो जाती है। परामर्शन साक्षात्कार के मध्य परामर्शी आत्महत्या का विचार व्यक्त करता है; या किसी अन्य व्यक्ति की हत्या, उसे शारीरिक क्षति, यौनिक आघात पहुँचाने का इरादा व्यक्त करता है; अथवा दो व्यक्ति (मित्र, गर्लफ्रेंड, पति पत्नी) साथ आते हैं और एक व्यक्ति द्वारा बतायी गयी बात को दूसरा व्यक्ति जानना चाहता है; अथवा दो में से एक परामर्शी दूसरे परामर्शी को क्षति पहुँचाना चाहता है; या अन्य अनेक ऐसी सूचनाएँ प्रकट होती रह सकती हैं जहाँ परामर्शदाता किंकर्त्तव्यता का अनुभव करता है। प्रायः नैतिक मानक और विधिक व्यवस्थाएँ समानान्तर चलती हैं, परामर्शदाता की उपर्युक्त परिस्थितियों में हस्तक्षेप की विधिक जिम्मेदारी नहीं होती है लेकिन परामर्शदाता द्वारा गोपनीयता को भंग करते हुए हस्तक्षेप करने पर लोक हित में गोपनीयता की शर्त तोड़ने का सामान्यतः सर्वत्र स्वीकार्य सिद्धान्त परामर्शदाता को विधिक सुरक्षा प्रदान करता है। कोहेन (Cohen,

1992); बॉण्ड (Bond, 1993); जेन्किन्स (Jenkins, 1997) का यह मत है कि इस कार्य क्षेत्र में नैतिक और विधिक व्यवस्थाएँ अभी परिपक्व नहीं हैं, अनेक कार्य क्षेत्र अभी नये हैं और वहाँ कोई उपयुक्त व्यवस्था अभी नहीं अपनायी गयी है। सर्वाधिक महत्त्वपूर्ण बात यह है कि परामर्शन कार्य को वृत्ति (पेशा) के रूप में आरम्भ करने से पूर्व परामर्शदाता को नैतिक संहिताओं, विधिक व्यवस्थाओं, उत्पन्न विवादों और निर्णयों के बारे में व्यापक अध्ययन करके अपने कार्य और आचरण के बारे में स्पष्ट योजना तैयार करना चाहिए।

वृत्तियात्मक मर्यादा के अन्य तत्त्व (*Other Professsional Issues*)

ऊपर बताये गये नैतिक एवं व्यावसायिक आचरण के अतिरिक्त अन्य अनेक बिंदु हैं जहाँ परामर्शदाता की व्यावसायिक जिम्मेदारी अपेक्षित हैं। इसमें सर्वप्रथम परामर्शदाता के व्यावसायिक एवं व्यक्तिगत विकास का प्रश्न है। इस बिंदु को अनेक नैतिक संहिताओं में भी सम्मिलित किया गया है।

वृत्तियात्मक विकास (*Professional Development*)—वृत्तियात्मक विकास का अर्थ यह है कि परामर्शदाता को परामर्शन कार्य करने योग्य बने रहने के लिए निरन्तर प्रयत्नशील रहना चाहिए (stay fit to practice)। इसके लिए ज्ञान को विस्तृत करना एवं नवीनीकृत करना; दक्षताओं को परिष्कृत करना, उसकी निपुणता/धार को तेज करना; अपनी बोधगम्यता को उद्देश्यपूर्ण बनाना और मानसिक स्वास्थ्य की देखभाल किया जाना चाहिए। विट्किन्स (Witkins, 2000) का विचार है कि किसी व्यावसायिक संगठन से जुड़ना परामर्शदाता की व्यावसायिक विकास हेतु इच्छा की अभिव्यक्ति है और नैतिक आचरण के प्रति प्रतिबद्धता को भी दर्शाता है। सम्मेलन (कान्फ्रेंस), कार्यशाला (वर्कशाप), अल्पकालिक रिफ्रेशर कोर्स में सम्मिलित होना; पुस्तक, जर्नल पढ़ना व्यावसायिक विकास का अंग है।

वृत्तियात्मक विकास के संदर्भ में प्रैक्टिसनर के प्रशिक्षण एवं पर्यवेक्षण से संबंधित विषय महत्त्वपूर्ण हैं।

वृत्तियात्मक विकास हेतु प्रशिक्षण (*Training for Professinal Development*) —परामर्शन के क्षेत्र में प्रैक्टिस से जुड़े परामर्शदताओं का वृत्तियात्मक विकास एक सतत् प्रक्रिया है जो वृत्तियात्मक अनुभवों के उपयोग पर बल देती है। प्रशक्षिण का साधारणतया प्रचलित प्रारूप जो कि दक्षता आधारित है तथा निष्पादन के मानदण्डों पर कार्य करता है, प्रैक्टिसनर की व्यक्तिगत विशेषताओं की तुलना में तकनीकी दक्षता को अधिक महत्त्व देता है। आधुनिक उपागम इस यांत्रिक प्रारूप से दूर रहने के लिए सचेष्ट है तथा प्रशिक्षण के लिए ऐसी प्रक्रिया को महत्त्व प्रदान करता है जिसमें व्यक्तिगत प्रत्यावर्तन (personal reflection) एवं विकास को अधिक महत्त्व दिया जाता है। इस प्रकार प्रशिक्षण उपागम से सम्बन्धित अनेक महत्त्वपूर्ण प्रश्न प्रकट होते हैं। प्रशिक्षण के उद्देश्यों के विषय में जिन विचारों का उद्‌भव हो रहा है उनसे यह स्पष्ट होता है कि (i) परामर्शन मनोवैज्ञानिक को तकनीकी रूप में दक्ष होना चाहिए, (ii) मनोविज्ञान का आधारभूत अध्ययन अर्थात वैज्ञानिक प्रशिक्षण प्राप्त होना चाहिए, एवं (iii) परामर्शदाता का व्यक्तिगत विकास होना चाहिए। परामर्शन के साथ मनोवैज्ञानिक के जुड़ने का स्वाभाविक अर्थ होता है मानवतावादी परम्परा को स्वीकार करना, अर्थात् व्यक्ति (परामर्शी) के मूल्यों तथा उसके व्यक्तिगत

अनुभवों एवं व्यक्ति के सामाजिक-सांस्कृतिक जीवन के व्यापक संदर्भों को स्वीकार करना। परामर्शन मनोवैज्ञानिक की एक विशिष्ट दशा होती है जिसमें वह शोधकर्ता भी है और प्रैक्टिसनर भी है। परामर्शन मनोवैज्ञानिक के प्रशिक्षण का स्वरूप इस प्रकार का होता है कि उसमें सतत् पुनर्नवीनीकरण एवं पुनर्अन्वेषण होना महत्त्वपूर्ण होता है। यही क्रिया परामर्शन मनोवैज्ञानिक की विशिष्ट/पृथक पहचान के लिए उपयोगी है। परामर्शन मनोवैज्ञानिक को एक वैज्ञानिक, दार्शनिक, शोधकर्त्ता एवं कलाकार होना चाहिए जिससे कि वह परामर्शी के साथ गहन व्यस्तता के परामर्शन/मनोचिकित्सकीय सम्बन्धों में सृजनशील एवं अन्वेषी रहते हुए उसके लिए 'परिवर्तन के क्षण' विकसित कर सके (हेम्मर्सली, 2003)।

''As well as being a scientist, philosopher and researcher, the counselling psychology practitioner needs also to be an artist in order to be creative and innovative to produce the particular 'moments of change' or internal shift which should result from the deep engagement with the client in a therapeutic relationship.'' (Diane Hammersley, 2003).

हेम्मर्सली ने इस दृष्टि से शॉन (Schon, 1983) के प्रत्यावर्तनीय प्रैक्टिसनर (reflective practitioner) और एक्शन रिसर्च के सिद्धान्तों (Mcriff, 1988) को परामर्शन मनोवैज्ञानिक की वृत्तियात्मक पहचान और प्रैक्टिस के लिए आवश्यक तत्त्व बताया है।

अनुचिन्तनात्मक प्रैक्टिसनर (*Reflective Practioner/Practitioners with Reflection-in-Action*)—अनुचिन्तन की प्रक्रिया द्वारा सिद्धान्त एवं प्रैक्टिस अविभाज्य हो जाते हैं। बॉयड और फेल्स (Boyd & Fales, 1983) ने अनुचिन्तन को आन्तरिक परीक्षण की एक प्रक्रिया बताया है जो ऐसे अनुभव द्वारा उत्पन्न होती है, जो स्व के संदर्भ में अर्थ की संरचना और स्पष्टीकरण करती है तथा इसके फलस्वरूप संप्रत्यात्मक परिप्रेक्ष्य परिवर्तित होता है। बाण्ड एवं अन्य (Bond et. al. 1985) ने इसे ऐसी बौद्धिक एवं भावनात्मक क्रिया बताया है जिसमें व्यक्ति अपने अनुभवों का अन्वेषण करते हुए नया बोध (understanding) और गुणबोध (appreciation) प्राप्त करते हैं। मेजीरो (1991) अनुचिन्तन को अनुभवों के तथ्यों, प्रक्रम अथवा अर्थ प्रदान करने के प्रयासों के समीक्षात्मक मूल्यांकन की एक प्रक्रिया के रूप में स्वीकार करते हैं।

"Reflection is 'a process of critically assessing the content, process, or premise of our efforts to interpret and give meaning to an experience." (Mezirow, 1991).

शॉन् (Schon, 1983) वृत्तियात्मकता को परम्परागत रूप में तकनीकी संवदेनमूलक परिश्रम से जुड़ा हुआ बताते हं जो कि परामर्शी की समस्याओं के समाधान हेतु वैज्ञानिक सिद्धान्त (सार्वभौमिकता में डूबा हुआ) और तकनीक प्रयुक्त करने पर बल देता है लेकिन इस प्रवृत्ति की आलोचना करते हुए वे कहते हैं कि यह उपागम अप्रभावी है। वस्तुतः प्रत्येक व्यक्ति स्वयं में एक अनोखा संसार है जिसके कारण प्रैक्टिस की कला (art of practice) विकसित करने की आवश्यकता होती है। यह कला पढ़ाई जा सकती थी यदि यह एक स्थिर घटक होती किन्तु ऐसा नहीं है। सक्रिय अनुचिन्तन (Reflection-in-Action) में अनकहे बोध (tacit-knowing), 'कैसे' का ज्ञान (know-how), आश्चर्य

(surprise), स्वतः स्फूर्तता (spontaneity), प्रयास-एवं-त्रुटि (trial and error), निजी आधार पर चिन्तन (thinking on ones feet), कुछ के लिए अनुभूति का विकास (developing a feel for something), अन्वेषी एवं अन्तर्ज्ञानी होने (being intutive and inquiring) की आवश्यकता होती है। सक्रिय अनुचिन्तन की क्रिया वस्तुतः कलात्मक होती है। प्रैक्टिस से जुड़े व्यक्ति में अन्तर्ज्ञानी भाव का आत्मविश्वास (Brookfield, 1986) तथा चिन्तन के पश्चात प्रत्यावर्तन द्वारा 'विशिष्ट व्यक्ति के लिए एक नये सिद्धान्त ('a new theory of the unique case'—Schon, 1983) का विकास होना चाहिए। इस प्रक्रिया में अन्तर्बोध, अनुप्राणित अनुमान तथा सृजनात्मकता सम्मिलित होते हैं। शॉन के विचारों का असली भाव यह है कि प्रैक्टिसनर निजी आधार पर चिन्तन करता है और इस प्रकार अपनी प्रैक्टिस से सीखता रहता है। कॉल्न (1984) का अधिगम चक्र का सिद्धान्त (theory of learning cycle) भी यह कहता है कि स्थूल चिन्तन का अनुगमन अनुचिन्तन द्वारा होता है, जिसका परीक्षण सक्रिय प्रयोगधर्मिता द्वारा होता है और तत्पश्चात प्रैक्टिस में उसका उपयोग होता है। व्यावसायिक वृत्ति से जुड़े लोग किसी परिस्थिति में सिद्धान्त का केवल उपयोग मात्र नही करते हैं अपितु दशा का एक ऐसे स्थल के रूप में उपयोग करतें हैं जहाँ वे नया सीख सकते हैं तथा नयी प्रविधियों एवं ज्ञान का सृजन कर सकते हैं। ऐसा करने से सूक्ष्म वैयक्तिक एवं पारिस्थितिक भिन्नताओं के प्रति उपयुक्त प्रतिक्रिया संभव हो पाती है। अनुभवी प्रैक्टिसनर के प्रशिक्षण में अभ्यास की धारणा का केन्द्रीय महत्त्व है अर्थात् अन्वेषण सक्रियता एवं अनुचिन्तन के मध्य अदल-बदल कर सतत व्यस्त होने की आवश्यकता होती है। शॉन (Schon, 1991) इन विचारों की वृत्तियात्मक शिक्षण के लिय महत्त्व की समीक्षा करते हुए कहते हैं कि अधिगमकर्त्ता को वास्तविक जीवन दशाओं में सम्मिलित होने की आवश्यकता होती है, अवलोकन करने की तुलना में कुछ करने की आवश्यकता होती है, घटनाओं के प्रति अन्तर्बोध के साथ प्रतिक्रिया करने की तथा प्रैक्टिस की दशा गें अनुचिन्तन की आवश्यकता होती है। समीक्षात्मक आत्म-अनुचिन्तन के लिए अधिगमकर्त्ता को सशक्तता का अनुभव होना चाहिए।

रूपान्तरात्मक अधिगम (*Transformative Learning*)—रूपान्तरात्मक अधिगम को मेजिरो (Mezirow, 1990) समीक्षात्मक आत्म-प्रत्यावर्तन के माध्यम से अधिगम करने की प्रक्रिया के रूप में परिभाषित करते हैं जिसमें व्यक्ति अपने अनुभवों का अधिक व्यापक, भेदपरक और संगठित बोध प्राप्त करता है। समीक्षात्मक प्रत्यावर्तन में व्यक्ति अपने अभिग्रहों एवं अभिमतों, उसके स्रोतों, उनकी वैधता और परिणामों तथा अर्थ बोध के परिप्रेक्ष्य में विद्यमान विकृतियों का परीक्षण करता है। इसका निहितार्थ यह है कि सत्य न तो स्थिर है और न ही पूर्णतः जाना जा सकता है, अपितु यह समाज रचित व्याख्या है। अर्थ निहित विकृतियाँ ज्ञानशास्त्रीय, सामाजिक-सांस्कृतिक या मनोवैज्ञानिक कारणों से एवं दूसरे व्यक्तियों के मूल्यों की गैर समीक्षात्मक स्वीकृति के माध्यम से उत्पन्न होती हैं। प्रशिक्षण के अन्तर्गत अभिग्रहों के अन्वेषण का अवसर मिलना चाहिए। ज्ञानशास्त्रीय विक्रतियाँ इस मिथ्या विश्वास से उत्पन्न होती हैं कि सभी समस्याओं का एक सटीक समाधान होता है, आवश्यकता एक सही विशेषज्ञ के मिलने की होती है। परामर्शन मनोवैज्ञानिक समस्या को क्लायंट की दृष्टि से समझने की चेष्टा करने की आवश्यकता स्वीकार करते हैं।

सामाजिक सांस्कृतिक विकार मुख्यतः अल्पसंख्यक वर्गों के बारे में आत्म-परितोषी भविष्यवाणी के कारण उत्पन्न होते हैं। इसका सम्बन्ध शक्ति समीकरण एवं सामाजिक सम्बन्ध संरचना से होता है। इस श्रेणी में लिंग, जाति, वर्ग आदि के आधार पर लोगों/क्लायंट के व्यवहार के लिए प्रस्तुत की जाने वाली व्याख्या को सम्मिलित किया जा सकता है। इसी प्रकार यह मानना, कि कोई सिद्धान्त अथवा विश्वास बहुसंख्य लोगों द्वारा स्वीकार किया जाता है, इसलिए सही है, भी बोध/अर्थ विकृति का एक उदाहरण है।

मनोवैज्ञानिक विकृतियों की श्रेणी में व्यक्ति की मानसिक संरचना के बारे में प्रचलित होने वाले अभिग्रह एवं अभिमत आते हैं।

रूपान्तरात्मक अधिगम उक्त विकृतियों को दूर करने की व्यवस्था करता है। मेजिरो एवं उनके सहयोगी इन विकृतियों को दूर करने के लिए अनेक उपाय सुझाते हैं। रॉथ (Roth, 1990) ऐसे अनुभव कार्यशाला की बात करते हैं जहाँ प्रशिक्षार्थी अपने अभिग्रहों का परीक्षण कर सके तथा किशनर एवं किंग (Kitchener & King, 1990) प्रत्यावर्तनीय निर्णय प्रारूप (Reflective-Judgement-Model) प्रस्तावित करते हैं जहाँ हम यह देख सकें कि किस प्रकार विभिन्न व्यक्ति एक ही घटना का अलग-अलग वर्णन करते हैं।

व्यक्तिगत विकास *(Personal Development)*—परामर्शदाता के व्यक्तिगत विकास (personal development) को, क्षमताओं को बढ़ाने के लिए व्यक्ति की अपनी आवश्यकताओं की दिशा में ऐसे विकास के रूप में समझा जा सकता है कि क्लायंट के साथ परामर्शदाता इस रूप में कार्य करे कि निरंतर उसकी प्रभावशीलता में वृद्धि हो और दोनों पक्ष (परामर्शदाता एवं परामर्श) सुरक्षित रहें। इसका सम्बन्ध परामर्शदाता की कमियों को दूर करने, उसकी ऊर्जा और उत्साह में वृद्धि करने से है (Witkins, 1997)। **जॉन्स** (Johns, 1996) व्यक्तिगत विकास की चार विधियाँ बताते हैं:—

(i) परामर्शन पाठ्यक्रम के अन्तर्गत कुछ केन्द्रीभूत गतिविधियों द्वारा व्यक्तिगत विकास के लिए कार्य करना,

(ii) व्यक्ति की दक्षता ओर कार्य के बारे में पुनर्निवेश सूचना (feedback information) की व्यवस्था,

(iii) परामर्शी के साथ परामर्शदाता के कार्य का प्रत्यक्ष पर्यवेक्षण एवं

(iv) परामर्शन प्रशिक्षार्थी के किसी परामर्शन सत्र में एक परामर्शी (क्लायंट) के रूप में अनुभवों द्वारा।

किसी भी प्रशिक्षण कार्यक्रम में व्यक्तिगत विकास का तत्व एक महत्त्वपूर्ण घटक होता है। इसमें परामर्शदाता-प्रशिक्षार्थी को अपनी कमियों को समझने एवं दूर करने का अवसर प्राप्त होता है। कुछ मान्यताप्रदायी संगठन चार्टर्ड प्रैक्टिसनर के लिए कम-से-कम चालीस घंटों की व्यक्तिगत मनोचिकित्सा को आवश्यक बताते हैं। इस व्यवस्था में प्रशिक्षार्थी को क्लायंट के परिप्रेक्ष्य के बारे में अनुभव प्राप्त होता है तथा दक्ष एवं अनुभवी प्रैक्टिसनर के सम्पर्क में रहते हुए अनेक प्रश्नों का समाधान प्राप्त करने का अवसर भी उपलब्ध होता है।

पर्यवेक्षण *(Supervision)*—कोई भी परामर्शदाता कितना भी वरिष्ठ क्यों न हो इसके लिए जीवनपर्यन्त पर्यवेक्षण आवश्यक माना जाता है। ब्रिटिश एसोसिएशन फॉर कॉनसिलिंग (BAC) प्रतिमाह न्यूनतम 1.5 घंटा पर्यवेक्षण को आवश्यक बताता है।

पर्यवेक्षण एक व्यवस्थित एवं औपचारिक सहयोगात्मक व्यवस्था है जिसमें परामर्शदाता निरन्तर अपने कार्य पर अनुभवी प्रैक्टिसनर एवं पर्यवेक्षक के साथ मिलकर प्रत्यावर्तन करता है। (Val Wosket, 2000)। पर्यवेक्षण का उद्देश्य परामर्शदाता-परामर्शी सम्बन्ध की प्रभावोत्पादकता की प्रोन्नति के लिए प्रयास करना होता है। इस प्रकार परामर्शदाता के लिए इसका उपयोग विकासात्मक होता है। बी॰ए॰सी॰ (B.A.C.) पर्यवेक्षण को परामर्शन के स्तर को बनाये रखने एवं अनुभवी परामर्शदाता के क्षितिज के विस्तार की प्रक्रिया के रूप में परिभाषित करता है।

"Counselling is 'a process to maintain adequate standards of counselling and a method of consultancy to widen the horizon of experineced practitioner." BAC (1990).

ऐसे पर्यवेक्षण का उद्देश्य अनुशासन नहीं है। ऐसा पर्यवेक्षण परामर्शदाता के लिए पोषक तत्त्व का काम करता है जो कि उसको सांवेगिक उर्जा की पुनः आपूर्ति करता है। सार्थक पर्यवेक्षण के निम्नांकित प्रकार्य होते हैं :—

(1) उपचारात्मक सामर्थ्य, ज्ञान तथा कौशल विकास की प्रोन्नति,

(2) उपचारात्मक/परामर्शन कार्य की गुणवत्ता का उन्नयन,

(3) परामर्शी के हितों की नैतिक, वृत्तियात्मक एवं भेद-भाव रहित कार्यशैली की देख-रेख के माध्यम से सुरक्षा,

(4) प्रत्यावर्तनीय प्रैक्टिस के माध्यम से पर्यवेक्षणाधीन परामर्शदाता की आत्म-जागरूकता एवं आत्म-विश्वास का उन्नयन एवं

(5) परामर्शदाता का कार्य जनित तनाव एवं उर्जा क्षति से बचाव।

इस प्रकार पर्यवेक्षण के तीन मुख्य प्रकार्य पर्यवेक्षणाधीन परामर्शदाता का अवलम्बन (support), विकास (development) एवं अनुश्रवण (monitor) करना होता है। इन दृष्टियों से पर्यवेक्षक की भूमिका प्रैक्टिसनर को सुरक्षित सीमाओं के अन्दर प्रकार्यात्मक स्वायत्तता को प्रोत्साहित करने की होती है। पर्यवेक्षण की सफलता पर्यवेक्षक और परामर्शदाता के मध्य के सम्बन्धों की गुणवत्ता पर निर्भर होती है। पर्यवेक्षणाधीन परामर्शदाता को इस सम्बन्ध में वैसे अनुभव की अपेक्षा होती है जैसे क्लायंट परामर्शदाता से अपेक्षा करता है।

पर्यवेक्षण कार्य एक परामर्शदाता के लिए अथवा ऐसे ही परामर्शदाताओं के एक समूह के लिये सम्पन्न किया जा सकता है। पर्यवेक्षक का चयन साधारणतया प्रशिक्षण संसाधन के पास उपलब्ध पर्यवेक्षकों की एक सूची में से किया जाता है। पर्यवेक्षक के पास परामर्शन एवं पर्यवेक्षण का पर्याप्त अनुभव होना चाहिए। परामर्शदाता के लिए किसी ऐसे पर्यवेक्षक की नियुक्ति अच्छी मानी जाती है जिसका प्रशिक्षण परिप्रेक्ष्य परामर्शदाता के प्रशिक्षण परिप्रेक्ष्य से भिन्न हो।

पंजीकरण (*Registration*)—किसी एक या अनेक व्यावसायिक अंगों के साथ पंजीकरण (रजिस्ट्रेशन) और मान्यता (रिकॉगनीशन) को परामर्शदाता के रूप में कार्य करने के लिए योग्यता का प्रमाणपत्र माना जा सकता है। पंजीकरण के साथ ही 'कार्य करने की फिटनेस' के लिए तैयार रहने की बाध्यता भी आ जाती है। विभिन्न देशों में यह पूरी

प्रणाली विभिन्न प्रकार की संस्थाओं द्वारा उपाधि/मान्यता देने (accreditation), पंजीकरण (registration) और अधिकार पत्र (charactering) की विविध व्यवस्थाओं के रूप में कार्य करती है। प्रायः पंजीकरण के लिये व्यावसायिक संगठन की सदस्यता को आकस्मिक शर्त के रूप में प्रस्तुत किया जाता है। व्यावसायिक विकास एवं सम्मान में वृद्धि हेतु रिफ्रेशर पाठ्यक्रमों तथा अल्पकालिक प्रशिक्षण कार्यक्रमों की भी आवश्यकता होती है। शोध एवं प्रकाशन द्वारा परामर्शदाता के अतिरिक्त परामर्शन के समग्र क्षेत्र का भी विकास होता है।

प्राइवेट प्रैक्टिस *(Private Practice)*—मनोविश्लेषण और मनोचिकित्सा का व्यावसायिक विकास हुए सौ वर्ष से अधिक हो गये। परामर्शन का विकास बाद में हुआ किन्तु परामर्शन कार्य आरम्भ में स्वयंसेवी संगठनों के अन्तर्गत ही निःशुल्क सेवा के रूप में सम्पन्न किया गया। 1960 के दशक में निजी वृत्ति (प्राइवेट प्रैक्टिस) के रूप में अनेक परामर्शदाताओं ने कार्य आरम्भ किया। किसी स्वयंसेवी संगठन, या विद्यालय की संरचना में परामर्शदाता के रूप में कार्य सरल होता है किन्तु प्राइवेट प्रैक्टिस अनेक दृष्टियों से कठिन कार्य है। संगठन के कर्मचारी के रूप में कार्य करते हुए परामर्शदाता को इंश्योरेन्स, लेखा-जोखा, प्रचार-प्रसार, भौतिक संरचना के निर्माण आदि के लिए चिंतित होने की आवश्यकता नहीं होती है। प्राइवेट प्रैक्टिस आरम्भ करने से पूर्व सर्वप्रथम परामर्शदाता को उपयुक्त भौतिक सरंचना की स्थापना करनी होती है। भौतिक साज-सज्जा के लिए धन की व्यवस्था आवश्यक है। धनाभाव होने पर बैंक के माध्यम से वित्तीय संसाधन जुटाना पड़ता है। कुछ व्यावसायिक संगठन परामर्शदाताओं के लिए व्यावसायिक क्षतिपूर्ति के लिए बीमा (Professional indemnity insurance) की शर्त पंजीकरण के लिए आवश्यक मानते है। परामर्शन प्रक्रिया के मध्य परामर्शन स्थल पर दुर्घटना हो सकती है, या कोई मनोवैज्ञानिक क्षति हो सकती है और क्षतिपूर्ति की मांग की भरपाई परामर्शदाता के लिए राशि अधिक होने पर संभव नहीं हो सकती है अतः परामर्शी और परामर्शदाता दोनों के हित के लिए इंश्योरेंस कवर उपयोगी है।

प्राइवेट प्रैक्टिस करते समय परामर्शदाता को पर्याप्त कार्यभार (केस) मिलते रहना आवश्यक है अन्यथा उसे आर्थिक संकट का सामना करना पड़ सकता है। इस स्थिति से बचाव के लिए प्राइवेट प्रैक्टिस में कार्य कर रहे परामर्शदाता की सेवाओं का विज्ञापन आवश्यक हो जाता है। इस विषय में निर्णय लेना कठिन कार्य है। क्या विज्ञापन दिया जाये, यदि हाँ तो कब, कहाँ, कैसे। इस हेतु व्यावसायिक संगठनों के अनेक मार्ग निर्देश भी देखे जा सकते हैं। स्थापित परामर्शदाताओं के लिए एक से दूसरे व्यक्ति तक विज्ञापन का कार्य स्वतः ही सम्पन्न होता रह सकता है लेकिन इस क्षेत्र में नये व्यक्ति के लिए विज्ञापन आवश्यक है। ब्रिटेन और अमेरिका जैसी जगहों पर चिकित्सकों, मनोचिकित्सकों और परामर्शदाताओं की निर्देशिका प्रकाशित होती है जिसमें नये परामर्शदाता अपनी योग्यता, कार्य स्थल एवं समय, दूरभाष आदि को विज्ञापित कर सकते हैं।

निजी वृत्ति के रूप में परामर्शन अपनाने वाले व्यक्तियों के लिए अपने आय-व्यय का लेखा-जोखा रखना आवश्यक होता है। आय-व्यय सम्बन्धी यह लेखा विवरण निजी आय-व्यय से पृथक होना चाहिए। परामर्शी/क्लायंट से प्राप्त भुगतान, टेलीफोन, पोस्टेज, परामर्शन कार्य में मार्ग व्यय, भौतिक-व्यवस्था पर आवर्ती व्यय आदि का विवरण रखा जाना आवश्यक होता है। सभी व्यय की रसीदें सुरक्षित होनी चाहिए। लेन-देन चेक के

माध्यम से करना उपयुक्त होता है। यह लेखा-जोखा प्रोफेशन टैक्स अथवा आयकर की दृष्टि से सतर्कतापूर्वक तैयार किया जाना चाहिए। यदि समस्त विवरण किसी लेखा लिपिक द्वारा तैयार किया गया है तब भी सभी प्रकार की जिम्मेदारी परामर्शदाता की ही होगी। किसी प्रकार की त्रुटि विधिक विवाद उत्पन्न कर सकती है और व्यावसायिक संगठन की सदस्यता को भी क्षति पहुँचा सकती है, जिसके कारण परामर्शदाता के मूल कार्य में व्यवधान आ सकता है। इसलिए परामर्शदाता को वित्तीय विवरण के प्रति सतर्कता का दृष्टिकोण अपनाना चाहिए।

(2) परामर्शन के क्षेत्र में अवसर *(Opportunities in the Area of Counselling)*

इस अध्याय के इस खण्ड में परामर्शदाताओं के लिए उद्यम/रोजगार (Occupation/ employment) के अवसरों के बारे में संक्षिप्त रूप में विचार किया जायेगा। प्रस्तुत विवरण को अध्याय 1 में परामर्शन के क्षेत्र विस्तार के बारे में दिये गये विवरणों के साथ जोड़कर देखना उपयोगी होगा। ऐसे कार्य क्षेत्र निम्नांकित हैं:—

(1) प्राथमिक उपचार केन्द्र (Primary Health Centers)

(2) आवासीय संरक्षण केन्द्र (Residential Care Centres)

(3) विद्यालय एवं कॉलेज (Schools and Colleges)

(4) सामुदायिक केन्द्र (Community Centers)

(5) मनोशैक्षिक निर्देशन एवं उपचार केन्द्र (Psycho-educational Guidance Clinics)

(6) कार्यस्थल (Work Place)

(7) स्वयंसेवी संस्थाएँ (Voluntary Agencies)

(8) निजी वृत्ति (Private Practice)

उपर्युक्त अवसर क्षेत्रों में किसी भी क्षेत्र में भारत में अवसर सीमित हैं। वैसे भारतवर्ष में परामर्शन कार्य हेतु शिक्षण एवं प्रशिक्षण की व्यवस्था भी अत्यन्त सीमित है। उपनगरो और ग्रामीण क्षेत्रों में भी इसे कोई लोक मान्यता प्राप्त नहीं है। महानगरों में भी थोड़े से उच्च वर्गीय लोग ही परामर्शन सेवा पर व्यय करने के लिए तैयार है किन्तु एक दूसरा पक्ष यह भी है कि अभी प्रशिक्षित परामर्शदाताओं का अभाव है अतः इच्छुक व्यक्ति अपने नगर में इस सेवा का चाहकर भी लाभ नहीं उठा सकते हैं। जीवन में समस्याएँ गम्भीर होती जा रही हैं। बालकों, किशोरों, युवकों, विवाहित मध्य आयु के लोगों, वृद्धों सभी में कभी-कभी परामर्शन की आवश्यकता उत्पन्न होती रहती है अतः इस क्षेत्र में रोजगार के अवसर को खुला हुआ माना जा सकता है।

❑

अध्याय 4

परामर्शन में सामाजिक-सांस्कृतिक परिप्रेक्ष्य

(SOCIO-CULTURAL PERSPECTIVES IN COUNSELLING)

परामर्शन मनोविज्ञान एवं परामर्शन प्रैक्टिस में दीर्घ अवधि तक व्यक्ति के जीवन को प्रभावित करनेवाले सामाजिक, आर्थिक एवं सांस्कृतिक कारकों को महत्त्व नहीं प्रदान किया गया है। ड्यू प्लॉक (du Polock, 1997) ने मनोपचार में सामाजिक संदर्भ को सार्थक महत्त्व न दिये जाने की प्रवृत्ति को रेखांकित किया जबकि क्लायंट का सामाजिक परिवेश उसकी समस्याओं की उत्पत्ति ही नहीं उसके अनुरक्षण (maintenance) का महत्त्वपूर्ण कारण हो सकता है (Pilgrim, 1997)। **फेल्थम** एवं **हॉर्टन** (2000) परामर्शन प्रक्रिया के लिए सामाजिक-सांस्कृतिक कारकों के महत्त्व को तीन स्तरों पर महत्त्वपूर्ण मानते हैं:—

प्रथम, मानव विकास तथा मनोवैज्ञानिक समस्याओं की उत्पत्ति को यदि व्यक्ति और उसके परिवेश की अन्तर्क्रिया का परिणाम माना जाय तो परामर्शी/क्लायंट की समस्या का मूल्यांकन तथा उसके समाधान के उपागम निर्धारण में सामाजिक-सास्कृतिक कारकों के महत्त्व को ध्यान में रखने की आवश्यकता होगी।

द्वितीय, परामर्शदाता एवं परामर्शी के मध्य व्याप्त सामाजिक सांस्कृतिक अन्तराल के प्रति परामर्शदाता को सचेत होना चाहिए। इस अन्तराल के कारण परामर्शी-परामर्शदाता सम्बन्ध के विकास में कठिनाई आ सकती है। यूरोपीय देशों (विशेषतः ब्रिटेन) में जहाँ बहुसांस्कृतिक परिवेश का पोषण हो रहा है, परामर्शदाता को भिन्न सामाजिक-सांस्कृतिक पृष्ठभूमि वाले परामर्शी के साथ प्रायः कार्य करना पड़ सकता है। भारत जैसे देश में ग्रामीण नगरीय, धार्मिक, जातीय, क्षेत्रीय, भिन्नताएँ व्यापक है तथा महानगरों में कार्यरत परामर्शदाताओं को विविध सामाजिक-सांस्कृतिक पृष्ठभूमि वाले क्लायंट संदर्भित हो सकते हैं। पोंटेरेट्टो एवं अन्य (Ponteretto et. al. 1995) ने बहुसांस्कृतिक परामर्शन विषयक अपनी पुस्तक में यह कहा है कि परामर्शदाता को अपनी निजी विश्वदृष्टि (Worldview) एवं तद्सम्बन्धी मूल्यों, पूर्वाग्रहों एवं मानव व्यवहार विषयक अभिग्रहों के साथ-साथ परामर्शी की विश्वदृष्टि के प्रति सजग रहना चाहिए।

फेल्थम एवं हार्टन **तीसरा** महत्त्वपूर्ण बिंदु मानते हैं कि लोगों का मनोचिकित्सा एवं परामर्शन के महत्त्व के बारे में अर्थात् उसकी उपयोगिता अथवा निरर्थकता के विषय में दृष्टिकोण भिन्न-भिन्न रूप में देखा जा सकता है। परामर्शदाता इन परिस्थितियों में कार्य करते हुए सामाजिक-सांस्कृतिक एवं आर्थिक कारकों के महत्त्व को स्वीकार तो करते हैं किन्तु उनके दृष्टिकोणों में भी भिन्नता होती है। इसलिए शक्ति-समीकरण, सामाजिक नियंत्रण, कार्यस्थल की गत्यात्मकता (कार्य दबाव, बाधाएँ, संगठनात्मक प्रणाली आदि) सम्बन्धी कारक महत्त्वपूर्ण हो जाते हैं।

इस अध्याय के अन्तर्गत सामाजिक-संदर्भ के सैद्धान्तिक परिप्रेक्ष्यों के अतिरिक्त लिंग, आयु, सामाजिक वर्ग, धार्मिक एवं पंथनिरपेक्षता के अभिग्रह एवं जातीयता तथा संस्कृति के प्रभाव का परामर्शन की दृष्टि से मूल्यांकन किया गया है।

सामाजिक संदर्भ के सैद्धान्तिक परिप्रेक्ष्य *(Theoretical Perspectives on Social Context)*

परामर्शन प्रैक्टिस में सदैव व्यक्तिवाद (individualism) पर बल दिया गया है। परामर्शन वृत्ति की यह विशेषता ही इसकी शक्ति मानी जाती रही है किन्तु अब यह समझा जाता है कि इस विशेषता के कारण परामर्शन प्रक्रिया के क्षीण होने का खतरा भी उत्पन्न होता है (Bimrose, 2000)। आज यह महत्त्वपूर्ण माना जाता है कि किस प्रकार कोई परामर्शदाता क्लायंट के विशिष्ट (distinctive) एवं साझे (shared) अनुभवों पर एक साथ ध्यान देने की चुनौती का सामना करता है। परामर्शदाता को यह तय करना होगा कि वह अनन्यतः (exclusively) केवल परामर्शी विशेष के साथ जुड़ा रहेगा अथवा उससे परे सामूहिक, प्रणालीगत एवं सामाजिक संरचनाओं पर ध्यान देगा। यह दृष्टिकोण ही सामुदायिक मनोविज्ञान के विकास का कारण बना जिसमें मनोवैज्ञानिक सामाजिक/सामुदायिक सक्रियता (proactive) का दृष्टिकोण अपनाते हुए व्यक्ति से बाहर स्थिर घटकों को प्रभावित करके उन व्यक्तियों की साझी समस्याओं के समाधान का प्रयत्न करेगा। उदाहरण के लिए तलाक चाहने वाली महिलाओं का एक बड़ा वर्ग पारिवारिक नियंत्रण (सास-ससुर के नियंत्रण) से मुक्ति चाहता है और परिवार से सम्बन्ध विच्छेद करने के लिए वह उस पति/विवाह से सम्बन्ध तोड़ती है जो वह नहीं चाहती है। ऐसे में समस्या का मूल सामाजिक परम्परा/व्यवस्था में निहित है। प्रश्न यह उत्पन्न होता है कि परामर्शदाता केवल तलाक की अर्जी देनेवालों के साथ बार-बार कार्य करता रहेगा या कि इस व्यवस्था में आवश्यक परिमार्जन के लिए कार्य करेगा, एक उचित समाधान के कोई अन्य उपाय खोजेगा। इस प्रकार केवल परामर्शी विशेष पर ध्यान केन्द्रित करने पर यह खतरा उत्पन्न हो जाता है कि सामाजिक संदर्भ के प्रभाव की उपेक्षा हो सकती है। इसलिये व्यक्ति के साथ-साथ उसके सामाजिक संदर्भ का प्रश्न परामर्शन वृत्ति के लिए महत्त्वपूर्ण हो जाता है किंतु अभी यह सहमति नहीं विकसित हो पायी है कि सामाजिक संदर्भ के किन आयामों/विमाओं को महत्त्व दिया जाय।

बिमरोज (Bimrose, 1993) ने सामाजिक संदर्भ के बारे में तीन उपागमों की पहचान की है। अस्तित्ववादी-मानवतादी, मनोगत्यात्मक एवं संज्ञानात्मक-व्यवहारात्मक उपागम व्यक्तिवादी उपागम (Individualist approaches) हैं जो यह समझते हैं कि व्यक्ति की समस्या का समाधान उसके भीतर, उसमें अन्तर्निहित शक्ति में निहित है अतः पारिवारिक, सामाजिक-सांस्कृतिक संदर्भ के प्रश्नों की लगभग पूर्ण उपेक्षा करते हैं। दूसरा उपागम समन्वयवादी उपागम (Integrationalist appraches) हैं जिसमें विविध प्रकार से प्रचलित उपागमों के विभिन्न पक्षों को समन्वित किया गया है। बहुसांस्कृतिक उपचार (Multicultural Counselling and Therapy—MCT) इसी श्रेणी का उपागम है। यह उपागम 'पारिवारिक एवं सांस्कृतिक संदर्भ में व्यक्ति, पर ध्यान केन्द्रित करता है (MCT focuses 'on the individual in a family and cultural context.' Ivey et. al. 1997)। तीसरा सैद्धान्तिक परिप्रेक्ष्य संरचनावादी उपागम (Structuralist approach) है। यह उपागम मानता है कि कभी भी मानव पीड़ा का समुचित समाधान व्यक्ति के स्तर पर नहीं किया जा सकता है।

एकमात्र उचित समाधान यह होगा कि समाज के अन्दर विद्यमान संरचनाओं में निहित उन कारकों को परिमार्जित किया जाये जिनमें लोगों की पीड़ा का कारण निहित है।

आजकल परामर्शन और मनोचिकित्सा में सामाजिक संदर्भ के कारकों पर ध्यान दिये जाने की आवश्यकता पर बहुत बल दिया जाता है लेकिन इससे सामाजिक-राजनैतिक विवाद भी उत्पन्न होते हैं क्योंकि वस्तुतः जिस प्रकार के सामाजिक-सांस्कृतिक, राजनैतिक शासकीय नीतिगत परिवर्तन की आवश्यकता बतायी जायेगी उसके लिए व्यवस्था तैयार नहीं होगी तथा विरोध करेगी।

यौनिक विभेद के संदर्भ में परामर्शन (*Counselling in the Context of Gender Inequality*)

परामर्शन में सामाजिक संदर्भ के महत्त्व की दृष्टि से यौनिकता का अर्थ पुरुषों और महिलाओं के व्यवहार में पाये जाने अन्तरों से कदापि नहीं है, अपितु इसका तात्पर्य इस बात से है कि किस प्रकार किसी व्यक्ति के स्त्री या पुरुष होने ('being female' and 'being male') के कारण हम प्रभावित होते हैं। समाज और संस्कृति के आधार पर हमारे पुरुष या स्त्री होने का अर्थ हमारे लिए बदल जाता है यहाँ तक कि एक ही समाज/संस्कृति में समय के साथ हमारी यौनिकता की परिभाषा बदलती रहती है। कल की चूल्हें-चौके वाली भारतीय नारी आज की उद्योग, कार्यालय, व्यवसाय, व्यवस्था संचालित करने वाली महिला हो गयी है। इस दशा/परिवर्तन के भारतीय नारी के लिये अनेक अर्थ हैं। घर और बाहर का दबाव, दोहरी भूमिका (नियंत्रित करने वाली 'बाहर की नारी' तथा नियंत्रित होने वाली 'गृहणी') का तनाव उसे प्रभावित करता है।

यौनिकता की रचना और परिभाषा समाज और संस्कृति द्वारा दी जाती है तथा पुरुष और महिला के मध्य भेदभाव देखा जाता है। 1980 के दशक में संयुक्त राष्ट्र के एक अनुमान के अनुसार महिलाएँ विश्व की आधी संख्या है जो काम के घंटों में दो-तिहाई की भागीदार है, आय में 1/10 की भागीदार हैं तथा सम्पत्ति में 1/100 की भागीदार हैं। महिलाओं के विरुद्ध घटित होने वाली असमानता एवं अन्य के उदाहरण चतुर्दिक देखे जा सकते हैं। महिलाओं के पीटे जाने की घटनाएँ अत्यन्त विश्वव्यापी हैं। दहेज हत्या या अन्य आक्रामक कारणों से भी महिलाएँ हत्या की आशंका से ग्रस्त रहती हैं। भारत में महिलाओं की शिक्षा दर और स्तर में प्रगति हुई है लेकिन आज भी उच्च पदों पर यहाँ तक कि संसद में इनके अनुपात में अपेक्षित परिवर्तन नहीं हुआ। इस प्रकार यह महत्त्वपूर्ण हो जाता है कि परामर्शन में यौनिक असमानता/विभेद को किस सीमा तक एवं किस प्रकार महत्त्व प्रदान किया जाये। अनेक परामर्शदाता यौनिकता को परामर्शन के आयाम के रूप में देखना स्वीकार नहीं करते क्योंकि इसमें एक समूह के लिए कतिपय सामान्यीकरणों/पूर्वाग्रहों को बढ़ावा मिलता है। यह भी ध्यान देने योग्य है कि योग्य, सक्षम एवं आधुनिक नारी विशेष बर्ताव को स्वीकार नहीं करेगी। ध्यान देने योग्य बात यह भी है कि एक वर्ग के बारे में जो तथ्य है उसका एक दूसरा पक्ष भी है। इस प्रकार यदि महिला दुर्व्यवहार की शिकार है तो दूसरा वर्ग इसका प्रणेता है। बहुसांस्कृतिक परामर्शन एवं उपचार पद्धति (MCT) क्लायंट को यह देखने/समझने में सहायता देती है कि किस प्रकार उसकी समस्या सामाजिक अन्याय के प्रश्नों, यथा जाति, आर्थिक वर्ग, यौनिकता आदि से जुड़ी है (Ivey et. al. 1997)।

यौनिक बोध-उपचार (Gender Awarness Therapy—GAT) एवं नारीवादी उपचार

(Feminist Therapy) परामर्शन/मनोपचार की उन पद्धतियों के उदाहरण है जहाँ यौनिकता विषयक प्रश्नों को परामर्शन में सम्मिलित किया गया है। सू एवं अन्य (Sue et. al. 1995) ने सांस्कृतिक रूप में सक्षम (culturally competent) परामर्शदाता का पक्ष लिया है जिसमें चेतना (awarness), समझ (understanding) तथा दक्षता (skill) जैसी तीन प्रमुख विशेषताएँ हैं। इस प्रकार परामर्शदाता को समाज में प्रचलित यौनिक विभेद की समस्या के स्वरूप और विस्तार एवं उसके परिणाम की जानकारी होनी चाहिए। परामर्शदाताओं में यौनिकता विषयक आत्म-चेतना होनी चाहिए, सम्बन्धित प्रश्नों का समाधान खोजने की दक्षता होनी चाहिए, और महिलाओं से जुड़े ऐसे प्रश्नों पर पुरुषों के साथ मिलकर सजग अन्वेषण करने के लिए उसे सक्षम होना चाहिए (Jenny Bimrose, 2003)।

नारीवादी परामर्शन उपागम यह रेखांकित करता है कि आधी जनसंख्या के प्रति समाज में द्वितीय श्रेणी के नागरिक वाला बर्ताव होता है। **चैपलिन** (1990) के अनुसार नारीवादी परामर्शन अस्तित्व के एक-दूसरे रूप, एक दूसरे के बारे में भिन्न अभिवृत्तियों एवं भिन्न मूल्यों तथा चिन्तन की शैली से जुड़ा हुआ है।

'Feminist counselling is 'different way of being having different attitudes to each other and different values and ways of thinking' (J. Chaplin, 1990)।

चैपलिन कहती हैं कि नारीवादी परामर्शन का उद्देश्य जनचेतना में विकास के माध्यम से पृथक नारीवादी मूल्यों का विकास करना तथा पुरुष प्रभुत्व वाली मूल्य प्रणाली को तिरस्कृत करना है। इसका सम्बन्ध व्यापक अर्थों में विभेद से है। विविध दर्शन ग्राही (electic) उपागम होने के कारण इसका उपयोग अन्य परामर्शन पद्धतियों के साथ जोड़कर किया जा सकता है।

यौन संवेदनशील उपागमों का अभी विकास हो रहा है किन्तु इनमें परामर्शन उपागमों में ध्यान में रखे जाने योग्य अनेक प्रश्नों को वैध रूप में उठाया गया है।

परामर्शन में आयु संदर्भ (*Age Context in Counselling*)

क्लायंट की आयु का परामर्शन में कई दृष्टियों से वैध महत्त्व है—(i) प्रत्येक मुख्य आयु वर्ग की कुछ प्रमुख समस्याएँ होती हैं; (ii) आयु से जुड़ी विशेषताओं, आवेगों, अनुभवों का अगली आयु अवस्था पर प्रभाव पड़ता है।

बाल्यकालीन सांवेगिक समस्याओं की उत्पत्ति में परिवार/संस्कृति के प्रभावों और वयस्क जीवन में उत्पन्न होने वाली मनस्तापीय समस्याओं के विकास में बाल्यकालीन सांवेगिक अनुभवों के महत्त्व को मनोविश्लेषणात्मक सिद्धान्त में रेखांकित किया गया। इस उपागम के अनुसार बाल्यकालीन सांवेगिक भावनाओं की मुक्त अभिव्यक्ति के विरुद्ध सांस्कृतिक प्रतिबंधों तथा माता-पिता की स्वीकृति अर्जित करने के प्रयत्नों के कारण बच्चों की आवश्यकताओं एवं संवेगों का अवदमन होता है तथा मनस्ताप की उत्पत्ति होती है। मनोविश्लेषणात्मक उपागम में ऐसा करते समय इस आयु की कुछ अन्य महत्त्वपूर्ण घटनाओं, जो कि परिवार के इस त्रिकोणीय संबंध (माता-पिता-संतान) से बाहर है की अनदेखी की गयी है। बच्चों का यौनिक शोषण ऐसा ही गंभीर विषय है जिसके शिकार बच्चों में आक्रामकता, यौनोचित व्यवहार की अनुपयुक्तता या यौनिकता आक्रमकता के विकसित होने की संभावना बढ़ जाती है। चूँकि बच्चों का यौनिक शोषण अत्यन्त व्यापक

है (ब्रिटेन में लगभग में 10 प्रतिशत और अमेरिका में बहुत ही अधिक 38 प्रतिशत बच्चों का शोषण बताया गया है) इसलिए क्लायंट की वर्तमान जीवन की अनेक समस्याओं की उत्पत्ति को इस संदर्भ में समझे जाने की आवश्यकता है।

किशोरों एवं नवयुवकों का सामाजिक संदर्भ कल्पनालोक का होता है। कुछ संस्कृतियाँ विभिन्न रूपों में अलौकिक अनुभवों को प्रोत्साहित करती है। इस कारण व्रत, उपवास, भाँग और अन्य ऐसे मादकों का सेवन, जिनसे कुछ विशिष्ट अनुभव प्राप्त होते हैं, प्रोत्साहित किया जाता है। इस प्रकार इस वर्ग के अनेक संज्ञानात्मक अनुभवों को केवल अन्तर्निहित मनोरोग की अभिव्यक्ति के रूप में देखना अनुचित होगा।

वृद्ध व्यक्तियों का संसार उनकी शारीरिक-आर्थिक-कमजोरी के कारण अन्य अवस्थाओं से भिन्न हो जाता है। अपनी शारीरिक एवं आर्थिक कमजोरी के कारण वृद्ध व्यक्तियों में अनेक समस्याएँ उत्पन्न होती हैं। जीवन साथी का अभाव उनमें विषाद की वृद्धि/विषाद से प्रतिरोध की कमी का एक प्रमुख कारण होता है।

इस प्रकार संक्षेप में हम यह समझ सकते हैं कि आयु वर्गों की अपनी पृथक समस्याएँ हैं एवं व्यक्ति की समस्याओं के मूल्यांकन में आयु के संदर्भ में रखकर ही परामर्शन कार्य को आगे बढ़ाना अधिक उपयुक्त होगा।

परामर्शन में सामाजिक वर्ग का परिप्रेक्ष्य (*Perspective of Social Class in Counselling*)

सामाजिक आर्थिक वर्ग परामर्शन एवं मनोपचार के लिए अनेक प्रकार से महत्त्वपूर्ण है। लोगों के सामाजिक-आर्थिक वर्ग का प्रथम प्रभाव मानसिक स्वास्थ्य सम्बन्धी समस्याओं पर पड़ता है। यह कहना कठिन है कि निम्न वर्ग का होना किस प्रकार हमारी समस्या को प्रभावित करता है किन्तु इतना स्पष्ट है कि मानसिक स्वास्थ्य की समस्या निम्न वर्ग में अधिक पायी जाती है तथा हमारी सम्पन्नता में वृद्धि के साथ-साथ या रोजगार की सम्भावनाओं में वृद्धि के साथ निश्चय ही मनोपचार की सफलता की सम्भावना में वृद्धि पायी जाती है।

परामर्शन में सामाजिक-आर्थिक वर्ग का दूसरा प्रभाव सेवा क्षेत्र में वर्ग आधारित विभेद से है। परामर्शन या मनोपचार रूपी उपचार की बात-चीत प्रणाली एक सेवा के रूप में साधारणतः प्राइवेट प्रैक्टिस में ही उपलब्ध है जहाँ परामर्शदाता की जीविका फीस के आधार पर चलती है। ऐसे में निम्न वर्ग के व्यक्ति के लिए इस सेवा को प्राप्त करना सम्भव नहीं हो पाता है। ऐसे लोगों को मुख्यतः जैव आधारित उपचार सेवा ही प्राप्त हो पाती है। अन्यथा भी यह वर्ग प्रथम स्तर पर इस सोच के कारण भी ऐसे ही उपचारकों के पास जाता है कि उसकी समस्या का कारण जैविक है।

सामाजिक-आर्थिक वर्ग का तीसरा महत्त्वपूर्ण प्रभाव परामर्शदाता एवं परामर्शी के मध्य व्याप्त उनके वर्ग के अन्तर के कारण उत्पन्न होने वाले प्रभावों के रूप में देखा जा सकता है। परामर्शदाता एवं परामर्शी के मध्य सामाजिक वर्ग की जितनी अधिक समानता होती है उतनी ही अधिक सरलतापूर्वक पारस्परिक सहमति एवं बोध का विकास होता है (Pilgrim, 2000)। परामर्शदाता सामाजिक-आर्थिक स्तर की दृष्टि से जितना ही अधिक परामर्शी के निकट होता है उतनी सरलतापूर्वक वह परामर्शी के लिए परानुभूति (empathy) एवं बोध (understanding/intelligibility of clients presenting problem) का विकास कर पाता है। पिलग्रिम का मत है कि मध्य वर्गीय क्लायंट की समस्या का निदान

(dianosis) मनस्ताप/न्यूरोसिस के रूप में किये जाने की संभावना अधिक होती है तथा निम्न/श्रमजीवी वर्ग के लिए मनोविक्षिप्तता/साइकोसिस के रूप में निदान की सम्भावना प्रबल होती है।

सामाजिक-आर्थिक वर्ग परामर्शदाता एवं परामर्शी की एक-दूसरे से या परामर्शन प्रक्रिया के संदर्भ में अपेक्षाओं को भी प्रभावित करता है। **ब्रामले** (Bromley, 1994) ने विभिन्न अध्ययनों की समीक्षा से यह निष्कर्ष प्राप्त किया कि प्राथमिक अन्वेषण निदान के पश्चात साधारणतया गरीब वर्ग को परामर्शन/मनोपचार हेतु सुपुर्द/रेफर नहीं किया जाता है। यदि उनके लिए यह सेवा आरम्भ भी होती है तो उनके द्वारा सेवा परित्याग (dropout) किये जाने की संभावना अधिक होती है।

परामर्शन में धर्म का संदर्भ *(The Context of Religion in Counselling)*

धर्म हमारे जीवन का एक प्रमुख अंग है। भारत, ब्रिटेन और अमेरिका जैसे देशों में विभिन्न धर्मों के अनुयायी रहते हैं। विज्ञान द्वारा विकसित सत्य की पृथक परिभाषाओं के रहते हुए भी धर्म द्वारा रचित सत्य/वास्तविकता की परिभाषा का हमारे ऊपर प्रभाव पड़ता है। अधिसंख्य लोगों के जीवन के लक्ष्यो, अभिलाषाओं, जीवन-शैली, मूल्यों आदि की रचना में धर्म का व्यापक प्रभाव पड़ता है। इस प्रकार परामर्शी और परामर्शदाता दोनों ही अपने धार्मिक संदर्भ से प्रभावित होते हैं। इसके प्रभाव में व्यापक अन्तर देखा जा सकता है। भारत में यदि हिन्दू धर्म के अन्तर्गत देखें तो अनेक प्रकार के चिन्तन का प्रचलन है, इसके दो प्रकार के महत्त्व हैं—प्रथम, परामर्शदाता और परामर्शी के उस संदर्भ में अन्तर होता है जिसके आधार पर जीवन का अर्थबोध या स्वयं के बारे में मूल्यांकन का विकास होता है, तथा द्वितीय, अनेक परामर्शी/क्लायंट की समस्याओं का मूल प्रचलित विरोधाभासी धार्मिक दर्शन में निहित होता है।

परामर्शन एवं मनोपचार की प्रैक्टिस में धर्म का संदर्भ इसलिए भी महत्त्वपूर्ण है कि व्यक्ति के मानसिक स्वास्थ्य/रोग की इसकी परिभाषा और धार्मिक चिंतन में प्रायः द्वन्द्व व्याप्त होता है। आधुनिक परामर्शन आध्यात्मिकता को स्वीकार करता है। धर्म की मान्यताओं को स्वीकार नहीं करता है। परामर्शन व्यक्ति की विकास और स्वायत्तता सम्बन्धी चेष्टा की सराहना करता है जबकि धर्म की छाया में दमन, शोषण, अनुगामिता एवं आत्म निषेध को बढ़ावा मिलता है। 'व्यक्ति की स्वायत्तता एवं 'व्यक्तिगत विकास' का प्रायः सभी धर्मों द्वारा विरोध किया जाता है। इसलिए परामर्शदाता के समक्ष ईश्वर से प्रेम, मानवता से प्रेम, पड़ोसी से प्रेम, समूह/परिवार की भलाई, धर्म द्वारा व्याख्यायित सत्य के प्रति निष्ठा, धार्मिक ग्रंथों की पवित्रता, धार्मिक रीति-रिवाज एवं कर्मकाण्ड जैसी बातें एक बड़ी चुनौती बन जाती हैं। परामर्शदाता के लिए परामर्शी के अथवा अपने धर्म के प्रभाव को नकारना संभव नहीं होता है। किसी परामर्शदाता के लिए, जो इस अभिग्रह से प्रभावित है कि धर्म और उसकी संरचनाएँ मानव स्वभाव के प्रतिकूल है, उस परामर्शी को समझना कठिन हो जायेगा जो यह यह मानता है कि ईश्वर के प्रति समर्पण में ही उसकी मुक्ति का रहस्य छिपा हुआ है। यौनिक जीवन, विवाह/प्रेम, गर्भसमापन जैसे विषयों पर धार्मिक संस्थाओं की व्यवस्थाएँ क्लायंट के लिए अत्यंत महत्त्वपूर्ण होती है। यदि परामर्शी जीवन अर्थ, विश्वास और धर्माचरण विषयक प्रश्नों के साथ संघर्षरत है तो उसके धर्म और आध्यात्मिकता का सम्पूर्ण सम्मान परामर्शन हेतु आवश्यक होता है। परामर्शदाता

के लिए आवश्यक होता है कि वह व्यक्ति के विश्वासों एवं तत्सम्बन्धी संघर्षों के लिए परानुभूति एवं स्वीकृति विकसित करे।

'Good practice demands that the therapist is free to respond empathically and acceptantly to whatever level of religious struggle the clinet presents and this will not be possible for the therapist who rejects the spiritual dimension altogether or who is unable to regard religious or spiritual tradition and practices dispassionately and yet with the intense seriousness which they warant.' (Brian Thorne, 2000 in Feltham & Horton, 2000).

परामर्शन में प्रजाति, संस्कृति एवं जातीयता का संदर्भ *(Context of Race, Culture and Ethnicit in Counselling)*

आधुनिक वैज्ञानिक चिन्तन की दृष्टि में जाति/जातीयता की रचना का कोई आनुवांशिक आधार नहीं होता है, अर्थात् आनुवांशिक/जेनेटिक आधार पर जाति वर्गों के बीच अन्तर स्थापित नहीं किया जा सकता है। जाति वर्गों एवं जातीयता का विकास सांस्कृतिक, सामाजिक, मनोवैज्ञानिक आधार पर होता है, इसका कोई जैविक आधार नहीं होता है (Richards, 1997)। जातीयता इस प्रकार ऐसी अभिवृत्तियाँ और आचरण हैं जो अभिव्यक्त रूप में आक्रामक होती है तथा दूसरे वर्गों को अपमानित करती है। यह जातीयता संस्थागत रूप धारण कर लिया करती है। वर्गभेद, गुलामी और पृथक्करण जातीयता के वाह्य आचरण से सम्बन्धित हैं। रिचर्ड्स संस्कृति को एक सामाजिक संप्रत्यय बताते हैं। संस्कृति में एक समूह के ऐसे मूल्यों, अभिवृत्तियों एवं व्यवहारों का समावेश होता है जो उस समूह के सदस्यों में सामान्य रूप में पायी जाती हैं। बाह्य जगत के साथ हमारी अन्तर्क्रिया, उसमें हमारे आचरण तथा हमारे सम्बन्धों की परिभाषा पर संस्कृति का प्रभाव पड़ता है। जातीयता संस्कृति एवं जाति/वर्ग समूह दोनों ही स्तर पर देखी जा सकती है। जातीयता का प्रायः सभी समाजों/संस्कृतियों में लम्बा इतिहास है।

मानसिक स्वास्थ्य/मनोरोग के संप्रत्ययन में जाति, संस्कृति एवं जातीयता के प्रभावों को देखा जा सकता है। हमारा संप्रत्ययन संस्कृति की पश्चिमी परिभाषा एवं स्वरूप से प्रभावित है। अन्य सांस्कृतिक संदर्भों का भी परामर्शन के लिए महत्त्व है। परामर्शन का पार-सांस्कृतिक उपागम (transcultural approach to counselling) सांस्कृतिक भिन्नताओं को स्वीकार करता है। इस उपागम में उपचार का मुख्य लक्ष्य ऐसे सम्बन्ध का विकास करना होता है जिसके माध्यम से परामर्शी स्वयं को बेहतर एवं गहन रूप में समझ सके और इस प्रकार परिवर्तन अर्जित कर सकें।

'A transcultural approach acknowledge differences and considers the way that external experiences are internalized, as well as transforming relationship with others. One of the main aims of therapy is to offer a relationship, within a structured environment, through which the therapist or counsellor enables the client to develop a better and deeper understanding of themelves, and in this way, achieve change.' (Carol Mohamed, 2000; in Felthan & Horton, 2000).

❑

अध्याय 5

परामर्शन मनोविज्ञान का ऐतिहासिक परिप्रेक्ष्य

(HISTORICAL PERSPECTIVE OF COUNSELLING PSYCHOLOGY)

परामर्शन अन्य मानसिक स्वास्थ्य विज्ञानों से अपने इतिहास और अपने महत्त्व बिन्दुओं (emphasis) में भिन्न है। अन्य सहायक वृत्तियाँ जैसे मनोचिकित्सा और नैदानिक मनोविज्ञान मूलरूप से गम्भीर संवेगात्मक व्यतिक्रमों के अपचार पर ध्यान देती हैं। समाज-कार्य (social work) मूल रूप से दूसरों की सहायता करने में सामाजिक और विधिक (legal) पक्ष को ध्यान में रखता है। इनके विपरीत, परामर्शन शिक्षा एवं अल्पकालिक उपचार के माध्यम से वैयक्तिक विकास तथा गम्भीर मानसिक स्वास्थ्य समस्याओं की रोकथाम पर ध्यान देता है। परामर्शदाता उन व्यक्तियों, परिवारों, समूहों तथा संस्थाओं के साथ कार्य करते हैं जो दीर्घकालिक तथा तात्कालिक परिस्थितिजन्य समस्याओं का अनुभव कर रहे होते हैं। विकास, रोकथाम तथा उपचार को महत्त्व देने के कारण परामर्शन उन व्यक्तियों के लिए अत्यधिक आकर्षक हो गया है जो जीवन के परिवर्तन को स्वस्थ ढंग से लेने और उत्पादकतापूर्ण जीवन जीने की आकांक्षा रखते हैं।

परामर्शन सदा से ही इतना विस्तृत और इतना सम्मानजनक प्रोफेशन नहीं रहा है। यह अनेक वर्षों का लम्बा सफर तय करके उद्विकसित हुआ है। अनेक व्यक्ति जो इसके उद्विकास से अनभिज्ञ हैं परामर्शन को निर्देशन का पर्याय मान लेते हैं। अतः यह आवश्यक है कि इसके ऐतिहासिक विकास का गहन अवलोकन किया जाय क्योंकि जो परामर्शदाता अपने प्रोफेशन (वृत्ति) के उद्विकास की जानकारी रखता है, उसकी अपने क्षेत्र में वास्तविक योगदान देने की संभावनाएँ ज्यादा होती हैं।

परामर्शदाता सदा से ही समाज में रहे हैं। वे व्यक्ति जो दूसरों की बातों को ध्यानपूर्वक सुने और उनकी कठिनाइयों को हल करने में सहायता करें, परामर्शक कहे जाते हैं। प्रोफेशन (वृत्ति) के रूप में परामर्शन अपेक्षाकृत नवीन है। (बेल्किन, Belkin, 1975)। इसका विकास पारस्परिक मनोचिकित्सा के विरोध से और निर्देशन आन्दोलन से हुआ। परामर्शन को स्पष्ट रूप से समझने के लिए निर्देशन तथा मनोचिकित्सा के सम्प्रत्ययों को समझना अत्यावश्यक है।

निर्देशन *(Guidance)*

जीवन को प्रभावित करने वाले महत्त्वपूर्ण निर्णयों में व्यक्तियों की सहायता करने का प्रक्रम निर्देशन है।

'Guidance is the process of helping people make important choices that effect their lives.'

निर्णय लेने का प्रक्रम परामर्शन में भी भूमिका निर्वाह करता है, लेकिन इस शब्द का

वर्तमान उपयोग की तुलना में ऐतिहासिक महत्त्व अधिक है। फिर भी कभी-कभी यह सहायता प्रदान करने का एक मार्ग देता है जो अपेक्षाकृत अधिक विस्तृत शब्द 'परामर्शन' से भिन्न होता है।

परामर्शन और निर्देशन में एक महत्त्वपूर्ण अन्तर यह है कि जहाँ निर्देशन महत्त्वपूर्ण चीजों के चुनाव में व्यक्तियों की सहायता करता है, वहीं परामर्शन उनको स्वयं में परिवर्तन लाने में सहायता करता है। निर्देशन के अधिकांश प्रारम्भिक कार्य विद्यालयों में हुए, जहाँ एक प्रौढ़ व्यक्ति एक छात्र को निर्णय करने में सहायता देता था, जैसे पाठ्यक्रम अथवा व्यवसाय का चयन। यहाँ सम्बन्ध असमान व्यक्तियों-शिक्षक एवं विद्यार्थी के बीच होता था और लाभकारी होता था क्योंकि एक प्रौढ़ व्यक्ति अपने जीवन के अनुभवों का लाभ कम अनुभवी व्यक्ति को जीवन की दिशा निर्धारित करने के लिए देता था। ठीक इसी प्रकार बच्चे अपने माता-पिता, नेताओं, कोच आदि से निर्देशन प्राप्त करते रहते हैं। इस प्रक्रम में वे अपने बारे में और अपनी दुनियाँ के बारे में समझ विकसित करते हैं। इस प्रकार का निर्देशन कभी भी किसी आयु तक सीमित नहीं होता। आयु कुछ भी हो, व्यक्ति को चुनाव करते समय प्रायः सहायता की आवश्यकता पड़ती हो तो भी, निर्देशन वृत्त्यात्मक परामर्शन (Professional counselling) द्वारा प्रदान की जाने वाली समग्र सेवाओं का मात्र एक अंश है।

मनोचिकित्सा (*Psychotherapy*)

पारम्परिक रूप से मनोचिकित्सा अचेतन, आन्तरिक एवं वैयक्तिक समस्याओं, तथा अन्तर्द्वन्द्वों से सम्बद्ध गम्भीर समस्याओं पर केन्द्रित रहती है। इस विशेषता के आधार पर इसमें निम्नांकित पक्षों पर अधिक महत्त्व दिया जाता है (पीट्रोफेसा एवं अन्य, Pitrofesa et al; 1984; सुपर, Super, 1993):—

(i) वर्तमान की तुलना में भूत काल पर
(ii) परिवर्तन की तुलना में अन्तर्दृष्टि पर
(iii) चिकित्सक के अलगाव (detachment) पर
(iv) एक विशेषज्ञ के रूप में चिकित्सक की भूमिका पर

नैदानिक मनोवैज्ञानिक तथा मनोचिकित्सक सामान्य तौर पर अपने कार्य का विवरण देने के लिए मनोचिकित्सा शब्द का प्रयोग करते हैं। क्लायंट जो सेवा प्राप्त कर रहा है वह मनोचिकित्सा है या परामर्शन, यह इस बात पर निर्भर करता है कि सेवा प्रदान करने वाला प्रोफेशनल कौन है। (ट्रोजर एवं ट्रोजर, Trotzer & Trotzer, 1986)। कुछ परामर्शन सिद्धान्त चिकित्सा पद्धतियों के रूप में होते हैं और परामर्शन अथवा चिकित्सा किसी भी परिदृश्य (setting) में प्रयुक्त किये जा सकते हैं। मनोचिकित्सा एवं परामर्शन में अन्य अनेक समानताएँ हैं जो चित्र 5.1 में प्रदर्शित हैं।

सामान्य तौर पर मनोचिकित्सा और परामर्शन में अन्तर करने के दो मापदंड हैः—

(i) मनोचिकित्सा में प्रायः 20 से 40 सत्रों तक तथा लगभग छः महीनों से दो वर्षों तक चलने वाले दीर्घकालीन उपचार सम्बन्ध होते हैं। और पुनर्रचनात्मक परिवर्तनों पर बल दिया जाता है।

परामर्शन में 8 से 12 सत्र छः महीने से कम समय वाले होते हैं और विकासात्मक तथा परिस्थितिजन्य समस्याओं के समाधान पर केन्द्रित होते हें।

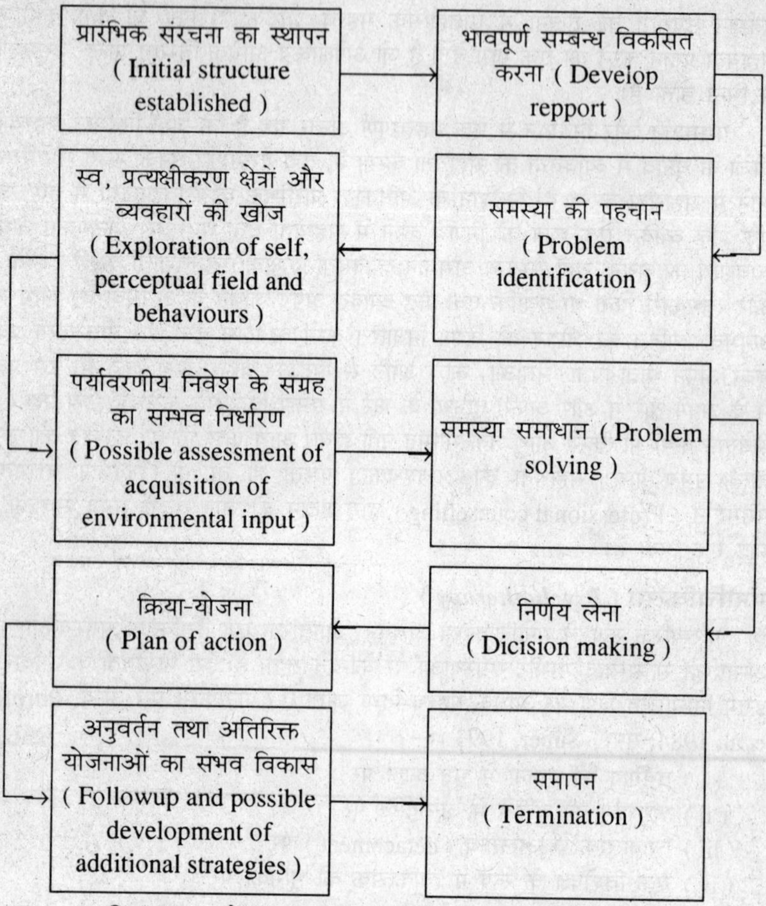

चित्र 5.1 : मनोचिकित्सा तथा परामर्शन के एक समान प्रक्रम

(ii) परामर्शन प्रायः बर्हिरोगी स्थिति (Outpatient settings) अर्थात् अ-आवासीय भवनों जैसे विद्यालय या सामुदायिक अभिकरणों में प्रदान किया जाता है, जबकि मनोचिकित्सा अन्तर्रोगी स्थिति (inpatient settings) अर्थात् आवासीय चिकित्सा सुविधाओं जैसे मानसिक चिकित्सालयों में प्रदान की जाती है।

परामर्शन *(Counselling)*

अमेरिकन कौसिलिंग एसोसिएशन (ACA) तथा अमेरिकन साइकोलॉजिकल एसोसिएशन (APA) का खंड 17 (परामर्शन मनोविज्ञान), दोनों में अनेक अवसरों पर परामर्शन को परिभाषित किया गया है जिनमें कई बिन्दु उभयनिष्ठ हैं। उनमें से कुछ निम्नवत् हैं :—

(i) परामर्शन एक वृत्ति (प्रोफेशन) है।

(ii) परामर्शन का सम्बन्ध वैयक्तिक, सामाजिक, शैक्षिक, व्यावसायिक तथा सशक्तीकरण के कार्यों से होता है।

(iii) 'सामान्य' की सीमा के अन्तर्गत आने वाले व्यक्तियों का ही परामर्शन किया जाता है।

(iv) परामर्शन सिद्धान्तों पर आधारित होता है और संरचनात्मक परिदृश्यों (structural setting) में घटित होता है।

(v) परामर्शन एक प्रक्रम है जिसमें क्लायंटस निर्णय लेने तथा अनुभव करने, सोचने तथा व्यवहार करने के नवीन तरीकों की रचना करता है।

(vi) परामर्शन के अनेक उपक्षेत्र हैं जैसे विद्यालयी परामर्शन, मानसिक स्वास्थ्य परामर्शन, वृद्धों का परामर्शन, पुनर्वास सम्बन्धी परामर्शन, मादक द्रव्य सेवकों का परामर्शन तथा कैरियर परामर्शन आदि। प्रत्येक के लिए प्रैक्टिशनर में अलग-अलग शैक्षिक एवं आनुभविक योग्यता अपेक्षित है।

इस प्रकार, **सैमुअल** (1996) के शब्दों में, 'परामर्शन की परिभाषा एक अपेक्षाकृत अल्पकालिक, सिद्धान्त आधारित, अन्तर्वैयक्तिक प्रक्रम के रूप में की जा सकती है जो मनोवैज्ञानिक रूप से स्वस्थ व्यक्तियों की विकासात्मक तथा परिस्थितिजन्य समस्याओं के समाधान में सहायक होता है।'

('Connselling can be defined as a relatively short term, imterpersonal and theory based process of helping persons who are basically psychologically healthy resolve developmental and situational problems.'—Samual (1996)।

परामर्शन मनोविज्ञान : ऐतिहासिक परिप्रेक्ष्य
(Counselling Psychology : The Historical Perspective)

परामर्शन के इतिहास को उसकी विशेषताओं के आधार पर यहाँ दो वर्गों में विभक्त करके प्रस्तुत किया गया हैः—

(1) बीसवीं शताब्दी के पूर्व (Before 20th century)।

(2) बीसवीं शताब्दी के प्रारम्भ से अब तक (From Begning of 20th century till today)।

बींसवीं शताब्दी के प्रारम्भ से लेकर अब तक 100 वर्षों से भी अधिक का काल खंड समाहित है। परामर्शन मनोविज्ञान के इतिहास के इस काल में इतने विविध परिवर्तन हुए कि उन्हें एक साथ सम्मिलित रूप में अध्ययन करना समीचीन नहीं होगा। इस काल के विकास को एक-एक दशक के काल में विभाजित कर प्रस्तुत किया गया है।

(1) बीसवीं शताब्दी के पूर्व *(Before 20th Century)*

परामर्शन अपेक्षाकृत नवीन प्रोफेशन है। (औब्रे Aubrey, 1977, 1982)। इसका आधार अन्तर्विषयक है। परामर्शक के कई कार्य अन्य प्रोफेशन के व्यक्तियों द्वारा भी किए जाते हैं। 1900 के पूर्व अधिकांश परामर्शन सूचना अथवा सलाह के रूप में था। अमेरिका में परामर्शन का विकास उन्नीसवीं शताब्दी के मध्य से लेकर अन्त तक के बीच हुई औद्योगिक क्रान्ति से कुप्रभावित लोगों के जीवन को समुन्नत बनाने के मानवतावादी विचारों से हुआ। इस नवोदित वृत्ति (प्रोफेशन) के विकास पर समाज कल्याण सुधार आन्दोलन, जनशिक्षा का प्रसार, तथा जनसंख्या के स्वरूप के विविध परिवर्तनों का प्रभाव पड़ा।

परामर्शन के अधिकांश प्रवर्त्तक स्वयं को शिक्षक अथवा समाज सुधारक मानते थे

और उनका कार्य बच्चों और किशोरों को स्वयं, अन्य, तथा कार्य-जगत के बारे में शिक्षण देना था। प्रारम्भ में ये सहायक (परामर्शक) मूल रूप से बाल-कल्याण, शैक्षिक अथवा व्यावसायिक निर्देशन तथा विधिक सुधारों में संलग्न थे। उनका कार्य विशिष्ट सूचनाओं और शिक्षाओं पर आधारित था, जैसे अच्छा बनने और अच्छे कार्य करने का नैतिक निर्देश। यह अन्तर्वैयक्तिक एवं अंतः वैयक्तिक सम्बन्धों के साथ कार्य करने का एक घनीभूत प्रयास था (न्यूजेन्ट, Nugent, 1994)। वे अमेरिकी समाज में व्यक्तियों की आवश्यकताओं को देखते थे और उसे पूर्ण करने हेतु महत्त्वपूर्ण कदम उठाते थे।

औब्रे (1983) के शब्दों में प्रोफेशनल साहित्य में 1931 तक परामर्शन का कहीं कोई नाम अंकित नहीं था। अर्थात् उस समय तक परामर्शन का कोई उल्लेख साहित्य में नहीं है। कक्षाओं के अध्यापक और प्रशासक ही मुख्य प्रैक्टिशनर होते थे।

(2) बीसवीं शताब्दी के प्रारम्भ से अब तक *(From Begining of 20th century till today)*

परामर्शन के उद्भव को स्पष्ट रूप से समझने के लिए यह उपयुक्त होगा कि 20वीं शताब्दी में हुई महत्त्वपूर्ण घटनाओं एवं वैयक्तिक प्रभावों को एक-एक दशक के काल में अध्ययन किया जाय। यहाँ यह ध्यान रखना आवश्यक है कि प्रोफेशनल परामर्शन का विकास स्वयं एक प्रक्रम हैं और कई नाम एवं घटनाएँ कठोर कालक्रम में विभाजित इन खंडों में फिट नही भी बैठ सकती हैं।

1900 से 1909 तक—बीसवीं शती के प्रथम दशक में परामर्शन एक नवजात प्रोफेशन था। यह वह समय था जब सहायताकारी प्रक्रमों में फ्रायड के मनोगत्यात्मक सिद्धान्त का प्रभुत्व था। इस दशक में तीन व्यक्ति परामर्शन के विकास हेतु अग्रणी रहे। जे० बी० डेविस (J. B. Davis), फ्रैंक पार्सन्स (Frank Parsons) एवं क्लिफोर्ड बीयर्स (Clifford Beers)।

डेविस वह पहला व्यक्ति था जिसने पब्लिक स्कूलों में व्यवस्थित निर्देशन कार्यक्रम की स्थापना की। ग्रैंड रैपिड्स मिशिगन स्कूल सिस्टम के अध्यक्ष के रूप में उसने 1907 में यह सुझाव दिया कि अंग्रेजी निबन्ध के कक्षाध्यापक सप्ताह में एक दिन निर्देशन की शिक्षा अपने छात्रों को दे, जिसका उद्देश्य समस्याओं की रोकथाम तथा चरित्र निर्माण हो। मान एवं डीवी जैसे प्रगतिवादी अमेरिकी शिक्षाविदों से प्रभावित डेविस का यह मानना था कि उपयुक्त निर्देशन अमेरिकी समाज की बुराइयों के इलाज में सहायता प्रदान करेगा। डेविस तथा अन्य प्रगतिवादी शिक्षाविदों ने जो कुछ किया, वह वस्तुतः परामर्शन नहीं था, बल्कि परामर्शन का पूर्वगामी (forerunner) विद्यालय निर्देशन था, जो जीवन घटनाओं का प्रभावशाली रीति से सामना करने के लिए छात्रों को शिक्षा का एक बचावकारी साधन प्रदान करता था।

डेविस की ही भाँति फ्रैंक पार्सन्स का भी उद्देश्य रोकथाम एवं विकास था, किन्तु उनका प्रभाव अपेक्षाकृत अधिक था। उसे एक महान विद्वान, एक प्रवर्तक लेखक, एक निरन्तर क्रियाशील तथा एक प्रतिभाशाली व्यक्ति के रूप में जाना जाता है। उसे निर्देशन का जनक (Father of guidance) कहा जाता है। उसकी सर्वाधिक ख्याति 1908 में बोस्टन वोकेशनल ब्यूरो की स्थापना के कारण है जो व्यावसायिक निर्देशन के संस्थाकरण की दिशा में महान कदम था।

पार्सन्स ने अपना कार्य उन युवाओं के साथ किया जो अपने कैरियर सम्बन्धी निर्णय लेने के प्रक्रम में थे। उसने यह सिद्धान्त दिया कि किसी व्यवसाय का चयन तीन सम्बन्धित कारकों पर निर्भर करता है—कार्य का ज्ञान, स्वयं का ज्ञान तथा दोनों का तालमेल। पार्सन्स ने कई ऐसी विधियाँ विकसित की जिनसे उनके क्लायंटस को अपने बारे में तथा कार्यजगत के बारे में अधिक जानकारी प्राप्त करने में सहायता मिल सके। उसकी पुस्तक *'Choosing a Vocation'* उसकी मृत्यु के एक वर्ष उपरान्त 1909 में प्रकाशित हुई। उसकी यह पुस्तक अत्यन्त प्रभावशाली साबित हुई, विशेषकर बोस्टन में। बोस्टन स्कूल के अध्यक्ष ने 17 प्राथमिक एवं माध्यमिक शिक्षकों को व्यावसायिक परामर्शक के रूप में नामित किया (न्यूजेन्ट, Nugent 1944)। बोस्टन का यह उदाहरण शीघ्र ही अन्य प्रमुख शहरों में भी फैल गया। स्कूल के संचालकों ने व्यावसायिक योजना की आवश्यकता को पहचाना, परिणामस्वरूप 1910 तक 35 प्रमुख शहरों में बोस्टन के ही समान परामर्शक नियुक्त हुए। (ली, Lee, 1966)।

क्लिफोर्ड बीयर्स, जो येन विश्वविद्यालय का पूर्व छात्र था, अपने जीवन में कई बार मानसिक अस्वस्थता के कारण अस्पताल में भर्ती हुआ। उसने पाया कि मानसिक संस्थाओं (अस्पतालों) की दशा अत्यन्त शोचनीय थी। उसे उसने अपनी पुस्तक *'A Mind That Found Iself'* में वर्णित किया। यह पुस्तक 1908 में प्रकाशित हुई तथा इसे अत्यन्त प्रसिद्धि मिली। बीयर्स ने मानसिक स्वास्थ्य सुविधाओं को बेहतर बनाने और मानिसक रोगियों के उपचार में सुधार करने का सुझाव दिया। उसका कार्य मनोविज्ञान तथा मनोचिकित्सा के क्षेत्र में विशेष प्रबल रूप से प्रभावकारी था। बीयर्स अमेरिका में मानसिक स्वास्थ्य आन्दोलन का प्रणेता था और उसका कार्य मानसिक स्वास्थ्य परामर्शन का अग्रदूत था।

1910 से 1919 तक—इस दशक में तीन घटनाएँ ऐसी घटित हुईं जिन्होंने परामर्शन के विकास पर गहरा प्रभाव डाला।

प्रथम घटना थी 1913 में राष्ट्रीय व्यावसायिक निर्देशन संघ' (National Vocational Guidance Association—NVGA) की स्थापना, जिसने 1915 में एक बुलेटिन प्रकाशित करना प्रारम्भ किया। 1921 से राष्ट्रीय व्यावसायिक निर्देशन बुलेटिन का नियमित रूप से प्रकाशन होने लगा, जो आगामी वर्षों में नए रूपों में विकसित हुई। इस बुलेटिन के परिवर्तित रूप निम्नवत् हैं :—

National Vocational Guidance Bulletin—1921

National Vocational Guidance Magazine—1924-1933

Occupations : The Vocational Guidance Magazine—1933-1944

Occupations : The Vocational Guidance Journal —1944-1952

Personal and Guidance Journal—1952-1984

Journal of Counseling and Development 1984 से अब तक।

दूसरी घटना थी 1917 में स्मिथ-ह्यूग्स एक्ट (Smith-Hughes Act) का लागू होना। इस अधिनियम के द्वारा पब्लिक स्कूलों में व्यावसायिक शिक्षा के लिए धनराशि/अनुदान प्रदान किया गया।

इस दशक की तीसरी ओर सबसे महत्त्वपूर्ण घटना थीं—प्रथम विश्वयुद्ध। अमेरिकन सेना में सैनिकों की भर्ती के लिए अनेक मनोवैज्ञानिक परीक्षणों का विकास हुआ जिसमें

आर्मी अल्फा एवं आर्मी बीटा बुद्धि परीक्षण प्रमुख हैं। सेना के लिए विकसित इन परीक्षणों में से अनेक को सामान्य नागरिकों पर भी प्रयुक्त किया गया। युद्ध के पश्चात् मनोमिति (psychometrics) एक प्रसिद्ध आन्दोलन बन गया। मनोवैज्ञानिक परीक्षण का उपयोग बहुतायत से होने लगा।

औब्रे (1977) का विचार है कि चूँकि व्यावसायिक निर्देशन आन्दोलन बिना किसी स्पष्ट दर्शन (philosophy) के प्रारम्भ हुआ था, इसलिए उसने मनोविज्ञान में अपना वैध आधार प्राप्त करने के लिए शीघ्र ही मनोमिति को अपना लिया। मनोमिति पर निर्भरता के विधेयात्मक एवं निषेधात्मक दोनों प्रकार के प्रभाव पड़े। विधेयात्मक प्रभाव यह था कि इससे व्यावसायिक निर्देशन के विशेषज्ञों को अधिक सबल और अधिक वैज्ञानिक पहचान मिली और निषेधात्मक प्रभाव यह था कि इसने कई विशेषज्ञों को अन्य व्यावहारिक विज्ञानों, जैसे समाजशास्त्र, जीवविज्ञान, मानवशास्त्र, आदि में होने वाले विकासों से दूर कर दिया।

1920 से 1929 तक—यह दशक निर्देशन वृत्ति (प्रोफेशन) के विकास की दृष्टि से अपेक्षाकृत प्रसुप्त था। यह काल संघटन (consolidation) का काल था जिसमें बिखरी हुई अनेक चीजों को एक संघटित रूप प्रदान किया गया।

परामर्शकों के लिए जो शैक्षिक पाठ्यक्रम हारवर्ड विश्वविद्यालय में 1911 में प्रारम्भ हुआ था, उसमें इस काल में विशेष रूप से व्यावसायिक निर्देशन को प्रमुखता दी गई। इस उभरती हुई व्यावसायिक वृत्ति पर शिक्षा के प्रगतिवादी सिद्धान्तों तथा संघ-सरकार द्वारा युद्ध सेनानियों हेतु निर्देशन सेवाओं के उपयोग ने अत्यन्त ही महत्त्वपूर्ण प्रभाव डाला।

इस दशक के मध्य में एक अन्य महत्त्वपूर्ण घटना हुई—बोस्टन एवं न्यूयार्क में परामर्शकों को प्रमाणित किया जाना (certification)। दूसरी महत्त्वपूर्ण घटना हुई व्यावसायिक सामग्रियों के निर्माण एवं मूल्यांकन हेतु प्रथम मानक का विकास (ली, 1966)। इन मानकों के साथ-साथ कई नए मनोवैज्ञानिक यंत्रों (परीक्षणों) का भी विकास हुआ जैसे एडवर्ड स्ट्राँग द्वारा 1928 में स्ट्राँग व्यावसायिक रुचि परीक्षण (SVII) का निर्माण। यद्यपि इस परीक्षण के प्रकाशन का कोई तात्कालिक प्रभाव इस क्षेत्र में नहीं दिखाई पड़ा, किन्तु इसने भविष्य के दिशा निर्देश की स्थिति तय कर दी।

एक अन्य अत्यन्त महत्त्वपूर्ण घटना थी, 1929 में न्यूयार्क में एब्राहम एवं हनाह स्टोन द्वारा 'विवाह एवं परिवार परामर्श केन्द्र' की स्थापना। इस केन्द्र की स्थापना के बाद सम्पूर्ण अमेरिका में ऐसे कई केन्द्र स्थापित हुए। परामर्शन के एक विशेष क्षेत्र 'परिवार एवं विवाह परामर्श' की शुरूआत यही से हुई।

इस पूरे दशक में निर्देशन आन्दोलन को अमेरिकी समाज में स्वीकृति प्राप्त हुई। इसके साथ ही निर्देशन आन्दोलन के संकुचित दृष्टिकोण, जो केवल व्यावसायिक निर्देशन तक ही सीमित था, को चुनौती दी जाने लगी। परामर्शकों ने अपने कार्य क्षेत्र की सीमाएँ व्यावसायिक क्षेत्र से विस्तृत करते हुए व्यक्तित्व तथा विकास की समस्याओं और पारिवारिक समस्याओं को भी सम्मिलित करना प्रारम्भ कर दिया।

1930 से 1939 तक—विश्वविद्यालयों तथा व्यावसायिक परिदृश्यों में विद्यमान शोधकर्ताओं तथा प्रैक्टिशनर्स को गहन अवसाद (Great Depression) ने प्रभावित किया कि वे रोजगारपरक परामर्शन विधियों तथा सहायताकारी योजनाओं को प्रमुखता दें।

(ओल्सेन, Ohlsen, 1983)। इस दशक की सर्वप्रमुख घटना थी—परामर्शन के प्रथम सिद्धान्त का विकास। एडमंड ग्रिफिन विलियमसन एवं उनके सहयोगियों (Edmund Griffin Williamson and his colleagues) ने मिनेसोटा विश्वविद्यालय में इस सिद्धान्त को विकसित किया। उन्होंने पार्सन्स के सिद्धान्त को परिमार्जित किया और छात्रों तथा बेरोजगारों पर कार्य करने के लिए इसे प्रयुक्त किया। उसके निर्देशात्मक तथा परामर्शक केन्द्रित उपागम को कई नामों से जाना जाता है। जैसे–मिनेसोटा दृष्टिकोण, शीलगुण-कारक परामर्शन, (The Minnesota point of view, Trait factor counselling)। उसके मूल उपागम में शिक्षण, अनुश्रवण (monitoring) तथा परामर्शक की प्रभावी कुशलताओं पर बल दिया गया था। उसका मानना था कि व्यक्तियों में शीलगुण, जैसे अभिरुचि, रुचि, उपलब्धि आदि होते हैं और उन्हें कई प्रकार से संकलित (integrate) किया जा सकता है। संकलित शीलगुण कारक (factors) का रूप ले लेते हैं। परामर्शन एक वैज्ञानिक, समस्या समाधान करनेवाली, इन्द्रियानुभविक विधि होती है जो प्रत्येक क्लायंट के लिए अलग-अलग होती है ताकि उसके अनुत्पादक विचारों को रोकने में तथा एक प्रभावशाली निर्णयकर्त्ता बनने में उसकी सहायता की जा सके। विलियमसन का परामर्शन पर प्रभाव आगामी दो दशकों तक बना रहा। उसने 1970 के दशक में अपने सिद्धान्त पर लेखन-कार्य जारी रखा।

दूसरी महत्वपूर्ण घटना हुई व्यावसायिक क्षेत्र से परे परामर्शन का विस्तार। इस विकास का बीजारोपण 1920 के दशक में ही हो गया था जब थॉर्नडाइक एवं अन्य मनोवैज्ञानिकों ने निर्देशन आन्दोलन की व्यावसायिक उन्मुखता को चुनौती देना प्रारम्भ किया था (ली, 1966)। जॉन ब्रेवर (John Brewer) के कार्यों से यह बदलाव प्रमुखता पर आ गया। ब्रेवर ने 1932 में अपनी एक पुस्तक प्रकाशित की जिसका शीर्षक था—*'Education As Guidance'*। उसने प्रस्तावित किया कि प्रत्येक शिक्षक परामर्शक होता है और 'निर्देशन' को एक विषय के रूप में प्रत्येक विद्यालय के पाठ्यक्रम में सम्मिलित किया जाना चाहिए। ब्रेवर का विश्वास था कि सम्पूर्ण शिक्षा का उद्देश्य छात्र को विद्यालय के परिवेश के बाहर जीवन जीने के लिए तैयार करना होना चाहिए। ब्रेवर के विचारों से प्रभावित परामर्शदाता व्यावसायिक निर्णयों को अब अपने कार्य उत्तरदायित्व का एक अंश समझने लगे। उनके उत्तरदायित्व अब केवल व्यावसायिक क्षेत्र तक ही सीमित नहीं रह गए थे।

इस दशक में अमेरिकी सरकार ने परामर्शन क्षेत्र में विशेष रुचि दिखाई और 'संयुक्त राष्ट्र रोजगार सेवा' की स्थापना की। इस संस्था द्वारा 1939 में *'Dictionary of Occupational Titles'* के प्रथम संस्करण का प्रकाशन किया गया। यह DOT छात्रों एवं बेरोजगारों के साथ कार्य करने वाले निर्देशन-विशेषज्ञों के लिए महत्त्वपूर्ण सूचना स्रोत बन गया, जिसमे संयुक्त राष्ट्र के सभी ज्ञात व्यवसायों को व्यवसाय-शीर्षकों के अन्तर्गत कोड किया गया था।

1940 से 1949 तक—इस दशक में तीन प्रमुख घटनाएँ घटित हुईं जिन्होंने परामर्शन की प्रैक्टिस के स्वरूप को मौलिक आकार प्रदान किया।

(i) कार्ल रोजर्स के सिद्धान्त का प्रतिपादन,

(ii) द्वितीय विश्वयुद्ध और

(iii) युद्ध के उपरान्त परामर्शन में सरकार की सहभागिता।

1942 में अपनी पुस्तक *'Counselling and Psychotherapy'* के प्रकाशन के साथ ही कार्ल रोजर्स अत्यन्त प्रसिद्ध हो गया। अपनी इस पुस्तक में उसने विलियमसन के परामर्शक केन्द्रित उपागम (counsellor centered approach) के साथ-साथ फ्रायडवादी मनोविश्लेषण के प्रमुख विचारों को भी चुनौती दी। रोजर्स ने क्लायंट को प्रमुखता दी और परामर्शन के अनिर्देशात्मक (non-directive) उपागम पर बल दिया। उसके विचारों की एक ओर तो वृहद रूप से स्वीकृति हुई, तो दूसरी ओर घोर आलोचना भी हुई। रोजर्स इस विचारधारा का पक्षधर था कि क्लायंट को अपना विकास स्वयं करने का उत्तरदायित्व देना चाहिए। रोजर्स का विचार था कि यदि क्लायंट को परामर्शदाता से स्वीकृति और अपनी बातें कह सकने का अवसर प्राप्त हो, तो वे स्वयं को बेहतर जान सकेंगे और अधिक संगत (congruent) बन सकेंगे। इस प्रकार रोजर्स के विचार से परामर्शदाता एक दर्पण का कार्य करता है जिसमें क्लायंट के वाचिक और सांवेगिक प्रदर्शन प्रतिबिम्बित होते हैं।

औब्रे (1977) ने यह इंगित किया है कि रोजर्स के पूर्व, निर्देशन एवं परामर्शन का साहित्य अत्यन्त व्यावहारिक था जिसमें परीक्षणों, संचयी अभिलेखों, उन्मुखीकरण प्रक्रियाओं, व्यवसायों, सेवा योजना (placement) सम्बन्धी प्रकार्यों आदि के कार्य सम्मिलित थे। यह प्रारम्भिक साहित्य मूल रूप से निर्देशन के लक्ष्यों एवं उद्देश्यों से सम्बद्ध था। रोजर्स के कार्यों से परामर्शन की विधियों एवं तकनीकों, शोध, परामर्शन तकनीकों के परिमार्जन, भावी परामर्शकों का चयन एवं प्रशिक्षण तथा परामर्शन के लक्ष्यों एवं उद्देश्यों को एक नवीन प्रकार की प्रमुखता मिली। एक अथवा अधिक दशकों के लिए साहित्य से 'निर्देशन' मुख्य विचार के रूप से हट गया और उसका स्थान 'परामर्शन' ने ले लिया। रोजर्स की इस क्रांति ने परामर्शन और मनोविज्ञान दोनों पर महान प्रभाव डाला। प्रत्येक प्रैक्टिसनर अपने वृत्त्यांत्मक इतिहास में उसे एक केन्द्रीय व्यक्ति के रूप में स्वीकार करता है।

द्वितीय विश्वयुद्ध के प्रारम्भ के साथ ही अमेरिकी सरकार को सेना एवं उद्योगों में विशेषज्ञों का चयन करने तथा प्रशिक्षण प्रदान करने के लिए मनोवैज्ञानिकों तथा परामर्शदाताओं की आवश्यकता का अनुभव हुआ (ओल्सेन, Ohlsen, 1983)। इस युद्ध के कारण पुरुषों एवं स्त्रियों के लिए व्यवसायों के प्रति एक नया दृष्टिकोण भी विकसित हुआ। युद्ध के दौरान अनेक स्त्रियों ने घरों के बाहर काम करना प्रारम्भ किया जिसका एक स्थायी प्रभाव पड़ा। परम्परागत यौन आधारित व्यावसायिक भूमिकाओं पर प्रश्नचिह्न लगे और व्यक्तिगत स्वतन्त्रता को अधिक प्रमुखता प्रदान की गई।

युद्ध के पश्चात 'अमेरिकी युद्ध-सेनानी प्रशासकों (U. S. Veterans Administrators —VA) ने मनोवैज्ञानिकों तथा परामर्शदाताओं के प्रशिक्षण के लिए अनुदान प्रारम्भ किया। स्नातक स्तर के छात्रों के लिए स्टाइपेंड तथा इन्टर्नशिप मूल्य प्रदान किए जाने लगे। VA ने व्यावसायिक परामर्शकों की विशेषताओं का पुनः उल्लेख किया और उन्हें एक नई संज्ञा दी—परामर्शन मनोवैज्ञानिक (न्यूजेन्ट, Nugent, 1981)। VA द्वारा उपलब्ध कराए हुए धन ने स्नातक शिक्षा से जुड़े शिक्षकों को अपने पाठ्यक्रमों में परिशुद्धता के साथ परिमार्जन करने का मार्ग प्रशस्त किया। परामर्शन पाठ्यक्रम से जुड़ गया और परामर्शन मनोविज्ञान व्यावसायिक निर्देशन से अपने ऐतिहासिक गठबन्धन से मुक्त होकर एक प्रोफेशन के रूप में नवीन मार्ग पर बढ़ चला।

1950 से 1959 तक—औब्रे (1977) के शब्दों में, 'परामर्शकों के लिए सबसे

प्रभावकारी किसी एक दशक को इतिहास में से अलग पहचानना हो तो वह 1950 का दशक होगा।' वस्तुतः इस दशक में पाँच ऐसी विशिष्ट घटनाएँ घटी जिन्होंने परामर्शन के इतिहास को नाटकीय ढंग से परिवर्तित कर दिया।

(1) अमेरिकन कार्मिक एवं निर्देशन संघ (American Personnel and Guidance Association—APGA) की स्थापना।

(2) अमेरिकन मनोवैज्ञानिक संघ (APA) द्वारा खंड 17 (परामर्शन मनोविज्ञान) की स्थापना।

(3) राष्ट्रीय सुरक्षा शिक्षा अधिनियम (National Defense Education Act—NDEA) पारित होना।

(4) निर्देशन एवं परामर्शन के नवीन सिद्धान्तों का प्रारम्भ।

(5) परामर्शन की शोध पत्रिका का प्रकाशन।

(1) अमेरिकन कार्मिक एवं निर्देशन संघ—APGA का विकास ACGPA (American Council of Guidance and Personnel Associations) से हुआ जो शैक्षिक एवं व्यावसायिक निर्देशन तथा अन्य कार्मिक क्रियाकलापों से सम्बन्धित संगठनों का एक राज्यमंडल था (हैरॉल्ड, Harold, 1985)। यह 1935 से 1951 तक कार्यरत रहा किन्तु इसकी एक बहुत बड़ी कमी थी कि इसमें अपने सदस्यों को किसी कार्यवाही का आश्वासन देने की शक्ति नहीं थी। APGA (American Personnel and Guidance Association) की स्थापना निर्देशन, परामर्शन एवं कार्मिक समस्याओं में रुचि रखने वाले समूहों को संगठित करने के उद्देश्य से 1952 में हुई। इसके मौलिक चार विभाग/खंड (Divisions) निम्नांकित थे :—

डिवीजन-1 — अमेरिकी कॉलेज कार्मिक संघ (American College Personnel Association)।

डिवीजन-2 — निर्देशन पर्यवेक्षक एवं परामर्शक प्रशिक्षक राष्ट्रीय संघ (The National Association of Guidance Supervisors and Counselor Trainers)।

डिवीजन-3 — राष्ट्रीय व्यावसायिक निर्देशन संघ (National Vocational Guidance Association—NVGA)।

डिवीजन-4 — शिक्षक शिक्षा हेतु छात्र-कार्मिक संघ (The Student Personnel Association for Teacher Education)।

1953 में अमेरिकी विद्यालय परामर्शक संघ APGA से जुड़ गया, जिससे इस संघ की कुल सदस्यता सं॰ 6,089 तक पहुँच गई। (रोमैनों, Romano, 1992)। सुपर (Super, 1955) के अनुसार अपने प्रारम्भिक दिनों में APGA एक प्रोफेशनल संगठन होने के कारण एक स्वैच्छिक संस्था थी जिसमें वे समूह सदस्य हो सकते थे जो तत्सम्बन्धी कार्यों में रुचि रखते हो।

(2) खंड/डिवीजन 17—1952 में अमेरिकन मनोवैज्ञानिक संघ (APA) का परामर्शन मनोविज्ञान का खंड (डिविजन-17) औपचारिक रूप से स्थापित हुआ। APA के पिछले डिवीजन में निर्देशन और परामर्शन दोनों साथ-साथ थे। इस डिवीजन में निर्देशन पद को छोड़ दिया गया और विशुद्ध रूप से परामर्शन मनोविज्ञान हेतु यह खंड विकसित

हुआ। इस खंड के निर्माण की प्रेरणा शुद्ध सेनानी प्रबन्धन से प्राप्त हुई लेकिन मुख्य प्रेरक शक्ति स्वयं APA के सदस्य थे जो नैदानिक मनोवैज्ञानिकों द्वारा अध्ययन किए जा रहे व्यक्तियों की तुलना में कहीं अधिक सामान्य व्यक्ति का अध्ययन करना चाहते थे (व्हाइटले, Whiteley 1984)।

एक बार निर्मित हो जाने के बाद खंड 17 पूर्ण रूप से परिभाषित हुआ। सुपर (1955) ने नैदानिक मनोविज्ञान एवं परामर्शन मनोविज्ञान में विभेद किया और बताया कि परामर्शन मनोविज्ञान सामान्य मानव विवृद्धि (growth) एवं विकास से अधिक सम्बन्धित है और अपने इस उपागम में व्यावसायिक परामर्शन तथा मानवतावादी मनोचिकित्सा दोनों से प्रभावित हैं। यद्यपि सुपर ने परामर्शन मनोविज्ञान के स्वरूप को स्पष्ट करने का पर्याप्त प्रयास किया किन्तु इसे APA में अपनी स्पष्ट पहचान बनाने में काफी कठिनाइयों का सामना करना पड़ा। फिर भी, इस खंड (Division) के अस्तित्व का परामर्शन के एक प्रोफेशन के रूप में विकास पर महत्त्वपूर्ण प्रभाव पड़ा।

(3) राष्ट्रीय सुरक्षा शिक्षा अधिनियम—इस दशक की तीसरी महत्त्वपूर्ण घटना थी—1958 में राष्ट्रीय सुरक्षा शिक्षा अधिनियम (NDEA) का पारित किया जाना। यह अधिनियम सोवियत यूनियन द्वारा अपने प्रथम अंतरिक्ष सेटेलाइट स्पुतनिक I के प्रक्षेपित किए जाने के उपरान्त लागू किया गया। इस अधिनियम का उद्देश्य था वैज्ञानिक, तकनीकी एवं अकादमिक रूप से प्रतिभावान छात्रों की पहचान करना और उनके विकास को बढ़ावा देना। इस अधिनियम के शीर्षक V-A के माध्यम से विद्यालयों में परामर्शन कार्यक्रम के उन्नयन के लिए अनुदान प्रदान किया जाता था। इस अधिनियम के शीर्षक V-B के तहत निर्देशन एवं परामर्शन संस्थान स्थापित किए गए तथा परामर्शकों के प्रशिक्षण हेतु स्टाइपेंड तथा धन पद्रान किया गया। 1964 तक NDEA का विस्तरीकरण हुआ और इसमें प्राथमिक परामर्शन (elementary counseling) साम्मिलित हो गया (न्यूजेंट, 1994) । विद्यालयीय परामर्शदाताओं की संख्या बढ़कर 30,000 हो गई (आर्मर, Armour, 1969)।

(4) नवीन सिद्धान्त—इस दशक की अंतिम महत्त्वपूर्ण घटना थी निर्देशन एक परामर्शन के नवीन सिद्धान्तों की उत्पत्ति। 1950 के पूर्व तक परामर्शकों के कार्यों को तीन प्रमुख सिद्धान्त प्रभावित कर रहे थे :—

(i) मनोविश्लेषणात्मक एवं अन्तर्दृष्टि सिद्धान्त (फ्रायड)

(ii) शीलगुण-कारक अथवा निर्देशात्मक सिद्धान्त (विलियमसन)

(iii) मानवतावादी एवं रोगी केन्द्रित सिद्धान्त (रोजर्स)

उपर्युक्त तीनों सैद्धान्तिक विचारधाराओं में से निर्देशात्मक तथा अनिर्देशात्मक परामर्शन की सापेक्षिक प्रभाविता पर परामर्शदाताआं में प्रायः वाद-विवाद होता था, किन्तु लगभग सभी परामर्शदाता मनोविश्लेषण के विशेष सिद्धान्तों जैसे सुरक्षा-युक्तियाँ (defense mehcanisms) को सही मानते थे।

1950 के दशक में जैसे-जैसे नये सिद्धान्तों का प्रादुर्भाव हुआ, परामर्शकों के विवाद का बिन्दु भी परिवर्तित हुआ। इस समय व्यवहारवादी सिद्धान्त जैसे जोसेफ वुल्फे का क्रमिक विसंवेदीकरण (systematic desensitization) अपना प्रभाव स्थापित करने लगा। संज्ञानात्मक सिद्धान्त भी अस्तित्व में आए जिनके प्रमुख उदाहरण है—एल्बर्ट एलिस की ...क संवेगात्मक चिकित्सा पद्धति तथा बर्न (Berne) की पार क्रियात्मक विश्लेषण

विधि (transactional analysis)। अधिगम सिद्धान्त, आत्म-प्रत्यय सिद्धान्त, कैरियर विकास के क्षेत्र में डोनाल्ड सुपर के कार्य तथा विकासात्मक मनोविज्ञान की प्रगति ने भी पर्याप्त प्रभाव प्रदर्शित किया। इस दशक के अन्त तक परामर्शन से जुड़े सिद्धान्तों की संख्या और जटिलता में काफी वृद्धि हो गई।

एक ओर जहाँ परामर्शकों में यह विवाद था कि कौन-सी चिकित्सा पद्धति अधिक प्रभावी है, वहीं आइजेक (1952) ने चिकित्सा पद्धति/मनोवैज्ञानिक हस्तक्षेप की प्रभाविता को ही चुनौती दी। उन्होंने बताया कि चिकित्सा/हस्तक्षेप प्राप्त करने वाले व्यक्ति जितनी प्रगति करते हैं, उपचार न प्राप्त करने वाले व्यक्ति भी समय के साथ-साथ उतनी ही प्रगति प्रदर्शित करते हैं। आइजेंक (1952) की इस चुनौती ने परामर्शन के उपर्युक्त विविध सिद्धान्तों पर आधारित परामर्शन/चिकित्सा पद्धतियों के सम्बन्ध में मात्रात्मक अनुसंधानों का मार्ग प्रशस्त किया।

(5) शोध पत्रिका (जर्नल)—1954 का वर्ष परामर्शन मनोविज्ञान के इतिहास में मील का पत्थर है। यह वह समय था जब स्वतन्त्र रूप से केवल परामर्शन से ही, सम्बन्धित शोध पत्रिका *'The Journal of Counselling Psychology'* का प्रथम बार प्रकाशन हुआ। शोध पत्रिका के प्रकाशन ने इस विषय को और भी अधिक समृद्धि दी।

1960 से 1969 तक—इस दशक में परामर्शन पर एक विकासशील प्रोफेशन/वृत्ति के रूप में ध्यान दिया गया। इस समय तक वृत्यात्मक जागरूकता की आवश्यकता का सभी को अनुभव हो रहा था। एक लम्बे समय तक मेडिकल से जुड़े लोगों तथा सामान्य लोगों में मनोविज्ञान पर आधारित चिकित्सा के प्रति संशय बना हुआ था, जो धीरे-धीरे समाप्त होता गया और मनोवैज्ञानिक चिकित्सा को पर्याप्त स्वीकृति मिलने लगी।

गिलबर्ट रेन (Gilbert Wrenn) की एक पुस्तक *'The Counselor in a Changing World'* 1962 में प्रकाशित हुई, जिसमें इस पूरे दशक के कार्य का सुर ही परिवर्तित कर दिया। उसने विकासात्मक आवश्यकताओं तथा समस्याओं को हल करने हेतु दूसरे व्यक्तियों के साथ कार्य करने पर बल दिया, और उसे अन्य प्रमुख प्रोफेशनल्स जैसे टायलर एवं ब्लोशर (Tyler & Btlocher) का समर्थन भी प्राप्त हुआ। 1960 के पूरे दशक तक यह पुस्तक प्रभावशाली बनी रही ओर रेन तथा टायलर अमेरिका में परामर्शन के सबसे बड़े समर्थक बन गए।

इस विकासात्मक मॉडल का प्रभाव धीरे-धीरे इस दशक की समाप्ति तक कम होने लगा। इसका कारण मुख्यतः तीन घटनाएँ थीं—वियतनाम युद्ध, नागरिक अधिकार आन्दोलन तथा नारी आन्दोलन। इनमें से प्रत्येक घटना ने सामाजिक आवश्यकताओं की ओर इंगित किया। अनेक परामर्शदाताओं ने इन घटनाओं द्वारा उत्पन्न विशिष्ट आवश्यकताओं पर ध्यान केन्द्रित करके इन समस्याओं पर कार्य करने का प्रयत्न किया। इस प्रयास में उन्होंने आपात परामर्शन (crisis counselling) तथा अल्पकालिक हस्तक्षेप की योजनाओं पर ध्यान केन्द्रित किया।

इस दशक के दूसरे शक्तिशाली प्रभाव जो घटित हुए वे थे—डुगाल्ड अरबकल (Dugald Arbuckle), एब्राहम मैस्लो (Abraham Maslow) एवं सिडनी जौराई (Sidney Jourard) के मानवतावादी परामर्शन सिद्धान्त। इसके साथ ही समूह परामर्शन सम्बन्धी आन्दोलन का विकास भी हुआ। अब परामर्शन का केन्द्र-बिन्दु एक पर एक का

सामना (One-on-one encounter) से हट कर छोटे समूहों की अन्तर्क्रियाओं पर हो गया।

इसी समय व्यवहारवादी परामर्शन भी महत्त्व अर्जित करने लगा। जॉन क्रम्बोल्ज (John Krumboltz) की पुस्तक *'Revolutions in Counselling'* 1966 में प्रकाशित हुई जिसमें उसने अधिगम को परिवर्तन का मूल माना। यहाँ उसने अधिगम को अन्तर्दृष्टि से भिन्न बताया। इस प्रकार इस दशक के प्रारम्भ का जो मूल केन्द्र बिन्दु 'विकासात्मक' था अब वह परे हो गया।

1963 में पारित 'सामुदायिक मानसिक स्वास्थ्य केन्द्र अधिनियम' इस दशक की एक अन्य महत्त्वपूर्ण घटना थी जिसने सामुदायिक मानसिक स्वास्थ्य केन्द्रों की स्थापना को आधिकारिक स्वरूप प्रदान किया। इन केन्द्रों की स्थापना से विद्यालय परिदृश्यों से बाहर भी परामर्शदाताओं के लिए रोजगार की सम्भावनाएँ खुल गईं।

APGA के अन्तर्गत प्रोफेशनलिज्म (वृत्यात्मकता) तथा APA के 17वें खंड के अंतर्गत जारी प्रोफेशनल आन्दोलन इस पूरे दशक के दौरान काफी बढ़ा। 1961 में APGA द्वारा 'परामर्शदाताओं के लिए कठोर आचार संहिता' प्रकाशित की गई (न्यूजेन्ट, 1981)। इस दशक में ही लॉगरी, स्ट्रिपलिंग तथा फिजगेरोल्ड (Loughary, Stripling & Fitzgerald, 1965) ने APGA की एक रिपोर्ट सम्पादित की जिसमें विद्यालयी परामर्शदाताओं के लिए भूमिकाओं की परिभाषा तथा प्रशिक्षण के मानकों का विवरण दिया गया। APA के खंड 17 ने 'परामर्शन मनोवैज्ञानिक' की परिभाषा को 1964 के ग्रेस्टोन सम्मेलन (Greyston Conference) में स्पष्ट किया और 1969 में एक प्रोफेशनल जर्नल का प्रकाशन प्रारम्भ किया जिसका नाम था–*'The Counselling Psychologist'* गिल्बर्ट रेन इसके प्रथम सम्पादक थे।

इस दशक की एक अन्य महत्त्वपूर्ण घटना जो परामर्श मनोविज्ञान के इतिहास में मील का पत्थर साबित हुई, वह थी–मिशिगन विश्वविद्यालय में परामर्शन एवं कार्मिक सेवाओं (Counseling and Personnel Services—CAPS) हेतु ERIC की स्थापना। यह कार्य 1966 में गैरी वाज (Garry Watz) द्वारा किया गया। (ERIC/CAPS को अमेरिकी शिक्षा विभाग के 'शैक्षिक अनुसंधान एवं प्रगति' कार्यक्रम से अनुदान प्राप्त होता था। परामर्शन के विकास पर सरकार के प्रभाव का यह एक और उदाहरण था। आगे आने वाले समय में ERIC/CAPS न केवल अमेरिका में बल्कि पूरे विश्व में परामर्शन प्रवृत्तियों एवं क्रियाकलापों का सबसे वृहद् तथा सर्वाधिक प्रयुक्त संसाधन बन गया। इसने परामर्शन के प्रमुख विषयों पर सम्मेलनों को भी प्रायोजित किया।

1970 से 1979 तक–1970 के दशक में परामर्शन वृत्ति से सम्बन्धित कई प्रवृत्तियों का प्रादुर्भाव हुआ इनमें से कुछ महत्त्वपूर्ण प्रवृत्तियाँ निम्नवत हैं :–

(1) शैक्षिक परिदृश्यों से इतर/परे परामर्शन का तीव्र विकास।

(2) सहायताकारी कौशलों के कार्यक्रमों का निर्माण।

(3) परामर्शकों के लिए लाइसेंस का प्रारम्भ।

(4) APGA का परामर्शकों के लिए एक वृत्यात्मक(प्रोफेशनल) संघ के रूप में विकास।

(1) परामर्शन परिदृश्यों की विविधता *(Diversification in counselling setting)*—1970 के दशक में शैक्षिक संस्थाओं के अतिरिक्त अन्य स्थानों पर परामर्शन

का तीव्र विकास उस समय हुआ जब मानसिक स्वास्थ्य केन्द्रों और सामुदायिक संस्थाओं ने परामर्शकों को रोजगार प्रदान करना प्रारम्भ किया। इसके पूर्व अधिकांश परामर्शन विद्यालयों में ही, विशेषकर पब्लिक स्कूलों में प्रदान किया जाता था। किन्तु जैसे-जैसे अर्थव्यवस्था इस समय पिछड़ी, विद्यालय में परामर्शकों की माँग कम होने लगी, क्योंकि विद्यालय जाने वाले बच्चों की संख्या में भी कमी आई थी। 1970 से लेकर 1980 के दशक के मध्य तक प्रत्येक वर्ष परामर्शकों की संख्या की वृद्धि 1 से 3 प्रतिशत तक थी जबकि 1960 के दशक में यह दर 6 से 10 प्रतिशत थी। (शर्जर एवं स्टोन, Shortzer & Stone, 1981)। इसके साथ ही परामर्शकों की शिक्षा के कार्यक्रमों की संख्या जो 1964 में 327 थी वह 1980 तक बढ़ कर 475 हो गई (हॉलिस एवं वान्ट्ज Hollis & Wantz, 1980)। परामर्शकों के शैक्षिक कार्यक्रमों की नाटकीय वृद्धि यह प्रदर्शित करती है कि उपलब्ध नौकरियों के लिए प्रतियोगी परामर्शकों की संख्या काफी अधिक थी (स्टीनहॉसर, Steinhauser, 1985)।

परामर्शन की विविधता का तात्पर्य है कि परामर्शकों के शैक्षिक कार्यक्रमों में विशिष्ट प्रशिक्षण प्रदान करना प्रारम्भ कर दिया गया। इससे परामर्शन के नए संप्रत्ययों के विकास की भी जानकारी होती है। उदाहरण के लिए लेविस एवं लेविस (Lewis & Lewis, 1977) ने सामुदायिक परामर्शक शब्द का उपयोग किया, यह शब्द उन परामर्शकों के लिए प्रयुक्त किया किया गया जो रोजगार परिदृश्यों पर ध्यान दिए बिना बहुविमात्मक भूमिकाओं में कार्य करने में सक्षम थे। अनेक सामुदायिक परामर्शन कार्यक्रमों की स्थापना हुई और मानसिक स्वास्थ्य चिकित्सालयों, कर्मचारी सहायता कार्यक्रमों, मादक द्रव्य निरोध केन्द्रों, सेवाश्रमों आदि में परामर्शकों की नियुक्तियाँ हुईं।

इसी समय APGA के अन्तर्गत 'अमेरिकन मानसिक स्वास्थ्य परामर्शक संघ' (American Mental Health Counselor Association –AMHCA) की स्थापना हुई। 1976 में स्थापित AMHCA शीघ्र ही APGA का सबसे बड़ा खंड (division) बन गया। इसने मानसिक स्वास्थ्य परामर्शकों को एक प्रोफेशनल संगठन में संगठित किया जहाँ वे अपनी भूमिकाओं एवं लक्ष्यों (roles and goals) को भली प्रकार परिभाषित कर सकते थे।

(2) सहायताकारी कौशल कार्यक्रम *(Helping Skills Programmes)*—1970 के दशक में पारस्परिक सम्बन्धों तथा संप्रेषण कौशलों पर केन्द्रित सहायताकारी कौशलों के कार्यक्रमों का पर्याप्त विकास हुआ। इन कार्यक्रमों का प्रारम्भ ट्रूएक्स एवं कार्कहफ (Truax & Carkhuff, 1967) तथा आइवे (Ivey, 1971) के द्वारा हुआ। उन्होंने प्रोफेशनल्स तथा नॉन-प्रोफेशनल्स दोनों को समान रूप से मूल परामर्शन कौशलों की शिक्षा दी। इस शिक्षा में मानवतावादी तथा सर्वदर्शन ग्राही (eclectic) दृष्टिकोण को प्रमुखता दी गई थी। यह माना गया था कि संतोषपद्र वैयक्तिक अन्तर्क्रियाओं की स्थापना हेतु कुछ विशिष्ट आधारभूत कौशलों पर अधिकार प्राप्त करना आवश्यक है। जो परामर्शक इस प्रकार का प्रशिक्षण प्राप्त कर रहे थे, उनके लिए यह फायदा था कि वे इसे दूसरे को अधिक सरलता से सिखा सकते थे। इस प्रकार परामर्शक जिसके साथ काम करते थे—विशेषतया शिक्षक और पैराप्रोफेशनल्स—उन्हें अपने कुछ कौशल सिखाने के माध्यम से भी परामर्शन कर सकते थे। कई रूपों में, यह प्रवृत्ति ब्रेवर (Brewer) के प्रत्यय 'शिक्षा निर्देशन के रूप में' (Education as Guidance) का ही एक नवीन प्रारूप थी।

(3) राजकीय अनुज्ञा/लाइसेंस (*State Licensure*)—1970 के दशक के मध्य में मनोवैज्ञानिकों के लिए राज्य परीक्षकों के बोर्ड ने कुछ अधिक अंकुश लगाने प्रारम्भ किए। उदाहरण के लिए शिक्षा विभाग के स्नातकों को मनोवैज्ञानिक लाइसेंस प्राप्ति की परीक्षा में भाग लेने से प्रतिबन्धित कर दिया गया। इस प्रकार के प्रतिबन्धों से न केवल APA और APGA के बीच तनाव उत्पन्न हुए वरन् स्वयं APA के सदस्यों में भी तनाव उत्पन्न हुए (ओल्सेन, 1983)। इसका परिणाम यह हुआ कि APGA ने परामर्शकों के लिए राजकीय तथा राष्ट्रीय लाइसेंस जारी करने प्रारम्भ कर दिए। वर्जीनिया पहला राज्य था जिसने परामर्शकों हेतु लाइसेंस कानून को सबसे पहले 1976 में अंगीकृत किया।

(4) सुदृढ़ APGA (*A Strong APGA*)—इस दशक में APGA एक अत्यन्त सुदृढ़ प्रोफेशनल संगठन के रूप में आविर्भूत हुआ। इस संगठन में अनेक परिवर्तन आए जिन्होंने इसकी छवि और प्रकार्यात्मकता को और सुदृढ़ बनाया। इनमें से एक था—एलेक्जेन्ड्रिया, वर्जीनिया में अपने मुख्यालय की स्थापना। इस संगठन ने अपनी प्रोफेशनल पहचान अलग बनाने की दिशा में कार्य प्रारम्भ किया क्योंकि इनका मानना था कि केवल निर्देशन अथवा कार्मिक समस्याओं को प्रमुखता देना बीते समय की बात है।

1973 में APGA का एक अलग खंड (Division) परामर्शक शिक्षक एवं पर्यवेक्षक संघ' (Association of Counsellors, Educators and Supervisors –ACES) स्थापित हुआ, जिसने परामर्शन में स्नातकोत्तर डिग्री के लिए मानक निर्धारित किए। 1977 में ACES ने परामर्शन में पी-एच० डी० की तैयारी हेतु दिशानिर्देशों को स्वीकृति दी (स्ट्रिपलिंग, Stripling, 1978)। इस दशक में APGA के सदस्यों की संख्या बढ़कर लगभग चालीस हजार हो गई और AMHCA (American Mental Health Counsellor Association) के साथ-साथ चार नये खंड भी अधिकृत रूप से स्थापित हुए:—

(i) Association for Religions and Value Issues in Counselling.
परामर्शन में धार्मिक एवं मूल्य सम्बन्धी समस्याओं हेतु संघ

(ii) Association for Specialists in Group Work.
समूह कार्य में विशेषज्ञों हेतु संघ

(iii) Association for Non-white Concerns in Personnel and Guidance.
कार्मिक एवं निर्देशन में अश्वेत विषयक संघ

(iv) Public Offender Counsellor Association.
लोक अपराधी परामर्शक संघ

इस प्रकार APGA के विस्तार होने तथा परामर्शन में उच्च शिक्षा के मानक निर्धारित करने के साथ-साथ प्रोफेशनलिज्म में अपनी विशेष पहचान बनाकर APGA में एक सुदृढ़ स्वरूप धारण कर लिया।

1980 से 1989 तक—APA के खंड 17 (परामर्शन मनोविज्ञान) तथा APGA से जुड़े परामर्शकों द्वारा किए गए अग्रगामी प्रयत्नों से इस दशक में परामर्शन की एक प्रोफेशन के रूप में निरन्तर वृद्धि होती गई। इस दशक की प्रमुख घटनाएँ, जिन्होंने परामर्शन को एक प्रोफेशन के रूप में विकसित होने में सहायता की, निम्नवत हैं:—

(1) परामर्शकों के प्रशिक्षण एवं प्रमाणीकरण (Certification) का मानकीकरण

(2) परामर्शन की एक अलग प्रोफेशन के रूप में पहचान

(3) परामर्शकों की विशिष्टताओं की विविधता

(4) मानव विवृद्धि एवं विकास पर अधिक बल

(1) परामर्शकों के प्रशिक्षण एवं प्रमाणीकरण का मानकीकरण *(Standardization of Training and Certification of Counsellors)*—परामर्शकों के प्रशिक्षण तथा उन्हें प्रमाणपत्र प्रदान करने के कार्य का मानकीकरण इस दशक के अत्यन्त प्रारम्भ में ही शुरू हुआ और प्रति वर्ष अधिक दृढ़ रूप से विकसित होता गया। 1981 में APGA के एक सम्बद्ध संगठन के रूप में 'परामर्शन एवं सम्बन्धित शैक्षिक कार्यक्रमों के प्रत्यायन परिषद' (Council for Accreditation of Counselling and Related Educational Programs–CACPEP) की स्थापना हुई। इसने ACES द्वारा 1970 के दशक के अन्तिम वर्षों में प्रस्तावित मानकों को और परिशुद्ध किया, चार कार्यक्रमों का मूल्यांकन कर प्रत्यायन (accreditation) किया, तथा कैलीफोर्निया राज्य परामर्शक संघ एवं ACES द्वारा प्रत्यायित (Accredited) एवं मान्यता प्राप्त कई कार्यक्रमों को अपने अभिभावकत्व में लिया (स्टेनहॉसर एवं ब्रैडली, Steinhauser & Bradley, 1983)। 1987 में CACREP को Council on Postsecondary Accreditation (COPA) की सदस्यता प्राप्त हुई जिससे यह APA जैसी प्रत्यायन संस्था के समकक्ष हो गयी (हेर्र, Herr, 1985)। CACREP ने विद्यालय, समुदाय, मानसिक स्वास्थ्य, विवाह एवं परिवार परामर्शन एवं चिकित्सा तथा कॉलेज के छात्रों के लिए कार्मिक सेवाओं के क्षेत्र में स्नातकोत्तर तथा पी-एच॰ डी॰ स्तर के परामर्शन शिक्षा कार्यक्रमों को मानकीकृत किया।

CACREP के पूरक के रूप में, 1983 में स्थापित संस्था 'प्रमाणपत्रधारी परामर्शकों का राष्ट्रीय बोर्ड' (National Board for Certified Counselor–NBCC) ने राष्ट्रीय स्तर पर परामर्शकों को प्रमाणपत्र प्रदान करना प्रारम्भ किया। उसने एक प्रमाणीकृत परीक्षण का निर्माण किया और आठ ऐसे विषय क्षेत्रों को परिभाषित किया जिनका ज्ञान होना परामर्शकों के लिए आवश्यक था।

(1) मानव विवृद्धि एवं विकास

(2) सामाजिक-सांस्कृतिक आधार

(3) सहायताकारी सम्बन्ध

(4) समूह

(5) जीवन-शैली एवं कैरियर विकास

(6) योग्यता मूल्यांकन (appraisal)

(7) शोध एवं मूल्यांकन

(8) प्रोफेशनल उन्मुखता

एक राष्ट्रीय स्तर का प्रमाणपत्रधारी परामर्शक (National Certified Counsellor—NCC) होने के लिए परीक्षार्थियों को इस मानकीकृत परीक्षण को उत्तीर्ण करना तथा अनुभवात्मक एवं चारित्रिक योग्यताएँ रखना आवश्यक था। 1984 में NBCC ने कैरियर परामर्शकों के लिए प्रमाणपत्र निर्गत करने हेतु भी मानक स्थापित कर दिए जिसके परिणामस्वरूप बहुत से व्यक्ति राष्ट्रीय प्रमाणपत्रधारी कैरियर परामर्शक (National Certified Carreer Counsellor—NCCC) बने (हेर्र, Herr, 1985)। इस दशक के अन्त तक NCC तथा NCCC प्रोफेशनल की संख्या लगभग सत्रह हजार हो गई।

अमेरिकन मानसिक स्वास्थ्य परामर्शन संघ (AMHCA) से सम्बद्ध 'प्रमाणीकृत नैदानिक मानसिक स्वास्थ्य परामर्शक की राष्ट्रीय अकादमी' (National Academy for Certified Clinical Mental Health Counsellors –NACCMHC) ने CACREP के साथ मिलकर मानसिक स्वास्थ्य परामर्शन हेतु परामर्शकों के प्रशिक्षण तथा प्रमाण-पत्र प्रदान करने हेतु मानकों को परिभाषित करना प्रारम्भ किया। यह प्रक्रम वस्तुतः 1970 के दशक के अन्तिम वर्षों में प्रारम्भ हो चुका था (सेलर एवं अन्य, Seller et al; 1987; विल्मार्थ, Wilmarth, 1985)। इस संस्था ने 1988 में मानसिक स्वास्थ्य परामर्शकों के पर्यवेक्षकों (Supervisors) का प्रशिक्षण भी प्रारम्भ कर दिया। उपर्युक्त दोनों कार्यक्रमों ने हजारों नए प्रोफेशनल्स का ध्यान परामर्शन की ओर आकृष्ट किया और इस क्षेत्र में कार्य कर रहे पुराने प्रोफेशनल्स की योग्यताओं को प्रोन्नत किया।

2. परामर्शन एक अलग प्रोफेशन के रूप में *(Counselling as a Distinct Profession)*—वानजांत (Vanzandt, 1990) के शब्दों में, 'एक प्रोफेशन की विशेषता उसके भूमिका सम्बन्धी कथनों, आचार संहिता, मूल्यांकन दिशा-निर्देशों, सक्षमता मानकों, लाइसेंस-प्रक्रिया, प्रमाणपत्र-प्रक्रिया तथा उत्कृष्टता के अन्य मानकों से होती है।' परामर्शन भी जब एक अलग प्रोफेशन के रूप में विकसित हुआ तो उसमें उपर्युक्त समस्त विशेषताएँ सन्निहित थी।

1980 के दशक में परामर्शन एक अलग मानसिक स्वास्थ्य प्रोफेशन के रूप में APGA के अन्दर और बाहर घटित होने वाली कई घटनाओं, समस्याओं और बलों के परिणामस्वरूप विकसित हुआ (हेपनर, Heppner, 1990)। APGA के अन्दर घटित घटनाओं में सर्वाधिक महत्त्वपूर्ण थी, इसके नेताओं में विकसित होती हुई यह जागरूकता कि इस संस्था के नाम के दो शब्द कार्मिक (personnel) एवं निर्देशन (guidance), अब इस संस्था के सदस्यों के कार्यों को वर्णित नहीं करते। काफी लम्बे वाद-विवाद के बाद 1983 में APGA ने अपने नाम में अपने कामों के अनुरूप परिवर्तन कर लिया। अब इसका नाम 'परामर्शन एवं विकास हेतु अमरीकी संघ' (American Association for Counselling and Development–AACD) हो गया। यह नाम अपने सदस्यों की विशेषताओं और कार्य की स्थितियों को भली प्रकार प्रतिबिम्बित करता था (हर्रे, 1985)। नाम का यह परिवर्तन APGA के सदस्यों द्वारा अनुभव की जा रही अपनी पहचान में तीव्र बदलाव का द्योतक था जो प्रशिक्षण, प्रमाणपत्रीकरण तथा मानकों के सम्बन्ध में नई नीतियों के लागू होने के कारण अनुभव की जा रही थी। APGA के बाहर की जिन घटनाओं ने इसके नाम परिवर्तन हेतु प्रभाव डाला, उनमें मुख्य था संघ सरकार द्वारा किया गया विधायन (legislation), जिसने मानसिक स्वास्थ्य सेवा प्रदान करने वालों को तथा अन्य मानसिक-स्वास्थ्य-सेवा संघों के कार्यों को मान्यता प्रदान की।

इन सबसे बढ़कर AACD के सदस्यों में अपने प्रोफेशन के प्रति एक नई वचनबद्धता और समर्पण दिखाई पड़ा। परामर्शन प्रोफेशन की उत्कृष्टता में वृद्धि के लिए 1985 में एक अन्तर्राष्ट्रीय अकादमिक एवं प्रोफेशनल ऑनर सोसाइटी 'Chi Sigma Lota' की स्थापना हुई। इस दशक के अन्त तक इस सोसाइटी के 100 से अधिक कार्यालय (Chapters) तथा 5000 सदस्य हो गए (स्वीनी, Sweeney, 1989)। इसके अतिरिक्त AACD सदस्यों को उनके राष्ट्रीय मुख्यालयों से उत्तरदायित्व बीमा पालिसियाँ, परामर्शन-

विशिष्टताओं के नवीन प्रकाशन, कानूनी सुरक्षा राशि तथा अन्य कई सदस्यता सुविधाएँ प्रदान की जानी प्रारम्भ हो गई (मायर्स, Myers, 1990)। 1989 तक AACD के सदस्यों की संख्या में पिछले दशक से 18000 से अधिक सदस्यों की वृद्धि हुई और यह संख्या लगभग 58000 हो गई।

APA का खंड 17 अपनी स्थिर गति से विकास करता रहा। 1987 में इसके अध्यक्ष डॉ जार्ज गज्दा (Dr. George Gazda) द्वारा एक सम्मेलन का आयोजन किया गया जिसमें परामर्शन को तथा परामर्शन मनोविज्ञान को और अधिक विशिष्टता प्रदान करने हेतु प्रोफेशनल मानकों पर बल दिया गया।

3. परामर्शकों की विशिष्टताओं की विविधता *(Diversification of Specialities of Counsellors)*—1980 के दशक में परामर्शक पहले से कहीं अधिक वैविध्यपूर्ण हो गए। परामर्शकों की एक बड़ी संख्या प्राथमिक तथा माध्यमिक विद्यालयों में सेवायोजित होने लगी और उच्च शिक्षा में विविध प्रकार के छात्र कार्मिक सेवाओं में कार्यरत होने लगी। औपचारिक शिक्षा परिवेश से बाहर दो प्रकार के परामर्शक सर्वाधिक प्रमुख रूप से कार्यरत थे–मानसिक स्वास्थ्य परामर्शक और सामुदायिक परामर्शक। मानसिक स्वास्थ्य परामर्शन परिदृश्यों (settings) में व्यवसाय के कर्मचारियों, वृद्धों, विवाहित व्यक्तियों तथा परिवारों को भी सम्मिलित किया जाता था। इस प्रकार के बढ़ते हुए कार्य क्षेत्र का ही परिणाम था कि AACD ने अपने नये दो खंड संगठित किए:—

(i) Association for Adult Development and Aging—(AADA, 1987)

(ii) International Association for Marriage and Family Counsellors (IAMFC, 1990)

समूह कार्य, परामर्शक-शिक्षा, मानवतावादी शिक्षा, मापन एवं विकास, धार्मिक एवं मूल्य सम्बन्धी समस्याओं, रोजगार तथा कैरियर विकास, पुनर्वास, बहुसांस्कृतिक उद्देश्यों, अपराध कार्य तथा सेना कर्मिकों के कार्यों के प्रति AACD के सदस्यों के समर्पण ने इस दशक में परामर्शन की विविधता को और भी अधिक विस्तृत किया।

AACD की शोध पत्रिकाओं (Journals) में विशेष अंकों में विशेष विषय-वस्तु को केन्द्र बनाया गया, जिससे परामर्शन सेवाओं और परामर्शक जागरूकता के क्षेत्र में और भी अधिक विस्तार आया। कुछ विशेष अंकों (Special issues) का विवरण निम्नवत है:—

	Journal	Topic of Focus
1.	Journal of Mental Health Counselling (January 1985)	Arts
2.	Jounal of Counselling and Development (May, 1986)	The gifted and talented
3.	Journal of Counselling and Development (March, 1987)	Violence
4.	Elementary School Guidance and Counselling (October, 1989)	Prevention

4. मानव विकास एवं विवृद्धि पर अधिक बल *(Increased Emphasis on Human Growth and Development)*—मानव विकास एवं विवृद्धि पर परामर्शन द्वारा

दी जा रही प्रमुखता ने इस दशक में कई रूप लिए। उदाहरण के लिए 'जीवन पर्यन्त विकासात्मक परामर्शन' (developmental counselling across life span) को पहली बार प्रमुखता प्रदान की गई। (ग्लैंडस्टीन एवं एप्पेल, Gladstein & Appel, 1987)। एरिक्सन (Erickson) द्वारा वर्णित विकास की पाँच प्रारम्भिक अवस्थाओं से जुड़ी व्यावहारिक अभिव्यक्तियों को नए सिरे से बताया गया (हैमाचेक, Hamachek, 1988)। वयस्कों और वृद्धों को जो प्रमखुता दी गई, वह AAAD (Association for Adults Aging and Development) की स्थापना से ही प्रदर्शित है। परामर्शकों के अध्ययन एवं प्रशिक्षण के पाठ्यक्रम में 'वृद्धावस्था में परामर्शन' (Gerontological Counselling) को सम्मिलित किया गया। यह एक अन्य प्रमाण था जो स्पष्ट करता था कि परामर्शन प्रोफेशन में आयु वृद्धि (वृद्धावस्था) की समस्याओं को प्रमुखता प्रदान की जा रही थी (मायर्स, 1989)।

लिंग सम्बन्धी समस्याओं तथा यौनिक वरीयताओं (gender issues and sexual preferences) पर अध्ययनकर्त्ताओं के बढ़े हुए अवधान से भी मानव विकास एवं विवृद्धि पर परामर्शन की प्रमुखता दृष्टिगत होती है। गिलिगान (Gilligan, 1982) द्वारा स्त्रियों में नैतिक मूल्यों के विकास पर किया गया अध्ययन, अनुसंधान जगत में एक मील का पत्थर है। इस अध्ययन ने परामर्शन क्षेत्र में स्त्रीवादी (feminist) सिद्धान्त को विकसित करने में सहायता दी और मानवविकास के विशेषज्ञों को लिंगभेदों को और भी गहनता से जाँचने के लिए प्रेरित किया।

मानव विकास सम्बन्धी समस्याओं को प्रमुखता प्रदान करने वाला एक अन्य कार्य जो इस दशक में घटित हुआ, वह था—नैतिक विकास पर बल देना। नैतिक विकास के मॉडलों पर नए सिरे से बल प्रदान किया गया, जैसे लारेन्स कोलबर्ग का सिद्धान्त (Lawrence-Kohlberg's Theory, 1969)। नैतिक विकास में समृद्धि के क्षेत्र में अधिकाधिक मात्रा में शोध भी किए जाने लगे। परामर्शकों की शिक्षा में यह पाया गया कि नैतिक विकास संज्ञानात्मक क्षमता तथा परानुभूति (empathy) दोनों से घनिष्ठ रूप से सम्बन्धित था (बोमैन तथा रीब्स, Bowman & Reeves, 1987)।

इसके अतिरिक्त इस दशक में विभिन्न प्रजाति के समूहों के साथ कार्य करने सम्बन्धी बहुसांस्कृतिक विमाओं पर विशद चर्चा हुई। इस कार्य में अग्रणी था AMCD (Association for Multicultural Counselling and Development)।

1900 से 1990 तक—इस दशक में परामर्शन वृत्ति के उद्‌भव में अनेक महत्वपूर्ण परिवर्तन जारी रहे। इनमें से कुछ संरचनात्मक थे और कुछ प्रतीकात्मक। **प्रथम** महत्त्वपूर्ण परिवर्तन जो संरचनात्मक तथा प्रतीकात्मक दोनों था, वह था अमेरिकन परामर्शन एवं विकास संघ (Association of Counselling and Development) द्वारा 1992 में अपने नाम परिवर्तन का निर्णय। इस निर्णय के परिणामस्वरूप अब इस संघ का नाम 'अमेरिकन परामर्शन संघ' (Americal Counselling Association—ACA) हो गया। यह नवीन नाम संगठन के उद्देश्यों और सदस्यता को अधिक भली प्रकार

से प्रतिबिम्बित करता था। इस नव संगठित संरचना के अन्तर्गत निम्नांकित 16 खंड कार्यरत हैं :—

क्रमांक	खंड का नाम	स्थापना वर्ष	पूर्व नाम
1.	National Career Development Association (NCDA)	1913	National Vocational Guidance Association.
2.	Association for Humanistic Education and Development (AHEAD)	1931	Student Personnel Association for Teacher Education
3.	Association for Counselor Education and Supervision (ACES)	1938	National Association of Guidance Supervisors and Counselor Trainers.
4.	American School Counselor Association (ASCA)	1953	—
5.	American Rehabilitation Counselling Association (ARCA)	1958	Division of Rehabilitation Counseling.
6.	Association for Assessment in Counselling (AAC)	1965	Association for Measurement and Evaluation in Guidance
7.	National Employment Counselors Association (NECA)	1966	—
8.	Association for Multicultural Counselling and Development (AMCD)	1972	Association for Non-white Concerns in Personnel and Guidance
9.	International Association of Addictions and Offender Counselor (IAAOC)	1972	Public Offender Counselor Association
10.	Association for Specialists in Group Work (ASGW)	1973	—
11.	Association for Spritual, Ethical and Religious Values in Counselling (ASERVIC)	1974	National Catholic Guidance Conference
12.	American Mental Health Counselors Association (AMHCA)	1976	—

13.	Association for Counselor and Educators in Government (ACEG)	1984	—
14.	Association for Adult Development and Aging (AADA)	1986	—
15.	International Association of Marriage and Family Counselors (IAMFC)	1989	—
16.	American College Counseling Association (ACCA)	1991	—

परामर्शन के क्षेत्र में इस दशक में होने वाली **दूसरी** महत्त्वपूर्ण घटना थी—बहुसंस्कृतिवाद तथा विविधता से सम्बन्धित मुद्दों को अधिक प्रमुखता देना। बहुवादी समाज (Pluraistic Society) में परामर्शन के महत्त्व की सिफारिश करने वालों में प्रमुख थे—पॉस पेडरसेन (Paul Pedersen), डेराल्ड विंग स्यू (Derald Wing Sue), फराह इब्राहिम (Farah Ibrahim), डॉन लॉक (Don Locke), क्लेमांट वान्ट्रेस (Clemmont Vontress), पैट्रीशिया एरेडॉन्डो (Patricia Arredondo), जॉनी मैक्फैडेन (Johnnie McFadden), माइकल डि ऐन्ड्रिया (Michael D' Andrea) एवं कोर्ट लैंड ली (Courtland Lee)।

इस दशक की **तीसरी** महत्त्वपूर्ण बात थी स्वास्थ्य सम्बन्धी देखभाल (health care) पर विशेष बल दिया जाना। परामर्शदाताओं को मूल रूप से मानसिक स्वास्थ्य प्रदानकर्त्ता के रूप में विकसित किया गया। स्वास्थ्य सम्बन्धी देखभाल के प्रबन्धन एवं नवीन कानूनों के कारण परामर्शदाता भी उन कानूनों के समर्थकों के रूप में सक्रिय भूमिका निर्वाह करने लगे।

इस दशक में परामर्शन के क्षेत्र में होने वाली **चौथी** अत्यन्त ही महत्त्वपूर्ण बात थी—सम्पूर्ण व्यक्ति (whole person) से सम्बन्धित मुद्दों पर ध्यान केन्द्रित किया जाना। इसके परिणामस्वरूप परामर्शदाता उन सामाजिक कारकों के प्रति अधिक जागरूक हुए जो मानसिक स्वास्थ्य एवं विकृतियों को विकसित करने तथा उन्हें बनाए रखने में महत्त्वपूर्ण भूमिका निर्वाह करते हैं। इन कारकों में आध्यात्मिकता, पारिवारिक वातावरण, सामाजिक-आर्थिक दशा, समूह कार्य तथा समूह का प्रभाव तथा रोकथाम आदि सम्मिलित हैं। अधिकांश परामर्शदाताओं ने पुरुषों से सम्बन्धित समस्याओं में रुचि ली और उनके परामर्शन हेतु कौशलों को विकसित किया। स्त्रियों से सम्बन्धित समस्याओं के परामर्शन में भी रुचि ली जा रही है।

1990 से 1999 तक के दशक में होने वाले कुछ अन्य विकास निम्नवत् हैं:—

(i) नैदानिक मानसिक स्वास्थ्य परामर्शकों की राष्ट्रीय अकादमी (National Acadmey of Clinical Mental Health Counselors) का 22,000 परामर्शदाताओं के साथ प्रमाणीकृत परामर्शदाताओं के राष्ट्रीय बोर्ड (NBCC) में सम्मिलन।

(ii) CACREP एवं APA द्वारा स्नाकोत्तर एवं पीएच॰ डी॰ स्तर पर परामर्शन मनोविज्ञान एवं परामर्शक शिक्षा के कार्यक्रमों का विकास।

(iii) ACA, APA, ERIC/CASS (Counselling and Student Service) द्वारा किए जाने वाले प्रकाशनों की वृद्धि, जिसमें परामर्शन से सम्बन्धित विविध प्रासंगिक विषयों को सम्मिलित किया जाता था।

इसके साथ-ही-साथ इस दशक में परामर्शन के क्षेत्र में अनेक महत्त्वपूर्ण पुस्तकों का प्रकाशन हुआ जिनमें से कुछ प्रमुख पुस्तकों का विवरण निम्नवत् हैः—

Gold (1996)	Key Concepts in Psychotherapy Integration.
Woolfe, Ro, Dryden, W. and Strawbridge, S. (1996)	Handbook of Counselling Psychology London : Sage
Frosh, S. (1997)	For and Against Psychonalysis
Mcleod, J. (1997)	Narrative and Psychotherapy
Cohn, H. W. (1997)	Existential Thought and Therapeutic Practice.
Strasser and Strasser (1997)	Existential Time Limited Therapy : The Wheels of Existence.
Feltham, C. (1997)	Time Limited Counseling
Hudsen, G. (1997)	Time Limited Therapy in General Practice Setting.
Masses, S. B. (1998)	Models of Brief Psychodynamic Therapy.
O'Connel, B. (1998)	Solution Focussed Therapy.
Butler, C. and Joyce, V. (1998)	Counselling Copules in Relationship.
Sen, I. B. and Heenam, M. C. (1998)	Feminism and Psychotherapy.

2000 से अब तक—इक्कीसवीं शताब्दी के प्रारम्भिक दशक के इन प्रारम्भिक वर्षों में परामर्शन मनोविज्ञान के क्षेत्र में हुए विकास को तीन दृष्टियों से देखा जा सकता है।

(i) परामर्शन उपागमों, नीतियों एवं वृत्ति के क्षेत्र में हुए विकास।

(ii) परामर्शन क्षेत्र के विषय में समाज के विविध क्षेत्रों में पोषित प्रत्यक्षण एवं प्रत्याशाएँ, तथा

(iii) क्लायंट द्वारा प्रकट की गई नवीन समस्याएँ तथा तत्सम्बन्धी नवीन चुनौतियों का सामना करने की आवश्यकता।

इस अवधि में परामर्शन मनोविज्ञान के ऐतिहासिक विकास में एक विशिष्ट प्रवृत्ति परिलक्षित हुई है। परामर्शन उपागमों के क्षेत्र में विकसित नवीन प्रविधियों अथवा प्रारूपों

के बीच समन्वयन के प्रयत्न प्रारम्भ हुए हैं और जारी हैं। यदि सूक्ष्मतापूर्वक विचार किया जाय तो यह स्पष्ट होगा कि तथाकथित लगभग 400 परामर्शन प्रणालियाँ वस्तुतः कुछ सीमित प्रणालियों के ही भेद हैं। अनगिनत उपागमों की यह प्रवृत्ति उस उत्तर आधुनिकतावादी प्रवृत्ति के अनुरूप भी है जहां सांस्कृतिक अथवा अन्य प्रकार की भिन्नताओं एवं विविधताओं की सराहना की जाती है। यद्यपि परामर्शन उपागमों में समन्वयन के प्रयास जारी हैं किन्तु उपागमों की संख्या में कमी आने के स्थान पर वृद्धि ही हुई है। इस काल में एक महत्त्वपूर्ण परिवर्तन यह आया है कि अब शोध साक्ष्य आधारित एवं प्रमाणित उपागम की मांग की जा रही है। सार्वजनिक एवं वित्तीय संस्थानों द्वारा इस विषय पर विशेष बल दिया जा रहा है जिसके परिणामस्वरूप अब यह अपेक्षित है कि जिन प्रविधियों/उपागमों के पक्ष में पर्याप्त शोध साक्ष्य नहीं हैं, उन्हें प्रचलन से निष्काषित होना पड़ेगा। सार्वजनिक माँग के स्वरूप के अनुरूप ही प्रविधियों के स्वरूप पर भी प्रभाव दृष्टिगोचर हो रहे हैं। अब अल्प अवधि के परामर्शन (Brief/Time limited counselling) की मांग अधिक है, अतः सभी प्रमुख परामर्शन प्रणालियों के संक्षिप्त संस्करणों का प्रचलन बढ़ा है, जिसमें 12 से 16 सत्रों में ही परामर्शन कार्य सम्पन्न कर लिया जाता है। इस परिवर्तन के कारण आधुनिक समय में टेलीफोन के माध्यम से परामर्शन (Telephone-counselling) का प्रचलन बढ़ा है और उसे मान्यता भी प्राप्त हो रही है। परामर्शन के क्षेत्र में एक अन्य महत्त्वपूर्ण परिवर्तन जो पिछले दशक में ही दृष्टिगत हुआ था, वह था—सम्पूर्ण व्यक्ति (whole person) से सम्बन्धित विषयों पर ध्यान दिया जाना। इस काल में सम्पूर्ण व्यक्ति के साथ-साथ उसके जीवन परिदृश्य (life setting) को भी अत्यधिक महत्त्व प्रदान किया जा रहा है। इसके परिणामस्वरूप लगभग 90 प्रतिशत परामर्शियों को उनके प्राथमिक देखभाल परिदृश्य (Primary care setting) में ही आवश्यक सेवा प्रदान की जा रही है। साथ ही, परिवार परामर्शन, दम्पति परामर्शन, सर्वांग परामर्शन आदि प्रणालियों को अधिक महत्त्व प्राप्त हो रहा है। आधुनिक परामर्शन मनोविज्ञान परामर्शी को सेवा प्रदान करते समय उसकी आयु, लिंग, भाषा, धर्म, संस्कृति आदि के महत्त्व को स्वीकार करते हुए परामर्शन कार्य सम्पन्न करता है।

इस काल में परामर्शन के क्षेत्र में जो दूसरा महत्त्वपूर्ण विकास दृष्टिगत होता है वह है—परामर्शन के विषय में समाज के विविध वर्गों का प्रत्यक्षण एवं प्रत्याशाएँ। इक्कीसवीं सदी का उपभोक्ता अब स्वयं को प्राप्त होने वाली सेवाओं की गुणवत्ता के प्रति सजग है, तथा उसमें दोष पाए जाने पर न्यायालय की शरण में जाकर क्षतिपूर्ति की मांग करता है। यह प्रभाव परामर्शन सेवाओं के साथ-साथ स्वास्थ्य सेवाओं के क्षेत्र में भी देखा जा रहा है। स्वास्थ्य बीमा सेवा की सक्रियता के कारण परामर्शदाताओं द्वारा प्रदान की जा रही सेवाओं की गुणवत्ता एवं सार्थकता का प्रमाणित होना अब अत्यन्त आवश्यक बन चुका है।

क्लायंट द्वारा प्रस्तुत की जाने वाली समस्याओं के क्षेत्र में होने वाले महत्त्वपूर्ण परिवर्तन इस विकास-काल की प्रमुख विशेषता के रूप में परिलक्षित हो रहे हें। क्लायंट्स की समस्याओं में जो महत्वपूर्ण परिवर्तन देखे जा रहे हैं उनमें HIV/AIDS का क्षेत्र प्रमुख है। क्लायंट्स में HIV/AIDS के क्षेत्र में परामर्शन सेवा की आवश्यकता को अनुभव किया जा रहा है। तदनुरूप परामर्शदाता के कार्य-क्षेत्र के विस्तार में भी परिवर्तन हो रहा है। इसके साथ-ही-साथ विभिन्न संस्थानों में नियोक्ता अपने कर्मचारियों के मानसिक स्वास्थ्य के प्रति अधिक जागरुक दृष्टिगोचर हो रहे हैं। कर्मचारियों के पारस्परिक सम्बन्धों तथा कार्यस्थल

के तनावों का प्रबन्धन करने के लिए कार्यस्थल पर ही तनाव प्रबन्धन (Stress-management) की कार्यशालाओं के आयोजन का प्रचलन बढ़ा है जो परामर्शन मनोविज्ञान की विकास यात्रा के एक महत्त्वपूर्ण कदम के रूप में देखा जा सकता है।

परामर्शन मनोविज्ञान के ऐतिहासिक विकास में उन प्रकाशनों का भी महत्त्वपूर्ण योगदान है जो समय-समय पर हुए और जिन्होंने विषय को समृद्ध बनाया। 21वीं शताब्दी में प्रकाशित कुछ प्रमुख पुस्तकों का उल्लेख आगे किया जा रहा है जो उच्चस्तरीय पाठ्यपुस्तकों तथा संदर्भ ग्रन्थों के रूप में प्रयुक्त होने योग्य है:—

Feltham, C. and Horton, I. (Eds). (2000)	Handbook of Counselling and Psychotherapy. London : Sage
Palmer and Woolfe (2000)	Integrative and Eclectic Counselling and Therapy.
Mander, G. (2000)	A Psychodynamic Approach to Brief Therapy.
Meorns, D. and Thorne, B. (2000)	Person Centered Therapy Today : New Frontiers in Therapy and Practice.
Rowland, N. and Goss, S. (2000)	Evidence Based Counselling and Psychological Therapies.
Schnieder, et.al. (2001)	Handbook of Humanistic Psychology.
Lapworth, et. al. (2001)	Integration in Counselling and Psychotherapy.
Woolfe, R., Dryden, W. and Strawbridge, S. (eds) (2003)	Handbook of Counselling Psychology.

भारत में परामर्शन मनोविज्ञान का विकास (Development of Counselling Psychology in India)

भारत में परामर्शन का इतिहास अत्यन्त ही प्राचीन है। भगवान श्रीकृष्ण पहले परामर्शक थे और श्रीमद्भगवत गीता समस्त देश कालों के समस्त आयु वर्गों के व्यक्तियों के लिए परामर्शन के उत्तम सिद्धान्तों को प्रस्तुत करती है। गीता में यह स्पष्ट किया गया है कि किस प्रकार गहन मानसिक अन्तर्द्वन्द्व में फँसे अर्जुन की उस अन्तर्द्वन्द्व से उबरने में सहायता उसके अन्दर अन्तर्दृष्टि उत्पन्न करके की गई थी। भारत में परामर्शन मनोपचार हेतु अनेक प्रविधियाँ प्रचलित रही हैं जिनमें से अधिकांश रूढ़िवादी, अतार्किक, असंगत, अनुपयुक्त तथा लाभ की दृष्टि से अत्यन्त संदिग्ध प्रतीत होती है, किन्तु कुछ प्रणालियों के महत्त्व एवं उपयोग के वैज्ञानिक साक्ष्य प्राप्त हुए हैं जिनसे उन्हें सर्वत्र स्वीकृति प्राप्त हुई है। परामर्शन/मनोपचार के सम्बन्ध में भारतीय दृष्टिकोण सर्वांगवादी (Holistic) रहा है जिसमें रोग के उपचार के साथ-साथ सम्पूर्ण व्यक्तित्व एवं स्वास्थ्य के विकास पर बल दिया जाता है।

परामर्शन की भारतीय पद्धतियाँ मुख्य रूप से प्राचीन हैं किन्तु इनमें नवीन आयामों को जोड़ने के प्रयास समय-समय पर होते रहे हैं। मनोपचार की चार भारतीय परम्पराएं प्रमुख रही है—तंत्र-मंत्र, वैदिक, बौद्ध और जैन उपागम। ये सभी उपागम 2500 वर्षों से

भी अधिक प्राचीन हैं। आधुनिक युग में चैतन्य महाप्रभु, रामकृष्ण परमहंस, विवेकानन्द तथा महर्षि महेश योगी द्वारा आधिभौतिक परिध्यान (Transcedental Meditation–TM) की प्रणाली विकसित की गई है।

भारत में परामर्शन मनोविज्ञान का इतिहास मनोविज्ञान के इतिहास के साथ ही जुड़ा है। दक्षिण भारत के मैसूर विश्वविद्यालय तथा पूर्वी भारत के कलकत्ता विश्वविद्यालय में सर्वप्रथम मनोविज्ञान विभाग की स्थापना हुई। लगभग दो दशकों बाद 1940 के दशक के मध्य में पटना विश्वविद्यालय में मनोविज्ञान विभाग प्रारम्भ हुआ जिसके तत्काल बाद काशी हिन्दू विश्वविद्यालय, वाराणसी, लखनऊ विश्वविद्यालय तथा अन्य विश्वविद्यालयों में मनोविज्ञान विभाग स्थापित हुए। 1960 के दशक में विभिन्न विश्वविद्यालयों में मनोविज्ञान के नए विभाग की स्थापना तीव्र गति में हुई। इस समय तक परास्नातक के छात्रों को आधुनिक प्रयोगात्मक उपागम के साथ मनोविज्ञान की शिक्षा प्रदान की जाती था। इसके साथ-ही-साथ अनुप्रयुक्त (व्यावहारिक) मनोविज्ञान (applied psychology) एक स्वतंत्र शाखा के रूप में विद्यमान विभागों के वर्ग के रूप में स्थापित होने लगा। कलकत्ता विश्वविद्यालय का व्यावहारिक मनोविज्ञान का वर्ग (section) 1938 में और पटना विश्वविद्यालय का मनोवैज्ञानिक सेवाओं का विभाग 1945 में स्थापित हुआ। इस समय तक मनोविज्ञान की शिक्षा प्रदान करने वाले विश्वविद्यालयों में परामर्शन अथवा उसके पूर्वगामी निर्देशन को महत्त्वपूर्ण स्थान प्रदान नहीं किया गया था। सबसे पहले कलकत्ता में और उसके बाद बम्बई में बहुत छोटे स्तर पर निर्देशन प्रदान करने के लिए स्वैच्छिक प्राइवेट एजेन्सियाँ स्थापित हुई। बम्बई का बाटलीबॉय व्यावसायिक निर्देशन ब्यूरो लगभग छः वर्षों तक क्रियाशील रहा। इस अल्प अवधि में इसने समुदाय को अमूल्य सेवाएँ प्रदान की। शिक्षकों के लिए निर्देशन में एक अल्पकालिक ओरिएन्टेशन कोर्स भी इस ब्यूरो द्वारा चलाया गया जो बाद में भारत में अन्य स्थानों पर कैरियर मास्टर्स द्वारा चलाए जाने वाले प्रशिक्षण पाठ्यक्रमों का पूर्वगामी (forerunner) था।

स्वतंत्रता प्राप्ति के बाद भारत में परामर्शन के क्षेत्र में कुछ प्रगति दृष्टिगोचर हुई, बम्बई में पारसीपंचायत न्यास द्वारा व्यावसायिक निर्देशन ब्यूरो की स्थापना की गई, जो प्रारम्भ में पारसी युवाओं को सहायता प्रदान के उद्देश्य से निर्मित हुई थी। बाद में यह ब्यूरो बम्बई की अन्य जनता को भी अपनी सेवाएँ प्रदान करने लगी। यह संस्था 1950 के दशक के प्रारंभिक वर्षों में धनाभाव के कारण बन्द हो गई। 1960 के दशक में यह पुनः प्रारम्भ हुई। भारत में परामर्शन के विकास का दूसरा महत्त्वपूर्ण कदम था उत्तर प्रदेश सरकार द्वारा विद्यालयों में निर्देशन प्रदान करने के विषय की जाँच हेतु आचार्य नरेन्द देव समिति की स्थापना। इस समिति की अनुशंसाओं के आधार पर इलाहाबाद में मनोविज्ञान ब्यूरो की स्थापना हुई। यह पहला अवसर था जब राज्य सरकार ने विद्यालय जाने वाले विद्यार्थियों के शैक्षिक एवं व्यावसायिक निर्देशन में रुचि प्रकट की थी। इस सेवा को और विस्तृत बनाने के उद्देश्य से उत्तर प्रदेश सरकार ने वाराणसी, लखनऊ, कानपुर, मेरठ एवं बरेली में पाँच क्षेत्रीय ब्यूरो (regional bureaux) की स्थापना की। इसके लगभग दस वर्षों बाद महाराष्ट्र सरकार ने व्यावसायिक निर्देशन ब्यूरो की स्थापना की जिसका नाम अब परिवर्तित होकर व्यावसायिक निर्देशन संस्थान हो गया है। इसके उपरांत भारत के अन्य प्रदेशों में भी व्यावसायिक निर्देशन ब्यूरो स्थापित हुए।

जिस समय 1954 में अमेरिका में परामर्शन की प्रथम व्यावसायिक शोध पत्रिका

'Journal of Counseling Pshchology' प्रकाशित हुई, उसी समय भारत में 'आल इण्डिया वोकेशनल गाइडेन्स एसोसिएशन' का संगठन हुआ और उसमें एक शोध पत्रिका प्रकाशित करने का निर्णय किया गया, जो 1956 में फलीभूत हो सका।

1954 में भारत सरकार ने शैक्षिक एवं व्यावसायिक निर्देशन के केन्द्रीय ब्यूरो की स्थापना दिल्ली में की। केन्द्र सरकार ने नवीन निर्देशन ब्यूरो की स्थापना एवं पूर्व स्थापित ब्यूरो के विस्तार हेतु वित्तीय सहायता भी प्रदान करना प्रारंभ किया। 1955 तक 11 प्रादेशिक-ब्यूरो स्थापित हो गए। विश्वविद्यालय अनुदान आयोग के सहयोग से एम॰ एस॰ विश्वविद्यालय, बडौदा ने परामर्शन सेवाएँ प्रदान करने का कार्य प्रारम्भ किया। इस विश्वविद्यालय में परामर्शन का द्वि वर्षीय अंश-कालिक पाठ्यक्रम भी चलाया गया।

द्वितीय एवं तृतीय पंचवर्षीय योजनाओं के दौरान निर्देशन आन्दोलन में अत्यधिक तीव्रता आई। अनेक नए विश्वविद्यालय तथा प्रशिक्षण महाविद्यालय खुले। निर्देशन ब्यूरो को राज्य शिक्षा निदेशालयों से सम्बद्ध कर दिया गया। तब से अब तक निर्देशन के क्षेत्र में निरन्तर प्रगति चल रही है। भारत सरकार द्वारा रोजगार कार्यालयों (employment exchanges) की स्थापना व्यावसायिक निर्देशन के क्षेत्र में अत्यन्त महत्त्वपूर्ण कदम है।

भारत में परामर्शन/मनोपचार का इतिहास अत्यन्त प्राचीन होते हुए भी परामर्शन मनोविज्ञान के क्षेत्र में अध्ययन, प्रशिक्षण-शोध कार्य अथवा परामर्शन वृत्ति की दिशा में हुए विकास को संतोषजनक अथवा प्रशंसनीय नहीं कहा जा सकता है।

परामर्शन के प्रति भारत में अभी भी एक उदासीन मनोवृत्ति विद्यमान है। यहाँ इसे एक विदेशी प्रत्यय माना जाता है। इस उदासीनता के पीछे अनेक कारण है, जिनमें से अधिकांश प्रशासन एवं समुदाय से सम्बन्धित हैं, जबकि अन्य कारण शिक्षकों से संबंधित हैं जो भारत के विद्यमान शैक्षिक स्वरूप एवं संरूप में परामर्शन को अप्रासंगिक मानते हैं। इस प्रकार भारत में परामर्शन अभी तक उपयुक्त रूप से विकसित नहीं हो सका है। परामर्शन हेतु प्रशिक्षण प्रदान करने वाली संस्थाएँ भारत में अत्यल्प है। यद्यपि उन्हें नियंत्रित करने वाली संस्था 'भारत का पुनर्वास आयोग' (Rehabilitation Council of India) की स्थापना भी हुई है। यह संस्था परामर्शन प्रशिक्षण के साथ-साथ परामर्शन वृत्ति (profession) पर भी नियंत्रण रखती हैं। भारत में परामर्शन के क्षेत्र में एम. फिल. स्तर तक का प्रशिक्षण प्रदान करने वाली लगभग 10 संस्थाएँ हैं। डिप्लोमा प्रदान करने वाली लगभग 18 शासकीय एवं निजी संस्थाएँ हैं।

भारत की विशाल जनसंख्या की बढती हुई आवश्यकताओं को ध्यान में रखते हुए अब परामर्शन मनोविज्ञान के अध्ययन को अनेक विश्वविद्यालयों ने स्नातक तथा स्नातकोत्तर स्तर पर अपने पाठ्यक्रम में सम्मिलित कर लिया है।

परामर्शन की उपयोगिता के कारण प्रत्येक बड़े नगर एवं महानगर में अनेक परामर्शन-केन्द्र स्थापित हुए हैं, जिनमें से अधिकांश अल्प प्रशिक्षित परामर्शकों द्वारा संचालित हो रहे है। परामर्शन को लोकप्रिय बनाने में पत्र-पत्रिकाओं तथा समाचार पत्रों के उन स्थायी स्तंभों की भी महत्त्वपूर्ण भूमिका हैं, जिनके द्वारा क्लायंट्स परामर्शन प्राप्त करते है।

यद्यपि भारत में परामर्शन मनोविज्ञान निरंतर विकसित हो रहा है किन्तु इसकी प्रगति आशाजनक नहीं कही जा सकती। इसका साक्ष्य भारतीय मनोविज्ञान के क्षेत्र में प्रगति के चतुर्थ सर्वेक्षण (Psychology in India Revisited–Developments in the Discipline

: Janak Pandey (Ed.) 2001) में प्राप्त होता है। इस पुस्तक में मानसिक स्वास्थ्य से संबंधित अध्याय को प्रस्तुत करते हुए प्रख्यात मनोवैज्ञानिक मालविका कपूर ने परामर्शन (counseling) शब्द को एक बार भी प्रयुक्त नहीं किया है, यद्यपि मनोचिकित्सा/मनोपचार (psychotheraphy) शब्द कहीं-कहीं प्रयुक्त है। यदि मनोचिकित्सा और परामर्शन में पाई जाने वाली अनेक समानताओं को एक सीमा तक स्वीकार करते हुए इस क्षेत्र में हुई प्रगति पर विचार किया जाय तो भी परिदृश्य सराहनीय नहीं है। भारत जैसे विशाल देश में अधिसंख्य ग्रामीण; अशिक्षित/अल्पशिक्षित; रूढ़ियों, अंधविश्वासों एवं सांस्कृतिक पूर्वाग्रहों से ग्रस्त लोगों के लिए मानसिक स्वास्थ्य के विकास तथा मनोरोगों, तनाव एवं व्यवहारगत समस्याओं के परिहार तथा उपचार (मनोपचार/परामर्शन) की सुविधा उपलब्ध कराना बहुत बड़ी चुनौती है। यह चुनौती तब और भी गंभीर हो जाती है, जब न तो शासन के स्तर पर और न ही प्राइवेट प्रैक्टिस के विकास के स्तर पर सहायता एवं प्रगति हो पा रही हो। भारत में परामर्शन के क्षेत्र में रेखांकित की जा सकने योग्य अनेक समस्याएँ हैं :—

प्रथम परामर्शन/मनोचिकित्सा के क्षेत्र में प्रशिक्षण एवं रोजगार के अवसर सीमित हैं। इस क्षेत्र के प्रशिक्षण एवं वृत्ति (profession) को नियंत्रित करने वाली संस्था 'Rehabilitation Council of India' द्वारा मान्यता प्राप्त डिग्री एवं डिप्लोमा प्रदान करने वाली संस्थाओं की संख्या अत्यल्प है। यहाँ प्रशिक्षण प्राप्त करने वाले प्रशिक्षुओं की संख्या हमारी विशाल जनसंख्या के लिए अपर्याप्त है। दुर्भाग्यवश इसी समस्या का दूसरा दुखद पक्ष यह है कि प्रशिक्षित परामर्शदाताओं/मनोचिकित्सकों की सेवा का उपयुक्त ढंग से उपयोग नहीं किया जा रहा है।

दूसरी समस्या भारत में परामर्शन के क्षेत्र में यह है कि यहाँ अधिकांश परामर्शन सेवा विभिन्न विषयों के शिक्षकों के द्वारा प्रदान की जाती है, इनमें से अधिकांश के पास परामर्शन प्रशिक्षण का अभाव होता है, साथ ही परामर्शन प्रदान करने सम्बन्धी समझ, ज्ञान, उत्साह, उत्तरदायित्व अथवा वचनबद्धता का भी अभाव होता है। सामान्यतः ये विद्यार्थियों को ही सेवाएँ प्रदान करते हैं। अधिकांश निर्देशन एवं परामर्शन केन्द्रों में प्रायः शिक्षक ही नियुक्त होते हैं जो स्वयं को परामर्शदाता कहते हैं। भारत में लम्बे समय तक परामर्शदाताओं के लिए लाइसेंस सम्बन्धी कोई कानून न होने से भी परामर्शन के क्षेत्र में समस्याएँ उत्पन्न हुईं।

तीसरी समस्या है, विश्वविद्यालयों, प्रशिक्षण संस्थाओं तथा प्रैक्टिस के क्षेत्र में सक्रिय लोगों के बीच आपसी सहयोग का अभाव। प्रैक्टिस करने वाले परामर्शदाताओं की शोध कार्य में रुचि सामान्य तौर पर नहीं दिखाई देती। विश्वविद्यालयों में जो शोध-कार्य इस संबंध में जो रहे हैं वे प्रायः एकाकी (one shot research) रूप में हो रहे हैं। इस कारण भारतीय सामाजिक-सांस्कृतिक संदर्भ में मानसिक स्वास्थ्य सम्बन्धी समस्याओं के मूल्यांकन एवं निदान/उपचार अथवा समाधान के लिए स्थानीय शोध आधारित पृष्ठभूमि की रचना नहीं हो पा रही है।

भारतीय परामर्शन परिदृश्य में **चौथी** समस्या है, प्रयुक्त तकनीकों का सीमित क्षेत्र विस्तार। भारत में परामर्शन हेतु प्रयुक्त प्रविधियों में जेकब्सन का प्रोग्रेसिव मस्कुलर रिलैक्सेशन, मास्टर्स एवं जॉन्सन्स की प्रविधि, व्यवहार परिमार्जन तथा योग/प्राणायाम

प्रमुख हैं; जबकि संज्ञानात्मक, मानवतावादी, अस्तित्ववादी तथा समन्वयवादी प्रविधियों के उपयोग का अभाव है। मानसिक समस्याओं के समाधान में संज्ञानात्मक, भावात्मक, गत्यात्मक, अन्तर्वैयक्तिक एवं परिवेशीय (परिवार, समाज, कार्यस्थल की संरचना सम्बन्धी कारकों की उपेक्षा करके व्यवहार को परिमार्जित करने की चेष्टा, अथवा कतिपय व्यायाम प्रणलियों द्वारा विश्रान्ति पाने के अपेक्षा करना तार्किक रूप से उपयुक्त नहीं होगा क्योंकि ऐसा करते समय हम समस्या के वास्तविक कारणों (जो अलग-अलग समस्याग्रस्त व्यक्ति में पृथक होंगे) की उपेक्षा करके मात्र उसके लक्षण स्वरूप पर ही प्रहार करते हैं।

पाँचवीं समस्या जो भारतीय परामर्शन परिदृश्य में परिलक्षित होती है वह है तंत्र-मंत्र, झाड़-फूँक, भूत-प्रेत एवं ज्योतिषीय निदान के प्रभुत्व की। जन सामान्य इन्हीं साधनों से लाभ प्राप्ति की चेष्टा करता है क्योंकि उनका इसमें विश्वास होता है। इन विश्वासों के फलस्वरूप उन्हें कितना वास्तविक अथवा कृत्रिम लाभ प्राप्त होता है, यह गहन शोध का विषय है।

इस प्रकार हम देखते है कि भारत में परामर्शन के क्षेत्र में प्रशिक्षण एवं वृत्ति सम्बन्धी अनेक समस्याएँ हैं, तथापि परिदृश्य तेजी से परिवर्तित हो रहा है। यह कहा जा सकता है परामर्शन मनोविज्ञान ने अपनी विकास यात्रा में प्रारंभिक दंत समस्याओं (early teathing troubles) पर विजय प्राप्त कर ली है और अब वह निरंतर प्रगति कर रहा है। परामर्शन मनोविज्ञान को स्नातक एवं परास्नातक डिप्लोमा स्तर पर महत्त्व प्राप्त हुआ है तथा पिछले कुछ वर्षों में अनेक विश्वविद्यालयों के स्नातक/परास्नातक पाठ्यक्रमों में भी इसे स्थान प्राप्त हुआ है; साथ ही परामर्शन वृत्ति को भी अत्यन्त सम्मानजनक स्थान प्राप्त हुआ है।

❑

द्वितीय : खण्ड

शोध एवं मूल्यांकन
(RESEARCH AND EVALUATION)

- गुणात्मक शोध
  (Qualitative Research)
- मात्रात्मक शोध
  (Quantitative Research)
- परामर्शन का मूल्यांकन
  (Evaluation of Counselling)

अध्याय 6

गुणात्मक शोध
(QUALITATIVE RESEARCH)

मनोविज्ञान के ऐतिहासिक विकास के अवलोकन से यह स्पष्ट होता है कि मनोविज्ञान में सदा से ही प्राकृतिक विज्ञानों की शोध पद्धतियों को अपनाया जाता रहा है और वैध निष्कर्षों की प्राप्ति हेतु मापन, प्रयोगीकरण एवं सांख्यिकी को महत्त्व प्रदान किया गया है, किन्तु इसके साथ-ही-साथ एक वैकल्पिक उपागम भी मनोविज्ञान में विद्यमान रहा है। यह वैकल्पिक उपागम है गुणात्मक शोध का, जिसे मनोविज्ञान के विशिष्ट पक्षों जैसे व्यक्तित्व मनोविज्ञान, समाज मनोविज्ञान आदि में विशेष स्थान प्राप्त है। मनोविज्ञान में गुणात्मक पद्धतियों की बढ़ती हुई लोकप्रियता के महत्त्वपूर्ण कारण हैं—समाज मनोविज्ञान में वार्तालाप विश्लेषण (discourse analysis) का प्रचलित होना, मनोवैज्ञानिक जाँचों के स्त्रीवादी उपागमों की उत्पत्ति, तथा स्मिथ एवं अन्य (1995) द्वारा लिखित अत्यन्त प्रभावशाली पुस्तक *'Rethinking Methods in Psychology'* का प्रकाशन।

मनोविज्ञान में गुणात्मक शोध का स्थान अत्यन्त प्रारम्भ से ही रहा है। मनोविज्ञान के संस्थापक वुण्ट तथा डिल्थी दोनों ने इस बात पर बल दिया है कि एक वास्तविक मानव विज्ञान केवल अर्थ की गुणात्मक व्याख्या और विश्लेषण पर ही आधारित हो सकता है। प्रयोगात्मक विधियाँ केवल प्रत्यक्षीकरण, स्मृति आदि के अध्ययनों तक ही सीमित होनी चाहिए। विलियम जेम्स (1902) ने भी अपनी पुस्तक *'Variety of Spritual Experiences'* में आध्यात्मिक अनुभवों के गुणात्मक विवरणों को आधार बनाया है। घटना क्रिया मनोविज्ञान (Phenmenological Psychology) जो उन्नसवीं शताब्दी के दार्शनिकों के विचारों के फलस्वरूप उत्पन्न हुआ, में भी गुणात्मक शोध पद्धति अपनाई जाती है। मनोविश्लेषण जिसे अधिकांश परामर्शन और मनोचिकित्सा का प्रारम्भ बिन्दु माना जाता है, भी एकाकी केस अध्ययनों के गुणात्मक अध्ययन से निर्मित हैं।

पिछले 10–15 वर्षों से सामाजिक विज्ञानों में गुणात्मक विधियों के प्रति स्वीकृति एवं रुचि जागृत हुई है। इस प्रवृति का प्रभाव परामर्शन मनोविज्ञान पर भी पड़ा है, जिसे हेपनर एवं अन्य (Heppner et al 1992), मैक्लियॉड (McLeod, 1994) एवं वाट्किन्स तथा श्नाइडर (Watkins & Schneider, 1991) की शोध पद्धतियों की पुस्तकों में देखा जा सकता है। इन पुस्तकों में परामर्शन के क्षेत्र में गुणात्मक शोध तथा क्रिया अनुसंधान (action research) पर अधिक बल दिया गया है। परामर्शन एवं मनोचिकित्सा में गुणात्मक शोधों का महत्त्व फ्रामर एवं रेन्नी (Frommer and Rennie, 2000) एवं मैक्लियॉड (Mcleod, 2001) की पुस्तकों में भी परिलक्षित होता है, जो गुणात्मक उपागम पर ही लिखी गई हैं।

गुणात्मक शोध को सामान्य रूप में में ऐसे शोध के रूप में परिभाषित किया जाता है जिसकी संरचना व्यक्तियों द्वारा उनके अनुभवों के सम्बन्ध में दिए गए विवरणों अथवा कहानियों के संग्रह एवं विश्लेषण से हुई हो।

"Qualitative research is generally defined as research built around the collection and analysis of the accounts or stories that people offer regarding their experience."

चूँकि गुणात्मक शोध विवरणों अथवा कहानियों पर आधारित होते हैं, इसलिए इनके आँकड़े 'अंकों' के स्थान पर 'शब्द' होते हैं। इस आधार पर गुणात्मक शोधों को 'मात्रांकरण एवं सांख्यिकी की अनुपस्थिति' के रूप में देखना उपयुक्त न होगा। आधारभूत रूप में गुणात्मक शोधों का उद्देश्य होता है सामाजिक परिस्थितियों एवं क्रियाओं के अर्थ पर प्रकाश डालना और उन्हें स्पष्ट करना। गुणात्मक शोधों में उन सामाजिक परिस्थितियों और क्रियाओं की व्याख्या करने के स्थान पर उनके प्रति समझ विकसित की जाती है। इस प्रकार गुणात्मक शोध सामाजिक विज्ञान एवं मानविकी में एक वृहद भाषान्तरी परम्परा (hermeneutic tradition) के अंश हैं। उत्तम कोटि के गुणात्मक शोध अध्ययन किए जा रहे गोचरों के विस्तृत विवरणों, साथ ही उन सामग्रियों से आगमनात्मक (inductively) रूप से उत्पन्न सैद्धान्तिक अभिव्यक्तियों पर आधारित होते हैं। कुछ गुणात्मक अनुसंधान कर्त्तावाचक (reflexive) होते हैं जिनमें शोधकर्त्ता द्वारा अर्थों के सृजन को प्राथमिकता दी जाती है, जबकि कुछ गुणात्मक अनुसंधान सहभागी (paricipative) होते हैं जिसमें सूचनादाताओं को ही सह अनुसंधानकर्त्ता के रूप में प्रयुक्त किया जाता है। गुणात्मक शोधों का स्वरूप अधिकांशतः अन्वेषणात्मक (heuristic) होता है।

गुणात्मक शोध ज्ञान के सामाजिक संरचनावादी परिप्रेक्ष्य (social constructionist perspective) पर आधारित है, जो यह मानता है कि सामाजिक एवं मनोवैज्ञानिक जाँचों में 'वस्तुनिष्ठ' जैसी कोई वाह्य वास्तविकता नहीं होती, बल्कि एक तरल सामाजिक वास्तविकता (fluid social realily) होती है जो सह संरचित होती है। इसलिए शोधकर्त्ता का कार्य होता है इस सामाजिक यथार्थ के स्वरुपों को संरचित अथवा असंरचित करना। इस दार्शनिक स्थिति का आशय यह है कि गुणात्मक शोध 'सार्वभौम सत्यों' अथवा 'वैज्ञानिक नियमों' के निर्माण का दावा नहीं करते बल्कि वे सार्थक स्थानीय ज्ञान निर्माण के लिए प्रयत्नरत रहते हैं।

इस अध्याय में गुणात्मक शोध के प्रमुख नियमों को समाहित किया गया है, साथ ही मनोचिकित्सा तथा परामर्शन में इन तकनीकों के उपयोग की विधियों की भी चर्चा की गई है।

गुणात्मक प्रदत्त संग्रह की विधियाँ
(Methods of Collecting Qualitative Data)

गुणात्मक शोध की प्रकिया में कई चरण सन्निहित हैं — उपयुक्त सूचनादाताओं की प्राप्ति, विस्तृत विवरणात्मक सामग्री का संग्रह तथा आँकड़ों का कूट संकेतन, वर्गीकरण एवं व्याख्या। गुणात्मक आँकड़े संग्रह करने की अनेक तकनीकें हैं। अधिकांश शोधकर्त्ता अपने शोध अभिकल्प को इस प्रकार निर्मित करते हैं कि उनमें विविध प्रकार के आँकड़ों को संयुक्त करने की संभावना निहित हो ताकि इस बात की जाँच की जा सके कि विभिन्न

प्रकार की सूचनाएँ किस सीमा तक एक ही प्रकार के अर्थ/कथानक उत्पन्न करती है। उदाहरण के लिए आमने-सामने लिया जाने वाला साक्षात्कार सदैव ही न्यूनाधिक मात्रा में प्रतिक्रियावादी (reactive) होता है क्योंकि सूचनादाता के उत्तरों अथवा उसके द्वारा दी गई सूचनाओं पर साक्षात्कारकर्त्ता के व्यक्तित्व और अभिवृत्ति का स्पष्ट प्रभाव पड़ता है। यदि सूचनादाता की व्यक्तिगत डायरी के आँकड़ों को साक्षात्कार आँकड़ों के साथ सम्बद्ध कर दिया जाय तो शोधकर्त्ता यह जानने में सफल हो सकता है कि सूचनादाता किस सीमा तक दोनों दशाओं में एक ही प्रकार की सूचना दे रहा है।

गुणात्मक शोध का अभिकल्प निर्मित करने के पूर्व शोधकर्त्ता को इन शोधों की निदर्शन तकनीकों (sampling techniques) के प्रति पूर्ण जागरूक होना अत्यन्त आवश्यक है। गुणात्मक शोध में प्रयुक्त की जानेवाली निदर्शन तकनीके मात्रात्मक शोधों में प्रयुक्त तकनीकों से नितान्त भिन्न होती है। गुणात्मक शोध गहन (intensive) अध्ययन होते हैं। इनमें एक केस अथवा कुछ केसों को लेकर गहराई से छानबीन की जाती है। बड़ी संख्या में व्यक्तियों को लेकर गुणात्मक शोध कर पाना अत्यन्त ही असम्भव है क्योंकि जैसे-जैसे प्रतिदर्श की संख्या बढ़ती है वैसे-वैसे प्राप्त गुणात्मक सूचना सामग्री का विश्लेषण न्याय संगत रीति से करना दुष्कर होता जाता है। गुणात्मक शोधों में सूचनादाता अथवा केसों का चयन उनकी सैद्धान्तिक सार्थकता के आधार पर होता है न कि यादृच्छिकीकृत अथवा स्तरीकृत प्रतिदर्श प्रणाली के आधार पर। सैद्धान्तिक सार्थकता के आधार पर सूचनादाता का चयन करके निम्नांकित विधियों में से उपयुक्त विधि का उपयोग कर गुणात्मक प्रदत्त संग्रह किए जाते हैं :—

(1) साक्षात्कार (Interviews)
(2) मुक्त अंत प्रश्नावलियाँ (Open-ended questionnaries)
(3) उद्दीप्त प्रत्याह्वान तकनीकें (Stimulatied reall techniques)
(4) प्रक्षेपी तकनीकें (Projective techniques)
(5) अभिलेखीय स्रोत (Documentary sources)
(6) सहभागी प्रेक्षण (Participant observation)
(7) पूछताछ समूह (Inquiry groups)

(1) साक्षात्कार *(Interviews)*

गुणात्मक आँकड़ों के संग्रह हेतु प्रयुक्त होने वाली सर्वाधिक प्रचलित विधि है— 'शोध साक्षात्कार'। साक्षात्कार संरचित भी हो सकते हैं जिसमें निर्धारित प्रश्न ही उत्तरदाताओं से पूछे जाते हैं अथवा असंरचित तथा मुक्त अंत वाले हो सकते हैं। आमने-सामने (face to face) किए जाने वाले साक्षात्कार का यह लाभ है कि यह अनुभवों के विवरण को संग्रह करने की एक लचीली तकनीक प्रस्तुत करता है। शोधकर्त्ता इस विधि में सरलता से तत्काल यह देख सकता है कि उत्तरदाता पूछे गए प्रश्नों के शब्दों अथवा अर्थों को समझ पा रहा है अथवा नहीं; तथा उत्तरदाता द्वारा दी गई सूचनाओं के बारे में अपनी समझ की जाँच भी वह निश्चित अन्तरालों पर पीछे मुड़कर (पहले पूछे गए प्रश्नों को दुहराकर) कर सकता है।

साक्षात्कार में लगने वाला समय (व्यवस्था बनाने से लेकर समस्त प्रश्नों के पूछे जाने तक) शोधकर्त्ता तथा प्रतिभागी उत्तरदाता दोनों के लिए समस्या हो सकता है। यदि शोध

साक्षात्कार को टेप पर रिकार्ड किया जाय तो उसके प्रतिलेख करने में भी पर्याप्त समय लगता है। इस प्रकार गुणात्मक आँकड़ों के संग्रह में साक्षात्कार विधि एक अत्यन्त प्रभावी विधि है किन्तु इसमें समय अधिक लगता है।

आमने-सामने किए जाने वाले शोध साक्षात्कार के स्थानापन्न हैं—दूरभाष साक्षात्कार (telephone interview) एवं समूह साक्षात्कार।

(2) मुक्त अन्त प्रश्नावलियाँ *(Open Ended Questionnaires)*

मुक्त अन्त प्रश्नावलियाँ साक्षात्कार विधि का एक उत्तम व्यावहारिक विकल्प प्रस्तुत करती हैं। यद्यपि प्रश्नाविलयाँ साक्षात्कार की तुलना में कम लचीली और संवेदी होती है, तथापि शोधकर्त्ता इनके माध्यम से काफी अधिक संख्या में उत्तरदाताओं से सूचना प्राप्त कर सकता है। टेपों का प्रतिलेख जैसी कोई आवश्यकता न रहने के कारण, इस विधि से एकत्र आँकड़ों के विश्लेषण में समय भी कम लगता है।

इन प्रश्नावलियों की साक्षात्कार विधि पर श्रेष्ठता भी कई स्थितियों में देखी जाती है। अनेक ऐसी स्थितियाँ आती है जब अपनी अत्यन्त संवेदनशील अथवा गोपनीय बातों को उत्तरदाता प्रत्यक्ष वैयक्तिक साक्षात्कार में बताने में असुविधा का अनुभव करता है। ऐसी बातें वह सहज रूप से अपना नाम बताए बिना प्रश्नावालियाँ के माध्यम से प्रकट कर देता है। परामर्शन मनोविज्ञान के शोधों में मुक्त अन्त प्रश्नावलियाँ के उदाहरण वे अध्ययन हैं जिनमें परामर्शी (client) से परामर्शन सत्र के 'सर्वाधिक मददगार' और 'सबसे कम मददगार' पक्ष का वर्णन करने के लिए कहा जाता है।

(3) उद्दीप्त प्रत्याह्वान तकनीकें *(Stimulated Recall Techniques)*

साक्षात्कार तथा प्रश्नावली विधियों का उपयोग गुणात्मक प्रदत्तों के संकलन हेतु सामान्यतः पूर्व में घटित घटनाओं की छानबीन एवं जानकारी प्राप्त करके किया जाता है। यह स्वाभाविक है कि सूचनादाता उस समय कुछ उन विशेष बातों को स्मरण न रख सकें, जिन्हें उन्होंने घटना के घटित होते समय वास्तव में अनुभव किया था। इस समस्या के समाधान के लिए इलियट (Elliott, 1986) एवं अन्य मनोचिकित्सा अनुसंधानकर्त्ताओं ने उद्दीप्त प्रत्याह्वान विधि के उपयोग को विकसित किया। इस दिशा में प्रमुख तकनीक कागन (Kagan, 1984) द्वारा एक प्रशिक्षण तकनीक के रूप में विकसित की गई। यह तकनीक है—अन्वर्वैयक्तिक प्रक्रम प्रत्याह्वान (Interpersonal Process Recall–IPR)। कागन द्वारा विकसित इस प्रशिक्षण तकनीक में परामर्शन सत्र का एक वीडियो अथवा आडियो टेप निर्मित किया जाता था; प्रशिक्षु परामर्शदाता को इस टेप को चलाने के लिए कहा जाता था, जब उसे स्मरण होता कि मूल परामर्शन सत्र में वे कैसा सोच रहे थे या कैसा अनुभव कर रहे थे तो टेप बन्द कर दिया जाता था। परामर्शी (client) के प्रति अपनी क्षणिक प्रतिक्रियाओं तथा व्यावहारिक अभिप्रायों के प्रति जागरूक होते हुए प्रशिक्षु परामर्शदाता को नैदानिक प्रतिक्रियाओं के विपुल भंडार को उत्पन्न करने में सहातया प्रदान की जाती थी। इलियट (Elliott, 1986) तथा रेनी (Rennie, 1990) एवं अन्य ने परामर्शन सत्रों के दौरान परामर्शी तथा परामर्शदाता दोनों के अनुभवों का अनुसंधान उद्देश्यों हेतु उपयोग करने के लिए इस विधि को अपनाया।

(4) प्रक्षेपी तकनीकें (*Projective Techniques*)

उद्दीप्त प्रत्याह्वान विधि में यह अभिग्रह अव्यक्त रूप से सन्निहित है कि सूचनादाता प्रायः 'जितना कह सकते हैं उससे अधिक जानते हैं'। फलतः पूर्व-वाचिक अथवा अस्पष्ट अनुभवात्मक सामग्री को स्मरण करने में शोधकर्त्ता से कुछ सहायता की अपेक्षा करते हैं। गुणात्मक शोध में प्रक्षेपी तकनीकों के उपयोग के पीछे भी यही अभिग्रह निहित होता है। दिवास्वप्नात्मक कहानियाँ बनाना, प्रतिमाएँ निर्मित करना, सृजनात्मक रेखा चित्र बनाना, अपूर्ण वाक्यों को पूर्ण करना आदि ऐसी विधियाँ है जिनमें सूचनादाता को रूपकों तथा अलंकार युक्त भाषा के माध्यम से अपनी भावनाओं को अभिव्यक्त करने में सहायता की जा सकती है।

प्रक्षेपी तकनीकों द्वारा संकलित प्रदत्तों का विश्लेषण एवं व्याख्या यद्यपि कठिन होती है फिर भी ये प्रदत्त साक्षात्कार अथवा प्रश्नावली विधि द्वारा किए गए शोधों में नए आयाम जोड़ सकते हैं।

(5) अभिलेखीय स्रोत (*Documentary Sources*)

गुणात्मक प्रदत्तों के संकलन हेतु ऊपर वर्णित सभी विधियों में शोधकर्त्ता की ओर से सक्रिय शुरुआत की आवश्यकता होती है जो उत्तरदाता में किसी प्रकार की प्रतिक्रियाशीलता के रूप में परिणत होती है। इन विधियों में प्रश्नों का उत्तर देते समय सूचनादाता यह सोच सकता है अथवा अचम्भित हो सकता है कि क्यों उससे यह विशिष्ट प्रश्न पूछा जा रहा है अथवा वह किसी विशेष सूचना के प्रदान करने के विषय में सशंकित हो सकता है कि वह शोधकर्त्ता पर कितना विश्वास कर सकता है।

इस कठिनाई से बचने के लिए शोधकर्त्ता व्यक्तिगत एवं कार्यालयी अभिलेखों से गुणात्मक आँकड़े संग्रह करने के प्रति अधिक रुचि प्रदार्शित कर रहे हैं। डायरी, पत्र, मेमो एवं केस-नोट आदि ऐसी सामग्री प्रदान कर सकते हैं जो साक्षात्कार के माध्यम से कभी प्राप्त नहीं हो सकती। ऐसे व्यक्तिगत विवरणों अथवा कार्यालयी अभिलेखो का गुणात्मक प्रदत्तों के रूप में उपयोग परामर्शन हेतु किया जाता है।

(6) सहभागी प्रेक्षण (*Participant Observation*)

समाजशास्त्र एवं मानवशास्त्र (anthropology) में गुणात्मक प्रदत्त संग्रह की महत्त्वपूर्ण विधि 'सहभागी प्रेक्षण' नियमित रूप से प्रयुक्त होती रही है। वे अध्ययनकर्त्ता जो किसी समूह अथवा संस्कृति के रीति-रिवाजों अथवा जीवन व्यतीत करने के तरीकों को जानना चाहते हैं, स्वयं उस समूह का सदस्य बनकर, उन व्यक्तियों के दिन-प्रतिदिन के क्रियाकलापों में सहभागी बनकर महीनों अथवा वर्षों तक श्रमसाध्य प्रेक्षण का कार्य करते हैं। सहभागी प्रेक्षण से अनूठी तथा अंतरंग प्रकार की विस्तृत जानकारियाँ प्राप्त हो जाती हैं।

परामर्शन एवं मनोचिकित्सा संबंधी शोधों में सहभागी प्रेक्षण के उपयोग में अनेक नैतिक एवं व्यावहारिक बाधाएँ आती हैं। उदाहरण के लिए परामर्शन सत्र के दौरान परामर्शदाता तथा परामर्शी के अतिरिक्त शोधकर्त्ता की उपस्थिति अवांछित और असहनीय होगी। परामर्शन सत्र के पश्चात् परामर्शी के परिवार के प्रति व्यवहार में क्या परिवर्तन आया इसका निरीक्षण करने के लिए भी शोधकर्त्ता परिवार के सदस्य के रूप में नहीं जा सकता।

परामर्शन शोधों में इस प्रकार की प्रजाति गत (ethnographic) विधियों के उपयोग का वर्णन मैक्लियाड (McLeod, 2001) की पुस्तक में उपलब्ध है।

(7) पूछताछ समूह *(Inquiry Groups)*

गुणात्मक शोध प्रदत्त संग्रह करने का एक अन्य तरीका है– मानव पूछताछ समूह (human inquiry group) । यह तकनीक नवीन दृष्टान्त (new paradigm) शोध परम्परा के समर्थकों रीजेन (Reason, 1988) तथा रीजन एवं रोवन (Reason and Rowan, 1981) के द्वारा विकसित की गई, जिसका उद्देश्य था मानवीय पूछताछ में उनके मौलिक मानवतावादी उपागम के विशिष्ट मूल्यों को प्रदर्शित करना। मानव पूछताछ समूह में सह-अनुसंधानकर्त्ताओं का एक समूह होता है, जो किसी गोचर के सम्बन्ध में अपने अनुभवों के परीक्षण के लिए एकत्र होता है। यह समूह स्वयं यह निर्धारित करता है कि प्रदत्त संकलन किस प्रकार किया जायगा और प्राप्त सामग्री की वैधता तथा अधिकारिकता (authenticity) का मूल्यांकन किस प्रकार किया जायगा। यह पद्धति ऐसी है जो मानव की कर्त्ता के रूप में क्षमताओं पर सार्थक रूप से बल देती है।

गुणात्मक प्रदत्तों के विश्लेषण के उपागम
(Approaches to the Analysis of Qualitative Data)

गुणात्मक शोध प्रदत्तों के विश्लेषण हेतु अनेक उपागम हैं। एक तरीका यह भी हो सकता है कि गुणात्मक सामग्री, जैसे चिकित्सा सत्र के प्रतिलेख (transcripts), को संकलित किया जाय और तब अध्ययन के प्रदत्त विश्लेषण के स्तर पर मात्रात्मक तकनीके जैसे कूट संकेतन (coding) या विषय-वस्तु विश्लेषण (content analisis) प्रयुक्त की जाएँ। सामान्यतः गुणात्मक शोध शब्द का उपयोग उन अध्ययनों के लिए किया जाता है जो प्रदत्त विश्लेषण हेतु अधिक मुक्त अंत वाली व्याख्यात्मक शैली को प्रयुक्त करते हो। यद्यपि गुणात्मक शोध का क्षेत्र कई-भागों में बँटा है, और विभिन्न शोधकर्त्ताओं द्वारा प्रयुक्त की जाने वाली प्रदत्त विश्लेषण तकनीकों और प्रक्रियाओं में विस्तृत विभेद है, फिर भी गुणात्मक विश्लेषण के तीन प्रमुख सम्प्रदायों को स्पष्ट पहचाना जा सकता है। इन तीनों सम्प्रदायो द्वारा प्रयुक्त गुणात्मक विश्लेषण के उपागम है :—

(1) घटना क्रियात्मक विधियाँ (Phenomenological methods.)
(2) निहित सिद्धान्त विश्लेषण (Grounded theory analysis.)
(3) कथा एवं वार्तालाप विश्लेषण (Narrative and discourse analysis.)

(1) घटना क्रियात्मक विधियाँ *(Phenomenological Methods)*

घटना क्रियात्मक शोधों का उद्देश्य उस रूप का विस्तीर्ण तथा आधिकारिक (authentic) विचरण प्राप्त करना है, जिस रूप में किसी गोचर का अनुभव व्यक्ति या व्यक्तियों के समूह को हो रहा है। घटना क्रियात्मक अध्ययनों में सूचनादाताओं द्वारा अपने अनुभवों के संबंध में दिये गए वाचिक अथवा लिखित विवरणों को प्रयुक्त किया जाता है। शोधकर्त्ता का कार्य होता है इस विवरण/सामग्री में पूर्णतया डूबे रहना जब तक कि उसका वास्तविक अर्थ एवं सार स्पष्ट न हो जाय। अर्थ खोजने हेतु सामग्री में डूबने की इस प्रक्रिया में शोधकर्त्ता का कार्य होता है, गोचर (घटना) के प्रति अपनी स्वाभाविक अथवा सामान्य रूप से स्वीकृत अभिवृत्ति को छोड़ देना, ताकि नवीन एवं निहित अर्थ की खोज हो सके।

इस प्रकार से प्राप्त अर्थ उस गोचर (घटना) की अंतिम विवरणात्मक प्रस्तुति का हिस्सा बन जाते हैं। अंतिम प्रस्तुतीकरण को अर्थ के विस्तृत क्षितिजों को समाहित करते हुए देखा जा सकता है। यह समझना भूल होगी कि इस प्रक्रिया से कभी कोई अंतिम सत्य अर्थ ज्ञात अथवा प्रस्तुत किया जा सकेगा। वास्तव में यह पद्धति शोधकर्त्ता को इस योग्य बनाती है कि वह मानव अनुभव के क्षेत्र को खोल सके। इसका उद्देश्य यह नहीं है कि इस अनुभव को सभी के लिए परिभाषित कर सके। घटना क्रियात्मक पूछताछ (जाँच) और चिकित्सक, विशेष रूप से व्यक्ति केन्द्रित चिकित्सा पद्धति के चिकित्सक के कार्यों के बीच की समानता सुस्पष्ट है।

घटना क्रियात्मक (phenomenological) शोध व्यावहारिक रूप से अत्यन्त कठिन है क्योंकि इसमें शोधकर्त्ता को अपने ऊपर इतना अधिक विश्वास विकसित करने की आवश्यकता होती है कि वह घटनाओं को जनसामान्य की तरह देखना छोड़ सके, साथ ही ये शोध अध्ययनकर्त्ता से उस उच्च योग्यता की माँग करते हैं, जिससे कि वह अपने द्वारा किए जा रहे कार्यों का पठनीय विवरण रख सके। अर्थात् घटनाक्रियात्मक शोधकर्त्ता में गोचरों/घटनाओं/वस्तुओं को नवीन एवं गहन दृष्टिकोण से देखने-समझने तथा अपने द्वारा किए गए कार्यों का लिखित विस्तृत विवरण रखने की योग्यता वांछित होती है। मनोवैज्ञानिक शोधों में इस उपागम के उपयोग का विवरण बेकर (Becker, 1992), मौस्टाकस (Moustakas, 1994) एवं ऑसबोर्न (Osborne, 1990) के लेखों/पुस्तकों में उपलब्ध है। परामर्शन एवं मनोचिकित्सा के क्षेत्र में अपेक्षाकृत कम शुद्ध घटना क्रियात्मक शोध किए गए हैं, किन्तु यह ध्यान रखना आवश्यक है कि गुणात्मक शोध के अन्य सभी उपागम काफी सीमा तक घटना क्रियात्मक परम्परा पर ही निर्भर करते हैं।

(2) निहित सिद्धान्त विश्लेषण (*Grounded Theory Analysis*)

निहित सिद्धान्त का प्रतिपादन दो समाजशास्त्रियों ग्लेसर एवं स्ट्रॉस (Glaser and Strauss, 1967) द्वारा किया गया। उनका उद्देश्य शोध के ऐसे स्वरूप को विकसित करना था जिसमें सैद्धान्तिक कथनों को स्पष्ट रूप से आनुभविक प्रदत्तों में निहित (grounded) किया जा सके। उनके दृष्टिकोण से घटनाक्रियात्मक शोध उपागम गुणात्मक आँकड़ों के विश्लेषण के लिए पर्याप्त एवं उपयुक्त नहीं है क्योंकि यह मॉडल निर्माण के स्थान पर केवल गोचरों का विवरण प्रदान करने तक ही अपने को सीमित रखता है। इसके विपरीत, परम्परागत मात्रात्मक विधियाँ प्रदत्तों पर पूर्व निर्धारित संवर्गों और चरों को आरोपित करते हुए बिलकुल ही विपरीत दिशा में चली जाती हैं। इस प्रकार इन विधियों में नवीन विचारों और संप्रत्ययों को उत्पन्न करने की क्षमता का ह्रास हो जाता है, जो क्षमता सूचनादाताओं से उनके जीवन के बारे में वास्तविक रूप से बताए जाने वाले तथ्यों को ध्यानपूर्वक एवं घनिष्ठतापूर्वक सुनने से उत्पन्न होती। निहित सिद्धान्त के अध्ययनों में विशेष रूप से प्रेक्षणात्मक, अभिलेखीय तथा प्रतिलिखित साक्षात्कार आँकड़ों का प्रयोग होता है जिनका शोधकर्त्ता चरणबद्ध रूप में (step by step) विश्लेषण करता है। सबसे पहले सामग्री को 'सार्थक इकाइयों' में बाँट दिया जाता है। ये इकाइयाँ एक शब्द अथवा वाक्यांश की तरह छोटी अथवा पैराग्राफ या पन्ने की तरह बड़ी हो सकती हैं। इसके बाद शोधकर्त्ता इन इकाइयों के अर्थ को यथासम्भव स्पष्ट तथा संवेदी रूप में कूट संकेतित (code) करता है। किसी एक इकाई अथवा खण्ड को एक अर्थ प्रदान करने के बजाय जितने भिन्न भिन्न

अर्थ संभव हो सकते है, शोधकर्त्ता प्रदान करता है। इनमें से उभरने वाले प्रत्येक अर्थ अथवा संप्रत्यय का सावधानीपूर्वक अभिलेख (record) संबंधित उस पूरे पाठ (text) के साथ रखा जाता है। इस प्रकार से उत्पन्न होने वाले सम्प्रत्ययों के बीच समानता और विभेदों का अध्ययन शोधकर्त्ता करता है और समान सम्प्रत्ययों को एक संवर्ग में सम्मिलित करता है। इन संवर्गों की परिशुद्धता और सामान्यता की जाँच सम्पूर्ण प्रदत्तों की छान-बीन कर की जाती है कि कहीं पर कोई विपरीत/प्रतिकूल दृष्टान्त (उदाहरण) न हो। अन्त में, शोधकर्त्ता प्रमुख संवर्गों के एक छोटे समूह (set) को प्राप्त कर लेता है जो सम्पूर्ण सामग्री को प्रभावी ढंग से अर्थ प्रदान करते हो। इसके उपरान्त ही वह अध्ययन किए जाने वाले गोचर के स्पष्टीकरण हेतु सैद्धान्तिक ढाँचा अथवा मॉडल विकसित करने में सक्षम हो पाता है। निहित सिद्धान्त विश्लेषण का जो ऊपर विवरण दिया गया है, वह अत्यन्त सरल एवं संक्षिप्त है। विस्तृत विवरण के लिए पाठक/ विद्यार्थीगण ग्लेसर एवं स्ट्रॉस (Glaser & Strauss, 1967), ग्लेसर (Glaser, 1978), स्ट्रॉस एवं कारविन (Glaser & Corbin, 1988) अथवा रेनी एवं अन्य (Rennie et. al, 1988) का अध्ययन कर सकते हैं।

निहित सिद्धान्त विश्लेषण की सबसे महत्त्वपूर्ण बात यह है कि यह गुणात्मक आँकड़ों के साथ कार्य करने के लिए गुणात्मक शोधकर्त्ताओं को स्पष्ट एवं व्यावहारिक चरणों (steps) का एक समूह प्रदान करता है। इन चरणों का अनुसरण कर व्यवस्थित रूप से शोधकर्त्ता गुणात्मक प्रदत्तों का विश्लेषण कर सकता है। स्टर्न (Stern, 1994) का मत है कि इस निहित सिद्धान्त विश्लेषण को व्यवहृत करना एक कला है जो अन्तः प्रज्ञा (intution) तथा सृजनात्मकता (creativity) पर निर्भर करती है तथा जिसे मात्र पुस्तकों के अध्ययन से नहीं बल्कि वास्तविक प्रशिक्षु के रूप में अभ्यास करके अर्जित किया जा सकता है।

(3) कथा एवं वार्तालाप विश्लेषण *(Norrative and Discourse Analysis)*

गुणात्मक आँकड़ों के विश्लेषण की तीसरी परम्परा कथा एवं बातचीत पर विशेष ध्यान केन्द्रित करती है। घटनाक्रियात्मक (phenomenological) अथवा निहित सिद्धान्त (grounded theory) विश्लेषण में सूचनादायी कथाएँ अधिक सामान्य कथानकों अथवा सवर्गों में रूपान्तरित हो जाती हैं। इस प्रकम में, कहानियों में विद्यमान विषय-वस्तु की खोज करते समय अर्थ के वैयाक्तिक रूप (individual built up) के आँखों से ओझल हो जाने की प्रवृत्ति आ जाती है। इसके विपरीत, कथा विश्लेषण के विभिन्न रूपों में यह माना जाता है कि वास्तविक कथा या वार्तालाप क्रम की संरचना अर्थ प्राप्ति का एक महत्त्वपूर्ण साधन होती है। कथा विश्लेषण (narratology/narrative analysis) एक उपागम है जो सूचनादाता द्वारा प्रस्तुत कथा एवं उसके अंगों, प्रयुक्त भाषात्मक तथा सांस्कृतिक आधारों (संसाधनों) तथा एक अधिकृत श्रोता को राजी करने (persuade) के ढंगों की जाँच एवं विश्लेषण करता है।

Narratology is an approach that examines the informant's story and analyses how it is put together, the lingluistic and cultural resources that it draws on, and how it persuades a listener of authenticity. (Reissman, 1993)

कथा अध्ययनों में किया जानेवाला विश्लेषण अनुभवों के वर्णन के रूपों को स्पष्ट

करता है न कि केवल विषय-वस्तु को। इन अध्ययनों में यह पूछा जा सकता है कि क्यों यह कहानी इस रूप में कही गई।

गुणात्मक शोध के कथा विश्लेषण का उपागम विभिन्न प्रकार के विश्लेषणात्मक परिप्रेक्ष्यों से विकसित हुआ। एक सर्वाधिक प्रयुक्त उपागम वह है जिसमें स्व तथा वैयक्तिक पहचान को कथा एवं वार्तालाप में अभिव्यक्त किए जाने के ढंग पर बल दिया जाता है। इससे बिलकुल भिन्न दूसरा उपागम है, जिसे वार्तालाप विश्लेषण के प्रतिपादकों ने अपनाया है, जो भाषा के सामाजिक प्रकार्यों पर बल देता है। इस प्रकार के अध्ययनों का उद्देश्य होता है वक्ता द्वारा दिए जाने वाले वक्तव्यों में पूर्व निहित भाषिक संसाधनों (pre-existing linguistic resources) की समझ प्राप्त करना (वेथरेल एवं पॉटर (Wetherell & Potter, 1986)। वार्तालाप विश्लेषण में बातचीत के टुकड़ों के बीच अन्तर्क्रिया के क्रम पर ध्यान केन्द्रित किया जाता है, जैसे उपचार सत्रों के प्रतिलेख (transcripts)।

कथा विश्लेषण के विभिन्न स्वरूपों के बीच उभयनिष्ठ (common) आधार है उसके द्वारा दिया जाने वाला वह सूक्ष्म अवधान, जो व्यक्तियों द्वारा अर्थ की रचना करने वाले सूक्ष्म एवं जटिल तरीकों पर दिया जाता है, साथ ही व्यक्तियों द्वारा कही जाने वाली कहानियों पर पड़नेवाले संदर्भ के प्रभावों पर दिया जाता है। इन जटिलताओं को तभी समझा जा सकता है जब बातचीत के नमूनों पर विस्तारपूर्वक ध्यान दिया जाय। सामान्यतया कथा विश्लेषण के शोधों में शोध आलेख लिखते समय प्रतिलेख (transcript) सामग्री के अंशों को भी प्रस्तुत किया जाता है। जिस गोचर का अध्ययन किया जा रहा है उसके सामान्य स्वरूप को समझने के लिए कथा शोधकर्त्ता (narrative researcher) अनेक सूचनादाताओं का साक्षात्कार कर सकता है, किन्तु फिर एक अकेले केस के गहन अध्ययन के माध्यम से उसे अपने निष्कर्षों को प्रस्तुत करना होता है।

रीज़मैन (1994) ने एक महिला के शब्दों का उपयोग किया है, जो वैवाहिक हिंसा के कारण विवाह से मुक्ति का निर्णय लेने के उसके अनुभव को व्यक्त करते थे। सूचनादाता को प्रत्यक्ष रूप से यह बताना होता था कि यह शब्द उसके लिए किस प्रकार का है, जबकि शोधकर्त्ता द्वारा दिया जाने वाला विवरण उन शब्दों के विस्तृत सांस्कृतिक अर्थ की ओर इंगित करता था।

गुणात्मक शोधकर्त्ता ब्राइकोलर के रूप में
(The Qualitative Researcher as Bricoleur)

ऊपर वर्णित तीन शोध उपागमों—घटनाक्रियात्मक, निहित सिद्धान्त तथा कथा-विश्लेषण को परामर्शन मनोविज्ञान के क्षेत्र में विभिन्न विषयों पर प्राप्त होने वाले आँकड़ों के विश्लेषण हेतु सर्वाधिक उपयुक्त उपागमों के रूप में चुना गया है। यह समझना भ्रामक होगा कि इनमें से किसी विधि को यांत्रिकरूप से प्रयुक्त करके स्वीकार योग्य गुणात्मक परिणाम मिल सकेंगे। वास्तव में गुणात्मक शोध करने के लिए अध्ययन किए जा रहे गोचर के साथ वैयक्तिक रूप में जुड़ना होता है और गोचर के बारे में समझ विकसित करने वाले किसी भी उपकरण को प्रयुक्त करना होता है। गुणात्मक शोध की सबसे महत्त्वपूर्ण विशेषता है—सृजनात्मकता तथा नवाचार (innovation) जिनके माध्यम से अनुसंधानकर्त्ताओं ने प्रदत्त प्रस्तुतीकरण तथा विश्लेषण की नवीन तकनीकों का आविष्कार किया है। माइल्स

तथा ह्यूबर मैन (Miles & Huberman, 1994) एवं ब्राइमैन तथा बर्गेस (Bryman & Burgess, 1994) ने अनेक विश्लेषणात्मक युक्तियों (strategies) का वर्णन प्रस्तुत किया है जो गुणात्मक शोध में आविष्कृत हुई हैं। डेन्ज़िन एवं लिंकन (Denzin & Lincoln, 1994) का सुझाव है कि गुणात्मक शोध को एक bricolage के रूप में देखा जाना चाहिए जिसमें मूर्त स्थितियों में किसी विशिष्ट समस्या के छोटे-छोटे टुकड़ों के रूप में समाधान को संयुक्त रूप में ज्ञात किया जाता है, और गुणात्मक शोध कर्त्ता को एक bricoleur के रूप में देखना चाहिए जो स्वयं सब कुछ करके देखने वाला, व्यवसायिक वृत्ति का व्यक्ति होता है।

डेंजिन एवं लिंकन (1994) के अनुसार एक गुणात्मक शोधकर्त्ता (जिसे वे bricoleur कहते हैं) विविध प्रकार के बहुसंख्यक कार्यों को करने में दक्ष होता है। वह साक्षात्कार, निरीक्षण, वैयक्तिक एवं ऐतिहासिक अभिलेखों की व्याख्या करने से लेकर गहन अन्तर्दर्शन तक करने में निपुण होता है। वह विविध विषयों का अध्ययन करता है और उसे अनेक व्याख्यात्मक दृष्टान्तों (interpretive paradigms) जैसे, स्त्रीवाद, मार्क्सवाद, सांस्कृतिक अध्ययन, रचनावाद आदि का ज्ञान होता है जो किसी विशिष्ट समस्या के लिए प्रयुक्त किये जा सकते है। वह यह समझता है कि गुणात्मक शोध एक अन्तर्कियात्मक प्रकम है जो स्वयं उसके तथा उस परिदृश्य में उपस्थित व्यक्तियों के व्यक्तिगत इतिहास, आत्मकथा, लिंग, सामाजिक वर्ग, प्रजाति आदि के द्वारा अपना स्वरूप ग्रहण करता है। गुणात्मक शोधकर्त्ता (bricoleur) के द्वारा किए गए शोध श्रम का परिणाम है— bricolage, एक जटिल, गहन कर्तृवाचक (reflexive) एवं कोलॉज की तरह की कृति जो विश्व के प्रति अथवा विश्लेषण किए जा रहे गोचर के प्रति शोधकर्त्ता की समझ, बिम्बों, कल्पनाओं एवं व्याख्याओं को प्रदर्शित करती है।

गुणात्मक शोधकर्त्ता लिए प्रयुक्त bricoleur का रूपक एवं बिम्ब गुणात्मक शोध की जटिलता, कठिनता और साथ-ही-साथ उसकी उत्तेजना (excitement) को भी प्रदर्शित करता है। अनेक परामर्शन मनोवैज्ञानिकों के लिए गुणात्मक शोध आकर्षण का विषय है क्योंकि एक प्रभावशाली चिकित्सक के लिए भी वैयक्तिक, सांस्कृतिक एवं ऐतिहासिक तथ्यों की समझ को समाकलित करना तथा जटिलता में अर्थ को खोजना आवश्यक होता है।

परामर्शन मनोविज्ञान के शोधों में गुणात्मक विधियों का अनुप्रयोग
(Applications of Qualitative Methods in Counselling Psychology Research)

मिश्लर (Mishler, 1990) ने बताया है कि अधिकांश शोधकर्त्ता शोध के दर्शन तथा शोध अभिकल्पों के अमूर्त सिद्धान्तों के अनुरूप अपने अध्ययनों की रूपरेखा नहीं तैयार करते है और न ही तदनुसार कार्य करते हैं। इसके बजाय, वे दृष्टान्त/उदाहरण बन गए (exemplar) अध्ययनों, अनुसंधानों से प्रभावित हो जाते हैं जिनमें कोई विशिष्ट तकनीक प्रयुक्त की गई होती है, और जिनके द्वारा विश्वसनीय नवीन ज्ञान की प्राप्ति होती है। आगामी पंक्तियों में परामर्शन मनोविज्ञान के क्षेत्र में दृष्टान्त बन गए कुछ गुणात्मक अध्ययनों का विवरण एवं विवेचन किया जा रहा है।

1. चिकित्सा काल का परामर्शी/सेवापेक्षी का अनुभव (*The Client Experience of the Therapy Hour*)

रेनी (Rennie, 1990-1992) के अध्ययनों में मनोचिकित्सकीय शोध के अन्तर्गत गुणात्मक पद्धति के सर्वाधिक कठोर एवं जीवन्त अनुप्रयोगों मे से एक दृष्टिगत होता है। व्यक्ति केन्द्रित परम्परा के अन्तर्गत कार्य करते हुए रेनी के इस शोध कार्यक्रम का उद्देश्य था—चिकित्सा सत्र के सम्बन्ध में क्लायंट के अनुभवों की विस्तृत एवं गहन समझ की रचना करना। इन अध्ययनों में चिकित्सा के लिए आए हुए चौदह क्लायंट्स के IPR (Interpersonal Process Recall) साक्षात्कार सम्मिलित थे। प्रत्याह्वान साक्षात्कार (recall interview) के दौरान चिकित्सा सत्र के टेप-रिकॉर्ड को चलाया जाता था और क्लायंट से कहा जाता था कि जिस किसी क्षण भी वह चिकित्सा सत्र के अपने उस क्षण के अनुभव को बताना चाहे या कोई टिप्पणी देना चाहे तो टेप को बंद कर दे। इन IPR साक्षात्कारों को प्रतिलिखित (transcribed) किया गया और फिर निहित सिद्धान्त की प्रक्रिया के अनुसार विश्लेषित किया गया। इस पूरी प्रक्रिया के द्वारा रेनी ने चिकित्सा काल के क्लायंट के अनुभव के बारे में एक सामान्य प्रस्तुति निर्मित की। इस प्रस्तुतीकरण में तीन प्रमुख संवर्ग थेः—

(i) वैयक्तिक अर्थ के साथ क्लायंट का सम्बन्ध,
(ii) चिकित्सक के साथ सम्बन्ध का क्लायंट द्वारा किया गया प्रत्यक्षीकरण,
(iii) परिणामों के सम्बन्ध में जागरूकता।

इसी सामग्री की और भी बारीकी से छान-बीन करके रेनी ने प्रतिरोध, विनम्रता तथा कहानी कथन के प्रकमों के क्लायंट के अनुभवों की जाँच की। उपचार सत्र में क्लायंट द्वारा रूपकों (metaphor) के उपयोग के अनुभव की जानकारी प्राप्त करने के लिए एंगस एवं रेनी (1988-1989) ने इसी तकनीक का उपयोग किया। इस प्रकार के अध्ययन चिकित्सकीय प्रक्रम के मान्य एवं व्यावहारिक रूप से उपयोगी मॉडल के विकास में अन्तर्वैयक्तिक प्रक्रम प्रत्याह्वान (IPR) तथा निहित सिद्धान्त (ground theory) के व्यवस्थित उपयोग को प्रदर्शित करते हैं।

2. परिवार चिकित्सा का क्लायंट/सेवापेक्षी द्वारा किया गया मूल्यांकन (*Client's Evaluation of Family Theraphy*)

होवे (Howe, 1989) को ब्रिटिश समाज सेवा विभाग की परिवार चिकित्सा टीम द्वारा इस हेतु आमंत्रित किया गया कि वे उनके द्वारा किये जा रहे पारिवारिक चिकित्सकीय कार्यों का एक मूल्यांकन करें। तैंतीस (33) परिवारों के सदस्यों के साक्षात्कार लिए गए। इनमें से बाइस परिवारों ने चिकित्सा प्राप्त की थी जबकि दस परिवारों ने इस प्रकार की सहायता की पेशकश को ठुकरा दिया था। चिकित्सा कार्य पूर्ण हो जाने के चार से सात सप्ताह के बीच इन परिवारों से मुक्त-अंत साक्षात्कार (open-end interviews) किए गए। पुनः एक वर्ष बाद भी इस प्रकार के साक्षात्कार किए गए। केस से संबंधित टिप्पणियों एवं फाइलों की भी जाँच की गई। इस प्रकार से बड़ी मात्रा में एकत्र इन गुणात्मक आँकड़ों को व्याख्यात्मक शैली में विश्लेषित किया गया जो कुछ-कुछ निहित सिद्धान्त पर आधारित था। होवे ने परिवार चिकित्सा के बारे में क्लायंट के अनुभवों के विवरणों को तीन

प्रमुख संवर्गों में प्रस्तुत किया :—

(i) संलग्न होना (to be engaged)

(ii) समझना (to understand)

(iii) समझ जाना (to be understood)

ये सभी संवर्ग अपनी चिकित्सा के बारे में दिए जाने वाले क्लायंट के महत्त्वपूर्ण निर्णय की व्याख्या में एक बिंदु पर मिल जाते थे। होवे ने पाया कि क्लायंट्स का अपनी चिकित्सा से संतुष्टि का स्तर आश्चर्यजनक रूप से निम्न था। वे अपनी चिकित्सा से कतई संतुष्ट नहीं थे। असंतोष का अनुभव करने वाले अधिकांश परिवारों ने अपने साक्षात्कारों में लगभग एक ही बात कही थी—'यह समय का अपव्यय था।' केवल तीन परिवार ऐसे पाए गए जिन्होंने यह अनुभव किया कि इस चिकित्सा से उन्हें सहायता मिली है।

होवे (1989) के द्वारा किया गया इस प्रकार का विश्लेषण प्राप्त चिकित्सकीय सहायता के बारे में क्लायंट के विचारों और अनुभवों का एक विस्तृत एवं समुचित विवरण प्रस्तुत करता है। इस प्रकार के अध्ययनों के आधार पर किए गए परामर्शन/मनोचिकित्सकीय कार्यों की कुल सफलता दर (success rate) का अनुमान लगाया जा सकता है, साथ ही परम्परागत मात्रात्मक परिणाम देनेवाली विधियों के आँकड़ों से तुलना भी की जा सकती है। इन गुणात्मक विधियों का एक लाभ यह है कि किन्हीं प्रभावों की उत्पत्ति के कारण एवं प्रक्रम (why and how) की समझ के लिए एक ढाँचे के संदर्भ में इन मूल्यांकनों को रखा जा सकता है।

2. अल्पकालिक परामर्शन से सेवापेक्षी में आए परिवर्तनों के संरूप *(Patterns of Client Change in Short-term Counselling)*

कमिंग्स एवं अन्य (Cummings et al., 1994) ने परामर्शन शोधों में कथा-विश्लेषण (narrative analysis) के साथ-साथ मुक्त अंत प्रश्नावालियों के प्रयुक्त किए जा सकने के एक तरीके का प्रदर्शन किया है। इन लोगों ने सीमित समय (आठ से ग्यारह सत्र) के लिए परामर्शन पाने वाले दस क्लायंट्स से प्रत्येक सत्र के बाद पाँच मुक्त अंत (open-end) प्रश्नों के उत्तर लिखने के लिए कहा। ये प्रश्न थे—

(i) इस सत्र में होने वाली सबसे महत्त्वपूर्ण चींज क्या थी ?

(ii) यह क्यों महत्त्वपूर्ण थी और किस प्रकार यह सहायक थी अथवा सहायक नहीं थी?

(iii) सत्र के दौरान होने वाले / अनुभव किए गए कौन से विचार और भावनाएँ आप को स्मरण हैं ?

(iv) सत्रों के बीच के समय में पिछले सत्र से सम्बन्धित आप क्या सोचते अथवा करते हैं?

(v) क्या आप स्वयं में कुछ परिवर्तन अनुभव कर रहे हैं ? यदि हाँ, तो क्या ?

इन प्रश्नों के लिखित उत्तरों से अध्ययनकर्त्ताओं ने क्लायंट्स के द्वारा दिए गए विवरणों की एक कथात्मक सारांशिका (narrative summary) की रचना की। कुछ अन्य स्वतंत्र निर्णायकों द्वारा इस कथात्मक सारांशिका तथा मूल प्रदत्तों (लिखित रिपोर्ट) की तुलना करके इस बात की जाँच की गई कि कहीं कोई अभिनति अथवा अशुद्धता न हो। प्रत्येक क्लायंट द्वारा दी गई कथाओं का विश्लेषण करके, उसमें होने वाले परिवर्तनों के संरूप की जानकारी प्राप्त की गई। दस क्लायंट्स के इस समूह में कुल मिलाकर तीन

विभिन्न परिवर्तन संरूप पाए गए :—

(i) संगत/समरूप परिवर्तन (consistent change)

(ii) बाधित परिवर्तन (interrupted change)

(iii) न्यूनतम परिवर्तन (minimal change)

संगत तथा बाधित दोनों परिवर्तन संरूप वाले क्लायंट्स परामर्शन से लाभान्वित थे, उनमें अन्तर उनकी आवश्यकताओं और अनुभवों का था।

यह लघु अध्ययन परिवर्तन प्रक्रम को समझ सकने में अपना महत्त्वपूर्ण योगदान देता है। इसमें प्रतिभागी (क्लायंट) द्वारा लिखे गए विवरणों से स्पष्ट उदाहरण लेकर शोधकर्त्ता परिवर्तन के सरूपों की जानकारी प्राप्त करता है।

इस सम्बन्ध में एक महत्त्वपूर्ण सैद्धान्तिक प्रश्न उठता है जो 'सभी क्लायंट्स में परिवर्तन प्रक्रम एक समान' होने के अभिग्रह के सम्बन्ध में प्रासंगिक है।

4. चिकित्सा में समस्या निरूपण का प्रक्रक्रम (*The Process of Problem Formulation in Counselling*)

डेविस (Davis, 1986) ने मनोचिकित्सकीय शोध के क्षेत्र में वार्तालाप विश्लेषण (discourse andysis) के अत्यन्त प्रभावी उपयोग को प्रदर्शित किया है। इस अध्ययन का उद्देश्य उन तरीकों की खोज करना था जिनसे क्लायंट द्वारा अपनी कठिनाइयों (troubles) के बारे में कही गई कहानियाँ, मनोचिकित्सकीय हस्तक्षेप (psychotherapeutic intervention) के लिए उपयुक्त समस्याओं में परिवर्तित हो जाती हैं। मनोचिकित्सा की स्त्रीवादी आलोचना से इस अध्ययन की पृष्ठभूमि तैयार हुई। स्त्रीवादी परिप्रेक्ष्य से देखा जाय तो जब स्त्रियाँ मनोचिकित्सक की सहायता लेने जाती हैं, उनकी समस्याएँ उनके सामाजिक संदर्भों से अलग हो जाती हैं और पूर्णतः वैयक्तीकृत (individualized) हो जाती हैं। स्त्री को नैदानिक रूप से ऐसी समस्याओं से ग्रस्त माना जाता है जो अनेक स्त्रियों में एक समान होती हैं और कार्य दशाओं तथा जीवन की अत्यन्त अन्यायपूर्ण स्थितियों से सम्बन्धित होती हैं। डेविस (1986) ने यह इंगित किया कि अभी तक कोई ऐसा शोध नहीं हुआ जिससे ज्ञात हो सके कि परामर्शन सत्रों के दौरान ऐसा किस प्रकार हुआ। डेविस ने एक आदरणीय पुरुष चिकित्सक विशेषज्ञ और एक महिला के प्रथम परामर्शन सत्र का विडियो लिया। इस विडियो को शिक्षण के उद्देश्य से प्रयुक्त किया गया। परामर्शन प्रैक्टिस का एक अच्छा उदाहरण होने के कारण भी इसे प्रयुक्त किया गया। चिकित्सक और क्लायंट के वार्तालाप को प्रतिलिखित (transcribed) किया गया और इस वार्तालाप क्रम का विशद विश्लेषण किया गया। डेविस ने यह निष्कर्ष निकाला कि परामर्शन सत्र के दौरान चिकित्सक ने क्लायंट की समस्या का पुनर्निरुपण (reformulate) किया, अपने इस पुनर्निरूपण का क्लायंट के प्राथमिक वक्तव्यों एवं सत्र के दौरान होने वाले व्यवहारों के आधार पर प्रभाव/साक्ष्य दिया, और अन्त में अपने दृष्टिकोण के साथ क्लायंट को सहमत कर सकने में वह सफल हुआ।

डेविस द्वारा विश्लेषित इस विशिष्ट सत्र में स्त्री ने पूर्ण गृहणी और गर्भवती माता की अपनी भूमिकाओं से संबंधित कठिनाइयों का वर्णन प्रारंभ किया। चिकित्सक ने उसकी समस्याओं का पुनर्निरूपण इस रूप में किया कि उसकी समस्याएँ अपनी भावनाओं को

व्यक्त न होने देने के कारण तथा उनकी अभिव्यक्ति पर नियंत्रण का आवरण लगाने के कारण उत्पन्न हो रही थी। डेविस ने यह पाया कि परामर्शन सत्र का आधे से अधिक समय क्लायंट को इस बात के लिए राजी/सहमत करने में लग गया कि 'भावनाओं की अभिव्यक्ति पर आवरण' ही उसकी समस्या है जिसे दूर करने के लिए उसे कार्य करना है।

सामान्यीकरण की दृष्टि से यह शोध अपरिहार्य रूप से सीमित है, अर्थात् इस छोटे और सीमित शोध परिणाम के आधार पर कोई सामान्यीकरण नहीं किया जा सकता। इस उपागम की सार्थक शक्ति (उपयोगिता) इस बात में निहित है कि परामर्शन सत्रों के प्रतिलेखों की बड़ी मात्रा इस अध्ययन में ली गई है और कोई भी अध्ययन कर्त्ता स्वतंत्र रूप से पूर्व अध्ययनकर्त्ता (डेविस) द्वारा किए गए विश्लेषण की सत्यता का मूल्यांकन कर सकता है।

5. स्त्री समलैंगिकों द्वारा स्वास्थ्य कर्मियों के सम्मुख अपनी यौन उन्मुखता का खुलासा (*Lesbian Self-disclosure of Sexual Orientation to Health Professionals*)

हिचकॉक एवं विल्सन (Hitchcock and Wilson, 1992) ने समलैंगिक स्त्री क्लायंट्स द्वारा स्वास्थ्य कर्मियों के सम्मुख अपनी यौन उन्मुख्ता (sexual orientation) का खुलासा करने के निर्णय से जुड़े प्रक्रमों एवं मुद्दों का अध्ययन किया। इस शोध पत्र में केवल मनोचिकित्सकों से ही नहीं बल्कि सभी प्रकार के स्वास्थ्य कर्मियों से किए जाने वाले उनके खुलासों का वर्णन है। फिर भी परामर्शन मनोवैज्ञानिकों के लिए यह प्रासंगिक है क्योंकि यह एक महत्त्वपूर्ण मुद्दे पर केन्द्रित है, साथ ही निहित सिद्धान्त की विधियों के उपयोग का एक अच्छा उदाहरण है। स्वयं को समलैंगिक स्त्री बताने वाली तैंतीस क्लायंट्स का साक्षात्कार हिचकॉक एवं विल्सन ने लिया। प्रत्येक साक्षात्कार को टेप किया गया और प्रतिलिखित (transcribed) किया गया। निहित सिद्धान्त (grounded theory) विधियो के आविष्कार से जुड़ी परम्पराओं के अनुसार प्रदत्त संकलन और विश्लेषण एक साथ, किन्तु अरेखीय ढंग से किया गया। सामग्री को विविध प्रकार के कूट संकेतों (codes) से कूट संकेतित किया गया, फिर अधिक सामान्य संवर्गों में बाँट कर संक्षिप्त किया गया, और अन्त में एक केन्द्रीय प्रत्यय उत्पन्न हुआ। यह प्रक्रम तब तक चलता रहा जब तक प्रदत्त से कोई अन्य नया अर्थ न प्रस्तुत हो। हिचकॉक एवं विल्सन द्वारा किए गए इस विश्लेषण से यह स्पष्ट हुआ कि स्वास्थ्यसेवा प्राप्त करने वाली समलैंगिक महिलाएँ अपने रहस्योद्घाटन के भय से ग्रस्त थीं और व्यक्तिगत जोखिम (personal risk) के प्रक्रम के माध्यम से इस भय के अनुभव से सामंजस्य बैठाती थी। स्वास्थ्य कर्मियों से पहली बार मिलने पर वे उन्हीं के बारे में छान-बीन करने लगती थीं। अपनी यौन-उन्मुखता का खुलासा करने का निर्णय करने के पहले वे स्वास्थ्य सेवा प्रदान कर्त्ताओं के बारे में सूचनाएँ एकत्र करती थी ताकि वे जान सकें कि इन्हें सूचनाएँ प्रदान करना सुरक्षित है अथवा नहीं। इस प्रकार स्वास्थ्य कर्मियों के बारे में प्राथमिक सूचनाएँ एकत्र करने के बाद, समलैंगिक महिला क्लायंट अपनी यौन-उन्मुखता के बारे में स्वास्थ्य कर्मी को बताने के सम्बन्ध में निम्नांकित चार सम्भव कार्यों में से कोई एक कार्य करती थी :—

(i) निष्क्रिय प्रकटीकरण/खुलासा (passive disclosure)

(ii) निष्क्रिय अप्रकटीकरण (passive non-disclosure)
(iii) सक्रिय प्रकटीकरण (active disclosure)
(iv) सक्रिय अप्रकटीकरण (active non-disclosure)

अपनी यौन उन्मुखता के प्रकटीकरण का समलौगिक स्त्रियों का निर्णय कई अन्य कारकों पर निर्भर करता था, जैसे–

— सम्बन्ध का स्तर (प्राथमिक सम्बन्ध है अथवा नहीं)
— स्वास्थ्य कर्मियों के साथ पूर्व अनुभव, और
— स्वस्थ्य समस्याओं में यौन उन्मुखता की सम्बद्धता

यह अध्ययन समलैंगिक स्त्री क्लायंट के अनुभवों का विस्तृत विवरण प्रस्तुत करता है। इस अध्ययन से यह स्पष्ट होता है कि लेस्बियन (समलैंगिक स्त्री) क्लायंट्स अपनी यौनिकता के बारे में कोई भी सूचना प्रदान करना अत्यन्त जोखिमभरा (risky) समझती हैं, और ऐसी सूचनाएँ देने में अत्यन्त सतर्कता एवं सभी सम्भव सावधानियाँ बरतती हैं।

इस अध्ययन के सम्बन्ध के एक अन्य रोचक तथ्य यह है कि यह अध्ययन सैनफ्रांसिसको के खाड़ी क्षेत्र में किया गया हैं। इस क्षेत्र में समलिंगी स्त्री एवं पुरुषों की बहुतायत होने से इस प्रकार की यौनिकता सामान्य लोगों के लिए सहज एवं सहनीय है। यही अध्ययन यदि किसी अन्य क्षेत्र में सम्पादित किया जाय तो उन क्लायंट्स में भय और जोखिम की मात्रा निश्चित रूप से अधिक पाए जाने की सम्भावना होगी।

6. मनोविदलता का अनुभव *(The Experiente of Schizophrenia)*

मनोचिकित्सक आर. डी. लैंग (R. D. Laing) के द्वारा 1950 में किया गया तथा The Divided Self (1960) एवं Self and Others (1961) में रिपोर्ट किया गया शोध घटना क्रियात्मक विधियों के उपयोग का एक अत्यन्त सशक्त उदाहरण है। लैंग द्वारा किए गए इस शोध का उद्देश्य था–'मनोविदलता से ग्रस्त होने के अनुभव को समझना' तथा 'अपनी दुनियाँ में स्वयं के होने के रोगी के तरीके की पुनर्रचना करना'। इस लक्ष्य को प्राप्त करने के लिए उसके लिए अत्यन्त आवश्यक था पूर्व अभिग्रहों से मुक्त होना। एक चिकित्सक तथा मनोचिकित्सक के रूप में उसे जो प्रशिक्षण प्राप्त हुआ था उससे उसकी भाषा रोगी के अनुभवों को परखने में बाधक बन जाती थी। अतः उसके लिए आवश्यक हो गया कि वह साइकोसिस (psychosis) शब्द के अर्थ को विसंरचित (deconstruct) करे। मनोचिकित्सकीय शब्दों का प्रैक्टिस में जिस प्रकार उपयोग हो रहा था, उसकी उसने आलोचना की। ऐसा करने से वह मनोविदलता से ग्रस्त व्यक्तियों के अनुभवों की दुनियाँ को एक नए परिप्रेक्ष्य से देखने और जाँचने में सक्षम हुआ। इस प्रकार 'विश्व में होना' (being-in-the-world) सम्बन्धी उसके घटनाक्रियात्मक अनुसंधान के दो शोध परिणाम सामने आए :–

(i) एक रोगी के संवेदी केस अध्ययनों की श्रृंखलाएँ आई।
(ii) इन केस-अध्ययनों की कथावस्तु का संप्रत्ययन अस्तित्ववादी घटनाक्रियात्मक (existential-phenomenological) पदों में हुआ।

कुल मिलाकर देखा जाय तो इन अध्ययनों ने उन व्यक्तियों के जीवन और अनुभवों को समझ सकने की संभावनाएँ उत्पन्न की जिन्हें लोग 'पागल' कहते हैं। यह दुर्भाग्य पूर्ण

रहा कि लैंग आगे चल कर शोध के क्षेत्र से दूर हो गए और उनके ये प्रारंभिक अध्ययन उपेक्षित रह गए।

7. एक परामर्शन अभिकरण का इतिहास एवं संगठन *(The History and Organization of a Counselling Agency)*

लेविस एवं अन्य (Lewis et al, 1992) ने अपनी पुस्तक 'Whom God Hath Joined Together' में युगल परामर्शन करने वाली एक प्रमुख ब्रिटिश एजेन्सी 'National Marriage Guidance Council' के विकास का ऐतिहासिक विवरण प्रस्तुत किया है। लेविस एवं अन्य ने इस हेतु कई स्रोतों से प्रदत्त संकलन किया। उन्होंने विविध साक्षात्कार किए, निरीक्षण कार्य किया तथा व्यक्तिगत एवं कार्यालयी अभिलेखों का उपयोग किया। उनका यह अध्ययन त्रिकोणात्मकता (triangulation) का एक अच्छा उदाहण प्रस्तुत करता है। इसमें विभिन्न स्रोतों से एकत्र किए गए प्रदत्तों के बीच पाई जाने वाली सहमति का उपयोग वैधता की जाँच हेतु किया गया। अपने प्रदत्तों एवं विश्लेषण की शुद्धता बनाए रखने के लिए वे अपनी बनाई गई रिपोर्ट पर उसी एजेन्सी के एक सदस्य से टिप्पणी करने के लिए कहते थे।

परामर्शन मनोविज्ञान के शोध में गुणात्मक विधियों का उपयोग करने वाले दृष्टान्त अध्ययन : कुछ निष्कर्ष
(Exemplar Studies of the Use of Qualitative Methods in Counselling Psychology Research : Some Conclusions)

ऊपर दिए गए अध्ययनों के उदाहरण यह स्पष्ट करते हैं कि गुणात्मक विधियों का उपयोग किस प्रकार किया जा सकता है। परामर्शन मनोवैज्ञानिक की रुचि के अनेक प्रश्नों के अध्ययन हेतु सैद्धान्तिक रूप से सामान्य शोध उपागम एवं तकनीकें भी अपनाई जा सकती हैं, किन्तु गुणात्मक शोध उपागमों की अपनी कुछ खास विशेषताएँ होती हैं :—

1. आधिकारिक व्यक्तिगत संलग्नता *(Authentic Personal Involvement)*— गुणात्मक शोधों में शोधकर्त्ता के लिए गहन व्यक्तिगत संलग्नता बनाए रखना अत्यन्त आवश्यक होता है। रेनी द्वारा किए गए अध्ययन में साक्षात्कार के प्रतिलेखों (transcripts) को कूट संकेतित तथा संवर्गीकृत करने में वर्षों लग गये थे और इस पूरे समय में अध्ययनकर्त्ता को पूर्ण सावधानीपूर्वक कार्य करना पड़ा था। गहन व्यक्तिगत संलग्नता के अभाव में यह कार्य सम्भव नहीं था।

अन्य दृष्टान्त अध्ययनों में उत्तम कोटि के प्रदत्त तभी प्राप्त किए जा सकते थे जब शोधकर्त्ता सूचनादाताओं के साथ ऐसे मौलिक सम्बन्ध की स्थापना करने में सफल होता, जिसमें वे अपनी संवेदी व्यक्तिगत सूचनाओं का प्रकटीकरण करने में सुरक्षित अनुभव करते।

2. कर्त्ता का रूप *(Reflexivity)*—गुणात्मक शोधकर्त्ता में स्वयं करने वाले व्यक्ति के रुप में आत्म जागरुकता/आत्मचेतना अत्यन्त आवश्यक है। डेविस (Davis, 1986) अपने उपागम को सूचित करने वाले स्त्रीवादी मूल्यों के प्रति बिलकुल स्पष्ट थी। लैंग (Laing, 1960-1961) ने कई स्थानों पर मनोविदलता के बारे में स्वयं की समझ और इस विषय से संबंधित अपने अनुभवों के बारे लिखा है। यदि गुणात्मक शोध प्रतिवेदन किसी सामाजिक वास्तविकता के अंशों को 'संरचित' करना है तो पूछताछ के प्रक्रम में

शोधकर्त्ता के स्वयं के मूल्य एवं विश्वास किस प्रकार भूमिका निर्वाह करते हैं, यह जानना अत्यन्त महत्वपूर्ण है।

3. चुनौती (*Challenge*)—एक उत्तम गुणात्मक शोध सदा चुनौतीपूर्ण होता है। एक गुणात्मक शोध जिसमें केवल स्पष्ट दिखाई देने वाली चीजों का ही रूपान्तरण (version) प्रस्तुत किया गया हो, कभी रोचक नहीं हो सकता। जो अध्ययन ऊपर वर्णित किए गए हैं, वे स्पष्ट दिखाई देने वाली चीजों से कहीं परे हैं और अर्थ के नए क्षितिज़ तथा गोचर के नए पक्षों को प्रस्तुत करते हैं। रेनी ने उन तरीकों का वर्णन किया है जिनसे क्लायंट्स अपने चिकित्सकों से विनम्रता व्यक्त करते थे। जब चिकित्सक उनकी बातों को समझ नहीं पाता था या गलत समझ लेता था, अथवा कुछ ऐसा कहता था जो क्लायंट के लिए सहायक (helpful) नहीं होता था तो क्लायंट बिलकुल ही चुप हो जाता था। अनेक स्वास्थ्य कर्मी जो समलैंगिक क्लायंट्स को स्वीकार करते वाले के रूप में स्वयं को देखते हैं, हिचकॉक और विल्सन का अध्ययन पढ़ने के बाद विचलित हो सकते हैं।

ऊपर प्रस्तुत किए गए दृष्टांत अध्ययनों में प्रदर्शित ये तीन केन्द्रीय मूल्य-व्यक्तिगत संलग्नता, कर्त्ता का रूप तथा चुनौती, सम्पूर्ण शोध के गुणात्मक उपागम के केन्द्रीय तत्त्व है।

गुणात्मक अध्ययनों की वैधता के मूल्यांकन के मानदंड
(Criteria for Evaluating the Validity of Qualitative Studies)

गुणात्मक शोध की गुणवत्ता के निर्धारण में प्रयुक्त मानदंड परम्परागत प्रायोगिक एवं विधेयात्मक मनोविज्ञान में प्रयुक्त मानदंडों से बिलकुल भिन्न होते हैं। उदाहरण के लिए निर्मिति वैधता, पूर्वकथनात्मक वैधता, पुनर्परीक्षण विश्वसनीयता आदि पद सांख्यिकीय रूप से परिभाषित होते हैं और सांख्यिकीय संक्रियाओं (operations) पर ही निर्भर करते हैं। वैधता के इन परम्परागत सम्प्रत्ययों में यह अभिग्रह निहित रहता है कि एक वस्तुनिष्ठ सत्यता होती है और उसके परिशुद्ध प्रारूप को प्राप्त करने के लिए वैज्ञानिक विधियों को प्रयुक्त किया जा सकता है। इसके विपरीत गुणात्मक शोध इस अभिग्रह पर आधारित होते हैं कि व्यक्तियों की दुनियाँ एक सह-संरचित सामाजिक वास्तविकता होती हैं। एक सामाजिक दुनियाँ में अनेक प्रतिभागी होते हैं और प्रत्येक के लिए 'सत्य' अथवा 'वास्तविकता' का एक अलग प्रारूप होता है।

इस प्रकार के मानवीय विज्ञान के शोध परिणामों के मूल्यांकन हेतु सबसे मूलभूत मानदंड का वर्णन वेबर एवं डिल्थी ने किया है। इन्होंने उसे 'verstehen' कहा है जिसका तात्पर्य है समझवृत्ति (sense of understanding), यह परामर्शन में प्रयुक्त पद परानुभूति (empathy) के लगभग समान है। अर्थात् गुणात्मक शोधों का मूल्यांकन समझवृत्ति/परानुभूति के मानदंड पर किया जाता है। व्यावहारिक रूप से इस मानदंड के दो पक्ष हैं :—

(1) शोधकर्त्ता द्वारा वर्णित 'दुनियाँ' अथवा अनुभवों को अधिकृत (authentic) एवं विश्वसनीय (credible) समझा जाना चाहिए।

(2) शोधकर्त्ता द्वारा किए गए विश्लेषण, व्याख्या एवं संप्रत्ययन को अध्ययन के उद्देश्य के सम्बन्ध में नवीन अन्तर्दृष्टि उत्पन्न करना चाहिए।

किसी शोध परिणाम को अधिकारिक (authentic) अथवा अन्तर्दृष्टि उत्पन्न करने

वाला किस सीमा तक माना जा सकता है, इसमें पाठकों, मूल्यांकनकर्त्ताओं में पर्याप्त मतभेद हो सकता है। स्पष्ट है कि ये मानदंड उच्च रूप से आत्मनिष्ठ हैं।

इसके परिणामस्वरूप गुणात्मक शोधों की गुणवत्ता नियंत्रण के विशिष्ट मानदंडों को विकसित करने के अनेक प्रयास हुए (हेन्वुड एवं पीजन (Henwood & Pidgeon, 1992), कर्क एवं मिलर (Kirk & Miller, 1986), लिंकन एवं ग्यूबा (Lincoln & Guba, 1989), स्टाइलेस (Stiles, 1993)। ये प्रयास कुछ अंशों तक गुणात्मक शोधकर्त्ताओं की अपने शोध के मनोवैज्ञानिक शोध पत्रिकाओं में छप जाने की आकांक्षा से प्रेरित थे। शोध पत्रिकाओं के सम्पादक तथा समीक्षक छापी जाने वाली सामग्री का मूल्यांकन करते हैं और उपयुक्त पाए जाने पर सामग्री को जर्नल (journal) में छापते हैं। इस प्रकार मनोवैज्ञानिक शोध पत्रिका (psychological research journal) में गुणात्मक शोध का छप जाना उसकी गुणवत्ता को प्रदर्शित करता था। किन्तु कुछ समय पूर्व तक शोध पत्रिकाओं के सम्पादक एवं समीक्षक इस बात से अनभिज्ञ थे कि गुणात्मक शोधपत्रों के गुणदोषों की परख किस प्रकार की जाय, परिणामस्वरूप वे उन शोधपत्रों को छापने से इनकार कर देते थे। इलियट एवं अन्य (Elliot et at., 1999) ने गुणात्मक शोधों के मूल्यांकन के लिए एक उपयोगी दिशा निर्देशिका (guideline) प्रस्तुत की है।

परामर्शन मनोविज्ञान के क्षेत्र में किए जानें वाले गुणात्मक शोधों के सम्बन्ध में अध्ययनों की वैधता का निर्धारण करने हेतु कुछ प्रमुख मानदंड निम्नांकित हैं :—

(i) अध्ययन-विषय तथा उसमें प्रयुक्त प्रक्रियाओं के सम्बन्ध में प्रदान की गई सूचनाओं की उपयुक्ता,

(ii) संप्रत्ययनों के प्रदत्तों पर आधारित होने की सीमा,

(iii) शोधकर्त्ता की विश्वसनीयता,

(iv) अध्ययन में संलग्नता से अध्ययन के प्रतिभागियों के सशक्तीकरण की मात्रा,

(v) विभिन्न स्रोतों से एकत्र प्रदत्तों के आधार पर निष्कर्षों के त्रिकोणात्मक (triangulation) किए जाने की सफलता।

उपर्युक्त मानदंडों में से अनेक को स्त्रीवादी शोधकर्त्ताओं द्वारा स्पष्ट रूप से स्वीकृत एवं प्रयुक्त किया गया है। इस क्षेत्र का सबसे केन्द्रीय तथ्य है शोधकर्त्ता की भूमिका (role of researcher reflexivity)। गुणात्मक शोध में शोधकर्त्ता का व्यक्तिगत अनुभव आँकड़ों का एक महत्त्वपूर्ण स्रोत होता है। उसे अपने शोध की रिपोर्ट में कर्त्ता के रूप में अपनी संलग्नता का विवरण देना चाहिए।

परामर्शन मनोविज्ञान में गुणात्मक शोध : सीमाएँ तथा भविष्य की दिशाएँ
(Qualitative Research in Counselling Psychology : Limitations and Future Directions)

परामर्शन मनोविज्ञान के क्षेत्र में किए जा रहे गुणात्मक शोधों की अनेक सीमाएँ हैं :—

(1) परिणामी शोध (outcome research) के क्षेत्र में किए गए गुणात्मक शोध अत्यल्प हैं। यद्यपि होवे (Howe, 1989) एवं कमिंग्स एवं अन्य (Cummings et al.,

1994) ने प्रदर्शित किया है कि चिकित्सा का मूल्यांकन गुणात्मक विधियों द्वारा किया जा सकता है, किन्तु यह स्पष्ट नहीं है कि प्रभाव-आकार (effect size) प्रयुक्त करते हुए मेटा-विश्लेषण करना अथवा विभिन्न अध्ययनों की प्रभावशीलता की तुलना करना किस प्रकार तथा कहाँ तक सम्भव हो सकता है।

इस समस्या का समाधान यह दिया जा सकता है कि भविष्य में ऐसे शोध किए जाएँ जो मिश्रित प्रकार के हो अर्थात् जिनमें मात्रात्मक तथा गुणात्मक दोनों पद्धतियों को संयुक्त रूप से प्रयुक्त किया जाय हाँलाकि दो भिन्न-भिन्न आधारभूत अभिग्रहों पर आधरित उपागमों के कारण ऐसे शोध में प्रदत्त संग्रह करना अत्यन्त कठिन हो जायगा। परिणामी शोधों में गुणात्मक विधियों की भूमिका का आलोचनात्मक विश्लेषण मैक्लायड (McLeod, 2001) की पुस्तक में उपलब्ध है।

(2) गुणात्मक शोध की दूसरी कमी यह है कि एक संतोषजनक गुणात्मक अध्ययन करने के लिए बहुत अधिक समय तथा श्रम की आवश्यकता पड़ती है। गुणात्मक शोध में किए जाने वाले मूलभूत कार्य जैसे, साक्षात्कार करना, टेपों को प्रतिलिखित करना तथा आँकड़ों की कोडिंग करना आदि अत्यन्त ही श्रमसाध्य होते हैं। इसके साथ-ही-साथ गुणात्मक आँकड़ों के आधार पर रिपोर्ट लिखना भी अत्यन्त कलात्मक कौशल का कार्य है।

वीज़मैन (Weitzman, 2000) के अनुसार तीव्र गति से विकसित हो रही कम्प्यूटर टेक्नालॉजी में व्यक्तिगत कम्प्यूटर साफ्टवेयर की उपलब्धता से इन कठिनाइयों को कम किया जा सकता है। क्लारा हिल एवं उनके सहयोगियों (Clara Hill and her colleagues, 1999) द्वारा विकसित 'सहमतिजन्य गुणात्मक शोध' (consensual qualitative research) की विधि गुणात्मक कार्यों के लिए एक व्यवहारिक उपागम (pragmatic approach) प्रस्तुत करती है। हिल एवं अन्य ने उन विधियों का वर्णन किया है जिसमें कई शोधकर्त्ताओं की टीम एक साथ कार्य कर सकती है और गुणात्मक आँकड़ों के संकलन और विश्लेषण के कार्य में साझेदारी (share) कर सकती है।

(3) गुणात्मक शोधों की एक अन्य कमी यह है कि इन उपागमों को सामान्य तौर पर अन्वेषणात्मक (heuristic) या अन्वेषण उन्मुख (discovery oriented) शोध के रूप में प्रयुक्त किया जाता है। दूसरे शब्दों में, गुणात्मक शोधकर्त्ता अपने लक्ष्यों (परिणामों) के प्रति अपेक्षाकृत कम पूर्वानुमानों के साथ शोध-क्षेत्र में प्रवेश करते है, और उनकी प्राथमिक रुचि नई अन्तर्दृष्टि एवं नए प्रारूपों को विकसित करने में होती है।

यह स्पष्ट नहीं है कि शोधकार्यक्रम के सिद्धान्त परीक्षण अथवा जाँच (verification) की अवस्था में भी गुणात्मक शोध मात्रात्मक शोधों के समान ही प्रयोग किए जाने योग्य है। समग्र रूप में यह कहा जा सकता है कि गुणात्मक शोधकर्त्ता का यह दृष्टिकोण होता है कि एकत्र किए गए प्रदत्तों से आगमनात्मक रूप से (inductively) संवर्ग या संप्रत्यय उत्पन्न होते हैं। यदि कोई शोधकर्त्ता पहले से सुपरिभाषित संप्रत्ययों, जैसे मनोगतिक सिद्धान्त अथवा व्यक्ति-केन्द्रित सिद्धान्त के सम्प्रत्ययों को लेकर अध्ययन प्रारंभ करता है तो यह आगमनात्मक प्रक्रम उसी रूप में घटित नहीं होगा।

परामर्शन मनोविज्ञान में गुणात्मक शोध अभी अपनी शैशवावस्था में है। अभी तक इस क्षेत्र में बहुत ही कम गुणात्मक अध्ययन हुए है। फिर भी यह स्पष्ट होता है कि इस

प्रकार के अध्ययन परामर्शन मनोविज्ञान के क्षेत्र में अपना बहुत बड़ा योगदान दे सकते हैं। गुणात्मक शोध की कुछ अपनी विशिष्टताएँ एवं लाभ होते हैं। यथाः—

—यह अध्ययन किए जा रहे गोचर की जटिलता का समादर करता है,

—सूचनादाताओं की सक्रिय सहभागिता लेता है.

—गोचरों के सम्बन्ध में 'समझ' विकसित एवं विस्तृत करने को लक्ष्य बनाता है।

इस प्रकार गुणात्मक शोध परामर्शन मनोविज्ञन के कई मूल्यों से बहुत अधिक मेल खाता है, और इसीलिए परामर्शन प्रदान करने वाले प्रैक्टिशनर इसे अत्यधिक प्रासंगिक और विश्वसनीय मानते हैं। गुणात्मक शोध करना, एक प्रकार से चिकित्सा कार्य करने के समान है। एक उत्तम गुणात्मक शोधकर्त्ता सूचनादाताओं से सम्बन्ध विकसित करने के लिए चिकित्सक की ही भाँति परानुभूति, मौलिकता एवं स्वीकृति का उपयोग करता है। फलतः यह सम्भव है कि गुणात्मक शोध पूछताछ करने की एक शैली के रूप में विकसित हो जाए, जिसे करने में अधिकांश परामर्शन मनोवैज्ञानिक सक्षम होते हैं।

मनोचिकित्सकीय शोधों के उद्विकास की समीक्षा करते हुए ओरलिन्स्की एवं रस्सेल (Orlinskey & Russell, 1994) ने इसके चार पक्षों/अवस्थाओं (phases) का उल्लेख किया और बताया है कि शोधों का यह क्षेत्र अपने विकास की चौथी प्रमुख अवस्था में पहुँच चुका है। पहली अवस्था वह थी जब चिकित्सा में वैज्ञानिक शोधों की उपयुक्तता को स्थापित किया गया। दूसरी अवस्था अपेक्षाकृत अधिक कठोर नियमों की खोज की थी। तीसरी अवस्था इस क्षेत्र के संघटन (consolidation) एवं विस्तार (expansion) को प्रदर्शित करती थी। चौथी अवस्था जो 1980 के दशक के मध्य से प्रारम्भ हुई, वर्तमान अवस्था है। यह अवस्था पूर्व में विद्यमान शोध विधियों से भारी मात्रा में असन्तुष्टि एवं असहमति को प्रदर्शित करती है, साथ ही शोध कार्य (research practice) के मौलिक रुप से पुनर्निरूपण के प्रति खुला दृष्टिकोण अपनाती है। मानवीय विज्ञान तथा गुणात्मक शोध इस नवीन आन्दोलन के मूल एवं आवश्यक तत्त्व है।

❑

अध्याय 7

मात्रात्मक शोध
(QUANTITATIVE RESEARCH)

प्राकृतिक विज्ञानों के समकक्ष स्थान बनाने के लिए मनोविज्ञान में सदा से ही वैज्ञानिक शोध पद्धतियों को अपनाया गया और प्रयोग, मापन तथा सांख्यिकी की सहायता से वैध निष्कर्षों की प्राप्ति के प्रयास किये गए। ये शोध पद्धतियाँ विशुद्ध रूप से मात्रात्मक पद्धतियाँ थीं। वूल्फ एवं अन्य (Woolfe et. al., 2003) के शब्दों में मात्रात्मक शोधों में परीक्षणों, कोटि मापनियों, प्रश्नावलियों आदि के माध्यम से चरों का मापन और विश्लेषण किया जाता है और प्रदत्तों के सांख्यिकीय विश्लेषण के माध्यम से उनकी व्याख्या की जाती है। सैद्धान्तिक रूप से मात्रात्मक शोध के लिए शोधकर्त्ता को पक्षपात रहित/अनाभिनत (unbiased) होना चाहिए, और वस्तुनिष्ठ रीति से प्रदत्त संकलन, विश्लेषण तथा व्याख्या करना चाहिए। इस दृष्टिकोण से मात्रात्मक अनुसंधान के अन्तर्गत संयुक्त रूप से समूह वैषम्य (group contrast), सहसम्बन्धात्मक (correlational), प्राकृतिक (naturalistic) एवं एक-केस अध्ययन (single case studies) सम्मिलित होते हैं। मात्रात्मक अनुसंधानों में एक-केस अध्यपन का सम्मिलित होना अत्यन्त महत्त्वपूर्ण है। परामर्शन मनोविज्ञान की दृष्टि से यह और भी अधिक महत्त्वपूर्ण है। **गेलैसी** एवं **जर्श** (Galassi & Gersh, 1993) ने परामर्शक मनोविज्ञान के क्षेत्र से सम्बन्धित आलोचना करते हएु कहा है, 'परामर्शन मनोविज्ञान एक ऐसा क्षेत्र है जो 'व्यक्ति' का समादर करता है, और व्यवहार में एक-केस अभिकल्प अपनाने से बचता है, जबकि यह ऐसी शोध पद्धति है जो स्पष्ट रूप से 'व्यक्ति' का अध्ययन करने के लिए ही है।' इस आलोचना के उपरान्त परामर्शन मनोविज्ञान के क्षेत्र में शोध हेतु 'एक-व्यक्ति' अध्ययनों को सम्मिलित किया गया।

परामर्शन मनोविज्ञान में किए गए शोधों का मूल्यांकन करते समय कुछ विशिष्ट मान्यताओं/शर्तों को ध्यान में रखना चाहिए और मूल्यांकन को उन्हीं पर आधारित होना चाहिए :—

1. परामर्शन मनोविज्ञान एवं मनोचिकित्सा में किए जाने वाले सभी शोध कमियों से ग्रस्त हैं। इन शोधों का स्वरूप ही ऐसा होता है कि शोधकर्त्ता परिपूर्ण (perefect) अथवा दोष रहित अध्ययन कर पाने में सफल नहीं हो पाता। किसी अध्ययन की समग्रता को भंग किए बिना किसी समझौते तक पहुँचने की कला ही शोध है। इसके लिए चार प्रकार की वैधताओं आंतरिक, वाह्य, निर्मिति एवं सांख्यिकी, में संतुलन बनाए रखना होता है। आंतरिक वैधता का सम्बन्ध शोधकर्त्ता द्वारा किए जाने वाले उन प्रयासों से हैं जो वह अध्ययन के परिणामों को प्रभावित कर सकने वाले सक्षम परिवर्त्यों के प्रभाव को नियंत्रित करने के लिए करता है। अर्थात् अध्ययन परिणामों को प्रभावित करने वाले प्रासंगिक चरों का नियंत्रण आंतरिक वैधता से सम्बन्धित है। इस प्रकार की आंतरिक वैधता प्रयोगशाला

में किए जाने वाले शोधों में उच्च रूप से पाई जा सकती है किन्तु स्वाभाविक परिस्थितियों में किए जाने वाले परामर्शन के अध्ययनों में इसे प्राप्त करना अत्यन्त ही कठिन है।

वाह्य वैधता का सम्बन्ध शोधकर्त्ता द्वारा किए जाने वाले उन प्रयासों से है जिन्हें वह अध्ययन परिणामों की वाह्य जगत में सार्थकता सुनिश्चित करने के लिए करता है। यह वैधता प्रयोगशालीय अध्ययनों की तुलना में स्वाभाविक परिस्थितियों में किए गए परामर्शन अध्ययनों में अधिक पाई जाती है।

निर्मिति वैधता का सम्बन्ध यह सुनिश्चित करने से है कि अध्ययन किया जाने वाला गोचर वही है, जो उसका वास्तविक अभिप्राय है। दूसरे शब्दों में, जो मापा अथवा प्रतिदर्शित (sampled) किया जा रहा है, वह शोध की वास्तविक निर्मिति है।

सांख्यिकी वैधता हेतु कई विशेष तत्त्वों की उपस्थिति आवश्यक होती है, जैसे, उपयुक्त प्रतिदर्श आकार, प्रतिभागियों की विषम जातीयता (hetorgeneity) आदि।

परामर्शन मनोविज्ञान के शोधों में उपर्युक्त चारों प्रकार की वैधताओं की प्राप्ति के सम्बन्ध में संदेह रहता है।

2. कोई भी अध्ययन स्वयं में परिपूर्ण (perfect) नहीं होता। कुछ अध्ययन विभिन्न कारकों के कारण, अधिक निर्णायक होते हैं, लेकिन प्रत्येक अध्ययन अपने पीछे कुछ अनुत्तरित प्रश्न छोड़ जाता है, जिन पर भविषय में शोध किया जा सकता है।

3. अध्ययनों की पुनरावृत्ति (replication) किया जा सकना, विज्ञान का एक अत्यन्त महत्त्वपूर्ण सिद्धान्त है। परामर्शन मनोविज्ञान के परिणामों का अवलोकन करते हुए हमें यह निर्धारित करने की आवश्यकता है कि वे किस सीमा तक दुहराए गए हैं।

4. शोधकर्त्ता सदैव ही अभिनति से ग्रस्त रहते हैं। यद्यपि यह मात्रात्मक विधियों के 'वस्तुनिष्ठ' होने के विचार के बिलकुल विपरीत है, किन्तु सत्य है। शोधकर्त्ता अपनी रुचि के विषय पर अध्ययन करते हैं और यह विशिष्ट रुचि उन्हें उन विशिष्ट शोध परिणामों तक ले जा सकती है जिस पर दूसरे परिप्रेक्ष्य से अध्ययन करने वाला शोधकर्त्ता नहीं पहुँचता। आँकड़ों के विश्लेषण और व्याख्या में लिए जाने वाले निर्णय भी शोधकर्त्ता की अभिनति से प्रभावित होते हैं।

परामर्शन मनोविज्ञान में मात्रात्मक शोधों का विवरण प्रस्तुत करने हेतु इस अध्याय में चार क्रमिक किन्तु एक-दूसरे पर आच्छादित (overlapping) कालों को लिया गया है। इन चारों कालों में हुए अध्ययनों की पद्धतिपरक समस्याएँ तथा प्राप्त परिणामों को क्रमिक रूप से प्रस्तुत करने का प्रयत्न किया गया है। संक्षेप में ये चारों काल (generations) निम्नवत हैं :—

1. प्रथम काल (Generation-I)—इसका विस्तार 1950 से 1970 तक है। इस काल में परिणाम सम्बन्धी प्रश्न था—क्या मनोचिकित्सा प्रभावी होती है? और प्रक्रम सम्बन्धी प्रश्न था—क्या प्रक्रम के मूल्यांकन हेतु वस्तुनिष्ठ विधियाँ है?

परामर्शन मनोविज्ञान के शोध का प्रथम काल इन्ही पद्धतिपरक समस्याओं से सम्बन्धित था।

2. द्वितीय काल (Generation-II)—यह 1960 से 1980 तक विस्तृत है। इस काल में परिणामी प्रश्नों के लिए वैज्ञानिक कठोरता को प्रयुक्त किया गया। परिणामी प्रश्न था—कौन-सी मनोचिकित्सा अधिक प्रभावी है? और प्रक्रम प्रश्न था—कौन से घटक परिणाम से सम्बन्धित है?

3. तृतीय काल (Generation-III)— इसका विस्तार 1970 से 200 तक है। इस में परिणाम सम्बन्धी प्रश्न था—किस प्रकार हम उपचार को अधिक मूल्य प्रभावी (cost-eflective) बना सकते है? और प्रक्रम प्रश्न था—परिवर्तन किस प्रकार घटित होता है?

4. चतुर्थ काल (Generation-IV)—इस शोध काल का विस्तार 1980 के दशक के मध्य से लेकर आज तक है। इस काल में व्यक्तियों की मनोचिकित्सा और परामर्शन की नैदानिक सार्थकता के प्रश्न उठाए गए हैं।

इन चारों कालों के मात्रात्मक परामर्शन शोधों को चार उपशीर्षकों के अन्तर्गत वर्णित किया गया है—संदर्भ (विषय-वस्तु का महत्त्व), पद्धतिपरक समस्याएँ (विषय-वस्तु के अध्ययन के लिए शोध अभिकल्प बनाने से सम्बन्धित समस्याएँ), वास्तविक शोध परिणाम (वे परिणाम जो अस्पष्ट तथा सबल हो) तथा टिप्पणी (समग्र प्रभाव एवं निर्णय)। इस प्रकार एक उत्तम शोध के घटकों तथा प्रमुख परिणामों से सम्बन्धित प्रश्नों/समस्याओं को संयुक्त एवं विस्तृत रुप से प्रस्तुत करने का प्रयत्न इस अध्याय में किया गया है।

1952 के पूर्व, द्वितीय विश्वयुद्ध के प्रभाव के कारण मनोचिकित्सा एवं परामर्शन मनोविज्ञान के शोधों का क्षेत्र तेजी से विकसित हुआ। अमेरिका में वाचिक अनुक्रिया पद्धति प्रणाली (verbal response mode system) को चिकित्सकीय तकनीकों में प्रयुक्त करके प्रारंभिक प्रक्रम कार्य किए गए। पोर्टर (Porter, 1943) में 'क्लायंट व्यवहार एवं परामर्शन' के क्षेत्र में कार्य किया। स्नाइडर (Snyder, 1945) ने भी उसी क्षेत्र में कार्य किया और अपने सिद्धान्त के अनुरूप पाया कि क्लायंट की अभिवृत्तियों और भावनाओं की चिकित्सक के द्वारा स्वीकृति से क्लायंट के अन्दर अन्तर्दृष्टि की उत्पत्ति होती है। रोजर्स के दो प्रमुख प्रकाशन *'परामर्शन एवं मनोचिकित्सा'* (1942) एक *'सेवापेक्षी केन्द्रित चिकित्सा'* (1951) आए; जिनसे चिकित्सा सत्रों की रिकार्ड की गई घटनाओं के मापन की वस्तुनिष्ठ विधियों का विकास और प्रक्रम शोध के एक नए युग का प्रारंभ हुआ। अपनी इन पुस्तकों में उसने विशिष्ट चिकित्सकीय तकनीकों से हट कर अपने नवीन सिद्धान्त का प्रतिपादन किया जिसके अनुसार चिकित्सक की अभिवृत्ति ऐसी होनी चाहिए जिससे क्लायंट (सेवापेक्षी) अपनी विशेष मनोवैज्ञानिक स्थिति को व्यक्त कर सकने में सक्षम हो सके। इससे उसे चिकित्सा की आवश्यक एवं पर्याप्त दशाओं के बारे में आगामी सिद्धान्त का आधार प्राप्त हुआ।

प्रथम काल 1950–1970 : परिणाम की प्रभाविता एवं सहजीकरण दशाओं का मापन *(Generation-I, 1950-1970 : Outcome Efficacy and Measuring Facilitative Conditions)*

ऊपर वर्णित प्रक्रम सम्बन्धी कार्यों पर आइजेंक (Eysenck, 1952) के एक लेख के कारण प्रश्न चिह्न लग गया। अपने इस आलोचनात्मक एवं समीक्षात्मक लेख में आइजेंक ने मनोचिकित्सा की प्रभावशीलता की आलोचना की थी। इसके परिणामस्वरूप प्रभाविता के मुद्दे पर केन्द्रित शोधों के एक युग का सूत्रपात हुआ। इस पूरे काल के शोधो की प्रमुख विषय-वस्तु थी 'मनोवैज्ञानिक हस्तक्षेपों का औचित्य'।

परामर्शन की प्रभाविता का स्थापन *(Establishing the Efficacy of Counselling)*

संदर्भ *(Context)*—आइजेंक (1952) ने पाया कि अव्यवहारिक मनोचिकित्सा प्राप्त करने वाले मनः-स्नायु विकृति से पीड़ित व्यक्तियों में से लगभग दो तिहाई व्यक्तियों

में दो वर्षों के अन्दर पर्याप्त सुधार पाया गया। उन्होंने यह भी देखा कि इसी समस्या से ग्रस्त व्यक्ति जिन्होंने मनोचिकित्सा नहीं प्राप्त की, उनका भी यही अनुपात इतने ही समय के अन्दर सुधरा। अर्थात् चिकित्सा न प्राप्त करने वाले मनोस्नायुविकृत (neurotic) व्यक्तियों में से भी दो तिहाई लोगों ने दो वर्षों के अन्दर सुधार प्रदर्शित किया। आइज़ेंक के इस दावे ने शोधों की एक नई पीढ़ी का प्रारम्भ किया जिसमें दो चीजों पर ध्यान केन्द्रित किया गया, पहला, आइज़ेंक द्वारा प्रयुक्त आँकड़ों का पुनर्विश्लेषण और दूसरा, नवीन अध्ययन। इन नवीन अध्ययनों ने 'नियंत्रित' समूह तथा विभिन्न सांख्यिकीय प्रत्ययों के साथ साथ अनेक पद्धतिपरक घटको को सम्मिलित किया, जिससे एक नई प्रविधि मेटा-विश्लेषण (Meta Analysis) का जन्म हुआ। ये तीनों प्रत्यय—नियंत्रित समूह, सांख्यिकीय प्रत्यय, तथा मेटा-विश्लेषण पद्धतिपरक समस्याओं के अन्तर्गत आगामी पंक्तियों में वर्णित किए जा रहे हैं।

पद्धति परक समस्याएँ *(Methodological Issues)*

1. नियंत्रित समूह *(Control Groups)*—पद्धतिपरक समस्याओं में से पहली समस्या/मुद्दा नियंत्रित समूहों के उपयोग से सम्बन्धित है। मनोचिकित्सकीय प्रभाविता से सम्बन्धित प्रश्नों के उत्तर हेतु शोधों में प्रमुख रूप से तीन मूलभूत अभिकल्प प्रयुक्त किए जाते हैं :—

(i) पूर्व-पश्चात् अभिकल्प (Pre-post design)

(ii) नियंत्रित समूह अभिकल्प (Controlled group design)

(ii) नकली उपचार समूह अभिकल्प (Placebo group design)

पूर्व-पश्चात् अभिकल्प (Pre-post design) सबसे सरलतम अभिकल्प है। इसमें परामर्शन के पहले तथा परामर्शन के बाद क्लायंट्स की तुलना की जाती है। इस अभिकल्प में सभी क्लायंट्स अध्ययन में भाग लेते हैं। परामर्शन के पूर्व वे एक परिणाम-माप (outcome measure) को भरते हैं। परार्शन प्राप्त करने के बाद वे फिर उसी परिणाम माप को भरते हैं। इसमें यह प्रत्याशा की जाती है कि परामर्शन के बाद पूरे क्लायंट समूह का औसत प्राप्तांक बढ़ जायगा, अर्थात् परामर्शन के कारण उनमें सुधार (improvement) आएगा। किन्तु यह भी सम्भव है कि क्लायंट्स में पाया जाने वाला सुधार परामर्शन-परिदृश्य (counselling Setting) से अलग, बाहर घटने वाली किसी घटना के कारण हो अथवा केवल समय बीतने के कारण ही यह सुधार हो रहा हो। इस प्रकार के प्रभावो को नियंत्रिरत करने के लिए नए प्रकार के अभिकल्प विकसित हुए, जिनमें नियंत्रित समूहों का उपयोग हुआ।

नियन्त्रित समूह अभिकल्प (Controlled group design) में नियंत्रण की दशाएँ भिन्न-भिन्न अथवा परिवर्तित हो सकती हैं। सबसे सरलतम स्तर पर सभी प्रयोज्यों को दो समान समूहों में विभाजित कर दिया जाता है। समान समूहों में विभक्त करने के लिए उन्हें प्रमुख जनांकिकीय (demographic) एवं मनोवैज्ञानिक चरों पर सुमेलित (match) किया जाता है। इनमें से एक समूह नियंत्रित समूह होता है जिसे उपचार नहीं दिया जाता है। परामर्शन में इस अभिकल्प का उपयोग करने के लिए प्रत्येक क्लायंट को यादृच्छिक रूप से उपर्युक्त दो में से किसी एक दशा में आवंटित करते जाते हैं। इससे यह सुनिश्चित हो जाता है कि इस स्तर पर क्लायंट्स के दोनों समूहों में कोई व्यवस्थित (systematic) अन्तर नहीं हैं। एक साथ ये दोनों समूह समान परिणाम मापों (outcome measures) को

पूरा करते हैं, दोनों में अन्तर केवल परामर्शन की प्राप्ति का होता है। नियंत्रित समूह परामर्शन नहीं प्राप्त करता है। इन दोनों समूहों के परिणाम मापों की तुलना करके यह स्पष्ट एवं निश्चित रूप से बताया जा सकता है कि मनोवैज्ञानिक हस्तक्षेप, बिना हस्तक्षेप से श्रेष्ठ है अथवा नहीं। दूसरे शब्दों में इस तुलना के आधार पर मनोवैज्ञानिक हस्तक्षेप की प्रभावशीलता ज्ञात की जा सकती है।

सैद्धान्तिक रूप से इस अभिकल्प का उपयोग शुद्ध परिणाम देता है किन्तु इस अभिग्रह के साथ परामर्शन में शोध करना अनेक व्यवाहारिक समस्याएँ उत्पन्न करता है।

जब किसी क्लायंट को यह कहा जाता है कि उसे यादृच्छिक रूप से 'परामर्शन प्राप्त करने वाले' अथवा 'परामर्शन प्राप्त न करने वाले' समूह में आवंटित किया जायगा और वह अपने को परामर्शन न प्राप्त करने वाले समूह में पाता है, तो उसके ऊपर बहुत अधिक प्रभाव पड़ने की सम्भावना होती है, जैसे उसमें असन्तोष, निराशा उत्पन्न हो सकती है।

इस नियंत्रित समूह को भले ही 'परामर्शन न प्राप्त करने वाले' समूह के रूप में सुनिश्चित किया जाय, लेकिन वे इसे 'परामर्शन के लिए अस्वीकृत (rejected)' समूह के रूप में अनुभव करते हैं।

इस दशा में कुछ क्लायंट् अपनी इच्छा से अपनी समस्याओं पर मित्रों के साथ चर्चा करने लगते हैं और इस प्रकार स्वाभाविक सामाजिक सम्बल(social suport)प्राप्त करने लगते हैं।

इस प्रकार स्पष्ट है कि नियंत्रित समूह अथवा 'no treatment group' का उपयोग इतना सरल नहीं है जितना प्रतीत होता है। सबसे अधिक महत्त्वपूर्ण यह है कि इस पद में अनुपयुक्ताएँ (inadequacies) हैं कि वास्तव में क्या नियंत्रित किया जा रहा है। इससे अभिकल्प के वैज्ञानिक परिणाम को क्षति होती है, अर्थात् नियंत्रण स्पष्ट एवं उपयुक्त न होने से यह अभिकल्प वैज्ञानिक परिणाम नहीं दे पाता।

नियंत्रित समूह के 'उपचार रहित' संप्रत्यय का और भी परिष्कृत रूप 'प्रतीक्षा सूची' (wait list) नियंत्रित समूह के रूप में सामने आया। यह नियंत्रण का अपेक्षाकृत उच्च स्तर है। इसमें प्रायोगिक समूह के क्लायंट्स उपचार/हस्तक्षेप प्राप्त करते है, जबकि तुलना समूह के क्लायंट्स प्रतीक्षारत रहते हैं। जब प्रायोगिक समूह चिकित्सा पूर्ण कर लेता है तभी प्रतीक्षारत नियंत्रित समूह को किसी प्रकार का हस्तक्षेप प्रदान किया जाता है। प्रतीक्षारत नियंत्रित समूह को प्रदान किया जाने वाला 'हस्तक्षेप' वह नहीं होता जो प्रायोगिक समूह को प्रदान किया गया है। अभिकल्प के परिप्रेक्ष्य से यह महत्त्वपूर्ण है कि वे (नियंत्रित समूह) कुछ प्राप्त कर रहे हैं और तुलना समूह का उद्देश्य प्रायोगिक समूह की चिकित्सा में लगे हुए समय को नियंत्रित करना है, न कि बाद में नियंत्रित समूह को प्रदान किए जाने हस्तक्षेप की प्रत्यक्ष तुलना करना। इसका तात्पर्य है कि जो परिवर्ती हस्तक्षेप (नि॰ समूह को दिया जाने वाला) उन्हें दिया गया वह अभीष्ट से कम था। स्पष्ट है कि यह स्थिति 'उपचार रहित' स्थिति से कुछ बेहतर है, किन्तु इस सम्बन्ध में सावधानी अपेक्षित है कि क्लायंट्स कितनी देर तक प्रतीक्षारत रखे जाए।

यह अभिकल्प कुछ नैतिक समस्याएँ उत्पन्न करता है:—

इस बात का ध्यान रखा जाना चाहिए कि प्रतीक्षा सूची के क्लायंट भी उतना ही प्रभावी हस्तक्षेप अथवा दशाएँ प्राप्त करें जितना कि प्रायोगिक समूह प्राप्त कर रहा है।

नैतिक तथा वैज्ञानिक उद्देश्यों के बीच संतुलन बनाए रखना चाहिए।

इस हेतु शोधकर्त्ता प्रतीक्षा सूची के समूह को भी वही चिकित्सा प्रदान कर सकता है

जो मूल प्रायोगिक समूह को दे रहा है। इस स्थिति में यह अभिकल्प एक परिवर्तनशील पुनरावर्तन (switching replication) हो जायगा, जिसमें प्रारंभिक चिकित्सा समूह का ही नियंत्रित समूह नहीं होगा बल्कि दूसरे समूह के लिए स्थिति बिल्कुल विपरीत होगी। इस प्रकार अध्ययन की आन्तरिक रचना में एक पुनरावर्तन होगा।

नकली उपचार समूह/प्लैसिबो समूह अभिकल्प (Placebo group design) का उद्देश्य होता है अविशिष्ट अथवा सामान्य कारकों के नियंत्रण की स्थिति वाला एक अप्रायोगिक समूह (non-experimental group) प्रदान करना। दूसरे शब्दों में, प्लैसिबो समूह चिकित्सा से सम्बन्धित सामान्य कारकों को तो प्राप्त करता है किन्तु तकनीकी रूप से विशिष्ट कारकों को प्राप्त नहीं करता।

प्लैसिबो समूह की चिकित्सा से सम्बन्धित समस्याएँ भी महत्त्व पूर्ण है। इन्हें दो वर्गों में रखा जा सकता है :—

(i) 'उपचार रहित' अथवा 'प्रतीक्षासूची' समूह की जितनी आलोचनाएँ अथवा समस्याएँ हैं, वे प्लैसिबो की दशाओं पर समान रूप से प्रभावी हैं। प्लैसिबो उपचार का स्वरूप चाहे कुछ भी हो, चिकित्सा प्राप्त करने वाले क्लायंट्स यह निश्चित रूप से प्रत्यक्षीकृत करते हैं कि प्रायोगिक समूह की तुलना में उन्हें कुछ 'कम' प्राप्त हो रहा है।

(ii) नियंत्रित की जाने वाली चीजों के निर्धारण के बारे में प्लैसिबो दशाओं की कुछ विशिष्ट समस्याएँ है। प्लैसिबो दशाओं में यह निर्धारित करना अत्यन्त कठिन हो जाता है कि क्या नियंत्रित किया जा रहा है। वास्तव में देखा जाय तो प्लैसिबो दशाओं में से केवल वे दशाएँ ही वैध है जिनमें 'घटक (component) नियंत्रण दशा' को प्रयुक्त किया जाता है। इस दशा में प्लैसिबो की रचना इस प्रकार की जाती है कि प्रायोगिक दशा में पाए जाने वाले उस विशेष घटक, जिसमें अध्ययनकर्त्ता की रुचि है, का उसमें अभाव हो। इस प्रकार की दशा को प्रयुक्त कर पाना अत्यन्त ही कठिन है। यही कारण है कि प्लैसिबो अध्ययन अत्यल्प हुए हैं।

नियंत्रित समूहो के प्रकारों के बारे में उनके समग्र प्रकार्यों को जानना आवश्यक है। ऐतिहासिक रूप से, विशिष्ट हस्तक्षेप वाले अनेक अध्ययनों में 'नियंत्रित समूह' का उपयोग यह जानने के लिए किया गया कि यह विशिष्ट हस्तक्षेप 'बिना हस्तक्षेप' की दशा से बेहतर था अथवा नहीं। जैसे-जैसे वैज्ञानिक ज्ञान में वृद्धि हुई, सामान्य तौर पर नियंत्रित समूहो की आवश्यकता पर प्रश्न चिह्न लगने लगे। उदाहरण के लिए, यदि बहुसंख्यक अध्ययन यह प्रदर्शित करें कि क्लायंट्स को मनोवैज्ञानिक हस्तक्षेप प्रदान करना 'हस्तक्षेप रहित' दशा से सदैव बेहतर है तो समय बीतने के प्रभावों की जाँच करने के उद्देश्य से प्रयुक्त नियंत्रित समूहों की भूमिका वैज्ञानिक और नैतिक दोनों आधारों पर संदेहास्पद हो जाती है। नियंत्रित समूह का उपयोग उस विशेष दशा में किया जाना चाहिए जो ऐसी समस्या से सम्बन्धित हो जिसका वैज्ञानिक साहित्य से उत्तर न मिल पा रहा हो, अथवा जो इतनी अस्पष्ट हो कि नियंत्रित समूह के उपयोग की माँग करती हो।

2. सांख्यिकीय प्रत्यय *(Statistical concepts)*—पद्धतिपरक समस्याओं में दूसरी समस्या हैं सांख्यिकीय प्रत्यय। मात्रात्मक अनुसंधान काफी सीमा तक सांख्यिकीय प्रत्ययों पर निर्भर करते हैं, जिनसे शोधकर्त्ता को यह सुनिश्चित करने में सुविधा होती है कि कोई परिणाम मात्र संयोग के कारण है अथवा किसी अन्य कारक के कारण।

रोजेनथाल एवं रास्नो (Rosenthal & Rosnow, 1991) ने यह इंगित किया है कि ङ परिणाम पाने की संभावना दो कारकों का प्रकार्य होती है— प्रयुक्त किए गए

प्रतिदर्श का आकार (sample size) और अन्वेषण किए जाने वाले प्रभाव का आकार (effect size)।

अध्ययन के लिए चुने जाने वाले प्रतिदर्श का आकार (sample size) परिणामों को प्रभावित करने वाला अत्यन्त महत्त्वपूर्ण कारक है। यदि प्रतिदर्श का आकार पर्याप्त बड़ा हो तो दो चरों के बीच पाया जाने वाला छोटा अन्तर भी सार्थक हो जाता है। उदाहरण के लिए बड़े प्रतिदर्शों पर किए जाने वाले शोध में प्राप्त 0.20 का सहसम्बन्ध भी सांख्यिकीय रुप से सार्थक हो जाता है, जबकि यह सहसम्बन्ध केवल 4 प्रतिशत प्रसरण के लिए ही उत्तरदायी होगी। दो चरो के बीच अन्तर को संज्ञापित करने के लिए सांख्यिकीय परीक्षण की शक्ति प्रत्याशित प्रभाव आकार (expected effect size) एवं परीक्षण के एकपुच्छीय अथवा द्विपुच्छीय होने पर निर्भर करती है। आवश्यक शक्ति के लिए सामान्य रूप से 0.80 का मानक रखा जाता है, अर्थात् यदि अन्तर उपस्थित है तो पाँच में से उसे संज्ञापित करने की संभावना चार हो। कम शक्ति वाले सांख्यिकीय परीक्षण से भी भली प्रकार चरों में अन्तर प्राप्त किए जा सकते है, जो परिणामों के सुदृढ़ होने को प्रमाणित करता है। लेकिन यदि कम शक्ति के परीक्षण से चरों में अन्तर नहीं मिलता है तो इसकी सरल और संक्षिप्त व्याख्या परीक्षण का कम शक्ति का होना ही होगी। अर्थात् अभिकल्प में अन्तरों (वे अन्तर जो वास्तव में हो सकते थे) को संज्ञापित कर सकने हेतु अपेक्षित शक्ति निहित नहीं थी।

सांख्यिकीय परीक्षणों की शक्ति का विवेचन करते समय यह ध्यान रखना चाहिए कि किसी अध्ययन में केवल क्लायंट्स की संख्या बढ़ा देना ही उपयुक्त शक्ति को सुनिश्चित करने का एकमात्र तरीका नहीं है। किसी भी अभिकल्प में शोधकर्त्ता का उद्देश्य होता है त्रुटि प्रसरण (error variance) को कम करना। अतः यदि अध्ययन किए जा रहे चर पर सभी क्लायंट्स का समजातीय (homogeneous) होना सुनिश्चित हों, और सभी को व्यवस्थित रीति से परामर्शन प्रदान किया जाना सुनिश्चित हो, तो इन से त्रुटि प्रसरण को कम करने में सहायता मिलेगी और यदि कोई अन्तर उपस्थित है तो उसे संज्ञापित करने की संभावना में वृद्धि होगी।

प्रभाव-आकार (effect size –ES) का प्रत्यय स्वतंत्र एवं आश्रित चरों के बीच के सम्बन्ध की मात्रा के मापन की एक माप (metric) प्रस्तुत करता है; अर्थात् यह बताता है कि उपचार कितना प्रभावी है। इसकी गणना निम्नांकित सूत्र की सहायता से की जाती है:—

$$ES = \frac{(Mt - Mc)}{\text{pooled SD}}$$

इस सूत्र में Mt = उपचारित समूह के किसी दिए गए माप पर औसत अंक

Mc = नियंत्रित समूह के औसत अंक

Pooled SD = नियंत्रित तथा प्रायोगिक समूह का संयुक्त प्रामाणिक विचलन

इस प्रकार प्रभाव आकार 1.0 यह प्रदर्शित करता है कि उपचार के बाद उपचारित समूह नियंत्रित समूह से 1.0 प्रामाणिक विचलन इकाई बेहतर है। तालिका से स्पष्ट होता

है कि यह प्राप्ति 84 प्रतिशत के बराबर है। अर्थात् उपचारित समूह के औसत व्यक्ति 84 प्रतिशत 'उपचार रहित' क्लायंट से बेहतर है। कोहेन (1977) ने प्रभाव आकार (ES) अन्तरों की व्याख्या के लिए जो दिशानिर्देशिका प्रदान की है उसमें 0.20 का प्रभाव आकार 'लघु', 0.50 मध्यम' तथा 0.80 का प्रभाव आकार 'बड़ा' है। यदि हम 'उपचार दशा' की तुलना उपचार रहित दशा' से करते है तो हमें एक बड़े अन्तर की प्रत्याशा होगी (ES 0.80 अथवा अधिक)। प्रभाव आकार सामान्य तौर पर 'उपचारित' एवं 'उपचार रहित' समूहों के बीच तुलनाओं से सम्बन्धित होता है, और इसी कारण दीर्घ (large) प्रभाव प्राप्त होते है जो वस्तुतः उपचार एवं बिना उपचार का अन्तर है। इस तरह के समूहों में अन्तर के पाए जाने के लिए क्लायंट्स की बड़ी संख्या का होना आवश्यक नहीं है।

प्रभाव आकार (ES) के अन्तरों को दो सक्रिय उपचार (active treatment) समूहों के बीच तुलना करने के लिए भी प्रयुक्त किया जा सकता है। चूँकि दोनों समूह में सक्रिय हस्तक्षेप प्रदान किया जा रहा है, अतः प्रत्याशित प्रभाव आकार अपेक्षाकृत 'कम' होगा।

दो भिन्न समूहो (between groups) में पाए जाने वाले प्रभाव आकार की व्याख्या हेतु कोहेन (1977) द्वारा प्रस्तुत निर्देशिका निम्नांकित तालिका द्वारा प्रदर्शित है:—

तालिका 7.1 : समूहान्तर (between group) प्रभाव आकार की व्याख्या हेतु निर्देशिका

व्याख्या	**प्रभाव आकार (d)**	**उपचारित समूह के औसत से नीचे पाए जाने वाले नियंत्रित समूह के सदस्यों का प्रतिशत**
कोई प्रभाव नहीं, (no effect)	0.0	50
लघु प्रभाव (small effect)	0.1 0.2	54 58
मध्यम/ औसत प्रभाव (Medium effect)	0.3 0.4 0.5 0.6 0.7	62 66 69 73 76
दीर्घ प्रभाव (Large effect)	0.8 0.9 1.0	79 82 84

तालिका सं॰ 7.1 : मात्र समूहान्तर (between group) प्रभाव आकार की व्याख्या के लिए है। समूहान्तर्गत (within group) तुलना अर्थात् एक ही समूह की दो दशाओं पूर्व एवं पश्चात् उपचार दशाओं, की तुलना में यह प्रभाव अपेक्षाकृत अधिक होगा और उपर्युक्त दिशानिर्देशिका (guideline) उन प्रभाव आकारों की व्याख्या के लिए नहीं प्रयुक्त की जा सकती।

3. मेटा-विश्लेषण *(Meta analysis)*—पद्धति परक समस्याओं/मुद्दों में तीसरा मेटा-विश्लेषण का है जिसमें ऊपर वर्णित अधिकांश सांख्यिकीय प्रश्न समाहित हैं। शोध

परिणामों के साहित्य की समीक्षा (review of literature) करते समय शोधकर्त्ता/समीक्षक के समक्ष विभिन्न अध्ययनों के परिणाम आते है जो प्रायः विरोधी होते हैं। उदाहरण के लिए कोई अध्ययन किसी विशेष हस्तक्षेप की प्रभावशीलता का समर्थन कर सकता है, जबकि दूसरे अध्ययन नही भी कर सकते हैं। इसके अतिरिक्त कुछ परिणाम अन्य अध्ययनों की तुलना में बेहतर अभिकल्पो का उपयोग करने वाले अध्ययनों के मिलते हैं, जिनके सम्बन्ध में यह प्रश्न उठता है कि क्या इन्हें अधिक महत्त्व मिलना चाहिए। इस प्रकार संचित साहित्य का सर्वेक्षण/समीक्षा करना अत्यन्त कठिन कार्य बनता जा रहा है। मनोचिकित्सकीय साहित्य में एक महत्त्वपूर्ण प्रक्रम जो प्रभावशाली ढंग से 1977 के बाद आया है, वह है मेटा-विश्लेषण। इस प्रक्रम में अलग-अलग एक-एक अध्ययन स्वयं प्रदत्त बन जाते हैं। इसका उद्देश्य होता है सभी अध्ययनों से प्राप्त परिणामों का एक सारांश निकालना और उन अध्ययनों के विशेष लक्षणों (characteristic features) का विवरण रखना। इस प्रकार परिवार-चिकित्सा के लिए किए जाने वाले मनोवैज्ञानिक हस्तक्षेप का मेटा-विश्लेषण करने वाले अध्ययन को इस क्षेत्र के किए गए समस्त इन्द्रियानुभविक अध्ययनों को संकलित करना चाहिए और इन अध्ययनों के मूल्यांकन हेतु विमाओं को स्पष्ट करना चाहिए।

अन्य सर्वेक्षण व्यपदेशों (review strategies) की तुलना में मेटा-विश्लेषण के विशिष्ट लक्षण है :—

अध्ययनों के मुख्य परिणामों का मात्रात्मक प्रस्तुतीकरण,
अध्ययनों के बीच परिणामों के वितरण का सांख्यिकीय विश्लेषण,
अध्ययन के विशेष लक्षणों/विशेषताओं के साथ सम्बन्ध।

इस प्रकार मेटा-विश्लेषण द्वारा किसी समस्या या उसके परिणाम के पक्ष अथवा विपक्ष में निर्णय नहीं दिया जाता, बल्कि दोनों दिशाओं (पक्ष-विपक्ष) में प्रभावों की मात्रा की जाँच की जाती है और एक समग्र (overall) निष्कर्ष पर पहुँचा जाता है।

मेटा-विश्लेषण में साहित्य का चयन एक निर्धारित रीति से किया जाता है, जिसे लिखा जा सकता है और दूसरे शोधकर्त्ता द्वारा दुहराया भी जा सकता है। इस प्रकार से अध्ययन किया जाना मात्र शोध पत्रिकाओं का अध्ययन करने की तुलना में कहीं अधिक व्यवस्थित होता है। यद्यपि मेटा-विश्लेषण से अनेक पद्धति परक प्रश्न जुड़े हैं, लेकिन इस तकनीक ने मनोवैज्ञानिक हस्तक्षेपों की प्रभावशीलता के बारे में एक अधिक विस्तृत और स्पष्ट उत्तर देने के लिए अनेक अलग-अलग अध्ययनों को क्रमबद्ध एवं व्यवस्थित रूप में प्रयुक्त करने के लिए शोधकर्त्ताओं को सक्षम कर दिया।

वास्तविक परिणाम *(Substantive Finding)*

इस काल (प्रथम काल) के अध्ययनों से उत्पन्न होने वाली प्रदत्त सम्पदा पर विचार करने के पूर्व यह उपयुक्त होगा कि उन आँकड़ों के पुनर्विश्लेषण पर पहले विचार किया जाय, जिन पर आइजेंक (Eysenck, 1952) ने मनोचिकित्सा की अपनी आलोचना को आधारित किया था। आइजेंक ने अपने प्रदत्तों का जिस ढंग से विश्लेषण किया था, उसका कईबार निरीक्षण बर्जिन एवं लैम्बर्ट (Bergin & Lambert, 1978) ने किया। उदाहरण के लिए, उन्होंने पाया कि मनोचिकित्सा के लिए सबसे कठोर प्रगति प्रतिशत प्रयुक्त किया गया था, जबकि स्वतः सुधार की दरों की गणना के लिए सबसे सरल प्रगति प्रतिशत का उपयोग किया गया। इस प्रकार अलग-अलग मानदंडों का उपयोग किए जाने से दोनों

दशाओं (मनोचिकित्सा तथा स्वतः सुधार) में सुधार की दरों की गणना उपयुक्त रीति से नहीं हो सकी। उनका मत था कि आइजेंक द्वारा प्रयुक्त किए गए अध्ययन अपनी भौतिक सीमाओं के कारण संदेहास्पद थे। बर्जिन एवं लैम्बर्ट (1978) ने पाया कि स्वतः सुधार की दर 67 प्रतिशत (जैसा कि आइजेंक ने बताया था) न होकर 43 प्रतिशत थी। उन्होंने परिणामी अध्ययनों (outcome studies) के परिणामों का भी अध्ययन किया और पाया कि हस्तक्षेप के कारण वास्तविक परिवर्तन तो शुरू के 8 या 10 सत्रों के अन्दर ही हो जाता है, जो स्वतः सुधार के दो वर्षों के समय से काफी कम है। आइजेंक द्वारा की गई आलोचनाओं के प्रत्युत्तर में शोधकर्त्ताओं ने मत दिया कि शोध अभिकल्प में एक नियंत्रित समूह को सम्मिलित किया जाना चाहिए। इस प्रथम काल का इस प्रकार का एक दृष्टांत (exemplar) अभिकल्प वाला अध्ययन स्लोने एवं अन्य (Sloane et al., 1975) द्वारा किया गया। इन्होंने दो प्रायोगिक दशाओं तथा एक 'प्रतीक्षा सूची' नियंत्रित दशा का उपयोग वैषम्य अभिकल्प (contrast design) में किया। प्रथम प्रायोगिक समूह को मनोगत्यात्मक और दूसरे प्रायोगिक समूह को व्यवहारात्मक चिकित्सा औसत 14 सत्रों तक प्रदान की गई। तीनों समूहों में यादृच्छिक रूप से तीस-तीस प्रयोज्य आवंटित किए गए। इस प्रकार कुल नब्बे क्लायंट्स ने इस अध्ययन में भाग लिया। यह अध्ययन विश्वविद्यालय के बहिरंग मनोचिकित्सा केन्द्र में सम्पन्न किया गया जिसमें 54 प्रतिशत विश्वविद्यालय के छात्र थे। इस अभिकल्प में दोनों मनोचिकित्सा की दशाओं (मनोगत्यात्मक और व्यवहारात्मक) में तीन विशेषज्ञ चिकित्सकों को लिया गया। साक्षात्कार पर आधारित मापों को प्रयुक्त करके प्राप्त परिणामों में तीनों समूहों में सुधार/प्रगति देखी गई। यह भी पाया गया कि दोनों चिकित्सा पद्धतियों वाली दशाओ के परिणाम काफी सीमा तक समान थे और ये दोनों प्रतीक्षा सूची दशा (नियंत्रित दशा) से काफी बेहतर थे। कई अनुवर्ती अन्तरालों के बाद भी प्रायोगिक एवं नियंत्रित दशाओं में यह अन्तर विद्यमान रहा।

स्लोने एवं अन्य (1975) द्वारा किया गया यह अध्ययन सामान्यरूप से प्रतिनिध्यात्मक (representative) है। इसकी पुष्टि स्मिथ एवं ग्लास (Smith & Glass, 1977) द्वारा किए गए मेटा-विश्लेषण से तथा 1980 में प्रकाशित उनकी पुस्तक *'The Benefits of Psychotherapy'* से हुई। यह पुस्तक शोधकर्त्ताओं द्वारा किए जाने वाले दावों (claims) और प्रति दावों (counter claims) के माध्यम से एक विचार योग्य/विचारणीय मार्ग प्रस्तुत करती है। मेटा-विश्लेषण के उपयोग के पूर्व के काल (1961–1975) के महत्त्वपूर्ण साहित्य सर्वेक्षण का उपयोगी सारांश भी उन्होंने प्रस्तुत किया है। उन्होंने बताया कि सर्वेक्षण किए गए अध्ययनों में से आइजेंक (Eysenck, 1961, 1966) ने शून्य प्रतिशत, रचमैन (Rachman, 1971) ने 4 प्रतिशत, बर्जिन (Bergin, 1971) ने 37 प्रतिशत, ल्यूबोर्स्की एवं अन्य (Luborsky et al., 1970) ने 78 प्रतिशत तथा मेल्टजॉफ एवं कार्नरीच (Mettzoff & Kornreich, 1970) ने 80 प्रतिशत अध्ययनो को मनोचिकित्सा की प्रभाविता के समर्थन में पाया। अभिकल्पों के दोष/कमी के कारण समीक्षकों (reviewers) द्वारा अध्ययनों को सम्मिलित करने अथवा छोड़ने हेतु प्रयुक्त विधि को देखा जाय तो आइजेक (1961, 1966) तथा रचमैन (1971) ने 13 से 74 प्रतिशत अध्ययनों को छोड़ दिया, जबकि बर्जिन (1971) तथा मेल्टजॉफ एवं कार्नरीच (1970) ने एक भी अध्ययन को नहीं छोड़ा। स्मिथ एवं अन्य (1980) ने बताया कि ये परिणाम प्रदर्शित करते हैं कि 'शोध समीक्षा (review) के माध्यम से एक ही विषय के अध्ययन के लिए प्रयुवत अलग-अलग विधियाँ अलग-अलग परिणाम प्रदान करती है।'

शोध परिणामों को संक्षिप्तरूप से प्रस्तुत (summarize) करने में पायी जाने वाली 'विचलनशीलता' मेटा-विश्लेषण तकनीक के उपयोग का अति श्रेष्ठ तार्किक आधार प्रस्तुत करती है। स्मिथ एवं ग्लास (1977) ने 475 नियंत्रित अध्ययनों (उपचारित बनाम उपचार रहित) को संकलित किया जिनमें 18 विविध प्रकार की चिकित्सा पद्धतियाँ प्रयुक्त की गई थीं। इन समस्त अध्ययनों में प्रभाव आकार (Effect size - ES) 0.85 पाया गया, जो मनोचिकित्सा की प्रभावशीलता को स्पष्ट प्रदर्शित करता है। यह परिणाम इंगित करता है कि 'उपचारित' औसत व्यक्ति 'उपचार रहित' समूह के 80 प्रतिशत व्यक्तियों से बेहतर था। यह प्रभाव आकार (ES) अत्यन्त लघु (वास्तविकता चिकित्सा के लिए 0.14) से लेकर दीर्घ (आर.ई.टी. के अतिरिक्त अन्य संज्ञानात्मक चिकित्साओं के लिए 2.38) तक था, जिसका औसत 0.85 पाया गया। लेखकों (स्मिथ एवं अन्य, 1980) ने ऋणात्मक प्रभाव के साक्ष्य नहीं के बराबर प्राप्त किए। केवल 9 प्रतिशत परिणाम ऋणात्मक थे, अर्थात् नियंत्रित समूह प्रायोगिक समूह से बेहतर था।

बाद के वर्षों में 'प्रभाविता' से सम्बन्धित मेटा-विश्लेषणात्मक समीक्षाओं (reviews) में अनेक अध्ययन जुड़े। लैम्बर्ट एवं बर्जिन (1994) के अनुसार इसमें कोई संशय नहीं कि सामान्य एवं समग्र रूप से मनोवैज्ञानिक चिकित्सा उपयोगी/लाभकारी होती है, किन्तु यह भी सत्य है कि सभी व्यक्ति इससे संतोषजनक स्तर तक लाभ नहीं प्राप्त कर पाते।

मेटा-विश्लेषणात्मक अध्ययनों से परिणामों का सर्वाधिक संक्षिप्त सारांश प्राप्त होता है। उदाहरण के लिए, अवसाद (depression) के क्षेत्र में किए गए तीन प्रमुख मेटा-विश्लेषणात्मक अध्ययनों की रिपोर्ट में मेटा-विश्लेषण में साम्मिलित अध्ययनों की संख्या (n) तथा प्रभाव आकार (ES) निम्नवत हैं :—

नीत्जेल एवं अन्य (Neitzel et al., 1987) n = 28, ES = 0.71

रॉबिन्सन एवं अन्य (Robinson et al. 1990) n = 29, ES = 0.84

स्टीनब्रूयेक एवं अन्य (Steinbrueck et al. 1983) n = 56, = ES = 1.22

लैम्बर्ट एवं बर्जिन (1994) ने तीस मेटा-विश्लेषणात्मक समीक्षाओं की एक सारांश—तालिका प्रस्तुत की है जिसमें समस्याओं के प्रस्तुतीकरण तथा मनोवैज्ञानिक हस्तक्षेप के वैविध्यपूर्ण तरीकों को सम्मिलित किया गया है। स्मिथ तथा ग्लास के अध्ययन सहित कुल 5 अध्ययनों को 'मिश्रित' प्रकार का बताया गया है जिनमे औसत प्रभाव आकार अत्यन्त दीर्घ (large, 0.90) था। शेष अध्ययन इतने वैविध्यपूर्ण थे कि उन्हें किसी संवर्ग में रखने की आवश्यकता नहीं समझी गई। इन अध्ययनों में ही लघुतम और दीर्घतम प्रभाव आकार प्रदर्शित हुए। इन प्रभाव आकारों का विस्तार 0.00 (शिजोफ्रेनिया हेतु) से लेकर 1.30 (हकलाहट हेतु) था। केवल ऐसे 25 अध्ययनो में, जिनमें प्रभाव आकार बताया गया था, प्रभाव आकार का मध्यांक 0.76 था जो दीर्घ प्रभाव आकार के लगभग बराबर है।

तुलना की दृष्टि से देखा जाय तो पठन में नौ माह के अनुदेशन (instrction) से प्रभाव आकार (ES) 0.67 प्राप्त होता है, जबकि अवसाद-विरोधी औषाधियों का प्रभाव आकार 0.40 से 0.81 तक विस्तृत होता है। इस प्रकार जैसा कि लैम्बर्ट एवं बर्जिन (1994) ने कहा था, इस बात के साक्ष्य उपस्थित हैं कि मनोवैज्ञानिक हस्तक्षेप दवाओं के उपयोग से यदि अधिक नहीं, तो समान रूप से प्रभावी है।

इन परिणामों के बिलकुल विपरीत यह भी कहा गया है कि मनोचिकित्सा/परामर्शन का परिणामी प्रसरण (outcome variance) में केवल 10 प्रतिशत का योगदान है। यह योगदान

अत्यन्त छोटा प्रतीत हो सकता है किन्तु यह समझना आवश्यक है कि 10 प्रतिशत का प्रसरण परामर्शन और परिणाम के बीच 0.32 सहसम्बन्ध गुणांक से उत्पन्न होता है। यह सहसम्बन्ध इस क्षेत्र में पहले से स्थापित अन्य सहसम्बन्धों की तुलना में काफी बड़ा है। उदाहरण के लिए एस्पिरिन का उपयोग एवं हृदय आघात के बीच 0.03 का सहसम्बम्ध है।

एक अन्य अतिरिक्त प्रश्न यह उठाया गया है कि क्या परामर्शन प्लौसिबो की तुलना में अधिक प्रभावी है? लैम्बर्ट एंव बर्जिन (1994) ने पाया कि परिणाम-अध्ययनों में प्रयुक्त प्लैसिबो नियंत्रण संप्रत्ययात्मक तथा प्रक्रियात्मक रूप से इतने दोष पूर्ण थे कि वे सक्रिय चिकित्सकीय तत्त्वों को पृथक करने में सहायता करने के अपने उद्देश्य में असफल रहे। उनका मानना है कि प्लैसिबो नियंत्रण तकनीक को छोड़ देने का समय आ गया है और अब हमें अधिक सार्थक तुलना समूहों के साथ अध्ययनों के अभिकल्प निर्मित करने चाहिए। परामर्शन और प्लैसिबो की सापेक्षिक प्रभाविता की जाँच हेतु लैम्बर्ट एवं वर्जिन (1994) ने 15 मेटा-विश्लेषणात्मक अध्ययनों की एक उपयोगी सारांश तालिका प्रस्तुत की है जिसमें तीन द्विमार्गी तुलनाएँ की गई हैः—

(i)	मनोचिकित्सा बनाम उपचार रहित	ES = 0.82
(ii)	प्लैसिबो बनाम उपचार रहित	ES = 0.42
(iii)	प्लैसिबो बनाम मनोचिकित्सा	Es = 0.48

इन परिणामों के आधार पर ही लैम्बर्ट एवं बर्जिन ने प्लैसिबो नियंत्रण को दोष पूर्ण माना था।

समीक्षा (*Comment*)

परिणाम के पदों में, प्रथम काल के शोधों ने मनोचिकित्सा की प्रभावशीलता को स्पष्ट रूप से स्थापित किया और चिकित्सा को प्रभावी बनाने वाले घटकों की खोज हेतु आधार भी प्रदान किया।

सहजीकरण दशाओं का मापन (*Measuring the Facilitative Conditions*)

संदर्भ (*Context*)—रिकार्ड की गई चिकित्सा सत्रों की घटनाओं के मापन हेतु इस काल में वस्तुनिष्ठ प्रक्रियाओं के विकास पर रोजर्स का गहरा प्रभाव था। रोजर्स वैज्ञानिक विधियों का सम्मान करता था तथा अपनी विधियों की प्रभाविता (efficacy) के वस्तुनिष्ठ अध्ययन के प्रति वह समर्पित था। जिस समय मनोचिकित्सा की प्रभाविता को स्थापित करने हेतु सक्रिय प्रयासों की लहर चल रही थी, उस समय रोजर्स और उनके शिष्य ही थे जिन्होंने चिकित्सा के प्रक्रम पर शोध प्रारंभ किया। प्रारंभिक प्रक्रम कार्य (process work) चिकित्सकीय तकनीकों के सूचक के रुप में वाचिक अनुकिया पद्धति (verbal response mode) पर केन्द्रित थे। रोजर्स की सहजीकरण दशाओं (facilitative conditions) के मूल्यांकन के रूप में ये प्रक्रम माप परिवर्तित हो गए।

ऊपर वर्णित किए गए शोधों के परिणाम और प्रथम काल (Generation - I) में प्रक्रम पर होने वाले शोधों मे सन्निहित अभिग्रहों के बीच एक गुप्त-सा तनाव है। अपनी पुस्तक *'Handbook of Psychotherapy and Behaviour Change'* के प्रथम संस्करण में टूएक्स एवं मिशेल (Truax and Mitchell, 1971) ने चिकित्सकों के अन्तर्वैयाक्तिक कौशलों की समीक्षा की है। चिकित्सकों के किसी विशिष्ट कौशल की उनकी समीक्षा परामर्शन और मनोचिकित्सा की प्रभाविता के सामान्य दृष्टिकोण पर आधारित थी। उन्होंने

निष्कर्ष दिया है कि आइजेंक का कथन पूर्ण रूप से सत्य था, कि मनोचिकित्सा प्राप्त करने वाले व्यक्तियों में चिकित्सा न प्राप्त करने वाले व्यक्तियों की तुलना में अधिक सुधार नहीं होता।

इस कारण बाद में होने वाले सभी प्रक्रम शोध इस अभिग्रह पर आधारित होने लगे कि चिकित्सक के विशिष्ट चरों के लिए विशिष्ट कौशल प्रशिक्षण अधिक सहजीकरण (facilitative) दशाएँ उत्पन्न करेगा और चिकित्सा की प्रभाविता में वृद्धि करेगा।

पद्धति परक समस्याएँ *(Methodological Issues)*—रोजर्स के सहयोगियों एवं शिष्यों द्वारा विकसित निरीक्षण पर आधारित मापों के उदाहरण हैं :—

Experiencing Scale (Klen et al., 1970)
Client Vocal Quality Classification scale (Butter et al., 1962)
Accurate Empathy Scale (AES–Truax, 1961)
Barrett-Lennard Relationship Scale (BLRI—Barrett-Lennard, 1962)

इनमें से अन्तिम दो, अर्थात् AES तथा BLRS, इस काल के शोधों में प्रतिनिधि मापक (representative tool) के रूप में दिखाई दी। इन दोनों मापनियों ने चिकित्सकीय सम्बन्धों और उसके घटकों के अनुसन्धान हेतु प्रमुख उपकरण के रूप में कार्य किया। ये अध्ययन प्रथम काल (Generation-I) में प्रारंभ हुए और द्वितीय काल (Generation-II) तक विस्तृत हुए।

प्रथम काल के शोधों में एक मानक उपागम अपनाया गया। इस उपागम के अनुसार चिकित्सा सत्रों से व्यवस्थित अथवा यादृच्छिक रूप से कुछ खण्डों (sections) का चयन कर लिया जाता था। व्यवास्थित रूप से (systematically) चिकित्सा सत्र के खण्डों का चयन करने के लिए 5 मिनट के तीन खण्ड (उदाहरण के लिए 15 - 19, 30 - 34, और 45 - 49 मिनट) लिए जा सकते हैं। इन खण्डों के चयन को प्रतिनिध्यात्मक माना जा सकता है। अधिकांश अध्ययनों में चिकित्सा सत्र के खण्डों का चयन यादृच्छिक रूप से (randomly) किया गया है।

यह उपागम प्रथम काल के शोध को प्रदर्शित करता है क्योंकि इस पर एकरूपता सम्बन्धी विश्वास (uiformity myth) की मुहर लगी हुई थी, जो यह मानता है कि क्लायंट्स, चिकित्सक और इनसे सम्बन्धित सत्रों मे एकरूपता होती है, विचलन (fluctuation) नहीं होता।

यादृच्छिक रूप से समय प्रतिदर्श चुनने का अभ्युपगम (strategy) यह स्वीकार करता है कि एक विशेष चिकित्सकीय प्रक्रम के अध्ययन हेतु एक समय खण्ड उतना ही बेहतर है, जितना कि दूसरा। इस उपागम का रोजर्स ने अनुमोदन किया है। उसने बताया कि किसी दिए गए साक्षात्कार के छोटे प्रतिदर्श (उदाहरण) के लिए 2 से लेकर 5 मिनट तक के तीन प्रतिदर्श अनुसंधान हेतु आधार प्रदान करने के लिए पर्याप्त हैं।

इस काल में परिणामों के साथ सहजीकरण दशाओं को जोड़ने के लिए इन्द्रियानुभविक आधार स्थापित करने के लिए अधिकांश शोध प्रयास किए गए। इनमें प्रयुक्त शोध पद्धतियों के सम्बन्ध में कई प्रश्न उठे, जिनसे स्वयं परिणामों की वैधता कम हुई।

वास्तविक परिणाम (substansive findings) इस प्रारम्भिक काल में हुए शोधों के उदाहरणों में प्रमुख है रोजर्स एवं डायमंड (Rogers & Dymond, 1954) द्वारा किए गए अध्ययन, जिसमें उन्होंने अपनी इस धारणा के समर्थन में साक्ष्य प्राप्त किए कि 'स्व प्रत्यक्षीकरण

में सुधार' के साथ ही 'उत्तम परिणाम' सम्बद्ध होता है। अन्य अध्ययन ह्वाइट हार्न एवं बेज (Whitehorn & Betz, 1954) द्वारा किए गए हैं। चिकित्सकों का (retrospective) अध्ययन करके उन्होंने पाया कि वे चिकित्सक, जो मनोविदलता के रोगियों के साथ कार्य करने में सफल थे, गर्मजोश थे और रोगियों से व्यक्तिगत तरीके से बातचीत करते थे। रोजर्स एवं अन्य (1967) ने विस्कोन्सिन विश्वविद्यालय में मनोविदलता के रोगियों के एक समूह के साथ चिकित्सकीय दशाओं पर किए गए अपने अध्ययन में भी ऐसे ही परिणाम प्राप्त किए। यह अध्ययन रोजर्स (1957)के ही एक शोध पत्र 'The necessary and sufficient conditions for change' के प्रकाशन से प्रेरित था। विस्कोन्सिन परियोजना मनोविदलता के रोगियो पर की जाने वाली वृहद् इन्द्रियानुभविक अनुसंधान योजना थी।

इसी समय टूएक्स एवं कार्क हफ (Truax & Carkhuff, 1967) ने एक पुस्तक प्रकाशित की जिसमें विस्कोन्सिन के प्रदत्तों में से कुछ का टूएक्स द्वारा रूपान्तरण किया गया। कुछ अन्य अध्ययन भी हुए जिन्होंने 'धनात्मक परिणाम' को सहजीकरण की दशाओं के कार्यों के विकास के साथ सम्बद्ध किया (कार्क हफ एवं बेरेन्सन, 1967)। इसके साथ ही टूएक्स एवं मिशेल की पुस्तक *'Hand book of Psychotherapy and Behaviour Change'* के प्रथम संस्करण में एक प्रमुख समीक्षा भी की गई। इस समीक्षा में एकरूपता (क्लायंट, चिकित्सक और सम्बन्धित सत्रों में) सम्बन्धी त्रुटि को रेखांकित किया गया। चिकित्सक सम्बन्धी कारक और मनोचिकित्सा प्रक्रम को समझने में उनकी भूमिका के सम्बन्ध में व्याख्या/विवेचना करते हुए टूएक्स एवं मिशेल ने बताया कि न तो चिकित्सक ही एक रूप होते हैं और न ही उनके विशिष्ट चर। अतः चिकित्सकों की विशेषताओं से सम्बन्धित यदि सभी नहीं तो अधिकांश शोधों को पुनः किए जाने की आवश्यकता है।

समीक्षा *(Comment)*

इस काल के शोधों का एक प्रमुख परिणाम था, यह प्रदर्शित करना कि मनोचिकित्सा के जटिल वैयाक्तिक गोचर को किस प्रकार व्यक्तिगत परामर्शन कक्ष से बिना गोचर को नुकसान पहुँचाए निकाल कर वैज्ञानिक अध्ययन के दायरे में लाया जा सकता है। इस प्रकार यह दृष्टिकोण विकसित हुआ कि मनोचिकित्सकीय प्रक्रम के किसी भी पक्ष का मापन किया जा सकता है। प्रक्रम सम्बन्धी अध्ययनों के परिणाम काफी आशावादी रहे, किन्तु कुछ प्रश्न शोध किए जाने के तरीकों पर उठाए गए।

द्वितीय काल, 1960 - 1980 : प्रक्रम तथा परिणाम शोधों में विशिष्टता *(Generation-II, 1960-1980 : Specificity in Outcome and Process Research)*

चिकित्सक, क्लायंट्स तथा चिकित्सा सत्रों में एकरूपता सम्बन्धी विश्वास (uniformity myth) के प्रत्युत्तर में हुए शोधों से इस काल (Generation-II) का प्रारंभ हुआ। उस समय यह मिथ्या विश्वास था कि किसी विशिष्ट हस्तक्षेप के प्रति सभी क्लायंट्स एक समान ही प्रतिक्रिया देते हैं। दूसरे शब्दों में, क्लायंट्स, चिकित्सक तथा स्वयं चिकित्सा के सम्बन्ध में विभिन्नताओं पर कोई ध्यान नहीं दिया गया था। इस परिस्थिति की प्रतिक्रिया में इस पूरे काल का एक आद्यरूप प्रश्न पॉल (Paul, 1967) ने उठाया, "कौन-सा उपचार, किसके द्वारा, किन परिस्थितियों के अन्तर्गत, उस विशेष समस्या वाले इस व्यक्ति को दिया जाना सर्वाधिक प्रभावी है?

"What treatment, by whom, is most effective for this individual with that specific problem and under which set of circumstances."

स्पष्ट है कि यह शोध के क्षेत्र में एक महत्त्वपूर्ण और तार्किक कदम था, जो सर्वाधिक प्रभावी उपचार के मुद्दे से सम्बन्धित था।

रोजर्स के सिद्धान्त एवं शोध कार्य में क्लायंट्स के बीच भिन्नताओं पर बहुत कम ध्यान दिया गया। मनोचिकित्सा की प्रभाविता है अथवा नहीं, यह प्रश्न सबसे सरलतम माना गया अर्थात् मनोचिकित्सा की प्रभाविता सर्व स्वीकार्य थी, किन्तु मनोचिकित्सा का प्रक्रम एवं परिणाम क्लायंट्स, चिकित्सकों तथा चिकित्सा विधियों के साथ-साथ परिवर्तित होते हुए देखे गए। द्वितीय काल (Generation-II) के शोध 1960 के दशक में प्रारम्भ हुए और 1980 के दशक में अपनी पराकाष्ठा पर पहुँचे। इस काल में प्रक्रम शोध (process research) तथा परिणाम-शोध (outcome research) दोनों ही हुए और दोनों का ही मुख्य बिन्दु था—विशिष्टता (speciefticity)।

1. विभेदनकारी उपागमों की तुलनात्मक प्रभावशीलता (*The comparative efficacy of differing approaches*)

संदर्भ (*Context*)—एक बार मनोचिकित्सा की समग्र प्रभावशीलता के निर्धारण करने की सामान्य विषय-वस्तु (theme) की स्थापना हो जाने के बाद विभिन्न घटकों का उल्लेख करने वाली पॉल (Paul, 1967) की मैट्रिक्स ने शोधकर्त्ताओ को विभिन्न प्रकार के हस्तक्षेपों पर अधिक ध्यान केन्द्रित करने को बाध्य किया। इसके साथ ही, 1960 के दशक में नैदानिक मनोविज्ञान में व्यवहार चिकित्सा की अत्यन्त तीव्र गति से प्रगति हुई। इससे यह तार्किक प्रश्न उत्पन्न हुआ कि क्या ये नवीन चिकित्सा पद्धतियाँ, गत्यात्मक उन्मुखता वाली वाचिक चिकित्सा पद्धतियों से ज्यादा प्रभावी हैं। इस प्रश्न के उत्तर में किए जाने वाले शोधों ने अभिकल्पों, मापों, परिणामी आँकड़ों के विश्लेषणों तथा सांख्यिकीय उद्देश्यों से सम्बन्धित कई पद्धतिपरक प्रश्नों को उठाया, जिन्हें आगामी पंक्तियों में वर्णित किया जा रहा है।

पद्धति परक समस्याएँ (*Methodological Issues*)

1. अभिकल्प (*Design*)—उपर्युक्त प्रश्न के अध्ययन हेतु सामान्य तौर पर अपनाया जाने वाला अभिकल्प 'तुलनात्मक परिणाम प्रयास' (comparative outcome trial) के नाम से जाना जाता है। इस अभिकल्प का लाभ यह है कि इनमे वह शक्ति होती है जो यह सुनिश्चित कर सके कि दो अथवा अधिक दशाओं की कोई माँग विशेषताएँ (demand characteristics) काफी सीमा तक समान है। यह अभिकल्प यह भी सुनिश्चित करता है कि प्लैसिबो प्रभाव नियंत्रित हो गए हैं क्योंकि ये दोनो दशाओं में उपस्थित रहते हैं। इस प्रकार, दोनों दशाओं में जो अन्तर पाया जायगा वह केवल उन दशाओं की तकनीकी भिन्नता तक ही सीमित होगा। यद्यपि यह एक माना जाने योग्य तर्क है और बहुत से अध्ययनो के लिए तार्किक आधार का भी कार्य कर चुका है, किन्तु मात्रात्मक उपागम के अन्य समर्थकों का यह दृढ़ विचार है कि इन अध्ययनों में एक 'नियंत्रिक दशा' अवश्य होनी चाहिए (काज़दीन, Kazdin, 1994)।

इस काल में किए गए अध्ययन, प्रथम काल के अध्ययनों से सीख ले कर किए गए और अपेक्षाकृत अधिक मिश्रित प्रकार के थे। इन अध्ययनों में कितनी जटिलता निहित थी, इसका परिचय एक प्रमुख तुलनात्मक परिणाम अध्ययन के अभिकल्प की रूपरेखा द्वारा दिया जा रहा है।

National Institute of Mental Health Treatment of Depresssion Collaborative Research Program (NIMH. TDCRP) अब तक हुए वृहद अध्ययनों में से एक है। यह एल्किन एवं अन्य (Elkin et al. 1989), तथा एल्किन (Elkin, 1994) द्वारा सम्पादित किया गया। इस अभिकल्प में तीन शोध स्थलों को लिया गया जिसमें 250 क्लायंट्स को यादृच्छिक रूप से चार उपचार दशाओं में आवंटित किया गया। इन चार उपचार दशाओं में से दो मनोचिकित्साओं की थीं जिनके अध्ययन में शोधकर्त्ताओं की प्रमुख रुचि थी। ये मनोचिकित्साएँ थीं :—

1. संज्ञानात्मक व्यवहार चिकित्सा (Cognitive Behaviour Therapy—CBT)
2. अन्तर्वैयक्तिक मनोचिकित्सा (Interpersonal Psychothrapy—IPT)

एक मानक संदर्भ दशा प्रदान करने के लिए जो तीसरी दशा ली गई वह थी—

3. इमिप्रैमाइन एवं नैदानिक प्रबंधन (Imipramine plus Clinical Management IMI–CM)

चौथी ओर अन्तिम दशा नकली उपचार समूह (प्लैसिबो) दशा थी जिसे पहले केवल औषधि दशा को नियंत्रित करने के लिए प्रयुक्त किया गया था। लेकिन उससे दोनों मनोचिकित्साओं का भी थोड़ा बहुत (imperfect) नियंत्रण हुआ।

4. प्लैसिबो (नकली उपचार समूह) एवं नैदानिक प्रबंधन (Placibo plus Clinical Management, PLA–CM).

इस अभिकल्प में दो अलग-अलग मनोचिकित्साओं के लिए दो अलग-अलग चिकित्सक प्रयुक्त किए गए। इसे नेस्टेड अभिकल्प (nested design) कहा गया, जिसमें चिकित्सक सभी प्रकार के उपचार देने के बजाय केवल एक विशेष उपचार ही प्रदान करता था। उपचार प्रदान करने के तरीके प्रशिक्षण मैनुअल में अभिलिखित थे। चिकित्सा के इन प्रलेखों (protocols) के प्रति चिकित्सक की रुचि एवं लगन की जाँच करने के लिए उसके द्वारा दी गई चिकित्सा का अध्ययन किया गया। यह एक ऐसे शोध का उदाहरण है जिसमें एक स्तर के नियंत्रण तथा प्रदान की गई चिकित्सा के सजग देखभाल/अनुश्रवण (monitoring) की आवश्यकता थी, जो अधिक स्वाभाविक परिस्थिति में नहीं सम्भव हो पाता। यह एक ऐसा प्रक्रम भी है जो परामर्शन मनोविज्ञान के दर्शन के साथ असहज है।

चूँकि इसमें दोनों मनोचिकित्साएँ सक्रिय हैं, अर्थात् मनोवैज्ञानिक प्रकार्यों पर इन दोनो का धनात्मक प्रभाव अपेक्षित है, अतः प्रभाव आकार (effect size, ES) पर्याप्त रूप से छोटा होने की संभावना है। दूसरे शब्दों में कहा जा सकता है कि इस अध्ययन में प्रभाव आकार (ES) उन अध्ययनों से अपेक्षाकृत कम होगा जिनमें 'उपचार' एवं 'उपचार रहित' दशाओं की तुलना की जाती है। ऐसी स्थिति में दोनों समूहों में कोई अन्तर संज्ञापित किया जा सके इसके लिए प्रतिदर्श की संख्या बड़ी होनी चाहिए। वांछित संसाधनों की दृष्टि से दो अथवा अधिक सक्रिय चिकित्सा पद्धतियों के वैषम्य (तुलनात्मक) अध्ययन को संचालित करना अत्यन्त कठिन है।

2. माप (*Measures*)—प्रयुक्त किये जाने वाले मापों की मनोमितीय विशेषताओं को जानना शोधकर्त्ता के लिए अत्यन्त आवश्यक है। इन विशेषताओं में सर्वाधिक महत्त्वपूर्ण विशेषताएँ विश्वसनीयता एवं वैधता की है।

माप दो में से किसी एक मूलभूत केन्द्रीय अभिग्रह पर आधारित होते है—समष्टिवादी (nomothetic) अथवा व्यष्टिवादी (idiographic)। समष्टिवादी माप अपरिवर्तनशील

एकांशों (items) वाले होते हैं जिनका मानकीकरण एक वृहद प्रतिदर्श पर किया गया होता है और जिनके साथ स्थिर मानक जुड़े रहते हैं। अर्थात् समष्टिवादी माप बड़ी जनसंख्या हेतु मानकीकृत होते हैं और उस जनसंख्या पर सामान्य रूप से प्रयुक्त किए जा सकते है। व्यष्टिवादी माप, जैसा कि नाम से ही स्पष्ट है किसी एक व्यक्ति से सम्बन्धित होते है। व्यष्टिवादी माप क्लायंट के अपूर्व संदर्भ के ढाँचे(unique frame of reference)से उत्पन्न होते है और उस विशेष क्लायंट के लिए ही होते है। व्यष्टिवादी परिप्रेक्ष्य ऐसा परिप्रेक्ष्य है जो परामर्शन मनोविज्ञान में व्यक्ति की केन्द्रीय भूमिका के विचार के अनुरूप है।

अध्ययन के परिणाम का मूल्यांकन तीन दृष्टिकोणों से हो सकता है—क्लायंट, परामर्शदाता और एक तृतीय दल (third party)। व्यक्तियों को सहायता पहुँचाने वाले अन्य प्रोफेशन्स के विपरीत परामर्शन मनोविज्ञान क्लायंट द्वारा अनुभव किए गए परिवर्तन के बारे में क्लायंट के ही परिप्रेक्ष्य को प्राप्त करने की आकांक्षा रखता है।

वास्तविक परिणाम *(substantive findings)* स्टाइलेस एवं अन्य (Stiles et al., 1986) के प्रश्न कि 'क्या सभी मनोचिकित्साएँ एक समान है' के उत्तर में बर्जिन एवं गरफील्ड (Bergin and Garfield, 1994) ने द्वितीय काल (Generation - II) के शोधों का सारांश प्रस्तुत करते हुए बताया कि अधिकांश अध्ययनों में एक ही रोग/लक्षण के लिए विविध चिकित्सा उपागम अपनाए जाने पर प्रभावशीलता में अन्तर नहीं पाया गया है। उन्होंने बताया कि परिणामों की संभावित समतुल्यता (equivalence) को तीन तरीकों से समझा जा सकता है :—

(i) पहला तरीका पद्धति परक है। यदि शोध पद्धति में कठोरता (stringency) का अभाव हो, तो समतुल्यता को प्राप्त किया जा सकता है।

(ii) विभिन्न उपचार पद्धतियाँ समान कारको के प्रभाव के कारण भी समतुल्य हो सकती हैं और,

(iii) समतुल्यता को समझने का तीसरा तरीका अन्तर संज्ञापित करने हेतु नये शोध अभ्युपगमों (strategies) के उपयोग से सम्बन्धित है।

NIMH–TDCRP द्वारा सर्वाधिक कठोर शोध अभिकल्पों में से एक को अपनाया गया था, इस प्रकार अव्यक्त रूप से ऊपर वर्णित तरीकों में से प्रथम को प्रयुक्त किया गया। प्रयुक्त की गई चार दशाओं में से IMI–CM दशा में क्लायंट्स में सबसे अधिक सुधार हुआ, PLA–CM दशा में क्लायंट्स में सबसे कम सुधार हुआ और जो दो मनोचिकित्सा की दशाएँ थी, उनमें सुधार की मात्रा उपर्युक्त दोनों दशाओं के बीच के स्तर थी किन्तु IMI–CM दशा के लगभग करीब थी। पाए जाने वाले अन्तर वृहद नहीं थे। वस्तुतः दोनों मनोचिकित्सकीय दशाओं के बीच अन्तर नहीं था और किसी भी मनोचिकित्सकीय दशा और IMI–CM दशा में अन्तर नहीं था। प्लैसिबो दशा एवं IPT दशा में केवल एक स्थान पर अन्तर पाया गया, जो IPT दशा के क्लायंट्स के निम्न प्राप्तांकों को प्रदर्शित करता था, किन्तु CBT और प्लैसिबो दशा में अन्तर नहीं पाया गया।

एक अन्य अध्ययन यू॰ के॰ में शैपिरो एवं अन्य (Shapiro et at., 1994) द्वारा किया गया जिसमें संज्ञानात्मक-व्यवहारात्मक (cognitive behavioural, CB) एवं मनोगत्यात्मक अन्तर्वैयक्तिक (psychodynamic interpersonal, PI) चिकित्सा पद्धतियों की तुलना दो अवधियों—8 सत्रों और 16 सत्रों में की गई। पाया गया कि PI की तुलना में CB कुछ बेहतर थी लेकिन केवल एक ही माप पर। वह माप थी—बेक्क अवसाद

प्रश्नावली (Beck Depression Scale - Beck et al. 1961)। अन्य किसी भी माप पर अन्तर नहीं पाया गया। इस प्रकार CB की श्रेष्ठता केवल एक माप तक ही सीमित थी। रोग की गहनता (severity) एवं चिकित्सा अवधि की अन्तर्क्रिया का सार्थक प्रभाव पाया गया। यह पाया गया कि उच्च अवसाद के रोगियों ने 8 सत्रों की तुलना में 16 सत्रों में बेहतर प्रदर्शन किया। एक वर्ष पश्चात् किए गए अनुवर्ती (follow-up) अध्ययन में शैपिरो एवं अन्य (1995) ने पाया कि अन्य तीन दशाओं 8 CB, 16 CB तथा 16 PI की तुलना में 8PI दशा के क्लायंट्स का सुधार अपेक्षाकृत कम था।

वैम्पोल्ड एवं अन्य (Wampold et al., 1997) द्वारा किए गए मेटा-विश्लेषण से भी सभी मनोचिकित्साओं की समतुल्यता का सत्यापन होता है। इस अध्ययन में उन्होंने पाया कि सबसे उदार अभिग्रहो की दशा में भी वास्तविक अन्तरों का प्रभाव आकार 0.20 से कम था, जिसे लघु प्रभाव कहा जायगा। यह परिणाम पूर्व में प्रयुक्त प्रक्रमों की तुलना में अधिक कठोर प्रक्रमों के उपयोग से प्राप्त हुआ था। उदाहरण के लिए, इस मेटा-विश्लेषण में केवल उन्हीं अध्ययनों को सम्मिलित किया गया जिनमें विविध उपचारों के बीच प्रत्यक्ष अन्तर्अध्ययन (within study) तुलना की जा सकती थी।

इन अध्ययनों से इस विचार की पुष्टि हुई कि 'तकनीकी रूप से भिन्न चिकित्सा पद्धतियों के परिणाम एक समान होते हैं।' इस निष्कर्ष को 'समतुल्यता विरोधाभास (equivalence paradox) कहा गया (स्टाइलेस एवं अन्य, 1986)। यह अविवादित है कि प्रायः एक चिकित्सा पद्धति — संज्ञानात्मक व्यवहारात्मक (CB) को अधिक उपयोगी/ लाभकारी बताया जाता है, किन्तु महत्त्वपूर्ण यह है कि उस लाभकारी प्रभाव का आकार अत्यन्त छोटा होता है। यह छोटा-सा लाभकारी प्रभाव किस प्रकार नैदानिक प्रस्थिति अथवा मनोवैज्ञानिक स्वास्थ्य के रूप में दिखता है, स्पष्ट नहीं है।

समीक्षा (*Comment*)

इस काल के शोधों पर निर्णयात्मक समीक्षा या टिप्पणी करना अत्यन्त कठिन है। विशिष्ट विभेदनकारी प्रभावों को प्राप्त करने की असफलता को एक पूरे काल (generation) के शोध कार्य का निम्नस्तरीय परिणाम मानते हुए कुछ लोग यह तर्क दे सकते हैं कि इस काल के अध्ययनों से कुछ भी प्राप्त नहीं हुआ। इन अध्ययनों को करने में लगे हुए विशाल वित्तीय मूल्य को देखते हुए इस प्रकार की निराशा एक स्तर तक समझी जाने योग्य है। एक अन्य दृष्टिकोण यह है कि इस काल में हुए शोधों के पूर्ण परिणामों को अच्छी तरह समझा नहीं गया है, इनमें अभी और विशिष्टीकरण (specificity) की आवश्यकता है। यह स्पष्ट है कि यह विशिष्टीकरण ऊपर वर्णित अध्ययनों के समान वृहद अध्ययनों (large scale studies) को पुनः करके नहीं आने वाला है।

इस काल में हुए अध्ययनों का जो विशेष परिणाम समतुल्यता-विपर्यय (equivalence paradox) के रूप में मिला उसकी उपेक्षा नहीं की जा सकती। तकनीकी रूप से भिन्न-भिन्न चिकित्सा पद्धतियों के एक समान परिणाम प्राप्त होते हैं, यह इस काल के अध्ययनों का रेखांकित किया जाने वाला परिणाम था। हम यह भी विस्मृत नहीं कर सकते कि इन अध्ययनों में 'सक्रिय' चिकित्साओं ने सदैव प्लैसिबो दशाओं से बेहतर निष्पादन दिखाया, किन्तु दोनो दशाओं में पाया जाने वाला अन्तर सांख्यिकीय रूप से सार्थक होने के बजाय अंकगणितीय था।

2. सहजीकरण दशाओं का परिणामों में योगदान (*The Contribution of Facilitative Conditions to Outcome*)

संदर्भ (*Context*)

प्रक्रम शोधों का आधार था चिकित्सा/परामर्शन सत्रों की रिकार्डिंग। द्वितीय काल में सहजीकरण दशाओं जैसे, परानुभूति, गर्मजोशी एवं विशुद्धता की खोज में किए गए कार्यों का इसमें प्रभुत्व रहा। एक सैद्धान्तिक आधार से जन्मा, निरीक्षाणात्मक और आत्मविवरण मापों को प्रयुक्त करने वाला यह एक तार्किक चरण था।

पद्धति (*Methodology*)—प्रथम काल के प्रक्रम शोधों में एक बड़ी भारी कमी थी—विशिष्ट परिणामों की पुनरावृत्ति किए जाने का अभाव। इसके कारण एकरूपता (क्लायंट, चिकित्सा पद्धति एवं चिकित्सा) के मिथ्या विश्वास के विरोध में विशिष्टताओं की खोज प्रारंभ हुई। प्रक्रम शोधों में कठोर प्रतीत होने वाले तथा उपयुक्त शोध अभिकल्पों के माध्यम से वस्तुनिष्ठता अपनाई जाने लगी। प्रथम काल के अध्ययनों में समय प्रतिदर्शों के लिए यादृच्छिकीकरण की विधि अपनाई जाती थी, द्वितीय काल में 'समय प्रतिदर्श' का स्थान 'सत्र' ने लिया। 'इसके पीछे कारण था यह प्रश्न कि 'क्या चिकित्सकों की कुशलता में सभी समयों पर स्थायित्व पाया जाता हैं?, यह प्रश्न कार्ल एवं एबेल्स (Karl and Abeles, 1969) द्वारा उठाया गया था। उन्होंने देखा कि जब सत्रों की टेपरिकार्डिंग से कोई 5 खण्ड (5 से 10 मिनट वाले) चुने जाते थे तो उनमें चिकित्सकों के मापों पर (चिकित्सक की कुशलता से सम्बन्धित) सार्थक अन्तर पाया जाता था।

गरमैन (Gurman, 1973) ने भी एक-खण्ड प्रतिदर्श (single segment sampling) नीति को आलोचना की है। उसने दस मिनट वाले पाँच क्रमिक खण्डों में से प्रत्येक के प्राथमिक चार मिनटों के दौरान उच्च एवं निम्न सहजीकरण वाले चिकित्सकों को लिया और पाया कि एक ही सत्र के अन्तर्गत (within the session) तथा एक सत्र से दूसरे सत्र में (across the session) चिकित्सकों के सहजीकरण का सापेक्षिक स्तर परिवर्तनशील रहता है।

इस प्रकार सहजीकरण दशाएँ रोजर्स के सिद्धांत के आधार पर प्रत्याशित सहजीकरण दशाओं के अधिक समान/संगत नहीं हैं। इस स्थिति ने गरमैन (Gurman, 1973, 1977) की परानुभूतिक विशिष्टीकरण परिकल्पना (Empathetic Specificily Hypothesis) को जन्म दिया। इस परिकल्पना के अनुसार क्लायंट के लिए महत्त्वपूर्ण समस्याओं/मुद्दों पर कार्य करने के स्तर की तुलना में चिकित्सक की सम्पूर्ण सहजीकरण क्षमता द्वारा परिणामों के बारे में कम अनुमान लगाया जा सकता है।

वास्तविक परिणाम (*Substantive Finding*)—द्वितीय काल के प्रक्रम शोध का मुख्य समय 1970 का दशक था। टूएक्स एवं मिशेल (1971) द्वारा की गई समीक्षा और मिशेल एवं अन्य (1977) द्वारा की गई समीक्षा में पर्याप्त अन्तर दृष्टिगोचार हुआ। मिशेल एवं अन्य (1977) के अनुसार टूएक्स एवं मिशेल (1977) ने समग्र परिणाम पर ही बहुत ज्यादा ध्यान केन्द्रित किया। परानुभूति एवं परिणाम के बीच पाए जाने वाले संभावित सहसम्बन्धियों पर पर्याप्त ध्यान नहीं दिया गया।

1971 में की गई समीक्षा में यह स्पष्ट किया गया था सहजीकरण दशाएँ मनोचिकित्सा की आवश्यक एवं पर्याप्त दशाएँ हैं और वे अपेक्षाकृत स्थिर होती हैं। इसके विपरीत

(1977) में मिशेल एवं अन्य ने बताया कि अधिकांश आँकड़े/परिणाम परानुभूति जैसे चरो के प्रभाव को न तो अस्वीकार करते हैं और न ही उनका समर्थन करते हैं। इस प्रकार केवल कुछ अध्ययन ऐसे हैं जिनमें सहजीकरण दशाओं और परिणामों (outcome) के बीच सकारात्मक सम्बन्ध पाए गए है जबकि अधिकांश अध्ययनों में इनमें कोई प्रत्यक्ष सम्बन्ध नहीं पाया गया (स्लोने एवं अन्य, Sloane et al. 1975)। अतः सहजीकरण दशाओं की सामान्यता और क्षमता उतनी नहीं थी जितनी कि कभी सोची गई थी (मिशेल एवं अन्य, 1977)।

समीक्षा (*Comment*)

प्रक्रम शोधों में मुख्य रूप से सहजीकरण दशाओं पर ध्यान केन्द्रित किया गया, जो स्वयं में चिकित्सकीय सम्बन्धों के परिवर्ती अध्ययनों का आधार बन गया, किन्तु जैसा कि ओर्लिंस्की एवं रस्सेल (Orlinskey & Russell, 1994) ने पाया कि यह विशिष्ट रुप से इतना दोषपूर्ण था कि 1970 का दशक समाप्त होते होते इससे सम्बन्धित अध्ययन बन्द हो गए। सहजीकरण दशाओं के विषय में संप्रत्ययात्मक आलोचना, साथ ही चिकित्सकीय प्रक्रम के पक्षों के अध्ययन हेतु उपयुक्त मनोवैज्ञानिक विधियों की बढ़ती हुई खोज ने, इस दिशा में होने वाले शोध को उनके अंत तक पहुँचा दिया। सामान्य रूप से कहा जा सकता है कि उभयनिष्ठ/सामान्य तत्वों के अध्ययन से परे उस काल में वैयक्तिक उन्मुखता के विशिष्ट घटकों को निर्धारित करने सम्बन्धी शोधों का प्रचलन प्रारम्भ हुआ।

तृतीय काल, 1970–1990 : मूल्य प्रभाविता एवं पारिवर्तन के मार्ग (*Generation-III, 1970 - 1990 : Cost Effectiveness and Change Pathways*)

इस काल में किए गए शोधों का विस्तार 1977 के दशक से लेकर 1990 के दशक तक है। इस काल के शोध दो विपरीत प्रकार की रुचियों—मूल्य प्रभाविता और परिवर्तन के मार्ग से सम्बन्धित अध्ययनों को समाहित करते हैं। ये दोनों क्षेत्र पिछले दोनों कालो के शोधों के स्वाभाविक विकास से उत्पन्न क्षेत्रों के रूप में देखे जा सकते हैं। मूल्य प्रभाविता प्रथम काल के परिणामी शोधों (outcome researches) का विस्तार है। परिवर्तन के मार्ग द्वितीय काल के प्रक्रम शोध (process research) के विशिष्टीकरण मुद्दे का विस्तार है, हालांकि इसे इसके प्रति प्रतिक्रिया के रूप में भी देखा जा सकता है। इसे प्रसार इस लिए कहा जा सकता है क्योंकि इन अध्ययनों में प्रक्रम शोधों के विशिष्टीकरण की मुहर को सुरक्षित रखा गया और प्रतिक्रिया इसलिए कहा जा सकता है क्योंकि इनमें परिवर्तन के प्रक्रम के शोध पर पुनर्केन्द्रित किया गया।

'समाकलनात्मक' चिकित्सा का स्वरूप (*The nature of integrative therapy*)

संदर्भ (*Context*)—विभिन्न चिकित्सा पद्धतियों के परिणामों की विशद समतुल्यत सम्बन्धी निष्कर्षों से 'समाकलन' के संदर्भ की उत्पत्ति हुई। इसकी उत्पत्ति परामर्शदाताओ की उस आकांक्षा के कारण भी हुई, जिससे वे अपने आपको किसी एक चिकित्सा पद्धति तक ही सीमित नहीं रखना चाहते थे। विभिन्न चिकित्सा पद्धतियों के कौशलो से युक्त होने

पर वे क्लायंट्स द्वारा प्रस्तुत अलग-अलग प्रकार की समस्याओं पर अपने अलग-अलग कौशलों का उपयोग कर सकते थे। चिकित्सकों की उन्मुखता के एक सर्वेक्षण में यह पाया भी गया कि अधिकांश चिकित्सक स्वयं को विभिन्न दर्शनग्राही(eclectic)रूप में वर्णित करते हैं।

यह ध्यान देने योग्य है कि अब इक्लेक्टिक (eclectic) के स्थान पर समाकलन (integration) शब्द का उपयोग अधिक किया जा रहा है। यह बात कुछ उदाहरणों से स्पष्ट हो जायगी।

'Hand book of Eclectic Psychotherapy' (Norcoss, 1986) का नये संस्करण का नाम *'Hand Book of Psychotherapy Integration'* (Norcoss & Goldfried, 1992) हो गया।

'Journal of Integrative and Eclectic Psychotherapy' नामक शोध पत्रिका का नाम बदल कर 'Journal of Psychotherapy Integration' हो गया।

पद्धति परक समस्याएँ *(Methodological issues)*—समाकलनात्मक चिकित्सा पद्धतियों के मूल्यांकन से सम्बन्धित पद्धतिपरक समस्याएँ वें ही हैं जिन्हें पूर्व में विवेचित किया जा चुका है।**अभिकल्प की समस्या**प्रभावी रीति से समाकलनात्मक चिकित्सा पद्धति को चिकित्सा पद्धतियों के एक अन्य प्रकार के रूप में व्यवहृत करती है। सबसे महत्त्वपूर्ण समस्या**संप्रत्ययपरक समस्या**है कि क्या समाकलनात्मक पद्धति वास्तव में समाकलनात्मक है अथवा चिकित्सा का कोई अन्य प्रकार है। केवल चिकित्सा पद्धतियों के योग को समाकलनात्मक के रूप मे नहीं देखा जा सकता। संयुक्त चिकित्सा (combined therapy) को समाकलनात्मक चिकित्सा (integrative therapy)से अलग करने वाला तत्त्व है—एक विस्तृत(Overarching)समाकलनात्मक सिद्धान्त की उपस्थिति, जो विभिन्न चिकित्सात्मक उपागमों को एक उच्च स्तर के मॉडल/सिद्धान्त के रूप में आबद्ध करता है।

वास्तविक परिणाम *(Substantive Findings)*—ब्रोकमैन एवं अन्य (Brockman et at., 1987) ने संज्ञानात्मक विश्लेषणात्मक चिकित्सा (cognitive analytical therapy, CAT) की तुलना अल्पकालिक मनोगत्यात्मक चिकित्सा (Psychodynamic therapy) से की और पाया कि CAT अपेक्षाकृत कुछ अधिक प्रभावी थी। हालांकि ये परिणाम CAT के कुछ विशिष्ट मापों पर ही प्राप्त किए गए। सम्पूर्ण माप से तुलना करने पर इसकी प्रभाविता सार्थक रूप से प्रदर्शित नहीं हुई।

शैपिरो एवं अन्य (Shapiro et al., 1992) ने परिप्रेक्ष्य वाली, जैसे संज्ञानात्मक-व्यवहारात्मक (cognitive behavioural) तथा अन्वेषणात्मक, जैसे मनोगत्यात्मक-अन्तर्वैयक्तिक (Psychodynamic–interpersonal) चिकित्सा पद्धतियों को संयुक्त किया। समाकलनात्मक मॉडल एवं क्लायंट की आवश्यकता के बीच तालमेल (matching) रखने की प्रतिक्रिया में इन्होंने इन दोनों चिकित्सा पद्धतियो को पूरी चिकित्सा के दौरान कुछ सीमाओं के साथ बारी-बारी से (alternate) प्रयुक्त किया। इस एक अध्ययन का परिणाम सफल रहा किन्तु इसे दुहराए जाने की आवश्यकता है।

समग्र रूप से यह कहा जा सकता है समाकलनात्मक चिकित्सा पद्धतियों की प्रभाविता में समतुल्यता अथवा श्रेष्ठता के लिए प्रत्यक्ष प्रमाणों का अभाव है। इनके उपयोग के समर्थन में अधिकांश तर्क परिणामों की समतुल्यता के अप्रत्यक्ष आधार पर दिए जाते हैं। साथ ही, यह भी स्पष्ट नहीं है कि बिना अतिरिक्त प्रशिक्षण के किस प्रकार एक विशिष्ट चिकित्सा प्रदान करने से अर्जित कौशलों और विशेषज्ञता का अन्तरण एक-दूसरी अधिक समाकलित विधि में हो जाता है।

समीक्षा ***(Comment)***

समाकलनात्मक चिकित्सा पद्धतियों में तत्कालिक रुचि और इससे सम्बन्धित लेखो/शोधकार्यों का अपना महत्त्व है, किन्तु ये यह नहीं प्रदर्शित करते कि किसी एक चिकित्सा (single brand therapy) की तुलना में समाकलनात्मक चिकित्सा श्रेष्ठ है। ऐसा प्रतीत होता है कि समाकलनात्मक चिकित्सा पद्धति चिकित्सकों को अधिक रुचिकर लगती हैं। यह एक चिकित्सकीय/नैदानिक वरीयता है, श्रेष्ठता का प्रमाण नहीं।

इस क्षेत्र की प्रगति के लिए आवश्यक शोधकार्यों पर केन्द्रित कार्यशाला के उपरान्त भी, कोई इन्द्रियानुभविक कार्य नहीं किया गया (वुल्फे एवं गोल्डफ्रीड, Wolfe & Goldfried, 1988)। निश्चित रूप से इस दिशा में और भी अधिक कार्य किए जाने की आवश्यकता है ताकि समाकलनात्मक पद्धतियों की तुलनात्मक प्रभाविता के स्पष्ट प्रमाण जुटाए जा सकें।

अल्पकालिक एवं दीर्घकालिक परामर्शन की सपेक्षिक प्रभाविता (The Relative Efficacy of Long-term and Short term Counselling)

संदर्भ *(Context)*—अल्पकालिक एवं दीर्घकालिक परामर्शन का विवाद सम्प्रति केन्द्रीय हो गया है, विशेष रूप से उनमें जो मूल्य प्रभावी (cost effective) सेवा प्रदान करने में रुचि रखते हैं। प्राथमिक देखभाल वाले परिदृश्यों (settings) में अल्प से मध्यम स्तर की समस्याओं वाले क्लायंट्स की पहचान करके उन्हें अल्पकालीन हस्तक्षेप प्रदान करने के कार्य के प्रति रुचि बढ़ रही है। इस प्रकार पूर्व में जो प्रश्न हस्तक्षेप की विधि पर केन्द्रित था, अब वह हस्तक्षेप की अवधि पर केन्द्रित हो गया।

पद्धतिपरक समस्याएँ *(Methodlogical Issues)*—किसी व्यक्ति को कितने समय तक हस्तक्षेप प्रदान किया जाय इसका निर्धारण करने के पूर्व मुक्त (open-ended) एवं समयबद्ध (time-limited) हस्तक्षेपों से सम्बन्धित मुद्दों को समझना आवश्यक है। यह स्पष्ट है कि मुक्त हस्तक्षेप दीर्घकालिक होगा और समयबद्ध हस्तक्षेप अल्पकालिक होगा। किन्तु यह सदैव आवश्यक नहीं है। समयबद्ध हस्तक्षेपों वाले अनेक अध्ययनों में 12, 16 अथवा 20 सत्रों का भी उपयोग किया गया है जो सामान्य रुप से प्रयुक्त मुक्त हस्तक्षेपों से अधिक है। इस तरह यदि मुक्त दशा की तुलना समयबद्ध दशा से की जाय तो समयबद्ध दशा वाला क्लायंट अधिक चिकित्सा प्राप्त करेगा।

अध्ययनों की शक्ति एक अन्य पद्धतिपरक समस्या है। बड़े प्रभाव आकार (ES) प्राप्त होने की सम्भावना तभी होती है जब दशाएँ अधिक वैषम्य पूर्ण (contrasting) हो इसलिए अपेक्षाकृत बड़ा प्रभाव आकार तभी प्रत्याशित होगा जब लघु कालिक तथा दीर्घकालिक हस्तक्षेपों की तुलना होगी। व्यतीत हुए समय के नियंत्रण से सम्बन्धित समस्या, इसमें मुख्य होती है। किसी भी तुलना को समान समय पर किया जाना आवश्यक होता है।

किसी चिकित्सा की प्रभाविता का मूल्यांकन करने में सक्षम होने हेतु यह सुनिश्चित करना अत्यन्त आवश्यक है कि क्लायंट को उसकी पर्याप्त खुराक (dose) मिल चुकी है। यह बिन्दु मनोऔषधि विज्ञान से मिलता-जुलता है जिसमें किसी औषधि की प्रभावशीलता तभी निर्धारित की जा सकती है जब यह सुनिश्चित हो जाता है कि उसकी पर्याप्त खुराक दी जा चुकी हैं। दूसरे शब्दों में, यह सुनिश्चित करने की आवश्यकता है कि 'यदि कोई

प्रभाव नहीं' प्राप्त होता है तो इसका तात्पर्य यह न समझा जाय कि प्रभाव उत्पन्न करने लायक मात्रा नहीं दी गई है। खुराक (dose) का प्रत्यय पूर्ण रूप से मेडिकल प्रतीत हो सकता है और परामर्शन मनोविज्ञान के दर्शन के विपरीत लग सकता है, किन्तु यह क्लायंट की आवश्यकताओं और सेवा के संसाधनों के बीच समेलन (match) करने का एक प्रयास है।

वास्तविक परिणाम *(Substantive Findings)*—खुराक-प्रभाव (dose-effect) साहित्य से सम्बन्धित सबसे प्रमुख परिणाम हॉवर्ड एवं अन्य (Howard et al., 1986) के अध्ययनों से प्राप्त हुए हैं जिन्होंने तीस वर्षों के पन्द्रह परिणामी अध्ययनों को एक साथ संयुक्त किया। उन्होंने पाया कि विशिष्ट संख्या के सत्रों के उपरान्त मापनीय प्रगति प्रदर्शित करने वाले क्लायंट्स का प्रतिशत इस प्रकार था—

No of sessions	% of clients showing measurable improvement
1	24
2	30
4	41
8	53
13	62
26	74
52	83
104	90

क्लायंट्स के द्वारा प्राप्त हस्तक्षेप सत्रों की संख्या तथा मापनीय प्रगति प्रदर्शित करने वाले क्लायंट्स के प्रतिशत के बीच के सम्बन्ध को ऋणात्मक रूप से त्वरित वक्र के माध्यम से प्रदर्शित किया जा सकता है। अर्थात् वक्र में त्वरण है किन्तु ऋणात्मक रीति से।

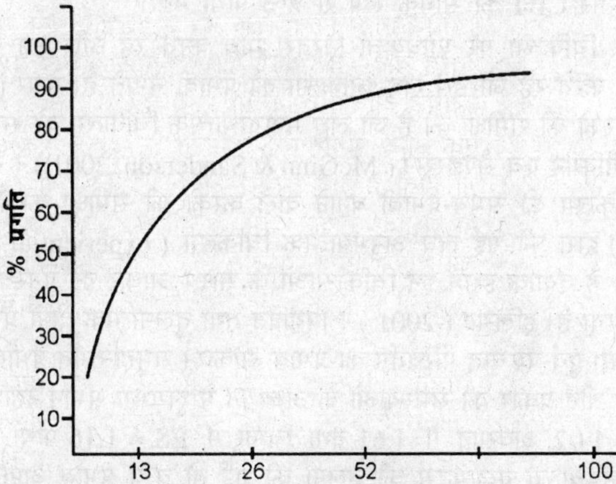

चित्र 7.1 : प्रगति परामर्शन सत्रों की संख्या के प्रकार्य के रूप में

सर्वाधिक प्रगति चिकित्सा के प्रारम्भ में होती है, इसके बाद चिकित्सा सत्र बढ़ाए जाने पर धीमी गति से प्रगति दिखाई पड़ती है।

इन अध्ययनों में लगभग आधे अध्ययनों (7 अध्ययनों) में औसतन 15 या अधिक सत्र प्रयुक्त किए गए थे, जो सामान्य तौर पर बताए गए औसत सत्रों से कहीं अधिक हैं।

हावर्ड एवं अन्य (1986) ने खुराक-प्रभाव (dose-effect) से सम्बन्धित दो प्रकार के वक्र प्राप्त किए। पहला चिकित्सकों द्वारा की गई रेटिंग पर आधारित था और दूसरा क्लायंट्स द्वारा की गई रेटिंग पर। चिकित्सकों द्वारा दी गई रेटिंग से जो वक्र प्राप्त हुआ उससे दीर्घकालिक चिकित्सा को समर्थन मिलता है। इसके विपरीत क्लायंट्स की रेटिंग से प्राप्त आँकड़े यह प्रदर्शित करते हैं कि सर्वाधिक प्रगति/सुधार प्रारंभिक आठ से दस सत्रों के बीच हुआ। लघु चिकित्साओं पर किए गए शोधों का सारांश कॉस एवं शियांग (Koss and Shiang, 1994) ने प्रस्तुत किया है।

मूल्य प्रभाविता (cost-effectiveness) से सम्बन्धित समस्या का अध्ययन अनेक शोधों में किया गया जिसमें अत्यन्त लघु हस्तक्षेप प्रदान किए गए। एक सप्ताह के अन्तर पर दो सत्र और तीन माह पश्चात् एक सत्र चिकित्सा दी गई। यह मॉडल 2+1 (two plus one) चिकित्सा-मॉडल कहलाता है। इस मॉडल का मूल्यांकन एक बड़े यादृच्छिकीकृत नियंत्रित प्रयास में बरखम एवं अन्य (Barkham et al., 1999) द्वारा किया गया, अवलाक्षणिक अवसाद (subsyndromal depression) का अनुभव करने वाले 116 क्लायंट्स को CB अथवा PI चिकित्सा 2 + 1 सत्रों में दी गई। यह चिकित्सा या तो तत्काल दी गई, अथवा चार सप्ताह के बाद। चार सप्ताह बाद जिन्हें चिकित्सा प्रदान की गई, वे नियंत्रित समूह के रूप में कार्य कर रहे थे। जिस समूह को तत्काल हस्तक्षेप दिया गया, उसमें अवसाद एवं तनाव (distress) शीघ्र दूर हुआ किन्तु जब नियंत्रित समूह को भी उपचार दिया गया तो दोनो समूहों में अन्तर नहीं पाया गया। चिकित्सा पद्धतियों की तुलना करने पर, चिकित्सा की समाप्ति पर CB तथा PI के परिणामों में कोई अन्तर नहीं पाया गया, किन्तु एक वर्ष पश्चात् अनुवर्ती अध्ययन (follow up study) करने पर बेक्क अवसाद परिसूची पर CBT को सार्थक रूप से श्रेष्ठ पाया गया।

लघु कालिक चिकित्सा पर शोधकर्त्ता निरंतर शोध करते रहे और उन कारकों की खोज एवं समीक्षा करते रहे जो इस लघु चिकित्सा को प्रभावी बनाते हैं। मेसर (Messer, 2001) ने उन कारको की समीक्षा की है जो लघु मनोगत्यात्मक चिकित्सा को समय-प्रभावी बनाते है, जबकि मैक्गिन एवं सैण्डरसन (McGinn & Sanderson, 2001) ने संज्ञानात्मक व्यवहारात्मक चिकित्सा को समय-प्रभावी बनाने वाले करकों की समीक्षा की है। इलियट (Elliott, 2001) द्वारा की गई लघु अनुभवात्मक चिकित्सा (experiential therapy) की समीक्षा विशेष है क्योंकि इसमें इन चिकित्साओं के साक्ष्य आधार को पुनर्स्थापित करने का प्रयत्न किया गया है। इलियट (2001) ने नियंत्रित तथा तुलनात्मक दोनों प्रकार के 28 अध्ययनों को लिया। पूर्व-पश्चात् परिवर्तन का प्रभाव आकार (समूहान्तर्गत प्रभाव आकार) 1.1 पाया गया जो तीन प्रकार की समस्याओं के अध्ययन में लगभग समान रहा। मनोस्नायु विकारों में ES = 1.02, अवसाद में 1.61 तथा चिन्ता में ES = 1.16 पाया गया। जब उपचारित एवं अनुपचारित क्लायंट्स की तुलना की गई तो बड़ा प्रभाव आकर (ES = 1.14) प्राप्त हुआ। जब अनुभवात्मक और अन-अनुभवात्मक पद्धतियों की तुलना की गई तो प्रभाव आकार बहुत ही सूक्ष्म (ES = –0.04) पाया गया अर्थात् इन पद्धतियों की

प्रभाविता में अत्यन्त अल्प अन्तर था। ये परिणाम यह इंगित करते हैं कि लघु अनुभवात्मक चिकित्साओं के लिए साक्ष्यों के आधार में वृद्धि हो रही हैं।

समीक्षा ***(Comment)***

अध्ययन यह प्रदर्शित करते है कि अधिकांश क्लायंट्स में प्रारंभिक हस्तक्षेप कालों में ही चिकित्सा/परामर्शन का अधिकांश प्रभाव पड़ जाता है, शेष प्रभाव को प्राप्त करने के लिए अपेक्षाकृत काफी अधिक समय की आवश्यकता पड़ती है। बहुत से ऐसे अधिक पीड़ित क्लायंट्स है जिनको तब तक प्रभावी चिकित्सा नहीं प्रदान की जा सकती जब तक चिकित्सकीय सम्बन्ध भली-भाँति स्थापित न हो जाएँ। तात्पर्य यह है कि कुछ क्लायंट्स के लिए लघु, तो कुछ के लिए दीर्घ चिकित्सा उपयुक्त होती है। समस्या है इस बात का निर्धारण करना कि कौन-सी चिकित्सा प्रत्येक क्लायंट के लिए सबसे अच्छी है। अधिक चिकित्सा को अच्छा मानना सदैव सत्य नहीं हैं। सीमित संसाधनों के होते हुए दीर्घ चिकित्सा को तभी प्रयुक्त किया जाना चाहिए जब उन्हें प्रयुक्त किए जाने हेतु पर्याप्त साक्ष्य हो और फिर उनका अपयोग अत्यन्त ही उपयुक्त रीति से करना चाहिए।

प्राथमिक देखभाल केन्द्रों में परामर्शन की प्रभाविता ***(The Efficacy of Counselling in Primary Care Settings)***

संदर्भ *(Context)*—पिछले कुछ वर्षों में, विशेष रूप से इंग्लैंड में प्राथमिक देखभाल केन्द्रों पर प्रदान की जाने वाली सेवाओं पर ध्यान देने की प्रवृत्ति बढ़ी है। इसका कारण था सरकार द्वारा की जाने वाली पहल और विश्वसनीय प्रोफेशनल समूहों की स्थापना, जो विशेष रूप से प्राथमिक देखभाल केन्द्रों में परामर्शन तथा चिकित्सकीय सेवाएँ प्रदान करें; अर्थात् प्राथमिक देखभाल केन्द्रों में परामर्शकों एवं मनोचिकित्सकों को कार्यरत किया गया।

पद्धतिपरक समस्या *(Methodlogical Issues)*—इस विशेष कार्य ने अनेक समस्याओं/प्रश्नों को जन्म दिया जो RCT विधि को किसी विशेष सेवा परिदृश्य (service setting) में प्रयुक्त किए जाने के तरीकों से सम्बन्धित थे। उदाहरण के लिए क्लायंट्स के दृष्टिकोण से समस्या थी, क्लायंट्स की समस्याओं की सीमा/देहली का निर्धारण करना अर्थात् अत्यधिक उच्च स्तर का प्रतिबल (distress) प्रदर्शित करने वाले क्लायंट को स्वीकार न करना, परामर्शदाता के दृष्टिकोण से समस्या थी वास्तविक (bonafide) प्राथमिक देखभाल परामर्शक का उपयोग करना, न कि नैदानिक मनोवैज्ञानिक (clinical psyhologist) का। इस कारण प्राथमिक देखभाल परामर्शकों की व्यावसायिक वृत्ति का विकास हुआ। कठोर पद्धतिपरक समस्याओं की दृष्टि से क्लायंट वरीयता प्रयासों की भूमिका को RCT अभिकल्प के एक सूक्ष्म परिवर्ती के रूप में प्रमुखता दी गई।

वास्तविक परिणाम *(Substantial Findings)*—गाथ एवं मायनोर्स-वालिस (Gath and Mynors-Wallis, 1997) तथा मायनोर्स-वालिस (1996) ने समस्या समाधान उपचार (Problem Solving Treatment—PST) पर अध्ययनों की एक श्रृंखला सम्पन्न की। उन्होंने पाया कि प्राथमिक देखभाल केन्द्रों पर कई प्रकार के प्रोफेशनल्स जैसे मनोचिकित्सक, नर्स आदि के द्वारा PST प्रभावकारी रीति से प्रदान की ज़ा सकती है किन्तु सामान्य उपचार (सामान्य चिकित्सक द्वारा) की तुलना में यह काफी मँहगी होती है।

रोलैन्ड एवं अन्य (Roland et al., 2000) तथा बॉवर एवं अन्य (Bower et. al., 2002) ने प्राथमिक केन्द्रों पर बोनाफाइड प्रोफेशनल्स से मिलने वाले परामर्श की तुलना GP (general practice) देखभाल से की और चार प्रकार के यादृच्छिकीकृत एवं नियंत्रित क्लायंट वरीयता प्रयास प्राप्त किए। उन्होंने पाया कि परामर्श प्राप्त करने वाले क्लायंट्स GP देखभाल प्राप्त करने वाले व्यक्तियों की तुलना में चिकित्सोपरान्त अपने मनोवैज्ञानिक लक्षणों में सार्थक रूप से बेहतर थे (प्रभाव आकार ES = 0.30)।

'The London-Manchester Trial' एक बड़ा परिणामी-अध्ययन था जो इस काल के अध्ययनों का एक दृष्टांत (exempler) है। इसमें अनिर्देशात्मक परामर्शन, CBT एवं सामान्य GP देखभाल की तुलना प्राथमिक केन्द्र में अवसाद के उपचार के सम्बन्ध में की गई। इस अध्ययन में 464 रोगियों ने नियंत्रित प्रयास में भाग लिया जो यादृच्छिकीकरण तथा क्लायंट वरीयता दोनों तरीकों से लिए गए थे। जिस क्लायंट ने जिस चिकित्सा पद्धति को वरीयता दी, उसे उसी पद्धति द्वारा चिकित्सा प्रदान की गई, जिन्होंने कोई वरीयता नहीं दी, उन्हें यादृच्छिक रूप से तीनों में से किसी एक उपचार हेतु चुना गया। कुल 137 रोगियों ने अपनी वरीयता दी, 197 को तीन में से किसी एक चिकित्सा के लिए यादृच्छिक रूप से चुना गया और 130 क्लायंट ऐसे थे जिनकों दो चिकित्साएँ 12 सत्रों तक प्रदान करने के बाद जिसे उन्होंने बेहतर समझा उसमें उन्हें आवंटित कर दिया गया। 4 माह के उपरांत, यद्यपि सभी समूहों में प्रगति पाई गई किन्तु जिन रोगियों ने दो चिकित्साएँ प्राप्त की थी उन्होंने GP देखभाल वाले रोगियों की तुलना में बेक्क अवसाद परिसूची पर बेहतर प्रदर्शन किया। रोचक तथ्य यह पाया गया कि दो चिकित्सा पद्धातियो-अनिर्देशित परामर्शन और CBT में 4 माह बाद कोई अन्तर नहीं पाया गया और एक वर्ष बाद सभी तीनों दशाओं में सार्थक अन्तर नहीं प्राप्त हुआ। मूल्य प्रभाविता का विश्लेषण करके बॉवर एवं अन्य (2000) ने प्रदर्शित किया कि इन तीनों चिकित्सा दशाओं में चार माह (अल्प काल) अथवा 12 माह (दीर्घकाल) गें प्रत्लक्ष मूल्यों, उत्पादन सबंधी हानियों और सामाजिक मूल्यो (societal costs) के बीच कोई अन्तर नहीं था। इससे यह निष्कर्ष निकाला गया कि अल्पकाल 4 माह में दो मनोवैज्ञानिक हस्तक्षेप सार्थक रूप से अधिक मूल्य-प्रभावी थे क्योंकि इसमें बिना किसी अतिरिक्त मूल्य के रोगियों ने बेहतर सुधार प्रदर्शित किया। साथ ही यह भी पाया गया कि सभी मूल्य तथा चिकित्सकीय भिन्नताएँ दीर्घ अवधि (12 माह) के बाद समाप्त हो गई, अर्थात् सभी का प्रभाव एक समान मिला।

समीक्षा *(Comment)*

प्राथमिक देखभाल केन्द्रों/परिदृश्यों (setting) में परामर्शन के सम्बन्ध में शोध करने हेतु अध्ययनों की संख्या में काफी वृद्धि हुई है। चूँकि प्राथमिक देखभाल मुख्य रूप से स्वास्थ्य सेवाएँ प्रदान करती है, अतः ये अध्ययन अत्यन्त ही समयबद्ध थे। साक्ष्य संकलित होने के उपरान्त सेवा सम्बन्धी मुद्दों तथा प्रक्रम मुद्दों पर शोध कार्य हो सकते है।

प्रभावी परिवर्तन मार्गों की पहचान *(Identifying the Effective Pathways)*

संदर्भ *(Context)*—प्रथम काल से द्वितीय काल तक के विकास में प्रक्रम कार्य 'यादृच्छिक खंडों' (random segments) से 'पूर्ण सत्र' तक में परिवर्तित हआ। तृतीय काल में प्रक्रम शोध नैदानिक प्रैक्टिस तथा शोध के बीच एक तारतम्य/सम्बन्ध प्रारम्भ करने से विकसित हुआ। इस काल के शोध के प्रमुख लक्षण बोर्डिन (Bordin, 1979)

के अध्ययन में दिखाई देते है। बोर्डिन का यह अध्ययन 'कार्यकारी संबधों' (working alliances) पर था जिसमें सहजीकरण दशाओं के स्थान पर उभयनिष्ठ कारकों पर बल दिया गया।

शोध पद्धति *(Research Methodology)*—प्रक्रम शोध अत्यन्त समय-साध्य है क्योंकि इसमें सत्रों के अन्दर घटित हाने वाली घटनाओं से ही प्रदत्त निकाले जाते है। इस हेतु दो कार्य किए जा सकते हैं—शोधकर्त्ता या तो सत्र के कुछ घटकों की टेपिंग करे अथवा सत्र के बाद अध्ययन किए जा रहे गोचर की कोई माप प्राप्त करे। प्रथम उपाय सत्रों की टेप रिकॉडिंग करके अधिकांशतः अपनाया जाता है। अधिकतर शोधों में सत्रान्तर्गत होने वाले क्रियाकलापों के अध्ययन हेतु बिना किसी प्रतिदर्श चयन तकनीक का सहारा लिए, कुछ चुने हुए सत्रों को लिया जाता है। शोधकर्त्ता के सम्मुख दो विकल्प होते हैः—

(1) समस्त सत्रों का चयन.

(2) किसी सैद्धान्तिक तार्किक आधार पर कुछ सत्रों का चयन

पहले विकल्प के चयन में यह अभिग्रह होता है कि शोधकर्त्ता समय के साथ-साथ अध्ययन किए जाने वाले गोचर में परिवर्तन को जानने में रूचि रखता है। यह समय-साध्य उपागम अवश्य है किन्तु यह 'परिवर्तन के प्रक्रम' को स्पष्ट करता है।

दूसरा विकल्प किसी विशिष्ट सत्र को चयनित करने के तर्क से सम्बन्धित है। इसे पहले विकल्प के साथ सम्मिलित किया जा सकता है।

उदाहरण के लिए चिकित्सकीय सम्बन्ध के विषय में क्लायंट्स से पूछा जा सकता है कि उस सत्र के बारे में बताएँ जिसमें यह अनुभव हुआ कि चिकित्सक/परामर्शक नें चिकित्सकीय सम्बन्ध के बारे में अच्छा अनुभव करने के लिए कुछ किया हो। क्लायंट्स सत्र के अंत में जो कुछ भी लिख कर दें, उन घटनाओं को एकत्र करके, मात्रात्मक ढंग से उसका विश्लेषण किया जा सकता है।

सत्रों में परामर्शन मनोवैज्ञानिक क्या कहता है, इस विषय पर भी अनेक शोध हुए है। जिनमें कोडिंग की आवश्यकता पड़ती है। वाचिक अनुक्रिया प्रणाली (Verbal Response Modes–VRMs) में भी कई प्रकार के कोडिंग सिस्टम होते हैं। समान आधारों का निर्धारण करने के लिए इलियट एवं अन्य (Elliott et al., 1987) ने छः प्रणालियों की तुलना की। विभिन्न प्रणालियों मे कई बातों में काफी सीमा तक समानता/उभयनिष्ठता पाई गई। उन्होंने पाया कि प्रश्न, सूचना, सलाह, व्याख्या, स्पष्टीकरण तथा स्वप्रकटीकरण (self disclosure) सभी 6 प्रणालियों में उभयनिष्ठ थे, जबकि आश्वासन एवं सामना करना (confrontation) 4 प्रणालियों में उभयनिष्ठ थे। कोई भी प्रणाली प्रयुक्त की जाय, प्रदत्तों को सर्वप्रथम सार्थक इकाइयों में विभाजित करना अनिवार्य है।

प्रक्रम शोधों को सम्पन्न करने में आने वाली समस्याओं का अत्यन्त उपयोगी विवरण हिल (Hill, 1991) तथा लैम्बर्ट एवं हिल (Lambert & Hill, 1994) ने प्रस्तुत किया है। लैम्बर्ट एवं हिल ने प्रक्रम के साथ-साथ परिणाम शोधों को भी सम्मिलित किया है।

प्रक्रम शोधों में वैधता से सम्बन्धित दो प्रकार की समस्याओं को चिह्नित किया गया है—सांख्यिकीय परीक्षणों के अभिग्रहों की अवहेलना तथा त्रुटि-दर।

एक अन्य समस्या जो प्रक्रम शोधों में आती है वह है—कारण का निर्धारण (causality)। प्रक्रम शोध में प्रायोगिक प्रहस्तन की पूर्ण कमी पाई जाती है जिस वजह से कारण-कार्य सम्बन्ध के विषय में शोधकर्त्ता को अत्यन्त सतर्क रहने की आवश्यकता होती है।

वास्तविक परिणाम (*Substantive Findings*)—ओर्लिन्स्की एवं अन्य (Orlinsky et al., 1994) द्वारा मनोचिकित्सा में प्रक्रम तथा परिणाम की समीक्षा ने संभव प्रभावी मार्गों के सम्बन्ध में विशद सामग्री को संक्षिप्त रूप में प्रस्तुत किया गया है। उन्होंने दो-तिहाई अध्ययनों में दो क्षेत्रों– 'रोगी की उपयुक्तता' तथा 'चिकित्सक के कौशल' ('patient suitability' and 'therapist skills') को विशेष रूप से प्रबल पाया क्योंकि इन क्षेत्रों में अध्ययनों से सदैव सार्थक परिणाम मिले। चिकित्सकीय संक्रियाओं को इन्होंने कुल तीन क्षेत्रों में वर्गीकृत किया है :—

— समस्या का प्रस्तुतीकरण
— विशेषज्ञ समझ
— चिकित्सकीय हस्तक्षेप

क्लायंट द्वारा समस्या प्रस्तुतीकरण में संज्ञानात्मक और व्यवहारात्मक प्रक्रम परिणाम से सम्बन्धित होते हैं। विशेषज्ञ समझ क्लायंट की समस्याओं और सत्रों के दौरान उसकी भावात्मक प्रतिक्रियाओं पर ध्यान केन्द्रित करती है। चिकित्सकीय हस्तक्षेप के सम्बन्ध में 'समस्याओं की व्याख्या' और 'अनुभवात्मक रूप से उनका सामना करना' इन दोनों को सबल समर्थन मिला है अर्थात् ये दोनों उपयोगी पाए गए हैं।

अनेक शोधों में VRMs के उपयोग ने यह प्रदर्शित किया है कि चिकित्सक अपनी सैद्धान्तिक उन्मुखता वाली अनुक्रियाओं का ही उपयोग करते हैं। VRM से सम्बन्धित तात्कालिक (सत्रान्तर्गत) परिणामों में अनेक अध्ययनों ने व्याख्या (interpretation) को प्रभावी पाया है (O'Farrell et. al., 1986) जबकि शैपिरो एवं अन्य (1986) ने खोजबीन (exploration), जो व्याख्या और स्पष्टीकरण के बीच की एक प्रतिक्रिया है, को प्रभावी पाया।

चिकित्सक के अभिप्राय (intention) की भूमिका इसमें अत्यन्त महत्त्वपूर्ण है। क्लायंट द्वारा चिकित्सक के अभिप्राय को समझना चिकित्सा की अवस्था (stage) पर निर्भर करता है। प्रारम्भ से मध्य अवस्था तक क्लायंट की यह समझ बढ़ती हैं और फिर कम होने लगती है। इसका कारण है चिकित्सा के विकास के साथ-साथ अभिप्रायों का जटिल होते जाना।

यह पाया गया है कि परिणामों में प्रसरण के लिए अनुक्रिया प्रणाली बहुत ही कम मात्रा में उत्तरदायी हैं। हिल (1989) ने आठ एकाकी केस अध्ययनों का गहन विश्लेषण किया और पाया कि चिकित्सा द्वारा क्लायंट में परिवर्तन आए अथवा नहीं, क्लायंट के व्यक्तित्व, चिकित्सक के व्यक्तित्व एवं उन्मुखता, उपयुक्त चिकित्सकीय सम्बन्ध तथा चिकित्सा से भिन्न अन्य घटनाएँ सभी ने अपना प्रभाव डाला था।

व्याख्याओं की प्रभावशीलता के शोधों का ओरबिन्स्की एवं अन्य (1994) ने सारांश प्रस्तुत किया है। उन्होंने 16 अध्ययनों के 38 परिणानों का उल्लेख किया है जिनमें से 24 परिणाम समग्र परिणाम से धनात्मक रूप से सम्बन्धित हैं, 11 में कोई सम्बन्ध नहीं तथा 3 का ऋणात्मक सम्बन्ध पाया गया। 11 अध्ययनों के 24 परिणाम व्याख्या तथा परिणाम के बीच धनात्मक सम्बन्ध प्रदर्शित करते हैं जिनमें प्रभाव आकार (ES = 0.21) लघु पाया गया।

चिकित्सक द्वारा की गई व्याख्या (interpretation) की शुद्धता के सम्बन्ध में क्रिट्स-क्रिस्टॉफ एवं अन्य (Crits-Christoph et al., 1988) ने अध्ययन किया और पाया कि व्याख्या की शुद्धता से परिणाम का सर्वश्रेष्ठ अनुमान लगाया जा सकता है।

सत्रों के दौरान सबसे अधिक और सबसे कम सहायक 'घटना' (event) को चुनने की योजना ने मात्रात्मक और गुणात्मक शोध के बीच सेतु का कार्य किया। क्लायंट्स द्वारा सर्वाधिक सहायक के रूप में समस्या समाधान, जागरूकता तथा आश्वासन को बताया

गया, जबकि सबसे कम सहायक के रुप में अवांछित विचारों को बताया गया। इससे यह भी स्पष्ट होता है कि क्लायंट और चिकित्सक के परिप्रेक्ष्य भिन्न-भिन्न होते हैं। क्लायंट जिसे सबसे कम सहायक समझता है, चिकित्सक उन्ही अवांछित विचारों को क्लायंट के मनोवैज्ञानिक स्वास्थ्य की ओर बढ़ने की दिशा में एक आवश्यक अवस्था मानता है।

समीक्षा (*Comment*)

इस क्षेत्र के शोधों में अधिक तकनीकी तथा मात्रात्मक शोध प्रयास किए गए। विशिष्ट तकनीकों के मूल्यांकन में शोधकर्त्ताओं के विरोधी दृष्टिकोण भी देखे गए। उदाहरण के लिए व्याख्या (interpretation) के सम्बन्ध में शोधकर्त्ताओं ने विरोधी मूल्यांकन दिए हैं। वस्तुतः इस क्षेत्र में मात्रात्मक एवं गुणात्मक दोनों प्रकार के शोधों को संयुक्त करना अधिक उपयुक्त होगा।

विशिष्ट तथा सामान्य कारकों का योगदान और उनकी भूमिका के सम्बन्ध में अभी भी विवाद बना हुआ है, इसे 'मनोचिकित्सा का महान विवाद' (The great psychotherapy debate) का नाम दिया गया है।

चिकित्सकीय सम्बन्ध की भूमिका की स्थापना (*Establishing the Role of the Therapeutic Alliance*)

संदर्भ (*Context*)

संदर्भ (*Context*)—प्रक्रम शोध सामान्य कारकों और विशिष्ट तकनीकों में द्विविभाजित ((dichotomous) है। जैसा कि ऊपर वर्णित किया गया है शोधकर्त्ताओं की रुचि सहजीकरण दशाओं से हटकर चिकित्सकीय सम्बन्धों के अध्ययन की ओर जागृत हुई। सहजीकरण दशाओं को परिवर्तन की सम्भव प्रक्रिया के रूप में देखा गया था, किन्तु चिकित्सकीय सम्बन्ध को एक ऐसी प्रक्रिया (mechanism) के रूप में देखा गया जो क्लायंट को चिकित्सा में बने रहने और उसका पालन करने में समर्थ बनाती है।

पद्धति परक समस्याएँ (*Methodological Issues*)—इस क्षेत्र के अध्ययनों से अनेक ऐसे मापों का विकास हुआ जो क्लायंट-परामर्शक के सम्बन्ध का अध्ययन कर सकें। इस हेतु प्रारंभ में working alliance inventory (WAI; Horvath and Greenberg, 1989) तथा CAL ifornia Psychotheraphy Alliance Scale (CALPAS; Gaston, 1991) का उपयोग किया। किन्तु सम्बन्ध की अलग-अलग परिभाषाओं ने अलग-अलग मापों को जन्म दिया और यह जानना कठिन हो गया कि क्या दोनों माप एक ही गोचर का अध्ययन कर रहे हैं।

इस सम्बन्ध में कई सम्प्रत्यपरक समस्याएँ भी हैं जो क्लायंट चिकित्सक सम्बन्ध के बारे में पूछे जाने वाले प्रश्नों के स्वरूप से सम्बन्धित हैं।

कुछ शोधकर्त्ता सम्बन्धों की परिभाषा क्लायंट के योगदान तक सीमित रखने का तर्क देते हैं (जैसे, फ्रीस्विक एवं अन्य, Frieswyk et al., 1986) जब कि कुछ अन्य (जैसे हेनरी एवं स्ट्रप, Henry and Strupp, 1994) एक अन्तर्वैयक्तिक उपागम अपनाने का तर्क देते हैं। क्लायंट चिकित्सक सम्बन्धों की गहन सम्प्रत्यात्मक समीक्षा जेल्सो एवं कार्टर (Gelso and Carter, 1994) ने प्रस्तुत की है।

वास्तविक परिणाम (*Substantial Findings*)—सेक्सटन एवं ह्विस्टन (Sexton & Whiston, 1994) ने 1985 से लेकर तत्कालीन शोध साहित्य की समीक्षा की। उन्होंने तीन क्षेत्र लिए—वस्तविक सम्बन्ध, हस्तान्तरण(transference)एवं कार्यकारी सम्बन्ध। यहाँ कार्यकारी सम्बन्ध के परिणामों का सारांश प्रस्तुत किया जा रहा है।

हॉवर्थ एवं सायमंड्स (Hovarth & Symonds, 1991) ने चौबीस अध्ययनों का मेटा विश्लेषण करके पाया कि कार्यकारी सम्बन्ध परिणाम के साथ धनात्मक रूप से सम्बन्धित था, और क्लायंट तथा निरीक्षक द्वारा की गई रेटिंग, चिकित्सक की रेटिंग की तुलना में प्रतिफल की अधिक अच्छी पूर्वानुमानक (predictor) थी। कुल प्रभाव आकार (ES) मध्यम पाया गया। प्राप्त साक्ष्यों से यह ज्ञात हुआ कि प्रतिफल प्रसरण में चिकित्सकीय सम्बन्ध के कारण 45 प्रतिशत की वृद्धि हुई।

यह स्पष्ट है कि क्लायंट की रेटिंग प्रतिफल की पूर्वानुमानक है। यदि प्रतिफल मापने का मापदंड क्लायंट में होने वाला परिवर्तन हो, तो क्लायंट्स की प्रक्रम के बारे में रेटिंग्स सर्वोपयुक्त निर्णायक हो सकती है।

इस बात के भी साक्ष्य प्राप्त हुए हैं कि क्लायंट्स में विकसित होने वाले सम्बन्धों की गुणावत्ता के बारे में कुछ पूर्वनिर्धारक होते हैं। हॉवर्थ एवं ग्रीन बर्ग (1994) ने कुछ अध्ययनों को उद्धृत किया है और बताया है कि जो क्लायंट्स चिकित्सा के पूर्व सामाजिक सम्बन्धों में कठिनाई अनुभव कर रहे थे अथवा अपेक्षाकृत खराब पारिवारिक सम्बन्धों का अनुभव कर रहे थे, उनमें प्रगाढ़ सम्बन्ध (चिकित्सकीय) विकसित होने की संभावना कम होती है। लक्षण प्रस्तुतीकरण की गम्भीरता का सम्बन्धों की गुणवत्ता पर कोई प्रभाव नहीं पाया गया।

चिकित्सकीय सम्बन्धों के कालिक स्वरुप (temporal nature) पर प्राप्त शोध परिणाम विरोधा भाषी हैं। कुछ अध्ययनों में (जैसे ईटन एवं अन्य Eaton et at., 1988) इसे स्थिर पाया गया है जबकि अन्य में (जैसे क्ली एवं अन्य Klee et. al., 1990) इसके विपरीत परिणाम मिले हैं। इस क्षेत्र में अग्रेतर अनुसंधान की आवश्यकता है क्योंकि यह क्लांयट चिकित्सक सम्बन्ध के विकास एंव अनुरक्षण से सम्बन्धित है।

समीक्षा *(Comment)*

चिकित्सकीय सम्बन्धों के मापकों के विकास के महत्वपूर्ण प्रयास हुए, जिनमें आन्तरिक विश्वसनीयता और पूर्वकथनात्मक वैधता पर अधिक बल दिया गया; और विमाओं के मुद्दे तथा अभिसारी एवं विभेदक वैधता पर कम बल दिया गया। चिकित्सकी सम्बन्ध सम्प्रत्यय के वास्तविक घटक क्या हैं, यह अभी तक स्पष्ट नहीं हो पाया है।

चतुर्थ काल, 1980 के दशक के मध्य से लेकर अबतक : व्यक्ति और सार्थक परिर्वन *(Generation-IV, mid 1980 onwards : The Individual and Meaningful Change)*

1980 के दशक के मध्य में अनेक ऐसी घटनाएँ हुई जिन्होंने शोध के चतुर्थकाल को परिभाषित करने में सहायता की। **पहली** थी 'Journal of Counselling Psychology' में हिल एवं अन्य (1980) के एक-व्यक्ति अध्ययन का प्रकाशन। **दूसरी** घटना थी घटना योजना (event paradigm) तथा संकृत्य विश्लेषण (task analysis) प्रयुक्त करते हुए नई पद्धतियों का उपयोग, और **तीसरी** घटना थी प्रतिफलों की नैदानिक सार्थकता का निर्धारण करने की विधियों का जैकबसन एवं अन्य (1984, 1986) द्वारा प्रकाशन। इस काल के शोधों का केन्द्र बिन्दु था व्यक्ति। साथ ही नियमित परिद्दश्यों (settings) में परामर्शन के अध्ययनों से प्राप्त वाह्य वैधता को भी प्राथमिकता दी गई।

नियमित प्रैक्टिस परिदृश्य में प्रभाविता अध्ययनों के परिणामों की प्रासंगिकता का निर्धारण *(Determining the relevance of findings from efficacy studies to routine practice settings)*

संदर्भ *(Context)*—पिछले शोध कालों में, विशेष हस्तक्षेप की प्रभाविता को लेकर

अनेक शोध हुए। इन अध्ययनों के परिणामों ने 'साक्ष्य पर आधारित प्रैक्टिस' (evidence based practice—EBP) के लिए आधारशिला रखी। साक्ष्य आधारित प्रैक्टिस अब किसी भी मनोवैज्ञानिक अथवा चिकित्सकीय हस्तक्षेप को वस्तुतः प्रदान करने के लिए आवश्यक हो गई है। इसके आधार पर ही सरकारी स्वास्थ्य एजेन्सियाँ चिकित्सा के लिए संस्तुति देती हैं। मेटा-विश्लेषणात्मक अध्ययनों और यादृच्छिकीकृत नियंत्रित प्रयासों द्वारा प्राप्त परिणामों को नियमित प्रैक्टिस हेतु सूचित किया जाता है। इस प्रकार, उपयुक्त परिस्थितियों में अध्ययन करके प्राप्त परिणामों को नित्यप्रति की नियमित प्रैक्टिस हेतु प्रयुक्त किया जाय, एक तार्किक प्रश्न उत्पन्न करता है। इस साक्ष्य-आधारित योजना के विपरीत अब इस बात पर अधिक ध्यान दिया जाने लगा है कि किस प्रकार इन परिणामों को नित्यप्रति की नियमित प्रैक्टिस से सम्बन्धित किया जाय। इन प्रयासों ने एक नवीन एवं पूरक योजना (paradigm) को विकसित किया है, जिसे प्रैक्टिस आधारित साक्ष्य (practice based evidence) कहा गया। इस मॉडल में नियमित प्रैक्टिस की स्थितियों से साक्ष्य एकत्रित किए जाते हैं। ये दोनों ही योजनाएँ एक समान मूल्यवान है क्योंकि ये एक-दूसरे को सूचनाएँ प्रदान कर सकती हैं। चूँकि प्रत्येक योजना शोधकर्त्ता और प्रैक्टिशनर दोनों के क्षेत्रों को प्रदर्शित करती है, अतः इन दोनों योजनाओं का सम्मिलित परिणाम भविष्य में शोध तथा प्रैक्टिस के बीच प्रभावशाली सेतु निर्मित कर सकेगा।

पद्धति परक समस्याएँ *(Methodological Issues)*—नैदानिक सेवा एवं प्रैक्टिस में सूचना देने के उद्देश्य से नियामित चिकित्सा के प्रक्रम एवं प्रतिफल सम्बन्धी आँकड़ों को एकत्र करने की उपयोगिता के सम्बन्ध में प्रैक्टिशनरों की आम सहमति पर ही परामर्शन मनोविज्ञान में प्रैक्टिस आधारित साक्ष्य (practice-based-evidence) का विकास हुआ है।

प्रतिफल-मापों को नियमित प्रैक्टिस दशाओं में अपनाने की विचारधारा का विकास विभिन्न किन्तु सम्बन्धित मापों के विकास के कारण हुआ। इन विभिन्न मापों में प्रमुख है:—

— Health of Nation Outcome Sales (HoNoS, wing et. al., 1998)
— Functional Analysis of Care Environments (FACE, Clifford, 1999)
— Clinical Outcome in Routine Evaluation - Outcome Measure (CORE-OM, Evans et al., 2000, 2002)

ये माप क्लायंट्स की सामान्य प्राथमिक समस्याओं से लेकर गहन समस्याओं तथा दीर्घकालिक मानसिक रोगों तक का विवरण संकलित करते हैं। इन मापों की उपलब्धता से ऐसे आँकड़े प्राप्त होते हैं जो सेवा को महत्त्वपूर्ण सूचनाएँ देते है, जिनसे ऐसे वृहद आँकड़े उत्पन्न होते हैं जो प्रतिफलों से जुड़े कारकों की खोज में सहायता पहुँचाते हैं।

प्रतिफल मापों की उपयुक्तता हेतु तीन मानदंड है :—

(i) इन्हें प्रमाणीकृत (standardized) होना चाहिए।
(ii) चिकित्सकों द्वारा स्वीकार योग्य होना चाहिए।
(iii) नित्यप्रति के उपयोग हेतु सुगम होना चाहिए।

इन प्रतिफल मापों के आधार पर मनोवैज्ञानिक चिकित्साओं की प्रभावशीलता तथा परिवर्तन के प्रक्रम की खोजों पर अधिक ध्यान दिया जाना अपेक्षित है।

वास्तविक परिणाम *(Substantive Findings)*—शादिश एवं अन्य (Shadish et al, 2000) ने यह प्रश्न उठाया कि क्या मनोचिकित्सकीय प्रतिफल अध्ययनों के

परिणामों के नैदानिक प्रतिनिधित्व में अन्तर है। उन्होंने 56 अध्ययनों के प्रभाव आकार (ES) को तीन वर्गों में विभक्त किया जो नियमित चिकित्सा की क्रमशः तीन अवस्थाओं से सम्बन्धित थे। नैदानिक प्रतिनिधित्व के प्रकार्य के रूप में प्रभाव आकार में कोई अन्तर नहीं पाया गया। अतः यह निष्कर्ष निकाला गया कि प्रभाविता परिणामों को नियमित प्रैक्टिस में प्रयुक्त किए जाने का विचार वास्तविक न होकर, मात्र आभासी है।

समीक्षा (*Comment*)

यदि वास्तविक प्रतिफल परिणाम समान भी हो तो भी नित्यप्रति की चिकित्सा दशा के प्रतिफलों को प्रभाविता अध्ययनो के परिणामों द्वारा निर्धारित नहीं किया जा सकता। प्रभाविता परिणामों को नियमित चिकित्सा दशाओं में स्थानान्तरित किए जाने के स्थान पर, अन्य प्रतिफल योजनाओं को अपनाना आवश्यक है नारक्विस्ट एवं अन्य (Norquist et al., 1999) द्वारा एक ऐसी नवीन योजना प्रस्तावित की गई है जिसमें प्रायोगिक और निरीक्षण दोनों आँकड़ों को सम्मिलित किया जायगा किन्तु इसमें नई सांख्यिकीय तकनीकों तथा विद्यमान विधियों के विकास की आवश्यकता होगी।

उपभोक्ता का परिप्रेक्ष्य (*User Perspective*)

संदर्भ (*Context*)—1980 के दशक में हुए सामाजिक अन्दोलनों ने व्यक्तियों को निष्क्रिय रूप से सेवाएँ प्राप्त रहने वालों के स्थान पर सक्रिय उपभोक्ता के रूप में स्वीकार किया और उसी के अनुरूप क्लायंट्स को भी मनोचिकित्सा अथवा परामर्शन के सक्रिय उपभोक्ता के रूप में देखा जाने लगा। इससे शोधों में एक नया उपागम प्रारम्भ हुआ, जिसमें मानसिक स्वास्थ्य सेवाओं के दैनिक उपभोक्ताओं के विचार एवं दृष्टिकोण के अध्ययन पर बल दिया गया।

वास्तविक परिणाम (*Substantive Findings*)—सेलिगमैन (Seligman, 1995) ने अमेरिका में प्रकाशित एक पत्रिका 'Consumer Reports' के उन पाठकों का सर्वेक्षण प्रस्तुत किया जिन्होंने पिछले तीन वर्षों में कभी भी तनाव या अन्य सांवेगिक समस्या का अनुभव किया था जिसके लिए उन्होंने किसी सेवा संस्था की मदद ली थी, उसके द्वारा प्राप्त प्रमुख परिणाम निम्नांकित थे:—

- चिकित्सक द्वारा किया गया उपचार प्रभावी था।
- अल्पकालिक चिकित्सा की तुलना में दीर्घकालिक चिकित्सा से बेहतर परिणाम मिले।
- किसी भी प्रकार के व्यक्तिक्रम (disorder) के लिए मनोचिकित्सा तथा औषधि के साथ मनोचिकित्सा के कोई अन्तर नहीं था।
- मनोचिकित्सा की कोई एक विधि, दूसरी से अच्छी नहीं पाई गई।

उसके निष्कर्षों से मनोचिकित्सा की समग्र प्रभावशीलता पुष्ट हुई। उसके इस अध्ययन की कठोर आलोचना हुई, आलोचना के आधार थे—मात्र 4 प्रतिशत व्यक्तियों द्वारा मानसिक स्वास्थ्य सम्बन्धी प्रश्नों का उत्तर देना, नियंत्रित समूह का अभाव, क्लायंट चिकित्सक एवं चिकित्सा चरों पर सूचना का अभाव, चिकित्सकीय परिवर्तनों के मापन हेतु विश्वसनीय मापों का अभाव, आदि। सेलिगमैन द्वारा किए गए अध्ययन के अभिकल्प की आलोचनाओं से स्पष्ट होता है कि उनका यह अध्ययन उपभोक्ता संतुष्टि सम्बन्धी एक सर्वेक्षण मात्र है, और उसे प्रभाविता शोध का दृष्टांत नहीं समझना चाहिए (नाथन एवं अन्य, Nathan et al, 2000)।

समीक्षा (*Comment*)

Consumer Reports सर्वेक्षण ने भारी मात्रा में वाद-विवाद उत्पन्न किया, जो स्वयं में एक धनात्मक प्रतिफल है। इसका वास्तविक मूल्य 'RCT (randomized control trials)

को मनोचिकित्सा का सर्वश्रेष्ठ साक्ष्य प्राप्त करने की विधि मानने के दृष्टिकोण' को चुनौती देने में निहित था। क्लायंट्स की 'संतुष्टि' पर बल दिए जाने के कारण यह अध्ययन प्रतिफल अध्ययन से भिन्न है। कोई क्लायंट किसी सेवा से अत्यधिक संतुष्ट हो सकता है किन्तु अपनी समस्याओं के सम्बन्ध में अल्प अथवा कोई परिवर्तन नहीं अनुभव कर सकता हैं।

क्लायंट्स द्वारा अनुभूत प्रगति की सार्थकता की स्थापना (*Establishing Whether Improvements Realized by Clients are Meaningful*)

संदर्भ (*Context*)—किसी विशिष्ट प्रभाव की चिकित्सकीय सार्थकता का निर्धारण करने की नवीन प्रवृत्ति प्रारंभ हुई है। यह प्रवृत्ति नैदानिक मनोविज्ञान से प्रारम्भ हुई किन्तु यह परामर्शन मनोविज्ञान के क्षेत्र में भी उपयुक्त है।

पद्धतिपरक समस्याएँ (*Methodological Issues*)—चौथे काल के शोधों में केन्द्र बिन्दु था—प्रतिफल की सार्थकता का निर्धारण। जैकब्सन एवं अन्य (Jacobson et al., 1984, 1986, 1991) ने दो मुख्य प्रश्नों की जाँच की:—

(1) क्या क्लायंट में परिवर्तन की मात्रा विश्वसनीय है?

(2) एक दी गई समष्टि में क्लायंट की अन्तिम स्थिति (end state) क्या है?

विश्वसनीय एवं नैदानिक रूप से सार्थक परिवर्तनों के निर्धारण हेतु उन्होंने तीन विधियाँ प्रस्तुत की। क्लायंट के एक समष्टि दुष्क्रिया (dysfunction) से दूसरी समष्टि (सामान्य या तनाव रहित) में जाने को उन्होंने अपने निर्धारणों का आधार बनाया। किन्तु सामान्य समष्टि के आँकड़ों (normative data) की अनुपस्थिति में क्लायंट को उस समष्टि का सदस्य मानना संभव नहीं था। ऐसी दशा में क्लायंट की प्रारंभिक औसत स्थिति से दो प्रामाणिक विचलन इकाई नीचे होना सार्थक रूप से चिकित्सकीय परिवर्तन कहा जा सकेगा। इस उपागम के द्वारा चिकित्सकों को उन क्लायंट्स की पहचान कर सकने में सहायता मिली जो प्रगति के मानदंड को पूर्ण कर चुके हैं (उदाहरण, केन्डल एवं अन्य, 1999; केन्डल एवं शेल्ट्रिक, 2000)। चिकित्सकीय/नैदानिक सार्थकता का इतिहास, परिभाषाएँ तथा उपयोगिता ओगल्स एवं अन्य (Ogles et. al., 2001) ने प्रस्तुत की है।

वास्तविक परिणाम (*Substantive Findings*)—क्लायंट द्वारा अनुभूत प्रगति की स्थापना करना एक प्रक्रियात्मक समस्या है और इन प्रक्रियाओं से सम्बन्धित परिणाम तकनीकी दृष्टि से रोचक हैं। अनेक अध्ययनों में इन प्रक्रियाओं अथवा उनके परिवर्ती रूपों को प्रयुक्त किया गया है। उदाहरण के लिए बारखम एवं शैपिरो (Barkham & Shapiro, 1990) ने उन्हें एक पायलट अध्ययन में प्रयुक्त किया। उन्होंने 12 क्लायंट्स पर कार्य तनाव (job related distress) के लिए संक्षिप्त परामर्शन का अध्ययन किया और पाया कि केवल दो सत्रों में ही 5 से 8 के बीच क्लायंट्स विश्वसनीय एवं चिकित्सकीय रूप से सार्थक परिवर्तन के मानदंड तक पहुँच गए। यह बता सकना कि कितने क्लायंट्स प्रगति के परिभाषित स्तर तक पहुँचे, परिणाम को अत्यधिक उलझा देता है।

ठीक इसी प्रकार के परिणाम CORE प्रणाली के घटकों को प्रयुक्त करने वाले अनेक अध्ययनों में पाये गये हैं। अभी इस दिशा में और भी अनुसंधान की आवश्यकता है।

समीक्षा (*Comment*)

किसी व्यक्ति के लिए यह कह सकना कि अब वह सामान्य समष्टि का सदस्य है, किसी हस्तक्षेप के प्रभावों को प्रदर्शित करने का एक शक्तिशाली तरीका है। कुछ परामर्शन

मनोवैज्ञानिक 'समष्टि की सदस्यता' शब्द को अपने विषय से बेमेल पाते हैं, किन्तु इस उपागम की यह विशेषता और सबलता है कि यह समूह अथवा समष्टि के सन्दर्भ में व्यक्ति को प्रमुखता देता है। यह उपागम आनुमानिक सांख्यिकी के उपागम से बिलकुल विपरीत है जिसमें समूह के औसत पर बल दिया जाता है।

चिकित्सकीय प्रगति एवं प्रतिफल मापन के बीच सम्बन्ध (*The Relation between Measuring Outcomes and Therapeutic Progress*)

संदर्भ (*Context*)—चतुर्थ काल के अनुसंधान उन पद्धतिपरक विकासों पर आधारित थे जिन्होंने प्रैक्टिस स्थिति में बेहतर प्रतिफलों के अनुश्रवण (monitoring) के लिए साधन उपलब्ध कराए।

पद्धतिपरक समस्याएँ (*Methodological Issues*)—पद्धतिपरक विकासों का एक घटक था—सर्वसहमत कोर परीक्षणमाला (CORE Battery) को मान्यता। अर्थात् उपचारों, परिदृश्यो (settings) एवं सेवाओं में तुलनात्मकता को सहज बनाने हेतु प्रतिफल मापों के चयन को प्रमाणीकृत करना। कोर प्रतिफल परीक्षण माला (Core outcome bettery) का विचार सर्वप्रथम 1970 के दशक में आया था। किसी भी माप का चयन किया जाय, हमेशा परामर्शन समाप्ति के समय आँकड़े एकत्र करने में कठिनाई का सामना करना पड़ता हैं।

वास्तविक परिणाम (*Substantive Findings*)—अधिकांश क्लायंट्स चिकित्सा की एकतरफा समाप्ति कर देते हैं जिससे चिकित्सोपरान्त आँकड़े एकत्र कठिन हो जाता है। प्रतिफलों का अनुश्रवण (monitoring) करना प्रैक्टिस हेतु सूचना प्रदान करने के समान है। यह सूचना विशेष निदान के लिए विशेष हस्तक्षेप के प्रति अनुक्रियाओं के निर्धारण हेतु मापों के संदर्भ में एक रोगी का सत्र-दर-सत्र सावधानीपूर्वक निरीक्षण करने के माध्यम से प्रदान की जाती है। 'रोगी केन्द्रित' प्रतिफल योजना वैयक्तिक-खुराक प्रतिक्रिया वक्र प्रदान करती है जिससे वैयक्तिक केस प्रबंधन सम्बन्धी सूचना में मदद मिलती है ओर गुणवत्ता समृद्धि सेवा में नैदानिक निर्णय प्रक्रम को सम्बल मिलता है।

प्रतिफलों का अनुश्रवण क्लायंट्स के प्रतिफलों में वृद्धि करता है। इसके प्रमाण लैम्बर्ट, ह्विप्पल एवं अन्य (Lambert, Whipple et. al., 2001) ने अपने एक अध्ययन से दिए है जिसमें उन्होंने प्रैक्टिशनर्स को प्रतिपूर्ति देने का प्रभाव क्लायंट की प्रगति पर देखने का प्रयास किया। उन्होंने पाया कि प्रतिपूर्ति प्रदान करने पर क्लायंट्स की प्रगति में बिना प्रतिपूर्ति वाले समूह की तुलना में 0.44 प्रभाव आकार की वृद्धि पाई गई।

समीक्षा (*Comment*)

इस क्षेत्र में किए गए अध्ययनों के परिणाम अभी अपनी भ्रूणावस्था में है। ये प्रैक्टिशनर्स के लिए कई महत्त्वपूर्ण प्रश्न उठाते हैं। एक क्लायंट की प्रगति के लिए अनुश्रवण के लिए प्रयुक्त प्रदत्तों को प्रैक्टिशनर के निष्पादन के अनुश्रवण के लिए भी प्रयुक्त किया जा सकता है। प्रैक्टिशनर के निष्पादन का प्रबंध करने का विचार उत्तम है किन्तु इसमे अनेक कठिनाइयाँ भी हैं। इस बात के लिए पर्याप्त सतर्कता बरतनी होगी कि क्लायंट, प्रैक्टिशनर तथा प्रबंधक तीनों के उद्देश्यों का सम्मान हो तथा कोई भी अनुश्रवण व्यवस्था (monitoring system) इन तीनों के बीच संतुलन बनाए रखें।

प्रत्येक क्लायंट पर ध्यान (*Focusing on the Individual Client*)

संदर्भ (*Context*)—परामर्शन एवं मनोचिकित्सा में वैयक्तिक केस अध्ययनों पर दो प्रकाशनों ने ध्यान आकृष्ट किया। पहला, हिल एवं अन्य (Hill et al., 1983) के अध्ययन,

और दूसरा स्ट्रप(1980)में चार वैयक्तिक अध्ययनों की शृंखला का प्रकाशन। अबJournal of Counselling and Clinical Psychology में भी एक खंड वैयक्तिक केस अध्ययनों के लिए रखा जाने लगा है। जहाँ एक-केस पद्धति का विभिन्न विषयों में उपयोग है, विशेष कर व्यावहारिक विज्ञानों में, वहीं यह प्रत्याशा की जाती है कि इस विधा का उपयोग करके परामर्शन मनोविज्ञान एक विशिष्ट मानववादी उपागम का निर्माण कर सकता है।

पद्धतिपरक समस्याएँ *(Methodological Issues)*—एक केस पद्धति को प्रयुक्त करने का औचित्य सिद्ध करने हेतु हिल एवं अन्य (Hill et al., 1983) ने चार तर्क दिए हैं:—

(1) यह क्लायंट और परामर्शक के बीच होने वाली घटनाओं, व्यवहारों आदि का सर्वोपयुक्त वर्णन करती है।

(2) प्रक्रम आँकड़ों के रुप में धनात्मक एवं ऋणात्मक प्रतिफलों को समझा जा सकता है।

(3) क्लायंट-परामर्शक सम्बन्ध तथा परिवर्तन प्रकम दोनों को इसमें प्रमुखता दी जा सकती है।

(4) क्लायंट की समस्याओं के अनुरूप प्रतिफल-मापों का चयन किया जा सकता है।

एक-केस पद्धति के प्रयोग से सम्बन्धित अनेक प्रमुख समस्याओं/मुद्दों को हिलियार्ड (Hilliard, 1993) ने प्रस्तुत किया है। इन अध्ययनों में आन्तरिक वैधता की समस्या महत्त्वपूर्ण होती है। इसके अलावा चयन की समस्या इस पद्धति में सदा ही रहती है जिस व्यक्ति को अध्ययन के लिए चुना गया, क्या वह उस विशिष्ट प्रक्रम के लिए दृष्टान्त हो जायगा? अथवा क्या उसे प्रतिनिध्यात्मक माना जायगा?

वास्तविक परिणाम *(Substantive Findings)*—चूँकि वैयाक्तिक क्लायंट पर ध्यान/अध्ययन एक अलग ही पद्धति है अतः इसके परिणाम भी अलग ही अर्थ रखते है। हिल एवं अन्य (Hill et al., 1983) के कई एक-केस अध्ययन (Journal of Counselling Psychology) में प्रकाशित होने के पश्चात् क्रिस्नर एवं अन्य (Krischner, et. al., 1994) ने एक-केस अध्ययन को कैरियर सम्बन्धी परामर्शन हेतु प्रयुक्त किया। परिणाम यह इंगित करते हैं कि क्लायंट ने अन्तर्दृष्टि और चुनौती को सर्वाधिक सहायक पाया। स्टाइल्स एवं अन्य (Stiles et. al., 1990) द्वारा किए गए एक अच्छे प्रतिफल वाले केस में परिवर्तन प्रक्रम के एक विशिष्ट मॉडल के अध्ययन हेतु फील्ड एवं अन्य (Field et al., 1994) ने मात्रात्मक और गुणात्मक दोनों पद्धतियों को संयुक्त किया। परिणामों ने उनके सिद्धान्त का समर्थन किया कि एक विशिष्ट समस्यात्मक अनुभव को समाप्त करने हेतु क्लायंट्स कुछ विशिष्ट अवस्थाओं में प्रगति करता है। उस विशिष्ट केस में क्लायंट की प्रगति, अस्पष्टता से समस्या के स्पष्टीकरण के माध्यम से अन्तर्दृष्टि उत्पन होने और तद्नुरूप कार्य करने के रूप में हुई।

समीक्षा *(Comment)*

एक-केस पद्धति पर आधारित उत्तम कोटि के शोध अभी भी अपवाद ही है। गैलासी एवं जर्श (Galassi & Gersh, 1993) ने लिखा है कि परामर्शन मनोविज्ञान असल में एक-केस अध्ययन से दूर ही रहा है। वास्तव में एक-केस अध्ययन में अनेक समस्याएँ आती है, जैसे आन्तरिक वैधता की समस्या।

परामर्शन मनोविज्ञान के शोध के सम्मुख यह चुनौती है कि वह ऐसी विधियों को विकसित करे और विज्ञान जगत को उनके बारे में बताए, जो मौलिक रूप से शोध नियमों में कठोर हों, किन्तु व्यक्ति पर अधिक ध्यान दिए जाने की अनुमति देती हों।

निष्कर्ष (*Conclusion*)

ऊपर वर्णित मात्रात्मक शोध के चार काल(generations)पूर्णतः सम्प्रत्ययात्मक और विषयात्मक (thematic) हैं और इन्हें निश्चित ऐतिहासिक काल के रूप में नहीं समझा जाना चाहिए। प्रत्येक काल के शोध की अलग-अलग विषय-वस्तुएँ हैं। प्रथम द्वितीय तथा तृतीय काल के शोधों के साक्ष्यों ने मनोवैज्ञानिक चिकित्साओं की विस्तृत क्रियाशीलता के लिए सुदृढ़ आधार निर्मित किया है, और आधार-साक्ष्य(evidence base)अभी भी विकसित हो रहे हैं। चतुर्थ काल के शोध की प्रमुख पहचान थी उसका नैदानिक रूप से सार्थक शोध (प्रक्रम) तथा उस क्षेत्र में प्रभाविता (प्रतिफल) की ओर झुकाव। ये दोनों ही प्रमुखताएँ शोध काल प्रथम के पूर्व के प्रक्रम-कार्य तथा शोधकाल प्रथम के प्रभाविता-कार्य के साथ पुनः कार्य करने से सम्बन्धित हैं। अर्थात् पूर्व कालों में किए गए शोधों में हुए विकास तथा मनोवैज्ञानिक चिकित्साओं की प्रवृत्तियों के साथ नए सिरे से कार्य किए गए हैं। भविष्य में भी इस प्रकार का पुनर्कार्य (reworking) अधिक उपयोगी पाया जायगा।

ऊपर वर्णित अधिकांश शोधों में परम्परागत मेडिकल मॉडल का उपयोग किया गया, जिनमें चिकित्साओं की प्रभावशीलता को अधिकाधिक करने के लिए उनके विशिष्ट घटकों की पहचान पर बल दिया जाता है। इस मॉडल में भी, सफल प्रतिफल हेतु 'सामान्य तत्त्वों' के योगदान को स्वीकारा गया। क्लायंट्स में परिवर्तन के प्रक्रम को समझने के लिए 'संदर्भात्मक मॉडल' के विकास हेतु यह एक आधार था (वैम्पोल्ड Wampold, 2001)। इस मॉडल के मुख्य घटक थे—क्लायंट परामर्शक सम्बन्ध का उसे धनात्मक अनुभव कराना। इस उपागम में चिकित्सक पर एक व्यक्ति के रूप में बल दिया गया। पद्धतिपरक रूप से भी देखा जाय तो केवल क्लायंट पर ध्यान देना, परामर्शक/चिकित्सक को उपेक्षित करना उपचार के परिणामों को भ्रामक या दोषपूर्ण बना सकता है। अतः मनोवैज्ञानिक चिकित्साओं के शोध में 'चिकित्सक के प्रभाव' (therapist effects) का अध्ययन केन्द्र बिन्दु बन जाता है। वैम्पोल्ड (Wampold, 2001) का मत है कि भविष्य के अध्ययनों का केन्द्र बिन्दु चिकित्सा के स्थान पर 'चिकित्सक' हो जाना चाहिए।

भविष्य के शोधों के लिए क्षेत्रों का निर्धारण करते हुए **हिल** तथा **कारबेट** (Hill & Corbet, 1993) ने सुझाय दिया है कि समग्र रूप से परामर्शन मनोविज्ञान के प्रक्रम तथा प्रतिफल शोधों का **उद्देश्य** होना चाहिएः—

(i) चिकित्सा के नवीन सिद्धान्तों को विकसित करना,

(ii) चिकित्सा में विभिन्न बिन्दुओं पर हस्तक्षेप हेतु चिकित्सक को सूचनाएँ प्रदान करना,

(iii) इन्द्रियानुभविक परिणामों के आधार पर प्रशिक्षण कार्यक्रम विकसित करना।

भविष्य के अध्ययन के लिए **हिल** तथा **कारबेट** (1993) ने अनेक सम्भावनाएँ इंगित करते हुए कई क्षेत्रों का वर्णन किया है, जैसेः—

(1) सम्पूर्ण मॉडल, चिकित्सा पूर्व की विशेषताओं, प्रक्रम चरों, तात्कालिक प्रतिफलों, चिकित्सा के अतिरिक्त चरो, तथा दीर्घकालिक प्रतिफलों की जाँच करना।

(2) समय, गुणवत्ता तथा सक्षमता से सम्बन्धित मुद्दों का अध्ययन करना।

(3) शोध द्वारा चिकित्सा के प्रभावी घटकों को निर्धारित करना और तब चिकित्सा उपागम विकसित करना।

(4) चिकित्सा के तत्त्वों को पुनर्प्रदीप्त करना।

ये सभी वृहद और चुनौतीपूर्ण कार्य है, जिन्हें भविष्य में शोधकर्त्ताओं द्वारा किया जाना है।

❑

अध्याय 8

परामर्शन का मूल्यांकन
(EVALUATION OF COUNSELLING)

मूल्यांकन का तात्पर्य है विशिष्ट मानकों के संदर्भ में लक्ष्यों की पूर्ति की सापेक्षिक प्रभाविता का निर्धारण। अर्थात् विशेष मानदण्डों के परिप्रेक्ष्य में लक्ष्यों की पूर्ति कितनी प्रभावशीलता के साथ हो रही है, उसका निर्धारण (assessment) करना मूल्यांकन है। मूल्यांकन किसी भी कार्यक्रम को क्रियान्वित करने का एक अत्यन्त महत्त्वपूर्ण चरण होता है और इसके द्वारा स्वयं कई लक्ष्यों की पूर्ति होती है:—

(i) एक व्यवस्थित और विश्वसनीय मूल्यांकन के माध्यम से कार्यक्रम की उपयुक्तता का निर्णय किया जा सकता है।

(ii) कार्यक्रम में यदि कोई दोष या कमी हो तो यह उसे खोजने मे सहायता करता है ताकि समय रहते ही उन कमियों को दूर करने हेतु उपयुक्त सुधारात्मक कदम उठाए जा सकें।

(iii) कार्यक्रम में सुधार करने के प्रभावी तरीकों को खोजने में यह सहायता करता है।

(iv) मूल्यांकन प्रयोज्यों/व्यक्तियों को उनके द्वारा की गई प्रगति के स्वरूप के बारे में इंगित कर सकता है और उन्हें भी अधिक प्रभावशाली परिणामों के लिए अभिप्रेरित कर सकता है।

(v) कार्यक्रम की प्रभावशीलता में सुधार के लिए आवश्यक कार्मिक एवं संसाधन जुटाने में यह कार्यक्रम प्रशासकों की मदद कर सकता है।

(vi) कार्यक्रम की उपयोगिता एवं उसकी सार्थकता को समाज एवं देश के सम्मुख स्पष्ट करने में मूल्यांकन एक अत्यन्त प्रभावशाली साधन हो सकता है।

परामर्शन का उद्देश्य होता है क्लायंट/परामर्शी के व्यवहार और अनुभव में वांछित परिवर्तन लाना। परामर्शदाता अपनी इच्छानुसार चाहे जो भी सैद्धान्तिक उन्मुखता अपनाए उसका अन्तिम लक्ष्य होता है, परामर्शी का सुधार (improvement)।

परामर्शन की प्रभावशीलता का मूल्यांकन परामर्शन कार्यक्रम द्वारा परामर्शन लक्ष्यों की प्राप्ति की सीमा के निर्धारण द्वारा किया जा सकता है। अर्थात् किसी परामर्शन कार्यक्रम द्वारा किस सीमा तक परामर्शन लक्ष्यों की प्राप्ति हो रही है इसके निर्धारण द्वारा परामर्शन की प्रभावशीलता का मूल्यांकन किया जा सकता है। **शर्जर एवं स्टोन** (Shertzer & Stone, 1968) के अनुसार मूल्यांकन का उद्देश्य है किसी संदर्भ ढाँचे के अन्तर्गत परामर्शन सेवा की वर्तमान प्रस्थिति को सुनिश्चित करना और इस जानकारी के आधार पर उसकी गुणवत्ता और प्रभाविता में वृद्धि करना। इस प्रकार मूल्यांकन परामर्शन के परिणामों/प्रतिफलों के निर्धारण से सम्बन्धित होता है।

मूल्यांकन की समस्याएँ
(Problems of Evaluation)

मूल्यांकन किसी भी कार्यक्रम का न केवल महत्त्वपूर्ण बल्कि अपरिहार्य अंग होता है। विभिन्न प्रकार के कार्यक्रमों में मूल्यांकन के विविध प्रकारों की आवश्यकता होती है। कार्यक्रमों का स्वरूप ऐसा होता है कि सभी के लिए मूल्यांकन का कोई एक कठोर मापदंड नहीं अपनाया जा सकता। उदाहरण के लिए अध्यापन के परिणामों का मूल्यांकन करना सरल नहीं है। कई अन्य-क्रिया कलापों का मूल्यांकन उपयुक्त तकनीक के अभाव में नहीं हो पाता। यदि हम स्वास्थ्य कार्यक्रम को लें तो उसका मूल्यांकन एक से अधिक मापदंड के आधार पर हो सकता है जैसे—कार्यक्रम में समुदाय की सहभागिता, समुदाय की स्वास्थ्य-स्थिति, अथवा कार्यक्रम क्रियान्वयन में व्यय धन। इन सभी मापदंडों को निश्चित करना सरल है और इन स्वीकृत मानदंडों के आधार पर कार्यक्रम का मूल्यांकन हो सकता है। किन्तु परामर्शन के परिणाम इतनी सरलता से मूल्यांकन के लिए प्रस्तुत नहीं किए जा सकते। उपयुक्त मानदंड की समस्या अनेक गम्भीर कठिनाइयाँ उत्पन्न करती है। परामर्शन प्रतिफलों के मूल्यांकन में आने वाली कुछ प्रमुख समस्याएँ निम्नवत् हैः—

(1) परामर्शन का एक प्रमुख लक्ष्य होता है व्यक्तित्व विकास, किन्तु व्यक्तित्व विकास के प्रत्यय को संक्रियात्मक पदों (operational terms) में सरलता से परिभाषित नहीं किया जा सकता। यह इतना विस्तृत और अस्पष्ट क्षेत्र है कि कोई भी दो मनोवैज्ञानिक इसे एक समान पदों में परिभाषित नहीं करते। स्वाभाविक है कि इससे परामर्शन परिणाम के मूल्यांकन के लिए उपयुक्त मानंदड निश्चित करने में समस्या उत्पन्न होती है।

(2) परामर्शन का लक्ष्य कभी-कभी परामर्शी को आत्म निर्देशन तथा आत्म निर्भरता विकसित करने में सहायता करना होता है। इस प्रकार के लक्ष्यों के साथ मूल्यांकन वास्तव में एक अत्यन्त कठिन कार्य है।

(3) परामर्शन का सबसे महत्त्वपूर्ण लक्ष्य होता है परामर्शी में स्वस्ति (well being) का अनुभव प्रदान करना। यह एक आत्मगत अनुभव है और इसका मूल्यांकन निश्चित रुप से परामर्शी के अनुभवों के आत्मनिष्ठ मानदंडों के आधार पर करना पड़ेगा, जो स्वयं में एक गम्भीर समस्या है। आत्मगत मापदंडों और मूल्यांकन तकनीकों की अपनी अनेक कमियाँ होती है।

(4) परामर्शन का परिणाम प्रत्येक परामर्शी के लिए अपूर्व, जटिल और गत्यात्मक होता है। सभी प्रकार के परिवर्तनों को जानने और उनके निर्धारण के लिए कोई एक तकनीक पूर्णतः उपयुक्त नहीं हो सकती। अतः मूल्यांकन एक अत्यन्त चुनौतीपूर्ण कार्य बन जाता है।

(5) मूल्यांकन के लिए यह अत्यन्त महत्त्वपूर्ण और आवश्यक है कि परामर्शी की परामर्शन-पूर्व दशा की स्थिति के प्रदत्त उपलब्ध हो ताकि परामर्शन के बाद की स्थिति से उनकी तुलना की जा सके, किन्तु अधिकांश स्थितियों में परामर्शन पूर्व के आँकड़े उपलब्ध नहीं होते जिससे सार्थक मूल्यांकन कर सकना अव्यावहारिक हो जाता है।

(6) प्रायः यह इंगित किया जाता है कि मूल्यांकन वस्तुनिष्ठ होना चाहिए अर्थात् परामर्शी एवं परामर्शदाता के अलावा किसी तीसरे व्यक्ति के द्वारा किया जाना चाहिए ताकि मूल्यांकन अधिक विश्वसनीय, वस्तुनिष्ठ तथा निर्भरयोग्य (dependable) हो सके। परामर्शन का स्वरूप ऐसा होता है कि वह किसी भी प्रकार से तीसरे व्यक्ति को शामिल नहीं करता। इसका तात्पर्य यह नहीं है कि इस प्रकार का मूल्यांकन असंभव है।

(7) मूल्यांकन एक समय लेने वाली प्रक्रिया है। इसमे न केवल धन व्यय होता है बल्कि वैयाक्तिक/कार्मिक संसाधन की भी आवश्यकता होती है। धन तो किसी प्रकार उपलब्ध किया जा सकता है किन्तु मूल्यांकन की प्रविधि से भिज्ञ प्रशिक्षित कार्मिकों को खोजना अपेक्षाकृत कठिन कार्य है।

(8) मूल्यांकन सदैव किन्ही मापदंडों के संदर्भ में किया जाता है। उपयुक्त मापदंड का चयन करना एक अविजित समस्या रहा है। तार्किक रूप से देखा जाय तो प्रत्येक मापदंड की स्वयं की कुछ सीमाएँ होती है, जो स्वाभाविक रूप से मूल्यांकन पर प्रभाव डालती है।

मूल्यांकन के मापदंड (Criteria of Evaluation)

जेन्सन्, कोल्स एवं **नेस्टर** (1955) ने मापदंड को एक ऐसे व्यवहार अथवा दशा के रूप में परिभाषित किया है जिसे आदर्श अथवा लक्ष्य के रूप में वर्णित किया जा सके।

"Criterion is a behaviour or a condition which is or can be described in terms of an ideal and which is a goal."........Jensen, Coles & Nestor (1955)

इस मापदंड के संदर्भ में ही परामर्शन प्रक्रिया का अध्ययन किया जाता है। अधिकांश परामर्शदाता जिन लक्ष्यों को प्राप्त करने का प्रयास करते हैं, वे हैं—समायोजन में सुधार, समझदारीपूर्ण व्यावसायिक वरण (choice), यथार्थवादी आत्मप्रत्यय, व्यवहार में धनात्मक परिवर्तन आदि। किन्तु सभी परामर्शदाता इन मापदंडों को स्वीकार नहीं करते।

एक उपयुक्त मापदंड में दो विशेषताएँ होनी चाहिए:—

(i) जिस समस्या के अध्ययन के लिए उसे लिया गया है, उस समस्या के लिए वह प्रासंगिक होना चाहिए, और

(ii) वह आवश्यक रूप से मापनीय होना चाहिए।

किसी भी मापदंड के चयन में उपर्युक्त दोनों विशेषताओं को ध्यान में रखना चाहिए।

स्पष्ट है कि परामर्शन-प्रक्रिया और उसके प्रतिफलों (outcomes) का मूल्यांकन सदैव किसी-न-किसी मापदंड के संदर्भ में किया जाता है। इन मापदंडों को तीन वर्गों में वर्गीकृत किया जा सकता है। इन तीन मापदंडों में से किसी एक के आधार पर परामर्शन के परिणामों/प्रतिफलों का मूल्यांकन किया जाता है:—

(1) आत्मनिष्ठ मापदंड (Subjective criterion), जैसे परामर्शी की संतुष्टि या अनुभव

(2) परामर्शदाता का निर्णय (Counsellor judgment), अथवा

(3) वस्तुनिष्ठ मापदंड (Objective criterion), जो परामर्शी और परामर्शदाता दोनों से स्वतंत्र होता है।

प्रथम दृष्टि में **आत्मनिष्ठ मापदंड** (subjective criterion) परामर्शन के प्रतिफलों का मूल्यांकन करने का सर्वाधिक उपयुक्त और प्रासंगिक मापदंड प्रतीत होता है क्योकि परामर्शन से हुए लाभ या सुधार के बारे में परामर्शी से बेहतर अन्य कोई भी नहीं बता सकता। किन्तु बारीकी से देखने पर आत्मनिष्ठ मापदंड की अनेक कमियाँ दिखाई देती हैं। यह सर्वमान्य तथ्य है कि व्यक्ति स्वयं अपना उत्तम निर्णायक नहीं हो सकता। अधिकांश स्थितियों में व्यक्ति यह विश्वास करता है कि वह स्वयं को भली-भाँति जानता है किन्तु, वास्तव में वह स्वयं से अनजान होता है। फ्रायड का 'अचेतन' का संप्रत्यय इस स्थिति को

स्पष्ट रूप से दर्शाता है। अतः यह कहा जा सकता है कि व्यक्ति अपने बारे में निर्णय उत्तम ढंग से नहीं ले सकता। उसकी प्रतिक्रियाएँ या तो मात्र काल्पनिक हो सकती है अथवा यदि अच्छे रूप में हुई तो वे आत्म सुझाव (auto-suggestions) के रूप में हो सकती है। कभी-कभी शारीरिक चिकित्सा में रोगी को अथवा परामर्शन में क्लायंट को स्वस्ति (wellbeing) का मिथ्या अनुभव भी होता है। परिणामतः यह तर्क दिया जाता है कि परामर्शन के परिणामों का मूल्यांकन आत्मनिष्ठ मापदंड के आधार पर न करके किसी अन्य मापदंड के आधार पर करना अधिक उपयुक्त होगा।

परामर्शी के सुधार के सम्बन्ध में दिया गया **परामर्शदाता का निर्णय** (counseller judgement) परामर्शन प्रतिफल के मूल्यांकन का एक उपयुक्त मापदंड समझा जाता है। यह माना जाता है कि परामर्शदाता ही सर्व उपयुक्त निर्णायक हो सकता है क्योंकि वही ऐसा व्यक्ति है जो परामर्शन के पूर्व की क्लायंट की स्थिति और परामर्शन के बाद की वर्तमान स्थिति को जानता है और साथ ही उपयुक्त निर्णय देने के लिए उसके पास प्रोफेशनल ट्रेनिंग भी होती है। इस दृष्टिकोण से परामर्शदाता अपने क्लायंट के साथ उसी प्रकार सम्बन्धित है जैसे एक चिकित्सक अपने रोगी के साथ। एक चिकित्सक अपने मरीज के सुधार के बारे में सबसे अच्छा निर्णय दे सकता है और उसके पास आवश्यक चिकित्सकीय प्रशिक्षण और अनुभव भी होता है। ठीक इसी प्रकार परामर्शदाता भी क्लायंट के सुधार के मूल्यांकन के लिए सर्वश्रेष्ठ निर्णायक हो सकता है। अनेक स्थितियाँ ऐसी होती हैं, जब चिकित्सकों अथवा परामर्शदाताओं से इस प्रकार का निर्णय देने में त्रुटियाँ हो जाती हैं। ऐसे में एक अन्य नाजुक समस्या यह आती है कि कोई भी परामर्शदाता सामान्यतः अपनी असफलता को स्वीकार नहीं करता क्योंकि इससे उसकी व्यावसायिक प्रस्थिति (professional status) पर बुरा प्रभाव पड़ता है। इस कारण प्रायः परामर्शदाता यह निर्णय देते हुए पाये जाते हैं कि उनके द्वारा किए गए प्रयासों (परामर्शन) के सार्थक एवं सफल परिणाम प्राप्त हुए है। परामर्शन में सफल न होने पर भी परामर्शदाता अपनी असफलता को स्वीकार न करके सफलता का दावा कर सकता है अथवा अपनी सफलता को कई गुना बढ़ा-चढ़ा कर बता सकता है। इन कारणों से परामर्शदाता के निर्णय को मूल्यांकन का उपयुक्त एवं विश्वसनीय मापदंड स्वीकार करना अत्यन्त कठिन हो जाता है।

परामर्शी के निर्णयों के आत्मनिष्ठ मापदंड और परामर्शदाता के निर्णयों के मापदंड के आलोचकों ने परामर्शन की उपलब्धियों/प्रतिफलों का मूल्यांकन करने के लिए एक तीसरे मापदंड का सुझाव दिया है, वह है—**वस्तुनिष्ठ मापदंड** (objective criterion)। ऐसी अनेक स्थितियाँ होती हैं जहाँ वस्तुनिष्ठ मापदंड न केवल व्यवहारिक होता है बल्कि मूल्यांकन का सर्वश्रेष्ठ साधन भी होता है। लेकिन परामर्शन में यह सदैव सम्भव नहीं होता। उदाहरण के लिए हम मनोग्रस्तता (obsession) के दूर हो जाने की जाँच वस्तुनिष्ठ ढंग से नहीं कर सकते क्योंकि यह पूर्ण रुप से एक मनोवैज्ञानिक गोचर है। क्लायंट की प्रगति का मूल्यांकन करने में उसके परिवार के सदस्यों अथवा मित्रों द्वारा क्लायंट के व्यवहार परिवर्तन के सम्बन्ध में निर्णयों की रिपोर्ट काफी सीमा तक सहायक हो सकती है किन्तु कुछ पक्ष ऐसे हैं जिनका वस्तुनिष्ठ ढंग से निर्धारिण करना सम्भव नहीं होता, जैसे क्लायंट द्वारा अनुभव किया जाने वाला तनाव अथवा हीनता की भावना। क्लायंट की स्थिति का निर्धारण करने के लिए मनोवैज्ञानिक परीक्षण काफी सीमा तक उपयोगी हो सकते हैं किन्तु उनके उपयोग में भी वैधता की समस्या सामने आती है। कुछ परीक्षण तो निस्संदेह पूर्ण रूप से वैध हैं किन्तु सभी परीक्षणों के लिए यह बात सत्य नहीं है। कोई भी मनोवैज्ञानिक परीक्षण

प्रत्येक समय, प्रत्येक स्थिति और प्रत्येक व्यक्ति के लिए वैध नहीं होता। उसकी वैधता उन निश्चित परिस्थितियों और व्यक्तियों तक ही सीमित होती है जिनके लिए उसका निर्माण किया गया है। अतः परामर्शन के प्रतिफलों का मनोवैज्ञानिक परीक्षणों (वस्तुनिष्ठ मापदंड) के आधार पर मूल्यांकन करने की स्वयं अपनी कठिनाइयाँ है।

इस प्रकार परामर्शन के प्रतिफलों का मूल्यांकन उपर्युक्त तीनों मापदंड में से किसी एक के आधार पर किया जा सकता है, किन्तु तीनों ही मापदंडों की अपनी-अपनी सीमाएँ हैं। इन मापदंडों के अन्तर्गत बहुसंख्यक माप (measures) प्रयुक्त होते हैं। पिछले दशक के कुछ महत्त्वपूर्ण सर्वेक्षणों (Floyd et al., 1996; Mellor-Clark et al., 1998) द्वारा यह ज्ञात हुआ है कि इन प्रयुक्त मापों की संख्या एक हजार से भी अधिक है।

परामर्शन शोध एवं परामर्शन के प्रतिफल के मूल्यांकन के उपर्युक्त मापदंडों को निम्नांकित प्रकार से भी वर्गीकृत किया जा सकता है :—

आन्तरिक बनाम वाह्य मापदंड *(Internal Vs External Criteria)*

परामर्शन के दो प्रकार के मापदंड होते हैं जो परामर्शन-परिदृश्य (Counselling setting) के अन्दर और परामर्शन परिदृश्य के बाहर से प्राप्त आँकड़ों पर आधारित होते हैं।

आन्तरिक मापदंड के अन्तर्गत दो मापदंड सम्मिलित हैं :—

(i) परामर्शी द्वारा किए गए वार्तालाप में सतुष्टि तथा उसके सुधार के संकेत और

(ii) परामर्शी के सुधार के सम्बन्ध में परामर्शदाता का निर्णय।

उपर्युक्त दोनों प्रकार के मापदंडों का वर्णन विस्तारपूर्वक इसी खंड में 'आत्मनिष्ठ मापदंड' और 'परामर्शदाता का निर्णय' के अन्तर्गत किया जा चुका है।

आन्तरिक मापदंड में यह सुविधा तथा विशेषता रहती है कि परामर्शी तथा परामर्शदाता दोनों के द्वारा इसका प्रत्यक्ष निरीक्षण किया जा सकता है।

वाह्य मापदंड के अन्तर्गत परामर्शी (क्लायंट) के व्यवहार के वे परिवर्तन आते हैं जो आत्मनिष्ठ नहीं होते अर्थात् जो वस्तुनिष्ठ होते हैं।

वस्तुनिष्ठ बनाम आत्मनिष्ठ मापदंड *(Objective Vs Subjective Criteria)*

वस्तुनिष्ठ मापदंड मात्रात्मक होते हैं तथा परामर्शन प्रक्रिया से जुड़े किसी व्यक्ति (परामर्शी अथवा परामर्शदाता) के निर्णय पर निर्भर नहीं करते, इस प्रकार के वस्तुनिष्ठ मापदंड के उदाहरण हैं—विद्यालयों में प्रदान श्रेणियाँ (grades), सेवा काल (Job tenure), पर्यवेक्षकों द्वारा कार्य की रेटिंग, आदि।

अधिकांश परामर्शदाता वस्तुनिष्ठ मापदंडों को सतही (superficial) समझते हैं। इस कारण परामर्शन प्रतिफल के मूल्यांकन में आत्मगत मापदंडों के उपयोग को बढ़ावा मिला है। आत्मगत मापदंड परामर्शी के परामर्शन के फलस्वरूप आए सुधारों को निर्धारित करने के लिए या तो परामर्शदाता अथवा परामर्शी के निर्णयों पर निर्भर करते है। परामर्शन से परामर्शी की संतुष्टि को मापदंड के रूप में सर्वाधिक प्रयुक्त किया जाता है हालांकि यह सर्वाधिक विवादास्पद आत्मनिष्ठ मापदंड है। जो दूसरे आत्मनिष्ठ मापदंड प्रयुक्त किए जाते हैं वे हैं—अपने व्यक्तिगत समायोजन की मात्रा और आत्मप्रत्यय के बारे में परामर्शी की रिपोर्ट।

परामर्शन से प्राप्त लाभों के मूल्यांकन के परामर्शी के परिवार के सदस्यों और मित्रों

द्वारा दी गई रिपोर्ट भी सहायता प्रदान कर सकती है किन्तु इनमें अभिनति (bias) पाए जाने तथा आत्मगत विधियों की अन्य त्रुटियाँ पाई जाने की पूरी सम्भावना होती है। इसके अलावा, इसके माध्यम से जिन चुने हुए वाह्य व्यवहारों के परिवर्तन का मापन एवं निर्धारण किया जाता है वे केवल चुने हुए परामर्शन परिणामों के मूल्यांकन में ही उपयोगी हो सकते हैं, सभी परामर्शन प्रतिफलो के लिए नहीं।

उपर्युक्त मापदंडों में से विभिन्न मापदंडों को एक साथ सम्मिलित करके बहुसंख्यक मापों (mulliple measures) के प्रयुक्त किया जाय तो परामर्शन प्रतिफलों के मूल्यांकन में निश्चित ही सुधार जाया जा सकता है और उत्कृष्ट तथा उपयुक्त ढंग से मूल्यांकन किया जा सकता है (लेविस, 1970)।

परामर्शन मूल्यांकन के उपागम
(Approaches to Evaluation of Counselling)

परामर्शन प्रतिफलों के मूल्यांकन हेतु विविध प्रकार के उपागम हो सकते हैं। वास्तव में परामर्शन के जितने उपागम हैं उनमें परामर्शन प्रक्रिया और उनके प्रतिफलों के मूल्यांकन सम्बन्धी मॉडल और उपागम भी अलग-अलग होते हैं। मूल्यांकन का उपागम चाहे जो भी हो, उसे निम्नांकित तीन प्राथमिक आवश्यकताओं को पूर्ण करना चाहिए :—

(i) लक्ष्य संक्रियात्मक रूप से वर्णित होने चाहिए ताकि उनका निरीक्षण किया जा सके और वस्तुनिष्ठ ढंग से निर्धारण किया जा सके।

(ii) लक्ष्यों के निर्धारण हेतु जिन प्रविधियों का उपयोग किया जाए उनमें स्पष्ट रूप से वैधता होनी चाहिए, और

(iii) मूल्यांकन में प्रयुक्त प्रक्रिया विश्वसनीय होनी चाहिए।

संक्षेप में, मूल्यांकन के किसी भी उपागम में वस्तुनिष्ठता, वैधता और विश्वसनीयता की तीन मूलभूत विशेषताएँ अवश्य होने चाहिए।

सर्वेक्षण उपागम (*Survey Approach*)

परामर्शन प्रतिफलों को सर्वेक्षण उपागम का उपयोग करके भी मूल्यांकित किया जा सकता है। यह एक सरल उपागम है। इस उपागम में वांछित समष्टि में से प्रतिनिध्यात्मक प्रतिदर्श का चयन करके प्रयोज्यों से सूचनाएँ एकत्र की जाती हैं और उपयुक्त मूल्यांकन अनुसूची का उपयोग करके पूर्व निर्धारित मापदंड के आधार पर निर्णय प्रदान किए जाते हैं। इस उपागम में परामर्शी (क्लायंट) से प्रश्न पूछे जा सकते है, जैसे—वे परामर्शन की प्रभावशीलता या उपयुक्तता के बारे में क्या अनुभव करते हैं? क्या उन्हें इससे फायदा हुआ है? इसमें क्या कमियाँ हैं? इसके सुधार के लिए वे क्या सुझाव देना चाहेंगे? आदि। कई परामर्शियों से इन बिन्दुओं पर सूचनाएँ प्राप्त करके परामर्शन की उपयोगिता एवं प्रभावशीलता का निर्धारण करने में उनका उपयोग किया जा सकता है, किन्तु सर्वेक्षण उपागम की एक बड़ी कमी है प्रयोज्यो की अनुपलब्धता। इस उपागम की जो दूसरी आलोचना की जाती है वह प्रयोज्यों द्वारा दिए गए उत्तरों से सम्बन्धित है। प्रयोज्यो के उत्तरों में पाई जाने वाली अविश्वसनीयता का कारण होती है उनकी वह प्रवृत्ति जिसकी वजह से वे सामाजिक रुप से वांछनीय उत्तर ही प्रदान करते हैं। इस उपागम की एक अन्य बहुत बड़ी कमी यह है कि इसके तथ्यों की प्रायोगिक वैधता की जाँच नहीं की जा सकती। प्रयोज्यों के चयन में होने वाली प्रतिचयन त्रुटि अभिनति पूर्ण निर्णयों और निष्कर्षों को जन्म देती है तथा कारणात्मक सम्बन्धों का अनुमान लगाने में कठिनाई उत्पन्न करती है।

केस अध्ययन उपागम (*Case Study Approach*)

इस उपागम की स्पष्ट श्रेष्ठता है अध्ययनों की गहन प्रवृत्ति। पद्धतिपरक दृष्टि से देखा जाय तो यह एक व्यष्टिवादी (idiographic) उपागम है जिसमें एक व्यक्ति के गहन अध्ययन पर बल दिया जाता है।

केस अध्ययन उपागम व्यक्ति के अध्ययन और परामर्शन के परिणामस्वरूप उसमें आने वाले परिवर्तनों के निर्धारण हेतु विकसित है। इस उपागम की सबसे बड़ी अच्छाई यह है कि यह व्यक्ति और उसके विकास पर बल देता है। इस उपागम को अपेक्षाकृत अधिक विश्वसनीय माना जाता है।

इसकी सबसे बड़ी कमी है, इसका समय साध्य होना। गहन अध्ययन की प्रकृति होने के कारण इस उपागम द्वारा मूल्यांकन किए जाने में अत्यधिक समय लगता है। चूँकि प्रत्येक व्यक्ति अपूर्व होता है, अतः वैयक्तिक आँकड़ों से सामान्यीकरण किया जाना उचित नहीं होता। विभिन्न व्यक्तियों के आँकड़ों को सम्मिलित करके कोई परिणाम निकालना, वैयक्तिक उपागम की अपूर्व विशेषता को समाप्त कर देता है।

मूल्यांकन चाहे क्लायंट की अपनी प्रगति के निर्णय के आत्मनिष्ठ मापदंड पर किया जाय अथवा परामर्शक द्वारा क्लायंट की प्रगति के निर्णय के मापदंड पर किया जाय, केस-अध्ययन उपागम की कमियाँ दोनों को ही प्रभावित करती हैं।

प्रयोगात्मक उपागम (*Experimental Approach*)

परामर्शन में प्रयोगात्मक उपागम अपनाने में अनेक कठिनाइयों का सामना करना पड़ता है क्योंकि प्रयोग में नियंत्रण अपरिहार्य होता है। परामर्शन की स्थिति में नियंत्रण अत्यन्त कठिन होता है। लेकिन सीमित अर्थों में, यह उपागम परामर्शन के प्रतिफलों के मूल्यांकन के लिए प्रयुक्त किया जा सकता है। इस उपागम में मौलिक रूप से पाँच बातें आवश्यक हैः—

(i) उद्देश्यों का निर्धारण,
(ii) उपयुक्त विधियों का चयन,
(iii) दो या अधिक तुलनात्मक समूहों का चयन,
(iv) उस परामर्शन तकनीक का अनुप्रयोग, जिसका मापन किया जा सके,
(v) अन्तिम प्रतिफलों का मापन या निर्धारण।

इस उपागम का सबसे मुख्य चरण है दो या अधिक तुलनात्मक समूहों का अध्ययन करना। यह सबसे बड़ा कार्य है, क्योंकि चाहे जितना भी प्रयत्न किया जाय, ऐसे व्यक्तियों का समूह बना सकना असम्भव है, जो एक-दूसरे से तुलनीय हों ताकि अनेक चरों का नियंत्रण करके, अनाश्रित चर(परामर्शन) को उसके प्रभाव(आश्रित चर) से सम्बन्धित किया जा सके।

एक क्षेत्र में किए गए परामर्शन प्रतिफल का मूल्यांकन दूसरे क्षेत्र के परामर्शन मूल्यांकन से भिन्न होता है। उदाहरण के लिए शैक्षिक क्षेत्र के परामर्शन का प्रतिफल, व्यावसायिक वरण या व्यावसायिक समायोजन, या कार्य संतुष्टि आदि के क्षेत्र में किए गए परामर्शन के प्रतिफल से भिन्न होगा। मूल्यांकन हेतु कौन-सा मापदंड अपनाया जाय, यह उस क्षेत्र पर निर्भर करेगा, जिस क्षेत्र में परामर्शन प्रदान किया जा रहा है। उदाहरण के लिए शैक्षिक क्षेत्र में जो समस्या सामान्य तौर पर आती है वह है—अध्ययन कौशलों (study skills) की। इस क्षेत्र में परामर्शन के अपने विशिष्ट लक्ष्य होंगे, जैसे—समझ, शब्द भंडार, पठन गति, स्मृति आदि में सुधार। इन विशिष्ट समस्याओं से संबंधित मापदंडों को

निश्चित मात्रा की वस्तुनिष्ठता के साथ परिभाषित किया जा सकता है। विद्यार्थी की प्रगति का मूल्यांकन इन वस्तुनिष्ठ मापदंडों पर किया जा सकता है जैसे याद किए हुए पदों की संख्या, प्राप्त अंक आदि।

व्यवसायिक चयन के क्षेत्र में मूल्यांकन की समस्याएँ इतनी सरल नहीं होती क्योंकि व्यावसायिक चयन में अनेक अग्र एवं पश्चगामी क्रियाएँ होती हैं। क्लायंट की संतुष्ट व्यावसायिक जीवन के अनेक पक्षों पर निर्भर करती है।

व्यक्तिगत परामर्शन के क्षेत्र में मूल्यांकन से संबंधित समस्याओं के और भी अधिक विस्तृत आयाम होते हैं।

परामर्शन मूल्यांकन प्रक्रिया के विविध प्रतिरूप
(Different Models of Counselling Process Evaluation)

पिछले अध्याय में वर्णित विविध परामर्शन उपागमों के लिए परामर्शन प्रक्रिया के मूल्यांकन सम्बन्धी प्रतिरूप विभिन्न रूप में प्रकट होते हैं। **संज्ञानात्मक व्यवहारात्मक उपागमों** और **व्यवहार परिमार्जन उपागमों** में मूल्यांकन कार्य मुख्यतः परामर्शन लक्ष्यों की प्राप्ति में सफलता की दृष्टि से सम्पन्न किया जाता है। परामर्शन के लक्ष्यो का निर्धारण आरम्भिक चरण में ही विकसित कर लिया जाता है। परामर्शन लक्ष्यों और कार्य के आधार पर मूल्यांकन करने के लिए सुट्टन (C. Sutton, 1989) ने लक्ष्य प्राप्ति मॉडल (Goal-attainment model) का वर्णन किया है जिसके बारे में उनका विचार है कि यह प्रतिरूप किसी भी परामर्शन उपागम के लिए उपयुक्त है।

तार्किक संवेगात्मक व्यवहार-उपचार (REBT) में मूल्यांकन कार्य परामर्शी द्वारा 'उपचार कार्य निष्पादन' (therapeutic task performance) में प्रगति के आधार पर सम्पन्न किया जाता है। आरईबीटी में प्रयुक्त परामर्शन तकनीकों में क्लायंट के अतार्किक विश्वास को चुनौती देने और गृहकार्य सम्पन्न करने जैसी प्रविधियाँ प्रयुक्त की जाती हैं अतः मूल्यांकन कार्य में यह आकलन किया जाता है कि क्लायंट अतार्किक विश्वासों को चुनौती देने हेतु निर्धारित गृहकार्य सम्पन्न करने का कार्य कितनी सफलतापूर्वक पूरा कर रहा है।

कुछ उपागम परामर्शन प्रक्रिया (counselling process) और कार्यात्मक परामर्शन सम्बन्ध (working relationship) को महत्त्व देते हैं। पूरी परामर्शन प्रक्रिया में परामर्शदाता की मूल्यांकन दक्षता महत्त्वपूर्ण मानी जाती है। **दक्ष सहयोगी परामर्शन प्रक्रिया** की अवधि में वह क्लायंट की प्रगति का अनुश्रवण (monitoring) करता है तथा परामर्शन कार्य के मध्य में क्लायंट को अपना आत्म-मूल्यांकन करने के लिए प्रोत्साहित करता रहता है (Mary Connor, 2000)। मूल्यांकन कार्य परामर्शन की समाप्ति पर नहीं अपितु परामर्शन सत्रों के मध्य में नियमित अन्तराल पर परामर्शन प्रक्रिया के अभिन्न पक्ष के रूप में घटित होता रहता है (Bond, Ared and Hughes, 2000), मूल्यांकन परामर्शदाता और क्लायंट के मध्य सहयोगात्मक सम्बन्ध का महत्त्वपूर्ण, नियमित और प्रगतिशील पक्ष माना जाता है।

मनोगत्यात्मक उपागम में मूल्यांकन कार्य परामर्शन प्रक्रिया और सम्बन्धों की प्रविधियों के साथ अन्तर्गुम्फित (interwoven) होता है जो प्रायः परामर्शन प्रक्रिया के अन्त में सम्पन्न होता है। क्लायंट को अन्तर्दृष्टि के विकास और संवेगात्मक अनुभूति एवं व्यवहार में परिवर्तन का मूल्यांकन करने का अवसर प्रदान किया जाता है। इस मूल्यांकन के आधार पर ही मनोगत्यात्मक उपागम में परामर्शन सम्बन्धों का समापन किया जाता है। परामर्शन सम्बन्धों

का समापन इस आधार पर ही सम्पन्न होता है कि क्लायंट को यह अनुभव और आत्मविश्वास अर्जित होता है कि वह अपनी समस्याओं का समाधान कर सकता है, उसे चिकित्सक की सहायता की आवश्यकता नहीं है तथा उसने अपनी सामर्थ्य का वास्तविकताओं के संदर्भ में परीक्षण कर लिया है। परामर्शन सम्बन्धों का समापन मूल्यांकन के आधार पर सम्पन्न होने के कारण मूल्यांकन प्रक्रिया अनेक सत्रों तक वितरित पायी जाती है।

व्यक्ति-केन्द्रित उपागम में मूल्यांकन परामर्शन-प्रक्रिया और सम्बन्धों के सामान्य प्रवाह के अंतर्गत सम्पन्न होता रहता है। इसके अतिरिक्त कुछ औपचारिक पुनर्मूल्याकन सत्र भी आयोजित किये जाते हैं। मूल्यांकन कार्य के लिए समय निर्धारण की प्रक्रिया लचीली रखी जाती है क्योंकि कुछ अवधियाँ ऐसी होती हैं कि मूल्यांकन प्रक्रिया उपादेय होने के स्थान पर प्रतिकूल प्रभाव उत्पन्न करती है, इस उपागम में मूल्यांकन का उद्देश्य क्लायंट को यह बताना नहीं होता है कि उसकी कितनी प्रगति हुई है या यह कि उसमें क्या परिवर्तन हुए है क्योंकि यह माना जाता है कि ऐसी सूचना द्वारा परामर्शन प्रक्रिया में किसी प्रकार के लाभ की प्राप्ति नहीं होती है। व्यक्ति में जिस प्रक्रिया द्वारा परिवर्तन सम्पन्न होता है, उसकी विवेचना; परामर्शन में घटित हो रही क्रियाओं और क्लायंट में घटित हो रहे परिवर्तनों के मध्य के सूत्र का बोध होना तथा जीवन में वांछित परितर्वनो को महत्त्वपूर्ण माना जाता है इसलिए व्यक्ति केन्द्रित उपागम में मूल्यांकन कार्य का परिणाम मूल्यांकन के रूप में नहीं अपितु संवर्धनशील प्रगति की प्रक्रिया के आकलन के रूप में देखा जाता हैं। व्यक्ति केन्द्रित उपागम परामर्शदाता और परामर्शी के मध्य विचारों, अनुभूतियों और अनुभवों की सहभागिता को महत्त्व देता है अतः प्रगति के मूल्यांकन में भी सहभागिता को महत्त्व दिया जाता है। यह सहभागिता परामर्शन सम्बन्ध के विकास और उसके माध्यम से परामर्शन प्रक्रिया के विकास का अन्तर्निहित तत्त्व है। यदि किसी बिंदु पर परामर्शी की प्रगति बाधित हो जाती है तो उपचारक उस बिन्दु पर क्लायंट के परामर्शन प्रक्रिया सम्बन्धी अनुभव को समझने का प्रयास करता है या जब मनोपचारक को यह बोध होता है कि क्लायंट पहले की तुलना में स्वयं को अधिक स्वीकार कर रहा है तो अपने अनुभव को क्लायंट की ओर परावर्तित करते हुए उसके आत्ममूल्यांकन में सहयोग देता है।

मूल्यांकन के लक्ष्य और आयाम
(Aims and Dimensions of Evaluation)

परामर्शन कार्य सम्पादित करने वाले परामर्शदाताओं को आजकल कार्यक्रम का आर्थिक पोषण करने वाली संस्थाओं और परामर्शियों के प्रति जवाबदेह (accountable) माना जाता है। परामर्शन कार्य में व्यय हुए समय, श्रम और अन्य संसाधनों की उपादेयता को प्रदर्शित करना एवं किये जाने वाले कार्यों के औचित्य को सिद्ध किया जाना आवश्यक माना जाता है। क्लार्क और बारखम (John Mellor-Clark & Michal Barkham, 2000) के अनुसार मूल्यांकन का स्वरूप गुणवत्ता मूल्यांकन (quality evaluation) होना चाहिए। परामर्शन के मूल्यांकन का मूल उद्देश्य प्रदत्त सेवा की गुणवत्ता के बारे में जानकारी देने वाली उपयुक्त विधियों और मापों का उपयोग करना, कमियों की पहचान करना तथा सेवा वितरण में सहयोग देना होता है।

गुणवत्ता मूल्यांकन के छः प्रमुख व्यावहारिक उद्देश्यों का **क्लार्क** और **बारखम** द्वारा वर्णन किया गया है—

(1) सेवा संरचना की उपयुक्तता (appropriateness) का निर्देशन (demonstration),

(2) सेवा व्यवस्था की सुलभता (accessibility) में वृद्धि,
(3) सेवा प्रक्रिया की स्वीकार्यता (acceptability) का अनुश्रवण (मॉनी.टरिंग),
(4) समस्त सेवा पानेवालों के लिए समता (equity) सुनिश्चित करना,
(5) सेवा प्रणालियों की प्रभावशीलता (effectiveness) का निदर्शन,
(6) सेवा वितरण की सफलता (efficiency) या कार्यकुशलता में वृद्धि।

मूल्यांकन के उपर्युक्त उद्देश्यों के अतिरिक्त परामर्शन प्रक्रिया के मूल्यांकन में रुचि लेने वाले उपागम में क्लायंट की अन्तर्दृष्टि, आत्म-बोध, आत्मविश्वास के विकास; क्लायंट की अपनी सहायता कर पाने सम्बन्धी क्षमता में वृद्धि आदि का आकलन (तथा हो रहे परिवर्तनों के मूल्यांकन का परामर्शी तक प्रत्यावर्तनों) को परामर्शन प्रक्रिया के अन्तर्निहित घटक के रूप मे सक्रिय देखा जाता है।

क्लार्क और बारखम का विचार है कि अधिकतर प्रचलित मूल्यांकन उपागम परामर्शन सेवा व्यवस्था का मूल्यांकन परामर्शी के उपभोक्ता दृष्टिकोण (consumer viewpoint) से करते हैं जिसके फलस्वरूप सेवा प्रदान करने वाले तथा पृष्ठभूमि और प्रक्रिया सम्बन्धी निर्धारक तत्त्वों की उपेक्षा हो जाती है। इस संदर्भ में शोध, मूल्यांकन और सम्परीक्षा (research, evaluation and audit) के सम्बन्धों को समझते हुए परामर्शन सिद्धान्त और पद्धति (प्रैक्टिस) के विकास के साथ इसे जोड़ा जाना चाहिए। *"गुणवत्ता मूल्यांकन को स्पष्टतः शोध, मूल्यांकन और सम्परीक्षा की सर्वोत्तम परम्परा में से प्रदाता और उपभोक्ता दोनों से प्रदत्त प्राप्त करके सेवा संदर्भ और प्रक्रिया को परिणाम से जोड़ना चाहिए तथा अंततः प्रैक्टिस के विकास और उन्नयन को सूचना आधार प्रदान करना चाहिए।"*—(**क्लार्क** और **बारखम, 2000**)

"Explicity, quality evaluation should borrow from the best traditions of research, evaluation and adudit, collecting data from both provider and consumer to link service context and process to outcome—ultimately informing the development and enhancement of practice."—(John Mellor-Clark & Michael Barkham, 2000).

औपचारिक **परामर्शन शोध** के अनेक उद्देश्य बताये गए हैं। बार्कर, पिस्ट्रैंग और इलियट (C. Barker, N. Pistrang & R. Elliot, 1994) परामर्शन शोध का उद्देश्य नये ज्ञान का अन्वेषण बताते हैं, जबकि मिलन (Milne, D. 1987) इसका उद्देश्य प्रैक्टिस सम्बन्धी सिद्धान्त का विकास और पैरी (Parry. G. 1986) इसका उद्देश्य सर्वोत्तम मनोपचार की व्यवस्था हेतु कारकों (indicators) की पहचान करना बताते हैं। शोध कार्य नियंत्रित वैज्ञानिक विधि का अनुसरण करता है तथा मानकीकृत मापनियों को प्रयुक्त करता है।

शोध की तुलना में **मूल्यांकन** कार्य का सिद्धान्त के विकास और स्थापित ज्ञान-आधार के विस्तार के प्रति कम समर्पण देखा जाता है। मूल्यांकन कार्य में विभिन्न प्रकार की मापनियों का उपयोग निर्णय लेने और संक्रियात्मक समस्याओं (operational problems) के समाधान में सहायक के रूप मे किया जाता है। अपनी इन सीमाओं के कारण अधिकतर परामर्शन मूल्यांकन कार्य अप्रकाशित साहित्य के रूप में दबे पड़े रह जाते हैं, (क्लार्क और बारखम) तथा मनोपचार/परामर्शन या मूल्यांकन के विकास में इनका उपयोग नहीं हो पाता है। क्लार्क और बारखम का मत है कि उपभोक्ता केन्द्रित प्रदत्तों पर निर्भरता के कारण मूल्यांकन परामर्शन की सफलता या विफलता के निर्धारकों का स्पष्टीकरण नहीं कर पाता है। परामर्शन मूल्यांकन की इस परम्परा के कारण मूल्यांकन प्रदत्तों की प्रतिनिध्यात्मक

सीमाएँ प्रकट होती हैं तथा इस कार्य में लगा समय और संसाधन हमारे बोध को समृद्ध नहीं कर पाता है।

सम्परीक्षा (audit) भी पारम्परिक रूप में क्लायंट की संख्या, अर्पण सेवा (referal service), प्रतीक्षा काल, सत्र, समय एवं संख्या आदि के रूप मे की जाती है किन्तु नैदानिक सम्परीक्षा का उद्देश्य और भी अधिक व्यापक होता है। सम्परीक्षा का उद्देश्य स्वीकृत मानदण्डों की तुलना में सेवा वितरण (service delivery) के घटकों का मूल्यांकन करना होता है। नैदानिक सम्परीक्षा प्रकट हुई अनुपयुक्तताओं को घटाने का चेष्टा करती है। इस प्रकार सेवा संरचना मूल्यांकन प्रदत्त के माध्यम से व्यवस्था की अनुपयुक्तता की परख करके उसे दूर करने की नीति अपनाती है, सुधार कार्यक्रम का अनुश्रवण करती है और सेवा की गुणवत्ता में सुधार लाया जाता है। यह सब कार्य एक चक्र के रूप मे घटित होता रहता है।

मैल्लर-क्लार्क और बारखम का कथन है कि जहाँ शोध का केन्द्रीय उद्देश्य परामर्शन प्रैक्टिस के लिए ज्ञान-आधार को विस्तृत करना होता है और परम्परागत मूल्यांकन का उद्देश्य प्रैक्टिस के दौरान प्राप्त हुए लक्ष्यों की प्रभावशीलता का अध्ययन करना होता है, वहाँ सम्परीक्षा दोनों के मध्य के अन्तराल को पूरा करती है। इस प्रकार सम्परीक्षा कार्य यह देखता है कि क्या परामर्शन क्षेत्र का वास्तविक व्यवहार (प्रैक्टिस) वस्तुतः शोध साक्ष्यों द्वारा स्थापित स्तर तक पहुँच रहा है और क्या गुणवत्ता सम्बन्धी आन्तरिक मानकों की पूर्ति की जा रही है।

गुणवत्ता मूल्यांकन के लिए माप
(Measures for Quality Evaluation)

परामर्शन सेवा के क्षेत्र में मूल्यांकन कार्य के लिए प्रयुक्त मापों में विविधता पायी जाती है। इस हेतु तीन प्रकार के मानदण्डों (criteria) को प्रयुक्त किया जाता है; आत्मनिष्ठ मापदण्ड (subjective criterion), परामर्शदाता के मापदंड या निर्णय (counsellor judgement) और वस्तुनिष्ठ मापदंड (objective criterion)। इन मापदंडों के अन्तर्गत बहुसंख्यक मापों को प्रयुक्त किया जाता है। पिछले दशक में कुछ महत्त्वपूर्ण सर्वेक्षण (Floyd et. al. 1996; Mellor-Clark et. al. 1998) द्वारा यह ज्ञात हुआ कि प्रयुक्त मापों की संख्या हजार से अधिक है और बहुसंख्यक मापों का उपयोग कुछ एक मूल्यांकन अध्ययनों तक ही सीमित रह जाता है। 1998 में युनाइटेड किंगडम में कोर सिस्टम ग्रुप (Core System Group) का गठन हुआ। कोर सिस्टम ने सूचना प्रबंधन और गुणवत्ता मूल्यांकन के लिए उपयुक्त विधियों और मापों की पहचान की है। इस प्रणाली के तत्त्वों का चयन परामर्शदाताओं के मध्य व्यापक सहयोग और सहमति के आधार पर किया गया है। इसके दो पक्ष हैं—कोर सूचना प्रबंधन प्रणाली और कोर परिणाम माप (Core Information Management System and Core Outcome Measures)।

कोर प्रणाली के तीन उपकरण है। प्रथम दो उपकरणों (i) कोर मनोचिकित्सा मूल्यांकन परिसूची (Core Therapy Assessment Form) एवं (ii) कोर मनोचिकित्सा समापन परिसूची (Core End of Therapy Form) का सम्बन्ध परामर्शदाता से होता है।

प्रथम श्रेणी में 26 विविध प्रकार की सूचनाएँ अंकित की जाती हैं। द्वितीय श्रेणी में 19 विविध प्रकार की सामान्य एवं सम्परीक्षा सूचनाएँ अंकित की जाती है। तृतीय उपकरण कोर परिणाम माप (Core Outcome Measure) होता है। इस माप में 34 पद होते हैं जिनपर

परामर्शी परामर्शन के आरंभ में एवं पुनः परामर्शन के समापन के पश्चात् प्रतिक्रियाएँ व्यक्त करता है तथा परामर्शदाता अंक प्रदान करने का कार्य करता है। इन उप पदों में से आत्मनिष्ठ स्वस्ति (subject wellbeing) सम्बन्धी 4 पद, लक्षण (symptoms) सम्बन्धी 12 पद, घनिष्ठ सामाजिक जीवन-सम्बन्धों की प्रकार्यात्मकता सम्बन्धी 12 पद, तथा रिस्क या क्षति (risk/harm) सम्बन्धी 6 पद हैं। कोर परिणाम माप के 34 पदों में से चयनित 18 पदों का एक संक्षिप्त प्रारूप परामर्शन प्रक्रिया के मध्य में ही प्रयुक्त किया जाता है।

कोर सिस्टम के संक्षिप्त तत्त्व और मापन लक्ष्य
(Summary Contents and Measurement Objectives of the CORE System)

(As presented by John Mellor-Clark and Michael Barkaham, (2000) in the paper Quality Evaluation : Methods, Measures and Meaning', in Colin Feltham and Ian Horton, (2000), Handbook of Counselling and Psychotherapy; London : Sage)

कोर माप और पद CORE measures and items	कोर माप और पद उद्देश्य CORE measures and item objectives
परामर्शन (मनोपचार) मूल्यांकन प्रपत्र (वी$_2$) Therapy Assessment Form (V$_2$)	**प्रथम सत्र में परामर्शदाता क्लायंट के बारे में जनांकिकीय सूचना, संदर्भ प्रदत्त संकलित करता है।**
स्थान पहचान (Site ID)	अन्य कोर प्रपत्रों के साथ जुड़ाव में सहायता संसूचन विश्लेषण और प्रस्तुतीकरण में सहायक
क्लायंट पहचान (Client ID)	यथा ऊपर
उपचारक पहचान (Therapist ID)	यथा ऊपर
उपकोड (Subcodes)	उपयोगकर्त्ता द्वारा परिभाषित चरों को जोड़ना सम्भव
अर्पण करने वाले (Referrer (s)	अर्पण दर की सम्परीक्षा और अर्पण करने वाले से सूचना
आयु (Age)	क्लायंट की जनांकिकीय सम्परीक्षा
लिंग (Gender)	यथा ऊपर
सेवायोजन दशा (Employment status)	यथा ऊपर
जातीय मूल (Ethnic origin)	यथा ऊपर
अर्पण तिथि (Referral dates)	प्रदत्तसंगठन और प्रतीक्षा काल की साम्मीक्षा
मूल्यांकन तिथि/तिथियाँ (Assessment dates)	,, ,, ,,
मूल्यांकनों की संख्या (Total number of assessments)	मूल्यांकन सत्रों की संख्या और अवधि की सम्परीक्षा
इस सेवा द्वारा पहले साक्षात्कार (Previously seen by service)	क्लायंट के प्रत्यर्पण दर की सम्परीक्षा

पिछले साक्षात्कार के पश्चात् व्यतीत माह (Months since last seen)	अर्पण (referrals) के मध्य अन्तराल की सम्परीक्षा
अनुवर्तन/पुनर्मूल्यांकन (Follow-up/Review appointment)	अन्य कोर प्रपत्रों की प्रोसेसिंग और प्रदत्त प्राप्ति में सहायक
सम्बन्ध/सहयोग (Relationship/Support)	सम्भावित रिस्क और वरीयता कारकों का मूल्यांकन
वर्तमान/पूर्ववर्ती मनोपचार (Current/previous therapy)	अपर्ण के औचित्य और क्लायंट की अपेक्षाओं के मूल्यांकन में सहायता
वर्तमान औषधि सेवन (Curnet medication)	औषधि सेवन इतिहास और परामर्शन औषधि सेवन पर प्रभाव का मूल्यांकन
अर्पण का कारण (Reasons for referral)	सेवा लाभार्थियों के मूल्यांकन में सहयोग और उपचार परिणाम के साथ लिंक
प्रकट समस्याएँ (Identified problems/concerns)	क्लायंट की समस्या की अवधि और तीव्रता के मूल्यांकन में सहयोग
रिस्क मूल्यांकन (Risk/hram assessment)	अर्पण के औचित्य और भर्त्ती सम्बन्धी वरीयता कारकों के मूल्यांकन में सहायता
आई सी डी 10 विवरणी (ICD 10 profiles)	मानसिक स्वास्थ्य और सामाजिक समस्याओं की प्रोफाइलिंग में सहायता
समायोजनात्मक/परिहारात्मक व्यवहार (Coping/avoiding behaviours)	रिस्क/भर्त्ती वरीयता कारकों और प्रतिफल कारकों के मूल्यांकन में सहायता
मूल्यांकन/प्रथम सत्र का प्रतिफल (Assessment/first session outcome)	अर्पण के औचित्य का मूल्यांकन
मनोपचार न लेने के कारण (Reasons for not entering therapy)	अनुपयुक्त क्लायंट समष्टि के मूल्यांकन में सहयोग तथा अर्पण का पीछा (tracking)

उपचार समापन प्रपत्र (V_2) (End of Therapy form -V_2)	**परामर्शदाता प्रक्रिया और प्रतिफल सम्बन्धी प्रदत्त अंकित करता है।**
स्थान पहचान (Site ID)	अन्य कोर प्रपत्रों के साथ संलग्नता और प्रोसेसिंग, विश्लेषण और रिर्पोटिंग में सहायक
क्लायंट पहचान (Client ID)	यथा ऊपर
परामर्शदाता पहचान (Therapist ID)	यथा ऊपर
उपचार प्रारंभन तिथि (Therapy Date commenced)	प्रतीक्षा अवधि की सम्परीक्षा में सहायता
उपचार समापन तिथि (Date therapy completed)	परामर्शन अवधि की सम्परीक्षा
नियोजित सत्र संख्या (Number of sessions planned)	परामर्शन अवधि की सम्परीक्षा
उपस्थिति सत्र संख्या (Number of sessions attended)	प्रदत्त सेवा की संख्या की सम्परीक्षा

सत्र अनुपस्थिति संख्या (Sessions unattended)	उपस्थिति एवं अनुपस्थिति दर की सम्परीक्षा
उपचार का प्रकार (Type of therapy)	सेवा में प्रयुक्त हस्तक्षेप और प्रतिफल के सम्बन्ध का मूल्यांकन
उपचार का प्रारूप (Modality of theraphy)	यथा ऊपर
उपचार समापन का प्रकार (Type of therapy ending)	केस समापन के स्वरूप की सम्परीक्षा तथा उपचार प्रतिफल के साथ सम्बन्ध
समस्या/विषय का पुनरीक्षण (Problems /issues revisited)	परामर्शन के पश्चात् के प्रतिफल एवं परामर्शन के पूर्व की विवरणी (profile) के मध्य सम्बन्ध की सम्परीक्षा
रिस्क मूल्यांकन (Risk/harm assesment)	परामर्शन पश्चात् रिस्क प्रोफाइल के मूल्यांकन में सहायता
संदर्भ सम्बन्धी कारक (Contextual factors)	क्लायंट सम्बन्धी कारकों के प्रतिफल का प्रभाव का मूल्यांकन
उपचार लाभ (benefits)	सेवा प्रभाव के मूल्यांकन में सहायता और प्रतिफल हेतु संदर्भ देना
औषधि सेवन में परिवर्तन (Changes to medication)	औषधि सेवन पर परामर्शन के प्रभाव का मूल्यांकन
अनुवर्तन व्यवस्था (Follow up arrangements)	अनुवर्तन सेवा की व्यवस्था का मूल्यांकन
कोर प्रतिफल माप (CORE outcome measures)	**क्लायंट द्वारा परामर्शन के पूर्व तथा परामर्शन के पश्चात् पूरणीय 34 पद वाली मापनी, मूल्यांकन एवं प्रतिफल उपकरण**
कोर संक्षिप्त प्रपत्र (CORE Short Form(s))	**क्लायंट द्वारा परामर्शन के दौरान पूरणीय 18 पद (ऊपर वाले कोर में से चुने हुए) जिसका उद्देश्य है सक्रिय परिवर्तन की मॉनीटरिंग (अनुश्रवण)**

मूल्यांकन प्रदत्त के उपयोग
(Use of Evaluation Data)

मूल्यांकन प्रदत्त की उपयोगिता के दो रूप होते है :—

(i) परामर्शन की प्रभावशीलता का प्रदर्शन
(Demonstration of effectiveness.)

(ii) सेवा व्यवस्था की गुणवत्ता का उन्नयन
(Enhancement of the quality of service provision.)

बहुत परामर्शदाता क्लायंट संतुष्टि माप को परामर्शन के प्रभावशाली होने का माप मानते हैं किन्तु इस उपागम के चार दोष बताये जाते हैं:–

(i) संतुष्टि के मापन के साथ असंतुष्टि का मापन नहीं किया जाता है,

(ii) संतुष्टि मापनियाँ क्लायंट को हाँ करने की दिशा में प्रेरित/बाध्य करती हैं,

(iii) असंतुष्ट होने पर भी असंतुष्टि की अभिव्यक्ति की सम्भावना कम होती है, तथा

(iv) व्याप्ति प्रभाव (halo-effect) के कारण आलोचना के स्थान पर आभार प्रकट किये जाने की सम्भावना होती है।

अतः केवल संतुष्टि सम्बन्धी आँकड़े पर निर्भरता उपर्युक्त नहीं मानी जाती है। इस परिप्रेक्ष्य में कोर प्रतिफल माप (CORE Outcome Measusre) उपयोगी बताया गया है।

परामर्शन सेवा की गुणवत्ता का मूल्यांकन (quality evalution) प्रतिफल मूल्यांकन (outcome evaluation) की तुलना में नया संप्रत्यय है। यह कार्य शोध, मूल्यांकन और सम्परीक्षा की सर्वोत्तम विधियों के माध्यम से सम्पन्न किया जाना उचित होता है (मेल्लर, क्लार्क और बारखम) तथा उसके लिए संदर्भ, प्रक्रिया और प्रतिफल सम्बन्धी आँकड़ों को संकलित किया जाता है। इस प्रकार प्राप्त सूचना के आधार पर परामर्शन की गुणवत्ता का विकास किया जाता है। गुणवत्ता मूल्यांकन हेतु अर्पण की उपयुक्तता, सेवा वितरण की सुलभ उपलब्धता, उपचार/परामर्शन की प्रभावशीलता और सेवा वितरण की कार्यकुशलता से सम्बन्धित विविध प्रश्नों के उत्तर के माध्यम से प्राप्त सूचना को आधार बनाकर गुणवत्ता का विकास किया जाता है।

❑

तृतीय : खण्ड

परामर्शन प्रक्रिया एवं उपागम
(COUNSELLING PROCESSES AND APPROACHES)

- परामर्शन प्रक्रिया
  (Counselling Processes)
- परामर्शन उपागम
  (Approaches to Counselling)
- मनोगत्यात्मक उपागम
  (Psychodynamic Approach)
- संज्ञानात्मक—व्यवहारात्मक उपागम
  (Cognitive-Behavioural Approach)
- मानवतावादी-अस्तित्ववादी उपागम
  (Humanistic-Existential Approach)
- विविध-दर्शनग्राही समन्वयवादी उपागम
  (Eclectic-Integrative Approach)
- परामर्शन के विशिष्ट उपागम/आयाम
  (Special Approaches/Dimensions of Counselling)

अध्याय 9

परामर्शन प्रक्रिया
(COUNSELLING PROCESS)

परामर्शन व्यक्ति के विकास और समुत्पन्न संकट के समाधान हेतु कार्य करता है। परामर्शन का उद्देश्य व्यक्ति को जीवन के लक्ष्यों का निर्धारण करने और उसकी सिद्धि के लिए प्रयत्न करने, उसकी सामर्थ्यों को विकसित करने और उसे मानसिक स्वास्थ्य की दशा प्राप्त करने योग्य बनाना होता है। परामर्शन की प्रक्रिया द्वारा व्यक्ति के संज्ञान, व्यवहार, अनुभूति, कल्पना/बिम्ब और अन्तर्वैयक्तिक व्यवहार कारकों के क्षेत्र में हस्तक्षेप करके उसका विकास संगति, स्व-आत्मीकरण, आत्मसिद्धि तथा सकारात्मक मानसिक स्वास्थ्य की दिशा में सुनिश्चित किया जाता है। परामर्शन की प्रक्रिया का मूल आधार परामर्शदाता और परामर्शी के मध्य ऐसे उपयुक्त सम्बन्धों को विकसित करने में निहित होता है जो परामर्शन के लक्ष्यों एवं उद्देश्यों की प्राप्ति को सम्भव बनाता है। ऐसे सम्बन्धों की रचना और विकास की प्रक्रिया को उपयुक्त मनोचिकित्सकीय परामर्शन परिवेश (Thearapeutic/counselling climate) का सृजन कहा जाता है। समूची प्रक्रिया परामर्शन और परामर्शी के मध्य साक्षात्कार प्रणाली के रूप में कार्य करती है।

परामर्शन सम्बन्ध एवं परामर्शन परिवेश
(Counselling Relationship and Counselling Climate)

क्लार्कसन (Clarkson, 1995) मनोचिकित्सा/परामर्शन के पाँच रूपों का वर्णन करते हैः कार्यात्मक सम्बन्ध, स्थानान्तरण/प्रति-स्थानान्तरण सम्बन्ध, सुधारात्मक, व्यक्ति-से-व्यक्ति और ट्रान्स पर्सनल (Working alliance, transferential/conunter transferential, reparative, person-to-person, transpersonal); किन्तु रॉजर्स द्वारा विकसित व्यक्ति-केन्द्रित प्रणाली में व्यक्ति-से-व्यक्ति अर्थात परामर्शदाता और परामर्शी के मध्य का सम्बन्ध मूल रूप में परामर्शन सम्बन्ध (इस पुस्तक के उपागम में परामर्शन एवं मनोचिकित्सा की समस्याओं/लक्ष्य या कार्य क्षेत्र में कतिपय अन्तर स्वीकार किया गया है किन्तु विधि/कार्य प्रणाली की दृष्टि से कोई अन्तर स्वीकार नहीं किया गया है अतः विधियों/प्रविधियों/उपागमों के बिंदु पर मनोचिकित्सा और परामर्शन का एक ही अर्थ है) को वर्णित करता है। मनोचिकित्सा एवं परामर्शन की समस्त विधियाँ परामर्शदता और परामर्शी के मध्य सम्बन्धों के विकास के महत्त्व को स्वीकार करती है। **रॉजर्स** (1942) के अनुसार सफल परामर्शन में ऐसे सुसंरचित अभिव्यक्तिपूर्ण सम्बन्ध की आवश्यकता होती है जो क्लायंट को अपने बारे में एक सीमा तक समझ अर्जित करने में सहायता देती है जिससे कि वह अपनी नवीन अभिमुखता के प्रकाश में सकारात्मक पहल करने के लिए सक्षम हो पाता है।

"The effective counselling consists of a definitely structured permissive relationship which allows the client to gain an understanding of himself to a degree which enables him to take positive steps in the light of his new orientation." (Rogers, C. 1942 p. 18 in Counseling and Psychotherapy).

क्लार्कसन (1995) के अनुसार परामर्शदाता और परामर्शी के मध्य 'व्यक्ति से व्यक्ति का सम्बन्ध' रूप ही परामर्शन की धुरी है। **रॉजर्स** ने परामर्शन का उद्देश्य व्यक्ति की किसी विशेष समस्या का सामाधान करने के स्थान पर क्लायंट के ऐसे विकास के रूप में स्थापित किया जो व्यक्ति की समायोजनात्मक एवं समस्या समाधान क्षमता के विकास में सहायक सिद्ध होता है तथा जिसकी उपयोगिता व्यक्ति के पूरे जीवन में होती है। **टिम बाण्ड** (2000) का कथन है कि किसी भी उपचारात्त्मक प्रक्रिया में परामर्शदाता और परामर्शी के मध्य शक्ति का असंतुलन (power imbalance) होता है जिसे उपचार प्रक्रिया दूर करने का प्रयत्न करती है। परामर्शन सम्बन्ध की प्रक्रिया में क्लायंट के सशक्तीकरण (empowerment) का प्रयत्न इस सम्बन्ध की परिधि से बाहर भी उपचारात्मक प्रभाव डालता है। **गार्डन जिक्स** (Gordan Jinks, 2000) के शब्दों में, ''परामर्शन और मनोचिकित्सा सम्विदा गतिविधयाँ हैं जिसमें मनोचिकित्सक और क्लायंट के मध्य कार्यात्मक संसर्ग स्थापित होता है।'' (Couselling and therapy are contracted activities which involve a working alliance between therapist and client) । **ईगन** (Egan, 1998) ने इस सम्बन्ध के तीन गुण बताएँ हैं—क्लायंट का सशक्तीकरण, सम्मान या आदर और निष्कपटता। इसका निहितार्थ यह है कि एक दक्ष और योग्य परामर्शदाता क्लायंट की इस रूप में सहायता करें कि वह (क्लायंट) अपने लक्ष्यों का निर्धारण कर सके, परामर्शदाता द्वारा प्रयुक्त तकनीक को समझ सके और प्रयुक्त तकनीकों के बारे में अपनी वरीयता के आधार पर किसी तकनीक का चयन कर सके। परामर्शदाता क्लायंट का सशक्तीकरण सम्भव बनाता है जिससे वह प्रक्रियात्मक चयन कर सके और परामर्शन प्रक्रिया में सक्रिय रूप में सम्मिलित हो सके। **मेस्सन** (Masson, 1988) का विचार है कि, विशेषज्ञ परामर्शदाता क्लायंट का स्व-आत्मीकरण की रॉजर्स द्वारा प्रस्तावित दिशा में सहयोग कर सकता है। यह बात मूलभूत रूप में सम्भव नहीं है किन्तु अन्य परामर्शदाताओं (Smail 1987; John McGuiness, 2000) का मत है कि यदि परामर्शदाता अपनी शक्ति सम्पन्नता का दुरुपयोग न करे और अपनी सामर्थ्य का सदुपयोग अन्य व्यक्तियों (क्लायंट्स/परामर्शी) की शक्ति को बढ़ाने हेतु करे, अपनी कार्य-प्रणाली को रहस्यपूर्ण बनाकर क्लायंट में घबड़ाहट की वृद्धि करने के बदले उसका ज्ञानोदय करे, शोषण न करे और उसे अपना स्नेह/प्रेम प्रदान करे; तथा अपनी शक्ति सम्पन्नता के साथ संलग्न अपने उत्तरदायित्व को समझे तो परामर्शदता इस कार्यात्मक सम्बन्ध में निहित चुनौतियों का सामना सफलतापूर्वक कर सकता है। उपचारात्मक सम्बन्धों में व्यापत शक्ति असंतुलन (power imbalance) को परामर्शी आत्म-अभिव्यक्ति (self-disclosure) के माध्यम से दूर कर सकता है। ऐसा करने के लिए उपयुक्त परिवेश को विकसित करना आवश्यक होता है।

स्ट्रप्प (1986) और कॉन् (1997) परामर्शन परिवेश (therapeutic/counselling climate) की निहित शक्ति का वर्णन करते हैं। स्ट्रप्प (Strupp, 1986) का कथन है कि परामर्शदाता की सामर्थ्य ऐसे विशिष्ट अन्तर्वैयक्तिक संदर्भ के सृजन की क्षमता में निहित है जो कुछ निश्चित प्रकार के अधिगमों का मार्ग प्रशस्त करती है। परामर्शदाता ... उद्देश्यों से प्रेरित विशिष्ट मानवीय सम्बन्धों का विकास, अनुरक्षण और

प्रबंधन करता है। कॉन् के अनुसार परामर्शन सम्बन्धों की शक्ति उस सम्बन्ध की नवीनता, लक्ष्यों पर केन्द्रित करने तथा सम्बन्धों को नियंत्रित रखने में निहित होती है। **हीसलर** (Heisler, 1961) के अनुसार परामर्शन सम्बन्ध ऐसे परिवेश का सृजन करता है जिसमें क्लायंट को अन्तर्दृष्टिपूर्ण उपचारात्मक परिवर्तन प्राप्त होता है। हीसलर कहती है कि मानसिक स्वास्थ्य का विकास मनुष्य की दो मूल प्रवृत्तियों-संतुलन की दशा की आवश्यकताओं (सुरक्षा) और विभेदीकरण की आवश्यकताओं (नवीन अनुभव, उद्दीपन, परिवर्तन) के मध्य अन्तर्क्रिया के फलस्वरूप होता है। मानसिक स्वास्थ्य का अस्तित्व वहीं होता है जहाँ व्यक्तित्त्व का संतुलन विभेदीकरण या उत्पन्न हो रहे परिवर्तनों का सामना कर सके। क्लायंट को ऐसी सुरक्षा की आवश्यकता होती है जो उसे अन्तर्दृष्टि का उपयोग करने में समर्थ बनाती है। परामर्शदाता उपयुक्त परामर्शन सम्बन्धों और उसके माध्यम से अनुकूल परामर्शन परिवेश का सृजन करता है जिसमें परामर्शी का सशक्तीकरण होता है और परामर्शी में अन्तर्दृष्टि के आधार पर परिवर्तन उत्पन्न होता है।

परामर्शन परिवेश की विशेषताएँ
(Characteristics of the Counselling Climate)

सफल परामर्शन के लिए परामर्शदाता और परामर्शी के मध्य उपयुक्त सम्बन्धों के माध्यम से जिस परिवेश को विकसित किये जाने की आवश्यकता होती है उसकी विशेषताओं का वर्णन **रॉजर्स** (1959) ने निम्न बिन्दुओं के रूप में किया है:—

(i) दो व्यक्ति (परामर्शदाता और क्लायंट) सम्पर्क में हैं;

(ii) क्लायंट विसंगति (incongruence) की अवस्था में है, वह असुरक्षित या चिंतित है,

(iii) परामर्शदाता या मनोचिकित्सक संगति (cogruence) की अवस्था में है;

(iv) परामर्शदाता क्लायंट के लिए अप्रतिबंधित (बिना शर्त) सकारात्मक सम्मान का अनुभव कर रहा है;

(v) परामर्शदाता को क्लायंट की आन्तरिक संदर्भ संरचना के बारे में परानुभूति पूर्ण समझ (empathic understanding) की अनुभूति प्राप्त हो रही है;

(vi) क्लायंट को परामर्शदाता की अनुभूतियों—सकारात्मक सम्मान और परानुभूतिपूर्ण समझ की एक न्यूनतम मात्रा में अवश्य ही अनुभूति हो रही है।

परामर्शन परिवेश का सृजन
(Creation of Counselling Climate)

परामर्शन परिवेश की उपर्युक्त वर्णित विशेषताओं में से परामर्शदाता की संगति, क्लायंट के लिए परामर्शदाता की अप्रतिबंधित अर्थात बिना शर्त सम्मान और परानुभूतिपूर्ण समझ का विकास करना किसी भी परामर्शदाता के लिए चुनौतीपूर्ण कार्य होता है। परामर्शन परिवेश की इन तीन विशेषताओं को परामर्शन का सारभाग या मर्म बताया जाता है। टूडर और वोराल्ल ने (Tudor & Worrall, 1994) इन तीन मर्म दशाओं (core conditions) में से संगति के संप्रेषण को पूर्व शर्त तथा अधिक केन्द्रीय विशेषता बताया है।

संगति (*Congruence*)

परामर्शदाता की संगति की दशा का अर्थ यह होता है कि परामर्शदाता जो अनुभव

कर रहा है और क्लायंट को अपना जो कुछ अनुभव संप्रेषित कर रहा है उसमें कोई द्वन्द्व नहीं है, कोई अन्तराल व्याप्त नहीं है अथवा इसकी मात्रा न्यूनतम है। इसके लिए परामर्शदाता में गहन आत्म-बोध (self-awareness) की आवश्यकता होती है। यह भी आवश्यक होता है कि परामर्शदाता क्लायंट को अपने आत्मबोध में भागीदार बनाये। रॉजर्स परामर्शदाता के आत्मबोध में उसके वास्तविक अनुभवों का विशुद्ध प्रतिनिधित्व आवश्यक मानते हैं जिससे कि परामर्शदाता को स्वयं का गहन और स्वतंत्र अनुभव प्राप्त हो, इसमें किसी प्रकार की दिखावट न हो। परामर्शदाता को क्लायंट के साथ अपने क्षण-क्षण के सम्बन्धों के विषय में निष्कपट होना चाहिए, उसे किसी प्रकार के कवच का उपयोग नहीं करना चाहिए, क्लायंट के समक्ष उसे खुला हुआ, वास्तविकतापूर्ण और ईमानदार दिखाई पड़ना चाहिए।

रॉजर्स (1959, 1961) के अनुसार यदि एक व्यक्ति को पूर्ण संगति की अवस्था प्राप्त हो जाये तो वह पूर्णतः प्रकर्यात्मक व्यक्ति के रूप में विकसित हो जायेगा। एक व्यक्ति जो कि प्रकार्यात्मक दृष्टि से पूर्ण होता है उसमें अनुभवों के लिए खुलापन, सुरक्षात्मक कवच की अनुपस्थिति, शुद्ध बोध, अप्रतिबंधित आत्म-सम्मान और अन्य व्यक्तियों के साथ लयपूर्ण सम्बन्ध रूपी विशेषताएँ होनी चाहिए। परामर्शन सम्बन्धों में परामर्शदाता के अनुभवों, बोध और संप्रेषण में जितनी अधिक संगति होगी उतनी ही अधिक पारस्परिक संचार में संगति की मात्रा में वृद्धि होगी, पारस्परिक रूप में संचार की शुद्ध समझ की प्रवृति होगी, दोनों व्यक्तियों की मनोवैज्ञानिक समायोजन और प्रकार्यात्मकता में वृद्धि होगी। परामर्शी में परिवर्तन उत्पन्न करने के लिए, संगति की दशा विकसित करने के लिए, परामर्शदाता में संगति की दशा अनिवार्यतः आवश्यक होती है।

संगति की आवश्यकता को मानवतावादी प्रणाली में पूर्वशर्त माना जाता है क्योंकि संगति की परामर्शन प्रक्रिया में केन्द्रीय भूमिका होती है किन्तु अन्य परामर्शन प्रणालियों में भी वास्तविकतापूर्ण सम्बन्ध के महत्त्व को स्वीकार किया जाता है। वास्तविकतापूर्ण सम्बन्धों के आधार पर ही परामर्शन प्रक्रिया की गतिविधियाँ कार्य करती हैं।

अप्रतिबंधित सकारात्मक सम्मान (*Unconditional Positive Regard*)

परामर्शन के लिए सर्वोत्तम उपयुक्त दशा विकसित करने के लिए परिवेश की यह एक केन्द्रीय आवश्यकता है। सर्वाधिक उपयुक्त परिवेश का अर्थ यह होता है कि "....परामर्शदाता क्लयांट के साथ तीव्र व्यक्तिगत एवं व्यक्तिनिष्ठ सम्बम्धों में प्रविष्ट होने में सफल रहा है—वैज्ञानिक की अध्ययन के लक्ष्य वस्तु के साथ सम्बन्ध जैसा नहीं या एक चिकित्सक की निदान और उपचार की आशा जैसा नहीं—अपितु एक व्यक्ति का एक व्यक्ति के साथ। इसका तात्पर्य यह हुआ कि परामर्शदाता इस क्लायंट को बिना किसी शर्त के आत्म-महत्त्व (self-worth) वाले व्यक्ति के रूप में स्वीकार करता है; उसकी दशा जैसी भी हो उसका मूल्य फिर भी है। इसका अर्थ यह हुआ कि मनोचिकित्सक निष्कपट है, किसी सुरक्षात्मक कवच में छिपा हुआ नहीं है, क्लायंट के साथ उन्ही अनुभूतियों के संग मिल रहा है जिसका उसे अनुभव हो रहा है।" (रॉजर्स, 1961)।

स्पष्ट है कि रॉजर्स क्लायंट के लिए परामर्शदाता/मनोचिकित्सक के अप्रतिबंधित सम्मान, ऐसा आदर जिसकी कोई शर्त नहीं है, मुक्त-स्वीकार्यता और मूल्य को परामर्शन परिवेश की पूर्व शर्त या अनिवार्य आवश्यक मानते है। अप्रतिबंधित सम्मान के माध्यम से परामर्शदाता क्लायंट के अनुभवों में संगति के विकास की प्रक्रिया को सहज बनाता है। अप्रतिबंधित सम्मान, आदर, स्वीकार्यता के कारण परामर्शदाता की क्लायंट से कोई अपेक्षा नहीं होती है, क्लायंट को किन्ही मानकों, लक्ष्यों की पूर्ति की शर्त का सामना नहीं करना पड़ता है।

परानुभूति (*Empathy*)

प्रभावपूर्ण परामर्शन के लिए उपयुक्त परिवेश की उन आवश्यक, न्यूनतम और पर्याप्त दशाओं की पहचान करते हुए जिनका सृजन परामर्शदाता द्वारा किया जाना चाहिए रॉजर्स दृश्य प्रपंचीय दृष्टिकोण के अनुरूप सभी लोगों को प्रत्यक्षिक क्षेत्र में कार्य करने के लिए कहते है। क्लायंट के लिए ऐसा कर पाने हेतु परामर्शदाता को एक प्रकार से क्लायंट के 'वास्तविकता के प्रत्यक्षण' के साथ समाहित हो जाने की आवश्यकता होती है। ''....तात्पर्य यह है कि मनोचिकित्सक (यहाँ पर सर्वत्र हमारे लिए मनोचिकित्सक का अर्थ है परामर्शदाता) क्लायंट को समझने के लिए स्वयं को विलुप्त होने देता है, अर्थात् सम्बन्ध के प्रत्येक क्षण में कोई भी आन्तरिक बाधा उसे क्लायंट रूपी संवेदना से अलग नहीं करती है; और वह परानुभूति रूपी अपनी समझ को क्लायंट तक संप्रेषित कर सकता है। इसका अर्थ यह हुआ कि परामर्शदाता ने इस सम्बन्ध में पूर्णतया प्रवेश करने में आराम की दशा का अनुभव किया है, संज्ञानात्मक रूप में यह जाने बिना कि यह उसे कहाँ ले जायेगा, क्लायंट को पूर्णतः स्वयं को प्राप्त करने (to be himself) की स्वतंत्रता का परिवेश तैयार करने की क्रिया से वह पूरी तरह से संतुष्ट है'' (रॉजर्स, 1961)। परामर्शदाता के समक्ष चुनौती यह होती है कि वह क्लायंट के 'वास्तविकता के प्रत्यक्षण' पर पूरा ध्यान केन्द्रित करे, अपने प्रत्यक्षण और अनुभव को नियंत्रित कर ले, पीछे छोड़ दें। परामर्शी के समक्ष मात्र यह अभिव्यक्त होना चाहिए कि विचारणीय तथ्य या तत्त्व उसके तथ्य या तत्त्व है। परामर्शदाता की विशेषज्ञ, उत्सुक, उद्धारक, समीक्षात्मक, मूल्यांकन (expert, curious, rescuing, interpretative, evaluative) कार्य सूची की परामर्शन सम्बन्धों में कोई सार्थकता नहीं होती है। **रॉजर्स** (1951) अत्यन्त सरल शब्दावली में लिखते हैं कि, ''जब क्लायंट निष्ठापूर्वक अज्ञात का अन्वेषण कर रहा है, परामर्शदाता इस प्रयत्न में पूर्णतया ऐसा लिप्त रहता है कि वह इस उलझी और उलझने वाली खोज में कदम से कदम मिला रहा है।'' ("As the client is genuinely exploring the unknown the counsellor becomes wholly engaged in trying to keep step with this puzzled and puzzling search."—Roger, 1951 p. 112)।

रॉजर्स द्वारा सुझाई गई परामर्शन परिवेश की केन्द्रीय दशाओं की समीक्षा करते हुए कुक (Cook, 1998) अचेतन के महत्त्व को स्वीकार करने और परामर्शदाता को सूक्ष्म-संप्रेषण (meta-communication) के लिए संवेदित करने पर बल देते हैं। परामर्शदाता की आत्म-अभिव्यक्ति के साथ ही स्वतः स्फूर्तता और अन्तर्बोध या अंतर्ज्ञान (intution) परामर्शन परिवेश में क्लायंट की सकारात्मक दिशा में प्रगति की सतत प्रक्रिया के अगले चरण की ओर संकेत करती है।

परामर्शन सम्बन्ध लचीला, घनिष्ठ और संलिप्त (flexible, close and involved counselling relationship) होना चाहिए। परामर्शदाताओं का अनुभव है कि स्थूल, दूरस्थ, संलिप्तताहीन परामर्शन सम्बन्ध (rigid, distant and uninvolved threapeutic or counselling relationship) की परिणति उपचार के क्षेत्र में दुःखद अनुभवों के रूप में पायी गयी है।

परामर्शन प्रक्रिया की संरचना : प्रमुख चरण एवं अवस्थाएँ
(Structuring the Counselling Process : Main Stages and Phases)

परामर्शन प्रक्रिया अभीष्ट लक्ष्यों (मानसिक स्वास्थ्य, व्यक्ति की आत्म निर्णय और आत्मसिद्धि की क्षमता में वृद्धि आदि) की दिशा में प्रारंभ से अन्त तक एक सूत्र में बँधी

होती है। प्रक्रिया का अर्थ यह है कि कई घटनाएँ एक शृंखला में एक निश्चित अवधि में घटित होती हैं। यह अवधि तीस या चालीस मिनट का सत्र हो सकती है या कई माह की अवधि में अनेक सत्रों में फैली हो सकती है। परामर्शन की प्रक्रिया अभीष्ट लक्ष्यों की प्राप्ति के मार्ग में कुछ मध्यवर्ती लक्ष्यों को प्राप्त करने का प्रयत्न करती है। मध्यवर्ती लक्ष्यों को प्रक्रिया लक्ष्य (Process goals) कहा जाता है। प्रक्रिया लक्ष्यों का स्वरूप इस प्रकार का होता है कि आरंभिक लक्ष्य को अर्जित किये बिना अगले लक्ष्य को अर्जित नहीं किया जा सकता है, इसलिए परामर्शन की प्रक्रिया को कुछ सुनिश्चत चरणों एवं अवस्थाओं के माध्यम से सुनिश्चित क्रम में अग्रसर होना चाहिए। प्रत्येक चरण/अवस्था का अपना विशिष्ट प्रक्रिया लक्ष्य होता है। इन विशिष्ट लक्ष्यो को अगले चरण/अवस्था के लक्ष्य और इस प्रकार अंततः परामर्शन के अभीष्ट लक्ष्य की प्राप्ति के लिए पूर्वापेक्षित माना जाता है।

साधारणतया परामर्शन प्रक्रिया के आठ प्रमुख चरण बताये जाते हैः—

(1) क्लायंट के साथ समय सत्र की नियुक्ति/निर्धारण,
(2) पूर्व-परामर्श सत्र,
(3) परामर्शन सम्बन्ध का विकास,
(4) परामर्शन के विशिष्ट लक्ष्यों की पहचान,
(5) लक्ष्य सिद्धि के लिए कार्य योजना का विकास और क्रियान्वयन,
(6) परामर्शन सम्बन्धों का समापन,
(7) परामर्शन के परिणामों का मूल्यांकन, और
(8) अनुवर्ती कार्य।

परामर्शन के उपर्युक्त चरणों को बहुधा पाँच अवस्थाओं की संरचना में विभाजित किया जाता हैः तैयारी अवस्था (Preparatory phase); आरम्भिक अवस्था या आद्य अवस्था (Beginning phase or Initial phase); मध्यवर्ती अवस्था (Middle phase); सत्रान्त अवस्था (Terminal phase/Ending phase); और अनुवर्तन अवस्था (Follow-up phase)।

परामर्शन के चरण और अवस्था की संरचना में पारस्परिक व्याप्ति (overlap) का लक्षण होता है। आधुनिक परामर्शन मनोवैज्ञानिक बहुधा अवस्थाओं के रूप में परामर्शन संरचना का वर्णन करना उपयुक्त मानते है। इस अध्याय में दोनों शैलियों का वर्णन किया गया है।

परामर्शन के चरण
(Stages of Counselling)

परामर्शन के आठ प्रमुख चरण होते है। इन्हें परामर्शन का सोपान (steps) भी कहा जाता है। परामर्शन के सोपान विभिन्न परामर्शन कार्यक्रमों में थोड़े भिन्न हो सकते हैं। सोपानों की संख्या और सूची परामर्शन के क्षेत्र पर निर्भर होती है। परामर्शन के सोपान शैक्षिक एवं व्यावसायिक निर्देशन और व्यक्तिगत समायोजनात्मक समस्याओं के लिए थोड़े भिन्न हो सकते हैं। मुख्य सोपान तथापि बहुत कुछ एक जैसे ही होते हैं।

1. परामर्शन की आवश्यकता का क्लायंट को अनुभव और परामर्शदाता के साथ साक्षात्कार हेतु समय निर्धारण *(Awareness of need for counselling and appointment with the counsellor)*—परामर्शन की प्रक्रिया लोकतांत्रिक सिद्धातों पर आधारित है अतः परामर्शदाता तभी हस्तक्षेप करता है जबकि उसे ऐसा करने के लिए आमंत्रित किया जाता है। सर्वप्रथम क्लायंट को परामर्शन की आवश्यकता का बोध होना चाहिए; उसे अपने व्यवहार में किसी समस्या का प्रत्यक्षण और बाहरी सहायता (विशेषज्ञ परामर्शदाता) की आवश्यकता का अनुभव होना चाहिए। अनेक व्यक्तियों के व्यवहार में कतिपय

समायोजनात्मक समस्याएँ व्याप्त होती हैं किन्तु उन्हे अपनी समस्या का आत्म प्रत्यक्षण नहीं होता है। ऐसी परिस्थिति में कोई निकटवर्ती शुभचिन्तक उसे अभिप्रेरित करता है। आवश्यकता का बोध होने पर भी व्यक्ति में अपने व्यवहार को यथावत बनाये रखने (persistance) और परिवर्तन के विरुद्ध प्रतिरोध (resistance against change) की प्रवृत्ति पायी जाती है। जब किसी प्रकार क्लायंट बाह्य सहायता अथवा हस्तक्षेप के लिए तत्पर/तैयार (ready) हो जाता है तब उसके सामने परामर्शन सेवा के स्रोत के विषय में जानकारी की समस्या प्रकट होती है। उसे किसी व्यक्ति या अभिकरण (एजेंसी) के माध्यम से परामर्शदाता तक अर्पण/सुपुर्द या संदर्भित(refer)किये जाने की आवश्यकता होती है। स्पष्ट है कि परामर्शन सेवाओं का त्वरित रूप में उपयोग किये जाने और व्यवहार परिवर्तन या परिमार्जन हेतु सकारात्मक दृष्टिकोण का व्यापक स्तर पर समाज में विकास किये जाने की अत्यन्त आवश्यकता है। इस विषय में लोगों को शिक्षित किये जाने की जरूरत है।

उचित तत्परता और अर्पण के पश्चात् टेलीफोन द्वारा सीधा सम्पर्क स्थापित करके परामर्शदाता के साथ परामर्शन साक्षात्कार हेतु समय का निर्धारण करना (seeking appointment) परामर्शन की प्रक्रिया का प्रथम सोपान है। अर्पण करने वाला व्यक्ति क्लायंट के बारे में आवश्यक सूचना और समीक्षा भी प्रस्तुत कर सकता है। इस प्रकार साक्षात्कार की प्रक्रिया प्रथम सम्पर्क और समय नियुक्ति से पहले ही आरम्भ हो जाती है।

2. पूर्व-परामर्शन साक्षात्कार/प्रथम-साक्षात्कार (*Pre-counselling interview/ First interview*)—क्लायंट और परामर्शदाता के मध्य प्रथम प्रत्यक्ष संपर्क अनेक दृष्टिकोण से महत्त्वपूर्ण होता है। दोनो व्यक्ति सम्मिलित रूप में समय, सत्रों की संख्या, फीस जैसे बिन्दुओं को स्पष्ट कर संविदा तैयार करते हैं। प्रथम साक्षात्कार के समय आकर्षण/विकर्षण, आशा/निराशा और एक-दूसरे के बारे में विश्वासों का बीजारोपण होता है। क्लायंट अपनी समस्याओं और अपेक्षाओं को परामर्शदाता के समक्ष प्रस्तुत करता है तथा परामर्शदाता क्लायंट के साथ परामर्शन प्रक्रिया से सम्बन्धित कार्य योजना और लक्ष्यों का निर्धारण करता है। परामर्शदाता और क्लायंट के मध्य परामर्शन सम्बन्ध की स्थापना की दिशा में भी प्रथम चरण की रचना होती है। प्रथम साक्षात्कार के समय अनेक परामर्शी अति न्यून मात्रा में वार्ता में सम्मिलित होते हैं; उनकी प्रतिक्रयाएँ कठिनाई से प्रकट होती है; वार्ता में परामर्शी की भागीदारी अत्यन्त सीमित हो सकती है; परामर्शी मूक वाणी/शरीर की भाषा का अधिक उपयोग करते हुए देखा जा सकता है; परामर्शी उच्च मात्रा में आन्तरिक प्रतिरोध, आशंका, असमंजस को अनेक प्रकार से अभिव्यक्त कर सकता है। यह दशा परामर्शदाता के लिए चुनौती भरी होती है। उसे परामर्शन सम्बन्धों को उचित रूप में विकसित करने का कार्य सतर्कतापूर्वक आरंभ करना होता है। परामर्शदाता क्लायंट को उसकी अपेक्षाओं और समस्याओं के संदर्भ में आश्वस्त करता है।

3. परामर्शन सम्बन्ध का विकास (*Development of counselling relationship*) —परामर्शन प्रक्रिया में परामर्शदाता और परामर्शी के मध्य व्याप्त सम्बन्धों की संरचना—जिसे परामर्शदाता सतर्कतापूर्वक विकसित करता है, का विशेष महत्त्व होता है। जैसा कि अध्याय के आरंभ में बताया गया है परामर्शन सम्बन्ध 'व्यक्ति से व्यक्ति' के मध्य का कार्यात्मक सम्बन्ध होता है जिसमें परामर्शदाता में संगति और शक्ति पायी जाती है और वह क्लायंट को शक्ति सम्पन्न बनाने की चेष्टा करता है; क्लायंट के भीतर संगति को विकसित करने का प्रयत्न करता है। परामर्शन सम्बन्धों को विकसित करने के लिए परामर्शदाता उपयुक्त परामर्शन परिवेश—एक ऐसा परिवेश जिसमें परामर्शी को सुरक्षा का

अनुभव हो, अपने लक्ष्य का अन्वेषण करने, अपने भीतर और परिवेश की दशा और संभावनाओं का अन्वेषण करने का अवसर प्राप्त होता हो, का सृजन करता है। परामर्शी के लिए अप्रतिबंधित सम्मान या आदर (अर्थात बिना किसी शर्त के, किसी मानक व्यवहार की अपेक्षा की पूर्ति के बिना), स्वीकार्यता और परानुभूति को अभिव्यक्त करके परामर्शदाता इस दिशा में पहल करता है।

परामर्शदाता और परामर्शी के मध्य का सम्बन्ध वस्तुनिष्ठ और व्यक्तिनिष्ठ दोनों ही रूपों में देखा जा सकता है। जबतक परामर्शदाता संज्ञानात्मक क्षेत्र में कार्य करता है तबतक सम्बन्ध का स्वरूप वस्तुनिष्ठ श्रेणी का होता है किन्तु परामर्शन का मुख्य आधार परामर्शी के प्रति सद्भावना, सहानुभूति, प्रेम की भावनाओं की अभिव्यक्ति में निहित होता है अतः सम्बन्ध संरचना व्यक्तिगत श्रेणी में आ जाती है। भावनाओं को इस रूप में अभिव्यक्त करने का उद्देश्य यह होता है कि क्लायंट को यह अनुभव हो कि परामर्शदाता उसकी समस्याओं में वास्तविक रुचि ले रहा है। परामर्शदाता की रुचियों के बारे में संदेह होने पर क्लायंट की अनुभूतियों और भावनाओं की अभिव्यक्ति में व्यवधान उत्पन्न होता है। जब परामर्शदाता क्लायंट के व्यवहार को अपनेपन की अनुभूति प्राप्त होती है। परामर्शदाता क्लायंट के साथ सम्बन्ध में संज्ञानात्मक और भावनात्मक पक्ष का संतुलन बनाये रखता है।

बोर्डिन (Bordin, 1968) परामर्शन सम्बन्धों में अस्पष्टता और द्वैधता (vagueness and ambiguity) पर बल देते हैं। इसके माध्यम से भावनात्मक स्थानान्तरण (transference) सम्भव हो पाता है। अस्पष्टता के फलस्वरूप क्लायंट को संवेगों को समझने में सहायता मिलती है।

परामर्शन सम्बन्ध सदैव व्यावसायिक कोटि के ही होने चाहिए। परामर्शदाता के लिए क्लायंट के साथ सामाजिक स्तर पर सम्बन्ध उपयुक्त नहीं माना जाता है।

4. परामर्शन के विशिष्ट लक्ष्यों की पहचान (*Identifying specific goals of couselling*)—परामर्शन का अभीष्ट उद्देश्य सभी व्यक्तियों के लिए एक जैसा ही होता है किन्तु तात्कालिक उद्देश्यों में भिन्नता हो सकती हैं। एक व्यक्ति की समस्या 'लक्ष्यों की अस्पष्टता' हो सकती है अतः उसे लक्ष्य के चयन में सहायता चाहिए। दूसरे व्यक्ति की समस्या 'लक्ष्य को अर्जित करने के लिए मौलिक सामर्थ्यों (अभिप्रेरणा, इच्छा शक्ति, तत्परता, समर्पण, निश्चयात्मकता जैसे गुणों) के विकास की दिशा में सहायता पाने की इच्छा' के रूप में हो सकती है जबकि किसी अन्य क्लायंट का उद्देश्य 'किसी अवांछित व्यवहार से छुटकारा पाना' हो सकता है। परामर्शन के अनेक क्षेत्र होते हैं और परामर्शी की पृथक अपेक्षाएँ होती हैं। परामर्शन प्रक्रिया में उन लक्ष्यों की स्पष्ट रूप से पहचान की जानी चाहिए जिन्हें प्राप्त करने का लक्ष्य निर्धारित किया जाना है।

5. लक्ष्य सिद्धि के लिए कार्य-योजना का विकास और क्रियान्वयन (*Development and implementation of program for goal-realization*)—पूर्ववर्ती सोपान का स्वाभाविक विकास एक कार्य योजना का विकास करना होता है। परामर्शदाता लक्ष्य और सैद्धान्तिक उपागम के संदर्भ में उपयुक्त कार्य योजना का विकास करता है। कार्य योजना परमर्शदाता की समझ और परामर्शन उपागम के अनुसार विभिन्न रूपों में हो सकती है। क्लायंट अपनी भावनाओं, अनुभूतियों, अनुक्रिया प्रणालियों, परिवेश की संरचना, उसमें व्याप्त व्यवधान और अवसर का अन्वेषण करता है। व्यवहार परिमार्जन उपागम का अनुसरण करने वाले परामर्शदाता परिमार्जन हेतु अनुबंधन, पुनः प्रशिक्षण, मॉडिलिंग आदि योजनाओं पर विचार करके उनका क्रियान्वयन करते हैं।

अन्तर्दृष्टि का विकास प्रायः सभी उपागमों के अन्तर्गत स्वीकार्य लक्ष्य होता है। अन्तर्दृष्टि का विकास वर्तमान समस्या के समाधान के अतिरिक्त भविष्य में प्रकट होने वाली समस्याओं के निदान के लिए भी व्यक्ति की सामर्थ्य में वृद्धि करता है। अपने व्यवहार, आवश्यकता, योग्यता और क्षमता, सीमा और दोष के बारे में आत्म-बोध का विकास भी अन्तर्दृष्टि के विकास की योजना से जुड़ा हुआ लक्ष्य है।

परामर्शदाता परामर्शी के व्यवहार, भावना, बिम्ब या रूपक, संज्ञान, अन्तर्वैयक्तिक अनुक्रिया के क्षेत्र में विभिन्न प्रकार से हस्तक्षेप करता है। इसकां वर्णन इस अध्याय में आगे किया गया है। प्रतिरूप रचना (मॉडलिंग), रिहर्सल, पुनर्बलन, विसंवेदनशीलता, अनावरण (एक्सपोजर), अनुक्रिया परिहार, गृहकार्य, डायरी रखना, शिथिलीकरण (रिलैक्सेशन) परानुभूति, भावनात्मक अभिव्यक्ति, रूपक का उपयोग, सांवेगिक बिम्ब, स्वप्न विश्लेषण, संज्ञानात्मक पुनर्संरचना, नये परिप्रेक्ष्यों का विकास, वर्तमान-भूत-भविष्य को जोड़ना, व्यक्तिगत विश्वासों और अपने संसाधनों की पहचान, निर्णय-रचना और अन्तर्वैयक्तिक सम्बन्धों के पुनर्गठन जैसी अनेक प्रविधियाँ परामर्शदाता द्वारा प्रयुक्त की जाती हैं (Gordon Jinks, 2000)।

6. परामर्शन का मूल्यांकन (*Evaluation of counselling*)—परामर्शन के मूल्यांकन की उपयोगिता और विधि का वर्णन पृथक अध्याय में आगे किया गया है। परामर्शन के मूल्यांकन का अर्थ यह ज्ञात करना है कि परामर्शन प्रक्रिया के निर्धारित लक्ष्यों (सोपान 4) की पूर्ति परामर्शन कार्यक्रम में निहित कार्य योजनाओं (सोपान 5) द्वारा किस सीमा तक सम्भव हो पाई है। परामर्शन कार्यक्रम की प्रभावोत्पादकता का मूल्यांकन उसकी गुणवत्ता और उपयोगिता में वृद्धि करने में सहायक सिद्ध होता है। परामर्शन की प्रक्रिया और परिणाम का मूल्यांकन मनोचिकित्सा एवं परामर्शन का अभिन्न अंग होता है। इसके द्वारा आरंभिक सम्बन्धों का निर्माण होता है (Bordin, 1994), क्लायंट की प्रगति में योगदान मिलता है (Wils, 1997) और परामर्शन सम्बन्धों की गुणवत्ता में सुधार होता है (Egan, 1994)। मूल्यांकन के अनेक उपागम होते हैं जो सम्बन्ध, निर्धारित लक्ष्य, प्राप्त हुए लक्ष्य आदि विविध आयामों पर बल देते हैं।

7. परामर्शन सम्बन्धों का समापन (*Termination of counselling relationship*)—परामर्शन सम्बन्धों का समापन परामर्शदाता के लिए एक जटिल निर्णय होता है। भावात्मक समस्याओं के क्षेत्र में कार्य करते समय परामर्शन सम्बन्धों की समाप्ति और भी अधिक सतर्कता के साथ करनी होती है क्योंकि अधिकतर परामर्शन उपागमों में क्लायंट स्वयं को भावनात्मक रूप में परामर्शदाता के इतना सन्निकट पाता है कि परामर्शन सम्बन्धों के समापन का प्रस्ताव उसमें चिन्ता उत्पन्न करता है। मनोविश्लेषणात्मक और मनोगत्यात्मक उपागमों में परामर्शदाता के प्रेम प्रदर्शन के कारण परामर्शदाता क्लायंट के लिए माता-पिता जैसे प्रेम, स्नेह और सुरक्षा प्रदान करने वाले स्रोत का प्रतिरूप होता है, इसलिए परामर्शी के लिए इस प्रेम सम्बन्ध से अलग होना एक बड़ी क्षति होती है। तथापि प्रत्येक परामर्शी को इस कठिन दौर से गुजरना होता है। परामर्शन सम्बन्ध का समापन परामर्शन प्रक्रिया के परिणाम का वास्तविक परीक्षण होता है।

परामर्शन सम्बन्ध का समापन करने से पूर्व परामर्शदाता को अनेक तथ्यों पर विचार करना होता है जिनका सम्बन्ध मुख्यतः परामर्शी के यथेष्ट विकास और परामर्शन परिवेश के संरक्षण से बाहर निकलकर वास्तविक जीवन परिवेश की चुनौतियों का सामना कर पाने की योग्यता अर्जित कर लेने से होता है।

परामर्शदाताओं और मनोचिकित्सकों का अनुभव बताता है कि बहुधा परामर्शन सम्बन्धों का समापन योजनाबद्ध रूप में घटित नहीं होता है अपितु अचानक ही हो जाता है—क्लायंट आना बंद कर देता है, परामर्शदाता को इसकी सूचना तक नहीं मिलती हैं। सम्बन्धों का यकायक किसी पूर्व सूचना के बिना समाप्त होना एक ओर परामर्शदाता को चिंतित करता है, उलझन में डाल देता है वहीं क्लायंट लक्ष्य को प्राप्त किये बिना पुनः समस्याओं के जाल में वापस जा सकता है। अतः सम्बन्धों का योजनाबद्ध रूप में समापन श्रेयस्कर होता है।

8. अनुवर्तन *(Follow-up)*—परामर्शन प्रक्रिया को समाप्त करते समय यह अपेक्षा की जाती है कि क्लायंट को पुनः परामर्शन सेवा की आवश्यकता नहीं होगी। सभी उपयुक्त प्रयत्नों के पश्चात् भी समायोजनात्मक समस्याओं की पूर्ण या आंशिक पुनरावृत्ति का खतरा होता है। इस संभावना को ध्यान में रखते हुए परामर्शन सम्बन्धों के तकनीकी समापन के कुछ अन्तराल के बाद पुनः सम्पर्क स्थापित किया जाना सुनिश्चित किया जाता है जिसमें प्राप्त लाभ तथा वास्तविक जीवन में सफलता का मूल्यांकन किया जाता है और आवश्यकतानुरूप पुनः परामर्शन के माध्यम से लाभ को और मजबूत बनाया जाता है।

परामर्शन की अवस्थाएँ
(Phases of Counselling)

परामर्शन प्रक्रिया अनेक सोपानों के माध्यम से समापन तक पहुँचती है। सोपानों का वर्णन पिछले पृष्ठों में परामर्शन के चरणों के रूप में किया गया है। आधुनिक परामर्शन मनोविज्ञान में लेखक परामर्शन प्रक्रिया का वर्णन चरणों (stages) या सोपानों (steps) के स्थान पर अवस्थाओं (phases) के रूप में करना पसंद करते हैं। परामर्शन की प्रक्रिया का वर्णन किसी भी शैली में किया जाय—सोपानों, चरणों या अवस्थाओं के रूप में, विभाजन की प्रक्रिया बाहरी प्रत्यक्षण है, परामर्शन की पूरी प्रक्रिया मूलतः एक इकाई है, सभी गतिविधियाँ एक-दूसरे से जुड़ी होती हैं। परामर्शदाता समस्त सम्पन्न हो चुकी गतिविधियों का प्रक्रिया के मध्य में मूल्यांकन करता रहता है और आवश्यक होने पर पिछले सोपानों/अवस्थाओं का पुनर्भ्रमण (revisit) करता है अर्थात परामर्शन कार्य के लक्ष्य की माँग को ध्यान में रखकर सम्पन्न हो चुके कार्यों को पुनः दुहराता रहता है। उदाहरण के लिए यदि परामर्शन के एक निश्चित चरण में परामर्शदाता क्लायंट के लिए सद्भाव, लगाव, प्रेम, रुचि, निष्ठा की अनुभूति या भावना को अभिव्यक्त करता है, किसी अपेक्षा या शर्त के बिना उसे स्वीकार करते हुए इस दशा को क्लायंट तक संप्रेषित करता है तो इसका अर्थ यह नहीं होता है कि कार्य योजना के क्रियान्वयन या परामर्शन सम्बन्ध के समापन की अवस्था तक इस कार्य व्यवहार की पुनरावृत्ति नहीं की जायेगी। परामर्शदाता जब कभी भी यह अनुभव करता है कि क्लायंट को पुनः आश्वस्त (reassure) किये जाने की आवश्यकता है तब वह अप्रतिबंधित सकारात्मक सम्मान, संगति और परानुभूति का संप्रेषण करता रह सकता है। यद्यपि पूरी परामर्शन प्रक्रिया एक इकाई है तथापि इस संदर्भ में दो तथ्यों को नकारा नहीं जा सकता है: प्रथम, यह कि एक अवस्था की परामर्शन सम्बन्धी गतिविधियाँ दूसरी अवस्था से भिन्न होती है और उनके प्रक्रिया लक्ष्य एक दूसरे से पृथक होते है; और दूसरा तथ्य यह है कि पूर्ववर्ती अवस्था से सम्बन्धित लक्ष्यों को प्राप्त किये बिना अगली अवस्था के लक्ष्यों की प्राप्ति नहीं की जा सकती है, इसलिए परामर्शन कार्यक्रम में समस्त गतिविधियाँ मुख्यतः चरणबद्ध या अवस्थानुरूप क्रम में घटित होती है।

परामर्शन एक लचीली प्रक्रिया है। परामर्शदाओं के सैद्धान्तिक आधार और उपागम अनेक प्रकार के हैं। नॉरक्रॉस और ग्रीन केवेज (Norcross and Greencavage, 1990) ने अपने सर्वेक्षण के माध्यम से बताया है कि 1959 से 1986 के मध्य परामर्शन और मनोचिकित्सा के उपागमों की संख्या 36 से बढ़कर 400 से अधिक हो गयी है। ऐसी पृष्ठभूमि में स्वाभाविक रूप में विभिन्न उपागमों के मध्य प्रक्रियात्मक विभेद पाये जाते हैं, परामर्शन प्रक्रिया में सम्मिलित गतिविधियो और उनके महत्त्व में अन्तर आ जाता है। परामर्शन की प्रक्रिया और उसकी अवस्थाओं की एक सीधी रेखा के रूप में कल्पना अनुचित है। परामर्शदाता ओर क्लायंट के मध्य परामर्शन सम्बन्धों का जैसे-जैसे विकास होता है नये तथ्यों, नयी समस्याओं और नयी कार्य योजनाओं का प्रकट होना स्वाभाविक है। लक्ष्यों को पुनर्परिभाषित किया जाता है और पूर्ववर्ती चरण/अवस्था से सम्बन्धित कार्यकलापों की पुनरावृत्ति की जा सकती है। इऑन हार्टन (Ian Horton, 2000) ने परामर्शन की चार अवस्थाओं—पूर्व तैयारी की अवस्था(Preparatory phase),आरम्भिक अवस्था(Beginning phase),मध्यावस्था (Middle phase) और समापन अवस्था (Ending phase) का वर्णन किया है। हम यहाँ पर पाँचवीं अवस्था अनुवर्तन (Follow up phase) का भी वर्णन कर रहे हैं जिसका मुख्य उद्देश्य यह संकेत देना है कि कतिपय समस्याओं का स्वरूप ऐसा होता है कि परामर्शन की प्रक्रिया का मौलिक चरणों में पूर्णतया समापन नहीं किया जा सकता है। व्यक्तिगत परामर्शन या समायोजनात्मक समस्याओं के क्षेत्र में परामर्शन के परिणामों को सुदृढ़ करने हेतु अनुवर्तन कार्य उपयोगी होता है। स्मिथ (Smith, 1991) तो परामर्शन प्रक्रिया की दो ही अवस्थाओं को प्रमुख मानते है: आद्य अवस्था (Initial phase) और परवर्ती सक्रियता की अवस्था या चालू अवस्था (On-going phase)।

पूर्व तैयारी अवस्था
(Preparatory Phase)

अनेक दृष्टियों से परामर्शन प्रक्रिया परामर्शदाता और क्लायंट के मध्य आमने-सामने का संपर्क स्थापित होने से पूर्व ही आरंभ हो जाती है। इस पूरी अवधि में घटित हुई घटनाओं का परामर्शदाता और परामर्शी की एक-दूसरे से अपेक्षाओं और दूसरे पक्ष के बारे में प्रत्यक्षण एवं विश्वासों के विकास पर प्रभाव पड़ता है। उत्पन्न हुई अपेक्षाएँ, प्रत्यक्षण, और विश्वास आरंभिक परामर्शन सम्बन्धों की संरचना और उसके विकास को तथा अंततः परामर्शन के परिणाम को निर्धारित करने में महत्त्वपूर्ण भूमिका का निर्वाह करते हैं। इसलिए परामर्शन की पूर्व तैयारी अवस्था के निम्न पक्षों का वर्णन महत्त्वपूर्ण होगा:

1. परामर्शदाता और परामर्शी का एक-दूसरे के विषय में पूर्व ज्ञान *(Prior knowledge of the counsellor/counsellee about the other person)*—परामर्शी परामर्शदाता के सम्पर्क में आने से पहले भी उसके बारे में अन्य व्यक्तियों के माध्यम से कुछ जानकारियाँ पा सकता है जिनका प्रभाव परामर्शन प्रक्रिया और परामर्शदाता दोनों के बारे में उसके प्रत्यक्षण, विश्वास, अपेक्षा पर पड़ सकता है। इसी प्रकार परामर्शदाता तक परामर्शी के अर्पण (संदर्भ देकर पहुँचाने-Refer) का कार्य संपन्न करने वाला व्यक्ति पत्र/टेलीफोन/ई-मेल द्वारा परामर्शी के बारे में अपनी समझ या समीक्षा प्रेषित कर सकता है। इस प्रकार से प्रस्तुत किया गया मूल्यांकन परामर्शदाता के प्रत्यक्षण और अपेक्षाओं को प्रभावित कर सकता है। अनेक परामर्शदाता ऐसी सूचनाओं की उपेक्षा करना पसंद करते हैं किन्तु ईऑन हॉर्टन का विचार है कि अनेक प्रकार की सूचनाएँ जैसे आत्महत्या का

प्रयत्न या आक्रामक व्यवहार का तात्कालिक दौर आदि ऐसी सूचनाएँ होती है जो संग्राह्य होती हैं और उनकी उपेक्षा अनुचित है।

2. भूमिका पत्रक (*Introductory leaflet*)—कुछ परामर्शन अभिकरण या परामर्शदाता संस्था/व्यक्ति के बारे में विस्तृत विवरण को छपे हुए रूप में परामर्शियों के बीच वितरित करते हैं जिसमें परामर्शन कार्य का परिचय, परामर्शन हेतु स्वीकार की जाने वाली समस्याओं, कार्य करने वालों की योग्यता और अनुभव, फीस, समय और सत्र निर्धारण, कार्य अवधि, परामर्शन के सैद्धान्तिक आधार और उपागम, सम्पर्क हेतु पता जैसी अनेक बातों का विवरण दिया जाता है। इस प्रकार के पत्रक/विवरणिका द्वारा परामर्शी के सकारात्मक दृष्टिकोण और अभिमुखता की रचना में सहायता मिलती हैं।

3. प्रथम संपर्क-टेलीफोन या पत्र द्वारा (*First contact-through letter or telephone*)—परामर्शदाता का प्रथम संपर्क बहुधा टेलीफोन के माध्यम से होता है जबकि कुछ परामर्शी परामर्शदाता के सम्पर्क में परामर्शन कार्य हेतु नियुक्ति पत्र (letter of appointment) के माध्यम से ही सम्पर्क में आते हैं। प्रथम सम्पर्क की यह अवस्था परामर्शदाता के लगाव और चिंता (क्लायंट के लिए) की अभिव्यक्ति का प्रथम अवसर होता है। क्लायंट को टेलीफोन वार्ता में परामर्शदाता के शब्द और उसकी भावना या पत्र की भाषा स्वीकृति का संदेश देती है। इस प्रकार परामर्शन सम्बन्ध की स्थापना और परामर्शन सम्बन्ध की स्थापना में निहित उद्देश्यों की प्राप्ति की प्रक्रिया आरम्भ हो जाती है।

4. भौतिक परिवेश (*Physical setting*)—परामर्शन परिवेश की रचना के दो पक्ष-भौतिक और मनोवैज्ञानिक होते हैं। मनोवैज्ञानिक पक्षों की देखभाल संगति, अप्रतिबंधित सम्मान और परानुभूति के संप्रेषण के माध्यम से होती है। इस विषय का वर्णन पिछले पृष्ठों में किया जा चुका है। भौतिक परिवेश आरामदेह और स्वागत योग्य होना चाहिए। प्रकाश की व्यवस्था मद्धिम या कोमल होनी चाहिए। वार्ता स्थल पर गोपनीयता की व्यवस्था होनी चाहिए जहाँ बाहर से कोलाहल का प्रवेश न हो और आते-जाते लोग क्लायंट को देख नहीं प्रायें। 'कृपया शान्ति बनाये रखें' और 'कृपया तंग न करें' (Please don't disturb) की सूचना पट्टिका उपयोगी मानी जाती है।

5. परामर्शी के आने से पूर्व तैयारी (*Preparation before the arrival of counsellee*)—साधारणतया परामर्शी के लिए निर्धारित किये गये समय से पूर्व ही परामर्शदाता परामर्शन कक्ष में उपस्थित रहता है और अर्पण पत्र (रेफरल लेटर), व्यक्ति इतिहास (केस हिस्ट्री) और यदि कोई प्रश्नावली भरवायी गयी है तो उसमें प्राप्य सूचना आदि का अध्ययन कर लेता है। परामर्शी के आने के पश्चात शारीरिक शिथिलीकरण या श्वसन व्यायाम अथवा कुछ क्षण की शान्ति के माध्यम से उसे मानसिक रूप से अगले चरण के लिए तैयार किया जाता है।

आद्य/आरम्भिक अवस्था
(Initial/Beginning Phase)

यह अवस्था परामर्शदाता और परामर्शी के मध्य प्रत्यक्ष संपर्क की पहली अवस्था होती है। आमना-सामना होने के पश्चात दोनों पक्ष एक-दूसरे का प्रथम बार मूल्यांकन करते हैं। परामर्शदाता अपने आकलन के माध्यम से परामर्शन के लक्ष्यों का निर्धारण आरम्भ कर देता है किन्तु प्रतिकूल प्रतिक्रिया करने से विरत रहता है। दोनों पक्ष एक-दूसरे के बारे में प्रत्यक्षण, विश्वास, अभिग्रहों का विकास करते हैं और अपनी अपेक्षाओं एवं भूमिका को

सुनिश्चित रूप देने का प्रयत्न करते हैं। अभिवादन, भूमिका निर्माण और कार्य योजना का निर्धारण इस अवस्था के तीन प्रमुख पक्ष होते हैंः—

1. औपचारिक अभिवादन एवं स्थान ग्रहण करना (*Formal greeting and seating*)—बहुधा परामर्शदाता क्लायंट का गर्मजोशी/उत्साह एवं लगाव के साथ अभिवादन करते हैं। नाम की सही जानकारी और उसके शुद्ध उच्चारण को समझना परामर्शदाता के लिए महत्त्वपूर्ण होता है क्योंकि विभिन्न संस्कृतियों में नाम पुकारने की पृथक शैलियाँ होती हैं। यदि यह ज्ञात हो सके कि क्लायंट को किस रूप में नाम पुकारा जाना अच्छा लगेगा तो ज्यादा अच्छा होगा। क्लायंट से उस संदर्भ में सहायता लिया जाना अच्छा हो सकता है और ऐसा करना क्लायंट के लिए परामर्शदाता की रुचि की अभिव्यक्ति हो सकती है।

परामर्शन कक्ष में परामर्शी के बैठने की व्यवस्था आराम की दशा होनी चाहिए। परमर्शदाता के निकट वैसी ही कुर्सी या आराम कुर्सी ठीक हो सकती है। कई प्रकार की व्यवस्था होने पर कुछ परामर्शदाता यह उत्तम मानते हैं, कि परामर्शी को अपना स्थान चयन करने का अवसर दिया जाना चाहिए।

2. भूमिका (*Introduction*)—परामर्शदाता क्लायंट से उसके मंतव्य के सम्बन्ध में कुछ सहज प्रश्न पूछकर (जैसे—मैं आपकी क्या सहायता कर सकता हूँ?'' ''आप मुझसे किस प्रकार की सहायता चाहते हैं?'' आदि) उसे वार्ता के लिए उत्साहित करता है। परामर्शन के उद्देश्य के बारे में परामर्शदाता और परामर्शी के मध्य मतैक्य होना चाहिए। शोध परिणाम यह इंगित करते हैं कि लक्ष्य के बारे में समझ में जितनी अधिक एकता होती है परिणाम उतना ही श्रेष्ठ होता है।

बातचीत आरम्भ करने के विषय में परामर्शदाताओं में मतैक्य नहीं है किन्तु अधिकतर परामर्शदाता शीघ्र ही वार्ता आरंभ करने के पक्ष में होते है। कुछ परामर्शदाता आरम्भिक सम्पर्क के उद्देश्यों को स्पष्ट करने की दिशा में स्वयं पहल करते हैं और क्लायंट को प्रथम सत्र के अंत तक उद्देश्यों एवं कार्य योजना के स्पष्टीकरण हेतु प्रेरित करते है। कई बार यह भी समझने की आवश्यकता होती है कि परामर्शी की संदर्भित समस्या परामर्शन योग्य है या नहीं अर्थात् क्या परामर्शी को अन्य किसी प्रकार के सहयोग की आवश्यकता है जो वहाँ उपलब्ध नहीं हो सकता है।

3. परामर्शन कार्य योजना का निर्धारण (*Setting the counselling agenda*)—अलग-अलग सैद्धान्तिक पृष्ठभूमि, कार्यशैली एवं अभिग्रहों के कारण परामर्शन कार्यक्रम/सेवा प्रदान करने वाले व्यक्ति, संस्था या अभिकरण की कार्ययोजना की संरचना भिन्न प्रकार की होती है—औपचरिक, अनौपचारिक, लचीली या परामर्शी द्वारा नियंत्रित। अनेक भिन्नताओं के रहते हुए भी अधिकतर परामर्शदाताओं की कार्य योजना मुख्यतः एक जैसी ही होती है। इसमें प्रक्रिया लक्ष्यों (Process goals) की प्राप्ति, वार्ता कार्यक्रम आगे बढ़ने के साथ-साथ आवश्यकतानुरूप हस्तक्षेप करते रहना और प्रश्नों के माध्यम से और अधिक सूचनाओं को प्राप्त करना सम्मिलित रहता है।

आरम्भिक अवस्था के सत्रों में परामर्शी की सांस्कृतिक पृष्ठभूमि, परामर्शन के पिछले अनुभव आदि के बारे में जानकारी प्राप्त की जाती है। परामर्शन प्रक्रिया के इन आरम्भिक सत्रों में यह भी निर्धारित करने की आवश्यकता होती है कि आत्म-बोध, स्व-आत्मीकरण और व्यक्तिकरण पर बल दिया जाना परामर्शी के सांस्कृतिक संदर्भों में उपयुक्त होगा या नहीं।

परामर्शन के आद्य सत्रों का मूल उद्देश्य आत्म-अभिव्यक्ति की प्रक्रिया को सहज बनाना होता है। परामर्शी की वार्ता के माध्यम से परामर्शदाता विस्तारपूर्वक यह समझने का प्रयत्न करता है कि परामर्शी की वास्तविक आवश्यकताएँ क्या है। परामर्शी की पृष्ठभूमि, इतिहास, समस्या की उत्पत्ति, वर्तमान चिन्ताएँ और समस्याएँ, अभिप्रेरणाएँ, आकांक्षाएँ, समायोजनात्मक शैली, क्षमता और सीमाओं को समझने का प्रयत्न किया जाता है। कुछ परामर्शदाता इस अवधि में क्लायंट का औपचारिक रूप में मूल्यांकन करते हैं।

परामर्शन के क्षेत्र में दो प्रकार की संविदा होती है—व्यावसायिक और उपचारात्मक/परामर्शन संविदा। व्यावसायिक सम्विदा में सत्र अवधि, सत्र संख्या, आवृत्ति, समय और स्थान, फीस आदि का निर्धारण स्पष्ट रूप में किया जाता है। उपचारात्मक संविदा में यह सुनिश्चित किया जाता है कि वस्तुतः परामर्शदाता और क्लायंट सम्मिलित रूप में क्या और कैसे प्राप्त करना चाहते हैं। कुछ परामर्शदाताओं का विचार है कि उपचारात्मक संविदा तैयार करने की आवश्यकता नहीं होती है क्यों कि जैसे-जैसे प्रक्रिया बढ़ती है, वैसे-वैसे परामर्शन सम्विदा स्वतः विकसित होती रहती है।

मध्यावस्था
(Middle Phase)

मध्यावस्था परामर्शन प्रक्रिया का सबसे बड़ा भाग होता है। परामर्शन का मुख्य कार्य इसी अवस्था में सम्पन्न किया जाता है। ईऑन हार्टन ने इसे कार्य अवस्था (work phase) का नाम दिया है। इस अवस्था में क्लायंट की समस्याओं एवं द्वन्द्वों को भी स्पष्ट रूप में समझने का प्रयत्न किया जाता है। समस्या की उत्पत्ति और अनुरक्षण के मनोवैज्ञानिक आधार को समझने के अतिरिक्त हस्तक्षेप के क्षेत्र में क्या और कैसे किया जाना है यह भी निर्धारित किया जाता है। परामर्शदाताओं की विभिन्नतापूर्ण सैद्धान्तिक अभिमुखताओं और परिवर्तन के लिए विविध उपागमों में प्रशिक्षण और अभ्यास के कारण कार्य लक्ष्यों में भेद पाया जाता है तथापि कुछ ऐसे कार्य लक्ष्यों या प्रक्रिया लक्ष्यों का निर्धारण किया जा सकता है जिनका सम्बन्ध बहुधा सभी प्रकार के परामर्शन उपागमों से होता है। **ईऑन हार्टन** ने ऐसे कुछ कार्य लक्ष्यों का निर्धारण किया है :—

(i) परामर्शन सम्बन्धों और कार्यात्मक-सम्बन्धों को और सुदृढ करना; यदि परामर्शदाता की सैद्धान्तिक अभिमुखता के अनुरूप उपयुक्त समझा जाय तो परामर्शन सम्बन्ध का अधिगम ओर अभिप्रेरणा हेतु उपयोग करना;

(ii) परामर्शन सम्बन्ध का क्लायंट की समस्या, और यदि कोई अदृश्य द्वन्द्व, या प्रश्न हो तो उसकी अभिव्यक्ति के लिए झरोखे के रूप में उपयोग करना;

(iii) परामर्शन के लक्ष्यों और सैद्धान्तिक अभिग्रहों के अनुरूप सुसंगत अधिगम और परिवर्तन की प्रक्रिया को सहज बनाना; अप्रत्याशित स्मृतियों, बाधाओं, संकटों, द्वैधता या मनोरचनाओं को अभिव्यक्ति का अवसर देना; क्लायंट के व्यवहार में महत्त्वपूर्ण प्रक्रमों की खोज और जहाँ उपयुक्त पाया जाए वहाँ उसकी समायोजनात्मक प्रणाली को सशक्त बनाना; नये परिप्रेक्ष्य, गहन आत्म-बोध और चिन्तन, अनुभूति एवं/अथवा व्यवहार की नयी विधियों के अधिगम के लिए कार्य करना;

(iv) पुनर्मूल्यांकन (review) सत्रों का आयोजन करना और प्रगति का आकलन करना (इसकी आवृत्ति और संरचना सैद्धान्तिक दृष्टिकोण के अनुरूप परिवर्तित

हो सकती है) अर्थात मध्यवर्ती दौर में यह ज्ञात करना कि क्लायंट की अभिलाषा के अनुरूप क्या और कितना सम्पन्न हुआ है।

पुनर्मूल्यांकन सत्रों में यह समझने की कोशिश की जाती है कि (अ) क्लायंट और परामर्शदाता किस दिशा में जा रहे है, सम्मिलित रूप में क्या प्राप्त करना चाहते हैं? (ब) लक्ष्यों की दृष्टि से क्या परिवर्तन घटित हुआ? परिवर्तन का प्रमाण क्या है? (स) क्लायंट को क्या सहायक, बाधक या कठिन लगा है? क्लायंट एवं परामर्शदाता को साथ-साथ कार्य करने में कहाँ कठिनाई हुई है? (द) आगे के लिए योजना बनाना; पुराने लक्ष्यों को पुष्ट करना और आवश्यक होने पर लक्ष्यों में संशोधन करना; तथा वैकल्पिक उपायों पर विचार करना;

(v) आवश्यकतानुसार व्यावसायिक संविदा का और अधिक सत्रों के लिए पुनर्नवीनीकरण करना।

समापन अवस्था
(Ending/Terminal Phase)

परामर्शन-सम्बन्ध सामाजिक-सम्बन्ध से भिन्न होता है। परामर्शन सम्बन्ध का आधार एक व्यावसायिक संविदा (अलिखित/लिखित) होती है जो कुछ निश्चित अवधि और पूर्व निर्धारित उद्देश्यों के लिए स्थापित किया जाता है। परामर्शन के लक्ष्यों और उद्देश्यों की प्राप्ति होने के साथ इस सम्बन्ध का समापन कर लिया जाता है।

परामर्शन सम्बन्ध में परामर्शदाता एक आदर्श परिवेश का सृजन संगति, अप्रतिबंधित सम्मान और परानुभूति के संप्रेषण के माध्यम से करता है, इस आदर्श परामर्शन परिवेश में परामर्शी सुरक्षा की दशा का अनुभव करते हुए अपने भीतर तथा बाहर अन्वेषण करता है, अधिगम करता है। यह परिवेश व्यक्ति के वास्तविक संसार से भिन्न अनाक्रामक कोटि का होता है किन्तु इसका समापन करके व्यक्ति को अपने वास्तविक संसार में वापस लौटने की आवश्यकता होती है। अपने जीवन की वास्तविक परिस्थितियों का सामना करने हेतु सामर्थ्य का विकास ही व्यक्ति का वास्तविक लक्ष्य था अतः व्यक्ति के दृष्टिकोण और प्रतिक्रिया प्रणाली में परिवर्तन उत्पन्न करने, व्यवहार की सीमाओं को दूर करने और सामर्थ्यों को सुदृढ़ करने के पश्चात् परामर्शन सम्बन्ध का समापन किया जाना आवश्यक होता है।

परामर्शन सम्बन्धों के समापन का समय निकट होने पर क्लायंट में चिन्ता और आशंका भी प्रकट हो सकती है, इसलिए परामर्शन सम्बन्ध का समापन अत्यन्त सतर्कता के साथ किये जाने की आवश्यकता होती है। इस अंत के लिए क्लायंट को पहले से तैयार करना पड़ता है। समापन से कई सत्र पहले से अंत के लिए धीरे-धीरे स्मरण कराना आरंभ कर दिया जाता है।

परामर्शन प्रक्रिया का समापन करने से पूर्व परामर्शदाता क्लायंट को जीवन के मार्ग में व्याप्त बाधाओं को पहचानने तथा नये अधिगमित व्यवहार को अपनाते हुए उसका वास्तविक जीवन की परिस्थितियों में विस्तार करने के लिए प्रेरित करता है। परामर्शन की सफलता का मूल्यांकन भी इसी अवधि में सम्पन्न किया जाता है।

इऑन हार्टन के शब्दों में, "परामर्शन के समापन को अपने आप में एक प्रक्रिया माना जा सकता है। समापन का उद्देश्य परामर्शी को जो कुछ घटित हुआ है उसे समन्वित

करने के लिए सहायता देना और उसके अनुभव के सकारात्मक पक्षों को पुनर्बलित करना होता है। इसका आशय परिवर्तनों को अतिजीवी बनाने के लिए क्लायंट को सक्षम बनाना होता है।''

"Ending can be viewed as a process in itself. The aim is to help clients integrate their view of what has happend and reinforce the positive aspects of the experience. The intention is to enable clients to sustain any change."

–Ian Horton, 2000.

उनके अनुसार सत्र समापन के समय पाँच बिन्दुओं पर अन्वेषण किया जाता है:–

(i) उपलब्धियाँ क्या रही है?

(ii) अभी और क्या उपलब्ध किया जाना शेष है?

(iii) परिवर्तन क्यों घटित हुआ है?

(iv) भविष्य में क्या हो सकता है?

(v) परामर्शन सम्बन्ध का स्वरूप क्या रहा है? (अर्थात् परामर्शी को कहाँ लाभ/हानि हुई है?)

अनुवर्तन अवस्था
(Follow-up Phase)

अनुवर्तन के उद्देश्य दो प्रकार के होते है। प्रथम उद्देश्य परामर्शन सत्र के पश्चात वास्तविक जीवन में कुछ अवधि के पश्चात् इस बात का मूल्यांकन करना होता है कि अर्जित लाभ वास्तविक जीवन में किस प्रकार कार्य कर रहा है, समस्या की पुनरावृत्ति की दर क्या है? इस प्रकार का कार्य अनुवर्ती-अध्ययन (follow-up study) कहा जाता है। इसका महत्त्व शोध कार्य और परामर्शन प्रविधि के परिमार्जन के क्षेत्र में देखा जा सकता है। अनुवर्तन क्रिया का दूसरा उद्देश्य समस्या की पुनरावृत्ति को रोकना होता है। कुछ अन्तराल के पश्चात् क्लायंट के साथ पुनः परामर्शन सत्र आयोजित करके परामर्शन की लम्बी प्रक्रिया में अर्जित लाभ को पुनर्बलित किया जाता है, क्लायंट के आत्मविश्वास और अर्जित व्यवहार को सुदृढ़ किया जाता है। इस श्रेणी की गतिविधियों को अनुवर्तन सेवा (follow-up service) कहा जाता है। जहाँ अनुवर्ती अध्ययन परामर्शन के क्षेत्र और परामर्शदाता के लिए महत्त्पूर्ण होता है वहीं अनुवर्तन सेवा परामर्शी के लिए लाभकारी है इस प्रकार अनुवर्तन परामर्शन प्रक्रिया का अभिन्न अंग होता है।

परामर्शन प्रक्रिया को प्रभावित करने वाले कारक
(Factors Affecting the Counselling Process)

परामर्शन प्रक्रिया की सफलता/विफलता को प्रभावित करने वाले कारकों के अन्तर्गत (i) परामर्शदाता की विशेषताएँ, योग्यता एवं दक्षता; (ii) परामर्शी की समस्याओं का स्वरूप, अपेक्षाएँ एवं तत्परता, व्यक्तित्व संगठन;(iii)परामर्शन प्रक्रिया में प्रयुक्त प्रणाली, प्रविधि या उपागम की विशेषताएँ और (iv) परामर्शन परिवेश की विशेषताएँ प्रमुख हैं। परामर्शन प्रविधियों की विशेषताओं में अनेक प्रकार के अन्तर पाये जाते हैं। परामर्शन प्रविधियों की मान्यताएँ और अभिग्रह उस सिद्धान्त से सम्बन्धित होते हैं जिनके आधार पर किसी प्रविधि के प्रारूप का विकास किया जाता है। पृथक मान्यताओं और अभिग्रहों के कारण परामर्शी

की समस्या का समाधान करने हेतु हस्तक्षेप के प्रस्तावित बिन्दु (आगे वर्णित) भिन्न प्रकार के होते हैं—संज्ञानात्मक पुनर्गठन, व्यवहार परिमार्जन, भावनात्मक अभिव्यक्ति, अन्तर्वैयक्तिक कारकों का पुनर्गठन आदि। कोई एक परामर्शन प्रविधि सभी प्रकार के क्षेत्रों में, सभी प्रकार की समस्याओं के लिए पूर्णतया उपयुक्त नहीं हो सकती है। परामर्शदाता द्वारा प्रविधि का चयन उसके निजी विश्वासों, अनुभवों, अभिमुखताओं और प्रशिक्षण के द्वारा नियंत्रित होता है। इसलिए परामर्शन की सफलता इस तथ्य द्वारा प्रभावित होती है कि परामर्शदाता द्वारा प्रयुकत परामर्शन प्रविधि परामर्शी की समस्या के संदर्भ में कितनी उपयुक्त है। प्रविधियों की विशेषताओं का वर्णन अध्याय 10 में किया गया है।

परामर्शदाता की विशेषताओं, योग्यताओं एवं दक्षताओं, विश्वासों एवं अभिवृत्तियों की परामर्शन की प्रक्रिया ओर परामर्शन प्रक्रिया की सफलता में महत्त्वपूर्ण भूमिका होती है। परामर्शदाता से सम्बन्धित प्रमुख कारक—बोध (परामर्शी के बारे में, प्रक्रियात्मक बोध, आत्म-बोध), सहानुभूति, मित्रवत व्यवहार, विनोदी स्वभाव, स्थिरता, धैर्य, निष्ठा, सहिष्णुता, शांत चित्त, दयालु स्वभाव, सामाजिक बुद्धिमत्ता, व्यक्तिगत परिपक्वता, आत्म संप्रत्यय, ध्यान केन्द्रिता, संगति, परामर्शी के लिए अप्रतिबंधित सम्मान और स्वीकृति, परानुभूति, विशद और सूक्ष्म दक्षता, अनुषंगिक दक्षता, प्रबंधन की दक्षता और अनुभव तथा अन्य कारकों की भूमिका होती है। ऐसे कारकों का वर्णन अध्याय 13 में किया गया है।

परामर्शी की सहायता पाने और समस्या का समाधान करने हेतु अभिप्रेरणा और तत्परता, उसकी व्यक्तित्व सम्बन्धी विशेषताएँ, परामर्शदाता के साथ सम्बन्धों की संगति की आरम्भिक मात्रा, परामर्शन प्रक्रिया और परामर्शदाता से प्रत्याशाएँ/अपेक्षाएँ; व्यवहार में प्रभुत्व, मैत्री, आक्रोश/आक्रामकता के लक्षण परामर्शन के परिणाम की दृष्टि से महत्त्वपूर्ण माने जाते हैं।

परामर्शन प्रक्रिया के परिणाम को प्रभावित करने वाले कारकों की सूची में भौतिक परिवेश की विशेषताओं की उपेक्षा नहीं की जा सकती है, भौतिक परिवेश में शान्ति, सुरक्षा, आराम प्रमुख तत्त्व माने जाते हैं।

सामाजिक-सांस्कृतिक संदर्भ, जिसमें परामर्शन प्रक्रिया संपन्न हो रही है, से सम्बन्धित कारक भी परामर्शन के परिणाम को प्रभावित करते हैं। आधुनिक परामर्शदाता सामाजिक संदर्भ को परामर्शन उपागम में सम्मिलित करते हैं। बिमरोज (Bimrose, 1993) ने सामाजिक संदर्भ के प्रति तीन उपागमों—व्यक्तिवादी (individualist), समन्वयवादी (intergrationist) और संरचनावादी (structuralist) की पहचान की है। परामर्शदाता को क्लायंट के साथ कार्य करते समय सांस्कृतिक समानता और भिन्नताओं को ध्यान में रखना चाहिए। सांस्कृतिक कारकों के महत्त्व को ध्यान में रख कर ही बहुसांस्कृतिक परामर्शन उपागम (Multicultural Counselling and Therapy—MCT) विकसित किया गया है। यह उपागम व्यक्ति का परामर्शन करते समय उसकी पारिवारिक और सांस्कृतिक पृष्ठभूमि को केन्द्र में रखता है, व्यक्ति को यह समझने के लिए सहायता देने का प्रयत्न किया जाता है कि किस प्रकार उसकी समस्याओं का सम्बन्ध उसके सामाजिक और सामाजिक न्याय की प्रणाली (जिसे व्यक्ति की जाति, धर्म, आर्थिक दशा, लिंग आदि प्रभावित करते हैं) के साथ है। यहाँ हमारा तात्पर्य यह है कि व्यक्ति की सामाजिक-सांस्कृतिक पृष्ठभूमि और उसके विषय में बोध परामर्शन को प्रभावित करता है।

परामर्शन साक्षात्कार : प्रक्रिया लक्ष्यों की प्राप्ति
(Counselling Interview : Achieving Process Goals)

परामर्शन प्रक्रिया का मुख्य आधार साक्षात्कार होता है। साक्षात्कार विधि का विभिन्न उद्देश्यों के लिए उपयोग किया जाता है, जैसे—शोध, कार्मिक चयन और परामर्शन एवं मनोपचार। साक्षात्कार की प्रक्रिया में दो पक्ष साक्षात्कारकर्ता और साक्षात्कारदाता होते हैं। साक्षात्कारकर्ता प्रश्न पूछता है और साक्षात्कारदाता उत्तर देता है। इस प्रकार शोध और कार्मिक चयन साक्षात्कार प्रतिदिन के हमारे जीवन में सम्पन्न होने वाली पारस्परिक वार्ता से इस अर्थ में भिन्न होता है कि यह वार्ता मुख्यतः एक दिशा में सम्पन्न होती है—एक दिशा में प्रश्न होते हैं, दूसरी दिशा में उत्तर। प्रतिदिन की वार्ता में यह प्रक्रिया द्विदिशात्मक होती है। दोनों पक्ष दोनों प्रकार के कार्य करते हैं। परामर्शन और मनोपचारी साक्षात्कार इस दृष्टि से शोध साक्षात्कार से भिन्न अनौपचारिक वार्ता के सन्निकट पहुँच जाता है। परामर्शन साक्षात्कार में परामर्शदाता और क्लायंट के मध्य की वार्ता में क्लायंट मुख्यतः सूचनाएँ देने का कार्य करता है, पूछे गए प्रश्नों का उत्तर देता है, अपनी अनुभूतियों और अनुभवों को अभिव्यक्त करता है किन्तु आवश्यकता होने पर परामर्शदाता के सामने प्रश्न प्रस्तुत करके लक्ष्यों और उनको प्राप्त करने के लिए उपयुक्त विधियों के बारे में स्पष्टीकरण प्राप्त करता है।

परामर्शन और मनोपचारी साक्षात्कार के उद्देश्य-नैदानिक (diagnostic) एवं मनोपचारात्मक (therapeutic) दोनों प्रकार के होते हैं। परामर्शदाता परामर्शी की समस्याओं; विचारो, अनुभूतियों, विश्वासों और अभिवृत्तियों; सांवेगिक दशा, बौद्धिक क्षमता, अनुभवों और समस्याओं के बारे में दृष्टि सम्बन्धी सूचनाएँ संकलित करता है; विचारों, भावनाओं, अनुभूतियों और विश्वासों की अभिव्यक्ति का अवसर देता है; संवेगात्मक अभिव्यक्ति में सहायक होता है; आत्म-बोध, परिवेशीय बोध, आत्म-विश्वास की वृद्धि में सहायक होता है। व्यक्तिगत/समायोजनात्मक समस्याओं के क्षेत्र से अलग शैक्षिक एवं व्यावसायिक परामर्शन के क्षेत्र में परामर्शन प्रक्रिया लक्ष्यों के चयन और उनकी सिद्धि हेतु सामर्थ्यों के विकास में सहायक होता है। परामर्शन के अभीष्ट लक्ष्य की सिद्धि हेतु अनेक प्रक्रिया लक्ष्यों की प्राप्ति महत्त्वपूर्ण होती है।

परामर्शन साक्षात्कार अनेक सोपानों के माध्यम से प्रगति करता है—(1) साक्षात्कार हेतु तैयारी, (2) वार्ता आरंभ करना, (3) लक्ष्यों का निर्धारण, (4) परामर्शन सम्बन्धों का विकास, (5) विचारों, विश्वासों, अभिवृत्तियों, सम्वेगों की अभिव्यक्ति; (6) परामर्शन सम्बन्ध का समापन, (7) अनुवर्तन। परामर्शन की समस्या और परामर्शदाता के सैद्धान्तिक और परामर्शन/मनोपचारी उपागम के अनुसार साक्षात्कार की संरचना, लक्ष्यों और प्रयुक्त तकनीकों में परिवर्तन होता रहता है।

परामर्शन साक्षात्कार के मुख्य प्रक्रिया लक्ष्य निम्नांकित होते हैं :—

(1) परामर्शन सम्बन्धों में सम्मिलित होना, परामर्शन सम्बन्धों की रचना और विकास,

(2) अनुभवों की भागीदारी (share the experiences); संगति,

(3) परामर्शी के लिए अप्रतिबंधित सम्मान,

(4) अनुभवों, विचारों आदि पर प्रत्यावर्तन (reflection),

(5) भावनात्मक स्थानान्तरण का सहजीकरण,

(6) आन्तरिक प्रतिरोध (resistance) को दूर करना।

प्रक्रिया लक्ष्यों की प्राप्ति में शब्दों के अतिरिक्त अशाब्दिक/अवाचिक सूचना का भी उपयोग किया जाता है।

परामर्शन साक्षात्कार में अवाचिक संप्रेषण
(Non-verbal Communication in Counselling Interview)

परामर्शदाताओं ने वाचिक सूचना के साथ प्राप्त होने वाली अवाचिक सूचनाओं को गम्भीरता के साथ स्वीकार किया है। व्यक्ति की समस्याओं, द्वन्द्वों को समझने में अशाब्दिक संकेतों की महत्त्वपूर्ण भूमिका होती है। अशाब्दिक सूचनाओं द्वारा (i) शाब्दिक सूचनाओं के ऊपर अतिरिक्त दबाव पड़ता है अर्थात उसका समर्थन होता है; (ii) कभी-कभी भावनाओं को अभिव्यक्त किया जाना सरल हो जाता है क्योंकि व्यक्ति अपनी भावनाओं को शब्द नहीं दे पाता है; (iii) शाब्दिक सूचनाओं की वैधता का परीक्षण करने के लिए परामर्शदाता को आधार प्राप्त होता है। अवाचिक सूचनाओं का महत्त्व व्यापक होता है अतः परामर्शन साक्षात्कार करते समय परामर्शदाता को अवाचिक सूचनाओं के संकलन के लिए सतर्क रहना चाहिए।

अवाचिक भाषा व्यक्ति के व्यवहार में बचपन से विद्यमान रहती है। शाब्दिक भाषा के अधिगम से पूर्व भी अशाब्दिक भाषा का प्रयोग हो रहा होता है। अनेक संस्कृतियाँ विभिन्न प्रकार के अशाब्दिक भाषा संकेतों को पृथक महत्त्व और अर्थ प्रदान करती हैं। उदाहरण के लिए पाश्चात्य संस्कृति में अंगूठा उठाना (thums up) प्रसन्नता अभिव्यक्त करने का तरीका होता है लेकिन भारतीय संस्कृति में अँगूठा दिखना नकारने का संकेत होता है जो कि अच्छा नहीं माना जाता है। सांस्कृतिक प्रभावों के कारण विभिन्न अशाब्दिक संकेतों के अर्थ को समझने में त्रुटि हो सकती है इसलिए किसी शारीरिक भाषा (body language) को समझने के लिए उस संस्कृति से परिचित होना आवश्यक होता है (Carol Mohamed, 2000)। केरिवियन देशों में बात करते समय आँखों का परस्पर सम्पर्क बुरा माना जाता है लेकिन ब्रिटेन और भारत में आँख नहीं मिलाना शर्मीलेपन का संकेत माना जाता है।

व्यक्ति के मौन या चुप्पी (silence) को भी उस संदर्भ में एक भाषा के रूप में देखा जा सकता है, मौन के साथ अन्य संकेतों पर भी ध्यान दिया जाना चाहिए। मौन आन्तरिक प्रतिरोध, कथन की स्वीकृति, विरोध कई अर्थों को समाहित कर सकता है।

अशाब्दिक भाषा के अन्तर्गत संकेत (gestures), मुस्कान, रुदन, हँसी, मुखाभिव्यक्ति (मुख पर लाली, उदासी, झेंप), शरीर की मुद्रा और गति को सम्मिलित किया जाता है। हाथ मलना, छाती ठोकना, ओठ चबाना, बालो पर हाथ फेरना या नोंचना या ऊँगली में लपेटना, चेहरा नीचे झुका लेना, नाक मलना, सिर में खुजली करना, कान के पास सहलाना, नाक साफ करना या नाक पर हाथ रगड़ना, सिर पर हाथ रख कर बैठना; पेन, पेंसिल, चाभी-गुच्छा आदि के साथ खेलते रहना या बात करते समय कुछ अस्पष्ट चित्रण करते रहना, आगे झुकना या पीछे अथवा बगल में झुकना, बात करते समय ऊपर या बाहर की ओर देखना आदि अनेक अवाचिक संकेत/सूचनाएँ हैं जिनपर परामर्शदाता को सतर्कतापूर्वक ध्यान देना चाहिए।

अवाचिक भाषा के अर्थ की व्याख्या करने के लिए संकेतों के अतिरिक्त अन्य अनेक आयामों पर भी ध्यान दिया जाना चाहिए। ब्रॉनफेन ब्रेन्नर और न्यूकॉम्ब ने (i) गति की विशेषता, (ii) गति का केन्द्र, (iii) गति की दिशा, (iv) शरीर की प्रकट रूप रेखा और (v) शरीर क्रिया का क्षेत्र, के रूप में पाँच विमाओं का वर्णन किया है। कागन

(1965) ने (i) स्रोत (source), (ii) जागरूकता या बोध (awareness), और (iii) अवधि को महत्त्वपूर्ण विमा बताया है। स्रोत का तात्पर्य है वार्ता के समय क्लायंट की भावनात्मक अभिव्यक्ति। बोध का तात्पर्य यह है कि क्लायंट को संकेतों के बारे में किस सीमा तक जानकारी है। अवधि का अर्थ समय विस्तार से है। अवधि को केगन ने छः श्रेणियों में वर्गीकृत किया है: बल (emphasis), सहजीकरण (facilitation), चित्रण (portrayal), चेतन अभिव्यक्ति (conscious revelation), अचेतन अभिव्यक्ति (unconscious revelation) और भावनाओं की अभिव्यक्ति। उदाहरण के लिए बात करते समय हाथों की गति बात पर बल डालती है, उसके पीछे निहित शक्ति को अभिव्यक्त करती है। भाषा मनोविज्ञान के क्षेत्र में इस विषय में अनेक शोध संपन्न किये गये हैं।

अवाचिक भाषा की व्याख्या परामर्शदाताओं के लिए चुनौती भरा कार्य है। इसके लिए अनुभव, अध्ययन और प्रशिक्षण की आवश्यकता होती है। किसी भी अवाचिक संकेत का कोई सार्वभौमिक अर्थ नहीं होता है इसलिए व्यक्ति की सांस्कृतिक पृष्ठिभूमि में इसके अर्थ को समझा जाना चाहिए। लोगों के बीच अवाचिक संकेतो के अर्थ में वैयक्तिक भिन्नता पायी जाती है अतः सतर्कता और अनुभव का सुयोग आवश्यक होता है।

परामर्शन प्रक्रिया में हस्तक्षेप नीतियाँ
(Intervention Strategies in the Counselling Process)

परामर्शन प्रक्रिया में क्लायंट के साथ परामर्शदाता द्वारा सम्मिलित रूप में निर्धारित किये गये लक्ष्यों की सिद्धि के लिए परामर्शदाता अनेक प्रकार से सहायता देता है। परामर्शदाता परामर्शी के सम्मान और अधिकार की रक्षा करते हुए लक्ष्यों की प्राप्ति के लिए उपयुक्त तकनीक का उपयोग करता है। परामर्शन तकनीकों का उद्देश्य व्यक्ति को सशक्त करना होता है और ऐसा करने के लिए व्यक्ति की पसंद, वरीयता, तकनीकी उपागम की वरीयता को भी ध्यान में रखा जाता है। विभिन्न परामर्शन उपागमों में व्यक्ति की सहायता करने के लिए हस्तक्षेप कां बिन्दु उस व्यक्तित्व सिद्धान्त के आधार पर सुनिश्चित किया जाता है जिसके साथ उस उपागम का सम्बन्ध होता है। व्यक्तित्व सिद्धान्त द्वारा समस्या की व्याख्या अलग-अलग ढंग से की जाती हैं किन्तु जैसा कि गार्डन जिंक्स (Gordon Jinks, 2000) का विचार है, सैद्धान्तिक आधार सम्बन्धी विभिन्नताओं के बावजूद विभिन्न उपागम कुछ हस्तक्षेप तकनीकों का सुविधापूर्वक कतिपय अनुकूलनों (adaptations) के साथ उपयोग कर सकते हैं। हस्तक्षेप की प्रमुख तकनीकों को पाँच वर्गों में बाँटा जा सकता है। वर्गीकरण का आधार उन बिन्दुओं को बनाया गया है जहाँ परामर्शन तकनीकें अपनी गतिविधियों को केन्द्रित करती है। हस्तक्षेप नीतियाँ व्यवहार (behaviour), अनुभूति (feeling), संज्ञान (cognition), बिम्ब (imagery) और अन्तर्वैयक्तिक कारकों (interpersonal factors) को प्रभावित करने का प्रयत्न करती हैं।

व्यवहार
(Behaviours)

व्यवहार में परिवर्तन के आधार पर कार्य करने वाले परामर्शन उपागम कई प्रकार की तकनीकों—व्यवहार प्रतिरूप (बिहेवियरल मॉडलिंग), विसंवेदीकरण (डिसेंसीटाइजेशन), अनावरण (एक्सपोजर), प्रति अनुबंधन/पुनर्अनुबंधन/अनुक्रिया परिहार (डी-कन्डीशनिंग/

री-कन्डीशनिंग/रेस्पान्स प्रिवेन्शन), होम वर्क, डायरी-कीपिंग, शिथिलीकरण (रिलैक्सेंशन) आदि का उपयोग किया जाता है। परामर्शन उपागमों से सम्बन्धित अगले अध्याय 12 में व्यवहार उपागम के खण्ड में इनका विस्तृत विवरण दिया गया है। यहाँ पर अन्य तकनीकों के साथ इन तकनीकों का संक्षिप्त परिचय प्रस्तुत है। विस्तृत विवरण लिए अध्याय 12 पर ध्यान दिया जाना वांछित है।

1. व्यवहार परिमार्जन, अभ्यास, पुनर्बलन *(Behaviour Modification, Rehearsal, Reinforcement)*—व्यवहार में सकारात्मक अधिगम के लिए अर्थात नये व्यवहार के अधिगम, दृढ़आग्रहिता (assertiveness), सामाजिक दक्षताओं के विकास या भयदायी परिस्थितियों का सामना करने के लिए किसी प्रतिरूप (मॉडल) के व्यवहार का अधिगम करने, अभ्यास (रिहर्सल) करने और अधिगमित व्यवहार के पुनर्बलन की तकनीकों का उपयोग किया जाता है। प्रतिरूप अधिगम में सामाजिक दृष्टि से सम्मानित व्यक्ति के व्यवहार का अवलोकन, अनुकरण, अपने व्यवहार में क्रियान्वयन (enacting), व्यवहार के प्रत्यक्ष या परोक्ष (vicarious) पुनर्बलन की तकनीक अपनायी जाती है।

वास्तविक प्रतिरूप या वीडियो टेप में प्रतिरूप पात्र के विकल्प के रूप में परामर्शदाता स्वयं भी प्रतिरूप की भूमिका का निर्वहन कर सकता है।

2. व्यवहार सुघटन *(Behaviour Shaping)*—अनुबंधन की विधि का उपयोग करके अच्छी अनुक्रियाओं का व्यक्ति के अनुकूलन/आदत भण्डार में समावेश किया जा सकता है। भय जैसी प्रक्रियाओं से बचने के लिए भी व्यक्ति को श्रृंखलाबद्ध तरीके से अनेक अनुक्रियाओं का अधिगम कराया जा सकता है जिससे कि अंततः उस परिस्थिति में भय की उत्पत्ति न हो।

3. विसंवेदीकरण *(Desensitization)*—जब व्यक्ति में किसी उद्दीपक के उपस्थित होने पर अनुपयुक्त चिन्ता या भय की उत्पत्ति होती है तब विसंवेदीकरण या व्यवस्थित विसंवेदीकरण (systematic desensitization) की तकनीक लाभकारी रूप में प्रयुक्त की जाती है। विसंवेदीकरण की प्रक्रिया प्रति अनुबंधन (counter conditioning) की तकनीक होती है जिसमें चिन्ता या भय उत्पन्न करने वाले उद्दीपक के साथ ही अच्छे उद्दीपक (जैसे-भोजन) को भी रखा जाता है तत्पश्चात् नकारात्मक उद्दीपक को धीरे-धीरे प्रयोज्य के पास लाते हैं और भय को समाप्त करते हैं। व्यवस्थित विसंवेदीकरण प्रक्रिया में पहले शिथिलीकरण तकनीक का अभ्यास कराया जाता है और चिन्ता या भय उत्पन्न करने वाली अनुक्रिया को कम तीव्रता में प्रस्तुत करते हुए आरामपूर्वक रहना सिखाया जाता है। उद्दीपक की तीव्रता को क्रमशः बढ़ाते हुए धीरे-धीरे उसके प्रभाव को समाप्त किया जाता है।

4. अनावरण *(Exposure)*—अनावरण अथवा विगोपन तकनीक इस तथ्य पर आधृत है कि यदि किसी व्यक्ति के लिए चिन्ता का भय उत्पन्न करने वाली परिस्थिति में कुछ देर तक टिके रहना सम्भव हो पाये अर्थात परामर्शी पीछे न लौटे तो समय बीतने के साथ चिन्ता या भय की मात्रा स्वाभाविक रूप में घट जायेगी। उद्दीपन के एक ही स्तर के प्रति शरीर धीरे-धीरे प्रतिक्रिया घटा देता है और मनोवैज्ञानिक स्तर पर जब व्यक्ति को यह प्रतीत होता है कि उसे कोई क्षति नहीं हो रही है तब भय सामना करने के लिए उसका व्यवहार पुनर्बलित होता है।

5. अनुक्रिया परिहार *(Response Prevention)*—यदि कोई व्यक्ति किसी परिस्थिति में एक प्रकार की प्रतिक्रिया (व्यवहार) करने के लिए बाध्यता को अनुभव करता है तब

उसे उस परिस्थिति के प्रति बढ़ते हुए क्रम में अनुक्रिया थोड़े विलम्ब से करने के लिए प्रशिक्षित किया जाता है, विलम्ब की मात्रा को क्रमशः बढ़ाते हुए अनुक्रिया को बिना किसी क्षति के पूर्णतया रोक लेने के लिए प्रेरणा प्राप्त होती है। धूम्रपान, खान-पान आदतों, खर्चीलेपन और अन्य मनोग्रस्तता बाध्यता मूलक प्रतिक्रियाओं में इस तकनीक का उपयोग किया जा सकता है।

6. अन्य तकनीकें—ऊपर वर्णित तकनीकों के अतिरिक्त क्लायंट के व्यवहार में हस्तक्षेप करके उसे लाभ पहुँचाने की अन्य तकनीकें-गृह कार्य, डायरी लेखन, शिथिलीकरण व्यायाम, अन्तर्विस्फोटन (इम्प्लोजन) जैसी हो सकती है। सभी तकनीकों का विस्तृत विवरण अध्याय-12 में प्राप्य है।

भावनाएँ/अनुभूतियाँ (Affects/Feelings)

भावनाओं और अनुभूतियों के स्तर पर हस्तक्षेप करने के लिए परामर्शदाता परानुभूति के विविध स्तरों का संप्रेषण करने, भावनात्मक अभिव्यक्ति के लिए क्लायंट को अवसर देने और रिक्त-कुर्सी कार्य जैसी तकनीकों का उपयोग करता है।

1. परानुभूति के स्तर की अभिव्यक्ति और सम्प्रेषण *(Expressing and communicating levels of empathy)*—परामर्शदाता की गतिविधियाँ परामर्शी के बारे में प्रत्यक्षण, संज्ञान और भावानुभूति का विकास और संप्रेषण करने जैसी होती हैं। परानुभूति के स्तरों का अर्थ परामर्शी के बारे में बोध की प्राप्ति की गहनता और उसके सम्प्रेषण से है। Carkhuff. 1969; Egan. 1998; Gordon Jinks, 2000 परानुभूति के स्तरों को तीन रूपों में विभाजित करते हैं:—

(i) सरल परानुभूति प्रतिक्रयाएँ(अनुभूतियों का प्रत्यावर्तन, वार्ता का सार-संक्षेपण आदि)

(ii) उच्च परानुभूति प्रतिक्रियाएँ (क्लायंट के अनुभवों के उन पक्षों के संदर्भ में संचार करना जिसके विषय में वह अनभिज्ञ था, यथा-वार्ता के समय प्रयुक्त रूपों/बिम्बों का वर्णन, उसके चेहरे पर तनाव, परामर्शदाता की क्लायंट के बारे में गहन अनुभूति का वर्णन,

(iii) सांस्कृतिक परानुभूति (क्लायंट और उसकी संस्कृति के बीच की अंतर्क्रिया के बारे में समझ विकसित करना, और क्लायंट को परामर्शदाता और उसकी संस्कृति के विषय में ऐसी ही समझ/परानुभूति विकसित करने के लिए प्रेरित करना)।

उक्त तीन स्तरों पर परानुभूति का विकास और संप्रेषण परामर्शन सम्बन्ध को मजबूत बनाता है और भावनानुभूति के क्षेत्र में हस्तक्षेप की क्रिया को सम्भव एवं सहज रूप प्रदान करते हुए परामर्शी की सहायता करता है।

2. भावनात्मक अभिव्यक्ति *(Catharsis)*—परामर्शी के द्वारा भावानुभूतियों की अभिव्यक्ति समायोजनात्मक एवं संवेगात्मक समस्याओं के क्षेत्र में परामर्शन कार्य के लिए अत्यन्त महत्त्वपूर्ण होती है। भावनाओं को अभिव्यक्त करने का अर्थ होता है कि क्लायंट उन अनुभूतियों, जो कि दुःखद है, जिनका सम्बन्ध विगत अनुभवों से है, जिनके विरुद्ध क्लायंट ने मनोरचनाएँ प्रयुक्त की हुई हैं (और वह ऐसी भावनानुभूतियों का सामना नहीं करना चाहता है), के साथ पुनः सम्पर्क स्थापित करे और उन्हें अभिव्यक्त करें। जिंक्स के

अनुसार परामर्शदाता विरेचन कार्य (cathartic work) दो रूपों में करा सकता है। पहला अत्यल्प संरचित उपागम और दूसरा संरचित उपागम।

अत्यल्प संरचित उपागम में परामर्शदाता सावधानीपूर्वक सरल/मौलिक परानुभूति और उच्च परानुभूति पर शुद्धतापूर्वक ध्यान केन्द्रित करता है और यह क्रिया स्वाभाविक रूप में क्लायंट को उसके संवेगों के साथ गहन सम्पर्क की दिशा में उत्प्रेरित करती है। विरेचन कार्य में परानुभूति सम्बन्धी व्यवहार उस समय अधिक प्रभावोत्पादक होता है जबकि क्लायंट के वर्तमान अनुभवों पर ध्यान केन्द्रित किया जाता है। परामर्शी के लिए स्वाभाविक होता है कि वर्तमान अनुभवों पर ध्यान केन्द्रित करते हुए वह अपने विगत मनोघातों और दुखद स्मृतियों के क्षेत्र में भी प्रवेश कर जाये। ऐसी दशा में परामर्शदाता उसके अनुभवों (जैसे कि वह अपने विगत जीवन का पुनर्अनुभव कर रहा है) पर परानुभूतिपूर्ण अनुक्रिया करता करता है, परामर्शदाता द्वारा बातचीत के साथ-साथ उपयुक्त चुप्पी का उपयोग परामर्शी को भावनात्मक अनुभूति का अवसर देता है। परामर्शी को सुरक्षित परिवेश की अनुभूति होनी चाहिए जिसमें वह सहजतापूर्वक भावानुभूतियों को प्रवाहित कर सके। यह भी आवश्यक होता है कि इस कार्य के लिए निर्धारित सत्र लचीला हो, समय लगभग 90 मिनट दिया जाये। विरेचन कार्य के अन्त में परामर्शी को सत्र से बाहर जाने के लिए मानसिक तैयारी हेतु थोड़ा समय दिया जाता है और उसे सत्र की संज्ञानात्मक समीक्षा का अवसर—क्या हुआ है, क्लायंट ने क्या अन्वेषण किया है या सत्र में क्या सीखा है जानने के लिए अवसर दिया जाना चाहिए।

अधिक संरचित विरेचन कार्य में किसी एक विशेष मनोआघात का वर्णन करने के कार्य पर इस रूप में केन्द्रित किया जाता है जैसे कि घटनाएँ अभी घटित हो रही हैं (Heron, 1990; Mahrer, 1996)। परामर्शदाता विवरण के भावनात्मक पक्ष पर ध्यान केन्द्रित करता हैं, परामर्शी की चुप्पी, खालीपन, टिप्पणी, स्लिप ऑफ टंग, वार्ता में रुकावट और अन्य अवाचिक सूचनाओं पर ध्यान केन्द्रित किया जाता है तथा परामर्शी को इनकी व्याख्या करने के लिए कहा जाता है जिसके परिणामस्वरूप वह अपनी अनुभूतियों का और गहराई के साथ अन्वेषण करता है।

3. रिक्त स्थान कार्य *(Empty chair work)*—इस तकनीक का उपयोग ऐसे क्लायंट के लिए किया जाता है जो अपनी भावनाओं को अभिव्यक्त करने के लिए संघर्ष कर रहे होते हैं। क्लायंट को दो पक्षों (स्वयं एवं अन्य कोई महत्त्वपूर्ण व्यक्ति; या 'आश्वस्त-आत्म एवं असुरक्षित-आत्म; या, 'वर्तमान स्व एवं विगत/भविष्यकालिक स्व') के मध्य की वार्ता में दोनों पक्षों की भूमिका निभाने के लिए प्रोत्साहित किया जाता है। जिक्स (2000) इस नाटक की द्विपक्षीय भूमिका निभाने के लिए दो या अधिक कुर्सियों पर बारी-बारी से बैठते हुए यह कार्य करना अधिक लाभकारी बताते हैं। क्लायंट यह कार्य जब कभी जिस किसी बिन्दु पर बंद करना चाहता है तब उसे अनुमति दी जाती है और प्रतिरोध/अनिच्छा के प्रति परानुभूतिपूर्ण अभिव्यक्ति करते हुए अन्वेषण कार्य सम्पन्न किया जाता है। इस प्रकार रिक्त स्थान कार्य विधि परामर्शी के बोध के स्तर को उठाने और जीवन की अनुभूतियों, सम्बन्धों, द्वन्द्वों को परामर्श कक्ष में लाने में उपयोगी सिद्ध होती है।

बिम्ब रूपक
(Imagery Metaphor)

बिम्बों के माध्यम से परामर्शन प्रक्रिया में परामर्शदाता हस्तक्षेप के लिए तीन तकनीकों

को प्रयुक्त करता है—रूपक (metaphors), सांवेगिक बिम्ब (emotive imagery) तथा स्वप्न-कार्य (dream work)।

1. रूपकों का उपयोग *(Use of metaphors)*—परामर्शदाता रूपकों का उपयोग दो प्रकार से करता है। प्रथम, परामर्शदाता क्लायंट के रूपक भरे सम्प्रेषण के प्रति प्रतिक्रिया करता है और उन्हें उनके द्वारा प्रयुक्त रूपकों की व्याख्या और अन्वेषण के लिए प्रोत्साहित करता है; और द्वितीय विधि में परामर्शदाता स्वयं ही रूपकयुक्त संप्रेषण प्रणाली को प्रयुक्त करते हुए अपना बोध सम्प्रेषित करता है, एक नये परिप्रेक्ष्य को क्लायंट के साथ बांटता है या उसे एक संदेश प्रेषित करता है। रूपक के माध्यम से होने वाले संचार में स्थूलता कम होती है, सृजनात्मकता और नम्यता अधिक होती है।

रूपक अत्यन्त उपयोगी परामर्शन तत्त्व होते हैं, इसलिए इनकी उपेक्षा नहीं की जा सकती है। परामर्शन साक्षात्कार के मध्य यदि परामर्शी यह कहता है कि उसे लग रहा कि कोई उसके सर पर हथौड़े से मार रहा है और कान में घंटियाँ बजती रहती है तब हथौड़े और घंटी के बारे में विस्तृत व्याख्या के लिए प्रयोज्य को प्रोत्साहित किया जाना चाहिए। '**पहाड़** जैसी जिंदगी', 'मैं तो कहीं का न रहा, मैं तो गहरी **खाई**/गहरे **कुएँ** में गिरा हूँ,'' '**फिसलन** भरी जिंदगी', जिन्दगी में **काई** लग गई', 'भविष्य अंधेरी **सुरंग**' जैसे कथनों में रूपकों के उदाहरण है और ऐसे किसी भी रूपक पर ध्यान दिया जाना चाहिए। परामर्शदाता रुपकों का उपयोग परानुभूतिपूर्ण बोध विकसित करने के लिए तथा इसबात को स्पष्ट करने के लिए कि 'काई' कैसे साफ की जा सकती है, 'सुरंग' में प्रकाश कैसे लाया जा सकता है जैसी परिस्थितियों की कल्पना, स्पष्टीकरण, विस्तार करने और उन्हें अर्थपूर्ण बनाने के लिए प्रयुक्त कर सकता है। इस प्रकार रूपकयुक्त संचार क्लायंट को समस्याओं को समझने और समाधान करने में सहायता देता है।

2. सांवेगिक बिम्ब *(Emotive imagery)*—इस तकनीक को कतिपय अनुकूलनों के साथ एलिस और ड्रायडन (Ellis & Dryden, 1987) द्वारा तार्किक संवेगात्मक व्यवहार उपचार प्रणाली में और लेजारस (Lazarus, 1989) द्वारा मानस दर्शन/कल्पना तकनीक (visualization technique) में प्रयुक्त किया गया है।

सांवेगिक बिम्ब तकनीक में बिम्ब या कल्पित चित्रण का उपयोग करके क्लायंट की किसी विशिष्ट उद्दीपक के प्रति सांवेगिक अनुक्रिया को नियंत्रित करने या परिवर्तित करने के लिए उसे सहायता दी जाती है। साधारणतया परामर्शी को किसी भी पद्धति द्वारा शिथिलिता की दशा अर्जित करने और इस शिथिलिता परिस्थिति में सांवेगिक अनुक्रिया उद्दीप्त करने वाले उद्दीपक को प्रस्तुत करके उस उद्दीपक के प्रति अपनी अनुक्रिया नियंत्रित करने या परिवर्तित करने का अवसर उपलब्ध कराया जाता है।

3. स्वप्न कार्य *(Dream work)*—स्वप्न जीवन के अचेतन और चेतन दोनों पक्षों से सम्बन्धित स्मृतियों, भय, आक्रोश, इच्छाओं को प्रतिबिम्बित करते हैं। स्वप्न को परामर्शदाता एक सामान्य सृजनात्मक कार्य के रूप में देखते हैं जिसका उद्देश्य मानसिक संतुलन की दशा बनाये रखना होता है। इसमें वर्तमान चिन्ताओं का प्रक्षेपण तथा भविष्य की पूर्वकल्पित जागृत जीवन अवस्थाओं के लिए तैयारी का अभ्यास (रिहर्सल) सम्मिलित होता है।

परामर्शदाता अनेक प्रकार से स्वप्न के क्षेत्र में परामर्शी के साथ कार्य करते हैं। संज्ञानात्मक पद्धति में स्वप्न का अर्थ समझने का प्रयास किया जाता है। गेस्टाल्टवादी

परामर्शदाता स्वप्न के अन्वेषण और समन्वयन के लिए कार्य करते हैं। तीसरी पद्धति में क्लायंट से स्वप्न जगत में पुनर्प्रवेश की कल्पना करने के लिए कहा जाता है। इस प्रकार कार्य करते हुए दु:स्वप्नों में परेशान करने वाली आकृतियों के प्रति सांवेगिक अनुक्रिया को नियंत्रित करने के लिए परामर्शी को सहायता दी जाती है।

संज्ञान
(Cognitions)

संज्ञान के माध्यम से परामर्शन के विभिन्न क्षेत्रों में लक्ष्यों की प्राप्ति के लिए विभिन्न प्रकार की तकनीकों का उपयोग किया जाता है। संज्ञानात्मक पुनर्संगठन, नये परिप्रेक्ष्यों का विकास, विगत-वर्तमान सम्बन्ध रचना, सकारात्मक संसाधन की खोज, लक्ष्य निर्धारण, शक्ति-क्षेत्र विश्लेषण, निर्णय-रचना जैसी तकनीकें संज्ञानात्मक हस्तक्षेप नीति/कार्ययोजना के रूपान्तरण हैं।

1. संज्ञानात्मक पुनर्संगठन (*Cognitive restructuring*)—संज्ञानात्मक पुनर्संगठन तकनीकें व्यक्तियों के विश्वास का पुनर्गठन करके उनकी संवेगात्मक और व्यवहारात्मक प्रतिक्रिया में परिवर्तन के लिए उन्हें सहायता देती हैं।

तार्किक संवेगात्मक व्यवहार उपचार (*Rational Emotive Behaviour Therapy–REBT*) का अभिग्रह यह है कि ऋणात्मक सांवेगिक प्रतिक्रियाएँ घटनाओं के फलस्वरूप नहीं, अपितु घटना के बारे में विश्वास के प्रति व्यक्ति की प्रतिक्रिया के रूप में विकसित होती है। यदि व्यक्ति का विश्वास अधिक तर्कसंगत रूप धारण कर ले तो व्यक्ति घटनाओं के प्रति अधिक उपयुक्त ढंग से अनुक्रिया करेगा। हस्तक्षेप के लिए व्यक्ति को A-B-C मॉडल के अधिगम हेतु सहायता दी जाती है। इस मॉडल में A सक्रियकरण घटना (activating event) है; B विश्वास (belief) है जिसका सम्बन्ध स्वयं व्यक्ति से, अन्य लोगों या विश्व से होता है; और C संवेगात्मक और व्यवहारात्मक परिणाम (emotional and behavioural consequence) है। इस प्रकार यदि किसी घटना के घटित होने के विश्वास को तर्कसंगत रूप में परिवर्तित किया जाये तथा उसे अधिक व्यवहारोपयोगी, वास्तविकता-आधृत रूप में ढाला जाये तो उन ऋणात्मक संवेगों और प्रतिक्रियाओं को दूर किया जा सकता है जो कि ऋणात्मक विश्वास/संज्ञान के कारण उत्पन्न हो गयी थीं।

संज्ञानात्मक पुनर्संगठन की अन्य तकनीकें (Beck, 1989; Meichenbaum, 1977) व्यक्ति के स्वत:स्फूर्त विचारों तथा स्व-वार्ता पर ध्यान केन्द्रित करती हैं। व्यक्ति को समस्यात्मक घटनाओं और उससे सम्बन्धित वार्ता के लिए प्रोत्साहित किया जाता है। उन बातों पर विचार करने के लिए कहा जाता है जो वे अपने आप से उस परिस्थिति मे कहते तथा इन विचारों के सांवेगिक और व्यवहारात्मक प्रतिक्रियाओं के साथ सम्बन्ध का अन्वेषण करने के लिए कहा जाता है। परामर्शदाता व्यक्ति को अधिक स्वस्थ अनुक्रिया अपनाने के लिए प्रेरित करता है। परामर्शदाता स्वचालित अनुक्रिया की आदत (habit of automatic response) को रोकने, कल्पनाओं में अधिक स्वस्थ प्रतिक्रिया का अभ्यास करने के लिए सहायता देता है।

2. नये प्रतिप्रेक्ष्य का विकास (*Development of new perspectives*)—इस तकनीक द्वारा उन व्यक्तियों को, जिन्होंने अपना संप्रत्ययन सदैव शक्तिहीन/असमर्थ व्यक्ति के रूप में किया है, प्रोत्साहित किया जाता है और यह पुनर्विचार करने के लिए कहा जाता है कि उनके अपने नियंत्रण में क्या है, उनके समक्ष एक सकारात्मक चुनौती

उपस्थित की जाती है और घटनाओं को दूसरे ढंग से देखने के लिए प्रोत्साहित किया जाता है। उदाहरण के लिए समस्या को अवसर के रूप में देखना, कठिनाई को चुनौती के रूप में देखना, त्रुटियों को अधिगम के अवसर के रूप में स्वीकार करना (गार्डन जिंक्स, 2000) और अपनी शक्तियों एवं संसाधनों के प्रति जागरूक होना तथा उनका उपयेाग करना। इस प्रकार व्यक्ति अपनी कमियों के स्थान पर अच्छाइयों पर ध्यान केन्द्रित करता है। ईगन (Egan, 1998) ने इस हेतु परानुभूति की दो परतों (empathy sandwitch) का संप्रत्यय प्रस्तुत किया है।

4. विगत-वर्तमान सम्बन्ध की रचना *(Making past and present connections)*—परामर्शी की संवेगात्मक प्रतिक्रियाओं की व्याख्या पूर्णतया वर्तमान परिस्थितियों के संदर्भ में नहीं की जा सकती है अतः परामर्शदाता क्लायंट को उसकी सांवेगिक अनुभूतियों को विगत अनुभवों के परिप्रेक्ष्य में देखने हेतु सहायता देता है। रिक्त-कुर्सी वार्ता की विधि भी वर्तमान और विगत को जोड़ने के लिए प्रयुक्त की जाती है।

5. सकरात्मक संसाधन अन्वेषण *(Positive asset search)*—इन तकनीक में क्लायंट को उसके पुराने अनुभवों के पुनर्मूल्यांकन के लिए सहायता दी जाती है। व्यक्ति ने जहाँ ऋणात्मक मूल्यांकन विकसित किया है वहाँ नये सकारात्मक अर्थ की खोज की जाती है, उसके भीतर नये संसाधनों का अन्वेषण किया जाता है। इस तकनीक में ध्यानपूर्वक सुनने और सकारात्मक संसाधनों पर चयनात्मक ध्यान केन्द्रित करने की प्रणाली सम्मिलित होती है।

5. लक्ष्य का निर्धारण *(Setting the goal)*—परामर्शी की समस्याओं का केन्द्र बिन्दु उपयुक्त लक्ष्य का अभाव हो सकता है। शैक्षिक, व्यावसायिक एवं लेजर-टाइम परामर्शन के क्षेत्र में उपयुक्त लक्ष्यों का निर्धारण महत्त्वपूर्ण पड़ाव होता है। उपयुक्त लक्ष्य का निर्धारण व्यक्ति के वर्तमान और भविष्य की समस्याओं के परिहार/समाधान के लिए उपयोगी होता है। परामर्शदाता लक्ष्यों के लिए SMART सिद्धान्त का उपयोग करते हैं—लक्ष्य विशिष्ट रूप में वर्णित (Specified—S) होना चाहिए; मापे जाने योग्य (Measurable—M), उपयुक्त (Appropriate—A), यथार्थपूर्ण (Realistic—R) और निर्धारित समय सीमा (Time—T) वाला होना चाहिए।

6. शक्ति क्षेत्र विश्लेषण *(Force field analysis)*—कुर्ट लेविन (1969) की यह तकनीक क्लायंट को उन कारकों के अन्वेषण में सहायता देती है जो लक्ष्यों की प्राप्ति में या योजनाओं को कार्यरूप देने में सहायक या बाधक सिद्ध होते हैं। क्लायंट को चरणबद्ध ढंग से कागज-कलम का उपयोग करते हुए अपने, अन्य व्यक्तियों तथा परिवेश से सम्बन्धित कारकों की पहचान करने, 0-10 बिन्दु मापनी पर उन कारकों की शक्ति का मापन करने और अंत में सहायक कारकों की शक्ति बढ़ाने और बाधक कारकों की शक्ति क्षीण करने के लिए प्रोत्साहित किया जाता है। इस योजना को कार्यरूप देने के लिए विशिष्ट कार्य योजनाओं का विकास किया जाता है।

7. निर्णय-रचना *(Decision-making)*—व्यक्ति को जीवन के विविध क्षेत्रों में अनेक उपलब्ध लक्ष्यों में किसी एक उपयुक्त लक्ष्य का गुणवत्ता के आधार पर चयन करने की आवश्यकता होती है। परामर्शन प्रक्रिया इस कार्य में व्यक्ति की सहायत्ता करती है। निर्देशन सम्बन्धी अनेक अध्यायों में इस प्रक्रिया पर विचार क़िया जा चुका है। शिक्षा, व्यवसाय, मनोरंजन, व्यक्तिगत जीवन, विवाह आदि अनेक क्षेत्रों में विद्यमान अनेक लक्ष्यों के बीच चयन का कार्य पूरा करने के लिए परामर्शन प्रक्रिया व्यक्ति को लाभ-हानि की

बैलेंस शीट विधि अपनाने में सहायता करती है। व्यक्ति सभी सम्भव/उपलब्ध लक्ष्यों के दोनों पक्षों पर विचार करते हुए निर्णय लेता है कि कौन लक्ष्य उसके लिए अधिक लाभकारी होगा।

अन्तर्वैयक्तिक कारक (Interpersonal Factors)

परामर्शी और परामर्शदाता के मध्य के अन्तर्वैयक्तिक सम्बन्धों का परामर्शन क्षेत्र में विभिन्न प्रकार के विशिष्ट लक्ष्यों की प्राप्ति के लिए अनेक प्रकार से उपयोग किया जा सकता है।

किसी क्लायंट कें वर्तमान नकारात्मक अन्तर्वैयक्तिक सम्बन्धों को सुधारने के लिए परामर्शदाता क्लायंट के साथ अपने सम्बन्धों में स्थानान्तरण (transfarence) की व्याख्या करने के लिए प्रोत्साहित करता है। इस संबधं में 'स्थानान्तरण' का अन्वेषण और व्याख्या करते समय परामर्शी अन्य सम्बन्धों में भी स्वयं को और अधिक अच्छे ढंग से समझता है। इस प्रकार वर्तमान अन्तर्वैयक्तिक सम्बन्धों में व्याप्त समस्याओं को समझना सम्भव हो पाता है।

परामर्शदाता क्लायंट कें साथ अपने सम्बन्धों में अपने आपके प्रति संजग रहता है और क्लायंट को इसमें भागीदार बनाता है। क्लायंट में भी इस जागरूकता के आधार पर उसकी निजी जागरूकता का विकास किया जा कसता है।

परामर्शी के भावनात्मक स्थानान्तरण का उपयोग करके उसके विगत अन्तर्वैयक्तिक अनुभवों के माध्यम से उत्पन्न हुई अविश्वास, ग्लानि, शोषण आदि की अनुभूतियों के कारण वर्तमान अन्तर्वैयक्तिक सम्बन्धों में व्याप्त अविश्वास, आत्म-ग्लानि, आत्म-उत्साह की कमी, जिम्मेदारी की भावना की कमी जैसी समस्याओं का समाधान किया जाता है।

❑

अध्याय 10

परामर्शन उपागम

(APPROACHES TO COUNSELLING)

व्यक्ति की समस्याओं और परामर्शन संबंधी आवश्यकताओं के रूप अनेक होते हैं जैसे—लक्ष्य का निर्धारण, लक्ष्य का चयन, लक्ष्य की प्राप्ति हेतु सामर्थ्य का विकास और बाधाओं का निराकरण। व्यक्ति की इन आवश्यकताओं की पूर्ति के लिए परामर्शदाता उनके संज्ञान, अनुभूति/संवेग, व्यवहार को प्रभावित करता है तथा इस हेतु अनेक तकनीकों को प्रयुक्त करता है। परामर्शदाता द्वारा प्रयुक्त तकनीक या तकनीकों का समुच्चय उसकी अभिमुखता (ओरियंटेशन) का विकास समस्याओं की उत्पत्ति और परिवर्तन की व्याख्या प्रस्तुत करने वाले किसी सिद्धान्त के अनुरूप होता है। **फेल्थम** और **हार्टन** (2000) के अनुसार, ''परामर्शन और मनोचिकित्सा ऐसी गतिविधियाँ हैं जो किसी सिद्धान्त द्वारा रूपरचित, समर्थित और निर्देशित होती है।'' अर्थात् परामर्शन कार्य में सैद्धान्तिक आधार की विशेषता होती है। परामर्शन के सैद्धान्तिक आधारों, तकनीकी भिन्नताओं, प्रक्रिया लक्ष्यों में विविधताएँ पायी जाती है जिसे सैद्धान्तिक प्रतिरूप (theoretical models), अभिमुखता (orientations), उपागम (approaches), सम्प्रदाय (schools), ब्राण्ड नेम्स आदि अनेक रूपों में सम्बोधित किया जाता है। इस पुस्तक में लेखकों की वरीयता 'उपागम' शीर्षक के प्रति है। उपागमों के माध्यम से परामर्शन की समस्याओं की व्याख्या, परिवर्तन के लक्ष्य और नीति, प्रयुक्त की जाने वाली तकनीकों का वर्णन किया जायेगा।

ऐतिहासिक दृष्टि से परामर्शन और मनोचिकित्सा के क्षेत्र में उपागमों/सम्प्रदायों का संबंध व्यक्तित्त्व के सिद्धान्तों के साथ रहा है। उपचार और परिवर्तन के तत्त्व ही व्यक्तित्व सिद्धान्त की सीमा के बाहर होते थे और शेष समस्त आधार/दृष्टिकोण एक निश्चित व्यक्तित्व सिद्धान्त के भीतर ही पाये जाते थे। लेकिन विगत दशक में विकसित उपागमों ने व्यक्तित्व सिद्धान्त को सम्मिलित करने या आधार बनाने की अपेक्षा मनोपचारी संक्रियाओं (therapeutic operations) और परिवर्तन प्रक्रिया पर ही अधिक बल दिया है। हार्पर (Harper, R., 1959; Psychoanalysis and Psychotherapy : 36 systems) ने ऐसे 36 सम्प्रदायों का वर्णन किया। नॉरक्रॉस और ग्रेन केवेज (Norcorss & Grencavage, 1990) ने 1959 से 1986 के मध्य के विभिन्न पुनर्मूल्यांकनों का सर्वेक्षण करके पाया कि 400 से अधिक भिन्न या विशिष्ट परामर्शन या मनोचिकित्सा के मॉडल (प्रतिरूप) अथवा उपागम प्रचलन में हैं। विगत एक दो दशकों में यह प्रवृत्ति भी पनपती हुई देखी गयी है कि परामर्शन/मनोचिकित्सा का उपागम/प्रतिरूप आवश्यक रूप में किसी व्यक्तित्व सिद्धान्त के साथ पूर्णतः जुड़ा हुआ नहीं है; यद्यपि सिद्धान्त के कुछ पक्षों को उसमें थोड़े परिवर्तित महत्त्व के साथ-साथ देखा जा सकता है।

परामर्शन उपागमों के सामान्य तत्त्व
(Common Elements of Counselling Approaches)

परामर्शन उपागमों के वर्णन में बहुधा चार तत्त्वों का समावेश देखा जा सकता है :—

(i) मूल अभिग्रह या दर्शन (basic assumptions or philosophy),

(ii) मानव व्यक्तित्व और विकास का औपचारिक सिद्धान्त (formal theory of human personality and development),

(iii) नैदानिक सिद्धान्त (clinical theory),

(iv) परामर्शन/मनोचिकित्सकीय संक्रियाएँ और तकनीकें (counselling/therapeutic operations and techniques)।

मूल अभिग्रह या दर्शन के अन्तर्गत दो प्रकार का वर्णन देखा जा सकता है। प्रथम, व्यक्ति की विश्वदृष्टि, अर्थात् यह कि व्यक्ति वास्तविकता (निजी) की संरचना कैसे करता है और अपने जीवन के अनुभवों का कारणात्मक रोपण (attribution) किस प्रकार करता है। कुछ उपागम व्यक्ति के मूल्यों, विश्वासों और सामाजिक-सांस्कृतिक संदर्भों का भी वर्णन करते हैं। द्वितीय श्रेणी के अभिग्रह परामर्शन/मनोपचार प्रक्रिया से सम्बन्धित होते हैं। उसके अन्तर्गत परामर्शन सम्बन्धों की विशेषताओं और परामर्शन/मनोचिकित्सा के लक्ष्यों, उद्देश्यों, मूल्यों का वर्णन देखा जा सकता है।

व्यक्तित्त्व और विकास के औपचारिक सिद्धान्त के अन्तर्गत मानव व्यवहार के संगठन और विकास, विशेषतया समायोजनात्मक समस्याओं या व्यक्तित्त्व विकृतियों के कारणों की व्याख्या देखी जा सकती है। इस व्याख्या द्वारा यह ज्ञात होता है कि व्यक्ति की समस्या का मूल कहाँ पर अवस्थित है और परामर्शन/मनोचिकित्सा द्वारा व्यक्ति के जीवन के किस क्षेत्र में हस्तक्षेप की आवश्यकता है—संज्ञान, भावानुभूति, व्यवहार, बिम्ब, या अन्तर्वैयक्तिक जीवन क्षेत्र। आधुनिक उपागमों में से अनेक इस पक्ष पर ध्यान नहीं देते हैं क्योंकि उनका चिन्तन इस बिन्दु पर सक्रिय पाया जाता है कि समस्याओं का समाधान किस प्रकार किया जाये या लक्ष्यों को किस प्रकार अर्जित किया जा सकता है।

नैदानिक सिद्धान्त मुख्यतया औपचारिक सिद्धान्त के अमूर्त सम्प्रत्ययों (abstract concepts) की इस प्रकार व्याख्या करता है कि उनका उपयोग परामर्शन/उपचार कार्य के क्षेत्र में सरलतापूर्वक किया जा सके। इस प्रकार नैदानिक सिद्धान्त परिवर्तन के नियमों और सन्निहित परिवर्तन प्रक्रिया का वर्णन करता है।

तकनीकी वर्णन के अन्तर्गत परिवर्तन की प्रक्रिया का वर्णन किया जाता है। विविध उपागम परामर्शी के साथ सम्बन्धों की विशेषता, भावनात्मक अभिव्यक्ति, भावनाओं के अन्तरण, प्रतिअन्तरण, जीवन परिप्रेक्ष्य एवं अन्तर्दृष्टि के विकास, व्यक्तिगत एवं परिवेशीय बोध, सामर्थ्य विकास, दोष निवारण, पुनर्शिक्षण जैसी प्रक्रियात्मक तकनीकों का वर्णन प्रस्तुत करते हैं। इस प्रकार नैदानिक सिद्धान्त का कार्यरूप में कैसे उपयोग किया जायेगा इसका वर्णन अत्यन्त मूर्तरूप में इस पक्ष में किया जाता है।

समन्वय का तत्त्व *(The element of Integration)*

कुछ परामर्शदाता विशुद्ध रूप में किसी एक उपागम के सिद्धान्तों और तकनीकों का अनुसरण करते हैं किन्तु अन्य परामर्शदाता अनेक उपागमों से सम्बन्धित तत्त्वों को अपनी शैली के अन्तर्गत समन्वित कर लेते हैं। स्कोव होल्ट और रोन्नेस्टैड (1955) इसे

परामर्शदाता के व्यावसायिक स्व के विकास के रूप में देखते हैं जिससे परामर्शदाता की व्यावसायिक वृत्ति का अन्वेषण (exploration), समन्वयन (integration), व्यक्तिकरण (individuation) और निष्ठा (integrity) के माध्यम से विकास होता है। हॉर्टन के अनुसार इस प्रकार समन्वयन एक व्यक्तिगत प्रक्रिया है जिसका उद्भव परामर्शदाता द्वारा जाने अनजाने में किया जाता है और एक सीमा तक सभी परामर्शदाता व्यावसायिक वृत्ति के क्षेत्र में समन्वयवादी होते हैं। समन्वयन के इस रूप में तकनीकी और प्रणालीगत विभिन्न दर्शनग्राही (eclectic) विचारधारा सम्मिलित है। परामर्शदाताओं की व्यक्तिगत समन्वयवादी नीति के अतिरिक्त समन्वयवादी उपागम (integrative approach/eclectic approach) एक सुव्यवस्थित उपागम के रूप में पाया जाता है। उदाहरण के लिए संज्ञानवादी-विश्लेषणात्मक उपागम (cognitive analytic approach–CAT) में दो पृथक उपागमों के पक्षों को सम्मिलित किया गया है। समन्वयन की प्रक्रिया में अलग-अलग स्तरों पर और विभिन्न उपागमों के तत्त्वों का विविध अनुपातों में समन्वयन होता है।

परामर्शन उपागमों का श्रेणीयन (*Categorization of Counselling Approaches*)

परामर्शन/मनोचिकित्सा के उपागमों की संख्या आज 400 से भी अधिक है किन्तु साधारणतया सभी उपागमों को तीन-चार श्रेणियों में संगठित किया जाता है। उपागमों को विकसित करने वाले परामर्शदाताओं को उनके द्वारा विकसित उपागम को अन्य उपागमों के साथ एक श्रेणी में वर्गीकृत/संगठित किये जाने पर आपत्ति भी हो जाती है तथापि वर्णन और अध्ययन की सुविधा हेतु उपागमों में अन्तर्निहित सिद्धान्तों, अभिग्रहों और तकनीकों की दृष्टि से कुछ समानताओं के आधार पर ऐसा श्रेणीयन किया जाता है। मुख्य श्रेणियाँ—मनोविश्लेषणात्मक/मनोगत्यात्मक (Psychoanalytic/Psychodynamic), मानववादी-अस्तित्ववादी (Humanistic-Existential), संज्ञानवादी-व्यवहारवादी (Cognitive-Behavioural) और समन्वयवादी-उदारवादी (Integrative-Eclective) होती है।

कुछ उपागमों को इस वर्गीकरण में स्थापित करना कठिन होता है। परामर्शन मुख्यतया व्यक्तिगत होता है किन्तु कुछ परिस्थितियों में व्यक्तियों के एक समूह के साथ परामर्शदाता कार्य करना उपयुक्त मानते हैं और इस प्रवधि को समूह उपागम (group approach) कहते हैं लेकिन कुछ परामर्शदाता समूह के साथ परामर्शन को परामर्शन में समूह कार्य (group work in counselling) का नाम देते हैं क्योंकि उनका यह कथन है कि परामर्शन सदैव एक व्यक्ति का उसकी समस्याओं के लिए किया जाता है, भले ही यह परामर्शन समूह की दशा में किया गया हो।

इसी प्रकार परामर्शन/मनोचिकित्सा की पद्धति को निर्देशात्मक-अनिर्देशात्मक (Directive-non-directive) रूप में भी वर्गीकृत किया जाता है। आधुनिक परामर्शदाता इस वर्गीकरण से सहमत नहीं है क्योंकि कोई भी उपागम पूर्णतया अनिर्देशात्मक या निर्देशात्मक नहीं होता है। रॉजर्स की प्रणाली को व्यक्ति केन्द्रित प्रणाली कहना ही अधिक उपयुक्त होगा क्योंकि उसमे भी निर्देशन का तत्त्व शून्य नहीं हो सकता है। स्नाइडर (1945) ने व्यक्ति केन्द्रित प्रणाली में परामर्शदाता की वार्ता का विभिन्न श्रेणियों में वर्गीकरण करके यह प्रदर्शित किया कि सूचना देना, व्याख्या करना, प्रोत्साहित करना, क्लायंट को कुछ कार्य करने के लिए कहना, सुझाव देना/राजी करना (persuade) जैसे कार्य निर्देशात्मक श्रेणी के ही होते हैं। स्नाइडर ने बताया कि इस उपागम में आरंभ में 50 प्रतिशत वार्ता परामर्शदाता करता है जो कि बाद में घटकर 18 प्रतिशत रह जाती है। परामर्शन मूलतः लोकतांत्रिक प्रणाली है, परामर्शी के सम्मान और अधिकार (लक्ष्य का चयन, उपचार-

उपागम का चयन आदि के अधिकार) को सदैव सुनिश्चित किया जाता है। इस प्रकार किसी उपागम का निर्देशात्मक-अनिर्देशात्मक के रूप में श्रेणीयन उचित नहीं माना जाता है। परम्पराओं को ध्यान में रखते हुए इस पुस्तक में निर्देशात्मक विधि का वर्णन किया गया है किन्तु सभी पक्षों पर विचार करते हएु इस उपागम का वर्णन एवं मूल्यांकन व्यक्ति-केन्द्रित प्रणाली के साथ जोड़कर किया गया है जिससे कि विद्यार्थी ऐतिहासिक परिप्रेक्ष्य में निर्देशात्मक पद्धति के महत्त्व का मूल्यांकन कर सकें। विगत दशकों में महत्त्वपूर्ण नई दिशाएँ विकसित हुई हैं, आधुनिक परामर्शन प्रैक्तिस में व्यक्ति के जीवन के प्रचलित उपागमों में अनछुए रह गये पहलुओं पर ध्यान दिया गया है। इन प्रयासों का सम्बन्ध व्यक्तित्व के किन्हीं सिद्धान्तों से नहीं है किन्तु परामर्शन हेतु महत्त्वपूर्ण विमाओं पर ध्यान देने के लिए विशिष्ट प्रारूप विकसित हुए हैं। नारीवादी, सर्वांग एवं उत्कृष्ट अनुभव प्रारूपों को इसी रूप में देखा जा सकता है।

परामर्शन और मनोचिकित्सा के सम्बन्ध का वर्णन अध्याय 9 में किया जा चुका है और यह स्पष्ट किया गया है इस पुस्तक के उपागम में परामर्शन और मनोचिकित्सा के मध्य कोई मौलिक अन्तर स्वीकार नहीं किया गया है। इसलिए जिन उपागमों का वर्णन यहाँ किया गया है उन्हें समान रूप से परामर्शन/मनोचिकित्सा के क्षेत्र में उपयोगी माना जाना चाहिए। प्रयुक्त प्रविधियों की दृष्टि से दोनों क्षेत्रों में कोई अन्तर नहीं होता है। उपागमों के वर्णन में यहाँ परामर्शन या मनोचिकित्सा शब्द के उपयोग का परिहार किया गया है। जहाँ परामर्शन या मनोचिकित्सा के बीच कोई अन्तर स्थापित किया जाता है वहाँ के लिए भी सम्मिलित किये गये उपागमों के वर्णन की उपयोगिता दोनों क्षेत्रों में एक जैसी होती है।

परामर्शन के विविध उपागमों को कतिपय समानताओं, मुख्यतः सैद्धान्तिक दृष्टिकोण की समानताओं के आधार पर कुछ वर्गों में सम्मिलित किया जाता है। अगले अध्यायों में एक श्रेणी के उपागमों को एक अध्याय में सम्मिलित किया गया है किन्तु कुछ आधुनिक उपागम जो कि मुख्यतः परामर्शन की कुछ विशिष्ट विमाओं पर ध्यान केन्द्रित करते हैं उन्हें एक साथ एक ही अध्याय में रखा गया है यद्यपि उनमें आपसी समानता का कोई तत्त्व विद्यमान नहीं है। अनेक प्रचलित एवं लोकप्रिय उपागमों में से निम्नलिखित का वर्णन अगले अध्यायों में प्रस्तुत किया गया है :—

(1) मनोगत्यात्मक उपागम (Psychodynamic Approaches)
- (i) फ्रायड का मनोविश्लेषणत्मक उपागम (Freud's Psychoanalytic Approach)
- (ii) युंग का विश्लेषणात्मक उपागम (Jung's Analytic Approach)
- (iii) एडलरवादी उपागम (Adlerian Approach)
- (iv) क्लाइन का मनोगत्यात्मक उपागम (Klein's Psychodynamic Approach)

(2) संज्ञानात्मक-व्यवहारात्मक उपागम (Cognitive Behavioural Approaches)
- (i) व्यवहारात्मक उपागम (Behavioural Approach)
- (ii) संज्ञानात्मक उपागम (Cognitive Approach)
- (iii) तार्किक संवेगात्मक व्यवहार चिकित्सा उपागम (REBT Approach)
- (iv) व्यक्तिगत निर्मिति उपागम (Personal Constract Approach)

(3) मानवतावादी अस्तित्ववादी उपागम (Humanistic Existential Approaches)
- (i) व्यक्ति केन्द्रित उपागम (Person-Centred Approach)
- (ii) अस्तित्ववादी उपागम (Existential Approach)

(iii) गेस्टाल्ट उपागम (Gestalt Approach)
(iv) वृत्तान्त उपागम (Narrative Approach)
(v) संव्यवहार विश्लेषण (Transactional Analysis)
(vi) आदि-प्रभाव उपचार (Primal Therapy)

(4) विविध दर्शन ग्राही-समन्वयवादी उपागम (Eclectic Integrative Approaches)
(i) संज्ञानात्मक विश्लेषणात्मक उपचार (Cognitive-Analytic Therapy)
(ii) बहुआयामी उपचार (Multimodal Therapy)
(iii) दक्ष सहयोगी प्रतिरूप (Skilled Helper Model)
(iv) पार-सैद्धान्तिक उपागम (Trans-Theoretical Approach)

(5) परामर्शन के विशिष्ट उपागम/आयाम (Special Approaches/Dimensions of Counselling)
(i) परामर्शन में समूह उपागम (Group Approach in Counselling)
(ii) निर्देशात्मक पद्धति (Directive Method)
(iii) नारीवादी प्रारूप (Feminist Paradigm)
(iv) परिवार एवं सर्वांग प्रारूप (Family and Systemic Paradigm)
(v) पारलौकिक परिप्रेक्ष्य (Transpersonal Perspective)

परामर्शन/मनोचिकित्सा के उपागमों के वर्णन हेतु चयनित इन उपागमों का चयन इस आशा से किया गया है कि विद्यार्थियों को प्रचलित उपागमों का प्रतिनिधिपूर्ण परिचय प्राप्त हो सकेगा। उपागमों के बारे में विवरण प्रस्तुत करने के लिए (i) मूलभूत अभिग्रह (Basic Assumptions), (ii) समस्या की व्याख्या (Explanation of Problem), (iii) परिवर्तन संबंधी लक्ष्य (Change Goals), (iv) प्रयुक्त संक्रियाएँ और तकनीकें (Operation and Techniques Applied) एवं शोध साक्ष्य (Research Evidence) के रूप में पाँच शीर्षकों का ढाँचा अपनाया गया है। विशिष्ट उपागमों की श्रेणी में वर्णन हेतु इस संरचना में कहीं-कहीं कतिपय परिवर्तन किये गये हैं। मूलभूत अभिग्रह के अन्तर्गत सम्बन्धित उपागम के दार्शनिक अभिमतों (Philosophical presupositions) को सम्मिलित किया गया है। दूसरा खण्ड परामर्शी की समस्याओं की उत्पत्ति एवं अनुरक्षण (origin and maintenance) की कारणात्मक व्याख्या प्रस्तुत करता है। प्रथम और द्वितीय व्याख्याओं के अनुरूप ही कोई परामर्शन उपागम उन लक्ष्यों का निर्धारण करता है जिन्हें परामर्शन प्रक्रिया द्वारा प्राप्त करने की चेष्टा की जाती है। इस प्रकार तृतीय खण्ड के विवरण में यह है कि परामर्शी के संज्ञान, व्यवहार, अनुभूति, संवेग, अंतर्वैयक्तिक व्यवहार आदि क्षेत्रों में किस प्रकार का परिवर्तन एक उपागम की दृष्टि में आवश्यक माना जाता है। अन्ततः यह समझा जाना चाहिए कि वांछित परिवर्तन के लिए कौन-सी प्रविधियाँ या तकनीकें प्रयुक्त की जायेंगी। उपागमों का विवरण सीमित रूप में दिया गया है। किसी विद्यार्थी को किन्हीं उपागमों को तब और विस्तार में समझने की आवश्यकता होगी जब वे प्रैक्टिस करना चाहें।

❑

अध्याय 11

मनोगत्यात्मक उपागम
(PSYCHODYNAMIC APPROACHES)

मनोगत्यात्मक परामर्शन एक व्यापक विचारधारा है जिसके विविध रूपों की प्रेरणा फ्रायड, युंग, एडलर, अन्ना फ्रायड, हॉब्सन, एम. सुलीवान, मेसर, नूनान, जेकब, क्लाइन एवं अन्य ऐसे अनेक परामर्शन विशेषज्ञ हैं जिन्होंने विगत दशकों में मनोगत्यात्मक उपागम के अनेक परिमार्जित प्रारूपों का विकास किया है। यहाँ वर्णन के लिए फ्रायड, एडलर, युंग एवं क्लाइन को ही सम्मिलित किया गया है जो कि आरम्भिक उपागम है। मनोगत्यात्मक विचारधारा का विकास जीवविज्ञान एवं साइकियाट्री के प्रभाव में फ्रायड द्वारा प्रस्तुत की गयी परिकल्पनाओं के साथ आरम्भ हुआ। एडलर एवं युंग ने आरम्भ में फ्रायड के साथ कार्य करते हुए कतिपय वैचारिक मतभेदों के कारण पृथक विचारधारा और पद्धति को विकसित किया। इनके विचारों एवं उपागम के अनेक मूल अभिग्रह फ्रायड द्वारा विकसित मनोविश्लेषणात्मक पद्धति के समीप हैं, मनोगत्यात्मक उपागमों की सर्वप्रथम विशेषता मनोविकृति के प्रारूप को स्वीकार करना है। व्यक्तित्व में अभिप्रेरणाओं, मूल प्रवृत्तियों, अचेतन संपूर्ण निर्धारण की प्रणाली (जिसमें आरम्भिक जीवन का महत्त्व गहरा होता है), स्मृतियों एवं विशेषतः अचेतन/आरंभिक जीवन की दुःखद स्मृतियों का मनोरोग के विकास के महत्त्व, जैसे संप्रत्यय मनोगत्यात्मक उपागमों की मुख्य विशेषताएँ हैं।

साधारणतः मनोगत्यात्मक उपागम मनोपचार की प्रणाली प्रस्तुत करते हैं। मनोपचार एवं परामर्शन के मध्य अन्तर स्थापित करने का प्रयास करने वाले परामर्शदाता मुख्य विभेद प्रशिक्षण अवधि एवं तद्सम्बन्धी व्यय, प्रायोगिक बनाम नैदानिक साक्ष्य, विश्वविद्यालय बनाम प्रशिक्षण संस्थान, अल्प मात्रा (low dosage), उद्देश्य का केन्द्रक, समस्या की पुनःउत्पत्ति, अन्तर्दृष्टि बनाम लक्षण, चेतन बनाम अचेतन जैसे कारको के आधार पर करते हैं, किन्तु मनोगत्यात्मक परामर्शन एवं अल्पावधिक मनोगत्यात्मक मनोपचार के मध्य इस आधार पर अन्तर स्थापित करना कठिन है (बर्टन एवं डेवी, 2003)। आरम्भ में मनोगत्यात्मक उपागमों को मनस्तापों (neuroses) के उपचार हेतु ही प्रयुक्त किया जाता था किन्तु अब सीमावर्ती व्यक्तित्व दोषों के समाधान हेतु भी इस उपागम को प्रयुक्त किया जाने लगा है, इस प्रकार गहन एवं दीर्घकालिक (प्रायः दो-तीन वर्ष तक प्रति सप्ताह चार पाँच घंटे का सत्र) क्रियाविधि में ही प्रयुक्त होने सम्बन्धी मनोगत्यात्मक उपागम की पूर्वापेक्षा अब निरस्त की जा चुकी है (गथरी, 1999; कुक्सन, एस्पी एवं येट्रस, 2001; व्हाइट एवं अन्य, 2001)।

मनोगत्यात्मक मनोविज्ञान के आधुनिक रूप में बर्टन और डेवी (Michael Burton & Tom Davey, 2003) ने चार प्रमुख प्रभावों को रेखांकित किया है। **प्रथम** प्रभाव यह है कि समीक्षात्मक बहस की अब सराहना की जाती है तथा पूर्व की भाँति अब आक्रामक

निश्चयत्यकता नहीं अपनायी जाती है। दूसरे विचारों को भी ग्रहण किया जाता है तथा समन्वयवादी (integrative) उपागम अपनाया जाता है। **दूसरा** प्रभाव यह है कि आधुनिक मनोगत्यात्मक उपागम अपने मूल स्रोत को केवल फ्रायड तक सीमित नहीं करता है। यह संज्ञानात्मक विश्लेषणात्मक उपागम (Ryle, 1998), वार्ता-उपचार (Hobson, 1985), संचारात्मक उपचार (M. Sullivan, 1999), समाधान-केन्द्रित उपचार (Messer, 1998) तथा कुछ सीमा तक अन्ना फ्रायड के अन्तर्वैयक्तिक सम्बन्ध की भूमिका सम्बन्धी विचारों से भी प्रभावित हैं। नूनान (Noonan, 1983) एवं जेकब (Jacob, 1999) ने क्लाइन के विचारों को अपनाते हुए परामर्शन में आरंभिक जीवन के उतार-चढ़ाव तथा स्वयं एवं अन्यों के बारे में बनने वाली धारणाओं में माता-पिता की पोषण प्रणाली की भूमिका को रेखांकित किया है। इस दृष्टि के अनुसार मनुष्य लिबिडो की संतृष्टि के लिए नही, अपितु सम्बन्ध के अन्वेषण (relationship object–seeking) के लिए सचेष्ट रहता है। इसलिए परामर्शदाता परामर्शी के अन्य महत्त्वपूर्ण लोगों, विशेषतः माँ-बाप एवं भाई-बहन के साथ सम्बन्ध की व्याख्या पर ध्यान केन्द्रित करता है। **तीसरा** प्रभाव स्रोत है—अस्तित्ववादी/दृश्यप्रचंचीय परम्परा का विकास। यहाँ भी अब यह स्वीकार किया जाता है कि उत्तर आधुनिक युग में अनेकताओं, अचेतन की अज्ञातव्यता एवं विविध समाजिक सांस्कृतिक प्रभावों के कारण की अनिश्चयता को स्वीकार करना व्यक्ति के अस्तित्व के लिए आवश्यक है। **चौथा** परिवर्तन आर्थिक एवं परिस्थितिन्य प्रभावों के कारण अल्पावधिक उपचार/परामर्शन की प्रणालियों का विकास है। फ्रायड स्वयं भी अपनी प्रणाली की मँहगाई से चिन्तित थे। पीक एवं अन्य (Peake et. al, 1988) तथा कास्स एवं शियांग (Koss & Shiang, 1994) ने अल्पावधिक मनोगत्यात्मक प्रणाली के 21 विभिन्न प्रकार के रूपो की सूची प्रस्तुत की है। इस प्रकार के मनोगत्यात्मक परामर्शन/मनोपचार मे अनेक परामर्शदाता यह अनुभव करते है कि कार्य में वास्तविकता के आधार पर एक अनुशासन विकसित होता है जिसमें मानव सम्बन्धो के महत्त्वपूर्ण पक्षों का गहन अन्वेषण हो पाता है तथा 'अनुभवजन्य अधिगम', 'सुधारात्मक सांवेगिक अनुभव' या 'महत्त्वपूर्ण सम्बन्ध द्वन्द्व' की पुनर्स्थापना एवं अन्वेषण की दशा उत्पन्न हो पाती है (Lubrosky, 1993)। स्पष्ट है कि मनोगत्यात्मक परामर्शन/मनोपचार के क्षेत्र में महत्त्वपूर्ण विकास हो रहा है। इन परिवर्तनों का व्यापक अध्ययन सम्बन्धित संदर्भ ग्रन्थों द्वारा ही सम्भव हो जायेगा। इस अध्याय में फ्रायड, युंग, एडलर एवं क्लाइन के उपागमों का वर्णन हो पायेगा तथा संज्ञानात्मक विश्लेषणात्मक उपागम का वर्णन अध्याय 15 में देखा जा सकता है।

I. मनोविश्लेषणात्मक उपागम
(Psychoanalytic Approach)

सिगमंड फ्रायड (1856-1939) ने वियना (Vienna) विश्वविद्यालय में स्नायुरोग विभाग में प्रवक्ता पद पर कार्य आरम्भ किया। 1885 में ये पेरिस गये और शारको (Jean Charcot) के अधीन अध्ययन किया, लीबॉल्ट (Liebeault) और बर्नहीम (Bernheim) के सम्पर्क में आये। वहाँ से वियना वापस आने पर जोसफ ब्रिउअर (Joseph Breuer) के साथ सम्मोहन प्रणाली पर कार्य किया और मुक्त अभिव्यक्ति, संवेगात्मक अभिव्यक्ति (emotional catharsis) का महत्त्व ज्ञात किया 1893 में ब्रिउअर के साथ शोधपत्र 'On the psychical mechanisms of hysterical phenomena' प्रकाशित किया। 1909 में ... के क्लार्क विश्वविद्यालय में विख्यात मनोवैज्ञानिकों के समक्ष अपने शोध एवं

विचारों को प्रस्तुत किया जो 'Introductory lectures on psychoanalysis' के रूप में प्रकाशित हुआ। 'बातचीत द्वारा उपचार', की प्रणाली के रूप में विख्यात पद्धति और व्यक्तित्व सिद्धान्त ने अनेक विवादों को जन्म दिया। आधुनिक असामान्य, नैदानिक और परामर्शन मनोविज्ञान के सिद्धान्त किसी-न-किसी रूप में इस उपागम द्वारा प्रभावित हैं।

मूलभूत अभिग्रह
(Basic Assumptions)

डेविड रेपापोर्ट (David Rapaport, 1959, The Structure of Psychoanalytic Theory : A systemetizing attempt. In S. Koch (ed.) Psychology : A Study of Science) ने मनोविश्लेषणात्मक सिद्धान्त की अनेक परिकल्पनाओं का वर्णन किया है जो मूल अभिग्रहों को प्रस्तुत करते हैं।

1. व्यवहार समन्वित और अविभाज्य होता है (गेस्टाल्ट दृष्टिकोण)–कोई भी व्यवहार इदम् या अहम् व्यवहार नहीं होता है और न ही चेतन/अचेतन व्यवहार होता है। सभी व्यवहारों पर इदम्, अहम्, परा-अहम्, चेतन, अवचेतन तथा अचेतन पक्षों का प्रभाव पड़ता है।

2. कोई व्यवहार पृथक/वियुक्त नहीं होता है : प्रत्येक व्यवहार समन्वित और अविभाज्य व्यक्तित्त्व का परिणाम होता है (सर्वांगिक दृष्टिकोण)–सभी व्यवहारों में व्यक्तित्व परिलक्षित होता है; समस्त व्यवहार व्यक्तित्व का अभिन्न अंग होती है तथा व्यक्तित्व की विशेषताओं के अनुरूप होता है।

3. समस्त व्यवहार आनुवांशिक शृंखला का अंग होता है तथा अपने पूर्ववर्तियों के माध्यम से समय शृंखला का परिणाम होता है (जेनेटिक दृष्टिकोण)–व्यवहार पर जैविक तत्त्व और वास्तविकता (reality) दोनों का संयुक्त रूप से निर्धारक प्रभाव पड़ता है।

4. व्यवहार के महत्त्वपूर्ण निर्धारक अचेतन होते हैं (स्थलाकृतिक दृष्टिकोण)–व्यवहार के निर्धारकों में अचेतन कारक महत्त्वपूर्ण होते हैं, जो अज्ञात और व्यक्ति के लिए अज्ञातव्य होते हैं। स्वप्न, स्लिप ऑफ टंग और वाणी में खाली स्थान (gaps) में अचेतन की अभिव्यक्ति होती है। अचेतन में जन्मजात निर्धारकों के अतिरिक्त अवदमित इच्छाएँ और अनुभूतियाँ पायी जाती है।

5. समस्त व्यवहार चालन (ड्राइव) द्वारा निर्धारित होता है (गत्यात्मक दृष्टिकोण)–सेक्स एक चालन है और समस्त व्यवहारों का कारण है, लिबिडो (libido) उसकी अन्तर्निहित ऊर्जा है जो और अधिक सन्निकटताओं का सृजन करती है (eros) और साथ-ही-साथ इकाइयों को विखण्डित करती है (thanatos)। लिबिडो व्यवहार का कारण होता है और इसके विकास के अनुरूप ही व्यक्तित्व तथा व्यवहार प्रारूप का विकास होता है।

6. समस्त व्यवहार मनो ऊर्जा को व्यय करता है तथा मनोवैज्ञानिक ऊर्जा द्वारा नियंत्रित होता है (आर्थिक दृष्टिकोण)–व्यवहार के माध्यम से संचित ऊर्जा खर्च होती है, कभी प्रत्यक्ष माध्यम से और कभी विस्थापन, प्रतीकीकरण, स्थानापन्न लक्ष्य एवं मनोरचनाओं के माध्यम से।

7. सभी व्यवहारों के संरचनात्मक निर्धारक होते हैं (संरचनावादी दृष्टिकोण)– चेतन, अर्धचेतन और अचेतन स्तर के अतिरिक्त इदम्, अहम् और परा-अहम् के रूप में

तीन संरचनात्मक निर्धारक हेति हैं। तीनों अंगों के पृथक कार्य होते हैं किन्तु अहम् तीनों के मध्य समन्वय स्थापित करता है।

(8) समस्त व्यवहार वास्तविकता द्वारा निर्धारित होते है (अनुकूलनात्मक दृष्टिकोण)–बाह्य जगत की शक्तियाँ अहम् के माध्यम से व्यवहार को नियंत्रित करती हैं। व्यक्ति की शरीर संरचना और बाह्य जगत की भौतिक संरचना विषयक बोध, स्मृति आदि का इसमें प्रतिनिधित्व होता है।

(9) समस्त व्यवहार समाज द्वारा निर्धारित होते है (सामाजिक दृष्टिकोण)–व्यक्ति के व्यवहार का पोषण सामाजिक जगत द्वारा होता है। व्यक्ति इन परिस्थितियों पर निर्भर होता है किन्तु साथ-ही-साथ इनके प्रभाव/नियंत्रण से मुक्त होना चाहता है। व्यक्ति के इदम् में निहित कारक जिनका आधार आनुवांशिक होता है परिवार, समाज और संस्कृति द्वारा नियंत्रण स्थापित करने की चेष्टा के विरुद्ध सक्रिय होता है। इसके परिणामस्वरूप द्वन्द्व की दशा उत्पन्न होती है और इस प्रकार मनस्तापों और अन्य व्यवहारगत समस्याओं की उत्पत्ति का आधार तैयार होता है।

समस्या की व्याख्या
(Explanation of Problem)

कुण्ठा *(Frustration)*—व्यक्ति के विकास के आरंभिक अवस्थाएँ अधिक महत्त्वपूर्ण होती है, मुखावस्था, गुदावस्था, जननांगिक अवस्था में लिविडो जिस रूप में अभिव्यक्त होती है उसके अनुरूप लक्ष्यों की प्राप्ति में बाह्य बाधाएँ आती हैं—दूध छुड़ाना (mother weaning), मल-मूत्र त्याग प्रशिक्षण (toilet-training), अण्डोच्छेन की धमकी, इडिपस ग्रन्थि, बालिकाओं में शिश्न ईर्ष्या (penis-envy) जैसे स्रोतों/परिस्थितियों से कुण्ठा की अनुभूति उत्पन्न होती है। कुण्ठित लिबिडो कुसुमायोजनात्मक प्रतिक्रियाओं को जन्म देती है।

द्वन्द्व *(Conflict)*—व्यवहार के निर्धारक इदम्, अहम् और परा-अहम् के अन्तर्गत होते हैं। तीनों अंगों का संचालन तीन पृथक नियमों—सुख का सिद्धान्त, वास्तविकता का सिद्धान्त और नैतिक आचरण संहिता द्वारा होता है। तीनों क्षेत्रों की माँग विपरीत दिशाओं में होने पर द्वन्द्व की उत्पत्ति होती है। इदम् हमारे जैव स्वरूप/पशु स्वरूप को प्रस्तुत करता है, उसकी अन्तर्निहित इच्छाएँ बाह्य जगत की वास्तविकता एवं हमारे द्वारा सृजित सामाजिक-सांस्कृतिक संसार को स्वीकार्य नहीं होती है। इस प्रकार हमारी आन्तरिक मानसिक रचना में द्वन्द्व का घटित होना स्वाभाविक है। द्वन्द्व का समाधान करने हेतु अपनायी गयी व्यवस्था व्यवहारगत समस्याओं की उत्पत्ति करती है।

चिन्ता (Anxiety)—कुण्ठा और द्वन्द्व की दशा में चिन्ता उत्पन्न होती है जो व्यक्ति को अहम् की रक्षा, व्यक्तित्त्व के अंगों के मध्य संतुलन की स्थापना की दिशा में प्रेरित करती है। अमान्य इच्छाएँ (प्रेम, घृणा के अनेक रूप एवं आक्रमक प्रवृत्तियाँ) अवदमित होकर अचेतन में चली जाती हैं जहाँ चिन्ता का रूप धारण कर लेती हैं, अचेतन स्तर पर व्याप्त चिन्ता मनस्तापों और अन्य व्यवहारगत समस्याओं के लक्षण के रूप में प्रकट होती है।

विकासात्मक बाधाएँ *(Developmental obstacles)*—विकास की आरंभिक अवस्थाओं में लिबिडो जिस रूप में सन्तुष्टि के लिए अभिव्यक्त होती है उस रूप में उसकी सन्तुष्टि में व्यवधान आने और इस प्रकार कुण्ठित होने पर लिबिडो का शरीर के

उस भाग में आंशिक स्थिरीकरण (fixation) हो जाता है जहाँ वह अभिव्यक्त हुई रहती है। इस प्रकार बच्चा अगली अवस्था की दिशा में अग्रसर होता है किन्तु लिबिडो के पूर्ववर्ती दशा में आंशिक रूप में स्थिर हो जाने के कारण उसके विकास में बाधा आती है।

आघात *(Trauma)*—चिन्ता का उचित ढंग से समाधान न हो पाने पर मानसिक आघात की दशा विकसित होती है। आघात के परिणामस्वरूप व्यक्ति में शैशवाकालीन असहायता का बोध जागृत होता है। परवर्ती जीवन की सभी चिन्ताओं के लिए जन्म आघात (birth trauma) आद्य रूप माना जाता है। जब अहम् आघात/चिन्ता का समुचित समाधान तार्किक रूप में नहीं कर पाता है तब व्यक्ति की प्रतिक्रियाएँ अयथार्थवादी (unrealistic) हो जाती हैं।

अहम् मनोरक्षा युक्ति *(Ego defense mechanisms)*—कुण्ठा एवं द्वन्द्व जनित चिन्ताओं की तीव्रता की दशा प्रकट होने के फलस्वरूप अहम् द्वारा अवदमन, प्रक्षेपण, उदात्तीकरण, प्रतिक्रिया निर्माण, प्रतिगमन जैसी मनोरक्षा युक्तियाँ प्रयुक्त कर के चिन्ता का बोध घटाने का प्रयत्न किया जाता है। अहम् रक्षायुक्तियाँ वास्तविकता को नकारने या विकृत करने का प्रयत्न अचेतन स्तर पर सम्पन्न करती हैं। रक्षायुक्तियाँ व्यक्ति का वास्तविक समायोजन स्थापित करने मे विफल रहती है। इससे व्यक्ति का समायोजन दोषपूर्ण हो जाता है। चिन्ता का अचेतन स्तर पर समाधान किये जाने की प्रक्रिया में ही मनस्तापीय लक्षणों की उत्पत्ति होती है।

''लक्षणों की उत्पत्ति चेतन प्रक्रमों द्वारा नहीं होती है; जैसे ही सम्मिलित अचेतन प्रक्रम चेतन बना दिये जाते हैं वैसे ही लक्षणों का विलोप सुनिश्चित होता है।'' ("Symptoms are not produced by conscious processes; as soon as the unconscious processes involved are made concious the symptom must vanish' S. Freud, 1924/1970 in *'A General Introduction to Psychoanalysis', Eighteenth Lecture,* P. 290)

परिवर्तन सम्बन्धी लक्ष्य
(Change Related Goals)

लक्षण व्यक्तित्व की अवदमित सामग्री का प्रतिनिधित्व करता है तथा इसका एक सामाजिक प्रकार्य (social function) भी होता है।

अचेतन सामग्री को चेतन में लाना *(To bring the unconscious material into consciousness)*—मनोविश्लेषणात्मक उपागम मनस्ताप के लक्षणों को अचेतन प्रक्रिया का परिणाम मानता है। इस विश्वास की स्वाभाविक निष्पत्ति यह है कि अचेतन इच्छाओं, कुण्ठाओं, द्वन्द्वों, चिन्ताओं, अवदमित संवेगों, कार्यरत अहम् रक्षा युक्तियों जैसी अचेतन सामग्रियों को चेतन में वापस लाया जाय। इसप्रकार स्वाभाविक रूप में 'अचेतन की कीमत पर चेतन का विस्तार होगा' (फ्रायड, ibid p. 463)। इस उपागम का लक्ष्य होता है अनेक तकनीकों (इस पद्धति की कुछ विशिष्ट तकनीकों) को प्रयुक्त करके अचेतन मानसिक सामग्री को चेतन में लाना।

अन्तरण *(Transference)*—मनोविश्लेषणात्मक उपागम मूलतः अन्तरण के आधार पर कार्य करता है। परामर्शदाता/मनोचिकित्सक का सर्वाधिक महत्त्वपूर्ण कार्य क्लायंट के साथ सम्बन्ध को इस प्रकार स्थापित करना होता है कि क्लायंट के जीवन इतिहास में विद्यमान माता-पिता और अन्य महत्त्वपूर्ण व्यक्ति के साथ के उसके द्वन्द्व का अन्तरण

वर्तमान सम्बन्ध में परामर्शदाता के प्रति हो जाय। इस प्रकार विगत आघातों, चिन्ताओं, द्वन्द्वों, क्रोध, भय, आक्रामकता, चिन्ता एवं प्रेम, सम्मान, निर्भरता, आदि का अन्तरण परामर्शदाता के प्रति हो जाता है। क्लायंट अपने विगत जीवन का पुनः अनुभव करता है। वह उसी प्रकार व्यवहार करने का प्रयत्न करता है जैसे कि मूलतः करता था।

प्रतिरोध को दूर करना (*Overcoming resistance*)—परामर्शदाता के साथ वार्ता करते समय अचेतन सामग्री के चेतन स्तर पर प्रकट होने के विरुद्ध प्रतिरोध की प्रक्रिया कार्य करती है। अचेतन एवं चेतन के मध्य स्थित अवरोध को दूर किये बिना लक्ष्य को प्राप्त नहीं किया जा सकता है। अतः इस अवरोध को दूर करना परिवर्तन सम्बन्धी एक लक्ष्य है।

अन्तर्दृष्टि का विकास (*Developing insight*)—क्लायंट की समस्याओं, सम्बन्धित लक्षणों तथा विगत जीवन के अनुभवों के साथ इनके सम्बन्ध के बारे में क्लायंट की अन्तर्दृष्टि को विकसित करने की आवश्यकता होती है। मनोरक्षायुक्तियों के प्रभाव में व्यक्ति की अन्तर्दृष्टि में व्यवधान उत्पन्न हुआ रहता है।

प्रयुक्त संक्रियाएँ और तकनीक
(Operations and Techniques Applied)

परामर्शदाता क्लायंट के साथ परिचयात्मक सम्बन्ध स्थापित करता है, उसका सहयोग अर्जित करता है और लक्ष्य परिवर्तनों की सिद्धि के लिए मुक्त साहचर्य, स्वप्न विश्लेषण, प्रतिरोध और अन्तरण की व्याख्या की तकनीकों को प्रयुक्त करके समस्या एवं उससे सम्बन्धित लक्षणों का निवारण करता है तथा स्वस्थ व्यक्तित्व का विकास करता है।

1. मुक्त साहचर्य (*Free assiociation*)—यह तकनीक मनोविश्लेषणात्मक उपागम की विशेष उपलब्धि है। ब्रिउअर के साथ कार्य करते हुए पहले सम्मोहन की तकनीक हिस्टीरिया/उन्माद की नयी उपचार पद्धति के रूप में विकसित की गयी थी किन्तु फ्रायड को यह अनुभव हुआ कि मुक्त साहचर्य की तकनीक द्वारा लक्ष्य को अत्यन्त सहजता के साथ प्राप्त किया जा सकता है।

मुक्त साहचर्य की तकनीक प्रयुक्त करने के लिए परामर्शदाता क्लायंट को आरामपूर्वक लिटाने/बैठाने के बाद बात-चीत के लिए प्रोत्साहित करता है। परामर्शी के मन में जो कुछ आता है—इच्छा, विचार, व्यक्ति, आशा, दुख/सुख अनुभूति, क्रोध, वस्तु, घटना आदि कुछ भी, उसका सम्बन्ध अपने जीवन से हो या किसी अन्य से, वर्तमान या भूतकाल की स्मृति, सभी प्रकार की बातें कहने के लिए प्रोत्साहित किया जाता है और परामर्शदाता ध्यानूपूर्वक सुनता है, परानुभूति विकसित करता है एवं उसे सम्प्रेषित करता है। परामर्शदाता की ध्यानपूर्वक सुनने तथा परानुभूति एवं बोध का सम्प्रेषण करने की क्रिया तथा परामर्शी के कार्य, व्यवहार, विचारों पर किसी प्रकार टिप्पणी न करने की क्रिया द्वारा परामर्शी बात करते रहने के लिए प्रोत्साहित होता है। व्यक्ति अपने विचारों, अनुभूतियों, इच्छाओं के संसार में भ्रमण करता है और उनका वर्णन करता रहता है। उदाहरण के लिए किसी व्यक्ति का ध्यान आते ही उसके बच्चे, फिर अपना बचपन और अपने माता-पिता, उनके व्यवहार तथा उसके बारे में अपनी भावानुभूति का ध्यान आ जाता है। परामर्शी इस प्रकार आगे बढ़ते हुए चेतन स्मृतियों के साहचर्य से अचेतन क्षेत्र में पहुँच जाता है।

अचेतन में प्रवेश करते समय बहुधा प्रतिरोध उत्पन्न हो जाता है, व्यक्ति चुप हो जाता है क्योंकि विचारों, स्मृतियों के पुनरुद्धार का प्रवाह रुक जाता है। यह बिन्दु अत्यन्त

महत्त्वपूर्ण होता है। इससे आगे अचेतन पक्ष है जिसकी सामग्री को चेतन में लाना लक्ष्य किया गया है, जिसमें स्थित भावानुभूतियों की अभिव्यक्ति और अन्तरण लक्ष्य किया गया है। परामर्शदाता इस प्रतिरोध के बिन्दु पर कुछ बातें करके उसे आगे बातचीत करते रहने के लिए उत्साहित करता है। अचेतन में निहित सामग्री की अभिव्यक्ति होने पर परामर्शदाता परामर्शी को अन्तर्दृष्टि अर्जित करने के लिए सहायता देता है; अन्तर्निहित अभिप्रेरणा, द्वन्द्व, कुण्ठा, चिन्ता मनोरचना को समझने के लिए व्याख्या उपलब्ध कराता है।

2. स्वप्न विश्लेषण *(Dream analysis)*—स्वप्न विश्लेषण क्रिया की अचेतन संसार की सामग्रियों के बारे जानकारी पाने में महत्त्वपूर्ण भूमिका होती है। किसी व्यक्ति के स्वप्न में अचेतन इच्छाएँ, भावनाएँ सरलतापूर्वक अभिव्यक्त होती है क्योंकि जागृत अवस्था में सक्रिय चेतन मन की बाधा सोते समय निर्बल हो जाती है। इस उपागम में स्वप्न को 'अचेतन तक जाने वाला राजपथ' माना जाता है। इसका तात्पर्य यह नहीं कि अचेतन इच्छाएँ, विचार, भावनाएँ बेखटक, बिना रोकटोक के यथावत् स्वप्न में प्रकट हो जाती है। हमारी इच्छाओं में अनेक अमान्य तत्त्व होते हैं अतः उनकी प्रतीकात्मक अभिव्यक्ति होती है जिससे कि उस इच्छा या विचार के मन में आने के कारण व्यक्ति को चिन्ता या ग्लानि का अनुभव न हो। परामर्शदाता स्वप्न का विश्लेषण करके व्यक्ति को उसके अपने अचेतन के तत्त्वों को समझने में सहायता देता है।

मनोविश्लेषणात्मक सिद्धान्त की अवधारणा यह है कि स्वप्न में व्यक्ति के सेक्स सम्बन्धी कुण्ठाओं और द्वन्द्वों की अभिव्यक्ति प्रतीकात्मक रूप में होती है। स्वप्न में प्रकट होने वाली लम्बी आकृतियाँ पुरुष जननांग और आक्रामकता की प्रतीक होती हैं तथा गोल आकृतियाँ मादा जननांग का प्रतिनिधित्व करती हैं। इस प्रकार यदि कोई व्यक्ति अंधेरे सुरंग में गिर रहा है तो यह सुरंग मादा जननांग का प्रतीकीकरण कर रही हो सकती है तथा अंधकार एवं गिरना क्रमशः निराशा एवं कुण्ठा का प्रतीक हो सकता हैं।

3. प्रतिरोध का विश्लेषण *(Analysis of resistance)*—मुक्त साहचर्य अथवा स्वप्न वर्णन करते समय जब व्यक्ति अपने अचेतन अनुभवों, स्मृतियों, इच्छाओं, विचारों एवं भावानुभूतियों के संसार में प्रवेश करता है तब प्रायः कुछ समय के लिए सामग्री का प्रवाह रुक जाता है क्योंकि अचेतन-चेतन के द्वार पर उसे प्रतिरोध का सामना करना पड़ता है। मनोविश्लेषणात्मक उपागम में इस प्रतिरोध का समापन और बाद में प्रतिरोध की व्याख्या आवश्यक होती है। अवरोध का कारण व्यक्ति की अचेतन सुरक्षा प्रणालियाँ होती हैं। प्रतिरोध की अभिव्यक्ति अनेक रूपों में होती है। परामर्शता/मनोचिकित्सक इन प्रतिरोधों की पहचान करता है तथा उनकी व्याख्या प्रस्तुत करके व्यक्ति के लिए अचेतन प्रक्रमों को समझने का मार्ग प्रशस्त करता है।

4. अन्तरण की व्याख्या *(Analysis of transference)*—अन्तरण का अर्थ ऊपर स्पष्ट किया जा चुका है। मनोविश्लेषणात्मक उपागम में अन्तरण का उपयोग परिवर्तन/उपचार की तकनीक के रूप में किया जाता है।

परामर्शदाता अन्तरण की तकनीक का उपयोग करते हुए क्लायंट की भावनाओं (सकरात्मक एंव नकारात्मक दोनों प्रकार की) को अपनी ओर अंतरित होने देता है। इन प्रकार लक्षणों में निहित लिबिडो का अन्तरण हो जाता है। लक्षणों/रोग/समस्या के स्थान पर परामर्शदताता के साथ उसी प्रकार का सम्बन्ध स्थापित हो जाता है जैसा कि पूर्व में महत्त्वपूर्ण व्यक्तियों के साथ था। नये सम्बन्ध में व्याप्त द्वन्द्व का सामान्य व्यक्ति की शैली

में समाधान किया जाता है। फ्रायड ने इस तकनीक की दो अवस्थाएँ बताई हैं। प्रथम अवस्था में लिबिडो का परामर्शदाता तक अन्तरण होता है और दूसरी अवस्था में लिबिडो को इस सम्बन्ध से मुक्त कराया जाता है जिससे कि पुनः इसका अवदमन अचेतन की दिशा में नहीं होने पाये। परामर्शी के जीवन में आरंभिक सम्बन्ध की स्थापना को अंतरण मनस्ताप कहते हैं। परामर्शदाता के साथ सम्बन्ध में पुनर्सृजित पुरानी समस्याओं का प्रत्यक्ष समाधान किया जाता है।

परामर्शी के साथ सम्बन्ध में परामर्शदाता के अन्दर भी अन्तरण की प्रक्रिया सक्रिय रूप धारण कर सकती है। इस दशा को प्रति-अन्तरण (counter-transference) कहते हैं। परामर्शदाता के लिए यह आवश्यक होता है कि वह अपनी अभिप्रेरणाओं, द्वन्द्वों और कमियों को पहचाने तथा प्रति अन्तरण की दशा को पहचान करके उसका समाधान कर लें। मनोविश्लेषणात्मक उपागम अपनाने वाले परामर्शदाता का भी मनोविश्लेषण कर लिया जाना उपयोगी होता है।

जैसा कि ऊपर वर्णित तकनीकों में कई बार बताया गया है परामर्शी को अपने व्यवहार की पुनर्व्याख्या करने की दिशा में इस उपागम में सहायता दी जाती है, **फ्रायड** कहते हैं कि, 'मनोविश्लेषणात्मक उपचार पुनर्शिक्षा का एक प्रकार है।' (Psychoanalytic treatment is a kind of re-education'—S. Frud, ibid p. 459.)

मनोविश्लेषणात्मक उपागम की परामर्शन में उपयोगिता
(Application and Utility of Psychoanalytic Approach in Counselling)

फ्रायड द्वारा विकसित प्रणाली में उसके अनुयायी अनेक रूपान्तर का उपयोग करते हुए देखे जाते हैं तथापि वही प्रणाली मानक मनोविश्लेषण पद्धति कही जा सकती है जिसका उद्देश्य (i) व्यक्तित्व की पुनर्रचना करना तथा सांवेगिक समस्याओं एवं एतद्कारण उत्पन्न हुए लक्षणों का समाधान करना हो; एवं (ii) इस लक्ष्य की प्राप्ति हेतु मुक्त साहचर्य, स्वप्न विश्लेषण, पुनार्व्याख्या एवं अन्तरण का उपयोग किया जाये (कॉर्चिन, 1975)। ऐसी मानक मनोविश्लेषणात्मक पद्धति को प्रयुक्त करने के लिए प्रति सप्ताह चार पाँच घण्टे की दर से कार्य करते हुए दो-तीन वर्ष लग जाते है तथा पाँच वर्ष तक का समय भी अपवाद नहीं माना जाता है। ऐसे में परामर्शन हेतु यह प्रणाली प्रथम दृष्ट्या उपयुक्त नहीं प्रतीत होती है, क्योंकि अन्य प्रणालियों में प्रायः दस-पंद्रह सत्रों में पूरी प्रक्रिया सम्पन्न कर ली जाती है। मनोविश्लेषणात्मक प्रणाली की उपयोगिता का मूल्यांकन करने वाले शोध अध्ययनों ने पाया कि उसके लघु रूपान्तर (उदाहरण के लिए Hemungs, 2000; Ross & Fonagy, 1996) सीमावर्ती व्यक्तित्व समस्याओं सहित जटिल समस्याओं के समाधान हेतु अल्पकालिक उपागम प्रयुक्त करते है तथा अवधि सम्बन्धी बहस अब थम गयी लगती है (Guthrie et.al. 1999; Cookson et al. 2001; white et. al. 2001)। वस्तुत मनोविश्लेषणात्मक पद्धति की लम्बे समय की माँग जैसी बात वैध नहीं प्रतीत होती है (Michael Burton & Tom Davey, 2003)। इस प्रणाली को अपनी उपयोगिता एवं विशेष महत्त्व की दशा पाने के लिए विशेष समूह हेतु विशेष उपचार/परामर्शन के सकारात्मक प्रभाव को प्रदर्शित करने की आवश्यकता है (Ross and fongay, 1996)।

II. एडलर का उपागम : व्यष्टि मनोविज्ञान
(Adlerian Approach : Individual Psychology)

अॅलफ्रेड एडलर (Alfrd Adler, 1870-1937) ने आरम्भ में वियना में फ्रॉयड के

साथ कार्य किया किन्तु 1911 में फ्रायड के साथ वैचारिक मतभेदों के कारण पृथक मनोचिकित्सकीय विचारधारा का प्रतिपादन किया जो व्यष्टि मनोविज्ञान (Individual Psychology) के रूप में जानी जाती है। एडलर ने उन्मादी मनस्तापों के उपचार में रुचि लेने के अतिरिक्त मनोरोगों के परिहार एवं इस विषय में शिक्षा पर ध्यान केन्द्रित किया। एडलर चाहते थे कि समरसतापूर्ण सामज की स्थापना हेतु लोग स्वयं को तथा अन्य लोगों को समझें तथा प्रत्येक व्यक्ति अपनी पूर्णता को प्राप्त करते हुए अधिकतम योगदान प्रदान करे। एडलर का उपागम जो लोकतंत्र सम्बन्ध की स्थापना पर बल देता है मनोपचार, परामर्शन, प्रबंधन प्रशिक्षण तथा अध्यापक एवं अभिभावक शिक्षण/प्रशिक्षण जैसे विविध क्षेत्रों में उपयोगी माना जाता है (क्लिफर्ड, 2000)।

मूलभूत अभिग्रह
(Basic Assumptions)

एडलर के वैचारिक संप्रत्ययों में मितव्ययिता प्रकट होती है। उन्होंने कुछ सीमित संप्रत्ययों के आधार पर व्यक्तित्व की व्याख्या प्रस्तुत की है, इन सम्प्रत्ययों के माध्यम से व्यवहार के बारे में छः मूलभूत अभिग्रह प्रकट होते हैं:—

1. व्यक्ति के व्यवहार की व्याख्या अंतिम लक्ष्य द्वारा ही हो सकती है *(The final goal alone can explain man's behavior–Adler, 1939)*—मानव व्यवहार भविष्योन्मुखी है, इसका निर्धारण भूतकालीन अनुभवों की अपेक्षा भविष्य की अपेक्षाओं द्वारा अंतिम लक्ष्यों के लिए अभिप्रेरणा द्वारा होता है। कारण, शक्ति, मूलप्रवृत्ति आवेश आदि संप्रत्ययों द्वारा व्यवहार की व्याख्या नहीं की जा सकती है। हमारे व्यवहार के ऐसे लक्ष्य भविष्य में अवस्थित नहीं होते हैं अपितु व्यक्तिनिष्ठ या मानसिक रूप में हमारे वर्तमान में उन प्रयत्नों (strivings) या आदर्शों (ideals) के रूप में अवस्थित होते हैं जो हमारे व्यवहार को प्रभावित करते हैं। व्यक्ति का यह अंतिम लक्ष्य एक कथा कथानक (fiction) या आदर्श (ideal) हो सकता है जिसकी सिद्धि असम्भव हो सकती है।

2. व्यक्ति अपने व्यवहार द्वारा अपनी श्रेष्ठता स्थापित करने का प्रयत्न करता है जो कि जीवन की अन्तरस्थ/सूक्ष्म आवश्यकता है *(Striving for superiority is an intrinsic necessity of life itself)*—श्रेष्ठता के लिए प्रयास एडलर के सिद्धान्त में प्रबल गत्यात्मक सिद्धान्त (prepontent dynamic principle) है। यह हमारे व्यवहार के अंतिम लक्ष्य को परिभाषित करता है। व्यवहार की संगति, निरन्तरता, संगठन का आधार यौनिकता नहीं 'श्रेष्ठता के लिए प्रयास' होता है, आरम्भ में एडलर ने इसे आक्रामकता, तत्पश्चात 'शक्ति की इच्छा'(will to power)एवं पुलिंग विरोध(masculine protest) कहा था। श्रेष्ठंता स्थापित करने का तात्पर्य नेतृत्व या समाज में दबदबा स्थापित करना नहीं अपितु पूर्णता/उत्थान (perfiction/upward drive) की दिशा में अग्रसर होने से है। हमारे समस्त व्यवहारों के प्रेरक पूर्णता के लिए चेष्टा के माध्यम से ही अपनी शक्ति प्राप्त करते हैं।

3. व्यक्ति द्वारा अनुभूत अपूर्णता के कारण हीनभावना का विकास होता है जिसकी क्षतिपूर्त्ति में श्रेष्ठता ग्रंथि की रचना होती है *(Inferiority complex arise from the subjectively experienced incompletion or imperfertion to overcome which superiority complex is fabricated)*—बच्चा/व्यक्ति अपनी अपूर्णता(वास्तविक कमियों अथवा व्यक्तिनिष्ठ रूप में अनुभूत मनोवैज्ञानिक अथवा सामाजिक कमी) के कारण हीनभावना/हीनता ग्रंथि से ग्रस्ति हो जाता है जो अभिप्रेरक का कार्य करता है। इस अभिप्रेरक

के कारण व्यक्ति अपने विकास के लिए प्रयत्न करता है किन्तु एक बार लक्ष्य प्राप्त कर चुकने के पश्चतात अगले पड़ावों के संदर्भ में हीनता का अनुभव करता है। इस प्रकार हीन भावना असामान्यता नहीं विकास का कारण है किन्तु इसकी अतिशयता (exaggeration) के कारण असामान्यताएँ उत्पन्न हो सकती हैं। ऐसी अवस्था में श्रेष्ठता/महानता की ग्रंथि की रचना हो सकती है जो हीनता ग्रंथि के विरुद्ध क्षतिपूरक का कार्य करती है।

4. प्रत्येक व्यक्ति की प्राकृतिक निर्बलता की वास्तविक एवं स्वाभाविक क्षतिपूर्त्ति सामाजिक रुचियों के माध्यम से होती है *('Social intesest is the true and inevitable compensation for all the natural weaknesses of individual human beings.'–Adler, 1929)*—व्यक्ति की सामाजिक रुचियाँ, जो कि सहयोग, अन्तर्वैयक्तिक सामाजिक सम्बन्ध, समूह के साथ तादात्मीकरण एवं परानुभूति आदि के माध्यम से अभिव्यक्त होती हैं, जन्मजात होती हैं। मनुष्य स्वाभावतः सामाजिक प्राणी है; ऐसा होना इसकी आदत का प्रतिफल नहीं है, इसका विकास सामाजिक निर्देशन एवं प्रशिक्षण द्वारा होता है।

श्रेष्ठता के लिए चेष्टा एवं सामाजिक रुचियों के माध्यम से व्यक्ति का समाज के साथ सम्बन्धन जुड़ाव (belonging) स्थापित होता है। एडलर का ऐसा मानना है कि प्रत्येक व्यक्ति में समाज के साथ समानता के आधार पर जुड़ने की सामर्थ्य होती है।

5. व्यक्ति का व्यवहार उसकी जीवन शैली के अनुरूप होता है तथा यह अद्वितीय होता है *(Person's behavior springs from his or her style of life and it is unique)*—प्रत्येक व्यक्ति का लक्ष्य श्रेष्ठता स्थापित करना होता है लेकिन इसके लिए वह विभिन्न अद्वितीय रूपों में चेष्टा करता है। व्यक्ति का जीवन एवं अपने बारे में व्यक्तिनिष्ठ एवं अद्वितीय दृष्टिकोण होता है। व्यक्ति अपनी जीवन शैली के अनुरूप प्रत्यक्षण एवं अधिगम करता है तथा शेष की अनदेखी करता है।

6. व्यक्ति अपने व्यक्तित्व या जीवन शैली का सृजनकर्ता होता है *(Person creates his own personality or life style)*—आनुवांशिकता हमें कतिपय क्षमताएँ तथा परिवेश कतिपय प्रभावांकण *(impressions)* प्रदान करता है किन्तु इनका मूल्यांकन जो कि जीवन के प्रति हमारी अभिवृत्ति और बाह्य जगत के साथ हमारे सम्बन्ध अर्थात हमारी जीवन शैली होती है, का व्यक्ति स्वयं निर्माण करता है (एडलर, 1935)। हमारे प्रत्यक्षण निजी होते है; हमारे विश्वास निजी तर्क आधारित होते हैं; हमारे विचारों का सर्वसाधारण के लिए नहीं अपितु हमारे लिए अर्थ होता है। इस प्रकार अपने लक्ष्य, व्यवहार, विश्वासों और अनुभूतियों के हम रचयिता होते हैं, उनके प्रति हम जिम्मेदार होते हैं तथा हमारे अन्दर उन्हें परिवर्तित कर सकने की शक्ति होती है।

समस्या की व्याख्या
(Explanation of Problem)

सभी लोग इस क्षमता के साथ जन्म लेते हैं कि वे यह अनुभव कर सकें कि वे समाज में अन्य लोगों के साथ समानता के आधार पर जुड़े हुए हैं किन्तु हमारे पालन-पोषण की प्रणाली में ऐसी व्यवस्था है कि व्यक्ति को असमता, हीनता, भय एवं अनुपयुक्तता का अनुभव होने लगता है। हमारा विकास जैसी सामाजिक व्यवस्था में होता है उसमें त्रुटियाँ होना स्वाभाविक है तथा हमारी त्रुटियों पर प्रतिक्रिया द्वारा अथवा प्रतिस्पर्धा में विफलता के कारण हीनता बोध का अनुभव होता है। बचपन में इस प्रकार उत्पन्न होने वाली हीनता को

माता-पिता द्वारा निरंतर बच्चों को सहायता देते रहने/निर्भर बनाये रखने की शैली के कारण और भी अधिक बल प्राप्त होता है। जब बच्चों को आत्मनिर्भर नहीं होने दिया जाता है, तब उन्हें लगता है कि उन्हें जीवन भर सहायता की आवश्यकता होगी क्योंकि वे सक्षम नहीं है, वे हीन हैं।

बच्चों में जब माता-पिता यह अनुभूति उत्पन्न करते हैं कि वे जो चाहेंगे उन्हें मिलेगा तब बच्चों को विद्यालयी अनुभव अत्यन्त दुःखद लगता है क्योंकि वहाँ यह भ्रम टूटता है और उन्हें आघात पहुँचता है। ऐसे बच्चे माता-पिता की सत्ता को अस्वीकार करते हैं और तब माता-पिता या तो बच्चों के सम्मुख घुटने टेकते हैं अथवा उन्हें दण्डित करके अपनी सत्ता स्वीकार कराते हैं। बच्चा ऐसे दण्ड के विरुद्ध विद्रोह करता है जिसकी अभिव्यक्ति आपराधिक व्यवहार, औषधि-सेवन, किशोर वय के गर्भधारण आदि रूपों में होती है।

हीनता ग्रंथि हमें क्षतिपूरक व्यवहार के लिए प्रेरित करती है। व्यक्ति श्रेष्ठता स्थापित करने की चेष्टा करता है। यदि श्रेष्ठता के लक्ष्य अव्यवहारिक हों तो उन्हें अर्जित करना कठिन होगा। श्रेष्ठता स्थापित करने की प्रवृत्ति का प्रतिफल अन्य लोगों के प्रति दोषपूर्ण बर्ताव हो सकता है जिससे सामाजिक सम्बन्ध बिगड़ते हैं। श्रेष्ठता के लक्ष्यों की प्राप्ति नहीं हो पाने पर असहजता का अनुभव होता है तथा अपनी विफलता के लिए व्यक्ति विभिन्न प्रकार के बहाने/व्याख्या प्रस्तुत करता है। एडलर के अनुसार अति महत्त्वाकांक्षी लक्ष्यों (जिनका सम्बन्ध श्रेष्ठता के लिए चेष्टा से होता है) की विफलता के कारण मनोरचनाओं अथवा मनस्तापी व्यवहार या अक्षमता का विकास होता है। मनस्तापी व्यक्ति वे होते हैं जिन्होंने स्वयं के बारे में तथा अपने जगत के विषय में गलत धारणाओं का निर्माण कर लिया है और उन धारणाओं को सही सिद्ध करने के लिए अनुपयुक्त प्रतिक्रियाओं में अपना अधिकांश समय और ऊर्जा व्यय करते हैं।

परिवर्तन सम्बन्धी लक्ष्य (Change Related Goals)

एडलर की वैयक्तिक मनोपचार प्रणाली का प्रथम लक्ष्य क्लायंट के लक्ष्यों, विश्वासों एवं विचारों को, जो उसके अवचेतन में अवस्थित होते है और इस प्रकार उसके चेतन बोध से दूर होते हैं, अनाच्छादित (uncover) करना होता है। ऐसा करके क्लायंट को यह अनुभव कराया जाता है कि किस प्रकार उसकी व्यवहारगत समस्याएँ उसके 'जीवन के प्रति दृष्टिकोण' एवं 'व्यवहार की आदतबद्ध प्रणाली' के कारण उत्पन्न एवं नियंत्रित होती हैं। परामर्शदाता क्लायंट को यह समझा पाता है कि अपने व्यवहार के लिए वह स्वयं जिम्मेदार है अतः उसे ही तय करना होगा कि उसे इसमें परिवर्तन लाना है या नहीं।

दूसरा लक्ष्य परामर्शी/क्लायंट द्वारा माँगे जाने पर (परिवर्तन के लिए इच्छुक होने पर) उसके पुनर्बोधन के लिए कार्य करना होता है। परामर्शदाता क्लायंट को उसकी सकारात्मक शक्तियों पर ध्यान केन्द्रित करने के लिए प्रोत्साहित करता है। नये व्यवहार सफल हो सकते है जिससे उसके निजी विश्वास में परिवर्तन आता है, उसका व्यवहार लचीला हो जाता है जिससे उसकी अनुक्रियाओं का विस्तार होता है।

एलडर ने जीवन के तीन क्षेत्रों उद्यम/व्यवसाय, सामाजिक जीवन एवं एक अंतरंग सम्बन्ध में समान रूप से संपूर्ण भागीदारी को मानसिक स्वास्थ्य का महत्त्वपूर्ण प्रमाण माना है। अतः परामर्शी को परामर्शदाता यह अन्वेषण करने हेतु सहायता देता है कि वह देखे कि उसकी भागीदारी का स्वरूप कैसा है। क्लायंट को भागीदारी आरम्भ करने के लिए जिम्मेदारी का कार्यवितरण (assignment) दिया जा सकता है।

चौथा लक्ष्य प्रोत्साहन की कला (art of encouragement) का प्रशिक्षण करना होता है। वास्तविकतापूर्ण लक्ष्य (realistic goals) एवं जीवन के प्रति लचीले दृष्टिकोण के फलस्वरूप क्लायंट को अपनी उपलब्धियों एवं महत्त्व के बारे में अच्छी अनुभूति प्राप्त होती है तथा उसमें उत्साह का संचार होता है। क्लायंट को अपनी शक्तियों पर ध्यान केन्द्रित करना सिखाने से एवं त्रुटियों को सीखने के अवसर के रूप में ग्रहण करने से उत्साह की प्राप्ति होती है। क्लायंट जब उत्साहित दिखता है तब उसे अन्य लोगों को उत्साहित करने के लिए प्रोत्साहित किया जाता है। इस क्रिया से वास्तविकतापूर्ण आशावादी परिवेश की रचना होती है तथा परामर्शी के उत्साह में और भी अधिक वृद्धि होती है।

उपरोक्त लक्ष्यों की प्राप्ति के माध्यम से परामर्शी की हीनभावना में कमी लाने एवं सामाजिक रुचि में वृद्धि करने का लक्ष्य प्राप्त होता है। व्यक्ति स्वयं को अन्यों के समान अनुभव करता है तथा उसके साथ सहयोग करते हुए अपना योगदान करने हेतु इच्छुक होता है।

प्रयुक्त संक्रियाएँ एवं तकनीक
(Operations and Techniques Applied)

इस उपागम में प्रयुक्त संक्रियाओं और तकनीकों का मुख्य आधार क्लायंट को अन्य लोगों (परामर्शदाता) के साथ समानता के सम्बन्ध का अनुभव कराना तथा अपने व्यवहार एवं विश्वासों के विषय में अन्तर्दृष्टि का विकास करना होता है। प्रयुक्त मुख्य तकनीके निम्नांकित हैं :—

समानता एवं पारस्परिक सम्मान के आधार पर सम्बन्ध की स्थापना—परामर्शदाता परामर्शी के साथ ऐसे सम्बन्ध की स्थापना करता है जिसमें दोनों पक्षों के मध्य शक्ति समीकरण (power equation) समानता का हो, दोनों परस्पर एक-दूसरे का इसी आधार पर सम्मान करें। इस दृष्टि से परामर्शदाता परामर्शी को ध्यानपूर्वक सुनता है जिससे उसके विशिष्ट परिप्रेक्ष्य/दृष्टिकोण को समझा जा सके किन्तु ऐसा करते समय उसे स्वीकार किया जाता है, उसके बारे में कोई मूल्यांकन विकसित नहीं किया जाता है। इसका अर्थ यह नहीं निकाला जाना चाहिए कि परामर्शी के स्तर पर किया गया कोई असम्मानजनक व्यवहार स्वीकार किया जायेगा। इस सम्बन्ध में पारस्परिक सहमति/संविदा की पूर्ति अपेक्षित होती है।

परामर्शी के साथ लोकतांत्रिक सम्बन्ध की स्थापना—परामर्शदाता परामर्शी के साथ ऐसे सम्बन्ध के विकास की दक्षता आत्म चेतना के विकास के माध्यम से अर्जित कर पाता है। एडलर का व्यक्ति उपागम स्वाभावतः एक निर्देशात्मक उपागम है जिससे यह खतरा आसान रहता है कि परामर्शदाता परामर्शी के साथ अपने पक्ष में असंतुलित शक्ति समीकरण में प्रविष्ट कर जाये। ऐसी दुर्घटना समानता के सम्बन्ध के विपरीत दशा का निर्माण करती है। परामर्शी का आत्म निर्णय का अधिकार संरक्षित होना चाहिए। परामर्शदाता के अन्दर ऐसा विचार नहीं उत्पन्न होना चाहिए कि वही परामर्शी के सम्बन्ध में सर्वोत्तम जानता या समझता है।

जीवन शैली का मूल्यांकन एवं परिवर्तन—जैसा कि ऊपर बताया गया है एडलर किसी व्यक्ति की जीवन के तीन क्षेत्रों—व्यवसाय, सामाजिक जीवन एवं अंतरंग सम्बन्ध- में समान एवं सक्रिय सहभागिता को मानसिक स्वास्थ्य का माप मानते हैं तथा आवश्यकतानुसार इस दृष्टि से व्याप्त किसी भी प्रकार के असंतुलन को दूर करना आवश्यक बताते हैं, अतः

यह आवश्यक होता है कि सर्वप्रथम परामर्शी की जीवन शैली का मूल्यांकन किया जाय। परामर्शी से उसके द्वारा प्रस्तुत की गयी व्यवहारगत समस्याओं को आधार बनाकर सूचनाएँ प्राप्त की जाती हैं तथा परामर्शदाता एवं परामर्शी जीवन शैली कां मूल्यांकन/उसमें व्याप्त असंतुलन का अन्वेषण करते हैं। परामर्शदाता प्रयास करता है कि परामर्शी के बाल्याकालीन अनुभवों की स्मृति पुनर्स्थापित की जाय तथा देखा जाय कि वह उन दशाओं के प्रति कैसी प्रतिक्रिया करता है। आवश्यकतानुसार परामर्शी को अपनी जीवन शैली में परिवर्तन के लिए अथवा उसमें सहभागिता के लिए प्रयास आरंभ करने का कार्य आवंटित किया जाता है।

आरम्भिक स्मृतियों का विश्लेषण–परामर्शदाता में इस क्षमता का विकास भी आत्म-चेतना(self-awareness)के विकास द्वारा होता है। परामर्शदाता को इस संदर्भ में परानुभूति विकसित करके उसके विश्लेषण को समझना चाहिए न कि यह कि वह स्वयं परामर्शी की स्मृतियों का मूल्यांकन/विश्लेषण करने लगे। परामर्शदाता परामर्शी के विश्लेषणों का अनुमान कर सकता है और उस अनुमान/परिकल्पना की परामर्शी से पुष्टि प्राप्त कर सकता है। परामर्शी की शाब्दिक/अशाब्दिक प्रतिक्रियाओं के माध्यम से अनुभवी परामर्शदाता परामर्शी में विकसित हो रही अन्तर्दृष्टि के क्षणों को समझ पाता है। स्वप्न का भी परामर्शी द्वारा किया जाने वाला मूल्यांकन अथवा विश्लेषण समझा जाना चाहिए। इन व्याख्याओं में परामर्शी के जीवन तथा बाह्य जगत के प्रति दृष्टिकोण अभिव्यक्त होते है, परामर्शी की अचेतन विश्वास की प्रणालियों का अन्वेषण किया जाता है तथा परामर्शदाता इस संदर्भ में अपनी परिकल्पनाओं को परामर्शी द्वारा सत्यापन किये जाने हेतु प्रस्तुत करता है।

परामर्शी के निजी तर्कों का परीक्षण–परामर्शी के पास अपने विश्वासों की पुष्टि हेतु निजी तर्क (private logic) या आधार होते है जो अनुचित हो सकते हैं। अतः इन निजी तर्कों का परीक्षण किया जाना चाहिए। पारस्परिक सहमति के आधार पर परामर्शी को इन तर्कों के औचित्य के परीक्षण की जिम्मेदारी आवंटित की जाती है। परामर्शी के अन्दर इस संदर्भ में अंतर्दृष्टि के विकास की तीन अवस्थाएँ होती हैं। पहले व्यवहार के पश्चात्, तत्पश्चात् व्यवहार करते समय एवं अन्त में व्यवहार से पूर्व ही अंतर्दृष्टि की प्राप्ति हो जाती है। इस अवस्था में पहुँचकर परामर्शी अपनी नव सृजित अतर्दृष्टि के फलस्वरूप अपने व्यवहार को परिवर्तित करने का अवसर प्राप्त करता है। परामर्शी ऐसे कार्य करने का निर्णय लेता है जैसा वह साधारणतया नहीं करता है।

दर्पण/प्रत्यावर्तण विधि–इस विधि के अन्तर्गत परामर्शी परामर्शदाता को यह बताता है कि कैसे उसके व्यवहार में कतिपय, प्रणालियों/प्रारूपों की पुनरावृत्ति हो रही है और किस प्रकार उसमें परिवर्तन की आवश्यकता है।

शोध साक्ष्य
(Research Evidence)

इस उपागम के अधिसंख्य अनुयायी अपने कार्य में व्यस्त देखे जा सकते हैं। इनके कार्यों के परिणाम/उपादेयता का मूल्यांकन मुख्यतः विश्वविद्यालयी विभागों द्वारा किया गया है। इन अध्ययनों में परिवार संकुल, जन्म क्रम, आरंभिक स्मृति के विश्लेषण, जीवन शैली की व्याख्या, अध्यापकों एवं माता-पिता से प्राप्त होने वाले प्रोत्साहन, लोकतांत्रिक शैली में पालन-पोषण, कक्षा में सहयोग के प्रभावों का मूल्यांकन किया गया है।

III. विश्लेषणात्मक उपागम
(Analytic Approach)

कार्ल गुस्टाव युंग (Carl Gustav Jung, 1875-1961) ने मनोपचार की अपनी प्रणाली को विश्लेषणात्मक मनोविज्ञान (Analytical Psychology) का नाम दिया। युंग ने 1906 से 1914 तक फ्रायड के साथ कार्य किया किन्तु कुछ मौलिक मतभेद प्रकट होने पर उन्होंने पृथक कार्य करने का निर्णय लिया। युंग ने ज्यूरिख में सी.जे. युंग संस्थान (C.J. Jung Institute) की स्थापना की। युंग का उपागम मूलतः मनोपचारी पद्धति है अतः साधारणतया इसके संदर्भ में परामर्शन शब्द प्रयुक्त नहीं किया जाता है (Joy Schaverien, 2000)। युंग का फ्रायड के साथ अलगाव दोनों के लिए संकट की घड़ी माना जाता है, ऐसा युंग की रचना "Memories, Dreams, Reflections" से प्रकट होता है। युंग पूर्वी दर्शन से प्रभावित थे, उनका मनोविज्ञान कुछ लोगों द्वारा अर्धधार्मिक अथवा रहस्यवादी माना जाता है। इस प्रभाव के कारण जहाँ युंग के विचार कुछ लोगों के लिए आकर्षक है वहीं अन्य लोगों के लिए आलोचना का विषय हैं।

विश्लेषणात्मक मनोविज्ञान के अनुयायियों का प्रतिनिधि संगठन International Association of Analytical Psychologists है जिससे अनेक प्रतिनिधि संगठन संबंद्ध हैं। इन प्रतिनिधि संगठनों के माध्यम से अनुयायियों के मतों और कार्यपद्धति में प्रचलित मतभेद प्रकट होते हैं। मतभेद का मुख्य बिन्दु कार्य अवधि के विषय में है। कुछ प्रैक्टिसनर प्रति सप्ताह चार-पाँच सत्रों में कार्य करते है तो अन्य प्रति सप्ताह एक या दो बार ही अपने क्लायंट से वार्ता करते हैं। अमेरिका स्थित इस प्रणाली के प्रैक्टिसनर जो कि स्वयं को 'आर्कीटाइपल साइकोलॉजिस्ट' (archetypal psychologist) कहते हैं, उपचार हेतु कल्पना लोक की शक्ति का उपयोग करने पर बल देते हैं तथा स्वप्न, मिथक, कला और सांस्कृतिक तत्त्वों का उपयोग करते हैं।

मूलभूत अभिग्रह
(Basic Assumptions)

1. व्यवहार के स्वरूप का निर्धारण व्यक्तिगत एवं जातीय इतिहास तथा उद्देश्यों एवं आकांक्षाओं द्वारा होता है (कारणवाद एवं प्रयोजनवाद)–युंग की मानव व्यवहार के बारे में ऐसी अवधारणा उनके सिद्धांत की सर्वाधिक महत्त्वपूर्ण विशेषता है। मानव व्यवहार जातीय अचेतन (जो जन्म से विद्यमान है), एवं व्यक्तिगत अचेतन (जिसका निर्माण होता है) द्वारा नियंत्रित होता है किन्तु यह भी देखा जाना महत्त्वपूर्ण है कि व्यवहार का अन्तिम उद्देश्य (पूर्णता, सिद्धि, स्वीकार होना आदि) क्या है। युंग ने कहा कि व्यक्ति उद्देश्यों एवं कारणों द्वारा कार्य करता है ("the person lives by aims as well as by causes")। इस प्रकार युंग व्यवहार की व्याख्या हेतु कारणवाद (causality) एवं प्रयोजनवाद (teleology) दोनों का आधार स्वीकार करते हैं।

2. हमारा जन्म व्यवहार की कतिपय पूर्ववृत्तियों के साथ होता है (आनुवांशिक आधार)–युंग के सिद्धांत में सामूहिक/पारमानवीय अचेतन (collective/transpersonal unconscious) सर्वाधिक मौलिक किन्तु विवादास्पद संप्रत्यय है। युंग का मानना है कि व्यक्ति अनेक पूर्ववृत्तियों (predispositions) के साथ जन्म लेता है। उसकी चिन्तन, अनुभूति एवं प्रत्यक्षण की प्रणालियाँ इस पूर्ववृत्ति के अनुरूप कार्य करती हैं। यह पूर्ववृत्ति हम सभी लोगों में सार्वभौमिक रूप में पायी जाती है, इसमें कुछ भी व्यक्तिगत जीवन के

अनुभव से सम्बन्धित नहीं होता है, लगभग सभी लोगों में यह एक जैसी पाई जाती है, और हमारे व्यक्तित्व में सामूहिक अचेतन (collective unconscious) के रूप में पाई जाती है। सामूहिक अचेतन के अन्तर्निहित/अव्यक्त स्मृति चिह्न (latent momory traces) पाये जाते हैं। वस्तुतः हमें अपने पूर्वजों से ऐसी स्मृतियाँ नहीं अपितु उन्हें (पूर्ववर्ती पीढ़ियों के अनुभवों को) पुनर्जीवित करने की सम्भावना जैसी क्षमता आनुवांशिक रूप में प्राप्त होती है। इन्हीं के आधार पर व्यक्तित्व की समस्त संरचनाओं का विकास होता है। अपने पूर्वजों के समान अनुभव प्राप्त करने की क्षमता आर्कीटाइप्स (archetypes) के रूप में प्राप्त होती है। आर्कीटाइप्स ऐसी जातीय स्मृतियाँ होती हैं जो सार्वभौमिक रूप में पीढ़ी-दर-पीढ़ी पुनरावृत्ति के कारण हमारी आनुवांशिकता का अंग बन जाती हैं।

3. व्यक्ति के अनुभवों द्वारा व्यक्तिगत अचेतन का निर्माण होता है जिसमें ग्रंथियाँ पायी जाती हैं (व्यक्तिगत एवं परिवेशीय अनुभवों की महत्ता)–व्यक्ति के ऐसे अनुभव जो कभी चेतन थे लेकिन जिनका अवदमन हो गया, जिनकी विस्मृति हो गयी अथवा जिनकी अनदेखी कर दी गयी, उसके व्यक्तिगत अचेतन (personal unconscious) की रचना करते हैं। इसके अनुभवों की व्यक्ति के अहं (चेतन अंग) में अभिव्यक्ति हो सकती है। व्यक्गित अचेतन का विकास सामूहिक अचेतन एवं परिवेश के मध्य अन्तर्क्रिया द्वारा होता है।

व्यक्तिगत अचेतन की सर्वाधिक महत्त्वपूर्ण घटक ग्रंथियाँ (complexes) होती हैं। ग्रंथियाँ व्यक्ति की अनुभूतियों, विचारों, प्रत्यक्षणों और स्मृतियों के संगठन के रूप में देखी जा सकती हैं। ग्रंथियों में एक केन्द्रिका (nucleus) पायी जाती है जिसकी रचना सामूहिक अचेतन एवं व्यक्तिगत अनुभवों द्वारा संयुक्त रूप में होती है। ग्रंथियाँ स्वायत्तशासी व्यक्तित्व (autonomous personality) के रूप में कार्य कर सकती हैं।

4. सभी व्यक्ति एक जैसे नहीं होते हैं (वैयक्तिक भिन्नता/व्यक्तित्व प्रकार का सिद्धांत)–सामूहिक अचेतन की अवधारणा के कारण सभी व्यक्तियों का व्यवहार मूलतः एक ही स्तर पर आ जाता है क्योंकि पीढ़ियों के विकास में अन्ततः समान अनुभव प्रकट होते हैं, किन्तु ऐसा करते समय युंग ने न तो परिवेश और उसमें प्राप्त अनुभवों की वैयक्तिकता की अनदेखी की और न तो इस बात को अस्वीकार किया कि अनेक विशद समानताओं के रहते हुए भी हमारे व्यक्तित्व में भिन्नता पायी जाती है। युंग ने व्यक्तित्व का अन्तर्मुखी-बहिर्मुखी विमा पर श्रेणीयन किया। युंग इन्हें अभिवृत्तियाँ बताते है जो एक दूसरे के विपरीत होते हुए भी एक इकाई के अंग के रूप में हम सभी में विद्यमान रहती है। पुनः इन व्यक्तित्व प्रकारों में चार प्रकार्यात्मक पक्ष—चिन्तन, अनुभूति, संवेदना एवं प्रज्ञा, पाये जाते हैं। चिन्तन एवं अनुभूति विवेकपूर्ण प्रकार्य होते है तथा संवेदना एवं प्रज्ञा अतार्किक/विवेकहीन प्रकार्य होते हैं।

5. व्यवहार को प्रभावित करने वाले व्यक्तित्व के विभिन्न घटकों के मध्य अन्तर्क्रिया होती है (समन्वयवादी दृष्टिकोण)–आर्कीटाइप्स को स्वतंत्र/स्वायत्तशासी गत्यात्मक प्रणाली के रूप में देखा जाता है किन्तु इनमें कुछ का विकास इस सीमा तक होता है उन्हें व्यक्तित्व की प्रणाली माना जाता है। अभिवृत्तियों (अन्तर्मुखता-वहिर्मुखता) तथा प्रकार्यों (चिन्तन, अनुभूति, प्रत्यक्षण, प्रज्ञा) के अतिरिक्त परसोना (persona), एनीमा एवं एनिमस (anima and animus) तथा छाया (shadows) का विकास इस रूप में होता है कि उन्हें व्यक्तित्व की पृथक प्रणालियाँ (system of personality) कहा गया है। इन प्रणालियों तथा अभिवृत्तियों एवं प्रकार्यों के मध्य अन्तर्क्रिया होती रहती है।

अन्तर्क्रिया तीन प्रथक विधियों क्षतिपूर्ति (compensation), विरोध (opposition) एवं संगठन (unity) के द्वारा होती है। अंतर्क्रिया की प्रक्रिया द्वारा व्यक्तित्व के सभी घटक एक-दूसरे को प्रभावित करते हैं। अन्तर्क्रिया विभिन्न प्रवृत्तियों के मध्य संतुलन स्थापित करने में सहायक होती है। कोई भी घटक अन्यों से प्रभावित हुए बिना नहीं रहता है अतः व्यवहार पर इन प्रभावक घटकों का समन्वित प्रभाव देखा जा सकता है। व्यक्ति का स्व (self) व्यक्ति की एकता के अन्वेषण (search for unity) का प्रतिनिधित्व करता है।

6. व्यक्ति का व्यवहार पूर्णता के अन्वेषण की दिशा में अग्रसर होता है (अभीष्ट लक्ष्य का सिद्धान्त)– 'स्व' (self) व्यक्ति के जीवन का अभीष्ट लक्ष्य (ulimate goal) होता है। अन्य आर्कीटाइप की भाँति यह मानव व्यवहार को अभिप्रेरित करता है। इसका लक्ष्य पूर्णता की प्राप्ति होता है जो कदाचिद् ही प्राप्त होता है। योग जैसी क्रियाएँ इसमे सहायक हैं। स्व की अभिव्यक्ति 'मण्डल' (संस्कृत शब्द) के माध्यम से होती है। युंग के अनुसार जन्म के समय व्यक्ति में अविभेदित पूर्णता होती है तथा विकास उस अविभेदित पूर्णता (undifferentiated wholeness) की अभिव्यक्ति (unfolding) की प्रक्रिया है जिसका अभीष्ट लक्ष्य स्व की सिद्धि/प्राप्ति (realization of selfhood) है। इस दिशा में अग्रसर होने के लिए यह आवश्यक होता है कि व्यक्तित्व के अन्य अंगों का विकास पूर्ण हो चुका हो।

स्वस्थ एवं समन्वित व्यक्तित्व के लिए व्यक्तित्व की सभी प्रणालियों को पूर्णरूप में पृथक्करण (differentiation), विकास (development) एवं अभिव्यक्ति (expression) के स्तर तक पहुँचने की आवश्यकता होती है।

समस्या की व्याख्या
(Explanation of Problem)

युंग के अनुसार मिथकों, स्वप्नों, कर्म-काण्डों तथा कलात्मक कार्यों के साथ-साथ मनस्ताप एवं मनोविक्षिप्तता के लक्ष्यों में आर्कीटाइप्स अभिव्यक्त होते हैं। जब अहं अचेतन के बोध को अभिव्यक्त होने से रोकता है तब अचेतन चेतन के विवेक को अपने नियंत्रण में जकड़ लेता है तथा अचेतन की तिरस्कृत प्रक्रियाओं को विकृत रूप में अभिव्यक्त होने का अवसर देता है।

क्षतिपूर्त्ति की प्रक्रिया लक्षणों की उत्पत्ति में महत्त्वपूर्ण मानी जाती है। साधारणतया चेतन मन के सभी तत्त्वों की क्षतिपूर्त्ति अचेतन मन में होती है। जबतक चेतन और अचेतन प्रक्रियाओं में संतुलन बना रहता है तबतक व्यक्तित्व में संतुलन बना रहता है और जब अचेतन क्षतिपूर्त्ति का घटक प्रभावशाली हो जाता है तब मनस्तापीय असंतुलन की दशा उत्पन्न होती है। अचेतन क्षतिपूर्त्ति के कारण व्यक्तित्व विभाजित (split-off) अवस्था में होता है। उदाहरण के लिए अतिनियंत्रित व्यक्तित्व में आक्रामकता की अचेतन स्तर पर अस्वीकृति (denial) की दशा उत्पन्न हो सकती है। इससे व्यक्तित्व बाधित होता है और मानसिक व्यथा की उत्पत्ति होती है।

परिवर्तन सम्बन्धी लक्ष्य
(Change Related Goals)

व्यक्तित्व, जैसा कि ऊपर के खण्डों में वर्णित है, अपनी सामर्थ्य/उत्कर्ष को ...ात्मक अभिवृत्तियों (symbolic attitudes) के विकास के माध्यम से प्राप्त करता है।

आरंभ में ये अभिवृत्तियाँ अस्पष्ट एवं अचेतन अनुभव में होती हैं। जब अभिवृत्तियों और व्यक्तित्व के अचेतन एवं अनाभिव्यक्त (unexpressed) पक्षों को व्यक्तित्व चेतन रूप में स्वीकार करता है तब व्यष्टिकरण (individuation) की प्रक्रिया का संवर्धन होता है, स्व की सिद्धि एवं अभिव्यक्ति होती है तथा इस प्रकार स्व की पूर्णता की दशा विकसित होती है। इसलिए विश्लेषणात्मक उपागम इस लक्ष्य की दिशा में कार्य करता है कि अचेतन की सामग्री को चेतन द्वारा स्वीकार किया जाय एवं उसका सम्पूर्ण व्यक्तित्व के साथ एकीकरण हो। जब व्यक्ति को स्व प्रत्यक्षण विस्तृत एवं सम्पूर्णता के रूप में होने लगता है तब सामंजस्य एवं समायोजन का विकास होता है।

भावान्तरण एवं प्रतिअन्तरण (transference and counter-transference) का विकास विश्लेषणात्मक उपागम का केन्द्रीय तत्त्व होता है। इस प्रक्रिया में क्लायंट एवं मनोपचारक के व्यक्तित्व के विभिन्न घटक आपस में मिलते एवं मिश्रित होते हैं तथा इस मेल से व्यक्तित्व के एक नये पक्ष का विकास होता है। कभी-कभी क्लायंट के साथ-साथ मनोपचारक के व्यक्तित्व में भी इन अनुभवों के कारण महत्त्वपूर्ण परिवर्तन घटित होता है।

प्रयुक्त संक्रियाएँ एवं तकनीक
(Operations and Techniques Applied)

एक मनोचिकित्सक के रूप में युंग के लिए लक्ष्य अधिक महत्त्वपूर्ण है और इस लक्ष्य की प्राप्ति में सभी उपलब्ध साधनों का उपयोग किया जाता है। व्यक्ति के अचेतन के विषय में जानकारी प्राप्त करना एवं व्यक्ति को इस अचेतन पक्ष के बारे में चेतन स्तर पर बोध कराना ताकि अचेतन को अभिव्यक्ति का अवसर प्राप्त हो तथा इन अचेतन पक्षों का संपूर्ण व्यक्तित्व का साथ एकीकरण हो और स्व सिद्धि की दिशा में व्यक्ति अग्रसर हो सके, इस उपागम का लक्ष्य है। इसकी प्राप्ति हेतु स्वप्न विश्लेषण, कला एवं साहचर्य की प्रविधियाँ प्रयुक्त की जाती हैं।

युंग ने स्वप्नों की सामग्री को विगत एवं आगत (कारण एवं लक्ष्य) दोनों से सम्बन्धित बताया। युंग ने स्वप्नों को दो प्रकार का बताया है। बड़े स्वप्न जिनमें अचेतन सामग्री या आर्कीटाइप्स अभिव्यक्त होते हैं तथा छोटे स्वप्न जिनका सम्बन्ध चेतन से होता है। युंग ने स्वप्न विश्लेषण के लिये तीन प्रविधियाँ प्रयुक्त की हैं। **प्रथम,** प्रवर्धन विधि (amplification method) है जिसमें स्वप्न के मूल तत्त्व के साथ बार-बार साहचर्य स्थापित करने के लिए कहा जाता है। अनेक साहचर्यों के पुंज, जिनमें स्वप्न का केन्द्रीय तत्त्व एक ही होता है, द्वारा स्वप्नदर्शी के लिए स्वप्न का विस्तृत अर्थ प्रकट होता है। **दूसरी,** प्रविधि स्वप्न शृंखला विधि (dream series method) है जिसमें एक स्वप्न नहीं, अपितु स्वप्नों की सुसंगत शृखला का अर्थ विश्लेषण हेतु उपयोग किया जाता है। स्वप्नों की सुसंगत शृंखला व्यक्ति के लिए स्वप्नों का अर्थ समझने के लिए संदर्भ (context) का कार्य करती जिससे अर्थ क्रमशः स्वयं ही प्रकट होने लगता है। **तीसरी,** प्रविधि सक्रिय कल्पना की विधि (method of active imagination) है। इस विधि में व्यक्ति को अपना ध्यान स्वप्न के ऐसे तत्त्व पर केन्द्रित करने के लिए कहा जाता है जो प्रभावशाली होता है किन्तु उसका अर्थ बोध कठिन होता है। जब इन तत्त्वों पर यथावत, बिना आलोचना के ध्यान केन्द्रित किया जाता है तब बिम्ब मे अनेक शृंखलाबद्ध परिवर्तन उत्पन्न होते हैं तथा ढेर सारी अचेतन सामग्रियाँ प्रकाश में आने लगती हैं। इस बिन्दु पर युंग ड्राइंग, पेंटिंग और मॉडिलिंग का भी उपयोग करते हैं। सक्रिय कल्पना से विकसित होने वाली रचनाओं

मे निद्राकालीन स्वप्न की आकृतियों की तुलना में श्रेष्ठतर रचना/आकार प्रकट होते हैं। अचेतन की प्रकट होने वाली इन सामग्रियों से व्यक्ति परिचित होता है तथा उनका चेतन के साथ एकीकरण/समन्वयन होता है।

साहचर्य विधि का युंग ने परिमार्जन किया। फ्रायड द्वारा प्रयुक्त तकनीक में समय अधिक लगता है तथा सामग्रियों की रेखीय श्रृंखला (linear series) प्राप्त होती है। जिस बिन्दु से साहचर्य आरंभ होता है, यथा-स्वप्न के बिम्ब, व्यक्ति का साहचर्य उससे बहुत दूर चला जाता हे तथा आरंभिक बिन्दु का अर्थविकास बाधित हो जाता है। इसके विकल्प के रूप में उन्होंने शब्द साहचर्य विधि (word association method) प्रयुक्त किया।

युंग व्यष्टिकरण प्रक्रिया (individuation process) को आगे बढ़ाने के लिए पेंटिंग को महत्त्व देते थे। उन्होंने स्वयं अपने लिए उसे अपनाया और पाया कि भारतीय ध्यान प्रणालियों से विकसित होने वाले 'मण्डल' की भाँति बिम्ब के स्वतःस्फूर्त प्रभाव में चक्रीय (circular) रचनाएँ बनती हैं। चेतन नियंत्रण (censor) से अवमुक्त होने के लिए स्वतः स्फूर्त पेंटिंग में बिम्बों का विकास उपयोगी होता है।

शोध साक्ष्य एवं मूल्यांकन
(Research Evidence and Evaluation)

युंग के प्रतिपादनों में रहस्यवाद, धर्म, तंत्र विद्या, ज्योतिष, एल्केमी आदि विभिन्न क्षेत्रों में प्रयुक्त होने वाले संप्रत्ययों का उपयोग किया गया है जिसके कारण इसकी आलोचना इस आधार पर की जाती है कि युंग के परावर्त्ती प्रतिपादन छद्म-दर्शन के तत्त्व हैं किंतु युंग का कहना यह है कि इन संप्रत्ययों के प्रयुक्त होने का तात्पर्य यह नहीं है कि उनका इन धार्मिक, ज्योतिषीय आदि बातों में विश्वास है अपितु इसका अर्थ यह है कि लोगों के विश्वास, चिन्तन, कल्पना, मानस में उक्त तत्त्व हैं और यही वह आधार है (लोगों का ऐसा स्वीकार करना या विश्वास करना) जिसके कारण इन तत्त्वों को सिद्धांत में सम्मिलित किया गया है (e.g.'God is an obvious psychic and non-physical fact'–Jung, 1952)। लोगों का यह अर्जित चरित्र और भविष्य लक्ष्यित व्यवहार/आंचरण है।

युंग के योगदान में से शब्द-साहचर्य विधि एक महत्त्वपूर्ण घटक है। आत्स-सिद्धि(self-realization)एक ऐसा सम्प्रत्यय है जो प्रत्यक्ष या अप्रत्यक्ष रूप में रॉजर्स, ऑलपोर्ट, मैस्लो, गोल्डस्टीन एवं अंग्याल के विचारों में परिलक्षित होता है तथा मनोपचार/परामर्शन के प्रमुख लक्ष्य के रूप में स्थापित होता है। रॉजर्स एवं ऑलपोर्ट के सिद्धान्तों में परिलक्षित आशावादिता में युंग के सैद्धान्तिक प्रतिपादन का प्रत्यक्ष अथवा परोक्ष (एक प्रकार की वैचारिक पृष्ठभूमि/ परिवेश की रचना के रूप में) प्रभाव देखा जा सकता है।

युंग द्वारा अपने सिद्धान्त में 'स्व' का जिस प्रकार एक एकीकरण स्थापित करने वाली शक्ति के रूप संप्रत्ययन किया गया है उस सम्बन्ध में फॉरढम (Fordham, 1976) ने शैशवकाल में बच्चे और माँ के सम्बन्धों का अध्ययन करते हुए प्रदर्शित किया कि शिशु केवल अपृथक (undifferentiated) संवेदनाओं का पुंज नहीं है जिसका मॉ द्वारा संगठन किया जाता है अपितु मॉ बच्चे की आवश्यकताओं के प्रति अनुक्रिया करती है। यह सम्बन्ध एकदम आरम्भ से पाया जाता है। शिशु जागृत अवस्था में विघटित (de-integrated) होता है अर्थात परिवेश से सम्बन्धित होता है तथा निद्रा में समन्वयन का कार्य करता है अर्थात अपने 'स्व' की दिशा में वापस आता है। इस प्रकार 'स्व' जीवन के आरंभ के समय से ही विद्यमान रहता है।

IV. कलाइन की मनोगत्यात्मक मनोपचार प्रणाली
(Kleinian Psychodynamic Therapy)

मिलॉन् क्लाइन् (Melanie Klein, 1882-1960) मनोविश्लेषणात्मक/मनोगत्यात्मक उपागमों में ब्रिटिश परम्परा का प्रतिनिधित्व करती हैं। यद्यपि इन उपागमों को भौगोलिक सीमाओं में नहीं देखा जा सकता है किन्तु अमेरिका में अहम या स्व मनोविज्ञान (ego or self psychology) एवं ब्रिटेन में ऑब्जेक्ट रिलेशन्स सिद्धान्त (Object Relations Theory) का प्रभाव देखा जा सकता है। अन्य मनोविश्लेषणात्मक उपागमों की भाँति यह उपागम भी अन्तर्दृष्टि का परामर्शन एवं मनोपचार के लिए उपयोग करता है। क्लाइन् के उपागम का मुख्य सैद्धान्तिक तत्त्व यह अन्वेषण है कि शिशु और बच्चे माँ और अपने आस-पास के अन्य लोगों के साथ सम्बन्ध में सक्रिय भागीदार होते हैं तथा उन्हें इसका बोध/परिज्ञान (awareness) होने के अतिरिक्त अनुभूतियाँ (feelings) भी प्राप्त होती हैं।

मूलभूत अभिग्रह
(Basic Assumptions)

लोग अपने संवेगों को स्वीकार नहीं करते हैं, उन्हें छिपाने का प्रयत्न करते हैं। व्यक्ति अपने संवेग को अपने आप की अनुभूति से छिपाने के लिए विभिन्न प्रकार के व्यवहार करता है। एक व्यक्ति अपने क्रोध या चिन्ता को छिपाने के लिये पान चबाने लग जाता है और ऐसा लगता है कि वह पान खाता है और इस समय पान खा रहा है जबकि वह अपने आपको क्रोध या चिन्ता की अनुभूति से अलग करने का प्रयत्न कर रहा होता है। ऐसा संवेग, जिन्हें चेतन अनुभूति से पृथक रखा गया है, व्यक्ति के 'स्व' के अन्य लोगों के साथ सम्बन्ध पर प्रकाश डालता है अतः उसका अन्वेषण किया जाना चाहिए। व्यक्ति के बारे में मनोपचारक की सांवेगिक समझ एक ऐसा सशक्त संसाधन है जिसके द्वारा व्यक्ति के अन्दर अनुभूति, चिन्तन एवं स्वयं को समझने की क्षमता का विकास होता है।

चिन्ता द्वारा भ्रम (illusion) एवं मनोरचना (defences) का अनुरक्षण होता है तथा भ्रम एवं मनोरचना द्वारा चिन्ता का अनुरक्षण होता है। अतः वास्तविकता का प्रत्यक्ष सामना किया जाना चाहिए। वास्तविकता जिसे नकार दिया जाता है, जिसका सामना करने से व्यक्ति भयाक्रान्त है, उसके विषय में तथा अनुभूतियों एवं फंतासी के विषय में विमर्श करने से एवं विलाप (grieving) कर लेने से चिन्ता में दीर्घकालिक कमी आती है।

फ्रायड के सिद्धान्त में जहाँ बच्चे के व्यवहार का अभिप्रेरक लिबिडो है और बच्चा लिबिडो की संतुष्टि के उद्देश्य से प्रेरित होकर व्यवहार करता है वहीं क्लाइन् और उनके अनुयायियों की दृष्टि में बच्चों का व्यवहार सम्बन्ध या वस्तु अन्वेषण (relationship-or object-seeking) होता है। बच्चे द्वारा सम्बन्ध का अन्वेषण करने की प्रक्रिया में समस्याएँ उत्पन्न होती है। माँ अथवा अन्य जो हमारी देखभाल करते है उन्हीं के साथ सम्बन्धों में समस्या आती है। वे लोग ही, जो हमारा पालन-पोषण करते हैं, हमारी आवश्यकताओं की पूर्त्ति करते हैं, हमारी ईर्ष्या और घृणा के लक्ष्य हो सकते हैं। पालन-पोषण करने वालों के साथ सम्बन्धों में व्याप्त समस्या ही वर्तमान एवं विगत कालीन समस्याओं का मूल कारण होती हैं। माँ एवं अन्य देखभाल करने वाले लोगों के साथ सम्बन्धों की समस्या के कारण विकासात्मक व्यवधान (developmental arrest) उत्पन्न होता है जिनकी अभिव्यक्ति वयस्के जीवन की मनोरचनाओं में होती है।

यदि मनोपचारक या परामर्शदाता समानता के आधर पर क्लायंट के साथ सम्बन्ध

स्थापित करे जहाँ उसे क्लायंट की तुलना में श्रेष्ठता का बोध न हो तो वह स्वयं तथा साथ में क्लायंट भी समस्त अनुभूतियों—सुखद या दुखद का सामना कर सकेगा और इस प्रकार क्लायंट परामर्शदाता के साथ अपने सम्बन्ध के माध्यम से विगत वर्षों में पालन-पोषण या देखभाल करने वाले लोगों के संदर्भ में अपनी अनुभूतियों एवं व्यवहार के पुनर्मूल्यांकन का अवसर प्राप्त करता है। इससे अन्य लागों के साथ तथा स्व के साथ उसके सम्बन्ध में सुधार आता है। स्व के साथ तथा अन्य लोगो के साथ अपने सम्बन्ध के विषय में क्लायंट द्वारा विचार किये जाने हेतु परामर्शदाता द्वारा सहायता प्रदान किये जाने से परामर्शी को पर्याप्त विश्रांति प्राप्त होती है।

समस्या की व्याख्या
(Explanation of Problem)

क्लाइन् ने हमारे चतुर्दिक व्याप्त जगत और उसके साथ हमारे सम्बन्धों के विषय में विकसित होने वाले हमारे बोध/चित्रण को फंतासी या स्वरचित कल्पनाचित्र (phantasies) कहा है। यह एक प्रकार का चित्र या मॉडल है जो गत्यात्मक होता है। हमारे बदलते सम्बन्धों और अन्तर्क्रियाओं के साथ इनमें परिवर्तन आता है। ये फंतासी अचेतन निर्मितियाँ है; हम इनकी रचना में अपने योगदान से अनभिज्ञ होते है; हम केवल वस्तुओं को उस प्रकार से देखते हैं' (Julia Segal, 2000)। फंतासियाँ स्वनिर्मित होने के कारण विविधतापूर्ण होती हैं—एक बच्चे के लिए पिता सर्वसक्षम हो सकता है जबकि एक किशोर की दृष्टि में वह सबसे बड़ा मूर्ख हो सकता है; एक व्यक्ति के लिए संसार मित्रवत होता है तो यही संसार दूसरे के लिए अत्यन्त भयावह स्थान है, हमारी फंतासी में स्वयं अपनी विशेषताओं के विषय में बोध और अनुभव का प्रतिनिधित्व होता है।

हम जैसे-जैसे बड़े होते है वैसे-वैसे अपने चतुर्दिक संसार को अधिक यथार्थपूर्ण ढंग से देखने की प्रवृत्ति हममें विकसित होती है। यदि इस दिशा में हमारी फंतासी में आवश्यक संशोधन विकसित नहीं होता है तब समस्याओं की उत्पत्ति होती हैं। समस्याएं अधोवर्णित दशाओं में उत्पन्न होती हैं।

समस्या उत्पत्ति की **प्रथम** दशा वह है जहाँ हमारे शैशवकालीन फंतासी में अन्य लोगों के साथ आयु-अनुपयुक्त सम्बन्ध में परिमार्जन नहीं होता है। माता-पिता के साथ सम्बन्ध में समस्या के द्वारा हमारी फंतासी प्रभावित होती है। उदाहरण के लिए यदि दो वर्ष की आयु में बच्चे के जीवन से माता-पिता के सम्बन्ध विच्छेद के कारण पिता विलुप्त हो जाता है तो उसकी परिकल्पना यह निर्मित हो सकती है कि सभी सम्बन्ध दो वर्षों में समाप्त हो जाते हैं। बच्चे की यह फंतासी वयस्क आयु में भी बनी रह सकती है जिससे कि जीवन साथी के साथ उसके सम्बन्ध प्रभावित हो सकते हैं। परवर्ती अनुभवों द्वारा हमारे ऐसे विश्वासों में परिवर्तन आ सकते हैं किन्तु दुखद/त्रासद परिस्थितियों में निर्मित फंतासी में परिमार्जन कठिन होता है क्योकि सदैव त्रासदी की पुनरावृत्ति का भय समाया रहता है।

समस्याओं की उत्पत्ति का **दूसरा** कारण हमारी उन शैलियों में निहित होता है जिनके द्वारा हम द्वन्द्वात्मक परिस्थितियों में अपने संवेगों और फंतासियों का प्रहस्तन (manipulation) करते हैं। उदाहरण के लिए ईर्ष्या, क्रोध, विलगाव आदि की नकारात्मक अनुभूतियों से बचने के लिए हम अपने अन्दर सभी प्रकार के वांछित गुणों तथा प्राप्तियों का अनुभव करते हुए माँ में कमियों का प्रत्यक्षण करने लगते हैं। इसका प्रतिफल यह होता है कि जब हम यह देखते हैं कि हमारा कार्य या परिणाम अपेक्षानुरूप नहीं है तब हमारा सलतापूर्वक

विघटन हो जाता हे क्योंकि विश्रांति का अनुभव करने के लिये माँ सहायक प्रतीत नही हो पाती है।

समस्या का **तीसरा** कारण वास्तविकता से जुड़ी हुई दुखद सांवेगिक अनुभूतियों को झुठलाने की प्रवृत्ति में निहित है। झुठलाने/विच्छेदन (splitting) हेतु कई विधियाँ अस्वीकार करना, आदर्श रूप रचना (idealization), निन्दा (denigration) आदि प्रयुक्त हो सकती हैं। विच्छेदन के कारण असुरक्षा बढ़ती है तथा हमारे व्यक्तित्व के लिए संकट में वृद्धि होती हैं क्योंकि हमारा प्रत्यक्षण सम्यक नहीं होता है। विच्छेदन/झुठलाने की यह प्रवृत्ति प्रत्यारोपणीय तादात्मीकरण (projective identification) का भी रूप धारण कर सकती है जहाँ व्यक्ति अपने बाल्यकालीन दु:खद सम्बन्धों के अनुभव से बचने के लिए अपने बच्चों और पत्नी से पृथक होकर नये प्रेम सम्बन्ध में जाते हुए यह अनुभव कर सकता है कि उसे दुख दिया गया है, उसे छला गया है; उसका उत्पीड़न हुआ है, किन्तु ऐसा अनुभव करते समय वह इस तथ्य से स्वयं को अलग कर लेता है (झुठलाना/विच्छेदन) कि उसके व्यवहार द्वारा उसके बच्चों या पत्नी का उत्पीड़न हो रहा है।

समस्या की उत्पत्ति के कारण आन्तरिक एवं वाह्य दोनों श्रेणियों के होते हैं। विभिन्न लोग अपनी परिस्थितियों के प्रति विभिन्न प्रकार से प्रतिक्रिया करते है। कभी दुर्व्यवहार के कारण विकास बाधित हो जाता है; कभी अच्छे पालन पोषण एवं पर्याप्त प्रेम की प्राप्ति के बाद भी बच्चे की प्रतिक्रियाएँ अच्छी नहीं होती है; और कभी थोड़े से प्रेम का भी बच्चा अपने जीवन के लिए अच्छा उपयोग करता है। क्लाइन् का विचार है कि अपनी परिस्थितियों या जीवन दशाओं का सदुपयोग (अर्थात् अपने व्यक्तित्व के विकास या भले के लिए उसका उपयोग करना) करने की सामर्थ्य व्यक्तियों में अलग-अलग होती है।

परिवर्तन सम्बन्धी लक्ष्य
(Change Related Goals)

क्लाइनियन उपागम का परामर्शन/मनोपचार में लक्ष्य यह होता है कि व्यक्ति को जगत विषयक बोध प्रदान करने वाली फंतासियों का परिमार्जन किया जाय।

परामर्शन की प्रक्रिया में क्लायंट को परामर्शदाता के साथ ऐसे सम्बन्ध का अनुभव प्राप्त हो जैसा कि पहले कभी भी प्राप्त नहीं हुआ था। ऐसे सम्बन्ध-अनुभव के माध्यम से उसकी सांवेगिक दशा को समझना, पहचानना तथा स्वीकार करना सम्भव हो पाता है।

क्लाइनियन मनोगत्यात्मक परामर्शन/मनोपचार का उद्देश्य व्यक्ति की क्षमताओं का इस प्रकार विकास करना होता है कि वह स्वयं को श्रेष्ठतर ढंग से स्वीकार कर सके; उसके विचारों और अनुभूतियों की प्रक्रिया में स्वतंत्रता की दशा का विकास हो तथा उसपर स्थापित प्रतिबंध समाप्त हों।

शैदवकाल में विकसित हो चुकी फंतासियों में अन्य लोगों यथा अध्यापक, अन्य वरिष्ठजन, मित्रों, प्रेमीजन आदि के साथ के सम्बन्धों के माध्यम से परिमार्जन आ सकता है अतः इस स्रोतों का फंतासी में परिमार्जन हेतु अन्वेषण/उपयोग किया जा सकता है। इन सम्बन्ध के अतिरिक्त सृजनात्मक कार्यों के माध्यम से भी फंतासी में परिवर्तन का अवसर प्राप्त होता है। अतः यह उपागम ऐसे अवसरों के प्रोन्नयन पर ध्यान केन्द्रित करता है। माता-पिता द्वारा उचित पालन-पोषण द्वारा भी आरम्भ में निर्मित फंतासियों में परिमार्जन आ सकता है। संक्षेप में यह कहा जा सकता है कि फंतासी में परिमार्जन हेतु सभी सम्भव संसाधनों का उपयोग किया जाना लक्ष्य के रूप में निर्धारित किया जाता है।

इस उपागम का अभिग्रह यह है कि विलाप करने/शोक मनाने से विश्रांति प्राप्त होती है। जब विलाय अकेलेपन में होता है तब स्व पर आक्रमण होता है जिससे पीड़ा होती है, किन्तु जब हमारे विलाप पर हमारे साथ रहकर कोई सही ढंग से प्रतिक्रिया करता है (उसके अन्दर त्रासद विचारों एवं अनुभूतियों की सहनशीलता होती है) तब व्यक्ति को नई जागृति एवं शक्ति प्राप्त होती है। इसलिए परामर्शदाता अथवा अन्य लोगों के सम्पर्क में विलाप का अवसर उत्पन्न किया जाता है।

क्लाइनियन परामर्शन/मनोपचार का प्रयास यह होता है कि व्यक्ति यह समझ सके और यह अनुभव कर सके कि प्रेम और घृणा दोनों की पात्र माँ एक ही व्यक्ति है। यही बात परामर्शदाता के साथ के उसके सम्बन्ध के लिए भी सही है।

प्रयुक्त नीतियाँ एवं दक्षताएँ (Strategies and Skill Applied)

परामर्शदाता क्लायंट की उपस्थिति में स्वयं की वास्तविक मनोदशा की पहचान करता है तथा उसे स्वीकार करता है। ऐसा करने से क्लायंट को ऐसे सम्बन्ध का अनुभव होता है जिसमें वह अपनी सांवेगिक दशा को समझ पाता है तथा उसे स्वीकार कर पाता है।

परामर्शदाता दक्षतापूर्वक ऐसे उपयुक्त अवसर का अन्वेषण करता है जब परामर्शी को कोई विचार या सुझाव चिन्तन हेतु दिया जाता है जिनका सम्बन्ध के क्षेत्र में प्रभाव उत्पन्न होता है।

परामर्शदाता ऐसे अवसरों का लाभ उठाता है जहाँ क्लायंट दूसरों के साथ सम्बन्ध में ऋणात्मक संवेगों को प्रकट करता है क्योंकि इन अवसरों पर झुठलाने/विच्छेदन की प्रक्रिया की ओर वह परामर्शी का ध्यान आकृष्ट करता है तथा इस विच्छेदन प्रक्रिया पर विचार करते हुए उसमें परिमार्जन लाया जाता है। परामर्शदाता क्लायंट के भीतर परामर्शन और परामर्शदाता के विरुद्ध ऋणात्मक संवेगों को जागृत करके भी ऐसा कार्य करता है।

परामर्शी के संवेग एवं अनुभूतियाँ—धनात्मक एवं ऋणात्मक दोनों ही श्रेणियों के—प्रायः उसकी जानकारी या बोध में नहीं होती हैं। व्यक्ति की अनुभूतियों का उसके परिज्ञान में न होना ही यह प्रदर्शित करता है उन्हें दबाये रखने वाले कारण अत्यन्त सशक्त होते हैं। अतः ऐसी अनुभूतियों को क्लायंट के अनुभव में लाया जाता है। इस क्रिया का क्लायंट के परामर्शदाता के साथ सम्बन्ध के लिए महत्त्व होता है। ऐसी अनुभूतियों के बारे में शाब्दिक एवं अशाब्दिक संकेतों के माध्यम से सूचनाएँ प्राप्त होती है किन्तु इनकी व्याख्या के लिए परामर्शदाता में समुचित दक्षता की आवश्यकता होती है।

शोध साक्ष्य (Research Evidence)

मलान (Malan, 1979) ने एक गुणात्मक (Qualitative) शोध कार्य में यह परिणाम पाया कि आल्पकालिक क्लाइनियन मनोपचार प्रणाली द्वारा अन्तर्दृष्टि मनोपचार करने के लाभ का सार्थक सहसम्बन्ध मनोचिकित्सक के प्रति क्लायंट की अनुभूतियों के बारे में मनोचिकित्सक का प्रेक्षण तथा मूल्यांकन (observation and interpretation) के साथ होता है। लाभ की प्रगति तब अधिक होती है जब क्लायंट और मनोपचारक दोनों में ही मनोपचार के प्रति उत्साह होता है। भावान्तरण (transference) का विकास आरंभ में ही होने लगता है तथा अन्त में विलाप (grief) एवं क्रोध (anger) का विकास होता है।

रॉथ एवं **फोने** (Roth and Fonagy, 1996) के इस उपागम के शोध मूल्यांकन में यह बताया है कि यह उपागम उन मनोरोगियों/क्लायंट के लिए अधिक उपयुक्त है जिनकी व्यक्तित्व विकृतियाँ तीव्र (chronic) कोटि की नहीं है। रॉथ एवं फोने ने मनोगत्यात्मक मनोपचार/परामर्शन की सफलता के लिए चार तत्त्वों को महत्त्वपूर्ण बताया हैः—

(i) क्लायंट के प्रति मैत्रीपूर्ण एवं सहानुभूतिपूर्ण अभिवृत्ति,

(ii) सहकारितापूर्ण सम्बन्ध को प्रोत्साहित करना,

(iii) परामर्शदाता के प्रति क्लायंट की ऋणात्मक अनुभूतियों के साथ परामर्शन कार्य, एवं

(iv) मनोपचारात्मक सम्बन्धों के प्रति प्रत्यक्ष रूप में ध्यान देना।

❑

अध्याय 12

संज्ञानात्मक-व्यवहारात्मक उपागम
(COGNITIVE-BEHAVIOURAL APPROACHES)

गौतम बुद्ध ने कहा, *हमारा जैसा चिन्तन होता है वैसे ही हम होते हैं। हम जो कुछ हैं उसका उद्भव हमारे विचारों के साथ होता है। अपने विचारों से हम संसार की रचना करते हैं।*

गौतम बुद्ध के उपर्युक्त विचार में संसार और व्यक्ति के मध्य के सम्बन्ध पर एक पृथक दृष्टि है। व्यक्तित्व, मनोव्याधि, मनोपचार एवं परामर्शन के क्षेत्र में बीसवीं शताब्दी के उत्तरार्द्ध में भारत एवं पूर्व के दार्शनिक चिन्तन (विशेषतः बौद्ध दर्शन एवं योग दर्शन) तथा पाश्चात्य दर्शन एवं आधुनिक मनोविज्ञान का संयुक्त प्रभाव प्रकट होता है।

स्तोइक दार्शनिक इपिटितस (Epictetus) ने भी प्रथम शतब्दी में यह कहा कि 'लोग घटनाओं से उतना ही प्रभावित होते हैं जितना कि उनके विषय में अपनी दृष्टि से' (People are disturbed not so much by events as by the view which they take of them)। लोग घटनाओं को अपने-अपने पृथक परिप्रेक्ष्य में पृथक उन्मुखताओं के कारण अलग-अलग ढंग से देखते हैं। पृथक संज्ञापन के कारण पृथक अनुभव एवं पृथक व्यवहार होता है। बार-बार एक सुनिश्चित दिशा में संज्ञान में विकृति आने से व्यवहार विकृति उत्पन्न होती है, इस बात का मनोपचार एवं परामर्शन में ध्यान रखा जाना चाहिए।

संसार के साथ अपने सम्बन्धों के क्षेत्र में व्यक्ति के अपने विषय में विश्वासों (beliefs) का प्रभाव संसार के घटकों के प्रति व्यक्ति की उन्मुखता (orientation) पर पड़ता है। संज्ञानात्मक-व्यवहारात्मक उपागम का लक्ष्य व्यक्ति के कुसमायोजी विश्वासों एवं व्यवहारों को परिमार्जित कर के उसे सांवेगिक संकटों से मुक्ति दिलाना है।

संज्ञानात्मक व्यवहारात्मक मनोपचार कोई एक सिद्धान्त या एक पद्धति नहीं है। इसके अन्तर्गत अनेक मनोपचार प्रणालियाँ आती हैं तथा आधुनिक प्रैक्टिसनर इनमें से कई एक को पीड़ित व्यक्तियों के लिए उपयोगिता के आधार पर अलग-अलग अथवा एक-दूसरे के साथ जोड़कर प्रयुक्त करते हैं। व्यवहारात्मक उपागम, संज्ञानात्मक उपागम एवं तार्किक सांवेगिक-व्यवहारात्मक उपागम का आगे पृथक विवरण दिया गया है किन्तु यहाँ आरम्भ में एक सम्मिलित विवरणात्मक ढाँचा प्रस्तुत किया जा रहा है।

संज्ञानात्मक व्यवहारात्मक उपागमों के सैद्धान्तिक आधार *(Theoretical Bases of Cognitive-Behavioral Approaches)*

स्काट एवं ड्रायडेन (Scott, M. J. & Windy Dryden, 2003) का कथन है कि संज्ञानात्मक-व्यवहारात्मक परिप्रेक्ष्य में मानव अनुभव चार अन्तर्क्रियाशील घटकों—देहक्रिया, संज्ञान, व्यवहार एवं संवेग के उत्पाद के रूप में देखा जाता है। स्काट एवं ड्रायडेन ने इसे

एक रेखाचित्र द्वारा प्रस्तुत किया है:—

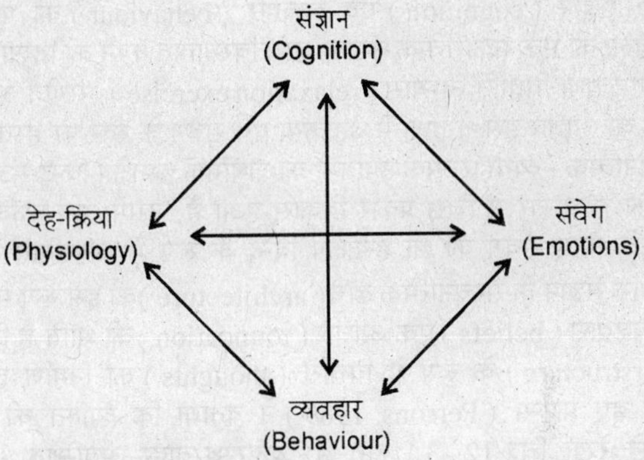

चित्र 12–1. (From-Scott and Dryden, The Cognitive-Behavioral Paradigm; in, Woolfe et. al. Handbook of Counselling Psychology, 2003)

इस प्रकार यदि क्रिकेट खेलने के लिए जाते समय कोई व्यक्ति आन्तरिक दबाव (देह क्रिया-physiology) का अनुभव कर रहा है तो उसके अन्दर यह विचार (संज्ञान-cognition) उत्पन्न हो सकता है कि वह अच्छा नहीं खेल पायेगा और यह विचार उसे चिन्तित (संवेग-emotion) कर देता है तब वह इस चिन्ता को घटाने के लिये अभ्यास/वर्क आउट से (व्यवहार-behaviour) में जुट जाता है। अभ्यास/वर्क आउट के पश्चात् उसके दबाव (देह क्रिया-physiology) में कमी आ सकती है तथा इसके फलस्वरूप यह विचार (संज्ञान-cognition) विकसित हो सकता है कि वह अच्छा खेल सकता है और यह विचार उसे विश्रांति (संवेग-emotion) का अनुभव कराता है। इस प्रकार ऋणात्मक संवेग (चिन्ता/तनाव) से अभ्यास द्वारा देहक्रिया-संज्ञान-संवेग-व्यवहार शृंखला में हस्तक्षेप के कारण छुटकारा प्राप्त हेाता है। यहाँ पर अभ्यास रूपी व्यवहार का कारण ही यह विचार (संज्ञान) हो सकता है अभ्यास करने से आत्मविश्वास में वृद्धि होगी।

इस पूरी शृंखला में चारों घटकों को एक चक्र का ऐसा अंग माना जाता है जहाँ हस्तक्षेप के चार बिन्दु अर्थात् किसी भी घटक के स्तर पर हस्तक्षेप करके शेष को प्रभावित

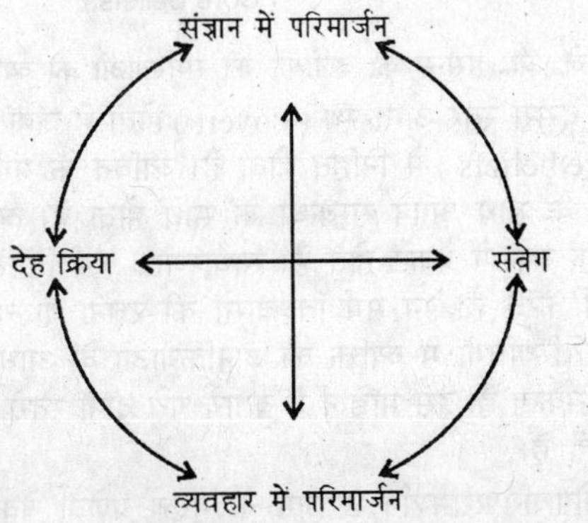

चित्र 12–2. संज्ञानात्मक व्यवहारत्मक उपागम में हस्तक्षेप बिन्दु

किया जा सकता है और इस प्रकार इस ऋणात्मक चक्र को तोड़ा जा सकता है किन्तु हमारा ध्यान मुख्यतः संज्ञान (cognition) एवं व्यवहार (behaviour) को परिमार्जित करके ऋणात्मक शृंखला को एक सकारात्मक शृंखला द्वारा विस्थापित करने की दिशा में केन्द्रित होता है। अन्य उपागम यथा विश्रांति अभ्यास (relaxation exercise), संगीत अथवा मनोनाटक आदि से लाभ का आधार इस शृंखला में देहक्रिया एवं संवेग के स्तर पर हस्तक्षेप करना होता है। यद्यपि संज्ञानात्मक—व्यवहारात्मक उपागमों का प्राथमिक हस्तक्षेप बिन्दु संज्ञान रहा है किन्तु इस उपागम का कालान्तर में जिस प्रकार विकास हुआ है, उसमें अब व्यक्तित्व विकृतियों को दूर करने के लिए संवेग को भी हस्तक्षेप बिन्दु के रूप में सम्मिलित किया जाता है।

यह उपागम संज्ञान के संरचनात्मक ढाँचे(architecture)की इस रूप में व्याख्या करता है कि इसमें विश्वास (beliefs) एक आधार (toundation) की भाँति है जिसपर विशाल रचना (superstructure) के रूप में विचारों (thoughts) का निर्माण होता है। इसकी व्याख्या करते हुए पर्सन्स (Persons, 1989) ने बताया कि व्यक्ति की समस्याओं के दो स्तर (देखें रेखा चित्र-12.–3) होते हैं: बहिरस्थ/बाहर अवस्थित (overt) स्तर, जिसमें समस्या का केन्द्र बिन्दु संज्ञान, संवेग और व्यवहार की परस्परिक अंतर्क्रिया में

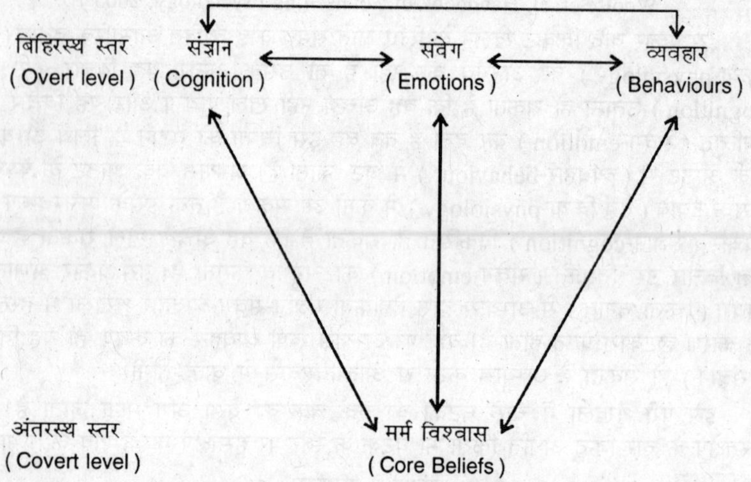

चित्र 12–3. (जे॰ बी॰ पर्सन्स का क्लायंट की समस्याओं की व्याख्या का मॉडल)

निहित होता है तथा दूसरा स्तर अन्तरस्थ (covert) होता है जहाँ समस्या का मूल हमारे मर्म विश्वासों (core beliefs) में निहित होता है। व्यक्ति के मर्म विश्वास का सम्बन्ध स्वयं से एवं संसार के साथ अपने सम्बन्धों के साथ होता है। व्यक्ति के मर्म विश्वास कदाचिद् ही शाब्दिक रूप में प्रकट होते है। साधारणतः मर्म विश्वास व्यक्ति की चेतना के सीमान्त पर कार्य करते हैं। इन मर्म विश्वासों की रचना बाल्यकाल में होती है तथा विभिन्न प्रकार की परिस्थितियों में व्यक्ति की अनुक्रियाओं के आधार पर इसके विषय में अनुमान लगाया जा सकता है। इस मॉडल में बताये गये दोनों स्तरों के मध्य भी पारस्परिक अन्तर्क्रिया होती रहती है।

संज्ञानात्मक मनोपचार/परामर्शन उपागम के मुख्य प्रणेता बेक (A. T. Beck) की पुत्री जुडिथ बेक (J. S. Beck, 1995) ने पर्सन्स के द्वारा वर्णित मॉडल को परिष्कृत करते

हुए यह बताया कि (i) क्लायंट निष्क्रय मर्म विश्वसों की सक्रियता को रोकने के लिए सशर्त विश्वासों (conditional belief) को विकसित कर सकते हैं जो 'यदि.....तो.......' (if.......then........) प्रारूप में होते हैं (यदि मैं एकाग्रचित्त होकर खेलूँगा तो निश्चय ही अपनी उपयोगिता को प्रमाणित कर सकता हूँ); अथवा/एवं (ii) निष्क्रिय मर्म विश्वासों की सक्रियता का परिहार करने हेतु सुरक्षात्मक व्यवहार करने लगता है (यथा, खिलाड़ी अति अभ्यास या अत्यधिक सतर्कता का मार्ग अपनाने लगता है)। परामर्शन प्रक्रिया में ऐसे सुरक्षात्मक व्यवहारों को चुनौती देने के लिए प्रेरित किया जा सकता है, यथा-खिलाड़ी को अपने नैसर्गिक खेल का मार्ग अपनाने और इस प्रकार अनावश्यक सतर्कतापूर्ण बैटिंग शैली का परीक्षण करने के लिए प्रेरित किया जा सकता है।

संज्ञानात्मक-व्यवहारात्मक प्रारूप के अन्दर व्यक्ति की अभिप्रेरणा को जैसा कि बैण्डूरा (Bandura, 1982) ने बताया है—दो प्रकार के विश्वासों आत्म-क्षमता/प्रभावोत्पादकता (self-efficacy) और परिणाम की प्रत्याशा का परिणाम माना जाता है। आत्म प्रभावोत्पादकता विश्वास का सम्बन्ध इस बात से है कि व्यक्ति किसी कार्य को संपन्न कर सकने के संदर्भ में अपनी क्षमता का किस प्रकार आकलन करता है तथा परिणाम प्रत्याशा का सम्बन्ध परिणाम के लाभप्रद या सार्थक होने के साथ है।

संज्ञानात्मक-व्यवहारात्मक उपागम : अकेली पद्धति नहीं (*Cognitive Behavioural Approaches : Not a Singular Therapy*)

इस उपागम के अन्तर्गत जैसा कि कहा जा चुका है कोई एक अकेली मनोपचार प्रणाली की गणना नहीं की जाती है। इसमें अनेक पद्धतियाँ प्रयुक्त होती हैं। स्कॉट एवं ड्रायडेन (2003) ने इन्हें समायोजी दक्षता (coping skill), समस्या समाधान (problem solving), संज्ञानात्मक पुनर्संरचना (cognitive restructuring) तथा संज्ञानात्मक उपचार (cognitive therapy) की श्रेणियों में रखा है। इनमें से कछ पद्धतियाँ कतिपय विकृतियों के लिए अन्य की अपेक्षा अधिक उपयोगी हो सकती हैं। समय के साथ प्रैक्टिसनर्स के कार्य में व्यवहारात्मक, संवेगात्मक एवं संज्ञानात्मक पद्धतियाँ एक-दूसरे के मेल में प्रयुक्त होने लगीं हैं। इस पुस्तक में पारम्परिक ढंग से व्यवहारात्मक, संज्ञानात्मक एवं तार्किक-सांवेगिक-व्यवहारात्मक परामर्शन/मनोपचार प्रणालियों का पृथक विवरण प्रस्तुत किया गया है।

I. व्यवहार उपागम
(Behavioural Approach)

परामर्शन/मनोपचार हेतु व्यवहार उपागम प्रयुक्त किये जाने का इतिहास अब बहुत लम्बा हो चुका है। बीसवीं शताब्दी के आरम्भिक दशकों में ही फ्रॉयड के मनोविश्लेषणात्मक उपागम से असहमति के कारण अन्य उपागमों के विकास की दिशा में ध्यान दिया जाने लगा। पॉवलॉव और स्किनर द्वारा अधिगम/अनुबंधन के क्षेत्र में सम्पन्न किये गये प्रायोगिक अध्ययनों ने इस दिशा में नये द्वार खोल दिये। व्यवहार उपागम का सम्बन्ध किसी एक व्यक्ति द्वारा प्रतिपादित एक व्यक्तित्व सिद्धान्त से नहीं है। अनुबंधन, पुनर्बलन और अधिगम के क्षेत्र में सम्पन्न किये गये प्रायोगिक अध्ययनों का लोगों की व्यवहार सम्बन्धी समस्याओं के समधान हेतु विविध रूपों (विविध कार्य नीतियों एवं संक्रियाओं) में प्रयुक्त किये जाने की प्रक्रिया में व्यवहार उपागम की विभिन्न प्रविधियों का विकास हुआ। आधुनिक व्यवहार मनोपचार प्रणाली का विकास मुख्यतः पॉवलॉव के प्राचीन अनुबंध सम्बन्धी प्रायोगिक अध्ययनों एवं साक्ष्यों तथा स्किनर के क्रियाप्रसूत अनुबंधन सिद्धान्त के आधार

पर हुआ। मावरर ने भय एवं परिहार अधिगम का द्विकारक सिद्धान्त प्रतिप्रादित करते हुए बिस्तर-गीला करने (bed-wetting) की समस्या का समाधान करने हेतु प्राचीन अनुबंधन के सिद्धान्त का उपयोग किया। मावरर के द्विकारक सिद्धान्त का कथन यह है कि मूलतः भय का विकास (अधिगम) प्राचीन अनुबन्धन की प्रणाली द्वारा होता हे किन्तु भय का परवर्ती अनुरक्षण (maintenance) क्रियाप्रसूत अनुबंधन (operant conditioning) की प्रणाली द्वारा होता है।

व्यवहार उपागम का अधिक सार्थक विकास वोल्पे (Joseph Wolpe, 1958) द्वारा व्यवस्थित विसंवेदीकरण (systematic desensitization) तकनीक प्रस्तुत किये जाने के फलस्वरूप हुआ। 1960 और 1970 के दशक मे अनेक व्यवहार परिमार्जन तकनीकों का विकास हुआ। बैण्डूरा के प्रतिरूप सिद्धान्त और प्रतिरूप अधिगम विधि ने परामर्शदाताओं का ध्यान आकृष्ट किया। लैजॉरस (Lazarus) तथा आइजेन्क (Eysenck) के इस क्षेत्र में योगदान महत्त्वपूर्ण हैं।

व्यवहार परिमार्जन के क्षेत्र का जिस अवधि में विकास हुआ, उसी अवधि में संज्ञानात्मक परामर्शन/उपचार उपागम का भी विकास हुआ है। संज्ञानात्मक उपागम और संज्ञानात्मक-व्यवहार उपागम में अनेक व्यवहार परिवर्तन/परिमार्जन तकनीकों को सम्मिलित किया गया है किन्तु इस उपागम में व्यक्ति के आन्तरिक अनुभवों, जैसे—विचार, अनुभूति, इच्छा, दिवास्वप्न और अभिव्यक्तियों पर अधिक बल दिया जाता है (करीना लॉवेल, 2000)। पिछले दो दशकों में परामर्शदाताओं ने व्यवहार और संज्ञान के क्षेत्र में हस्तक्षेप की प्रणाली का अपने उपागम में प्रायः एक साथ उपयोग किया है जिसके कारण संज्ञानात्मक व्यवहार उपचार उपागम (Cognitive-Behavioural Therapy–CBT) का विकास हुआ है। आज कुछ ही परामर्शदाता अपनी वृत्ति (प्रैक्टिस) में विशुद्ध रूप में संज्ञानात्मक या व्यवहार तकनीक का उपयोग करते हैं, बहुधा परामर्शदाता दोनों तकनीकों का उपयोग करते हुए देखे जाते हैं। हम यहाँ पर दोनों उपागमों का परिचय पृथक रूप में देने का प्रयास कर रहे हैं।

मूलभूत अभिग्रह
(Basic Assumptions)

(1) व्यक्ति की समस्त अनुक्रियाएँ अर्जित होती है। अनुक्रियाओं का अधिगम परिवेश में व्याप्त पुनर्बलन (पुरस्कार एवं दण्ड) की व्यवस्था के अनुरूप होता है।

(2) अधिगम के लिए व्यक्ति के व्यवहार का प्रत्यक्ष पुनर्बलन आवश्यक नहीं होता है, स्थानापन्न/प्रच्छन्न (vicarious) पुनर्बलन की प्रक्रिया समाज में सम्पन्न होने वाले अधिगम के लिए पर्याप्त उपयुक्त होती है।

(3) समस्या व्यवहार का विकास आवश्यक एवं उचित अनुक्रिया के अधिगम की विफलता के कारण अथवा अनुचित अनुक्रिया प्रणाली का अधिगम होने के कारण होता है।

(4) समस्या व्यवहार को ऐसी अनुक्रियाओं के रूप में परिभाषित किया जा सकता है जिनका अवलोकन किया जा सकता है।

(5) समस्या का स्वरूप वर्तमान होता है तथा उसका भविष्यकथन सम्भव है।

(6) परिवेश में उपयुक्त अनुभव, पुरस्कार/दण्ड पुनर्बलन की व्यवस्था करके व्यवहार में आवश्यक परिवर्तन या परिमार्जन किया जा सकता है। इस प्रकार समस्या व्यवहार का समाधान किया जा सकता है।

(7) व्यवहार उपागम में प्रयुक्त होने वाली प्रविधियों की उपयोगिता का वैज्ञानिक/इन्द्रियानुभविक परीक्षण या सत्यापन किया जा सकता है।

(8) व्यवहार/अनुक्रिया प्रणाली जिसमें कि परिवर्तन किया जाना है स्पष्ट रूप में निर्धारित (प्रायः स्वयं क्लायंट द्वारा) होना चाहिए।

समस्या की उत्पत्ति एवं अनुरक्षण की व्याख्या (Explanation of the Origin and Maintenance of Problems)

करीना लॉवेल (Karina Lovell, 2000, Behavioural Psychotherapy, in Feltham & Horton (Eds.) Handbook of Counselling and Psychotherapy) ने व्यवहारात्मक उपागम में समस्या की व्याख्या हेतु लैंग (Lang, 1979) के त्रि-प्रणाली उपागम (three-systems approach) का उपयोग किया है। उक्त तीन प्रणालियाँ परिहार (व्यवहार-behaviour), चिन्ता (दैहिक तनाव एवं अनुभूति-physiology) एवं परिस्थितियों की भयावहता का अनुभव (संज्ञान-Cognition) हैं। इसे लॉवेल ने एक रेखाचित्र के माध्यम से प्रस्तुत किया है (चित्रः 12–4)। इस व्याख्या के अनुसार किसी भी परिस्थिति के भयप्रद

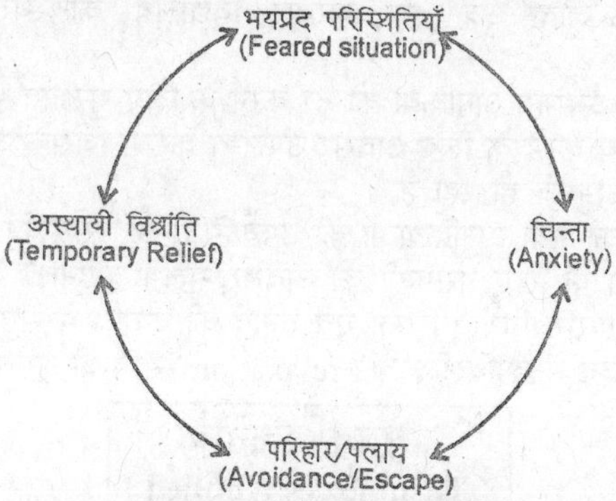

चित्र 12.4 : भय एवं परिहार का दुष्चक्र

होने पर अथवा किसी लक्ष्य या दशा का स्वरूप ऐसा होने पर कि उसके कारण चिन्ता की उत्पत्ति होती है, उस परिस्थिति/दशा/लक्ष्य के परिहार की इच्छा उत्पन्न होती है। पलायन या परिहार करने से उस संकटमय दशा से जुड़ी हुई चिन्ता से एक प्रकार की अस्थायी विश्रांति का अनुभव होता है किन्तु भविष्य में उस वस्तु/लक्ष्य/दशा का सामना होने पर पुनः चिन्ता या भय की उत्पत्ति होती है। इस प्रकार व्यक्ति दुष्चक्र मे फँस जाता है तथा भय एवं चिन्ता वस्तुतः यथावत बनी रह जाती है। भय एवं चिन्ता से वास्तविक मुक्ति प्राप्त करने के लिए यह आवश्यक होता है कि व्यक्ति ऐसी परिस्थितियों का प्रत्यक्ष रूप में सामना करे तथा अनावश्यक एवं अनुचित भय एवं चिन्ता से मुक्ति प्राप्त करें। उसके लिए चिन्ता की वास्तविक दशाओं में चिन्ता के कारणों का उपयुक्त अनुक्रिया द्वारा समाधान किये जाने की आवश्यकता होती है तथा काल्पनिक (अनुचित) कारणों से उत्पन्न होने वाले अनुपयुक्त भय या चिन्ता से मुक्ति पाने के लिए आवश्यक है कि परिहारात्मक व्यवहार का परित्याग किया जाय। इस प्रकार भय-चिन्ता-परिहारात्मक अनुक्रिया के दुष्चक्र को तोड़ने की आवश्यकता होती है।

परिवर्तन सम्बन्धी लक्ष्य
(Change Related Goals)

व्यवहारात्मक उपागम की व्यवहारगत समस्याओं के सम्बन्ध में व्याख्या यह है कि (i) उचित अनुक्रियाओं का अधिगम सम्पन्न नहीं हुआ है; तथा (ii) अनुचित/अनुपयुक्त अनुक्रियाओं का अधिगम सम्पन्न हो गया है अतः परामर्शन/उपचार का लक्ष्य व्यक्ति के व्यवहार को परिमार्जित करना होता है। पुनर्अधिगम (relearning) द्वारा अनुचित/अनुपयुक्त अनुक्रियाओं के स्थान पर उपयुक्त अनुक्रियाओं को स्थापित किया जाता है अतः व्यवहार परिमार्जन के लिये योजित विभिन्न प्रविधियों का लक्ष्य ऐसी परिस्थितियों की रचना करना होता है जिनसे कि पुनर्अधिगम की प्रक्रिया सम्पन्न हो। मुख्य लक्ष्य अधोवर्णित हैं :—

(1) समायोजनात्मक व्यवहार के लिए आवश्यक अनुक्रियाओं का सकारात्मक पुनर्बलन (पुरस्कार) के माध्यम से अधिगम,

(2) कुसमायोजनात्मक अनुक्रियाओं का नकारात्मक पुनर्बलन (दण्ड) के माध्यम से विलोप,

(3) कुसमायोजनात्मक व्यवहार के अनुरक्षण में सहायक सिद्ध हो रहे पुनर्बलक को व्यक्ति के जीवन क्षेत्र (घर, परिवार, विद्यालय, कार्यस्थल आदि) से बाहर हटाना,

(4) भय जैसी असंगत अनुक्रिया को दूर करने के लिए सुरक्षित परिवेश में उस दशा का अनुभव करने के लिए अवसर उपलब्ध कराना जिसके अन्तर्गत क्लायंट को भय का अनुभव हो रहा है,

(5) अधिगम की गयी अनुक्रियाओं की उपयोगिता का परामर्शन के सुरक्षित परिवेश में परीक्षण के लिए परामर्शी को अवसर सुलभ कराना,

(6) प्रतिकूल परिस्थितियों (चिन्ता एवं तनाव की दशा) में संतुलन बनाये रखने के लिए व्यक्ति में शिथिलीकरण (relaxation) सम्बन्धी क्षमता का विकास करना।

प्रयुक्त तकनीकें
(Techniques Applied)

व्यवहार उपागम व्यक्ति की समयोजनात्मक समस्याओं का समाधान करने के लिए उसके व्यवहार के स्तर पर हस्तक्षेप की नीति का अनेक तकनीकों को माध्यम से क्रियान्वयन करता है। प्रयुक्त प्रमुख तकनीकों की सूची में प्रतिरूप अधिगम, विसंवेदीकरण, अनावृत्ति, अनुक्रिया परिहार, शिथिलीकरण, गृहकार्य, डायरी रखना, एसर्टिव ट्रेनिंग को सम्मिलित किया जाता है।

1. प्रतिरूप अधिगम/अभ्यास एवं पुनर्बलन *(Model Learning, Rehearsal and Reinforcement)*—प्रतिरूप अधिगम की तकनीक अनुकरण द्वारा अधिगम के सिद्धान्त के आधार पर कार्य करती है। इस विधि के लिए एक प्रतिरूप (मॉडल) का होना, व्यक्ति के लिए उसके व्यवहार का अवलोकन करने के अवसर की उपलब्धता तथा अवलोकित व्यवहार को अपने व्यवहार में क्रियान्वित (enact) करने के अवसर की आवश्यकता होती है। अधिगम के इस रूप में सर्वथा नवीन व्यवहारों का अधिगम सम्भव है और अधिगम की क्रिया पूरी होने के लिए अर्थात किसी नयी अनुक्रिया को अर्जित करने के लिए पुनर्बलन आवश्यक नहीं होता है। पुनर्बलन की भूमिका अधिगम और अधिगम की गयी अनुक्रिया के व्यवहार में प्रकट/कार्यरूप में सम्मिलित होने के लिए सहजीकरण

(fecilitaion) के रूप में होती है। यहाँ पुनर्बलन व्यक्ति के व्यवहार का या प्रेक्षित मॉडल के व्यवहार को पुनर्बलन (परिणाम) के रूप में हो सकता है। कई बार ऐसा भी हो सकता है कि व्यक्ति को पुनर्बलन स्वयं अपने अन्दर से (सफलतापूर्वक कोई व्यवहार/अनुक्रिया अर्जित एवं क्रियान्वित कर पाने का बोध) ही प्राप्त हो सकता है। अब प्रश्न यह है कि प्रतिरूप अधिगम की इस तकनीक का परामर्शन या उपचार के क्षेत्र मे परामर्शी के व्यवहार में परिवर्तन या परिमार्जन स्थापित करने के लिए किस प्रकार उपयोग किया जा सकता है; और किस प्रकार की अनुक्रियाओं के अधिगम के लिए यह तकनीक अधिक उपयुक्त है।

परामर्शदाता और परामर्शी संयुक्त रूप से परामर्शी के व्यवहार के बारे में विचार करके यह निर्धारित करते हैं कि किस प्रकार के व्यवहार को अर्जित किया जाना है। अपने मित्रों एवं सहकर्मियों के बीच में अधिक प्रभावशाली ढंग से व्यवहार करने, अपनी अनुभूतियों को अन्य लोगों के साथ बाँटने, लोगों के बीच भाषण दे पाने या अपनी बात कह पाने, अपने विचारों एवं अनुभूतियों पर अडिग रहने, द्वन्द्व या आक्रामकता का समाधान करने जैसे व्यवहारों के अधिगम के लिए यह प्रविधि उपयुक्त मानी जाती है।

अधिगम के लक्ष्य और उसके स्तर का स्पष्ट निर्धारण कर चुकने के पश्चात, क्लायंट को नये वांछित व्यवहार का अधिगम कराने के लिए प्रतिरूपण, रिहर्सल और पुनर्बलन की शृंखला का उपयोग किया जाता है। सर्वप्रथम एक उपयुक्त प्रतिरूप (मॉडल) का चयन किया जाता है। उपयुक्त प्रतिरूप का चयन करने में क्लायंट की सहायता ली जा सकती है। क्लायंट के लिए उपयुक्त प्रतिरूप वह व्यक्ति हो सकता है जिसका वह सम्मान करता है, जो विश्वसनीय है और सक्षम व्यक्ति के रूप में उसका प्रत्यक्षण हो रहा है। मॉडल के व्यक्तित्व/व्यवहार का स्तर यदि अर्जित किये जा सकने योग्य है, अर्थात उसका व्यवहार इतना अधिक जटिल नहीं है कि उसका अनुकरण सम्भव न हो, तो ज्यादा अच्छा होता है। यह मॉडल वास्तविक या वीडियोग्राफिक रूप में प्रस्तुत किया जा सकता है। परामर्शदाता स्वयं भी मॉडल की भूमिका में प्रवेश कर सकता है और अपने व्यवहार भण्डार में उस व्यवहार को प्रदर्शित कर सकता है जिसको क्लायंट अर्जित करना चाहता है। क्लायंट को प्रतिरूप के व्यवहार का अवलोकन करने के लिए कहा जाता है।

प्रतिरूप के व्यवहार का अवलोकन करने के पश्चात परामर्शी से वैसा ही व्यवहार करने के लिए कहा जाता है। यह रिहर्सल क्रिया उस समय तक जारी रखी जाती है जबतक कि परामर्शी अपने अधिगम के बारे में संतुष्ट नहीं हो जाता है। प्रत्येक रिहर्सल के बाद परामर्शी को अपनी सफलता पर ध्यान केन्द्रित करने के लिए कहा जाता है। अभाव या कमियों पर ध्यान केन्द्रित नहीं किया जाता है। परामर्शदाता परामर्शी के व्यवहार में सफलता की संगतिपूर्ण प्रशंसा करता है। अगले रिहर्सल या अभ्यास के समय अर्जित व्यवहार को भली प्रकार दुहराने के अतिरिक्त वह अन्य पक्षों पर भी ध्यान देता है। इस क्रिया को व्यवहार आकृति रचना (behaviour shaping) कहते हैं। इस प्रकार व्यवहार में अर्जित सफलता पर इस रूप में ध्यान केन्द्रित करते हुए कि एक सुनिश्चित सीमा तक उसे सफलता प्राप्त हो चुकी है शेष व्यवहार, योग्यता, क्षमता, विशेषता को अपने व्यवहार भण्डार में सम्मिलित करने के लिए क्लायंट प्रयत्न करता है।

व्यवहार अर्जित करने की प्रक्रिया में परिवेश की विशेषताओं का महत्त्व होता है। परामर्शी की सक्रिय भागीदारी, हँसी-मजाक का पुट, परामर्शदाता की परानुभूति और उसका सम्प्रेषण, सहयोग तथा समर्थन देने एवं चुनौती प्रस्तुत करने की क्रियाओं के मध्य का संतुलन परामर्शी द्वारा लक्ष्य अर्जित करने में सहायक होता है।

अर्जित व्यवहार का वास्तविकं जीवन की दशाओं में कार्यान्वयन के लिए सजग योजना से लाभ मिलता है। कुछ परामर्शियों के लिए लक्ष्य अर्जित करने हेतु समय-सारिणी भी उपयोगी हो सकती है। व्यक्ति के परिवेश में पहले से उपलब्ध सामाजिक पुनर्बलन के महत्त्व पर ध्यान दिया जाना चाहिए। परामर्शी द्वारा नये व्यवहार या परिमार्जित व्यवहार के महत्त्व का मूल्यांकन लाभकारी होता है।

2. विसंवेदीकरण *(Desensitization)*—विसंवेदीकरण चिन्ता एवं भय उत्पन्न करने वाले उद्दीपकों के प्रति चरणबद्ध रूप में क्रमशः व्यक्ति की संवेदनशीलता घटाने और चिन्ता के प्रतिरोध के लिए शिथिलीकरण की प्रविधि का उपयोग करके व्यक्ति को लाभ पहुँचाने वाली सुसंरचित प्रविधि है। सर्वप्रथम व्यक्ति को शिथिलीक्ररण (relaxation) की तकनीक में प्रशिक्षित किया जाता है। तत्पश्चात चिन्ता या भय उत्पन्न करने वाले उद्दीपक को अल्प मात्रा में प्रस्तुत किया जाता है। व्यक्ति इस उद्दीपक के द्वारा पहले उत्पन्न होने वाली चिन्ता का अब सामना कर सकता है। चिन्ता उत्पन्न करने वाले उद्दीपक की मात्रा को अगले प्रयासों पर क्रमशः इस प्रकार बढ़ाते हैं कि पिछले प्रयासों में अर्जित चिन्ता मुक्ति और शिथिलता या आराम की दशा को क्षति नहीं पहुँचे। वस्तुतः व्यक्ति चिन्ता का अनुभव कर सकता है लेकिन उसे नियंत्रित करने में सक्षम होने का बोध भी अनुभव करता है। इस प्रकार समय के साथ चिन्ता की समाप्ति हो जाती है।

इस प्रविधि को प्रयुक्त करते समय परामर्शदाता प्रत्येक चरण के लिए उद्दीपक की मात्रा का निर्धारण करता है। प्रत्येक सत्र में परामर्शी को समर्थन और प्रोत्साहन देता है तथा प्रगति का मूल्यांकन करता है। परामर्शदाता द्वारा प्रक्रिया के मध्य अनुरक्षण (मॉनीटरिंग) और मूल्यांकन करते रहने से प्रक्रिया के प्रत्येक चरण में आवश्यक संशोधन किया जा सकना सम्भव होता है। इस प्रकार परामर्शदाता दो सत्रों या चरणों को एक में संक्षिप्त, संयुक्त एवं समाहित कर सकता है अथवा किसी बिन्दु को आवश्यकतानुसार विस्तृत कर सकता है।

विसंवेदीकरण की प्रविधि प्रयुक्त करते समय यह भी ध्यान दिया जाता है कि प्रक्रिया के प्रत्येक चरण में उद्दीपक की मात्रा परामर्शी की सामान्य क्षमता से थोड़ी अधिक हो जिससे कि उसके समक्ष चुनौती प्रस्तुत हो ताकि क्लायंट के लिए कुछ और दूरी तय किया जाना वांछित हो जाये। व्यवहार परिमार्जन की अधिकतर प्रविधियों के लिए चरणबद्धता उपयोगी होती है।

3. अनावृत्ति *(Exposure)*—अनावृत्ति तकनीक इस सिद्धान्त का उपयोग करती है कि यदि कोई व्यक्ति चिन्ता या भय उत्पन्न करने वाली किसी परिस्थिति में टिका रहे, वहाँ से वापस नहीं लौटे और उस परिस्थिति में उसे किसी प्रकार की क्षति नहीं होती है तो धीरे-धीरे व्यक्ति के चिन्ता या भय का लोप हो जायेगा। शारीरिक स्तर पर व्यक्ति को भय उत्पन्न करने वाली परिस्थिति से उतना उद्दीपन बाद में प्राप्त नहीं होता है जितना कि प्रथम प्रस्तुतीकरण के समय था। मनोवैज्ञानिक स्तर पर व्यक्ति को यह बोध प्राप्त हो पाता है कि उसे जैसी आशंका थी उस प्रकार से कोई क्षति उसे वस्तुतः पहुँचने वाली नहीं है। इस प्रकार उस परिस्थिति में बने रहने के लिए उसका व्यवहार पुनर्बलित होता है। चिन्ता में कमी उसी परिस्थति का सामना करने के लिए उसे प्रोत्साहित करती है जिससे उसे भय लगता था।

इस प्रविधि का एक रूपान्तरण अन्तर्विस्फोट्य तकनीक (implosion method) में देख जा सकता है जहाँ भय या चिन्ता उत्पन्न करने वाली परिस्थिति की भरमार कर दी

जाती है, बाढ़ जैसी दशा (flooding) उत्पन्न कर दी जाती है तथा व्यक्ति ऐसी ही चुनौती भरी सर्वाधिक विपरीत परिस्थिति का तबतक सामना करता रहता है जबतक कि चिन्ता की मात्रा का बोध सीमित स्तर पर नहीं आ जाता है। इस तकनीक द्वारा परामर्शन में लाभ के साथ-साथ खतरा सम्मिलित है इसलए परामर्शदाता इस प्रविधि का उपयोग अत्यन्त सतर्कता के साथ करते हैं।

एक अन्य रूपान्तरण में परामर्शदाता परामर्शी को भय उत्पन्न करने वाली परिस्थितियों का मात्रा के आधार श्रेणीयन (ग्रेडिंग) करने के लिए कहता है। इसके पश्चात प्रत्येक परिस्थिति का सामना कर सकने के लिए और उस परिस्थिति में भयमुक्त या चिन्तामुक्त होने के लिए विधियों का चयन करता है। इन विधियों में शिथिलीकरण विधियों को सम्मिलित किया जा सकता है या व्यक्ति अपने लिए यह संदेश दुहराता रहता है कि चिन्ता की कोई बात नहीं है। भारतीय संदर्भो में लोग प्रायः हनुमान चालीसा या किसी श्लोक का पाठ करके अपने आप को भय से मुक्त करने का प्रयास करते हुए देखे जा सकते हैं। व्यक्ति इस प्रकार का अभ्यास काल्पनिक परिस्थितियों में भी कर सकता है; पहले अवलोकनकर्ता के रूप में, तत्पश्चात सहभागी और अन्त में वास्तविक जीवन दशा में। इस प्रकार की संरचना में परामर्शदाता होमवर्क जैसी प्रणाली का सहायक प्रविधि के रूप में उपयोग करते हैं।

4. अनुक्रिया परिहार *(Response Prevention)*—यह तकनीक विशेषतया मनोग्रस्तता बाध्यतामूलक अनुक्रियाओं की समस्या का समाधान करने के लिए प्रयुक्त की जाती है। धूम्रमान, बार-बार खाने, खर्च करने, दूसरों से आश्वासन पाने, अपनी आलोचना करते रहने, आघात पहुँचाने जैसी अनुक्रियाओं का परिहार करने की आवश्यकता की पूर्ति में यह तकनीक सहायक होती है। इस प्रविधि का विकास इस रूप में किया गया है कि व्यक्ति प्रगतिशील क्रम में अनुक्रिया को विलम्बित करता है और इस प्रकार यह क्रम तबतक चलता रहता है जबतक कि अनुक्रिया का पूर्णरूपेण परिहार नहीं हो जाता है। यदि कोई व्यक्ति धूम्रमान की आदत छोड़ना चाहता है तो सिगरेट पीने की इच्छा जागृत होने पर पहले एक-दो मिनट, फिर पाँच-दस मिनट, तत्पश्चात आधा घंटा, इसी क्रम में अनुक्रिया करने में विलम्ब करते हुए; तथा मध्यवर्ती अवधि में उत्पन्न होने वाली चिन्ता या बेचैनी का सामना करने के लिए शिथिलीकरण व्यायाम अथवा वैकल्पिक तकनीक प्रयुक्त करके, उस समय तक अनुक्रिया परिहार का प्रयत्न करते रहते हैं जबतक कि व्यक्ति पूरी सफलता के साथ चिन्ता से मुक्त रहते हुए, अनुक्रिया को रोक लेने में सफल नहीं हो जाता है।

5. गृहकार्य *(Homework)*—यह प्रविधि उपर्युक्त विधियों के संसर्ग में प्रयुक्त की जाती है। परामर्शन सत्र सप्ताह में एक या दो दिन अथवा साप्ताहिक अन्तराल पर सम्पन्न होते हैं। आधुनिक परामर्शन शैली में कार्यावधि कम सत्र संख्या के रूप में ही पसन्द की जाती है। ऐसे में दो सत्रों के मध्य परामर्शी क्या करें? परामर्शदाता और परामर्शी के मध्य वार्ता, सहमति, विचार-विमर्श द्वारा कुछ गृहकार्य निर्धारित किया जा सकता है। इस क्रिया द्वारा परामर्शी की परामर्शन प्रक्रिया में सहभागिता में वृद्धि हो जाती है, उसे प्रक्रिया पर निजी आधिपत्य का बोध होता है और पूरी प्रक्रिया वांछित प्रतीत होती है। गृह कार्य के अनेक लक्ष्य हो सकते है; कठिन परिस्थिति का सामना करना, नये व्यवहार का अभ्यास करना या उसका परीक्षण करना। गृहकार्य का उद्देश्य सम्पन्न हो चुके सत्र के बारे में प्रत्यावर्तन करने, विचारों की सूची तैयार करने, अन्य व्यक्तियों से सूचनाएँ (feedback) प्राप्त करने या अपने संसाधन जुटाने के रूप में भी हो सकता है।

गृहकार्य निर्धारण करते समय परामर्शदाता व्यक्ति की अभिप्रेरणाओं के प्रति सवंदेनशील होता है। यदि परामर्शी एक प्रकार का गृहकार्य करने के लिए अनिच्छुक है तो विचार-विमर्श करके ऐसे गृहकार्य पर सहमति विकसित की जाती है जिसे पूरा करने के लिए परामर्शी तत्पर प्रतीत होता है। गृह कार्य के अन्तर्गत डायरी लिखने, स्वप्न का पुनः स्मरण करने, विशिष्ट व्यक्तियों की सूची तैयार करने, एसर्टिवनेस क्लासेज में जाने, सृजनात्मक या आत्मकथा लेखन का कार्य, विसंवेदीकरण का अभ्यास करने जैसे विविध कार्यों को भी सम्मिलित किया जा सकता है।

6. डायरी तैयार करना *(Preparing Diary)*—परामर्शन कार्य में व्यवहारात्मक दृष्टि से परामर्शी द्वारा डायरी तैयार किया जाना उद्दीपकों, व्यवहारों और पुनर्बलकों के मध्य के सम्बन्धों के अन्वेषण हेतु उपयोगी होता है। व्यक्ति के मद्यपान, क्रोध, बाजार जाने, बाहर जाने, बाहर जाना नापसंद होने, लोगों से मिलना अच्छा न लगने, गीत-संगीत अच्छा नहीं लगने आदि अनेक व्यवहारों के पहले घटित हुई घटनाओं का ब्यौरा उन परिस्थितियों और पुनर्बलको के बारे में महत्त्वपूर्ण अन्तर्दृष्टियाँ प्रदान करता है जिनके प्रभाव में व्यक्ति उक्त अनुक्रियाएँ करता है। डायरी की सूचना पूर्वगामी दशा-व्यवहार-परिणाम (antecedent-behaviour-consequent : A–B–C) पर ध्यान केन्द्रित करके अन्तर्दृष्टि प्राप्त करने में सहायक सिद्ध हो सकती है।

डायरी का उपयोग परामर्शन सत्रों में सम्पन्न हुई अनुक्रियाओं के बारे में प्रत्यावर्तन (reflection) के लिए भी किया जा सकता है।

7. शिथिलीकरण या विश्रांति *(Relaxation)*—विश्रांति या शिथिलीकरण अर्जित करने की अनेक तकनीकें प्रचलन में है। मांसपेशियों को शिथिलिता प्रदान करने वाली क्रियाएँ, योग, श्वसन नियमन क्रियाएँ उपयोगी मानी जाती है। अनेक माध्यमो से व्यक्ति को इन संसाधनों के बारे मे प्रशिक्षण या सूचनाएँ प्राप्त हो सकती हैं किन्तु परामर्शदाता के पास भी ऐसी प्रविधियों का भंडार होना उपयोगी माना जाता है। किसी परामर्शन सत्र के मध्य चिन्ता की परिस्थिति का सामना करने के लिए विश्रांति तकनीकों को उपयोगी माना जाता है। इसके अतिरिक्त परामर्शी परामर्शदाता से सीधे तौर पर इस विषय में जानकारी और प्रशिक्षण प्राप्त करना चाहते हैं। परामर्शी के लिए अनेक विश्रांति प्रविधियों में से परीक्षण के आधार पर उपयुक्त प्रतीत हुई तकनीक का उपयोग किया जाता है। ऐसा देखा गया है कि विश्रांति प्रविधियों का एक नियमित आदत के रूप में उपयोग किये जाने पर चिन्ता और तनाव का प्रभाव कम हो जाता है तथा व्यक्ति तकनीक के उपयोग में निपुणता प्राप्त कर लेता है।

विश्रांति प्रविधियाँ मन और शरीर के मध्य अन्तर्सम्बन्धों के सिद्धान्त के आधार पर कार्य करती है। इस प्रकार यदि शरीर की मांसपेशियाँ पूरे शरीर में खिंचाव और ढीलापन के सम्मिश्रण द्वारा या श्वसन क्रिया के नियंत्रण द्वारा शिथिल हो जाती है तो मन पर विश्रांतक प्रभाव उत्पन्न होता है।

विश्रांति अर्जित करने के लिए मनोवैज्ञानिक प्रविधियाँ भी प्रयुक्त की जा सकती हैं। कल्पना के माध्यम से सुखद एवं विश्रांतक प्रतीत होने वाली परिस्थितियों का अनुभव करके भी व्यक्ति विश्रांति का अनुभव कर सकता है (गार्डन जिंक्स, 2000) किन्तु इस प्रणाली को सतर्कतापूर्वक प्रयुक्त किया जाना चाहिए क्योंकि तनाव उत्पन्न करने वाला कोई बिम्ब उल्टा प्रभाव डाल सकता है।

संगीत सुनना (विशेषकर हल्की धुन), सैर-सपाटा, समुद्र तट का भ्रमण, फुलवारी और ऐसी अन्य अनेक परिस्थितियों का अनुभव लोगों के लिए लाभकारी होता है। जीवन की भाग-दौड़ में प्रायः लोगों के लिए अपना शौक (hobby) पूरा करना सम्भव नहीं हो पाता है किन्तु समझदारी के साथ उपयुक्त शौक को पूरा करके व्यक्ति चिन्ता और तनाव का सामना कर सकता है। सामाजिक, सांस्कृतिक संदर्भ भी शौक के चयन के लिए महत्त्वपूर्ण होते हैं। हमारा विचार है कि भारतीय सामाजिक-सांस्कृतिक परिवेश में अनेक प्राचीन तत्त्व ऐसे है जिनके द्वारा हमें अपने जीवन के अर्थ को विस्तार प्राप्त होता है। विस्तृत जीवन परिदृश्य में हमारी सक्रिय भागीदारी द्वारा हमें चिन्ता से मुक्ति मिली है।

उदाहरण के लिये श्रमदान, विद्यादान आदि अनुक्रियाओं द्वारा (i) हमारी सामाजिक समस्याओं का समाधान होता है; हमें अपनी भागीदारी से संतुष्टि प्राप्त होती है; दूसरों के दुःख बांटने के माध्यम से स्व-आत्मीकरण (self-actualization) की आवश्यकताओं की पूर्त्ति होती है; तथा (ii) अन्य लोगों के साथ सक्रिय होने पर समूह मनोपचार/परामर्शन की स्वाभाविक दशाओं का अनुभव प्राप्त होता है।

8. दृढ़ाग्रहिता प्रशिक्षण *(Assertiveness Training)*—अनेक व्यक्ति अन्तर्वैयक्तिक व्यवहार के क्षण में चिन्ता एवं अवरोध का अनुभव करते है, वे अनिश्चयात्मकता से पीड़ित होते हैं, ऐसे लोग दृढ़तापूर्वक अपनी बातों (विचारों एवं अनुभूतियों) को उपयुक्त समय पर उपयुक्त ढंग से कहने में विफल होते हैं। यदि इन लोगों में अपने विचारों को अभिव्यक्त करने एवं कार्य करने के लिए दृढ़ निश्चय की सामर्थ्य/प्रवृत्ति विकसित की जा सके तो इन लोगों में अपनी समस्याओं के समाधान की क्षमता विकसित हो सकती है। व्यवहार परिभार्जन उपागम इस प्रकार के प्रशिक्षण की व्यवस्था करता है। इस विषय में विस्तृत विवरण पृथक अध्याय में आगे दिया गया है अतः यहाँ पर संक्षिप्त परिचय ही दिया गया है।

9. विमुखता अनुबंधन *(Aversive Conditioning)*—इस तकनीक का उपयोग धूम्रपान, मद्यपान, तोड़-फोड़ प्रवृत्ति, यौनिक समस्या, अधिक या अनुपयुक्त भोजन करने जैसी व्यवहार प्रवृत्तियों के परिमार्जन हेतु क्रिया जाता है। इसका सिद्धान्त यह है कि यदि किसी अनुक्रिया के साथ त्रासद उद्दीपक (दण्ड पुनर्बलक) को इस प्रकार संलग्न कर दिया जाये कि अनुक्रिया घटित होने के उपरान्त दण्ड रूपी उद्दीपक/पुनर्बलक उपस्थित हो जाये तो व्यक्ति की वह अनुक्रिया विभिन्न प्रयासो के मध्य क्रमशः क्षीण होती हुई अन्ततः विलुप्त हो जाती है। व्यक्ति उस लक्ष्य या अनुक्रिया से विमुख हो जाता है। आधुनिक मनोवैज्ञानिक परिदृश्य में दण्ड का उपयोग अमानवीय एवं क्षतिकारक एवं परामर्शन के मूलभूत सिद्धान्त—उपयुक्त परामर्शन परिवेश की रचना के प्रतिकूल माना जाता है। अतः इस प्रविधि का उपयोग कम ही देखा जाता है। तथापि सांस्कृतिक-सामाजिक मूल्यों के प्रति संवेदनशील रहते हुए सतर्कतापूर्वक दण्ड की प्रणाली का उपयोग करके बच्चों एवं वयस्कों के अनेक असंगत व्यवहारों के परिमार्जन में इस प्रविधि के महत्त्व को अस्वीकार नहीं किया जा सकता है।

10. तनाव प्रतिरोध प्रशिक्षण *(Stress Inoculation Training)*—मिशेनबॉम (Meich-Boum, 1985) ने इस प्रविधि में तनाव का प्रतिरोध करने के लिए संज्ञानात्मक एवं व्यवहारात्मक दोनो पक्षों पर ध्यान देने के लिए प्रशिक्षण देते हैं। एस.आई.टी. (S.I.T.) का उपयोग तनाव घटाने एवं उसका परिहार करने के दोहरे उद्देश्य के लिए किया जाता है। व्यक्ति के संज्ञान और व्यवहार दोनो में ही परिमार्जन किया जाता है।

व्यक्ति को यह सिखाया जाता है कि कठिन/तनावग्रस्त दशाओं में वह 'स्वयं से क्या कहे तथा कैसे व्यवहार करे। साथ-ही-साथ परिवेश के स्तर पर अन्य लोगों के साथ सहयोग करके व्यक्ति के लिए उपयुक्त परिवेश (जैसे काम के उपयुक्त घंटो का निर्धारण) की रचना के लिए प्रोत्साहित किया जाता है।

शोध साक्ष्य एवं मूल्यांकन
(Research Evidence and Evaluation)

संज्ञानात्मक व्यवहारात्मक प्रविधि के क्षेत्र में शोध कार्यों की लम्बी सूची है। व्यवहारात्मक उपागम की ऊपर वर्णित प्रविधियाँ प्रयोगशालायी शोध से उपजी हुयी प्रविधियाँ है। शोध अध्ययनों में इन प्रविधियों की उपयोगिता मनोग्रस्तता बाध्यता मूलक व्यवहार, फोबिया, आदतजन्य समस्याओं, अन्तर्वैयक्तिक व्यवहार आदि के क्षेत्र मे प्रमाणित हुई है।

इस उपागम के आलोचक इसे अति यांत्रिक, अमानवीय, लक्ष्योन्मुखी (अर्थात् अन्तर्निहित कारणों की उपेक्षा करने वाला), निरंकुश-निर्देशात्मक शैली वाला बताते है जबकि उसके समर्थक इन प्रविधियों को सरल, समाधानोन्मुखी, वैज्ञानिक एवं शोध-साक्ष्य आधृत एवं त्वरित गति से लाभ पहुँचाने वाला बताते हैं। गोल्डस्टीन (A.P. Goldstein, 1973) व्यवहार परिमार्जन मनोपचार की प्रणालियों को अल्पशिक्षित एवं कमजोर आर्थिक वर्ग के लोगों के लिए आदर्श विधि बताते हैं।

रॉथ एवं फोने (Roth & Fongay, 1996) ने इसे विधि से सम्बन्धित शोध कार्यों एवं समीक्षाओं को संकलित करते हुए यह स्पष्ट करने का प्रयास किया है कि किस प्रकार की समस्या के लिए संज्ञानात्मक-व्यवहारात्मक उपागम की कौन-सी प्रविधि अधिक प्रभावी होती है। इन शोधकर्त्ताओं ने इस दृष्टिकोण को भी चुनौती दी है कि मनोपचार में प्रविधियों से अधिक महत्त्वपूर्ण परामर्शन परिवेश एवं परामर्शदाता की विशेषताएँ (व्यवहार उपागम इन तत्त्वों की उपेक्षा करता हुआ प्रविधियों पर ध्यान देता है) होती हैं।

II. संज्ञानात्मक उपागम
(Cognitive Approach)

परामर्शन एवं मनोचिकित्सा की मनोविश्लेषणात्मक प्रणाली का आरम्भ में व्यापक प्रभाव क्षेत्र विकसित हो गया किन्तु शीघ्र ही उक्त प्रणाली के समर्थकों एवं अनुयायियों के बीच उपागम के अभिग्रहों के बारे में मतभेद उभरने लगा। मनोविश्लेषणात्मक उपागम के साथ असहमति का स्तर तीव्र होने के साथ-साथ दूसरी मनोवैज्ञानिक उपचार प्रणालियों को विकसित करने का प्रयास भी आरम्भ हो गया। ऑरोन बेक् (1964, 1976) ने मनोविश्लेषणात्मक उपागम से असंतुष्ट होकर संज्ञानात्मक उपागम विकसित किया। बेक के विचारो पर तार्किक-संवेगात्मक उपागम के प्रणेता अल्बर्ट एलिस की भाँति ही ग्रीक, रोमन और पूर्वी दार्शनिकों के विचारों का प्रभाव दृष्टिगोचर होता है है। दर्शन के इस क्षेत्र में यह सोच प्रभावशाली पायी गयी है कि हम अपने विश्व और स्वयं के बारे में जैसा चिन्तन करते हैं उसका हमारे संवेग और व्यवहार पर गहरा प्रभाव पड़ता है। गौतम बुद्ध ने कहा, "हम जैसा सोचते हैं वैसे ही होते हैं। हम जो कुछ है उसका उद्भव हमारे विचारों से होता है, अपने विचारों से हम संसार की रचना करते हैं।"

बेक (Aaron Beck) ने 1963 और 1964 में चिन्तन और विषाद के सम्बन्धों पर

शोधपत्र प्रस्तुत करके विषाद में नकरात्मक संज्ञान त्रिपद का संप्रत्यय प्रस्तुत किया जिसमें यह कहा गया है कि विषाद से पीड़ित व्यक्ति विश्व, भविष्य तथा स्वयं के बारे में नकारात्मक दृष्टिकोण को अभिव्यक्त करते हैं। विषाद चिन्तन का विकार है। बाद में अन्य मानसिक समस्याओं में भी संज्ञानात्मक विकार प्रदर्शित किया जा सका इसलिए उपचार हेतु संज्ञान के स्तर पर हस्तक्षेप की प्रणाली विकसित की गयी। संज्ञानात्मक उपागम में अनेक व्यवहार हस्तक्षेप तकनीकों को भी सम्मिलित किया गया है। इसलिए इस उपागम का प्रमुख रूप संज्ञानात्मक-व्यवहार उपागम (cognitive-behavioural approach) का होता है।

बेक ने 1976 में कॉगनिटिव थेरपी एण्ड द इमोशनल डिसआर्डर्स (Cognitive Therapy and the Emotional Disorders) प्रकाशित किया। उनकी पुत्री जे.एस. बेक ने इस उपागम को अमेरिका में मजबूती प्रदान की तथा 1995 में कॉगनिटिव थिरेपी: बेसिक्स एण्ड बियॉण्ड (Cognitive Therapy : Basics and Beyond) प्रकाशित की। पी.एम. साल्कोवकिंस ने 1996 में फ्रांटियर्स ऑफ कॉगनिटिव थिरेपी (Frontiers of Cognitive Therapy) का सम्पादन किया। 1998 में संज्ञानात्मक-व्यवहार परामर्शन के विषय में एक पुस्तक (Cognitive Behavioural Counselling in Action : P. Trower, A. Casey and W. Dryden) का प्रकाशन इस उपागम की आधुनिक महत्ता और प्रचलन का संकेत देता है। विगत कुछ दशकों में परामर्शन/मनोपचार की उपागमों में बहुलता के साथ-साथ समन्वयन की दिशा में प्रगति देखी जा सकती है। संज्ञानात्मक उपागम को मनोविश्लेषणात्मक एवं व्यवहारवादी उपागमों के साथ जोड़कर मनोपचारक इनका उपयोग कर रहे है। इसलिए संज्ञानात्मक-व्यवहारात्मक मनोपचार (CBT) का प्रचलन देखा जा सकता है किन्तु यहाँ पर दोनों उपागमों का स्वतंत्र वर्णन किया गया है।

मूलभूत अभिग्रह
(Basic Assumptions)

हम सभी लोगों को परिवेश के साथ समायोजन स्थापित करने की आवश्यकता होती है। उपयुक्त समायोजन स्थापित होने के लिए परिवेश, स्वयं अपने बारे मे एवं अन्य लोगों के बारे में यथार्थपूर्ण सूचना की आवश्यकता होती है। हमारी ज्ञानेन्द्रियाँ (आँख, कान, नाक, जिह्वा और त्वचा) परिवेश के साथ मध्यस्थता स्थापित करके हमारे लिए मौलिक सूचनाएँ अर्जित करती हैं। ज्ञानोन्द्रियों के स्तर पर प्राप्त सूचनाओं के साथ चिन्तन, तर्क, कल्पना की प्रणालियाँ सम्मिलित होकर हमारे अन्दर व्यक्तियों, परिवेश और घटनाओं के बारे में बोध के जिस स्वरूप का विकास करती हैं उसमे घटना का वस्तुनिष्ठ वर्णन ही नहीं अपितु हमारी व्याख्या, मूल्यांकन और निष्कर्ष का समावेश होता है। इस बोध को संज्ञान कहते हैं।

संज्ञानों का हमारी अनुभूतियों, व्यवहार और दैहिक अवस्था के साथ सम्बन्ध के बारे में विश्वास इस सिद्धान्त का मूलभूत अभिग्रह है। इस प्रकार यदि सामने उपस्थित व्यक्ति का प्रत्यक्षण/संज्ञान एक आंतकवादी के रूप में हो रहा है तो व्यक्ति (प्रत्यक्षणकर्त्ता-perceiver) की दैहिक अवस्था प्रभावित होगी, उसकी श्वसन क्रिया और हृदयगति तीव्र हो जायेगी, व्यक्ति को भय/क्रोध की अनुभूति होगी तथा उसका व्यवहार पलायन/आक्रमण के रूप में होगा। व्यक्ति उत्पन्न हुए संज्ञान के औचित्य का मूल्यांकन कर सकता है और उसमें संशोधन कर सकता है।

बेक ने व्यक्ति की अनुभूतियों और व्यवहार को प्रभावित करने वाले तीन प्रकार के संज्ञान का वर्णन किया है:—

(1) सूचना संसाधन *(Information preocessing)*—व्यक्ति को निरंतर बाहरी परिवेश और आन्तरिक संरचना से सूचनाएँ प्राप्त होती रहती हैं जिसको आधार बनाकर हमारा मस्तिष्क उसे संज्ञानात्मक अर्थपूर्णता के रूप में प्रस्तुत करता है।

(2) स्वचालित विचार *(Automatic thoughts)*—व्यक्ति के अनेक संज्ञान स्वतःस्फूर्त होते हैं, इनकी उत्पत्ति आंतरिक संवाद द्वारा होती है। व्यक्ति के लिए ऐसे संज्ञानों का चेतन बोध प्राप्त होना आवश्यक नहीं होता है।

(3) स्कीमा *(Schema)*—स्कीमा ऐसी काल्पनिक संज्ञानात्मक संरचनाएँ होती हैं जो वर्तमान प्रसंग में आवश्यक सूचनाओं पर ध्यान केन्द्रित करने और अनावश्यक सूचनाओं की उपेक्षा करने के लिए अवछन्न प्रणाली की भाँति हमारी सहायता करती हैं। स्कीमा अनकहा नियम या अन्तर्निहित विश्वास होता हैं जिसका आरंभिक अनुभवां के माध्यम से विकास होता है।

समस्या की उत्पत्ति और अनुरक्षण की व्याख्या
(Explanation of the Origin and Maintenance of Problems)

बेक के संज्ञानात्मक प्रतिरूप की अवधारणा यह है कि व्यक्ति की मनोवैज्ञानिक या सांवेगिक समस्याओं का कारण परिस्थितियों और अनुभव में नहीं, व्यक्ति के विकृत चिन्तन की प्रणाली में निहित होता है।

जब अस्वस्थ या कुसमायोजनात्मक स्कीमा; जो कि नकारात्मक, दृढ़ (बेलोच) और निरपेक्ष होता है, विकसित और सक्रिय हो जाता है तब सूचना संसाधन (information processing) में विकृति आ जाती हैं। सूचना को व्यक्ति के अन्तर्निहित विश्वासों के अनुरूप परिवर्तित कर लिया जाता है या प्रतिकूल सूचनाओं (जिनकी विश्वास के साथ अनुरूपता नहीं होती है) की उपेक्षा कर दी जाती है। बेक ने विकृत सूचना संसाधन के तीन रूपों का वर्णन किया है:—

(1) मनमाना निष्कर्ष *(Arbitrary inference)*—अर्थात ऐसा संज्ञानात्मक निष्कर्ष जिसका कोई आधार या समर्थन करने वाला साक्ष्य नहीं है।

(2) द्विभाजी चिन्तन *(Dichotomous thinking)*—चिन्तन की ऐसी शैली जिसमें व्यक्ति सदैव द्विध्रुवीय मूल्यांकन में किसी एक छोर पर पाया जाता है, मध्यवर्ती मूल्यांकन का स्वरूप नहीं पाया जाता है।

(3) वृद्धिकरण/अधिकीकरण एवं अल्पीकरण *(Maximization and minimization)*—इस प्रकार का विकार आने पर संज्ञानात्मक प्रक्रिया घटनाओं का मूल्यांकन या तो बढ़ाचढ़ाकर या अत्यन्त घटाकर प्रस्तुत करती है।

अस्वस्थ स्कीमा का प्रभाव सूचना संसाधन प्रक्रिया पर उपरोक्त विकारी रूप में उत्पन्न होने के अतिरिक्त स्वतः स्फूर्त विचार प्रणाली पर भी नकारात्मक रूप में देखा जाता है। व्यक्ति अपनी सामर्थ्य, महत्त्व, सार्थकता आदि का मूल्यांकन ऋणात्मक रूप में करता है।

बेक कुसमायोजनात्मक संज्ञानात्मक स्कीमा, संज्ञानात्मक विकृति और स्वतः स्फूर्त स्कीमा जो कि व्यक्ति को संवेगात्मक विकार की दिशा में ले जाते हैं, को अर्जित प्रक्रम मानते हैं। बेक के बहुकारक सिद्धान्त में मनोवैज्ञानिक समस्याओं को जेनेटिक, बाल्यकालीन अनुभवों और सामाजिक अधिगम की अनुक्रिया के माध्यम से उत्पन्न रोग उन्मुखता (vulnerability) का प्रतिफल मानते हैं। तात्कालिक परिवेश के कारक अस्वस्थ संज्ञानात्मक प्रक्रिया के लिए सक्रियकरण कारक का कार्य करते हैं।

संज्ञानात्मक विकृति के माध्यम से मनोवैज्ञानिक समस्याओं का रूप यथावत बना रहता है। एक बार अस्वस्थ स्कीमा सक्रिय हो जाती है तो व्यक्ति सूचनाओं को अवछन्न करके उसे इस रूप में ही संसाधित करता है कि प्राप्त सूचना व्यक्ति की स्वयं अपने बारे में, अन्य लोगों, परिवेश एवं घटनाओं के बारे में विश्वास/व्याख्या के अनुरूप हो। इस कारण उसकी समस्या का स्वरूप यथावत् अनुरक्षित रहता है। पूर्वाग्रहपूर्ण सूचना संसाधन का प्रभाव स्वाचालित विचार पर भी पड़ता है। अंततः व्यक्ति का अस्वस्थ संज्ञान पुनर्बलित होता है और संवेगात्मक समस्याओं की निरन्तरता बनी रहती है।

परिवर्तन सम्बन्धी लक्ष्य
(Change Related Goals)

संज्ञानात्मक उपागम का लक्ष्य सुव्यवस्थित प्रक्रिया के माध्यम से सांवेगिक समस्याओं का उपचार और व्यवहार में परिवर्तन स्थापित करना होता है। संज्ञान में परिवर्तन स्थापित करना इस उपागम का प्रथम लक्ष्य होता है। इस कार्य के लिए क्लायंट की सक्रिय सहभागिता आवश्यक होती है। परिवर्तन के लक्ष्य और प्रक्रिया की निम्न अवस्थाएँ होती हैं:—

(1) क्लायंट को संज्ञानात्मक प्रतिरूप और संवेग एवं व्यवहार में विचार की भूमिका के बारे में शिक्षित करना; क्लायंट में समस्या का सम्प्रत्ययन विकसित करना;

(2) परामर्शदाता क्लायंट को संज्ञानात्मक त्रुटियों, स्वतःस्फूर्त विचार और स्कीमा को चुनौती देने एवं व्यवहार में परिवर्तन की योजना बनाने तथा लक्ष्य निर्धारित करने के लिए सहायता देता है;

(3) क्लायंट को स्वयं के लिए परामर्शदाता/उपचारक बनने हेतु सहायता दी जाती है;

(4) क्लायंट के विकृत विचारों में दीर्घकालिक लाभ के लिए परिमार्जन उत्पन्न किया जाता है;

(5) क्लायंट में उसकी समस्याओं की उत्पत्ति और अनुरक्षण के विषय में अंतरिम परिकल्पनाओ के रूप में विश्लेषण का प्रतिपादन किया जाता है। यह विश्लेषणात्मक प्रतिपादन (i) संज्ञानात्मक विकृति, स्वतः स्फूर्त विचार, स्कीमा; (ii) पूर्वनिहित कारकों (जेनेटिक, बाल्यकालीन अनुभव एवं सामाजिक अधिगम); और (iii) तात्कालिक कारकों (घर, परिवार, मित्र कार्यस्थल आदि की वर्तमान समस्याओं) के पदों के रूप में तैयार किया जाता है। परामर्शन प्रक्रिया का लक्ष्य क्लायंट के संज्ञान को परामर्शदाता के सम्पर्क प्राप्त होने वाली नवीन सूचनाओं के आधार पर परिमार्जित करना होता है।

प्रयुक्त तकनीकें
(Techniques Applied)

जिल्ल मिट्टन (Jill Mytton, 2000) के अनुसार संज्ञानात्मक परामर्शदाता/उपचारक सक्रिय-निर्देशात्मक परामर्शन पद्धति (active-directive counselling style) अपनाते हैं। परामर्शदाता द्वारा संज्ञानात्मक एवं व्यवहार प्रविधियों (कुछ व्यवहार प्रविधियों का भी संज्ञानात्मक उपागम में उपयोग प्रचलन में है) को प्रयुक्त करने के लिए अच्छे परामर्शन सम्बन्ध की आवश्यकता होती है।

संज्ञानात्मक परामर्शदाता का कार्य शिक्षक जैसा होता है अतः उसमें अच्छे शिक्षक के गुण होने चाहिए जिससे कि वह परामर्शी को संज्ञान, संवेग, शरीर क्रिया और व्यवहार के सम्बन्धों के बारे में शिक्षित कर सके। परामर्शदाता में परामर्शी को अपने विचार एवं

व्यवहार का प्रबोधक (मॉनीटर) बनाने, उसके औचित्य का परीक्षण करने तथा विकृत एवं गलत ढंग से कार्य कर रहे विश्वास की प्रणाली का परिमार्जन करने के लिए शिक्षित करने की सामर्थ्य होनी चाहिए।

जिल्ल मिट्टन ने संज्ञानात्मक उपागम में प्रयुक्त होने वाली की छः संज्ञानात्मक श्रेणी तथा पाँच व्यवहार तकनीकों को सूचीबद्ध किया है :—

(1) साकरेटिक प्रश्न पृच्छा (Sacratic Questioning)—चुनौती देने वाला संवाद,

(2) लागत-लाभ विश्लेषण (Cost-benefit analysis)—किसी प्रकार के विश्वास से लाभ-हानि का आकलन करना; (शक्ति क्षेत्र विश्लेषण जैसी प्रविधि),

(3) क्लायंट को स्वतः स्फूर्त विचारों की पहचान करने एवं संवेग तथा व्यवहार पर उसके प्रभाव को समझने में सहायता करना,

(4) वैकल्पिक परिप्रेक्ष्यों का विकास (Alternative perspectives),

(5) वास्तविकता परीक्षण (Reality testing)—विचारों के लिए साक्ष्य की खोज;

(6) संज्ञानात्मक अभ्यास (Cognitive rehearsal)।

उक्त के अतिरिक्त व्यवहार प्रविधियाँ भी प्रयुक्त की जाती हैः—

(1) क्रमिक अनावृति (graded exposure),

(2) गतिविधियों का प्रबोधन (monitoring activities)—प्रतिदिन की गतिविधि की रिकार्डिंग और मूल्यांकन की क्रिया,

(3) गतिविधियों की अनुसूची तैयार करना (scheduling activities),

(4) व्यवहार परीक्षण—भय, चिन्ता का परीक्षण (विसंवेदीकरण तकनीक),

(5) विश्रांति प्रविधियाँ।

व्यवहार प्रविधियों की विस्तृत विवेचना इस अध्याय के पिछले खण्ड एवं पूर्ववर्ती अध्याय में की गई है।

शोध साक्ष्य
(Research Evidence)

मनोपचार/परामर्शन के अन्य उपागमों की तुलना में संज्ञानात्मक उपागम की उपयोगिता के बारे में अधिक उच्च कोटि के वैज्ञानिक शोध साक्ष्य उपलब्ध हैं। सर्वप्रथम बेक एवं अन्य सहयोगियों (1977) ने यह परिणाम पाया कि लक्षणों में कमी की दृष्टि से संज्ञानात्मक उपचार के लाभ औषधीय उपचार की तुलना में अधिक प्रभावी थे।

बटलर एवं बेक (Butler, A. C. & Beck, J. S. 2000) ने संज्ञानात्मक उपागम के लाभ का मापन करने हेतु इस प्रविधि के लाभार्थियों के अध्ययन में से नियंत्रित समूह के अध्ययन को घटाकर नियंत्रित समूह के मानक विचलन से विभाजित करने की प्रणाली अपनायी, संज्ञानात्मक उपागम की श्रेष्ठता अत्यधिक उच्च पायी गयी। संज्ञान उपचार के लाभार्थियों की नियंत्रित समूह की तुलना में श्रेष्ठता इस प्रकार थी—वयस्क एक ध्रुवीय विषाद (79%), किशोर एक ध्रुवीय विषाद (87%), सामान्य चिन्ता विकृति (85%), अगोराफोबिया (82%), सोशल फोबिया (82%), बाल्यकालीन विषाद (82%), वैवाहिक तनाव (76%), क्रोध (76%), बाल्यकालीन मनोदैहिक विकृति (68%), दीर्घकालिक पीड़ा (सिरदर्द से पृथक) (68%)। बटलर एवं बेक (2000) ने इस प्रविधि की अन्य

विधियों के साथ तुलना उपचारोपरान्त समस्या की पुनरावृत्ति (relapse) के आधार पर की तो उस दृष्टि से भी उसे अन्य विधियों से थोड़ा अधिक श्रेष्ठ पाया।

यद्यपि उपरोक्त परिणाम वैज्ञानिक परीक्षा (scientitic/clinical trial) से सम्बन्धित है और इतने अच्छे परिणाम नियमित वृत्ति (routine work/parctivce) में सम्भवतः नहीं प्राप्त हो सकेंगे किन्तु शोध-साक्ष्य इस उपागम को वृत्ति में अपनाने की दृष्टि से उत्साहजनक हैं।

III. तार्किक संवेगात्मक व्यवहार उपचार (Rational Emotive Behaviour Therapy)

मानव प्राणी तर्कशील होता है। वह अपने आरंभिक अनुभवों के आधार पर तार्किक चिन्तन की विशिष्ट शैली का विकास कर लेता है। व्यक्ति का चिन्तन उसके व्यवहार को प्रभावित करता है। अनेक परामर्शदाताओं ने लोगों के तार्किक चिन्तन की सामर्थ्य को संदर्भ में रखकर परामर्शन/उपचार पद्धतियों का विकास किया है। पैटर्सन (C.H. Patterson, 1959) ने इस श्रेणी के अन्तर्गत विलयमसन और मिनिसोटा दृष्टिकोण(E. G. Williamson and Minnesota Point of View 1939, 1947), थॉर्न (F. G. Thorne, 1950) और अलबर्ट इल्लिस(Albert Ellis) की पद्धति का वर्णन किया है। हम यहाँ पर अधिक प्रचलित और आधुनिक इल्लिस की पद्धति का ही विशेष रूप में वर्णन प्रस्तुत करेंगे।

विलियमसन की पद्धति शैक्षिक परामर्शन के संदर्भों में अधिक उपयोगी है। उनकी पद्धति का विकास छात्रों को परामर्श देने की आवश्यकताओ को ध्यान में रखकर ही किया गया था (How to counsel students, 1939)। विलयमसन की पद्धति में पहले विश्लेषण (analysis), संश्लेषण (synthesis), निदान (dignosis) और अन्ततः छात्र की क्षमताओं, संसाधनों के सशक्तीकरण एवं यथार्थवादी दृष्टिकोण के विकास के लिए सहायता देने के चरण सम्मिलित होते हैं।

थॉर्न की तार्किक पद्धति का कोई सैद्धान्तिक आधार नहीं है। थॉर्न सांवेगिक और बौद्धिक कारकों को उपयुक्त महत्त्व दिये जाने के पक्ष में हैं। उनकी पद्धति का उद्देश्य सांवेगिक-आवेगपूर्ण व्यवहार को तार्किक-अनुकूलनीय व्यवहार द्वारा विस्थापित करना होता है। यह कार्य निष्क्रिय-अनिर्देशात्मक अवस्था की तुलना में अन्तर्दृष्टि विकास के लिए निर्देशात्मक व्याख्या की प्रक्रिया द्वारा अधिक प्रभावशाली ढंग से सम्पन्न किया जाता है।

इल्लिस (Albert Ellis, 1993) के उपागम के विकास की तीन अवस्थाएँ 1955, 1961 और 1993 हैं। मनोविश्लेषणात्मक उपागम से असंतुष्ट होकर, संज्ञानात्मक उपागम को महत्त्व देते हुए उन्होंने 1955 में तार्किक उपचार (Rational Therapy-RT) का विकास किया। यह प्रदर्शित करने के लिए कि उनकी पद्धति सांवेगिक कारकों की उपेक्षा नहीं करती है 1961 में इल्लिस ने अपनी पद्धति का नाम बदलकर तार्किक-संवेगात्मक उपचार (Rational Emotive Therapy–RET) कर दिया। तीस वर्ष पश्चात व्यवहार के महत्त्व को रेखांकित करते हुए, आलोचकों को शान्त करने की प्रक्रिया में इस पद्धति का नाम एक बार पुनः 'तार्किक-संवेगात्मक-व्यवहार उपचार' (Rational-Emotive-Behaviour Therapy–REBT) के रूप में परिवर्तित कर दिया गया। ड्रायडेन ने इस पद्धति के बारे में दो महत्त्वपूर्ण ग्रन्थ प्रस्तुत किये (i) A Rational Emotive Behaviour Therapy Reader, (1995) (ii) Rational Emotive Behaviour Counselling In Action (2nd Edn., 1999) । तार्किक संवेगात्मक व्यवहार पद्धति का आज समूचे विश्व में

शिक्षा, व्यवसाय और उपचार के क्षेत्र में उपयोग किया जा रहा है किन्तु विन्डी ड्रायडेन का मत है कि बेक द्वारा विकसित संज्ञानात्मक-व्यवहार उपागम की इल्लिस की पद्धति की तुलना में परामर्शदाताओं के मध्य अधिक लोकप्रियता है।

मूलभूत अभिग्रह
(Basic Assumptions)

इस उपागम के मूलभूत अभिग्रहों का सम्बन्ध 'मानव स्वभाव' तथा 'संवेगात्मक विकारों की उत्पत्ति' के साथ है।

(1) मनुष्य के चिन्तन में अद्वितीय तार्किकता एवं अतार्किकता हाती है। जब उसका चिन्तन एवं व्यवहार तार्किक होता है तब वह प्रभावशाली, सक्षम एवं प्रसन्न होता है।

(2) तार्किक चिन्तन लचीला (नम्य), यथार्थपूर्ण, आत्म-संवर्धक, सम्बन्ध-संवर्धक होता है तथा मानसिक स्वास्थ्य की धुरी की रचना करता है। अतार्किक चिन्तन में बेलोचपन (अनम्यता), वास्तविकता के साथ संगति का अभाव, स्व-पराजय, सम्बन्धों के लिए क्षति की दशा पायी जाती है जिसके कारण मानसिक असंतुलन की उत्पत्ति होती है।

(3) अतार्किक चिन्तन की उत्पत्ति व्यक्ति के अन्दर जैविक/आनुवांशिक पूर्वाभिमुखता, आरंभिक अधिगम या अनुभवों, माता-पिता एवं संस्कृति में ऐसी प्रवृत्ति के प्रति अनावरण (exposure) के कारण होती हैं।

(4) तार्किक चिन्तन चार प्रकार के होते हैं—लचीली वरीयताएँ, भय विरोधी विश्वास, उच्च कुण्ठा सहिष्णुता वाले विश्वास, तथा स्वीकार्यता विश्वास।

(5) अतार्किक चिन्तन के भी चार प्रकार होते हैं—बेलोच या दृढ़ माँग, भयकारी विश्वास, निम्नस्तरीय कुण्ठा सहिष्णुता तथा अवमूल्यनकारी विश्वास।

(6) आर. ई. बी. टी. ने मानसिक विकास और स्वास्थ्य का एबीसी प्रतिरूप (ABC model) प्रस्तुत किया है जिसमें ए सक्रियकरण कारक (activiting events) होते हैं जो की वास्तविक या काल्पनिक हो सकते हैं; बी विश्वास (beliefs) है जो तार्किक या अतार्किक हो सकता है; सी. ए. के बारे में विश्वास का परिणाम (cosequence) होता है। यह परिणाम संज्ञान, संवेग और व्यवहार के क्षेत्र में हो सकता है। इस प्रकार ए (सक्रियकरण तत्व) सी (परिणाम) के कारण नहीं होते हैं किन्तु उनका योगदान महत्त्वपूर्ण होता है, तथा बी (ए के बारे में विश्वास) सी (परिणाम) का प्रमुख कारण तो होता है किन्तु एकमात्र निर्धारक नहीं होता है।

(7) ए (A) के बारे में तार्किक विश्वास के द्वारा स्वस्थ संवेग, प्रकार्यात्मक व्यवहार और यथार्थपूर्ण चिन्तन उत्पन्न होता है जबकि अतार्किक विश्वास (A के बारे में) के कारण अस्वस्थ संवेग, अप्रकार्यात्मक व्यवहार और यथार्थहीन चिन्तन विकसित होता है।

(8) आर. ई. बी. टी. का मानव स्वभाव के बारे में दृष्टिकोण वास्तविकतापूर्ण है। मनुष्य में तार्किक एवं अतार्किक दोनों प्रकार के चिन्तन की सामर्थ्य होती है। किसी व्यक्ति द्वारा प्रबल इच्छाओं को बेलोच इच्छाओ में परिवर्तित किया जाना ऐसे जैव आधारित(biologically based)अतार्किक चिन्तन की प्रवृत्ति को प्रदर्शित करता है जिसका परिवेशीय संदर्भ द्वारा प्रतिरोध या प्रोत्साहन किया जा सकता है।

(9) तार्किक संवेगात्मक व्यवहार उपागम (REBT) वास्तविकतावादी होने के अतिक्ति आशावादी भी है। तर्क यह है कि यदि कोई क्लायंट तत्परतापूर्वक एवं बलपूर्वक अतार्किक विश्वासों का प्रतिरोध करता है और तार्किक विश्वासों की संगति के अनुरूप कार्य करता है तो वह स्वयं को सार्थक सहायता दे सकता है। तथापि, इस उपागम का यह मत है कि अधिकतर क्लायंट दीर्घकाल तक इस प्रकार का प्रयत्न यथेष्ट शक्ति के साथ नहीं कर पाते हैं इसलिए उनका मानसिक स्वास्थ्य उनकी सामर्थ्य के अनुरूप नहीं होता है।

समस्याओं की उत्पत्ति एवं अनुरक्षण की व्याख्या (Explanation of the Origin and Maintenance of Problems)

इस उपागम का मत है कि निषेधात्मक घटनाएँ समस्याओं की उत्पत्ति के लिए सक्रियकरण कारक का कार्य करती हैं किन्तु समस्याओं की उत्पत्ति का अधिक वास्तविक और महत्त्वपूर्ण निर्धारक व्यक्ति का अतिवादी चिन्तन की प्रवृत्ति को उक्त घटनाओं के साथ जोड़ देना हैं। लोग अपने लक्ष्यों और मानकों का अधिगम संस्कृति के माध्यम से करते हैं किन्तु इन लक्ष्यों और मानकों को अर्जित करने में विफल हो जाने पर जब व्यक्ति अतार्किक ढंग से चिन्तन करता है और लक्ष्य अर्जित करने की तत्परता बाधित हो जाती है तब मानसिक असंतुलन या विकार की उत्पत्ति होती है।

समस्याओं की उत्पत्ति की तुलना में अनुरक्षण के संदर्भ में इस उपागम के दृष्टिकोण में अधिक विशदता है। समस्याओं के अनुरक्षण या स्थायित्व के अनेक कारण बताये गये हैं:—

(1) लोग यह समझते हैं कि उनकी समस्या का कारण कतिपय घटनाओं में निहित है। उन्हें यह अन्तर्दृष्टि नहीं प्राप्त हो पाती है कि उनकी समस्याओं का कारण उनके अतार्किक विश्वासों में निहित है।

(2) लोग अतार्किक विश्वासो को परिवर्तित करने के लिए तत्परतापूर्वक कार्य नहीं करते हैं। अतार्किक विश्वासों के स्थान पर वैकल्पिक तर्कपूर्ण विश्वास को अपनी विश्वास की प्रणाली में समन्वित करने का प्रयत्न नहीं करते हैं।

(3) लोग अपने अतार्किक चिन्तन के प्रति संगतिपूर्ण ढंग से कार्य करते रहते हैं,

(4) समस्याओं को अनुरक्षितं करने वाले परामर्शियों में सामाजिक दक्षता, संचार कुशलता, समस्या-समाधान क्षमता और अन्य महत्त्वपूर्ण जीवन निपुणताओं का अभाव होता है।

(5) उनके अन्तर्निहित चिन्तन को यह अनुभव होता है कि समस्या (संवेग/व्यवहार) के विकल्पों की तुलना में समस्या की दशा ही उनके लिए अधिक लाभकारी है,

(6) ऐसे परामर्शी ऐसे पारिवारिक, सामाजिक, सांस्कृतिक परिवेश में रह रहे होते हैं जो उनके अतार्किक चिन्तन के प्रति सहमति प्रदर्शित करता है, समर्थन प्रदान करता है।

परिवर्तन सम्बन्धी लक्ष्य/परामर्शन प्रक्रिया (Change Related Goals/Counselling Process)

तार्किक संवेगात्मक व्यवहार उपागम की दृष्टि में परानुभूति, अप्रतिबंधित स्वीकृति/सम्मान और निष्ठा परामर्शन प्रक्रिया में सहायक तत्त्व हैं। उक्त दशाएँ वांछित हैं, किन्तु

आवश्यक नहीं है। उक्त दशाएँ पर्याप्त भी नहीं हैं। क्लायंट में परिवर्तन के लिए परामर्शदाता निम्नांकित लक्ष्यों की दिशा में सहायता करता है:—

(1) यह समझने के लिए कि उनकी मनोवैज्ञानिक समस्याएँ उन्हीं द्वारा सृजित है; साथ ही समस्याओं की उत्पत्ति में परिस्थितियों का योगदान होता है किन्तु समस्याओं के समाधान के लिए आवश्यक परिवर्तनों में परिस्थितियों का महत्त्व कम होता है,

(2) यह स्वीकार करने की दिशा में क्लायंट को सहायता दी जाती है कि समस्याओं का सामना करने और समाधान करने में वे सक्षम हैं,

(3) यह समझने के लिए कि उनकी समस्याओं की उत्पत्ति मुख्यतः अतार्किक विश्वासों के कारण हुई है,

(4) अतार्किक विश्वासों की पहचान करने और तार्किक विश्वासों के साथ उन विश्वासों का विभेद स्थापित करने के लिए सहायता देना,

(5) उनके अतार्किक विश्वासों के औचित्य पर तब तक प्रश्न चिह्न लगाना जबतक कि उन्हें स्पष्टतः यह न समझ में आ जाये कि उनके अतार्किक चिन्तन मिथ्या, तर्कहीन और अनुपयुक्त हैं तथा उनके तार्किक चिन्तन सत्य, औचित्यपूर्ण और उपयुक्त हैं,

(6) संज्ञानात्मक, संवेगात्मक, व्यवहारात्मक परिवर्तन की प्रविधियों का उपयोग करके नये तार्किक विश्वासों के अन्तर्निवेशन हेतु कार्य करना; अतार्किक विश्वासों की संगति के अनुरूप कार्यों से विरत होना,

(7) विश्वासों को चुनौती देने की प्रक्रिया का जीवन के अन्य क्षेत्रों में भी विस्तार करना और ऐसा तब तक करते रहना जबतक कि आवश्यक प्रतीत हो।

प्रयुक्त नीतियाँ एवं प्रविधियाँ
(Stategies and Techniques Applied)

तार्किक संवेगात्मक व्यवहार उपागम की प्रविधियाँ मनोविश्लेषाणात्मक एवं अन्य मनोगत्यात्मक विधियों की भाँति अनिर्देशात्मक, संवेग अभिव्यक्तात्मक, सहयोगी और अन्तर्दृष्टिपूर्ण व्याख्या की विधियाँ हैं। सभी उपागम किसी-न-किसी रूप में जीवन और घटनाओं के प्रत्यक्षण को पुनर्संगठित करने का प्रयास करते हैं किन्तु अप्रत्यक्ष प्रयासों की नीति के कारण उनकी प्रभावशीलता कम हो जाती है। परामर्शदाता इस शैली को आरंभिक परामर्शन संबधो के लिए उपयोगी मानते हैं किन्तु परामर्शन के लक्ष्यों की प्राप्ति के लिए उसे अपर्याप्त बताते हैं।

इन उपागम को अपनाने वाले परामर्शदाता यह आवश्यक मानते हैं कि परामर्शदाता अच्छे शिक्षक हों तथा क्लायंट को ए.बी.सी. मॉडल (ABC model) के बारे में शिक्षित करके उन्हें अपनी मानसिक समस्याओं को समझने तथा उनका सामना करने योग्य बनाना चाहते हैं। विभिन्न परामर्शियों के साथ उनका उपागम पृथक होता है। आरम्भ में समस्या की पहचान और स्वस्थ लक्ष्यों की स्थापना का कार्य परामर्शी का सहयोग अर्जित करते हुए सम्पन्न किया जाता है। एबीसी मॉडल प्रयुक्त करते हुए उनके विश्वासों को चुनौती देने तथा उपयुक्त गृहकार्य निर्धारित करने का कार्य किया जाता है। यह उपागम सक्रिय निर्देशात्मक परामर्शन शैली (active-directive counselling style) प्रयुक्त करता है।

परामर्शी को विविध प्रकार की समस्या परिस्थितियों में (i) समस्या के कारण के रूप में अतार्किक चिन्तन के महत्त्व की पहचान करने, एवं(ii)एक परिस्थिति के दूसरी परिस्थिति तक अधिगम का उपयोग करने के लिए सहायता दी जाती है। परामर्शी को अतार्किकता का विश्लेषण करने एवं तार्किक बोध विकसित करने हेतु सहायता दी जाती है।

इस उपागम की सर्वाधिक महत्त्वपूर्ण नीति यह होती है कि परामर्शी को अपना (अपने लिए) परामर्शदाता बनने के लिए सहयोग दिया जाये। इस कार्य के लिए क्लायंट को यह प्रशिक्षण दिया जाता है कि वह किस प्रकार अपने अतार्किक विश्वास को चुनौती दे सकता है। इस हेतु आवश्यक क्षमता का मॉडल प्रस्तुत किया जाता है और कभी लिखित निर्देश भी दिये जाते हैं ताकि वह इस क्षमता का स्वयं ही उपयोग कर सके। क्लायंट की क्षमता का विकास करने के लिए प्रबोधन (feedback) भी दिया जाता है। जैसे-जैसे क्लायंट की अपनी सामर्थ्य का विकास होता जाता है वैसे-वैसे परामर्शदाता कम सक्रिय-निर्देशात्मक शैली का अनुसरण करता है तथा संकेतात्मक शैली के द्वारा उन्हें परामर्शन परिवर्तनों (counselling changes) को अर्जित करने की जिम्मेदारी का निर्वाह करने की दिशा में प्रोत्साहित करता है।

तार्किक संवेगात्मक उपागम में प्रविधियों को सैद्धान्तिक संगतिपूर्णता के साथ अन्य उपागमों से भी प्राप्त किया जता है किन्तु सैद्धान्तिक उपागम में किसी प्रकार का समझौता नहीं किया जाता है। मुख्य प्रयुक्त प्रविधियाँ शिक्षण, तर्क और विवेक, सुझाव (suggession), राजी कराना (persuation), मुकाबला (confrontation), सिद्धान्त शिक्षण (indoctrination & deindoctrination) हैं।

यह उपागम अतार्किक चिन्तन के विरुद्ध तर्क करनें या विवेक का उपयोग (reasoning against unreasoning) के माध्यम से तार्किक विश्वासों को स्थापित करने प्रयास करता है किन्तु जब ऐसा लगता है कि किसी क्लायंट के साथ इस लक्ष्य को अर्जित करना सम्भव नहीं है तो परामर्शदाता क्लायंट को अतार्किक चिन्तन में परिवर्तन किए बिना निष्कर्षों एवं व्यवहार में परिवर्तन लाने के लिए सहायता देता है।

शोध साक्ष्य
(Research Evidence)

शोध कार्यों द्वारा यह प्रमाणित हुआ है कि व्यक्ति की समस्याओं का सम्बन्ध उसके अतार्किक विश्वासों के साथ है किन्त ऐसे अध्ययनों का अभाव है जो यह प्रदर्शित कर सकें कि ये विश्वास ही समस्या के मूल (core) में हैं। अनेक शोध कार्यों की इस दिशा में प्रगति की सूचना है।

IV. व्यक्तिगत निर्मित उपागम
(Personal Construct Approach)

व्यक्तिगत निर्मिति उपागम का मूल आधार जार्ज केली (1955) द्वारा प्रकाशित 'द साइकॉलॉजी ऑफ पर्सनल कॉन्सट्रक्ट्स' (The Psychology of Personal Contructs) के दो खण्डों मे निहित है। केली के विचार उस समय प्रकट हुए जब मनोविश्लेषणात्मक एवं व्यवहारवादी उपागम का व्यापक प्रभाव था। केली ने मानव अनुभव का एक समग्र सिद्धान्त (holistic theory) प्रस्तुत किया। उनके अनुसार अनुभूतियों में चिन्तन और व्यवहार वैसे ही सम्मिलित रहता है जैसे कि व्यवहार में अनुभूति एवं चिन्तन सम्मिलित रहता है। इस प्रकार व्यक्तिगत अनुभव सदैव सम्पूर्णता को समेटे हुए देखा जा सकता है।

जार्ज केली के विचारों के आलोचकों का कथन यह था कि यह सिद्धान्त संज्ञान के साथ तो न्याय करता है लेकिन संवेग के प्रति नहीं। मिशेल (1980) ने जार्ज केली को प्रथम संज्ञानवादी मनोवैज्ञानिक बताया। विन्टर (Winter, D.A.2003) के अनुसार निर्मितिवाद की जड़ें विको (Vico) और कान्त (Kants) जैसे दार्शनिकों के चिन्तन में निहित है। निर्मितिवाद व्यापक अर्थों में एक संप्रत्यय है जिसकी उपयुक्तता अनेक उत्तर आधुनिकतावादी उपागमों में अनुभव की जाती है। जार्ज केली के व्यक्तिगत निर्मिति सिद्धान्त के साथ विकसित हुए इस उपागम मे गाइडानो और लिओटी (Guidano and Liotti, 1983); गाइडानो (Guidano, 1987) ने व्यक्तिगत अर्थ संगठन (Personal meaning construction) तथा स्व एवं विश्व के बारे में व्यक्ति के बोध के विकास का वर्णन किया है। इनके अतिरिक्त इस क्षेत्र में बैण्डलर एवं ग्राइण्डर (Bandler & Grinder, 1975-1976, 2000) के न्यूरो-लिंग्युस्तिक प्रोग्रामिंग सिद्धांत; आइवी (Ivey, 1986) का विकासात्मक मनोपचार; एकर और हल्ले (Ecker & Hulley, 1996) की गहनता-उन्मुख संक्षिप्त चिकित्सा; निमेर (Neimyer, 1994) व्हाइट एवं इप्सस्टन, (1990) एवं मायर (1988) द्वारा मनोपचार हेतु कथानक लेखन, जीवन का पुनर्लेखन' आदि तकनीको का उपयोग निर्मितिवादी उपागम के आधुनिक पड़ाव हैं तथा इस उपागम में आधुनिक रुचि को प्रमाणित करते हैं।

मूलभूत अभिग्रह
(Basic Assumptions)

केली के उपागम का प्रथम अभिग्रह यह है कि व्यक्ति घटनाओं का जिस रूप में पूर्वानुमान करता है तदनुरूप ही उसकी मनोवैज्ञानिक प्रक्रिया अपने मार्ग का चयन करती है (A person's processes are psychologically channeled by the ways in which he anticipates events.–Kelley, 1955)।

हम सभी घटनाओ का पूर्वानुमान पृथक रूपों में करते हैं। संसार के सत्य के बारे में हमारी चेतना/हमारा बोध नितान्त व्यक्तिगत होता है। व्यक्ति सक्रिय ढंग से अपने संसार को समझने की चेष्टा करता है; संसार के सत्य का बोध उसके लिए व्यक्तिगत निर्मिति होती है। वह अपने सत्य बोध का रचयिता (author) होता है। व्यक्ति यह कार्य एक वैज्ञानिक की भाँति करता है। प्रत्यक व्यक्ति स्वयं में एक वैज्ञानिक होता है (Every man is, in his own ways, a scientist, Kelley, 1995)। एक वैज्ञानिक की भाँति वह संसार, उसकी घटनाओं, उसके सत्य के विषय में एक परिकल्पना (hypothesis) का निरूपण करता है, उसके व्यक्तिगत अनुभवों द्वारा उस प्रदत्त (data) की रचना होती है जिसके आधार पर परिकल्पना की वैधता का परीक्षण (validity testing) होता है। इस प्रकार व्यक्ति का व्यवहार एक प्रयोग (experiment) है जिसके अन्तर्गत व्यक्तिगत निर्मिति रूपी परिकल्पनाओं का व्यवहार जनित अनुभव रूपी आँकड़ों के आधार पर परीक्षण होता है। सत्य/वैध परिकल्पनाओं द्वारा व्यक्ति के व्यक्तिगत सिद्धांतों का विकास होता है।

निर्मिति विकल्प (constructive atternativism) इस उपागम का एक प्रमुख दार्शिनिक अभिमत/अभिग्रह है जिसके अनुसार संसार/सृष्टि के हमारे समस्त बोध/हमारी समस्त व्यक्तिगत निर्मितियों का संशोधन या पुनर्निर्माण होता रहता है ('All our present interpretations of the universe are subject to revision or replacement, Kelley, 1955)। इस प्रकार हम केवल अपने संसार (संसार बोध ही हमारा वास्तविक संसार है) की रचना ही नहीं करते हैं, अपितु अनुभवों के कारण, परामर्शन/मनोपचार की प्रक्रिया में

इसकी पुनर्रचना भी करते है लेकिन कुछ लोग अपने विगत के साथ इस प्रकार बँधे हुए होते हैं कि अपने संसार की रचना और उसका अनुभव/प्रत्यक्षण स्थिर तत्त्व की भाँति करते हैं। निर्मिति विकल्पवाद एवं पुनर्लेखन/पुनर्रचना जैसे वैचारिक संप्रत्ययों/अभिग्रहो के माध्यम से व्यक्तिगत निर्मिति उपागम व्यक्ति के भविष्य के प्रति अशावादी दृष्टिकोण प्रस्तुत करता है।

घटनाओं के बारे में हमारा पूर्वानूमान जब हमारे अनुभवों द्वारा अवैध प्रमाणित हो जाता है और हम अपनी निर्मितियों की पुनर्रचना/पुनर्लेखन (reauthor) की दिशा में अग्रसर होते हैं तब इस प्रक्रिया के कई रूप प्रकट हो सकते हैं। किसी एक व्यक्ति के व्यवहार के विषय में हमारा पूर्वानुमान यदि अवैध प्रकट हो तो हम उस व्यक्ति के सम्बन्ध में निर्मिति का पुनर्लेखन एक नये व्यक्तित्व रूप में कर सकते है, या, हमारा मत यह बन सकता है कि पूर्वपरिकल्पना गलत अथवा सत्य दोनों हो सकती हैं, अथवा हम अपनी परिकल्पना को सत्य सिद्ध करने हेतु विश्व की घटनाओं/व्यक्ति पर आक्रामक व्यवहार के माध्यम से दवाब डाल सकते हैं। वे निर्मितियाँ जो कि अनुक्रम में ऊपर (super ordinate) होती हैं (केली निर्मितियों को अनुक्रमिक प्रणाली में संगठित हुआ बताते हैं) उनकी अवैधता सिद्ध होने या पुनर्रचना का प्रबल विरोध होता है क्योंकि अवैधता प्रमाणित होने पर निमिर्तियों की उस सम्पूर्ण प्रणाली मे उसकी प्रतिध्वनि आने लगेगी।

उच्च अनुक्रम वाली निर्मितियों द्वारा व्यक्ति की पहचान (identity) बनती है इसलिये इन्हें मर्म निर्मितियाँ (core constucts) कहा जाता है। इनके एक अंग की पहचान मर्म/केन्द्रीय भूमिका (core role) के रूप में की गयी है। उक्त निर्मितियाँ परिवर्तन का प्रबल विरोध करती हैं। केन्द्रीय भूमिका संरचना से निर्वासित होने के आभास द्वारा (Apparent dislodgement from his core role structure,–Kelley, 1995) ग्लानि की उत्पत्ति होती है तथा निर्मितियों की भविष्य कथन/पुर्वानुमान में विफलता द्वारा चिन्ता की उत्पत्ति होती है।

व्यक्ति के स्वयं (self) एवं संसार (world) के विषय में बोध (knowledge) के विकास या 'व्यक्तिगत अर्थ संगठन' (personal meaning organingation'–Guidans and Lootts, 1983) में आसक्ति प्रक्रिया, विशेषतः माता-पिता और बच्चे के मध्य, की केन्द्रीय भूमिका होती है। गाइडानो (1987) विकास प्रक्रिया में संज्ञानात्मक विकास एवं सांवेगिक विभेदीकरण (cognitive growth and emotional differentiation) की अन्तर्क्रिया को महत्त्वपूर्ण मानते हैं।

रिचार्ड बैण्डलर एवं जॉन ग्राइण्डर (2000) लिखते है कि स्नायु-भाषिक प्रोग्रामिंग (Neuro-linguistic programming) स्वयं में कोई मनोपचार नहीं है, एक उपचारी मॉडल है जो प्रभावशाली है। विंटर (David A. Winter, 2003) के अनुसार यह मॉडल/उपागम मूलतः निर्मितिवादी है। बैण्डलर एवं ग्राइण्डर (2000) के अनुसार उनके न्यूरोलिंग्विस्टिक प्रोग्रामिंग (NLP) का अभिग्रह यह है कि मनुष्य अपने संवेदी संग्राहकों द्वारा बाह्य जगत की सूचनाओं का प्रत्यक्षण करता है, सूचनाओं का शोधन करता है तथा इस प्रकार व्यक्ति बाह्य जगत के विषय में स्व-निर्मित अद्वितीय मॉडल विकसित कर लेता है। यह मॉडल (स्वनिर्मित मॉडल) ही व्यक्ति के व्यवहार हेतु सूचना आधार का कार्य करता है। बैण्डलर एवं ग्राइण्डर (1975) के अनुसार क्लायंट के मॉडल में कार्यरत अभिग्रहों की पहचान करके यह समझा जा सकता है कि क्लायंट का व्यवहार किस प्रकार उसके लिए सार्थक (how the clients behaviour 'makes sense') है।

इस सर्वांगी मॉडल (systemic model) का अभिमत यह है कि जीवन और मन सर्वांगी प्रक्रियाएँ है और जब भी सर्वांग के एक तत्त्व मे परिवर्तन आता है तब समूचा सर्वांग ही परिवर्तित होता जाता है। इसकी व्युत्पत्ति यह है कि सर्वांग के जिस घटक का व्यवहार सर्वाधिक लचीला होता है उसका सर्वांग पर सबसे अधिक प्रभाव उत्पन्न होता है तथा सर्वांग के किसी भी घटक में उत्पन्न हुआ परिवर्तन किसी-न-किसी रूप में पूरे सर्वांग में दृष्टि गोचर होता है। उस मॉडल का अभिमत यह भी है कि सभी व्यवहार सोद्देश्य (positive intention/purposeful) होते है और संचार में कोई विफलता नहीं होती है, उसमें केवल पुनर्निवेशन होता है ('.....in communication there is no failure, only feedback.' Bandler and Grinder, 2000)।

बैण्डलर एंव ग्राइण्डर (2000) के अनुसार इन अभिमतों द्वारा व्यक्ति के लिए चयन की संभावना प्रकट होती है क्योकि व्यवहार एक उद्देश्य की पूर्त्ति के लिए योजित होता है। मॉडल यह मानता है कि व्यक्ति देय दशाओं एवं उपलब्ध संसाधनों के मध्य 'सर्वोत्तम चयन' के लिए कार्य करता (NLP presupposes that individuals will make the best choice they can, given their model of world and the resources they perceive available to them.) है। निहितार्थ यह है कि व्यक्ति अपने 'मॉडल' और 'चयन' द्वारा उतना ही प्रतिबंधित होता है जितना कि 'संसार' द्वारा।

समस्या की व्याख्या
(Explanation of Problem)

केली (1955) ने यह बताया कि किसी व्यक्ति को जब यह अनुभव होता है कि वह मर्म भूमिका संरचना से विमुख ('apparent dislodgement from his core role structure') हो गया है तब उसमें ग्लानि का बोध होता है। यहाँ ग्लानि का बोध होने के लिए यह कदाचिद् भी आवश्यक नहीं है कि व्यक्ति किसी अनैतिक व्यवहार में संलिप्त हुआ हो। चिन्ता की व्याख्या करते हुए यह बताया गया है कि जब व्यक्ति की निर्मितियाँ घटनाओं का भविष्य कथन करने में विफल हो जाती हैं तब चिन्ता उत्पन्न होती है।

व्यक्ति चिन्ता की अनुभूति का परिहार करने के लिए विभिन्न प्रकार की कार्यनीतियाँ अपनाता है। इसका एक रूप यह हो सकता है वह अपने संसार को उन्हीं तत्त्वों तक सीमित रखने लगे जिनका वह सफलतापूर्वक भविष्यकथन कर सके, इस प्रकार उसका संसार सिमट जाता है। उसके विपरीत वह संसार को (आत्मनिर्मित/प्रत्यक्षित संसार को) इस आशा में विस्तृत कर सकता है कि ऐसा करने पर उसे निर्मितियों की एक ऐसी प्रणाली उपलब्ध हो सकेगी जिनकी सहायता से वह घटनाओं की सफल व्याख्या कर सकेगा। निर्मितियों की अवैधता प्रमाणित होने से बचने के लिए व्यक्ति विभिन्न निर्मितियों के मध्य के सम्बन्ध को शिथिल (loosen the relationship) कर सकता है अथवा निर्मितियों के मध्य के सम्बन्धों को उतना दृढ़तापूर्वक कसकर बाँधने की चेष्टा कर सकता है कि निर्मितियों की चिन्ता-रोधी प्रणाली (a system 'designed to be axniety tight' –Kelley, 1955) का विकास हो। व्यक्ति के सर्वोत्तम सम्भव स्तर पर कार्यशील हो सकने के लिए यह आवश्यक होता हे कि व्यक्ति उपर्युक्त विभिन्न प्रकार की कार्यनीतियों का चक्रानुक्रम में उपयोग करता रहे किन्तु मनोव्याधि की अवस्था में व्यक्ति किसी एक नीति का ही अनन्यतापूर्वक उपयोग करता है। उदाहरण के लिए सीजोफ्रीनिया में ढीली निर्मिति रचना (loose consturing) तथा मनस्ताप में दृढ़ निर्मिति रचना (light consturing) की

विशेषता पायी जाती है (Winter, 1992)। विन्टर (2003) लिखते हैं कि मानसिक व्याधि की मूलभूत विशेषता यह होती है कि व्यक्ति अपनी निर्मितियों की अवैधता के निरंतर प्रमाणित होते रहने पर भी उपयुक्त नयी निर्मितियों की रचना करने में विफल रहता है।

गाइडानो (Guidano, 1987) सामान्यता और विकृति की व्याख्या करते हुए यह बताते हैं कि सामान्य व्यवहार के लिए ऐसे व्यक्तिगत अर्थबोध संगठन की आवश्यकता होती है जिसमें लचीलापन तथा जटिलता की दिशा में इस प्रकार विकास हो कि विरोधाभासों का तार्किक प्रक्रिया के माध्यम से समावेश (dialectical process of assimilating contradictions) हो। ऐसे अर्थबोध संगठन की प्रणाली में विरोधी प्रक्रियाओं के मध्य मौलिक तनाव ('essential tension between opponent processes') पाया जाता है। यह मूलभूत तनाव अनुरक्षण और परिवर्तन (maintenance and change) की प्रक्रियाओ के मध्य भी व्याप्त हो सकता है। इस प्रकार का गत्यात्मक संतुलन प्राप्त करने के लिए तात्कालिक अनुभव से पृथक (decentring) होकर स्व पर पुनर्केन्द्रित (recentering) होने एवं स्व के प्रति समर्पित हाने की अमूर्त शोधन (abstract processsing) की आवश्यकता होती है। गत्यात्मक संतुलन की दशा में व्यक्ति में यह प्रवृत्ति पायी जाती है कि वह अपनी व्यक्तिगत पहचान के अनुरूप प्राप्त होने वाली सूचनाओं के प्रति चयनात्मक ढंग से ध्यान देता है, किन्तु जब उसे अपने 'स्व' या 'विश्व-दृष्टि' के प्रतिकूल सूचनाओं की प्राप्ति हाती है तब आवश्यकतानुसार वह अपनी व्यक्तिगत पहचान (personal idntity) की पुनर्रचना कर लेता है किन्तु 'संज्ञानात्मक प्रकार्यात्मकता की विकृति (cognitive dysfunctions) की अवस्था में व्यक्ति की स्व के विषय में दृष्टि इतनी बेलोच होती है कि व्यक्ति निर्मिर्तियों की पुनर्रचना में विफल हो जाता है और इसलिए प्राप्त हो रही असंगत सूचनाओं को वह इस प्रकार तोड़-मरोड़ कर प्रयुक्त करता है कि सांवेगिक समस्याओं को बाह्य कारणों के साथ जोड़ने लगता है एवं प्रायः किसी महत्त्वपूर्ण व्यक्ति के विषय में दृष्टि को परिवर्तित कर लेता है।

गाइडानो (1987) के अनुसार मनस्ताप एवं मनोविक्षिप्तता की अवस्था में अनुभवों का संशोधन अमूर्त के स्थान पर मूर्त रूप में होता है। मनोविक्षिप्तताओं का सम्बन्ध व्यक्ति की आत्म संश्लेषण क्षमता (self-synthesizing ability) में व्यवधान प्रस्तुत हो जाने के साथ है।

यहाँ केली और गाइडानो के विचारों के क्रम में बैण्डलर एवं ग्राइण्डर (1975, 1976, 2000) के विचारों का वर्णन भी उपयुक्त होगा। बैण्डलर एवं ग्राइण्डर (2000) के अनुसार व्यक्ति का वैयक्तिक अनुभव, जिसके आधार पर वह जगत विषयक अपने अद्वितीय सर्वांग मॉडल की रचना करता है, पर तीन प्रकार के फिल्टर का प्रभाव पड़ता है—**प्रथम,** स्नायुविक प्रतिरोध अर्थात व्यक्ति की स्नायुविक प्रणाली पर आच्छादित सीमाएँ; **द्वितीय,** एक सामाजिक-भाषायी समुदाय के लिए सर्वसामान्य कोटि के सामाजिक-जेनेटिक कारक; एवं **तृतीय,** व्यक्तिगत बाधाएँ। व्यक्तिगत बाधाओं (individual constraints) के कारण ही वैयक्तिक अन्तर विकसित होता है तथा लोगों के निजी अद्वितीय संसार की रचना होती है। उसमें समस्या तब आती है जब व्यक्ति की चेतना में यह अनुभव आता है कि उसकी वर्तमान दशा एवं लक्ष्य दशा (present state and desired state) में अन्तर है। इस सर्वांगी मॉडल को अपनी वृत्ति में सम्मिलित करने वाले

परामर्शदाता समस्याओं का कारणारोपण करने की अपेक्षा समस्याओं के क्लायंट के व्यक्तिनिष्ठ अनुभव में अनुरक्षण की प्रणाली का अन्वेषण करते हैं, जिसका उद्देश्य क्लायंट के अनुभवों को इस प्रकार पुनर्गठित करने की दिशा में सहायता देना होता है कि क्लायंट के पास उपलब्ध विकल्पों का उन्नयन हो।

परिवर्तन सम्बन्धी लक्ष्य
(Change Related Goals)

निर्मितिवाद की दृष्टि में मनुष्य गति का एक रूप है, अतः परिवर्तन स्वाभाविक क्रिया है। व्यक्ति द्वारा विकसित निर्मितियों की पुनर्रचना होती रहती है। व्यक्ति निर्मिति विकल्पवाद का अनुसरण करता रहता है किन्तु जब वह मनोवैज्ञानिक समस्याओं से ग्रस्त होता है तब वह एक बिन्दु पर ठहर (stuck) जाता है अर्थात निर्मितियों की अवैधता प्रकट होने पर उनकी पुनर्रचना की प्रक्रिया रुक जाती है। परामर्शन एवं मनोपचार का उद्देश्य व्यक्ति को पुनः गति अर्जित करने में सहायता देना (to help the person 'get on the move again'); होता है।

यहाँ पर यह उल्लेख्य है कि निर्मितिवादी वृत्ति में परामर्शन एवं मनोपचार के लक्ष्यों में कतिपय अन्तर होते है। परामर्शदाता भाषा-विकास से पूर्व की अवस्था में विकसित हुई निर्मितियों के साथ कार्य नहीं करता है (Fay Fransella, 2000) एवं, परामर्शन में साधारणतः क्लायंट की मर्म निर्मितियों (core constructs) में परिवर्तन के लिए प्रयत्न नहीं करता है (Dand A. Winter, 2003)।

व्यक्तिगत निर्मिति परामर्शन एवं मनोपचार मुख्यतः मूल्य-निरपेक्ष होता है अतः व्यक्ति के लिए 'उसे कैसा होना चाहिए' जैसा कोई निर्देश नहीं दिया जाता है।

यहाँ परिवर्तन की प्रक्रिया विगत में कारणों का अन्वेषण करने और उसे दूर करने जैसी बातों से पृथक होती है। परिवर्तन का लक्ष्य वर्तमान में (here-and-now) स्थित होता है। विगत का अन्वेषण तभी किया जाता है जब क्लायंट स्वयं अपने वर्तमान को स्वयं के विगत के साथ जोड़ता है।

निर्मितिवादी मनोपचारी/परामर्शन परिवर्तन को पुनर्रचना की प्रक्रिया मानते हैं। यहाँ परामर्शदाता क्लायंट को इस प्रकार सहायता प्रदान करता है कि वह घटनाओं को किसी अन्य वैकल्पिक रूप में देख सके। केली (1969) के अनुसार परिवर्तन प्रक्रिया के अनेक रूप हो सकते हैं :—

(1) दोनों (क्लायंट एवं परामर्शदाता/मनोपचारक) यह तय कर सकते हैं कि क्लायंट को किसी एक प्रकट महत्वपूर्ण संदर्भधुरी के आलोक में अपनी अवस्था को उलटना चाहिए।

(2) या, वे लोग क्लायंट के पास उपलब्ध भण्डार में से किसी अन्य निर्मिति का चयन करके, उसे प्रकट समस्या बिन्दु पर प्रयुक्त कर सकते हैं। वे लोग उन पूर्व-भाषी निर्मितियों (preverbal constructs) को अधिक अभिव्यक्तात्मक (explicit) बना सकते हैं जिनके साथ हम सभी का जीवन सार्थक रूप में बँधा हुआ होता है।

(3) वे निर्मिति प्रणाली की आन्तरिक संगति (internal consistency) का परीक्षण करने हेतु उसकी विस्तृत विवेचना (elaboration) कर सकते हैं।

(4) वे निर्मितियों की भविष्य कथनात्मक वैधता का परीक्षण कर सकते हैं।

(5) वे कुछ निर्मितियों की प्रयुक्ति का सामान्यीकरण करते हुए उसकी उपयोगिता का क्षेत्र विस्तृत कर सकते हैं तथा अन्य कुछ निर्मितियों की प्रयुक्तता/उपयुक्तता का क्षेत्र सीमित करते हुए उसे निरर्थक बना सकते हैं। (इस क्रम में बैण्डलर एवं ग्राइण्डर, 1975 का अधोवर्णित मत भी महत्त्वपूर्ण है।)

(6) वे कुछ निर्मितियों के अर्थ को बदल/परिवर्तित (alter) कर सकते है; उसकी धुरी को घुमा सकते हैं।

(7) वे नयी संदर्भ धुरियों को खड़ा कर सकते है।

उपर्युक्त सूची में से आरम्भिक परिवर्तन उपागमों का उद्देश्य वर्तमान निर्मितियों के उपयोग में परिवर्तन लाना है अतः इनके द्वारा सतही पुनर्रचना (superficial reconstruction) होती है। बाद में वर्णित परिवर्तन उपागमों का उद्देश्य निर्मितियों का परिमार्जन (modification) अथवा पुनर्स्थापना (replacement) है। पुनर्रचना के जिस किसी भी रूप का परामर्शदाता उपयोग करे इतना अवश्य ही ध्यान में रखा जाता है कि परामर्शदाता क्लायंट को किसी प्रकार का सुझाव (persuation) नहीं प्रदान करता है, उसे घटनाओं को किसी निश्चित दृष्टि से देखने के लिए प्रेरित नहीं करता है। परामर्शदाता क्लायंट की मात्र इस विषय में सहायता करता है कि वह यह अन्वेषण कर सके कि घटनाओं को देखने/विचारने के लिए अन्य वैकल्पिक मार्ग उपलब्ध हैं।

बैण्डलर एवं ग्राइण्डर (1975) का मत है कि मनोपचार की पद्धति कोई भी क्यों न हो उसमें क्लायंट के संसार के मॉडल (model) में परिवर्तन विशेषतः आवश्यक होता है। व्यक्ति संसार के अपने मॉडल की रचना करने की प्रक्रिया में सांवेदिक सूचनाओ के भण्डार का शोधन (processing) करते हैं। उसमें से कुछ का व्यक्ति के चेतन अनुभव में तथा शेष अधिकांश का शोधन अचेतन स्तर पर होता है। सांवेदिक सूचनाओं में रूपान्तरण हेतु व्यक्ति तीन वैश्विक मॉडलिंग प्रक्रियाओं को प्रयुक्त करता है। प्रथम प्रक्रिया विलोपन (deletion) को होती है। यह प्रक्रिया तब कार्य करती है जब उपलब्ध होने वाली सूचना को उपयोग प्रक्रिया से बाहर निकाल दिया जाता है। द्वितीय प्रक्रिया सामान्यीकरण (generalization) की होती है जिसमें सूचनाओ को इस प्रकार विस्तृत किया जाता है कि विरोधी-उदाहरण निष्कासित हो जाते हैं। तीसरी प्रक्रिया विकृति/विरूपण (distortion) की होती है जो कारण सम्बन्धों के अभिग्रहों से सम्बन्धित होती है। स्नायु-भाषी कार्यक्रम (NLP) का उद्देश्य क्लायंट के मॉडल को समृद्ध करना और उसकी सीमाओं को विस्तृत करना होता है। परामर्शदाता/मनोपचारक मॉडलिंग प्रक्रिया के बोध और व्यवहार नम्यता के माध्यम से प्रणाली को प्रभावित करता है तथा ऐसे संदर्भ की रचना करता है जिसमें क्लायंट नये चयन अवसरों (choices) को देख पाता है।

प्रयुक्त संक्रियाएँ एवं तकनीक
(Operations and Techniques Applied)

निर्मितिवादी उपागम द्वारा क्लायंट की सहायता कर पाने के लिए परामर्शदाता अपनी (स्वयं की) निर्मिति प्रणालियों एवं मूल्यों को परामर्शन कार्य के समय अलग रखते हुए (उन्हें उस अवधि में निलम्बित करके) अपनी सृजनात्मक सामर्थ्य एवं बातचीत की योग्यता का उपयोग करते हुए क्लायंट को उसके जीवन की घटनाओं को वैकल्पिक ढंग

से देखने में सहायता देता है। इस लक्ष्य को प्राप्त करने के लिए परामर्शदाता अनेक तकनीकों का उपयोग कर सकता है।

परामर्शी की निर्मितियों की पुनर्रचना में सहायक तीन प्रविधियों का **केली** ने वर्णन किया है:—

1. आत्म-चरित्र-चित्रण (*Self-chracterization*)—केली ने कहा—यदि आप यह जानना चाहते हैं कि किसी व्यक्ति के साथ क्या गलत (गड़बड़) है, उससे पूछिए, वह आपको बता सकता है। ('If you want to know what is wrong with a person, ask him, he may tell you') क्लायंट स्वय के बोरे में तृतीय पुरुष के रूप में सहानुभूतिपूर्ण विवरण प्रस्तुत कर सकता है। परामर्शी जो कुछ चाहता है उसे कहने के लिये स्वतंत्र होता है।

2. स्थिर भूमिका उपचार (*Fixed role therapy*)—इस प्रविधि में परामर्शदाता परामर्शी के 'स्व' का चरित्र चित्रण अपने सहकर्मियों के सहयोग से लिखता है। यह चरित्र चित्रण उसके वास्तविक 'स्व' से थोड़ा भिन्न होता है। इस भिन्नता के माध्यम से ऐसी विशेषताओं के सम्मिलित किया जाता है जो परामर्शदाता की दृष्टि में परामर्शी हेतु महत्त्वपूर्ण होती है, साथ ही परामर्शी के लिए समझने योग्य एवं स्वीकार्य होती हैं। अब परामर्शी को कुछ अवधि (एक सप्ताह या और अधिक अवधि) के लिए इस चित्रण के अनुरूप बनने (भूमिका निर्वाह) के लिये प्रेरित किया जाता है। नयी भूमिका का निर्वहन करते समय परामर्शी को यह ज्ञात हो जाता है कि व्यक्ति द्वारा स्वयं में परिवर्तन लाने के परिणामस्वरूप उसके प्रति अन्य लोगों की प्रतिक्रियाओं में भी परिवर्तन आता है तथा यह कि ऐसा होने पर उसे कैसी अनुभूति प्राप्त होती है। इस प्रविधि को प्रयुक्त करने का सर्वाधिक महत्वपूर्ण लाभ यह होता है कि परामर्शी को यह ज्ञात हो पाता है कि हम लोग अपनी पुनर्रचना कर सकते है। इस प्रकार स्पष्ट है कि यह प्रविधि-परामर्शी को प्रयोग (experimentation) हेतु निमंत्रित एवं प्रोत्साहित करती है।

3. भण्डार ग्रिड प्रविधि (*Repertory grid technique*)—इस प्रविधि द्वारा व्यक्तिगत निर्मितियों तथा सम्बन्धित तत्त्वों के मध्य का गणितीय सम्बन्ध प्रदर्शित किया जाता है।

जैसा कि आरम्भ में कहा गया है केली परामर्शदाता की सृजनात्मकता के पक्षधर हैं अतः कोई भी प्रविधि जिसके माध्यम से वैकल्पिक निर्मितियों के विकास, परीक्षण एवं स्थापना का मार्ग प्रशस्त होता है इस उपागम के लिए उपयुक्त है। व्यक्तिगत निर्मिति मनोवैज्ञानिक क्लायंट की निर्मितियो में शिथिलता एवं दृढ़ता के विकास हेतु अनेक प्रकार की प्रविधियाँ प्रयुक्त करते हैं। निर्मिति रचना मे शिथिलता हेतु शिथिलीकरण, मुक्त साहचर्य, स्वप्न विवरण प्रस्तुतीकरण आदि प्रविधियाँ प्रयुक्त की जा सकती हैं। जहाँ निर्मितियो की पुनर्रचना हेतु उनके अन्दर शिथिलीकारण (loosening) आवश्यक होता है वहीं उनकी भविष्य कथनात्मक वैधता के परीक्षण के लिए दृढ़ता (tightening) की भी आवश्यकता होती है जिसे निर्मितियों की विस्तृत विवेचना (elaboration) के माध्यम से विकसित किया जा सकता है।

गाइडानो की प्रक्रिया-उन्मुख मनोपचार प्रणाली (*Guidano's process-oriented therapy*)—गाइडानो की प्रक्रिया उन्मुख प्रणाली में परामर्शी के लिए आत्म-चेतना की प्राप्ति को सहज बनाया जाता है तथा विसंगतियों के प्रति लचीलेपन की प्रतिक्रिया अपनायी जाती है जिससे उन्हें आत्मबिम्ब में आत्मसात (assimilate) किया जा सके। इस उद्देश्य की पूर्त्ति हेतु आत्म-निरीक्षण का प्रशिक्षण दिया जाता है। परामर्शी से यह कहा जाता है कि

वह अपने जीवन के विशिष्ट दृश्यों की निकटतापूर्वक व्यक्तिनिष्ठ एवं वस्तुनिष्ठ दोनों प्रकार से छानबीन करे। आत्म-अवलोकन की प्रणाली क्लायंट को अपने विश्वासों में स्वयं लिप्तता से दूर ले जाती है तथा विश्वासों को परिकल्पना के रूप में देखने पर बल देती है। इस प्रक्रिया द्वारा घटनाओं एवं स्वयं के विषय में क्लायंट की दृष्टि में परिमार्जन उत्पन्न होता है। क्लायंट के दृष्टिकोण का परामर्शदाता द्वारा प्रस्तुत की गयी उन व्यख्याओं द्वारा भी पुनर्गठन होता है जो घटनाओं के विषय में क्लायंट की व्याख्या से भिन्न होता हैं।

आइवी की विकासात्मक उपचार प्रणाली(*Ivey's developmental therapy*)—संज्ञानात्मक विकास की पियाजे द्वारा बतायी गयी अवस्थाओं के अनुरूप ही आइवी क्लायंट के लिए अवस्थाओं की एक शृंखला के माध्यम से विकास पर बल देते हैं। आइवी (1986) का कथन है कि परामर्शन मनोवैज्ञानिक का कार्य 'एक ऐसे नये परिवेश की रचना करना होता है जिसमें अधिक उपयोगी एवं परिशुद्ध परिवेशीय पुनर्निवेशन (feedback) प्राप्त हो और इस प्रकार क्लायंट विवृद्धि एवं विकास की प्रक्रिया की दिशा में लौट जाता है।'

एकर एवं हले की गहराई-उन्मुख संक्षिप्त मनोपचार प्रणाली (*Ecker and Hulley's depth-oriented brief therapy*)—एकर एवं हले (1996) की गहराई उन्मुख चिकित्सा प्रणाली में स्थान (position) का सम्प्रत्यय प्रयुक्त होता है। स्थान को 'सत्य का निर्मित रूप तथा सत्य के प्रति प्रतिक्रिया नीति के योग' के रूप में परिभाषित किया गया है। महत्त्वपूर्ण तथ्य यह है कि क्लायंट में चेतन स्तर पर लक्षण-विरोधी स्थान (anti-symptom position) तथा अचेतन स्तर पर लक्षण-समर्थक स्थान (pro-symptom position) होता है। परामर्शन मनोपचार का उद्देश्य इस लक्षण-समर्थक स्थान के विषय पर मौलिक पूछ-ताछ (radical inquiry) करना होता है जिससे व्यक्ति के अनुभव में स्थान परिवर्तन (shift) आता है तथा व्यक्ति की सम्बन्धित निर्मिति में रूपान्तरण उत्पन्न होता है। परिवर्तन दो रूपों में उत्पन्न हो सकता है। प्रथम, जहाँ लक्षण स्थान में रूपान्तरण आता है तथा लक्षण अब उपयोगी नहीं रह जाते है, उसे प्रत्यक्ष समाधान (direct-resolution) कहते है। द्वितीय दशा में लक्षण विरोधी स्थान में परिवर्तन आता है और इस प्रकार लक्षण अब समस्या के रूप में नहीं होते हैं। इस परिवर्तन को विलोम समाधान (reverse resolution) कहते हैं।

वृत्तांत पुनर्रचना (*Narrative reconstruction*)—निर्मितिवादी उपागम के अनुयायी वृत्तांत/कथा (story) पुनर्रचना की विधि भी अपनाते हैं। इस दृष्टि से लोगों/क्लायंट को कहानी वाचक के रूप में देखा जाता है (Mair, 1988) और वृत्तांत/कथा के पुनर्लेखन द्वारा उपचारात्मक लाभ प्राप्त होता है।

स्नायु-भाषिक प्रोग्रामिंग (*Neuro-linguistic programming*)—बैण्डर और ग्राइण्डर ने यह प्रदर्शित किया कि वैश्विक मॉडलिंग की तीनों प्रक्रियाओं—विलोपन, सामान्यीकरण एवं विरूपण—की पहचान व्यक्ति के भाषा प्रारूप के माध्यम से हो सकती है। व्यक्ति द्वारा प्रयुक्त होने वाले शब्दों और वाक्यांशों को 'सतही संरचना' (surface structure) कहा जाता है जिसका आधार 'गहरी संरचना' (deep structure) होता है और इस गहरी संरचना की उत्पत्ति व्यक्ति के विश्व मॉडल के सांवेदिक प्रतिनिधित्व (sensory respresentations of individual's model of the world) में से होती है। भाषा एवं व्यवहार को विशिष्ट रूप में प्रयुक्त करके परामर्शदाता क्लायंट के मॉडल को समृद्ध करता है तथा उसकी सीमाओं को विस्तृत करता है। परामर्शदाता में इस उद्देश्य को प्राप्त करने के लिए सांवेगिक तीक्ष्णता/परिशुद्धता (visual acuity) की क्षमता होनी

चाहिए जिससे कि प्रणाली में घटित होने वाली घटनाओं को जाना ज़ा सके। आन्तरिक प्रक्रियाओं के बाहरी साक्ष्य, यथा, हाव-भाव, श्वास गति, आँखों का संचालन, भाषा प्रारूप, टोन, पिच आदि, विद्यमान होते हैं। परामर्शदाता द्वारा कुछ विशिष्ट उद्दीपकों या एंकर ('anchors') को ऐसे संसाधनों के साथ जोड़ा जाता है जिनका प्रभाव समस्या पर पड़े।

एक अन्य प्रविधि में परामर्शदता (NLP practitioner) क्लायंट से यह कल्पना करने के लिए कहता है कि वह किसी विगत आघात/त्रासदी को स्क्रीन पर देख रहा है, तत्पश्चात उस दृश्य के अंगों (जैसे ब्राइटनेस या कॉन्ट्रास्ट) में इस प्रकार के बदलाव की कल्पना करने को कहता है जिससे ऋणात्मक संवेग में कमी आती है। इसके उपरान्त क्लायंट से अपने पूर्ववर्ती स्व (younger self) के साथ जुड़ने एवं वर्तमान संसाधनों का उपयोग करते हुए उस दुर्घटना (त्रासदी) का सामना करने की कल्पना करने के लिए कहा जाता है। अन्त में ऐसी किसी घटना के भविष्य में घटित होने की कल्पना कर के उसका सामना करने के लिए कहा जाता है।

इसके अतिरिक्त 'व्यवहारगत समस्या' को नए फ्रेम में (reframing) रख कर देखने के लिए कहा जाता है। यह सम्भव है कि जिसे समस्या व्यवहार कहा जा रहा है वह एक नये अर्थ में संसाधन प्रतीत हो।

शोध साक्ष्य
(Research Evidence)

निर्मितिवादी उपागम की विभिन्न पद्धतियों की प्रभावोत्पादकता से सम्बन्धित साक्ष्य अनेक अनियंत्रित समूह अध्ययनों एवं एकल क्लायंट सूचना/रिपोर्ट के माध्यम से प्राप्त हुए हैं। नियंत्रित समूह अध्ययनों की संख्या तुलनात्मक रूप में कम है किन्तु साक्ष्य उत्साहवर्धक हैं। परिणामों से ज्ञात हुआ है कि मनोविदलता (शिजोफ्रेनिया) में नियंत्रित समूह की तुलना मे निर्मितिवादी उपचार द्वारा थोड़ा अधिक लाभ प्राप्त होता है (Bannisher et, al. 1975) हकलाहट (stuttering) के उपचार में व्यक्तिगत निर्मिति प्रविधियों द्वारा सार्थक कमी पायी गयी तथा समस्या की पुनरावृत्ति दर में भी कमी पायी गयी (Evesham and Fransella, 1985; Fransella, 1972)। ब्रिने (Viney, 1990) ने इस उपागम का प्रभाव वृद्ध लोगों की मानसिक और शरीरिक दोनों प्रकार की समस्याओं में सार्थक कमी के रूप में प्राप्त किया। इस उपागम की प्रविधियों द्वारा किशोरों के आत्म उत्साह में वृद्धि तथा उच्चतर आत्म-बोध (Jackson, 1990) का साक्ष्य प्राप्त हुआ है। ऐसी महिलाओं जिनके साथ बचपन में बलात्कार की घटना हई थी, के सामाजिक समायोजन की मात्रा में वृद्धि करने के लिये प्रयुक्त किए जाने पर यह विधि अन्तर्वैयक्तिक व्यवहार-व्यापार समूह उपागम जैसी ही उपयोगी सिद्ध हुई। वाटसन एवं विन्टर (Watson and Winter, 1997) ने मनस्तापीय समस्याओं के परामर्शन/मनोपचार में इस उपागम को प्रभावशाली पाया।

संक्षेप में यह कहा जा सकता है कि शोध अध्ययनों में अन्य विधियों के साथ तुलना किये जाने पर यह उपागम मनोगत्यात्मक एवं संज्ञानात्मक-व्यवहारात्मक उपागमों जैसा ही प्रभावशाली सिद्ध हुआ है (Viney, 1998; Winter, 2003) किन्तु नियंत्रित-समूह शोध अध्ययनों की आवश्यकता को विन्टर (2003) ने रेखांकित किया है।

❑

अध्याय 13

मानवतावादी-अस्तित्ववादी उपागम
(HUMANISTIC-EXISTENTIAL APPROACHES)

बीसवीं शताब्दी के प्रथमार्द्ध में मनोविज्ञान, विशेषतः अमेरिका में विकसित मनोविज्ञान में व्यवहारवाद और परामर्शन/मनोपचार के क्षेत्र में मनोविश्लेषणवाद का प्रभुत्व स्पष्टतः दृष्टिगोचर होता है। इसी अवधि में कुछ मनोवैज्ञानिकों का मनोविज्ञान के इस स्वरूप के प्रति विरोध बढ़ता जा रहा था। ऐसे मनोवैज्ञानिकों का यह मत था कि व्यवहारवाद एवं मनोविश्लेषणवाद मानव व्यवहार के महत्त्वपूर्ण प्रश्नों के साथ पूरा न्याय नहीं कर पा रहे थे। इस वर्ग के अनेक मनोवैज्ञानिक अस्तित्ववाद और दृश्यप्रपंचीय दर्शन की यूरोपीय परम्परा से प्रभावित थे। इस प्रकार विकसित होने वाले नये चिन्तन के प्रभाव में परामर्शन/मनोपचार के नये उपागमों का विकास हुआ जिन्हें मानवतावादी उपागम कहा जाता है। इनमें व्यक्ति-केन्द्रित उपागम, गेस्टाल्ट उपागम एवं आनुभविक मनोपचार प्रणाली प्रमुख हैं। मानवतावादी उपागमों के साथ-साथ अस्तित्ववादी-दृश्यप्रपंचीय उपागम एवं अनेक पार-लौकिक उपागम भी विकसित हुए जिनकी मानवतावादी उपागम के साथ पारस्परिक-व्याप्ति (overlap) है, इसीलिए प्रायः परामर्शन/मनोपचार की पुस्तकों मे मानवतावादी-अस्तित्ववादी उपागमों का एक साथ वर्णन प्रस्तुत किया जाता है।

मानवतावादी उपागमों में से व्यक्ति-केन्द्रित उपागम एवं गेस्टाल्ट उपागम का यहाँ प्रमुखता के साथ वर्णन किया गया है। इन उपागमों का वर्णन करने से पूर्व यहाँ मानवतावादी चिन्तन एवं उपागमों की मूलभूत विशेषताओं का संक्षिप्त परिचय उपयोगी होगा। अस्तित्ववाद के दार्शनिक आधारों का वर्णन प्रथम खण्ड में उस उपागम के साथ आगे किया गया है।

मानवतावादी उपागम से जुड़े मनोवैज्ञानिकों का समूह उन मानवीय क्षमताओं और विशेषताओं पर भी ध्यान केन्द्रित करता है जिनको अनुभवमूलक (positivistic) या व्यवहारवादी मनोविज्ञान में महत्त्व प्राप्त नहीं हुआ था और न तो मनोविश्लेषणात्मक मनोविज्ञान ने ही इस क्षेत्र में रूचि ली थी (Sutich, 1961)। ऐसी विशेषताओं में सृजनात्मकता प्रेम, विकास, स्वायत्तता, आत्म-बोध, आत्म-सिद्धि, पारलौकिक अनुभव एवं मानसिक स्वास्थ्य जैसे सम्प्रत्यय सम्मिलित हैं।

जॉन मैक्लिऑड (John McLeod, 2003) ने मानवतावादी उपागम की पाँच विशेषताओं को रेखांकित किया है:—

प्रथम, यह उपागम केवल मनोविज्ञान पर आधृत नहीं है, अपितु मानवतावाद के अन्य क्षेत्रों साहित्य, कला और दर्शन आदि से भी ग्रहण करता है। **द्वितीय**, मानवतावाद मनोरोग की अपेक्षा व्यक्ति के इष्टतम् विकास/प्रकार्यात्मकता पर बल देता है। **तृतीय**, व्यक्ति का संप्रत्ययन एक वैयक्तिक 'स्व' के रूप में किया गया है। **चतुर्थ**, यह किसी एक

सिद्धान्त की अपेक्षा विचारों के एक ढील-ढाले तंत्र (नेटवर्क) का उपयोग करता है। **पंचम,** मानवतावादी विचारों एवं वृत्तियात्मक शैलियों में व्यवहारवाद एवं मनोविश्लेषणवाद की मुख्य धारा की चिन्तन शैली के विरुद्ध एक सकारात्मक विकल्प है जो उनका स्थान ग्रहण करने के लिये सचेष्ट है।

मानवतावाद व्यवहारवाद एवं मनोविश्लेषणवाद से पृथक 1960 एवं 1970 के दशकों में मनोविज्ञान के अन्तर्गत एक तीसरी शक्ति के रूप में उभर कर प्रस्तुत हुआ। 1980 के दशक की आर्थिक मन्दी, समस्या केन्द्रित एवं जवाबदेही सुनिश्चित करने के दौर में मानवतावादी उपागम के आकर्षण में कमी आयी। स्मिथ (1982) एवं गिआर्गी (1987) ने इस काल को मानवतावाद के इतिहास में संकट का दौर बताया है किन्तु वर्तमान में मानवतावादी उन्मुखता का पुनरुत्थान देखा जा रहा है।

मानवतावादी उपागम में मनुष्य के व्यक्तित्व का संप्रत्ययन मनोविश्लेषणात्मक उपागम के 'द्वन्द मॉडल' और व्यवहारवाद के 'समस्या प्रबंधन एवं कोपिंग मॉडल' की तुलना में सिद्धि/पूर्त्ति मॉडल (fulfilment model) एवं विवृद्धि मॉडल (growth model) है। व्यक्ति अपने जीवन की घटनाओं और अनुभवों के संदर्भ में मूक दर्शक या भोक्ता मात्र नहीं होता है, वह सृजन, उपलब्धि तथा कुछ बनने' के लिए सचेष्ट होता है।

I. व्यक्ति-केन्द्रित उपागम
(Person-Centred Approach)

व्यक्ति-केन्द्रित या रोगी-केन्द्रित उपचार (Client-Centred Therapy) का विकास विश्लेषणात्मक एवं मनोगत्यात्मक उपागमों की भाँति ही मनोपचार सम्बन्धी अनुभवों के आधार पर कार्ल रॉजर्स (Carl Rogers) द्वारा किया गया। यह उपागम जो कि अनेक दृष्टियों से अस्तित्ववादी उपागम के समीप है आरम्भ में अनिर्देशात्मक प्रणाली (non-directive method) के नाम से भी पुकारा गया किन्तु कालान्तर में इसे व्यक्ति केन्द्रित उपागम के रूप में ही प्रसिद्धि मिली। रॉजर्स का उपागम अस्तित्ववादी उपागमों के साथ जोड़कर मानवतावादी उपागम (humanistic approaches) की श्रेणी में रखा जाता है। मानवतावादी उपागम व्यक्तियो की अन्तर्निहित शक्तियों में असीमित विश्वास व्यक्त करता है तथा यह स्वीकार करता है कि व्यक्ति में अपना स्वस्थ एवं सृजनात्मक विकास सम्भव बनाने की सामर्थ्य होती है। इस प्रकार यह उपागम मानव जीवन के बारे में अधिक आशावादी है।

रॉजर्स से रोचेस्टर गाइडेन्स सेन्टर (Rochester Guidance Center) के निदेशक के रूप में 1939 तक कार्य किया, जहाँ वे रैंक (Otto Rank) के सम्पर्क में आये जो फ्रायड की परम्परागत प्रणाली से पृथक हो चुके थे। रॉजर्स परम्परागत उपागमो द्वारा निदान, छानबीन तथा व्याख्या पर अत्यधिक बल दिये जाने के कारण असंतुष्ट थे। दिसम्बर 1940 में रॉजर्स ने मिन्नीसोटा विश्वविद्यालय में 'मनोपचार के कुछ नये सम्प्रत्यय (some new concepts of psychotherapy) विषय पर व्याख्यान दिया। 1942 में *'कौंसलिंग एण्ड साइकोथिरेपी'* पुस्तक का प्रकाशन किया। पुनः 1941 और 1948 में इस उपागम में निहित विचारों का विकास प्रस्तुत किया तथा 1951 में *Client-Centered Therapy : Its Current Practice, Implications and Theory* का प्रकाशन हुआ। 1959 में प्रकाशित *"A theory of theraphy, personality and interpersonal relationships as developed in client centered frame work"* (In S. Koch (Ed.) *Psychology : A Study of Science*, vol. 3) लेख को सर्वाधिक महत्त्वपूर्ण बिन्दु माना जाता है।

रॉजर्स के व्यक्तित्व सिद्धान्त और उपचार उपागम में स्व (self) को महत्त्वपूर्ण स्थान प्राप्त है। यह माना जाता है कि जब व्यक्ति के स्व और अनुभव के मध्य असंगति का विकास हो जाता है तब व्यक्तित्व संरचना विघटित हो जाती है। जब ऐसे परिवेश का निर्माण किया जाता है कि व्यक्ति को अप्रतिबंधित सम्मान की प्राप्ति हो तब व्यक्ति के स्व और अनुभव के मध्य संगति का विकास होता है तथा मनोपचार का लक्ष्य प्राप्त होता है।

मूलभूत अभिग्रह
(Basic Assumptions)

(1) मनोवैज्ञानिक दृष्टि से मनुष्य समस्त अनुभवों का केन्द्रक होता है। अनुभव के अन्तर्गत वह सब कुछ आता है जो सम्भाव्य रूप में व्यक्ति के बोध में किसी समय उपलब्ध होता है। अनुभवों की समग्रता दृश्य-प्रपंचीय क्षेत्र का गठन करती है। दृश्य-प्रपंचीय क्षेत्र व्यक्ति की संदर्भ संरचना होती है। व्यक्ति (being a person) संज्ञान या संवेग के रूप में घटाया नहीं जा सकता है। जीवन अनुभव के रूप में समझा जा सकता है जिसमें विचारों एवं अनुभूतियों की पारस्परिक अन्तर्क्रिया सदैव चलती रहती है।

(2) व्यक्ति की चेतना या बोध अनुभवों का प्रतीकीकरण है। जिन अनुभवों का प्रतीकीकरण (चेतन अभिव्यक्ति) नहीं हो पाता है उसे अवप्रत्यक्षण (subception) कहा जाता है।

(3) व्यक्ति के दृश्य-प्रपंचीय क्षेत्र (phenomenal field) के एक पृथक भाग को स्व (self) कहा जाता है। स्व या आत्म-सम्प्रत्यय' 'मैं' और 'मुझ' की विशेषताओ और 'मैं' तथा 'मुझ' के अन्य लोगों एवं जीवन के विविध पक्षों के प्रत्यक्षण, इन प्रत्यक्षणों के साथ संलग्न मूल्यों से बना संगठित, संगतिपूर्ण, सम्प्रत्ययात्मक गेस्टाल्ट है। यह ऐसा गेस्टाल्ट है जो चेतन बोध में उपलब्ध होता है यद्यपि आवश्यक रूप में उसमें विद्यमान नहीं होता है। यह एक परिवर्तनशील, तरल गेस्टाल्ट है, एक प्रक्रिया है, किन्तु किसी समय बिन्दु पर यह एक विशिष्ट तत्त्व (घटक) होता है।' (रॉजर्स, 1959)

(4) जब व्यक्ति के स्व की संरचना करने वाले प्रतीकीकृत अनुभवों में प्राणी के अनुभव निष्ठापूर्वक प्रतिबिम्बित होते हैं तब व्यक्ति समायोजित, परिपक्व और पूर्णतः प्रकार्यात्मक अवस्था में होता है।

(5) ''व्यक्ति के अन्दर एकमात्र मूल प्रवृत्ति और तत्परता होती है—अनुभव कर रहे प्राणी का आत्मीकरण (actualize), अनुरक्षण (maintain) और उन्नयन (enhance) करना'' (रॉजर्स, 1951)।

(6) प्राणी की आत्मीकरण प्रवृत्ति (actualizing tendency of organism) और स्व-आत्मीकरण प्रवृत्ति (self-actualizing tendency) की एकता सम्भव है। यदि व्यक्ति के 'स्व' और उसके सम्पूर्ण अनुभवों में संगति व्याप्त होती है तो दोनों प्रवृतियाँ एकीकृत (unified) होती हैं और यदि स्व तथा अनुभव के बीच संगति का अभाव होता है तो प्राणी के आत्मीकरण की सामान्य प्रवृत्ति और स्व-आत्मीकरण की प्रवृत्ति एक-दूसरे से पृथक विपरीत उद्देश्यों (cross purposes) के लिए कार्य करती हैं (रॉजर्स, 1959)।

(7) आत्मीकरण की प्रवृत्ति सामर्थ्यों की सिद्धि और पूर्णता अर्जित करने की दिशा में कार्य करती है। इसका एक प्रकार्य व्यक्ति के अनुभवों के भाग को स्व के बोध के रूप में पृथक करना तथा आत्म-सम्प्रत्यय (self-concept) के रूप में संगठित करना होता है।

(8) स्व-आत्मीकरण की प्रवृत्ति आत्म-सम्प्रत्यय के विकास के पश्चात प्रकट होती है और उस सम्प्रत्यय के अनुरक्षण का कार्य करती है। स्व-आत्मीकरण प्रवृत्ति के कारण सदैव व्यक्ति अधिकतम प्रकार्यात्मक अवस्था में नहीं पहुँचता है क्योंकि मनोवैज्ञानिक रूप में स्वस्थ होने पर भी स्व-आत्मीकरण की प्रवृत्ति उसी सीमा तक कार्य करती है जहाँ तक कि व्यक्ति की आत्म-संरचना के अनुरक्षण की आवश्यकता होती है।

(9) स्व के बारे में जानकारी (awareness) को आत्म-अनुभव (self-experience) कहा जाता है। जब आत्म-अनुभव का अन्य व्यक्तियों द्वारा मूल्यांकन किया जाता है तब वह बाह्य मूल्यांकनों (external judgements) से प्रभावित होने लगता है। जब व्यक्ति आत्म-अनुभव का इस कारण परिहार करने लगता है कि वह आत्म-सम्मान (self-regard) के लिए कम या अधिक उपयुक्त है तब यह माना जाता है कि व्यक्ति ने आदर बोध के लिए शर्तों (conditions of worth) को अर्जित कर लिया है अर्थात् उसका आत्म-आदर अब अप्रतिबंधित (बिना शर्त का) नहीं है।

(10) व्यक्ति-केन्द्रित उपागम मानव स्वभाव का सकारात्मक एवं आशावादी दृष्टिकोण प्रस्तुत करता है किन्तु परिवेश, विशेषतः अन्य लोगों के साथ सम्बन्धों से जुड़े कारकों के फलस्वरूप आत्म-सम्प्रत्यय सकारात्मक या नकारात्मक हो जाता है तथा इस प्रकार व्यक्ति प्रकार्यात्मक रूप में स्वस्थ या अस्वस्थ हो जाता है।

(11) लोगों में पूर्ण प्रकार्यात्मकता, सृजन, सामाजिकता एवं संगतिपूर्णता की सामर्थ्य होना स्वीकार किया जाता है अर्थात व्यक्ति किसी विकृति या उपेक्षा के बिना अपने समस्त अनुभवों को स्वीकार कर सकता है।

(12) यह उपागम यह विश्वास करता है कि यदि परामर्शी और परामर्शदाता के मध्य शक्ति और नियंत्रण की भागीदारी (shared power and control) का सम्बन्ध स्थापित हो तो व्यक्ति आत्म-निर्देशन (self-direction) की क्षमता अर्जित कर सकता है।

लोगों के अन्दर व्यक्तिगत परिवर्तन के लिए संसाधन उपलब्ध रहता है। परामर्शन कार्य के लिए आवश्यक सम्बन्धों को विकसित करके ऐसे परिवेश का सृजन किया जा सकता है जिसमें व्यक्ति का संसाधन लक्ष्यों की प्राप्ति के लिए उपलब्ध होने लगता है।

(13) मानवतावादी परामर्शन/मनोपचार व्यक्ति और परामर्शन अवधि में व्यक्ति के अन्दर जो कुछ घटित होता है उसे एक प्रक्रिया समुच्चय (set of processes) के रूप में देखता है। अतः व्यक्ति का मूल्यांकन अथवा श्रेणीयन अनुचित है, उसके कारण व्यक्ति के वास्तविक स्वरूप को समझने में त्रुटि आयेगी। अतः निदान एंव व्यक्तित्व परीक्षण अनुचित एवं अनुपयुक्त माना जाता है।

(14) व्यक्ति के अन्दर परिस्थितियों के विरुद्ध प्रतिक्रिया, कार्य एवं व्यवहार तथा अन्तरिक अनुभूतियों की देखभाल (monitor) करने की क्षमता होती है। उसे प्रत्यावर्तन सामर्थ्य (reflexivity) कहा गया है। व्यक्ति में अपने अनुभवों पर प्रत्यावर्तन कर पाने की क्षमता के कारण विकल्पों के चयन (choice) की दशा प्रकट होती है।

समस्याओं की उत्पत्ति एवं अनुरक्षण
(Origin and Maintenance of Problems)

व्यक्तियों के अन्दर प्राणी-आत्मीकरण और स्व-आत्मीकरण की प्रवृत्तियाँ पायी जाती हैं। इन दोनों प्रवृत्तियों के मध्य एकता सम्भव है अर्थात दोनों प्रवृत्तियों की दिशा और उद्देश्य एक जैसे हो सकते हैं। व्यक्ति के सम्पूर्ण अनुभव तथा अनुभवों का वह भाग जो

स्व में अभिव्यक्त होता है, के मध्य संगति द्वारा मानसिक स्वास्थ्य का विकास होता है किन्तु जब दोनों प्रवृतियाँ प्रतिद्वन्द्वात्मक रूप में कार्य करती है अर्थात् प्राणी के आत्मीकरण की प्रवृत्ति दूसरी दिशा में कार्य करती है तब दोनों प्रवृत्तियों के मध्य अन्तराल के अनुपात में असंगति व्याप्त हो जाती है।

जीवन के आरंभिक वर्षों में व्यक्ति के अन्दर सभी अनुभव किसी भी प्रकार की उपेक्षा अथवा विकार के बिना स्वीकार किये जाते हैं अतः वह पूर्ण संगति की अवस्था में होता है। परिवेश में अन्य लोगों से प्राप्त होने वाली अस्वीकृति, तिरस्कार, उपेक्षा एवं नकारात्मक मूल्यांकन के कारण प्राणी के अनुभव और स्व के अनुभव के मध्य दूरी बढ़ने लगती है। यदि यह मूल्यांकन विशुद्ध रूप में सकारात्मक होता, व्यक्ति/बालक का सम्मान अप्रतिबंधित होता तो प्राणी और स्व के मध्य दूरी या असंगति (विसंगति) की उत्पत्ति नहीं होती। **रॉजर्स** (1959) के शब्दों में, ''यदि कोई व्यक्ति मात्र अप्रतिबंधित सकारात्मक सम्मान का अनुभव करे तब महत्त्व की शर्तों का विकास नहीं होगा। आत्मसम्मान अप्रतिबंधित होगा, सकारात्मक सम्मान और आत्म सम्मान की प्राणी के मूल्यांकन से भिन्नता नहीं होगी तथा व्यक्ति मनोवैज्ञानिक रूप में समायोजित होगा एवं पूर्णरूपेण कार्य करेगा।'' किन्तु माता-पिता और अन्य महत्त्वपूर्ण लोग (जैसे—अध्यापक) बच्चों का मूल्यांकन कभी सकारात्मक और कभी नकारात्मक रूप में करते हैं। इसके फलस्वरूप बच्चे को यह समझ में आने लगता है कि उसके कुछ कार्य उपयुक्त/महत्त्वपूर्ण (worthy) होते है, जिन्हें अनुमोदन प्राप्त होता है, तथा अन्य कार्य महत्वहीन (unworthy) होते हैं, अनुपयुक्त होते हैं अतः उन व्यवहारों को अस्वीकार किया जाता है। महत्त्वहीन एवं अनुपयुक्त व्यवहारों से सम्बन्धित अनुभवों की 'स्व' द्वारा उपेक्षा (denial) की जाती है। उसे ग्रहण नहीं किया जाता है अथवा उसे तोड़-मरोड़कर विकृत (distorted) रूप में स्व के अनुभव में सम्मिलित किया जाता है। इस प्रकार आत्म-सम्प्रत्यय प्राणी के वास्तविक अनुभवों के अनुरूप नहीं रह जाता है।

उदाहरण के लिए, एक बच्चे को माता-पिता से 'अच्छा बच्चा' रूपी मूल्यांकन प्राप्त हो रहा होता है, वह भोला है, सुन्दर है, प्यारा है, बुद्धिमान है। वह अपने पाठ का अधिगम कर लेता है। उसे पढ़ना अच्छा लगता है। वह पढ़ता हैं तो माता-पिता उसको सम्मान देते हैं, उसे प्यार देते है, उसे पुरस्कार देते हैं। उसे क्रिकेट खेलना और कार्टून शो देखना पसंद है किन्तु उसके माता-पिता को यह पसंद नहीं है। उसके इस कार्य को नापसंद किये जाने के अतिरिक्त उसे ऐसा करने पर तिरस्कृत किया जाता है, दंडित किया जाता है। अब चूँकि इस प्रकार के अनुभव उसके ''अच्छे बच्चे—good boy'' रूपी आत्म-सम्प्रत्यय के अनुरूप नहीं है, नये अनुभवों के कारण ''गन्दे बच्चे—bad boy'' रूपी आत्म-सम्प्रत्यय के विकास की दशा उत्पन्न हो जाती है। अतः बच्चे का स्व इन नवीन अनुभवों की उपेक्षा करता है या उसे विकृत करता है। यह विकृति इस रूप में हो सकती है कि उसके स्व को यह अनुभव हो कि उसे क्रिकेट खेलना पसंद नहीं है' या 'कार्टून शो मुझे अच्छा नहीं लगता है।' इस प्रकार व्यक्ति के स्व (self) को प्राप्त अनुभव निष्ठापूर्वक प्राणी (organism) को प्राप्त हुए अनुभव से अलग हो जाता है, दोनों में विसंगति आ जाती है। यह मानसिक स्वास्थ्य एवं समायोजन के लिए उपयुक्त नहीं होता है।

बाल्यकाल में विकसित हुई आत्म-सम्प्रत्यय की विकृति आने वाले वर्षों में प्राप्त होने वाले अनुभवों के कारण और भी अधिक विकृत होती रहती है। व्यक्ति प्राणी के उन अनुभवों की उपेक्षा करता है या उन्हे विकृत करता रहता है जो उसे विकृत आत्म-सम्प्रत्यय के लिए

खतरनाक (threatening) प्रतीत होते हैं तथा चिन्ता उत्पन्न करते हैं। आत्म-सम्प्रत्यय की सुरक्षा हेतु व्यक्ति के स्व में इन विपरीत अनुभवों का प्रतीकीकरण नहीं होता है अथवा विकृत रूप में प्रतीकीकरण होता है। यहाँ उपेक्षा का अर्थ किसी अनुभव को सच्चाई या निष्ठा के साथ स्वीकार नहीं करना है। अनुभव की उपेक्षा के दो रूप होते हैं, प्रथम, यह कि अमुक प्रकार का अनुभव प्राप्त नहीं हो रहा है; दूसरा, यह कि अनुभव को तोड़-मरोड़कर, विकृत प्रतीकीकरण के माध्यम से ग्रहण किया जा रहा है। उदाहरण के लिए अपने झूठ की उपेक्षा की जा सकती है—"मैं झूठ नहीं बोला था" या इसका प्रक्षेपण किया जा सकता है कि "दूसरा व्यक्ति झूठ बोल रहा है, मैंने ऐसा नहीं कहा था" आदि। रॉजर्स का कथन है कि व्यक्ति बहुधा ऐसे आत्म-सम्प्रत्यय का अनुरक्षण या संवर्धन करता है जो पूर्णतः प्राणी के अनुभव के प्रतिकूल (भिन्न) होता है।

व्यक्ति अपने आत्म-सम्प्रत्यय की रचना करने में नकारात्मक अनुभवों से उत्पन्न शर्तों द्वारा इस प्रकार प्रभावित होता है कि सम्मान की शर्त्तों का अन्तर्निवेशन हो जाता है और व्यक्ति नकारात्मक अनुभवों (negative experiences) के विरुद्ध सुरक्षा कवच अपनाने लगता है। व्यक्ति का परिमार्जित, रूपान्तरित स्व उसके वास्तविक स्व से पृथक हो जाता है। व्यक्ति के वास्तविक अनुभवों(प्राणी—organism, के अनुभवों) और उसके आत्म सम्प्रत्यय (वास्तविक अनुभवों की अपेक्षा करके विरूपित आत्म-सम्प्रत्यय) के मध्य पार्थक्य व्याप्त हो जाता है तथा प्रत्यक्षण में उत्तरोत्तर विकृति आती हैं। विसंगति की दशा व्याप्त हो जाती है और व्यक्ति के मनोवैज्ञानिक प्रकार्य (psychological functioning) में अव्यवस्था आ जाती है।

व्यक्ति की प्रकार्यात्मकता में विकृति, समायोजन में कमी, स्व और वास्तविक अनुभवों में विसंगति का अनुरक्षण आत्म-सार्थकता (self-worth) या आत्म-उत्साह (self-esteem) के लिए अन्य व्यक्तियों के द्वारा व्यक्त किये जाने वाले मूल्यांकनों पर निर्भरता के कारण होता रहता है।

जब कभी महत्त्व की शर्त्तें स्थापित हो जाती हैं (शर्तों का अन्तर्निवेशन हो जाता है) तथा वास्तविक अनुभवों और आत्म-सम्प्रत्यय के मध्य विसंगति आ जाती है, व्यक्ति में चिन्ता, असुरक्षा एवं असमंजस (confusion) की उत्पत्ति होती है; तथा जब कभी चिन्ता, असुरक्षा एंव अनिश्चियता विकसित होती है, व्यक्ति अनुभवों की सत्यनिष्ठ अभिव्यक्ति के विरुद्ध उपेक्षा एवं विकृति की प्रक्रिया के माध्यम से सुरक्षा कवच धारण कर लेता है। विसंगति की अधिकता होने पर व्यक्ति की सुरक्षा प्रणाली आत्म-सम्प्रत्यय को पराजित होने से बचा नहीं पाती है जिसके परिणामस्वरूप उसका व्यवहार विध्वंसक (destructive) विघटित (disorganised) और दुर्व्यवस्थाग्रस्त (chaotic) हो जाता है (Tony Merry, 2000)।

परामर्शन सम्बन्धी मर्म दशाएँ
(Core Conditions of the Counselling Relationship)

व्यक्ति-केन्द्रित परामर्शन एवं मनोपचार पद्धति की मुख्य विशेषता व्यक्ति की सामर्थ्य में अभिव्यक्त विश्वास रूपी अभिग्रह के कारण उसकी अनिर्देशात्मक प्रक्रिया है। अनिर्देशात्मक होने के कारण यह उपागम अन्य उपागमों की भाँति व्यवहार, संज्ञान, अनुभूति में परिवर्तन सम्बन्धी प्रक्रिया लक्ष्यों का निर्धारण नहीं करता है। व्यक्ति केन्द्रित उपागम की मुख्य विशेषता ऐसे परामर्शन सम्बन्धों को विकसित करना है जिसमें परामर्शन/मनोपचार स्वतः सम्पन्न हो

जाता है। परामर्शन परिवेश की मर्म दशाओं का रॉजर्स ने जिस प्रकार सम्प्रत्ययन किया है उसे अन्य उपागमों द्वारा भी अपनाया गया है। **रॉजर्स** (1959) में परामर्शन के सफलतापूर्वक सम्पन्न होने के लिए छः बिन्दुओ का वर्णन किया है :—

(i) दो व्यक्ति (परामर्शदाता और क्लायंट) सम्पर्क में है,

(ii) क्लायंट विसंगति की दशा में है; असुरक्षित, चिंतित एवं अस्पष्ट है,

(iii) परामर्शदाता/मनोचिकित्सक संगति की अवस्था मे है,

(iv) परामर्शदाता को परामर्शी के लिए अप्रतिबंधित सम्मान का अनुभव हो रहा है,

(v) परामर्शदाता को परामर्शी के आंतरिक संदर्भ संरचना के बारे में परानुभूतिपूर्ण (empathic) समझ की प्राप्ति हो रही है,

(vi) परामर्शी को परामर्शदाता की दशा (क्लायंट के लिए अप्रतिबंधित सकारात्मक सम्मान और परानुभूतिपूर्ण समझ) का कम-से-कम एक न्यूनतम मात्रा में अनुभव हो रहा है।

उपर्युक्त छः दशाओं में से अंतिम तीन (i) अप्रतिबधित सकारात्मक सम्मान (unconditioned positive regard) (ii) परानुभूतिपूर्ण समझ (empathic understanding), और (iii) अप्रतिबंधित सकारात्मक सम्मान और परानुभूतिपूर्ण समझ रूपी परामर्शदाता की दशा का क्लायंट तक सम्प्रेषण (communication) को परामर्शन की मर्म दशा कहा जाता है (Tudor & Worrall 1994; Tony Merry, 2000)। परामर्शन की सफलता के लिए ऐसे परिवेश का सृजन किया जाना महत्त्वपूर्ण होता है जिसमें उक्त तीन मर्म दशाएँ हो। परामर्शन परिवेश की मर्म दशाओं का पिछले अध्याय में वर्णन किया गया है अतः यहाँ पर पुनरावृत्ति अनुपयुक्त होगी।

परामर्शदाता की दक्षताएँ एवं परामर्शन नीतियाँ
(Skills of the Counsellor and Counselling Strategies)

व्यक्ति-केन्द्रित उपागम में क्लायंट के वास्तविक अनुभवो और स्व के अनुभवों के मध्य व्याप्त विसंगति को दूर करके संगति की अवस्था की पुनर्प्राप्ति हेतु उपयुक्त परामर्शन सम्बन्धों का विकास करके परामर्शन परिवेश का सृजन किया जाता है। परामर्शन परिवेश में क्लायंट को अप्रतिबंधित या अनिर्बाधित सकारात्मक सम्मान/आदर का अनुभव होता है। परामर्शदाता परामर्शी को 'जैसा है वैसा' के आधार पर, किसी पूर्व शर्त के बिना, परामर्शी के व्यवहार और विशेषताओं के बारे में मूल्यांकन करने की क्रिया से विरत रहकर (non-judgemental) स्वीकार करता है; परामर्शी के विचार और व्यवहार को परामर्शी के आत्मगत, आन्तरिक संदर्भ संरचना के आधार पर समझता है अर्थात परामर्शदाता की परामर्शी के बारे में समझ परानुभूतिपूर्ण होती है; तथा, क्लायंट में भी परामर्शदाता के अन्दर उसके लिए (क्लायंट के लिए) व्याप्त सम्मान और समझ की परानुभूति हो रही होती है। इस अवस्था का स्वाभाविक परिणाम क्लायंट में संगति की पुनर्स्थापना के रूप में देखा जाता है।

स्पष्ट हैं कि व्यक्ति केन्द्रित उपागम में परामर्शदाता के पास परामर्शन परिवेश के सृजन के लिए आवश्यक दक्षता का होना वांछित है किन्तु अन्य किसी प्रविधि की आवश्यकता नहीं होती है। व्यक्ति केन्द्रित उपागम का अनुसरण करने वाले कुछ परामर्शदाताओं का यह मत है कि इस उपागम की सीमा में रहते हुए भी दूसरी पद्धतियों में प्रयुक्त अन्य प्रविधियाँ उपयोग में लायी जा सकती है किन्तु अधिकतर परामर्शदाताओं की दृष्टि में ऐसी प्रविधि के न्यूनतम उपयोग की नीति अधिक उपयुक्त मानी जाती है।

परामर्शन परिवेश पर क्लायंट पर प्रभाव
(Effect of Counselling Climate on the Client)

परामर्शन परिवेश की मर्म दशाओं के अस्तित्व के द्वारा ऐसी प्रक्रिया का विकास होता है जिसमें निम्नांकित विशेषताएँ पायी जाती है :—

(i) क्लायंट उत्तरोत्तर अधिक स्वतंत्रता एवं स्व-संदर्भों की वृद्धि के साथ अपनी अनुभूतियों को व्यक्त करता है।

(ii) क्लायंट के स्व के अनुभव में प्राणी के वास्तविक अनुभवों का अधिक सच्चाई, निष्ठा एवं शुद्धता के साथ प्रतीकीकरण होता है।

(iii) परामर्शदाता द्वारा दिये गये अप्रतिबंधित सम्मान के कारण क्लायंट को अपनी पुरानी अनुभूतियों और बोध में व्याप्त उपेक्षाओं, निषेधों एवं विकृतियों की पहचान होती है।

(iv) आत्म-सम्प्रत्यय अब अधिक संगठित होता है, जिसमें उन अनुभवों का भी प्रतीकीकरण सम्मिलित रहता है जिसकी अतीत में या तो उपेक्षा कर दी गयी थी अथवा व्यक्ति के बोध में उनका रूप विकृत बना दिया गया था।

(v) क्लायंट में उत्तरोत्तर परामर्शदाता के बारे में परानुभूति का विकास होता है; क्लायंट के लिए परामर्शदाता द्वारा दिए जा रहे सम्मान और समझ का क्लायंट को बोध होता है।

(vi) क्लायंट की अपने अनुभवो के प्रति प्रतिक्रिया अब 'सम्मान/अर्थ की दशाओं' के आधार पर कम और प्राणीगत मूल्यांकन प्रक्रिया के आधार पर अधिक होती है।

उपर्युक्त परिवर्तनों के परिणामस्वरूप क्लायंट के व्यवहार एवं मनोदशा में निम्नांकित **प्रतिफल** देखे जाते हैं:—

(i) परामर्शी में संगति की अधिकता और रक्षात्मक उपागम की कमी पायी जाती है; समस्या सामधान में परामर्शी अधिक यथार्थवादी, वस्तुनिष्ठ और प्रभावशाली होता है।

(ii) परामर्शी को अन्य व्यक्तियों द्वारा अधिक स्वीकार किया जाता है,

(iii) परामर्शी के समायोजन में वृद्धि पायी जाती है; असुरक्षा की प्रवृत्ति में कमी आती है;

(iv) उसका व्यवहार अधिक सामाजिक होता है।

(v) उसका व्यवहार अधिक सृजनात्मक होता है।

(vi) परामर्शी यह स्वीकार करता है कि अपने व्यवहार में व्याप्त समस्याओं के समाधान के लिए वह स्वयं जिम्मेदार है।

शोध साक्ष्य एवं मूल्यांकन
(Research Evidenced Evaiuation)

व्यक्ति केन्द्रित उपागम के अन्तर्गत शोधकर्त्ताओं का ध्यान परामर्शन प्रक्रिया और विशेषकर रॉजर्स द्वारा प्रस्तावित परामर्शन की मर्म दशाओं वाले प्रक्रिया मॉडल पर केन्द्रित रहा है इसलिए शोध कार्य जटिल रहा है।

रॉजर्स एवं उनके सहयोगियों (Cartwright, 1957; Rogers & Dymond, 1954) ने इस उपागम द्वारा व्यक्ति/क्लायंट की आत्म-स्वीकार्यता (self-acceptance), आत्म बोध/चेतना (self awareness), आत्मविश्वास, सांवेगिक परिपक्वता और समायोजन में वृद्धि का साक्ष्य पाया।

ग्रीनवर्ग एवं सहयोगी (Greenberg et. al, 1994) ने 1978 से 1992 के मध्य इस क्षेत्र में 37 प्रकाशित शोध अध्ययनों का मूल्यांकन किया जिन्में 1,272 क्लायंट्स के साथ मनोपचार/परामर्शन के परिणाम/शोध अध्ययन का विवरण है। इन अध्ययनों में से 15 अध्ययनों में तुलना के लिए कई उपचार रहित या प्रतीक्षा सूची के व्यक्ति थे। कुल मिलाकर जो परिणाम प्राप्त हुआ उससे प्रकट हुआ कि उपचार-रहित/उपचार-पूर्व व्यक्ति की तुलना मे इस उपागम का लाभार्थी प्रतिशतांक (percentile) की दृष्टि से 50वें से 90वें स्थान पर पहुँच जायेगा। कुल 26 अध्ययनों में जब इस उपागम के परिणाम की अन्य उपागमों के परिणाम से तुलना की गयी तो यह उपागम अन्य से निम्नतर या श्रेष्ठतर नहीं सिद्ध हुआ। यहाँ यह तथ्य रोचक है कि इन अध्ययनों में से कुछ एक में मानवतावादी उपागम के लाभार्थी समूह को नकली उपचार समूह के रूप में लिया गया था। इस प्रकार परिकल्पना के स्तर पर मनावतावादी उपागम से लाभ की प्रत्याशा निम्न थी और इस प्रकार इस उपागम से लाभ का अति-मूल्यांकन (over-estimation) का दोष इन शोध अध्ययनों में नहीं था।

व्यक्ति-केन्द्रित उपागम की समीक्षा इसके गुणों और कमियों के आधार पर की जा सकती है। इस उपागम की आलोचना वैज्ञानिक शोध आधार की कमी, इस दृष्टिकोण को अपनाकर विकसित हुए विकासात्मक एवं संज्ञानात्मक मनोविज्ञान का अभाव; सांस्कृतिक भिन्नता, जातिवाद, नारीवाद एवं उपनिवेशवाद जैसे तत्त्वों को समाहित न कर पाने जैसे आधारों पर की जाती है।

इस उपागम की अन्तर्निहित शक्ति इसकी सक्रिय शैली, लचीलापन, आशावादिता, सकारात्मकता, सहायताकारी सम्बन्धों का सृजन जैसी विशेषताओं में निहित है।

मैक्लिऑड (2003) का विचार है कि मानवतावादी उपागम में चार प्रवृत्तियाँ वर्तमान में प्रकट हो रही है—(i) संज्ञानात्मक मनोविज्ञान के मतों का समन्वयन; (ii) विशिष्ट शोध विधि का विकास; (iii) आध्यात्मिक संप्रत्ययों का सैद्धांतिक समावेशन; एवं (iv) साहित्य और अन्य क्षेत्रों में व्याप्त मानवतावादी परम्पराओं के साथ सम्बन्धों की पुनर्स्थापना। इन प्रवृत्तियों के कारण इस उपागम की अन्तर्निहित शक्ति एवं उपयोगिता का विकास हो रहा है।

II. गेस्टाल्टवादी उपागम
(Gestalt Approach)

गेस्टाल्टवादी सिद्धान्त और प्रैक्टिस का सर्वप्रथम फ्रेडरिक विर्ल एवं लॉरा पर्ल द्वारा पॅल गुडमैन और अन्य लोगों के सहयोग से 1950 में विकास किया गया। व्यक्तित्व सिद्धान्त के क्षेत्र में गेस्टाल्ट सिद्धान्त का विकास कोफ्का, कोहलर और अन्य मनोवैज्ञानिकों के विचारों के प्रभाव में कुर्ट गोल्डस्टीन और कुर्ट लेविन द्वारा किया गया। गेस्टाल्टवादी उपागम के विकास में लेविन के प्रभाव को विगत कुछ वर्षों से ही स्वीकार किया जा रहा है। गेस्टाल्टवादी उपागम के ऊपर अस्तित्ववादी चिन्तन (पॉल टिल्लिचा, मार्टिन ब्यूवर और ज्यॉ-पॉल-सार्त्रे), पूर्वी धार्मिक एवं आध्यात्मिक चिन्तन (ताओ और जैन दर्शन),

मोरेन की मनोनाटक (साइकोड्रामा) तकनीक के प्रभावों का वर्णन विभिन्न लेखनों में देखा गया है।

मूलभूत अभिग्रह
(Basic Assumptions)

माइकल इल्लिस और **जॉन लिअरी-जॉयस** (Micael Ellis & John Leary-Joyce) ने निम्न अभिग्रहों का वर्णन किया है :—

(1) प्रकृति सुसंगति पूर्ण होती है। निरंतर परिवर्तनीय प्रक्रिया में विभिन्न तत्त्व एक-दूसरे के साथ जुड़े होते हैं। इस पूर्ण को अवयवों/तत्त्वों की पृथक व्याख्या या अध्ययन के माध्यम से नहीं समझा जा सकता है। पर्ल के अनुसार समस्त व्यवहार विचार, अनुभूति और अनुक्रिया के योग के फलस्वरूप घटित होता है। किसी भी व्यवहार में उक्त तत्त्व छिपे होते है। इन तत्त्वों को व्यवहार से अलग करके व्यवहार को समझना सम्भव नहीं हो सकता है।

(2) प्राणी के आत्म-निर्देशन/नियंत्रण (self-regulation) का विकास उस परिवेश के साथ सम्पर्क की प्रक्रिया द्वारा सम्पन्न होता है जिसके हम सभी अंग होते हैं। किसी भी समय 'पृष्ठभूमि' में से आवश्यकता 'आकृति' के रूप में प्रकट होती है और संतुष्ट होने के पश्चात वह आवश्यकता पृष्ठभूमि मे चली जाती है किन्तु उसी पृष्ठभूमि से दूसरी आवश्यकता विकसित होकर प्रकट होती है।

(3) हमलोगों में अपनी सामर्थ्यों की सिद्धि के लिए हम जो बन सकते हैं वह बनने के स्व-आत्मीकरण रूपी जन्मजात प्रवृत्ति होती है। पर्ल्स (F. Perls, 1969) ने लिखा है, 'Every individual, every plant, every animal has only one inborn goal to actualize itself as it is.'

(4) गेस्टाल्टवादी उपागम का मर्म अन्तर्दृष्टि का विकास है। व्यक्ति के प्राणीगत आनुभविक बोध (बौद्धिक बोध से भिन्न) के विकास द्वारा हम जिम्मेदार (responsible) एवं अग्रोन्मुखी (proactive) हो पाते हैं तथा प्राणीगत आत्म-निर्देशन/नियंत्रण का स्वस्थ रूप में प्रवाह होता है।

(5) स्व को सम्पर्क/सम्बन्धों की प्रणाली के रूप में समझा जाता है। हम परिवेश के साथ सम्बन्ध सरचना में जुड़े होते हैं। स्व को परिवेश (परिवार, वर्ग, संस्कृति आदि) से पृथक करके नहीं समझा जा सकता है।

(6) हम आन्तरिक तात्त्विक (intrinsically) रूप में न तो अच्छे होते हैं और न ही बुरे होते हैं।

(7) उपचार (healing) दूसरों के साथ एक व्यक्ति के रूप में मिलन के माध्यम से सम्पन्न होता है। ब्यूबर ने बताया कि हम दूसरों से दो प्रकार से मिलते हैं। प्रथम, मैं—यह (I-It) अभिवृत्ति के साथ, जब एक या दोनों व्यक्ति के समक्ष एक लक्ष्य होता है। दूसरा, मैं—तुम (I-Thou) अभिवृत्ति के साथ, निरूद्देश्य मिलन, जिसमें दूसरे व्यक्ति की अद्वितीयता को महत्त्व दिया जाता है।

समस्याओं की उत्पत्ति एवं अनुरक्षण
(Origin and Maintenance of Problems)

एक स्वस्थ व्यक्ति में प्राणीगत आत्म नियंत्रण का विकास पाया जाता है। आवश्यकताओं के आधार पर पृष्ठभूमि में आकृतियों की रचना और आकृति की पृष्ठभूमि में वापसी जिसे

गठन और विघटन या सम्पर्क और प्रत्याहार की गेस्टाल्ट प्रक्रिया कहते है, एक स्वस्थ प्रक्रिया होती है। सम्पर्क (contact) और प्रत्याहार (withdrawl) के चक्र में विघ्न या उपद्रव (disturbance) के कारण व्यक्ति की स्वस्थ प्रकार्यात्मकता में व्यवधान आता है। व्यक्ति के आरम्भिक अनुभवों के कारण इस चक्र मे व्यवधान आरंभ होता है जिसका रूप सृजनात्मक हो सकता है अर्थात व्यक्ति आगत खतरों, प्यार, संरक्षण, ध्यान ओर देखरेख के अभाव की परिस्थिति के साथ सृजनात्मक समायोजन का प्रयास करता है। जब यही प्रवृत्ति वयस्क व्यक्तित्व में समाहित हो जाती है तब व्यक्ति की स्वस्थ प्रकार्यात्मकता के प्रवाह में अड़चनें आती है, उसकी क्रियाशील बेलोच, आदतपूर्ण और अनियांत्रित हो जाती है।

पर्ल्स के अनुसार 'मनस्तापीय तंत्र' या सम्पर्क परिधि के उपद्रव व्यक्ति के भौतिक सांवेगिक या बौद्धिक परिवेश के साथ स्वस्थ संचार को प्रतिबंधित या सीमित करते हैं। इन समस्त प्रक्रिया का एक स्वस्थ, प्रकार्यात्मक पक्ष होता है किन्तु जब यह आदतों का रूप धारण करते हुए दीर्घकाल (chronic) तक चलता रहता है तब व्यक्ति का स्वस्थ कार्य व्यवहार सीमित हो जाता है, अर्थात अस्वस्थता की अवस्था उत्पन्न हो जाती है। मनस्तापीय तंत्र के रूप मे अन्तर्निवेशन (introjection), प्रक्षेपण (projection), प्रति-प्रत्यावर्तन (retroflection),संगम(confluence)और विक्षेप(deflection)का वर्णन किया जाता है।

अन्तनिर्वेशन अभिवृत्तियों, विश्वासों, विचारों एवं व्यवहार आदि को समावेशित (assimilate) किये बिना पूरा का पूरा अपना लेने की प्रक्रिया है।

प्रक्षेपण अपने कार्य, व्यवहार एवं विशेषताओं को दूसरों में आरोपित करने की क्रिया होती है।

प्रति प्रत्यावर्तन अपनी ऊर्जा (क्रोध, आदि) को अपने विरुद्ध सक्रिय करने का तंत्र है जिसके परिणामस्वरूप सिरदर्द, पेशीय तनाव या दैहिक उपद्रव की उत्पत्ति होती है।

संगम की दशा में व्यक्ति अन्य लोगों के साथ अपने विचारों, विश्वासों, अनुभूतियो आदि की सीमाओं को स्पष्ट नहीं कर पाता है।

विक्षेप को आधुनिक गेस्टाल्टवादी समस्याओं का अनुरक्षण करने वाली प्रक्रिया मानते हैं। व्यक्ति परिवेश के साथ स्वस्थ सम्पर्क से दूर चला जाता है और अस्पष्ट, कमजोर धुँधले सम्पर्क का अनुभव होता है। विक्षेप के कारण अपूर्ण गेस्टाल्टेन की उत्पत्ति होती है जो ऊर्जा के प्रवाह और स्वस्थ आचरण (व्यवहार) को बाधित करता है।

परामर्शन/मनोपचारी परिवर्तन
(Counselling/Theraputic Change)

गेस्टाल्ट उपागम में परामर्शन/मनोपचार की प्रक्रिया निम्न प्रकार के परिवर्तनों का ध्येय स्थापित करती है—

(i) प्राणीगत आत्म-नियंत्रण की गेस्टाल्ट प्रक्रिया का पुनर्अन्वेषण करना;

(ii) ऊपर वर्णित उपद्रवों के बारे में क्लायंट की जानकारी या बोध (awareness) का विकास; यह बोध केवल बौद्धिक नहीं, अपितु बौद्धिक, संवेगात्मक एवं दैहिक संवेदनाओं की पूर्णता के रूप (holistic) में विकसित किया जाता है।

(iii) परामर्शन व्यक्ति के अपूर्ण कार्य (unfinished business/incomplete gestalten) की पूर्ति (closure) का कार्य करता है। व्यक्ति के अतीत से सम्बन्धित जो समस्याएँ वर्तमान को प्रभावित कर रही होती हैं उनका समाधान किया जाता है।

(iv) नये व्यवहारों का प्रयोग करना; इससे पुराने व्यवहार प्रारूपों में बँधी ऊर्जा अभिव्यक्त होती है, व्यक्ति अपने बारे में और अधिक अच्छे ढंग से जानकारी प्राप्त करता है।

(v) परिवर्तन तब आता है जबकि कोई वह बनता है जो वह है, उस समय नहीं जब वह वैसा बनने का प्रयास करता है जो कि वह नहीं है (change occurs when one becomes what he is; not when he tries to become what he is not.—Beisser, 1970)।

परामर्शन दक्षताएँ एवं कार्य नीतियाँ (Counselling Skills and Strategies)

गेस्टाल्ट परामर्शन पद्धति का उपागम दृश्य प्रपंचीय है (इल्लिस एवं जॉयस, 2000)। यह उपागम क्लायंट की अपने बारे में, अपने और अन्य लोगों के साथ उसके सम्बन्धों के विविध पक्षों के बारे में बोध (awareness) को गहन बनाने की चेष्टा करता है। इस उद्देश्य की प्राप्ति के लिए क्लायंट पर ध्यान केन्द्रित करने, वार्ता में व्यस्त होने तथा अनुभवों के अन्वेषण और वर्णन का कार्य किया जाता है।

परामर्शदाता की निष्ठा, पूर्णता और उपस्थिति केन्द्रीय कारक माने जाते है। परामर्शदाता सम्बन्धों में सहभागिता करता है और व्यस्त रहता है तथा अवलोकन करता है। परामर्शदाता के लिए गोस्टाल्टवादी दृष्टि से सृजनशील होने की आवश्यकता होती है; उसे गेस्टाल्ट रचना और विघटन की प्रक्रिया की, वर्तमान अनुभव के बोध और परिवर्तन के सिद्धान्त की समझ होनी चाहिए। हस्तक्षेप के लिए अनेक कार्य नीतियों (strategies) को प्रयुक्त किया जाता है।

(1) **शरीरिक बोध पर ध्यान देना** *(Focussing on body awareness)*—क्लायंट को शरीर के भीतर प्राप्त होने वाली संवेदनाओं से सम्बन्धित बोध को और अधिक विकसित करने के लिए प्रोत्साहित किया जाता है।

(2) **भाषा पर ध्यान देना** *(Attention to language)*—परामर्शदाता क्लायंट की भाषा, वाक्य संरचना और प्रयुक्त होने वाले सर्वनाम शब्दों (यह, वे, एक) पर ध्यान देता है जिसके माध्यम से उसके अनुभवों के साथ उसकी दूरी के बारे में जानकारी प्राप्त होती है।

(3) **ध्रुवों का अन्वेषण** *(Exploration of polarties)*—क्लायंट के शीर्षस्थ अंग (top-dog), न्मिनस्थ अंग (अवमूल्यन भरा स्व, under-dog) तथा क्रमवार अंग (जैसे—परा अहम् एवं नैतिकता या पुरुषत्व) का अन्वेषण किया जाता है तथा उनके मध्य नाटक का मंचन किया जाता है।

(4) **मनोनाटक कार्य** *(Psychodrama work)*—रिक्त स्थान प्रविधि का उपयोग करके क्लायंट को काल्पनिक रूप में उपस्थित दूसरे व्यक्तियो के साथ वार्ता में संलिप्त होकर अपने आप और अन्य लोगो के साथ अपने सम्बन्धों के विभिन्न पक्षों के अन्वेषण में सहयोग दिया जाता है।

(5) **निर्देशात्मक बोध प्रयोग** *(Directed awareness experiments)*—क्लायंट को संज्ञानात्मक प्रारूप में लगातार बोलने और इस प्रकार अपनी अनुभूतियों और विचारो के बारे में अधिक बोधगम्यता अर्जित करने के लिए प्रोत्साहित किया जाता है।

इल्लिस और ज्वायस लिखते हैं कि उपर्युक्त हस्तक्षेप क्लायंट और परामर्शदाता के मध्य हो रही वार्ता के मध्य प्रकट होता है। इनका उपयोग तकनीक के रूप में नहीं किया जाता है। इन हस्तक्षेप नीतियों का उद्देश्य क्लायंट के बोध का संवर्धन करना तथा प्राणीगत आत्मनियंत्रण की पुनर्प्राप्ति की प्रक्रिया का सहजीकरण होता है।

पर्ल्स और **उनके सहयोगियों** ने कुछ नियमों को स्थापित करते हुए (जो उपर्युक्त नीतियों एवं लक्ष्यों के अनुरूप हैं), कुछ प्रकार के खेलों का विकास किया जो उद्देश्यों की प्राप्ति में सहायक होते हैं।

(i) संवाद क्रीड़ाएँ (Games of dialogue)
(ii) चक्कर लगाना (Making the rounds game संवाद का चक्कर)
(iii) 'मैं जिम्मेदारी लेता हूँ' खेल (I take responsibility game)
(iv) 'मेरे पास एक सीक्रेट (गोपनीय बात) है' (I have a secret game)
(v) प्रक्षेपण क्रीड़ा (Playing the projection game)
(vi) भूमिका परिवर्तन क्रीड़ा (Reversal game)—क्लायंट अपने अभिव्यक्त व्यवहार के विपरीत भूमिका का निर्वाह करता है।
(vii) सम्पर्क एवं प्रत्याहार खेल (Contact and withdrawl game)
(viii) अत्यकरण क्रीड़ा (Exaggeration game)

उपर्युक्त एवं अन्य कुछ खेलों की संरचना क्लायंट के बोध के विकास में सहायक सिद्ध होती है।

शोध साक्ष्य
(Research Evidence)

गेस्टाल्ट उपागम के अन्तर्गत शोध कार्य का अभाव देखा जा रहा है, इसका प्रमुख कारण विश्वविद्यालयी विभागों से इसका अच्छा समन्वयन नहीं हो पाना रहा है। इसके अतिरिक्त बुद्धिवाद-विरोधी (anti-intellectual) कार्य शैली/संप्रत्ययन के कारण भी शोध कार्यों का विकास नहीं हुआ। इन सीमाओं के रहते हुए भी गेस्टाल्ट उपागम की प्रभावोत्पादकता के विषय में अनेक शोध कार्य सम्पन्न किये गये है। सम्पन्न हुए शोध-कार्य (e.g. Grenberg and Dompierre, 1981) मुख्यतः द्वि-कुर्सी तकनीक (परामर्शदाता-परामर्शी के मध्य परामर्शन वार्ता) की अन्य तकनीकों के साथ तुलना के रूप में संपन्न हुए है जिनमें यह ज्ञात हुआ कि द्वि-कुर्सी तकनीक में अनुभवों की गहराई के कारण अधिक लाभ प्राप्त होता है।

क्लार्क एवं ग्रीनबर्ग (Clarke and Greenberg, 1986) ने अपने अध्ययन में यह परिणाम प्राप्त किया कि आन्तरिक द्वन्द्वों का समाधान करने, क्रोध घटाने और निर्णय-विषयक द्वन्द्व के संदर्भ में द्वि-कुर्सी वार्ता प्रभावशाली है। तीन में से दो अध्ययनों में यह उपागम अधिक प्रभावशाली सिद्ध हुआ है।

III. अस्तित्ववादी-दृश्यप्रपंचीय उपागम
(Existential–Phenomenological Approach)

मनोविज्ञान में प्रमुख परम्परा अनुभववाद, निर्धारणवाद; कारणवाद एवं मात्रात्मक अध्ययन की रही है। मनोविज्ञान को इसी मार्ग से विकसित होकर अपनी पहचान प्राप्त हुई है किन्तु समय-समय पर मनोवैज्ञानिकों को यह अनुभव होता रहा है कि मनोविज्ञान में

अध्ययन क्षेत्र और उसमें निहित घटनाओं एवं तत्त्वों का जैसा स्वरूप है उसके परिप्रेक्ष्य में उपरोक्त उपागम की उपयोगिता और उपयुक्तता सीमित है। मनोविज्ञान की समस्याओ के अध्ययन हेतु प्राकृतिक विज्ञान प्रारूप उपयुक्त नहीं हो सकता है। प्रत्युत्तर में दृश्यप्रपंचीय उपागम विकसित हुआ जिसका केन्द्र बिन्दु अस्तित्ववाद है।

'दृश्यप्रपंच शास्त्र (phenomenology) का अर्थ गोचर (अथवा वस्तुओं/घटनाओं के प्रस्तुत रूप) के अध्ययन से है जिसका उद्देश्य यह स्पष्ट करना है कि वस्तु-जगत का मनुष्य को किस प्रकार अनुभव होता है तथा उसकी चेतना में यह किस रूप में प्रस्तुत होता है। इस प्रकार दृश्यप्रपंचशास्त्र इस विषय का उपयुक्त अन्वेषण करता है कि मानव दशाएँ किस रूप में उसके जीवन्त अनुभव में प्रकट होती है। (Ernesto Spinelli, 2003)। दृश्यप्रपंचशास्त्र का केन्द्र बिन्दु अस्तित्ववाद है। इसमें अध्ययन के मार्ग अपनाये जाते है: सत्तामूलक अन्वेषण (ontalogical inquiry), जिसके केन्द्र बिन्दु में अस्तित्व की सार्वभौमिक विशेषताएँ होती हैं और व्यक्तिमूलक अन्वेषण (ontic inquiry) जो कॉन (Cohn, 1997) के अनुसार 'विशिष्ट वैयक्तिक तरीकों जिनके साथ व्यक्ति विश्व में है' का अन्वेषण है। वैले एवं किंग (Valle & King, 1978) के अनुसार अस्तित्ववादी-दृश्यप्रपंचीय मनोविज्ञान ऐसी मनोवैज्ञानिक विधा है जो मानव अनुभूति एवं मानव व्यवहार दोनों के सार तत्त्व (essence), संरचना (structure) या रूप (form) जैसा कि यहाँ अनुशासित प्रत्यावर्तन सहित मूलभूत वर्णनात्मक तकनीकों के माध्यम से प्रकट होता है, का अध्ययन है। अस्तित्ववादी मनोविज्ञान को हॉल और लिण्डजे (1978) ने 'मानव अस्तित्व का ऐसा इन्द्रियानुभविक अध्ययन बताया है जो दृश्यप्रपंचीय विश्लेषण की प्रणाली को प्रयुक्त करता है।' इम्मी वॉन ड्यूजेन (Emme Van Deuszen, 2000) लिखते हैं कि अस्तित्ववादी परामर्शन और मनोचिकित्सा का मूलाधार अनुप्रयुक्त दर्शन की प्राचीन प्रणाली में निहित है। दर्शन शास्त्र का आरंभ तर्क की प्रणाली (socratic method of dialectical discussion) द्वारा सृष्टि के रहस्यों एवं अच्छे जीवन के रहस्यों के अध्ययन के रूप में आरम्भ हुआ था किन्तु अस्तित्ववादी मनोवैज्ञानिकों, परामर्शदाताओं एव मनोपचारकों ने इसका उपयोग अस्तित्ववादी मनोपचार एवं परामर्शन के सिद्धान्तो की रचना हेतु किया।

दर्शन, मनोविज्ञान एवं मनोपचार के क्षेत्र मे प्रभावशाली वर्ग व्यक्ति और वस्तु (subject and object) या स्व एवं अन्य (self and other) के मध्य भेद या अन्तर की बात करता है किन्तु अस्तित्ववादी-दृश्यप्रपंचीय उपागम इस विभेदन का विरोध करता है तथा इसके स्थान पर अस्तित्व सह-निर्मित दृष्टि को प्रस्तावित करता है जिसके अनुसार वह जो हम है, या हो सकते है, अनुभव करते हैं; जिसपर प्रत्यावर्तन करते हैं, परिभाषित या श्रेणीबद्ध करते हैं, सब अन्तर्सन्बन्ध द्वारा व्युत्पन्न होता है' (स्पिनेल, 2003)। इस चिन्तन के अनुसार मनुष्य का अस्तित्व विश्व में जीवन्तता (being-in-the world or Daisen) के माध्यम से है और विश्व का अस्तित्व इस कारण है कि उसके रहस्यो का उद्घाटन करने के लिए मनुष्य रूपी जीव है। अस्तित्ववादी मनोविज्ञान प्रत्यक्षवाद/अनुभववाद (positivism), निर्धारणवाद (determinism) और तत्त्ववाद (materialism) को अस्वीकृत करता है। अस्तित्ववाद कारणात्मकता (causality) के सम्प्रत्यय को अभिप्रेरणा के माध्यम से विस्थापित करता है। अभिप्रेरणा का यह संप्रत्यय मानता है कि मनुष्य का कोई कार्य या व्यवहार कारण या प्रभाव के बारे में उस व्यक्ति की समझ (understanding/ misunderstanding) के आधार पर सम्पन्न होता है। बॉस (Boss) ने इस बात को एक उदाहरण के माध्यम से इस प्रकार समझाया कि हवा के कारण खिड़की बन्द होती है किन्तु

मनुष्य अपनी इस समझ के कारण खिड़की बन्द करने के लिए अभिप्रेरित होता है कि ऐसा करके वह हवा, वर्षा, शोर को अन्दर आने से रोक सकता है। मनुष्य द्वारा किये गये कार्य का अभिप्रेरणात्मक और संज्ञानात्मक आधार ही उसके कार्य की उचित व्याख्या प्रस्तुत करता है।

अस्तित्ववादी-दृश्यप्रपंचीय उपागम में संरचना या 'देय' (given) को नीयत/मंशा/अभिप्राय (intentionality) का नाम दिया गया है। 'अभिप्राय' चेतना का दिशा पक्ष है। चेतना का सदैव किसी तत्त्व से सम्बन्ध होता है, यथा प्रत्यक्षण, प्रेम, कल्पना या घृणा सदैव किसी के विषय संदर्भ में किसी के प्रति होता है। अभिप्राय व्यक्ति और वस्तु (सॅब्जेक्ट-ऑब्जेक्ट) के विभेदन को अन्तर्सन्बन्धन और स्वतंत्रता के माध्यम से विस्थापित करता है और इस प्रकार एक के बिना दूसरे का कोई अर्थ या अस्तित्व नहीं होता है। इस प्रकार अनुभव, ज्ञान और समझ/बोध की उत्पत्ति सहसन्बन्धात्मक प्रक्रिया द्वारा होती है। अभिप्राय इसे अन्यों के साथ हमारे सम्बन्धों के विषय में अर्थ-सम्भावनाओं (meaning-possibilities) के माध्यम से अभिव्यक्त करता है। अन्वेषक व्यक्ति द्वारा अर्थ-संभावनाओं की पुनर्रचना भी होती है। इस प्रकार हेडेगर (1962) के अनुसार 'स्व' और 'अन्य' दोनों को अर्थपूर्णता उनके स्वतंत्र एवं सह-निर्मात्री सम्बन्धों द्वारा प्राप्त होती है। स्पिनेल (2003) की दृष्टि में इस तर्क का एक महत्त्वपूर्ण प्रतिफल यह है कि हम सभी सक्रियतापूर्वक सम्मिलित है, या रचनाशील है, या अपने विश्व के विषय में अनुभवों को अर्थपूर्ण बनाने के लिए सचेष्ट हैं।

अस्तित्ववादी-दृश्यप्रपंचीय उपागम का मत है कि हम कभी भी सत्य को नहीं जान सकते हैं। हम जो जानते है वह विश्व के सत्य की व्याख्या है, विश्व रहस्य का उद्घाटन उसके विषय में हमारे प्रत्यावर्तन द्वारा होता है। अतः विश्व, उसकी घटनाओ, उसमें निहित तत्त्वो के बारे में हमारे मत या विचार अथवा व्याख्यान सत्य के समीपस्थ अनुमान है। हम कभी भी सत्य को नहीं प्रकट कर पाते हैं। हम सत्य के रूप में जो कुछ प्रस्तुत करते हैं उसमें सीमाएँ होती हैं। हम कतिपय अभिग्रहों के आधार पर इस उद्घाटित/व्याख्यायित सत्य तक पहुँचते हैं और उक्त अभिग्रह सत्य को बाधित करते हैं।

अस्तित्ववादी-दृश्यप्रपंचीय उपागम सारतत्व (essence) से सम्बन्धित प्रश्नों के अन्वेषण एवं व्याख्या हेतु अन्वेषक के लिए तीन कार्य आवश्यक मानता है (Ihde, 1986; Spinelli, 1989)। **प्रथम,** अन्वेषक को अपने पूर्वाग्रहों (biases) और अभिमतों (presuppositions) को निलम्बित रखना होगा या पृथक रखना होगा जिससे कि उसके अनुभव अधिक मुक्त ढंग से प्रवाहित हों। **द्वितीय,** अन्वेषक को व्याख्या के वर्णनात्मक स्तर पर सीमित रहना होगा जिससे कि वह तात्कालिक अनुभवों या प्राथमिक प्रदत्तो पर ध्यान केन्द्रित कर सकेगा। **तृतीय,** उसे वर्णन के तत्त्वो को क्षैतिज ढंग (horizontalize) से व्यवस्थित करना चाहिए, उन्हें महत्ता के अनुक्रम (hierarehy) में नहीं व्यवस्थित किया जाना चाहिए। इस पूरी प्रक्रिया को सदैव एक ऐसे प्रयत्न के रूप में सक्रिय होना चाहिए जो कभी भी पूर्ण नहीं होती है। ऐसा करके हम अपने पूर्वाग्रहों और अभिग्रहो को अधिक उपयुक्त एवं स्पष्ट करते हुए संसार को अनुभव कर सकेंगे।

स्पष्ट है कि अस्तित्ववादी-दृश्यप्रपंचीय चिन्तन के मूलाधार अत्यन्त भिन्न हैं। इसीलिए अन्य उपागमों की वर्णन शैली से भिन्न ढंग से इस खण्ड में ऐतिहासिक पृष्ठभूमि से पूर्व इन दार्शनिक आधारों का संक्षिप्त वर्णन प्रस्तुत किया गया।

अस्तित्ववादी आन्दोलन का आरम्भ ज्याँ पॉल सात्रे (Jean Paul Sartre) और अल्बर्ट कॉमस (Albert Camus) के विचारो के माध्यम से यूरोप में हुआ। कार्ल जेस्पर्स (Karl Jaspers), लुडविग बिंस्वेंगर (Ludwig Binswanger), मार्टिन हेडेगर (Martin Heideger), किर्कगार्ड (Kierkegaard), नीत्शे (Nietzsue) और मेडार्ड बॉस (Medard Boss) के लेखन एवं क्लीनिकल प्रेक्टिस के माध्यम से अस्तित्ववादी चिन्तन को परामर्शन में जड़े प्राप्त हुई। अमेरिका में पॉल टिलिश (Paul Tillich) एवं रोलो में (Rollo May) के माध्यम से प्रसार में आने के पश्चात इर्विन यालोम (Irwin Yalom, 1980), जेम्स ब्यूजेन्टल (James Bugental, 1981) और ऑल्विन मेहरर (Alvin Maherer, 1996) के योगदान से अस्तित्ववादी परामर्शन उपागम को मजबूती प्राप्त हुई। यूरोप में विक्टर फ्रैंकल (1946) और लैंग (R. D. Laing, 1960) के पश्चात इम्मी वॉन ड्यूसेन (1988, 1997, 1998) और कॉन (H. Cohn, 1997) ने अपने प्रकाशनों के माध्यम से अस्तित्ववादी परामर्शन उपागम को व्यवस्थित रूप देने में सहयोग दिया है।

अस्तित्ववादी परामर्शन और मनोपचार की कोई एक पद्धति नहीं है। परामर्शन कार्य में अस्तित्ववादी चिन्तन को परामर्शदाताओं ने विविध विधिक अथवा प्रक्रियात्मक रूप प्रदान किया है। पेटर्सन (Patterson, 1993) और इम्मी वॉन ड्यूसेन (2000) ने इस उपागम के अन्तर्गत प्रचलित विभिन्न विधियों के विश्लेषण के आधार पर इसके मूलभूत अभिग्रहों, व्याख्या और प्रविधियों का सर्वमान्य वर्णन प्रस्तुत करने का प्रयास किया है।

मूलभूत अभिग्रह
(Basic Assumptions)

इम्मी वॉन ड्यूसेन (2000) ने परामर्शन के अस्तित्ववादी उपागम के अधोवर्णित 14 अभिग्रहों का वर्णन किया है:—

(1) अस्तित्ववादी उपागम व्यक्ति को जीवन की उलझन भरी जटिलताओं के साथ सामंजस्य स्थापित करने में सहायता करने पर ध्यान केन्द्रित करता है।

(2) व्यक्ति की अनेक समस्याएँ मानव जीवन की दशाओं में व्याप्त चुनौतियों और सीमाओं की स्वाभाविक परिणति होती हैं।

(3) जीवन कठिन है तथा थोड़ी-सी सहायता द्वारा व्यक्ति जीवन के लिए आवश्यक अधिगम कर लेता है। देर-सबेर अनेक लोग जीवन की माँगो को समझने में चूक कर देते हैं जिसके कारण उन्हें अपनी दशा (दुर्दशा) का सामना करने में कठिनाई होती है।

(4) वास्तविकता के बारे में चेतना अर्जित करने के लिए चिन्ता एक मूल्यवान साधन है अतः इसका परिहार उचित नहीं है। भरपूर जीवन जीने के लिए इसका आलिंगन करने और इसे समझने की आवश्यकता है।

(5) व्यक्ति कभी भी एकाकी अवस्था में नहीं होते हैं। वे सदैव एक विश्व में होतें हैं, अन्य लोगों के साथ और एक ऐसी परिस्थिति में जो उनके अनुभव को प्रभावित करती है। समस्याओं को उनके सांस्कृतिक, सामाजिक और राजनैतिक संदर्भ में देखा जाना चाहिए।

(6) व्यक्ति में अपने जीवन और उसमें अपनी दशा से दूर छिपने और स्वयं से छल (deceive) करने की प्रवृत्ति होती है। आत्म-बोध और अन्य लोगों के बारे में बोध की क्षमता में सत्य का सामना करने और प्रामाणिकता के लक्ष्य द्वारा वृद्धि होती हैं।

(7) स्व एक सापेक्ष्य सम्प्रत्यय है। इसका सृजन हमारे कार्यों द्वारा होता है। जब हमारे गुणों और कार्यों का दूसरों द्वारा मूल्यांकन किया जाता है तभी आत्म अभिज्ञान की स्थापना होती है।

(8) कहीं कोई स्थूल और अपरिवर्तनशील स्व नहीं होता है। हमारा निरंतर रूपान्तरण होता रहता है।

(9) अचेतन जैसा कोई स्थान और सत्य जैसा कोई तत्त्व नहीं होता है। वास्तविकता की अनेक व्याख्याएँ होती हैं तथा बोध एवं चेतना के अनेक स्तर होते हैं। प्रत्यावर्तन और समझ द्वारा हम अपना बोध विस्तृत कर सकते हैं किन्तु कभी भी सत्य को पूर्णतः नहीं जानते हैं।

(10) लोगो के लिए अपनी उत्कंठा और लालसा को संगतिपूर्णता प्रदान करना अत्यन्त आवश्यक होता है। नई और महत्त्वपूर्ण परियोजनाओं का निरूपण करने से जीवन अधिक सार्थक एवं उद्देश्यपूर्ण हो जाता है तथा हमारे जीवन में व्यस्तता बढ़ जाती है।

(11) सकारात्मक और नकारात्मक दोनों पक्षों को स्वीकार करने से जीवन में तेजस्विता की स्थापना होती है। मृत्यु के बिना जीवन तथा रोग के बिना स्वास्थ्य की कल्पना अनुचित है। जीवन के तनावों के साथ रहकर कार्य करना सीखना जीवन सत्य की अनिवार्यता है।

(12) हम समय की विमा में रहते हैं। जीवन के लिए आवश्यक है कि हम भूतकाल से अपने आपको बाहर लाकर, वर्तमान में रहें जिससे कि भविष्य में नये ढंग से स्वयं को आरोपित कर सकें। समय की सभी विमाएँ एक जैसी महत्त्वपूर्ण होती है तथा परस्पर अन्तर्क्रिया करती रहती है।

(13) जीवन के चार आयाम होते हैं—भौतिक विश्व, सामाजिक विश्व, आन्तरिक विश्व (जिसमें आत्म-प्रतिनिधित्व सम्पन्न होता है) और आध्यात्मिक विश्व (जिसमें अर्थ का सृजन होता है)।

(14) अस्तित्त्ववादी—दृश्यप्रपंचीय उपागम का उद्देश्य लोगों का उपचार करना नहीं अपितु प्रतिदिन के जीवन के द्वन्द्वों और विरोधाभासों के साथ सामंजस्य स्थापित करने की दिशा में क्लायंट को सहायता प्रदान करना होता है।

यह अभिग्रह भी ध्यान देने योग्य है कि मानव स्वभाव अनुभवों हेतु मुक्त (open-ended) और असीमित अनुभवों के लिए सक्षम होता है तथा यह कि जीवन मे अस्तित्ववादी चिन्ता अवश्यम्भावी (inevitable existential anxiety of being) है (Cohn, 1997, Spinelli, 1997)।

समस्याओं की उत्पत्ति और अनुरक्षण
(Origin and Maintenance of Problems)

समस्याएँ जीवन की अविभाज्य इकाई होती हैं। प्रतिदिन के जीवन मे हम अनेक प्रकार की एवं विभिन्न स्तर की समस्याओं का सामना करते हैं जिनका समाधान करने के प्रयत्न द्वारा व्यक्ति की सामर्थ्य में वृद्धि तथा जीवन के प्रति साहसी एवं दृढ़ दृष्टिकोण द्वारा जीवन में रोमांच, सुख और तेज का आविर्भाव होता है किन्तु कुछ लोग जीवन को सरल बनाने के लिए अनुचित मार्ग का चयन कर लेते हैं। चिन्ता से बचाव के लिए सत्य को विकृत करने लगते हैं, अपने अनुभव को नकारने लगते है (Spinelli, 1997, 2003)। वे वास्तविकताओं से विमुख होकर कतिपय भ्रमों के साथ जीवन-यापन करने लगते हैं। इस

प्रकार की कल्पना और भ्रामक दृष्टिकोण का ही एक उदाहण व्यक्ति की यह सोच है कि हम उस प्रकार का जीवन-यापन करने के लिए अभिशप्त हैं जैसा कि यह है। ऐसे दृष्टिकोण के कारण व्यक्ति अपनी जिम्मेदारियों का निर्वहन नहीं करता है, प्राप्त स्वतंत्रता का आलिंगन नहीं करता है, आवश्यक चयन और निर्णय लेने का कार्य नहीं करता है तथा इस प्रकार निष्क्रियता की अवस्था में पहुँचकर अपनी समस्याओं में और भी वृद्धि करता है। व्यक्ति की जीवन पर पकड़ ढीली होती जाती है जिसके फलस्वरूप उसकी शेष क्षमता का क्षरण होता है तथा इस प्रक्रिया में जीवन की तेजस्विता (vitality) में कमी आती है। यहाँ पर चयन की स्वतंत्रता के अर्थ का और स्पष्टीकरण आवश्यक है। स्पिनेल (2003, 1994) के अनुसार हमारे पास चयन/च्वाइस की असीमित दशा उपलब्ध नहीं होती है, चयन का अवसर उन अभिप्रायपूर्ण सम्बन्धों की सीमा (boundaries lie within intentional relationships) मे ही सम्भव है जिसमें हमारी विश्व-में-जीवन (being-in-the-world) की सहरचना होती है। हमें च्वाइस करने होते हैं (साले, 1956)। च्वाइस का अर्थ विकल्पों के मध्य चुनना ही नहीं होता है। जब कोई वैकल्पिक उद्दीपक (optional stimuli) या उद्दीपक के वैकल्पिक अर्थ (optional meanings of stimulus) नहीं होते हैं तब तलछट/अवसादी अर्थ (sedimented meaning) की स्वीकार या अस्वीकार करने के लिए हम स्वतंत्र होते हैं। इस प्रकार हम अपने च्वाइस का अनुरक्षण कर सकते हैं। यह उपागम च्वाइस के अंतर्सम्बन्धात्मक विमा पर बल देता है।

व्यक्ति की समस्याओं का एक महत्त्वपूर्ण कारण उन अन्य लोगों की उपस्थिति में निहित होता है जिनपर व्यक्ति को विश्वास नहीं होता है, जिससे खतरे का अनुभव होता है। इस प्रकार का सम्बन्ध या उनसे बचने की कोशिश व्यक्ति के लिए घातक होती है।

अतीत के लिए पश्चाताप, वर्तमान का भय और भविष्य के लिए उपयुक्त तैयारी कर पाने की विफलता के बारे में ग्लानि व्यक्ति को सांवेगिक रूप में निर्बल बना देती है।

व्यक्ति के जीवन में जेनेटिक, विकासात्मक, दुर्घटनात्मक, वर्ग, संस्कृति या लिंग भेद सम्बन्धी कारकों के कारण ऐसे प्रतिबन्धों और बाधाओं का उद्भव होता है जिनसे उसे कार्य और गतिविधियों के लिए स्वतंत्रता के अभाव का ऐसा बोध हेाता है कि उसे यह प्रतीत होता है कि उत्पन्न बाधा उसके लिए उल्लंघनीय नहीं है। कुछ लोग ऐसी बाधाओं को सफलतापूर्वक दूर कर पाते है जबकि अन्य अनेक व्यक्ति छोटी बाधाओं के सम्मुख नतमस्तक हो जाते हैं।

अस्तित्ववादी चिन्तन का मत है कि सभी समस्याओं का समाधान सम्भव होता है। समस्याओं के समाधान की हमारी क्षमता का सम्बन्ध हमारे दृष्टिकोण से होता है। परिस्थितियों को या स्वयं को दोषी ठहराने से कोई लाभ अर्जित नहीं होता है। समस्याओं को उचित परिप्रेक्ष्य में रखकर उसका सामना करना कठिन होता है किन्तु सदैव ही सम्भव अवश्य होता है।

परामर्शन के लक्ष्य
(Goals of Counselling)

अस्तित्ववादी-दृश्यप्रपंचीय परामर्शन का लक्ष्य जगत में अन्य लोगों के साथ जीवन जीने (being-in-the-world-with-others) के कारण उत्पन्न अनिश्चिता और चिन्ता के परिहार की प्रवृत्ति के सदर्भ में लोगों को यह सहायता देना होता है कि वे इसका परिहार करने की अपेक्षा उनका सम्मान करें, अपनी मुद्रा (stance) को स्पष्ट करे और उसके

विषय में निष्ठापूर्वक/ईमानदारी पूर्वक प्रत्यावर्तन करें क्योकि यह मुद्रा ही लोगों की विश्व-दृष्टि और समस्याओं का कारण हो सकती है।

परिवर्तन जीवन का नियम है। क्लायंट परिवर्तन के स्थान पर स्थायित्व की तलाश करता है या परिवर्तन को 'अच्छे के लिए' घटित होते हुए देखना चाहता है। परामर्शदाता का उद्देश्य भय और आशंकाओं का सामना करते समय उनकी दृढ़ता विकसित करने हेतु सहयेाग देना तथा उनमें विश्वास व्यक्त करना होता है। परामर्शक का उद्देश्य परामर्शी को परिवर्तन के विरुद्ध प्रतिरोध की पहचान हेतु सहायता देना होता है।

अस्तित्ववादी परामर्शन या मनोपचार का उद्देश्य क्लायंट को समस्त विरोधाभासी वास्तविकताओं सहित अनुभवों को स्वीकार करने हेतु समर्थ बनते देखना होता है। उन्हें चिन्ताओं की सहिष्णुता और उसके बारे में आत्म-परिवर्तन द्वारा अधिक समझ विकसित करने के लिए सहायता दी जाती है। परस्थितियों की समझ द्वारा परिस्थितियाँ बदल जाती है। क्लायंट जैसे-जैसे परामर्शदाताओं के साथ अपनी कथा का वर्णन करता है और उस पर समालाप करता है वैसे-वैसे उसकी आत्मकथा की व्याख्या में इस प्रकार का परिवर्तन उत्पन्न होता है, ऐसा इस उपागम का विश्वास एवं लक्ष्य होता है।

इस उपागम की पद्धतियों का उद्देश्य लोगों में उनकी बुद्धि, क्षमताओं, शक्तियो और संसाधनों के बारे में बोध विकसित करना तथा उनके अनुभवो, अभिलाषाओं, उत्कंठाओं और लालसा के नकारात्मक पक्ष का अन्वेषण करने के लिए सहायता देना होता है।

यह उपागम जीवन के सकंटों को खतरे और अवसर दोनों रूपों में देखता है। संक्रमण काल में सब कुछ अस्त-व्यस्त हो जाता है। ऐसे समय मे नया मार्ग प्रशस्त किया जा सकता है। परामर्शन और मनोपचार यह सुनिश्चित करने का प्रयत्न करता है कि संकट काल नवसृजन या अंधकार में से मार्ग प्रशस्त कर लेने (break through) का बिन्दु बने, विघटन (breakdown) का बिन्दु नहीं। इस उपागम का विश्वास है कि अत्यन्त प्रतिकूल परिस्थितियों में भी दृष्टिकोण में परिवर्तन द्वारा किसी भी नियति को बदला जा सकता है।

अस्तित्त्ववादी-दृश्यप्रपंचीय परामर्शन में हस्तक्षेप नीतियाँ
(Intervention Strategies in Existential Phenomenological Counselling)

'अस्तित्ववादी-दृश्यप्रपंचीय उपागम सिद्धान्ततः प्रविधियों के विरुद्ध है क्योंकि इनके कारण गहन, प्रत्यक्ष और वास्तविकता के स्तर पर मानवीय अन्तक्रिया में बाधा आ सकती है। परामर्शन दक्षता का उपयोग क्लायंट की महत्त्वपूर्ण समस्याओ का सामना करते हेतु किया जाता है और परामर्शन प्रक्रिया में गहन विश्वसनीय मानवीय सम्वाद सम्मिलित किया जाता है' (इम्मी बॉन ड्यूसेन, 2000)। परामर्शन कार्य के लिए इस उपागम की नीति क्लायंट के जीवन में व्याप्त विरोधाभासों का समाधान करने के लिए अभिवृत्तियों में अधिक खुलापन एवं निष्कपटता; विश्वासों, मूल्यों एवं अभिग्रहो की अभिव्यक्ति; जीवन-यापन के लिए समर्पण एवं सार्थक संसार का सृजन करने हेतु परामर्शी को सहायता देने की होती है। परामर्शदाता क्लायंट को विभिन्न प्रकार के द्वन्द्वों की पहचान करने और यथार्थ का अन्तर्विरोधों के साथ सामना करने के लिए सहायता देता है।

परामर्शन कार्य की नीति परामर्शी को सम्मान, सरंक्षण ओर बोध के साथ स्वीकार करते हुए उसकी अभिवृत्तियों में खुलापन या निष्कपटता विकसित करने के लिए उसे प्रोत्साहित करने की होती है। परामर्शी द्वारा अभिव्यक्त की जा रही सामर्थ्यों को और

अधिक मजबूत बनाने तथा जीवन मे उनका प्रभावशाली ढंग से उपयोग किये जाने पर बल दिया जाता है।

परामर्शी के अन्तर्निहित विश्वासों, मूल्यों और अभिग्रहों को बाहर लाने के लिए कार्य किया जाता है। इनमें अन्तर्निहित विरोधाभासों का अन्वेषण किया जाता है।

परामर्शदाता परामर्शी के संवेगों, अनुभूतियों, अभिवृत्तियों एवं मनःदशा को समझने का प्रयत्न करता है तथा परामर्शी को स्वतंत्र रूप में (अकेले) भी ऐसा करने के लिए शिक्षित किया जाता है।

क्लायंट के उद्देश्यों और मूलभूत चिन्ताओं को समझने एवं समाधान का तबतक प्रयास करते रहा जाता है जबतक कि वह जीवन में पुनर्सक्रिय नहीं हो जाता है। व्यक्ति को अपनी समस्याओं, चिन्ताओं, भय से मुख मोड़े-बिना व्यस्त एवं समर्पित शैली में भरपूर जीवन जीने के लिए उत्साहित किया जाता है।

परामर्शदाता व्यक्ति की समस्याओं के साथ इस प्रकार तादात्म्य स्थापित करता है कि व्यक्तिगत एवं प्रत्यक्ष रूप में समाधान की प्राप्ति हो सके किन्तु साथ में एक आवश्यक दूरी भी बनाये रखता है जिससे कि सार्वभौमिक रूप से चल रहे मनुष्य के संघर्षों का व्यापक परिप्रेक्ष्य विकसित हो सके। परामर्शदाता एक दार्शनिक का दृष्टिकोण अपनाते हुए कार्य करता है। वैचारिक एवं दार्शनिक प्रश्नों तथा राजनैतिक, सामाजिक, सांस्कृतिक बिन्दु पर विचार मंथन एवं वाद-विवाद किया जाता है।

विश्व का सार्थक एवं स्पष्ट चित्रण किकसित करते हुए परामर्शी को जीवन में व्याप्त समस्याओं का पूरे उत्साह, धैर्य एवं दृढ़ निश्चय के साथ सामना करने के लिए प्रोत्साहित किया जाता है।

पैटर्सन का कथन है कि जहाँ मनोपचार की अन्य पद्धतियाँ स्व-आत्मीकरण, आत्म सिद्धि या आत्म-संवर्धन पर बल देती है वहीं फ्रैंकेल द्वारा अपनाया गया उपागम जीवन में अर्थपूर्णता की प्राप्ति पर बल देता है तथा इस प्रकार उक्त लक्ष्य इस व्यापक उद्देश्य के अन्तर्गत ही सम्मिलित हो जाते हैं। रोलो मे का विचार है कि व्यक्ति को जैसे भी अधिक उपयुक्त रूप में सम्भव हो सके उसके अस्तित्व की वास्तविकता को स्वीकार करने के लिए सहायता दी जानी चाहिए।

अस्तित्ववादी-दृश्यप्रपंचीय उपागम में परामर्शदाता एवं परामर्शी क्लायंट के मध्य के सम्बन्धो का अन्य किसी आधुनिक उपागम की अपेक्षा अधिक केन्द्रीय महत्व होता है। इस सम्बन्ध के माध्यम से ही परामर्शी की समस्याएँ निरीक्षण/अन्वेषण हेतु सामने लायी जाती हैं। दूसरे शब्दों में यह कहा जा कसता है (Spinelli, 2003) कि परामर्श सम्बन्ध के लघुजगत (microcosm) के माध्यम से परामर्शी के जीवन की वास्तविकता या वृहद्-जगत (macrocosm) अभिव्यक्त होता है तथा अन्वेषण हेतु उसका द्वार खुलता है। परामर्शन ऐसे सम्बन्ध की स्थापना और अनुरक्षण पर निर्भर होता है जिसमें अन्तर्सम्बन्धात्मक जीवन की संभावनाएँ और सीमाएँ प्रकट होती हैं तथा इन सम्भावनाओं और सीमाओं का अन्वेषण किया जाता है। परामर्शदाता श्रेष्ठता (superior) और वस्तुनिष्ठ अनुदेशक (objective instructor) की भूमिका का परिहार करता है। इस प्रकार परामर्शदाता लक्षण दूर करने वाला (symptom remover), उपचार प्रदाता (treatment provider), निर्देशात्मक शिक्षक (directive educator) या वृत्तियात्मक सहायक (professional helper) की भूमिका से दूर रहते हुए स्पिनेल (2003) के कथनानुसार वर्णनात्मक रूप में केन्द्रीभूत

व्याख्याओं के माध्यम से अपने क्लायंट के साथ रहते हुए क्लायंट के अर्थ-संसार का स्पष्टीकरण करता है। (...existential phenomenological counselling psychologists seek to attend to their clients in that, through descriptirely focused interpretations, they attempt to clarify their clients' meaning-world with them.) और इस प्रकार क्लायंट के बारे में निर्णय लिए बिना, उसकी मुद्रा (stance) को स्वीकार करते हुए उसे 'सुने जाने की अनुभूति' प्राप्त करने का अवसर देता है। यदि परामर्शदाता 'परामर्शी के साथ' होने के गुण (being qualities) को त्यागकर 'कुछ करने के गुण' (doing qualities) अपना लेता है तो सम्पूर्ण परामर्शन सम्बन्ध ही तकनीकी बनकर विकृत हो जाता है।

अस्तित्ववादी दृश्यप्रपंचीय उपागम परामर्शदाता को क्लायंट के साथ (be with) और क्लायंट के लिए होने का आग्रह करता है। सम्बन्ध के उन दो रूपों में सार्थक भेद और महत्त्व है। क्लायंट के 'साथ होने' का अर्थ यह है परामर्शदाता क्लायंट के अनुभूत सत्य (experiential reality) को स्वीकार करने के लिए तैयार है तथा 'क्लायंट के लिए होने' का तात्पर्य यह है कि परामर्शदाता क्लायंट के द्वारा अनुभूत 'जीवन सत्य' (lived reality) में प्रविष्ट होने का प्रयत्न करते हुए स्वयं भी उसका अनुभव करने की चेष्टा करता है। सम्बन्धों के प्रति यह उपागम परामर्शदाता एवं क्लायंट के मध्य शक्ति संतुलन को बराबरी की दिशा में ले जाता है।

शोध साक्ष्य
(Research Evidence)

अस्तित्ववादी-दृश्यप्रपंचीय उपागम प्रथम दृष्ट्या शोध कार्य में रुचि नहीं लेता हुआ दिखता है किन्तु इसके विपरीत यह उपागम गुणात्मक शोध (qualitative research) के विकास में अहम् योगदान प्रस्तुत करता है। यह उपागम प्राकृतिक विज्ञान के शोध प्रारूप को पृथक अभिग्रहों पर आधृत एवं परामर्शन मनोविज्ञान के लिए अनुपयुक्त मानता है। यह उपागम मानता है कि प्राकृतिक विज्ञान रूपी मनोवैज्ञानिक शोध शुद्ध वस्तुनिष्ठ रूप में सम्भव नहीं है। इस उपागम के लिए चेतना (अथवा और अधिक सही ढंग से कहा जाये तो चेतन अनुभव) सभी अन्वेषणों का केन्द्रीय तत्त्व है जिसका यथा सम्भव उपयुक्त ढंग से प्रत्यक्ष एवं तात्कालिक अनुभव (direct and immediate experience) के रूप में अन्वेषण किया जाना चाहिए। यह उपागम कारणात्मकता के अनुदैर्ध्य रूप (linear form of causality) के संप्रत्यय को अस्वीकृत करता है। इस उपागम के शोध गुणात्मक व्याख्यात्मक (qualitative-interpretative) होते हैं, जिनका ध्यान 'क्यो' (why) प्रश्न के स्थान पर 'क्या' (what) 'कैसे' (how) प्रश्नों पर केन्द्रित होता है। शोध परिणामों की वैधता, विश्वसनीयता पर प्रत्यक्षरूप में बल नहीं दिया जाता है। इसकी अपेक्षा सत्यापनीयता (verifiability) पर बल दिया जाता है जिसका अर्थ चर्चिल एवं वर्त (Churchill & Wertz, 2001) के अनुसार यह होता है कि कोई अन्य शोधकर्त्ता पूर्ववर्त्ती शोधकर्त्ता के परिप्रेक्ष्य को ग्रहण करते हुए मूल पूर्वलेख आँकड़ों (original protocol data) का पुनर्मूल्यांकन करे और देखे कि प्रस्तावित अन्तर्दृष्टियाँ अध्ययन की परिस्थितियों पर अर्थपूर्ण ढंग से प्रकाश डालती हैं या नहीं।

अस्तित्ववादी दृश्यप्रपंचीय मॉडल के अन्तर्गत उपागम की प्रभावोत्पादकता के सम्बन्ध में शोध कार्य सीमित हैं। यालोम (Yalom, 1970) ने समूह की दशा में इस

उपागम को प्रयुक्त करते हुए यह निष्कर्ष पाया कि अस्तित्ववादी कारकों द्वारा अनुमान से अधिक लाभ प्राप्त हुआ। यालोम (1980) ने लिखा है कि 'यह मॉडल उतना ही तार्किक, सुसंगत एवं व्यवस्थित है जितना कि कोई अन्य मॉडल'। यालोम के निष्कर्षों का तीव्र मानसिक विकारों के उपचार हेतु अस्तित्ववादी दृश्यप्रपंचीय मॉडल की उपयोगिता का सोटेरिया प्रोजेक्ट (Soteria Project) के माध्यम से सत्यापन हुआ है (Mosher, 2001)।

कार्कहफ्फ एवं ट्राक्स (Carkhuff and Traux, 1988) ने विचार व्यक्त किया है कि व्यक्ति केन्द्रित उपागम के अन्तर्गत परामर्शदाता की निष्ठा के प्रभाव के बारे में किये गये अध्ययन अस्तित्ववादी उपागम की उपयोगिता को भी प्रमाणित करते हैं।

बर्गिन एवं गारफील्ड(1994)ने अनेक अस्तित्ववादी कारकों की मनोपचार मे उपयोगिता की पहचान की है। रेनी (Rennie, 1992) के गुणात्मक शोध अध्ययन में अस्तित्ववादी कारकों का महत्त्व प्रदर्शित हुआ है। क्लार्क (1989) के अनुसार शोध कार्यों द्वारा अर्थ-मानक (meaning-criterion) का महत्त्व आघात के समाधान हेतु प्रदर्शित हुआ है।

IV. वृत्तांत उपागम
(Narrative Approach)

वृत्तांत उपागम का मनोपचार/परामर्शन की एक विधि के रूप में 1980 के दशक में विकास हुआ। परामर्शन के उपागम के रूप में कथा/कथानक की प्रयुक्ति आरंभ होने से पहले अनेक मनोवैज्ञानिकों (Jerome Bruner, Theodore Sarbin & Donald Polkinghome) को यह समझ में आया कि जीवनकथा/जीवनवृत्तांत के कथन द्वारा मनुष्य की संप्रेषण एवं जीवन अर्थबोध की एक मौलिक प्रणाली परिलक्षित होती है। मनोवैज्ञानिकों ने यह माना कि लोग जो वास्तविक कथाएँ प्रस्तुत करते है और उसे जिस ढंग से प्रस्तुत करते हैं उसपर सूक्ष्मतापूर्वक ध्यान दिया जाना चाहिए। वृत्तान्तों का महत्त्व दर्शनशास्त्र, समाजविज्ञान, मनोविज्ञान के क्षेत्रों में व्यापक रूप मे रेखांकित किया गया तथा इस 'वृत्तांत मोड़' (narrative turn) का परामर्शन/मनोपचार के क्षेत्र में प्रभाव देखा गया।

ह्वाइट एवं इप्सटन (Michael White and David Epston, 1990) द्वारा लिखी गयी पुस्तक 'Narrative Means to Therapeutic Ends' को इस क्षेत्र में सर्वाधिक महत्त्वपूर्ण योगदान माना जाता है। मैक्लिऑड (J. Mcleod, 1997) की पुस्तक Narrative and Psychotherapy एक महत्त्वपूर्ण रचना है। मैक्लिऑड (2000) ने 'वृत्तांत उपचार' को एक संक्षिप्त अध्याय के रूप में प्रस्तुत किया। डोनाल्ड स्पेन्स और रॉय शेफर ने वृतांत के महत्त्व को मनोविश्लेषणात्मक परिप्रेक्ष्य में देखा तथा शेफर (1992) की पुस्तक *'Retelling a Life : Narration and Dialogue in Psychoanalysis'* अगला महत्वपूर्ण पड़ाव था। 1990 के दशक में वृत्तांत उपागम के अन्तर्गत ही प्रारूपों की विविधता विकसित होती हुई देखी जा सकती है। अतः वृत्तांत उपागम को कोई एक-अकेला संगठित ढाँचा प्राप्त नहीं है। इन क्षेत्र में विविधतावाद (eclecticism) और समन्वयन (integration) की प्रवृत्ति दृष्टिगत होती है। 'जीवन में अर्थबोध की प्राप्ति' तथा परामर्शन प्रक्रिया में इस अर्थबोध का अन्वेषण एवं पुनर्रचना वृत्तांत उपागमों का केन्द्रीय तत्त्व है। इस दृष्टि से वृत्तांत उपागम के अभिग्रहों एवं प्रविधियों की निर्मितिवादी उपागम एवं सर्वांग उपागम (जिस प्रकार परिवार/समूह रूपी सर्वांगों या प्रणालियों की 'वृत्तांत रचना' में भूमिका होती है) के साथ पारस्परिक व्याप्ति देखी जाती है।

सालोमन (Saloman, 1985) ने 'वृत्तांत' या 'जीवन कथा' को अपने जीवन के बारे में अपने बोध को संक्षेप में अभिव्यक्त करने वाले रूपकों की कुंजी के रूप में (as a key metaphor for encapsulating our sense of our lives) परिभाषित किया है। कोहलर (Cohler, 1982) ने व्यक्तिगत वृत्तांतों को मूलतः अस्त-व्यस्त जीवन धारा को व्यस्थित करने का प्रयत्म बताया है। बोर एवं लेग्ग (Robert Bor and Charles Legg, 2003) ने वृत्तांत रूपकों को लोगों द्वारा अपने अनुभवों को कथा रूप में व्यवस्थित किया जाना बताया है। हॉफमैन (Lynn Hoffman, 1993) के अनुसार वृत्तांत लोगों द्वारा संसार को अर्थपूर्ण बनाने और उसे जानने के लिए स्वयं से कही जाने वाली कथा है जो सत्यरूप प्रतीत होता है ('It is as if reality consists or the tales people tell themselves to make sense of the world and to navigate within it.') वृत्तांतों से अनुभवों की एवं अनुभवों से वृत्तातों की उत्पत्ति होती है; वृत्तांतों एवं अनुभवों का सम्बन्ध चक्रीय है। वृत्तांत रूपकों के माध्यम से लोग अपने जीवन की 'कथा' कहते हैं और 'कथा कहने' के माध्यम से लोग जीवन को अर्थ एवं संरचना प्रदान करते है (बोर एवं लेग्ग, 2003)। इस प्रकार वृत्तांत जीवन बोध, अनुभव का अभिन्न अंग है, इसलिए परामर्शन/मनोपचार में इसकी उपेक्षा नहीं की जा सकती है। अधोवर्णित विवरण वृत्तांत उपागम के विषय में मुख्यतः मैक्लिऑड (2000) की व्याख्या को प्रस्तुत करता है।

मूलभूत अभिगृह
(Basic Assumptions)

वृत्तांत ऐसे मौलिक साधन हैं जिनके द्वारा लोग अपने अनुभवों को अर्थपूर्ण बनाते हैं। वृत्तांतों के माध्यम से कथा प्रस्तुतकर्त्ता का अभिप्राय और उद्देश्य प्रस्तुत होता है। वृत्तांतों द्वारा सम्बन्धों और विश्व के बारे में हमारी समझ, अनुभूतियों की अभिव्यक्ति तथा घटनाओं के नैतिक मूल्यांकन का संक्षेपण होता है।

यद्यपि व्यक्ति व्यक्तिगत वृत्तांतों के माध्यम से अपनी जीवन कथा प्रस्तुत करते है किन्तु ऐसा करते समय व्यक्ति अपनी सांस्कृतिक पृष्ठभूमि में व्याप्त कथा संसार के वृत्तांतिक रूपों का उपयोग करते है, व्यक्ति लोककथाओ, फिल्मों, उपन्यासों और अन्य सांस्कृतिक संसाधनों से अपने निजी वृत्तांतों के लिए अर्थ एवं रूप को ग्रहण करते है।

सामाजिक प्राणी रूपी व्यक्ति के लिए कथोपकथन एक मौलिक आवश्यकता होती है। व्यक्ति को वृत्तांत कथन से रोके जाने का उसके स्वास्थ्य पर प्रतिकूल प्रभाव पड़ता है। वृत्तांत प्रस्तुतीकरण द्वारा व्यक्ति को बोधगम्यता, अन्यों द्वारा जाने/पहचाने जाने की अनुभूति प्राप्त होती है एवं समाज में सम्मिलित होने का मार्ग प्रशस्त होता है।

व्यक्तिगत अनुभूति एवं सत्य की रचना कथा-कथन की प्रक्रिया में होती है। सत्य का कोई एक वस्तुनिष्ठ रूप नहीं होता है। व्यक्ति का 'स्व' भी एक सत्य की अपेक्षा एक कथा है जो कि पाश्चात्य औद्योगिक संस्कृति का उत्पाद है (इस उपकरण का अन्य संस्कृतियों में कम ही उपयोग होता है)।

कोई भी वृत्तांत व्यक्ति के मन का उत्पाद नहीं होता है, इसकी रचना लोगों के 'मध्य' ही होती है, यह एक सह-निर्मित उत्पाद होता है जो किसी समय और स्थान पर श्रोताओं को प्रभावित करने के लिए रचा जाता है। सभी वृत्तांत मुक्तांतक (open-ended) होते है अतः एक ही अनुभव का विविध परिस्थितियों में विविध रूपी वर्णन प्रस्तुत किया जाता है।

वृत्तांत की अनेक ध्वनियाँ (voices) हैं, यथा—औपचारिक/कार्यालयी (official)

ध्वनि, साइकिएट्रिक/मेडिकल ध्वनि, व्यक्तिगत भेद्य/कोमल ध्वनि अथवा तीखी अलोचक ध्वनि। वृत्तांत उपागम का एक ध्येय व्यक्ति के वृत्तांत को ध्वनियों से मुक्त करना होता है।

वृत्तांतों के अनेक रूप होते हैं: समान्य वृत्तांत (habitual narratives) जिनमें यह वर्णित होता हैं जो प्रायः घटित हुआ था'; व्यक्तिगत कथा (personal stories) जो कि विशिष्ट घटनाओं का मूर्त, शोख वर्णन होता है; क्रानिकल या रपट (Chronicles or reports) जिनमें कहानी तत्त्व, ड्रामा, उद्देश्य या अर्थबोध का अभाव होता है; विशद वृत्तांत (macro-narratives/meta-narratives) जिसमें 'अच्छे जीवन' की सामान्यीकृत कथा होती है, जिसमें 'चाहिए' (should be) या 'सम्भव है' के तत्त्व अवस्थित होते हैं।

लिखित वृत्तांत कहानी के अधिक तार्किक-संरचित रूप होते हैं जिनपर लोगों की अधिक निष्ठा होती है। इस तुलना में वृत्तांतों के मौखिक रूप अधिक सम्बन्धात्मक, परिष्कृत, सांवेगिक संलिप्ति वाले एवं अस्थिर/क्षणभंगुर होते हैं।

समस्याओं की व्याख्या
(Explanation of Problems)

विलाप (beravement), प्रव्रजन (emigration) या निष्कास (exile), बीमारी एवं अपंगता जैसी दशाओं के कारण अथवा परिवेश की निरंकुश संरचना के कारण व्यक्ति एकाकीपन एवं मौन धारण की बाध्यता (silencing) का अनुभव करता है जो कि अधिकतर लोगों के लिए समस्याजनक एवं सांवेगिक रूप में पीड़ाप्रद होता है। शोषण एवं दमन की दशा में भी पीड़ित व्यक्ति मौन धारण करने हेतु मजबूर होता है। परिवार के भीतर ही शारीरिक, मानसिक एवं यौनिक शोषण के शिकार लोगों या समाज में राजनैतिक, जातीय, धार्मिक, यौनिक जीवन शैली की दृष्टि से अल्पसंख्यक वर्ग के सदस्यों को प्रायः ऐसी दशा का सामना करना पड़ता है। किसी जीवन अनुभव या कथा पर जब व्यक्ति चुप रह जाता है तब उसके प्रति व्यक्ति वार्ताओं में सम्मिलित नहीं हो पाता है। जब व्यक्ति अपने अनुभवो को वृत्तांतों में अभिव्यक्त नहीं कर पाता है, या उसे अभिव्यक्त नहीं करना चाहता है, अथवा उसे अभिव्यक्त नहीं कर सकता है क्योंकि उसे ऐसा करने के लिए अनुमति प्राप्त नहीं हुई है तब समस्याओं की उत्पत्ति होती है।

विभिन्न परिवारों, समुदायों एवं संस्कृतियों में विद्यमान विशद-वृत्तांतों के रूप में उपलब्ध जीवन-वृत्तांतों का साँचा हमें अपने अनुभवों को निजी ढंग से अनुभव करने और उन्हें व्यक्तिगत वृत्तांतों के निजी रूप में प्रस्तुत करने से रोकता है। संस्कृतियों में व्याप्त प्रभावशाली कथानक विभिन्न आयु, लिंग या सामाजिक वर्गों के कथानकों के लिए पहले से संवाद प्रस्तुत कर देते हैं तथा व्यक्ति तद्नुरूप अपना कथानक विकसित करने एवं उस अनुरूप जीवन का अनुभव करने के लिए बाध्य/तत्पर होता है अर्थात जीवन का अनुभव उन कथानकों से अलग रूप में नहीं कर सकता है। इस प्रकार समस्याओं की उत्पत्ति होती है।

कुछ लोगों के जीवन के प्रक्षेप-पथ (trajectory) का रूप ऐसा होता है कि उनका जीवन वृत्तांत अधूरा या विसंगतिपूर्ण हो जाता है।

परामर्शन के लक्ष्य
(Goals of Counselling)

वृत्तांत उपागम का प्रथम लक्ष्य परामर्शी को एक ऐसा परिवेश उपलब्ध कराना होता है जहाँ उसके द्वारा प्रस्तुत किया गया वृत्तांत स्वीकार किया जाये, जहाँ अपनी समस्याओं

के विषय में व्यक्ति की विवरणी का कोई अन्य व्यक्ति साक्षी हो। इस अनुभव से व्यक्ति को अर्थ एवं लाभ क़ी प्राप्ति होती है।

परामर्शन की दशा में व्यक्ति को जीवन की समस्याओं सम्बन्धी वृत्तांत के कई संस्करण प्रस्तुत करने का अवसर दिया जाता है। बहुधा वृत्तांत के कथन-पुनर्कथन द्वारा समाधान केन्द्रित वृत्तांत विकसित होता है। व्यक्ति द्वारा प्रस्तुत किये गये विविध वैकल्पिक वृत्तांतों के मध्य भेद द्वारा एक वृहद-वृत्तांत के अन्वेषण में सहायता मिलती है जिसके साथ व्यक्ति के वृत्तांत का अधिक संतोषप्रद-समन्वयन हो पाता है।

परामर्शन की दशा में व्यक्ति को अपने जीवन-वृत्तांत को बाधा या प्रतिस्पर्धा के बिना पूर्ण करने एवं उनपर प्रत्यावर्तन का अवसर प्राप्त होता है। पूरी कथा को प्रकट करने के अवसर द्वारा परामर्शी को अपने जीवन-वृत्तांत के अर्थ को ढूँढने/पुनर्प्राप्ति में सहायता मिलती है।

यह माना जाता है व्यक्ति कथा की रचना करता है, इसलिए अनेक जीवन-वृत्तांत प्रस्तुत कर सकता है। वृत्तांत का बहिर्करण (externalization) परामर्शन का लक्ष्य होता है।

परामर्शन का लक्ष्य क्लायंट/व्यक्ति के वृत्तांत क्षितिज को विस्तृत करना होता है जिससे कि अधिक सुसंगत एवं संतुष्टि प्रदायी वृत्तांत की रचना हो सके।

जो लोग अपने जीवन-वृत्तांत के किन्ही पक्षों को परिवर्तित करना चाहते हैं उन्हें साहित्यिक स्रोतों के अन्वेषण, नये लोगो से मिलकर एवं अन्य लोगों अथवा स्व-सहायता समूह से सीखकर वृत्तांत के ऐसे रूप की प्राप्ति हो सकती है ज़िन्हें वे स्वयं में जी सकते है।

इस परामर्शन प्रक्रिया का उद्देश्य सामान्य-वृत्तांत कथा शैली का विघटन करके, अधिक मूर्त, शोख एवं संवेगशील व्यक्तिगत कहानी की रचना की दिशा में सहायता देना होता है। व्यक्ति की नई (समस्या ग्रसित कथा से भिन्न) कथा के लिए नये श्रोताओं की आवश्यकता होती है।

वृत्तांत परामर्शन उपागम का लक्ष्य यह होता है कि व्यक्ति अपनी समस्याओं के विषय में पारस्परिक वार्ता में सम्मिलित हो।

प्रयुक्त दक्षता एवं कार्य नीतियाँ
(Skills and Strategies Applied)

परामर्शदाता की भूमिका एक साक्षी तथा सह-सम्पादक की होती है। परामर्शदाता में भाषा के उपयोग एवं वृत्तांत रूपों के विषय में संवेदनशीलता एवं ज्ञान होना चाहिए।

परामर्शदाता यह चेष्टा करता है कि परामर्शन/मनोपचारी अनुभवों द्वारा प्रभावशाली सांस्कृतिक वृत्तांतों के पुनर्बलन में कमी आय। इसके लिए वह सांस्कृतिक वृतांत तत्त्वों के संदर्भ में अनभिज्ञता का रवैया अपनाता है। कथा वाचक (व्यक्ति) को ही वृतांत के विशेषज्ञ का दर्जा दिया जाता है।

वृतांत-उपागम के अन्तर्गत कार्य करने वाले अधिकतर परामर्शदाता कथा-वाचन की अपेक्षा कथा-लेखन प्रविधि को प्रयुक्त करते हैं। परामर्शी को कथा-लेखन हेतु आमंत्रित किया जाता है। परामर्शन सत्रों के पश्चात पत्राचार माध्यम से भी यह प्रक्रिया जारी रखी जाती है।

वृतांत के विषय में पारस्परिक वार्ता की प्रक्रिया में परामर्शदाता एक वार्ताकार के रूप में सम्मिलित होता है।

शोध साक्ष्य
(Research Evidence)

अन्य अनेक विधियों की भाँति यह उपागम भी वर्तमान शोध विधियों एवं उपकरणों विरुद्ध है जिनका मनोविकृतियों के नैदानिक वर्गीकरण हेतु उपयोग होता है। इस कारणवश एवं उपागम की अत्यधिक नवीनता के कारण शोध कार्य का अभाव है। कुछ शोध कार्यो द्वारा वृतांत उपागम की प्रक्रियाओं का अन्वेषण अध्ययन सम्पन्न हुआ है किन्तु उपागम की प्रभावोत्पदकता के बारे में साक्ष्य का अभाव है।

V. संव्यवहार विश्लेषण
(Transactional Analysis)

बाल विकास, व्यक्तित्व मनोव्याधि एवं परामर्शन/मनोपचार के क्षेत्र में संव्यवहार सिद्धान्तों का बल परिवार, उपसमूह या परामर्शन परिवेश में स्थित युग्म (dyad) के मध्य के अन्तर्वैयक्तिक सम्बन्धों पर होता है। लैजॉरस (Lazarus, 1976) ने तनाब/प्रतिबल की व्याख्या व्यक्ति (संसाधन) एवं परिवेश (माँग) के मध्य के सम्बन्धों में असंतुलन के रूप में की। तदनुसार व्यक्ति और उसके परिवेश के मध्य संव्यवहार/अंतर्क्रिया (transaction) की व्यक्ति द्वारा सतत् हो रही व्याख्या के माध्यम से तनाव की उत्पत्ति होती है। परामर्शन एवं मनोपचार के क्षेत्र में व्यक्ति/क्लायंट और परामर्शदाता/मनोचिकित्सक के मध्य होने वाले संव्यवहार अन्योन्य-क्रिया (transactional interplay) पर ग्रिंकर (1961) के संव्यवहार मनोपचार (transactional psychotherapy) एवं बर्न (Berne, 1961) के संव्यवहार विश्लेषण (transactional analysis) के उपागमों में बल दिया गया है। यहाँ पर बर्न के संव्यवहार विश्लेषण उपागम को वर्णन हेतु सम्मिलित किया गया है। बर्न के संव्यवहार विश्लेषण में संव्यवहार का बिन्दु व्यक्तियों के मध्य होने वाले संप्रेषण की अपेक्षा (की जगह पर) व्यक्ति के अन्दर ही तीन अहम् दशाओं/अवस्थाओं के मध्य संव्यवहार की क्रिया है।

संव्यवहार विश्लेषण (T A) का उपागम मुख्यतः मानवतावादी अस्तित्ववादी है किन्तु इसकी जड़े मनोविश्लेषणात्मक उपागम में अवस्थित हैं तथा इस पर व्यवहारवादी उपागम का प्रभाव भी दृष्टिगत होता है। बर्न ने आरंभ में एरिक एरिक्सन जैसे मनोविश्लेषणकों के साथ कार्य किया किन्तु 1950 के दशक में वे मनोविश्लेषणात्मक उपागम (मुख्यतः अचेतन का संप्रत्यय) के आलोचक बन गये तथा 1988 तक उन्होंने संव्यवहार विश्लेषण के प्रमुख पदों को अपने प्रकाशनों में प्रस्तुत किया। 1961 में Transactional Analysis in Psychotheraphy का प्रकाशन हुआ जिसमें व्यक्तित्व एवं संचार/संप्रेषण की संव्यवहार व्याख्या हेतु बर्न का सम्पूर्ण दृष्टिकोण प्राप्त किया जा सकता है। 1964 में बर्न का प्रकाशन "Games People Play" एवं 1966 में प्रकाशित "Princples of Group Treatment", इस सिद्धान्त/उपागम के विकास को प्रस्तुत करता है। विगत चार दशकों में संव्यवहार विश्लेषण के सिद्धांत, उपयोग एवं वृत्तियात्मक संगठन का पर्याप्त विकास हुआ है। इनके अंतर्राष्ट्रीय संगठन (ITAA) में 65 देशों के 3000 से अधिक सदस्य हैं। यह संगठन संव्यवहार विश्लेषण को वृत्ति के रूप में अपनाने हेतु प्रमाण पत्र, प्रशिक्षण एवं पर्यवेक्षण प्रदान करता है।

मूलभूत अभिग्रह
(Basic Asumptions)

संव्यवहार विश्लेषण उपागम का प्रथम अभिग्रह यह है कि लोगों में वृद्धि एवं स्वास्थ्य (growth and health) के लिए मौलिक चालन (drive) होता है। इसे (TA) उपागम के शब्दों में कुशल-क्षेम (OKness) कहा गया है। बर्न ने 'मैं कुशल हूँ', 'तुम कुशल हो' (I+, U+) दशाओं (positions) को क्लाइन के लक्ष्य/वस्तु सम्बन्ध सिद्धान्त के साथ जोड़ा और इस प्रकार पैरानाइड (I+, U–), विषाद (I–, U+), तथा सिज्वाइड (I–, U+) का वर्णन किया। बाद में बर्न के एक तीसरी दशा 'वे कुशल है। वे कुशल नहीं है' को सम्मिलित किया जो कि अस्तित्ववादी जीवन दशाओं के वृहत्तर सामाजिक संदर्भ की स्वीकृति है।

संव्यवहार विश्लेषण का दूसरा अभिग्रह यह है कि हमारी प्रकृति में एक सृजनात्मक शक्ति होती है जो विवृद्धि एवं पूर्णता (growth and completion) के लिए तत्पर होती है। बर्न ने इस प्रकार फ्रायड के द्वारा वर्णित जन्मजात मूलप्रवृत्तियों इरॉस एवं थेनाटॉस के साथ तीसरी मूलप्रवृत्ति फाइसिस (physis) को जोड़ा जो कि सृजनात्मक प्रकृति है। अपने कार्य और लेखन में बर्न ने प्रकृति की उपचारात्मक शक्ति (curative power of nature 'vis medicatrix nature') का वर्णन किया है।

इस उपागम का सर्वाधिक महत्त्वपूर्ण संप्रत्यय स्वायत्तता (autonomy) का है। स्वायत्तता को बर्न ने बोध, स्वतःस्फूर्तता एवं अत्मीयता (awareness, spontaneity and intimacy) की अभिव्यक्ति या पुनर्प्राप्ति की क्षमता के रूप मे परिभाषित किया है। यह स्वायत्तता न तो स्वार्थी है और न ही एक व्यक्ति का लक्ष्य है। यह व्यक्तियों, समूहों, समुदायों, संगठनों एवं समाजों का एक सामाजिक लक्ष्य है जिसकी प्राप्ति के लिए अन्यों की उपस्थिति आवश्यक है।

यह उपागम व्यक्तित्व का तीन 'अहं दशाओं' (ego states) के रूप में श्रेणीयन करता है : माता-पिता, वयस्क एवं बाल्य अहं अवस्था (parent, adult and child ego states)। क्लार्कसन (1996) के अनुसार अहं दशा 'व्यक्ति द्वारा व्यक्तिगत रूप में व्यक्ति की शारीरिक एवं मानसिक अहं रूपी सत्य की वह अनूभुति है जिसमें उस मौलिक समय काल का तत्त्व सम्मिलित होता है जिसका प्रतिनिधित्व हो रहा है (An ego state is the subjectively experienced reality of a person's mental and bodily ego with the original contents of time period it represents.)। बर्न के अनुसार मातृ-पितृ अहम् दश और बाल्य अहम् दशा विगत प्रभावों का प्रतिनिधित्व करती हैं जिसमें अनुभूतियों, अभिवृत्तियों एवं व्यवहार प्रारूपों की माता-पिता के साथ सादृश्यता होती है या अपने ही बाल्यकाल का अवशेष/स्मृति चिह्न विद्यमान होता है। इस प्रकार 'मातृ-पितृ अहम् दशा' एवं 'बाल्य अहम् दशा' का जहाँ विगत काल के साथ बंधन होता है वही 'वयस्क अहम् दशा' में वर्तमान की अनुभूतियाँ, अभिवृत्तियाँ एवं व्यवहार प्रणालियाँ होती है जिनमें स्वायत्तता की विशेषता होती है। अहम् दशाओं का अध्ययन/निदान चार प्रविधियों—**व्यवहारात्मक**–अवलोक्य शब्द, ध्वनियाँ, हाव-भाव, अभिव्यक्ति आदि; **सामाजिक**–अन्य लोगों की व्यक्ति के प्रति प्रतिक्रियाओं; **ऐतिहासिक**–पूर्व में वस्तुतः घटित हुए अनुभवों; **दृश्यप्रपंचीय**–आत्मनिष्ठ आत्मावलोकन; द्वारा सम्भव बताया गया है (कीथ टूडर, 2000)। अहम् दशा की उपयुक्त पहचान के लिए चारों प्रकार से अध्ययन

किया जाना आवश्यक होता है। यद्यपि अन्तर्दृष्टि प्रज्ञा के आधार पर अहम् दशा की पहचान की जा सकती है लेकिन बर्न ने अवलोकन एवं दृश्यप्रपंचीय आधार पर सत्यापन की प्रक्रिया पर बल दिया है।

हम जिस प्रकार संचार करते हैं उसकी व्याख्या के लिए बर्न ने अहम् दशाओं के मध्य संव्यवहार को आधार बनाया। इस व्याख्या के लिए **बर्न** (1966) ने चार नियम बताये हैं:—

(i) सभी लोगों में चिन्तन की क्षमता होती है। इसी आधार पर संव्यवहार विश्लेषण उपागम का अनुसरण करने वाले परामर्शदाता क्लायंट के चिन्तन (विशेषतः जो कि उलझनों से ग्रसित/कॉन्फ्यूज होते हैं) को चुनौती देते है;

(ii) लोग अपनी नियति का निर्धारण करते है और उनके निर्णयों को बदला जा सकता है;

(iii) यह उपागम परामर्शी एवं परामर्शन के मध्य संविदा की विधि पर बल देता है। परामर्शन/उपचार विषयक सभी प्रकार के निर्णय उस संविदा के आधार पर ही लिए जाते है;

(iv) परामर्शदाता संव्यवहार में मुक्त संचार के प्रति प्रतिबद्ध होता है। बर्न ने ऐसे केस कांफ्रेंसों का आयोजन किया जो सभी क्लायंट के लिए खुले होते थे। बर्न ने कहा : "Any thing that can't be said infront of a patient isn't worth saying."

समस्या की व्याख्या
(Explanation of Problem)

संव्यवहार विश्लेषण उपागम में समस्याओं को व्यक्ति की 'जीवन पाण्डुलिपि' (life script) का उत्पाद माना जाता है। जीवन पाण्डुलिपि के चार तत्त्व होते है—(i) विशिष्ट जीवन योजना—जो एक नाटक/ड्रामा की भाँति होता है जिसमें आद्य, मध्य, अन्त होता है; (ii) पाण्डुलिपि का आरंभिक बाल्यकाल में निर्धारण—व्यक्ति की जन्मजात सीमाओं, परिवेशीय प्रतिकूलताओं और धमकियों के संदर्भ में शिशु सर्वोपयुक्त निर्णय या उत्तरजीविता निष्कर्ष (survival conclusion) विकसित करता है; (iii) जीवन पाण्डुलिपि का माता-पिता के प्रभावों द्वारा पुनर्बलन—माता-पिता, अभिभावकों के साथ हमारे संव्यवहार में शाब्दिक एवं अशाब्दिक संदेशों द्वारा हमारी जीवन पाण्डुलिपि एवं उसकी योजना को पुनर्बलन (reintorcement) प्राप्त होता है; (iv) जीवन पाण्डुलिपी द्वारा व्यवहार का दिग्दर्शन—व्यक्ति की जीवन पाण्डुलिपि के प्रभाव के विकल्पों के मध्य चयन तथा चयनित व्यवहार द्वारा पाण्डुलिपि में निर्धारिक निष्कर्ष की प्राप्ति होती है।

मनोविकृति की उत्पत्ति तब होती है जब व्यक्तित्व की संरचना अर्थात तीनों अहम् दशाओं के मध्य संव्यवहार में विकार आता है, यथा किसी अहम् दशा के वहिष्करण (exclusion) या संदूषण/सम्मिश्रण (contamination/overlapping), अथवा सहजीवन (symbiosis) की दशा आती है। सह-जीवन की दशा तब देखी जा सकती है जब दो या अधिक व्यक्ति, आपस में इस प्रकार संव्यवहार करते हैं कि ऐसा प्रतीत होने लगता है कि दोनो (अथवा वे सभी) व्यक्ति मिलकर एक व्यक्ति हैं और उनमें से कोई व्यक्ति तीनो अहम् दशाओं को एक-दूसरे के सम्पूरक की भाँति विकसित नहीं कर पाता है।

व्यक्ति की स्वयं, अन्य व्यक्तियों, विश्व या जीवन की गुणवत्ता के विषय में विश्वासों की अन्तर्गुंथित प्रणाली (इन्टरलॉकिंग सिस्टम) एवं अवदमित सत्यनिष्ठ अनुभूतियों;

व्यक्त व्यवहार, आन्तरिक अनुभवों एवं कल्पनाओं; तथा पुनर्बलक स्मृतियों द्वारा उसकी व्यथा या व्याकुलता का अनुरक्षण होता है। अनुरक्षण की उस प्रणाली को गिरोह प्रणाली (रैकेट सिस्टम) के रूप में देखा जाता है। व्यक्ति के अन्दर सक्रिय गिरोह प्रणाली की पहचान द्वारा उसके स्वायत्तशासी विश्वासों, व्यवहारों, अनुभवों आदि का अन्वेषण सम्भव है।

परिवर्तन सम्बन्धी लक्ष्य (Change Related Goals)

संव्यवहार विश्लेषण का लक्ष्य व्यक्ति की सृजनात्मकता की मूलप्रवृत्ति एवं स्वायत्तता सम्बन्धी आवश्यकता की अभिव्यक्ति का मार्ग प्रशस्त करना होता है। बर्न ने इन आवश्यकताओं की अभिव्यक्ति और इस प्रकार उपचार प्रक्रिया के लिये चार क्रमशः अग्रगामी अवस्थाओं का वर्णन किया है:—

(i) **सामाजिक नियंत्रण** *(Social control)*—ऐसे व्यवहारों का नियंत्रण जो समाज में प्रकार्यात्मक दृष्टि से उपयुक्त नहीं हैं;

(ii) **लक्षण उपचार** *(Symptom relief)*—व्यक्ति को अनुभव हो रहे व्याधि लक्षणों में व्यक्तिगत लाभ की प्राप्ति;

(iii) **स्थानान्तरण उपचार** *(Transference cure)*—यह ऐसी अवस्था होती है जहाँ क्लायंट अपने जीवन की पाण्डुलिपि से तबतक दूर/मुक्त रह पाता है जबतक परामर्शदाता/मनोपचारक का सम्पर्क है;

(iv) **पाण्डुलिपि उपचार** *(Script cure)*—उस अवस्था में व्यक्ति का वयस्क अहम् मनोपचारक का स्थान ग्रहण कर लेता है और इस प्रकार व्यक्ति का निर्णय स्वायत्तशासी रूप धारण कर लेता है।

प्रयुक्त दक्षता एवं संक्रियाएँ (Skills and Operations Applied)

बर्न (1966) ने संव्यवहार विश्लेषक (मनोपचारक) के लिए यह आवश्यक बताया कि उसकी पाँचों ज्ञानेन्द्रियाँ परिस्थितियों के मूल्यांकन, मनोविकृति के निदान एवं उपचार की योजना विकसित करने हेतु सदैव सक्रिय रहनी चाहिए। बर्न ने चेहरे एवं हाव-भाव की अभिव्यक्ति के अवलोकन पर ध्यान केन्द्रित किये जाने को विशेष महत्त्व प्रदान किया है।

संव्यवहार विश्लेषण व्यक्ति में परिवर्तन एवं उपचार के लिए सक्रिय उपागम का अनुसरण करता है। विश्लेषक/मनोपचारक परामर्शी के साथ एक सुस्पष्ट संविदा तैयार करता है और उसके आधार पर निदान एवं उपचार के लिए योजना को विकसित एवं कार्यान्वित करता है। **बर्न** (1966) ने संव्यवहार विश्लेषण उपागम में प्रयुक्त होने वाली आठ संक्रियाओं (operations) की पहचान की है :—

(i) **प्रश्नपृच्छा** *(Interrogation)*—आवश्यक सूचनाओं को प्राप्त करने हेतु प्रश्न पूछना,

(ii) **विशिष्टीकरण** *(Specification)*—प्रासंगिक सूचनाओं का श्रेणीयन एवं कथन,

(iii) **प्रश्नोत्तर मिलाना/सत्यापन** *(Confrontation)*—प्राप्त सूचनाओं और उनके विशिष्टीकरण के माध्यम से प्रकट हुई विसंगतियों को क्लायंट के सम्मुख प्रस्तुत

करना; ऐसा करके क्लायंट के मातृ-पितृ अहम्, बाल्य-अहम एवं संदूषित वयस्क अहम् के प्रभाव को समाप्त किया जाता है,

(iv) **स्पष्टीकरण** *(Explanation)*—क्लायंट के वयस्क, स्वायत्तशासी अहम् को मजबूत करने हेतु उसकी परिस्थितियों की उपयुक्त व्याख्या,

(v) **निदर्शन** *(Illustration)*—उदाहरणों, मुस्कान, तुलना आदि द्वारा सत्यापन एवं स्पष्टीकरण को पुनर्बलित करना,

(vi) **पुष्टिकरण** *(Confirmation)*—आरम्भ में सम्पन्न हुई सत्यापन क्रिया को पुनः पुष्ट करने हेतु प्रकट हुई विसंगतियों एवं प्रतिक्रियाओं के साथ क्लायंट का पुनः आमना-सामना कराया जाता है,

(vii) **व्याख्या** *(Interpretation)*—परिस्थितियों को समझने के लिए मार्ग तय करना एवं व्यक्ति के वयस्क अहम् को स्थिर करना,

(viii) **क्रिस्टलीकरण** *(Crystallization)*—ऐसा सार संक्षेप तैयार करना जिससे क्लायंट को स्वायत्तशासी ढंग से चयन करने में सहायता प्राप्त हो।

VI. आद्य प्रभाव उपचार
(Primal Therapy)

आदि प्रभाव/आदि मानव उपचार/एकीकरण (primal therapy/integration) को मनोपचार के प्रचलित या लोकप्रिय उपागमों में मुख्यधारा में नहीं गिना जाता है, इसकी संस्थिति अपेक्षाकृत अल्पप्रचलित/अल्पप्रयुक्त (minority) मनोपचार प्रणाली की है किन्तु उसके अंतर्गत व्याप्त संप्रत्ययों या विचारों का प्रभाव मुख्यधारा की प्रणालियों, जैसे-व्यक्ति केन्द्रित उपागम में भी परिलक्षित होता है (व्यक्ति केन्द्रित उपागम के साथ कार्य करने वाले परामर्शदाताओं ने स्वतःस्फूर्त आदि प्रभावों (primals) का घटित होना स्वीकार किया है), इसलिए हम लेखकों ने इस उपागम का वर्णन इस अध्याय में सम्मिलित करना स्वीकार किया।

आदि मानव/आदि प्रभाव उपचार (Primal Therapy) की पद्धति का विकास अर्थर जेनव (Arthur Janov) द्वारा 1960 के दशक में किया गया। आदिप्रभाव उपचार की पद्धति की खोज संयोगवश मनोविकृतियों की दशा में रोगी के साथ कार्य करते हुए नाटकीय दशा प्रवृत्त कर पाने के फलस्वरूप हुई। जेनव ने अपनी पुस्तक 'The Primal Scream : The Cure for Peurosis' (1970 & updated 1991) के माध्यम से आदि प्रभाव उपचार को लोकप्रिय बनाया। जेनव अपने कार्य को अद्वितीय योगदान मानते हैं किन्तु अन्य लोग इसमें फ्रायड के आरम्भिक विचारों के अतिरिक्त विल्हेम रीच, फ्रिज पर्ल्स, ऑटो रैंक के प्रभावों को भी रेखांकित करते हैं (कॉलिन फेल्थम, 2000)।

रोवॉन (J. Rowan, 1988) एवं अन्य अनेक परामर्शदाताओं एवं मनोपचारकों (Swartley, Verny, Grob Freundich, Lake) के योगदान का 'आदिप्रभाव आन्दोलन, में योगदान का वर्णन करते हैं। आदि प्रभाव एकीकरण (primal integration) एक पृथक परम्परा है जिसमें आध्यात्मिक, उल्लास और मानव सामर्थ्य जैसे विचारों को सम्मिलित किया गया है। रोवॉन (1988) ने 'आदि प्रभाव एकीकरण' का एक नयी पद्धति के रूप में वर्णन किया।

प्रस्तुत विवरण मुख्यतः जेनव (1970/1991) के विचारों को (फेल्थम, 2000 की व्याख्या के अनुरूप) प्रस्तुत करता है। आदि प्रभाव उपचार मानवतावादी उपागमों के उस

परिवार के सदस्य के रूप में देखा जा सकता है जिसमें मनोनाटक, गेस्टाल्ट, पुनर्मूल्यांकन परामर्शन, केन्द्रीभूत-अभिव्यक्ति मनोपचार, अन्तर्विस्फोट्य उपचार, आनुभविक मनोपचार आदि प्रारूपों को सम्मिलित किया जाता है। हम लेखकों ने मुख्यधारा के परामर्शन प्रारूपों से विलग होने के बावजूद इस प्रारूप को वर्णन हेतु इसलिये चुना कि यह उपचार/परामर्शन पद्धति 'सभ्यता' के प्रभाव को मानसिक स्वास्थ्य के लिए मूलतः दुष्प्रभाव के रूप में देखता है और इस प्रकार मानव जीवन और मानसिक स्वास्थ्य के विषय में विचार हेतु नितान्त पृथक परिप्रेक्ष्य प्रस्तुत करता है। किसी भी विषय-वस्तु पर सम्यक रूप में विचार करने हेतु यह आवश्यक होता है कि उसके विषय में सभी प्रकार के परिप्रेक्ष्यों के आधार पर चिंतन किया जायें।

आदि प्रभाव उपागम से जुड़े, मनोवैज्ञानिकों (Jonov, Alice Miller, Alvin Maheses) का मत है अधिकतर मनोपचार प्रणालियों को दुर्भाग्यपूर्ण ढंग से व्यक्ति को अपनी अन्तरिक पीड़ा की अनुभूति अर्जित करने से रोकती हैं। संज्ञानात्मक व्यवहारात्मक उपागमों एवं प्रबंधन की प्रविधियों ने ऐसा ही किया है और इस प्रकार अनुभूतियों को महत्व प्रदान करने वाले मानवतावादी उपागमों के योगदान को आच्छादित कर दिया है। मनोपचार उद्देश्य अनुभूतियों के अनुभव को रोकने वाले जन्म के साथ सक्रिय हुए सभी आदि प्रभावों की बाधाओं को दूर करना होना चाहिए।

मूलभूत अभिग्रह
(Basic Assumptions)

आदिप्रभाव उपचार का सर्वप्रथम अभिग्रह यह है कि एक स्वस्थ व्यक्ति के रूप में कार्यनिष्पादन करने हेतु मनुष्य की अनुभूतियों की वास्तविकतापूर्ण अभिव्यक्ति (authentic expression) आवश्यक होती है किन्तु सभ्यता (civilization) संस्कृतियों और व्यक्तियों को अपनी वास्तविक अनुभूतियों और इस प्रकार उनके वास्तविक स्व को अभिव्यक्त करने से रोकती है। प्रायः हमारी अनुभूतियों और वास्तविक स्व की अभिव्यक्ति में शैशवकाल से ही बाधा प्रस्तुत होने लगती है। सभ्यता का प्रभाव मनुष्य के ऊपर सभ्यता के आरंभ होने के साथ ही आदि काल से ही उत्पन्न होने लगा था।

अधिकतर लोग मनस्ताय (neursosis) की दशा में, अर्थात मनो-जैविक तनाव की दशा में जीवन-यापन करते हैं। विविध वर्ग की मनोव्याधियाँ यथा-फेबिया डिप्रेशन आदि, अन्तर्निहित मनोव्याधि की विविध रूपी अभिव्यक्तियाँ होती हैं।

मनुष्य में मूलतः देह संवेदी-भावात्मक-संज्ञानात्मक संतुलन की प्राकृतिक दशा होती है। बचपन में यह संतुलन बिगड़ जाता है (knocked out) किन्तु उपयुक्त उपचार द्वारा इस संतुलन को पुनः स्थापित किया जा सकता है। उपचार द्वारा व्यक्ति वास्तविक, विश्रांतिपूर्ण संघटित स्व (organismic self) को पुनः प्राप्त कर लेता है। उपचारोपरान्त व्यक्ति अब निरंतर समायोजन की चेष्टा करने वाला, अपने विचारो का अनुरक्षण करने वाला, अभ्यासरत एवं आशा में जीने कला व्यक्ति नहीं अपितु एक ऐसा व्यक्ति होता है जिसका स्व संघठित वं वास्तविक, विश्रांतिपूर्ण है।

व्यक्ति की अनुभूत्तियाँ प्राथमिक तत्त्व होती हैं। जब संवेगों की अनुभूति (सभ्यता के प्रभावों के कारण) नहीं हो पाती है तब विवेकहीन व्यवहार घटित होता है। आदि उपचार उपागम यह मानता है कि उपचार का उद्देश्य अनुभूतियो से कतराना नहीं बल्कि अनुभूतियों का सम्पूर्ण रूपेण अनुभव एवं एकीकरण होना चाहिए।

आदिप्रभाव उपचार मूलतः बाल्योन्मुखी/बाल्योचित (child friendly) है (जेनव)

किन्तु समाज की नियंत्रण-उन्मुखी विचार धारा के प्रतिकूल, समाज की सभ्यता के विरुद्ध और इस प्रकार अनैतिक आचरण करने जैसा प्रतीत होता है (Mestrovic, 1997)।

समस्याओं की व्याख्या
(Explanation of Problems)

मनुष्य को प्राप्त हो रहे शारीरिक-सांवेगिक आघातों के कारण गर्भ धारण के समय से (conception and implantation trauma–as referred by Powan, 1988) ही मानव विकास पथ-विचलित हो जाता है। जन्म आघात (birth trauma) आरंभिक जीवन की सांवेगिक वंचना तथा शारीरिक मानसिक, सांवेगिक एवं यौनिक शोषण के कारण हमारे ऋणात्मक अनुभवों में निरंतर वृद्धि होती रहती है। विकासशील बच्चा ऐसे वयस्कों के मध्य, जो उसके संवेगों के प्रति संवेदनशील एवं सजग नहीं होते हैं, स्वयं को शक्तिहीन पाता है। बच्चे अपनी जैव-मनोवैज्ञानिक अखंडता की रक्षा के लिए विविध प्रकार की रक्षा प्रणालियों को प्रयुक्त करते हैं।

व्यक्ति अत्यधिक मात्रा में संचित हो रही आदि पीड़ा (primal pain) के कारण मनस्ताप की दशा की ओर अग्रसर होने लगता है जिसके कारण उसका अपनी वास्तविक आवश्यकताओं एवं अनुभूतियों से वियोजन (detatchment) होने लगता है। वह प्रायः अपनी पीड़ाप्रद अनुभूतियो को नकारने लगता है।

जीवन में अनुभूतियों के साथ व्यक्ति का वियोजन एवं अस्वीकृति की प्रक्रिया आगे और भी अधिक जटिल होती चली जाती है। क्योंकि—(i) व्यक्ति निरंतर वास्तविक, मूलरूपी, 'असभ्य' एवं असहज अनुभूतियों की अभिव्यक्ति के विरुद्ध असहजता का अनुभव करता है अतः उनकी अनुभूति का परिहार करता है; और (ii) साधारणतः सामाजिक सांस्कृतिक दशाएँ ऐसी होती हैं कि उनमें सांवेगिक खुलापन अनुमन्य नहीं होता है।

जेनव ने मस्तिष्क के प्रकार्यों का एक त्रिपक्षीय दृष्टिकोण प्रस्तुत किया है: प्रथम पंक्ति—जैव संवेदी, द्वितीय पंक्ति—भावात्मक, तृतीय पंक्ति—संज्ञानात्मक। व्यक्ति का पूर्व-वाचिक अनुभव (जैसे जन्म आघात) व्यक्ति के बोध से परे हो सकता है जबतक कि कोई अत्यन्त सशक्त आघात इस आदि आघात के साथ जुड़ी हुई संज्ञानात्मक रक्षापंक्ति को ध्वस्त न कर दे। ऐसा होने पर व्यक्ति सांवेगिक रूप से परेशान हो जाता है और गहरे स्तर पर जैव संवेदी पीड़ा (कभी-कभी मनोविक्षिप्तता) का अनुभव करने लगता है।

परिवर्तन सम्बन्धी लक्ष्य
(Change Related Goals)

मनुष्य की आदि पीड़ा का स्वरूप संचयी होता है तथा शक्तिशाली सुरक्षा प्रणालियाँ इसे हमारे अनुभव से दूर रखती हैं; इसलिए व्यक्ति की अपनी इच्छा, अन्तर्दृष्टि या संज्ञान द्वारा इसमें परिवर्तन सम्भव नहीं होता है। व्यक्ति की मनस्तापीय जीवन शैली सम्बन्धों एवं आदर्शों के कारण व्यक्ति के लिए यह सम्भव नहीं हो पाता है कि वह अपनी आदि पीड़ा में परिवर्तन कर सके।

सांकेतिक एवं सतही परिवर्तन की अपेक्षा गहन एवं सार्थक परिवर्तन प्रायः दीर्घकालिक आदिप्रभाव मनोपचार द्वारा ही सम्भव होता है। आदिप्रभाव मनोपचार का उद्देश्य सुरक्षा पंक्ति को ध्वस्त करना तथा गैर मनस्तापीय जीवन शैली के प्रति निष्ठा को बढ़ाना होता है।

आदि प्रभाव मनोपचार का लक्ष्य होता है कि व्यक्ति आदि पीड़ा का अनुभव करे, वर्तमान एवं विगत आघातों/घावों के मध्य के सम्बन्ध का अनुभव करें।

आदि प्रभाव मनोपचार एक संघटित प्रक्रिया (organismic process) है जिसके अनतर्गत यह आवश्यक होता है कि व्यक्ति वास्तविक अनुभूतियों का सतत अनुभव करे और आवश्यकतानुसार उनका तब तक पुनर्अनुभव करता रहे जबतक कि पुराने घाव (old hurts) पुनः ताजे न हो जायें। इन पुराने घावों के सम्पूर्ण प्रभाव का अनुभव करते हुए उनका क्रमशः व्यक्ति के स्व के साथ एकीकरण कराया जाता है। आदि पीड़ा की अनुभूति से क्लायंट आरंभ में पहले की तुलना में और भी अधिक परेशान हो जाता है और इसके पश्चात बेहतरी अनुभव करता हैं।

प्रयुक्त दक्षता एवं संक्रियाएँ
(Skills and Operations Applied)

आदि प्रभाव उपचार पद्धति के साथ कार्य करने वाले मनोपचारक/परामर्शदाता को स्वय भी इस प्रकार का उपचार प्राप्त करना चाहिए। परामर्शदाता देखभाल पूर्ण निर्देशात्मक शैली (caringly directive style) अपनाते हुए विभिन्न संक्रियाओं/प्रविधियों को प्रयुक्त करता है। समूची कार्य योजना के क्रियान्वयन के लिए संविदा पहले से तैयार की जाती है।

मनोपचार का आरंभ सुरक्षा पंक्तियो को ध्वस्त करने के प्रयास के साथ होता है। इस प्रक्रिया में क्लायंट अकेले या परामर्शदाता के साथ में रहते हुए उन व्यवहारों को निलंबित रखता है जिनके द्वारा मनस्तापीय सुख की प्राप्ति होती है, यथा नाखून कुतरना, धूम्रपान, पान-तम्बाकू सेवन, अनावश्यक भोजन करते रहना, हस्तमैथुन आदि। सक्रिय साक्षात्कार (active confrontation) की प्रविधि—विवेकपूर्ण ढंग से प्रयुक्त की जाती है।

ऐसी महत्त्वपूर्ण एवं जीवन्त अनुभूतियों पर ध्यान केन्द्रित किया जाता है जिनका सम्बन्ध पूर्ववर्ती बाल्यकालीन अनुभूतियों एवं पीड़ाप्रद अनुभूतियों के साथ होता है।

क्लायंट को निर्देश दिया जाता है कि वह अपने जीवन के महत्त्वपूर्ण लोगों को (माता-पिता या शोषण करने वालों को) सीधे आप/तुम (you) के रूप में संबोधित करे और अपनी वास्तविक अनुभूतियों/भावनाओं को पूर्णतः अभिव्यक्त करें; सांवेगिक मुहावरों वाक्यांशों का पुनर्कथन करे, अपनी बातें बलपूर्वक/कहे और उस रूप में कहे जिस अर्थ में वह कहना चाहता है।

क्लायंट को प्रोत्साहित किया जाता है कि वह अपनी अनुभूतियों एवं शारीरिक प्रतिक्रियाओं को, वे कितनी भी विचित्र क्यो न हों, स्वीकार करे। इस प्रक्रिया में चिल्लाना, चीखना, जोर-जोर से रोना या शरीर ऐंठना आदि सम्मिलित होता है।

इस पद्धति में जेनव के समूह कार्य को महत्त्व दिया है। समूह कार्य की दशा में प्रासंगिक खतरनाक व्यवहारों के परीक्षण, गहन अनुभूतियो, आदि प्रभावों के विषय में गहन पूछ-ताछ का कार्य किया जाता है। आदि प्रभाव एकीकरण (primal integration) प्रणाली में समूह ही उपचार के प्राथमिक संसाधन माने जाते हैं।

लोगो को मनस्तापीय एवं स्वस्थ व्यवहार अपनाने के लिए प्रोत्साहित किया जाता है। दैनिक जीवन और सम्बन्धों में निष्ठा एवं संगति की आवश्यकता पर उतना ही बल दिया जाता है जितना आदि प्रभावों को। क्लायंट को दिये जाने वाले गृह-कार्य में भावनापूर्ण मूवी देखना, भावनाप्रधान स्थानों पर जाना, दृढ़तापूर्वक लोगों एवं दशाओं का सामना करना, जैसी क्रियाओं को सम्मिलित किया जाता है।

❑

अध्याय 14

विविध-दर्शनग्राही-समन्वयवादी उपागम

(ECLECTIC - INTEGRATIVE APPROACHES)

उन्नीसवीं शताब्दी का समापन दशक मानसिक स्वास्थ्य एवं मनोपचार के लिए अत्यन्त महत्त्वपूर्ण काल खण्ड है क्योंकि इसी समय फ्रायड ने मनोविश्लेषणात्मक विधि का विकास करके मानसिक समस्याओं का सामना कर पाने की दिशा में हमे सशक्त बनाया। फ्रायड का अनुसरण करते हुए अनेक मनोवैज्ञानिकों ने मनोविकृतियों की दशा से हमें छुटकारा दिलाने का प्रयास किया किन्तु ऐसा करते समय उन्हें मनोविश्लेषणात्मक पद्धति की सीमाओं का अनुभव हुआ। असहमति का आधार सैद्धान्तिक एवं संक्रियात्मक दोनों प्रकार का था। असहमति के कारण मनोपचार एवं परामर्शन के अनेक उपागमों का विकास बीसवीं शताब्दी के पूर्वार्द्ध में हुआ। 1959 तक मनोपचार की 36 पद्धतियों (Watson, R. 1959 Psychoandysis and thirty six schools of psychotherapy) का वर्णन मिलता है। इसके बाद 25-30 वर्षों के अन्दर ही मनोपचार एवं परामर्शन के लिए व्यवहार परिवर्तन के अनेक सिद्धान्तों, प्रणालियों, प्रविधियों, उपागमों एवं हस्तरक्षेप नीतियों/संक्रियाओं का विकास हुआ। नॉरक्रास एवं ग्रीनकेवेज (Norcross and Green-cavage, 1990) ने 1959 से 1986 के मध्य सम्पन्न हुए अनेक सर्वेक्षणों का मूल्यांकन करते हुए यह पाया कि इस अवधि में परामर्शन/मनोपचार के उपागमों की संख्या 36 से बढ़कर 400 से अधिक हो गयी। परामर्शन एवं मनोपचार के उपागमों, प्रारूपों, प्रणालियों की संख्या विस्तार का क्रम अबतक चलता जा रहा है। फेल्थम (2000) का मत है कि 400 की संख्या अधिक है, वस्तुतः उपागमों या प्रारूपों अथवा प्रणालियों की संख्या इतनी अधिक नहीं है और पृथक देखने वाले अनेक प्रारूप वास्तव में एक ही प्रारूप के दूसरे/तीसरे रूपान्तरण/संस्करण जैसे है; तथापि यह सत्य है कि परामर्शन/मनोपचार की प्रणालियों की अधिसंख्या चौकाने वाली है।

आरम्भ में परामर्शन एवं मनोपचार के उपागमों का सम्बन्ध व्यक्तित्व के सिद्धान्तों के साथ हुआ करता था। व्यक्तित्व के सिद्धान्त ही मौलिक अभिग्रहों एवं समस्याओं की व्याख्या प्रस्तुत करते थे तथा परामर्शन/मनोपचार उपागम उसी क्रम में व्यवहार परिवर्तन की प्रविधियों/संक्रियाओं को प्रस्तावित किया करते थे किन्तु परामर्शन एवं मनोपचार के आधुनिक उपागमों के विषय मे ऐसा नहीं कहा जा सकता है; इनका किसी व्यक्तित्व सिद्धांत से सम्बन्ध होना आवश्यक नहीं है।

उपागमों एवं प्रारूपो की अधिसंख्या के बीच में कोई परामर्शदाता किस प्रणाली को अपनी वृत्ति में अपनाता है इसके अनेक रूप हो सकते है। **होलैंडर्स** (Herry

Hollanders, 2003) परामर्शदाताओं की वृत्तियात्मक मुद्रा (stance) को छः वर्गों में विभाजित करते हैं :—

1. परिशुद्धतावादी मुद्रा *(Purist stance)*—परिशुद्धतावादी मुद्रा वाले परामर्शदाता किसी एक सैद्धान्तिक उपागम के साथ जुड़े होते है। ऐसे परामर्शदाता भी दो वर्गों के हो सकते हैं—वे जो कि किसी एक ही उपगाम के साथ प्रत्येक क्लायंट और दशा में कार्य करते हैं, सम्प्रदायिक (school) स्तर पर दूसरे उपागमों के समर्थकों से टकराव की मुद्रा में होते है; किन्तु दूसरी श्रेणी के परिशुद्धतावादी इस प्रकार कलह/संग्राम की मुद्रा तक नहीं जाते हैं।

2. विविधदर्शनग्राही मुद्रा *(Eclectic stance)*—कुछ परामर्शदाता विविध उपागम की अनेक प्रविधियों एवं प्रक्रियाओं को अपनी वृत्ति हेतु अपनाने के लिए तत्पर होते हैं। ऐसे परामर्शदाता इन प्रविधियों एवं प्रक्रियाओं का अविचारित (haphazard) ढंग से नहीं अपितु सुविचारित, व्यवस्थित एवं सुसंगत ढंग से इस प्रकार चयन करते है कि उन्हें दीर्घ अवधि तक अपनी वृत्ति में अपनाये रख सकें। कुछ परामर्शदाता मुख्यधारा के उपागमों को ही मुख्यतः अपनाते हुए उसके साथ क्लायंट को लाभ पहुँचाने के लिए किन्हीं और प्रविधियों को भी संलग्न कर लेते है। इस श्रेणी में दक्ष सहयोगी मॉडल (Egan, 1998, Jenkins, 2000) तथा बहु आयामी उपचार (Laazarus, 1981) की गणना की जा सकती है। ड्रायडेन 1991 इस मुद्रा को व्यवस्थित विविध दर्शन ग्राहिता (systematic eclecticism) कहते हैं।

3. समन्वयवादी मुद्रा *(Integrative stance)*—व्यवस्थित विविध दर्शनग्राहिता अपनाते समय प्रक्रियाओं/प्रविधियों को सुविचारित ढंग से व्यवस्थित किया जाता है किन्तु उनके सैद्धान्तिक आधारों की उपेक्षा की जाती हे। इसके विपरीत समन्वयवादी परामर्शन उपागम में विभिन्न सिद्धान्तों को एक नये सिद्धान्त में समन्वित कर लिया जाता है। इस प्रकार सैद्धान्तिक आधार अधिक व्यापक हो जाता है। संज्ञानात्मक-विश्लेषणात्मक उपागम (Ryle, 1990, 1995, 1997)इस मुद्रा का उदाहरण है। संज्ञानात्मक विश्लेषणात्मक उपचार में लक्ष्य सम्बन्ध सिद्धांत (object relations theory), प्रणाली सिद्धांत (systems theory) संज्ञानात्मक सिद्धांत (cognitive theory) एवं व्यक्तिगत निर्मिति सिद्धांत (personal construct theory) के तत्त्वों को आपस में एकीकृत करके एक अद्वितीय आधार की रचना हुई है और इस सैद्धान्तिक आधार पर ही इस उपागम की प्रविधियाँ प्रयुक्त की जाती है। होलैंडर्स (2003) के अनुसार समन्वयवादी मुद्रा वह होती है जिसमें प्रैक्टिसनर अपने चिंतन में खुलेपन एवं कार्य में लचीलेपन के लिए सचेष्ट रहता है; उसकी सैद्धान्तिक विचारधारा स्पष्ट होती है किन्तु सिद्धान्त का रूप 'बंद सिद्धान्त' (closed theory) का नहीं होता है, परामर्शदाता स्वयं के एवं अन्य परामर्शदाताओं की प्रत्यावर्तनीय प्रैक्टिस एवं शोध परिणाम के आधार पर सिद्धान्त में परिमार्जन करने के लिए तत्पर होता है।

4. बहुलतावादी मुद्रा *(Pluralistic stance)*—यह मुद्रा इस दर्शन को अस्वीकार करती है जिसके अनुसार पूरा विश्व और उसमें निहित सत्य एक है। बहुलतावादी परिप्रेक्ष्य (Ayer, 1982) के अनुसार हमारे चतुर्दिक 'उतने ही संसार होते हैं जितना कि संप्रत्ययों की विविध प्रणालियों, मापन के विविध मानकों, अभिव्यक्ति एवं सोदाहरण प्रतिपादन के विविध रूपों के आधार पर हमारे द्वारा निर्मित होते हैं।' परामर्शन एवं मनोपचार के क्षेत्र में इसका अर्थ यह हुआ (Samuels, 1989) कि बहुलतावाद 'द्वन्द की अभिवृति, जो भेद का कृत्रिम समाधान की अपेक्षा संगतिपूर्ण सामंजस्य (reconcile) अथवा जिसमें सभी

दृष्टिकोणों के विशिष्ट महत्त्व की उपेक्षा नहीं होती है' को प्रदर्शित करता है। सैमुएल्स (1993) के अनुसार बहुलतावाद एकता को अभिव्यक्त करता है; इसमें विविधता को महत्त्व दिया जाता है; विविधता को मनोपचार के एकीकृत क्षेत्र में महत्त्व दिया जाता है। इस प्रकार बहुलतावाद मनोपचार के क्षेत्र में 'विविधता में एकता' अर्थात् 'एकता और विविधता का संतुलन' स्थापित करता है।

5. पूर्णतावादी मुद्रा *(Holistic stance)*—पूर्णतावादी मुद्रा जो मुख्यतः मानवतावादी उपागम में देखी जा सकती है, व्यक्ति को उसके संदर्भ में एक पूर्ण (whole) के रूप में देखती है। इस प्रकार पूर्णतावादी मनोपचारक/परामर्शदाता 'व्यक्ति के शरीर के साथ मन को, सामाजिक-आर्थिक संदर्भ के साथ आन्तरिक संदर्भ को, संस्कृति एवं सांस्कृतिक विश्वासों को साथ व्यक्ति की निजी संज्ञानात्मक भावात्मक दशाओं में सार्वभौमिक प्रतीकों के साथ उसकी स्वयं के निर्मित रूपकों तथा सामुदायिक मूल्यों एवं मानकों के साथ स्व-आत्मीकरण को' महत्त्व देता है (होलैंडर्स, 2003)। ऐसी मुद्रा चुनौती भरी होती है। स्वाभाविक रूप में यह मुद्रा समन्वयवादी होती है।

6. अव्यवस्थित विविधदर्शन ग्राहिता *(Haphazard Eclecticism)*—नारक्रॉस और न्यूमन (Norcross and Newman, 1992) इस मुद्रा को 'सिद्धान्तों एवं प्रविधियों का समालोचनाविहीन एवं अव्यवस्थित संयोजन' (sycreticism) कहते हैं। अव्यवस्थित विविधदर्शनग्राही मुद्रा में सिद्धान्तों एवं प्रविधियों का चूकवश (by default) सम्मिश्रण हो जाता है। ऐसी चूक मुख्यतः परामर्शदाता के प्रशिक्षण की अनुपयुक्तता के कारण होती है। इस प्रकार यह मुद्रा कोई मुद्रा कहे जाने योग्य है ही नहीं क्योंकि परामर्शदाता के समक्ष कोई सुनिश्चित कार्ययोजना या मानचित्र नहीं होता है (होलैंडर्स, 2003)।

स्कोवाल्ट और रॉन्नेस्टैड (Skovholt and Rannestad, 1995) का विचार है कि अधिकतर परामर्शदाता और मनोपचारक क्रमशः अपनी प्रैक्तिस में निजी सम्प्रत्ययात्मक संरचना और कार्य प्रणाली विकसित कर लेते हैं। यद्यपि वे अपनी प्रणाली को समन्वयात्मक नहीं बताते हैं, किन्तु उनके द्वारा प्रयुक्त व्याख्यात्मक संप्रत्ययों एवं प्रविधियों का समावेशन देखा जा सकता है (Poznanski and McLennon, 1997)। इस प्रकार समन्वयन एक व्यक्त प्रक्रिया है जो परामर्शदाता द्वारा उद्भूत होती है। सभी परामर्शदाता एक सीमा तक समन्वयवादी होते हैं (Ion Horton, 2000) किन्तु यह अध्याय व्यवस्थित सैद्धान्तिक एवं प्रक्रियात्मक समन्वयन का वर्णन करने के लिए योजित है। अव्यवस्थित समन्वय (haphazard integration) इसमें सम्मिलित नहीं है। इस श्रेणी के अन्तर्गत आने वाले परामर्शन प्रारूपों में से चार का यहाँ वर्णन हेतु चयन किया गया है :—

(i) संज्ञानात्मक-विश्लेषणात्मक उपागम (Cognitive-Analytic Therapy)
(ii) बहुआयामी उपचार (Multimodal Therapy)
(iii) दक्ष-सहयोगी प्रतिरूप (Skilled Helper Model) एवं
(iv) पार-सैद्धान्तिक उपागम (Trans-theoretical Approach)।

परामर्शन उपागमों के समन्वयन की बढ़ती हुई प्रवृत्ति : क्यों?
(Increasing Trend Towards Integration of Counselling Approaches : Why?)

विगत दो-तीन दशकों में परामर्शन के क्षेत्र में उपागमों के समन्वयन की प्रवृत्ति बढ़ी है। अनेक विविध-दर्शनग्राही समन्वयवादी उपागमों (Egan; Lazarus; Beck; Klein; Prochaska; and many other counsellors) का विकास हुआ तथा अनेक पुस्तकों का

प्रकाशन (Mahrer, 1998; Norcross, 1986, Norcross & Goldfried, 1992; Strikes & Gold, 1993; Gold 1996; Ryle 1990; Clarkson1995, Palmer & Woolfe, 2000; O'Brien & Houston, 2000; Lapworth et. al. 2001) हुआ। समन्वयन की दिशा में यह प्रगति, जो एक आन्दोलन का रूप ग्रहण कर चुकी है,-क्यों? होलैंडर्स (2003) इसके कारण के रूप में पाँच आधुनिक प्रवृत्तियों को रेखांकित करते हैं :—

(1) परामर्शन के क्षेत्र की परिपक्वता—होलैंडर्स समन्वयन की दिशा में हो रही प्रगतियों को परामर्शन मनोविज्ञान की परिपक्वता की एक स्वाभाविक परिणति मानते हैं।

(2) अस्त-व्यस्त दशा से सुव्यवस्था की दिशा की ओर अग्रसर होना—उपागमों की बढ़ती हुई संख्या जहाँ उस क्षेत्र की बढ़ती हुई परिपक्वता एवं समृद्धि की परिचायक है, वहीं इस क्षेत्र के अस्त-व्यस्त (choatic) रूप को प्रस्तुत करती है जिससे बचने/बचाने के लिए परामर्शदाता समन्वयन की दिशा में, संघटन की दिशा में कार्य करने लगे। होलैंडर्स की इस विषय में प्रतिक्रिया यह है कि अभी तक इस दिशा में प्रगति मात्र आरम्भिक है और अभी तक इस प्रवृत्ति द्वारा उपागमों की संख्या में वृद्धि मात्र ही हुई है। वास्तविक समन्वयन अभी बाकी प्रतीत होता है।

(3) गुरु परम्परा से दूर उपागमों की समालोचनात्मक व्याख्या की दिशा में बढ़ते हुए कदम—परामर्शन के क्षेत्र में फ्रायड, रॉजर्स, युंग, स्किनर जैसे मुख्यधारा के उपागमों को विकसित करने वाले परामर्शदाताओं की दशा गुरु जैसी हो गयी जिनके अनुयायी उनके द्वारा सुझाये गये मार्ग का अन्धानुकरण करने लगे, किन्तु वैज्ञानिक या दार्शनिक सोच वाले परामर्शदाताओं को इन उपागमों की समालोचनात्मक व्याख्या एवं मूल्यांकन की आवश्यकता का अनुभव हुआ। मूल्यांकन करते समय प्रचलित उपागमों के विषय में क्या? क्यों? कैसे? किसके लिए? कहाँ? जैसे प्रश्नों पर विचार किया जाने लगा। पौल (Paul, 1967) ने परामर्शदाताओं से आग्रह किया कि उपागमों की सीमारेखा से बाहर निकलें, उपागमों के विषय में पूछें कि 'किसके द्वारा कौन-सा उपचार इस व्यक्ति की इस विशिष्ट समस्या के लिए किन विशिष्ट दशाओं में अधिक प्रभावशाली होगा?'

'**What** treatment, by **whom,** is most effective for **this** individual with **this** specific problem and under **which** set of circumstances ?' Paul, 1967.

समन्वयवादी परामर्शदाता, जो शोध प्रक्रिया को इन प्रश्नों का उत्तर पाने के लिए आधार रूप में अपनाते हैं, इन प्रश्नों का अधिक उपयुक्त ढंग से उत्तर दे सकते हैं।

(4) व्यक्तिगत लक्ष्य अनुसरण की अपेक्षा सामूहिक वृत्तियात्मक जिम्मेदारी पर बल—जैसे-जैसे परामर्शन के क्षेत्र का विस्तार हुआ परामर्शदाताओं को वृत्तियात्मक संगठनों के माध्यम से लाइसेंसिंग/अधिकार पत्र की व्यवस्था द्वारा नियंत्रित किया जाने लगा। इस कारण जहाँ परामर्शदाताओं को कोई उपागम अपनाने की स्वतंत्रता प्राप्त होती है वहीं सामूहिक जिम्मेदारी, एक-दूसरे के विचारों को सुनने और लोगों के हित में एक-दूसरे के समीप आकर कार्य करने का आग्रह भी प्रस्तुत होता है। इसका तात्पर्य यह नहीं है कि सभी परामर्शदाता एक ही उपागम अपनाने लगे बल्कि इस वृत्ति को अन्य वृत्तियों की भाँति सम्मानपूर्ण स्थान दिलाने के लिए आपस में सक्रिय सहयोग करने पर बल देने लगे।

(5) दार्शनिक परिवेश—बीसवीं शताब्दी के समापन दशकों में दार्शनिक चिंतन के क्षेत्र में हो रहे परिवर्तनों, विशेषतः उत्तर आधुनिकतावाद (post modernism) का प्रभाव

परामर्शन उपागमों के समन्वयन के रूप में भी प्रकट हुआ। इन उत्तर आधुनिक प्रभावों को निम्न रूपों में देखा जा सकता हैः—

(अ) वृहद-वृतांतों के युग का अंत *(The demise of meta narratives)*—वृहद वृतांत एक वृहद कथा (big story) हैं जो हमारे चिंतन और अनुभव के स्वरूप एवं विचारों तथा अनुभवों को अभिव्यक्त करने के तरीकों को प्रभावित करते हैं। वृहद वृतांत हमारे लोक-ग्रंथों (रामायण, बाइबिल आदि) को एक सर्वव्यापी सत्य के रूप में प्रभावित करते हैं। इसके कारण हमारे सामाजिक जीवन में संगति देखी जा सकती है, हम अनेक विषयों पर प्रश्न पूछे बिना लोक मान्य/प्रचलित सत्य को 'वास्तविक सत्य' के रूप में स्वीकार कर लेते है। उत्तर-आधुनिक दार्शनिक चिंतन के प्रभाव में सार्वभौम रूप में स्थापित सत्य को सामाजिक, राजनैतिक, सांस्कृतिक एवं आर्थिक प्रभावों की निर्मितियों (constructions) के रूप में देखा जाने लगा।

(ब) विनिर्मिति प्रक्रिया की महत्ता *(Importance of the process of deconstruction)*—वृहद वृत्तांतों, जिनके माध्यम से हम स्वयं को तथा विश्व को देखते और समझते हैं, को अनावृत्त (uncover) करने की प्रक्रिया को विनिर्मिति की प्रक्रिया कहा जाता है। विनिर्मिति (deconstruction) का अर्थ कदापि विध्वंस (destruction) नहीं होता है। विनिर्मिति सत्य के खण्डों को परत-दर-परत एक-एक करके समालोचनात्मक रूप में देखने की प्रक्रिया है जिसके फलस्वरूप हमारे साथ सतत् चले आ रहे अतिजीवी सत्य (enduring truth) अब सामाजिक सांस्कृतिक घटकों में निहित सत्य से अधिक कुछ भी नहीं प्रतीत होते है। विनिर्मिति सतत् चलने वाली प्रक्रिया है। विद्यमान सत्य की विनिर्मिति से प्रकट हुआ सत्य कालान्तर में स्वयं भी एक वृहद वृत्तांत का रूप धारण कर सकता है जिसके पुनः विनिर्माण की आवश्यकता होगी। इस प्रकार, जैसा कि होलैंडर्स ने लिखा है, सम्पूर्ण विनिर्माण असम्भव है क्योंकि हम कभी भी वृहद-वृत्तातो से पूर्णतः पृथक नहीं हो सकते हैं किन्तु इसका हमारे लिए इतना महत्त्व अवश्य है कि हमें अपने आप को ऐसे सत्य रूपों के साथ नहीं बाँधना चाहिए जो तीव्र गति से घटित हो रहे सामाजिक संदर्भों की व्याख्या न कर पाये।

(स) सत्य के सृजन में भाषा की भूमिका *(The Role of language in the creation of realities)*—उत्तर आधुनिकतावाद की दृष्टि में सत्य ज्ञान (truth or better knowledge) जो समाजिक सांस्कृतिक, सामाजिक, राजनैतिक एवं आर्थिक प्रभावों के मध्य निर्मित होता है, की रचना में भाषा की केन्द्रीय भूमिका होती है। भाषा को सत्य की अभिव्यक्ति का माध्यम होना चाहिए। उसे सत्य के संप्रत्ययों की रचना में लिप्त नहीं होना चाहिए किन्तु वास्तविकता इसके विपरीत होती है। भाषा संप्रत्ययों की रचना में सक्रिय भागीदार होती है। भाषा हमें ऐसा प्रतीत कराती है कि वास्तविक सत्य, जैसा कि वस्तुतः अस्तित्व में है, को प्रकट किया जा रहा है जबकि वास्तव में भाषा सत्य को प्रस्तुत करने की जगह पर उसकी रचना करने लग जाती है।

उपर्युक्त विवरण का अर्थ यह निकाला जाना चाहिए कि समन्वयवादी उत्तर-आधुनिकतावादी हैं। इस विवरण का आशय यह है कि उत्तर-आधुनिकतावाद के कारण ऐसे सामाजिक वैचारिक परिवेश की रचना हुई जिसके कारण परामर्शन मनोविज्ञान के क्षेत्र में समन्वयन एक प्रभावशाली आन्दोलन के रूप में प्रकट हुआ है।

I. संज्ञानात्मक विश्लेषणात्मक उपचार
(Cognitive-Analytic Therapy)

संज्ञानात्मक विश्लेषणात्मक उपागम का विकास एंथॉनी राइल (Anathony Ryle 1927) द्वारा 1980 और 1990 के दशक में किया गया। राइल के इस विषय में तीन पुस्तकों का लेखन/सम्पादन किया (Cognitive-Analytic Therapy, 1990; Cognitive Analystic Therapy : Developments in Theory and Practice (Edited), 1995; Cognitive Analytic Therapy and Borderline Personality Disorders : The Method and the Model, 1997; all from Chichester : Wiley) है। यह सिद्धान्त संक्षिप्त नाम CAT रूप में जाना जाता है।

राइल के उपागम में अनेक प्रभाव दृष्टिगोचर होते हैं—(i) केली का व्यक्तिगत निर्मित उपागम (पर्सनल कॉन्सट्रक्ट एप्रोच); (ii) अलेक्जैंडर और फ्रेंच की मनोगत्यात्मक समस्याओं में सक्रिय हस्तक्षेप में रुचि;(iii)मार्डी हॉरोडिज द्वारा मन की अवस्थाओं(states of mind) का रेखाचित्र के माध्यम से चित्रण; और (iv) अनेक उपागमों द्वारा सामान्यतः पुनरावृत्ति की जाने वाली अन्तर्वैयक्तिक प्रविधियों को पहचान (जेम्स लो, 2000)। इस उपागम के विकास में एक मुख्य विषय यह था कि सार्वजनिक क्षेत्र की स्वास्थ्य सेवा के लिए कम समय मे उपयोग में लाये जा सकने वाले उपागम को विकसित किया जायेगा।

मूलभूत अभिग्रह
(Basic Assumptions)

सहयोगात्मक सम्बन्ध जिसका आधार संविदापूर्ण कार्यात्मक सम्बन्ध में निहित होता है, चिन्तन, अनुभूति और व्यवहार के क्षेत्र में व्यक्ति/मनोरोगी की क्षमताओं और सामर्थ्यो का विकास करता है।

मनोवैज्ञानिक समस्याएँ आन्तरिक-मानसिक और अन्तर्वैयक्तिक प्रक्रियाओं की अभिव्यक्ति होती हैं। मनोवैज्ञानिक समस्याओं की उत्पत्ति और अनुरक्षण की दृष्टि से इन प्रक्रियाओं की ससंदर्भ पहचान की जा सकती है तथा संज्ञानात्मक-विश्लेषणात्मक प्रणाली (CAT) द्वारा रोगी को अपनी पहचान, अपने संसाधन और अपनी सम्भावनाओं को संशोधित करने के लिए समर्थ बनाया जा सकता है।

मनोचिकित्सक/परामर्शदाता को रोगी की प्रक्रियाओं के अनुमोदन या अपनी प्रक्रिया को कार्यान्वित करने के विरुद्ध सतर्क रहना चाहिए।

मनोचिकित्सक रोगी की समस्या पहचान और कार्यक्रम निर्धारण के लिए प्रतिरूप प्रस्तुत करता है। संक्षिप्त उपचार की प्रणाली रोगी की समस्त समस्याओं पर ध्यान केन्द्रित करने की तुलना में रोगी के अवलोकन, विश्लेषण, प्रत्यावर्तन, पूर्वकथन, आवेग पहचान और नियंत्रण, मूल्यांकन और आत्म पुनर्निवेशन की क्षमताओं के विकास पर ध्यान केन्द्रित करना उपयुक्त मानती है।

रोगी की चिन्तन, अनुभूति और व्यवहार की प्रक्रियाओं के संशोधन हेतु क्षमता अर्थ गुणारोपण के कारण सीमित हो जाती है। मनोचिकित्सक ऐसे सम्प्रत्यात्मक उपकरणों के विकास के लिए रोगी के साथ संयुक्त रूप में प्रयास करता है जिससे नये व्यवहार का विकास तथा नये अर्थों और मूल्यों के अनुरक्षण में सहायता मिलती है। इस प्रकार विकल्पों के प्रत्यक्षण और प्रभावशाली निर्णय-रचना के लिए संसाधनों का सक्रियकरण होता है।

सीमित सत्रों (प्रायः सोलह सत्र) में परामर्शदाता और रोगी विकार/पीड़ा के कारणों की पहचान करके बाधाओं को दूर करने का प्रयास करते हैं।

समस्याओं की उत्पत्ति और अनुरक्षण
(Origin and Maintenance of Problems)

समस्याओं की उत्पत्ति आरंभिक परिवेश की विशेषताओं के प्रति अनुक्रिया द्वारा विकसित हुए स्थिर अन्तर्वैयक्तिक स्थिति निर्धारण ((fixed interpersonal positionings) के कारण होती है। परिवार में पारस्परिक नियंत्रणात्मक-नियंत्रित (controlling-controlled) भूमिकाओं की आरंभिक प्रक्रिया से सम्बन्धित अनुभवों के अन्तर्निवेशन का महत्त्व माना जाता है। हस्तक्षेप और तिरस्कार के आरम्भिक अनुभवों के कारण द्वन्द्व के प्रारूपों की उत्पत्ति होती है तथा इस कमी का पारस्परिक भूमिकाओं (Reciprocal-Roles R-R) के द्वारा अनुरक्षण होता है। लम्बी अवधि तक परिवेश की पराजित कर सकने में सक्षम तीव्र परिस्थितियों के कारण व्यक्ति की सम्भावित प्रतिक्रियाओं का विस्तार सीमित हो जाता है तथा व्यक्ति एक निश्चित पारस्परिक भूमिका (R-R) में बँध जाता है। व्यक्ति में आघात, क्षति, चिन्ता, अविश्वास की अनुभूतियाँ पनपती हैं और व्यक्ति परिवेश के सम्पर्क के वैकल्पिक प्रारूप में अपना स्थानान्तरण नहीं कर पाता है। अत्यन्त विशिष्ट दशाओं में व्यक्ति पारस्परिक भूमिका (R-R) का सीमित भण्डार विकसित कर लेता है जिसमें से प्रत्येक R-R प्रारूप अल्प-स्वायत्तशासी आत्म-दशा के रूप में कार्य करता है जिसके फलस्वरूप विश्व में अस्तित्व का अत्यन्त विखण्डित अनुभव प्राप्त होता है (Ryle, 1997)। समस्याग्रस्त पारस्परिक भूमिका के द्वारा 'मुख्य पीड़ा' (core pain) की उपत्ति होती है जो कि अतिजीवी निराशा, निरर्थकता, दुखानुभूति आदि के रूप में होती है। यद्यपि व्यक्ति उन दुःखद अनुभवों का कारण नहीं होता है किन्तु वह नैतिक दृष्टि से इसकी व्याख्या कर लेता है, वयस्क जीवन में परिवेश इसे प्रोत्साहित करता है। अन्तर्वैयक्तिक प्रक्रियाएँ मुख्यतः परिवेश के प्रति अनुक्रिया होती हैं जिनका विकास असह्य मुख्य पीड़ा के प्रबन्धन के प्रयास में होता है।

'R-R' प्रारूप का समर्थन उन प्रक्रियाओं द्वारा होता है जिनकी उत्पत्ति मुख्य पीड़ा के माध्यम से होती हे तथा जिनकी उन प्रक्रियाओ पर पुनर्वापसी होती है। इसके फलस्वरूप चिन्तन, अनुभूति और अनुक्रिया की अन्तर्क्रिया के माध्यम से अनुरक्षण शक्ति का सृजन होता है। इसे राइल (Ryle, 1990) प्रक्रियात्मक अनुक्रम वस्तुसम्बन्ध प्रारूप प्रोसीजरल सीक्वेंस ऑब्जेक्ट रिलेशन्स मॉडल (procedural sequence object relations model) के रूप में प्रस्तुत करते हैं। इस बोध का उपयोग रोगी के इतिहास और अनुभवों की पुनर्व्याख्या (reformulation) के लिए किया जाता है जिससे कि रोगी की पीड़ानुभूति की पुनरावृत्ति का परिहार करने में सहायता मिलती है।

परिवर्तन
(Change)

परिवर्तन उत्पन्न करने के लिए मनोचिकित्सक की सद्भावना, सहानुभूति, परानुभूति की क्षमता मुख्य साधन होती है। मनोचिकित्सक में यह विश्वास होना चाहिए कि अत्यन्त विकृत उदाहरणों में भी सार्थक परिवर्तन उत्पन्न किया जा सकता है।

मनेचिकित्सा की सहयोगात्मक शैली (collaborative style) में क्लायंट को चिन्तन,

अनुभूति और अनुक्रिया में किये जा रहे परिवर्तनों के बारे में पुनर्निवेशन प्रदान किया जाता है। परामर्शन की तीन मुख्य अवस्थाएँ होती है—वर्णन, पहचान और संशोधन। परिवर्तन उस समय आता है जब व्यक्ति अपने परिचित/स्थापित प्रत्यक्षण से वापस लौट कर नये विकल्प का अवलोकन करता है तथा निर्णय से पूर्व नये विकल्प का मूल्यांकन करता है। परामर्शदाता व्यक्ति/रोगी को ऐसे उपकरणों के विकास में सहायता देता है जिनके द्वारा अत्यन्त पृथक ढंग से चिन्तन, अनुभूति और अनुक्रिया करना सम्भव हो सकता है। माता-पिता द्वारा दोषपूर्ण पालन-पोषण और परिवेशीय हस्तक्षेप एवं परित्याग के कारण व्यक्ति की संसार की कार्यपद्धति के विषय में ज्ञान क्षेत्र में अन्तराल शेष रह जाता है। अतः परामर्शदाता अधिगम सम्बन्धी आवश्यकताओं पर भी बल देता है। परामर्शदाता वस्तुतः अपनी उपस्थिति और सहयोग द्वारा क्लायंट को समस्याओं का स्वयं समाधान करने हेतु प्रोत्साहित करता है (जेम्स लो)।

—CAT is a'post-rusk' therapy where patients are encouraged to work on their own tasks in and with the presence and help of the therapist (James Low, 2000)

अल्प-अवधि वाले उपागम में 'क्लायंट के लिए' या 'क्लायंट के साथ' की तुलना में 'क्लायंट-द्वारा' की नीति अधिक उपयुक्त मानी जाती है।

परामर्शन हस्तक्षेप कार्य नीतियाँ
(Intervention Stretegies in Counselling)

संज्ञानात्मक विश्लेषणात्मक उपचार/परामर्शन प्रणाली के तीन चरण होते हैं—वर्णन (description), पहचान/प्रत्यभिज्ञा (recognition) और संशोधन (revision)।

प्रथम अवस्था में, जो बहुधा एक से चार सत्रों तक चलती है। परामर्शदाता क्लायंट के इतिहास का वर्तमान समस्याओं के साथ सम्बन्ध की दृष्टि से अध्ययन करता है। परामर्शी को परामर्शन के मुख्य बिन्दु को समझने में सहायता दी जाती है। परामर्शदाता समस्या निरूपण के पश्चात पुनर्निरूपण पत्र (reformulation letter) लिखता है जिसमें परामर्शी आवश्यक संशोधन करता है तथा यह जान पाता है कि परामर्शदाता उसे किस सीमा तक समझ रहा है। अपने जीवन की कथा को इस प्रकार प्रस्तुत किये जाने से परामर्शी को अतीत के साथ सम्पर्क घटाने में सहायता मिलती है तथा अपनी कथा में संशोधन करने की क्रिया में सशक्तिकरण का बोध होता है। पत्र में अधिगम सम्बन्धी आवश्यकताओं का भी वर्णन किया जाता है।

समस्या का वर्णन और अतीत एवं वर्तमान अनुभवों से इसका सम्बन्ध स्पष्ट हो चुकने के पश्चात प्रत्यभिज्ञा चरण का आरम्भ होता है। इस चरण में क्लायंट वर्णन को अर्थपूर्णता प्रदान करने के लिए संघर्ष करता है। यह समझने का प्रयत्न करता है कि 'क्या हो रहा हैं', 'क्या चल रहा है'। व्यक्ति के अवलोकन आत्म (observing self) को सशक्त किया जाता है जिसके आधार पर घटनाओं के क्षितिज पर विचार करते हुए यह समझने का प्रयत्न किया जाता है कि (परामर्शी द्वारा) वह प्रक्रियात्मक प्रतिक्रिया पर किस प्रकार नियंत्रण स्थापित कर सकता है।

उक्त प्रत्यक्षण के विकास के पश्चात संशोधन कार्य आरम्भ होता है जहाँ नये विकल्पों का अन्वेषण किया जाता हैं, प्रक्रिया के बन्द चक्रव्यूह को तोड़ा जाता है तथा नये निर्णय अपनाये जाते हैं।

संज्ञानात्मक विश्लेषणात्मक उपागम मे उपचार/परामर्शन का संयुक्त रूप में मूल्यांकन किया जाता है। सत्रों (प्रायः सोलह) के अन्त में चेतन अभिप्राय पर अधिक ध्यान केन्द्रित किया जाता है। परामर्शदाता अपनी अन्य सहयोगी क्षमताओं स्वप्न विश्लेषण, सृजनात्मक कला, अन्तर्वैयक्तिक अन्वेषण और गेस्टाल्ट सम्पर्क का भी उपयोग कर सकता है। इस प्रकार का अवसर मनोपचारक और क्लायंट की सृजनात्मकता को फलीभूत होने का अवसर प्रदान करता है। परामर्शदाता क्लायंट के साथ किसी प्रकार के कार्य के उद्देश्य को स्पष्ट करने की आवश्यकता आने पर स्पटीकरण भी देता है।

सी ए टी की प्रकिया आत्म-प्रत्यावर्तन प्रतिरूप में देखी जा सकती है। यह प्रक्रिया प्राप्त लाभ को बनाये रखने में सहायक होती है। व्यक्ति जीवन की सम्भावनाओं के प्रति खुला दृष्टिकोण अपनाता है तथा निरंतर आत्म-प्रत्यावर्तन करता रहता है।

शोध साक्ष्य
(Research Evidence)

राइल ने आरम्भ से ही इस उपागम (CAT) के विकास में शोध कार्य पर बल दिया है। प्रत्येक उपचार के विकास में परिकल्पना निरूपण एवं उसकी वैधता के परीक्षण की विधि का उपयोग किया गया है। परामर्शदाता एक-परामर्शी शोध प्रारूप का उपयोग करते हुए अपने विश्वास की अपेक्षा अन्वेषण को अपने परामर्श कार्य का आधार बनाते है। राइल 1995 द्वारा अनेक वर्णनात्मक शोध कार्यों का प्रकाशन किया गया है। इन शोध कार्यों में आक्रामक महिला अपराधियों, जान-बूझकर स्वयं को चोट पहुँचाने और कैट समूह (CAT group) के साथ इस उपागम के प्रभाव का वर्णन किया है। शोध परिणाम सकारात्मक है। लोगों के हिंसक आवेगों के नियंत्रण में यह उपागम विशेष प्रभावी सिद्ध हुआ है।

II. बहुआयामी उपचार
(Multimodal Therapy)

लॅजारस (Arnold Lazarus, 1932) का प्रशिक्षण मनोविश्लेषणात्मक, मनोगत्यात्मक और व्यक्ति केन्द्रित सिद्धान्त एवं प्रणाली में हुआ था और 1958 में उन्होंने सर्वप्रथम विहेवियर थिरेपिस्ट' (behviour therapist) और बिहेवियर थिरेपी (behaviour therapy) पदों का एक शैक्षिक पत्र में उपयोग किया। लॉजारस ने व्यवहार उपचार प्राप्त करने वाले व्यक्तियों के अनुवर्ती अध्ययन में यह निष्कर्ष प्राप्त किया कि उनमें समस्या की पुनरावृत्ति अन्य व्यक्तियों जिन्होंने व्यवहार उपचार के साथ संज्ञानात्मक प्रविधियों का भी लाभ प्राप्त किया था, की तुलना में अधिक थी। अतः 1970 के दशक में लॅजारस संज्ञानात्मक-व्यवहारात्मक प्रविधियों की एक व्यवस्थित विस्तृत शृंखला का उपयोग किये जाने के लिए वकालत करने लगे। अपने अनुवर्ती अध्ययनों से वे इस निष्कर्ष पर पहुँचे कि परामर्शन/उपचार से प्राप्त लाभों के अनुरक्षण में कई प्रविधियों के सम्मिलित उपयोग का योगदान किया जाना उपयोगी होता है। इस ध्येय से लँजारस ने बहुआयामी उपचार उपागम विकसित किया जिसमें मानव व्यक्तित्त्व के विभिन्न पक्षों की व्यापक रूप में पहचान करके उपचार पर बदल दिया जाता है।

मूल अभिग्रह
(Basic Assumptions)

हमारे व्यक्तित्त्व के सात महत्त्वपूर्ण आयाम होते हैं। व्यक्ति एक जैविक (स्नायुदैहिक/जैवरासायनिक संरचना) प्राणी है जो व्यवहार (क्रिया/प्रतिक्रिया) करता है; संवेग का अनुभव करता है; संवेदी उद्दीपकों के प्रति अनुक्रिया करता है; 'मन की आँखों' द्वारा कल्पना करता है; विचार (विश्वास, मूल्य, अभिवृत्ति आदि) करता है; और अन्य लोगों के साथ अन्तर्क्रिया करता है। व्यक्तित्त्व के उक्त आयाम (Behaviour, Affect, Sensations, Images, Cognitions, Interpersonal and Drug/Biology) को संक्षिप्त नाम BASIC I.D. द्वारा जाना जाता है। व्यक्तित्त्व के उक्त आयामों में अन्तर्क्रिया होती रहती है तथा दो आयाम पारस्परिक लेन-देन और प्रवाह के सम्बन्ध में जुड़े हो सकते हैं।

व्यक्ति प्राय: अनेक प्रकार की विशिष्ट समस्याओं से पीड़ित होते हैं। इसलिए उनका व्यापक अध्ययन करके विशिष्ट हस्तक्षेप और विविध प्रविधियों का उपयोग किया जाना चाहिए।

लोगों की तनाव, कुण्ठा, पीड़ा, आन्तरिक और बाह्य उद्दीपन के लिए पृथक देहलियाँ होती है, मनोवैज्ञानिक हस्तक्षेप द्वारा उक्त देहलियों को प्रभावित किया जा सकता है।

प्रत्येक व्यक्ति की बेसिक आई.डी. (Basic I.D.) में से कुछ आयामों के लिए वरीयता होती है। इन्हें 'संज्ञानात्मक प्रतिकर्मी' या 'संवेदी प्रतिकर्मी' अथवा 'संवेगात्मक प्रतिकर्मी' कहा जाता है।

मानव व्यक्तित्त्व के विकास में जेनेटिक सम्पदा, भौतिक परिवेश, अनुबन्धन और सामाजिक अधिगम की पारस्परिक अन्तर्क्रिया की भूमिका के कारण उसका व्यक्तित्व अद्वितीय होता है।

अपनी समस्याओं का समाधान करने में व्यक्ति को मनो-शैक्षिक उपागम से लाभ की प्राप्ति होती है।

क्लायंट तथा परामर्शदाता समान श्रेणी के मनुष्य होते हैं किन्तु क्लायंट की कुछ विशिष्ट कर्मियों को दूर करने के लिए परामर्शदाता के पास कुछ विशिष्ट दक्षताएँ होती हैं।

क्लायंट की समस्त समस्याओं का समाधान किसी एक सिद्धान्त और उपागम द्वारा सम्भव नहीं हो सकता है इसलिए बहु-आयामी उपागम सामाजिक और संज्ञानात्मक अधिगम, समूह और संचार सिद्धान्तों का उपयोग करता है किन्तु एक परामर्शदाता के लिए अथवा एक क्लायंट के साथ सभी सिद्धान्तों और प्रविधियों का उपयोग किया जाना आवश्यक नहीं होता है। स्टीफेन पॉमर (Stephen Palmer, 2000) जो कि लॅजारस के बाद इस क्षेत्र में दूसरे प्रमुख पाश्चात्य लेखक है, के अनुसार तकनीकी रूप में बहुआयामी उपचार की कोई प्रणाली अस्तित्त्व में नहीं है अपितु मूल्यांकन और परामर्शन के लिए परामर्शदाता आवश्यकतानुसार 'तकनीकी बहुग्राहो' (technical eclectics) के रूप में विभिन्न उपागमों या प्रणालियों में से विविध प्रविधियों का उपयोग करता है।

समस्याओं की उत्पत्ति और अनुरक्षण
(Origin and Maintenance of Problems)

पॉमर के अनुसार मानव समस्याएँ बहु-स्तरीय एवं बहु-परतीय होती हैं। लॅजारस ने मनोवैज्ञानिक समस्याओं को निम्नांकित में से एक या अनेक का प्रतिफल बताया है:—

(i) द्वन्द्वात्मक या उभयमुखी अनुभूति,
(ii) दोषपूर्ण संसूचन,
(iii) सूचना या बोध का अभाव, या कौशल की कमी,
(iv) कुसमायोजी आदतें, अनुबन्धित संवेगात्मक प्रतिक्रियाएँ,
(v) निम्नस्तीय आत्म-उत्साह और आत्म-स्वीकृति का अभाव,
(vi) चिनतन शैली और अभिवृत्ति की दृढ़ता या लचीलेपन/नम्यता का अभाव,
(vii) घटनाओं और परिस्थितियों को संज्ञानात्मक या कल्पनात्मक रूप में भयपूर्ण विस्तार देते हुए देखने की प्रवृत्ति,
(viii) ऐसे विश्वास जिनके कारण कुण्ठा-सहिष्णुता में कमी आ जाती है,
(ix) सूचना संसूचन की त्रुटियाँ (संज्ञानात्मक विकृतियाँ),
(x) अन्तर्वैयक्तिक सम्बन्ध के दोष जैसे दोषपूर्ण लगाव, अनावश्यक निर्भरता या अत्यधिक विरोधभाव,
(xi) जैविक प्रकार्यात्मकता के दोष।

व्यवहारात्मक समस्याओं और विकृतियों में अनुक्रिया प्रसूत अनुबंधन, प्रतिरूप अधिगम, तादात्मीकरण और अन्य प्रतिनिधि प्रक्रियाओं द्वारा अधिगम की भूमिका स्वीकार की गयी है। अधिगम में ऐसी प्रक्रियाएँ भी सम्मिलित होती है जो चेतन नहीं होती है। अन्तर्वैयक्तिक सम्बन्धों में संचार तथा सूक्ष्म-संचार (संचार के बारे में संचार) सम्मिलित होता है। यह उपागम यह भी स्वीकार करता है कि व्यक्ति में किसी विकृति के लिए पूर्वनिहित आनुवंशिक अभिमुखता (genetic predisposition) हो सकती है।

परिवर्तन सम्बन्धी लक्ष्य
(Change Related Goals)

परिवर्तन का उपागम सक्रिय-निर्देशात्मक (active-directive) होता है। परिवर्तन की प्रक्रिया परामर्शदाता द्वारा सात आयामों के संदर्भ मे क्लायंट की समस्या की व्याख्या के साथ आरम्भ होती है। तत्पश्चात संयुक्त रूप में प्रयास करके अलग-अलग विशिष्ट समस्याओं के लिए विशिष्ट हस्तक्षेप और प्रविधियों के प्रयुक्त किये जाने का लक्ष्य निर्धारित किया जाता है, यह कार्य प्रथम या द्वितीय सत्र में सम्पन्न किया जाता है। उदाहरण के लिए व्यक्ति की अनेक समस्याओं में से एक व्यवहार के क्षेत्र से सम्बन्धित हो सकती है जिसका रूप 'सदैव तेज चलना', 'भागते रहना' हो सकता है जिसके लिए अनेक कार्यक्रमों का प्रस्ताव किया जा सकता है। जैसे—आराम की गति के फायदों पर विचार करना, तेज गति के नुकसान पर विचार करना और विश्रांति/शिथिलीकरण व्यायाम।

लॅजारस के अनुसार परिवर्तन के मुख्य घटक निम्नवत् हैं:—

(i) व्यवहार—सकारात्मक एवं नकारात्मक पुनर्बलन; दण्ड; प्रति-अनुबंधन;
(ii) भावानुभूति—अनुभूतियों को स्वीकार करना;
(iii) संवेदना—तनाव अभिव्यक्ति; संवदी सुख बोध;
(iv) बिम्ब—समायोजनात्मक बिम्ब; आत्म-बिम्ब में परिवर्तन;

(v) संज्ञान—उच्चीकृत बोध; संज्ञानात्मक पुनर्गठन; असहायक मुख्य स्कीमा तथा सूचना संसाधन में व्याप्त त्रुटियों का परिमार्जन;

(vi) अन्तर्वैयक्तिक—निर्णयविहीन स्वीकार्यता; प्रतिरूप अधिगम; अस्वस्थ सम्बन्धों/साँठ-गाँठ को दूर करना;

(vii) औषधि/जीव—अच्छा पोषक भोजन और व्यायाम; औषधि दुरूपयोग का समापन; आवश्यकतानुसार मनो-औषधियों का उपयोग।

प्रयुक्त प्रविधियाँ एवं हस्तक्षेप नीतियाँ
(Techniques and Interventions Applied)

प्रविधियों एवं हस्तक्षेपों का उपयोग परामर्शदाता और क्लायंट की विशेषताओं एवं दक्षताओं, परामर्शन सम्बन्ध और प्रविधि की विशिष्टता के आधार पर किया जाता है। अनेक संज्ञानात्मक, व्यवहारात्मक प्रविधियों के अतिरिक्त अन्य उपागमों, जैसे—गेस्टाल्ट उपागम की प्रविधियों (रिक्त-स्थान विधि) का भी उपयोग किया जाता है। एक 15 पृष्ठीय बहुआयामी जीवन वृत्तांत अनुसूची (Multimodal life history inventory–MLHI) तैयार की जाती है जिसमें आवश्यक सूचनाएँ क्लायंट द्वारा सत्रों के मध्य में घर पर भर ली जाती हैं। इसका एक दूसरा भाग होता है जो उस समय उपयोग में लाया जाता है जब प्रयुक्त प्रविधि विफल हो जाती है। लॅजारस (1989) ने 1 से 7 बिन्दु मापन के आधार पर एक संरचनात्मक रूपरेखा भी तैयार करने का सुझाव दिया जिसमें क्लायंट सात आयामों पर अपना आत्मनिष्ठ मूल्यांकन प्रस्तुत करता है। प्रयुक्त प्रविधियों का चित्रण तालिका 14.1 द्वारा प्रस्तुत किया जा रहा है जो स्टीफन पामर (1996, 2000) के अनुरूप है।

तालिका 14.1 बहुआयामी चिकित्सा में बहुधा प्रयुक्त होने वाली तकनीकें
(Frequently used techniques in multimodal therapy and training)

आयाम (Modality)	**तकनीकें एवं हस्तक्षेप** (Techniques and interventions)
व्यवहार	व्यवहार रिहर्सल (Behaviour rehearsal)
(Behaviour)	रिक्त कुर्सी (Empty chair)
	प्रदर्शन कार्यक्रम (Exposure programme)
	स्थिर भूमिका चिकित्सा (Fixed role therapy)
	प्रतिरूपण (Modelling)
	विरोधाभासी आशय (paradoxial intention)
	मनो-नाटक (Psychodrama)
	प्रबलन कार्यक्रम (Reinforcement programmes)
	प्रतिक्रिया निरोधन/मूल्य (Response prevention/cost)
	जोखिम अनुभव (Risk taking experience)
	आत्म निरीक्षण एवं आलेख (Self monitoring and recording)
भाव	उद्दीपक नियंत्रण (Stimulus control)
(Affect)	शर्म-आक्रमण (Shame-attacking)
	क्रोध प्रदर्शन/प्रबन्धन (Anger expression/management)
	चिन्ता प्रबन्धन (Anxiety management)
	अनुभूति पहचान (Feeling-identification)

संवदेना (Sensation)	जैव पुनर्निवेशन (Bio-feed back) सम्मोहन (Hypnosis) ध्यान (Meditaion) विश्रांति प्रशिक्षण (Relaxation training) संवेदी केन्द्रण प्रशिक्षण (Sensate focus training) देहली प्रशिक्षण (Thereshold training)
बिम्ब (Imagery)	भविष्य विरोधी आघात (Anti future shock imagery) सहचरित बिम्ब (Associated imagery) विकर्षणात्मक बिम्ब (Aversive imagery) सामंजस्यीकरण बिम्ब (Coping imagery) काल्पनिक प्रदर्शन (Imaginal exposure) विधेयात्मक बिम्ब (Positive imagery) तार्किक सांवेगिक बिम्ब (Rational emotive imagery) काल प्रक्षेपण बिम्ब (Time projection imagery)
संज्ञान (Cognition)	बिबलियोथिरेपी (Biblio-therapy) त्रुटिपूर्ण अनुमानों को चुनौती (Challenging faulty inferences) संज्ञानात्मक रिहर्सल (Cognitive rehearsal) सामंजस्यकारी कथन (Coping statements) मिथ्या धारणाओं में सुधार (Corrective misconceptions) विवादास्पद अतार्किक विश्वास (Disputing irrational beliefs) केन्द्रण (Focusing) विधेयात्मक आत्म कथन (Positive self statements) समस्या समाधान प्रशिक्षण (Problem solving training) तार्किक मतान्तरण (Rational proselytizing) आत्मस्वीकृति प्रशिक्षण (Self acceptance training) चिन्तन विराम (Thought-stopping)
अन्त:वैयक्तिक (Interpersonal)	आग्रह प्रशिक्षण (Assertion training) संचार प्रशिक्षण (Communication training) अनुबंध (Contracting) स्थिर भूमिका चिकित्सा (Fixed role therapy) मित्रता/आत्मीयता प्रशिक्षण (Friendship/intimacy training) श्रेणीकृत यौनिक उपागम (Graded sexual approaches) विरोधाभासी आशय (Paradoxial intentions) भूमिका वहन (Role play) सामाजिक कौशल प्रशिक्षण (Social skill training)
औषधि/जैविक (Drug/Biology)	मदिरा न्यूनीकरण कार्यक्रम (Alcohol reduction programme) जीवन शैली परिवर्तन, उदा० व्यायाम, पौष्टिक भोजन आदि (Life style changes, e.g. exercise, nutrition etc.)

चिकित्सक या अन्य विशेषज्ञ को संदर्भित (Referral to physicians or other specialists)
धूम्रपान विराम कार्यक्रम (Stop-smoking programme), भार में कमी तथा अनुरक्षण कार्यक्रम (Weight reduction and maintenance programme)

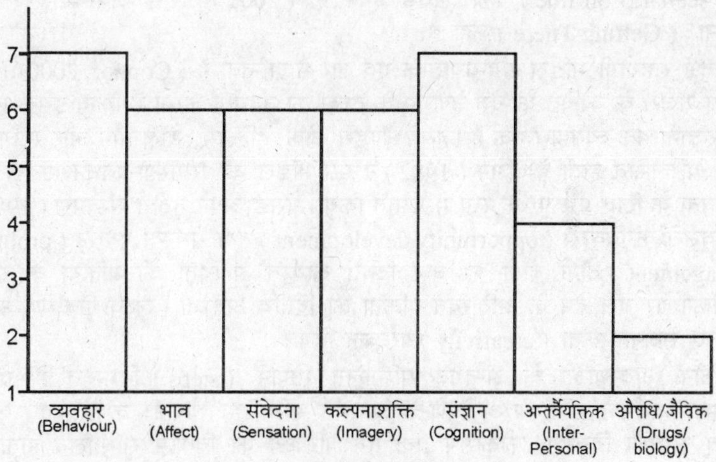

चित्र 14.1 संरचनात्मक पार्श्व चित्र

स्रोत : एस० पामर (S. Palmer, 2000) परामर्शन एवं मनोचिकित्सा की हस्तपुस्तिका (सम्पादक-फेल्दम एवं हॉटन)

शोध : साक्ष्य
(Research Evidence)

बहुआयामी चिकित्सा में प्रयुक्त होने वाली अधिकतर प्रविधियाँ व्यवहारात्मक एवं संज्ञानात्मक उपागमों में से ली गयी हैं और उनकी उपयुक्तता उन क्षेत्रों में हुए शोध द्वारा प्रमाणित हुई है। इसके अतिरिक्त क्वी (Kwee, 1984) के अध्ययन में यह प्रमाणित हुआ कि चिकित्सालय में भर्त्ती 84 क्लायंट्स जो फोबिया या मनोग्रस्तता-बाध्यता मूलक रोगों से पीड़ित थे, को इस उपागम से लाभ प्राप्त हुआ तथा प्रभाव दीर्घकालिक प्रमाणित हुआ।

III. दक्ष-सहयोगी मॉडल
(Skilled Helper Model)

दस सहयोगी मॉडल को विकास गेरार्ड ईगन (Gerard Egan) 1975 से सतत् करते आ रहे हैं। आरम्भ (1975) में गेरार्ड ने वैयक्तिक एवं समूह कार्य की दशाओं में सहयोगी (अर्थात परामर्शदाता) के लिए संचार/सप्रेक्षण दक्षताओं का वर्णन किया। गेरार्ड का यह विचार था कि 'जीवन की समस्याओं' की व्याख्या मात्र (जैसा कि उनके उपागमों में होता है) एक अपर्याप्त प्रयास है। इनका यह विश्वास था कि सामाजिक दशाओं एवं प्रणालियों के प्रभावों एवं अवसरों का समुचित प्रबंधन सहायता की प्रक्रिया के माध्यम से किया जा सकता है। (Mary Connor, 2000)।

दस-सहयोगी मॉडल सहायता देने की तीन अवस्थाओं वाली प्रक्रिया है। इन तीन अवस्थाओं को आरम्भ में अन्वेषण (exploration), बोध (understandings) और कार्यवाही (action) कहा गया। आगे चलकर गेरार्ड (तृतीय संस्कारण-1986) ने इन अवस्थाओं को वर्तमान परिदृश्य (present sccenario) वरीय परिदृश्य (preferred scenario) और कार्यवाही—नये परिदृश्यक की लाइन पर प्रप्ति (Action-getting the new scenario on line) कहा। गेरार्ड ईगन ने (2001) तीसरी अवस्था को 'वहाँ पहुँचना' (Getting There) कहा है।

दक्ष सहयोगी मॉडल समन्वयात्मक एवं पार-सैद्धान्तिक है (Connor, 2000)। यह मॉडल रॉजर्स के व्यक्ति केन्द्रित उपागम के तत्त्वों का उपयोग करता है किन्तु इसके मुख्य बल संज्ञानात्मक-व्यवहारात्मक है जिसमें बैण्डुरा, बेक, इल्लिस, सेलिगमैन और स्ट्राँग का प्रभाव परिलक्षित होता है। ईगन (1982) ने इस मॉडल को 'समस्या-प्रबंधन मॉडल' या 'सहायता के लिए प्रारूप' के रूप में प्रस्तुत किया। गेरार्ड अपने तृतीय संस्करण (1986) में अवसरों के विकास (opportunity development) तथा समस्या प्रबंधन (problem management) दोनों बातों पर बल दिया। कार्यरत सहायता की प्रक्रिया के सतत् मूल्यांकन पर बल देने के अतिरिक्त प्रक्रिया की द्वितीय अवस्था (लक्ष्य निर्धारण कार्य) के लिए सृजनात्मकता (creativity) पर बल दिया।

तीनों अवस्थाओं के अन्तर्गत सम्मिलित सोपान (steps) निम्नवत हैं—**प्रथम अवस्था**—वर्तमान परिदृश्य/अन्वेषण-के अन्तर्गत सम्मिलित सोपानः कथा प्रस्तुत करना अर्थात् समस्या विवरण; फोकसिंग तथा नये परिप्रेक्ष्य का विकास सम्मिलित होता है। **द्वितीय अवस्था**—वरीय परिदृश्य/बोध के अन्तर्गत सम्मिलित सोपानः नवीन परिदृश्य; समीक्षा; चयन/च्वाइस और प्रतिबद्धता/कमिटमेंट; होते हैं। **तृतीय अवस्था**—कार्यवाही/वहाँ (वरीय अवस्था) पहुँचना—के सोपानों में मस्तिष्क झकझोरने की कार्यनीति, योजना की रूपरेखा का विकास और कार्यवाही सम्मिलित होती है।

ईगन (1990) ने क्लायंट को चुनौती देने पर अधिक बल दिया और माना कि ऐसा करके यह अपेक्षा की जा सकती है कि क्लायंट कार्यवाही के लिए अधिक जिम्मेदारी स्वीकार करेगा। ईगन ने यह भी स्पष्ट किया कि यह मॉडल सहायता का सिद्धान्त प्रस्तुत करता है न कि सहायता की रूपरेखा। प्रकाशन के पाँचवें संस्करण (1994) में ईगन ने स्वीकार किया है कि यह मॉडल व्यवस्थित विभिन्न-दर्शन ग्राही (systematic eclecticism) है। दक्ष सहयोगी मॉडल का छठा संस्करण 1998 और साँतवाँ संस्करण 2001 में प्रकाशित हुआ। इन प्रकाशनों में तीनों अवस्थाओं के नामकरण में कतिपय संशोधन हुए हैं। प्रस्तुत विवरण इस मॉडल की मेरी कॉनर्स (2000) द्वारा की गयी व्याख्या के अनुरूप है।

मूलभूत अभिग्रह
(Basic Assumptions)

सहायता सोची समझी हुई सामाजिक प्रभाव की प्रक्रिया होती है। सहायता प्रक्रिया में शक्ति का उपयोग क्लायंट को जिम्मेदारी निर्वहन के लिए सक्षम बनाने हेतु किया जाता है। यह सहायता जानबूझ कर/ सोद्देश्य दी जाती है। सहायता का केन्द्रीय तत्त्व यह होता है कि 'अभी क्लायंट कैसा है' और सहायता पाकर 'वह कैसा हो जायेगा'।

सहायता औपचारिक या अनौपचारिक सहायक द्वारा दी जा सकती है। कई बार

सहायता प्राप्त करने वाला व्यक्ति, थोड़े से प्रशिक्षण को पाकर, सहायता देने वाले व्यक्ति की भूमिका में आ जाता है।

सहायता के दो उद्देश्य होते हैं—**प्रथम**, क्लायंट को जीवन में आने वाली समस्याओं का और अधिक अच्छा प्रबंधन करने तथा अप्रयुक्त या अल्पप्रयुक्त अवसरों के पूरे उपयोग का विकास करने हेतु सहायता देना (....to manage their problems in living more effectively and develop unused or under used opportunities more fully;—Egan, 1998); तथा **दूसरा**, लक्ष्य क्लायंट को अपने प्रतिदिन के जीवन में अपनी श्रेष्ठतर सहायता कर पाने योग्य बनने की दिशा में सहायता देना होता है ("... to help clients become better at helping themselves in their everyday lives."—Ibid)।

सहायता देने की प्रक्रिया में सहायक की सम्प्रेषणात्मक क्षमता का महत्त्व होता है। सहायता के लिए सजग रूप में सुनना, प्रतिक्रिया करना और चुनौती देना महत्त्वपूर्ण क्षमता मानी जाती है।

यह मॉडल समन्वयात्मक तथा सर्वांगी (systemic) है। उसका उपयोग सम्मान और निष्ठापूर्ण सहायता सम्बन्धों में किया जाता है।

समस्याओं की व्याख्या
(Explantion of Problems)

समस्याओं की उत्पत्ति घर, कार्यालय/कार्यस्थल, समाज एवं समुदाय की परिस्थितियों के मध्य जीवन-यापन से जुड़ी होती है। इस प्रकार उत्पन्न हुई समस्याओं को दैनिक जीवन की सामान्य प्रतिक्रिया के रूप में देखा जाता हैं। समस्या की व्याख्या किसी अन्तर्निहित विकार के रूप में नहीं की जाती है।

समस्या-समाधान सामर्थ्य की कमी; समस्याओं के समाधान उपागम के अन्वेषण हेतु अनुभव एवं आत्मविश्वास की कमी; यथार्थपूर्ण लक्ष्यों और कार्य योजनाओं के निर्धारण के लिए क्षमता एवं अनुभव की कमी; संसाधनों का सफलतापूर्वक उपयोग कर पाने की विफलता को समस्याओं की उत्पत्ति का मूल कारक माना जाता है।

व्यक्ति को जीवन में प्राप्त हुए अनुभवों की विशेषताओं एवं स्वरूप के कारण ऐसे विचारों, अनुभूतियों और व्यवहारों की उत्पत्ति हो जाती है कि व्यक्ति में कुण्ठा, अवरूद्धता (being blocked), ग्लानि बढ़ जाती है तथा लक्ष्य पाने या समस्या-समाधान के लिए अभिप्रेरणा और दृढ़निश्चयात्मकता में कमी आ जाती है।

परिवर्तन सम्बन्धी लक्ष्य
(Change Related Goals)

दक्ष-सहयोगी प्रारूप व्यक्ति/क्लायंट की समस्या का मूल कारण यथार्थपूर्ण लक्ष्यों और कार्ययोजनाओं के निर्धारण एवं क्रियान्वयन के लिए व्यक्ति में क्षमता एवं अनुभव की कमी को मानता है, इसलिए यह उपागम व्यक्ति ओर दक्षसहायक के मध्य सहयोग के एक ऐसे प्रारूप का उपयोग करता है जिससे व्यकित को निर्णय लेने और तद्नुरूप कार्य करने में सहायता प्राप्त हो।

परामर्शन/मनोपचार के इस उपागम का लक्ष्य व्यक्ति के वर्तमान परिदृश्य, वरीय परिदृश्य एवं कार्यवाही के क्षेत्रों में परिवर्तन लाना होता है।

प्रथम लक्ष्य, वर्तमान परिदृश्य (present scenario) का अन्वेषण (exploration) करके उसमें स्पष्टता (clarity) स्थापित करना होता है। क्लायंट का वर्तमान परिदृश्य अस्पष्ट होता है, उसमें अन्ध-क्षेत्र (blind spots) होते हैं। व्यक्ति (i) अपनी समस्या कथा/वृतांत की प्रस्तुत करके; (ii) अन्ध क्षेत्रों की पहचान करके; एवं (iii) ऐसे बिन्दुओं पर केन्द्रीभूत करके जहाँ कि प्रयास करके परिवर्तन लाया जा सकता है; अपने वर्तमान परिदृश्य का अन्वेषण एवं स्पष्टीकरण प्राप्त करता है। इस प्रकार व्यक्ति/क्लायंट को परिवर्तन के लिए आवश्यकता का अनुभव होता है। इस अवस्था को 'परिवर्तन के लिए इच्छा का अन्वेषण' (exploring the wish for change) के रूप में देखा जा सकता है।

द्वितीय लक्ष्य, वरीय परिदृश्य (preferred scenario) का विकास करना अर्थात 'परिवर्तन की इच्छा को परिभाषित करना' (defining the wish for change) होता है। क्लायंट अच्छे भविष्य के रूप की कल्पना करता है। क्लायंट को यह समझ में आता है कि वह क्या क्या—चाहता है, तथा व्यक्ति की इच्छाओं, आवश्यकताओं और मूल्यों के वरीय परिवर्तनों का अनुक्रम क्या होगा। उस प्रक्रिया में क्लायंट के अन्दर आशा का संचार होता है तथा वह अपनी इच्छाशक्ति एवं प्रतिज्ञा (कमिटमेंट) की परीक्षा करता है।

तृतीय अवस्था, 'वहाँ पहुँचना' (getting there) या कार्यवाही (action) को परिवर्तन की इच्छा के कार्यरूप में रूपान्तरण (translating the wish for change) के रूप में देखा जाता है। क्लायंट जिसके पास कार्य योजना का अभाव था, अब मस्तिष्क झकझोरने की प्रक्रिया द्वारा एक निश्चित कार्य योजना के क्रियान्वयन पहुँचता है।

ईगन का कथन है कि मात्र परिवर्तन के विषय में बात करना पर्याप्त नहीं होता है। सहायक की यह जिम्मेदारी होती है कि वह देखे कि अंततः परिवर्तन का तत्त्व सहायता की पूरी प्रक्रिया में फैला रहे।

प्रयुक्त दक्षता एवं संक्रियाएँ
(Skills and Operations Applied)

क्लायंट में परिवर्तन उत्पन्न हो उसके लिए सहायक में कुछ विशेषताएँ होनी आवश्यक है जैसे—निष्ठा (genuineness), सम्मान (respect), एवं परानुभूति (empathy) कान्नर (Connor, 2000) ने प्रभावशाली कार्यकारी सम्बन्ध के विकास की आवश्यकता, जिसमें सहयोग एवं चुनौती (support and challenge) की उपयुक्त मात्रा हो, को महत्त्वपूर्ण बताया है। सहायता एवं परिवर्तन की तीनों अवस्थाओं में सम्बन्धों की जीवन्तता (immediacy) आवश्यक बतायी गयी हैं।

प्रथम अवस्था में क्लायंट अपना वृतांत (story) प्रस्तुत कर सके उसके लिए उसे सहयोग की आवश्यकता होती है। ध्यान देना, सुनना, सार संक्षेप करते रहना, अनुभूतियों का प्रत्यावर्तन, छानबीन और स्पष्टीकरण की माँग जैसी दक्षताओं की आवश्यकता होती है। अन्ध-क्षेत्रों की पहचान के लिए परानुभूतिपूर्ण चुनौती (empathic challenge) की आवश्यकता होती है। परानुभूतिपूर्ण चुनौती द्वारा ही समस्या की उपयुक्त व्याख्या या संसाधानों एवं अवसरों के अनुपयोग या अल्प-उपयोग की दशा जैसे क्लायंट के अन्ध-क्षेत्रों की पहचान सम्भव हो पाती है। प्रथम अवस्था के लिए परामर्शदाता (सहायक) की आवश्यक दक्षताओं में विषयों पर केन्द्रण (focusing), प्राथमिकताओं के निर्धारण (prioritization) एवं उत्तोलन का अन्वेषण (searching for the leverage) की दक्षता की गणना की जाती है।

वरीय परिदृश्य की रूपरेखा विकसित करने के लिए सृजन एवं कल्पना की क्षमता होनी चाहिए। सहायक अनेक प्रकार से क्लायंट के पार्श्वचिंतन को प्रोत्साहित कर सकता है। इसके लिए ड्राईंग, निबन्ध, चित्रांकन (visualization) या मस्तिष्क झकझोरने (brainstorming) की क्रियाओं को प्रयुक्त किया जा सकता है। इन सबके पीछे यह प्रयास निहित होता है कि किसी प्रकार क्लायंट के लिए सम्भावनाओं का द्वार खुले, वह अकल्पनीय के विषय में कल्पना करने लगें और वास्तविक सम्भावनाओं का अनुकरण होने लगे। सहायक के अन्दर यह दक्षता होनी चाहिए कि वह क्लायंट की महत्त्वपूर्ण इच्छाओं को प्रोत्साहित करे तथा बाधित करने वाले कर्त्तव्यों (oughts) को दूर करें।

इस मॉडल के द्वितीय चरण की पूर्ति हेतु लक्ष्य निर्धारण एवं लक्ष्य के प्रति समर्पण के परीक्षण की दक्षता उपयोगी होती है। इस दृष्टि से SMART (Specific, Measurable, Achievable, Realistic Goal stated within a Time frame) को अच्छी रणनीति माना जाता है। लाभ-हानि मूल्यांकन (cost-benefit-analysis) विधि द्वारा उपयुक्त लक्ष्यों का निर्धारण किया जाता है।

तृतीय अवस्था के लक्ष्य को प्राप्त कर सकने में सहायक सिद्ध हो पाने के लिए परामर्शदाता/दक्ष सहायक में क्लायंट के मस्तिषक को झकझोर कर उसके लिए सर्वोपयुक्त कार्यनीति/योजना का चयन कर पाने की दक्षता होनी चाहिए। इस अवस्था में शक्ति-क्षेत्र विश्लेषण (force-field analysis) जैसी विधियों का उपयोग किया जाता है। इस प्रकार के विश्लेषण द्वारा यह निर्धारित करके कि लक्ष्य प्राप्ति में कौन कारक सकारात्मक सहायक (positive helping force) या नकारात्मक/बाधक (negative/hindering force) है, सकारात्मक घटकों का मजबूत करने और नकारात्मक तत्त्वों को क्षीण करने का उपाय किया जा सकता है। चुनौतियों की पूर्व जानकारी से व्यक्ति को पूर्व-तैयारी का अवसर प्राप्त होता है। अतः परामर्शदाता चुनौतीपूर्ण मार्ग के विश्लेषण (critical path analysis) जैसी विधियों का उपयोग करता है।

परामर्शदाता के लिए मूल्यांकन दक्षता की पूरी प्रक्रिया में आवश्यकता होती है। परामर्शदाता में सदैव स्वतः स्फूर्त शैली में क्लायंट के साथ होने की दक्षता होनी चाहिए। उसमें यह क्षमता होनी चाहिए कि सहायता प्रारूप का लचीलेपन के साथ उपयोग किया जा सके। मूल्यांकन की क्षमता सर्वाधिक आवश्यक दक्षता होती है जिसके आधार पर वह क्लायंट में हो रहे परिवर्तन/प्रगति का मूल्यांकन एवं अनुश्रवण (मॉनीटरिंग) करता है। इन दक्षताओं के साथ परामर्शदाता इस मॉडल का बुद्धिमत्ता एवं निष्ठापूर्वक उपयोग करता है, यंत्रवत ढंग से नहीं।

शोध साक्ष्य
(Research Evidence)

व्यापक रूप में प्रयुक्त होने के पश्चात भी इस प्रारूप के क्षेत्र में शोध कार्यों का अभाव है। रेड्डी (1987) ने समस्या प्रबंधन की अवस्थाओं की रूप रेखा में इस मॉडल को कार्य क्षेत्र (work setting) में परामर्शन हेतु उपयुक्त पाया। कान्नर्स (2000) के अनुसार अनेक शोध कार्य जो प्रशिक्षुओं (trainees) द्वारा सम्पन्न किये गये हैं, अभी अप्रकाशित है। इन परिणामों के मूल्यांकन की आवश्यकता है।

IV. पार-सैद्धान्तिक उपागम
(Trans–Theretical Approach)

प्रोशास्का एवं डिक्लीमेंट (Prochaska and Diclemente) पार-सैद्धान्तिक उपागम को विकसित करने के लिए 1970 एवं 1980 के दशकों में अमेरिका में सामान्यतः अनुभूत उस बेचैनी को महत्त्वपूर्ण कारण मानते है जिसके अन्तर्गत प्रचलित मनोपचार प्रणालियों को सकुचित एवं अनम्य बताया गया। प्रायः सभी उपागम अपनी प्रणाली को उपयुक्त बताते हुए एक सैद्धान्तिक ढाँचा भी विकसित कर लेते हैं। प्रोशास्का ने 1977 में विविध उपागमों के सामान्य तत्त्वों का सर्वेक्षण आरम्भ किया और 1984 में इस निष्कर्ष पर पहुँचे कि सभी उपागमों में परिवर्तन के लिए मूलतः दस पृथक प्रक्रियाओं का क्लायंट में परिवर्तन के लिए उपयोग करते हैं। बाद मे प्रोशास्का और डिक्लीमेंट (1986, 1992) ने इस आधार का विस्तार, विकास एवं शोधकार्य सम्पन्न करके पार-सैद्धान्तिक उपागम प्रस्तुत किया। यह उपागम क्लायंट में परिवर्तन के लिए व्यावहारिकता पर बल देता है।

मूलभूत अभिग्रह
(Basic Assumptions)

लोगों के जीवन मे समस्याओं के समुत्पन्न होने पर किसी बाहरी सहायता के बिना भी सीखने और समाधान करने की सामर्थ्य होती है।

यह प्रारूप न्यूनतम से आरम्भ करके अधिकतम हस्तक्षेप शैली तक फैली हुई बाह्य सहायता की सभी दशाओं के लिए समान रूप से उपयोगी है।

इस प्रारूप द्वारा विविध मनोपचार प्रणालियों के समन्वयन में सहायता मिलेगी।

यह प्रारूप क्लायंट द्वारा प्रस्तुत सभी प्रकार की समस्याओं को समझने और परिवर्तन की प्रक्रिया की समझने (उसकी सफलता और विफलता के कारण सहित) में सहायक होगा।

यह प्रारूप समस्या की जानकारी होने से आरम्भ करके समस्या का उपयुक्त समाधान कर पाने तक (आद्योपांत) उपयोगी सिद्ध होगा।

समस्या की व्याख्या
(Explanation of Problem)

पार सैद्धान्तिक उपागम परिवर्तन की जटिलताओं पर समग्र रूप में विचार करता है, इसलिए समस्याओं की उत्पति एवं अनुरक्षण की पृथक व्याख्या पर ध्यान नहीं दिया गया है।

परिवर्तन
(Change)

यह उपागम परिवर्तन की प्रक्रिया को मनोपचारी ढंग से, प्रकट हुई समस्याओं के विविध स्तरों के साथ समन्वित करता है। इसमें परिवर्तन की (i) प्रक्रियाओं (processes), (ii) अवस्थाओं (stages) और (iii) स्तरों (levels) का वर्णन किया गया है।

परिवर्तन की दस **प्रक्रियाओं** (processes) का वर्णन किया गया है :—

(1) चेतनशीलता का उत्थान—अपने एवं समस्याओं के बारे में सूचना विस्तार,

(2) आत्म-मुक्ति—चयन, परिवर्तन के लिऐ विश्वास और समर्पण,

(3) सामाजिक-मुक्ति—समाज में व्यवहार के लिए विकल्पों का बोध एवं विकल्प-बुद्धि,

(4) प्रति अनुबंधन—समस्या व्यवहार के विकल्प प्रस्तुत करना,

(5) उद्दीपक-नियंत्रण—समस्या व्यवहार बढ़ाने वाले उद्दीपकों का परिहार एवं प्रतिरोध,

(6) आत्म-पुनर्मूल्यांकन—समस्या के संदर्भ में अपने विचार और अनुभूति का पुनर्मूल्यांकन,

(7) परिवेशीय पुनर्मूल्यांकन—भौतिक परिवेश पर अपनी समस्या के प्रभाव का मूल्यांकन,

(8) पुनर्बलन प्रबंधन—परिवर्तन के लिए स्वयं को पुरस्कृत करना या पुरस्कार पाना,

(9) नाटकीय अभिव्यक्ति—समस्या और समाधान सम्बन्धी अनुभूतियों का अनुभव करना/अभिव्यक्त करना,

(10) सहायता सम्बन्ध—सहायता करने वालों के प्रति खुलापन रखना एवं विश्वास करना।

परिवर्तन की चार **अवस्थाओं** (stages) का वर्णन किया गया हैः—

(1) विचार पूर्व अवस्था (Pre-contemplation stage)—समस्या का बोध नहीं,

(2) विचार अवस्था (Contemplation stage)—समस्या का बोध होना,

(3) कार्य अवस्था (Action stage)—परिवर्तन के लिए निश्चयन, परिवर्तन के लिए कार्य करना,

(4) अनुरक्षण अवस्था (Maintenance stage)—परिवर्तन को सबल करना तथा नयी दक्षताओं का विकास,

परिवर्तन के लिए पाँच **स्तरों** (levels) का भी वर्णन किया गया हैः—

(1) लक्षण/पारिस्थितिक (Symptom/situational)—समस्याओं की प्रस्तुत विशेषताएँ,

(2) कुसमायोजनात्मक संज्ञान (Maladaptive cognitions)—अनुपयुक्त विचार एवं विश्वास,

(3) वर्तमान अन्तर्वैयक्तिक द्वन्द्व (Current interpersonal conflicts)—सम्बन्ध समस्याएँ,

(4) परिवार/व्यवस्था द्वन्द्व (Family/system conflicts)—तात्कालिक व्यवस्था की समस्याएँ,

(5) आन्तरिक द्वन्द्व (Intrapersonal conflicts)—स्व के अन्दर की समस्याएँ।

प्रायः प्रथम स्तर की समस्या के लिए व्यावहारिक हस्तक्षेप, कुसमायोजनात्मक संज्ञान परिवर्तन के लिए संज्ञानात्मक प्रविधियाँ, तीसरे और चौथे (अन्तर्वैयक्तिक/पारिवारिक द्वन्द्वों) स्तर के लिए व्यवस्थागत हस्तक्षेप तथा व्यक्ति के स्व के अन्दर की समस्याओं के लिए मनोचिकित्सा की नीति अपनायी जाती है।

विभिन्न अवस्थाओं में से पूर्व-विचार अवस्था के लिए संज्ञानात्मक संगति विकसित करने वाली प्रविधियाँ एवं विचार अवस्था के लिए शिक्षा, सेल्फ मॉनिटरिंग, अन्वेषण, तादात्मीकरण की विधियाँ प्रयुक्त की जाती है। कार्य अवस्था के लिए संज्ञानात्मक व्यवहारात्मक हस्तक्षेप विधियाँ प्रयुक्त करके आत्म-प्रभाव का संवर्धन किया जाता है। अनुरक्षण अवस्था के लिए वैकल्पिक पुनर्बलन प्रणाली, नयी जीवन शैली, प्रति-अनुबधन,

उद्दीपक नियंत्रण और आन्तरिक द्वन्द्वों के समाधान की प्रविधियों/विधियों को प्रयुक्त किया जाता है।

कतिपय प्रश्न : जिनका उत्तर परामर्शन वृत्ति के क्षेत्र में समन्वयवादी परामर्शदाता को प्राप्त करना चाहिए

समन्वयन के विषय में सैद्धान्तिक, दार्शनिक आधारों का विवरण अध्याय के आरम्भ में प्रस्तुत किया गया। चार उपागम, जिनमें समन्वयन की क्रिया सम्पन्न की गयी है, का वर्णन किया जा चुका है। परामर्शन के क्षेत्र को अनेक मनोवैज्ञानिकों ने अपनी वृत्ति (प्रैक्टिस) का क्षेत्र बना लिया है तथा उनमें से अनेक समन्वयवादी उपागम को अपनाना चाहते हैं। होलेंडर्स (2003) ऐसे परामर्शदाताओ के लिए कतिपय प्रश्नों का उत्तर प्राप्त कर लेना आवश्यक मानते हैं।

परामर्शदाताओं को यह विचार कर लेना होगा कि 'वे समन्वयन को किस रूप में देखते हैं?' कुछ परामर्शदाता समन्वयन को एक प्रक्रिया के रूप में देखते हुए एक ऐसे उपागम की रचना/अन्वेषण या सृजन के लिए सक्रिय हो सकते है जो 'परम उपागम' (the approach) का रूप ग्रहण कर सके। दूसरी श्रेणी के समन्वयवादी पूर्व विकसित उपागमों (जैसा कि इस अध्याय में वर्णित हैं) में से किसी एक को अपना (adopt) कर उसका यथावत अनुसरण/उपयोग कर सकते हैं। अन्य परामर्शदाता न तो उपागम का सृजन करते हैं और न किसी समन्वयवादी उपागम का अनुसरण करते हैं। वे तो इसे सतत चलने वाली प्रक्रिया (an on-going process) मानते है और मनोपचार/परामर्शन के समृद्ध क्षेत्र तथा उसके बाहर भी क्लायंट के हित के लिए उपायों/पद्धतियों का अन्वेषण करते रहते हैं। किसी परामर्शदाता को यह सुनिश्चित करना होगा कि वह समन्वयन को किस रूप में ग्रहण करेगा।

परामर्शदाताओं के लिए विचारणीय दूसरा प्रश्न समन्वयन के केन्द्रक (locus) से सम्बन्धित है। समन्वयन परामर्शन उपागम में हो सकता है (बाह्य केन्द्रक-external locus of integration) या परामर्शदाता द्वारा परामर्शी के साथ परामर्शन सम्बन्ध की प्रक्रिया में सम्मिलित होने की अवधि में विकसित (आन्तरिक केन्द्रक-internal locus integration) होता है।

परामर्शन के अनेक उपागम हैं। कहीं कोई निरपेक्ष सत्य (absolute truth) नहीं होता है किन्तु सभी उपागमों की स्वयं में वैधता हो सकती है। परामर्शन/मनोपचार का उद्देश्य क्लायंट के वृत्तांत/कथा को अधिसंख्य पूर्वनिर्मित परिप्रेक्ष्यों में इस प्रकार देखना होता है कि सत्य का सृजनात्मक पुनर्निमाण हो। एक समन्वयवादी परामर्शन वृत्ति वाला समन्वयवादी परामर्शदाता इस प्रश्न के उत्तर का अन्वेषण करता है कि विभिन्न निर्मितियों को संगतिपूर्णता के साथ बचाये रखकर कैसे क्लायंट को सर्वोत्तम सहायता दी जा सकती है।

परामर्शदाताओं को यह भी तय करना होगा कि क्या समन्वयवादी के रूप में उनकी पहचान किसी वृत्तियात्मक संगठन के अस्तित्व के बिना सम्भव है। मनोविश्लेषणवादियों, व्यवहारवादियों, संज्ञानवादियों एवं मानवतावादियों की भाँति उनकी पहचान और वैधता एवं स्वीकार्यत्ता स्थापित करने में पृथक संगठन की भूमिका महत्त्वपूर्ण होगी।

अन्य उपागमों को वृत्ति के रूप में अपनाने पर योग्य वृत्ति, प्रशिक्षण एवं पर्यवेक्षण के प्रश्न अधिक सरलतापूर्वक हल किये जा सकते हैं क्योंकि परामर्शदाता किसी एक विशिष्ट वृत्ति का अनुसरण कर रहा होता है किन्तु समन्वयवादी उपागम को वृत्ति में

सम्मिलित करने पर योग्य वृत्ति (good practice), प्रशिक्षण (training) और पर्यवेक्षण (supervision) के प्रश्नों का उत्तर जटिल है। इन प्रश्नों का संक्षिप्त उत्तर कठिन है। इन प्रश्नों के उत्तर हेतु विश्व व्याख्याओं (e.g. Carrol & Tholstrup, 2001) की आवश्यकता होगी।

समन्वयन एवं परामर्शन वृत्ति : सामान्य कारक उपागम *(Integration and Counselling Practice : The Common Factors Approach)*

कतिपय अध्ययनों में मुख्याधारा की मनोपचार प्रणालियों की तुलना की गयी (Lubrosky et. al., 1975; Smith et. al., 1980; Stiles et. al., 1986) जिससे यह निष्कर्ष प्राप्त हुआ कि उन उपागमों की प्रभावोत्पादकता समतुल्य है। इससे इन उपागमों की अन्तर्निहित समानता प्रकट होती है। करासू (Karasu, 1986) ने तीन सामान्य कारकों भावात्मक अनुभव, संज्ञानात्मक दक्षता और व्यवहारात्मक पुनर्रूपण को रेखांकित किया है। नॉरक्रॉस एवं ग्रीनकेवेज (1989) ने 'सामान्य कारक उपागम' को वृत्ति में सम्मिलित करने वाले परामर्शदाताओं के 50 प्रकाशनों की समीक्षा के आधार पर क्लायंट की विशेषताएँ, उपचारक की विशेषताएँ, परिवर्तन प्रक्रिया, उपचार संरचना एवं सम्बन्ध को महत्त्वपूर्ण पाया।

सामान्य कारकों को समन्वयन के आधार के रूप में अपनाया जाना शोध का मार्ग प्रशस्त करता हैं। शोध कार्य को परामर्शन के सम्पूर्ण क्षेत्र के लिए एवं विशेषतः इस क्षेत्र के लिए महत्त्वपूर्ण माना गया है (होलैंडर्स, 2000) क्योंकि शोध साक्ष्य द्वारा प्रमाणित वैधता के आधार पर ही इस वृत्ति की पहचान अन्य स्थापित वृत्तियों के समान हो पायेगी। इस सम्बन्ध में परिणाम शोध कार्य (outcome research) की प्रगति को देखा जा सकता है (Barkham, 1992; Lambert, 1992; Gloss et. al., 1993; Gloss et. al., 1990) किन्तु होलैंडर्स इन अध्ययनों को अपर्याप्त मानते हैं। **ग्लास** एवं **अन्य** (1998) ने (i) प्रविधियों को एक-दूसरे के साथ संलग्न करके प्रयुक्त करना; (ii) क्लायंट की विशेषताओं के अनुरूप मनोपचार की प्रणाली को प्रदिष्ट (prescribe) करना; (iii) मनोपचार उपागमों के सामान्य एवं विशिष्ट तत्त्वों की पहचान करना; (iv) विशिष्ट समस्याओं के लिए विशिष्ट उपचार निर्धारित करना; एवं (v) उपचारात्मक परिवर्तन के समन्वयवादी मॉडल से मनोपचार के विकास को भविष्य शोध कार्यों के लिए महत्त्वपूर्ण समस्याएँ बताया है।

इक्कीसवीं शताब्दी में समन्वयवादी परामर्शन उपागम के क्षेत्र में **होलैंडर्स** (2003) चार दिशाओं में प्रगति की सम्भावना व्यक्त करते हैं—(i) एक ऐसे सिद्धान्त का विकास जिसमें परामर्शन की सार्वभौम परिभाषा/सिद्धान्त (an all-embracing theory) प्रस्तुत हो सकेगा; (ii) अनेक नये समन्वयवादी मॉडलों का विकास हो सकता है; (iii) समायोजनात्मक एवं समावेशी समन्वयन (accomodative and assimilative integration) के विकास का क्रम जारी रहेगा; तथा (iv) समन्वयन के क्षेत्र में कुछ परामर्शदाताओं की दशा राजनयिक (statesperson) जैसी हो सकती है जो परामर्शन के क्षेत्र में सक्रिय विभिन्न घटकों को आपस में जोड़ने में सहायक होंगें।

❑

अध्याय 15

परामर्शन के विशिष्ट उपागम/आयाम

(SPECIAL APPROACHES/DIMENSIONS OF COUNSELLING)

पिछले चार अध्यायों में परामर्शन के सत्रह उपागमों का वर्णन करने हेतु चार समूह वर्गों—मनोगत्यात्मक, संज्ञानात्मक-व्यवहारात्मक, मानवतावादी-अस्तित्त्ववादी एवं विविध दर्शन ग्राही-समन्वयवादी का उपयोग किया गया है। किसी उपागम के एक श्रेणी के अन्तर्गत वर्गीकृत होने का आधार उसकी उस श्रेणी में वर्गीकृत अन्य उपागमों के साथ सैद्धान्तिक अथवा प्रक्रियात्मक समानता है। कुछ अन्य उपागम, जिनमें से अनेक को परामर्शन क्षेत्र के विशेषज्ञ पृथक उपागम मानते ही नहीं है, जिन्हें विशिष्ट प्रारूप (modes), प्रणाली (system) या रूपतालिका/उदाहरण (paradigm) कहा जाता है, इस श्रेणीयन के अन्तर्गत सम्मिलित नहीं हो पाते है अतः उन्हें एक पृथक अध्याय में रखा जा रहा है। अध्यायों में सम्मिलित उपागमों की उस श्रेणी के उपागमों के साथ कुछ मौलिक समानता एवं अन्य श्रेणियों के उपागमों के साथ कुछ मौलिक भिन्नता होती है किन्तु इस अध्याय में सम्मिलित उपागमों के मध्य किसी भी प्रकार की सैद्धान्तिक अथवा प्रक्रियात्मक समानता नही पायी जाती है। यह कहा जाना उचित होगा कि यहाँ वर्णित प्रारूप/पद्धतियाँ जहाँ मनोगत्यात्मक, संज्ञानात्मक-व्यवहारात्मक, मानवतावादी-अस्तित्त्ववादी एवं समन्वयवादी उपागमों से सैद्धान्तिक एवं प्रक्रियात्मक समानता नहीं है वहीं इन पद्धतियों में किसी भी प्रकार की आपसी समानता नहीं है। मात्र सुविधा के लिए इन 'अन्य' उपागमों/आयामों/प्रारूपों को एक साथ एक अध्याय में संयोजित कर दिया गया है।

इस अध्याय में 'समूह उपागम' का वर्णन किया गया है। समूह उपागम किसी पृथक पद्धति या प्रविधि को प्रदिष्ट (precribe) नहीं करती है। पूर्व वर्णित उपागमों में से किसी का यदि एक क्लायंट की अपेक्षा 'क्लायंट समूह' के संदर्भ में उपयोग किया जाता है तो बदली हुई कार्य दशा, जिसका उद्देश्य अंततः व्यक्ति (individual) विशेष रूपी क्लायंट को लाभ पहुँचाना है तो उस कार्य व्यवस्था को ही समूह उपागम कहा जाता है। इस प्रकार समूह उपागम कार्य करने के लिए व्यक्ति बनाम समूह कार्य दशा (individual vs group work condition) रूपी आयाम पर समूह अवस्था का विभिन्न सैद्धान्तिक एवं नीतिगत आधारों पर उपयोग करता है।

निर्देशात्मक पद्धति एक अन्य आयाम निर्देशात्मक अनिर्देशात्मक (directive non-directive) की दृष्टि से एक छोर पर अवस्थित है जिसके दूसरे छोर पर व्यक्ति-केन्द्रित उपागम को रखा जाता है। यहाँ यह रेखांकित करना अति आवश्यक है कि आधुनिक परामर्शन मनोविज्ञान में निर्देशात्मक पद्धति की उपयोगिता नकार दी गयी है किन्तु जिस रूप में यह पद्धति बीसवीं शताब्दी में मध्य दशकों में प्रयुक्त होती थी उसका परिचय विद्यार्थियों के लिए उपयोगी होगा। इस वर्णन की उपयोगिता इसलिए और भी है कि प्रायः

सभी उपागमों में निर्देशात्मक-अनिर्देशात्मक आयाम को विविध रूपों/मात्राओं में देखा जा सकता है।

नारीवादी उपागम पुनः एक पृथक आयाम/परिप्रेक्ष्य को प्रस्तुत करता है। नारी जीवन के लिए वाह्य एवं आन्तरिक, वस्तुनिष्ठ एवं व्यक्तिनिष्ठ दोनों ही प्रकार का संसार पुरुष वर्ग से भिन्न है। इस अन्तर के परिप्रेक्ष्य में ही नारी वर्ग के क्लायंट की समस्या का मूल्यांकन एवं विश्लेषण तथा समस्या निवारण के लिए कार्ययोजना का विकास किया जाना चाहिए। इसलिए इस परिप्रेक्ष्य का परिचय परामर्शन मनोविज्ञान के विद्यार्थियों एवं इस वृत्ति से जुड़े मनोवैज्ञानिक के लिए अपरिहार्य है।

यहाँ वर्णित चौथा उपागम परिवार एवं सर्वांग उपागम इस तथ्य की ओर ध्यान आकर्षित करता है कि जहाँ समूह उपागम में हम क्लायंट के परामर्शन/मनोपचार हेतु एक कृत्रिम/अल्पकालिक एवं सोद्देश्य समूह की रचना करते हैं वही सभी क्लायंट परिवार, कार्यालय, संगठन जैसे अनेक स्वाभाविक रूप में गठित समूहों के सदस्य होते हैं। क्लायंट की समस्याओ की व्याख्या अथवा समस्या समाधान के उपायों को उस समूह से अलग करके नहीं समझा जा सकता है। व्यक्ति और वह समूह (अपनी समस्त विशेषताओं सहित) एक सर्वांग (organismic whole) की रचना करते हैं। सर्वांग से पृथक करके प्रस्तुत की गयी व्याख्या और प्रयत्न अधूरे रह जायेंगे।

पाँचवाँ वर्णित प्रारूप व्यक्ति क्लायंट के अनुभव के पृथक आयाम, जो सामान्य से उत्कृष्ट कोटि का माना जाता है, का उपयोग करता है।

इस प्रकार वर्णन के लिए चयनित प्रारूप विविध आयामों, परिप्रेक्ष्यों का प्रतिनिधित्व करते हैं। इस अध्याय में वर्णित प्रारूप मुख्यधारा के अन्य उपागमों की तुलना में सैद्धान्तिक परिप्रेक्ष्य या प्रक्रियात्मक विकास की दृष्टि से भिन्न हैं अतः इनका वर्णन पिछले अध्यायों के वर्णनात्मक ढाँचे के अनुरूप (मूलभूत अभिग्रह, समस्या की व्याख्या, परिवर्तन सम्बन्धी लक्ष्य, प्रयुक्त संक्रियाएँ) नहीं है।

I. परामर्शन में समूह कार्य/उपागम
(Group Work/Approach in Counselling)

परामर्शन/मनोपचार का उद्देश्य व्यक्ति विशेष की सहायता करना होता है। इस उद्देश्य के लिए मुख्यतः वैयक्तिक कार्य दशा, जिसमे एक परामर्शदाता एक क्लायंट के साथ समालाप करता है, के रूप में पहचाना जाता है। मनोपचार प्रणालियों का मौलिक विकास वैयक्तिक कार्य दशा (Individual work condition) के रूप में हुआ था, किन्तु मनोपचारी समूहों के गठन का इतिहास भी लगभग उतना ही पुराना है। 1905 में जोसेफ प्रेटट ने बोस्टन में मनोरोगियों का समूह गठित किया। उसी समय मोरेनो ने भूमिका निर्वहन (role-playing) या मनोनाटक (psychodrama) पद्धति का वियना में उपयोग किया तथा कालान्तर में सोशियोड्रामा (Sociodrama) पद्धति का विकास किया।

फ्रायड ने 1921 में एक संक्षिप्त पुस्तिका “Group Psychology and the Analysis of the Ego” प्रकाशित किया। जिसमें फ्रेंच मनोवैज्ञानिक ली बॉन (LeBon) का प्रभाव प्रकट होता है। फ्रायड के विचारों के प्रभाव स्वरूप समूह मनोपचार में ‘समूह-गत्यात्मक उपागम’ का विकास हुआ। समूह कार्य/उपागम के विकास में कुर्ट लेविन के क्षेत्र सिद्धान्त एवं मानवतावादी अस्तित्ववादी सिद्धान्तों की भूमिका भी देखी जा सकती है (Keith

Tudor, 2000) किन्तु मनोवैज्ञानिकों के वैचारिक विकास से पृथक द्वितीय विश्वयुद्ध जैसी घटना का अपना अलग प्रभाव पड़ा।

द्वितीय विश्वयुद्ध के समय मनोपचार की माँग व्यापक रूप में बढ़ गयी तथा उपलब्ध प्रशिक्षित मानव संसाधन (परामर्शदाता) अपर्याप्त सिद्ध होने लगा। बढ़ते हुए कार्य दबाव के कारण मनोपचारकों ने अपनी कार्यशैली को परिमार्जित करना आरम्भ किया। प्रयुक्त होने वाली प्रविधियों को अनेक क्लायंटस/परामर्शियों के साथ एक ही समय पर प्रयुक्त किया जाने लगा। इस प्रकार परामर्शियों के एक समूह के साथ कार्य करते हुए परामर्शदाता क्लायंट की समस्याओं का उपचार करने लगा। यह कार्य दशा बचतपूर्ण प्रतीत हुई। कालान्तर में यह अनुभव हुआ कि समूह की दशा में कार्य करके व्यक्ति को अधिक/श्रेष्ठ लाभ पहुँचाया जा सकता है; इस प्रकार सम्पन्न हुए परामर्शन से व्यक्ति को प्राप्त होने वाला लाभ अधिक स्थायी पाया गया। यह स्पष्ट हाने लगा कि समूह की दशा में सृजित परामर्शन परिवेश वास्तविक जीवन की दशा के समीप होने के कारण अधिक उपयोगी होता है। परामर्शन/मनोपचार की इस शैली को समूह परामर्शन (group counselling) या समूह उपागम (group approach) कहा गया लेकिन यह बात निर्विवाद रूप से स्पष्ट थी कि समूह परामर्शन या समूह उपागम समूह की अपेक्षा व्यक्ति की आवश्यकताओं को ही सम्बोधित/फोकस करता है। केवल कार्य की दशा वैयक्तिक के स्थान पर सामूहिक होती है। समूह उपागम में ही नहीं, सामुदायिक उपागम (community approach) में भी वास्तविक लाभार्थी या समग्र चेष्टा के केन्द्र में व्यक्ति ही होता है। किसी प्रकार संशय उत्पन्न न हो, इस दृष्टि से परामर्शन में समूह कार्य (group work in counselling) को शीर्षक के रूप में स्थापित किया गया है। कार्य की दशा सामूहिक है, कार्य (परामर्शन) सदैव वैयक्तिक ही होता है।

परामर्शन में समूह कार्य दशा अपनाते समय वैयक्तिक कार्य दशा में प्रयुक्त होने वाले उपागमों की प्रायः सभी प्रविधियों को इस प्रकार प्रयुक्त किया जा सकता है कि उस प्रविधि की अन्य निजी विशेषताओं के साथ समूह की गत्यात्मकता जैसी विशेषता भी संयुक्त हो जाये तथा परामर्शी वांछित लक्ष्य की दिशा में सरलतापूर्वक अग्रसर हो सके। रॉथ एवं फोने (Roth & Fonagy, 1996) का अवलोकन है कि समूह कार्य की दशा में परामर्शदाता विभिन्न उन्मुखता वाले सिद्धान्तों से अपनी विधियों को विविधतापूर्ण ढंग ग्रहण करते हैं।

विगत अनेक दशकों में समूह कार्य की दशा का उपयोग परामर्शन के विकासात्मक लक्ष्यों की प्राप्ति हेतु अधिकाधिक हुआ है। उपचारात्मक लक्ष्यों के अतिरिक्त विकासात्मक एवं परिहारात्मक लक्ष्यों के लिए समूह कार्य दशा ही विशद स्तर पर प्रयुक्त होने योग्य है। समूह कार्य उपागम ने उपचारात्मक एवं विकासात्मक उद्देश्यों के मध्य के अन्तराल को घटा दिया है।

समूह कार्य के सैद्धान्तिक सम्प्रत्यय *(Theoretical Concepts of Group Work)*

कीथ टूडर (Keith Tudor, 2000) ने समूह कार्य के चार सैद्धान्तिक संप्रत्ययों का वर्णन किया है : समूह विकास, समूह का व्यक्तिनिष्ठ बिम्ब, समूह कार्य के उपचारात्मक कारक एवं परामर्शदाता की भूमिका।

समूह विकास *(Group development)*—मनोपचारक एवं परामर्शदाता यह स्वीकार

करते हैं कि समूह का समूह के रूप में अपना स्वयं का जीवन होता है जिसे विकासात्मक शब्दावली में व्यक्त किया जा सकता है। इस प्रकार समूह की रचना/गठन/उत्पत्ति होगी और अन्ततः समूह पुनः विघटित हो जायेगा। प्रायः सभी मनोपचारी उपागम इस तथ्य को स्वीकार करते हैं। टुकमैन (Tuckman) ने समूह विकास की छः अवस्थाओं का वर्णन किया है—पूर्वगठन (pretorming), गठन (torming), उर्जस्व ढंग से कार्य करना (storming), कार्य के प्रतिमान स्थापित करना (norming), निष्पादन (performing) एवं स्थगन (adjourning)।

समूह का व्यक्तिनिष्ठ बिम्ब *(Subjective image of the group)*—समूह विकास का संप्रत्यय समूह के प्रति वस्तुनिष्ठ दृष्टिकोण है और बिम्ब उसका व्यक्तिनिष्ठ दृष्टिकोण है जो समूह के समूह के सदस्यों के अन्तर्मन में पाया जाता है। बर्न (Berne, 1966) का ऐसा मानना है कि समूह के सभी सदस्य आपस के गत्यात्मक सम्बन्धों के विषय में एवं मनोपचार के बारे में एक प्रकार का मानसिक बिम्ब (mental image) निर्मित करते हैं। जो कि प्रत्येक सदस्य के लिए विलक्षण (idiosyncratic) होता है।

समूह कार्य के उपचारात्मक कारक *(Therapeutic factors of group work)*—यॉलोम् (Yalom, 1970) ने शोध कार्यों के आधार पर अपने प्रारंभिक प्रकाशन, 'The Theory and Practice of Group Psycho Therapy' जिसका 1995 में चौथा संस्करण प्रकाशित हुआ है, में समूह के उपचारी तत्त्वों (curative/therapeutic factors) के रूप में अनेक तत्त्वों का वर्णन किया है : आशा का उद्भव एवं अनुरक्षण, इस भावना का विकास कि व्यक्ति अकेला नहीं है, सूचना प्रदान करना, परार्थवाद का विकास, पारिवारिक समूह का संक्षिप्त एवं सुधरी हुई दशा में पुनर्गठन, समाजीकरण का विकास, अन्तर्वैयक्तिक अधिगम समूह, संगति, भावनात्मक अभिव्यक्ति एवं अस्तित्ववादी कारक।

परामर्शदाता की भूमिका *(Role of Counselor)*

परामर्शदाता जिसे समूह का नेता, संचालक या उसके कार्य को सहज बनाने वाला (leader, conductor or facilitator) कहा जाता है समूह का गठन करने के अतिरिक्त समूह में, समूह के माध्यम से, समूह के साथ (working in, through and with group) कार्य करता है।

परामर्शन कार्य के लिए समूह दशा को प्रयुक्त करते समय अनेक बिन्दु विचारणीय हैं:—

(i) समूह परामर्शन क्यों?

(ii) समूह गठन/रचना का आधार क्या होगा?

(iii) समूह कार्य का प्रारूप, हस्तक्षेप का स्तर कैसा होगा?

(iv) समूह में परामर्शन प्रक्रिया के सोपान क्या होंगे?

(v) क्या समूह में परामर्शन कार्य सम्पन्न करने वाले परामर्शदाता की कुछ विशेष दशताएँ एवं भूमिकाएँ होती हैं? उसके लिए किस प्रकार के प्रशिक्षण की आवश्यकता होती है?

(vi) क्या समूह कार्य के कुछ विशिष्ट प्रसंग (theme) होते हैं/हो सकते हैं?

(vii) समूह कार्य उपागम के मूलभूत अभिग्रह एवं विशिष्ट प्रविधियाँ क्या हैं?

समूह परामर्शन : क्यों? *(Group Counselling : Why?)*

प्रस्तुत प्रश्न का एक सरल उत्तर यह दिया जाता है कि बहुसंख्यक लोगों की आवश्यकताओं की पूर्त्ति व्यक्तिगत परामर्शन सम्बन्ध के माध्यम से सम्भव नहीं हो सकती है, अतः संसाधन की कमी को दूर करने हेतु समूह प्रणाली प्रयुक्त की जाती है। यह सत्य है कि समूह की दशा में परामर्शन कार्य सम्पन्न करने से समय, श्रम एवं अन्य संसाधनों पर कम दबाव उत्पन्न होता है किन्तु परामर्शन हेतु समूह कार्य की व्यवस्था का चयन किये जाने के पीछे यह मूल कारण नहीं होता है। यदि परामर्शन में समूह कार्य उपागम अपनाये जाने के पीछे यही मूल कारण होता तो परामर्शन मनोविज्ञान की पुस्तक में इससे सम्बन्धित अध्याय या खण्ड के वर्णन की कोई आवश्यकता नहीं होती। विगत चार-पाँच दशकों की अवधि में व्यक्तित्त्व गत्यात्मकता के क्षेत्र में समूह गत्यात्मकता के महत्त्व को समझा गया है। यह प्रमाणित हुआ है कि सांवेगिक समस्याओं के समाधान एवं व्यक्तिगत विकास के लिए समूह की कतिपय प्रणालीगत विशेषताएँ सहायक होती है। अनेक प्रकार के लक्ष्यों की प्राप्ति समूह दशा में अधिक सरलतापूर्वक हो पाती है। इस प्रकार परामर्शन में समूह कार्य की दशा का उपयोग इसकी गत्यात्मक श्रेष्ठता के कारण किया जाता है, मात्र मितव्ययिता के कारण नहीं। इसी श्रेष्ठता के कारण समूह कार्य प्रणाली का उपयोग सांवेगिक समस्याओं के समाधान हेतु किये जाने के अतिरिक्त व्यक्ति और संगठन को अधिक प्रभावशाली रूप देने हेतु अधिक व्यापक रूप में किया जाता है।

परामर्शन कार्य सम्पन्न करने के लिए गठित समूह व्यक्ति के लिए एक प्रयोगशाला की भाँति है (Maria Gilbert & Diana Shmukler, 2003); इस प्रकार गठित समूह में व्यक्ति नई अनुक्रियाओं का अधिगम कर सकता है तथा उसकी उपयुक्तता का परीक्षण अत्यन्त सुरक्षित परिवेश में कर पाता है जिससे उसके मन में व्याप्त संशय दूर हो सकता है।

समूह में सम्मिलित होने वाले प्रत्येक व्यक्ति के साथ उसकी सामाजिक-सांस्कृतिक-आर्थिक विशेषताएँ भी सम्मिलित होती हैं। सभी परामर्शियों में भिन्नताएँ होती है किन्तु अनेक समानताएँ भी होती हैं। प्रत्येक गठित समूह की इस प्रकार कुछ विशिष्टताएँ विकसित हो जाती हैं किन्तु उनके सदस्यों के मध्य कुछ सामान्य प्रसंग होते हैं। समूह की विशिष्टताओं एवं सामान्यताओं के माध्यम से लोगों की मानसिक संरचना एवं हमारे विश्व का प्रतिनिधित्व होता है और यह विशेषता सदस्यों के मनोपचार एवं प्रभाविता उन्नयन के लिए परामर्शदाता के प्रयासों को और सशक्त करती है। विन्निकॉट (Winnicott, 1971) के अनुसार समूह कार्य दशा व्यक्ति के आन्तरिक संसार एवं बाह्य वास्तविकता के मध्य संक्रमण क्षेत्र (transitional space) उपलब्ध कराती है।

समूह गठन/रचना का आधार क्या होगा? *(What Will be the Bases for Constituting the Group ?)*

समूह का गठन करते समय परामर्शदाता को अनेक प्रकार के निर्णय लेने होते हैं, यथाः समूह का आकार, कार्य स्थल, गठन का आधार, सत्र संख्या, कार्य अवधि आदि। समूह का आकार साधारणतया पाँच या छः सदस्यों तक सीमित रखा जाता है जिससे कि सभी सदस्य अधिक स्वतंत्र और सक्रिय ढंग से सामूहिक वार्ता में भाग ले सकें और परिवेश तनावरहित हो, किन्तु सदस्यों की विशेषताओं एवं आवश्यकताओं/समस्याओं की समानता होने पर पन्द्रह सदस्यों तक का आकार अच्छा हो सकता है। ऐसे बड़े समूह

व्यक्ति/क्लायंट के वास्तविक जीवन के समीप पाये जाते है। अपेक्षाकृत बड़े समूह में सम्पन्न हुआ अधिगम या परिवर्तन अधिक सरलतापूर्वक वास्तविक जीवन की परिस्थितियों तक भली प्रकार स्थानान्तरित हो पाता है। सत्रों की आवृत्ति परामर्शन की समस्या और उद्देश्य के अनुरूप निर्धारित की जाती है। कार्य अवधि चार से आठ घंटे तक हो सकती है जो बाद में घटाकर एक से डेढ़ घंटे के मध्य रखी जाती है।

समूह गठन के संदर्भ में सर्वाधिक महत्त्वपूर्ण विचारणीय पक्ष होता है—समूह गठन का आधार। समूह का गठन सदस्यों की आयु, लिंग, सांस्कृतिक पृष्ठभूमि, जाति, पेशा, अनुभूत समस्या की विशेषता की दृष्टि से दो रूपों में किया जा सकता है—समजातीय समूह (homogeneous group) अथवा विषम जातीय/विविधतापूर्ण समूह (heterogenous group)। समजातीय समूहों का गठन समान विशेषताओं, सामान पृष्ठभूमि में समान समस्याओं के समाधान हेतु किया जाता है। वैसे यह माना जाता है कि जब सदस्यों को अपनी समस्याओं के समाधान के उपायों का अन्वेषण करना हो तब विषमजातीय समूह अधिक उपयोगी होगा। विषमजातीय समूह व्यक्ति को नये अनुभव, नयी अन्तर्दृष्टि, समस्याओं के विश्लेषण एवं समाधान हेतु नये परिप्रेक्ष्य उपलब्ध कराता हैं क्योंकि प्रत्येक सदस्य नये परिप्रेक्ष्य को प्रस्तुत करता है। वस्तुतः परामर्शदाता को कार्य विशेष के समग्र संदर्भ में यह निर्णय लेने की आवश्यकता होती है कि देय परिस्थितियों में समजातीय और विषमजातीय समूह स्वरूप मे से किसको समूह के गठन का आधार बनाया जाये।

समूह कार्य का प्रारूप एवं हस्तक्षेप के स्तर (*Models of Group Work and Levels of Intervention*)

समूह उपागम प्रयुक्त करते समय परामर्शदाताओं के अभिसरण (फोकस) में भिन्नता पायी जाती है। कुछ परामर्शन उपागम व्यक्ति पर ध्यान केन्द्रित करते है तो अन्य समूह प्रणाली (group system) से सम्बन्धित कारकों पर ध्यान केन्द्रित करते हैं और प्रणालीगत कारकों में हस्तक्षेप करके व्यक्ति को प्रभावित करने का प्रयत्न करते हैं। **पारलॉफ्फ** (Parloff, 1968) ने समूह परामर्शन के तीन प्रारूपों का वर्णन किया हैः—

प्रथम प्रारूप मुख्यतः मनोविश्लेषणवादी शैली मे कार्य करते हुए परामर्शियों और परामर्शदाता के मध्य सम्बन्धों को प्रोत्साहित करने तथा अन्तरण की व्याख्या करने के रूप में देखा जा सकता है। इसी प्रकार व्यक्ति-केन्द्रित उपागम और व्यवहारवादी उपागम भी व्यक्तियों के साथ सामूहिक रूप में प्रयुक्त किया जाता है। ऐसे उपागम को अन्तः वैयक्तिक समूह उपागम (intrapersonalist group approach) कहते हैं।

द्वितीय प्रारूप अन्तर्वैव्यक्तिक सम्बन्धों पर ध्यान केन्द्रित करता है। इस प्रारूप को संव्यवहार प्रारूप (transactionalist model) कहा गया है। इस प्रारूप में समूह को व्यक्ति के लिए उद्दीपक स्रोत के रूप में देखा जाता है। परामर्शियों के मध्य के आपसी अन्तर्सम्बन्धों और परामर्शदाता के साथ उनके अन्तर्सम्बन्धों को मनोचिकित्सकीय दृष्टि से महत्त्वपूर्ण माना जाता है। समूह की आन्तरिक संगति या समरूपता (cohesiveness) को व्यक्ति के व्यवहार में परिवर्तन उत्पन्न करने हेतु महत्त्वपूर्ण माना जाता है।

तृतीय, समतावादी प्रारूप (integralist model) का मुख्य बल समूह प्रक्रियाओं पर होता है। इस प्रारूप की दृष्टि में व्यक्ति की समस्याओं का मूल सामूहिक समस्याओ के प्रभावी समाधान हेतु व्यक्ति की समूह के साथ भली प्रकार घुल-मिल पाने की अक्षमता

या विफलता में निहित होता है। अतः इस प्रारूप के अनुयायी समूह को एक समन्वित इकाई के रूप में ग्रहण करते हुए, समूह को 'श्रेष्ठ व्यक्ति' मानते हुए कार्य करते हैं।

परामर्शदाता (समूह सहायक/group facilitator) का कर्त्तव्य समूह के सदस्यों में अन्तर्मानसिक (intrapsychic), अन्तर्वैयक्तिक (interpersonal) एवं प्रणालीगत या संदर्भात्मक (systemic or contextual) स्तर पर हस्तक्षेप करते हुए सदस्यों में संज्ञानात्मक, भावात्मक एवं व्यवहारात्मक परिवर्तन उत्पन्न करना होता है (Maria Gilbert and Diana Schmukler, 2003)। ऐसे परिवर्तनों के फलस्वरूप सदस्यों को अपने परिवेश के सत्य का मूल्यांकन करने हेतु नया लचीला आधार प्राप्त होता है; वे अनुपयुक्त व्यवहारों की त्यागकर नयी उपयुक्त अनुक्रियाओं का अधिगम कर सकते हैं; अधिक उत्साहजनक सम्बन्धों को स्थापित करते हुए वृहत्तर सामाजिक राजनैतिक संदर्भों में जीवन के लिए नये अर्थ का अन्वेषण कर सकते हैं। परामर्शदाता द्वारा स्थापित समूह के अनुभव द्वारा व्यक्ति को नयी संदर्भ संरचना की प्राप्ति होती है।

समूह में परामर्श कार्य के सोपान (*Steps of Counselling in Group*)

इस शीर्षक के अन्तर्गत पूर्व के शीर्षक 'समूह दशा में परामर्शन कार्य के सोपानों' को ही दर्शाया गया है। जिन सोपानों पर विशेष ध्यान दिया जाना आवश्यक है, उनका वर्णन पृथक रूप मे किया गया है। समूह कार्य के प्रमुख सोपानों के अन्तर्गत (i) प्रत्येक सदस्य के लक्ष्यों की पहचान; (ii) समूह का गठन; (iii) संचार सम्बन्धों की स्थापना करना एवं वार्ता आरम्भ करना; (iv) सदस्यों के मध्य सम्बन्धों का विकास; (v) स्थापित समूह की सदस्यता का समापन; एवं (vi) परामर्शन की सफलता का मूल्यांकन; आते हैं।

समूह में सम्मिलित होने वाले प्रत्येक सदस्य की समस्याएँ एवं परामर्शन से जुड़ी हुई अपेक्षाएँ पृथक होती हैं। व्यक्तियों के लक्ष्यों एवं अपेक्षाओं को समझने के लिए आरम्भिक अन्वेषण कार्य के रूप में उनसे पृथक वार्ता की जा सकती है। समूह गठन से सम्बन्धित प्रश्नों का संक्षिप्त परिचय पूर्व में दिया जा चुका है। सदस्यों का सम्बन्ध दो प्रकार की संचार प्रक्रियाओं से होता है—सदस्यों के मध्य आपस में तथा दूसरा परामर्शदाता के साथ। परामर्शदाता दोनों ही स्तरों पर संचार को सक्रिय एवं सहज बनाने की दिशा में सहायक होता है। इन सम्बन्धों का इस प्रकार विकास किया जाता है कि सदस्यगण अपने लक्ष्यों, उद्देश्यों एवं अपेक्षाओं को आपस में मिश्रित कर दें जिससे कि सदस्यों की समस्याएँ पृथक न रह जायें। गठित समूह में पुराने सदस्यों को लक्ष्य प्राप्ति हो चुकने पर समूह से अलग करके नये सदस्यों को सम्मिलित किया जा सकता है। परामर्शन की सफलता का मूल्यांकन भी निरंतर किया जाता है। मूल्यांकन द्वारा परामर्शदाता को अगली योजनाओं के क्रियान्वयन में सहायता मिलती है।

समूह कार्य/उपागम में परामर्शदाता के प्रशिक्षण एवं पर्यवेक्षण विषयक प्रश्न (*Training and Supervision Issues for the Counsellor in Group Work/approach*)

परामर्शदाताओं एवं मनोपचारकों के प्रशिक्षण कार्य मुख्यतः वैयक्तिक उपचार उपागम के संदर्भ में योजित होते हैं जिसमें समूह कारक का वर्णन सम्मिलित होना आवश्यक नहीं होता है किन्तु एक वर्ग का यह मत है कि परामर्शदाताओं के सभी प्रकार के प्रशिक्षण कार्यक्रमों में 'समूह में' या 'समूह के साथ' कार्य करने का अनुभव होना चाहिए।

समूह उपागम के प्रशिक्षण पाठ्यक्रम में (i) औपचारिक प्रशिक्षण एवं अनुभवी परमर्शदाताओं को कार्य करते हुए देखने का अनुभवः (ii) वैयक्तिक विकास एवं परामर्शदाता का स्वयं का उपचार तथा (ii) पर्यवेक्षणाधीन समूह कार्य का अनुभव; सम्मिलित किया जाना उपयुक्त माना जाता है। पर्यवेक्षण की दृष्टि से यह उपयुक्त माना जाता है कि यह कार्य भी समूह (परामर्शदाताओं का) में होना श्रेष्ठ होगा। पर्यवेक्षक को इस क्षेत्र में अच्छा अनुभव प्राप्त होना चाहिए।

समूह कार्य एवं विशिष्ट प्रसंग *(Group work and Special Themes)*

समूह गठन के उपागमों के विषय में पिछले पृष्ठों में यह बताया जा चुका है कि गठन का स्वरूप समजातीय एवं विषमजातीय दो प्रकार से किया जाता है। जब गठित समूह के सदस्यों की समस्याओं में समानता हो तब समजातीय समूह को अधिक उपयोगी माना जाता है क्योंकि समूह का गठन एक विशिष्ट प्रसंग के संदर्भ में होता है। यौन शोषण, एड्स, द्रव्य एवं औषधि व्यसनिता, आपदा त्रासदी; बच्चों, किशोरों, पुरुषों, महिलाओं, वृद्धों, अभिभावकों की सामान्य समस्याओं को समूह-गठन कार्य के विशेष प्रसंग के रूप में स्वीकार किया जाता है। जब कोई व्यक्ति अन्य लोगों के वैसे अनुभवों के बारे में सुनता है जैसा कि वह स्वयं अनुभव कर रहा होता है तब उसकी पीड़ा के प्रतिमान बदल जाते है, उसे यह लगने लगता है कि वह अकेला नहीं है, यह अनुभव सर्वसाधारण है और वह राहत (normalization) का अनुभव करता है। इसलिए विशेष प्रसंग के संदर्भ में समूह कार्य उपयोगी होता है।

परामर्शन में समूह कार्य के मूलभूत अभिग्रह (Basic Assumptions of Group Work in Counselling)

प्रत्येक व्यक्ति स्वयं में एक अद्वितीय इकाई होता है किन्तु व्यक्तिगत विशेषताओं (आयु, लिंग, शिक्षा, व्यक्तित्त्व विशेषता आदि); परिवेश (भौतिक, सामाजिक एवं सांस्कृतिक); समस्याओं (दैनिक जीवन की समायोजनात्मक समस्याएँ, कुण्ठा, चिन्ता, तनाव, अन्तर्दृष्टि की कमी, योग्यता की कमी, अधिगम का अभाव आदि) या समस्या के वर्ग (शैक्षिक, व्यावसायिक, नैदानिक) आदि के आधार पर उसकी अन्य व्यक्तियों के साथ समानताएँ भी होती है। एक समूह के सदस्य के रूप में कोई व्यक्ति अन्य व्यक्तियों के साथ जब विभिन्न दृष्टियों से अपनी समानता का अनुभव करता है तब उसे अनुभव होता है कि वह अकेला नहीं है जो पीड़ित, अक्षम अथवा समस्याग्रस्त है।

समूह दशा व्यक्ति/क्लायंट को आपस में बातचीत करने का अवसर प्रदान करती है। इस प्रक्रिया में व्यक्ति को सांवेगिक अभिव्यक्ति के लिए दो अवसर मिलते हैं, प्रथम, स्वयं की अनुभूतियो की अभिव्यक्ति करते समय; द्वितीय, जब अन्य व्यक्तियों के द्वारा कुछ वैसी ही समस्याओं एवं अनुभूतियों की अभिव्यक्ति की जाती है जैसी कि उसकी स्वयं की होती हैं।

परामर्शन समूह की दशा में आपसी अन्तर्क्रिया का एक ऐसा अवसर प्राप्त होता है जिसमें समस्याओं और अनुभूतियों की समानता के कारण क्लायंट आलोचना, भर्त्सना आदि के भय से मुक्त रहता है। यह कारक परामर्शन सम्बन्धी लक्ष्य की प्राप्ति में सहायक होता है।

समूह में भागीदारी करते समय व्यक्ति अपनी समस्याओं को अन्य सदस्यों की समस्याओं के परिप्रेक्ष्य में देखता है जिसके फलस्वरूप उसमें आशा एवं विश्वास का

पुनर्जागरण होता है। परामर्शन प्रक्रिया में पुनर्जागृत आशा एवं विश्वास से लाभ की प्राप्ति होती है।

समूह परामर्शन का परिवेश व्यक्ति के जीवन के अधिक समीप होता है। सामूहिक परिवेश में अन्तर्वैयक्तिक व्यवहार से सम्बन्धित कमियों को दूर करने का अवसर प्राप्त होता है। व्यक्ति को अन्तर्वैयक्तिक व्यवहार से सम्बन्धित आन्तरिक प्रतिरोध को दूर करने एवं अन्तर्वैयक्तिक सम्बन्धों का मुक्त एवं गहन अन्वेषण करने का अवसर प्राप्त होता है (Yalom, 1975)।

समूह परामर्शन की दशा में व्यक्ति के बोध का विस्तार होता हे, सूचनाओं के पारस्परिक आदान-प्रदान द्वारा सूचना सम्पन्नता में वृद्धि होती है। इसके अतिरिक्त तादात्मीकरण एवं अनुकरण की प्रक्रिया द्वारा भी मनोचिकित्सकीय लाभ की प्राप्ति होती है। अन्य व्यक्तियों द्वारा समस्या समाधान के लिए अपनायी जानेवाली तकनीकों को अपने व्यवहार में प्रयुक्त करके व्यक्ति सक्षमता का बोध एवं भविष्य के लिए आशा अर्जित करता है।

समूह परामर्शन प्रक्रिया में मुख्यतः सुसंगत समूहों (cohesive group) की स्थापना पर बल दिया जाता है। परमर्शन प्रक्रिया के आगे बढ़ने के साथ-साथ सुसंगति में वृद्धि होती हुई पायी जाती है, यह सुसंगति उसी प्रकार लाभकारी होती है जैसे कि एक व्यक्ति का परामर्शन करते समय क्लायंट और परामर्शदाता के मध्य का सौहार्दपूर्ण सम्बन्ध क्लायंट के लिए लाभकारी होता है।

समूह दशा व्यक्ति की सृजनात्मकता एवं नेतृत्व की क्षमता को विकसित करने का अवसर प्रदान करती है। समूह उपागम मनोपचारी होने के अतिरिक्त व्यक्तित्त्व विकास में भी सहायक होता है।

समस्या व्यवहार प्रस्तुत करने वाले व्यक्ति में भय और निर्भरता जैसी दोषपूर्ण विशेषता पायी जाती है तथा व्यक्तिगत परामर्शन दशा में क्लायंट की परामर्शदाता पर निर्भरता बढ़ने लगती है जिसके कारण परामर्शन सम्बन्धों के समापन में व्यवधान आता है। परामर्शन के लिए समूह कार्य की दशा द्वारा इस प्रवृत्ति को रोकने में सहायता मिलती है।

उक्त में से प्रथम पाँच बिन्दुओं का वर्णन अध्याय दस में किया जा चुका है। यहाँ कुछ प्रमुख प्रविधियों का वर्णन किया जायेगा।

प्रयुक्त प्रविधियाँ
(Techniques Applied)

समूह उपगम में पुनर्शिक्षण, व्यक्ति-केन्द्रित (अनिर्देशात्मक), मनोनाटक, संवदेनशीलता प्रशिक्षण, इनकाउन्टर, मैराथन आदि कुछ प्रमुख प्रविधियाँ प्रयुक्त की जाती है।

पुनर्शिक्षण प्रविधि *(Re-education technique)*—इस प्रविधि द्वारा लोगो को भाषण, वाद-विवाद, फिल्म प्रदर्शन आदि साधनों के माध्यम से प्रशिक्षित किया जाता है। ऑस्टिन रिग्स द्वारा प्रवर्तित यह विधि लोगों में ऐसी जीवन शैली विकसित करने का प्रयत्न करती है जिससे उनकी आत्मनिर्भरता का विकास हो तथा व्यक्ति अपनी परिस्थितियों का अच्छा प्रबंधन कर सके। यह प्रविधि समस्याओं का समाधान करने के लिए व्यक्तियों की अभिमुखता, दृष्टिकोण, विश्वासों को प्रभावित करने के लिए प्रयुक्त की जा सकती है। चिन्ता और तनाव का सामना करने के लिए शारीरिक और मानसिक विश्रांति प्रशिक्षण (relaxation training) के लिए समूह दशा उपयुक्त मानी जाती है।

व्यक्ति-केन्द्रित प्रविधियाँ (*Person-centered techniques*)—रॉजर्स द्वारा विकसित उपयुक्त परामर्शन परिवेश में व्यक्ति केन्द्रित परामर्शन की प्रणाली का समूह दशा में अत्यन्त सफलतापूर्वक उपयोग किया जा सकता है। रॉजर्स की प्रणाली का मुख्य आधार सकारात्मक सम्मान, पूर्वाग्रहपूर्ण निर्णय के बिना व्यक्ति को स्वीकार करना तथा परानुभूति एवं इस प्रकार के बोध का सम्प्रेषण किया जाना होता है। समूह की दशा में जब व्यक्ति को अपने अनुभवों और अनुभूतियों को अन्य व्यक्तियों के साथ बाँटने का अवसर मिलता है; तथा, अन्य व्यक्तियों में भी समान समस्याओं की व्याप्ति का बोध प्राप्त होता है तब रोगी को लाभ की प्राप्ति सहज रूप में होती हैं।

मनोनाटक (*Psychodrama*)—मोरेनो ने सामाजिक सिद्धान्तों के परिप्रेक्ष्य में समूह मनोपचार की तकनीक के रूप में मनोनाटक प्रविधि का विकास किया। क्लायंट द्वारा सुनियोजित कार्यक्रम के अनुरूप नाटक में उपयुक्त भूमिका का निर्वाह किये जाने से आत्मविश्वास का विकास करने, भय से मुक्ति अर्जित करने, नेतृत्व का गुण विकसित करने जैसे लक्ष्यों की प्राप्ति में सहायता मिलती है। मनोनाटक प्रविधि के अनेक रूपान्तरण होते हैं—(i) भूमिका-परिवर्तन प्रविधि (ii) आत्म-कथन प्रविधि, (iii) दर्पण प्रविधि (iv) आवर्त्ती उद्दीपक प्रविधि (v) मूक प्रविधि।

भूमिका परिवर्तन प्रविधि में व्यक्ति आपस में भूमिका बदलकर एक-दूसरे की भूमिका में प्रवेश करके तद्नुरूप व्यवहार करते हैं। आत्म-कथन प्रविधि में व्यक्ति अपने विचारों को मन में ही व्यक्त करता है और उसे सुनता है। दर्पण प्रविधि में व्यक्ति दर्पण के सामने अपनी अनुक्रियाओं का प्रत्यक्षण करता है। आवर्ती उद्दीपक प्रविधि में अत्यन्त नवीन परिस्थितियाँ अचानक उत्पन्न करके लोगो को समायोजन स्थापित करने का अवसर उपलब्ध कराया जाता है। मूक प्रविधि में सांकेतिक भाषा का उपयोग किया जाता है।

संवेदनशीलता प्रशिक्षण (*Sensitivity training*)—इस प्रविधि को बहुधा टी-समूह/ट्रेनिंग ग्रुप प्रविधि (T-group technique) के रूप में सम्बोधित किया जाता है। मूलतः इस प्रविधि का विकास समूह की गत्यात्मकता का अध्ययन करने के लिए किया गया था। इस प्रविधि में छोटे आकार के समूह में सदस्य असंरचित परिवेश में विचार-विमर्श करते हैं। समूह के सदस्य किसी तात्कालिक विषय या समस्या पर विचार-विमर्श करते हएु अधिगम का अवसर भी प्राप्त करते हैं। व्यक्ति यह अधिगम करता है कि अन्य लोग उसके विचार पर, व्यवहार पर किस रूप में प्रतिक्रिया करते हैं; वे अपनी विभिन्न प्रकार की भूमिकाओं का कैसे प्रभावशाली ढंग से निर्वाह करते है। व्यक्ति समूह की गत्यात्मकता के बारे में भी अधिगम करते हैं।

टी-ग्रुप की तीन प्रमुख विशेषताएँ बतायी जाती हैं—यह समूह अधिगम की कार्यशाला है; यह समूह अधिगम की प्रविधियों के बारे में प्रशिक्षण पर ध्यान केन्द्रित करता है; तथा यह प्रविधि तात्कालिक विचारों, अनुभूतियों और अनुक्रियाओं पर ध्यान केन्द्रित करती है।

साक्षात्कार समूह प्रविधि (*Encounter-group technique*)—साक्षात्कार समूह प्रविधि समूह परामर्शन उपागम की आधुनिक प्रविधि मानी जाती है। इस प्रविधि का विकास संवेदनशीलता प्रविधि और टी ग्रुप प्रविधि के विस्तार के रूप में किया गया है। बहुधा यह प्रविधि अल्प अवधि के लिए, आमने-सामने की गहन अन्तर्क्रिया के रूप में कार्य करती है जिसमें सदस्यों को मुक्त परिवेश में निष्ठापूर्वक आत्म-अभिव्यक्ति का अवसर प्रदान

किया जाता है। इस प्रविधि का उपयोग सामान्य व्यक्तियों के बोध का विकास करने के लिए भी किया जाता है।

साक्षात्कार समूह प्रविधि के प्रारूप और लक्ष्यों मे लचीलापन पाया जाता है। कभी औषधि व्यसनिता से पीड़ित व्यक्तियों के लिए नेतृत्वविहीन समूह स्थापित किया जाता है तो कभी **मैराथन समूह** या नग्न मैराथन समूह (nude marathon groups) की स्थापना की जाती है। अन्तर्क्रिया के लिए वाचिक और अवाचिक संचार प्रणालियों को आवश्यकतानुसार प्रयुक्त किया जाता है। मैराथन समूह विधि में सभी क्लायंट सोने का समय छोड़कर अन्य सभी समय एक साथ गहन अन्तर्क्रिया में व्यतीत करते हैं जिससे उनकी पूर्व स्थापित रक्षा युक्तियों को निर्बल करने तथा समूह/सामाजिक समायोजन की दक्षता बढ़ाने का अवसर प्राप्त होता है।

नग्न मैराथन समूह, मैराथन समूह का एक विस्तार है जिसमें सभी विशेषताएँ वैसी ही होती हैं, केवल उस अन्तर को छोड़कर कि सभी प्रतिभागी नग्न अवस्था में होते है। इस विशेषता के कारण इस प्रविधि की व्यापक आलोचना भी होती है अतः इसका उपयोग कदाचित ही किया जाता है। इस प्रविधि को प्रयुक्त करते समय सामाजिक संदर्भों को ध्यान में रखना चाहिए। नग्न मैराथन समूह का सैद्धान्तिक/वैचारिक आधार, जैसा कि बिन्ड्रिम (Bindrim, 1968) ने वर्णन किया है, यह है कि शारीरिक नग्नता सांवेगिक अभिव्यक्ति को सरल बनाती है, वस्त्रों के बिना हम अपने वास्तविक व्यक्तित्त्व को धारण करते हैं। नग्नावस्था में सदस्यों को स्पर्श एवं आलिंगन की अनुमति होती है किन्तु किसी प्रकार की प्रकट यौनिक क्रिया अनुमन्य नहीं होती है। बिन्ड्रिम ने इस प्रविधि को यौनिक व्यवहार सम्बन्धी समस्याओं एवं प्रतिकूल शारीरिक बिम्ब (स्वयं को भद्दा समझना आदि) के समाधान हेतु अधिक उपयोगी बताया है।

इनकाउन्टर ग्रुप (साक्षात्कार समूह) प्रविधि के रूप में गेस्टाल्ट समूह, संव्यवहार विश्लेषण समूह तथा योग एवं जेन समूहों का भी गठन किया जाता है।

शोध साक्ष्य
(Research Evidence)

इस क्षेत्र के अधिकतर शोध समूह कार्य उपागम की वैयक्तिक कार्य उपागम के साथ तुलना के रूप में हैं तथा परिणाम शोध (outcome research) का अभाव है। बर्गिन एवं गारफील्ड (1994) ने पचास वर्ष की अवधि में सम्पन्न हुए शोध कार्यों के मूल्यांकन द्वारा यह निष्कर्ष प्राप्त किया कि 'समूह उपचार' 'कोई उपचार नहीं' की तुलना में लाभकारी है तथा कुछ परिस्थितियों में अन्य मनोवैज्ञानिक उपचार पद्धतियों की अपेक्षा श्रेष्ठ होता है; तथा यह कि सकारात्मक परिणामों का कुछ सकारात्मक कारकों के साथ सम्बन्ध स्थापित किया जा सकता है। बोवेसो एवं अन्य (Bovasso et. al. 1999) के अध्ययन से यह निष्कर्ष प्राप्त हेाता है कि समूह उपचार का लाभ हस्तक्षेप की अन्य प्रविधियों की तुलना में अधिक अतिजीवी (enduring) होता है। रॉथ एवं फोने (1996) के मूल्यांकन में यह प्रकट हुआ कि इस उपागम की श्रेष्ठता प्रमाणित करने वाले शोध का अभाव है किन्तु यह अवश्य प्रतीत होता है कि द्विध्रुवीय विकृतियों, वृद्ध विषादी व्यक्तियों एवं यौनिक समस्याओं के लिए यह उपागम थोड़ा ज्यादा श्रेष्ठ जरूर है, समस्याओं की पुनरावृत्ति (relapse) को रोकने में समूह उपागम अवश्य ही लाभकारी प्रतीत होता है।

II. निर्देशात्मक पद्धति
(Directive Method)

मनोपचार में निर्देशात्मक पद्धति अलग उपागम नहीं है। अन्य उपागमों की भाँति यह पद्धति व्यक्तित्त्व के किन्ही सिद्धान्तों के साथ जुड़ी हुई नहीं है। निर्देशात्मकता मनोपचार उपागमों की एक विमा है। कोलमैन (1972) ने मनोपचार उपागमों की आठ विमाओं की पहचान की है जिनमें से एक निर्देशात्मकता—अनिर्देशात्मकता है। सभी मनोपचार उपागमों में निर्देशात्मकता की पृथक मात्राएँ होती हैं। रॉजर्स की व्यक्ति केन्द्रित प्रणाली में यह तत्त्व न्यूनतम मात्रा में पाया जाता है। इसीलिए व्यक्ति केन्द्रित उपागम को अनिर्देशात्मक पद्धति कहा जाता है। इसके दूसरे छोर पर संज्ञानात्मक व्यवहार उपागम में सक्रिय निर्देशात्मक शैली प्रयुक्त होती है। जिल्ल मिट्टन, (2000) तथा स्टीफेन पॉमर (2000) ने बहुआयामी उपागम (multimodal approach) में प्रायः प्रयुक्त होने वाली प्रविधियों की शैली को सक्रिय-निर्देशात्मक बताया है। विन्डी ड्रायडेन (2000) ने इल्लिस की तार्किक संवेगात्मक व्यवहार उपागम (REBT) की परामर्शन शैली को सक्रिय-निर्देशात्मक बताया है। फेल्थम (2000) ने अर्थर जेनव की प्राइमल थिरेपी की ध्यान रखने वाली निर्देशक शैली (caring directive style) का बताया। इस प्रकार परामर्शन के विभिन्न उपागमो में प्रयुक्त होने वाली प्रविधियाँ निर्देशात्मक शैली का उपयोग करती है।

मनोपचार की आरम्भिक पद्धतियाँ जैविक/मेडिकल मॉडल का उपयोग करती थीं, जिनका अभिग्रह यह था रोगी/व्यक्ति समस्याग्रस्त अवस्था में होने पर निर्णय लेने की अवस्था में नहीं रह जाता है। समस्यात्मक दशा व्यक्ति की अन्तर्दृष्टि को बाधित करती है अतः व्यक्ति को व्यवहार में व्याप्त समस्याओं को समझने में कठिनाई होती है जिसके परिणामस्वरूप उसे आवश्यक अन्तर्दृष्टि की प्राप्ति नहीं हो पाती है। इसलिए व्यक्ति (क्लायंट) को बाहरी मार्गदर्शन की आवश्यकता पड़ती है। रॉजर्स के व्यक्ति-केन्द्रित उपागम में व्याख्या करने एवं निर्णय लेने की सम्पूर्ण जिम्मेदारी व्यक्ति के लिए छोड़ दी गयी क्योंकि इस उपागम का व्यक्ति की सामर्थ्य में असीमित विश्वास है। फ्रेडरिक ने समस्याग्रस्त व्यक्ति की सामर्थ्य पर संदेह व्यक्त करते हुए साठ के दशक में एक बार पुनः परामर्श का ध्यान निर्देशनात्मक पद्धति की ओर आकृष्ट किया। फ्रेडरिक के अनुसार मनोपचारक/परामर्शदाता की निष्क्रिय शैली क्लायंट के लिए लाभकारी नहीं होती है, वस्तुतः निर्देशात्मकता की आवश्यकता व्यक्ति के प्रभावशाली आत्म-निर्देशन सम्बन्धी समार्थ्य के विलोमानुपाती होती है। व्यक्ति जितना ही अधिक रुग्ण, असमर्थ होता है निर्देशन की आवश्यकता उतनी ही अधिक होती है।

मूलभूत अभिग्रह
(Basic Assumptions)

इस पद्धति का परामर्शन उपागम में समावेश करने वाले परामर्शदाताओं की प्रमुख मान्यताएँ निम्नवत होती हैंः—

(i) मनुष्य को शिक्षित किया जाय तो वह विभिन्न प्रकार के लक्ष्यों को अर्जित कर सकता है और समस्याओं का समाधान कर सकता है।

(ii) मनुष्य को अपने सम्पूर्ण विकास के लिए अथवा अधिकतम सम्भव विकास के लिए प्रायः बाह्य सहयोग की आवश्यकता होती है।

(iii) व्यक्तियों के पास अपने बारे में एवं परिवेश के विषय में बोध की अलग-अलग मात्राएँ होती हैं अतः सभी व्यक्तियों को शिक्षा सम्बन्धी आवश्यकताओं की पृथक मात्रा अपेक्षित होती है।

(iv) शिक्षा और परामर्शन को समानार्थी रूप में स्वीकार किया जाता है।

(v) व्यक्ति अपनी ज्ञान, बोध एवं सामर्थ्य सम्बन्धी न्यूनताओं/सीमाओं के कारण अपनी समस्याओं के समाधान में विफल हो जाता है। यह दशा पुनर्शिक्षा अथवा निर्देशन की आवश्यकता प्रस्तुत करती है।

(vi) परामर्शदाता द्वारा समस्याओं की व्याख्या किये जाने एवं समाधान के लिए आवश्यक दिशा-निर्देश दिये जाने से व्यक्ति को समस्या समाधान में सहायता मिलती है।

(vii) व्यक्ति को अपनी सामर्थ्यों तथा सीमाओं एवं परिवेश के विविध पक्षों के बारे में सूचना की आवश्यकता होती है। परामर्शदाता व्यक्ति के बोध का विकास सक्रिय हस्तक्षेप प्रणाली द्वारा करके उसकी सहायता कर सकता है।

(viii) समस्यात्मक व्यवहार से व्यथित व्यक्ति में निर्णय लेने की सामर्थ्य सीमित हो जाती है; वह उचित-अनुचित के बारे में निर्णय नहीं ले पाता है। परामर्शदाता की सामर्थ्य क्लायंट की तुलना में अधिक होती है। परामर्शदाता क्लायंट को व्यवहार के औचित्य-अनौचित्य के बारे में शिक्षित करके उसकी सहायता कर सकता है।

परामर्शदाता की दक्षता और परामर्शन प्रक्रिया
(Counselling Process and Skills of Counsellor)

निर्देशात्मक पद्धति प्रयुक्त करने के लिए परामर्शदाता के पास प्रशिक्षण और अनुभव की अधिकता होनी चाहिए क्योंकि लोगों को विभिन्न प्रकार की समस्याओं के लिए विविध प्रकार के समाधान की आवश्यकता होती है। निर्देशात्मक परामर्शन प्रक्रिया निम्नवत प्रगति करती है।

परामर्शी अपनी समस्याओं का समाधान करने का प्रयास करता है, किन्तु विफल हो जाने पर परिजनों, मित्रों एवं परामर्शदाताओं की सहायता चाहता है। परामर्शदाता व्यक्ति के लिए अत्यन्त दक्ष शिक्षक के समान होता है। क्लायंट द्वारा परामर्शदाता के साथ सम्पर्क स्थापित होने के पश्चात उसे सर्वप्रथम क्लायंट की समस्याओं और उसके परिवेश को भलीभाँति समझ लेना चाहिए। परामर्शदाता के लिए यह आवश्यक होता है कि वह व्यक्ति के साथ मिलकर ऐसे परिवेश का विकास करे जहाँ से व्यक्ति/क्लायंट एक नयी दुनिया में प्रवेश कर सके। अच्छे भावपूर्ण सम्बन्धों की स्थापना महत्त्वपूर्ण होती है क्योंकि ऐसी दशा संवेगात्मक अभिव्यक्ति में सहायक होती है। इस चरण में परामर्शदाता किसी प्रकार के सुझाव प्रस्तुत नहीं करता है।

निर्देशात्मक पद्धति का व्यक्ति की आवश्यकताओं के साथ सीधा सम्बन्ध होता है। उपयुक्त परिस्थितियों के विकास से उसे लाभ पहुँचता है, किन्तु लक्ष्य की प्राप्ति हेतु क्लायंट में विशिष्ट वैज्ञानिक दक्षताओं का विकास किया जाना आवश्यक होता है। उसे अभिप्रेरित करने की आवश्यकता होती है तथा अभिप्रेरणा का विकास स्पष्ट सुझावों के माध्यम से किया जाता है।

परामर्शदाता व्यक्ति के इतिहास, मनोवैज्ञानिक मूल्यांकन तथा परामर्शन वार्ता के माध्यम से प्राप्त सूचनाओं के आधार पर व्यक्ति की समस्याओं का निदान (diagnosis) करता है तथा कार्ययोजना का विकास करता है। व्यक्ति की समस्याओं की मनोगतिकी और भविष्य अनुमान (prognosis) के आधार पर मनोपचार योजना का विकास किया जाता है।

इस पद्धति का मुख्य उद्देश्य व्यक्ति को पुनर्शिक्षित करना होता है। इस शिक्षा का उद्देश्य व्यक्ति की अपने आप के बारे में, अपनी समस्याओं के बारे में तथा परिस्थितियों के बारे में समझ का विकास करना होता है। निर्देशात्मक पद्धति की बहुधा मनोविश्लेषणात्मक पद्धति के सोपानों के साथ समतुल्यता स्थापित की जाती है किन्तु यहाँ पर एक महत्त्वपूर्ण अन्तर यह माना जाता है कि जहाँ मनोविश्लेषणात्मक पद्धति में संवेगात्मक भावाभिव्यक्ति की प्रक्रिया में समस्या के बारे में व्याख्या एवं अंतर्दृष्टि को स्वाभाविक रूप में विकसित होता हुआ पाया जाता है वहीं निर्देशात्मक पद्धति में यह कार्य परामर्शदाता द्वारा किया जाता है। परामर्शदाता व्यक्ति की समस्याओं की व्याख्या करता है तथा उसे समस्याओं के समाधान के उपाय बताता है।

परामर्शन प्रक्रिया में इस प्रकार प्रमुख सोपानों में (i) भाव-पूर्ण सम्बन्धों की स्थापना; (ii) आत्म बोध का विकास; (ii) परिस्थिति के बारे में बोध का विकास; (iv) समस्या की व्याख्या; (v) पुनर्शिक्षण; (vi) द्वन्द्वों एवं विसंगतियों के समाधान को सम्मिलित किया जाता है।

परामर्शन प्रक्रिया के अंतिम भाग 'कार्यक्रम क्रियान्वयन' (पुनिर्शिक्षण, द्वन्द्वों एवं विसंगतियों का समाधान) हेतु पाँच प्रमुख तकनीकें प्रयुक्त की जाती हैं:—

1. **अनुगामिता**—अनुगामिता का विकास करने हेतु स्पष्ट निर्देश देने तथा सुझाव देने की पद्धति प्रयुक्त की जाती है। परामर्शदाता प्राप्त सूचनाओं और साक्ष्यों के आधार पर क्लायंट को कार्य योजना की व्याख्या प्रस्तुत करता है तथा उसे अनुरूप व्यवहार करने के लिए तथा इस प्रकार योजना का परीक्षण करने के लिए कहता है।
2. **परिवेश में परिवर्तन**—परिवेश की अनुपयुक्त दशाओं में परिवर्तन स्थापित करने के लिए निर्देश दिया जाता है।
3. **उपयुक्त परिवेश का चयन**—व्यक्ति को अपने लिए उपयुक्त परिवेश का चयन करने के लिए निर्देश दिया जाता है।
4. **अधिगम/सुधारात्मक प्रशिक्षण**—व्यक्ति के व्यवहार में शिक्षण/प्रशिक्षण के सुधारात्मक कार्यक्रमों के माध्यम से आवश्यक क्षमताओं का विकास किया जाता है।
5. **अभिवृत्ति परिवर्तन**–व्यक्ति की अनुचित अभिवृत्तियों, जिनका सम्बन्ध व्यक्ति की समस्याओं के साथ हो सकता है सुझाव द्वारा परिवर्तन स्थापित किया जाता है। जिन आधुनिक उपागमों में निर्देशात्मक पद्धति को सम्मिलित किया जाता है उनमें संज्ञानात्मक परिवर्तन को समस्या समाधान का प्रमुख आधार मानते हुए तार्किक आधार पर या संज्ञानात्मक पुनर्गठन के आधुनिक सिद्धान्तों के आधार पर यह कार्य सम्पन्न किया जाता है।

निर्देशात्मक पद्धति व्यक्ति को उसकी समस्याओं से तात्कालिक प्रभाव के साथ मुक्ति दिलाने का प्रयत्न करता है क्योंकि यह माना जाता है कि दीर्घकाल तक समस्या के यथावत

बने रहने से अनेक नयी समस्याएँ प्रकट होने लगती हैं। ऐसे लोग जिनके विचारगत प्रणाली में विकृति उत्पन्न हो जाती है वे विचारपूर्वक उचित निर्णय अपनाने में सक्षम नहीं होते हैं अतः उनके लिए निर्देशात्मक पद्धति ही अधिक उपयुक्त मानी जाती है।

अंत में एक महत्त्वपूर्ण तुलना के रूप में इस तथ्य की ओर ध्यान आकृष्ट किया जाना उपयुक्त प्रतीत होता है कि जहाँ समूह उपागम में क्लायंट के एक समूह के साथ कार्य करते समय अनेक परामर्शन उपागमों का उपयोग किया जाता है वही निर्देशन पद्धति अनेक उपागमों में प्रयुक्त होने वाली परामर्शन शैली है।

III. नारीवादी उपागम
(Feminist Approch)

'....in all societies which divide the sexes in differing cultural, economic or political phases, women care less valued than men,....women can consciously and collectively change their social place.....' (Humm, 1992).

नारीवाद नारी वर्ग की समस्याओं को पृथक परिप्रेक्ष्य में देखने एवं उनके समाधान के लिए बदले हुए परिप्रेक्ष्य को प्रयुक्त करने पर बल देता है। नारीवादियों का तर्क यह है कि यदि दो लिंग वर्गों के मध्य अन्तर व्याप्त है तो इस अन्तर के माध्यम से समाज में पुरुष एवं नारी समुदाय की सामाजिक संस्थिति और शक्ति समीकरण की असमानता की अभिव्यक्ति होती है। नारी वर्ग के अनुभवों को उनकी आंतरिक मानसिक संरचना और वाह्य जगत के मध्य अन्तर्क्रिया के रूप देखा जाना चाहिए। महिलाओं के लिए परामर्शन सेवा का विकास उनके जीवन और अनुभवों के विशिष्ट संसार के संदर्भ में होना चाहिए; ऐसे बोध के आधार पर ही परामर्शन एवं मनोपचार के क्षेत्र में नारीवादी उपागम का विकास हुआ है।

रसेल (Russel, J, 1996) यह विचार प्रकट करती हैं कि नारीवाद एक परिप्रेक्ष्य है; नारीवाद महिलाओं के लिए विश्व की रचना/निर्मिति, तथा अपने अनुभवों एवं अपने लिए भविष्य की सम्भावनाओं को देखने का ढंग है। नारीवाद संसार को देखने की ऐसी पद्धति है जो महिलाओं को समाज में समानता का स्थान ग्रहण करने की दिशा में सहायता देने का कार्य करती है।

['Feminism is] a way of construing the world, our experiences and the possibilities which we see for the future. It is a perspective which defies rigidity, while genuinely affording value to the women's as of central importance and worth... . Feminism is a way of experience seeing the world which works towards helping woman take an equal place in society.' (Russel, 1996)]

परामर्शन मनोविज्ञान में नारीवादी उपागम का स्वरूप एकात्मक, समरूपी नहीं है (Carolyn Kagn & Carol Tindall, 2003)। इसके विविध रूपों का प्रचलन है। नारीवादी मनोपचार/परामर्शन का क्षेत्र बहुलतावादी, तरल/अस्थिर प्रविधियों को प्रयुक्त करता है, जो कुछ सामान्यतः स्वीकार किये गये सिद्धान्तों पर केन्द्रित होती है (Seu, 2000)

नारीवाद की विविधरूपता के कारण ऐतिहासिक, सामाजिक एवं राजनैतिक हैं

(Humm, 1992) और इस कारण विविध स्थानों पर एवं विभिन्न समयों पर अनेक कारणों के फलस्वरूप नारीवाद के अनेक रूप विकसित हुए है (Day, 1992)। डे ने नारीवाद के तीन रूपों मे अन्तर स्थापित किया : उग्र सुधारवादी (radical), समाजवादी (socialist) एवं नस्ल आधारित (blackfeminist)। उग्रसुधारवादी नारी शोषण की व्याख्या पितृसत्तात्मक समाज में पुरुष के पक्ष में शक्ति संतुलन के आधार पर करते हैं; और समाज में मौलिक परिवर्तन आवश्यक मानते हैं। समाजवादी यह मानते हैं कि पितृसत्तात्मक व्यवस्था का विभिन्न आर्थिक एवं सामाजिक व्यवस्थाओं में विविध रूप होता है; नस्लवादी महिलाओं की दशा को नस्ली व्यवस्था के माध्यम से समझने की आवश्यकता पर बल देते हैं। ईन्स (Enns 1993) ने नारीवाद के उदार, सांस्कृतिक, अस्तित्त्ववादी, मार्क्सवादी, लिस्बियन, उत्तर आधुनिक एवं मनोविश्लेषणवादी रूपों का वर्णन किया है। सू (Seu, 2000) ने नारीवाद के मानवतावादी, उदार एवं उग्र सुधारवादी रूपों का वर्णन किया है।

परामर्शन/मनोपचार के लक्ष्यों एवं व्याख्याओं की दृष्टि से नारीवाद के विविध रूपों ने विभिन्न सैद्धान्तिक तत्त्वों पर बल दिया है, विभिन्न मार्गदर्शन घटकों को पृथक महत्त्व दिया है। कागन एवं टिन्डल्ल (Kagn & Tindall, 2003) ने परामर्शन मनोविज्ञान के लिए महत्त्वपूर्ण पाँच सिद्धान्तों का वर्णन किया है; इन सिद्धान्तों के माध्यम से नारीवादी परामर्शन उपागम के चार मूल्य प्रकट होते हैं' जो परामर्शन वृत्ति के लिए मार्गदर्शिका जैसे है। कागन एव टिन्डल्ल ने परामर्शन में इन सिद्धान्तों एवं मूल्यों के रूपान्तरण को पाँच शीर्षकों में विभाजित किया है। केगन एवं टिन्डल्ल (2003) तथा सू (Seu, 2000) ने जिन सिद्धान्तों की रेखांकित किया है, उनका वर्णन निम्नवत किया जा सकता है:—

परामर्शन मनोविज्ञान में नारीवादी उपागम के सिद्धान्त *(Priciples of Feminist Approach in Counselling Psychology)*

परामर्शन मनोविज्ञान में नारीवादी उपागम का कोई एक संघटित रूप विद्यमान नहीं है, इसलिए सिद्धान्तों का प्रतिपादन किसी एक सिद्धान्तकार या प्रवक्ता के माध्यम से उस प्रकार नहीं किया जा सकता है जैसा कि पूर्व वर्णित सिद्धान्तों में मूलभूत अभिग्रहों के रूप में किया गया है, तथापि कुछ सिद्धान्तों पर सहमति पायी जा सकती है। ऐसे कुछ सिद्धान्तों का वर्णन प्रस्तुत है। इन सिद्धान्तों का सूक्ष्म अध्ययन करने पर यह स्पष्टतः प्रकट होता है कि वर्णित सिद्धान्त (और उनके निहितार्थ) आपस में अन्तर्सम्बन्धित हैं।

पितृसत्तात्मक सामाजिक व्यवस्था में नारीशोषण (सामाजिक राजनैतिक दृष्टिकोण)

परामर्शन मनोविज्ञान में नारीवादी उपागम का प्रथम अभिग्रह नारीवर्ग की समस्याओं के सामाजिक-राजनैतिक विश्लेषण (socio-political analysis) के आधार पर कार्य करता है जिसके अनुसार महिलाओं की समस्याएँ पूर्णतः अथवा मुख्यतः पितृसत्तात्मक सामाजिक व्यवस्था में व्याप्त असामानता, जो उनके शोषण का पोषण करता है, के कारण उत्पन्न होती है। वस्तुतः महिलाओ की समस्याएँ, जो व्यक्तिगत जैसी प्रकट होती हैं, व्यवस्था की देन है ('The personal is political'–Mornow & Hawxhurst, 1998); 'महिलाओं के अनुभव उनकी आन्तरिक मानसिक संरचना एवं वाह्य भौतिकवादी संसार के मध्य अन्तर्क्रिया के उत्पाद है और इस प्रकार राजनैतिक है' (Day, 1992)। इस

सामाजिक राजनैतिक विश्लेषण का परामर्शन मनोविज्ञान के लिए निहितार्थ यह है कि महिलाओं की समस्याओं के विषय में पारम्परिक मनोविज्ञान की व्याधिकीय दृष्टि (pathological viewpoint) का पुनर्निरूपण करना होगा। समस्याओं का अनुभव कर रही महिला को 'रोगी' न कहकर 'क्लायंट' के रूप में संबोधित किया जायेगा तथा उसे अपनी समस्याओं के लिए आरोपित (blame) नहीं किया जायेगा, उसे स्वीकार करते हुए वाह्य सामाजिक राजनैतिक पक्षों के साथ उसके संघर्ष को मान्यता (recognition) प्रदान की जायगी।

सामाजिक-राजनैतिक विश्लेषण के ऊपर वर्णित अभिग्रह के संलग्नक के रूप में दूसरा अभिग्रह पुरुष-नारी के मध्य जैविक विभेदन की अपेक्षा पुरुषत्व एवं नारीत्व सम्बन्धी सामाजिक अपेक्षाओं के मध्य अन्तर (sex vs gender) के रूप में देखा जा सकता है (Kagan and Tindall, 2003)। इस अभिग्रह के अनुसार महिलाओं के अनुभवों की अर्थ रचना सामाजिक व्यवस्था और उसकी भेदपूर्ण अपेक्षाओं (जैसे सन्तान को जन्म देने के पश्चात् माँ और पिता से पृथक अपेक्षाएँ, जिनका यौनिकता सम्बन्ध सेक्स की अपेक्षा जेन्डर/लिंग रूपी सामाजिक परिभाषा से होता है) के आधार पर अर्थात लिंग भूमिका (gender roles)—जो कि रूढ़िगत हो जाती हैं—के आधार पर होता है। इस अभिग्रह की निष्पत्ति ऐसी व्यवस्था के विकास के लिए कार्य करने के रूप में देखी जा सकती है जिसमें सांस्कृतिक रूप में स्वीकृत नारी भूमिकाओं को चुनौती देते हुए लिंग दृष्टि से शक्ति संतुलन/समता की स्थापना हो और नारीशोषण की व्यवस्था का प्रभाव क्षीण हो।

सामाजिक-राजनैतिक दृष्टिकोण की स्वाभाविक उत्पत्ति के रूप में प्रस्तुत हुए तीसरे अभिग्रह के अनुसार पारम्परिक मनोविज्ञान इस बात के लिए आलोच्य है कि वह महिलाओं को शोषक सामाजिक व्यवस्था में समायोजित होने के लिए सहायता देता है। नारीवादी दृष्टिकोण महिलाओं के सामायेजन की अपेक्षा मुक्ति (adjustment vs. liberty) पर बल देता है, इस दृष्टि से सू (Irene Bruna Seu, 2000) का मूल्यांकन यह है कि पारम्परिक मनोविज्ञान ने महिलाओं को स्वेयं को आरोपित (blame) करने हेतु और अंततः शोषणवादी व्यवस्था के साथ समायोजन स्थापित कर लेने के लिए प्रेरित किया है। इस तुलना में नारीवादी उपागम क्लायंट को शोषण के विरुद्ध जागृत/सजग करते हुए शोषण के विरूद्ध मनोवैज्ञानिक एवं व्यावहारिक साधन अर्जित करने के लिए सहायता देता है जिससे कि उसे मुक्ति की प्राप्ति हो। उदाहरण के लिए आर्थिक आत्मनिर्भरता महिलाओं को लिंग आधारित भूमिकाओं से मुक्ति दिलाने में सहायक होती है। कुछ परामर्शदाता महिला क्लायंट को ऐसे राजनैतिक समूहों यथा कोई नारी मुक्ति संगठन के साथ जुड़ने के लिए सहायता प्रदान करने की वकालत करते हैं जिनके द्वारा उस क्लायंट को मुक्ति प्राप्त होती है।

नारीशक्ति एवं वैशिष्ट्य का सिद्धान्त (अंतर्निहित सामर्थ्य का दृष्टिकोण)

नारीवादी उपागम महिलाओं की शक्ति और सामर्थ्य पर ध्यान केन्द्रित करता है। लिंग आधारित भूमिकाओं को महिलाएँ सामाजीकरण की प्रक्रिया के माध्यम से अर्जित करती है जिसके परिणामस्वरूप एक महिला के जीवन में विभिन्न अवस्थाओं में अनेक सामाजिक अपेक्षाओं को पूरा करने के लिए दबाव उत्पन्न होता है। समाजीकरण एवं महिलाओं की कतिपय संरचनात्मक कमजोरियो के सम्मिलित योगदान के कारण नारीवर्ग की समस्याओं में विशिष्टता पायी जाती है। कामकाजी महिलाओं की समस्याएँ कामकाजी पुरुषों से भिन्न

होती हैं। नारीवादी उपागम महिलाओं की अन्तर्निहित शक्ति एवं सामर्थ्य पर ध्यान केन्द्रित करता है।

शक्ति अन्वेषण का सिद्धान्त (शक्ति संतुलन का समाजवादी दृष्टिकोण)

कागन एवं टिंडल्ल (2003) 'नारी सशक्तीकरण' का विरोध करती हैं या उसके उपयोग से बचती हैं क्योंकि उन्हें लगता है कि सशक्तीकरण की प्रक्रिया तो महत्त्वपूर्ण है किन्तु यह दृष्टिकोण कि कोई किसी का सशक्तीकरण कर सकता है, उपयुक्त नहीं है लोगों मे सामर्थ्य अन्तर्निहित होती है, उन्हें अपनी शक्ति का अन्वेषण करना होगा, किसी को शक्ति दी नहीं जा सकती हैं, उन्हें स्वयं इसे अर्जित करना होगा। हम शक्ति अन्वेषण के लिए समाज मनोवैज्ञानिक दृष्टि से उपयुक्त परिवेश की रचना कर सकते हैं। शक्ति बहु-स्तरीय संप्रत्यय है जिसका सामाजिक सम्बन्धों के अतिरिक्त परामर्शन सम्बन्धो में भी महत्त्व होता है। शक्ति अन्वेषण के आयाम व्यक्तिगत, अन्तर्वैयक्तिक एवं सामाजिक होते हैं। किसी व्यक्ति की शक्ति/शक्ति अभाव का बोध ऐतिहासिक एवं सांस्कृतिक संदर्भों के अतिरिक्त उसकी अनुभूति से भी जुड़ी होती है जबकि व्यक्ति को नियंत्रण के अभाव, शक्तिहीनता एवं मनोबल की कमी का बोध हेाता है। परामर्शन मनोविज्ञान में नारीवादी उपागम शक्ति/शक्तिहीनता के स्वरूप एवं स्रोत की पहचान करने के अतिरिक्त क्लायंट को व्यक्तिगत एवं सामाजिक शक्ति अर्जित करने हेतु उसकी अपनी सामर्थ्य की पहचान करने हेतु सहायता दी जाती है। कागन एवं टिन्डल्ल के अनुसार इस सिद्धान्त का केन्द्रीय तत्त्व महिलाओं को अपने महत्त्व (worth) की पहचान हेतु सहायता देना होता है; उन्हें यह अनुभव प्राप्त होना चाहिए कि उनका स्वयं का एक व्यक्ति के रूप मे पृथक महत्त्व है, उनकी अपनी एक निजी पहचान है ('Recognition of a Person in her own right-Day, 1992), उनकी पहचान मात्र किसी की पत्नी, पुत्री या माँ की नहीं है (अर्थात कोई महिला केवल 'श्रीमती अस्थाना' नहीं, अपितु 'श्रीमती मधु' हैं)। व्यक्ति/क्लायंट में ऐसी अनुभूति का विकास डे के अनुसार मानवतावादी उपागम के अभिग्रहों के समीप है।

भविष्य के प्रति सकारात्मक दृष्टि का सिद्धान्त (भविष्योन्मुखी-आशावादी दृष्टिकोण)

नारीवादी उपागम महिलाओं की शक्ति और सामर्थ्य पर बल देने के अतिरिक्त उनके भविष्य के प्रति सकारात्मक दृष्टि भी प्रस्तुत करता है। यह सकारात्मक दृष्टि एक ऐसे सुन्दर भविष्य के सृजन की कल्पना को साकार होते हुए देखती है जिसमें नारी समुदाय को समाज में समानता का स्थान प्राप्त होता है, उसे महत्त्व प्राप्त होता है तथा मानव विकास के लिए उपलब्ध संसाधनों का निष्ठापूर्वक समाजवादी ढंग से बँटवारा होता है अर्थात अवसरों और संसाधनों में उसे पुरुषों के समतुल्य भागीदारी प्राप्त होती है। वर्तमान परिदृश्य में हमें महिलाओं की जैसी वैश्विक दशा देखने को मिलती है उसमें जीवन को प्रभावित करने वाली वाह्य शक्तियों पर महिलाओं का नियंत्रण नही है; उनमें आत्म-निर्देशन की सामर्थ्य का अभाव है। ब्राउन एवं लेविन्सन (Brown & Liss-Levinson, 1981) के अनुसार नारीवादी उपागम महिलाओं को भविष्य का स्वप्न देखने एवं उसे साकार करने (help women dream of and achieve a future) के लिए सहायता देता है।

सामूहिक हस्तक्षेप एवं सामाजिक बदलाव का सिद्धान्त (सहभागितावादी दृष्टिकोण)

नारीवादी उपागम नारी मुक्ति पर बल देता है। क्या सार्थक समाजिक बदलाव के बिना नारी मुक्ति सम्भव है? क्या सामूहिक हस्तक्षेप के बिना सामाजिक बदलाव संभव एवं स्थायी हो पायेगा? नारी मुक्ति के लिए सामाजिक बदलाव एवं सामाजिक बदलाव के लिए सामूहिक हस्तक्षेप के प्रति हमारी निष्ठा आवश्यक है। सामाजिक बदलाव के अभाव में नारी जीवन/नारी मुक्ति के प्रति परामर्शन मनोविज्ञान का योगदान सीमित रह जायेगा। यदि समाज की दशाएँ अनुकूल होगी तभी किसी महिला के लिए अभीष्ट प्रकार्यात्मकता की अवस्था प्राप्त करना सम्भव होगा।

नारीवादी उपागम की मार्गदर्शिका
(Guidelines of the Feminist Approach)

नारीवादी उपागम के उपरोक्त वर्णित सिद्धान्तों में कुछ ऐसे तत्त्वों पर ध्यान केन्द्रित किया गया है जिन्हें नारीवादी उपागम नारीमुक्ति के लिए महत्त्वपूर्ण मानता है। कागन एवं टिन्डल्ल ने नारावादी उपागमों के चार मूल्यों/पथ प्रदर्शकों का वर्णन किया है जिनका परिचय यहाँ प्रस्तुत किया जा रहा है:–

सम्बन्धों में समता का प्रारूप (*Egalitarian model of relationships*)—नारीवादी उपागम के लिए समता एक महत्त्वपूर्ण लक्ष्य है; अतः क्लायंट को समाज में समता का स्थान प्राप्त हो, इसके लिए आवश्यक कार्यवाही की जाती है। परामर्शन मनोविज्ञान की वृत्ति में समता की स्थापना परामर्शदाता और परामर्शी के मध्य समतापूर्ण सम्बन्धों के माध्यम से होती है।

समता क्या है? अमेरिका में नारी मुक्ति आन्दोलन की एक मुख्य वक्ता बेट्टी फ्रीडन (Betty Friedan), जिन्होंने इस आन्दोलन को अपनी पुस्तक The feminine mystique (1963) के माध्यम से प्रभावित किया, का इस संदर्भ में यह कहना है कि समता अवसर, स्वतंत्रता और समाज में अपनी आवाज की स्वतंत्रता से सम्बन्धित है; इसका वास्तविक सम्बन्ध एक 'नारी' के 'व्यक्ति' बनने से है ('....women are people-no more, no less–....'); इसमें अन्तर्निहित आदर्श अमेरिकी लोकतंत्र का है।

परामर्शन सम्बन्ध और उसके माध्यम से सामान्य सामाजिक जीवन में समता का अर्थ शक्ति वैभिन्य की अनदेखी से नहीं है। परामर्शन सम्बन्ध में समता हमें एक ऐसे सम्बन्ध की ओर ले जाती है जहाँ दोनों पक्ष ज्ञान और बोध में सहभागिता का अनुभव करते हैं।

परवाह एवं प्रतिबद्धता (*Care and commitment*)—क्लायंट के हित के प्रति परामर्शदाता की देखभाल की अभिवृत्ति एवं प्रतिबद्धता को नारीवादी परामर्शन उपागम के लिए नैतिक आधार के रूप में देखा जाता है। परामर्शदाता को यह भली प्रकार विचार कर लेना चाहिए कि वह क्लायंट को क्या, कैसे, किन सिद्धान्तों के आधार पर प्रदान कर सकता है। प्रतिबद्धता का प्रश्न औपचारिक सत्रों के बाद भी और परामर्शन सम्बन्धों के बाहर भी चलता रहता है। क्लायंट की अनेक व्यावहारिक समस्याएँ होती हैं जिनका समाधान परामर्शन सम्बन्धों के बाहर खोजने की आवश्यकता होती है।

विविधता की स्वीकार्यता (*Acceptance of diversity*)—समाज में विभिन्न प्रकार की भिन्नताओं को अनावश्यक ऐसे अनुचित ढंग से देखा जाता है कि व्यक्ति की

सामान्य-सी भिन्नता भी विकृति प्रतीत होने लगती है। ऐसा प्रभाव विकृतियों के वर्गीकरण हेतु प्रस्तावित अनेक विचारों में भी देखा जा सकता है जिसके फलस्वरूप पुरुष का कोई व्यवहार सामान्य प्रकट होता है जबकि किसी महिला का ठीक वैसा ही व्यवहार मनोविकृति की श्रेणी में स्वीकार किया जायेगा। इसी कारण से ईन्स (Enns, 1993) ने DSM-III-R और DSM[4] के लिए प्रस्तावित कुछ परिवर्तनो की आलोचना की। नारीवादी परामर्शदाता को क्लायंट के व्यवहार, समस्याओं, पृष्ठभूमि एवं उसकी वैयक्तिक विशेषताओं के माध्यम से प्रस्तुत विविधताओं को पहचानना, समझना एवं स्वीकार करना चाहिए, अपने कार्य को उन विविधताओं के संदर्भ के योजित करना चाहिए।

'Feminist therapist must recoginze, understand and work with the diversity brought by clients, (Kagan and Tindall, 2003) including that which is 'conveyed by their various problems, racial/ethnic identifications, economic statuses, personality styles and exposure to 'items' such as racism, sexism, ageism, and heterosexism.' (Enns, 1993)

आत्मबोध/परावर्तकता *(Reflexivity)*—कोई परामर्शदाता नारीवादी बोध परामर्शदाता के रूप में तभी कार्य कर सकता है जबकि उसमें उच्च श्रेणी का आत्मबोध और दूसरों से एवं स्वयं अपनी परामर्शन वृत्ति से सीखने की इच्छा हो। आत्मबोध का अर्थ सतत् परावर्तन, विश्लेषण, मूल्यांकन एवं निर्णयन से है (कागान एवं टिन्डल्ल)। आत्मचिंतन/परावर्तकता दो दृष्टियों से महत्त्वपूर्ण है, प्रथम, क्लायंट के साथ सूक्ष्म-अंतर्क्रिया के संचालन; एवं द्वितीय, वृत्ति में नैतिक आचरण तथा समस्याओं के विरोध के रूप में। कागन एवं इवान्स (1995) आत्मचिंतन को दशा की अपेक्षा एक प्रक्रिया बताती हैं। आत्मचिंतन की प्रक्रिया में परामर्शदाता अपने अनुभवों का रचनात्मक उपयोग करता है।

परामर्शन प्रक्रिया/वृत्ति में नारीवादी परिप्रेक्ष्य
(Feminist perspective in Counselling Process/Practice)

सू (Seu, 2000) कहती है कि नारीवादी मुद्रा में कार्य करने वाली परामर्शदात्री नारीवाद का वर्णन लक्ष्यों अथवा परिणाम की अपेक्षा एक प्रक्रिया के रूप करना पसंद करेगी; किंतु इस प्रक्रिया के विषय में साहित्य का अभाव है। कागन एंव टिन्डल्ल (2003) इसका वर्णन परामर्शन वृत्ति में एक परिप्रेक्ष्य के रूप में करती हैं जो कतिपय सिद्धान्तों एवं मार्गदर्शन मूल्यों द्वारा प्रभावित होता है, यह परिप्रेक्ष्य नारी केन्द्रित है। नारीवादी विश्वास की प्रणालियाँ परामर्शदात्रियों का एक 'महिला' एवं एक 'परामर्शदात्री दोनों ही रूपों में मार्गदर्शन करती हैं। इसलिए नारीवादियों के लिए नारीवाद सभी समस्याओं के संदर्भ में महत्त्वपूर्ण होता है फिर चाहे समस्या स्तन कैंसर की हो या डिप्रेशन की हो।

परामर्शन प्रक्रिया/वृत्ति में नारीवादी परिप्रेक्ष्य के सिद्धान्तों एवं मार्गदर्शन मूल्यों को अधोवर्णित रूप में कार्यान्वित होते हुए देखा जा सकता है।

नारीशक्ति का अन्वेषण *(Exploration of women's power)*—नारीवादी परिप्रेक्ष्य में महिलाओं की समस्याओं के सामाजिक-राजनैतिक विश्लेषण पर बल दिया जाता है; पितृसत्तात्मक समाज की व्यवस्था को दोषी शक्ति के रूप में आरोपित किया जाता है; शक्ति वितरण के लिए समानता के सिद्धान्त की वकालत की जाती है तथा यौनिकता

(gender) के आधार पर विभेदन का विरोध स्वीकृत किया जाता है; महिलाओं की अन्तर्निहित शक्ति और सामर्थ्य पर बल दिया जाता है। इसलिए, नारीवादी परामर्शदाता विविध सामाजिक संरचनाओं (वैवाहिक सम्बन्ध, परिवार, कार्य स्थल एवं वृहत्तर समाज) में क्लायंट की शक्ति दशा के अन्वेषण पर प्रत्यक्ष रूप में बल देता है। कागान एवं टिन्डल्ल इसे क्लायंट के चेतना के विकास की प्रक्रिया बताती है; क्लायंट को यह समझने की दिशा में सहायता दी जाती है कि इसकी व्यथा/दुर्गति में आन्तरिक एवं बाह्य शक्ति का किस सीमा तक तुलनात्मक योगदान है।

मुख्यधारा की परामर्शन प्रक्रियाएँ क्लायंट को समायोजन स्थापित करने की दिशा में सहायता देती हैं, उनका प्रारूप समायोजनात्मक ('adjustment model') होता है, अर्थात उन प्रक्रियाओं द्वारा क्लायंट को पितृसत्तात्मक परिस्थितियों में फिट होने में मदद मिलती है किन्तु नारीवादी उपागम विद्यमान शोषक परिवेश के साथ हमारे समायोजन को महत्त्वपूर्ण/उपयोगी नहीं मानता है। नारीवादी परिप्रेक्ष्य का उद्देश्य क्लायंट को यह अनुभव कराना होता है उसके पास विकल्प है अथवा वह विकल्प का अन्वेषण कर सकती है; स्वयं को शोषण की व्यवस्था से मुक्त कर सकती है; उसे अपने व्यवहार के लिए अपने मानकों की स्थापना करनी होगी न कि वह शक्ति सम्पन्न शोषक वर्ग द्वारा स्थापित मानकों एवं अपेक्षाओं को पूरा करने के लिए त्याग करेगी। वॉटर हाउस (Waterhouse, 1993) के अनुसार महिलाओं (जो कि नन्हीं आत्माएँ—angel childs है) द्वारा रूढ़ियों के अनुसरण से उन्हें किसी-न-किसी रूप में क्षति अवश्य पहुँचती है। 'Locating responsibility for all the problems encountered by women within themselves is dangerous, as it leads to the adaptive model of mental health where women are seen to be neurotic in some way if they do not accept the social structures around them.' (Russell, 1996). महिलाओं के लिए यह आवश्यक है कि वे अपना क्रोध समाज पर व्यक्त करें न कि स्वयं पर (Waterhouse, 1993; Betty Friedan, 1981) यद्यपि यह सम्भव है कि ऐसा करने से महिलाओं की समस्याएँ बढ़ें (You might have more problems being a woman today, but you are alive....the new problems are more interesting than the old problems– Friedan, 1981). किन्तु एक व्यक्ति के रूप में नारी क्षमता की अभिव्यक्ति एवं विकास के लिए, दुर्गति/दुर्दशा/व्यथा से बाहर आने के लिए यह आवश्यक है। बेट्टी फ्रीडन यह भी कहती हैं कि नारी मुक्ति पुरुष वर्ग की पछतावापूर्ण दया (mea culpa) द्वारा सम्भव नहीं है क्योंकि ऐसे व्यवहार के पीछे भी शक्ति असंतुलन का कारक विद्यमान होगा। पुरुष नारी को प्रसन्न करने के लिए कुछ-कुछ अच्छा करेगा किन्तु आवश्यकता इस बात की है कि पुरुष स्वयं को इसलिए बदलें कि उन्हे अपना जीवन अच्छे ढंग से जीने के लिए स्वयं बदलाव लाने की आवश्यकता है। नारीवादी परामर्शदाताओं का यह विचार है कि व्यक्ति का अस्तित्त्व सामाजिक सांस्कृतिक संदर्भ में होता है इसलिए परिवर्तन लाने का कार्य व्यक्तिगत एवं राजनैतिक दोनों ही स्तरों पर करने की आवश्यकता होती है। मॉरो एवं हॉक्जर्स्ट (Morrow & Hawxhurst, 1998) व्यक्तिगत उपचार के साथ राजनैतिक बदलाव को जोड़ने की आवश्यकता का उल्लेख करते हैं।

समता का अन्वेषण *(Exploration of equality/egalitarianism)*—नारीवादी परिप्रेक्ष्य में परामर्शदाता दो स्तरों पर समानता के अन्वेषण पर ध्यान देता है। प्रथम,

परामर्शन सम्बन्धों में; एवं द्वितीय, सामाजिक राजनैतिक संदर्भों में। परामर्शन सम्बन्धों में टेलर (1996) के अनुसार नारीवादी परामर्शदाता 'एक पारस्परिक, अन्योन्याश्रित, सम्मानजनक एवं गैर-निरंकुश सम्बन्धों' (a mutual, reciprocal, respectful and non-authoritarian relationship) की स्थापना पर बल देती है। शक्ति-समीकरण की व्याख्या और अन्वेषण में क्लायंट आरंभ से ही सक्रिय भागीदार होती है।

परामर्शन सम्बन्धों से बाहर भी समता के अन्वेषण हेतु क्लायंट के अपने अनुभवों के परावर्तन पर ध्यान केन्द्रित किया जाता है तथा शक्ति से अलग करने वाली समाज निर्मित भूमिकाओं एवं पितृसत्तात्मक मूल्यों की पहचान की जाती है। इस प्रक्रिया का उद्देश्य यह होता है कि महिला क्लायंट अपने महत्त्व को पहचाने जिससे कि व्यक्तिगत सम्बन्धों में समानता के लिए वह वार्ता (negotiate) कर सके। यह सरलतापूर्वक देखा जा सकता है कि हमारे अध्ययनों, विश्लेषणों, बात-चीत एवं लेखन का परिप्रेक्ष्य 'असमतावादी' है जिसकी भाषा पीड़िता को आरोपित करने (victim-blame) जैसी होती है, उदाहरणार्थ हम पीड़ित-पत्नी (battered-wives) की बात करते है, 'आक्रमक-पति' (violenent-husbands) की बात नहीं करते है। समता के अन्वेषण की प्रक्रिया का उद्देश्य यह होता है कि महिलाएँ समाज प्रदत्त भूमिकाओं को त्याग कर आत्म-निर्मित, आत्म-चयनित भूमिकाओं को ग्रहण करें, नई सम्भावनाओं का अन्वेषण करें। परिवर्तन की इस प्रक्रिया में समाज द्वारा पूर्व निर्धारित भूमिकाओं में समायोजित होने की जगह उन्हें अपनी अंतर्दृष्टि और सामर्थ्य के आधार पर भूमिकाओं का चुनाव की आवश्यकता होती है। 'Instead of attempting to fit themselves into socially predetermined roles they have the insight and power to make their elected roles their own, to fit their roles around themselves.'—(Kagan & Tindall, 2003)

परामर्शन प्रक्रिया में खुलापन एवं पारदर्शिता *(Openness and transparency in counselling process)*—नारीवादी परिप्रेक्ष्य में कार्य करने वाले परामर्श के लिए परामर्शन प्रक्रिया में खुलापन एवं पारदर्शिता को स्थापित करने की आवश्यकता होती है। वस्तुतः खुलापन और पारदर्शिता परामर्शन सम्बन्ध में समता की दृष्टि से भी महत्त्वपूर्ण है, क्लायंट और परामर्शदाता की आत्म प्रकटीकरण (self-disclosure) में समानता होनी चाहिए। परामर्शदात्री प्रश्नों के उत्तर देने, आत्म-प्रकटीकरण के लिए तैयार रहती है यद्यपि ऐसा करते समय क्लायंट के हित में आवश्यक सूचनाओं को ही प्रकट करती हैं। इस प्रकार अन्य उपागमों की अपेक्षा सम्बन्ध का स्वरूप भिन्न एवं दो तरफा होता है ('The quality of contact is different....the sharing is two-way.'—Kagan, 2003)। परामर्शदाता के लिए नारीवादी उपागम के सिद्धान्तों एवं मूल्यों के प्रति सजग रहते हुए परामर्शन प्रक्रिया की व्याख्या करने की आवश्यकता मानी जाती है।

परवाह एवं प्रतिबद्धता *(Care and Commitment)*—परामर्शन में सम्बन्धों का महत्त्व होता है। नारीवादी परामर्शन में परामर्शदाता एवं परामर्शी क्लायंट के मध्य का सम्बन्ध अन्य उपागमों से भिन्न प्रकार का होता है; 'पारस्परिक, परानुभूतिपूर्ण एवं देखभालपूर्ण/परवाहपूर्ण सम्बन्धों का विकास किया जाता है।' (केगन एवं टिन्डल्ल, 2003)। सम्बन्धों में पारस्परिकता एवं परानुभूति का महत्त्व प्रायः सभी उपागमों में होता है किन्तु नारीवादी परामर्शदाता में दूसरों व्यक्ति की भलाई/कल्याण के लिए संवेगशीलता (an emotional investment in other person's well-being.'—Stiver, 1991) की

आवश्यकता होती है। गिलिगन (Gilligan, 1982) ने विचार व्यक्त किया है कि 'महिलाएँ सम्बन्धों का संपोषण (sustain connections) करना' चाहती है; इसलिए नारीवादी उपागम में परामर्शदाता एवं परामर्शी के मध्य सम्बन्धों की पारस्परिकता एवं शक्ति पर ध्यान दिया जाता है। यही प्रक्रिया परवाह/ देखभाल की प्रणाली में अंतर्निहित विश्वास/नैतिकता का आधार होती है।

पारस्परिकता का विकास परामर्शन प्रक्रिया में आपसी सहमति को महत्त्वपूर्ण स्थान दिये जाने के माध्यम से होता है। नारी-केन्द्रित होने से, नारी अनुभव की वैधता को स्वीकार करने से महिला क्लायंट को समझना सम्भव हो पाता है। (Women-centredness is about validating women's experiences, putting them at the heart of our work'. Kagan & Tindall, 2003].

परवाह एवं प्रतिबद्धता का स्वाभाविक अर्थ यह हो जाता है कि परामर्शदाता और परामर्शी दोनों सुरक्षित हो, उनके कार्य एवं व्यवहार की सीमाएँ आपसी वार्ता के आधार पर निर्धारित की जायें; उक्त सीमाओं को क्लायंट पर बाहर से थोपा न जाये। सीमाओं का विभिन्न सत्रों के लिए अलग-अलग बिन्दुओं पर पृथक निर्धारण हो सकता है। नारीवादी परामर्श प्रक्रिया में परवाह एवं प्रतिबद्धता की विशेषता यह भी होती है कि व्यक्तिगत एवं सामुदायिक दोनो ही स्तरों पर सकारात्मक पक्षों (अच्छे समय, सफल हुई कार्य पद्धतियों, स्वयं की अच्छाइयों आदि) पर ध्यान केन्द्रित किया जाता है तथा नकारात्मक पक्षों (नकारात्मक संवंगों, व्यक्ति की कमियों) पर अनावश्यक रूप से केन्द्रित नहीं हुआ जाता है जिससे कि वास्तविकतापूर्ण संतुलित परिप्रेक्ष्य का विकास हो।

आत्मबोध का विकास *(Development of self awareness)*—परावर्तकता (reflexivity) नारीवादी परामर्शन उपागम का महत्त्वपूर्ण अंग होता है जिसे विलकिन्सन (1988) 'अनुशासित आत्म-परावर्तन' के रूप में परिभाषित करते हैं। इसका तात्पर्य यह होता है कि परामर्शदाता द्वारा क्लायंट एवं प्रक्रिया के साथ के अपने लगाव का आलिंगन किया जाये। परामर्शदात्री लोकतांत्रिक, सहयोगी ढंग से कार्य करते हुए अधिगम के लिए भी सक्रिय होती है; वह स्वयं की आन्तरिक प्रक्रियाओं, अपने निजी वृत्तांत एवं सामाजिक-राजनैतिक मूल्यों की सतत समीक्षा करती रहती है। परामर्शदात्री के लिए यह आवश्यक होता है कि परावर्तनीय आत्मबोध एवं आत्म-मूल्यांकन के आधार पर वह अपनी समस्याओं को क्लायंट की समस्याओं से अलग रखे। इस बात के लिए सजग रहने की आवश्यकता होती है कि परामर्शदात्री के यौन, व्यक्तित्त्व, शैली एवं आत्म-बोध के स्तर का परामर्शन प्रक्रिया पर अनुचित प्रभाव उत्पन्न नहीं हो।

क्लायंट और परामर्शदात्री दोनों के लिए 'परिवर्तन' एवं 'परिवर्तन से सीखने' पर बल दिया जाता है। सीखने के लिए परामर्शन सम्बन्धों एवं उसके बाहर की दशाओं में शक्ति संतुलन की गत्यात्मकता एवं परामर्शन वृत्ति पर आलोचनात्मक परावर्तन की आवश्यकता होती है (कागन एवं टिन्डल्ल)। इस प्रकार के आलोचनात्मक आत्मबोध, परावर्तन एवं सक्रिय अधिगम की प्रक्रिया द्वारा परामर्शन वृत्ति में लचीलापन आ जाता है।

नारीवादी वृत्ति में आत्मबोध/परावर्तन के महत्त्व की **कागन एवं टिन्डल्ल** (2003) निम्न शब्दों में व्याख्या करती हैं :—

'The counselling psychologist, the client and the process are embedded in and saturated with culturally produced meanings and values. If we do not actively attend to such issues in ourselves, the client and the context, we run the risk of reproducing oppression in the therapeutic encounter.'

आलोचनात्मक आत्मबोध के विकास एवं अनुरक्षण में पर्यवेक्षण (supervision) की भूमिका महत्त्वपूर्ण होती है। परामर्शन एवं मनोपचार की प्रक्रिया में परामर्शदाता की मूल्य प्रणालियों का प्रभाव, मुख्यतः अचेतन रूप में पड़ता है (Taylor, 1994)। परामर्शदाता के मूल्यों की पहचान एवं समीक्षा पर्यवेक्षण का मुख्य अंग होता है। परामर्शदाता की यौनिक रूढ़ियों के सामाजिक विश्लेषण द्वारा उसे अपनी यौन भूमिका तादात्म्य (sex role identity) के विषय में स्पष्टीकरण की प्राप्ति होती है। पर्यवेक्षण के उद्देश्यों को प्राप्त करने के लिए समतावादी पर्यवेक्षण सम्बन्धों की आवश्यकता होती है।

IV. सर्वांग उपागम (Systemic Approach)

बीसवीं शताब्दी के मध्य तक परामर्शन एवं मनोपचार की मुख्यधारा से सम्बन्धित उपागमों में व्यक्ति की समस्याओं एवं उसके समाधान के लिए व्यक्ति (अथवा व्यक्तित्त्व) को ही केन्द्र में रखा गया। हमारे व्यक्तित्त्व के माध्यम से ही हमारी आनुवांशिक सम्पदा एवं परिवेशीय कारको (परिवार, विद्यालय, समाज एवं संस्कृति) का प्रभाव अभिव्यक्त होता है अतः व्यक्ति की व्यवहार सम्बन्धी समस्याओं के कारण की व्याख्या व्यक्तित्त्व विकृति के रूप में एवं समस्याओं के समाधान के लिए व्यक्तित्त्व के घटकों (संज्ञान, अनुभूति, बिम्ब, अनुक्रिया, आदत) को प्रभावित करने के लिए परामर्शन/ मनोपचार की प्रक्रियाओं का रूप निर्धारण किया जाता था। बाद में परामर्शदाताओं ने यह अनुभव किया कि व्यक्ति की समस्याओं की उत्पत्ति और समाधान में उन व्यवस्थाओं या प्रणालियों (arrangements and systems) की उपेक्षा नहीं की जा सकती है जिनमें व्यक्ति जीवन-यापन कर रहा होता है, यथा-परिवार, युगल, पति-पत्नी, कार्य-समूह, संस्कृति आदि। परिवार एवं अन्य प्रणालियों में घटित हो रही अन्तर्क्रियाओं एवं स्थापित सम्बन्धों का हमारे विश्वासों, व्याख्याओ और अनुक्रियाओं पर व्यापक एवं गहन प्रभाव पड़ता है अतः परिवार या अन्य प्रणालियों को संदर्भ में रखकर ही परामर्शन/मनोपचार की प्रक्रिया सम्पन्न होनी चाहिए।

मानव व्यवहार की रूप रचना में परिवार के महत्त्व को मनोविश्लेषणात्मक सिद्धान्त में भी स्वीकार किया गया था किन्तु यह प्रभाव पालन-पोषण की प्रक्रिया में माता-पिता की भूमिका तक ही (अतः आरम्भिक जीवन तक ही) सीमित था किन्तु मनोगत्यात्मक परम्परा के भीतर रहते हुए सुलीवान ने व्यक्ति के व्यवहार के निर्धारण में 'अन्तर्वैयक्तिक सम्बन्धों के प्रारूप के महत्त्व को रेखांकित किया।

बोर एवं **लेग्ग** (Robert Bor & Charles Legg, 2003) ने सर्वांग उपागम के विकास में तीन प्रवृत्तियों के महत्त्व का वर्णन किया है—(i) संगठनात्मक मनोविज्ञान के क्षेत्र में सर्वांग सिद्धांत का विकास (ii) बेट्सन (Gregory Bateson) के सैद्धान्तिक कार्य एवं (iii) मुख्य मनोवैज्ञानिक समस्याओं की व्याख्या एवं समाधान में परिवार को सम्मिलित किया जाना।

आरम्भ में परिवार रूपी प्रणाली पर जिस रूप में बल दिया गया उसमें प्रक्रियाओं और प्रारूपों को बाहर से देखा जाता था; लक्षणों को इन गत्यात्मक कारकों का परिणाम माना जाता था; इसलिए लक्षणों का निवारण करने के लिए परिवार की प्रणाली एवं प्रारूप

में कतिपय परिवर्तनों/रूपान्तरणों को आवश्यक माना जाता था। अब उत्तर-आधुनिक संदर्भों में सर्वांग/प्रणाली की यांत्रिक व्याख्या को अस्वीकार किया जा रहा है। परिवार के सदस्यो के मध्य संचार के प्रारूप को आज भी महत्त्व दिया जाता है किन्तु अधिक ध्यान यह समझने पर केन्द्रित किया जाता है कि हमारे सम्बन्धों एवं अनुभवों के स्वरूप पर परिवार के सदस्यों के विश्वासों, अर्थ रचनाओं, निर्मित अर्थ संसार, व्याख्याओं एवं उनके द्वारा पोषित वृत्तांतों का किस प्रकार/किस रूप में प्रभाव पड़ता है। परिवार एवं सर्वांग उपागम निर्मित अर्थों के स्थान पर नये अर्थों की रचना का उपाय करता है।

आरम्भ में 'सर्वांग उपागम' 'व्यक्ति उपागमों' के विरुद्ध खड़ा प्रतीत होता था; स्व एवं प्रणाली तथा व्यक्ति एवं परिवार के मध्य भेद स्थापित किया जाता था किन्तु अब सैद्धान्तिक एवं प्रक्रियात्मक समाकलन (amalgamation) के फलस्वरूप 'स्व' एवं सर्वांग के साथ सम्बन्धों का पुनर्मूल्यांकन हो रहा है तथा उक्त विभेद समाप्त हो रहे हैं।

सर्वांग उपागम मुख्यतः विचारों को वृहत्तर सामाजिक संदर्भ में समझने की प्रक्रिया से सम्बन्धित है (बोर एवं लेग्गा) और इस प्रकार सर्वांग उपागम का बल उस संदर्भ पर होता है जिसमें व्यक्ति अपने अस्तित्त्व का अनुभव करता है; जिसमें वह अपने अर्थ संसार, विश्वासों एवं निजी वृत्तांतों की रचना करता है।

बोर एवं अन्य (R. Bor, R. Miller, M. Latz & H. Salt, 1998) तथा बोर एंव लेग्ग (2003) के अनुसार सर्वांग उपागम के मूल मत (basic tenets) निम्नवत हैं:—

(1) सर्वांग परामर्शन सदैव संदर्भात्मक होता है; मनोवैज्ञानिक समस्याओं को सामाजिक राजनैतिक संदर्भ में समझे जाने की आवश्यकता होती है।

(2) सभी प्रकार के मनोवैज्ञानिक अन्वेषण एवं परामर्शन वृत्ति में अन्योन्यता (अन्तर्क्रिया) मर्म बिन्दु की भाँति होती है।

(3) लोगो के बीच का सम्बन्ध (चाहे वह परिवार के सदस्यों या सहकर्मियों के मध्य हो) उनके विश्वासों एवं व्यवहार द्वारा प्रभावित (punctuate) होता है।

(4) व्यक्तियों या परिवारों की विशिष्ट विकासात्मक अवस्थाओं में समस्याएँ आती है, लोगों द्वारा वास्तविकताओं को अस्वीकार किये जाने से भी समस्याएँ आ सकती हैं।

(5) परामर्शदाता के समक्ष प्रस्तुत की जाने वाली समस्याएँ बहुधा भाषा और वार्ता के माध्यम से अभिव्यक्त की जाती हैं। सर्वांग सिद्धान्त ने परामर्शन/मनोपचार की भाषा को समझने में सहायता प्रदान की है।

(6) परामर्शन क्लायंट के सहयोग द्वारा सम्पन्न होने काली क्रिया होती है। अन्य परामर्शन उपागमों की भाँति सर्वांग उपागम में भी परानुभूति (empathy) के विकास हेतु परामर्शदाता प्रयत्न करता है।

मूल सैद्धान्तिक सम्प्रत्यय
(Key Theoretical Concepts)

व्यक्तित्त्व बनाम सर्वांग (*Personality vs System*)—व्यक्तित्त्व एक सैद्धान्तिक निर्मिति है जिसे मानव व्यवहार के बार-बार घटित होने वाले प्रारूप की व्याख्या के लिए विकसित किया गया (बोर एवं लेग्ग, 2003)।

'Personality is not a thing, it is a theoretical construct advanced to account for recurrent patterns of human behaviour.' (Robert Bor & Charles Legg, 2003)

परामर्शन के मुख्य उपागम व्यक्तित्त्व सिद्धान्तों के आधार पर विकसित किये गये है जिसकी दृष्टि में व्यक्ति आनुवांशिक सम्पदा के साथ जन्म लेकर परिवेश के साथ अपनी इस सम्पदा के साथ अन्तर्क्रिया करते हुए आरम्भिक अनुभव अर्जित करता है और इन आरंभिक अनुभवों द्वारा निर्धारित मार्ग पर चलते हुए अपने वयस्क व्यक्तित्त्व को प्राप्त करता है। इस मार्ग में समुत्पन्न होने वाले व्यवधानों (कुण्ठा, बाह्य, द्वन्द्व, तनाव आदि) के कारण समस्याएँ उत्पन्न होती है। परामर्शन एवं मनोपचार व्यक्ति के व्यक्तित्त्व विकास को इस प्रकार से पहुँची हुई क्षति में सुधार/परिवर्तन के लिए कार्य करता है। बोर एवं लेग्ग के अनुसार व्यक्तित्त्व का अध्ययन वस्तुतः यह समझने का प्रयत्न करता है कि हमारी मनोवैज्ञानिक एवं अन्तर्वैयक्तिक समस्याएँ कैसे विकसित होती है।

मानव व्यवहार के बार-बार घटित होने वाले प्रारूपों की व्याख्या हेतु व्यक्तित्त्व के विकल्प के रूप में सर्वांग को प्रस्तुत किया गया है। सर्वांग का संप्रत्यय व्यवहार प्रारूपों के अनुरक्षण की व्याख्या के लिए सर्वांग के अन्दर ही वर्तमान में प्रस्तुत होने वाले पुनर्निवेशन (feedback) को आधार के रूप में स्वीकार करता हैं। हमारा व्यवहार सामाजिक संदर्भ द्वारा नियंत्रित होता है। सामाजिक संदर्भ का अनुरक्षण व्यवहार की एकरूपता, पुनरावृत्ति या अनुरक्षण का निर्धारक होता है। व्यवहारगत समस्याएँ 'संदर्भ में व्यक्त' अर्थात सर्वांग में सक्रिय समस्यात्मक परिस्थितियों के कारण उत्पन्न होती हैं। परिवार इस सर्वांग का उदाहरण है। जोन्स (Jones, 1993) ने परिवार को समस्याओं का मूलस्रोत बताया है।

मानव सर्वांग एवं संप्रेषण *(Human System and Communication)*—स्ट्रीट (Eddy Street, 2000) के अनुसार एक सर्वांग की रचना ऐसे अन्तर्सम्बन्धित घटकों/अंगों द्वारा होती है जो सब के सब आपस में जुड़कर इसकी व्यापक स्तरीय सम्पूर्ण प्रकार्यात्मकता को प्रभावित करते हैं। सर्वांग के सभी अंग जोड़ों (connections) द्वारा कार्य करते हैं, योग (summation) द्वारा नहीं। इन जोड़ों को विभिन्न रूपो में संबोधित किया जाता है; संचार/संप्रेषण, (communications), संव्यवहार (transactions), विश्वास (beliefs), विचार (ideas)। स्ट्रीट ने इन्हें सम्मिलित रूप में 'सूचना' का नाम दिया है, जो व्यक्ति को सर्वांग के अंगों के विषय में प्राप्त होती है। स्ट्रीट के अनुसार 'सर्वांग का वर्णन' उसके अंगों के अन्दर घटित होने वाली बातों से नहीं, अपितु अंगों के मध्य में जो कुछ चल रहा होता है उसके द्वारा होता है। सर्वांग में किसी बिन्दु पर सूचना में उत्पन्न परिवर्तन का प्रभाव अन्य बिन्दुओं या अंगों पर भी पड़ता है और इस प्रकार माता-पिता के मध्य विचार-विनिमय के फलस्वरूप पुत्र के प्रति माता/पिता का व्यवहार प्रभावित होता है और पुत्र की प्रतिक्रिया द्वारा माता-पिता प्रभावित होते हैं अर्थात किसी भी प्रणाली में घटकों के मध्य चक्रीय कारणात्मक सम्बन्ध (circular causality) पाया जाता है। स्पष्ट है कि परिवार सर्वांग का एक अच्छा उदाहरण है जिसमें अनेक सदस्य हैं, घटकों की शृंखला है, उनके मध्य अन्तर्सम्बन्ध है, अंगों का एक-दूसरे पर प्रभाव (संचार द्वारा) पड़ रहा है तथा सम्पूर्ण व्यवस्था (अंगों के अन्तर्सम्बन्ध/जोड़ की व्यवस्था) में स्थायित्व या दीर्घकालिकता देखी जा सकती है। परिवार एक जैविक एवं एक सामाजिक निर्मिति (a biological and a social construct) दोनों ही है।

विकास एवं परिवर्तन तथा मनोवैज्ञानिक समस्याएँ (*Development and Change and Psychological Problems*)—परिवार रूपी सर्वांग को एक विकासात्मक चक्र के रूप में देखा जा सकता है जिसमें विभिन्न पीढ़ियों के सदस्य अलग-अलग बिन्दुओं पर खड़े देखे जा सकते हैं। व्यक्ति के व्यवहार में विकास के माध्यम से परिवर्तन आता है। स्ट्रीट ने इन परिवर्तनों को प्रथम अनुक्रम (first order) एवं द्वितीय अनुक्रम के रूप में विभाजित किया है। **प्रथम,** अनुक्रम में सर्वांग के किसी अंग में परिवर्तन आता है। एक बच्चा जब चलने लगता है तब उसका व्यवहार स्वतंत्रता (ऊँगली छुड़ाकर भागना) अर्जित करने की दिशा में परिवर्तित होता है। **द्वितीय,** अनुक्रम के परिवर्तन का सम्बन्ध सर्वांग में घटित होने वाले परिवर्तन से है। किसी अंग परिवर्तन के फलस्वरूप यह आवश्यक हो जाता हे कि सर्वांग द्वितीय अनुक्रम के परिवर्तनों के माध्यम से प्रथम अनुक्रम के परिवर्तनों को अत्मसात करें और उसके अनुरूप स्वयं में आवश्यक परिवर्तन द्वारा उसके प्रति उपयुक्त प्रतिक्रिया करें। इस प्रकार जब बच्चा चलने लगता है तब उसे छूट देते हुए भी उसके संरक्षण के लिए परिवार को नये उपाय ढूँढने होंगे। इस प्रकार एक परिवर्तन दूसरे परिवर्तन की दिशा में हमें ले जाता है तथा परिवर्तन-प्रभाव-परिवर्तन का यह चक्र चलता रहता है।

समय काल के आगे बढ़ने के साथ परिवार/सर्वांग में अनेक प्रकार के तनावों का अनुभव होता है। **प्रथम**, तनाव का अनुभव उन परिवर्तनों के माध्यम से आता है जिनका पूर्व कथन किया जा सकता है; इन्हें विकासात्मक तनाव (developmental stress) कहते हैं। **द्वितीय**, ऐसे तनाव भी अनुभव किये जाते हैं जो अचानक ही प्रकट होने वाले परिवर्तनों, यथा : दुर्घटना के कारण उत्पन्न होते हैं। **तृतीय**, सर्वांग/परिवार के अन्दर विभिन्न पीढ़ियों के मध्य व्याप्त अन्तर (अन्तर जो कि विकासात्मक भिन्नताओं के कारण उत्पन्न हुए हैं) के कारण टकराव के रूप में तनाव प्रकट होता है, जिसे अन्तर्पीढ़ी तनाव (transgenerational stresses) कहा जाता है। पारिवारिक विकास में सर्वाधिक तनाव उस समय आता है जब परिवार विकास की एक अवस्था से दूसरी अवस्था की ओर अग्रसर हो रहा होता है (जैसे बच्चों का बाहर जाना, रिटायमेंट आदि) और तब द्वितीय अनुक्रम श्रेणी के अनेक महत्त्वपूर्ण परिवर्तनों की आवश्यकता होती है। ऐसी महत्त्वपूर्ण घड़ियों में सर्वांग/परिवार के समक्ष विकासात्मक लक्ष्य प्रकट होता है, उसे नये अर्थों, नयी संरचनाओं को स्वयं के लिए विकसित करने की आवश्यकता होती है।

परिवर्तनों के परिणामस्वरूप सर्वांग/परिवार में व्यक्ति के लिए मनोवैज्ञानिक समस्याएँ उत्पन्न हो सकती हैं (Andolfi, Angele, Menghi & Nicolo-Corgliano, 1983; Carter & Mc Goldrick, 1989)। एण्डोल्फी एवं अन्य के अनुसार मनोवैज्ञानिक समस्याएँ तब विकसित होती हैं जब सर्वांग/परिवार अनुपयुक्त समाधान का सृजन (create) करता है अथवा जब सर्वांग द्वारा परिवर्तन का प्रतिरोध किया जाता है। कार्टर एवं मैकगोल्डरिक ने समस्याओं की उत्पत्ति को अनुपयुक्त समाधान प्रयुक्त (apply) किये जाने का प्रतिफल बताया है।

एण्डोल्फी एवं अन्य (1983) के अनुसार दो प्रकार के परिवारों के व्यक्ति/सदस्य में मनोविकार उत्पन्न होने की सम्भावना अधिक होती है—एक प्रकार के परिवार को रिस्क फेमिली (risk family) और दूसरे प्रकार के परिवार को बेलोच/दृढ़ परिवार (rigid family) के रूप में बताया है। रिस्क फेमिली की श्रेणी में वे परिवार आते है जहाँ विकास के महत्त्वपूर्ण चरण से गुजर रहे परिवार के किसी एक सदस्य में समस्याओं का समाधान

करते समय इस प्रकार लक्षण विकसित हो जाएँ कि अब अन्य सदस्यों को परिवार के पुनर्गठन की प्रक्रिया पूरी करनी पड़े। बेलोच परिवार के किसी सदस्य में परिवर्तन/पुनर्गठन का विरोध करते हुए लक्षण विकसित हो जाते है। इस प्रकार 'एट रिस्क फेमिली' में अंततः पुनर्गठन होता है किन्तु 'रिजिड फेमिली' में पुनर्गठन होता ही नहीं है। इस प्रकार बोर एवं लेग्ग (2003) के अनुसार जिसे अधिकतर मनोवैज्ञानिक 'लक्षण' बताते है, वह सर्वांगवादियों की दृष्टि में सर्वांग/परिवार द्वारा समागत समस्याओं के लिए समाधान का प्रतिफल है, परिवार में संक्रमण का परिणाम है। समस्या के प्रति ऐसा दृष्टिकोण सर्वांग उपागम की एक अच्छाई या शक्ति मानी जाती है। ऐसा दृष्टिकोण परामर्शदाता को 'समस्या' को 'व्यक्ति के बाहर' अवस्थित रूप में देखने के लिए प्रोत्साहित करता है।

व्यक्ति की समस्या को वस्तुतः 'व्यक्ति से बाहर' अवस्थित हुआ देखने की दृष्टि के अनेक प्रभाव सम्भव हैं। जिस व्यक्ति को 'समस्या' के कारण परामर्शदाता के पास जाने के लिए निर्देशित (रेफर) किया जाता है उसे रेफर करने वाला पक्ष वह सर्वांग या परिवार हो सकता है जो कि इस उपागम के अनुसार समस्या का वास्तविक कारण है। इस दृष्टि से निर्देशित/रेफर करने वाले सर्वांग के दृष्टिकोण का परामर्शदाता के दृष्टिकोण से टकराव होना स्वाभाविक हो जाता है, इस संदर्भ में व्यक्ति का दृष्टिकोण महत्त्वपूर्ण होगा न कि सर्वांग का दृष्टिकोण; अतः व्यक्ति के दृष्टिकोण/व्याख्या को समझना महत्त्वपूर्ण होगा तथा सर्वांग के दृष्टिकोण को समझना मात्र आरंभिक क्रिया हो सकती है। सर्वांग/परिवार उपागम में कार्य करने वाले परामर्शदाता की दृष्टि में व्यक्ति की समस्या एक नहीं अनेक होती है, सम्भवतः परिवार या सर्वांग में जितने सदस्य हैं उतनी समस्याएँ हो सकती हैं।

परिवर्तन की प्रक्रियाएँ
(Procedures of Change)

सर्वांग उपागम में परामर्शदाता मुख्यतः द्वितीय अनुक्रम के परिवर्तनों पर बल देता है अतः वह सर्वांग/परिवार के लिए ऐसी सूचनाओं या बोध के विकास पर ध्यान देता है जिनके द्वारा परिवर्तन में सहायता प्राप्त होती है। सर्वांग उपागम वाले परिप्रेक्ष्य के अन्तर्गत रहते हुए लक्ष्य प्राप्ति के लिए विभिन्न प्रकार के परामर्शन मनोपचार उपागमों को प्रयुक्त किया जाता है। सर्वांग/परिवार परिप्रेक्ष्य के अन्तर्गत कार्य करते हुए जिस किसी भी मनोपचारी प्रक्रिया/पद्धति को प्रयुक्त किया जाय परामर्शदाता द्वारा परानुभूति (empathy), गर्मजोशी/आत्मीयता (warmth) एवं निष्ठा (genuineness) की अभिव्यक्ति महत्त्वपूर्ण होती है। परामर्शदाता यह कार्य अनुभूतियों के प्रत्यावर्तन एवं अन्तर्क्रियाओं के प्रत्यावर्तन हेतु अपनी दक्षता के आधार पर सम्पन्न कर पता है। प्रत्यावर्तन की क्रिया विगत को दर्पण में प्रतिबिम्बित करने का कार्य मात्र नहीं है; इसका उद्देश्य व्यक्ति/सर्वांग के लिए व्यापक अर्थ का विकास सम्भव बनाना होता है।

आधुनिक सर्वांग उपागम के अन्तर्गत परिवर्तन सम्बन्धी लक्ष्यों को प्राप्त करने के लिए सर्वांग/ परिवार सम्बन्धी वृत्तान्तों (narratives), वृत्तान्त रूपकों (narrative metaphor) एवं परामर्शदाता एवं परामर्शी के मध्य सहयोग के आधार पर वैकल्पिक वृत्तांत (alternative narrative/story) के सह-निर्माण (co-construction) पर ध्यान केन्द्रित किया जाता है। बोर एवं लेग्ग (2003) के अनुसार सर्वांग उपागम का विकास इस विचार के साथ हुआ था कि तात्कालिक/वर्तमान सामाजिक सम्बन्धों की गत्यात्मकता द्वारा ही समस्याओं का विकास एवं अनुरक्षण होता है इसलिए सर्वांग/परिवार के भीतर संचार में परिवर्तन द्वारा

समस्याओं को समाप्त किया जा सकता है। यहाँ पर सर्वांग परिप्रेक्ष्य में वृत्तांत उपागम और उसकी प्रक्रिया का विवरण प्रस्तुत किया गया है।

यदि व्यक्ति की समस्याएँ सर्वांग/परिवार की उपज है, यदि प्रकट हुए लक्षण सर्वांग/परिवार द्वारा वृहत्तर सामाजिक संदर्भ के साथ अन्तर्क्रिया करते हुए किसी समस्या के समाधान के लिए उसके द्वारा किये गये प्रयास के परिणाम है तब संचार के वर्तमान स्वरूप को बाधित (disrupt) कर देने से यह सम्भावना भी उत्पन्न होती है कि एक समस्या का दूसरी समस्या द्वारा विस्थापन हो जाये, इसलिए वृत्तांत उपागम के समक्ष यह चुनौती होती है कि किस प्रकार वृहत्तर सामाजिक संदर्भ के परिप्रेक्ष्य में ऐसे परिवर्तन किये जायें जिनका महत्त्व व्यक्ति के लिए स्थायी लाभ के रूप में प्रकट हो सकें।

वृत्तांत रूपक
(Narrative Metaphor)

सर्वांग परिप्रेक्ष्य में वृत्तांत उपागम वृहत्तर सामाजिक एवं राजनैतिक संदर्भों में यह विचार करता है कि किस प्रकार इनके द्वारा व्यक्ति के संदर्भ एवं अनुभव का रूप निर्धारण होता है। यह विचार किया जाता है कि कैसे व्यक्ति के वर्तमान अनुभवों के साथ-साथ समस्याओं का कारणात्मक इतिहास उसे प्रभावित कर रहा है; कैसे व्यक्ति का परिवार के संदर्भ में अनुभव वृहत्तर सामाजिक-राजनैतिक संदर्भ के शक्ति समीकरण द्वारा प्रभवित हो रहा है; कैसे व्यक्ति/परिवार एक संदर्भ में वृत्तांत की रचना करता है और किस प्रकार यह वृत्तांत दूसरे संदर्भों में सक्रिय/प्रकट होने लगता है। परामर्शन/मनोपचार में वृत्तांत की भाषा और सत्य (सत्य या वास्तविकता सम्बन्धी विचारों) की रचना पर बल दिया जाता है। ह्वाइट एवं इप्सटन (White and Epston, 1990) ने वृत्तांत रूपक के परिप्रेक्ष्य में अर्थ एवं परिवर्तन की क्रिया के रूप में भाषा के महत्त्व का वर्णन किया है। मनोपचार की प्रक्रिया में क्लायंट को वर्तमान वृत्तांत या कथा से मुक्त करके वैकल्पिक वृहद सम्भावनाओं की दिशा में ले जाना लक्ष्य किया जाता है।

वृत्तांत रूपक परिप्रेक्ष्य में वृत्तांत रचना की दृष्टि से साहित्यिक परम्पराओं, समाजिक दशाओं, सांस्कृतिक मूल्यों और अन्य सामाजिक परम्पराओं के प्रभाव पर विचार किया जाता है। वृत्तांत रूपक उपागम का विकास फोकाल्ट के शक्ति और ज्ञान विषयक विचारों, सामाजिक निर्मितिवाद और विनिर्मितिवाद से प्रभावित दिखाई पड़ता है।

हाफमैन (Lynn Hoffman, 1993) के अनुसर वृत्तांत रूपक व्यक्ति के लिए सत्य के ऐसा रूप होते हैं जिनका व्यक्ति स्वयं से कथन करता है ज़िससे कि संसार अर्थपूर्ण हो और उसमें व्यक्ति का मार्ग प्रशस्त हो।

'It is as if reality consists of the tales people tell themselves to make sense of the world and to navigate wittin it' (Hoffman, 1993).

वृत्तांत और अनुभव का सम्बन्ध चक्रीय होता है; अनुभव द्वारा वृत्तांत और वृत्तांत द्वारा अनुभव की रचना होती है (बोर एवं लेग्ग, 2003)। वृत्तांत रूपकों के माध्यम से लोग अपनी कथा प्रस्तुत करते हैं और इस कथा के माध्यम से लोग जीवन को अर्थ एवं संरचना प्रदान करते हैं। एक व्यक्ति के जीवन में अनेक वृत्तांत होते हैं जिनमें से किसी एक का प्रभुत्व एवं प्रभाव अधिक होता है किन्तु ब्रूनर (1986) के अनुसार इन प्रभावशाली वृत्तांतों के माध्यम से हमारे सभी महत्त्वपूर्ण अनुभवों एवं अनुभूतियों की अभिव्यक्ति एवं प्रस्तुति सम्भव नहीं हो पाती है, व्यक्ति द्वारा प्रस्तुत वृत्तांत को अपने व्यवहार के औचित्य

को सिद्ध करने वाली कथा और इस प्रकार एक समस्या के रूप में देखा जाता है। वृत्तांत रूपक समस्याओं को निरोध (restraints) के रूप में देखता है। समस्याओं को व्यक्ति से पृथक विचारों, विश्वासों एवं व्यवहारों के रूप में देखा जाता है। इस दृष्टिकोण द्वारा व्यक्ति का सशक्तीकरण होता है। परामर्शदाता इन निरोधों पर ध्यान देते हुए ऐसे संदर्भ की रचना करता है जिसमें क्लायंट के लिए विश्व दर्शन की नई सम्भावनाएँ प्रकट होती हैं। परामर्शदाता विनिर्माण (deconstruction), पुनर्निर्माण (reconstruction) एवं पुनर्कथन (restorying) की प्रक्रियाओं को प्रयुक्त करके क्लायंट को वैकल्पिक कथा की रचना में सहायता देता है। माइकल ह्वाइट (1989) निरोधों को दूर करने के लिए समस्याओं के बहिरिकरण (externalizing) प्रक्रिया की संस्तुति करते हैं। इस प्रक्रिया में समस्याओं को व्यक्ति एवं परिवार को प्रभावित करने वाली अर्थ प्रणाली में खोजा जाता है।

परामर्शी एवं परामर्शदाता के मध्य सहयोग *(Collaboration Between Client and Counsellor)*

परामर्शदाता स्वयं को विशेषज्ञ (expert) के रूप में नहीं प्रस्तुत करते हैं। परामर्शदाता वार्ता को उपयुक्त दिशा की ओर नियंत्रित करता है, यह नियंत्रण निर्देशक शैली में नहीं किया जाता है अपितु प्रतिबंध (constraint) स्थापित करने की शैली में होता है। परामर्शी एवं परामर्शदाता मिलकर (co-construct) एक वैकल्पिक कथा की रचना करते हैं जो समस्या-पूर्ण (problem-full) कथा के स्थान पर सम्भावनापूर्ण (possibility-full) कथा को स्थापित करती है। इस नयी कथा के लिए परामर्शी एवं परामर्शदाता सह-लेखक होते हैं।

V. पारलौकिक/उत्कृष्ट अनुभव परिप्रेक्ष्य (Transpersonal Perspective)

व्यक्ति के जीवन में अनुभव के अनेक स्तर देखे जा सकते हैं। आरंभिक अवस्था, जहाँ व्यक्ति का बौद्धिक विकास अभी पूर्ण नहीं हुआ रहता है, सरल स्थूल वस्तुओं एवं घटनाओं के अतार्किक रूप में अनुभव करने की अवस्था होती है। इस अवस्था में व्यक्ति घटनाओं का तर्कसंगत ढंग से अनुभव नहीं कर पाता है; निराकार गोचरों का अनुभव उसके लिए अभी सम्भव नहीं होता है। इसी प्रकार व्यक्ति के अनुभवों का सीधा सम्बन्ध चेतन से है यद्यपि कि उसके अनुभव का एक भाग चेतना से निम्नतर स्तर का होता है जिसे अवचेतन एवं अचेतन के रूप में देखा जाता है। सामान्यतः व्यक्ति के अनुभव का विस्तार मूर्त से अमूर्त तक, अवचेतन से चेतन तक होता है किन्तु कतिपय विशेष दशाओं में व्यक्ति के अनुभव में सूक्ष्म तत्त्वों का समावेश होता है। अनुभव को उत्कृष्टता प्राप्त होती है, अनुभव का सम्बन्ध लौकिक जगत से आगे पहुँच जाता है। ऐसे अनुभवों को मैस्लो (1973) शीर्ष अनुभव (peak experience) कहते हैं; विभिन्न आध्यात्मिक परम्पराओं में इसे पार-वैयक्तिक या पारलौकिक (transpersonal) अनुभव कहा जाता है। इन अनुभवों का सम्बन्ध जादू (magic) से नहीं होता है, इन्हें अज्ञानता अथवा विकास से पूर्व की रहस्य बोध की अवस्था के साथ जोड़ना गलत होगा। इसका अर्थ यह नहीं कि लोगों को अज्ञानता, अंधविश्वास अथवा अवस्तुबोधन की दशा के कारण शीर्ष अनुभव से मेल खाता हुआ कोई भ्रामक अनुभव प्राप्त नहीं होता है; हम यहाँ पर इसके विपरीत इस विषय

की ओर ध्यान आकृष्ट करना चाहते हैं कि कुछ सामान्य अनुशासित प्रयत्नों द्वारा हमें सूक्ष्म जगत का अनुभव प्राप्त होता है, एक ऐसा अनुभव जो उत्कृष्ट होता है, जो समय और स्थान के बंधन से मुक्त हो सकता है, ऐसा अनुभव जो चेतना से उच्च स्तर अर्थात सर्वोच्च चेतन स्तर (superconscious) का होता है, अनुभवों को ऐसा संसार जो बुद्धि और तर्क के सामान्य नियमों द्वारा नहीं समझा जा सकता है। पारलौकिक/उत्कृष्ट अनुभव के परिप्रेक्ष्य में परामर्शन वृत्ति के क्षेत्र में अनेक प्रश्न प्रकट होते हैं: पारलौकिक अनुभवों की व्यक्ति के जीवन में क्या भूमिका हो सकती है; क्या इससे व्यक्ति के लिए समस्याएँ उत्पन्न हो जाती है और यदि हाँ तो इससे कैसे मुक्ति प्राप्त होनी सम्भव है, और क्या पारलौकिक/उत्कृष्ट अनुभवों द्वारा उपचार के क्षेत्र में लाभ प्राप्त हो सकता है, यदि हाँ तो परामर्शदाता कैसे, क्या कर सकता है।

जॉन रोवान (Rowan, 2003) उत्कृष्ट/पारलौकिक परामर्शन (transpersonal counselling) की अपेक्षा परामर्शन में उत्कृष्ट पारलौकिक अनुभव के आयाम (transpersonal dimension) की बात करते हैं। मनोविज्ञान के क्षेत्र में यह आयाम नया है। मैस्लो (1970, 1973), विल्बर (1983, 1987,1997, 2000), रोवान (1987, 1998, 2003) के कार्य इस क्षेत्र के प्रमुख योगदान माने जाते हैं। हम यहाँ मुख्यत: रोबान की समीक्षाओं को आधार बनाकर इस परिप्रेक्ष्य पर प्रकाश डाल रहे हैं। इसे किसी भी परामर्शन कार्य में एक आयाम के रूप में जोड़ा जा सकता है। पेट्रस्का क्लार्कसन (Petruska Clarkson, 1995) परामर्शन कार्य में स्थानान्तरण-प्रतिस्थानान्तरण सम्बन्ध, निष्ठापूर्ण सम्बन्ध के साथ में एक और आयाम के रूप में जोड़े जाने के पक्षधर हैं।

उत्कृष्ट अनुभव का आयाम/क्षेत्र मनोविज्ञान में नवीन होने के कारण अनेक प्रकार के प्रश्नों का प्रकट होना स्वाभाविक है। रोवान के अनुसार उत्कृष्ट/पारलौकिक आयाम सभी व्यक्तियों के जीवन में किसी एक रूप में अथवा किसी अन्य रूप में प्रकट होता रहता है। उत्कृष्ट अनुभव आश्चर्यजनक अथवा सीमान्तक नहीं, अपितु साधारणतया उपलब्ध होने वाला संसाधन है। मैस्लो के अनुसार कोई भी अनुभव जिसमें उत्कृष्टता होती है, जो वस्तुत: पूर्णत्व से भरा हुआ होता है, वह शीर्ष अनुभव प्रदान करता है (It looks as if any experience of real excellence, or real perfection....tends to produce a peak experience."—Maslow, 1993)। ऐसे अनुभवों की प्राप्ति हेतु ध्यानमग्नता, तल्लीनता, उत्साह आदि की आवश्यकता होती है। टेंजर (Tanzer, 1967) ने पाया कि बच्चों को जन्म देने की प्रक्रिया में माँ को ऐसे अनुभव प्राप्त हो सकते है। माँ का यह अनुभव अत्यधिक उच्च कोटि का, धार्मिक, आध्यात्मिक, प्रदीप्त हो सकता है (मैस्लो)। मैस्लो के अनुसार शीर्ष अनुभव, जो कि कभी कभी ही प्राप्त होते है, में एक ही साथ शक्तिसम्पन्नता एवं असहायता, उल्लास, आश्चर्य एवं विस्मय का अनुभव होता है तथा समय एवं स्थान में अवस्थित होने का बोध समाप्त हो जाता है। रोवान (2003) के अनुसार वह शीर्ष अनुभव जिसमें समय एवं स्थान का बोध लुप्त हो जाता है उत्कृष्ट/पारलौकिक अनुभव की श्रेणी में आता है।

उत्कृष्ट/पारलौकिक अनुभव का स्वरूप समझने के लिए विल्बर (Wilber, 1983) द्वारा अनुभवों का त्रिस्तरीय वर्गीकरण, जो कि व्यक्ति की मनोआध्यात्मिक विकास की अवस्थाएँ है, एक अच्छा प्रयास माना जाता है। विल्बर द्वारा वर्णित मनोआध्यात्मिक विकास (psychospiritual development) की **प्रथम** अवस्था पूर्ववैयक्तिक अवस्था (prepersonal phase) बताई गयी है। इस अवस्था में हमारी बौद्धिक विकास की अवस्था

अभी पूर्ण नहीं हुई रहती है। **द्वितीय** अवस्था वैयक्तिक विकास (personal phase) के रूप में जानी जाती है जहाँ भाषा, गणित एवं विज्ञान के क्षेत्र में हम पूर्णतः प्रविष्ट हो चुके रहते हैं। उत्कृष्ट/पारलौकिक अनुभव का क्षेत्र इन अवस्थाओं से आगे पाया जाता है। प्रथम दोनों अवस्थाओं के अनुभवों की व्याख्या बुद्धि एवं तर्क के आधार पर चेतन-स्तर पर की जा सकती है किन्तु **तृतीय** अवस्था पारवैयक्तिक/पारलौकिक अनुभव की होती है; उक्त अनुभवों को चेतन स्तर के अनुभवों से उत्कृष्ट और इस प्रकार सर्वोत्कृष्ट समझा जाता है। यह अनुभूति सूक्ष्म/उच्च चेतन स्तर (superconscious level) की होती है (Assagioli, 1991)। इस प्रकार हमारे अनुभवों का संसार व्यक्तिगत अचेतन (फ्रायड), सामूहिक अचेतन (युंग), अर्धचेतन एवं चेतन (फ्रायड एवं अन्य अनेक मनोवैज्ञानिक) तथा उच्च/सूक्ष्म चेतन अनुभवों द्वारा निर्मित होता है। मनोआध्यात्मिक विकास की तृतीय अवस्था उच्च चेतन अनुभवों से सम्बन्धित होती है जिसे विल्बर (1983) उत्कृष्ट/पारलौकिक अनुभव की अवस्था (transpersonal phase) कहते हैं।

रोवान (2003) यह स्पष्ट करते हैं कि पारलौकिक को आध्यात्मिकता का पर्याय मानने की त्रुटि नहीं की जानी चाहिए क्योंकि मनोआध्यात्मिक विकास की तीन अवस्थाओं की भाँति ही आध्यात्मिकता की भी तीन अवस्थाएँ होती है। आध्यात्मिकता की प्रथम अवस्था जो कि प्रायः भय आधारित होती है पूर्ववैयक्तिक अध्यात्मिकता (prepersonal spiritudality); द्वितीय अवस्था निष्ठा एवं प्रामाणिकता पर आधृत वैयक्तिक आध्यात्मिकता (personal spirituality); एवं तृतीय अवस्था निर्मल, पवित्र, श्रद्धा, ईश्वरीय अर्थात पारलौकिक/सर्वोत्कृष्ट आध्यात्मिकता (transpersonal spirituality) की होती है।

पारलौकिक/उत्कृष्ट अनुभवों का संसार भी व्यापक होता है। विल्बर (Ken Wilber, 1997) ने इस सर्वोत्कृष्ट क्षेत्र को चार उप क्षेत्रों में विभाजित किया है जिसके द्वारा अनुभवों के उच्च संसार को समझने में सहायता मिलती है। ऐसे अनुभवों की प्रथम श्रेणी अभी पूर्णतः पारवैयक्तिक नहीं होती है, उसमें वैयक्तिक तत्त्वों का सामवेश बना रहता है किन्तु उन अनुभवों में रहस्यपूर्ण अनुभवों का आगमन होने लगता है। फलतः व्यक्ति अपने वास्तविक आत्म/स्व (real self) का अन्वेषण कर पाता है। विल्बर ऐसे उत्कृष्ट अनुभव क्षेत्र को किन्नर (centaur) कहते हैं। द्वितीय श्रेणी/अवस्था को विल्बर सूक्ष्म क्षेत्र (psychic/subtle realm) बताते है; इस क्षेत्र के अनुभव में प्रतीक, बिम्ब, आर्कीटाइप, बिग ड्रीम, ईश्वरीय आकृतियाँ सम्मिलित होती हैं। तृतीय क्षेत्र कारणात्मक (causal) क्षेत्र होता है, जहाँ सभी प्रकार के प्रतीक लुप्त हो जाते है अर्थात आध्यात्मिकता की गहराई आने लगती है, किन्तु इससे परे चौथा उपक्षेत्र अद्वैत (non-dual) संसार आरम्भ होता है जहाँ प्रतीक ही नहीं 'स्व' सहित समस्त श्रेणियाँ लुप्त हो जाती हैं, वास्तविक आध्यात्मिक अनुभव का संसार है। रोवान (2003) ने किन्नर क्षेत्र को वास्तविक प्रामाणिक स्व (authentic self) का क्षेत्र, सूक्ष्म क्षेत्र (sutlle realm) को उत्कृष्ट/पारलौकिक स्व (1) [transpersonal self (1)] तथा अन्य अगले तथा उच्चतर क्षेत्र को पारलौकिक (2) [transpersonal self (2)] कहा है। रोवान ने विल्बर की श्रेणियों के साथ अपनी श्रेणियों की समतुल्यता स्थापित करते हुए आध्यात्मिक संसार के इतिहास में स्थित मनीषियों, आध्यात्मिक आन्दोलनों, प्रणेता, प्रतिनिधि व्यक्ति, उनकी भूमिका के रूप, उनके द्वारा स्थापित/व्याख्यायित मुख्य विषय/प्रश्न का वर्णन किया है (वृहद व्याख्या Rown, 2003, में उपलब्ध), तद्नुरूप संक्षेप में हम पारलौकिक/उत्कृष्ट अनुभव या स्व के विषय में कुछ निष्कर्ष प्राप्त कर सकते हैं। इसकी तुलना बौद्ध धर्म/दर्शन की सम्भोगकाया एवं धर्मकाया

से की जा सकती है। पारवैयक्तिक स्व (2) की तुलना शंकर द्वारा प्रणीत मतों से की गयी है। अन्य प्रतिनिधि उपागम जिनकी तुलना पारवैयक्तिक उपागम से की जा सकता है उसमें मनोसंश्लेषण (psychosynthesis), तंत्र विद्या, शमनवाद, बौद्ध, राजयोग, ताओ एवं सूफी मत, अद्वैतवाद आदि सम्मिलित किये गये हैं। युंग, अस्सागोलीत, फुकुयामा, नागार्जुन, ओशो एवं महर्षि महेश योगी के नामों को अन्य अनेक प्रतिनिधि नामों की श्रेणी में रखा गया है। इस क्षेत्र के प्रमुख प्रश्नों में (1) हम कितनी दूर तक साथ-साथ जा सकते हैं तथा (2) क्या आप अपने शब्दों को लुप्त होने देने का साहस करेंगे (अर्थात् क्या व्यक्ति ऐसे अनुभवों के लिए तैयार है जहाँ वह ऐसे स्तब्ध हो जायेगा कि भाषा/शब्द, रूप, प्रतीक और श्रेणियाँ लुप्त हो जायेंगी)। पारलौकिक परिप्रेक्ष्य का मुख्य विषय दृष्टि का विस्तार (openness of vision), एवं सारतत्त्व के साथ प्रतिबद्धता (essence commitment) है।

अनेक समीक्षकों ने परामर्शन के उपागमों (जिनका वर्णन पूर्व अध्यायों में किया गया है) को पारलौकिक की परिधि पर स्थित बताया है। रोवान के अनुसार मानवतावादी उपागम किन्नर क्षेत्र (centaur realm) से सम्बन्धित है। गेस्टाल्ट उपागम, मनोनाटक, व्यक्ति केन्द्रित उपागम, आदि उपचार उपागम सभी प्रामाणिक/वास्तविक अनुभव स्व (authentic self/becoming real) पर बल देते हैं। इसके विपरीत यदि हम परामर्शन/मनोपचार में पारलौकिकता/उत्कृष्टता के परिप्रेक्ष्य को अपनाना चाहते हैं तो हमें सूक्ष्म क्षेत्र (subtle realm) में कार्य करना होगा (रोवान, 2003), जहाँ हम वस्तुतः वैयक्तिक गोचरों/संप्रत्ययों/तत्त्वों से आगे जाते हैं। हम कुछ अनुशंसित प्रविधियों का अभ्यास करें तो हम सभी को इस सूक्ष्म जगत का अनुभव प्राप्त हो सकता है। यह संसार हृदय का, आत्मा का है। सूक्ष्म तत्त्व का अनुभव पारवैयक्तिक/उत्कृष्टता का अंत नहीं है; यह तो हमें वह मार्ग दिखाता है जिसमें आगे और भी अधिक अतिसूक्ष्म तत्त्व हैं।

सूक्ष्म तत्त्वों का अनुभव करने के लिए प्रशिक्षण, सतत् प्रयत्न एवं अभ्यास की आवश्यकता होती है। आरम्भ में इस प्रकार के अनुभव प्राप्त होते हैं और शीघ्रतापूर्वक विलुप्त हो जाते हैं किन्तु अध्यवसाय (perseverance) से अनुभव में स्थिरता आती है तथा चेतना की अवस्था/दशा का उन्नयन होने लगता है; सूक्ष्म के विविध पक्षों, स्वप्न, आभा मण्डल (aura), देवत्व, दया भावना आदि का अनुभव होने लगता है तथा यह अनुभव समय और स्थान से परे सदैव/सर्वत्र उपलब्ध होने लगता है। यहाँ पर यह पुनः उल्लेख्य है (जैसा कि विल्बर, 1983, ने कहा है) कि इस पारवैयक्तिक को पूर्ववैयक्तिक अनुभवों के जादुई या आध्यात्मिक (पूर्व आध्यात्मिकता) क्षेत्र से पृथक देखा जाना चाहिए। यह भी सुझाव दिया गया है कि पारलौकिक क्षेत्र में प्रविष्ट होने के लिए किन्नर क्षेत्र से होकर गुजरना चाहिए जहाँ कि हम अपनी छाया, अन्धविश्वास, भय जन्य बोध का समाधान कर पाते हैं। रोवान इसे अतिआवश्यक बताते हैं। रोवान पारवैयक्तिक (transpersonal) एवं बाह्य वैयक्तिक (extra personal) के मध्य विभेद करने पर बल देते हैं। बाह्य वैयक्तिक संसार क्षेत्र में हमें विभिन्न प्रकार के विचित्र दृश्यों जैसे प्रेतात्मा, घड़ी की सुई रोक देने, रक्त प्रवाहित कराये बिना सूई चुभाने आदि का अनुभव हो सकता है। पारवैयक्तिक को अनेक रूपों में परिभाषित किया जाता है किन्तु ऐसा लगता है कि इसका सम्बन्ध बहुत कुछ आत्मा से है (Hillman, 1997) जहाँ पहुँचकर हम अपने अहम् और कवच को त्याग देते हैं, दो आत्माओं के मध्य की दीवार ध्वस्त हो जाती है, उनके हृदय आपस में मिले होते हैं। इस प्रकार हमारे अस्तित्त्व (being) का जो रूप विकसित

होता है उसके माध्यम से परामर्शन/मनोपचार अर्धचेतन और अचेतन से परे उच्च चेतन में जाता है, आत्मा को छूने का प्रयत्न करता है।

रोवान (2003) लिखते हैं कि जो परामर्शदाता/मनोपचारक सूक्ष्म चेतना के क्षेत्र मे जा सकता है, वह व्यापक रूप में अधिक सृजनात्मक हो जाता है। उनके अनुसार 11 प्रमुख प्रकार से परामर्शन सम्बन्धों में पारलौकिक परिप्रेक्ष्य सार्थक एवं प्रासंगिक हो सकता है।

आध्यात्मिक संकट (Spiritual Emergencies)

जब किसी को पहले कभी भी सूक्ष्म तत्त्वों का अनुभव न हुआ हो तब ऐसे प्रथम/आरंभिक अनुभवों के कारण उस व्यक्ति को परेशानी का अनुभव होने लगता है। पाश्चात्य चिंतन और मनोपचारी प्रणालियों में पहले ऐसे अनुभवों को महत्त्व नहीं दिया जाता था किन्तु अब ऐसे अनुभवों के विषय में गम्भीरतापूर्वक विचार किया जाता है। क्रिस्टिना एवं ग्रॉफ (Cristina & Stanislav Grof, 1990) ने दस ऐसी समस्याओं का वर्णन किया है जो आरम्भिक आध्यात्मिक (सूक्ष्म तत्त्व) अनुभवों के कारण उत्पन्न होती हुई पाई गई हैं। इनका संक्षिप्त वर्णन प्रस्तुत है:—

(1) शीर्ष अनुभव *(Peak experiences)*—शीर्ष अनुभवों के कारण व्यक्ति में अत्यधिक हर्षोल्लास या आनन्दातिरेक की ऐसी दशा आ सकती है जिससे कि व्यक्ति अल्पअविध के लिए उन्मादी/सनकी हो सकता है और यह दशा व्यक्ति को परेशान करती है।

(2) कुण्डलनी शक्ति जागृति *(Kundalini energy awakening)*—योग, आसन आदि द्वारा चक्रों की उर्जा जागृत होने पर कुछ व्यक्ति अत्यधिक अभीभूत हो जाते हैं। जब इस अनुभव का कोई पूर्वानुमान नहीं होता है तब परेशानी का बोध प्रकट हो सकता है किन्तु आगे चलकर उक्त अनुभव लाभकरी/उपचारक कोटि में आ जाते हैं।

(3) मृत्यु से सन्निकट साक्षात्कार *(Near-death experiences)*—जब कुछ लोगों को मृत घोषित कर दिया जाता है और सौभाग्यवश वे पुनर्जीवित हो जाते है अथवा जब किसी दुर्घटना में मृत्यु अत्यधिक सन्निकट आकर लौट जाती है तब मृत्यु से साक्षात्कार जैसे अनुभव प्राप्त होते हैं जो व्यक्ति को सूक्ष्म स्तर का अनुभव प्रदान करते है। ऐसे लोगों के अनुभवों से पहले आसपास के अन्य लोग और बाद में भुक्तभोगी व्यक्ति विस्मयबोध का अनुभव करता है।

(4) पूर्वजीवन की स्मृतियाँ *(Past-life memories)*—जब किसी व्यक्ति में किसी भी कारण से ऐसी स्मृतियाँ प्रकट होती है जिनके माध्यम से पिछले जन्म की कथा प्रस्तुत होती है तब यह घटना उस व्यक्ति को परेशान करती है। यदि उस व्यक्ति का पुनर्जन्म में विश्वास नहीं है तब उक्त घटना व्यक्ति को और भी अधिक परेशान करती है लेकिन ऐसी घटना का एक परिणाम यह भी हो सकता है कि किसी व्यक्ति की मृत्यु सम्बन्धी भयानुभूति ऐसी घटना के फलस्वरूप विलुप्त हो जाये।

(5) जीवन के रहस्य का उद्घाटन *(Opening to life myth)*—जीवन के रहस्यों का साक्षात्कार करते हुए, जीवन के केन्द्रीय अर्थ का बोध प्राप्त करते हुए व्यक्ति अभीभूत हो सकता है, स्वयं को रहस्यों के केन्द्र में अवस्थित देख सकता है। इस अवस्था का यह संकट हो सकता है कि व्यक्ति का अहं बढ़ने लगे जबकि यह सम्भावना भी प्रकट होती

है कि यदि व्यक्ति के अनुभव को सतर्कतापूर्वक उपयोग किया जाये तो उपचारात्मक लाभों की प्राप्ति हो। सूक्ष्म तत्त्वों के ऐसे बोध को अतिउत्साह (mania) की श्रेणी का समझने की त्रुटि की जा सकती है।

(6) शामानी संकट *(Shamani crisis)*—शामानी वृत्ति/अभ्यास (प्रेतात्माओं आदि के नियंत्रण से जुड़ा हुआ) के आरम्भ में प्राप्त होने वाले अनुभव अत्यन्त भयावह हो सकते हैं किन्तु यदि ऐसे लोगों के इस प्रकार के अनुभव को उचित ढंग से संभाला जाये तो कम-से-कम अल्पकाल के लिए उस व्यक्ति को चेतना के सूक्ष्म स्तर की ओर ले जाना सम्भव हो सकता है।

(7) मानसिक शक्तियों से साक्षात्कार *(Psychic opening)*—एक ऐसी अवस्था प्रकट हो सकती है जहाँ किसी आश्चर्यजनक रूप में अचानक ही मानसिक शक्ति हो प्राप्त हो जाये अर्थात् व्यक्ति को पैरानार्मल (सूक्ष्म मानसिक) शक्तियाँ प्राप्त हो जायें। ऐसी अवस्था में व्यक्ति को शरीर से पृथक विविध अनुभूतियाँ प्राप्त हो सकती हैं, उसे अपनी पहचान लुप्त होने का अनुभव मिलने लगे जो कि भयावह अनुभव हो सकता है। ऐसे अनुभवों की 'संदर्भ के व्यामोह' की दृष्टि से सूक्ष्मतापूर्वक जाँच करने की आवश्यकता होती है क्योंकि इसके विपरीत यह भी सम्भव है कि इन अनुभवों में सूक्ष्म चेतना को प्राप्त हो रहे अनुभव सम्मिलित हों।

(8) देहयुक्त तत्त्वों का आगमन *(Arrival of discarnate entities)*—किसी निराकार या देहमुक्त तत्त्व का किसी व्यक्ति में प्रविष्ट होना और उस व्यक्ति को अपनी बातों/उद्देश्यों के लिए माध्यम (channel) बनाये जाने सम्बन्धी उस व्यक्ति के अनुभव उसे अत्यन्त परेशान/क्षुब्ध कर देने वाले हो सकते हैं। साथ में ऐसा भी हो सकता है कि यह अनुभव उस व्यक्ति के लिए एवं अन्यों के लिए वस्तुतः लाभकारी हो सकता है। आवश्यकता इस विषय पर ध्यान देने की होती है कि यह समझा जाये कि व्यक्ति का अनुभव पूर्ववैयक्तिक स्तर का है या कि पारवैयक्तिक स्तर का है तथा तद्नुरूप ही उस अनुभव के साथ मनोपचार/परामर्शदाता को अपने कार्य विषय में सम्मिलित करना चाहिए।

(9) पारलौकिक/अपरिचित वस्तुओं का साक्षात्कार *(UFO encounters)*—दूसरे ग्रहों अथवा दूर स्थित खगोलीय स्थलों से आने वाली वस्तुओं (ऐसा विश्वास किया जाता है, यद्यपि UFO का सत्य ज्ञात नहीं है) के साथ किसी व्यक्ति के साक्षात्कार की घटना (इसका रहस्य जो भी हो किन्तु व्यक्ति इस अनुभव को प्रस्तुत कर रहा है, वह इससे प्रभावित है इसलिए परामर्शदाता के लिए महत्त्वपूर्ण है) उस व्यक्ति के लिए अत्यन्त भयावह एवं चुनौतीभरी होती है जिसके विषय में वह अन्य लोगों से सहजतापूर्वक वार्ता भी नहीं कर सकता है तथा उक्त अनुभव उसके लिए नयी रोशनी के रूप में हो सकते हें अतः इनपर सतर्कतापूर्वक ध्यान दिया जाना चाहिए।

(10) प्रेतबाधा *(Possession)*—ऐच्छिक अथवा अनैच्छिक रूप में व्यक्ति अच्छी या बुरी शक्तियों के वशीभूत हो जाता है। ऐच्छिक ढंग से देवी-देवताओं के वशीभूत हो जाने में कोई समस्या नहीं होती है किन्तु अनैच्छिक रूप में बुरी शक्तियों के वशीभूत हो जाने पर व्यक्ति एवं उसके आस-पास के लोग सभी भयभीत हो जाते हैं। ग्रॉफ एंव ग्रॉफ (1990) के अनुसार यदि ऐसी अवस्था में व्यक्ति को सहायता दी जाये और उसकी दशा के प्रति समझ व्यक्त किया जाये तो उस व्यक्ति को ऐसी आध्यात्मिक अनुभूतियाँ प्राप्त हो सकती हैं जिसका प्रभाव व्यक्ति के लिए उपचारात्मक हो सकता है।

सूक्ष्म तत्त्वों का पार-सांस्कृतिक बोध
(Transcultural Understanding of the Subtle)

परामर्शदाता/मनोचिकित्सक में पारलौकिक विकास के फलस्वरूप सभी धर्मों के लिए सम्मान की भावना में वृद्धि आती है और पार-सांस्कृतिक संदर्भ में कार्य करने की सामर्थ्य बढ़ जाती है। गैर-अमेरिकी अथवा गैर-यूरोपीय समुदायों में पश्चिमी संदर्भ में विकसित हुए परामर्शन/मनोपचार पद्धतियों के प्रति सकारात्मक अभिवृत्ति का अभाव पाया जाता है। ऐसे संदर्भ में रोवान के अनुसार, सूक्ष्म तत्त्वों का पारलौकिक बोध प्रकट होने पर इन दूसरे समुदायो के सदस्यों को परामर्शन का समुचित लाभ प्राप्त हो पाता है। भारतीय, पाकिस्तानी, चीनी, अफ्रीकी एवं अन्य ऐसे समुदायों/संस्कृतियों के बीच रहने वाले व्यक्तियों को ऊपर वर्णित रहस्यात्मक अनुभवों के कारण अनुभव हो रहे संकटों को पारवैयक्तिक आयाम/उपागम की दृष्टि से देखना ही श्रेयस्कर होता है।

महास्वप्न (*Big Dreams*)

महास्वप्न से यहाँ पर तात्पर्य ऐसे स्वप्नों से है जिनमें आर्कीटाइप जैसे अर्थ निहित हो, जिसे युंग (1968) ने दैवीय गुणों से युक्त बताया। ऐसे स्वप्नों को पारवैयक्तिक/उत्कृष्ट अनुभव के रूप में समझे जाने की आवश्यकता होती है। हमारे अनुभवों के ऐसे क्षेत्र के साथ पारवैयक्तिक उपागम ही न्याय कर सकता है।

पौराणिक दृष्टि (*Mythological Vision*)

पौराणिक तत्त्वों से युक्त स्वप्नों या दृष्टियों वाले व्यक्तियों की सहायता कर पाने के लिए वे परामर्शदाता अधिक समर्थ हो सकते हैं जिन्हें पुराण-कथाओं का ज्ञान है। पौराणिक उपागम के माध्यम से सूक्ष्म तत्त्वों के क्षेत्र में अनेक प्रकार से कार्य किया जा सकता है (Feinstein & Krippnes, 1997)। कथा वाचन के माध्यम से नई गहराइयों को प्राप्त किया जा सकता है। मनोपचार के क्षेत्र में प्रचलित वृत्तांतिक उपागम की दृष्टि से भी पौराणिक दृष्टि का महत्त्व है।

अन्तर्ज्ञान (*Intution*)

अन्तर्ज्ञान या प्रज्ञा के अनेक रूप हो सकते हैं (रोवान, 1993, ने ऐसे छः विभिन्न अर्थों का वर्णन किया है) किन्तु विकास के उत्कृष्ट अनुभव/सूक्ष्म तत्त्व बोध अवस्था की दृष्टि से अन्तर्ज्ञान प्राप्त होते समय व्यक्ति को (परामर्शदाता को) ऐसी अनुभूति मिलती है कि सब कुछ—अर्थात विचार, वाणी, हस्तक्षेप अन्यत्र कहीं से प्राप्त हो रहा है। रोवान ऐसे अन्तर्ज्ञान प्राप्ति को 'समर्पित स्व' (surrendered self) का नाम देते हैं। प्रायः सभी परामर्शदाताओं को ऐसे अन्तर्बोध की आवश्यकता होती है। पारवैयक्तिक उपागम को अपनाकर कार्य करने वाले परामर्शदाताओं के लिए अन्तर्ज्ञान/अन्तर्बोध के विकास की अधिक आवश्यकता होती है।

प्रतीकात्मक प्रणालियाँ (*Symbol Systems*)

ज्योतिष विज्ञान, टैरो कार्ड, आई चिंग, बहुदेववादी सर्वेश्वरवाद (polytheistic pantheon) आदि-आदि प्रणालियों का उपयोग करके उन तत्त्वों का समाधान किया जा सकता है जो चेतना की देहली के समीप होते हैं। यदि किसी व्यक्ति के ज्योतिषीय चक्र रचना में एक-दूसरे की विरोधी प्रवृत्तियाँ प्रकट हो रही हो तो उन्हें दो बिन्दुओं पर रखकर

उनके मध्य वार्ता (dialogue) की शैली अपना करके एतद्सम्बन्धी विरोधाभास का समाधान किया जा सकता है। रोवान का विचार है कि प्रतीकात्मक प्रणालियाँ हमें यह स्मरण कराती हैं कि हमारे व्यक्तित्त्व में विवधिता होती है। उदाहरणार्थ ज्योतिषशास्त्र के अनुसार सूर्य चिह्नों के आधार पर 12 श्रेणियाँ होती है तथा चन्द्र दशा को जोड़ देने पर श्रेणियाँ दोगुनी हो जाती है एवं इनमें अनेक अन्तर्दशाओं को सम्मिलित कर देने पर हमारे व्यक्तित्त्व के अनेक रूप हो जाते है। इस चिन्तन का इतना महत्त्व अवश्य है कि हम लोगों एवं उनकी समस्याओं की विविधता, अतः समाधान उपागम की विविधता की आवश्यकता को स्वीकार करें। यद्यपि इस चिंतन में अन्धविश्वास का खण्ड सम्मिलित होने की सम्भावना है तथापि कुछ लोगों को लाभ पहुँचाने के लिए, उनकी अन्तर्दृष्टि का मार्ग प्रशस्त करने के लिए यह मार्ग उपयोगी हो सकता है क्योंकि यह उपागम उनके लिए उनके चिंतन या विश्वास के स्तर पर कार्य करने जैसा होगा।

शामानी यात्रा (*Shamanic Journeying*)

सूक्ष्म तत्त्वों के संसार की यात्रा आरम्भ करने के लिए किसी अच्छे प्रशिक्षक की देख रेख में शामानी अनुभवों की प्राप्ति अच्छा साधान माना जाता है। इस क्षेत्र के विशेषज्ञ अपने लेखन आदि कार्यों के माध्यम से यह प्रकट करते हैं कि सूक्ष्म तत्त्व हमारे आसपास सदैव-सर्वत्र विद्यमान होते हैं किन्तु हम में से अधिकतर लोग इन तत्त्वों की अधिकतर समय उपेक्षा करते रहते हैं।

ध्यान एवं प्रार्थना (*Meditation and Prayer*)

ध्यान एवं खुले हृदय से प्रार्थना की मनोचिकित्सा के साथ संगतिपूर्णता प्रकट होती है। ध्यान एवं प्रार्थना में अहम् तत्त्वों का अभाव होता है इसलिए इनकी उपयोगिता अधिक होती है।

ध्यान की प्रणालियाँ (ओशो, महर्षि महेश योगी, रविशंकर एवं अन्य द्वारा प्रचलन में लायी गयी योग ध्यान की प्रणालियाँ) हमें अपनी संवेदनाओं को नियंत्रित करके, ध्यान को विषयों से हटा करके सूक्ष्म तत्त्वों पर केन्द्रित करने एवं इस प्रकार एक उच्च कोटि की अनुभूति अर्जित करने की दिशा में सहायता देती हैं।

ध्यान का अभ्यास करने के लिए रोबॉन ने भी एक प्रणाली विकसित की है जिसे वे प्रचारित अन्य प्रणालियों की तुलना में सहज बताते है। ध्यान के लिए उनके अनुसार निम्न क्रम में अग्रसर हुआ जा सकता है–(i) शरीर को व्यायाम द्वारा लय में लाना; (ii) ध्यान अवस्था ग्रहण करके अपने शरीर की छानबीन करना, उनपर ध्यान देना; (iii) अपने संवेगों पर ध्यान देना, एक के बाद दूसरे पर जाना तथा यह क्रिया तबतक करना जबतक कि उनके साथ कार्य (deal) न कर लिया जाये; (iv) अपने विचारों पर ध्यान देना तथा उनके साथ समुचित कार्य (डील) कर लेना; (v) किन्नर क्षेत्र में प्रविष्ट होना, प्राप्त होने वाली अन्तर्दृष्टियों को स्वीकार करना; (vi) सूक्ष्म अनुभव के संत में प्रविष्ट होना, कल्पना का द्वार खोलना; प्राप्त होने वाले बिम्बों, संदेशों को ग्रहण करना; (vii) कारणात्मक अवस्था में प्रविष्ट होना तथा एकता (oneness) का अनुभव करना; तथा (viii) सबकुछ को जाने देना (let go and then let go letting go)।

ओशो ने तो विभिन्न प्रकार की समस्याओं के समाधान के लिए (यथा धूम्रपान के लिए) पृथक ध्यान प्रणाली विकसित की है।

प्रेतबाधा से मुक्ति (*Spirit Releasement*)

पारलौकिक/उत्कृष्ट अनुभव आयाम के साथ कार्य करने वाले परामर्शदाता के लिए प्रेतबाधा की पीड़ा एवं उससे मुक्ति के साधन के विषय में जानना उपयोगी होता है क्योंकि व्यक्ति प्रेतबाधा का अनुभव कर रहा होता है। बाल्डविन (Baldwin) ने प्रेतबाधा की समस्या को वियोजी प्रतिक्रिया (dissociated identity) या सुपर पर्सनाल्टी जैसी समस्याओं से अलग रखने का पक्ष लिया है। बाल्डविन के अनुसार प्रेतबाधा किसी मृत व्यक्ति की जीवित चेतना (the surviving consciousness of deceased humans) है। शरीर (मृत) से पृथक हुई चेतना जब जीवित व्यक्ति से जुड़ जाती है अथवा उसके साथ पूर्णतः संयुक्त हो जाती है तब उसके विचार, संवेग, व्यवहार आदि उससे प्रभावित होने लगते हैं। यह जुड़ाव शुभचिंता, दुर्भावपर्ण या तटस्थ हो सकता है। चिकित्सक को प्रकट होने वाली समस्त सामग्रियों (स्मृतियों, विम्बों आदि) पर ध्यान देने की आवयकता होती है। यह ध्यान में रखा जाना चाहिए कि जो प्रकट होता है वह सम्पूर्ण वास्तविक अनुभूति नहीं अपितु उसका अवशेष मात्र होता है तथा जो प्रकट दिखता है वह अनुभूति नहीं उसका प्रभाव होता है। परामर्शदाता को इन परिप्रेक्ष्यों का ज्ञान होना चाहिए जिससे कि वह परामर्शन सम्बन्ध में इनको उचित स्थान दे सके।

बिम्ब (*Imagery*)

पारलौकिक आयाम के संसार में बिम्ब एक महत्त्वपूर्ण साधन है जिसमें असीम संभावनाएँ हैं। बिम्ब का स्वरूप पूर्ववैयक्तिक, वैयक्तिक एवं पारवैयक्तिक हो सकता है। यह ध्यान में रखना महत्त्वपूर्ण होता है कि सूक्ष्म चेतना अत्यन्त गहरी एवं सतत सृजनशील होती है जिसमें अन्तर्दृष्टि का मार्ग बाधा रहित होता है। सूक्ष्म चेतना के क्षेत्र में नई तकनीकों का सृजन हो सकता है जिसमें प्रायः बिम्ब सम्मिलित हो सकता है। उदाहरणार्थ बाधाओं (resistances) के साथ कार्य करते समय उसे मूर्त रूप दिया जा सकता है तथा क्लायंट से उसके किसी प्रकार से रूपान्तरण के लिए कल्पना करने को कहा जा सकता है।

छाया (*Shadow*)

युंग ने छाया (shodow) के संदर्भ में महत्त्वपूर्ण कार्य किया है जो पारलौकिक आयाम की दृष्टि से महत्त्वपूर्ण है। रोवान ने इसके अन्तर्गत मन के सभी ऋणात्मक, घृणित एवं भयावह पक्षों को सम्मिलित किया है। पारलौकिक आयाम की दृष्टि से छाया पूर्ववैयक्तिक तत्त्वों से भिन्न है तथा यह विचार महत्त्वपूर्ण है कि जो कुछ भी ऋणात्मक है वह रूपान्तरित किया जा सकता है अतः उसे नष्ट करने या दूर भगाने की आवश्यकता नहीं होती है। प्रकट होने वाली छाया को एक खाली कुर्सी/स्थान पर स्थापित करके उसके साथ वार्ता की जा सकती है जिसमें परामर्शदाता क्लायंट की तरफ ही रहता है। छाया के साथ कार्य करने के लिए मनोसंश्लेषण (psychosynthesis) प्रविधि भी उपयोगी मानी जाती है।

पारलौकिक आयाम के संदर्भ में अंत में **रोवान** (2003) के निम्न विचार महत्त्वपूर्ण है :—

In transporsonal approach....'there is an extraordinary rich field here, with a wonderful range of possibilities. In fact, I think the transpersonal approach is the most creative of all. There are ofcourse some specific risks. It is possible to get so enthusiastic about the myriad possibilities that one forgets that it is the relationship with the client that is the most important thing. (Rowan, 2003).

रिचर्ड हिस्नर (Richard Hycner, 1993) का विचार है कि पारलैकिक उपागम की तकनीकों को परामर्शन सम्बन्धों के मध्य से ही निकलना चाहिए। (So called techniques need to arise out out of the between.)

❑

चतुर्थ : खण्ड

जीवन धारा के परिप्रेक्ष्य में परामर्शन
(COUNSELLING IN THE PERSPECTIVE OF LIFE COURSE)

- जीवन धारा के परिप्रेक्ष्य में परामर्शन

I. बच्चों एवं किशोरों का परामर्शन
(Counselling Children and Adolescents)

II. नवयुवकों का परामर्शन
(Counselling Young Adults)

III. मध्यावस्था की समस्याएँ एवं परामर्शन
(Middle Life Issues and Counselling)

IV. वृद्ध व्यक्तियों के लिए परामर्शन
(Counselling of Elderly People)

अध्याय 16

जीवन धारा के परिप्रेक्ष्य में परामर्शन

(COUNSELLING IN THE PERSPECTIVE OF LIFE COURSE)

व्यक्ति की जीवनधारा में विकास के माध्यम से अनेक परिवर्तन प्रकट होते रहते है। व्यक्ति के लिए इन परिवर्तनो का सामना करना, परिवर्तनों के प्रति समुचित प्रतिक्रिया एवं परिवर्तनो का समुचित प्रबंधन महत्त्वपूर्ण होता है। प्रबंधन प्रक्रिया में व्यक्ति को परामर्शन के माध्यम से सहायता की आवश्यकता का अनुभव हो सकता है। व्यक्ति के विकासात्मक/ जीवनधारा सम्बन्धी प्रसंगों के क्षेत्र में कार्य करते समय आधुनिक परामर्शन मनोविज्ञान व्यक्ति और उसके जीवन के वृहद संदर्भों को महत्त्व देता है। सुगरमैन (Leonie Sugarman, 2003) परामर्शन मनोवैज्ञानिकों द्वारा एक ऐसे वृहद प्रारूप अपनाये जाने की पक्षधर है जिसमें विकास का जीवनपर्यन्त उपागम प्रमुख आधार है तथा जिसमें जीवनपर्यन्त विकास की अवस्थाओं (उसमें प्रकट होने वाले परिवर्तन, संक्रमण के साथ-साथ निरंतरता) के अतिरिक्त विकास के प्रसंग (themes) एवं व्यक्ति द्वारा निरूपित जीवन कथा का भी महत्त्व है; तथा मनोविज्ञान से परे अन्य विधाओ में उपलब्ध व्यक्ति के विकास से सम्बन्धित दृष्टियों को भी ग्रहण किया जाता है।

बेट्स एवं अन्य (Baltes, Reese & Lipsitt, 1980) के अनुसार जीवन पर्यन्तक विकासात्मक मनोविज्ञान 'गर्भधारण से मृत्यु तक मनुष्य की जीवन धारा में व्याप्त विकासात्मक प्रक्रियाओं के वर्णन, व्याख्या एवं परिमार्जन' के साथ सम्बन्धित है। सुगरमैन लिखती है कि बेट्स की उक्त परिभाषा में सम्मिलित तत्वों के अर्थ में गत्यात्मक बदलाव आया है और 'इस प्रकार वर्णन की दिशा सार्वभौमिक के स्थान पर व्यक्ति विशेष की ओर अन्तरित हो गयी है, व्याख्या अधिक संदर्भात्मक, एवं परिमार्जन व्यक्ति केन्द्रित हो गया है' अर्थात व्यक्ति की विकासात्मक (परिमार्जन सम्बन्धी) आवश्यकताओं का निर्धारण क्लायंट के जीवन के आन्तरिक परिप्रेक्ष्य में किया जाता है। किसी व्यक्ति के विकासात्मक लक्ष्य का निर्धारण पूर्वनियत, सार्वभौमिक लक्ष्य के रूप में किया जाना औचित्यपूर्ण नहीं है। मानव विकास का जीवन पर्यन्तक विकासात्मक मनोविज्ञान में जिस प्रकार सम्प्रत्ययन हुआ है उसका प्रभाव परामर्शदाताओं के उस बोध पर उत्पन्न हुआ देखा जा सकता है जो उसे परामर्शियों/क्लायंट के साथ कार्य करने के लिए समर्थ बनाता है। इस परिवर्तित दृष्टिकोण में क्लायंट का 'अस्तित्व जीवन की घटनाओं के उस ताने-बाने के केन्द्र में अवस्थित हुआ देखा जा सकता है जी बढ़ती हुई आधुनिक प्रक्रियाओं के साथ जुड़कर उसके समक्ष चुनौतियों का विशिष्ट पुंज प्रस्तुत करता है' (Woolfe, 2001)।

आरम्भ में मानव विकास को गर्भधारण से युवावस्था तक के परिवर्तन के साथ लगभग पूर्ण हुआ जैसा मान लिया जाता था। युवावस्था के आगमन के पश्चात विकासात्मक दृष्टि से जीवन में ठहराव (पठार-plateau) का आना स्वीकार किया जाता था। अतः मध्यावस्था

एवं वृद्धावस्था जैसी अवस्थाओं के लिए परामर्शन की ओर ध्यान नहीं दिया जाता था किन्तु विगत दो-तीन दशकों में जीवन के संदर्भों में व्यापक बदलाव आया है। अब युवावस्था के साथ आरम्भ हुए व्यावसायिक जीवन में पहले जैसा स्थायित्व नहीं है, नौकरियों में बार-बार बदलाव आता है, कोई व्यक्ति अपने वर्तमान नियोक्ता के साथ आजीवन निश्चित नहीं रह सकता है; यदि उसका कोई निजी व्यवसाय है तो वहाँ भी निरंतर नई चुनौतियाँ, नई तैयारियाँ, नया प्रशिक्षण आवश्यक हो जाता है। इसी प्रकार वैवाहिक जीवन में भी स्थायित्व की कमी देखी जा सकती है। व्यक्ति का अधिवास भी स्थायी नहीं हो पा रहा है। वैश्विक गाँव में विचरण करता हुआ नागरिक (global man on the move in the global village) नित नये परिवेश में समायोजित होने के लिए बाध्य हो जाता है। व्यक्ति की जीवन धारा में अनिश्चितता का समावेश हो गया है; जीवनधारा की दिशा के विषय में भविष्य कथन कठिन हो गया है, अतः व्यक्ति को सदैव नई दशाओं के लिए तैयार रहना होगा। ऐसे आधुनिक जीवन संदर्भ में मध्यावस्था एवं वृद्धावस्था में भी परामर्शन हम सभी के लिए महत्त्वपूर्ण हो जाता है।

जीवन के आधुनिक संदर्भ में एरिक्सन द्वारा बताये गये विकास क्रम की आठ अवस्थाओं (शैशवकाल से वृद्धावस्था तक) के संकट अधिक प्रासंगिक हो गये हैं। एरिक्सन (1980) की अवस्थाओं तथा युंग (1946) एवं अन्यों द्वारा वर्णित चरणों (phases) रूपी वर्णन को आगे बढ़ाते हुए लेविन्सन (Levinsion, 1978, 1990, 1996) ने जीवन की ऋतुओं (seasons) का वर्णन किया है। लेबिन्सन के वर्णन में अगली ऋतु आवश्यक रूप में पूर्ववर्ती ऋतु से श्रेष्ठ नहीं होती है और इस प्रकार उनके द्वारा वर्णित अवस्थाएँ अनुक्रमिक (hierarchical) नहीं हैं। लेबिन्सन के अनुसार जीवन संरचना (life structure) व्यक्ति और उसके वर्तमान सामाजिक-सांस्कृतिक संसार का मिश्रण होता है जिसमें संरचना परिवर्तन (structure-changing) एवं संरचना निर्माण (structure-building) जैसे दो बारी-बारी से आने वाले चरण (alternating phases) पाये जाते हैं। प्रत्येक चरण कई-कई वर्षों का हो सकता है। संरचना परिवर्तन चरण संक्रमण काल होता है जिसमें जीवन संरचना का बदलाव या अनिरंतरता एवं पुनर्गठन (discontinuity and reorganization) देखा जा सकता है। इसके विपरीत संरचना निर्माण चरण में पूर्ववर्ती परिवर्तनों में मात्रात्मक बदलाव द्वारा दृढ़ता (consdiclation) का समावेश होता है। इस प्रकार व्यक्ति अपने द्वारा चयनित लक्ष्यों का तत्परतापूर्वक अनुसरण करता है। परामर्शन प्रक्रिया में क्लायंट की आवश्यकताओं का निर्धारण इस आधार पर करने की जरूरत होती है कि क्लायंट वर्तमान में जीवन संरचना के किस चरण—परिवर्तन अथवा निर्माण—में है। लेविन्सन ने इस बात पर भी बल दिया है कि व्यक्ति के विकास की अवस्था (ऋतु) आयु के स्वाभाविक परिणाम की अपेक्षा समाज की आयु-तुल्य भूमिकाओं एवं प्रत्याशाओं का प्रतिफल होती है।

जीवनपर्यंतक विकास की अवस्थाओं की तुलना में कुछ सिद्धान्तकार जीवन के प्रसंगों (themes) पर ध्यान केन्द्रित करते हैं, उदाहरणार्थ—पियाजे का संज्ञानात्मक विकास का सिद्धान्त एवं कोलबर्ग का नैतिक विकास का सिद्धान्त/प्रसंगात्मक विकास के सिद्धान्त मानव विकास में निरंतरता पर बल देते हैं। इसी प्रकार कुछ अन्य विचारक संक्रमण में निरंतरता (continuity in transition) पर ध्यान केन्द्रित करते हैं। वाल्टर (Walter, 1990) ने यह स्पष्ट किया है कि हम किसी व्यक्ति, स्थान या संदर्भ से शारीरिक रूप में पृथक होने के बावजूद भी जुड़े रहते है और उनसे प्रभावित होते रहते है। इस दृष्टि से

शोक, संताप, विलाप आदि को क्षति के अर्थ एवं प्रभाव को पुनः परिभाषित करने के प्रयास के रूप में देखा जाता है (Silverman and Klass, 1996; Attig, 2001)।

जीवनधारा को समझने के लिए दूसरा महत्त्वपूर्ण परिप्रेक्ष्य व्यक्ति द्वारा अपने जीवन संसार के विषय में प्रस्तुत की जाने वाली कथा को माना जाता है (Sugarman, 2003)। हॉवार्ड (Howard, 1991) के अनुसार जीवन कथा के रूपक जीवनधारा के विषय में सूचना प्रकट करने के अतिरिक्त जीवन पर्यंतक विकास एवं परामर्शन मनोविज्ञान के मध्य सेतु का कार्य भी करते हैं। जीवन को उन कथानकों के रूप में देखा जा सकता है जिसका व्यक्ति द्वारा सृजन होता है तथा जिस कथा को व्यक्ति जी रहा होता है; मनोवैज्ञानिक समस्याओं को गड़बड़/उलटी-पुलटी (away) एवं असंगत कथा निरूपण; एवं उपचार को कथा के मरम्मत एवं पुनर्निर्माण की प्रक्रिया के रूप में देखा जा सकता है। इस उपागम के अन्तर्गत जीवन की अवस्थाओं को जीवन प्रसंग के अधीनस्थ होता हुआ देखा जा सकता है।

सुगरमैन का मत है कि जीवन अवस्थाओं का संप्रत्यय कमजोर हो रहा है तथापि उसका महत्त्व समाप्त नहीं हुआ है। जीवन पर्यंतक उपागम में परिवर्तन पर अधिक बल देने के स्थान पर प्रसंगों और निरंतरताओं पर ध्यान केन्द्रित किया जाना चाहिए। निरंतरता को गत्यात्मक रूप में समझे जाने की आवश्यकता है। निरंतरता का अर्थ स्थिरता या ठहराव नहीं है। इस प्रकार परामर्शन वृत्ति में यह स्वीकार करने की आवयकता है कि क्लायंट की परामर्शन सम्बन्धी आवश्यकताओं में समय के साथ बदलाव आता है।

पुस्तक के इस खण्ड में व्यक्ति की जीवनधारा के मुख्य पड़ावों पर आधुनिक संदर्भ में प्रकट होने वाली समस्याओं और परामर्शन सम्बन्धी आवश्यकताओं का वर्णन प्रस्तुत किया गया है। वर्णन जीवन के चार चरणों (phases)–बचपन एवं किशोरावस्था, नवयौवनास्था, मध्यावस्था एवं वृद्धावस्था के रूप में प्रस्तुत है। इस खण्ड में उल्लिखित वर्गों की समस्याओं के उपचार/परामर्शन की उपयुक्त प्रविधियों का वर्णन न तो यहाँ सम्भव है न ही वांछित (क्योंकि प्रविधियों का वर्णन पहले ही आ चुका है); यहाँ पर हमें यह देखना होगा कि किस प्रकार व्यक्ति की समस्याओं को उसके विकासात्मक संदर्भ में समझने की आवश्यकता है तथा यह कि किस प्रकार उपचार/परामर्शन के उपागम (सामुदायिक, सर्वांग/परिवार, समूह एवं वैयक्तिक उपागम) एवं प्रविधियों का चयन विकासत्मक परिप्रेक्ष्य में किया जाना महत्त्वपूर्ण होता है।

I. बच्चों एवं किशोरों का परामर्शन
(Counselling Children and Adescents)

बच्चों एवं किशोरों के परामर्शन में अनेक प्रश्न विचारणीय है–(i) बच्चों एवं किशोरों की मानसिक स्वास्थ्य सम्बन्धी समस्याएँ; (ii) बच्चों एवं किशोरों की विकासात्मक अवस्था सम्बन्धी विशेषताएँ; (iii) परामर्शन परिप्रेक्ष्य में परिवार एवं समाज के संदर्भ का महत्त्व, तथा (iv) विविध उपागमों की उपयुक्तता।

बच्चों एवं किशोरों में मानसिक स्वास्थ्य सम्बन्धी समस्याएँ *(Problems Related to Mental Health in Children and Adolescents)*

बच्चों एवं किशोरों (18 वर्ष की आयु तक) में मानसिक स्वास्थ्य सम्बन्धी समस्याओं की व्यापकता (prevelence) के विषय में सम्पन्न किये गए अध्ययनों के परिणामों में

व्यापक अन्तर देखा गया है। घटना-क्रम/व्यापकता का वितरण 5 प्रतिशत से लेकर 45 प्रतिशत तक पाया गया है। इस विस्तृत अंतर का कारण (i) समस्या की व्याख्या (प्रारूप एवं परिभाषा) और (ii) जनसंख्या की जनांकिकीय एवं सामाजिक आर्थिक विशेषता है। यह अनुमान है कि 40-45 प्रतिशत बच्चों एवं किशोरों को कभी-न-कभी परामर्शन की आवश्यकता अवश्य ही होती है तथा 5 से 25 प्रतिशत बच्चों की समस्या गंभीर श्रेणी की होती हैं। 10-15 प्रतिशत बच्चों को सांवेगिक अथवा व्यवहारात्मक समस्याओं के लिए परामर्शन समस्या की आवश्यकता होती है (मालविका कपूर, 1995)। भारत में सम्पन्न हुए रोग वैज्ञानिक सर्वेक्षणों (epidemiological surveys) में नगरीय एवं ग्रामीण क्षेत्रों में अन्तर पाया गया है। नागरिक क्षेत्रों में रॉव (1978) में बैंगलूर में लड़कों में 18.80 तथा लड़कियों में 22.80 प्रतिशत की व्यापकता पाया जबकि सरकार (1990) ने वहीं पर क्रमशः 8.96 एवं 12.43 प्रतिशत की और शिनॉय (1992) ने कुल 18.31 प्रतिशत की व्यापकता पायी। ग्रामीण अंचल में विग, मूर्ति एवं हॉर्डिंग (1981) ने रायपुर-रानी में एक छोटे समूह (n=151) में 4.6 प्रतिशत; कुरूप (1982) के कर्नाटक के सकलबाड़ा में 16.41 प्रतिशत एवं पर्वर्थवर्धिनी (1983) ने यह व्यापकता 43.1 प्रतिशत पायी। स्पष्ट है कि सर्वेक्षणों में प्रकट हुई व्यापकता की दर में विस्तृत अन्तराल देखा जा सकता है किन्तु यह माना जा सकता है कि 15 से 20 प्रतिशत बच्चों में परामर्शन की आवश्यकता प्रकट होती है। भारतीय स्वास्थ्य अनुसंधान परिषद (The Indian Council of Medical Research—ICMR, 1984) द्वारा बैंगलूर, लखनऊ, दिल्ली एवं वाल्टेयर में रोगी इतिहास आधारित अध्ययन के माध्यम से बच्चों एवं किशोरों (1–16 years) के समूह में कुल रोगियों/समस्याग्रस्त बच्चों में से मनस्ताप (28 प्रतिशत), मनोविक्षिप्तता (25 प्रतिशत), हिस्तीरिया (23) प्रतिशत, एपिलिप्सी (14.5 प्रतिशत), मानसिक मन्दता (12.5 प्रतिशत), व्यवहारगत समस्या (9 प्रतिशत), सांवेगिक समस्या (5 प्रतिशत) एवं शैक्षिक पिछड़ापन (4 प्रतिशत) पाया गया। विगत दो तीन दशकों में समस्या वितरण के प्रारूप में निश्चय ही परिवर्तन आया है। उपरोक्त आँकड़े (ICMR report) में रोगी इतिहास आधारित सर्वेक्षण विधि प्रयुक्त हुई है। यदि समुदाय आधारित सर्वेक्षण सम्पन्न किया जाये तो व्यवहारगत, सांवेगिक एवं शैक्षिक पिछड़ेपन की समस्या और अधिक विस्तृत देखी जा सकती है। विगत दो-तीन दशकों में भारत में पारिवारिक संरचना एवं जीवन शैली में व्यापक परिवर्तन घटित हुआ है जिसके फलस्वरूप बच्चों में ध्यान आकर्षित करने एवं उच्च संवेदनशीलता वाले व्यवहार की समस्या (ADHD) अत्यन्त व्यापक रूप में विकसित होती हुई देखी जा सकती है।

मानसिक स्वास्थ्य सम्बन्धी समस्याओं के प्रारूप की दृष्टि से बच्चों एवं किशोरों की समस्याएँ मुख्यतः दो वर्गों में सम्मिलित की जाती है—मूर्त्त समस्याएँ (externalizing disorders/patterns) जो कि बच्चों एवं किशोरों के व्यवहार में प्रकट होती हैं एवं अभ्यान्तर/आन्तरिक समस्याएँ (internalizing disorders) जिसके अन्तर्गत सांवेगिक अनुभूति सम्बन्धी समस्याओं का वर्णन सम्मिलित होता है। उक्त दो श्रेणियों के अतिरिक्त शैक्षिक पिछड़ेपन (scholastic backwardness), अति सक्रियता या विध्वंसात्मक सक्रियता संलक्षण (hyperkinetic syndrome), विकासात्मक समस्याएँ एवं विकासात्मक विलम्बन (developmental problems and developmental delays) तथा बाल्यकालीन मनोविक्षिप्तता की समस्याएँ यहाँ पर संक्षेप में विचारणीय हैं।

अभिव्यक्त/मूर्त्त समस्याओं की श्रेणी में चारित्रिक विकृतियों, बाल-अपराध, आक्रामकता, चिढ़ना या झल्लाना, झूठ बोलना, चोरी करना और अन्य ऐसी समस्याओं को सम्मिलित किया जाता है जिनके द्वारा आसपास के अन्य लोग प्रभावित होते हैं। अभ्यान्तर/आन्तरिक समस्याओं की श्रेणी में विषाद, चिन्ता, भय, मनोग्रस्तता, मनोदैहिक विकृति, सामाजिक पलायन, हीनभावना, रोना आदि सांवेगिकता से जुड़ी हुई समस्याओं को सम्मिलित किया जाता है। जिन बच्चों में क्रियात्मक अतिसक्रियता (hyperkinesis) पायी जाती है वे शान्त-स्थिर बैठ नहीं पाते हैं। वस्तुओं को छूते और तोड़ते रहते हैं, बेचैन एवं आवेगशील होते हैं, ध्यान केन्द्रित नहीं कर पाते हैं, घर या विद्यालय में अनुशासित नहीं रह पाते हैं। शैक्षिक पिछड़ेपन से पीड़ित बच्चों में अधिगम, स्मृति, भाषा, विकास, अंकगणितीय क्रियाओं, अमूर्त चिन्तन एवं समस्या समाधान में कठिनाई या विफलता की समस्या पायी जाती है। विकासात्मक बाधा या विकासात्मक विलम्बन की दृष्टि से भोजन के दोषपूर्ण समय, भोजन सम्बन्धी विचित्र आदतें, अपने से भोजन ग्रहण करने में बिलम्बन, निद्रा दोष, मल-मूत्र त्याग, नियंत्रण सम्बन्धी दोष, यौनिक समस्याएँ (हस्थमैथुन, समलैंगिकता, समयपूर्व विषमलिंगी रुचि आदि), टिक्स (tics), संप्रेषण की विफलता (autism) आदि महत्त्वपूर्ण समस्याएँ हैं। केन्नर (Kanner, 1940, 1972) ने बाल्यकालीन मनोविक्षिप्तता को वयस्क मनोविक्षिप्तता से भिन्न बताया तथा किशोरावस्था में इसकी घटना परवर्ती मनोविक्षिप्तता की शुरूआत के रूप मे देखी जाती है।

बच्चों एवं किशोरों की अवस्थाजन्य विशेषताओं का परामर्शन कार्य में महत्त्व *(Importence of Age Related Charecteristics of Children and Adolescents in Counselling)*

परामर्शन/मनोपचार की मुख्यतः चार श्रेणियाँ होती है : सामुदायिक, पारिवारिक, समूहिक एवं व्यक्ति स्तरीय। अधिकतर परामर्शन कार्य व्यक्तिगत स्तर पर सम्पन्न होता है। विकासात्मक परिवर्तनों की समझ बच्चों एवं किशोरों की समस्याओं की व्याख्या एवं परामर्शन पद्धति के चयन की दृष्टि से महत्त्वपूर्ण होती है। अच्छे परामर्शन कार्य के लिए बच्चों की विकासात्मक अवस्था, उनकी संज्ञानात्मक एवं सामाजिक क्षमता के प्रति सजगता एवं संवेदनशीलता की आवश्यकता होती है। विकासात्मक अवस्था की समझ परामर्शदाता के लिए यह भी समझने में सहायक होती है कि बच्चों एवं किशोरों को प्राप्त हो रहे अनुभवों के प्रति उनकी प्रतिक्रियाएँ क्यों ऐसे रूप में हो रही हैं कि उनके व्यवहार में समस्या प्रकट हो रही है। बच्चों एवं किशोरों की विशेषताओं के संदर्भ में सर्वाधिक विचारणीय प्रश्न यह होता है कि क्या परामर्शन प्रक्रिया में सम्मिलित हो रहे बच्चे की संज्ञानात्मक क्षमता का इतना विकास हुआ है कि वे अपने विचारों, व्यवहारों एवं अनुभूतियों का निरीक्षण तथा परीक्षा कर सकेंगे। इसके लिए आत्म-प्रत्यावर्तन की क्षमता की आवश्यकता होगी। यह क्षमता किसी व्यक्ति के जीवन में सभी आयु अवस्थाओं में एक जैसी नहीं होती हैं। इस क्षमता का क्रमशः विकास होता है। पुनः यह क्षमता सभी बच्चों/व्यक्तियों में एक समान नहीं होती है। इन कारणों से परामर्शन कार्य करते समय बच्चों की विकासात्मक अवस्था का संदर्भ लिया जाना चाहिए।

आत्म-प्रत्याबर्तन की क्षमता के अतिरिक्त अपने सामाजिक संदर्भ से बाहर आकर दूसरे सामाजिक विकल्पों पर विचार करने की क्षमता भी महत्त्वपूर्ण मानी जाती है। किसी

भी बच्चे का तात्कालिक समाजिक संदर्भ (मुख्यतः परिवार) उसके विकास की दिशा को निर्देशित एवं नियंत्रित करता है; बच्चों के लिए यह संदर्भ एक फिल्टर की भाँति है जिसमें से छन कर उसे सूचनाएँ प्राप्त होती है तथा उसके व्यक्तिगत महत्त्व सम्बन्धी विचारों, क्षमताओं एवं आकांक्षाओं का विकास होता है। परामर्शन कार्य में सम्मिलित बच्चे/व्यक्ति में अपने संदर्भ से बाहर निकलकर वैकल्पिक सामाजिक व्यवस्थाओं पर विचार कर पाने की क्षमता होनी चाहिए (Jim Douney, 2003)।

यहाँ वर्णित सामाजिक-संज्ञानात्मक क्षमताएँ आवश्यक रूप से सभी बच्चों में अथवा सभी आयु अवस्थाओं में अनिवार्यतः उपलब्ध नहीं हुआ करती हैं अथवा इन क्षमताओं की मात्रा कमजोर हो सकती है। इस दृष्टि से विचार करते हुए **जिम डाउनी** (2003) ने बच्चों एवं किशोरों की क्षमता की समीक्षा करते हुए निम्नवत वर्णन किया है:—

शैशवावस्था एवं पूर्व बचपनावस्था

इस अवस्था में बच्चे जितना अधिक जानते हैं उसे वे बता नहीं सकते हैं और उसकी परीक्षा नहीं कर सकते हैं।

आरम्भिक विद्यालयी वर्ष (4–7 वर्ष)

(1) इस अवधि में चिन्तन पर तात्कालिक एवं स्थूलतत्त्वों का प्रभुत्व होता है।

(2) तात्कालिक परिवेश के विषय में उनका बोध, उनके वर्गीकरण एवं अभिव्यक्त मूल्य तथा आत्म दृष्टिकोण के रूप में होता है।

(3) इस बिन्दु पर आत्म-संप्रत्यय पर्याप्त सीमित होता है; इसकी रचना सामर्थ्य और सामाजिक स्वीकार्यता के चतुर्दिक होती है। अन्य लोगों के बारे में अच्छे, बुरे, मजबूत आदि स्थूल शब्दावली में मूल्यांकन किया जाता है।

(4) अन्य लोगों के साथ तुलना आत्मकेन्द्रित पूर्वाग्रह/पक्षपात के रूप में देखी जाती है।

(5) बच्चों को यह समझ में आता है कि उन्हें प्राप्त होने वाली अनुभूतियों का वाह्य कारण होता है किन्तु उन्हें शरीर में किसी स्थान के साथ जोड़ दिया जाता है।

(6) कारण-कार्य समझने की क्षमता सीमित होती है; वे इस सम्बन्ध को तात्कालिक स्थान एवं समय के सामीप्य (contiguity) में ही समझ सकते हैं।

उत्तर बाल्यावस्था (8–12 वर्ष)

(1) किसी बाह्य संकेत के प्राप्त हुए बिना, तर्क एवं कारण आधारित आत्मावलोकन का विकास होता है किन्तु इसका रूप मुख्यतः स्थूल होता है।

(2) अन्तर्वैयक्तिक सम्बन्धों की व्याख्या में सामाजिक तुलना एवं औचित्य/न्याय के तत्व सम्मिलित होते हैं।

(3) आत्म केन्द्रिता की प्रवृत्ति अभी भी विद्यमान रहती है किन्तु इस आयु वर्ग के बच्चे अन्य लोगों की आवश्यक्ताओं एवं रुचियों के प्रति सचेत रहते हैं।

(4) विचारों, अनुभूतियों एवं अनुक्रियाओं के बीच विद्यमान सम्बन्ध की समझ पायी जाती है तथा अन्यों की सहायता से बच्चा यह भी समझ पाता है कि इनमे से एक में परिवर्तन द्वारा दूसरे घटकों में परिवर्तन लाया जा सकता है।

(5) आपदा काल में इस आयु के बच्चों को आत्म-मूल्यांकन का पूर्ण स्तर प्राप्त होता है। यह समझ पाना सम्भव होता है कि परिस्थितियों में सुधार के लिए क्या किया जाना चाहिए।

किशोरावस्था

(1) किशोर का 'स्व' उसकी अपनी विशिष्ट पहचान की शब्दावली में परिभाषित होने लगता है।

(2) किशोरों में अपने 'स्व' को व्यक्ति इतिहास एवं अन्तर्वैयक्तिक सम्बन्धों के भावात्मक संदर्भ में एक वस्तु/लक्ष्य (object) के रूप में स्थापित करने की सामर्थ्य होती है।

(3) स्व के साथ उच्च तल्लीनता एवं दूसरों द्वारा किए जाने वाले प्रत्यक्षणों (स्वयं के प्रति) के प्रति संवेदनशीलता के साथ वैश्विक आत्म-चेतना (global self–awareness) सम्बन्धित होती हुई पाई जाती है।

(4) किशोर अपनी भावात्मक दशा (mood state) को सक्रिय चिन्तन द्वारा बनाये रखने एवं आपदकाल में इसे छिपाकर अपने सामान्य क्रिया-कलाप को अनुरक्षित करने के लिए समर्थ होता है।

(5) अन्य लोगों को सहायक सामाजिक संसाधन के रूप में देखने के प्रति द्वैधभाव होता है।

पारिवारिक एवं सामाजिक संदर्भ का महत्त्व (*Importance of Familial and Social Context*)

बच्चों एवं किशोरों के परामर्शन हेतु वैयक्तिक उपागमों का अनेक दशकों तक विविध रूपों (मनोगत्यात्मक, व्यवहार परिमार्जन एवं संज्ञानात्मक पुनर्गठन) में उपयोग होता रहा किन्तु विगत तीन चार दशकों में इस उपागम पर प्रश्न चिह्न लगने लगा है। शिर्क (Shirk, 1999) ने इसे नये चिन्तन को संक्षेप में रेखांकित करते हुए लिखा कि मनोचिकित्सा को एक बच्चे तक ही सीमित नहीं किया जा सकता है, इस कार्य में परिवार एवं समाज जिसमें कि बच्चा विकसित होता है, को भी सम्मिलित किया जाना चाहिए। इसलिए अधिकतर आधुनिक परामर्शन/मनोचिकित्सा कार्यों में अभिभावकों को भी परामर्शन प्रक्रिया के अंग के रूप में सम्मिलित किया जाता है।

बच्चो की समस्याओं, आवश्यकताओं, संवेदनशीलता आदि का उसकी आयु, लिंग एवं विकासात्मक संदर्भ के साथ सम्बन्ध होता है इसलिए परामर्शन कार्य के समय यह ध्यान में रखा जाना चाहिए कि बच्चे का विकास किस संदर्भ में हो रहा है। बच्चों का व्यवहार और विकास दोनों संदर्भ द्वारा प्रभावित हो रहा होता है। बच्चों के मानसिक स्वास्थ्य सम्बन्धी अनेक प्रकार की समस्याओं की उत्पत्ति का कारण प्रत्यक्ष या अप्रत्यक्ष रूप में पारिवारिक एवं परिवेशीय विशेषताओं में निहित रहता है (Pearce, 1993)। फेबर एवं अन्य (Fauber et. al. 1990) की परिकल्पना है कि अधिकतर परिवेशीय कारकों का कुप्रभाव दोषपूर्ण पारिवारिक व्यवस्था, मुख्यतः त्रुटिपूर्ण अभिभावकत्व के माध्यम से प्रकट होता है। इस संदर्भ में चेस्स एवं थॉमस (Chess & Thomas, 1984) द्वारा प्रस्तावित 'उपयुक्तता की अच्छाई' (goodness of fit) मॉडल की परिकल्पनाएँ महत्त्वपूर्ण है, इस प्रारूप की परिकल्पना यह है कि बच्चे और उसके परिवेष के मध्य अच्छी संगति

(consonance) द्वारा अधिकतम सकारात्मक विकास (optitmal positive development) सम्भव होता है और जब परिवेशीय माँग अनवरत रूप में बच्चे की क्षमताओं, अभिप्रेरणाओं और अनुक्रिया शैली के विपरीत अधिक हो तब वियोजनात्मक/कुसमायोजी व्यवहार प्रारूप एवं विकास में विकृति प्रकट होने की सम्भावना बढ़ जाती है। इस मॉडल का प्रस्ताव यह है कि परिवेशीय माँग सीमान्तक रूप में (marginally) अधिक होने पर थोड़ा तनाव उत्पन्न होगा जिसपर विजय प्राप्त करने से बच्चे के स्व का सकारात्मक विकास होगा किन्तु निरन्तर विफलता के फलस्वरूप दीर्घकालिक तनाव में वृद्धि एवं सामाजिक सक्षमता में कमी आयेगी। इस प्रकार यह मॉडल हस्तक्षेप नीति निर्धारित करने में सहायक सिद्ध हो सकता है।

परिवार एवं समाज में बच्चों के लिए अनेक प्रकार के संक्रमण काल होते हैं। कुछ संक्रमण सार्वभौमिक प्रकार के होते हैं जैसे बच्चों का स्कूलों में प्रविष्ट होना और इसलिए परिवार से एक निश्चित अवधि के लिए पृथक होना; दूसरे कुछ संक्रमण सभी बच्चों के जीवन में नहीं आते हैं, (जैसे कि माता-पिता के मध्य वैवाहिक सम्बन्ध विच्छेद) किन्तु जिनके जीवन में ऐसे संक्रमण बिन्दु आते हैं वे इन घटनाओं से प्रभावित होते हैं। कार्टर एवं मैकगोल्डरिक (Carter & Mc Goldrick, 1989) के 'परिवार जीवन चक्र' प्रारूप (The family life cycle model) की परामर्शदाताओं से यह अपेक्षा है कि बच्चों की प्रकट समस्याओं का मूल्यांकन परिवार की विकासात्मक अवस्था और वर्तमान लक्ष्यों के संदर्भ में किया जायेगा। इस प्रकार सम्बन्ध विच्छेद कर चुके माता-पिता के बच्चों के समक्ष इस परिस्थिति का सामना करना एक तात्कालिक लक्ष्य होता है।

स्पष्ट है कि बच्चों एवं किशोरों के साथ परामर्शन कार्य करते समय उसके पारिवारिक एवं सामाजिक संदर्भ पर ध्यान दिया जाना चाहिए। किसी भी हस्तक्षेप योजना को बच्चों और उनके परिवेश के बीच के पारस्परिक गत्यात्मक सम्बन्ध को ध्यान में रखना चाहिए और उनके मध्य की अन्तर्क्रिया का मूल्यांकन किया जाना चाहिए।

बच्चों एवं किशोरों के परामर्शन में विविध उपागमों की उपयुक्ता *(Importance of Different Approaches in Counselling Children and Adolescents)*

बच्चों एवं किशोरों के लिए विविध परामर्शन उपागमों की उपयुक्तता के मूल्यांकन में कार्य क्षेत्र की जटिलता के कारण अनेक कठिनाइयाँ प्रकट होती हैं। यह आयु वर्ग तीव्र विकास एवं परिवर्तन के लिए पहचाना जाता है तथा पारिवारिक पृष्ठभूमि, पालन-पोषण प्रणाली की भिन्नताओं, वैयक्तिक भिन्नताओं एवं पृष्ठभूमि/संदर्भ की विविधताओं से भरा हुआ होता है। इसलिए शोध मूल्यांकन कठिन हो जाता है। काजिन (Kazdin, 1994) एवं टार्गेट तथा फोने (Target & Fongay, 1996) के मूल्यांकन इस क्षेत्र में महत्त्वपूर्ण कार्यों में से है। यद्यपि अनेक शोध विषयक समस्याओं का इन अध्ययनों में समाधान नहीं हो पाया है तथापि कुछ बाते निश्चयात्मक रूप में समझ में आयी हैं (Jim Douney, 2003) : प्रथम, यह स्पष्ट होता है कि कोई मनोपचार नहीं दिये जाने की अपेक्षा मनोपचार/परामर्शन लाभदायक होता है; (Casey & Berman, 1985; Shirk & Russel, 1992)। द्वितीय, यह निष्कर्ष अधिकाधिक सबल हो रहा है कि अन्य उपागमों की अपेक्षा संज्ञानात्मक एवं व्यवहार उपागम बच्चों एवं किशोरों के लिए श्रेष्ठ होता है (Weise et. al. 1995)।

अन्य उपागमों की अपेक्षा व्यवहार परिमार्जन प्रविधियों के क्षेत्र में अधिक शोध कार्य सम्पन्न हुआ है। यहाँ भी अधिकतर शोध कार्यों में बच्चों के साथ कार्य करने की अपेक्षा परामर्शदाता—अभिभावक—बच्चे की प्रणाली अपनायीं गयी है अर्थात माता-पिता/अभिभावक को प्रभावित करके बच्चों के अनुभवों में परिवर्तन और पुनः अभिभावकों के माध्यम से लाभ सम्बन्धी सूचना प्राप्त करने की मूल्यांकन विधि प्रयुक्त हुई है। प्रत्यक्ष कार्यों में चिन्ता एवं भय सम्बन्धी लक्षणों को दूर करने के उपाय किये गये हैं। अनावर्तन (exposure), मॉडलिंग एवं आत्म-नियंत्रण प्रणालियाँ लाभकारी सिद्ध हुई हैं (Ollendick & King, 1998)। क्रोध नियंत्रण, सामाजिक व्यवहार परिमार्जन हेतु व्यवहारात्मक उपागम सफल सिद्ध हुए हैं।

संज्ञानात्मक-व्यवहारात्मक मनोपचार (CBT) अधिगम एवं संज्ञानात्मक शैली में परिमार्जन पर बल देने के कारण बच्चों की सक्रिय भागीदारी की अपेक्षा करता है अतः बच्चे इसे सरलतापूर्वक स्वीकार करते हैं। अन्य उपागमों की अपेक्षा संज्ञानात्मक-व्यवहारात्मक उपागम की उपयुक्तता के पक्ष में अधिक प्रमाण उपलब्ध हैं। आरम्भिक अध्ययनों के विषय में यह संदेह था कि क्या प्राप्त लाभ वस्तुतः संज्ञानात्मक परिवर्तन के कारण ही मिला था किन्तु वुड एवं अन्य (Wood, Harrington & Moore, 1996) के अध्ययन द्वारा यह प्रदर्शित हुआ कि लाभार्थी की चिन्तन शैली में अन्तर उत्पन्न होता है और इस प्रकार लाभ प्राप्त होता है।

II. नवयुवकों का परामर्शन
(Counselling Young Adults)

बीसवीं शताब्दी के मध्यखण्ड तक किशोरावस्था को समस्या काल माना गया और यह समझा गया कि इस काल के समापन के पश्चात जीवन के शान्त, स्थिर, मजबूत काल युवावस्था का आगमन होता है। नवयुवकों के बारे में यह माना गया कि उनका शारीरिक एवं व्यक्तित्व विकास का काल (और इस प्रकार परिवर्तन एवं परिवर्तनजन्य समस्याओं की उत्पत्ति की अवधि) समाप्त हो चुकी होती है। अतः नवयुवकों को परामर्शन की आवश्यकता नहीं होगी किन्तु बीसवीं शताब्दी के अन्तिम दशकों और इक्कीसवीं सदी के लिए यह अवधारणा उपयुक्त नहीं है। आज का नवयुवक सामाजिक, आर्थिक, पारिवारिक, व्यावसायिक, वैवाहिक, पारिवारिक एवं सामाजिक स्तर पर अपने अस्तित्व के लिए संघर्ष कर रहा है, चुनौतियों का सामना करते हुए उसे ऐसी विभिन्न प्रकार की मानसिक समस्याओं का अनुभव होता है जहाँ उसे परामर्शन की नियमित आवश्यकता होती है।

नवयुवकों की समस्याएँ *(Problems of Young Adults)*

नवयुवकों के जीवन में व्यक्तिगत पहचान बनाने, घर/माता-पिता से अलग होने, शैक्षिक एवं व्यावसायिक विफलता, आत्महत्या जैसी समस्याएँ प्रमुख होती है।

नवयुवक आत्मनिर्भर होकर अपनी अलग पहचान बनाना चाहते हैं। विवाह एवं स्वयं का अलग परिवार इस प्रक्रिया का सर्वाधिक महत्त्वपूर्ण पड़ाव होता है। निर्भरता मनुष्य का स्वभाव है किन्तु यौवनावस्था के आगमन पर आत्मनिर्भरता मुख्य लक्ष्य बन जाता है। आत्मनिर्भरता पाश्चात्य संस्कृति में एक अच्छा गुण माना जाता है जो शक्ति, वैयक्तिकता और नेतृत्व के साथ सम्बन्धित माना जाता है। मनोविश्लेषणात्मक परिप्रेक्ष्य में देखने पर तो

यह समझ में आता हे कि निर्भरता की अवधि में प्राप्त हुए अच्छे अनुभव आत्मनिर्भरता अर्जित करने में सहायक सिद्ध होते हैं। निर्भरता द्वारा सांवेगिक सुरक्षा और अन्ततः आत्मनिर्भरता की प्राप्ति होती है।

व्यक्तिगत पहचान प्राप्त करने की प्रक्रिया सभी व्यक्तियों के जीवन में देखी जाती है किन्तु अधिकतर परिवारों में नवयुवकों के लिए यह महत्त्वपूर्ण संकट काल के रूप में पायी जा सकती है। नवयुवकों के लिए यह महत्त्वपूर्ण है कि किस प्रकार सामाजिक-सांस्कृतिक व्यवस्था एवं पारिवारिक संरचना इस दिशा में नवयुवकों को सहायता देती है जिससे इन लोगों का सहजतापूर्वक युवावस्था की ओर संक्रमण हो पाता है। सम्भवतः सभी परिवारों को यह समझना चाहिए कि उन्हें अपने बच्चो को अधिक लम्बे समय तक बाँधे नहीं रखना चाहिए किन्तु साथ ही यह भी आवश्यक है कि इन नवयुवकों को अतिशीघ्र, जबकि वे अभी बंधन/निर्भरता की सुरक्षा चाहते हैं, घर से अलग न कर दिया जाये। जब नवयुवकों को युवावस्था की ओर सहजतापूर्वक अग्रसर होने में सहायता नही प्राप्त होती है, इस प्रक्रिया में जटिल बाधाएँ आती हैं, तब उन में मनोविदलता, विषाद, शैक्षिक एवं व्यावसायिक विफलता, मद्यव्यसनिता, अपराधी प्रवृत्ति, औषधि व्यसन और अन्य अनेक प्रकार की समस्याएँ प्रकट होती हैं।

नवयुवकों की दूसरी समस्या घर/माता-पिता से अलग होने की होती है। उन्हें शिक्षा या व्यवसाय के लिए दूर जाना पड़ता है। जहाँ एक ओर युवक अपनी अलग पहचान बनाने के लिए आत्मनिर्भर एवं घर से अलग होना चाहते हैं वही घर से अलग होने का विचार उन्हें बेचैन कर देता है। नवयुवकों को इस बात से संतोष/सुख प्राप्त होता है कि संकट की घड़ी आने पर उनके पास एक घर है जिसपर वे भरोसा कर सकते हैं। घर एवं परिवार से अलग होने की प्रक्रिया दुविधापूर्ण होती है। नवयुवक घर से अलग होना चाहता है, स्वायत्तता चाहता है किन्तु इस भयवश कि कहीं उनको प्राप्त हो रहा प्यार लुप्त न हो जाये वे अपनी भावनाओं को अभिव्यक्त करने से घबड़ाते हैं, घर से अलग होने के लिए, वैयक्तिक पहचान बनाने के लिए परिवार के भीतर ठीक प्रकार से वार्ता होनी चाहिए, माता-पिता को ऐसे सहायक परिवेश की रचना करनी चाहिए जहाँ उनके बच्चों (नवयुवकों) को संवेगात्मक सहायता प्राप्त हो (Carrie Cooper, 2003)। ऐसे माता-पिता जिनका स्वयं का आरंभिक विकास कुण्ठित सम्बन्धों से भरा हुआ हो, जिनमें आत्मप्रेमी ग्रंथियों (narcisstic fixations) की रचना हुई हो, अपने बच्चों को अलग होता सोचकर परेशान हो जाते हैं। जब माता-पिता बच्चों के अलग होने का विरोध करते हैं तब नवयुवकों के लिए संकट आता है। लड़ाई-झगड़ा करके अलग होने अथवा लड़ते-झगड़ते हुए साथ रहने के अनुभव त्रासद होते हैं। ऐसे नवयुवक अपने उद्यम में अथवा अन्य लोगों के साथ अच्छे सम्बन्ध विकसित करने में विफल होते हैं।

व्यावसायिक सफलता की प्राप्ति नवयुवकों के लिए अत्यन्त महत्त्वपूर्ण होती है तथा विफलता द्वारा आत्म-उत्साह में कमी एवं विषाद में वृद्धि आती है। रोजगार पाने की सफलता या विफलता नवयुकों के लिए सर्वाधिक महत्त्वपूर्ण विषय है लेकिन बढ़ती हुई जनसंख्या एवं आधुनिक तकनीकी क्रांति के कारण बेरोजगारी की समस्या से समूचे विश्व में सर्वत्र नवयुवकों को संघर्ष करना पड़ रहा है। बेरोजगारी मानसिक स्वास्थ्य के लिए सबसे बड़ी चुनौती के रूप में उभर कर सामने आयी है। बेरोजगारी के आगत संकट के कारण नवयुवकों को शिक्षा प्रणाली ही अर्थहीन प्रतीत होने लगती है। बेरोजगार नवयुवकों एवं कार्यमुक्त (छँटनी) हो गये युवकों में आत्महत्या का खतरा बढ़ जा रहा है। बेरोजगारी की

दशा में भी माता-पिता का सहयोग अत्यंत वांछित है। अनेक सफल उद्यमी माता-पिता बेरोजगारी का सारा दोष बच्चों के मत्थे मढ़ देते हैं जो अनुचित है। बेरोजगारी की दशा में शराब एवं औषधि सेवन की ओर बढ़ते कदमों के कारण नवयुवकों की समस्या और भी बढ़ जाती है।

नवयुवकों में शिक्षा, उद्यम, विवाह/प्रेम, अपनी पृथक पहचान बना पाने में विफलता आदि के कारण आत्महत्या अथवा उसकी चेष्टा की सम्भावना बढ़ जाती है। वैसे आत्महत्या के कारण अत्यन्त व्यापक होते हैं, इनके रिस्क फैक्टर की वैधता एवं विश्वनीयता सीमित होती है। आत्म हत्या प्रायः दीर्घकालिक समस्याओं की शृंखला के प्रति गहरी प्रतिक्रिया होती है। आत्म हत्या की दर में वृद्धि हो रही है तथा इस संदर्भ में माता-पिता के व्यवहार का महत्त्व है।

यहाँ प्रस्तुत संक्षिप्त वर्णन से स्पष्ट है कि नवयुवकों की समस्याओं का सम्बन्ध भूमिकाओं, सम्बन्धों, आत्म-संगठन, स्वयं के महत्त्व जैसे विषयों से है। परामर्शन मनोवैज्ञानिक की इस क्षेत्र में भूमिका नवयुवकों की आवश्यकताओं को पहचानकर उपयुक्त परिवेश की रचना में सहयोग देना होता है (Casie Cooper, 2003)।

नवयुवकों के परामर्शन हेतु परिप्रेक्ष्य *(Perspectives for Counselling Young Adults)*

नवयुवकों को परामर्शन देने के लिए अनेक परिप्रेक्ष्य हो सकते है। अधिकतर परामर्शदाताओं ने मनोविश्लेषणात्मक परिप्रेक्ष्य का उपयोग किया है जिसमें उनके वर्तमान व्यवहार एवं संवेगात्मक अनुभूतियों की व्याख्या हेतु उनके बाल्यकालीन अनुभवों के इतिहास को महत्त्व दिया जाता है। मनोविश्लेषणात्मक परिप्रेक्ष्य में परामर्शन/मनोपचार हेतु संवेगात्मक अभिव्यक्ति, अचेतन के अन्वेषण, वर्तमान समस्या की जड़ों को बाल्यकालीन अनुभवों में खोजने की दिशा में व्यक्ति की सहायता करना आदि महत्त्वपूर्ण प्रक्रियाएँ हैं।

नवयुवकों की समस्त मानसिक समस्याओं को मनोविश्लेषक परिप्रेक्ष्य में देखा जाना समस्या के प्रति सीमित एवं दोषपूर्ण दृष्टिकोण अपनाने जैसा होगा। हमारी समस्याओं की उत्पत्ति में सामाजिक संरचना सम्बन्धी कारकों की भूमिका को नकारा नहीं जा सकता है। विवाह/प्रेम के क्षेत्र में उत्पन्न होने वाली अधिकतर समस्याओं का सम्बन्ध जाति, धर्म और अन्य सामाजिक, आर्थिक, सांस्कृतिक संरचनाओं से होता है। अतः परिवार या सर्वांग उपागम का नवयुवकों के परामर्शन में समान महत्त्व होता है।

अनेक विशिष्ट समूहों (लिंग, जाति या अन्य प्रकार के) के नवयुवकों के परामर्शन में यह महत्त्वपूर्ण होता है कि उन्हें ऐसी क्षमताओं से सम्पन्न किया जाये कि वे विद्यमान वर्तमान व्यवस्था को बदल सकें।

नवयुवकों के समक्ष आज अनगिनत सफल व्यक्तियों, जैसे बिल गेट्स, नारायण मूर्ति, अम्बानी, मित्तल, अमिताभ बच्चन, इंदिरा नूई, सचिन तेंदुलकर के उदाहरण है। वे इनको आदर्श मानकर सफलता की राह पर चलना चाहते हैं। वे नये आदर्शों को अपनाना चाहते हैं, नये समाज की रचना करना चाहते हैं किन्तु इन सब के साथ स्वयं को शक्तिहीन पाते हैं। शक्तिहीनता की अनुभूति से बचने के लिए ब्राण्डेड उपभोक्ता वस्तुओं को अपनाते हैं। नवयुवकों की उपभोक्तावादी संस्कृति को कहीं सफलता और कही विफलता की अभिव्यक्ति के रूप में समझने से परामर्शन में लाभ मिलेगा। आज नवयुवक जहाँ खड़ा

है वहाँ सफलता के लिए समाज का उस पर अत्यधिक दबाव है। इस पीढ़ी के नवयुवकों की तनावग्रस्ता के लिए वर्तमान सामाजिक सांस्कृतिक संरचना संदर्भ ग्रहण करना होगा, हमने उन्हें विफल किया हम प्रेम, सम्मान, लगाव के सामाजिक मूल्यों से दूर हटते चले जा रहे है। नवयुवक के पास शान्ति, प्रसन्नता की शरण स्थली नहीं है।

III. मध्यावस्था की समस्याएँ एवं परामर्शन
(Mid-Life Issues and Counselling)

मनोविज्ञान एवं विशेषतः मनोचिकित्सा एवं परामर्शन के क्षेत्र में जीवन के मध्यकाल की साधारणतया उपेक्षा की गई है। फ्रायड ने तो इस आयु को मनोचिकित्सा के लिए अनुपयुक्त माना था। उनका विचार था इस आयु अवस्था में मानसिक लचीलापन चला जाता है अतः व्यक्ति की पुनर्शिक्षा, जो कि मनोचिकित्सा का मूलाधार है, सम्भव नहीं है। आधुनिक चिंतन में मध्यावस्था के विषय में अनेक प्रकार से विमर्श किया गया है।

मध्यावस्था को आयुक्रम की दृष्टि से अनेक रूपों में परिभाषित किया गया है। कोलारूसों एवं नेमिरॉफ्फ (Colarusso & Nomiroff, 1985) ने इस काल की अनेक उप-अवस्थाओं का वर्णन मध्य-जीवन संक्रमण (40–45 yrs.), मध्य युवावस्था में प्रविष्टि (45–50 yers), पचास वर्ष की आयु का संक्रमण (50–55 yrs), मध्यावस्था का उत्कर्ष (55–60 yrs) और पुनः उत्तर मध्यावस्था संक्रमण (60–65 yrs) के रूप में किया है किन्तु अधिकतर विचारकों का मत है कि मध्यावस्था की परिभाषा मुख्यतः व्यक्ति के सामाजिक संदर्भ और व्यक्तिगत व्याख्या पर निर्भर होती है। साइमन बिग्स (Simon Biggs, 2003) के अनुसार जीवन के मध्यकाल की पहचान कतिपय प्रक्रियाओं और गुणों के आधार पर की जा सकती है जिसमे व्यक्ति विशेष के जीवन की परिस्थितियों एवं संस्कृति की भूमिका होती है और इसे आयु/कालक्रम के रूप में सीमित नहीं किया जाना चाहिए।

मध्यकाल में लोग विभिन्न जीवन संदर्भों—शरीर, करिअर, परिवार—के परिप्रेक्ष्य में अपनी दशा का मूल्यांकन करते है (Bernice Neugoaten, 1968)। इस काल में अनेक भूमिकाएँ तथा चुनौतियाँ होती हैं। मध्यावस्था में व्यक्ति अपने बच्चों और अपने माता-पिता के प्रति जिम्मेदारियों के मध्य सैण्डविच की भाँति दबा होता है, अपने करिअर के उत्कर्ष पर होता है; अपनी सफलताओं पर गर्व करते हुए विफलताओं पर प्रायश्चित करता है। समाज नवयुवकों पर केन्द्रित किन्तु मध्य आयु वर्ग के लोगों द्वारा नियंत्रित होता है। जीवन की यह अवस्था बहुमुखी होती है जिसके अनेक निर्धारक होते हैं। जीवन की इन जटिलताओं का सामना कर पाने के लिए व्यक्ति के पास संसाधनों की उपलब्धता महत्त्वपूर्ण होती है।

जीवन के मध्यकाल के विषय में संकल्पना को समय के साथ बदलता हुआ देखा गया है। साइमन बिग्स (2003) ने जीवन के मध्यकाल विषयक संकल्पना के तीन चरणों का वर्णन किया है—**प्रथम चरण** में फ्रायड ने यह माना कि पच्चास के बाद की आयु में लोगों को मनोपचार/परामर्शन के लिए पुनर्शिक्षित नहीं किया जा सकता है क्योंकि उनकी मानसिक संरचा की नम्यता में कमी आ जाती है। होलैंडर (Hollander, 1952) ने कहा कि इस आयु के व्यक्तियों में भविष्य के लिए आशा का इतना अभाव होता है कि उन्हें प्रेरित नहीं किया जा सकता है। इस प्रकार प्रथम चरण में मध्यावस्था की संकल्पना स्थूल/दृढ़ जीवन के रूप [illegible] गयी; जीवन को ऐसे पड़ाव के रूप में देखा गया जहाँ सबकुछ पूर्ण या सम्पन्न हो

चुका है अतः व्यक्ति मनोपचार अथवा परामर्शन के माध्यम से प्रभावित होकर परिवर्तन के लिए प्रस्तुत नहीं हो सकता है। इस कारण प्रथम चरण में मध्यावस्था के लिए परामर्शन/मनोपचार का प्रस्ताव प्रस्तुत नहीं किया गया। **द्वितीय चरण** में मध्यावस्था की संकल्पना संकटकाल के रूप में की गयी। मनोपचारक इलियट जेक्स(Elliot Jaques, 1965)ने बढ़ती हुई आयु के साथ आने वाले सृजनात्मक परिवर्तन को रेखांकित किया। इस अवस्था में व्यक्ति स्वयं को जीवन के उत्कर्ष पर पहुँचा हुआ देखता है किन्तु साथ में उसे सन्निकट आती मृत्यु का दर्शन होता है। वह बीते हुए दिनों और जीवन में आनेवाले अंत दोनों का एक साथ विचार करते हुए इस बात से परेशान हो उठता है कि अब उसके पास अधिक समय नहीं है। न्यूगॉर्टेन (1968) ने अपने शोध के माध्यम से प्रदर्शित किया है कि व्यक्ति स्वयं को नियत जीवन अवस्थाओं के लिए समयबद्ध ढंग से तैयार करता है। व्यक्ति एक ओर श्रेष्ठता प्रदर्शित करने या सिद्ध करने के लिए तत्पर होता है तथा दूसरी ओर अधिक सक्षम नयी पीढ़ी को सत्ता सौंपने की ललकार को देख पाता है। इस दृष्टि से मध्यावस्था के संकट का साइमन बिग्स (2003) ने एक ऐसे समय के आगमन के रूप में वर्णन किया है जहाँ पहले विरोध(protest)का प्रदर्शन होता है किन्तु बाद में मध्य आयु का व्यक्ति नयी किन्तु अपेक्षाकृत कम महत्त्वपूर्ण सामाजिक भूमिका को स्वीकार करने लगता है। बिग्स ने मध्यावस्था की आधुनिक संकल्पना को लाइफ स्टाइल एवं पुनर्शोधन (life style and recycling) का नाम दिया है। फेदर स्टोन एवं हेपवर्थ (Featherstone & Hepworth, 1983, 1889) आधुनिक मध्यावस्था जीवन शैली की इस रूप में विवेचना की है जहाँ व्यक्ति अपने शरीर को सजाता-सँवारता है; आयु से जुड़े ह्रास से स्वयं को बचाता है। अब जीवन आयु की सीमाओं, आयु से जुड़े संक्रमण कालों से पृथक हो रहा है। व्यक्ति के पास जीवन शैली को यथावत बनाये रखने के विकल्प हैं। वह जीवन के इस काल के विषय में सकारात्मक दृष्टिकोण अपनाता है। व्यक्ति को उम्र के इस पड़ाव पर अपनी जीवन कथा की निरंतरता का पुनर्ज्ञान प्राप्त होता है। स्वयं की सहायता के लिए प्रकाशित पत्रिकाएँ हमें इस अवस्था में भी शरीरिक, मानसिक, व्यावसायिक, यौनिक दृष्टियों से सक्रिय रहने का परामर्श देती है। आज मध्य जीवन काल वाले लोग युवकों/नवयुवकों की भाँति पहनते, सजते-सँवरते हैं, सैर-सपाटे पर जाते हैं। यौनिक जीवन का आनन्द लेते हैं और ऐसे रहते हैं जैसे वृद्धावस्था की कोई दस्तक आस-पास कहीं नही है। अब मध्यावस्था के लिए कोई नियम नहीं है, केवल चयन के अवसर हैं (There are no rules, only choices, Blaike, 1999)। इसीलिए वृत्तांतिक उपागम अपनाने वाले परामर्शदाता व्यक्ति के जीवन वृत्तांत की निरंतरता के लिए यत्न करने के पक्षधर हैं।

मध्यावस्था में परामर्शन के विषय *(Mid-Life Issues in Counselling)*

क्लाइनबर्ग (Kleinberg, 1995) का मत है कि मध्य जीवनकाल में क्लायंट आवश्यक रूप में मध्यावस्था के संकटों के समाधान के लिए उपचार की सहायता नहीं लेता है। इस आयु के परामर्शी लक्षणों के उन्मूलन, पारिवारिक द्वन्द्व के समाधान, श्रेष्ठतर सृजनात्मक अनुभव पाने, जीवन के ठहराव से आगे बढ़ने (working through stagnation) के लिए परामर्शदाता की सहायता लेते है।

न्यूगॉर्टेन (1968) ने अपने सर्वेक्षण में पाया कि मध्यावस्था की अधिकतर समस्याओं का सम्बन्ध कार्य क्षेत्र, परिवार और जीवन का अन्त सन्निकट दिखने से होता है। आधुनिक जीवन संदर्भ में किसी व्यक्ति के लिए व्यवसाय तथा परिवार एवं समाज की माँगों के मध्य

संतुलन बना पाना अथवा औचित्यपूर्ण प्रकट होने वाली माँगों की पूर्त्ति कठिन है; व्यक्ति को इस प्रयास में विफलता का सामना करना पड़ता है। परिवार के अन्दर मध्यावस्था की अवधि में व्यक्ति को दो पीढ़ियों (अपने माता-पिता तथा अपने बच्चों) के मध्य सेतु के समान व्यवहार करना होता है। एक तरफ अभिभावकत्व स्वीकार करना होता है तो अपने बच्चों के लिए स्वयं को एक मॉडल की भाँति प्रस्तुत करना होता है। व्यक्ति को अपने जीवन काल के विभिन्न पड़ावों, समाज के प्रत्यक्षण तथा सामाजिक मूल्यांकन के प्रत्यक्षण के आधार पर विकसित हुए विभिन्न रूपों में विकसित 'स्व' के मध्य की दूरियों का असहज प्रत्यक्षण होता है। मध्यावस्था के आरम्भ के साथ व्यक्ति को जीवन के अन्त समय के निकट आने का अनुभव होने लगता है। यह अनुभव उसे परेशान करता है और उसके स्वास्थ्य को प्रभावित करता है। अब व्यक्ति के जीवन की संरचना जीवन के बचे हुए वर्षों के प्रत्यक्षण के आधार पर निरूपित होने लगती है।

मध्यावस्था में व्यक्ति की चिन्ताओं का एक प्रमुख स्रोत यौनिक सक्षमता में कमी आने के एहसास में निहित होता है (King, 1980)। किंग का मत है कि कार्यस्थल पर युवकों की तुलना में कार्योत्पादकता की कमी का भय एवं शारीरिक निर्बलता या उसके आगमन के अनुमान तथा फलस्वरूप अन्य लोगों पर बढ़ती हुई निर्भरता चिन्ता के प्रमुख कारण होते हैं। व्यक्ति के जीवन में मध्यवस्था में अभिभावकत्व सम्बन्धी अनुभवों में एक विशिष्ट परिवर्तन आता है। अभिभावकत्व (parenting) का प्रभाव बच्चों के लिए ही नहीं, स्वयं माता-पिता के लिए भी अत्यन्त महत्त्वपूर्ण होता है। इस अवधि में हमारे बच्चे अपनी किशोरावस्था से युवावस्था में आ जाते है; अब बच्चों और माता-पिता के बीच का सम्बन्ध युवक-युवक (adult adult relationships–Simon Biggs, 2003) कोटि का होता है अतः इसका स्वरूप अत्यन्त रोचक हो जाता है। अब मध्य आयु का व्यक्ति दोनों दिशाओं में परिपक्व लोगों—अपने बच्चे और अपने माता-पिता के साथ व्यवहार करते हुए स्वयं को सैंडबिच की भाँति दो अलग आयुवर्ग की पीढ़ियों के मध्य दबा हुआ पाता है।

मध्यावस्था में यौनिक भूमिकाओं में बदलाव (crossover) का लक्षण देखा जाता सकता है, व्यक्ति पूर्व निर्धारित यौनिक भूमिकाओं के प्रति पहले जैसा प्रतिबद्ध नहीं होता है। महिलाएँ घर से बाहर सक्रिय एवं आग्रही होने लगती है तथा पुरुष घर में पोषणात्मक (nutriant) शैली अपनाने लगते हैं। राजोस्की (Rosowsky, 1999) के अनुसार मध्य-जीवन काल में पति-पत्नी को अपने बच्चों, समवर्तियों, माता-पिता के साथ के सम्बन्धों के अतिरिक्त आपसी सम्बन्धों को भी पुनः परिभाषित करने की आवश्यकता होती है।

मध्यावस्था के लिए परामर्शन *(Mid Life Counelling)*

ऊपर जिन समस्याओं की उत्पत्ति का संक्षिप्त परिचय दिया गया है उनका परामर्शन/मनोपचार की प्रक्रिया द्वारा किस प्रकार समाधान किया जा सकता है इसका निर्धारण इन समस्याओं की गत्यात्मक परिभाषा के आधार पर किया जा सकता है। इस क्षेत्र में प्रयुक्त उपागमों में पर्लकिंग का मनोविश्लेषक उपागम (Pearl King's Psychoanalytic Approach), युंग का विश्लेषक उपागम (Jung's Analytic Approach) तथा मैकएडम का वृत्तांतिक उपागम (Mc Adam's Narrative Approach) उल्लेखनीय हैं।

मनोविश्लेषणात्मक मनोविज्ञान के क्षेत्र मे पर्लकिंग पहली मनोचिकित्सक हैं जिन्होंने मध्यावस्था के लिए इस उपागम को प्रयुक्त करने का प्रयास किया। पर्ल ने मध्यावस्था एवं वृद्धावस्था को इस उद्देश्य के लिए एक ही श्रेणी के अन्तर्गत सम्मिलित किया।

मध्यावस्था की समस्याओं को लेकर कार्य करते समय प्रकट होने वाले प्रमुख विचारणीय एवं उल्लेख्य बिन्दुओं की ओर पर्ल ने हमारा ध्यान आकृष्ट किया है प्रथम महत्त्वपूर्ण उल्लेखनीय आयाम क्लायंट—क्लीनीशियन की आयु से सम्बन्धित है। यह बहुत ज्यादा सम्भावित है कि क्लायंट की तुलना में परामर्शदाता की आयु कम होगी जिसके कारण क्लायंट/परामर्शी के अन्दर परामर्शदाता के प्रति विश्वास (trust) का विकास कठिन होगा तथा यह कि परामर्शदाता की आयु अधिक होने पर उसके प्रति घटित होने वाला माता-पिता से सम्बन्धित संवेगात्मक अनुभूतियों का सम्भावित एवं वांछित अन्तरण घटित नहीं हो सकेगा। यहाँ पर पर्ल का यह अभिमत है कि इस सम्बन्ध में विपरीत कोटि (बच्चों के प्रति संवेगात्मक अनुभूति) का अन्तरण संभावित है। अधिक आयु के कारण परामर्शी एक नहीं अनेक— 'संतान-माता-पिता', 'माता-पिता—संतान', 'हमजोली-प्रेमी'—प्रकार के अन्तरण (transference) प्रकट कर सकता है। इस प्रकार परामर्शी को अपने परामर्शन कक्ष में अनेक आयु वर्ग के परामर्शियों के साथ कार्य करते हुए आयु समीकरणों की विविधताओं के कारण बच्चे, हमउम्र, बड़े जैसी कई भूमिकाओं में कार्य करना पड़ सकता है जहाँ मनोपचारी सम्बन्ध में पाया जाने वाला पारम्परिक शक्ति समीकरण (power relation) बदलता हुआ पाया जायेगा। दूसरा विचारणीय बिन्दु परामर्श/मनोपचार के लक्ष्य से सम्बन्धित है। इस विषय में पर्ल का मत है कि मध्यआयु के परामर्शियों के साथ कार्य करते समय वयःसंधि एंव किशोरावस्था के संकटों के साथ स्थानान्तरण की प्रक्रिया के माध्यम से परामर्शदाता को इस प्रकार कार्य करना होगा कि परामर्शी (अर्थात मध्यआयु का परिपक्व क्लायंट) परामर्शदाता में जीवनकाल की पूर्ववर्ती अवस्थाओं और उन अवस्थाओं से सम्बन्धित महत्त्वपूर्ण व्यक्तियों (significant others) की उपस्थिति का अनुभव कर पाये। इस प्रक्रिया के परिणामस्वरूप परामर्शी में यौनिक एवं जैविक परिवर्तन, भूमिका परिवर्तन, स्वतंत्रता- निर्भरता द्वन्द्व जैसी प्रतिक्रियाएँ प्रकट हो सकती हैं। परामर्शी स्वयं को आयु/समय के साथ संगति में नहीं होने का अनुभव कर सकता है जिसके कारण वह मनोपचारी परिवर्तनों से बचना चाहेगा और मनोपचार को आगे जारी नहीं रखना चाहेगा।

संक्षेप में पर्ल का मानना यह है कि किशोरावस्था के संकट इडिपस ग्रंथि के परिणाम होते है किन्तु जहाँ किशोरावस्था के साथ शक्ति का आगमन होता है जो यौनिक परिपक्वता के माध्यम से प्रकट होता है वहीं मध्यावस्था उसकी उल्टी प्रक्रिया है जिसमें शक्ति का क्षरण होता है अतः चिन्ता प्रकट होती है। सम्बन्धों के भावनात्मक अन्तर के माध्यम से क्लायंट के अंदर विद्यमान अनेक तादात्मयों (identifications) के पुनर्मूल्यांकन (recalibration) की आवश्यकता होती है।

फ्रायड एवं पर्ल ने मनोविश्लेषणात्मक उपागम के अन्तर्गत रहकर कार्य करते हुए मध्यावस्था एवं वृद्धावस्था की समस्याओं के कारणों की व्याख्या के लिए जीवन के आरंभिक वर्षों में व्याप्त अनुभवों के इतिहास को साधन के रूप में अपनाया, वहीं युंग ने मध्यजीवन को दो चरणों—आरंभिक युवावस्था (young adulthood) एवं परवर्ती युवावस्था (later adulthood) के रूप में विभाजित करते हुए यह कहा कि जैसे आरंभिक युवावस्था में मनोरोगी बाल्यकाल के प्रभावों से पृथक नहीं हो पाता है वैसे ही परवर्ती युवावस्था में हम आरंभिक युवावस्था के प्रभावों से दूर नहीं जा पाते हैं (As formerly the neurotic could not escape from childhood, so now he connot port with his youth—Jung, 1967) तथा मध्यावस्था की मनस्तापीय समस्यायें युवावस्था के जीवन सम्बन्धी मनोविज्ञान का परित्याग नहीं कर पाने के कारण विकसित होती है ('...the very frequenty neurotic disturbance of adult years all have one thing in common, they want to carry the psychology of the youthful phase over the threshold of so-called years of discretion.'—Jung, 1967)। व्यक्ति के लिए मध्यावस्था में समाज में अपने लिए एक स्थान पाना, स्वयं की प्रकृति इस प्रकार रूपान्तरित् करना कि वह उसके वर्तमान अस्तित्व के अधिक अनुरूप हो, महत्त्वपूर्ण विषय है। युंग की उक्त व्याख्या उनके सिद्धान्त में निहित वैयक्तीकरण (individuation) एवं छाया (shadow) जैसे संप्रत्ययों की परिकल्पना के अनुरूप है। मध्यावस्था के दूसरे चरण के लिए वैयक्तीकरण को महत्त्वपूर्ण लक्ष्य माना गया है; प्रथम चरण एवं द्वितीय चरण की वरीयताओं में पार्थक्य होना चाहिए। मध्यावस्था दो चरणों के मध्य संक्रमण का काल है तथा प्रकट होने वाली समस्याओं की जड़े इस संक्रमण से सम्बन्धित तनावों, प्रतिरोधों एवं समायोजनात्मक प्रक्रिया में निहित होती हैं। **साइमन बिग्स** (2003) ने युंग की व्याख्याओं को दृष्टिगत रखते हुए परामर्शन हेतु तीन बिन्दुओं पर ध्यान दिये जाने की आवश्यकता को रेखांकित किया है :—

(1) परामर्शदाता को स्वयं की वृद्धावस्था विरोधी प्रकृतियों पर ध्यान देना होगा जिससे कि आत्म-अभिव्यक्ति के लिए उपयुक्त परिवेश की रचना हो : परामर्शदाता को सामाजिक एवं व्यक्तिगत प्रौढ़ावस्था (प्रौढ़ावस्था का सम्बन्ध जैविक प्रक्रिया से अधिक व्यक्तिगत और सामाजिक प्रक्रिया से माना जाता है) विषयक अभिवृत्तियों का परीक्षण करना होगा।

(2) मनोचिकित्सकीय प्रक्रिया में यह अन्वेषण करना होगा कि व्यक्ति द्वारा अपनाया गया छद्म आवरण किस क्षेत्र में प्रयुक्त किया जा रहा है। सम्भव है कि 'परसोना' (persona) विकासमान वैयक्तिकरण की सकारात्मक रूप में रक्षा कर रहा हो।

(3) परामर्शदाता को वैयक्तिकरण के उन्नयन में सहयोग देने के अतिरिक्त इस विषय पर भी ध्यान देना चाहिए कि किस संदर्भ में व्यक्ति के स्व के वैयक्तिक रूप में विकसित अंग (individuated parts of self) अपनी अभिव्यक्ति का अवसर ढूँढ़ रहे हैं।

मध्यावस्था के परामर्शी द्वारा प्रस्तुत की जाने वाली समस्याओं के संदर्भ में परामर्शन हेतु प्रयुक्त होने वाला तीसरा प्रमुख उपागम वृतांतिक उपागम है। मैक्एडम्स (McAdams, 1993; 2001) मध्यजीवन काल को ऐसी अवस्था मानते हैं जहाँ व्यक्ति को अपने जीवन के परस्पर विरोधी एवं प्रतिस्पर्धी बिम्बों को समन्वित करके अपनी उपयुक्त पहचान को विकसित/स्थापित करना होता है। व्यक्ति की अपने विषय में वैकल्पिक बिम्बों की रचना जीवन के तीसरे दशक के उत्तरार्द्ध एवं चौथे दशक के आरम्भ में हुई रहती है। चालीस वर्ष की आयु में व्यक्ति के स्व की पहचान अपेक्षाकृत अधिक सुरक्षित एवं यथार्थवादी होती है। मध्यावस्था में व्यक्ति को यह अनुभव होने लगता है कि जीवन वृतांत का एक सुखान्तक कथा की भाँति समापन होना चाहिए (....growing realizatin that good lives, like good stories, require good endings; 1993)। एक इतिहासकार की भाँति वर्तमान में घटित परिवर्तन के आधार पर विगत वर्णन का पुनर्गठन/पुनर्लेखन की आवश्यकता प्रकट होती है।

वृतांतिक उपागम की महत्त्वपूर्ण विशेषता यह है कि यहाँ यह स्वीकार किया जाता है कि व्यक्ति अपनी भूमिकाओं, अपनी पहचान के विषय में जो कुछ विवरण प्रस्तुत करता है वह एक सत्य की अपेक्षा व्यक्ति द्वारा प्रस्तुत कथा/वृतांत है। परामर्शदाता का कार्य यह होता है कि व्यक्ति के द्वारा निर्मित जीवन वृतांत का इस प्रकार पुनर्गठन करने के लिये सहायता प्रदान करे कि पुनर्निमित कथा का आधार वास्तविक अनुभव हो। साइमन इस कार्य को एक मकान (house) को एक घर (home) बनाने जैसा बताते हैं जो कि एक तरफ पहले से अस्तित्व में है तो दूसरी तरफ व्यक्ति द्वारा स्वनिर्मित होता है। वृतांतिक उपागम की भूमिका व्यक्ति की युवावस्था में निर्मित विविध वृतांतों को अर्थपूर्ण तथा उन कथा में व्याप्त विरोधाभासों के प्रति जागरूक बनाने की होती है।

IV. वृद्ध व्यक्तियों के लिए परामर्शन
(Counselling of Elderly People)

विकासात्मक दृष्टि से वृद्धावस्था शारीरिक एवं मानसिक क्षमताओं में ह्रास की अवधि है। शारीरिक निर्बलता, हड्डियों का कमजोर होना तथा इनका सरलतापूर्वक टूटना, दृष्टि कमजोर होना, स्मृति ह्रास एवं हृदय आघात कुछ सामान्यतः देखी जाने वाली समस्याएँ हैं। जीवन साथी का बिछुड़ना एक बड़ा आघात होता है। सेवानिवृत्ति, सामाजिक निष्क्रियता में वृद्धि, घातक बीमारियों के निदान (diagnosis)आदि के साथ अवसाद (depression) की सम्भावना प्रबल होने लगती है। किसी गंभीर आघात के उपरान्त पुराने घावों का ताजा हो जाना भी तनाव में वृद्धि का एक कारण होता है। इन शारीरिक, मानसिक एवं सामाजिक समस्याओं का सामना करने के लिए मानसिक दृढ़ता चाहिए तथा व्यक्ति के दृष्टिकोण एवं व्यवहार में परिवर्तन की अपेक्षा की जाती है। यद्यपि फ्रायड (1905) ने यह मान लिया था कि पचास के बाद की अवस्था में व्यक्तित्व संरचना में इतनी दृढ़ता आ जाती है कि उसमे परिवर्तन अथवा परिमार्जन सम्भव नहीं है किन्तु आधुनिक परामर्शन एवं मनोचिकित्सा क्षेत्र का दृष्टिकोण ऐसा नहीं है। वृद्धजनों के साथ परामर्शन एवं मनोपचार के लिए अनेक उपयुक्त प्रारूपों का विकास किया गया है। संज्ञानात्मक-व्यवहारात्मक प्रणाली, मनोगत्यात्मक उपागम एवं परिवार/सर्वांग उपागम प्रयुक्त किये जाने के अतिरिक्त वास्तविकता उन्मुखीकरण (reality orientation), संस्मृति एवं जीवन मूल्यांकन (reminiscence and life review), वैधीकरण/अनुसमर्थन उपचार (validation on therapy) एवं समाधान उपचार (resolution therapy) जैसा प्रारूपों का विशिष्ट रूप से वृद्ध व्यक्तियों के लिए ही विकास किया गया। इन प्रारूपों/प्रविधियों का संक्षिप्त विवरण यहाँ प्रस्तुत है।

संज्ञानात्मक-व्यवहारात्मक उपचार *(Cagnitive Behaviour Therapy)*

वृद्धजनों के परामर्शन/मनोपचार हेतु संज्ञानात्मक-व्यवहारात्मक उपचार (CBT) की उपयुक्तता अनेक शोध अध्ययनों के माध्यम से प्रमाणित हुई है। विषाद (depression) के लिए अनेक अध्ययनों, यथाः Thompson et. al. 1987; Teri et. al., 1994; Scogin

& Mc Elreath, 1994; में इसे उपयुक्त पाया गया। चिन्ता (Scogin et. al. 1992) और दीर्घकालिक स्वास्थ्य समस्याओं (Rybarczyk et al. 1992) के लिए संज्ञानात्मक-व्यवहार उपागम की उपयोगिता प्रमाणित हुई है। संज्ञानात्मक-व्यवहारात्मक उपागम के लिए बेक (Beck, 1976) के द्वारा विकसित प्रारूप का गल्लागे-थॉमसन एवं थॉमसन (Gallagher-Thompson & Thompson, 1996) ने वृद्ध लोगों में विषाद की समस्या का समाधान करने के लिए उपयोग किया। सर्वप्रथम क्लायंट को अपनी ऋणात्मक सोच का मूल्यांकन करने एवं उसके परीक्षण (उसे चुनौती देने) के लिए प्रेरित किया, तथा उसके पश्चात अधिक उपयुक्त दृष्टिकोण के विकास को विकसित करने हेतु सहायता दी।

संज्ञानात्मक-व्यवहारात्मक प्रारूप प्रयुक्त करने के लिए इनलोगों ने 16-20 सत्रों का कार्यक्रम विकसित किया। प्रथम तीन-चार सत्रों में सौहार्द्रपूर्ण सम्बन्ध विकसित करने, अभिलेख पत्र एवं मूल्यांकन प्रश्नावली प्रस्तुत करने एवं कतिपय व्यवहार विषयक कार्य योजना तथा लक्ष्य निर्धारित करने का काम किया जाता है। इसके अतिरिक्त मनोचिकित्सा के विविध पक्षों-सामाजिक आर्थिक-विवरण दिया जाता है। अगले चरण के छः-आठ सत्रों का सम्बन्ध व्यवहार से होता है। व्यवहार सम्बन्धी निश्चित लक्ष्यों पर ध्यान केन्द्रित किया जाता है। व्यक्ति के विषादी मूड के साथ जुड़ी गतिविधियों को पहचान कर उन्हे दूर किया जाता है तथा सुखकारी गतिविधियों में वृद्धि लायी जाती है। इसके अगले, मध्यवर्ती चरण में घटनाओं, विचारों एवं अनुभूतियों के मध्य के सबंध को पहचान कर उसे चुनौती (challenge) प्रदान करते हैं, उसमें परिमार्जन लाते हैं तथा सोचने एवं कार्य करने की अधिक उपयुक्त प्रणालियों का अभ्यास किया जाता है। अन्तिम चरण में व्यक्ति को आत्मनिर्भरतापूर्वक, अर्थात परामर्शदाता की सहायता के बिना, नयी अर्जित दक्षताओं के उपयोग के लिए सहायता दी जाती है।

संज्ञानात्मक-व्यवहारात्मक प्रारूप को वैयक्तिक एवं समूह कार्य दोनों ही रूप में प्रयुक्त किया जा सकता है।

मनोगत्यात्मक उपागम (*Psychodynamic Approach*)

फ्रायड का मत था कि बढ़ती हुई आयु के साथ व्यक्ति में बदलाव के लिए अभिप्रेरणा का अभाव होता है तथा अपने स्वरूप को बनाये रखने के लिए दृढ़ता में वृद्धि आ जाती है। फ्रायड के उक्त मतों के रहते हुए भी मनोगत्यात्मक उपागम का अनुसरण करने वाले परामर्शदाताओं/मनोचिकित्सकों को वृद्धजन के साथ कार्य करते हुए देखा जा सकता है। हिल्डरब्रान्ड (1986) ने यह पाया कि वृद्ध लोग अपनी समस्याओं को दीर्घकालीन परिप्रेक्ष्य में देखते हैं तथा उनमें उपचार की दृष्टि से अधिक आत्मनिर्भरता एवं सक्षमता पायी जाती है। नाइट (Knig, 1996) ने यह विचार व्यक्त किया है कि आयु में वृद्धि के साथ संज्ञानात्मक जटिलता में वृद्धि एवं स्मृति तथा शारीरिक सामर्थ्य में कमी आती है जिसका मनोपचार पर प्रभाव पड़ता है। मनोचिंकित्सक की तुलनात्मक रूप में क्लायंट से कम आयु को अच्छे परिणाम के लिए मनोचिकित्सक एवं स्वयं क्लायंट को भी ध्यान में रखना होता है। टेरी (Terry, 1997) ने ऐसे लोगों के साथ कार्य करते समय मनोचिकित्सकों एवं सहायक कर्मियों के लिए यह सुझाव प्रस्तुत किया है कि उन्हें स्वयं अपने एवं माता-पिता की अनुभूतियों को ध्यान में रखना चाहिए तथा यह समझना चाहिए कि उनकी अनुभूतियाँ सम्भवतः माता-पिता के प्रति अचेतन अनुभूतियों को परिलक्षित कर रही हों।

परिवार चिकित्सा (*Family Therapy*)

व्यक्ति का जीवन मुख्यतः पारिवारिक संदर्भों के साथ गहराई के साथ जुड़ा रहता है। जीवन की प्रत्याशा में वृद्धि के साथ-साथ अब एक वृद्ध व्यक्ति के जीवन में तीन-चार सन्तति पीढ़ियों का संदर्भ एक साथ विद्यमान रहता है। वृद्ध व्यक्ति की दशा दादा-परदादा/परदादी-या एकाध क्रम और भी ऊपर की हो सकती है। बढ़ती हुई जीवन प्रत्याशा (life expectancy) के कारण वृद्ध व्यक्तियों के जीवन की जटिलता बढ़ गई है। जीवन की समस्याओं का समाधान उस संदर्भ को ध्यान में रखकर निकाला जाना चाहिए जिनसे उनका गहरा सम्बन्ध है। इसलिए वृद्ध लोगों की समस्याओं के लिए परिवार परामर्शन उपागम का महत्त्व बढ़ जाता है। वृद्ध व्यक्ति के लिए परिवार परामर्शन प्रक्रिया को जीवन के आधुनिक संदर्भों, जैसे परिवार के युवा सदस्यों की काम करने की दशाओं, को ध्यान में रखकर परिमार्जित करना हो सकता है। परिवार के सदस्यों के मध्य अन्तर्क्रिया में टेलीफोन जैसे नेटवर्क की उपयोगिता को भी स्वीकार करना होगा।

वास्तविकता उन्मुखीकरण (*Reality Orientaion*)

वास्तविकता उन्मुखीकरण (RO) को यद्यपि मनोपचार का अलग उपागम नहीं माना जाता है (Fiona Goudie, 2003) तथापि यह प्रविधि वृद्ध व्यक्तियों के साथ प्रयुक्त होने वाली सर्वाधिक प्रचीन विशिष्टतः उनकी आवश्यकताओं के लिए विकसित की गयी प्रविधि मानी जाती है। इस उपागम का उपयोग लोगों को अपनी क्षमताओं, स्मृतियों, योग्यताओं, व्यक्तिगत पहचान को सँजोये रखने के लिए प्रेरित करने हेतु किया जाता है। इस उपागम के प्रथम चरण में व्यक्ति को अपने परिवेश के विषय में जागरूकता विकसित करने एवं उसमें रूचि का विकास करने हेतु प्रेरित किया जाता है। व्यक्ति की रुचि एवं जागरूकता/बोध को विकसित करने के मार्ग में व्याप्त बाधाओं को दूर किया जाता है; यथाः कमरे में पर्याप्त रोशनी, घर के आस-पास या भीतर विभिन्न मोड़ों या दरवाजों की पहचान के लिए ऐसे उपयुक्त संकेतों की व्यवस्था की जा सकती है जो उनकी स्मृति को उद्दीप्त करने में सहायक हों। वृद्ध व्यक्ति के आस-पास विद्यमान लोगों की संप्रेषण क्षमता का उन्नयन किया जाता है जिससे कि शब्दों के अतिरिक्त उसकी ध्वनि (tone) अशाब्दिक संप्रेषण में निहित अर्थ को पहचान जा सके। यह बात ध्यान में रखी जानी चाहिए कि परिवेश में एवं क्लायंट में बदलाव की समूची प्रक्रिया अत्यन्त औपचारिक न बन जाये।

संस्मृति एवं जीवन मूल्यांकन प्रविधि (*Reminiscence and Life Review Technique*)

संस्मृति प्रविधियों का उपयोग स्मृति लोप (demention) से पीड़ित वृद्ध व्यक्तियों के लिए किया जाता है। इस प्रविधि का मूल आधार इस तथ्य से जुड़ा हुआ है कि स्मृति लोप की समस्या से पीड़ित होने के बावजूद भी वृद्ध व्यक्ति में बचपन एवं आरंभिक जीवन की स्मृतियाँ अपेक्षाकृत बेहतर संरक्षित होती हैं। इन स्मृतियों को आधार बनाकर वृद्ध व्यक्ति में एक व्यक्ति के रूप में उसकी अपनी पहचान को संरक्षित रखकर एवं आत्म विश्वास अर्जित करके (इन स्मृतियों के आधार पर) वर्तमान जीवन के क्रिया कलापों को कतिपय विस्मृतियों के बावजूद भी सम्पन्न किया जा सकता है।

जीवन मूल्यांकन प्रविधि में जीवन की विशिष्ट घटनाओं का प्रत्याह्वान करते हुए उनके पुनर्मूल्यांकन का कार्य किया जाता है। इस प्रक्रिया द्वारा द्वन्द्व समाधान करने, स्वयं को एवं जीवन को जैसा भी है वैसा स्वीकार करने में सहायता मिलती है।

वैधीकरण/अनुसमर्थन एवं समाधान उपचार प्रविधियाँ ***(Validation and Resolution Therapies)***

वैधीकरण/अनुसरण की प्रविधि को विकसित करते हुए फील (Feil, 1990) ने इसे स्मृति लोप से पीड़ित व्यक्ति की अस्पष्ट वाणी को समझने के लिए सहायक बताया।

सामाधान उपचार पद्धति में वर्तमान जीवन के प्रति तात्कालिकता (here and now) का दृष्टिकोण अपनाया जाता है। परामर्शदाता क्लायंट के संदर्भहीन या त्रुटिपूर्ण (जैसे दिवंगत पति को जीवित मानते हुए अनेक बातें करना) क्रियाओं को स्वीकार (accept) करता है, उनपर अनुचिन्तन (reflect) करता है; क्लायंट की वर्तमान अनुभूतियों का अन्वेषण (explore) करता है तथा उनका समाधान (resolve) करता है।

❑

पंचम : खण्ड

परामर्शन के कुछ विशिष्ट रूप
(SOME SPECIAL FORMS OF COUNSELLING)

- दृढ़ आग्रहिता प्रशिक्षण
  (Assertiveness Training)
- जीवन वृत्ति परामर्शन
  (Career Counselling)
- कार्य स्थल में परामर्शन
  (Counselling in Work Place)
- विवाह एवं युगल परामर्शन
  (Marriage and Couple Counselling)
- व्यक्तिगत विकास
  (Personal Development)
- अधिगम कौशल का उन्नयन
  (Enhancement of Learning Skills)

परामर्शन के कुछ विशिष्ट रूप

(SOME SPECIAL FORMS OF COUNSELLING)

परामर्शन कार्य समपन्न करने के लिए कुछ उपागम एवं प्रविधियाँ होती है। अनेक प्रविधियों/उपागमों के मध्य कुछ समानताएँ पायी जा सकती है जो उन्हें एक समूह में रखे जाने का आधार प्रदान करती हैं तथा अन्य ऐसी ही प्रविधियों के एक पृथक समूह से अलग श्रेणी में रखे जाने का कारण भी प्रस्तुत करती है। तदनुरूप ही खण्ड-तीन के अध्यायों में परामर्शन/मनोपचार की प्रविधियों को मनोगत्यात्मक उपागम, संज्ञानात्मक-व्यहारात्मक उपागम, अस्तित्ववादी-मानवतावादी उपागम एवं विविध दर्शनग्राही-समन्वयवादी उपागमों की श्रेणी में रखा गया। उपरोक्त के अतिरिक्त समूह कार्य, नारीवादी, सर्वांग एवं पार-वैयक्तिक उपागमों को परामर्शन की विशिष्ट विमाओं के रूप में एक अलग अध्याय में सम्मिलित किया गया। इनमें आपस के कोई समानता नहीं है किन्तु उनके माध्यम से परामर्शन की पृथक प्रणाली या परिप्रेक्ष्य प्रस्तुत होता है। आयु की विभिन्न अवस्थाओं की विशिष्ट समस्याएँ होती है और इसलिए विभिन्न आयुवर्गों के लिए परामर्शन का परिप्रेक्ष्य भिन्न है। अतः खण्ड-चार में जीवनधारा में परिप्रेक्ष्य में परामर्शन की विशिष्ट दशा का वर्णन किया गया। उक्त के अतिरिक्त विद्यालय या कॉलेज/शिक्षा, व्यवसाय, कार्यस्थल, विभिन्न प्रकार से अक्षम हुए लोगों, विवाह एवं परिवार के क्षेत्र में परामर्शन का कार्य तनाव, विषाद, मनोदैहिक समस्याएँ आदि प्रकार की विभिन्न परामर्शियों द्वारा प्रस्तुत की जाने वाली समस्याओं से पृथक प्रकार की चुनौतियाँ हैं।

परामर्शन के अनेक विशिष्ट रूप, जिनका वर्णन खण्ड तीन अथवा खण्ड-चार में किसी प्रकार सम्मिलित नहीं किया जा सका, भी व्यापक हैं। परामर्शन के ऐसे विशिष्ट रूपों में संक्षिप्त/सीमित-अवधि उपचार (brief/time limited therapy), टेलीफोन/ई-मेल परामर्शन (telophone/E-mail counselling), प्राथमिक देखभाल संदर्भ (primary care settings) में परामर्शन, आघात पश्चात परामर्शन (post trauma counselling) आदि को सम्मिलित किया जा सकता है। हमें खेद है कि हम परामर्शन के तकनीकी चेहरे (techno-face) का वर्णन यहाँ सम्मिलित नहीं कर पा रहे हैं। हम इस खण्ड में हिन्दी भाषी विद्यार्थियों की आवश्यकताओं को ध्यान में रखकर दृढ़ आग्रहिता प्रशिक्षण, केरिअर-कौसिलिंग, कार्यस्थल में परामर्शन, विवाह एवं युग्म परामर्शन, व्यक्गित विकास एवं अधिगम उन्नयन, जैसे छः विषयों का वर्णन प्रस्तुत कर रहे हैं।

❑

अध्याय 17

दृढ़ आग्रहिता प्रशिक्षण
(ASSERTIVENESS TRAINING)

अनेक व्यक्तियों की समस्याओं का मूल उनकी अनिश्चयात्मकता होती है, वे दृढ़तापूर्वक अपनी बातों को उपयुक्त समय पर उपयुक्त ढंग से कहने में विफल होते हैं। यदि इन लोगों में अपने अधिकार के लिए अपने विचारों को अभिव्यक्त करने हेतु एवं कार्य करने के लिए दृढ़ निश्चयात्मकता का विकास किया जा सके तो उन्हें अपनी समस्याओं का समाधान करने के लिए आवश्यक सामर्थ्य प्राप्त हो सकती है। इसीलिए विगत दो-तीन दशकों से अनेक परामर्शन उपागमों द्वारा दृढ़ आग्रहिता प्रशिक्षण या स्वाग्रहिता प्रशिक्षण (assertiveness training) पर बल दिया जाता है। दृढ़ आग्रहीपन का विकास करने के लिए परामर्शदाताओं द्वारा भूमिका निर्वाह (role playing), शिक्षण (teaching), कोचिंग (coaching), प्रशिक्षण (training), अभ्यास (rehearsal) एवं उपचार (therapy) की प्रणालियाँ प्रयुक्त की जाती है।

बेन (Rowan Bayne, 1998) के अनुसार दृढ़तापूर्वक आग्रह से हमारा तात्पर्य यह है कि कोई व्यक्ति एक व्यक्ति के रूप में अपने अधिकारों को अन्य व्यक्तियों में वैसे ही अधिकारों का सम्मान करते हुए अभिव्यक्ति करने एवं प्राप्त करने के लिए सक्रिय हो।

'Assertiveness is being able to express and act on your own right as a person while respecting the same rights in other people.'—(Bayne, 1998)

दृढ़ता की दक्षता का व्यवहार उपागम में एक प्रविधि के रूप में उपयोग होता रहा है किन्तु इसकी अन्तर्भावना अस्तित्ववादी एवं मानवतावादी है। बेन (2000) इसे स्व-आत्मीकरण का सक्रिय रूप (self-actualization in action) मानते हैं। दृढ़तापूर्वक स्वाग्रही होने का सरल अर्थ है कि व्यक्ति यह निर्णय करे कि वह कितना अपनी इच्छाओं के अनुरूप तथा कितना अन्य व्यक्तियो की माँग, इच्छा या दबाव के अनुरूप कार्य करें।

दृढ़ आग्रही या स्वाग्रही होने का अर्थ यह है कि व्यक्ति अपने अधिकारों के लिए विचारों एवं अनुभूतियों को अभिव्यक्त करने, अपनी इच्छानुरूप कार्य करने पर दृढ़ रहे तथा आत्मग्लानि का अनुभव किये बिना दूसरों को नहीं कह सके एवं अन्य लोगों के वैसे ही अधिकारों का सम्मान कर सके। व्यक्ति के ऐसे अनेक अधिकार होते है जिनके लिए स्वाग्रही होने की आवश्यकता होती है। इनका सम्बन्ध विश्वासों, अनुभूतियों एवं व्यवहारों की आत्माभिव्यक्ति, अपने मन का निर्धारण स्वय पर पाने और अन्य व्यक्तियों द्वारा 'मन' को बदलने की प्रयास के प्रतिरोध से होता है।

बेन ने अन्य व्यक्तियों के साथ हमारे व्यवहार सम्बन्ध के चार स्वरूपों का वर्णन किया है—(i) आक्रामक अर्थात दूसरे व्यक्तियों के अधिकारों की उपेक्षा करना; (ii) कपटपूर्णता या छल (manipulation) अर्थात अनाक्रमक रूप में दूसरों के अधिकारों की उपेक्षा, जैसे

संवेगात्मक रूप में ब्लैकमेल करना; (iii) निष्क्रिय (passive) अर्थात अपने अधिकारों की उपेक्षा करना; और (iv) स्वाग्रही होना। स्वाग्रही होने का अर्थ व्यक्ति का अपने अधिकारों के लिए दृढ़तापूर्वक खड़े होना, अपने विचारों एवं विश्वासों को निष्ठापूर्वक प्रत्यक्ष एवं सहयोगात्मक रवैये के साथ अभिव्यक्त करना किन्तु दूसरों के अधिकारों का सम्मान एवं रक्षा करते रहना होता है। स्वाग्रही व्यक्ति स्वयं अपने एवं अन्य लोगों की आवश्यकताओं, विचारों एवं भावनाओं का सम्मान करता है। स्वाग्रही होने का सम्बन्ध व्यक्ति के विकल्पों में वृद्धि करने से है। स्वाग्रहिता के अनेक रूप हो सकते हैं—नहीं कहना, निवेदन करना, प्रशंसा करना और पाना, आलोचना करना और आलोचना स्वीकार करना, आत्म उत्साह का विकास एवं अनुरक्षण। स्वाग्रहिता में अशाब्दिक शारीरिक भाषा का महत्त्वपूर्ण स्थान होता है। व्यक्ति की वाणी, मुद्रा आदि में दृढ़ता के लक्षण व्यक्ति के स्वाग्रही होने की अभिव्यक्ति के साधन होते हैं। व्यवहारवादी उपागम में व्यक्ति की परिस्थितियों एवं दक्षताओं का व्यापक विश्लेषण करते हुए स्वाग्रहीपन के विकास हेतु उपयुक्त प्रविधि को चयन किया जाता है। व्यक्ति में अपने विचारों, अनुभूतियों एवं व्यवहारों की अभिव्यक्ति के लिए आग्रहीपन की विशेषता या दक्षता विकसित करते समय उसकी वैयक्तिकता (individuality), निष्कपटता या प्रामाणिकता(authenticity)और सहजता या स्वतः स्फूर्तता(spontaneinty)को महत्त्व दिया जाता हैं और स्वाग्रहीपन की प्रवृत्ति के लाभ और हानि का मूल्यांकन करते हुए उसकी उचित मात्रा के निर्धारण में सहायता दी जाती है।

स्वाग्रही व्यवहार को दृढ़तापूर्वक अभिव्यक्त करने से पूर्व लाभ-हानि विश्लेषण के अतिरिक्त व्यक्ति को अन्य लोगों की सम्भावित प्रतिक्रिया, सामाजिक और सांस्कृतिक अथवा बहुसांस्कृतिक (multicultral) संदर्भ, कार्य स्थल पर संगठन की नीतियों आदि को ध्यान में रखना चाहिए। अतः स्वाग्रहिता सिद्धान्त और दक्षता अपनाते समय काल और स्थान (time and place/when and where) को ध्यान में रखे जाने की आवश्यकता होती हैं।

स्वाग्रहिता सिद्धान्त क्लायंट के लिए नम्यता और सृजनात्मकता पर बल देता है। अन्तर्निहित विचार यह है कि क्लायंट को स्वाग्रह की प्रणाली का अपने हित के लिए उपयोग किये जाने हेतु सहायता दी जानी चाहिए। स्वाग्रह मुख्यतः व्यक्ति के स्तर पर कार्य करने वाली प्रविधि है। सामाजिक, सांस्कृतिक एवं संगठनात्मक स्तरों पर व्यवहार के लिए अन्य सिद्धान्त अधिक उपयुक्त हो सकते हैं किन्तु उक्त परिस्थितियों में अन्य सिद्धान्तों को अपनाते समय व्यक्ति की दृढ़ता एवं निश्चयात्मकता की आग्रहपूर्ण प्रवृत्ति सहायक हो सकती है।

स्वाग्रही व्यवहारों में प्रशिक्षण प्रदान करते समय परामर्शदाताओं को विविध अनुक्रियाओं के सांस्कृतिक अर्थों के प्रति सतर्क होना चाहिए। उदाहरणार्थ ''आँख मिलाकर बात करना'' व्यक्ति की दृढ़ता का द्योतक हो सकता है किन्तु कुछ सांस्कृतिक संदर्भों में उसे दुराग्रह एवं उद्दंड व्यवहार माना जा सकता हैं जिसका प्रतिफल क्लायंट के लिए अच्छा नहीं हो सकता है।

दृढ़ आग्रहिता प्रशिक्षण के सोपान
(Steps of Assertiveness Training)

दृढ़ आग्रहिता/स्वाग्रहिता प्रशिक्षण कार्यक्रम के चार अधोवर्णित सोपान बताए गये हैं:—

(1) स्वाग्रही व्यवहार की विशेषताओं का अन्य व्यवहारों की तुलना में वर्णन—प्रथम चरण में परामर्शी को स्वाग्रही व्यवहार की विशेषताओं का कपटपूर्ण, निष्क्रिय

एवं आक्रामक व्यवहार की तुलना में वर्णन किया जाता है। इस विषय में लिखित विवरणिका भी दी जा सकती है। दिये गये विवरण में दृढ़तापूर्वक किये गये व्यवहार के शाब्दिक एवं अशाब्दिक पक्षों पर प्रकाश डाला जाता है। स्वाग्रही व्यवहार के अन्तर्गत प्रसन्नता की अनुभूति होने पर मुस्कराना, तनाव रहित रहना, बेचैन नहीं रहना; ठीक ढंग से खड़ा होना या बैठना, भद्दे ढंग से नहीं झुकना, बैठना; अच्छे ढंग से आँखों का सम्पर्क स्थापित करना आदि का दृढ़ आग्रही व्यवहार के अंग के रूप में महत्त्व समझाया जाता है। साथ में निष्क्रिय, कपटपूर्ण एवं आक्रामक व्यवहारों के शाब्दिक-अशाब्दिक अंगों के विषय में भी बताया जाता है।

(2) व्यक्ति के व्यवहार में दृढ़ आग्रहिता के अभाव वाली दशाओं का अन्वेषण–किसी क्लायंट के व्यवहार में दृढ़ आग्रहिता की कमी वाली परिस्थितियों/बिन्दुओं का अध्ययन किया जाता है। परामर्शदाता प्रश्न पृच्छा करके यह जानने का प्रयास करता है कि कहाँ पर क्लायंट अपनी अनुभूतियों, भावनाओं, विचारों, पसंदगी/नापसंदगी आदि को अभिव्यक्त कर पाता है और कहाँ पर नहीं अथवा यह कि वह कौन-कौन स्वाग्रही व्यवहार अपना पाता है और कौन व्यवहार नहीं कर पाता है। इस प्रकार क्लायंट की प्रशिक्षण सम्बन्धी आवश्यकताओं का मूल्यांकन हो पाता है।

(3) क्लायंट द्वारा अपने व्यवहार का आत्म-मूल्यांकन–जब क्लायंट अपने व्यवहार भण्डार में निष्क्रिय, कपटपूर्ण, आक्रामक एवं स्वाग्रही व्यवहारों का अध्ययन कर लेता है तब उसे अपने लिए अपनाए जाने योग्य-स्वाग्रही व्यवहारों के विषय में लक्ष्य निर्धारण के लिए कहा जाता है अर्थात वह स्वयं यह लक्ष्य करता है कि कौन-कौन से व्यवहारों का अधिगम किया जाना है।

(4) परामर्शदाता द्वारा विवधि प्रविधियों के माध्यम से प्रशिक्षण–परामर्शदाता क्लायंट में स्वाग्रही व्यवहार के विकास हेतु अनेक प्रविधियों को प्रयुक्त करता है। अभ्यास (rehearsal), मॉडलिंग (modeling), भूमिका-निर्वहन (role-playing) जैसी प्रविधियाँ मुख्यतः प्रयुक्त की जाती है। अभ्यास के अन्तर्गत कुछ नया सीखने के अतिरिक्त विनम्रतापूर्वक 'नहीं' कहने का अभ्यास करना भी सम्मिलित होता है। क्लायंट को अपने विषय मे हो रही अनुचित आलोचना का प्रबंधन करना भी सिखलाया जाता है; यह बताया जाता है कि अपनी गलतियों को स्वीकार करने से आत्म-सम्मान की रक्षा में बाधा नहीं आती है। यहाँ प्रविधि फॉगिंग (Fogging) कही जाती है। क्लायंट अपने सम्मान की रक्षा करते हुए, अपनी भावनाओं एवं आवश्यकताओं को सामने रखते हएु उपयुक्त समझौता फार्मूला भी अपना सकता है।

❑

अध्याय 18

जीवन वृत्ति परामर्शन

(CAREER COUNSELLING)

हमारे जीवन में हमारी वृत्ति/व्यवयसाय का अत्यधिक महत्त्व है। जीवन की जिम्मेदारियों का निर्वाह कर पाना, जीवन में संतुष्टि का अनुभव पाना, सामाजिक जीवन में आगे बढ़ पाना आदि हमारे किसी व्यवसाय/वृत्ति में सफलतापूर्वक प्रविष्ट होने; उसमे सफल होने, समायोजित होने एवं प्रगति करने से सम्बन्धित है। बीसवीं और इक्कीसवीं शताब्दी में व्यावसायिक संरचना में व्यापक एवं गहन बदलाव आया है। पूर्व की भाँति हमारे लिए वृत्ति का क्षेत्र सीमित नहीं है। पहले मुख्यतः कृषि, कुछ सरल कोटि के उद्योग से सम्बन्धित वृत्तियाँ एवं कुछ सहायक कर्मी होते थे। विज्ञान एवं तकनीकी क्षेत्र की क्रांति, बड़े औद्योगिक घरानों के विकास, कार्य में अनेक प्रकार की विशिष्टताओं के विकास, शिक्षण एवं प्रशिक्षण के नये क्षेत्र, सामाजिक-राजनीतिक एवं आर्थिक संरचना की बढ़ती हुई जटिलाओं के कारण व्यावसायिक/जीवन वृत्ति का संसार पूर्णतः परिवर्तित हो गया है। अब अपने लिए अनुकूल वृत्ति का वरण करना और उसमें सतत् सफल रह पाना एक बड़ी चुनौती बन गयी है। पिछले दशकों की भाँति किसी वृत्ति में हमारी वर्तमान सफलता यह नहीं प्रदर्शित करती है कि हम वहाँ आगे भी सफलतापूर्वक बने रह पाएँगें। नियोक्ता की नित नयी माँग होती है। उदाहरण के लिए कल तक बैंक में कार्यरत लिपिक को कॉमर्स या लेखा के ज्ञान की आवश्यकता थी किन्तु अब उसे कम्प्यूटर संचालन का ज्ञान होना चाहिए इसलिए बैंक कर्मियों के लिए आवश्यक हो गया कि वह या तो कम्प्यूटर संचालन सीखे अन्यथा वह एक अयोग्य एवं बेकार कर्मचारी घोषित हो जायेगा अतः उसकी छँटनी हो जायेगी।

व्यक्ति के लिए उपयुक्त वृत्ति का वरण एवं उसमें सफलतापूर्वक उसका आगे बढ़ना व्यक्ति, नियोक्ता एवं समाज सभी के हित में है। यह तभी सम्भव होगा जब व्यक्ति का उपयुक्त जीवन वृत्ति के लिए सम्यक ढंग से विकास हो। व्यावसायिक निर्देशन (vocational guidance) एक छतर शब्दावली (umbrella term) है जिसके माध्यम से जीवन वृत्ति के विकास से सम्बन्धित सभी प्रक्रियाओं का वर्णन हो पाता है किन्तु साधारण, लोकप्रिय भाषा में हम इसे जीवन वृत्ति परामर्शन (career counselling) कहते हैं यद्यपि इससे संबंधित समूची प्रक्रिया में परामर्शन के अतिरिक्त अन्य अनेक प्रकार के कार्यक्रम अथवा सेवाएँ: सूचना सेवा (information service), व्यक्ति अन्वेषण सेवा अथवा मूल्यांकन सेवा (appraisal service), परामर्शन सेवा (counselling service), स्थापन सेवा (placement service), पुर्वाभिमुखीकरण सेवा (orientation service); सुधारात्मक सेवा (remedial service), अनुवर्तन सेवा (follow-up service); को सम्मिलित किया

जाता है लेकिन सूक्ष्मतापूर्वक विचार करने पर इन समस्त सेवाओं में परामर्शन प्रक्रिया सतत सक्रिय पायी जाती है।

जीवन वृत्ति परामर्शन को समग्रता में समझने के लिए यहाँ पर हम व्यावसायिक निर्देशन के संप्रत्यात्मक एवं सैद्धान्तिक पक्षों पर विचार करेंगे। इसके वर्णन के लिए हमने अपनी पुस्तक 'निर्देशक एवं परामर्शन' के अध्याय 6 की सामग्री को यथावत प्रस्तुत किया है। निर्देशन आन्दोलन का आरम्भ 1908 में अमेरिका के बोस्टन नगर में फ्रैंक पार्सन्स (Farank Parsons) द्वारा 'वोकेशनल ब्यूरो' की स्थापना के साथ हुआ था। विगत लगभग एक शताब्दी के मध्यान्तर में निर्देशन के अन्य क्षेत्रों का विकास और बिस्तार सम्पन्न हुआ और निर्देशन शिक्षा का अभिन्न अंग बन गया। आज भी निर्देशन के अन्य क्षेत्रों की तुलना में व्यावसायिक निर्देशन को अधिक महत्त्व प्राप्त है। विगत कुछ दशकों में राष्ट्रीय एवं अन्तर्राष्ट्रीय स्तर पर घटित आर्थिक, औद्योगिक, तकनीकी परिवर्तनों, नयी विशेषताओं, सूचना क्रांति, नगरीकरण एवं बढ़ती हुई जनसंख्या के संदर्भ में व्यावसायिक निर्देशन की प्रासंगिकता और भी अधिक बढ़ जाती है।

व्यावसायिक निर्देशन
(Vocational Gudidance)

नेशनल वोकेशनल गाइडेन्स एसोसियेशन (अमेरिका) द्वारा प्रस्तुत की गयी परिभाषा (1937) के अनुसार, 'व्यावसायिक निर्देशन एक व्यवसाय को चुनने, इसके लिए तैयारी करने, प्रविष्ट होने तथा इसमे प्रगति करने हेतु एक व्यक्ति को दी जाने वाली सहायता की प्रक्रिया है।'

("Vacational guidance is a process of assisting the individual to choose an occupation, prepare for it, enter upon and progress in it.")—*National Vocational Guidance Association, USA, 1937*

अन्तर्राष्ट्रीय श्रम सम्मेलन (1949) के अनुसार, व्यावसायिक निर्देशन व्यक्ति की विशेषताओं और व्यावसायिक अवसरों के साथ उसके सम्बन्ध को समुचित रूप मे ध्यान रखते हुए व्यावसायिक चयन व प्रगति सम्बन्धी व्यक्ति की समस्याओं का समाधान करने हेतु दी जाने वाली सहायता है।

("Voactional guidacne is "assistance given to an individual in solving problems related to occupational choice and progress with due regard to the individual's characteristics and their relation to occupational opportunity.")

—*International Labour Conference (1949)*

नेशनल वोकेशनल गाइडेन्स एसोसिएशन का मानना है कि व्यावसायिक निर्देशन का मूल कार्य व्यक्तियों को कैरिअर बनाने, भविष्य की योजना बनाने, व्यावसायिक क्षेत्र का चुनाव करने तथा संतोषजनक व्यावसायिक समायोजन स्थापित करने के लिए सहायता देना है। पार्सन्स द्वारा स्थापित ब्यूरो की गतिविधियों में युवकों को (1) व्यवसाय का चुनाव करने, तथा (2) चुने गये व्यवसाय के लिए तैयारी करने में सहायता देना सम्मिलित था। इस कार्य को सम्पन्न करने के लिए पार्सन्स ने (i) व्यक्ति अभिक्षमताओं, क्षमताओं, रुचियों, आकांक्षाओं और उसके कारणों को समझने; (ii) विभिन्न व्यावसायिक दिशाओं

की जरूरतों; सफलता की दशाओं, गुण और दोष, क्षतिपूर्ति, अवसर तथा सम्भावनाओं को जानने; तथा (iii) उपर्युक्त दोनों के मध्य तर्क के आधार पर सम्बन्ध स्थापित करने के महत्त्व पर बल दिया।

व्यावसायिक निर्देशन के विभिन्न अंगों एवं पक्षों के बारे में आगे वर्णन किया जायेगा। यहाँ पर अभी, जैसा कि शीर्षक में वर्णित है व्यवसाय चुनने तथा तैयारी करने जैसे सम्प्रत्ययों पर विचार किया जायेगा। जैसा कि परिभाषाओं से भी स्पष्ट है व्यावसायिक निर्देशन पार्सन्स के द्वारा निर्धारित सीमाओं से बाहर फैला हुआ है। आरंभ में यह माना गया कि व्यावसायिक निर्देशन का लक्ष्य व्यक्ति की विशेषताओं और व्यावसायिक जगत अथवा व्यवसाय विशेष की माँगों (जरूरतों) के मध्य मेल (मैचिंग) बैठाने तथा उसके आधार पर व्यक्ति के लिए उपयुक्त व्यवसाय का चुनाव कर लेने में व्यक्ति की सहायता करना है, बाद में उसके लक्ष्य के अन्तर्गत व्यक्ति द्वारा चयनित व्यवसाय क्षेत्र में तैयारी करने में व्यक्ति की सहातया के उद्देश्य को भी सम्मिलित कर लिया गया। आगे चलकर व्यावसायिक वरण (vocational choice) तथा व्यावसायिक विकास (vocational development) के अतिरिक्त व्यावसायिक चयन (vocational selection) एवं व्यावसायिक समायोजन (vocational adjustment) को भी व्यावसायिक निर्देशन के क्षेत्र के अन्तर्गत सम्मिलित कर लिया गया। व्यावसायिक निर्देशन के अर्थ और गतिविधि में यह विस्तार व्यावसायिक निर्देशन के प्रति दृष्टिकोण में परिवर्तन के कारण उत्पन्न हुआ है। आधुनिक मनोविज्ञान की दृष्टि में निर्देशन एक सतत प्रक्रिया है जिसका उद्देश्य व्यक्ति का विकास है, अतः व्यावसायिक निर्देशन का लक्ष्य न तो व्यवसाय के चयन के बिन्दु पर समाप्त हो सकता है और न ही व्यवसाय के लिए तैयारी के बिन्दु पर। व्यवसाय का चयन और तैयारी व्यवसाय क्षेत्र में प्रवेश को पूर्णतः सुनिश्चित नहीं कर देता है। अनेक कारक जो कि व्यक्ति के नियंत्रण में नहीं होते हैं वे भी व्यावसायिक वरण और व्यवसाय अपनाने के पश्चात व्यक्ति के समायोजन और प्रगति को प्रभावित करते हैं। निर्देशन का लक्ष्य और उद्देश्य जीवन के सभी क्षेत्रों तथा सभी अवस्थाओं में सहयोग देना होता है अतः व्यक्ति को व्यवसाय क्षेत्र में अवसर प्राप्त करने, व्यवसाय क्षेत्र में सफलता तथा संतुष्टि प्राप्त करने और प्रगति करने हेतु सहयोग देना भी व्यावसायिक निर्देशन कार्यक्रम के अन्तर्गत ही सम्मिलित है। व्यावसायिक निर्देशन का उद्देश्य व्यक्ति का व्यावसायिक विकास करना होता है। व्यावसायिक विकास के अनेक चरण होते हैं। व्यावसायिक विकास करना होता है। व्यावसायिक विकास के अनेक चरण होते हैं। व्यावसायिक प्रगति का लक्ष्य भी व्यावसायिक विकास का भाग है। इसलिए व्यावसायिक निर्देशन का कार्य व्यवसाय क्षेत्र में प्रविष्ट हो चुकने के बाद भी चलता रहता है।

व्यावसायिक वरण
(Vocational Choice)

व्यक्ति को अपने जीवन में अनेक निर्णय लेने पड़ते हैं, अनेक विकल्पों में से किसी एक या कुछ एक का अपने लिए उपयुक्तता तथा भविष्य सम्बन्धी सम्भावनाओं के आधार पर चयन करना होता है। व्यावसायिक वरण व्यक्ति के जीवन का अत्यन्त महत्त्वपूर्ण निर्णय होता है। मनोवैज्ञानिकों की दृष्टि में व्यावसायिक वरण कोई बिन्दु नहीं है, एक विकासात्मक प्रक्रिया है जो कि व्यक्ति के समूचे विगत विकासात्मक इतिहास और अनुभवों से प्रभावित

होती है तथा अनुत्क्रमणीय (irreversible) होती है। एक बार लिए गये निर्णय के प्रभाव को भविष्य के दूसरे प्रकार के निर्णयों या अन्य किसी प्रकार से पूर्णतः लुप्त (erase) नहीं किया जा सकता है।

व्यावसायिक वरण एक वैकासिक प्रक्रिया है जो बहुधा लगभग दस वर्षों के अन्तराल में सम्पन्न होती है। उत्तर बाल्यावस्था में किसी समय आरम्भ होकर आरम्भिक युवावस्था तक पहुँचकर व्यावसायिक वरण की प्रक्रिया सम्पन्न होती है। इस प्रकार किशोरावस्था की पूरी अवधि व्यावसायिक वरण की दृष्टि से अत्यन्त महत्त्वपूर्ण होती है। व्यावसायिक वरण की विभिन्न सैद्धान्तिक व्याख्याओं में से एक रोचक व्याख्या गिन्जबर्ग एवं सहयोगियों (Eli Ginzberg, Sol W. Ginzberg, Sidney Axelrad & John L. Herma, 1951) द्वारा प्रस्तुत की गई है जिसके अनुसार व्यावसायिक वरण प्रक्रिया की तीन अवस्थाएँ होती है। **प्रथम अवस्था,** कल्पनापूर्ण वरण अवस्था (fantasy choice period) लगभग 10 वर्ष की आयु तक चलती है। इस अवधि में बच्चे का व्यावसायिक वरण सामाजिक-सांस्कृतिक वरीयताओं का प्रतिनिधित्व करता है। बच्चा अपनी क्षमताओं और विशेषताओं को ध्यान में रखे बिना ही अपने लिए व्यवसाय का वरण करता है अथवा यह कहें कि व्यवसाय की कल्पना करता है। **दूसरी अवस्था,** अंतरिम वरण अवस्था (tentative choice period) जो कि 11 वर्ष से 17 वर्ष तक की अवधि होती है जिसमें व्यक्ति भविष्य में सन्तुष्टि की प्रायिकता (propability) की दृष्टि से किसी व्यवसाय के विभिन्न पक्षों का मूल्यांकन करता है। **तीसरी अवस्था,** वास्तविकतापूर्ण वरण अवधि (realistic choice period) उत्तर बाल्यावस्था से आरंभ होकर उस समय तक फैली होती है जबतक कि व्यक्ति अंततः किसी व्यवसाय में स्थापित नहीं हो जाता है। इस अवस्था में व्यावसायिक वरण में पारदर्शिता आ जाती है। व्यक्ति कार्य सम्बन्धी निजी अनुभवों या प्रच्छन्न (vicarious) अनुभवों के आधार पर व्यावसायिक वरीयता को परिवेश तथा कार्य जगत के साथ जोड़ने का कार्य करता है।

व्यावसायिक विकास
(Vocational Development)

व्यावसायिक निर्देशन के आरंभिक उपागम में व्यक्ति की क्षमताओं और विशेषताओं, तथा व्यवसाय की माँगों (अर्थात् व्यवसाय विशेष के लिए आवश्यक व्यक्ति सम्बन्धी क्षमताओं और विशेषताओं) के बीच समेलन (matching) स्थापित करने, व्यवसाय अपनाने तथा समायोजित होने के लक्ष्य की दिशा में सहायता देने के कार्य को व्यावसायिक निर्देशन माना जाता था, किन्तु व्यावसायिक निर्देशन का आधुनिक स्वरूप इस उपागम की तुलना में अधिक व्यापक और जटिल है।

डी०ई० सुपर (D. E. Super, 1957) व्यावसायिक निर्देशन को, ''एक व्यक्ति को स्वयं का तथा कार्य जगत में अपनी भूमिका का उपयुक्त एवं समन्वित चित्र विकसित करने तथा स्वीकार करने, इस सम्प्रत्यय को वास्तविकता के सन्दर्भ में परखने एवं अपनी सन्तुष्टि और समाज के हित के अनुरूप वास्तविकता में रूपान्तरित करने के लिए सहयोग देने'' की प्रक्रिया के रूप में पभाषित करते हैं।

"Vocational guidance is the process of 'helping a person to develop and accept an integrated and adequate picture of himself and of his role in the world of work, to test this concept against reality and to convert it into reality with satisfaction to himself and benefit to society." —*D. E Super, 1957*

इस परिभाषा में दो अभिग्रह सम्मिलित हैं। प्रथम, व्यावसायिक विकास व्यक्ति के समग्र विकास का अन्तर्निहित अंग है। द्वितीय, यह कि व्यावसायिक विकास व्यक्ति के व्यक्तित्व के विकास में योगदान करता है। ''इस प्रकार व्यावसायिक निर्देशन, व्यक्ति के विकास में सहयोग देने की एक प्रक्रिया, वस्तुतः उसके व्यक्तित्व के विकास में, या यह कहा जा सकता है, उसके आत्म-सम्प्रत्यय प्रणाली के विकास में सहयोग देने की प्रक्रिया है।'' —नायर (K. V. Nair,1972)

मार्गरेट ई० बेन्नेट (Margaret E. Bennet, 1963) ने व्यावसायिक विकास को वैयक्तिक एवं सामाजिक करकों, आत्म-सम्प्रत्यय और वास्तविकता के मध्य समझौते (मध्यमार्ग/compromise) के रूप में परिभाषित किया है। इस प्रकार व्यावसायिक निर्देशन व्यक्ति को आवश्यक समझौते करने के लिए दी जाने वाली ऐसी सहायता है जिसका उद्देश्य समझौता करते समय चिन्ता और तनाव उत्पन्न किये बिना व्यक्ति को व्यावसायिक आत्म सम्प्रत्यय के अधिकतम विकास हेतु सहायता देना होता है।

इस प्रकार व्यावसायिक विकास व्यावसायिक निर्देशन का एक ऐसा लक्ष्य है जिसका अभीष्ट उद्देश्य व्यक्ति का समग्र विकास करना होता है। मानव विकास के कार्य लक्ष्यों (development tasks) की भाँति ही व्यावसायिक विकास के भी लक्ष्य होते हैं जो व्यक्ति के विकास की प्रक्रिया और उसे प्रभावित करने वाले कारकों द्वारा निर्धारित होते हैं।

स्पष्ट है कि व्यावसायिक विकास, व्यावसायिक निर्देशन के क्षेत्र में आधुनिक सम्प्रत्यय है। आरंभ में व्यावसायिक निर्देशन का उद्देश्य व्यावसायिक चयन हेतु सहयोग देना था। बाद में निर्देशन के उद्देश्यों में व्यक्तिगत कारकों जैसे उपचार और बचाव (remedy and prevention) पर बल दिया जाने लगा। लेकिन बाद में यह विचार प्रकट किया गया कि यदि शिक्षा का उद्देश्य मानव व्यक्तित्व का अधिकतम विकास करना है तो निर्देशन एवं व्यावसायिक निर्देशन का उद्देश्य नैदानिक-उपचारात्मक-बचाव (diagnostic-remedical-preventive) उद्देश्यों तक सीमित नहीं किया जा सकता। अतः निर्देशन को एक विकासात्मक सेवा (development service) के रूप में देखा जाना चाहिए।

व्यावसायिक निर्देशन के प्रति विकासात्मक दृष्टिकोण का व्यावसायिक निर्देशन कार्यक्रम की दृष्टि से प्रतिफल या निहितार्थ (implication) यह है कि व्यावसायिक विकास को जीवन के समूचे सातत्य (entire life continuum) पर फैला हुआ देखा जाता है, जिसकी अनेक अवस्थाएँ (stages) और लक्ष्य (tasks) होते हैं; लक्ष्यों की पूर्ति को प्रभावित करने वाले अनेक कारक स्वीकार किये जाते हैं अर्थात् व्यावसायिक विकास को अनेक कारक प्रभावित करते हैं। इस दृष्टि से व्यावसायिक चयन की प्रक्रिया व्यावसायिक विकास की प्रक्रिया का अभिन्न अंग है। व्यवसाय के लिए तैयारी (vocational preparation) तथा व्यवसाय में प्रविष्ट होने के पश्चात व्यक्ति की व्यावसायिक प्रगति (vocational growth) भी व्यावसायिक विकास की विभिन्न अवस्थाओं के विशिष्ट अंग हैं।

विकासात्मक कार्य, निर्धारक एवं सिद्धान्त
(Devlopmental Tasks, Determinants and Theories)

व्यावसायिक विकास व्यावसायिक निर्देशन के क्षेत्र में आधुनिक उपागम है जो समेलन उपागम की तुलना में अधिक व्यापक लक्ष्यों की सिद्धि पर बल देता है। समेलन उपागम व्यक्ति तथा व्यवसाय के मध्य समेलन (matching) स्थापित करने पर बल देता है लेकिन व्यावसायिक विकास उपागम व्यक्ति के समग्र विकास पर बल देता है। व्यावसायिक विकास का अभीष्ट उद्देश्य व्यक्ति के व्यावसायिक आत्म-सम्प्रत्यय का अधिकतम विकास सम्भव बनाना है। यह उपागम व्यक्ति के लिए उसके विकास की विभिन्न अवस्थाओं पर अनेक लक्ष्य निर्धारित करता है जिसकी प्राप्ति व्यक्ति द्वारा की जानी चाहिए। इस विकास की सफलता के अनेक निर्धारक होते हैं।

विकासात्मक कार्य (*Developmental Tasks*)

विकासात्मक कार्य का अर्थ है विकास की प्रत्येक अवस्था में उचित विकास का पूरा होना। रॉबर्ट हेविगर्स्ट (Robert Havighurst) ने विकास की सभी अवस्थाओं के लिए व्यावसायिक विकास के लक्ष्यों का निर्धारण किया है जो उनके 'विकासात्मक कार्यों' सम्बन्धी विचारों का विस्तार है। व्यक्ति द्वारा विकासात्मक कार्यों की प्राप्ति से उसे सुख की अनुभूति मिलती है जबकि विफलता के कारण व्यक्ति को दुख का अनुभव होता है, सामज तिरस्कृत करता है तथा अगली अवस्था में विकास के निर्धारक लक्ष्यों की प्राप्ति में कठिनाई आती है। हेविंगर्स्ट के द्वारा वर्णित लक्ष्यों का वर्णन करते हुए **जोन्स** (1970) एवं **नायर** (1972) व्यावसायिक विकास की अनेक अवस्थाओं का विभाजन करते हैं:—

प्रथम अवस्था 'तादात्मीकरण' की होती है जो पाँच से दस वर्ष की आयु तक फैली होती है। इस अवस्था में बालक परिवार के किसी वयस्क के कार्यों के साथ तादात्म्य स्थापित करता है। प्रायः यह व्यक्ति पिता होता है। वर्तमान युग की बदली हुई परिस्थितियों में जबकि माताओं ने विश्वव्यापी स्तर पर रोजगार अपना लिया है, माँ के साथ भी तादात्म्य होना सम्भव है। हेविंगर्स्ट का मानना यह है कि जिन परिवारों में ऐसा कोई व्यक्ति नहीं होता है वहाँ बच्चे वंचना (अलाभकारी) दशा में होते हैं अतः उनका व्यावसायिक विकास स्वस्थ एवं सामान्य नहीं हो पाता है। इस अवस्था में बालक बाते करना, भौतिक और सामाजिक सत्य का संप्रत्ययन करना, गलत और सही में भेद करना सीखता है तथा अन्तरात्मा का विकास करता है। व्यावसायिक विकास की दृष्टि से यह समझ विकसित होती है कि जब वह बड़ा होगा तब वह भी कार्य करेगा, अर्थोपार्जन करेगा एवं परिवार की खर्चों की जिम्मेदारी का निर्वाह करेगा।

द्वितीय अवस्था दस से पंद्रह वर्ष की आयु की होती है। इस अवधि में वह उद्यमशीलता के लिए मूलभूत प्रतिभा अर्जित करता है। जिम्मेदारी की भावना का अधिगम आरंभ होता है तथा यह बोध विकसित होने लगता है कि कार्य करने का अर्थ क्या होता है। अनेक सामाजिक और सांस्कृतिक परिस्थितियों में बच्चे अध्ययन के साथ-साथ अल्पकालिक रोजगार करने लग जाते हैं। ऐसी दशा में बालक खेलने के स्थान पर कार्य को महत्त्व देना सीखने लगता है।

तृतीय व्यावसायिक अवस्था पंद्रह वर्ष से पच्चीस वर्ष तक की होती है। इस अवधि में किशोर/नवयुवक एक रोजगार क्षेत्र का चयन करके उसके लिए तैयारी करने लगता है।

व्यक्ति प्रायः इस अवधि के अन्त तक किसी व्यवसाय में प्रविष्ट हो जाता है। व्यक्ति स्वयं को भावी कर्मचारी के स्थान पर वास्तविक कर्मचारी के रूप में देखने लगता है। यदि कोई रोजगार नहीं मिल पाता है तब अनेक विसंगतियों की उत्पत्ति होती है।

चतुर्थ व्यावसायिक विकास अवधि पच्चीस वर्ष की आयु से चालीस वर्ष की अवस्था तक चलती है। इस अवधि में व्यक्ति वस्तुतः उत्पादक व्यक्ति होता है। व्यक्ति अपने कार्यक्षेत्र में प्रोन्नतियाँ प्राप्त करता है तथा अपनी कार्यकुशलता की दृष्टि से उत्कृष्ट बिन्दु पर होता है।

लगभग चालीस वर्ष से आरंभ करके साठ-सत्तर वर्ष की आयु तक (अधिकतम आयु अनेक भौगोलिक, जैविक, सामाजिक एवं मनोवैज्ञानिक कारको द्वारा प्रभावित होती है) को **पाँचवीं अवस्था** 'यथास्थितिवादी काल' कहा जा सकता है। व्यक्ति निजी विकास के लिए कम चिंतित होता है। व्यक्ति का ध्यान समाज के लिए अपना योगदान सुनिश्चित करने पर केन्द्रित होने लगता है। इस अवधि में व्यक्ति अनेक प्रकार के सामाजिक-सांस्कृतिक संगठनों और कार्यक्रमों में भागीदारी करता है। सार्वभौमिक रूप में इस आयुवर्ग के लोग अपनी अगली पीढ़ी के भविष्य के बारे में चिन्तित होते हैं, अपने बच्चों के कैरियर तथा उनके लिए अच्छे परिवेश की रचना के प्रति योगदान करना चाहते हैं।

अंततः व्यक्ति व्यावसायिक दृष्टि से सीमित जीवन को जीने का प्रयत्न करता है, अपनी उत्पादकता के संदर्भ में गहन चिंतन करता है, अपने योगदान का मूल्यांकन करता है।

हेविगर्स्ट के विचारों में व्यावसायिक विकास के संदर्भ में रेखांकित किये जाने योग्य अनेक तत्त्व हैः—

(i) व्यावसायिक विकास में तादात्मीकरण की भूमिका महत्त्वपूर्ण है, तादात्म्य का अभाव क्षतिकारक हैं;

(ii) व्यावसायिक विकास मे परिवार और विद्यालय दोनों की भूमिका महत्त्वपूर्ण है;

(iii) अध्यापक और परामर्शदाता व्यावसायिक चयन के विकास में सहायक होने के अतिरिक्त उद्यमिता, जिम्मेदारी तथा अन्य ऐसे महत्त्वपूर्ण गुणों के विकास में सहायक हो सकते हैं जो किसी भी कार्यक्षेत्र में सहायक सिद्ध होंगे;

(iv) विकास की किसी अवस्था में वांछित विकास कार्य की निपुणता अर्जित करने में सहयोग दिया जाना चाहिए क्योंकि एक अवस्था से सम्बन्धित विकास का लक्ष्य पूरा न होने पर अगली अवस्था से सम्बन्धित विकास में कठिनाई आती हैं; तथा

(v) सामाजिक-आर्थिक दृष्टि से पिछड़े परिवारों में जन्म लेने वाले, पिता के बिना बड़े होने वाले या अन्य दृष्टियों से अलाभकारी दशा में विकसित होने वाले बच्चों के लिए व्यावसायिक विकास का लक्ष्य पूरा किये जाने हेतु विशेष प्रयत्न वांछित हैं।

डोनाल्ड ई० सुपर (Donald E. Super, 1957) ने भी व्यावसायिक विकास की पाँच अवस्थाओं का वर्णन किया हैः—

(i) विवृद्धि अवस्था (Growth stage)—14 वर्ष की आयु तक,

(ii) अन्वेषणात्मक अवस्था (Exploration stage)—15 वर्ष से 24 वर्ष तक,

(iii) स्थापना अवस्था (Establishment stage)—25 वर्ष से 44 वर्ष तक

(iv) अनुरक्षण अवस्था (Maintenance stage)—45 वर्ष से 64 वर्ष तक, एवं

(v) ह्रास अवस्था (Decline stage)—65 वर्ष के पश्चात।

सुपर ने अपनी अगली पुस्तक *Self Concept Theory* (1963) में अन्वेषण और अनुरक्षण अवस्था को पाँच उपअवस्थाओं—अंतरिम (tentative), संक्रमण (transition) अन्वेषणात्मक-जाँच-परख (exploratory-trial), स्थापन-जाँच-परख (establishment trial) और स्थायित्व (stabilization), के रूप में विभाजित किया। सुपर (1963) के अनुसार व्यावसायिक विकासात्मक कार्य में (i) व्यावसायिक वरीयता का क्रिस्टलीकरण (crystalizing a vocational preference), (ii) वरीयता का विशिष्टीकरण (specifying that preference), (iii) वरीयता का क्रियान्वयन (implementation of preferences), (iv) व्यवसाय में स्थापित होना (stabilizing in a vocation), तथा (v) व्यवसाय में आगे-बढ़ना (advancing in the vocation) होता है।

व्यावसायिक वरीयताओं का क्रिस्टलीकरण (रचना एवं पारदर्शिता/स्पष्टता) आंरभिक किशोरावस्था (अंतरिम वरीयता अवस्था) की अवधि में आरम्भ हो जाता है। इस अवधि में व्यक्ति कार्य क्षेत्रों और स्तरों के बारे में एवं इस संदर्भ में शिक्षा तथा प्रशिक्षण के बारे में सोचने लगता है। इस अवस्था में वरीयता अत्यन्त सामान्यीकृत तथा धुंधली होती हैं तथा उसमें स्पष्टीकरण उत्पन्न करने की आवश्यकता का अनुभव होता है। आदतों की दृष्टि से व्यक्ति सूचनाओं की खोज में रहता है।

उत्तर किशोरावस्था में सामान्यीकृत वरीयताओं के स्थान पर विशिष्ट चयन की उत्पत्ति होती है। व्यक्ति की अपनी विशिष्ट वरीयता में रूचि बढ़ जाती है। क्रियान्वयन आरंभिक युवावस्था का विकासात्मक कार्य होता है। व्यवसाय क्षेत्र में प्रविष्ट होने के पश्चात वह अपने व्यावसायिक आत्म-संप्रत्यय को कार्यान्वित करने लगता है। ऐसा युवावस्था में होता है। तत्पश्चात व्यक्ति व्यवसाय में स्थापित होकर प्रगति करने का प्रयत्न करता है।

सुपर एवं सहयोगियों (super, et. al., 1988) ने व्यावसायिक वृत्ति के विकास की चार अवस्थाओं और प्रत्येक अवस्था की तीन उपअवस्थाओं का वर्णन किया है:—

(i) Exploration : crystallization, specification, implementation.
(ii) Establishment : stabilization, consdidating, advancing.
(iii) Maintenance : holding, updating, innovating.
(iv) Disengagement : deceleration, retirement planing and retirement living.

व्यावसायिक वरण एवं विकास के निर्धारक *(Determinants of Vacational Choice and Development)*

व्यक्ति के समस्त व्यवहार और विचार, रुचियाँ और अभिवृत्तियाँ तथा वरीयताएँ उसके मनोदैहिक प्रक्रमों के व्यक्तित्व रूपी गत्यात्मक संगठन द्वारा निर्धारित होते हैं। व्यक्तित्व का (स्वयं का) निर्धारण अनेक कारकों द्वारा होता है। व्यक्तित्व आनुवांशिकता और पर्यावरण, परिपक्वता और अधिगम की अन्तर्क्रिया का परिणाम है। इसके निर्धारण में गर्भधारण के समय से ही अनेक कारकों की भूमिका प्रकट होने लगती है। व्यावसायिक चयन और विकास की प्रक्रिया—जिसमें व्यावसायिक आत्म-संप्रत्यय का विकास भी सम्मिलित है, व्यक्तित्व से पृथक नहीं किया जा सकता है। प्रायः ऐसे समस्त कारक जिनकी व्यक्तित्व विकास में भूमिका स्पष्ट रूप से स्वीकार की जाती है, व्यावसायिक चयन और व्यावसायिक विकास को भी प्रभावित करते हैं। इन निर्धारकों के बारे में एक बात

और यह महत्त्वपूर्ण है कि निर्धारक कारक व्यक्तित्व, व्यावसायिक चयन एवं व्यावसायिक विकास को ही प्रभावित नहीं करते हैं, अपितु एक निर्धारक या कारक का अनेक अन्य निर्धारिकों के स्वरूप पर भी प्रभाव पड़ता है। इस पुस्तक की सीमाओं में ऐसे कारकों का विस्तृत व्याख्या कठिन है। यहाँ पर उन महत्त्वपूर्ण निर्धारकों का संक्षिप्त विवरण प्रस्तुत किया गया है जिनकी व्यावसायिक चयन और विकास में भूमिका है। वर्णन की सुविधा की दृष्टि से ऐसे समस्त कारकों को विभिन्न वर्गों के अन्तर्गत श्रेणीबद्ध किया गया है। निर्धारकों को श्रेणियाँ निम्नवत है:—

(1) जैविक कारक—लिंग, लम्बाई, शारीरिक छवि आदि;
(2) वैयक्तिक कारक—बुद्धि, अभिक्षमता, रुचियाँ, व्यक्तित्व, अन्य क्षमताएँ;
(3) पारिवारिक कारक—परिवार सम्बन्धी भौतिक, परिवेशीय, धार्मिक, सामाजिक, मूल्य, स्वास्थ्य, आर्थिक, शैक्षिक, सांवेगिक एवं अन्य कारक;
(4) विद्यालयीय कारक—विद्यालय के अन्दर का परिवेश, अध्यापक, मूल्य, परम्परा, परामर्शदाता एवं अन्य का प्रभाव;
(5) सामाजिक-सांस्कृतिक कारक—स्वीकार्यता, वंचना, पूर्वाग्रह, सामाजिक स्थिति, गतिशीलता, पेशागत परम्परा आदि;
(6) राष्ट्रीय एवं अन्तर्राष्ट्रीय कारक—आर्थिक दशा, नीतियाँ (यथा-आरक्षण), उदारीकरण, भूमण्डलीकरण, समाजवाद, पूँजीवाद, साम्यवाद, बेरोजगारी, आर्थिक मन्दी, आतंकवाद, पलायन आदि।

जैविक कारक—व्यक्ति किस व्यवसाय का चयन करेगा, किस व्यवसाय को अपनायेगा और कहाँ स्थापित होकर प्रगति कर पायेगा यह उसके लिंग, शारीरिक आकर्षण और लम्बाई, सामान्य स्वास्थ्य जैसे कारकों से प्रभावित होता है। कुछ व्यवसाय पुरुषों की तुलना में महिलाओं को अधिक आकर्षित करते हैं। शारीरिक क्षमता पर ध्यान देने वाले व्यवसायों में स्वास्थ्य और लम्बाई का महत्त्व होता है। जनसम्पर्क और स्वागत क्षेत्र के व्यवसाय (जैसे रिसेप्शनिस्ट, एयर होस्टेस) में शरीरिक आकर्षण का महत्त्व देखा जाता है। व्यक्ति का अपनी जैविक रचना सम्बन्धी आत्म-संप्रत्यय जैसा होगा तदनुरूप व्यक्ति का व्यावसायिक चयन तथा व्यावसायिक विकास हेतु किया गया प्रयत्न होगा।

वैयक्तिक कारक—व्यक्तियों की बुद्धि, अभिक्षमता, रुचियाँ, अभिवृत्तियाँ, व्यक्तित्व विशेषताएँ, शारीरिक एवं अन्य अनेक क्षमताएँ एक-दूसरे से भिन्न होती हैं। व्यक्ति को अपनी क्षमताओं और विशेषताओं के बारे में जैसा बोध प्राप्त होगा वैसा ही वह अपने व्यावसायिक लक्ष्यों का निर्धारण करेगा। व्यक्ति के अपनी क्षमताओं और विशेषताओं के बारे में आत्म-संप्रत्यय पर (i) क्षमताओं एवं विशेषताओं के वस्तुनिष्ठ रूप का, तथा (ii) सामाजिक सम्बन्धों के समय अन्य व्यक्तियों द्वारा की जाने वाली प्रतिक्रिया का प्रभाव पड़ता है। अन्य व्यक्तियों जैसे माता-पिता, अध्यापक, मित्रों द्वारा की जाने वाली प्रतिक्रियाएँ जो कि व्यक्ति के लिए आत्म-सम्प्रत्यय के निर्माण में सूचना की भूमिका का निर्वाह करती हैं; क्षमताओं एवं विशेषताओं के वस्तुनिष्ठ और प्रत्यक्षण करने वालों के व्यक्तिनिष्ठ दोनों ही रूपों से प्रभावित होती हैं। यदि व्यक्ति की क्षमताओं तथा विशेषताओं के वस्तुनिष्ठ रूप और एतद्विषयक आत्म-सम्प्रत्यय में ज्यादा अन्तराल होता है (अर्थात् आत्म-सम्प्रत्यय भ्रामक हो) तब व्यावसायिक लक्ष्यों का चयन त्रुटिपूर्ण हो जाता है जिससे व्यवासायिक विफलता एवं कुसमायोजन उत्पन्न हो जाता है।

पारिवारिक कारक–व्यक्ति के समग्र विकास में परिवार से सम्बन्धित अनेक कारकों का प्रभाव पड़ता है। परिवार में पालन-पोषण, सुरक्षा, स्नेह तथा प्रशिक्षण ही नहीं प्राप्त होता है अपितु परिवार बच्चों के लिए बाह्य जगत से सम्पर्क का माध्यम भी होता है। आरंभिक आयु अवस्था में परिवार भौतिक, सामाजिक, सांस्कृतिक निर्धारकों का वाहक होता है। समस्त बाहरी निर्धारक परिवार के सदस्यों के माध्यम से अपना प्रभाव स्थापित करते हैं क्योंकि बच्चों का बाह्य जगत के साथ सीधा संपर्क नहीं होता है। जब बच्चे स्वयं घर से बाहर की दुनिया के साथ संपर्क में आते हैं उस समय भी परिवार की भूमिका बच्चों को प्राप्त होने वाले अनुभवों के लिए व्याख्याता (interpreter) की होती है। परिवार की विशेषताएँ पारिवारिक प्रभाव की दृष्टि से महत्त्वपूर्ण होती हैं। परिवार के जिन कारकों को व्यावसायिक चयन एवं विकास में महत्त्वपूर्ण समझा जाता है उनमें परिवार के अन्दर की भौतिक दशाएँ, अधिवास का भौगोलिक स्थल, घर में रहने वालों की संख्या का निश्चित महत्त्व पाया गया है। निवास स्थान यह निर्धारित करता है कि व्यक्ति किस प्रकार के कार्य के लिए अपने घर से आ-जा सकता है। परिवार में सदस्य संख्या शिक्षण और अधिगम पर घ्यान केन्द्रित कर पाने की क्षमता को प्रभावित करती है। परिवार में मुख्य जीविकोपार्जक का स्वास्थ्य और स्वास्थ्य की सामान्य दशा अनेक प्रकार से व्यावसायिक चयन और विकास के उद्देश्यों को बच्चों के लिए परिभाषित करती है। परिवार के अनेक सदस्यों के स्वास्थ्य का अच्छा नहीं होना व्यावसायिक चयन और तैयारी को प्रतिकूल रूप में प्रभावित करता है।

परिवार की सामाजिक-आर्थिक दशा, समाज में संस्थिति (स्टेटस), एक स्थान से दूसरे स्थान तक गतिशीलता, परिवार में सदस्यों की पेशागत श्रेष्ठता का व्यावसायिक चयन और विकास पर प्रत्यक्ष प्रभाव पड़ता है। ऐसी सभी दृष्टियों से यदि परिवार की दशा अच्छी होती है तो बच्चों की व्यावसायिक आकांक्षाएँ उच्च स्तरीय होती हैं। उच्च स्तरीय परिवार में बच्चों पर उच्च स्तरीय व्यवसाय के चयन हेतु पारिवारिक एवं मित्र परिवारों के स्तर पर दबाव डाला जाता है।

परिवार अन्य सूचनाओं के अतिरिक्त व्यवसाय सम्बन्धी सूचनाओं का भी वाहक होता है। व्यक्ति को उसकी अपनी क्षमताओं और विशेषताओं के बारे में सूचना प्रदान करने के अतिरिक्त व्यावसायिक जगत के बारे में अनेक प्रकार की ऐसी सूचनाएँ उपलब्ध कराने का कार्य करता है जिनका व्यावसायिक लक्ष्यों के चयन की दृष्टि से महत्त्व होता है। उपलब्ध करायी जाने वाली सूचनाओं का स्वरूप भी परिवार की सामाजिक स्थिति तथा पेशागत स्थिति से प्रभावित होता है।

परिवार सामाजिक एवं सांस्कृतिक कारकों का माध्यम भी है। धर्म तथा जाति अनेक परिवारों में वर्तमान समय के व्यवसाय को प्रभावित करते हैं। धर्म और जाति अनेक प्रकार के व्यवसायों का वरण प्रतिबंधित करते है। पारम्परिक शैली के परिवार इन प्रतिबंधों से अलग हटकर कुछ नया नहीं कर पाते हैं। कुछ जातियों में कुछ व्यवसायों के लिए विशेष आकर्षण होता है।

परिवार के द्वारा कार्य सम्बन्धी सामान्यीकृत अभिवृत्तियाँ तथा विशिष्ट व्यवसायों के बारे में मूल्यों और अभिवृत्तियों का निर्माण होता है। परिश्रम, लगन, सफेदपोशी जैसी अभिवृत्तियो के विकास में परिवार की विशेष भूमिका होती है। आलपोर्ट-वर्नन द्वारा वर्णित छः प्रकार

के मूल्यों के विकास में परिवार की विशेष भूमिका होती है तथा उक्त मूल्य व्यावसायिक चयन और विकास को प्रभावित करते हैं। इस प्रकार उच्च राजनीतिक मूल्य वाले लोग राजनीति के क्षेत्र में सक्रिय हो जाते हैं और उसे एक व्यवसाय की भाँति अपना लेते हैं।

परिवार की सबसे अधिक महत्त्वपूर्ण भूमिका तादात्मीकरण के लिए उपयुक्त संदर्भ उपलब्ध कराना तथा भूमिका अधिगम के लिए उपयुक्त प्रतिरूप (मॉडल) उपलब्ध कराना है। जब घर में उपयुक्त मॉडल उपलब्ध नहीं होता है तब किसी बाहरी व्यवसायरत या पेशारत व्यक्ति को मॉडल के रूप में चुनना पड़ता है। ऐसी परिस्थिति में प्रायः भूमिका द्वन्द्व का सामना करना पड़ता है।

विद्यालय—परिवार के बाद विद्यालय की भूमिका को सभी क्षेत्रों में विकास के लिए स्वीकार किया जाता है। विद्यालय मात्र शिक्षा का केन्द्र नहीं है, यह व्यक्तित्व के विकास के साथ गहन रूप में जुड़ा होता है। विद्यालय बच्चों को उद्योग जगत के संपर्क में लाता है। व्यवसाय क्षेत्र के लोगों को विद्यालय में आमंत्रित करता है तथा बच्चों को कार्यस्थलों तक ले जाता है। इस प्रकार कार्य सम्बन्धी प्रत्यक्ष एवं अप्रत्यक्ष अनुभव उपलब्ध कराकर विद्यालय अपने विद्यार्थियो को व्यावसायिक चयन एवं व्यावसायिक विकास में सहयोग देता है।

अच्छे विद्यालयों की अपनी परम्पराएँ और मूल्य होते हैं तथा उनका एक सुनहरा इतिहास होता है। परिणास्वरूप किसी विद्यालय या संस्थान में अध्ययनरत विद्यार्थियों में कुछ विशेष प्रकार के कार्यक्षेत्रों के प्रति गहरा लगाव देखा जा सकता है। कुछ जाने-माने संस्थानों के विद्यार्थियों का आत्म-सम्प्रत्यय वहाँ प्रवेश प्राप्त होते ही एक विशिष्ट-रूप धारण कर लेता है, विद्यार्थी अपने आप को अधिकारी/वैज्ञानिक आदि के रूप में देखने लगता है।

विद्यालयों में निर्देशन कार्यक्रमों के संचालन द्वारा व्यावसायिक चयन प्रत्यक्ष रूप में प्रभावित होता है। विद्यालय व्यावसायिक चयन के अतिरिक्त प्रशिक्षण कार्यक्रमों के माध्यम से व्यावसायिक तैयारी और विकास को भी प्रभावित करता है।

सामाजिक एवं सांसकृतिक कारक—समाज और संस्कृति अपनी संस्थाओं और व्यवस्थाओं तथा उनके प्रतिफलों के माध्यम से हमारे व्यक्तित्व, वरीयताओं एवं विकासात्मक लक्ष्यों को प्रभावित करते हैं। सामाजिक समूह के प्रभावों की मात्रा का निर्धारण व्यक्ति की सामाजिक स्वीकृति (social acceptance) द्वारा दो आधार पर होता है—समूह व्यक्ति को कितना स्वीकार करता है; तथा समूह का व्यक्ति के लिए कितना महत्त्व है। सामाजिक स्वीकृति का व्यक्ति के आत्म-संप्रत्यय पर गहरा प्रभाव पड़ता है। सामाजिक स्वीकृति के अभाव में व्यक्ति असुरक्षित और चिन्तित अनुभव करता है तथा असमायोजन विकसित होता है। सामाजिक तिरस्कार के परिणामस्वरूप उपलब्धि की कमी, सामाजिक अनुरूपता का अभाव तथा दूसरों के लिए स्नेह भाव की कमी देखी जाती है।

सामाजिक वंचना के फलस्वरूप व्यक्ति के सामाजिक सम्पर्क के अवसर कम हो जाते हैं। सामाजिक वंचना, भौगोलिक एकान्त, पारिवारिक प्रतिबंध या सामाजिक बहिष्कार किसी भी कारण से घटित हो सकते है जिसके कारण व्यक्ति का आत्म-संप्रत्यय प्रभावित होता है तथा व्यावसायिक विकास पर इसका प्रतिकूल प्रभाव पड़ता है।

सामाजिक पूर्वाग्रहों तथा विभेदन का प्रभाव इसे व्यवहार में अपनाने वाले व्यक्ति तथा

जो व्यक्ति इन पूर्वाग्रहों और विभेदक व्यवहारों के लक्ष्य होते हैं, दोनों के लिए ही क्षति कारक होता है। पूर्वाग्रहों और विभेदनों से प्रभावित व्यक्तियों में आक्रामक व्यवहार, बाल-अपराध, वयस्क अपराध, आक्रोश, हीनता की अनुभूति तथा नाराजगी या कुढ़न देखी जा सकती है। क्षतिपूर्ति प्रतिक्रिया के परिणामस्वरूप ऊँची आकांक्षा पायी जा सकती है लेकिन प्रायः व्यक्ति सुस्त, दब्बू, न्यून आकांक्षा से पीड़ित होता है क्योंकि उसे लगता है कि उसकी व्यावसायिक प्रगति सम्भव नहीं है।

सामूहिक दबावों के कारण प्रायः अनेक व्यक्ति परम्परागत व्यवसायों का चयन करने हेतु बाध्य हो जाते हैं। बहुधा सामाजिक दबावों के कारण कुछ लोगों की गतिशीलता बाधित हो जाती है, स्थानीय रूप में उपलब्ध व्यवसाय व्यवस्था अपनाना उनकी मजबूरी बन जाती है।

व्यक्ति की सामाजिक स्थिति का स्वरूप भी व्यवसाय के स्वरूप का सशक्त निर्धारक होता है। उच्च सामाजिक स्थिति वाले व्यक्ति उन व्यवसायों या पदों को प्राप्त करना चाहते हैं जहाँ उन्हें नेतृत्व के अवसर प्राप्त होते हैं।

राष्ट्रीय एवं अन्तर्राष्ट्रीय स्तर के कारक—आधुनिक विश्व को हम भूमण्डलीय गाँव (global village) कहते हैं जहाँ संचार और परिवहन के नये संसाधनों एवं सभी भौगोलिक क्षेत्रों की एक-दूसरे पर पारम्परिक निर्भरता, उद्योगों का आधुनिकीकरण, कार्यालयों का कम्प्यूटरीकरण, आर्थिक मन्दी, आतंकवाद और उसके फलस्वरूप लोगों का दूसरे क्षेत्रों की ओर पलायन, आर्थिक उदारीकरण एवं अन्य अनेक प्रकार की घटनाएँ तेजी से घटित हो रही है।

अनेक व्यावसायिक क्षेत्रों में अवसर घट रहे हैं तथा अनेक नये उद्योग क्षेत्र विकसित हो रहे हैं। कभी सूचना प्रौद्योगिकी का वर्चस्व देखा जाता है तो कुछ ही वर्षों बाद उस क्षेत्र में सम्भावनाएँ सिमटती हुई प्रतीत होती है। आज किसी व्यक्ति के व्यावसायिक चयन और विकास पर इन घटनाओं का स्वाभाविक प्रभाव स्पष्टतः देखा जा सकता है। अल्प प्रशिक्षित तकनीकी और मजदूर वर्ग को खाड़ी क्षेत्र में सम्भावनाएँ दीखती है तो इंजीनियर, डाक्टर को अमेरिका और यूरोप में बेहतर सम्भावना की तलाश रहती है।

किसी देश की नीतियाँ भी व्यावसायिक चयन को प्रभावित करती हैं। आरक्षण जैसी नीति ऐसे प्रभावकों का एक उदाहरण है जो यह निर्धारित करती है कि कहाँ व्यक्ति के लिए व्यावसायिक अवसर है या कहाँ पर उसके लिए मार्ग अवरुद्ध है।

व्यावसायिक विकास के सिद्धान्त
(Theories of Vocational Development)

परामर्शदाता का एक प्रमुख कार्य परामर्शी को व्यावसायिक चयन करने के लिए सहयोग देना होता है। परामर्शदाता के लिए यह समझ पाना महत्त्वपूर्ण है कि कोई बच्चा जो आर्थिक दृष्टि से माता-पिता पर निर्भर रहता है, कैसे आत्मनिर्भर, उत्पादनशील व्यक्ति बन जाता है? इन प्रश्नों का उत्तर व्यावसायिक विकास सम्बन्धी सिद्धान्तों के माध्यम से ही प्राप्त हो सकता है। इस क्षेत्र में सिद्धान्तों का अभी बहुत अच्छा विकास नहीं हो पाया है, सिद्धान्त अधूरे प्रतीत होते हैं, अनेक प्रश्न अनुत्तरित रह जाते हैं (Jones, et. al., 1970) तथापि **जोन्स** ने तीन श्रेणियों में कतिपय सिद्धान्तों का वर्णन किया हैः—

(1) शीलगुण एवं कारक उपागम (*Trait and Factor Approach*)

इस श्रेणी में **फ्रैंक पार्सन्स** (1967) के विचारों को सम्मिलित किया जाता है। पार्सन्स ने लिखा है, ''व्यवसाय के बुद्धिमत्तापूर्ण चयन में तीन व्यापक कारक हैं—(1) अपनी अभिक्षमताओं, क्षमताओं, रुचियों, आकांक्षाओं, संसाधनों, सीमाओं और उनके कारणों को समझना; (2) कार्य के विभिन्न क्षेत्रों में सफलता की शर्त्तों और दशाओं, लाभ और हानि, क्षतिपूर्ति, अवसरों तथा संभावनाओं के बारे में ज्ञान; (3) तथ्यों के इन दो समूहों के बीच सम्बन्धों के वास्तविक आधार।'' इस प्रकार व्यावसायिक चयन और विकास का पहला चरण व्यक्ति की विशेषताओं को जानना, द्वितीय सोपान, विभिन्न व्यवसायों की माँग का तथा भविष्य में संभावाओं का विश्लेषण एवं निर्णय करना तथा तृतीय सोपान व्यक्ति की विशेषताओं एंव व्यवसाय की माँगों के बीच वास्तविक तर्कों के आधार पर समेलन स्थापित करना होता है।

व्यावसायिक विकास के उपर्युक्त उपागम में कतिपय अभिग्रह निहित हैः—

(i) व्यावसायिक वरण मुख्यतः एक संज्ञानात्मक प्रक्रिया है जिसमें व्यक्ति तार्किक चिंतन के आधार पर अपने निर्णय तक पहुँचता है;

(ii) व्यावसायिक वरण एक एकाकी घटना है, व्यावसायिक वरण में व्यक्ति जीवन के किसी बिन्दु पर अपने जीवन के बारे में एक निर्णय लेता है;

(iii) किसी एक व्यक्ति के लिए कार्य विषयक एक ही निर्णय सही होता है;

(iv) व्यवसायों की एक श्रेणी में एक प्रकार के कर्मचारी कार्य करते है, तथा— 'अध्यापक टाइप', 'व्यवसायी टाइप' या 'नेता टाइप' आदि।

(v) सभी व्यक्तियों के लिए एक व्यावसायिक वरण की उपलब्धता निश्चित ही पायी जाती है।

व्यावसायिक वरण का उपर्युक्त उपागम अभी भी सक्रिय देखा जा सकता है किन्तु आधुनिक उपागम व्यावसायिक विकास की प्रक्रिया पर अधिक बल देते हैं।

(2) विकासात्मक उपागम (*Developmental Approach*)

इस उपागम की श्रेणी में गिन्जबर्ग एवं अन्य (1951); हेविगर्स्ट; सुपर (1957) के सिद्धान्तों को सम्मिलित किया जाता है।

गिन्जबर्ग एवं अन्य सहयोगियों(Eli Ginzberg, Sol. W. Ginzberg, Sidney Axelrad & John L. Herma in Occpational Choice–An approach to a General Theory, 1951) ने व्यावसायिक विकास की अनेक अवस्थाओं का वर्णन किया है। जैसा कि इस अध्याय में पहले भी वर्णित है इन लोगों ने व्यावसायिक विकास की तीन अवस्थाओं—काल्पनिक अवस्था, अंतरिम अवस्था और वास्तविकता की अवस्था का वर्णन किया है।

रॉबर्ट हेवगर्स्ट (Robert Havighurst) ने व्यावसायिक विकास की अवस्थाओं में तादात्मीकरण, मौलिक प्रतिभा. को अर्जित करने की अवस्था, चयन और तैयारी की अवस्था, उत्पादकता के उत्कर्ष की अवस्था, उत्पादक अवस्था को बनाये रखने की अवधि, तथा व्यावसायिक जीवन के बारे में चिंतन और मूल्यांकन की अवस्था का वर्णन किया है। इनकी व्याख्या पहले की जा चुकी है।

सुपर ने व्यावसायिक विकास की पाँच अवस्थाओं विवृद्धि, अन्वेषण, स्थापन, व्यवस्थापन एवं ह्रास का वर्णन किया है। इन अवस्थाओं की व्याख्या पिछले खण्ड में की गयी है।

(3) संरचनात्मक उपागम (*Structural Approach*)

संरचनात्मक उपागम की श्रेणी में सम्मिलित सिद्धान्त 'व्यावसायिक विकास की प्रक्रिया' की व्याख्या 'कार्य जगत की संरचना के विशिष्टीकरण' के आधार पर करने का प्रयत्न करते हैं। ''व्यापक अर्थों में ये सिद्धान्त इस बात की व्याख्या करने का प्रयत्न करते हैं कि अंततः कोई व्यक्ति किसी व्यवसाय में कैसे पहुँचता है'' (जोन्स एवं अन्य, 1970)। इस उपागम की श्रेणी में **एन्नी रो** (Anne Roe), **जॉन एल० हॉलैण्ड** (John L. Holland) तथा **डोनाल्ड ई० सुपर** (Donald E. Super) के सिद्धान्तों को रखा जाता है। यह रोचक बात है सुपर का सिद्धान्त विकासात्मक तथा संरचनात्मक दोनों ही श्रेणियों में सम्मिलित किया जाता है।

एन्नी रो के सिद्धान्त में उनके द्वारा दो बार परिभार्जन एवं परिवर्धन किया गया ताकि उनकें सैद्धान्तिक विचार शोध परिणामों के अनुरूप उपयुक्त सिद्ध हो सकें। रो के अनुसार व्यक्ति द्वारा अपनाये जाने वाले व्यवसाय का दो कारकों के आधार पर पूर्वकथन (prediction) किया जा सकता है—(1) व्यक्ति की मूलभूत व्यवहार तत्परता जिसका बाल्यकालीन अनुभवों के आधार पर परिमार्जन हो जाता है; तथा (2) इस प्रथम मूलभूत प्रवृत्ति पर निर्भर व्यक्ति की अपनी ऊर्जा को एक विशिष्ट रूप में व्यय करने की प्रवृत्ति। एन्नी रो मैस्लो के आवश्यकता सम्बन्धी विचारों का उपयोग करती है। रो के अनुसार बाल्यकाल के आरम्भिक वर्षों में आवश्यकताओं का विकास तथा आवश्यकताओं की पूर्ति व्यवसाय की सामान्य दिशा—लोगों के साथ कार्य करने की उन्मुखता तथा लोगों से दूर रहकर कार्य करने की उन्मुखता—का निर्धारण करता है। इस व्याख्या के अन्तर्गत बच्चों के अनुभवों को दो वर्गों—मनोवैज्ञानिक दृष्टि से स्नेहासिक्त घर (warm home) और स्नेहरिक्त घर (cold home); एवं घरों को स्वीकरण (accepting), अनदेखी एवं तिरस्कार (avoiding); प्रकार तथा बच्चों पर सांवेगिक रूप केन्द्रित होने वाले घरों की तीन श्रेणियों में वर्गीकृत करके व्यावसायिक चयन से इन अनुभवों को जोड़ने का प्रयत्न करते हैं। इस प्रकार यदि कोई बच्चा ऐसे घर से आता है जहाँ का परिवेश संरक्षणात्मक, अति संरक्षणात्मक या अत्यन्त दबावपूर्ण है तो वह ऐसे व्यवसायों की ओर आकर्षित होगा जहाँ उसे लोगों के साथ काम करना पड़े। तिरस्कार या लापरवाहीपूर्ण रवैये का घरों में अनुभव कर चुके बच्चे इसके विपरीत ऐसे व्यवसायों के प्रति आकर्षित होंगे जहाँ व्यक्तियों के साथ कम-से-कम सम्पर्क स्थापित करना पड़ता हो, (जैसे तकनीकी कार्य)। व्यवसाय के स्तर को इस सिद्धान्त द्वारा बुद्धि को मात्रा के साथ जोड़ा गया किन्तु शोधकार्यों द्वारा इस प्रतिपादन का समर्थन नहीं किया जा सका। शोधकार्यों के परिणामों द्वारा एन्नी रो के मौलिक विचारों को समर्थन प्राप्त न हो पाने पर इस सिद्धान्त में परिवर्तन किये गए और एक त्रिविमात्मक प्रारूप प्रस्तुत किया गया।

एन्नी रो के सिद्धान्त में त्रिविमात्मक प्रारूप (three dimensional paradigm) की तीन धुरियाँ(i)प्रेम—तिरस्कार,(love-rejection), (ii)अविश्वसनीय—माँगवादी(casual-demanding), (iii) अतिरिक्त ध्यान देना—लापरवाही, तिरस्कार (over attention-neglect), हैं। इन तीन धुरियाँ में से प्रथम और तृतीय धुरी व्यावसायिक चयन का निर्धारण करने में महत्त्वपूर्ण भूमिका का निर्वाह करती हैं। आरम्भिक जीवन के अनुभवों और अन्तवैयक्तिक सम्बन्धों में संतुष्टि का अभिक्षमताओं के विकास पर प्रभाव पड़ता है। अन्तवैयक्तिक सम्बन्ध में माता-पिता के अतिरिक्त अन्य लोगों के साथ के सम्बन्ध, माता-

पिता के व्यवहार में अन्तर या असंगति के बारे में भी परिमार्जित सिद्धान्त में ध्यान दिया गया है।

एन्नी रो ने अपने सिद्धान्त में परिमार्जन करते हुए माना है कि किसी एक व्यवसाय के लिए सार्वभौमिक रूप से किसी एक व्यक्तित्व प्रारूप को उपयुक्त नहीं बताया जा सकता है। व्यावसायिक चयन के निर्धारण में (i) लिंग सम्बन्धी रूढ़ि युक्तियाँ (sex stereotypes), (ii) उपयुक्त क्षमताएँ (appropriate abilities), (iii) बाल्यकालीन अनुभव (childhood experiences) तथा (iv) व्यक्तित्व को व्यावसायिक चयन का कारक (factor) बताया गया। यह भी कहा गया है कि व्यक्ति अनेक प्रकार के व्यावसायिक चयन करता है, विभिन्न व्यावसायिक क्षेत्रों के मध्य के सम्बन्धों को समझता है तथा उपलब्ध अवसरों के परिप्रेक्ष्य में पसंद के क्रम में से ऊपर से जिस क्रम के व्यवसाय को अपनाना सम्भव हो पाता है उसको अपनाता है। रो ने विभिन्न वरीयताओं को व्यवसायों के चक्र (occpational wheel) पर स्थापित किया जाना सम्भव बताया।

जॉन एल० हॉलैण्ड (John L. Holland, 1966) ने अपनी पुस्तक 'द सॉइकोलॉजी ऑफ वोकेशनल च्वाइस' में तथा अपने अन्य लेखों के माध्यम से व्यावसायिक विकास के सिद्धान्त को प्रस्तुत किया है। इस सिद्धान्त में व्यक्तियों का कार्य के आधार पर छः प्रकारों में वर्गीकरण किया है, अर्थात यह कि कार्य या व्यवसाय की दृष्टि से व्यक्तियों के व्यक्तित्व छः प्रकार के होते हैं। यह आवश्यक नहीं है कि किसी व्यक्ति का व्यक्तित्व इनमें से किसी एक प्रकार में सही ढंग से फिट (fit) बैठता हो, उसके व्यक्तित्व की समतुल्यता (resemblance) कई व्यक्तित्व प्रकारों से हो सकती है अर्थात् यह कि व्यक्ति का व्यक्तित्व कई प्रकारों की दिशा में विकसित हो सकता है। ऐसी दशा में एक व्यक्ति के व्यक्तित्व में जिस प्रकार (type) या अभिमुखता (orientation) का विकास सर्वाधिक होगा उसी प्रकार या अभिमुखता से सम्बन्धित व्यवसाय को व्यक्ति अपनाने का प्रयत्न करेगा। इन प्रकारों या अभिमुखताओं के विकास के आधार का हॉलैंड विस्तृत वर्णन नहीं करते हैं किन्तु यह माना जाता है कि आनुवांशिक और परिवेशीय प्रभावों की अन्तर्क्रिया के परिणामस्वरूप ऐसा होता है। हॉलैंड का मत है कि उक्त छः व्यक्तित्व प्रकार किसी-न-किसी रूप में व्यक्ति को इस तरह प्रभावित करते हैं कि उनकी अलग-अलग प्रकार की जीवन-शैलियाँ विकसित हो जाती हैं जिसके फलस्वरूप अनेक व्यक्तित्व कारकों सहित व्यावसायिक विकास प्रभावित होता है।

हॉलैंड ने व्यक्तित्व के प्रकारों की भाँति ही परिवेश को भी वैसे ही प्रकारों के रूप में वर्गीकृत किया है जिनका मुख्य आधार शैक्षिक और व्यावसायिक परिवेश है। व्यक्तित्व प्रकारों और परिवेशीय वर्गों के साथ अनेक व्यवसाय क्षेत्रों को इन श्रेणियों में विभाजित किया गया है।

इस सिद्धान्त के अनुसार किसी व्यक्ति के व्यक्तित्व प्रकार की जानकारी के आधार पर व्यावसायिक वरण (choice) के अतिरिक्त व्यक्ति की सामर्थ्यों, जीवन लक्ष्यों, आत्म-संप्रत्ययों और अभिवृत्तियों के बारे में भी सफलतापूर्वक भविष्यकथन किया जा सकता है। व्यक्तित्व प्रारूपों तथा सम्बन्धित सामर्थ्यों और व्यवसायों को तालिका-18.1 में प्रस्तुत किया गया है।

जब व्यक्ति के व्यक्तित्व प्रारूप और परिवेश के मध्य उचित समेलन पाया जाता है तब व्यासायिक सफलता और संतुष्टि की प्राप्ति होती है। समेलन का अभाव होने पर व्यक्ति

तालिका–18.1

श्रेणी	व्यक्तित्व प्रारूप या अभिमुखताएँ (Personality Types or orientations)	वरीयताएँ (Preferences)	सामर्थ्य (Competencies) और व्यक्तित्व की विशेषताएँ (Personality Characteristic)	संबंधित व्यवसाय (Related Occpations)
1.	यथार्थवादी (Realistic)	शारीरिक क्रियाशीलता, मांसपेशियों का समन्वय, पुरुषत्व	तकनीकी सामर्थ्य (Technical Competence), शर्मीला, स्थिरचित्त, यथार्थवादी एवं व्यावहारिक	अभियांत्रिकी, कृषि, वानिकी एवं समाचार पत्र संवाददाता
2.	प्रबुद्ध (Intellectual)	चिंतन, समझने का प्रयत्न; घनिष्ठ सामाजिक सम्बन्धों का परिहार	शैक्षिक सामर्थ्य (Educational Competence), विश्लेषणवादी, मौलिक, जिज्ञासु, स्वतंत्रता	विज्ञान के क्षेत्र से संबंधित व्यवसाय
3.	सामाजिक (Social)	घनिष्ठ सामाजिक सम्बन्ध के लिए आकर्षण, बौद्धिक एवं शारीरिक कौशल वाले कार्यों का परिहार	सामाजिक सामर्थ्य (Social Competence), सहयोगी, दूसरों को समझने की वृत्ति	परामर्श, शिक्षण कार्य, नैदानिक मनोविज्ञानी, सामाजिक कार्य
4.	परम्परावादी (Conventional)	नियम एवं परम्परा का पालन, आत्म नियंत्रण; शक्ति के साथ तादात्म्य	वाणिज्य सामर्थ्य (Business Competence), कार्य कुशल, व्यावहारिक, कल्पनाहीन, लचीलेपन की कमी	लेखा एवं वित्त, लिपिक, बड़े उद्योगों का प्रबंधन
5.	उद्यमी (Enterprising)	वाचिक क्षमता का लोगों को नियंत्रित करने हेतु उपयोग; शक्ति का सम्मान;	नेतृत्व की सामर्थ्य (Leadership Competence), आत्म विश्वास महत्त्वाकांक्षी, ऊर्जावान, प्रभुत्व	विधिक व्यवसाय (Law), लघु उद्योग का प्रबंधन, विक्रय व्यापार
6.	कलात्मक (Artisic)	आत्म अभिव्यक्ति की आवश्यकता, कला के माध्यम से लोगों से जुड़ने का प्रयत्न	कलात्मक सामर्थ्य (Artistic Competence) कल्पनाशील, आदर्शवादी, संवेगशील, अव्यावहारिक	कला, नाटक, संगीत, साहित्य, अभिनय

स्वयं अपने आपको और अपने लक्ष्यों को परिवर्तित करने का प्रयत्न करता है जिससे व्यक्तित्व और परिवेश के मध्य संगति की स्थापना हो सके। व्यावसायिक विकास के लिए विद्यार्थियों को सहयोग देने का कार्य करने वाले परामर्शदाताओं एवं अध्यापकों को यह सिद्धान्त अत्यन्त सार्थक प्रतीत होता है क्योंकि जीवन शैलियों को विकसित करके या संदर्भ समूहों (परिवार के बाहर के लोग जैसे अध्यापक, मित्र आदि) के प्रभाव का उपयोग करके उनकी व्यावसायिक योजनाओं के स्वरूप को संगति की दिशा में विकसित किया जा सकता है।

डोनाल्ड ई० सुपर के व्यावसायिक विकास के सिद्धान्त का परिचय विकासात्मक सिद्धान्तों की श्रेणी के अन्तर्गत दिया जा चुका है किन्तु सुपर के सिद्धान्त का यहाँ पर पुनर्वर्णन आवश्यक है क्योंकि इनके सिद्धान्त में व्यक्तित्व को व्यावसायिक चयन के साथ जोड़ा गया है। इस सिद्धान्त के मुख्य तत्व निम्नवत हैं:—

(i) व्यक्ति उस व्यवसाय का चयन करता है जो आत्म-संप्रत्यय की अभिव्यक्ति का अधिकतम अवसर प्रदान करता है;

(ii) यथार्थ दशाएँ व्यक्ति के व्यावसायिक चयन को सीमित करती हैं;

(iii) प्रत्येक व्यवसायिक प्रारूप कतिपय विशेषताओं की कर्मचारी से माँग करता है, उस कार्य को सफलतापूर्वक संपन्न करने के लिए व्यक्ति में कुछ विशेषताएँ होनी चाहिए;

(iv) व्यावसायिक प्रारूप (career pattern) का स्वरूप, जो कि व्यावसायिक विकास के परिणामस्वरूप विकसित होता है, व्यक्ति की सामाजिक-आर्थिक दशा, मानसिक क्षमता, व्यक्तिगत विशेषताओं, अवसरों की प्राप्ति ओर सतत् परिवर्तित हो रहे आत्म संप्रत्यय कां प्रकार्य होता है;

(v) आत्म-संप्रत्यय को व्यावसायिक चयन के माध्यम से कार्यान्वित करने का प्रयत्न होता है अर्थात उपयुक्त व्यवसाय का इस हेतु चयन व्यक्ति की विशेषताओं और उसे प्राप्त होने वाले अवसरों को संश्लेषण होता है;

(vi) जीवन-संतुष्टि एवं कार्य-संतुष्टि इस तथ्य से प्रभावित होती है कि कार्य की दशा में व्यक्ति की विशेषताओं को अभिव्यक्ति का अवसर कितनी मात्रा में प्राप्त हो रहा है।

जोन्स ने सुपर के सिद्धान्त के इस पक्ष में दो योगदानों को चिह्नित किया है:—

(i) व्यावसायिक समायोजन एक विकासात्मक प्रक्रिया है। सुपर ने व्यावसायिक विकास और आत्म-संप्रत्यय को इस प्रकार जोड़ा है कि आत्म-संप्रत्यय कार्य व्यवहार में रूपान्तरित हो सके; तथा

(ii) व्यावसायिक प्रारूप जीवन पर्यन्त विकसित होता रहता है, इसलिए व्यावसायिक निर्देशन में व्यावसायिक परामर्शदाता का कार्य व्यक्ति के आत्म-संप्रत्यय का स्पष्टीकरण और यथार्थ के परीक्षण हेतु सहयोग देना होता है।

व्यावसायिक चयन एवं कर्मचारी चयन
(Vocational Selection and Personnel Selection)

व्यावसायिक निर्देशन के क्षेत्र में आधुनिक उपागम जिस प्रकार व्यावसायिक विकास, व्यावसायिक संतुष्टि (Job satisfactoin/vocational satisfaction) और व्यावसायिक प्रगति (vocational growth) पर बल देता है उसे देखते हुए सेवायोजक के पक्ष पर

विचार किये बिना नहीं रहा जा सकता है। जैसा कि सुपर द्वारा दी गयी परिभाषा में सामाजिक हित पर बल दिया गया है, व्यावसायिक निर्देशन और व्यावसायिक विकास के उद्देश्यों की पूर्ति भी व्यावसायिक चयन की प्रक्रिया को प्रभावित किये बिना सम्भव नहीं है। यदि एक व्यक्ति को अपने व्यक्तित्व, व्यावसायिक आत्म-सम्प्रत्यय एवं व्यावसायिक समायोजन व व्यावसायिक प्रगति के लिए सहयोग प्रदान करना है तो कर्मचारी चयन/ व्यावसायिक चयन की प्रक्रिया को वैज्ञानिक बनाने के लिए सेवायोजकों द्वारा अपनायी जाने वाली नीति को, उनकी समझ को तथा कर्मचारी चयन की पद्धति को मनोवैज्ञानिक आधारों से प्रभावित करना होगा।

व्यावसायिक चयन का उद्देश्य क्या है? इसे दो प्रकार से रखा जा सकता है। प्रथम, व्यावसायिक चयन का उद्देश्य एक कर्मचारी को उसकी क्षमताओं और विशेषताओं के अनुरूप उपयुक्त कार्यों में लगाना है। द्वितीय, व्यावसायिक चयन का उद्देश्य एक कार्य को सम्पन्न करने के लिए इस कार्य की जरूरतों को ध्यान में रखकर उस कार्य पर एक ऐसे कर्मचारी को लगाना जिसमें वांछित क्षमताएँ और विशेषताएँ हो। दोनों लक्ष्यों का सम्मिलित निहितार्थ यही है कि कार्य की माँग और व्यक्ति की क्षमताओं और विशेषताओं के मध्य मेल (match) स्थापित हो लेकिन जैसा कि एक ही जैसी बात को दो पृथक रूपों में रखा गया है, दोनों लक्ष्यों के अभीष्ट उद्देश्य पृथक है। एक में कार्य के तथा सेवायोजक के हित में यह है कि कार्य पर उपयुक्त व्यक्ति को लगाया जाय जिससे कि कार्य भली प्रकार सम्पादित हो सके जबकि दूसरे लक्ष्य में व्यक्ति का हित महत्त्वपूर्ण हैं। दोनों ही बातें एक सिक्के के दो पहलू की भाँति है। यदि कार्य की माँगों/जरूरतो और व्यक्ति की क्षमताओं एवं विशेषताओं के बीच उचित मेल की स्थापना, कार्य एवं व्यक्ति के मनोवैज्ञानिक अध्ययन एवं विश्लेषण के आधार पर की जाय तो व्यक्ति को कार्य-तुष्टि (vocational satisfaction) की प्राप्ति होगी तथा कार्य क्षेत्र में अच्छे निष्पादन के आधार पर उसकी व्यावसायिक प्रगति का मार्ग प्रशस्त होगा। अतः आधुनिक परिप्रेक्ष्य में व्यावसायिक निर्देशन के लक्ष्यों की प्राप्ति के लिए यह आवश्यक है कि व्यावसायिक चयन/कर्मचारी चयन का कार्य कार्य-विश्लेषण तथा कर्मचारी-विश्लेषण के आधार पर किया जाय।

उद्योगों, संगठनों एवं कार्यालयों में कर्मचारियों को विविध परिस्थितियों में विविध प्रकार के कार्य करने होते है। सम्पन्न किये जाने वाले कार्यों की संरचना में अन्तर होता है। अलग-अलग प्रकार के कार्यों को सम्पन्न करने के लिए विभिन्न प्रकार की योग्यताओं, क्षमताओं और विशेषताओं की आवश्यकता होती है। संक्षेप में यह कहा जाता है कि विविध प्रकार के कार्यों या व्यवसायों की माँगें (demands) भिन्न प्रकार की होती है। यदि कर्मचारी में सौंपे गये कार्य को पूरा करने लिए आवश्यक योग्यताएँ, क्षमताएँ या विशेषताएँ नहीं हैं तो कर्मचारी उस कार्य को कुशलता और सफलतापूर्वक सम्पादित नहीं कर सकेगा। ऐसी दशा में उद्योग, संगठन या कार्यालय को क्षति होगी। अतः यह आवश्यक है कि कोई उद्योग या संगठन कार्यालय किसी कार्य को सम्पन्न कराने के लिए ऐसे कर्मचारी का चयन करे जो उस कार्य को भली प्रकार पूरा करने के लिए सक्षम एवं योग्य है।

आधुनिक विश्व में उद्योग एवं संगठन का हित ही सर्वोपरि नहीं होता, कर्मचारी का

हित भी उतना ही महत्त्वपूर्ण होता है। कर्मचारी जिस कार्य को कर रहा होता है उसे कार्य से कर्मचारी को प्राप्त होने वाली कार्य-संतुष्टि (job-satisfaction) तथा वहाँ पर कर्मचारी के व्यावसायिक समायोजन (vocational adjustment) का कर्मचारी के निष्पादन स्तर और उत्पादकता पर एवं इस प्रकार पूरे संगठन की उत्पादकता पर प्रभाव पड़ता है। मानवीय मूल्यों, कर्मचारी हितों एवं औद्योगिक हितों को पूर्णतः एक-दूसरे से स्वतंत्र नहीं किया जा सकता है। व्यक्तियों के मध्य मनोवैज्ञानिक दृष्टियों से व्यापक स्तर पर वैयक्तिक भिन्नताएँ पायी जाती हैं। व्यक्तियो की योग्यताओं, क्षमताओं, रुचियों, अभिक्षमताओं, विशेषताओं, प्रशिक्षण, कार्यकुशलता एवं अनुभव आदि में अन्तर पाया जाता है। कर्मचारियों की वैयक्तिक विशेषताओं का उनकी कार्य-संतुष्टि, व्यावसायिक समायोजन तथा निष्पादन स्तर पर एवं अपने कार्य क्षेत्र में प्रगति करने की सम्भावना पर प्रभाव प्रड़ता है। इस प्रकार कर्मचारी के लिए यह महत्त्वपूर्ण होता है कि वह ऐसे कार्य (नौकरी) का चयन करे जो उसके लिए उपयुक्त हो।

कर्मचारी के लिए उपयुक्त कार्य का चयन (vocational selection) तथा सेवायोजक के लिए उपयुक्त कर्मचारी का चयन (personnel selection) महत्त्वपूर्ण है। कर्मचारी, उद्योग या व्यवसाय एवं समाज के हित में यह महत्त्वपूर्ण है कि कर्मचारी और कार्य एक दूसरे के अनुरूप (worker-job-fit) हों। कर्मचारी और कार्य की एक-दूसरे के प्रति अनुरूपता का अभाव किसी भी पक्ष के हित में नहीं होता है। उपर्युक्त तथ्यों को ध्यान में रखकर व्यावसायिक चयन एवं कर्मचारी चयन की प्रक्रिया वैज्ञानिक आधार पर सम्पन्न की जाती है। इस प्रक्रिया में सकारात्मक एवं नकारात्मक दोनों पक्षों पर ध्यान रखकर कार्य की आवश्यकताओं (job demands or requirements) तथा इच्छुक अभ्यार्थियों की विशेषताओं (characteristics of job seekers) के मध्य समेलन स्थापित किया जाता है। इस प्रकार पूरी प्रक्रिया उपयुक्त कर्मचारियों का चयन कर लेने या अनुपयुक्त कर्मचारियों की छंटनी कर देने के कार्य रूप में देखने की अपेक्षा यह कहना और भी अधिक औचित्यपूर्ण एवं सार्थक होगा कि आधुनिक चयन प्रक्रिया में कार्य और कर्मचारी के मध्य उचित मेल स्थापित करने का कार्य किया जाता है।

अनेक अध्ययनों के द्वारा यह ज्ञात हुआ है कि जिन उद्योगों में कर्मचारी चयन के लिए वैज्ञानिक आधार नहीं अपनाया जाता है वहाँ औद्योगिक संगठन और कर्मचारी दोनों को क्षति पहुँचती है तथा अंततः राष्ट्र एवं समाज को मानवीय तथा आर्थिक संसाधन के क्षेत्र में घाटा उठाना पड़ता है। अनुपयुक्त चयन के कारण अनुपस्थिति में वृद्धि हो जाती है, कार्यकुशलता और उत्पादन (turnover) में कमी आती है; व्यक्ति के व्यक्तिगत समायोजन में भी कमी आती है तथा दुर्घटनाओं में वृद्धि हो जाती है।

वस्तुनिष्ठ एवं वैज्ञानिक आधार पर चयन प्रक्रिया पूरा करने के दो आधार होते हैः—

(i) कार्य विश्लेषण (Job Analysis)

(ii) कर्मचारी विश्लेषण (Worker Analysis)

कार्य विश्लेषण, कार्य विवरण एवं कार्य विशिष्टकरण (*Job Analysis, Job Description and Job Specification*)

कर्मचारी का वैज्ञानिक आधार पर चयन करने हेतु या कर्मचारी द्वारा वैज्ञानिक आधार पर अपने लिए उपयुक्त कार्य का चयन करने हेतु कार्य से सम्बन्धित विवरण की आवश्यकता

होती है जिसे कार्य विवरण (Job description) कहते हैं। कार्य विवरण की प्राप्ति कार्य विश्लेषण के माध्यम से होती है। कार्य विश्लेषण किसी कार्य से सम्बन्धित विविध पक्षों का सूक्ष्म अध्ययन करने की प्रक्रिया है। किसी कार्य को करने समय कार्य की दशा और स्वरूप के बारे में सूचना संकलित करने की प्रक्रिया को ही कार्य विश्लेषण कहते हैं। कार्य विश्लेषण के द्वारा किसी कार्य को करते समय कार्य, कार्य परिस्थिति और व्यक्ति की विशेषताओं के बारे में जानकारी प्राप्त की जाती है। कार्य विश्लेषण की कुछ परिभाषाएँ प्रस्तुत है : **अनेस्टेसी** के अनुसार, ''कार्य विश्लेषण का उद्देश्य उस कार्य के लिए, जिसके हेतु कर्मचारी की चयन प्रक्रिया विकसित की जा रही है, कर्मचारी द्वारा किये जाने वाले कार्यों का विवरण उपलब्ध कराना होता है। इस विवरण में निष्पादित होने वाली संक्रियाओं, प्रयुक्त उपकरणों, कार्य की दशाओं, खतरे और कार्य की अन्य विशिष्ट विशेषताएँ, वेतन की दर वांछित प्रशिक्षण का स्वरूप और मात्रा, पदोन्नति या स्थानान्तरण के अवसर, अन्य कार्यों से सम्बन्ध तथा अन्य प्रासंगिक सूचनाओं को सम्मिलित किया जाना चाहिए।''

"The purpose of ....job analysis is to provide a description of what workers do on the job for which selection procedures are being developed. The description should cover operations performed, equipment used, conditions of work, hazards and other special characteristics of the job, rate of pay, nature and amount of training required, opportunities for promotion or transfer, relation of other jobs and any other pertinent information."

—Anatasi

घिसेली तथा **ब्राउन** (Ghiselli & Brown) के अनुसार, ''कार्य-विश्लेषण एक वर्णनात्मक प्रक्रिया है। इसमें यह वर्णन रहता है कि कर्मचारी वस्तुतः अपने काम पर कार्य को कैसे निष्पादित करते हैं: और किन वास्तविक दशाओं के अन्तर्गत कार्य किया जाता है। कार्य विश्लेषण का परिणाम कार्य विवरण में प्रस्तुत किया जाता है।''

"Job-analysis is a descriptive process. It is the process by means of which a description is developed of the manner in which workers on the job actually perform the work; and under what conditions the work is done. The results of job analysis are set down in the job description." —Ghiselli & Brown

घोरपडे (Ghorpade) के अनुसार, कार्य विश्लेषण में कार्य में सम्मिलित नियत कार्य का विवरण विकसित करना, एक कार्य का अन्य कार्यों के साथ सम्बन्ध का निर्धारण करना और कर्मचारी के लिए अपने कार्यों के सफल निष्पादन हेतु आवश्यक ज्ञान, दक्षताओं एवं क्षमताओं का निर्धारण करना सम्मिलित है।

According to **J. V. Ghorpade** (1988) Job analysis involves developing a detailed description of the tasks involved in a job, determining the relationship of a given job to other jobs, and ascertaining the knowledge, skills and abilities necessary for an employee to successfully perform the job.

कार्य विश्लेषण के लिए अनेक विधियों एवं सूचना साधनों का उपयोग किया जाता है जिसका वर्णन आगे किया जा रहा है। कार्य विश्लेषण द्वारा कार्य विवरण (job description) और कार्य विशिष्टीकरण (job specifications) प्राप्त होता है। कार्य

विवरण और कार्य विशिष्टीकरण क्या है, दोनों में क्या अन्तर है तथा कार्य विश्लेषण से इनका क्या सम्बन्ध है; कर्मचारी चयन में इनका क्या महत्त्व है। इन प्रश्नों का समाधान रॉबिन्स ने किया हैं। **स्टीफेन पी॰ रॉबिन्स** (Stephen P. Robbins, 2001) के अनुसार, ''कार्य विवरण इस बात का विवरण है कि कोई पदधारक क्या करता है, कैसे करता है और वैसा क्यों करता है। कार्य विवरण को कार्य की अंतर्वस्तु, परिवेश और परिस्थितियों का परिशुद्ध वर्णन करना चाहिए। कार्य विशिष्टीकरण यह बताता है कि किसी कार्यभार को ग्रहण करने वाले कर्मचारी के पास अपने कार्यों के सफल निष्पादन हेतु न्यूनतम स्वीकार्य योग्यताएँ क्या होनी चाहिए। यह कार्य को सफलतापूर्वक पूरा करने के लिए आवश्यक ज्ञान, दक्षताओं और योग्यताओं की पहचान करता है। इस प्रकार कार्य विवरण काम (job) की विशेषताओं की पहचान करता है जबकि कार्य विशिष्टीकरण कार्यभार ग्रहण करने वाले सफल कार्मिक की विशेषताओं की पहचान करता है।'' कार्य विशिष्टीकरण के विवरण में प्रबंधन की नीतियाँ परिलक्षित होती है। कार्य विशिष्टीकरण कार्य आरंभ होने से पूर्व योजनाकारों अथवा विधि व्यवस्था द्वारा प्रस्तुत किया जाता है। कार्य विशिष्टीकरण के प्रारूप पर प्रबंधन—कर्मचारी सम्बन्धों, गोष्ठियों, सहमतियों और समझौतों, तकनीकी प्रगति, कार्य और उत्पाद में परिवर्तन जैसे अनेक कारकों का प्रभाव पड़ता है।

''कार्य-विवरण तथा कार्य-विशिष्टीकरण दोनों का कार्य करने की विधियों, कार्य की भौतिक एवं प्रशासनिक परिस्थितियों से सम्बन्ध है। कार्य विवरण कार्य करने की वास्तविक दशाओं का वर्णन करता है; उन परिस्थितियों और विधियों का वर्णन करता है जो कि वस्तुतः कार्य से सम्बन्धित है; कार्य वास्तव में कैसे निष्पादित होता है; जबकि, कार्य-विनिर्देश यह इंगित करता है कि प्रबंधतंत्र की कार्य के निष्पादन के सम्बन्ध में क्या अपेक्षाएँ है। इस प्रकार कार्य-विवरण तथा कार्य विशिष्टीकरण दोनों एक-दूसरे के पूरक है'' **शार्टल** (C. L. Shartle, 1959, in Occupational informations : its development and application) के अनुसार, कार्य-विशिष्टीकरण के साथ मिलकर कार्य-विवरण हमें यह सूचित करता है कि कार्य वस्तुतः क्या चाहता है तथा एक कर्मचारी से हमारी अपेक्षाएँ क्या है। आदर्श रूप में कार्य विवरण का उपयोग नौकरियों या काम के लिए इच्छुक अभ्यार्थियों को कार्य के बारे में विवरण देने के लिए उपयोग किया जाता है। जबकि कार्य-विशिष्टीकरण कर्मचारी चयन प्रक्रिया से सम्बन्धित लोगों का इस बात की ओर ध्यान आकृष्ट करता है कि उन्हें इच्छुक अभ्यार्थियों में कौन-सी योग्यताओं की परख करनी है जो कि उन्हें सफल, उत्पादक, संतुष्ट और समायोजित कर्मचारी बनाने में सहायक सिद्ध होगी।

कार्य-विश्लेषण में सूचना के स्रोत (*Sources of Information in Job-Analysis*)

कार्य-विश्लेषण का आधार कार्य के बारे में प्राप्त होने वाली सूचनाएँ होती हैं। कार्य विश्लेषण के लिए सूचनाओं को अनेक स्रोतों से प्राप्त किया जा सकता है। कार्य के अनेक पक्ष होते हैं। सभी पक्षों के बारे में सूचनाएँ किसी एक स्रोत द्वारा प्राप्त नहीं हो सकती हैं, अतः कार्य-विश्लेषण के लिए वांछित सूचनाओं का संकलन अलग-अलग स्रोतों के माध्यम से किया जाता है। प्रमुख स्रोत निम्नांकित है:—

1. कार्य का अवलोकन (*Observation of work*)—कार्य-विश्लेषक अनेक प्रकार की सूचनाएँ कार्य स्थल पर कर्मचारियों का प्रत्यक्ष अवलोकन करके प्राप्त कर सकता है। कार्य

की परिस्थिति, समय, शिफ्ट, कार्य में लगने वाला समय, कार्य की भौतिक दशा, कार्य गतिविधियाँ जिनकी पुनरावृत्ति होती रहती है, एवं प्रयुक्त उपकरण जैसी सूचनाएँ कार्यस्थल पर कर्मचारियों को कार्यरत देखकर प्रशिक्षित अवलोकनकर्त्ता द्वारा प्राप्त की जा सकती है।

2. कर्मचारी का साक्षात्कार (*Interview of the worker*)—सभी प्रकार की कार्य विषयक सूचनाओं को अवलोकन विधि द्वारा प्राप्त करना सम्भव नहीं हो सकता है। ऐसी सूचनाएँ कर्मचारियों, विशेषकर कार्य पर्यवेक्षक, कार्यनिरीक्षक या कार्य प्रभारी के व्यक्तिगत साक्षात्कार के माध्यम से प्राप्त की जा सकती हैं। कार्य की कठिनाई, सम्भावित खतरे, आवश्यक प्रशिक्षण एवं अनुभव, यांत्रिक अभिक्षमता की आवश्यकता जैसे प्रश्नों से सम्बन्धित सूचनाएँ साक्षात्कार द्वारा प्राप्त की जा सकती हैं।

3. प्रश्नावली में कर्मचारियों की प्रतिक्रियाएँ (*Questionnaire Responses*)—साक्षात्कार के माध्यम से सूचनाओं का संकलन व्यय साध्य है, समय तथा धन अधिक व्यय होता है। प्रश्नावली विधि द्वारा शिक्षित कर्मचारियों से वांछित कार्य सूचनाएँ लिखित रूप में प्राप्त की जा सकती हैं। ऐसी सूचनाएँ डाक प्रणाली द्वारा भी प्राप्त की जा सकती हैं। प्रश्नावलियों में कर्मचारियों द्वारा दी गयी सूचनाओं का सतर्कतापूर्वक उपयोग किया जाना चाहिए क्योंकि सूचनाएँ अधूरी और असत्य हो सकती हैं। कर्मचारी प्रश्नों का उत्तर गंभीरतापूर्वक देंगे यह भी संदिग्ध रहता है।

4. कार्य-दैनिकी (*Work Diary*)—कुछ कार्य संगठन कर्मचारियों के लिए कार्य-दैनिकी का उपयोग करते हैं जिसमें कर्मचारी अपने प्रतिदिन के कार्य का विवरण अंकित करते हैं। इस प्रकार से प्राप्त होने वेाली सूचनाओं के संकलन में अतिरिक्त समय और धन व्यय नहीं होता है क्योंकि सूचनाएँ पहले से ही अंकित रहती हैं।

5. चित्रांकन स्रोत विधियाँ (*Photographic Sources*)—आधुनिक परिवेश में कार्य स्थल की वीडियो-रिकार्डिंग की जा सकती है। यह क्रिया वास्तविक अवलोकन करने जैसी ही है लेकिन निरीक्षण करते समय अवलोकनकर्ता की उपस्थिति से जो वस्तुस्थिति प्रभावित हो सकती है वह आशंका इस विधि में निरस्त हो जाती हैं। इस स्रोत का यह लाभ भी है कि कार्य-विश्लेषक की सुविधा के अनुसार कभी भी वीडियो रीप्ले करके बाद में सूचना के स्रोत को प्रकट किया जा सकता है।

6. कार्य-विश्लेषण द्वारा प्राप्त सूचनाओं का प्रारूप—घिसेली एवं ब्राउन (*Ghiselli* and Brown in Personnel and Industrial Psychology) ने लिखा है कि कार्य-विश्लेषण द्वारा निम्न श्रेणियों में सूचनाएँ प्राप्त होती है :—

(अ) कार्य का नाम या शीर्षक

(ब) कार्य की वर्तमान विधियाँ और प्रक्रियाएँ

(i) कर्मचारी द्वारा निष्पादित नियत काम और कर्त्तव्य;
(ii) कर्मचारी द्वारा उपयोग में लायी जाने वाली सामग्रियाँ एवं आपूर्त्तियाँ;
(iii) कर्मचारी द्वारा उपयोग में लायी जाने वाली मशीनें, औजार और उपकरण; कार्य-स्थल का विवरणः
(iv) कर्त्तव्य का निर्वाह करने के लिए प्रयुक्त विधियाँ और प्रक्रियाएँ;
(v) जिम्मेदारियाँ;
(vi) उत्पादन के मानक।

(स) कार्य-परिवेश की भौतिक दशाएँ

(i) कार्य-स्थल; भीतर या बाहर;

(ii) प्रकाश, वायुसंचार और कोलाहल की दशाएँ;

(iii) खतरनाक और स्वास्थ्य के लिए हानिकारक पक्ष;

(द) कार्य का अन्य कार्यों के साथ सम्बन्ध

(i) सहायक, सहयोगी एवं सहकर्मी (Helpers, assistants, coworkers);

(ii) कार्य में हो रही गतिविधियों का अन्य कार्यों की गतिविधियों से सम्बन्ध;

(य) सेवायोजन की दशाएँ

(i) कार्य अवधि का समय और कार्य के घंटे;

(ii) वेतन भुगतान की राशि तथा भुगतान विधि;

(iii) कार्य का स्थायित्व (permanency) और मौसमीपन (seasonality)।

कर्मचारी–विश्लेषण (*Worker Analysis*)

जैसा कि अनेक बार इस अध्याय में दोहराया जा चुका है कर्मचारी चयन की प्रक्रिया में कार्य तथा व्यक्ति दोनों के बारे में विवरण आवश्यक होता है। कार्य विवरण तथा कार्य विशिष्टीकरण की प्राप्ति कार्य-विश्लेषण के माध्यम से होती है जिससे यह ज्ञात होता है कि कर्मचारी को क्या करना है, कर्मचारी से क्या अपेक्षित है, कार्य की माँग या जरूरतें क्या है। प्राप्त हुई कार्य विषयक जानकारियों के आधार पर खोज आरम्भ होती है एक ऐसे कर्मचारी की जो निर्धारित कार्य में अन्तर्निहित कर्त्तव्यों का भली प्रकार निर्वहन कर सकें; किन्तु कर्मचारी चयन का कार्य व्यक्ति की क्षमताओं, विशेषताओं, रुचियों आदि के बारे में जानकारी प्राप्त हुए बिना पूरा नहीं किया जा सकता है। कार्य कतिपय माँग प्रस्तुत करता है जिसकी पूर्ति कर्मचारी द्वारा की जानी चाहिए, अतः यह आवश्यक है कि कर्मचारी को कार्य सौंपने से पहले यह सुनिश्चित कर लिया जाय कि इच्छुक कर्मचारी में कार्य की माँगों को पूरा कर पाने की सामर्थ्य है या नहीं। कर्मचारी विश्लेषण में कर्मचारी के बारे में निम्नलिखित सूचनाएँ प्राप्त की जाती हैः—

(i) आयु, जाति, लिंग और राष्ट्रीयता

(ii) शारीरिक स्वास्थ और विशेषताएँ

(iii) शिक्षा और प्रशिक्षण

(iv) अनुभव

(v) मानसिक क्षमताएँ और बुद्धि

(vi) रुचियाँ और अभिक्षमताएँ (Interest and aptitudes)

(vii) व्यक्तित्व सम्बन्धी विशेषताएँ

इच्छुक कर्मचारियों (prospective employees) के बारे में उपरोक्त सूचनाएँ अनेक विधियों के आधार पर प्राप्त हो सकती हैं। ये विधियाँ निम्नांकित हैं :—

(i) आवेदन पत्र (Application Form)

(ii) संस्तुति पत्र (Letter of Recommendation)

(iii) शैक्षिक अभिलेख (Education Record)

(iv) मनोवैज्ञानिक परीक्षण (Psychological Assessment)
(v) शारीरिक परीक्षण (Physical Test)
(vi) चयन साक्षात्कार (Selection Interview)
(vii) लिखित परीक्षा (Written Test)
(viii) छद्‌म कार्य पर निष्पादन परीक्षण (Simulation Test)

प्रमुख कर्मचारी चयन विधियाँ *(Main Selection Devices)*

उपयुक्त विधियों में से औद्योगिक संगठनों द्वारा मुख्यतः चयन साक्षात्कार, लिखित परीक्षा, मनोवैज्ञानिक परीक्षण और छद्म-कार्य निष्पादन परीक्षण का उपयोग किया जाता है। अतः इन चारों विधियों का संक्षिप्त परिचय यहाँ प्रस्तुत है। एक बार पुनः यह ध्यान दिलाना हमारा कर्त्तव्य है कि यह पुस्तक निर्देशन से सम्बन्धित है, औद्योगिक मनोविज्ञान से सम्बन्धित नहीं किन्तु कर्मचारी चयन के बारे में विवरण इस कारण प्रस्तुत है कि निर्देशन कार्य में कर्मचारी चयन प्रक्रिया के बारे में व्यक्ति एवं परामर्शदाता दोनों को जानकारी होनी चाहिए, जिससे परामर्शी, छात्र एवं अभ्यर्थी इस हेतु यथासमय अपनी तैयारी कर सकें।

आवेदन पत्र में आवेदक द्वारा अपना विवरण प्रस्तुत किया जाता है लेकिन उसकी वस्तुनिष्ठता, वैधता एवं विश्वसनीयता की परख आवश्यक है। शैक्षिक संस्था, प्रशिक्षण संस्था या पूर्व संगठन द्वारा दिया गया संस्तुति पत्र भी उपयोगी होता है। कुछ खास श्रेणी के कार्यों के लिए शारीरिक परीक्षण अपरिहार्य होता है। शैक्षिक अभिलेख निष्पादन स्तर की निरंतरता का वर्णन करता है किन्तु कर्मचारी चयन के लिए संगठन अपने स्तर से साक्षात्कार, परीक्षण, मापन पर ही निर्भर होना पसंद करते हैं।

1. चयन साक्षात्कार *(Selection Interview)*—समूचे विश्व में चयन साक्षात्कार कर्मचारियों के चयन की मान्य प्रक्रिया के रूप में स्वीकृत है। चयन के लिए प्रयुक्त होने वाली युक्तियों (Selection devices) में साक्षात्कार बहुधा प्रयुक्त होने वाली विधि है (L. Yoo Lim 1994)। एशिया में भी अधिकतर कम्पनियाँ कर्मचारियों की परख (स्क्रीनिंग) के लिए साक्षात्कार पर भरोसा करती है। अध्ययनों से ज्ञात हुआ है कि साक्षात्कार का चयन प्रक्रिया में बहुधा उपयोग ही नहीं होता है अपितु इसकी भारिता अथवा प्रभावशीलता (weightage) भी अधिक है। अच्छी-से-अच्छी शैक्षिक योग्यता वाले अभ्यर्थी भी साक्षात्कार में अच्छा प्रदर्शन करने में विफल होने पर कार्य का अवसर पाने से वंचित रह जाते हैं जबकि अनेक कम योग्य अभ्यर्थी भी चयनित हो जाते हैं (Mansen & Spero, 1985; Turban & Callender, 1994)। इस प्रकार यह प्रदर्शित होता है साक्षात्कार चयन के लिए उपयोगी विधि है किन्तु थोड़े से प्रश्नों के आधार पर, लापरवाहीपूर्वक सम्पन्न असंरचित साक्षात्कार विधि की अनेक सीमाएँ होती हैं। साक्षात्कारकर्त्ताओं में अनेक प्रकार के पूर्वाग्रह होते हैं जो कि कुछ अभ्यर्थियों के पक्ष में तथा अन्य के विरुद्ध होते हैं और चयन प्रक्रिया पर विपरीत प्रभाव डालते हैं (R. L. Dipboye, 1992 in Selection Interviews : Process & Perspectives)। अतः रॉबिन्स (Stephen P. Robbins, 2001) यह सुझाव देते हैं कि साक्षात्कार के लिए साक्षात्कारकर्त्ताओं को प्रश्नों का मानक सेट, सूचना की रिकार्डिंग के लिए एकरूपतापूर्ण प्रणाली, आवेदन पत्रों की उपयुक्त ग्रेडिंग प्रणाली जैसी विधियों का उपयोग करना चाहिए। साउथ-वेस्ट एयर लाइन्स, माइक्रोसॉफ्ट और प्राक्टर एण्ड गैम्बिल जैसी कम्पनियाँ साक्षात्कार का उपयोग अभ्यर्थी एवं

संगठन के बीच मेल (applicant-organization fit) का अध्ययन करने हेतु कर रही है। साक्षात्कार के माध्यम से यह जानने का प्रयत्न किया जाता है कि संगठन की संस्कृति और छवि के अनुरूप कर्मचारी की व्यक्तित्व विशेषताएँ, मूल्य आदि हैं या नहीं हैं।

2. लिखित परीक्षा प्रणाली *(Written Test)*—लिखित परीक्षाओं के माध्यम से अभ्यर्थी की बुद्धि, अभिक्षमता, योग्यता, रुचियों और निष्ठा को परखने का प्रयत्न किया जाता है। बौद्धिक परीक्षा, अभियांत्रिक अभिक्षमता, प्रात्यक्षिक शुद्धता, संज्ञानात्मक सामर्थ्य आदि के मूल्यांकन के लिए लिखित परीक्षा प्रणाली को पर्याप्त वैध पाया गया है (E. E. Ghiselli, 1973; R. J. Herınstein & Murray, 1994; J. Flint, 1995)। टोयोटा जैसी जापानी कम्पनी ने अमेरिका में अपने कारखाने के लिए कर्मचारियों का इसी विधि द्वारा परीक्षण किया है।

3. छद्म निष्पादन परीक्षण *(Performance Simulation Tests)*—इस प्रकार के परीक्षण हेतु वास्तविक कार्य में सम्मिलित गतिविधियों के एक प्रतिदर्श की रचना करके अभ्यर्थियों की क्षमतओं का परीक्षण किया जाता है। इस चयन प्रक्रिया का उपयोग मुख्यतः मैकेनिक, वेल्डर, इलेक्ट्रीशियन जैसे दक्ष कारीगरों के चयन हेतु किया जाता है। कार निर्माता कम्पनी बी॰ एम॰ डब्ल्यू (BMW) इस प्रणाली का उपयोग करती है।

4. मनोवैज्ञानिक मूल्यांकन *(Psychological Assessment)*—व्यक्तित्व और मानसिक क्षमताओं एवं विशेषताओं की जानकरी के लिए मनोवैज्ञानिक परीक्षणों की उपयोगिता मनोविज्ञान के विद्यार्थियों और कम्पनी अधिकारियों से छिपी हुई नहीं है। उक्त परीक्षण वैध और विश्वसनीय होते हैं। सेना में अधिकारियों की भर्ती के लिए मानसिक क्षमताओं के अध्ययन हेतु इन विधियों पर बहुत बल दिया जाता है। सैनिक अधिकारियों तथा औद्योगिक संगठन के उच्च पदस्थ प्रबंधकों को अनेक प्रकार की दबावपूर्ण एवं तनावपूर्ण दशाओं में कार्य करना पड़ता है अतः उनकी क्षमताओं का भली प्रकार परीक्षण किया जाना चाहिए। कुछ वर्ष पहले भारतीय सेना के कुछ प्रशिक्षणरत अधिकारियों द्वारा आत्महत्या किये जाने के संदर्भ में यह तथ्य प्रकाश में आया कि चयन की अवस्था में इन युवकों ने मनोवैज्ञानिक परीक्षा उत्तीर्ण नहीं की (तथापि किन्हीं कारणों से उन्हें प्रशिक्षण हेतु चुन लिया गया था) और प्रशिक्षण अवधि में ही वे युवक तनावूपर्ण परिस्थितियों का सामना नहीं कर पायें।

6. मूल्यांकन केन्द्र *(Assessment Centers)*—कुछ संगठन कार्य-स्थल (asembly-line) पर ही अभ्यर्थियों की क्षमताओं का परीक्षण करते समय मनोवैज्ञानिकों की सेवाओं का उपयोग करते हैं। ऐसी प्रणाली को मूल्यांकन केन्द्र प्रणाली कहते हैं। इस प्रक्रिया में साक्षात्कार, छद्म कार्य परीक्षण, नेतृत्व विहीन परिचर्चा तथा व्यापारिक-निर्णय-क्रीड़ा जैसी अनेक परीक्षण गतिविधियाँ सम्मिलित की जाती हैं। इस प्रक्रिया द्वारा कर्मचारियों का चयन कार्य निष्पादन की दृष्टि से भविष्यकथन हेतु वैध पाया गया है (B. B. Gangler & Others, 1987; G. C. Thornton, 1992)।

व्यावसायिक समायोजन
(Vocational Adjustment)

उपयुक्त समायोजन की स्थापना निर्देशन का एक महत्त्वपूर्ण लक्ष्य है। जीवन के

विविध क्षेत्रों में से व्यावसायिक क्षेत्र में समायोजन स्थापित करने के लक्ष्य में व्यावसायिक निर्देशन के माध्यम से सहयोग प्रदान किया जाता है।

व्यावसायिक जीवन क्षेत्र के अनेक पक्ष होते हैं। व्यावसायिक समायोजन प्रथम दृष्टि में बहुधा उतना व्यापक अर्थों में नहीं ग्रहण किया जाता है जितना कि यह वस्तुतः व्यापक होता है। एक व्यक्ति को व्यावसायिक क्षेत्र में (i) अपने कार्य विशेष, कार्य की दशाओं, कार्य सम्पादित करने के लिए आवश्यक कार्य-कलापों के साथ समायोजन स्थापित करना होता है, तथा (ii) कार्य-स्थल के समग्र परिवेश के साथ समायोजन स्थापित करना होता है। व्यक्ति की सफलता और सन्तुष्टि निर्धारित कार्य को कुशलतापूर्वक पूरा करने, कार्य सम्बन्धी लक्ष्य को प्राप्त कर लेने मात्र से सुनिश्चित नहीं हो सकती है। कार्यस्थल पर भौतिक और सामाजिक परिवेश के अनेक ऐसे आयाम देखे जा सकते हैं जो व्यक्ति की संतुष्टि और सुखानुभूति को प्रभावित करते हैं। कार्य स्थल पर व्यक्ति के सहकर्मी, अधिकारी, कनिष्ठ, ग्राहक, आपूर्तिकर्त्ता (सप्लायर), बैंकर तथा अन्य अनेक सामाजिक प्रतिनिधि एक-दूसरे के साथ विभिन्न व्यावसायिक उद्देश्यों की पूर्ति के लिए सम्पर्क में आते हैं। उक्त व्यावसायिक सम्बन्ध न्यूनाधिक सामाजिक सम्बन्धों की एक ऐसी संरचना का निर्माण करते हैं जिसकी गुणवत्ता व्यक्ति को कार्य स्थल पर अपने व्यवसाय (vocation/ occupation) से प्राप्त होने वाली सुखानभूति की मात्रा को प्रभावित करती है। सामाजिक परिवेश के अतिरिक्ति भौतिक परिवेश तथा आर्थिक लाभ भी समायोजन स्थापित करने में महत्त्वपूर्ण कारक होते हैं। इस प्रकार स्पष्ट है कि व्यक्ति का व्यावसायिक समायोजन मात्र व्यक्ति की कार्यकुशलता द्वारा नियंत्रित नही होता है। व्यक्ति के गुणों और विशेषताओं तथा कार्य की माँग या जरूरतों के मध्य व्यावासायिक समायोजन हेतु संतुलन स्थापित करने के अतिरिक्त कार्य स्थल पर अच्छे कोटि के भौतिक, आर्थिक तथा सामाजिक परिवेश का भी विकास किया जाना आवश्यक है। कोई व्यक्ति किसी व्यवसाय का वरण आर्थिक लाभ हेतु करता है किन्तु मात्र आर्थिक लाभ के माध्यम से उसका समायोजन सुनिश्चित नहीं हो जाता है। व्यक्ति की अनेक आवश्यकताएँ ऐसी होती हैं जिनकी पूर्ति व्यक्ति के जीवन में समायोजन की स्थापना, सफलता की प्राप्ति और सुख बोध के लिए आवश्यक होती है। अतः यदि कोई व्यवसाय/कार्य व्यक्ति को अपेक्षाकृत कम आर्थिक लाभ प्रदान करे किन्तु अन्य महत्त्वपूर्ण आवश्यकताओं की पूर्ति करता हो तो आर्थिक दृष्टि से कम लाभकारी प्रतीत होने वाले कार्य से भी व्यक्ति को अधिक संतुष्टि और समायोजन की प्राप्ति होगी।

समायोजन की स्थापना में व्यक्ति की आवश्यकताओं तथा परिवेश की दशाओं के अतिरिक्त व्यक्ति की सामाजिक दक्षता भी एक महत्त्वपूर्ण कारक है। व्यक्ति अन्य व्यक्तियों के साथ उपयुक्त समायोजन स्थापित करने में निपुण है तो समायोजन सरलतापूर्वक स्थापित हो सकता है।

व्यावसायिक निर्देशन का व्यावसायिक समायोजन के क्षेत्र में प्रमुख कर्त्तव्य यह है कि (i) कार्य-स्थल पर ऐसे परिवेश का विकास करने में सहयोग दिया जाय जिससे कार्य अंसतोष में कमी आये तथा कार्य संतोष में वृद्धि हो; तथा (ii) व्यक्तियों को कार्य स्थल पर सामाजिक सम्बन्धों की स्थापना में निपुणता, दक्षता अर्जित करने हेतु सहयोग दिया जाय।

व्यावसायिक समायोजन के सिद्धान्त
(Theories of Vocational Adjustment)

कार्य-संतोष, कार्य असंतोष, कार्य अभिप्रेरणा की व्याख्या करने के लिए अनेक सिद्धान्त प्रस्तुत किये गये हैं। व्यावसायिक समायोजन की दृष्टि से महत्त्वपूर्ण कारकों की व्याख्या में हर्जबर्ग, मैस्लो, एल्डरफर, मैक्लीलैंड, स्टेसी ऐडम और व्रूम के सिद्धान्त प्रमुख हैं।

हर्जबर्ग का द्वि-कारक सिद्धान्त (*Herzberg's Two-Factor Theory*)

फ्रेडरिक हर्जबर्ग (Frederick Herzberg, 1959) द्वारा प्रस्तावित सिद्धान्त जिसे अभिप्रेरणा-आरोग्य सिद्धान्त (motivation-hygiene theory) भी कहते हैं उन तत्त्वों की व्याख्या करता है जिसकी अपेक्षा व्यक्ति व्यवसाय से करता है। हर्जबर्ग कार्य संतुष्टि को प्रभावित करने वाले कारकों को दो श्रेणियों में विभाजित करते है—(i) स्वास्थ्य कारक एवं (ii) अभिप्रेरक कारक।

हर्जबर्ग ने स्वास्थ्य सम्बन्धी कारकों (Hygien factors) की श्रेणी में व्यावसायिक संगठन/कम्पनी की नीति और प्रशासन, पर्यवेक्षण, पर्यवेक्षक के साथ सम्बन्ध, सहकर्मियों के साथ सम्बन्ध, समाजिक संस्थिति (सोशल स्टेटस), सुरक्षा तथा व्यक्तिगत जीवन को रखा। हर्जबर्ग के अनुसार ऐसे कारक जिनके अभाव में कार्य-असंतोष (job dissatisfaction) विकसित होता है तथा जिनसे कार्य संतोष (job satisfaction) विकसित होता है एक-दूसरे से पृथक होते हैं। इस प्रकार ग्रदि कार्य स्थल पर स्वास्थ्यजनक कार्य दशाओं का अभाव हो या कर्मचारी को स्टेटस, सुरक्षा आदि की प्राप्ति नहीं हो रही है तो असंतोष विकसित होगा तथा समायोजन में कमी आयेगी। ऐसी दशा में व्यावसायिक निर्देशन की भूमिका कार्य स्थल के परिवेश की रचना के लिए जिम्मेदार लोगों को इस प्रकार के कारकों की पहचान करके उन्हें परिवेश से निष्कासित करने में सहयोग देने की होती है। हर्जबर्ग यह भी स्पष्ट करते हैं कि कार्य असंतोष और संतोष एक-दूसरे के ऐसे विलोम नहीं हैं कि कार्य असंतोष की दशाओं और कारकों को कार्य स्थल के परिवेश में से निष्कासित कर देने मात्र से कार्य संतोष की दशा की स्थापना हो जायेगी। चूँकि दोनों प्रकार के कारक एक-दूसरे से भिन्न और पृथक होते हैं इसलिए एक श्रेणी के कारकों के माध्यम से कार्य असंतोष और फलतः व्यावसायिक असमायोजन के संकट को निरस्त तो किया जा सकता है लेकिन यदि हम यह चाहते हैं कि सकारात्मक अर्थों में व्यावसायिक समायोजन की स्थापना हो तो दूसरी श्रेणी के कारकों पर ध्यान दिया जाना चाहिए।

हर्जबर्ग द्वारा अपने अध्ययन में कर्मचारियों से पूछे गए प्रश्नों के आधार पर कार्य संतुष्टि प्राप्त होने में सहायक जिन कारकों की जानकारी प्राप्त हुई, उन्हें आन्तरिक या निजी अभिप्रेरणा (intrinsic motivations) के रूप देखा जाता है। इनके अन्तर्गत उपलब्धि (achievement), पहचान/प्रत्यभिज्ञा (recognition), कार्य विशेष (work itself), जिम्मेदारी (responsibility), प्रगति (advancement), विवृद्धि (growth) को महत्त्वपूर्ण पाया गया है।

स्पष्ट है कि कार्य सन्तुष्टि और व्यावसायिक समायोजन की दृष्टि से बहिस्थ आवश्यकताएँ (extrinsic needs) और अन्तस्थ आवश्यकताएँ (intrinsic needs)

दोनों ही महत्त्वपूर्ण हैं। बहिर्स्थ आवश्यकताओं की पूर्ति के अभाव में असंतुष्टि और व्यावसायिक कुसमायोजन की उत्पत्ति होती है। अतः असंतोष घटाने के लिए व्यावसायिक निर्देशन कार्यक्रम द्वारा इन कारकों के कुप्रभावों के निष्कासन में सहयोग दिया जाना चाहिए लेकिन इससे भी अधिक महत्त्वपूर्ण बात उन कारकों पर ध्यान देना है जिनके माध्यम से कार्य सन्तुष्टि विकसित करने में सहायता मिलती है।

मैस्लो का आवश्यकता-अनुक्रम सिद्धान्त (*Maslow's Need Hierarchy Theory*)

मैस्लो द्वारा प्रतिपादित आवश्यकताओं के अनुक्रमिक विकास सिद्धान्त में आवश्यकताओं की पाँच श्रेणियाँ—दैहिक आवश्यकताएँ (physiological needs), सुरक्षा आवश्यकताएँ (safety needs), प्रेम एवं स्नेह (love and affection needs), आत्म-सम्मान आवश्यकता (self-esteem needs), तथा स्व-आत्मीकरण (self-actualization needs) वर्णित है। अभिग्रह यह है कि पाँच आवश्यकताएँ क्रमशः उच्च स्तर की ओर अग्रसर है। जब निम्न स्तर की आवश्यकता पूरी होती है तब व्यक्ति उच्च स्तर की आवश्यकता की दिशा में अग्रसर होता है। व्यावसायिक समायोजन की दृष्टि से इस सिद्धान्त का निहितार्थ यह है कि व्यवसाय की दशाओं और व्यवस्थाओं द्वारा कर्मचारी की उच्च स्तरीय आवश्यकताओं की पूर्ति की व्यवस्था भी होनी चाहिए। यदि कर्मचारी की उच्च आवश्यकताओं (विशेषकर उच्च स्तर पर कार्यरत वे कर्मचारी जिनकी आवश्यकताओं का स्तर स्व-आत्मीकरण की अवस्था तक पहुँच गया है) की पूर्ति की दिशा में सहयोग नहीं दिया जायेगा तो कार्य-संतुष्टि की प्राप्ति नहीं हो पायेगी।

एल्डरफर का ई॰ आर॰ जी॰ सिद्धान्त (*Alderfer's ERG Theory*)

क्लेटन एल्डरफर (Clayton Alderfer, 1969) ने वैज्ञानिक शोध के आधार पर मैस्लो के सिद्धान्त को परिमार्जित करते हुए महत्त्वपूर्ण आवश्यकताओं के तीन समूह बनाये। (i) आवश्यकताओं का अस्तित्व सम्बन्धी समूह (existence group) जिसमें दैहिक तथा सुरक्षा की आवश्यकताओं को सम्मिलित किया गया है; (ii) सम्बन्धन सम्बन्धी आवश्यकताएँ (relatedness needs) तथा (iii) वैकासिक आवश्यकताएँ (growth needs)। इस सिद्धान्त का नामकरण ERG का तात्पर्य इन्ही तीन आवश्यकता समूहों (existence, relatedness, growth) से है। मैस्लो के सिद्धान्त में अगले अनुक्रम की आवश्यकताओं में अधिक तीव्रता बताई गयी है लेकिन ईआरजी सिद्धान्त का मानना है कि, (i) यदि अगले अनुक्रम की आवश्यकता पूरी नहीं होती है तो कर्मचारी में निचले अनुक्रम की आवश्यकता तीव्र हो जायेगी; (ii) निम्न अनुक्रम की आवश्यकता सन्तुष्ट होने पर व्यक्ति उच्चस्तरीय आवश्यकताओं की पूर्ति चाहेगा; (iii) एक ही समय अनेक आवश्यकताएँ कर्मचारी को अभिप्रेरित कर रही हो सकती है तथा (iv) जब उच्च स्तर की आवश्यकता के बिन्दु पर पहुँचकर व्यक्ति विफल हो जाता है तब उसका प्रतिगमन निम्न स्तर की आवश्यकताओं की ओर हो जाता है अर्थात आवश्यकताओं की श्रृंखला में कुण्ठा-प्रतिगमन (frustration-regression) प्रणाली कार्य करती है।

मैक्लीलैंड का आवश्यकता सिद्धान्त (*McClelland's Theory of Needs*)

यह सिद्धान्त मैक्लीलैंड और उनके सहयोगियों द्वारा विकसित किया गया है। कार्य निष्पादन, कार्य अभिप्रेरणा और कार्य संतुष्टि के संदर्भ में यह सिद्धान्त तीन आवश्यकताओं—

उपलब्धि आवश्यकता (achievement need-nAch), शक्ति आवश्यकता (power need-n-pow.) तथा सम्बन्धन आवश्यकता (affiliation need-n Aff) पर ध्यान केन्द्रित करता है। इन आवश्यकताओं की दृष्टि से कर्मचारियों में वैयक्तिक भिन्नताएँ पायी जाती हैं अतः किसी कर्मचारी की व्यावसायिक संतुष्टि या समायोजन की मात्रा इस बात से प्रभावित होती है कि निर्धारित कार्य को सम्पन्न करते समय उसकी अभिप्रेरणाएँ किस सीमा तक संतुष्ट हो रही है।

उपलब्धि आवश्यकता की प्रबलता जिन व्यक्तियों में पायी जाती है वे उत्तरोत्तर और अच्छा कार्य करना चाहते हैं तथा अन्य व्यक्तियों की तुलना में बेहतर निष्पादन देना चाहते हैं। इसलिए ऐसे लोग उन व्यावसायिक परिस्थितियों में अधिक सफल और संतुष्ट होते है जहाँ व्यक्तिगत जिम्मेदारी हो, मध्यम मात्रा में जोखिम हो तथा उनके कार्य निष्पादन के बारे में त्वरित गति से मूल्यांकन सूचना (feedback) की प्राप्ति हो। प्रबंधन कार्य करने वाले कर्मचारियों के अध्ययन से ज्ञात हुआ है कि सबसे अच्छे प्रबंधक वे लोग होते हैं जिनमें शक्ति अभिप्रेरणा तीव्र तथा सम्बन्धन अभिप्रेरणा मंद होती है (McClelland, 1976)। इसका निहितार्थ यह है कि व्यावसायिक समायोजन स्थापित होने में इस बात का महत्त्व है कि कार्य करने की परिस्थितियाँ कर्मचारियों की उपलब्धि, सम्बन्धन और शक्ति की अभिप्रेरणा की किस रूप में पूर्ति करती हैं।

जे॰ स्टेसी एडम्स का समानता सिद्धान्त(*J. Stacy Adams's Equity Theory*)

इस सिद्धान्त के अनुसार कर्मचारी अपने कार्य निवेशों (job inputs) जैसे प्रयास, अनुभव, शिक्षा, निपुणता की मात्रा और कार्य निर्गतों (job outputs) जैसे वेतनमान, वेतनवृद्धि, मान्यता, सम्मान आदि की तुलना अन्य व्यक्तियों के कार्य निवेशों और उनको प्राप्त हो रहे कार्य निर्गतों के साथ करता है। जब वह यह देखता है समान कार्य निवेश वाले अन्य लोगों को प्राप्त होने वाले लाभों (कार्य निर्गतों) की भाँति ही उसे भी लाभ की प्राप्ति हो रही है तब कर्मचारी को न्याय की व्यवस्था की अनुभूति होती है। जब कर्मचारी यह अनुभव करता है कि असमानता की नीति अपनायी जा रही है तब अन्याय और समानता विषयक तनाव (equity tension) की उत्पत्ति होती है।

अपनी तुलना के लिए कर्मचारीगण मित्रों, पड़ोसियों, सहकर्मियों, अन्य संगठन में कार्यरत व्यक्तियों या अपने पुराने कार्यस्थल को संदर्भ में ले सकते है। तुलना के लिए संदर्भ का चयन कई कारकों पर निर्भर होता है।

कार्य संतुष्टि में न्याय की अनुभूति के महत्त्व को देखते हुए आधुनिक शोध कार्यों (Greoenberg, J. 1996) ने न्याय और समानता के अर्थ को व्यापक बनाने की कोशिश की है। जहाँ पहले वितरणात्मक न्याय (distributive justice) पर ही बल दिया जाता था वहीं अब प्रक्रियात्मक न्याय (procedural justice) अर्थात् वितरणात्मक न्याय स्थापित करने के लिए अपनायी गयी प्रक्रिया के बारे में प्रत्यक्षण, को भी महत्त्व दिया जा रहा है।

इस प्रकार समानता और न्याय का सिद्धान्त यह प्रतिपादित करता है कि कर्मचारियों की कार्य अभिप्रेरणा, संतुष्टि और समायोजन की मात्रा तुलनात्मक पुरस्कार और निरपेक्ष पुरस्कार (relative reward and absolute reward) दोनों से प्रभावित होती है (P. S. Goodman, 1977; J. Greenberg, 1987)।

व्रूम का प्रत्याशा सिद्धान्त (*Vroom's Expectancy Theory*)

विक्टर व्रूम (Victor Vroom, 1964) द्वारा विकसित प्रत्याशा सिद्धान्त का मूल अभिग्रह यह है कि कार्य करने की प्रवृत्ति का बल उस प्रत्याशा की प्रबलता, जिसकी पूर्ति व्यक्ति द्वारा किये जा रहे कार्यों द्वारा होनी है तथा इस प्रतिफल के लिए व्यक्ति में आकर्षण की मात्रा द्वारा प्रभावित होता है। यह सिद्धान्त तीन प्रकार के सम्बन्धों को महत्त्वपूर्ण बताता है। (i) प्रयत्न-निष्पादन सम्बन्ध (effort-performance relationship), (ii) निष्पादन-पुरस्कार सम्बन्ध (performance-reward relationship), (iii) पुरस्कार-व्यक्तिगत लक्ष्य संबंध (reward-personal goal relationship)।

इस सिद्धान्त का वर्णन करते हुए **स्टीफेन पी॰ रॉबिन्स** (Stephen P. Robbins, 2001) ने लिखा है कि, ''प्रत्याशा सिद्धान्त यह भविष्य कथन करता है कि एक कर्मचारी तभी उच्च स्तर पर प्रयास करेगा जबकि उसे प्रयत्न-निष्पादन, निष्पादन-पुरस्कार तथा पुरस्कार व्यक्तिगत लक्ष्यों की संतुष्टि के मध्य प्रबल सम्बन्धों के अस्तित्व का प्रत्यक्षण हो, उनमें से प्रत्येक सम्बन्ध अन्य सुनिश्चित कारकों द्वारा प्रभावित होता है। उदाहरणार्थ, अच्छे निष्पादन की दिशा में प्रयत्न हेतु व्यक्ति में आवश्यक क्षमताएँ होनी चाहिए तथा व्यक्ति निष्पादन के मूल्यांकन की प्रणाली के बारे में यह प्रत्यक्षण हो कि प्रणाली न्यायपूर्ण है। निष्पादन-पुरस्कार सम्बन्ध तब मजबूत प्रतीत होगा जबकि व्यक्ति को यह प्रत्यक्षण हो कि पुरस्कार निष्पादन के आधार पर न कि वरिष्ठता, व्यक्तिगत पक्षधरता या अन्य मानकों के आधार पर दिया जायेगा।......(तथा) पुरस्कार-व्यक्तिगत लक्ष्य सम्बन्ध, (एवं) अभिप्रेरणा उस सीमा तक प्रबल होगी जहाँ तक कि व्यक्ति यह प्रत्यक्षण करता है कि अच्छे निष्पादन के कारण व्यक्ति को प्राप्त हुआ पुरस्कार उसकी महत्त्वपूर्ण (प्रभावशाली) आवश्यकताओं को संतुष्ट करता है।''

उपर्युक्त सिद्धान्तों द्वारा, जो कि वस्तुतः एक-दूसरे के पूरक हैं, यह बात बार-बार स्पष्ट हो रही है कि व्यक्ति को अपने कार्यक्षेत्र में भली प्रकार अभिप्रेरित करने, संतुष्ट करने और समायोजित होने के लिए अनेक कारकों पर सेवायोजक द्वारा मनोवैज्ञानिकों के सहयोग से ध्यान दिया जाना चाहिए। व्यावसायिक निर्देशन सेवायोजकों, प्रशासकों और प्रबंधकों को सहयोग देने के अतिरिक्त कार्यरत कर्मचारियों को भी यह प्रत्यक्षण करने में सहयोग दे सकता है कि कर्मचारी भी अपनी दक्षता एवं निष्पादन में वृद्धि करके अपनी अन्तर्स्थ आवश्यकताओं को पूरा करने के लिए प्रयत्नशील होकर व्यावसायिक समायोजन स्थापित कर सकते हैं।

व्यावसायिक निर्देशन में मनोवैज्ञानिकों की भूमिका
(Role of Psychologists in Vocational)

व्यावसायिक निर्देशन दीर्घकालीन कार्यक्रम है। यह कार्यक्रम एक प्रकार से जीवनपर्यन्त व्यक्ति को विभिन्न रूपों में सहयोग प्रदान करता है। व्यावसायिक चयन करने, चयनित व्यवसाय हेतु तैयारी करने, व्यवसाय का वरण करने, व्यवसाय क्षेत्र में विकास करने जैसी सभी गतिविधियों हेतु व्यावसायिक निर्देशन आवश्यक है। जहाँ कहीं व्यक्ति के व्यावसायिक हित का प्रश्न उत्पन्न होता है व्यावसायिक निर्देशन कार्यक्रम की आवश्यकता प्रकट हो जाती है तथा मनोवैज्ञानिकों की भूमिका रेखांकित होने लगती है। व्यावसायिक निर्देशन के अन्तर्गत अनेक प्रकार की सेवाएँ सम्मिलित की जाती है। मनोवैज्ञानिकों की भूमिका ऐसी

समस्त सेवाओं में निहित है। इन भूमिकाओं को निम्नवत समझा जा सकता है:—

(1) मनोवैज्ञानिकों की पहली भूमिका व्यक्तियों को मूल्यांकन सेवा (appraisal service) प्रदान करना है। व्यावसायिक विकास के लिए सर्वप्रथम व्यक्ति को अपनी क्षमताओं, योग्यताओं और विशेषताओं को वस्तुनिष्ठ रूप में समझने की आवश्यकता होती है, यदि व्यक्ति की अपनी बारे में सूचनाएँ वैध होंगी तो 'उपयुक्त व्यावसायिक आत्म-संप्रत्यय' का विकास होगा। मनोवैज्ञानिक व्यक्तियों को अपने बारे में सत्यबोध अर्जित करने की दिशा में मनोवैज्ञानिक परीक्षणों द्वारा प्राप्त परिणामों के माध्यम से सहयोगी सिद्ध होता है। यदि उपयुक्त व्यावसायिक आत्म संप्रत्यय का विकास नहीं हुआ तो व्यावसायिक चयन और वरण त्रुटिपूर्ण हो जाएगा तथा व्यावसायिक समायोजन एवं संतुष्टि में कठिनाई आयेगी।

(2) मनोवैज्ञानिक कार्य-विश्लेषण, कार्य-विवरण तथा कार्य-विशिष्टीकरण तैयार करने में सहयोग देता है। कार्य-विवरण एवं कार्य-विशिष्टीकरण के माध्यम से मनोवैज्ञानिक विद्यार्थियों एवं प्रशिक्षुओं को यह ज्ञान उपलब्ध कराता है कि किस प्रकार के व्यवसाय क्षेत्र में प्रवेश के लिए उन्हें किन क्षमताओं, योग्यताओं और व्यक्तित्व विशेषताओं को अर्जित करना होगा।

(3) व्यवसाय के बारे में दो प्रकार की सूचनाएँ छात्रों के लिए उपयोगी होती हैं। प्रथम श्रेणी की सूचनाएँ कार्य विवरण के रूप में प्राप्त होती हैं। दूसरी श्रेणी में कार्य-जगत का व्यापक वर्णन होता है—कौन से क्षेत्रों में कर्मचारियों की भविष्य में कितनी माँग सम्भावित है? किस प्रकार की नई तकनीकों का उपयोग हो रहा है, या भविष्य में उपयोग किया जाना सम्भव है तथा उस नई तकनीक के उपयोग का सेवायोजन के प्रारूप पर क्या प्रभाव पड़ेगा? एक व्यवसाय क्षेत्र में प्रशिक्षित अभ्यर्थियों की आपूर्ति की दर क्या होगी? कुल मिलाकर विभिन्न व्यवसाय क्षेत्रों में व्यक्ति कीं क्या सम्भावना है? इस प्रकार की सूचना उपलब्ध कराना सूचना सेवा का कर्त्तव्य है। मनोवैज्ञानिक इस प्रकार की सूचना सेवा अन्य निर्देशन कार्मिकों एवं सेवायोजन विभाग के सहयोग से प्रदान कर सकता है।

(4) मनोवैज्ञानिकों की सबसे प्रमुख भूमिका परामर्शदाता के रूप में होती है। परामर्श देने का कार्य विद्यार्थियों, प्रशिक्षुओं, अभ्यार्थियों, कर्मचारियों एवं सेवायोजकों/प्रबंधकों सभी के साथ सम्बन्धित होता है। कभी उपयुक्त व्यवसाय के चयन हेतु परामर्श दिया जाता है तो कभी व्यावसायिक विकास हेतु या व्यावसायिक समायोजक अथवा प्रगति के लिए परामर्श दिया जाता है। मनोवैज्ञानिक इन सभी क्षेत्रों में कार्यरत होते हैं।

(5) मनोवैज्ञानिकों की पाँचवीं भूमिका विद्यार्थियों को व्यवसाय का वरण करने हेतु व्यावसायिक स्थापन सेवा (job placement service) के माध्यम से सहयोग देना है। आधुनिक परिस्थितियों में व्यवसाय की विविधता, उद्योग जगत की व्यापकता, किसी व्यवसाय के लिए विशिष्टता की माँग का प्रतिफल यह है अभ्यर्थी और उद्योग के बीच सीधा सम्बन्ध स्थापित होना कठिन हो जाता है। अतः अच्छे शिक्षण और प्रशिक्षण संस्थान व्यावसायिक स्थापन सेवा के माध्यम से विद्यार्थियों को शिक्षण कार्य समाप्त होने के समय से पूर्व ही व्यवसाय अपना लेने (वरण करने) के लिए आवश्यक सहयोग देते हैं।

(6) व्यवसाय के क्षेत्र में प्रविष्ट होने के पश्चात व्यक्ति के जीवन में व्यापक परिवर्तन आता है। व्यक्ति को कार्य करने की भौतिक दशा, सहकर्मियों तथा अधिकारियों के साथ उचित सम्बन्ध स्थापित करना होता है। व्यवसाय की उत्पादकता सम्बन्धी माँग की पूर्ति करनी होती है। इस प्रकार समायोजनात्मक समस्याएँ समुत्पन्न हो जाती है। व्यावसायिक समायोजन व्यक्तिगत एवं व्यावसायिक दोनों ही जीवन क्षेत्रों के लिए महत्त्वपूर्ण होता है। मनोवैज्ञानिक कर्मचारियों को व्यावसायिक समायोजन के लिए सहयोग देते हैं।

(7) यदि कोई कर्मचारी एक व्यवसाय को अपनाता है और वहाँ प्रगति नहीं कर पा रहा है तो उसकी संतुष्टि और उत्पादकता घट जायेगी, उसका जीवन व्यापक रूप में प्रभावित होगा। अतः कर्मचारियों को व्यावसायिक प्रगति (Career advancement) के लिए अपनी कार्यक्षमता और व्यक्तित्व दोनों को विकसित करना चाहिए। इस दिशा में आवश्यक सहयोग देकर मनोवैज्ञानिक अपनी भूमिका की व्यापकता को सिद्ध करता है।

(8) औद्योगिक जगत में आज तकनीकी परिवर्तनों, आर्थिक उदारीकरण और मन्दी, भूमंडलीकरण (ग्लोबलाइजेशन) जैसे कारणों से प्रायः कर्मचारियों को छंटनी (retrenchment) का शिकार होना पड़ता है। ऐसे कर्मचारियों को व्यावसायिक पुनर्वास की आवश्यकता होती है। आज व्यावसायिक पुनर्वास सेवाओं (vacational rehabilitation service) की महती आवश्यकता है। व्यक्तियों के लिए पुनः रोजगार खोजना मानसिक त्रासदी का अनुभव हो सकता है। व्यक्ति को पूर्ण रूपेण पुनर्वासित होने के लिए मनोवैज्ञानिक विभिन्न रूपों में सहयोग दे सकता है। अनेक बार ऐसी अवस्था में मनोवैज्ञानिक को छंटनीशुदा कर्मचारी के पूरे परिवार के साथ सम्बन्ध स्थापित करके सभी का सहयोग अर्जित करके, परिवार को आर्थिक स्रोत की खोज करने के लिए सक्षम बनाने के अतिरिक्त उनके पारिवारिक समायोजन को सुदृढ़ बनाये रखने के लिए भी सहयोग देने की भूमिका का निर्वहन करना होता है।

❑

अध्याय 19

कार्य-स्थल में परामर्शन

(COUNSELLING IN WORKPLACE)

परामर्शन सेवा, जिसका आरंभ जैसा कि पिछले अध्यायों में अनेक बिन्दुओं पर वर्णित है मुख्यतः व्यावसायिक/जीवन वृतांतिक संदर्भ में युवकों के लिए हुआ था, का आंरभिक प्रसार विद्यालयों एवं वैयक्तिक (व्यक्ति से व्यक्ति के सम्बन्ध स्वरूप में) स्तर पर हुआ। पिछले कुछ दशकों में (मुख्यतः 1970 के पश्चात्) परामर्शन कार्य का सर्वाधिक विस्तार कार्य-स्थलों पर हुआ है। कार्य-स्थलीय परामर्शन की लोकप्रियता का विस्तार हुआ है। परामर्शदाता और संगठन दोनों की कार्यस्थलीय परामर्शन सेवा में रुचि बढ़ी है। संगठनात्मक दृष्टि से आजकल मानव संसाधन के विकास पर बहुत अधिक ध्यान दिया जा रहा है क्योंकि कर्मचारी रूपी मानव संसाधन का विकास व्यक्ति (कर्मचारी) एंव संगठन (नियोक्ता) दोनों के हित में है। इसीलिए जिन संगठनों में मानव संसाधन विकास की अच्छी सुविधाएँ उपलब्ध हैं उनके द्वारा इस बिन्दु को अपने विज्ञापनों में विशेषतः रेखांकित करते हुए सम्मिलित किया जाता है जिससे कि अच्छे कर्मचारी उस संगठन के प्रति आकर्षित हों। ऑरलान्स (Vanja Orlans, 2003) कार्य-स्थलीय परामर्शन को एक ऐसे फ्यूजन/संयोजन के रूप में देखती हैं जिसमें कार्य-स्थल और परामर्शन के मध्य एक असहज जुड़ाव है, ठीक वैसे ही जैसे कि परामर्शन मनोविज्ञान परामर्शन (प्रैक्टिस) और मनोविज्ञान (विज्ञान) के मध्य असहज गठजोड़ (uneasy alliance) है किन्तु दोनों ही दशाओं में यह संयोजन आवश्यक अपरिहार्य एंव प्रश्न चिह्न से परे (उपयोगिता एवं सार्थकता की निर्विवाद स्वीकार्यता) है। अब तो विचारणीय प्रश्न यह है कि कार्यस्थल में परामर्शन का स्वरूप क्या है; इसकी चुनौतियाँ क्या है; इसकी प्रमुख समस्याएँ क्या हैं; आदि। यद्यपि यह विचारणीय नहीं है कि कार्य-स्थल पर परामर्शन की आवश्यकता है था कि नहीं अर्थात् प्रासंगिकता विचारणीय नहीं है तथापि यह जरूर समझना होगा कि कार्य-स्थलीय परामर्शन के विस्तार के प्रति संगठनों की रुचि का कारण क्या है।

कार्य-स्थल में परामर्शन मनोविज्ञान के लिए माँग में वृद्धि *(Increase in the Demand of Counselling Psychology in Work Place)*

लोकतांत्रिक एवं कल्याणकारी समाज में समाज के सभी वर्गों यथाः बच्चों, विद्यार्थियों, युवकों, महिलाओं, वृद्धों, कर्मचारियों के हित के लिए निरंतर प्रयास करते रहने पर बल दिया जाता है। सभी के लिए सम्पूर्ण स्वास्थ्य-शारीरिक, मानसिक, आत्मिक को उनके अधिकार के रूप में स्वीकार किया जा रहा है। व्यक्ति के अधिकारों की परिभाषा लोकतांत्रिक सिद्धान्तों के अनुरूप विस्तृत रूप में की जा रही है। वैधानिक स्तर पर बच्चों, विद्यार्थियों, महिलाओं, कर्मचारियों एवं निर्बल वर्गों के अधिकारों को परिभाषित एवं संरक्षित करने का प्रयास किया जा रहा है। अधिकतर विकसित एवं विकासशील देशों में

कर्मचारी हितों के रक्षार्थ विकसित एवं स्थापित की गयी नीतियों एवं कार्यक्रमों के अधीन अब नियोक्ता संगठन कर्मचारियों के शारीरिक एवं मानसिक स्वास्थ्य को सुनिश्चित करने हेतु नियमानुसार बाध्य है। प्रायः नियोक्ता संगठन की यह जिम्मेदारी स्थापित कर दी गयी है वहाँ कर्मचारियों के शारीरिक एवं मानसिक स्वास्थ्य की रक्षा के लिए एवं उन्हें अत्यधिक तनावग्रस्तता से बचाने के लिए आवश्यक समस्त उपाय किये जायेंगे।

संगठनों के स्तर पर कर्मचारियों के मानसिक स्वास्थ्य की देखभाल में बढ़ती हुई रुचि का दूसरा कारण न्यायालयों में वाद (litigation) से बचना है। विगत दशकों में कार्य-स्थलीय परिवेश में कार्याधिक्य या ऐसे ही दूसरे कारणों से कर्मचारियों की तनावग्रस्तता एवं इसके प्रभावों से उन्हें होने वाली क्षति की आपूर्ति की माँग सम्बन्धी वादों (litigations) की संख्या में वृद्धि हुई है। इसलिए कर्मचारियों की सांवेगिक समस्याओं का ध्यान रखे जाने हेतु संगठनों द्वारा व्यापक व्यवस्था प्रस्तुत की जा रही है।

उपरोक्त दो कारणों के अतिरिक्त अच्छे संगठनों की अपने कर्मचारियों के हित में गहरी रुचि है। उन संगठनों के कार्य-दर्शन में कर्मचारी को आवश्यक संसाधन के रूप में स्वीकार किया जाता है; कर्मचारियों के स्वास्थ्य में किसी प्रकार की कमी—शारीरिक अथवा मानसिक का उनकी उत्पादकता पर पड़ने वाले कुप्रभाव का उन्हें ज्ञान है। इस प्रकार कर्मचारी हित के प्रति निष्ठा संगठनों द्वारा परामर्शन मनोविज्ञान में रुचि लेने का कारण बन जाता है।

कार्य-स्थलीय परामर्शन की प्रमुख विशेषताएँ *(Main Characteristics of Workplace Counselling)*

फेल्थम (2000) ने कार्य-स्थलीय परामर्शन की प्रमुख विशेषताओं के रूप में निम्नांकित को रेखांकित किया है :—

(1) कार्य-स्थलीय परामर्शन संगठन के बाहर कार्यरत कुछ कर्मचारी सहायता कार्यक्रम प्रदाताओं (EAP providers) द्वारा उप अनुबंध के आधार पर दिया जा सकता है या संगठन अपने दायरे में ऐसी सेवा व्यवस्था का विकास कर सकता है या परामर्शदाता अथवा परामर्शदाताओं के किसी समूह की सीधी सेवा ले सकता है।

(2) प्रायः कार्य-स्थलीय परामर्शन कर्मचारी के लिए मुफ्त सेवा के रूप में उपलब्ध होता है।

(3) प्रायः कर्मचारी अपने आप ही परामर्शदाता के साथ सम्पर्क स्थापित करता है तथा इस सम्बन्ध में सभी तथ्य पूर्णतः गोपनीय रखे जाते हैं किन्तु कभी-कभी सुपुर्दगी (refersal) का कार्य कर्मचारी के लाइन मैनेजर द्वारा किया जाता है।

(4) अधिकतर कार्य-स्थलीय परामर्शन कार्य अल्प-अवधि या सीमित-अवधि के होते हैं जहाँ परामर्शन सत्रों की संख्या तीन से बारह के मध्य होती है।

(5) परामर्शन कार्य हेतु प्रत्यक्ष साक्षात्कार एवं टेलीफोन-परामर्शन का मिश्रण प्रयुक्त किया जाता है। अधिकतर ऐसे कार्यक्रमों में टेलीफोन परामर्शन का अनुपात अधिक पाया गया है।

(6) परामर्शन सेवा जिन समस्याओं के लिए दी जाती है उनमें तनाव प्रबंधन, कार्य-स्थलीय द्वन्द्व, आपदकाल हस्तक्षेप, आघात-पश्चात् तनाव प्रबंधन, शोक परामर्शन, कर्मचारी छँटनी, व्यक्तिगत आय प्रबंधन के विषय, अनेक व्यक्तिगत (आवासीय, विवाह-विच्छेद आदि) समस्याएँ सम्मिलित पायी जाती हैं।

(7) कहीं-कहीं कर्मचारी सहायता कार्यक्रम (Employee Assistance Program–EAP) 24 × 7 प्रारूप में उपलब्ध मिलता है।

(8) बड़े संगठन ऐसे परामर्शदाताओं की सेवाएँ स्वीकार करते हैं जो सम्बन्धित वैधानिक परिषदों (यथा: Rehabilitation Council of India) द्वारा अनुमोदित/मान्यता प्राप्त होते हैं।

(9) प्रायः कर्मचारी सहायता सेवा प्रदान करने वाले अनुबंधक संगठन से प्रति कर्मचारी की दर से संगठन में कार्यरत सभी कर्मचारियों के लिए फीस लेती हैं। वस्तुतः कर्मचारी इन सेवाओं का उपयोग करते हो या नहीं इसका पूर्व निर्धारित फीस पर कोई प्रभाव नहीं पड़ता है।

बुल (Bull, 1997) ने कार्य-स्थलीय परामर्शन की दृष्टि से कई अवस्थाओं का वर्णन किया है : व्यक्ति केन्द्रित चरण, कार्य परिवेश चरण, संगठन चरण। ऐसा सम्भव है कि सेवा प्रदाता के लिए कर्मचारी के साथ-साथ पूरे संगठन को ही क्लायंट की भाँति परामर्श की आवश्यकता हो।

कार्य-स्थलीय परामर्शन व्यवस्था की प्रमुख चुनौतियाँ *(Issues and Challenges of Work Place Counselling Arrangement)*

कार्य-स्थलीय परामर्शन में विचारणीय प्रमुख प्रश्नों एवं चुनौतियों में प्रथम कारक कार्य-स्थलीय संदर्भ की विशेषताएँ एवं परामर्शन कार्य पर उसके प्रभाव से सम्बन्धित है। 'परामर्शदाताओं को परामर्शी के अनुभवों पर प्रकट होने वाले संदर्भ के प्रभावों पर विचार करना चाहिए तथा मूल्यांकन (कार्य योजना), निरूपण एवं क्रियान्वयन में उन्हें सम्मिलित करना चाहिए (ब्रिटिश साइकोलॉजिकल सोसाइटी, 1998)। परामर्शन के विविध उपागमों में से कुछ एक में संदर्भ को कार्ययोजना में अधिक महत्त्व प्राप्त हुआ है। व्यक्ति केन्द्रित उपागम (Brazies, 1993) एवं सर्वांग उपागम अथवा परिवार उपचार पद्धतियों में संदर्भ के महत्त्व को स्वीकार किया किया गया है।

कार्य-स्थलीय परामर्शन में संदर्भ का महत्त्व इस दृष्टि से महत्त्वपूर्ण है कि नियोक्ता संगठनों की नीतियाँ एवं शिष्टाचार की प्रणालियाँ उनकी व्यक्तिगत होती हैं। संगठन के लोकाचार, संस्कृति और उद्देश्य को समझकर परामर्शी को (कर्मचारी को) श्रेष्ठतर समझा जा सकेगा तथा संदर्भ को ध्यान में रखकर ही परामर्शदाता अपनी भूमिका निर्धारण कर पायेगा। परामर्शदाता की भूमिका मानव संसाधन विकास, प्रबंधन व्यवस्था, द्वन्द्व, समाधान पर्यवेक्षक आदि के रूप में निर्धारित की जा सकती है।

कार्य-स्थलीय सन्दर्भ पर विचार करने योग्य एक आयाम यह भी होता है कि परामर्शन व्यवस्था या तो सम्पूर्ण संगठन के साथ पूर्णतः समन्वित हो या इसका आयोजन संगठन से अलग स्वतंत्र इकाई के रूप में हो। दोनों ही दशाओं में संगठन का अस्तित्व पृष्ठभूमि में विद्यमान अवश्य रहता है, कभी प्रकट रूप में कभी मौन रूप में। जब परामर्शन कार्य व्यवस्था संगठन से पृथक अस्तित्व में होती है तब क्लायंट के लिए संगठन के सम्पूर्ण संदर्भ पर विचार अधिक स्वतंत्र मूल्यांकन के रूप में सम्भव हो सकता है। यह अंतर करना सम्भव हो पाता है कि कर्मचारी/क्लायंट की कौन-सी समस्या उसके व्यक्तिगत जीवन का प्रतिफल है और कौन-सी समस्या संगठनात्मक जीवन संदर्भ की देन है। इस प्रकार संगठन की रोग उत्पत्ति दशा/प्रवृत्ति (pathologizing conditions) का विश्लेषण, मूल्यांकन

एवं निवारण अधिक स्वतंत्रता के साथ सम्भव है। प्रायः कार्य-स्थलीय परामर्शन कार्य में संगठन की सरचना/संदर्भ सम्बन्धी कारकों में हस्तक्षेप अपरिहार्य हो जाता है।

कार्य-स्थलीय परामर्शन के लिए कर्मचारी, संगठन एवं स्वयं परामर्शदाता द्वारा पोषित मूल्यों का संदर्भ दूसरी महत्त्वपूर्ण चुनौती है। प्रत्येक संगठन के लिए उत्पादकता एवं आर्थिक लाभ का मूल्य सर्वोच्च होता है। संगठन एक अनुक्रमिक नियंत्रण की प्रणाली में काम करता है जहाँ प्रत्येक कर्मचारी को उच्च अधिकारियों के आदेशों एवं निर्देशों का पालन करना होता है; उसके लिए कार्य निष्पादन और उसके आधार पर वेतन निर्धारण, प्रोन्नति का मानक स्थापित किया जाता है; संगठनात्मक मूल्यांकन के माध्यम से व्यक्ति को स्वयं का मूल्यांकन करने के लिए आधार प्राप्त होता है। दूसरी ओर रॉजर्स के सिद्धान्त के परिप्रेक्ष्य में विचार करें तो व्यक्ति को स्वस्थ मानसिक दशा के विकास हेतु अप्रतिबंधित सकारात्मक सम्मान (unconditioned positive regard) की आवश्यकता होती है तथा मनोपचार के लिए रॉजर्स द्वारा निर्धारित मर्म दशाओं में परानुभूति (empathy) एवं अप्रतिबंधित सकारात्मक सम्मान महत्त्वपूर्ण होता है। परामर्शदाता एवं परामर्शी के मध्य आवश्यक परानुभूतिपूर्ण सम्बन्ध के स्थान पर संगठन की प्रणाली में वस्तुनिष्ठ सम्बन्ध (objective relationship) पाया जाता है जो संगठनात्मक उद्देश्यों की पूर्ति हेतु विकसित किया जाता है। ऐसे संदर्भ में कार्य करते हुए परामर्शदाता को मूल्यों के टकराव जैसे संकट का सामना करना पड़ता है। एक तरफ परामर्शदाता के अंदर व्याप्त परानुभूति महत्त्वपूर्ण है लेकिन दूसरी और परामर्शदाता के नियोक्ता संगठन के वाणिज्यिक हित सम्बन्धी मूल्य होते हैं जिसके फलस्वरूप परामर्शदाता को मूल्यों के मध्य द्वन्द्व का सामना करना पड़ता है।

ऑरलान्स (Orlans, 2003) ने परामर्शदाता के भीतर चलने वाले मूल्यों के टकराव के अतिरिक्त संगठन के लिए भी मूल्यों के टकराव की दशा को रेखांकित किया है। अनेक संगठनों के समक्ष कर्मचारी को सहायता प्रदान करने, उसे सुखानुभूति का अनुभव उपलब्ध कराने और उसे संगठनात्मक लक्ष्यों की प्राप्ति हेतु नियंत्रित करने जैसे मूल्यों के मध्य टकराव प्रकट होता है। प्रायः यह टकराव सतह के नीचे अवस्थित होता है किन्तु परामर्शन सेवा आरम्भ करने के उपरांत संगठनात्मक स्तर पर व्याप्त अप्रकट द्वन्द्व में उबाल आ जाता है कर्मचारी हित के अनेक प्रश्न सिर उठाकर खड़े हो जाते हैं। इसी के समानान्तर क्लायंट/कर्मचारी के मन में व्यक्तिगत हित और संगठनात्मक जिम्मेदारी एवं हित में से किसकी श्रेष्ठता हो इस विषय द्वन्द विकसित होने लगता है। ऐसी दशा में यह सुझाव दिया गया है कि शान(Schon, 1983)द्वारा प्रस्तावित चिंतक परामर्शदाता(reflective practitioner) का संप्रत्यय महत्त्वपूर्ण है। परामर्शदाता एवं संगठन को अपने-अपने मूल्यों, अभिग्रहों, लक्ष्यों का सृजनात्मक अन्वेषण करना चाहिए जिससे कि सम्बद्ध पक्षों को दूसरे पक्ष के मूल्यों, भावनाओं की और अच्छी समझ प्राप्त होगी, उनके मध्य श्रेष्ठ संप्रेषण सम्पर्क स्थापित होगा। ऐसे प्रयास की सफलता पर ही संगठन की संरचना के महत्त्वपूर्ण अंग के रूप में परामर्शन सेवा का समन्वित होना सम्भव हो पाता है।

कार्य-स्थलीय परामर्शन कार्य के लिए परामर्शदाता की अपेक्षित कुशलता *(Required Competencies of the Counsellor for Workplace Counselling)*

कार्य-स्थलीय परामर्शन की विशेषताएँ अन्य दशाओं में हो रहे परामर्शन कार्य की विशेषताओं से भिन्न होती हैं अतः इस प्रकार के परामर्शन कार्य को

कुशलतापूर्वक सम्पादित कर पाने हेतु परामर्शदाता में कुछ विशिष्ट दक्षताओं की अपेक्षा की जाती है।

जैसा कि पूर्व में वर्णित है कार्य-स्थल पर होने वाले परामर्शन कार्य का स्वरूप सीमित अवधि का होता हैं। ऐसी दशा में परामर्शदाता को अधिकाधिक समस्या समाधानोन्मुखी होना चाहिए। अन्य दशाओं की तुलना में यहाँ पर परामर्शदाता की पूर्व तैयारी अधिक श्रेष्ठ होनी चाहिए।

संगठनात्मक कार्य दशा और क्लायंट की विशेषताओं के कारण परामर्शदाताओं को कार्यस्थल परामर्शन हेतु प्रत्यक्षवार्ता/प्रत्यक्ष साक्षात्कार एवं टेलीफोनिक वार्ता पद्धतियों को आपस में से आवश्यक अनुपात में मिश्रित करते हुए प्रयुक्त कर पाने की सामर्थ्य प्रदर्शित करनी होती है। परामर्शदाता की भूमिका कल्याण अधिकारी की भूमिका के साथ मिश्रित हो सकती है जिसके कारण क्लायंट के घर तक जाना, वहाँ अन्य लोगों से वार्ता करना तथा स्वास्थ्य सेवा व्यय; समयपूर्व सेवानिवृत्ति आदि अनेक विषय पर वार्ता करना पड़ सकता है। परामर्शदाता में ऐसी मिश्रित भूमिकाओं के निर्वहन की क्षमता होनी चाहिए।

परामर्शदाता में कार्य-स्थल के संदर्भ में प्रकट होने वाले मूल्य द्वन्द्वों के समाधान की क्षमता होनी चाहिए। इस चुनौती का सफलतापूर्वक सामना कर पाने के लिए परामर्शदाता में सृजनात्मकता का गुण होना चाहिए। परामर्शदाता को संदर्भ की विरोधी परिस्थितियों, विरोधी हितों के विषय में चिंतन/परावर्तन (reflection) करते हुए सृजनात्मक समाधान का मार्ग प्रशस्त करना चाहिए जिससे कि सभी सम्बद्ध पक्षों का हित संरक्षित हो सके।

संगठनात्मक संदर्भ का प्रमुख मूल्य वाणिज्यिक—कम धन एवं समय का व्यय, त्वरित परिणाम आदि—होता है। उसे प्रदत्त परामर्शन सेवाओं के परिणाम का मूल्यांकन अर्थात ऑडिट प्रस्तुत करना हो सकता है। परामर्शदाता मे कार्यक्रम मूल्यांकन करने एवं इसके आलोक में कार्यक्रम को परिमार्जित करने की दक्षता होनी चाहिए।

❑

अध्याय 20

विवाह एवं युगल परामर्शन
(MARRIAGE AND COUPLE COUNSELLING)

There comes a time in many marriages when the couple ask a question about their relationship, a question that strikes at the roots of their lives : "Is my marriage what I need, what I dreamed of having, what I am willing to accept for the remainder of my life?" [Bernard & Hackney, 1983]

प्राणी एवं मानव जीवन में 'सम्बन्धित' होने (relatedness) की अनुभूति का महत्त्व है। समाज की रचना का आधार सम्बन्ध स्थापित करने की आवश्यकता है। आर्ड्रे (Ardrey, 1970) ने समाज को असमान प्राणियों का ऐसा समूह बताया है जो सामान्य आवश्यकताओं की प्राप्ति हेतु गठित होते हैं (societies are "groups of unequal beings organized to meet common needs", (R. Ardrey, 1970, in the Social Contract, New York; Atheneum)। सामाजिकता के दो मूल पक्ष होते हैं :—असमानता एवं आवश्यकता। सामाजिक सम्बन्धों की स्थिरता, सहयोग एवं शोषण, द्वन्द्व एवं समझौता के मध्य एक असहज संतुलन होता है। मानव परिवार 'सम्बन्धित' होने की आवश्यकता, जिसका आगे चलकर विवाह के रूप में विकास हुआ, की देन है। विवाह रूपी संस्था जेनेटिक सम्बन्धों से आगे बढ़कर सम्बन्धों की रचना करने, गाँठ जोड़ने की मानव सामर्थ्य को प्रदर्शित करता है। समाज जैविकी (sociobiology) की दृष्टि में परिवार के अस्तित्व हेतु सहयोगात्मक एवं देखभाल पूर्ण व्यवहार (cooperative and caring behavior) की आवश्यकता होती है किन्तु प्रतिस्पर्धा (इसकी व्याख्या जेनेटिक एवं विकासवाद के माध्यम से प्राणी या प्राणी जाति के अस्तित्व के लिए आवश्यकता के रूप में सम्भव है), स्वार्थ, धोखा, जोर-जबरदस्ती/बलप्रयोग (coercion) मनुष्य के पारिवारिक जीवन का अंग है अतः सम्बन्धों में द्वन्द्व अपरिहार्य हो जाता है। आधुनिक, पाश्चात्य समाज में परिवार के सम्बन्धों(वैवाहिक सम्बन्धों) का पारम्परिक स्वरूप इसी अन्वेषण/चिंतन के कारण बेमानी जैसा प्रकट होने लगा तथा वैवाहिक/पारिवारिक सम्बन्धों को अधिक लचीला स्वरूप देने के लिए विवाह के बिना साथ रहने अथवा सहवास (cohabitaion) की परम्परा विकसित हुई। अमेरिका एवं यूरोप में विवाह के बिना साथ रहने वालों की संख्या पचास प्रतिशत तक पहुँच गई है। विवाहोपरान्त अथवा विवाह के बिना ही साथ रहना, दोनों ही दशाओं में सम्बन्ध की स्थिरता परिवार अर्थात् 'पति-पत्नी एवं बच्चों' या 'मित्र एवं बच्चों' के जीवन की गुणवत्ता (Quality of life) या जीवन की भलाई या कल्याण (wellbeing) के हित में पायी जाती है अतः विवाह या सहवास में तनाव मानसिक समस्याओं को जन्म देता है। विवाह एवं सहवास परामर्शन के अन्तर्गत विपरीत लिंगी विवाह एवं सहवास के अतिरिक्त समलिंगी सहवासियों (gay and lesbians) की सम्बन्धित होने की अनुभूति में आने वाली बाधाएँ भी विचारणीय मानी गयी है।

विवाह एवं सहवास में संसक्ति के प्रमुख पक्ष (*Aspects of Cohesiveness in Marriage and Cohabitation*)

विवाह के स्थायित्व की व्याख्या करने के लिए लागत-लाभ विश्लेषण सम्बन्धी दो उपागम महत्त्वपूर्ण है। प्रथम, आर्थिक मॉडल जो विवाह के लागत-लाग और विकल्पों के लागत-लाभ की गणना और तुलना को विवाह के भविष्य का संकेतक मानता है। दूसरा मॉडल थीबॉट और केली (Thibaut & Kelley, 1959) का सामाजिक विनिमय सिद्धान्त (social exchange theory) है। इस प्रारूप में लागत और लाभ के स्थान पर वैवाहिक/ सहवास सम्बन्धों (युग्म/युगल सम्बन्धों, couple relationship) में प्राप्त हो रहे पुरस्कार (आकर्षक तत्व/घटक) अर्थात् सकारात्मक अनुभूतियों और नकारात्मक अनुभूतियों (positive and negative sentiments) की तुलना को आधार बनाया गया है। लेविन्जर (1965, 1979) ने सामाजिक विनिमय सिद्धान्त का विस्तार करते हुए कहा कि विवाह या युगल सम्बन्धों में कुछ आकर्षण के स्रोत होते हैं जो सम्बन्धों को संसक्ति प्रदान करते हैं तथा कुछ अन्य ऐसे कारक होते है जो इसे विघटित होने से रोकते हैं। सम्बन्ध को संसक्ति प्रदान करने वाले आकर्षण के घटकों (सकारात्मक भावनाओं) में विवाह की गुणवत्ता अर्थात् उसमें विद्यमान प्रसन्नता का घटक; एक साथी जो जीवन के विविध क्षेत्रों में सहयोग दे या साथ रहे, की आवश्यकता; जीवन साथी के लिए उत्साह की मात्रा; यौनिक सम्बन्ध में संतुष्टि; आय, गृहस्वामित्व, शिक्षा, समान सामाजिक संस्थिति आदि की गणना की जाती है। इसके विपरीत धर्म, बच्चे, वैधानिक एवं आर्थिक बाधा, परिवार एवं समाज/ समुदाय के प्रभाव सम्बन्धों को विघटित होने से रोकते हैं।

युगल परामर्शन के महत्त्वपूर्ण संप्रत्यय (*Key Concepts of Couple Counselling*)

डेरेक हिल्ल (Derek Hill, 2000) ने इस धारणा को कि युगल सम्बन्धों में जुड़े सदस्यगण अपने सम्बन्धों का अनन्यता (exclusiveness) के साथ ग्रहण करते है जिसमें प्रायः हम एक-दूसरे के जीवन के लगभग सभी पक्षों पर अपना अधिकार मानते हैं। युगल सम्बन्ध का स्वरूप कैसा भी और किसी भी स्तर तक सीमित हो (यथाः विवाह या सहवास; मात्र यौनिक, संतानोत्पत्ति तक सीमित या जीवन के सभी क्षेत्रों में फैला हुआ) उसमें एक दूसरे के प्रति समर्पण(commitment)की भावना पर अत्यधिक बल दिया जाता है। समर्पण पारस्परिक निर्भरता एवं विश्वास की अपेक्षा का परिणाम होता है। अनन्यता की इस भावना में समय के साथ परिवर्तन आता रहता है, इसकी प्रकृति का सतत् पुनर्मूल्यांकन होता रहता है। अनन्यता के मूल्यांकन के संदर्भ में आपस में वार्ता की जानी सम्भव है। आपसी सम्बन्धों की अनन्यता के विषय में दोनों सदस्यों के मत या विश्वास, सम्बन्ध के विविध पक्षों के महत्त्व के सम्बन्ध में वरीयताएँ उनकी निजी होती है। जब पति-पत्नी की सम्बन्धों की अनन्यता के विषय में पृथक विचारों, पृथक वरीयताओं पर वार्ता नहीं होती हैं; आपसी संवाद का अभाव होता है; एक-दूसरे के विचारों या भावनाओं को हम समझते नहीं हैं तब सम्बन्ध में समस्याएँ प्रकट होती है। सहभागियों की प्रसन्नता एवं मानसिक शांति के लिए यह आवश्यक होता है कि वे इस अनन्यता के विषय में एक-दूसरे के विचारों में सहभागी हों।

सम्बन्धों की अनन्यता विषयक निजी/आपसी विचारों, विश्वासों, वरीयताओं के

अतिरिक्त वृहत्तर समाज के विचार भी महत्त्वपूर्ण होते हैं। सभी युगल सम्बन्धों का एक लोक पक्ष भी होता है। समाज की स्वीकृति (इस हेतु विवाह का सम्पादन), उसकी प्रतिक्रिया (विवाह या सम्बन्ध विच्छेद की दशा में) पति-पत्नी या सहवासियों के विचारों तथा सम्बन्धों की अनन्यता को प्रभावित करती है।

सम्बन्धों की अनन्यता के विषय में निजी एवं सार्वजनिक मतों के माध्यम से हमारे मध्य सृजनात्मक सहकारिता की उत्पत्ति हो सकती है अथवा यही स्रोत आपसी द्वन्द्व का कारण बन सकता है।

युगल परामर्शन के संदर्भ में ऊपर वर्णित संप्रत्ययों द्वारा युगल सम्बन्धों की गत्यात्मकता का वर्णन होता है। इसके पश्चात् दूसरा महत्त्वपूर्ण पक्ष परामर्शन कार्य में प्रयुक्त होने वाले विविध परिप्रेक्ष्य हैं। युगल जीवन में आने वाली समस्याओं का कारण पक्ष केवल सम्बन्धित व्यक्तियों तक ही सीमित नहीं रहता है; व्यक्ति से बाहर उसके सम्पर्क में आने वाले सामाजिक समूह उसके द्वारा प्रभावित होते हैं तथा उसे प्रभावित भी करते हैं। इस प्रकार युगल जीवन को प्रभावित करने वाली प्रणालियों के तीन तल होते है : व्यक्ति, युगल एवं सामाजिक समूह स्तर की प्रणालियाँ।

इन तीन तलों के प्रभाव स्वतंत्र नहीं, परस्पर अन्योन्याश्रित होते हैं। इन कारणों के पारस्परिक कारणात्मकता (mutual causality) या चक्रानुगत सम्बन्ध परामर्शन की दृष्टि से महत्त्वपूर्ण है। डेरेक हिल्ल का मत है कि युगल जीवन में व्याप्त समस्याओं के कारणों का अन्वेषण करना या उसके विषय में परिकल्पना का निरूपण करना निरर्थक होगा। वास्तव में युगल सदस्य के लिए सक्रिय प्रभावों को समझ पाना और उन प्रभावों को प्रत्यक्ष या अप्रत्यक्ष रूप में नियंत्रित कर पाना ही लाभकारी होगा।

परामर्शदाता युगल या एक सदस्य को अनेक उपागमों की सहायता से लाभ पहुँचा सकता है। समस्याओं के स्वरूप के अनुरूप कभी व्यवहारात्मक उपागम द्वारा किसी अनुक्रिया/आदत का पुनर्बलन या विलोप किया जा सकता है। सर्वांग उपागम के माध्यम से युगल सदस्यों के समूह (परिवार) में व्याप्त शक्ति संतुलन को परिमार्जित किया जा सकता है। जिन अनुक्रियाओं का मूल आरंभिक जीवन के अवदमित अनुभव हो उन्हें मनोगत्यात्मक उपागमों के माध्यम से लाभान्वित किया जा सकता है। अवदमित अनुभवों के कारण अवांछित एवं अतार्किक अनुक्रियाओं का विकास होता है अतः ऐसे अनुभवों को व्यक्ति के चेतन स्तर पर बाहर लाकर औचित्यपूर्ण अनुक्रियाओं को विकसित करना सम्भव हो पाता है। परामर्शदाता अनेक उपागमों के मध्य विद्यमान सामान्य तत्त्वों को ध्यान में रखकर उनके उपयुक्त योग को भी अपनी प्रैक्टिस में प्रयुक्त करते हैं।

वैवाहिक/युगल सम्बन्धों के विकास के संदर्भ में बाउल्बी (Bowlby, 1969) के लगाव सिद्धान्त (attachment theory) का विशेष महत्त्व है। लगाव व्यक्ति का मूलभूत व्यवहार प्रारूप है। एक व्यक्ति की, उसपर दूसरे व्यक्ति की निर्भरता के लिए सहिष्णुता; दूसरे व्यक्ति की देखभाल करने की क्षमता या भूमिका का विकास उस व्यक्ति के लगाव सम्बन्धी आरम्भिक अनुभवों द्वारा प्रभावित होती है। आरंभिक अनुभवों के माध्यम से विकसित हुआ लगाव जीवन पर्यन्त चलता है जो कि नितान्त स्वाभाविक होता है। लगाव का संचालन हमारी इच्छा (volition) द्वारा नहीं होता है। बाउल्बी ने यह समझाया है कि हमारा जिनसे लगाव का सम्बन्ध होता है (पति, पत्नी, माता, पिता आदि) उनके साथ हमारी अपेक्षाओं में हमारे आरंभिक जीवन के लगाव विषयक अनुभव परिलक्षित होते हैं।

व्यक्ति के आरम्भिक अनुभवों का तिरस्कार, विलगाव एवं क्षति की पीड़ा से बचने के लिए प्रयुक्त उसके सुरक्षात्मक प्रयासों पर पड़ता है।

सम्बन्धों के विकास और सम्बन्ध भण्डार को समझने के लिए गोमेज (Gomez, 1977) का लक्ष्य-सम्बन्ध सिद्धान्त (object relations theory) महत्त्वपूर्ण है। लक्ष्य सम्बन्ध सिद्धान्त के अनुसार शिशु अपनी देखभाल करने वाले लोगों के साथ अनुभूत आघात के विरुद्ध जैसी सुरक्षात्मक प्रतिक्रियाएँ करता है (यथा : प्रक्षेपण) उनका उसके वयस्क जीवन में होने वाले तादात्मीकरण के विकास में महत्त्व है। जिन शैशवकालीन सम्बन्धात्मक अनुभवों का अवदमन हो जाता है उनका अन्तरण व्यस्क जीवन में हो जाता है। इस प्रकार पति या पत्नी अपने आरंभिक जीवन में माता-पिता के साथ प्राप्त हुए लगाव की कुण्ठा के फलस्वरूप अपने सहवासी में उसी लगाव का अन्वेषण करते हैं। पति-पत्नी के मध्य हो रहे व्यवहार की समायोजनात्मक अनुपयुक्तता की जड़े उसके अचेतन में विद्यमान माता-पिता द्वारा देखभाल की प्रक्रिया में उसे प्रदत्त लगाव की अनुपयुक्तता (अचेतन संवेगात्मक अनुभूति) में स्थित हो सकती हैं। इस सिद्धान्त के अनुसार व्यक्ति का आंतरिक संसार इन विकासात्मक बाधाओं को दूर करने एवं संतुष्ट करने वाले लक्ष्य सम्बन्धों के अन्वेषण में व्यस्त रहता है। व्यक्ति को ऐसे उपचार की आवश्यकता होती है जो व्यक्ति को उसके पूर्व जीवन के कुण्ठित सम्बन्धों के अनचाहे पुनर्मंचन (unwilled reenactment of unresolved early relationship) से मुक्त कराये। **डिक्स** (Dicks, 1967) ने लक्ष्य सम्बन्ध सिद्धान्त के आधार पर पति-पत्नी/सहवासी के मध्य तीन प्रकार के मेल (fit) का वर्णन किया है:—

(1) अचेतन मेल (*Unconscious fit*)—इसमें दोनों सदस्यों में अचेतन स्तर पर एक-दूसरे के प्रति सकारात्मक व्यवहार करने हेतु मौलिक किन्तु अवदमित आवश्यकता का मेल पाया जाता है;

(2) चेतन मेल (*Conscious fit*)—इसमें सोचने-विचारने एवं समस्या समाधान करने की आदतों, अन्तर्निहित अभिवृतियों एवं मूल्यों का मेल पाया जाता है;

(3) सामाजिक मेल (*Social fit*)—उसमें पति-पत्नी के सामाजिक-सांस्कृतिक मानकों एवं मूल्यों के मध्य मेल होता है।

डिक्स का मत है कि हमें आरंभ में जो समानताएँ आकर्षित करती है वह वास्तव में सम्भव है कि असमानता से सीखने की तत्परता एवं निर्वाह करने की आशा से उत्पन्न हुई हो या यह भी सम्भव है समानता/प्रत्यक्षित समानता बाद में अपनी कमी के रूप में प्रकट होने लगे या समानता घृणा का कारण/स्रोत बन सकती है।

हिल्ल (2000) ने कुछ लोगों की युग्मीय (dyadic) सम्बन्धों के स्थान पर त्रयात्मक (triadic) सम्बन्धों की ओर झुकाव को इडिपस ग्रंथि की प्रणाली के माध्यम से समझाने का प्रयत्न किया है। माता-पिता (बच्चे की प्राथमिक देखभाल के लिए जिम्मेदार एवं लगाव के प्रथम पड़ाव) के आपसी अनन्य सम्बन्धों को बच्चे द्वारा चुनौती मिलती है। बच्चा-माता-पिता के त्रयात्मक सम्बन्ध में लगाव/प्रेम के लिए प्रतिस्पर्धा उत्पन्न होती है जिसके फलस्वरूप हमारा विविध रूप में यौनिक तादात्म्य विकसित होता है। युगल परामर्शन में त्रयात्मक सम्बन्धों का बहुत महत्त्व होता है।

परामर्शदाता के आवश्यक शिक्षण बिन्दु ***(Necessary Learning Points for Counsellor)***

परामर्शदाता को परामर्शन की प्रविधियों में प्रशिक्षित होने के अतिरिक्त कुछ महत्त्वपूर्ण विषयों का ज्ञान होना चाहिए। **हिल्ल** (2000) ने ऐसे चार क्षेत्रों को महत्त्वपूर्ण बताया है:—

(1) परामर्शदाता को मानव विकास एवं उसमें आने वाली महत्त्वपूर्ण विकासात्मक व्यवधानों/बाधाओं (developmental blocks) की जानकारी होनी चाहिए,

(2) परामर्शदाता के पास मानसिक स्वास्थ्य सम्बन्धी सामान्य समस्याओं का न्यूनतम ज्ञान अवश्य होना चाहिए,

(3) युगल जीवन में यौनिक सम्बन्धों का गहरा महत्त्व होता है अतः परामर्शदाता को यौनिक अनुक्रियाओं और सामान्य यौनिक समस्याओं के विषय में ज्ञान होना चाहिए। यौनिक अनुक्रियाओं और समस्याओं को समझे बिना वह युगल सम्बन्धों के यौनिक पक्ष पर कार्य नहीं कर सकेगा,

(4) परिवार के जीवन में अनेक पड़ाव होते हैं, तदनुरूप परिवार के सदस्यों को इस संक्रमण को सफलतापूर्वक अर्जित करना होता है। परामर्शदाता में इस विषय की समझ होनी चाहिए।

जब परामर्शदाता को उपर्युक्त विषय क्षेत्रों का ज्ञान रहता है तब वह इस ज्ञान को युगल सदस्यों को उपलब्ध करा सकता है जिससे कि वह/वे आवश्यक परिवर्तनों के पक्ष में निर्णय ले सके।

विवाह एवं युगल परामर्शन की कार्य नीतियाँ (Strategies Applied in Marriage and Couple Counselling)

विवाह एवं युगल/दम्पति परामर्शन की एक महत्त्वपूर्ण विशेषता यह है कि इसमें क्लायंट पति या पत्नी अथवा सहवासी नहीं अपितु उनके मध्य का सम्बन्ध और उस सम्बन्ध की विशेषताएँ होती है। हमारा ध्यान व्यक्ति नहीं, प्रणाली पर केन्द्रित होता है। अन्य प्रकार के परामर्शन में व्यक्ति (उसके संज्ञान, अनुभूति, अनुक्रिया आदि) में परिवर्तन की अपेक्षा की जाती है किन्तु युगल परामर्शन में दो व्यक्तियों के मध्य के सम्बन्ध में परिवर्तन अपेक्षित होता है। यदि युगल में एक ही सदस्य परामर्शदाता के सम्पर्क में आता है तब भी यह बिन्दु यथावत् सत्य रहता है। उस दशा में भी परामर्शदाता दूसरे सदस्य के साथ क्लायंट के सम्बन्ध के स्वरूप के विषय में निष्कर्ष निकालता है। इस प्रकार परामर्शदाता किसी त्रिविमात्मक वस्तु के विषय में एक समय पर एक सतह को देखकर निष्कर्ष निकालने जैसा कार्य करता है। डेरेक हिल्ल ने इस कार्य की निम्न दशाओं के विकास पर बल दिया है:—

(1) सम्बन्ध के 'मालिकों' (owners) (युगल सदस्यों) को यह ज्ञात रहता है कि परामर्शदाता उन 'व्यक्तियों' एवं उनके 'सम्बन्ध' का सम्मान करता है;

(2) परामर्शदाता यह स्वीकार करता है कि 'सम्बन्ध' के 'मालिक' दूसरे व्यक्ति हैं अतः 'सम्बन्ध' के स्वरूप का निर्धारण उनका अधिकार क्षेत्र है;

(3) सम्बन्धों की अनन्यता के कारण परामर्शदाता सदैव सम्बन्ध से बाहर रहता है और इस विषय पर वार्ता/विमर्श करने की स्थिति में होता है;

(4) सम्बन्ध में परिवर्तन की जड़ें दोनों दम्पतियों में निहित होती है तथा इसमें किसी भी प्रकार के परिवर्तन का दोनों सदस्यों पर प्रभाव पड़ता है।

उपर्युक्त दशाओं के विकास का अर्थ यह हुआ कि परामर्शदाता युग्म के प्रत्येक सदस्य को स्वयं की अभिव्यक्ति हेतु सुरक्षित परिवेश उपलब्ध कराता है। परामर्शदाता को इस बात का बोध रहता है कि अनेक प्रणालीगत संरचनाओं एवं उपप्रणालियों (systems and subsystems) का पुंज सम्बन्ध और उसके स्वरूप को प्रभावित करता है। परामर्शदाता दोनों सदस्यों के प्रति समरूपी व्यवहार करता है तथा उनके साथ अपने सम्बन्ध में एक उपयुक्त हद/सीमारेखा (boundary) को बनाये रखता है। परामर्शदाता को इस बात का बोध रहता है कि सदस्यों के संसाधन सीमित हैं तथा प्रत्येक सोपान की कीमत (लाभ/हानि) उन्हें ही प्राप्त होनी है। इस प्रकार पति-पत्नी/युग्म सदस्य ही अपने सम्बन्ध के विषय में विशेषज्ञ होते है; परामर्शदाता का कार्य उनकी विशेषज्ञता को प्रस्फुटित करना होता है। परामर्शदाता की कुशलता इस बात में निहित होती है कि वह सदस्यों के साथ मिलकर इस लक्ष्य की दिशा में कार्य करें तथा सम्बन्ध की सफलता और उसपर उत्पन्न हो रहे प्रभावों के विषय में परिकल्पना को निरंतर परिमार्जित करता रहे।

परामर्शन की उपरोक्त त्रिकोणीय व्यवस्था में अनेक विघटनकारी एवं विध्वंसक व्यवहार समुत्पन्न हो सकते है अतः पर्यवेक्षक की उपस्थिति की वकालत की जाती है। अनेक प्रकार के नाजुक निर्णय भी लेने पड़ते हैं; यथाः क्या एक सदस्य को अकेले अपनी बातें कहने का अवसर मिलना चाहिए? क्या इस दशा में अभिव्यक्त तथ्य गोपनीय रखे जाने चाहिए और क्या गोपनीयता को अनुरक्षित करके 'सम्बन्ध' में संतोषजनक प्रगति/सुधार सम्भव हैं।

❑

अध्याय 21

व्यक्तिगत विकास

(PERSONAL DEVELOPMENT)

इस पुस्तक के पंचम खण्ड में परामर्शन के कुछ विशिष्ट रूपों का वर्णन सम्मिलित किया गया है। इस खण्ड के प्रथम अध्याय में दृढ़ आग्रहिता के रूप में एक विशिष्ट गुण के विकास का वर्णन किया गया तो अगले अध्याय में जीवन वृत्ति के विकास से सम्बन्धित पक्षों पर विकास किया गया; अध्याय-19 में कार्य-स्थल को ही परामर्शन कार्य सम्पन्न करने की स्थली बना दिया गया तथा अध्याय-20 में व्यक्ति नहीं, दो व्यक्तियों के बीच का सम्बन्ध क्लायंट के रूप में प्रकट हुआ। इस प्रकार पिछले चार अध्यायों में परामर्शन की चार विशेष दशाएँ देखी गयी। इनमें भिन्न समस्याओं या परामर्शन के भिन्न उपागमों प्रविधियों का नहीं अपितु परामर्शन के विविध रूपों का परिचय प्राप्त होता है, भिन्नता संदर्भ की है, भिन्नता उद्देश्य की है।

अध्याय दो में परामर्शन के प्रकार्यों के रूप में विकास, परिहार एवं उपचार का वर्णन किया गया है। परामर्शन जिस बात के लिए साधारणतः पहचान जाता है वह उपचारात्मक प्रकार्य है। अध्याय-19 में जीवन वृत्ति परामर्शन का वर्णन किया गया था। जीवन वृत्ति के विकास से सम्बन्धित परामर्शन कार्य का स्वरूप विकासात्मक, परिहारात्मक एवं उपचारात्मक तीनों ही प्रकार का होता है, किन्तु विषय क्षेत्र सीमित था : जीवन वृत्ति का चयन एवं विकास। अगले खण्ड में परामर्शियों द्वारा प्रस्तुत की जाने वाली 10 प्रमुख समस्याओं के लिए परामर्शन कार्य, जिसका स्वरूप उपचारात्मक होगा का वर्णन किया गया है। इन सबसे पृथक इस अध्याय में व्यक्तित्व विकास के लिए परामर्शन कार्य का परिचय दिया जा रहा है। स्पष्ट है कि परामर्शन का स्वरूप विकासात्मक प्रकार्य से सम्बन्धित है तथा इसका सम्बन्ध जीवन के किसी एक क्षेत्र शिक्षा, व्यवसाय, समायोजन, अधिगम, स्मृति से नहीं अपितु व्यक्तित्व के किसी भी पक्ष से हो सकता है।

व्यक्तिगत विकास के लिए परामर्शन सेवा प्राप्त करने वाला व्यक्ति किसी प्रकार संकट में नहीं होता है; उसकी कोई विशिष्ट समस्या (तनाव, द्वन्द्व, पीड़ा, रोग लक्षण आदि) नहीं होती है। उसका उद्देश्य अपने व्यक्तित्व, व्यवहार प्रारूप में परिवर्तन लाना होता है। उनका वर्तमान जीवन पर्याप्त संतोषजनक होता है किन्तु वे और भी अधिक श्रेष्ठ ढंग से कार्य एवं व्यवहार करना चाहते हैं; क्लायंट को अपने जीवन दर्शन, जीवन शैली, अनुक्रिया प्रारूप आदि में परिवर्तन की अपेक्षा होती है।

व्यक्तिगत विकास का संदर्भात्मक अर्थस्वरूप (*Contextual Meaning Nature of Personal Development*)

व्यक्तिगत विकास के अर्थ की व्याख्या वैसी सरल नहीं है जैसा प्रथम दृष्टया प्रतीत होती है। **रोवान** (Rowan, 1983) ने व्यक्तिगत विकास की समस्या को निम्नवत

परिभाषित किया:—

Personal growth is what happens when a healthy person with no obvious problems decides on a process of self-exploration for self-understanding, simply in order to be more able...... In personal growth all the methods of psychotherapy and counselling can be used, and they have exactly the same effect. In other words, problems are uncovered and dealt with, barriers taken down, blocks removed, insights obtained and so forth.

अर्थात्, व्यक्तिगत विकास आत्म-बोध के लिए आत्म-अन्वेषण की ऐसी प्रक्रिया है जिसके माध्यम से व्यक्ति की सामर्थ्य में वृद्धि होती है। व्यक्तिगत विकास के लिए उन बाधाओं को दूर करने की आवश्यकता होती है जो व्यक्ति में विद्यमान अधिकतम सम्भव विकास (optimal development) की प्रवृत्ति को कुंठित करती है। व्यक्तिगत विकास के संप्रत्यय की जड़े मानवतावादी चिंतन में निहित हैं। रॉजर्स के स्व-आत्मीकरण के संप्रत्यय के माध्यम से मनुष्य की विकास की क्षमता के विषय में हमारा मानवतावादी विश्वास स्पष्ट होता है। सभी लोग अपनी क्षमता का अन्वेषण करके स्व-आत्मीकरण (self actualization) की अवस्था प्राप्त कर सकते है। ब्रामर एवं अन्य (Brammer et al, 1993) ने आत्मसातीकरण लक्ष्यों (actualizing goals) के माध्यम से व्यक्ति के लिए तात्कालिक समस्याओं के स्थान पर व्यापक सामान्यीकृत विकास के लक्ष्यों का वर्णन किया है। **विल्किन्स** (2000) ने ब्रामर के द्वारा वर्णित लक्ष्यों को संक्षेप में इस प्रकार स्पष्ट किया है:—

(i) व्यक्तिगत तादात्म्य का स्पष्ट चित्रण एवं व्यक्तिगत सांवेगिक प्रक्रिया के विषय में बोध का विकास;
(ii) अपनी विशिष्ट क्षमताओं, सीमाओं एवं उद्देश्यों की स्वीकारोक्ति;
(iii) लक्ष्य निर्धारित करने, अधिगम की प्रक्रिया आरम्भ करने तथा चिन्ताओं एवं शंकाओं का सामना करने की क्षमता;
(iv) स्व-हित एवं सामाजिक-हित के मध्य संतुलन स्थापित करते हुए, व्यक्तिगत जिम्मेदारी की भावना का विकास;
(v) जीवन के प्रति विकासात्मक दृष्टिकोण का विकास, लचीलेपन एवं अन्य लोगों के प्रति खुलापन/उदारता;
(vi) लगाव/सन्निकटता की क्षमता;
(vii) जीवन की वर्तमान अवस्था के अनुरूप उपयुक्त एवं प्रभावशाली ढंग से कार्य करना।

व्यक्तिगत विकास का अर्थ या महत्त्व संदर्भ पर निर्भर पाया गया है। एक परामर्शदाता के लिए व्यक्तिगत विकास का अर्थ अन्य परामर्शदाताओं के लिए इसके अर्थ से भिन्न हो सकता है। इसी प्रकार विविध परामर्शन उपागमों के लिए इसके अर्थ स्वरूप भिन्न-भिन्न प्रकार का हो सकते है। व्यक्तिगत विकास अर्थ क्लायंट के संदर्भ के अनुसार भी परिवर्तित हो सकता है।

व्यक्तिगत विकास मुख्यतः मानवतावादी संप्रत्यय है। व्यक्ति केन्द्रित उपागम के अतिरिक्त गेस्टाल्टवादी एवं मनोसंश्लेषणात्मक/पार-वैयक्तिक उपागम का तो मुख्य उद्देश्य ही व्यक्तिगत विकास होता है। REBT एवं बहुआयामी उपागम भी व्यक्ति में व्यापक एवं गहन परिवर्तन का प्रयास करता है। अन्तर्निहित अभिग्रहों की भिन्नता के कारण इन उपागमों के लिए व्यक्तिगत विकास का अर्थ एक-दूसरे से भिन्न हो सकता है।

व्यक्तिगत विकास का प्रसंग परामर्शदाताओं के प्रशिक्षण में आ सकता है या किसी परामर्शी द्वारा स्वयं में परिवर्तन लाने के लिए आ सकता है। दोनों दशाओं में इसका अर्थस्वरूप पृथक हो सकता है।

परामर्शन कार्य उपागम और परामर्शन के संदर्भ के अतिरिक्त परामर्शदाता का स्व का दृष्टिकोण इसके अर्थ को प्रभावित कर सकता है। पॉल विल्किन्स (Paul Wilkins, 2000) का यह अवलोकन है कि व्यक्तिगत विकास का अर्थ परामर्शदाताओं के लिए भिन्न-भिन्न हो सकता है तथा विभिन्न उपचारात्मक उपागमों में अलग-अलग अर्थ में प्रयुक्त हो सकता है अतः परामर्शदाता को परामर्शन कार्य आरंभ करते समय स्वयं के लिए इसके अर्थ, स्वरूप, उद्देश्य एवं कार्य नीति को निर्धारित कर लेना चाहिए। इतना ही नहीं व्यक्तिगत विकास के लिए परामर्शन कार्य की माँग करने वाला क्लायंट अधिक जागरूक कोटि का किसी विशेष व्यवहारात्मक संकट से मुक्त व्यक्ति होता है अतः इसके उद्देश्य निर्धारण एवं प्रविधि चयन में वह स्वयं भी हस्तक्षेप कर सकता (परामर्शदाता को उपलब्ध प्रविधियों की कार्य-प्रणाली के विषय में क्लायंट को सूचित करना हो सकता है।) है। किसी प्रकार व्यक्तिगत विकास का अर्थ परामर्शदाता के लिए निजी हो सकता है इसे स्पष्ट करते हुए विल्किन्स (Wilkins, 2000) ने लिखा है कि उनकी दृष्टि में मनोपचार, परामर्शन एवं व्यक्तिगत विकास का अर्थ एक ही है।

'I do not distinguish between psychotherapy, counselling, and personal growth.' (Wilkins, 2000)

विल्किन्स ने आगाह किया है कि व्यक्तिगत विकास के लिए आने वाले क्लांयट के विषय में परामर्शदाता अनुचित पूर्व अवधारणा का विकास कर सकता है। यह समझने की त्रुटि की जा सकती है कि इनके साथ कार्य सम्पन्न करना होगा। ऐसा सम्भव हो सकता है कि जाने-आनजाने व्यक्ति व्यक्तिगत विकास की आवश्यकता को जब प्रस्तुत कर रहा हो तो उसके इस व्यवहार द्वारा वस्तुतः उसकी किसी अन्य आवश्यकता को ढँकने का प्रयत्न किया जा रहा हो। एक और अभिग्रह कि 'इस श्रेणी के लोगों के जीवन में सबकुछ ठीक है' भी उचित नहीं हैं। कभी-कभी इनका आन्तरिक जीवन अत्यंत संकट ग्रस्त भी पाया गया है। किन्तु, यह भी मानना कि व्यक्तिगत विकास के लक्ष्य को सामने रखकर आने वाले सभी क्लायंट्स में कोई आन्तरिक समस्या है या कोई संकट है, भी उचित नहीं होगा। विल्किन्स ने इस विषय की तुलना शारीरिक विकास के लिए अपनाये जाने वाले लक्ष्य के साथ की है। कोई व्यक्ति शरीर से स्वस्थ होते हुए भी अपनी शारीरिक शक्ति, गति, सहन शक्ति (endurance) को बढ़ाने के लिए शारीरिक विकास पर ध्यान केन्द्रित करता है। स्पष्टतः जैसे हम शारीरिक क्षमता का विकास करके शारीरिक कुशलता एवं सामर्थ्य में वृद्धि करते हैं उसी प्रकार व्यक्तिगत विकास द्वारा मानसिक/व्यक्तित्व क्षमता एवं कुशलता में कुछ अतिरिक्त जोड़ सकते हैं। इस क्लायंट को किसी समस्या, आघात, हीन अनुभूति, अनुचित विचार से बाहर आने के लिए सहायता नहीं चाहिए किन्तु यह कार्य सम्पन्न करते समय परामर्शदाता को इस विषय में सतर्क अवश्य रहना चाहिए कि कहीं किसी प्रकार के उपचार की आवश्यकता तो नहीं है।

परामर्शदाताओं के प्रशिक्षण कार्यक्रम में व्यक्तिगत विकास का अंग आवश्यक माना जाता है। कुछ मान्यता प्रदायी संस्थाओं ने परामर्शदाताओं के लिए न्यूनतम चालीस घंटे के व्यक्तिगत उपचार प्रशिक्षण को आवश्यक बताया है। इस प्रक्रिया द्वारा (i) क्लायंट को प्राप्त होने वाले अनुभवों के विषय में भावी परामर्शदाता को अनुभव प्राप्त होता है;

(ii) प्रशिक्षित दक्ष परामर्शदाता के अनुभव से सीखने का अवसर प्राप्त होता है;
(iii) अपनी व्यक्तिगत समस्याओं के समाधान का साधन मिलता है।

व्यक्तिगत विकास कार्य के लिए प्रयुक्त तकनीकें
(Techniques Applied for Personal Growth Work)

परामर्शदाता के प्रशिक्षण की उन्मुखता के अनुरूप अनेक प्रविधियाँ इस लक्ष्य को प्राप्त करने के लिए प्रयुक्त की जा सकती हैं। इनमे से एक प्रविधि जीवन इतिहास कार्य (life history work) के रूप में जानी जाती है। इस प्रविधि में क्लायंट के वर्तमान को समझने के लिए उसके विगत इतिहास में जाते हैं। क्लायंट अपने जीवन की प्रमुख घटनाओं का मूल्यांकन कर सकता है यहाँ तक कि भविष्य में झँकने का कार्य भी कर सकता है। यह कार्य लिखित, मौखिक, चित्रात्मक एवं कहानी लेखन/कथन जैसी पद्धति में किया जा सकता है। इस प्रकार क्लायंट को स्वयं की अभिव्यक्ति का अवसर मिलता है जिसकी वे स्वयं परीक्षा कर सकते हैं या परामर्शदाता इस कथा-चित्रण में विश्लेषणात्मक हस्तक्षेप कर सकता है। व्यक्ति केन्द्रित उपागम वाले परामर्शदाता अभिव्यक्ति की प्रक्रिया पर ध्यान केन्द्रित करते है जबकि मनोगत्यात्मक परामर्शदाता मूल्यांकन कार्य कर सकते हैं।

इसके विपरीत परामर्शन कार्य में व्यक्ति के वर्तमान पर ध्यान केन्द्रित करने की प्रविधि प्रयुक्त की जा सकती है। इस प्रविधि में वर्तमान मूड या अनुभवों, अन्तर्वैयक्तिक सम्बन्धों के स्वरूप को महत्त्व दिया जाता है। परामर्शदाता के साथ के सुरक्षित, अभिव्यक्ति के लिए पूर्णतः उपयुक्त परिवेश में क्लायंट की अभिव्यक्ति का स्वरूप उपचारात्मक दशाओं से थोड़ा भिन्न होता है। उपचारात्मक परिवेश में क्लायंट को अभिव्यक्ति के माध्यम से तनावों से विश्रांति प्राप्त होती है जबकि व्यक्तिगत विकास के लिए हो रहे अभिव्यक्तात्मक कार्य की दिशा सृजनात्मक, उन्नयनकारी होती है।

व्यक्तिगत विकास का एक महत्त्वपूर्ण परिप्रेक्ष्य मनोसंश्लेषण (psycholsynthesis) या पार-वैयक्तिक प्रविधियों में उपलब्ध है। जैसा कि अध्याय (15–V) में वर्णन किया गया है पारलौकिक/पारवैयक्तिक अनुभवों या जिन्हें सूक्ष्म/उत्कृष्ट अनुभव कहा जा सकता है के माध्यम से व्यक्ति के स्व का विकास नैमित्तिक स्व (instrumental self) से 'वास्तविक स्व' (authentic self) एवं सूक्ष्म या उत्कृष्ट स्व की दिशा में हो सकता है। बौद्ध दर्शन, जीवन पद्धति एवं साधना में निर्माणकार्य से सम्भोगकाय एवं धर्मकाय के विकास की बात की गयी है। उत्कृष्ट स्व की **रोवन** ने दो अवस्थाएँ बताई है। प्रथम भाग में हमें प्रकाश की प्राप्ति होती है। अहं में कमी आती है। रोवन में अपनी व्याख्या में बताया है कि आदि प्रभाव उपचार (primal integration), गेस्टाल्ट उपचार आदि पद्धतियों द्वारा व्यक्ति के वास्तविक स्व का विकास होता है तथा मनोसंश्लेषण, यंग, अस्सागिओली (Assagioli), इप्संटीन (Epstein), फुकुयामा (Fukuyama) आदि की विभिन्न पद्धतियों द्वारा उत्कृष्ट स्व की प्रथम अवस्था प्राप्त होती है। उत्कृष्ट स्व की अगली अवस्था, जहाँ निर्वाण (enlightenment) की प्राप्ति होती है, अहं से मुक्ति मिल जाती है, को प्राप्त करने के लिए बौद्ध साधना, राजयोग, अद्वैत आदि जैसे दर्शन एवं जीवन/साधना पद्धतियों को अपनाने की आवश्यकता होती है। शंकर, नागार्जुन, ओशो, महर्षि के अतिरिक्त सूफी संतों एवं सूदूर पूर्व के अनेक महानायकों ने हमारा इस दिशा में मार्गदर्शन किया है।

❑

अध्याय 22

अधिगम कौशल का उन्नयन

(ENHANCEMENT OF LEARMING SKILLS)

विद्यार्थियों की सफलता का आधार अधिगम की सहजता में निहित है। सफलतापूर्वक एवं सहजतापूर्वक अधिगम कर पाने के लिए अधिगम कौशल का होना ही पर्याप्त नहीं होता है, अधिगम कौशल का प्रकार्यात्मक उत्थान भी महत्त्वपूर्ण है। व्यक्ति के बौद्धिक संसाधन का उसके सांवेगिक संसाधान से गहरा सम्बन्ध होता है। दोनों संसाधनों में परस्पर अन्तर्क्रिया होती रहती है। सांवेगिक दशाओं के परिणामस्वरूप व्यक्ति के शैक्षिक निष्पादन स्तर का उन्नयन होता है अथवा उसमें व्यवधान उत्पन्न होता है। सांवेगिक बाधाओं को दूर करके अधिगम कौशल का उन्नयन किया जा सकता है। शैक्षिक सफलता हेतु व्यक्ति के पास बौद्धिक संसाधन, उपयुक्त शैक्षिक परिवेश एवं अभिप्रेरणा के अतिरिक्त सांवेगिक बाधाओं, यथा—चिन्ता, गृहरूग्णता/गृह-अभाव, सांस्कृतिक बदलाव, घबड़ाहट आदि का उचित प्रबंधन होना चाहिए। सांवेगिक बाधाओं के कारण अधिगम की प्रक्रिया अवरुद्ध होती है। परामर्शन द्वारा इन बाधाओं को दूर करके अधिगम कौशल को प्रकार्यात्मक उत्थान प्रदान किया जा सकता है।

अधिगम कौशल के उन्नयन हेतु सम्पन्न किये जाने वाले कार्यक्रम के अंतर्गत विकासात्मक कार्य, शैक्षिक सहयोग एवं कार्यशालाओं के आयोजन जैसी क्रियाएँ सम्मिलित की जाती है। विकासात्मक प्रयत्नों का ध्यान घर से दूर रहने के कारण विद्यार्थियों में पायी जाने वाली गृह-रूग्णता/गृह-अभाव, सांस्कृतिक समायोजन, शोक, आत्म-उत्साह एवं सामाजिक सम्बन्धों से जुड़ी समस्याओं पर केन्द्रित होता है। शैक्षिक सहयोग के प्रमुख तत्त्वों में अभिप्रेरणा, ध्यान-केन्द्रीकरण तथा शैक्षिक निष्पादन विषयक चिन्ता को सम्मिलित किया जाता है। कार्यशालाओं के आयोजन द्वारा परीक्षा की चिन्ता को दूर करने, प्रस्तुतीकरण की कुशलता विकसित करने एवं स्वाग्रहिता, सामाजिक दक्षता, आत्मविश्वास विकसित करने का प्रयास किया जाता है।

ऊपर वर्णित विभिन्न प्रकार के लक्ष्यों की पूर्ति हेतु आयोजित कार्यक्रमों में परामर्शन मनोवैज्ञानिक की भूमिका महत्त्वपूर्ण होती है। मनोविज्ञान के सैद्धान्तिक आधार एवं परामर्शन क्षेत्र की दक्षता से संपन्न होने के कारण परामर्शन मनोवैज्ञानिक की भूमिका महत्त्वपूर्ण हो जाती है। प्रायः इस प्रकार का कार्य विद्यालय अथवा विश्वविद्यालय के स्तर पर आयोजित अल्पकालिक व्यक्ति कार्य एवं समूह कार्य के माध्यम से सम्पन्न किया जाता है।

विशिष्ट अधिगम दुःसाध्यता
(Specific Learning Difficulties)

अधिगम कार्य सम्पन्न करते समय विद्यार्थियों को भाषा, शब्द स्मृति, माँसपेशीय नियंत्रण, समन्वयन एवं अंकबोध से सम्बन्धित समस्याओं का सामना करना पड़ता है। इन समस्याओं को तीन श्रेणियों-अपकोश/जीर्णकोश (dyslexia), अपव्यवस्था/जीर्णव्यवस्था (dyspraxia) एवं आंकिक जीर्णता (dyscalculia) के रूप में देखा जाता है।

जीर्णकोश की समस्या सर्वाधिक व्यापक रूप में पायी जाती है। इसका प्रभाव शब्दों की वर्तनी (spelling) पढ़ने-लिखने एवं अर्थबोध की कठिनाई के रूप में देखा जा सकता है। शब्दों को पढ़ने एवं उनके अर्थबोध की प्राप्ति का कार्य संदर्भ की सहायता से किया जाता है। इसलिए इस दोष से पीड़ित व्यक्ति अपनी कमी की क्षतिपूर्ति छोटे वाक्यों के प्रयोग द्वारा करता है तथा प्रायः ऐसे ही शब्दों का उपयोग करता है जो बर्तनी (spelling) की दृष्टि से सरल होते है। स्वाभाविक है कि ऐसा करने से भाषा का प्रवाह, अभिव्यक्ति एवं आकर्षण प्रभावित होता है। यहाँ एक तथ्य यह ध्यान देने योग्य है कि प्रायः इन लोगों की कार्यात्मक समृति (working memory) संज्ञानात्मक क्षमता की तुलना में कमजोर होती है (Turner, 1997; Beech & Singleton, 1997)। जीर्णकोश की समस्या माध्यमिक स्तर की तुलना में विश्वविद्यालयी स्तर पर और भी अधिक कठिनाइयाँ उत्पन्न करती है। पूर्णतः नयी शब्दावलियों एवं जटिल संप्रत्ययों को समझने में इन्हें कठिनाई का सामना करना पड़ता है, फलतः एक ही पाठ का अर्थ प्राप्त करने हेतु उसे बार-बार पढ़ना पड़ता है और इस प्रकार अध्ययन की गति मन्द हो जाती है। एक ही पाठ को बार-बार पढ़ने की आवश्यकता उत्पन्न होने के कारण आत्मविश्वास में कमी आ जाती है। कार्यात्मक स्मृति की मन्दता के करण निबन्धात्मक वर्णन/लेखन में कठिनाई आती है तथा भाषागत अन्य समस्याओं के साथ जुड़कर ऐसी मन्दता के कारण निबंधात्मक लेखन में तर्क की प्रगति प्रायः ठीक से नहीं हो पाती है। जीर्णकोश की समस्या से जूझ रहे विद्यार्थी को जब यह ज्ञात होता है कि कठिन परिश्रम के उपरांत भी उन्हे अन्य विद्यार्थियों की भाँति अंक प्राप्त नहीं हो रहे हैं तो उनकी कुण्ठा बढ़ जाती है। उस श्रेणी के विद्यार्थियों को समझने में अध्यापक एवं अन्य लोग यह त्रुटि कर सकते हैं कि इनकी भाषागत, व्याकरणात्मक, त्रुटि को इनकी शिथिलता, जल्दबाजी, सजगता का अभाव मानकर तद्नुरूप इनके प्रति अपनी प्रतिक्रिया निर्धारित कर लें और इस प्रकार मूल समस्या और आवश्यक समाधान की अनदेखी हो सकती है। समझदार अध्यापक ऐसे विद्यार्थियों की समस्या को दृष्टगत रखकर मूल्यांकन कार्य में थोड़ी शिथिलता बरतने के अतिरिक्त इन्हें परामर्शन सेवा प्राप्त करने का सुझाव भी प्रदान करते हैं।

अधिगम कार्य की सुचारु प्रगति के लिए यह आवश्यक होता है कि विद्यार्थी समय सारिणी का उचित प्रबंधन करने में सफल हो तथा आवश्यक सामग्रियों को भली प्रकार व्यवस्थित रखे जिससे कि उनका सरलतापूर्वक उपयोग किया जा सके। अव्यवस्था/जीर्णव्यवस्था (dyspraxia) से पीड़ित व्यक्ति में मांसपेशीय नियंत्रण एवं समन्वयन (coordination) का अभाव पाया जाता है। ऐसे विद्यार्थी प्रायः अपनी सामग्रियों को इधर-उधर रखकर भूल जाते हैं, समय पर निर्धारित कार्य (assignment) पूरा नहीं करते हैं अथवा समय से कक्षा, सेमिनार, परीक्षा हेतु नहीं पहुँचते हैं। आरम्भ में ऐसी कमियों की

अध्यापकों एवं अभिभावकों द्वारा उपेक्षा कर दी जाती है और यदि विद्यार्थी मेधावी हो तो उसे वांछित सहयोग भी प्राप्त होता है लेकिन कॉलेज स्तर पर पहुँचकर उन्हें अपनी कमियों को स्वीकार करने की आवश्यकता होती हैं। जीर्ण व्यवस्था की समस्या का समाधान प्राप्त करने के प्रयत्न में आत्म-उत्साह की कमी (low self-esteem) विकसित हो सकती है। इन अव्यवस्थित विद्यार्थियों को सांवेगिक समर्थन के अतिरिक्त व्यावहारिक कार्यनीतियों को विकसित करने की आवश्यकता होती है। आवश्यक सहायता की सूची में डायरी एवं कम्प्यूटर आधारित व्याकरण/वर्तनी की शुद्धता जाँचने की प्रणाली का उपयोग सम्मिलित किया जा सकता है।

आंकिक भाषा का आजकल विज्ञान के प्रचलित क्षेत्रों से बाहर भी बहुतायत में उपयोग हो रहा है अतः किसी विद्यार्थी के लिए आंकिक जीर्णता (dyscalculia) एक चुनौती है। पहले आंकिक निर्बलता से ग्रस्त विद्यार्थी जीव विज्ञान, कला एवं मानविकी विषयों का चयन कर लिया करते थे किन्तु अब इतिहास, पुरातत्व शास्त्र, मानव शास्त्र, चिकित्सा विज्ञान आदि विविध क्षेत्रों में भी सांख्यिकीय एवं कम्प्यूटर जनित प्रारूपों का उपयोग किया जा रहा है। ऐसे में आंकिक बोध का जीर्ण होना हानिकारक हो जाता है। आंकिक जीर्णता की क्षतिपूर्त्ति के लिए वैकल्पिक वर्णनात्मक सामग्रियों/शैलियों को विकसित करने की आवश्यकता होती है। गहराई से इस समस्या की उत्पत्ति पर ध्यान दिया जाय तो हम यह पायेंगे कि आरंभिक अध्यापन शैली को और अधिक रोचक बनाकर इस समस्या की उत्पत्ति को रोका जा सकता है। यदि अंकगणितीय अध्यायपन को निर्जीव न होने दिया जाये तो हमें एक सीमा तक इस समस्या की उत्पत्ति से बचाव करने में सहायता अवश्य प्राप्त होगी। इस समस्या का एक और पहलू सामाजिक दृष्टिकोण का दोष है। आरम्भ में महिलाओं की आंकिक एवं अभियांत्रिक क्षमता को कमजोर माना गया। बाद में महिलाओं की अभियांत्रिकी में भागीदारी बढ़ी और प्रचलित दृष्टिकोण का दोष उजागर हुआ। प्रायः किसी बच्चे की आंकिक विफलता का कारण यह मान लिया जाता है कि ऐसा आनुवांशिक दोष है किन्तु आवश्यकता इस बात की है कि दोष के कारण का निर्धारण सतर्कतापूर्वक किया जाय।

अधिगम दु:साध्यता में पूर्व अनुभव, लिंग एवं आयु की भूमिका (Role of Prior Experience, Gender and Age in Learning Difficulties)

विद्यार्थी विद्यालय/कॉलेज/विश्वविद्यालय में प्रविष्ट होते समय अपने साथ अनुभवों का एक भण्डार लाता है। अधिगम एक गत्यात्मक प्रक्रिया होती है जिसे शेष विगत जीवन के अनुभवों से अलग नहीं किया जा सकता है (Wankowski, 1991)। विगत शैक्षिक अनुभवों का आत्म-विश्वास की अनुभूति पर प्रभाव पड़ता है। शैक्षिक आत्मविश्वास एवं सक्षमता की अनुभूति विद्यालय-कालीन सफलता/विफलता के इतिहास द्वारा प्रभावित होती है। इसके अतिरिक्त अध्यापकों द्वारा अभिव्यक्त मूल्यांकनों के प्रति अचेतन प्रतिक्रिया की भी प्रमुख भूमिका होती है। एक सहयोगात्मक प्रवृत्ति का अध्यापक पाठ्य सामग्री का आलोचानात्मक मूल्यांकन कराने एवं प्रश्न पूछने हेतु विद्यार्थी को प्रोत्साहित करता है किन्तु व्यंग्यात्मक शैली वाले अध्यापक विद्यार्थी की सृजनशीलता को कुण्ठित करते हैं (Ross & Taylor, 2003)। पारिवारिक गत्यात्मकता विद्यार्थी के वैयक्तिक एवं विद्यालयी समायोजन को प्रभावित करती है और यह समायोजन अधिगम को प्रभावित करता है। जिन विद्यार्थियों का माता-पिता के साथ सम्बन्ध सुरक्षित श्रेणी का होता है उनमें अधिक आत्म-विश्वास एवं

बेहतर सामाजिक/।विद्यालय समायोजन (Kobak & Sceery, 1988; Rice & Cumins, 1996; Rice & Toylor, 1997) पाया जाता है। अध्ययन एवं शोध करते समय वे कुण्ठाओं एवं आगत समस्याओं का बेहतर सामना करते हैं (Kobak & Seceery, 1988)। आरंभिक अनुभव परिपक्व आयु वाले विद्यार्थी (जो कि अनेक वर्ष तक सफलतापूर्वक पेशा में रह चुके हैं) के अधिगम को भी प्रभावित कर सकता है (Ross & Taylor, 2003)।

लिंग सम्बन्धी प्रभावों को किसी भी क्षेत्र में विश्वासपूर्वक स्पष्ट कर पाना एक पेंचीदा कार्य हैं क्योंकि लिंग के प्रत्यक्ष प्रभावों को लिंग आधारित सामाजिक अभिवृत्तिजनित प्रभावों से अलग कर पाना कठिन होता है। उदाहरण के लिए प्रथम श्रेणी की डिग्री अर्जित करते समय यदि महिलाओं का प्रतिशत कम हो तो यह देखना होगा कि यह अन्तर किस सीमा तक विषयों के चयन एवं विद्यालय चयन द्वारा प्रभावित होता है। सम्भव है कि महिलाओं की संख्या उन विषयों में कम हो जहाँ उच्च अंक प्राप्त होते हैं। सुरी एवं अन्य (Surtees et. al., 2000) ने अपने विश्लेषण में इन तथ्यों का सांख्यिकी समायोजन करने के पश्चात यह पाया कि विषय चयन, विद्यालय चयन आदि को अलग कर दिया जाये तो पुरुषों-महिलाओं के परिणाम में व्याप्त शेष अन्तर की व्याख्या महिलाओं में सामाजिक समस्याओं का सामना करने की निर्बल क्षमता (reduced capacity) के आधार पर सम्भव है। सम्भवतः एक कारण यह भी है कि महिलाओं के लिए व्यक्तिगत सफलता से अधिक महत्त्वपूर्ण सामाजिक समूह में बराबरी का दर्जा प्राप्त करना होता है (Ross & Taylor, 2003)। गिलिगन (Gilligan, 1982) ने यह व्याख्या की है कि परीक्षाओं के परिणाम में उच्च श्रेणी वर्ग में महिलाओं की कम हिस्सेदारी इनके सांवेगिक विकास के स्वरूप में अन्तर के कारण पाई जाती है। उनके अनुसार पुरुषत्व का अर्थ अन्य लोगों से पृथक होना अधिगमित करना होता है जबकि नारीतव का अर्थ अन्य लोगों से जुड़ने का कार्य सीखना होता है, इसलिए पुरुषवर्ग के लिए शीर्ष पर पहुँचना महत्त्वपूर्ण होता है जबकि महिलाओं के लिए सामाजिक सम्बन्धों का स्वरूप ज़ाल (web) जैसा होता है तथा सफलता का अर्थ केन्द्र में होना होता है। इसके परिणामस्वरूप महिला विद्यार्थी अपने सामाजिक सम्बन्धों की संरचना का इस रूप में सहयोगात्मक उपयोग करती हैं कि तृतीय श्रेणी से ऊपर पहुँचना उनके लिए सरल हो जाता है और उच्च द्वितीय श्रेणी प्राप्त होने पर वे सरलतापूर्वक संतुष्ट हो जाती हैं। इस प्रकार श्रेष्ठतम की श्रेणी में महिलाओं का प्रतिशत कम हो जाता है। इस पूरी व्याख्या से स्पष्ट है कि अधिगम पर लिंग का प्रभाव मुख्यतः संवेगात्मक विकास की भिन्नता के माध्यम से अभिव्यक्त होता है।

उच्च शिक्षा के अनेक क्षेत्रों में आजकल अधिक परिपक्व आयुवर्ग के विद्यार्थियों की संख्या बढ़ती जा रही है। मेडिसन, विधि, प्रबंधन आदि के क्षेत्र में अनेक विद्यार्थी अनेक वर्षों का सफल व्यावसायिक कार्यकाल व्यतीत कर चुकने के बाद प्रवेश लेते हैं। इस प्रकार कक्षाओं में विद्यार्थियों के बीच व्यापक आयु भिन्नता देखी जा सकती है। जीगर्स (Zeegers, 2001) ने परिपक्व विद्यार्थियों की नये विद्यार्थियों के साथ तुलना में यह पाया कि परिपक्व विद्यार्थियों की अधिगम शैली गहन (deep approach) थी अर्थात् वे प्रश्न पूछने एवं विमर्श करने में विश्वास रखते हैं तथा उच्च श्रेणी अर्जित करते हैं। वैसे जहाँ नयी आयु के विद्यार्थी अभी किशोरावस्था के परिवर्तनों से लड़ रहे होते हैं वहीं परिपक्व आयु के विद्यार्थी भी अनेक प्रकार के कारकों से प्रभावित हो रहे होते हैं। वाल्टर्स

(Walters, 2000) ने यह सुझाव दिया है कि परिपक्व विद्यार्थियों के साथ कार्य करते समय परामर्शदाता को इन लोगों में व्याप्त मान्यता (recognition), व्यर्थता (redundancy) एवं पुनर्जीवन (regeneration) की आवश्यकताओं/अनुभूतियों को ध्यान में रखना चाहिए।

अधिगम को बाधित करने वाली सांवेगिक कठिनाइयों के लिए परामर्शन
(Counselling for Emotional Difficulties Blocking Learning)

विद्यार्थियों को अधिगम करते समय गृहरूग्णता, सांस्कृतिक आघात, पूर्णतावादिता, परीक्षा सम्बन्धी चिन्ता आदि के कारण कठिनाई का सामना करना पड़ता है। यदि विद्यार्थी इन सांवेगिक बाधाओं को दूर करने में सफल हो जाये तो उसके अधिगम का स्वाभाविक रूप में उन्नयन हो जाता है।

गृहअभाव/गृहरूग्णता (homesickness) घर से दूर रहकर अध्ययन करने वाले विद्यार्थियों में शोकसंतप्तता की दशा के रूप में देखी जा सकती है। विश्वविद्यालयों में अध्ययनरत डिग्री प्रथम वर्ष के विद्यार्थियों में यह समस्या व्यापक रूप में देखी जाती है। अनेक विद्यार्थी इस प्रकार की दशा का सामना करने में विफल होते हैं जिसका उनके अध्ययन पर प्रतिकूल प्रभाव पड़ता है तथा इनमें से कुछ एक तो वापस घर लौट जाते हैं। इस दशा का सामना करने के लिए अनेक विश्वविद्यालयों के परामर्शन केन्द्र विद्यार्थियों को अनेक प्रकार की लिखित सूचनाएँ अग्रिम रूप में उपलब्ध कराते हैं तथा विद्यार्थियों के लिए स्वागत समारोह एवं सामाजिक कार्यक्रमों का आयोजन करते हैं। गृहरूग्णता की समस्या से निपटने के लिए आरंभ में अध्ययन की अपेक्षा मित्रों, खेल-कूद तथा सामाजिक गतिविधियों में समय लगाया जाना चाहिए।

घर से दूर जाने पर घर के परिवेश का अभाव उत्पन्न होने के अतिरिक्त नयी सांस्कृतिक परिस्थितियों का अनुभव सांस्कृतिक आघात (cultural shock) जैसा हो सकता है। अंतर्राष्ट्रीय विद्यार्थियों के अतिरिक्त बहुसांस्कृतिक राष्ट्र में ऐसे अनुभव की सम्भावना अधिक होती है, भारत जैसे विशाल देश में सांस्कृतिक विविधता व्यापक है। गाँव के सीधे-सादे, मिलनसार, मददगार परिवेश से आये विद्यार्थी के लिए महानगरों के परिवेश की चमक-दमक, दिखावा, उपेक्षा, आधुनिकता एवं गर्ल फ्रेंड/ब्वॉय फ्रेंड जैसी बातें सशक्त सांस्कृतिक आघात जैसी होती हैं। बाउल्बी (Bowlby, 1969, 1973, 1980) ने परिचित लोगों एवं स्थान से विलगाव और उसके प्रभाव की व्यापक व्याख्या की है। किसी की मृत्यु से उत्पन्न होने वाले शोकसंताप की तुलना में यहाँ अन्तर यह होता है कि यह विलगाव स्वयं का चुना हुआ होता है किन्तु यदि विद्यार्थी को किसी प्रकार की मजबूरी या जबरदस्ती के कारण बाहर जाना पड़े तो संताप बढ़ जाता है। इस संदर्भ में सेलिगमैन एवं सेलिगमैन (Seligman & Seligman, 1979) का अधिगमित असाध्यता (learned helplessness) एवं अवसाद में निराशा (hopelessness in depression) का सिद्धान्त महत्त्वपूर्ण है। इन दशाओं का सामना करने के लिए सकारात्मक संज्ञान एवं पूर्ववर्ती क्षमताओं (जैसा खेल-कूद, गायन, वादन आदि) का प्रोत्साहन लाभकारी होता है क्योंकि इससे जीवन शैली एवं आत्म-सम्प्रत्यय की निरंतरता बनी रहती है। सुखद शारीरिक गतिविधियों द्वारा भी तनाव में कमी आती है।

मानसिक/संवेगात्मक समस्याओं का शैक्षिक निष्पादन पर प्रतिकूल प्रभाव उत्पन्न होता है। विषाद के कारण व्यक्ति का ध्यान केन्द्रित नहीं हो पाता है; निम्नस्तरीय सामाजिक दक्षता द्वारा सामूहिक शैक्षिक गतिविधियाँ, सेमिनार प्रस्तुतीकरण बाधित होते है; निम्न आत्म-उत्साह के कारण दूसरों से (मित्रों, अध्यापकों एवं परामर्शदाता) सहायता प्राप्त करने से व्यक्ति परहेज करता है। सिरॉची एवं डीन (Ciarrouchi & Deane, 2001) ने यह प्रदर्शित किया है कि मुख्यतः सांवेगिक रूप से सक्षम व्यक्ति ही अन्य लोगों से परामर्श/सहायता प्राप्त करता है। बाउल्बी (1988) के लगाव सिद्धांत (attachment theory) को प्रयुक्त करते हुए लोपेज एवं अन्य (Lopez et. al, 1998) ने सहायता अर्जित करने की चेष्टा (help seeking) की व्याख्या करते हुए कहा कि हमारे पास अपने गुण/महत्त्व (worth), सक्षमता आदि के प्रत्यक्षण हेतु एक स्व-प्रारूप (self-model) तथा दूसरों के मूल्यांकन हेतु अन्य-मॉडल (other model) होता है। धनात्मक स्व-प्रारूप वाले लोगों को वर्तमान में कम समस्याओं का अनुभव होता है तथ धनात्मक अन्य-प्रारूप होने पर हम अपनी समस्याओं के लिए सरलतापूर्वक सहायता प्राप्त करने की चेष्टा करते हैं। वेनकॉस्की (Wankowski, 1991) के अध्ययन से ज्ञात हुआ कि स्थिर अन्तर्मुखी अस्थिर अन्तर्मुखी (unstable introvert) एवं बहिर्मुखी की तुलना में अध्ययन में अधिक सफल होते हैं। संवदेनशील विद्यार्थियों को नये परिवेश में त्वरित समयोजन की आवश्यकता होने पर अधिक संवेगात्मक समर्थन की आवश्यकता होती है किन्तु वह इसे प्राप्त करने के लिए अनिच्छुक होता है। इस तुलना में सफल विद्यार्थी एक तरफ शीघ्रतापूर्वक समायोजित हो जाते हैं, दबाव एवं अव्यवस्था के प्रति लचीले होते हैं तथा समस्या उत्पन्न होने पर शीघ्रतापूर्वक दूसरों/अधिकारियों/परामर्शदाता के साथ विमर्श करके सहायता प्राप्त करते हैं।

विश्वविद्यालय स्तर के विद्यार्थियों में पूर्णतावादी होने की मनोग्रस्तता बाध्यता अधिक पायी जाती है। चैंग (Chang, 2000) ऐसे विद्यार्थियों के दो वर्ग बताते हैं—एक जो कि स्वयं से पूर्णता की अपेक्षा करते हैं (self oriented perfectionist) एवं दूसरे वे जो कि अन्य लोगों में पूर्णता की अपेक्षा करते हैं (other-oriented perfectionists)। इनमें से प्रथम वर्ग के लोग उच्च मानक वाले होते हैं, सुव्यवस्था एवं संगठन द्वारा प्रसन्न होते हैं, सतत् प्रयतनशील होते हैं, विलम्बन (procrastination) से बचते हैं तथा सफलता के लिए मूल्य चुकाने को तैयार रहते हैं किन्तु कुसमायोजित आत्मोन्मुखी पूर्णतावादी (maladptive self-oriented perfectionist) में अत्यधिक आत्म-आलोचना, गलतियों के लिए चिन्ता, कार्य के प्रभाव के बारे में संदेह तथा विलम्बन की प्रवृत्ति पायी जाती है। इनमें तनावग्रस्तता, परेशानी, निम्न संतुष्टि एवं अनुपयुक्तता की अनुभूति पायी जाती है। ऐसे में आत्म-प्रत्यक्षण एवं मूड के मध्य आत्म उत्साह प्रतिरोधक का कार्य करता है। विलम्बन की प्रवृत्ति से निबटने के लिए रॉस एवं टेलर (2003) यह स्वीकार करना महत्त्वपूर्ण बताते हैं कि विलम्बन अनुपयुक्तता, उबन (boredom) आदि से बचने के लिए व्यक्ति द्वारा अपनायी जाने वाली दोषपूर्ण उपचार प्रणाली होती है। इनके अनुसार एक तिहाई विलम्बनकारियों के लिए कार्य/पुरस्कार/कार्यप्रणाली उपयुक्त होती है। दूसरे एक तिहाई वर्ग कार्य का परिहार तथा सुख का अन्वेषण करते हैं किन्तु वस्तुतः वे वास्तविकता का परिहार करते हैं अतः उन्हें वास्तविकता का सामना करने के लिए तैयार किये जाने की आवश्यकता होती है। तीसरा एक तिहाई वर्ग चिन्ताग्रस्त है तथा ऋणात्मक आत्म-वार्ता

करके अपनी चिन्ता को बनाए रखता है। वे समझते है कि वे वस्तुतः अच्छा कार्य करते हैं। आवश्यकता होती है कि उन्हें सचमुच अच्छा करने की दिशा में ले जाया जाये न कि वे केवल बात करते रहें।

हताशा एवं आत्महत्या की प्रवृत्ति भी विद्यार्थियों के लिए चिन्तनीय होती जा रही है। इस संदर्भ में नैदानिक साक्ष्य (O'connor & Sheety, 2000; Shneidman, 2001) यह प्रदर्शित करते हैं कि हमारा ध्यान ऋणात्मक संज्ञान घटाने की अपेक्षा सकारात्मक संज्ञान में वृद्धि करने की चेष्टा की दिशा में अधिक होना चाहिए। यदि व्यक्ति के अपने परिवार एवं मित्रों से अच्छे सम्बन्ध विकसित हो तो उनके प्रति जिम्मेदारी की भावना के कारण आत्महत्या का प्रबल विचार भी कार्यरूप में रूपान्तरित नहीं होगा। ऐसी समस्त परिस्थितियों में सर्वप्रथम यह आवश्यक है कि व्यक्ति की सहायता प्राप्त करने की प्रवृति मजबूत हो जिससे कि उसे यथासमय उचित परामर्शन प्राप्त हो सके।

यह देखते हुए कि समस्त विद्यार्थी सरलतापूर्वक सहायता प्राप्त करने का प्रयत्न नहीं करते हैं 'व्यक्तिगत विकास' (Personal Development) हेतु ऐसी कार्यशालाओं का आयोजन उपयोगी होता है (रॉस एवं टेलर, 2003) जिनके द्वारा अभिप्रेरणा का उन्नयन हो, विलम्बन की प्रवृत्ति दूर हो, आत्म विश्वास में वृद्धि हो अर्थात जिनके माध्यम से सकारात्मक आत्म-संप्रत्यय का विकास हो। यह उपागम परिहारात्मक एवं विकासात्मक होने के कारण उपचारात्मक उपागम से श्रेष्ठ है। इस संदर्भ में 'सकारात्मक मनोविज्ञान' आन्दोलन (Positive Psychology Movement) जैसा कि सेलिगमैन एवं अन्य (Seligman & Csikszentmihalyi, (eds) 2000 Positive Psychology Special Issue of American Psychologist) के लेखों के माध्यम से अभिव्यक्त हुआ है, महत्त्वपूर्ण है। इनका मत है कि बहुत छोटी-छोटी बातों से लचीलेपन और समायोजन में वृद्धि होती है तथा समस्याओं का परिहार होता है।

विद्यार्थी द्वारा किये गये अध्ययन/अधिगम की मात्रा का मुख्य परीक्षण अधिकतर पाठ्यक्रमों में साधारणतया सेमेस्टर/वार्षिक/माडयूल/डिग्री परीक्षाओं के माध्यम से होता है। आगत परीक्षा के बारे में चिन्ता और तनाव का उचित प्रबंधन करके ही कोई विद्यार्थी अपनी शैक्षिक योग्यता/क्षमता को प्रदर्शित कर सकता है। परीक्षा के स्वरूप को अधिगम के स्वरूप से जोड़ने की आवश्यकता पर भी ध्यान देना आवश्यक होता है। निबंधात्मक परीक्षा, वस्तुनिष्ठ/बहुविकल्पीय उत्तर प्रणाली एवं सृजनात्मक चिन्तन शैली की परीक्षा अलग-अलग प्रणालियाँ है जिनमें सफलता के लिए अधिगम/स्मृति के पृथक स्वरूप की आवश्यकता होती है। इस क्षेत्र में कार्य करने वाले मनोवैज्ञानिकों के लिए विद्यार्थियों के दो वर्ग महत्त्वपूर्ण होते हैं : प्रथम वे जिन्होंने कभी कठिन परिश्रम नहीं किया है तथा दूसरे वे जिन्हें लगता है कि चौदह-पंद्रह घंटा प्रतिदिन का कार्य भी अपर्याप्त होगा। परीक्षा की तैयारी हेतु सहयोग व्यक्तिगत स्तर पर या सामूहिक स्तर पर दिया जा सकता है। विद्यार्थियों के एक वर्ग के लिए चिन्ता को परिप्रेक्ष्य में प्रस्तुत करने अथवा उसपर विचार करने मात्र से लाभ हो जाता है। दूसरे वर्ग के लिए परीक्षा सम्बन्धी मनोदैहिक लक्षणों के नकारात्मक/सकारात्मक प्रभावों के बारे में विमर्श लाभकारी होता है। अन्य कुछ विद्यार्थियों को यह विचार करने से लाभ होता है कि सबकुंछ पढ़ना आवश्यक नहीं होता है। इनके लिए अध्ययन/कार्य एवं आराम के मध्य संतुलन बनाना सीखना महत्त्वपूर्ण हो सकता है

तथा अधिगम के मनोविज्ञान की जानकारी लाभकारी हो सकती है। स्मृति की विभिन्न प्रणालियों का परीक्षा की दृष्टि से सार्थक उपयोग किये जाने का प्रशिक्षण महत्त्वपूर्ण होता है क्योंकि परीक्षाफल तो वस्तुतः स्मृति को प्रश्नों के साथ जोड़ पाने की कला पर आश्रित होता है। कुछ महत्त्वपूर्ण बिंदुओं की अल्पकालिक स्मृति, परीक्षा की दृष्टि से गहन समझ की तुलना में अधिक लाभकारी हो सकती है। सूचना संसूचन की समझ द्वारा अधिगम कौशल का उन्नयन हो सकता है। विद्यार्थी सूचनाओं को दृश्य, ग्राफिक, श्रव्य आदि विभिन्न माध्यमों से स्मृति के लाभ हेतु संयोजित कर सकता है।

समस्त योजनाओं, तैयारियों एवं सूचना संयोजन नीतियों के बाद भी कुछ विद्यार्थियों को परीक्षाकक्ष में घबराहट/संत्रास (panic) का सामना करना पड़ता है जिसके लिए अल्पकालिक वैयक्तिक परामर्शन की आवश्यकता होती है। क्लार्क (Clark, 1994) ने स्पष्ट किया कि व्यक्ति-केन्द्रित उपागम में मूल्यांकन का केन्द्र बिन्दु बाहरी/अन्य लोगों से हटाकर स्वयं की ओर मोड़कर विद्यार्थी लाभान्वित होता है। इस प्रकार वह स्वयं को उचित महत्त्व (self-appreciation) दे पाता है जिससे अनुपयुक्त अपेक्षा एवं मूल्यांकन प्रणाली जनित चिन्ता से लाभ मिलता है। मनोगत्यात्मक उपागमों के द्वारा अन्तर्दृष्टि का विकास तथा 'सम्बन्धों के अन्तरण' के माध्यम से चिन्ता के वास्तविक स्रोतों का बोध विकसित होता है और संत्रास से मुक्ति प्राप्त होती है। परीक्षा सम्बन्धी घबराहट/संत्रास के लिए संज्ञानात्मक-व्यवहारात्मक उपागम का सर्वाधिक उपयोग होता है तथा इसके पक्ष में पर्याप्त साक्ष्य भी उपलब्ध हैं। यह प्रणाली सर्वप्रथम उन संज्ञानों की पहचान पर बल देती है जिनके कारण चिन्ता का अनुरक्षण होता है, तत्पश्चात परामर्शी को ऐसे संज्ञान में परिवर्तन उत्पन्न करने हेतु प्रोत्साहित किया जाता है।

❑

षष्ठ : खण्ड

परामर्शी द्वारा प्रस्तुत समस्याएँ
(CLIENT PRESENTING PROBLEMS)

- क्षुधा सम्बन्धी समस्याएँ
  (Problems Related to Hunger)
- मनोदैहिक समस्याएँ
  (Psychosomatic Problems)
- वैवाहिक एवं यौनिक समस्याएँ
  (Marital and Sexual Problems)
- अनुर्वरता : मनोवैज्ञानिक प्रभाव
  (Infertility : Psychological Impact)
- आघात-पश्चात तनाव विकार
  (Post-Traumatic Stress Disorder)
- क्रोध नियंत्रण
  (Anger Control)
- तनाव प्रबंधन
  (Stress Management)
- यौन शोषण
  (Sexual Abuse)
- एचआइवी/एड्स
  (HIV/AIDS)
- औषधि दुरुपयोग
  (Drug Abuse)

परामर्शी द्वारा प्रस्तुत समस्याएँ
(CLIENTS PRESENTING PROBLEMS)

परामर्शदाता की सेवा अर्जित कर रहे व्यक्ति की समस्या, विकृति, संकट, मनोविकार, अवस्थता या रोग का संप्रत्ययन परामर्शदाता किस रूप में करे, यह एक गंभीर विषय है। इतिहास के क्रम में जिसे हमने कभी शारीरिक रोग फल, कभी अलौकिक शक्तियों या अधिभौतिक प्रक्रमों का प्रभाव और कभी मनोविकृति माना उसके विषय में अब मौलिक प्रश्न यह भी पूछा जा रहा है कि इसे दैनिक जीवन में आने वाली अन्य समस्याओं की भाँति ही क्यों नहीं देखा जाता है। मानवतावादी दृष्टिकोण के साथ आरम्भ हुए चिन्तन के अगले पड़ाव के रूप में अब ऐसी संप्रत्यय प्रणाली विकसित हुई है जो कि परामर्शी को मनोरोगी, रोगग्रस्त या मानसिक रोग से पीड़ित व्यक्ति के रूप में वर्गीकृत किये जाने पर ही आपत्ति करती है। आधुनिक परामर्शन मनोविज्ञान के चिंतन में यह स्वीकार करना ही अधिक उपयुक्त प्रतीत होता है कि परामर्शी एक ऐसा व्यक्ति है जो अपनी समस्याओं का कतिपय अन्तर्व्याप्त बाधाओं के कारण स्वयं समाधान नहीं कर पा रहा है और ऐसे में उसे किसी परामर्शदाता की ऐसी सहायता चाहिए जिससे कि वह अपनी समस्याओं का स्वयं ही समाधान कर पाने में सक्षम हो सके।

व्यक्ति की समस्याओं के संप्रत्यय हेतु क्लेअर (Clare, 1980) ने (i) आंगिक/जैविक; (ii) मनोपचारात्मक (जिसमें आंतरिक, सांवेगिक, मानसिक प्रक्रियाओं को महत्त्व दिया गया है); (iii) समाजोपचारात्मक (जिसमें सामाजिक प्रकार्यों और सामाजिक परिवर्तन पर बल दिया जाता है); तथा (iv) व्यवहारात्मक (जिसमें लक्षणों और उनको दूर करने के उपायों पर बल दिया जाता है) जैसे चार प्रारूपों के महत्त्व का वर्णन किया है। परामर्शदाता इनके अतिरिक्त सांस्कृतिक संदर्भ के आलोक में अन्य वैकल्पिक प्रारूपों का भी उपयोग कर सकते हैं। विविध परामर्शन उपागम उपरोक्त में से एक या एक से अधिक उपागमों के उपयुक्त गठजोड़ के आधार पर विकसित अर्थबोध/संप्रत्ययन के आधार पर कार्य करते हैं। अतः परामर्शदाता के लिये परामर्शी द्वारा प्रस्तुत की गयी समस्याओं के संप्रत्ययन का परिप्रेक्ष्य स्पष्ट कर लेना महत्त्वपूर्ण होता है।

परामर्शी द्वारा प्रस्तुत की जाने वाली समस्याओं के प्रारूप, तीव्रता, व्यापकता, प्रभाव का परामर्शी के लिए पंगुकारी फल, उससे प्रभावित व्यक्ति के जीवन का क्षेत्र; कारणात्मक स्रोत आदि की भिन्नताओं के आधार पर लगभग 340 समस्याओं का कतिपय समस्या समूहों के रूप में वर्गीकरण किया जाता है। साधारणतः परामर्शन मनोविज्ञान की पुस्तकों में लगभग 20 ऐसी समस्याओं का परिचय तथा उसके लिये प्रयुक्त होने वाली कुछ महत्त्वपूर्ण परामर्शन प्रक्रियाओं/प्रविधियों का वर्णन मिलता है (यथा–Handbood of Counselling and Psychotherapy; Feltham & Harton, 2000 में ऐसी 21 समस्याओं का वर्णन मिलता है) किन्तु यह पुस्तक मुख्यतः एक पाठ्य पुस्तक है जिसमें वृहदग्रंथ (handbook) के गुणों की अपेक्षा नहीं की जाती है। यहाँ 10 समस्याओं का वर्णन किया गया है। समस्याओं का चयन मुख्यतः प्रतिदिन की सर्वसाधारण व्यक्ति की ऐसी प्रचलित

समस्याओं में से किया है जहाँ कि साधारणतः मनोचिकित्सा की आवश्यकता (कुछ परामर्शदाता ऐसा भेद करते हैं, यद्यपि इस पुस्तक का उपागम ऐसा है जिसमें मनोचिकित्सा एवं परामर्शन के मध्य कोई भेद नहीं किया गया है) नहीं मानी जाती है। इसी दृष्टि से शीजोफ्रीनिया, फोबिया, भावात्मक, वियोजनात्मक, मनोबाध्यता आदि समस्याओं का वर्णन सम्मिलित नहीं किया गया है। जैसा कि ऊपर मत अवलोकन किया गया है परामर्शी द्वारा प्रस्तुत की गयी समस्याओं का मनोविकार/रोग के रूप में संप्रत्ययन लाभकारी नहीं होगा, आगे वर्णित समस्याओं की कोटि ऐसी है कि साधारणतः जनसामान्य द्वारा भी इनमें से अधिकतर का संप्रत्ययन जीवन की कुछ सामान्य समस्याओं के रूप में ही किया जाता है।

❑

अध्याय 23

क्षुधा सम्बन्धी समस्याएँ
(PROBLEMS RELATED TO HUNGER)

क्षुधा सम्बन्धी समस्याओं से विविध रूप में ग्रस्त व्यक्तियों की संख्या तेजी से बढ़ती हुई देखी जा सकती है। कहीं क्षुधा तृप्त नहीं हो पा रही है तो कही भूख मर जाने की समस्या प्रकट हो रही है। समस्या के दो पृथक तल हो सकते है। प्रथम तल पर समस्या का सम्बन्ध भूख के दैहिक स्वरूप (physiological hunger) से हो सकता है जहाँ पाचन प्रक्रिया से सम्बन्धित विकृतियों के कारण भूख कम या अधिक लगती है। दूसरे तल पर भूख का सम्बन्ध दैहिक प्रक्रियाओं से नहीं होता है, भूख की मात्रा व्यक्ति की मनोदशा से प्रभावित होती है अर्थात भूख मनोवैज्ञानिक प्रकृति की (psychological hunger) होती है; इस कोटि की भूख को हिन्दी में 'क्षुधा' कहना अधिक उपयुक्त होगा, यह भूख संवेगात्मक भूख/क्षुधा (emotional hunger) कही जाती है (Sheila Ritchie, 2000)।

भोजन ग्रहण करने सम्बन्धी व्यवहार की समस्या को साधारणतः भूख की समस्या (eating problem/eating disorder) कहा जाता है किन्तु यह समस्या का प्रचलित नाम है जिसे शीला रिची ने त्रुटिपूर्ण नामकरण (misnames) बताया है। समस्या के मूल में न तो भूख होती है और न भोजन। ऐसी समस्याओं से जूझ रहा व्यक्ति वस्तुतः अपने संवेगात्मक समायोजन के लिए दोषपूर्ण मार्ग अपना लेता है; व्यक्ति का संवेगात्मक प्रबंधन अनुचित कोटि का होता है। **शीलारिची** (2000) ने क्षुधा समस्या को व्यक्ति के 'स्व' (उसके लिए अज्ञात, घृणित, भयप्रद) की विकृति एवं अपने संवेगात्मक अनुभव के विषय में चिंतन की क्षमता के अभाव का विषय बताया है।

'Eating problems are about a disorder of the self, a self which is unknown, hated or feared, and about a lack of capacity to think about emotional experience.' (Sheila Ritchie, 2000).

क्षुधा समस्या का स्वरूप द्वि-ध्रुवीय होता है जिसके एक छोर पर ऐसी दशा होती है कि क्षुधा-न्यूनता के कारण व्यक्ति मृत्यु की ओर अग्रसर हो सकता है (यह स्वरूप धीरे-धीरे आत्महत्या का प्रयास करने जैसा होता है) एवं इस समस्या का दूसरा छोर क्षुधा-अतिशयता की समस्या का होता है जहाँ क्षुधा कभी तृप्त नहीं हो पाती है और व्यक्ति अत्यधिक भोजन ग्रहण करने की समस्या के कारण रोगजनित मृत्यु पा सकता है।

चिकित्सा जगत में क्षुधा समस्या के स्वरूप की पहचान के लिए बॉडी-मास इंडेक्स (Body Mass Index–BMI) का उपयोग किया जाता है। बी एम आई निर्धारण के लिए व्यक्ति के भार (कि०ग्रा में) को उसकी लम्बई के वर्ग (मीटर में) द्वारा विभाजित किया जाता है। यदि किसी व्यक्ति भार 85 kg है और उसकी लम्बाई 1.8 m है तो 85 को 1.8^2 अर्थात 3.24 से विभाजित करते हैं तो इस प्रकार उस व्यक्ति का बॉड़ी मॉस इंडेक्स 26.23

आया। यदि बी एम आई (BMI) 18 से कम आये तो यह चिन्ता का विषय है और बीएमआई 13 आ जाने पर अस्पताल के भर्ती करना पड़ता है। दूसरी ओर बीएमआई 31-40 के मध्य होना चिंतनीय है एवं बीएमआई का 41+ होना खतरनाक माना जाता है।

क्षुधा समस्याएँ : सांवेगिक एवं मनोवैज्ञानिक समस्या की अभिव्यक्ति (*Eating Problems : An Expression of Emotional and Psychological Problem*)

क्षुधा समस्या जनित भोजन व्यवहार व्यक्ति की अपनी समस्याओं को अभिव्यक्त करने की भाषा है। शरीर एवं भोजन की भाषा का हमारी अनुभूतियों की भाषा से सम्बन्ध होता है। हम अपनी आन्तरिक अनुभूतियों को संवेगात्मक अभिव्यक्ति के रूप में प्रकट करते हैं (मनोविज्ञान के विद्यार्थी यह जानते हैं कि संवेगों का अध्ययन करने या उसे परिभाषित करने की अपेक्षा संवेगात्मक अभिव्यक्ति का वर्णन सरल होता है) किन्तु जब हम अपनी अनुभूतियों को संवेगों की भाषा में प्रकट नहीं कर पाते हैं तब भोजन सम्बन्धी व्यवहार की भाषा में उसे अभिव्यक्त कर सकते हैं। इस प्रकार व्यक्ति की क्षुधा के आन्तरिक स्वरूप का प्रथम तल संवेगात्मक भूख (emotional hunger) का होता है जिसे अभिव्यक्त कर पाने की विफलता के फलस्वरूप मनोवैज्ञानिक भूख (psychological hunger) क्षुधा समस्या के किन्ही रूपों में अभिव्यक्ति होती है।

संवेगात्मक भूख ⟶	मनोवैज्ञानिक भूख ⟶	क्षुधा समस्या
अनुभूतियों को अभिव्यक्त करने की समस्या—संवेगात्मक समस्या	संवेगों को अभिव्यक्त कर पाने की विफलता—मनोवैज्ञानिक समस्या	संवेगात्मक एव मनोवैज्ञानिक समस्या की क्षुधा समस्या के रूप में अभिव्यति

क्षुधा समस्या के कारण व्यक्ति निरंतर भोजन करने या न करने के विषय में चिंतन करता रहता है। भूख एवं भोजन के विषय में अत्यधिक चिन्तित रहते हुए व्यक्ति अपनी संवेगात्मक अभिव्यक्ति की आवश्यकता के विषय में विचार नहीं करता है। इस प्रकार कोई व्यक्ति अपने अव्यवस्थित जीवन में भोजन क्रिया को व्यवस्थित करने के प्रयास के माध्यम से व्यवस्था स्थापित करने की चेष्टा करता है। भोजन के विषय में विचार करते रहने की व्यस्तता के कारण व्यक्ति के जीवन में खालीपन, एकाकीपन, उदासी जैसी अनुभूतियों को अनुभव करने का समय ही नहीं रह जाता है।

क्षुधा समस्या के माध्यम से व्यक्ति के जीवन की विकासात्मक बाधाएँ भी अभिव्यक्त होती हैं। बचपन में हम स्वायत्तता अर्जित करना चाहते हैं, अत्यधिक नियंत्रित किये जाने की पारिवारिक एवं सामाजिक व्यवस्था के विरुद्ध विद्रोह करना चाहते हैं और ऐसा प्रत्यक्ष रूप में नहीं कर पाने पर बच्चे एवं किशोर भोजन त्यागने अथवा भोजन पर क्रोध अभिव्यक्त करते हुए अत्यधिक खाने की क्रिया कर सकते हैं। इस प्रकार व्यक्ति भोजन के साथ ऐसे संघर्ष (भोजन मना करने का संघर्ष रूप या भोजन को अधिक मात्रा में समाप्त कर उसे पराजित/परास्त करने की अनुभूति) में व्यस्त हो जाता है कि शेष संघर्ष पीछे छूट जाता है।

व्यक्ति की संवेगात्मक भूख एवं उसे अभिव्यक्त करने की समस्या क्षुधा समस्या के

रूप में व्यक्ति की विशेषताओं एवं अन्य सबकुछ के संदर्भ के अनुरूप अनेक विशिष्ट रूप धारण कर सकती है। एक व्यक्ति की क्षुधा समस्या की व्याख्या उसके विशिष्ट संदर्भ में ही की जानी चाहिए। व्यक्ति के विशिष्ट अनुभवों, उसकी कुण्ठाओं, अपने शरीर के साथ उसके मनोवैज्ञानिक अनुभव (प्रत्यक्षण) आदि के संदर्भ में ही उसकी क्षुधा समस्या एवं भोजन व्यवहार को समझना होगा।

क्षुधा समस्या का रूप क्षुधा न्यूनता, क्षुधा अतिशयता एवं भोजन ग्रहण बाध्यता के मध्य एक से दूसरे के बीच परिवर्तित होता रह सकता है।

क्षुधा समस्या में यौन शोषण की भूमिका (*Role of Sexual Abuse in Eating Problems*)

क्षुधा समस्या में यौन शोषण की भूमिका विषयक शोध कार्य के परिणामों अन्तर्विरोध पाया गया है। इनके मध्य के सम्बन्ध के अध्ययन में अनेक समस्यायें भी है। शोधकर्त्ताओं का एक वर्ग मानता है कि बचपन में घटित यौनशोषण की पुनर्जीवित हुई समृतियाँ ऐतिहासिक सत्य होती है (Bass & Davies, 1988)। किन्तु दूसरे वर्ग का ऐसा मानना है कि ऐसी स्मृतियाँ अनजाने ही प्रवृत्त हो सकती हैं (Loftus & Resenwald, 1993)। स्मृति सम्बन्धी विरोधी मतों के कारण क्षुधा समस्या में यौनशोषण की भूमिका के विषय में शोधकार्य से अंतिम निष्कर्ष तक पहुँचने में कठिनाई आती है। विरोधी प्रकृति के परिणामों का मूल्यांकन करते हुए **गुडरिच** एवं **बेकेरियन** (Susan Goodrich & Debra Bekerian, 2000) ने यह निष्कर्ष प्राप्त किया है कि बाल्यकालीन यौन शोषण की स्मृतियाँ आरम्भ में अवाचिक संवेदनाओं या अनुभूतियों के रूप में अभिव्यक्त होती हैं। इस प्रकार यह संभावना प्रकट होती है यौन शोषण के प्रभाव स्वरूप कतिपय अरुचिकर संवेदनाएँ प्राप्त होंगी जिसके फलस्वरूप अनेक प्रकार के भोज्य पदार्थ जिनमें ऐसी स्वाद या गंध संवेदना होती है, उस व्यक्ति के लिए अरूचिकर हो जायेगी। ऐसे भोज्य पदार्थों की सूची लम्बी होने पर अथवा प्रमुख भोज्य पदार्थों के इस सूची में होने पर क्षुधा न्यूनता की समस्या प्रकट हो सकती है।

यौन शोषण एवं क्षुधा समस्या के सम्बन्ध के विषय में **शीला रिची** की व्याख्या है कि यौन शोषण के प्रभाव स्वरूप क्षुधा समस्या एवं स्वयं को अनेक प्रकार से कष्ट पहुँचाने अथवा आघात पहुँचाने के अनेक कारण हो सकते हैं। यदि परिवार विघटित है, विपन्न है, बच्चे को ठीक ढंग से भोजन नहीं कराया जा रहा है और इस संदर्भ में कोई उस बच्चे का यौन शोषण करते हुए उसे पुरस्कार के रूप में कोई भोज्य वस्तु (यथा चाकलेट, मिठाई आदि) देता है तब व्यक्ति उस खाद्य पदार्थ को अत्यधिक मात्रा में खाता हुआ देखा जा सकता है अर्थात् वह चाकलेट या मिठाई बिंज फ्रूड (binge food) में परिवर्तित हो जाता है। व्यक्ति के इस व्यवहार द्वारा शोषण की अनुभूति से बाहर आने का प्रयत्न किये जाने के साथ ही उसकी स्मृतियों को जीवित रखने की चेष्टा की जाती है जिससे कि उस विषय में अन्तर्निहित द्वन्द्व का समाधान किया जा सके, उस व्यक्ति द्वारा भोजन न करने का कार्य करते हुए शोषित शरीर को क्षति पहुँचाने का कार्य भी किया जा सकता है जिससे कि उसे यह अनुभूति मिले कि शोषण का अन्त हो गया।

महिलाओं में क्षुधा समस्या की अधिकता : क्यों? (*Predominance of Eating Problems in Women : Why ?*)

सामाजिक एवं सांस्कृतिक व्यवस्थाओं के कारण हमारे समाज में महिलाओं के जीवन में अनेक प्रकार के द्वन्द्वों को अधिकता पायी जाती है। विरोधी सांस्कृतिक मूल्यों का उनके जीवन में पुरुषों की अपेक्षा कुछ अधिक प्रभाव देखा जा सकता है। ऐसा सम्भवतः इस कारण होता है कि समाज की अपने संक्रमण के दौर में महिलाओं से विरोधी अपेक्षाएँ होती हैं। यू॰के॰ (U.K.) की ईटिंग डिसऑर्डर सोसायटी (EDA, 1995) के आकलन के अनुसार महिलाओं में क्षुधा समस्याएँ पुरुषों की तुलना मं दस गुनी अधिक पायी जाती हैं। शीला रिची (2000) महिलाओं में क्षुधा समस्या की अधिसंख्या की व्याख्या आरम्भिक अनुभव/प्रशिक्षण एवं परवर्ती सामाजिक-सांस्कृतिक अपेक्षाओं के मध्य विरोधाभास के रूप में करती हैं। किसी भी लड़की का आरंभिक पोषण भोजन कराने वाली नारी के मॉडल के अनुकरण में होता है किन्तु उसे सामाजिक-सांस्कृतिक स्तर पर नारी का एक ऐसा मॉडल प्राप्त होता है जो भोजन पर नियंत्रण रखकर अपनी काया को छरहरी बनाये रखे। पिछले चार-पाँच दशकों में शो-बिजनेस की दुनिया में सुन्दर शरीर की परिभाषा भी परिवर्तित हो गयी है। अब चलचित्र, टी.वी., फैशन मॉडल के क्षेत्र में हृष्ट-पुष्ट काया वाली महिला का स्थान पतली कमर वाली (36-24-36 नाप वाली) मॉडल ने ग्रहण कर लिया है। इस प्रकार छरहरेपन को अत्यधिक महत्त्व दिये जाने के प्रतिफल के रूप में मोटापे या थोड़ी-सी भी वसा की अधिकता का भय महिलाओं को क्षुधा-न्यूनता अथवा क्षुधा-हरण की समस्या की ओर ले जा रहा है।

वैश्विक गाँव में हमारी विचरणशीलता बढ़ गयी है। कोई पुरुष या महिला अनेक संस्कृतियों के सम्पर्क में आ रहा है। ग्रामीण या अफ्रो-एशियाई संस्कृति में पली सुगठित काया वाली, हृष्ट-पुष्ट महिला जब अमेरिकी यूरोपीय दुनिया के सम्पर्क में आती हैं जहाँ व्यावसायीकरण एवं शो मैनशिप का महत्त्व होता है (अतः तराशी हुई काया को विकसित करने का दबाव देखा जाता है) तब क्लबो, पार्टियों, सम्मेलनों में अपनी स्वीकार्यता बढ़ाने के लिए वहाँ बाहर से पहुँची नारी परेशान होने लगती है (यह अन्तर भारतीय कस्बों और महानगरों के मध्य भी मिल सकता है) तब उसमें क्षुधा न्यूनता (anorexia nervosa) विकसित होने लगती है।

क्षुधा समस्या के रूप
(Forms of Eating Problem)

एक ही जैसी मनोवैज्ञानिक सम्बन्ध समस्या की अभिव्यक्ति अनेक प्रकार की क्षुधा समस्याओं के रूप में—क्षुधा न्यूनता/क्षुधा हरण (Anorexia Nervosa), क्षुधा अतिशयता (bulimia nervosa) या बाध्यतामूलक भोजन ग्रहण (compulsive eating)—प्रकट हो सकती है। एक व्यक्ति में उक्त समस्याओं का आपस में अन्तरण भी देखा जा सकता है।

क्षुधा न्यूनता (*Anorexia Nervosa*)—क्षुधा न्यूनता या क्षुधा हरण की समस्या स्नायुविक स्तर पर क्षुधा में कमी आने या क्षुधा को नियंत्रित कर लेने की समस्या होती है। समस्याग्रस्त व्यक्ति भोजन पर इस प्रकार नियंत्रण कर लेता है कि उसे भोजन ग्रहण करने की आवश्यकता का अनुभव नहीं होता है, व्यक्ति शरीर की आवश्यकता के परे चला जाता है, शरीर की आवश्यकताओं को लाँघ जाता है। ऐसी एक महिला स्वयं भोजन से अत्यधिक परहेज करते हुए भी अन्य लोगों को भोजन कराने में रुचि भी लेती है। ऐसे

व्यक्ति का भोजन नियंत्रण इस प्रकार का हो जाता है कि वह व्यक्ति ब्रह्मचारी (सेक्स में कोई रुचि नहीं रखने वाला, asexual) या आध्यात्मिक श्रेणी का प्रतीत हो सकता है जबकि उसकी वास्तविक समस्या सांवेगिक/मानसिक स्तर पर होती है। कम भोजन एवं निरंतर व्यायाम इनका गुण बन जाता है।

क्षुधा न्यूनता/हरण की समस्या के साथ अनेक प्रकार की शारीरिक समस्याएँ जुड़ जाती है : शरीर में वसा का अनुपात अत्यधिक घट जाता है (यदि महिलाओं में यह अनुपात 15 प्रतिशत से कम हो जाता है तो मासिक स्राव रुक जाता है); वसा एवं रक्त प्रवाह की कमी के कारण उसे ठंढ अधिक लगती है; प्रजनन क्षमता में कमी आ जाती है; हड्डियाँ कमजोर (osteoporosis) हो जाती है।

क्षुधा हरण का गत्यात्मक पक्ष आवयकताओं एवं इच्छाओं को अभिव्यक्त कर पाने की विफलता से सम्बंधित होता है। व्यक्ति आत्मनिर्भरता चाहता है; आत्मनिर्भरता की चाह में वह भोजन पर भी निर्भर नहीं रहना चाहता है। यह एक प्रकार का विरोधाभास है कि जो व्यक्ति निर्भरता से बचना चाहता है वही क्षुधा हरण के व्यवहार के कारण ऐसी दशा में पहुँच जाता है कि अब उसे कोई अन्य व्यक्ति घर या अस्पताल के बिस्तर पर उसे भोजन करा रहा होता है।

क्षुधा अतिशयता *(Bulimia Nervosa)*—क्षुधा अतिशयता में अनेक लक्षण एक साथ सिमटे होते हैं। व्यवहार ऐसा हो सकता है जैसे कि व्यक्ति किसी प्रकार के अनुष्ठान में लगा हुआ है; उसका अनुष्ठान किसी भोजन को ढेर सारी मात्रा में समाप्त करना होता है। मुख्य लक्षण अधिक मात्रा में भोजन करना और किसी प्रकार पेट को साफ करना होता है। पेट साफ करने के लिए उल्टी की जा सकती है या कोई विरेचक (laxative) का बार-बार व्यसनी ढंग से उपयोग किया जा सकता है। इनका बिंज फ्रुड (ऐसा भोजन जो अधिक मात्रा में बिना स्वाद संवेदना एवं बिना संतुष्टि पाये हुए ग्रहण किया जाता है) कच्चा माँस, बिना पका चावल आदि हो सकता है। क्षुधा अतिशयी का व्यवहार नितान्त गोपनीय हो सकता है; सम्भव है कि वह भोजन ग्रहण करने का यह कार्य एकान्त में; अकेले में या रात में सम्पन्न करे। कुछ क्षुधा अतिशयी अपने जीवन में उच्च पदों पर आसीन रहने हुए महत्त्वपूर्ण कार्य करते हुए देखे जा सकते हैं।

क्षुधा अतिशयता के कारण व्यक्ति में दंतरोग, पाचन समस्या, बार-बार उल्टियाँ होने के परिणामस्वरूप पोटैशियम का स्तर घटने के कारण हृदय गति के रुक जाने की समस्या विकसित हो सकती है।

मनोगत्यात्मक दृष्टि से क्षुधा अतिशयी व्यक्ति का अपनी आवश्यकताओं एवं अनुभूतियों के साथ सम्बन्ध बना रहता है किन्तु इसका स्वरूप दुर्दमनीय एवं विध्वंसक होता है। क्षुधा अतिशयता के माध्यम से व्यक्ति अपनी अनुभूतियों को नियंत्रित करने का प्रयास करता है किन्तु भोजन में वास्तविक रुचि नहीं होने के कारण भोजन ग्रहण कर चुकने के पश्चात उसे अच्छी अनुभूतियाँ नहीं मिलती हैं; उसे अपने किये पर पछतावा या शर्म का अनुभव होता है; अतः भोजन बाहर निकालने के लिए उल्टियाँ करने लगता है। भोजन ग्रहण करने, उसे पचाने का प्रयास करने या उसे बाहर निकाल चुकने का प्रयास सम्पन्न हो चुकने के पश्चात वह व्यक्ति पुनः दैनिक जीवन की सामान्य क्रियाओं, बाहर घूमने जाने आदि के लिए तैयार हो जाता है। थोड़े समयान्तर के पश्चात वही व्यक्ति पुनः अतिशय भोजन ग्रहण करने की क्रिया दोहराने लगता है।

बाध्यतामूलक भोजन ग्रहण *(Compulsive Eating)*—क्षुधा न्यूनता एवं क्षुधा अतिशयता की तुलना में यह समस्या अधिक लोगों में पायी जाती है। व्यक्ति भोजनोपरान्त भी कुछ खाता रहता है। इस व्यक्ति की कतिपय अनुभूतियाँ अत्यन्त प्रबल होती है और वह तबतक खाता चला जाता है जबतक कि अनुभूतियाँ मिलनी बन्द नहीं हो जाती है। इस प्रकार बाध्यतापरक ढंग से भोजन ग्रहण करना उस व्यक्ति के लिए संवेदना मारक (anaesthesia) का कार्य करता है। क्षुधा अतिशयता (bulimia) में भोजन पर टूटने के पश्चात उससे मुक्ति पाने के लिए उल्टियाँ भी होती है किन्तु इस श्रेणी की समस्या में व्यक्ति को विरेचन के लिए परेशान नहीं पाया जाता है। वास्तव में व्यक्ति अपनी भूख की अनुभूति को अन्य अनुभूतियों से अलग नहीं कर पाता है।

इस वर्ग के व्यक्तियों की गतिविधियाँ अपने शरीर का भार बढ़ाने और घटाने के बीच में झूलती रहती हैं; कभी व्रजन बढ़ाने का कार्य तो कभी उसे घटाने की चेष्टा। बाध्यतापरक ढंग से अत्यधिक भोजन करने के दौर के मध्य वह डायटिंग के चरण में आ जाता है; अपना वजन घटाने में सफल रहता है किन्तु अधिक समय तक नियंत्रित ढंग से भोजन ग्रहण करने का कार्य नहीं कर पाता है। शरीर दुबला, अधिक आकर्षक हो जाता है किन्तु क्रोध, उदासी आदि अनुभूतियाँ बनी रहती हैं तथा वह पुनः अधिक भोजन ग्रहण करने लगता है।

क्षुधा समस्या के लिए परामर्शन कार्य
(Counselling Work for Eating Problems)

क्षुधा समस्याओं के संदर्भ में परामर्शन कार्य करते समय पूर्व तैयारी एवं आरंभिक अवस्था में कई बातों पर ध्यान देना होता है—(i) परामर्शदाता को भोजन एवं शरीर गठन के विषय में अपनी निजी अभिवृत्तियों का परीक्षण करना चाहिए; (ii) क्लायंट के लिए मुख्य विचारणीय विषय क्या है, यह समझना होगा; (iii) क्लायंट के साथ तादात्म्य संतुलित होना चाहिए; परामर्शदाता का परामर्शी की समस्या के तादात्म्य हो लेकिन उसकी मात्रा अधिक नहीं होनी चाहिए; (iv) परामर्शी के सामान्य चिकित्सक के साथ सम्पर्क स्थापित होना चाहिए और साथ में उसकी समस्या के शारीरिक पक्ष का ध्यान दिया जाना चाहिए; एवं (v) परामर्शन कार्यस्थल पर प्रसाधन (टॉयलेट) आदि की व्यवस्था उपलब्ध होनी चाहिए क्योंकि आरंभ में उल्टियाँ आने पर उसे प्रसाधन की आवश्यकता हो सकती है। मध्यावस्था में व्यक्ति की उन सम्बन्धात्मक समस्याओं (relationship problems) का अन्वेषण किया जाता है जो व्यक्ति की 'क्षुधा समस्या' (eating problems) के पीछे सक्रिय होती है। जैसा कि पहले भी बताया गया है व्यक्ति की वास्तविक समस्या भोजन से सम्बन्धित नहीं होती है; वास्तविक समस्या संवेगात्मक/मनोवैज्ञानिक अभिव्यक्ति की होती है जिसका समाधान व्यक्ति भोजन सम्बन्धी व्यवहार के रूप में कर रहा होता है।

व्यक्ति की समस्या के समाधान हेतु अनेक प्रविधियाँ प्रयुक्त की जा सकती हैं किन्तु कुछ सामान्य तत्त्व इन सभी प्रविधियों के लिए महत्त्वपूर्ण होते हैं। विविध प्रविधियों को प्रयुक्त करते हुए यह सर्वप्रथम महत्त्वपूर्ण होता है कि व्यक्ति अपनी सम्बन्धात्मक समस्या को शाब्दिक अभिव्यक्ति प्रदान करे। जब परामर्शी क्षुधा समस्या के माध्यम से अभिव्यक्त हो रहे द्वन्द्व को अन्य व्यक्तियों के साथ अपने सम्बन्धों की समस्या के वर्णन के रूप अभिव्यक्त कर पायेगा तभी उसके समाधान के लिए कार्य किया जा सकेगा।

क्षुधा समस्या के समाधान हेतु जो परामर्शन प्रविधियाँ अधिक उपयुक्त पायी गयी हैं

उनमें सीमित-अवधि/संक्षिप्त परामर्शन कार्य, समूह कार्य, संज्ञानात्मक-व्यवहारात्मक एवं मनोगत्यात्मक प्रविधियाँ अधिक प्रचलित हैं।

टालमन (Talmon, 1990) ने अपने शोध में यह देखा कि एक सत्र के रूप में सीमित अवधि वाला परामर्शन कार्य, भी क्षुधा समस्या के लिए लाभकारी हो सकता है। आस्केवॉल्ड (Askevold, 1983) ने तीन समेलित समूहों में क्षुधा न्यूनता की समस्या के लिए परामर्शन कार्य में प्रथम समूह को मात्र एक सत्र, दूसरे समूह को संक्षिप्त अवधि के कुछ सत्र तथा तीसरे समूह के लिए लम्बी अवधि (open-ended) के परामर्शन कार्यों की तुलना के उपरान्त देखा कि परामर्शन कार्य सम्पन्न होने के चार से चौदह वर्ष पश्चात की अवधि में समस्या के पुनः प्रकट होने की दृष्टि से तीनों समूहों में कोई सार्थक अन्तर नहीं था। स्पष्ट है कि एक सत्र में किया गया परामर्शन कार्य क्षुधा न्यूनता के समाधान के लिए पर्याप्त प्रभावशाली होता है।

अनेक उपचार उपागमों में शरीर को पर्याप्त महत्त्व प्राप्त हुआ है। बिल वाह (Bill Wahl, 2003) ने उपचार उपागमों को मनोवैज्ञानिक उपचार (psychological therapies), मनोवैज्ञानिक देह उपचार (psychological body therapies) एवं देहक्रिया उपचार (bodywork therapies) की श्रेणियों में वर्गीकृत किया है। द्वितीय श्रेणी में बायोइनर्जेटिक एनालिसिस, वॉयोसिंथिसिस, वॉयोडायनामिक साइकोलॉजी आदि प्रतिधियाँ एवं तृतीय श्रेणी में योग, एरोमाथिरेपी, आस्टियोपैथी, फिजियोथिरेपी, स्पर्श चिकित्सा आदि प्रविधियाँ सम्मिलित की जाती हैं। उक्त विधियाँ मनोपचार में शरीर की भूमिका का महत्त्व रेखांकित करती हैं। इन्हीं विधियों के अन्तर्गत क्षुधा समस्या से पीड़ित व्यक्तियों के परामर्शन/उपचार हेतु बॉडी इमेज वर्क (body image work) को उपयोगी पाया गया है। इसे मनोवैज्ञानिक देह उपचार पद्धति कहा जा सकता है। इस प्रकार के कार्य में क्षुधा न्यूनता के साथ कार्य का **बिल वाह** (2003) ने एक उदाहरण दिया है। क्षुधा न्यूनता से ग्रस्त एक महिला के विचारों की श्रृंखला इस प्रकार देखी गयी—(i) मैं खा नहीं सकती, (ii) मैं खा नहीं सकती क्योंकि मैं मोटी हो जाऊँगी, (iii) यदि मैं मोटी हो गयी, तो कोई मुझे प्यार नहीं करेगा, (iv) यदि कोई मुझे प्यार नहीं करेगा तो मैं मर जाऊँगी। गहन अन्वेषण करने पर यह पता चलता है कि खाने से मोटा होने और प्यार न पाने जैसा कोई वास्तविक खतरा नहीं था।

क्षुधा समस्या से परेशान अनेक व्यक्तियों के लिए समूह कार्य श्रेष्ठ सिद्ध होता है। मनोगत्यात्मक उपागम की अपेक्षा संज्ञानात्मक-व्यवहारात्मक उपचार (CBT) उन व्यक्तियों के लिए अधिक लाभप्रद होता है जो अपने भोजन व्यवहार और अनुभूतियों के संसार के मध्य सम्बन्ध स्थापित नहीं कर पाते हैं (Sheila Ritchie, 2000)। क्षुधा अतिशयता के उपचार में समूह संज्ञानात्मक-व्यवहारात्मक कार्य प्रभावशाली बताया गया है (Scott and Drydern, 2003)।

❑

अध्याय 24

मनोदैहिक समस्याएँ

(PSYCHOSOMATIC PROBLEMS)

मनुष्य के शारीरिक कष्ट लक्षणों के संसार में अनेक रहस्य छुपे हुए मिल सकते हैं। कष्ट निवारण के लिए चिकित्सकीय एवं मनोवैज्ञानिक दृष्टिकोण अपनाया जाता है। चिकित्सकीय दृष्टिकोण वाले विशेषज्ञ हमारे समस्त शारीरिक कष्ट लक्षणों की व्याख्या जैविक—आनुवांशिक एवं शरीर क्रिया पद्धति सम्बन्धी—विकृतियों के माध्यम से करना चाहते हैं तथा इसी व्याख्या के आधार पर उपचार प्रणाली प्रस्तुत करते हैं। इस प्रयास में चिकित्सको को अत्यन्त आश्चर्यचकित करने वाली विफलताएँ प्राप्त होती हैं; अत्यन्त साधारण कोटि के रोग लक्षणों पर भी उपचार का प्रभाव प्रकट नहीं हो पाता है। जेनरल प्रैक्टिसनर और आउटडोर क्लीनिक में आने वाले रोगियों में इस श्रेणी के क्लायंट्स का संख्या अनुपात बहुत अधिक (30 से 80 प्रतिशत तक) पाया जाता है। इनमें से बहुसंख्य व्यक्तियों की समस्याएँ अल्पकालिक होती हैं तथा किसी-न-किसी भाँति उनका समाधान प्राप्त हो जाता है किन्तु एक बहुत बड़े वर्ग की समस्या दीर्घकालिक एवं तीव्र होती हैं। प्रायः ऐसे रोगियों को एक डाक्टर से दूसरे डाक्टर तक भटकते हुए, अनेक प्रकार का नैदानिक विश्लेषण (प्रायः रोगी के अपने आग्रह पर) प्राप्त करते हुए देखा जा सकता है। इनको चिकित्सकों के शरण में अनेक वर्षों तक देखा जा सकता है। प्रायः ऐसे रोगियों की समस्या का प्रबंधन चिकित्सकीय दृष्टिकोण के परिप्रेक्ष्य में सम्भव नहीं हो पाता है। इस विफलता के कारण रोग की समस्या में और वृद्धि आ जाती है। अन्त में हारकर चिकित्सकों द्वारा उन्हें बताया जाता है कि उनकी समस्या उनके मन की उपज है तथा उन्हें औषधियों से सम्पूर्ण लाभ प्राप्त नहीं होगा, अतः उन्हें मनोवैज्ञानिक सहायता प्राप्त करनी चाहिए।

परामर्शदाता, मनोचिकित्सक एवं मनोवैज्ञानिक सभी प्रकार की मानसिक समस्याओं की व्याख्या विशुद्ध मनोवैज्ञानिक दृष्टिकोण के आधार पर करने लगते हैं, ऐसी परम्परा बन गयी है। इससे भिन्न आधुनिक मनोविज्ञान एक व्यापक दृष्टिकोण अपनाता है। इसमें मनुष्य को एक मनोजैविक इकाई (psychobiological unit) के रूप में देखा जाता है तथा तदनुरूप अन्तर्क्रिया प्रारूप के आलोक में समस्या के कारण को समझने एवं उसका समाधान प्राप्त करने का प्रयत्न किया जाता है। एक ऐसा उपागम जिसमें जैविक, मनोवैज्ञानिक एवं सामाजिक सांस्कृतिक कारकों की अन्तर्क्रिया को समस्या के विश्लेषण एवं समाधान का आधार बनाया जाता है, मनोदैहिक उपागम कहा जाता है (कोलमैन, 1972)। जिन समस्याओं की व्याख्या में सांवेगिक कारकों की भूमिका स्वीकार की जाती है अथवा जिनकी व्याख्या जैविक आधार पर संतोषजनक ढंग से नहीं कही जा सकती है उनके लिए मनोदैहिक उपागम उपयुक्त माना जाता है। इस प्रकार मनोदैहिक परिप्रेक्ष्य में समस्या क्षेत्र अत्यन्त विस्तृत हो जाता है।

मनोदैहिक समस्याएँ : इसमें क्या सम्मिलित है ? (Psychosomatic Problems : What does it include ?)

सैन्डर्स (Diana Sanders, 2000) ने मनोदैहिक समस्याओं के क्षेत्र में निम्न को सम्मिलित किया है:—

(i) मनोदैहिक समस्याएँ (pychosomatic problems),
(ii) प्रकार्यात्मक लक्षण (functional symptoms),
(iii) देहरूप धारणात्मक (somatization) समस्याएँ,
(iv) स्वास्थ्य चिन्ता (hypochondriasis or health anxiety)

उक्त में से प्रथम, मनोदैहिक समस्याओं को सैन्डर्स (1996) ने दैहिक समस्याओं की उस विस्तृत श्रृंखला के रूप में परिभाषित किया है जिसकी व्याख्या आंगिक रोग के रूप में नहीं की जा सकती है किन्तु मनोवैज्ञानिक समस्याएँ किसी-न-किसी रूप में इन आंगिक लक्षणों का संरक्षण करती हैं।

प्रकार्यात्मक लक्षणों अथवा ऐसे लक्षण जिनकी चिकित्सा विज्ञान के अन्तर्गत व्याख्या सम्भव नहीं हो पाती है (medically unexplained symptoms)की श्रेणी में मायू एवं अन्य (R. Mayou, C. Boss and M. Sharpe, 1995) ने अनेक लक्षणों एवं संलक्षणों को सम्मिलित किया है। इस श्रेणी के लक्षणों एवं संलक्षणों को तालिक सं०-24.1 में दर्शाया गया है।

तालिका सं०-24-1—लक्षण (symptoms) एवं संलक्षण जिनकी व्याख्या चिकित्सकीय परिप्रेक्ष्य में नहीं हो पाती हैं (इस सूची में अनेक तकनीकी पदों का हिन्दी रूपान्तरण अर्थबोध को और भी दुष्कर बना सकता है, अतः सभी लक्षण एवं संलक्षण अंग्रेजी नामपदों के रूप में ही यथावत लिखे गये हैं) :—

दैहिक लक्षण (Somatic Symptoms)	**संलक्षण (Symdromes)**
Breathlessness	Chronic pain syndromes
Conecrn about appearance	Dysmorphophobia
Diarrhoea	Factitious syndromes
Dizziness	Hyperventilation syndrome
Dysphagia	Irritable bowl syndrome
Dysphonia, aphoima	Premensural syndrome
Fatigue	Somatization disorder
Food allergy	
Incontinence and urgency	
Nausea	
Pain (abdominal, chest, muscle and joint, low back, headache, facial, pelvic, neurpathic)	
Palpitation	
Pruritis	
Tinnitus	
Tremor	
Worry about benign tissue lumps and inconsistencies	

Source : Mayou, R.; Boss, C. and Sharpe, M. (eds) (1995) The Treatment of Functional Somatic Symptoms, Oxford : Oxford University Press

सूची में वर्णित लक्षणों एवं संलक्षणों के कारण विशुद्ध मनोवैज्ञानिक नहीं होते हैं। बहुधा इनके विकास में जैविक एवं मनोवैज्ञानिक/सांवेगिक कारकों के मध्य अन्तर्क्रिया पायी जाती है तथा अधिकतर उदाहरण ऐसे होते हैं कि मनोवैज्ञानिक कारणों से जैविक समस्या का अनुरक्षण होता रहता है। पीड़ा (pain) के अधिकतर रूपों में ऐसा ही होता है; हमारी तनाव ग्रस्तता के कारण पीड़ा की मात्रा में वृद्धि हो जाती है। मनोदैहिक लक्षण शारीरिक कष्ट लक्षणों के साथ साहचर्य रूप में भी प्रकट हो सकते हैं; यथा—एन्जाइना होने पर हृदय आघाती पीड़ा के अतिरिक्त गैर-हृदय आघाती छाती पीड़ा (non cardiac chest pain)। इसकी चिकित्साकीय आधार पर व्याख्या नहीं हो पाती है। इन लक्षणों के साथ मनोवैज्ञानिक कारकों का जो भी सम्बन्ध हो, जैसा भी सम्बन्ध हो, इनके साथ व्यक्ति में चिन्ता एवं विषाद जैसी विशेषताएँ भी देखी जाती हैं।

देह रूप धारणात्मक (somatization) प्रक्रिया से सम्बन्धित लक्षणों में अचेतन द्वन्द्व, मनोरचनाओं एवं प्रतिरोधों के कारण अर्थात अन्तर्निहित मनस्ताप (neurosis) के कारण शारीरिक विकृतियाँ प्रकट होती हैं। मायू एवं अन्य (Moyou et. at. 1995) ने देहरूप धारणात्मक प्रक्रिया के लक्षणों/समस्याओं को ऐसी प्रक्रिया के रूप में परिभाषित किया है जिसमें मनोवैज्ञानिक एवं सांवेगिक संकटों की अभिव्यक्ति शारीरिक लक्षणों की भाषा में होती है।

यहाँ पर तृतीय श्रेणी के लक्षणों को प्रथम एवं द्वितीय श्रेणी के लक्षणों से इस रूप में पृथक किया जा सकता है कि इनमें कोई जैविक कारण मौलिक या अनुषांगिक रूप में सम्मिलित नहीं होता है। कोलमैन ने अपने वर्णन में रूपान्तरण लक्षणों को मनोदैहिक समस्याओं से पृथक रखा है किन्तु सैण्डर्स (2000) एवं मायू तथा अन्य (1995) ने ऐसा नहीं किया है।

कोलमैन एवं अन्य अनेक मनोवैज्ञानिकों ने स्वास्थ्य चिन्ता का वर्णन मनोदैहिक समस्या के अन्तर्गत नहीं किया है किन्तु सैण्डर्स (2000) ने इसे मनोदैहिक समस्याओं के क्षेत्र में चौथी श्रेणी के रूप में सम्मिलित किया है। स्वास्थ्य चिन्ता (health anxiety or hypochondriasis) की दशा में क्लायंट किसी गंभीर रोग के विषय में चिन्तित रहता है, थोड़े से साक्ष्य अथवा बिना साक्ष्य के ही आश्वस्त हो जाता है कि वह बीमार है, तथा चिकित्सक से इस विषय में स्पष्टीकरण प्राप्त करता है किन्तु इस व्याख्या/स्पष्टीकरण पर विश्वास नहीं करता है (Salkovskis & Bass, 1996)। **सैण्डर्स** (2000) ने स्वास्थ्य चिन्ता की तीन परिस्थितियों का वर्णन किया है—(i) स्वास्थ्य चिन्ता एक मौलिक समस्या हो सकती है; (ii) स्वास्थ्य चिन्ता मनोदैहिक समस्या के साथ-साथ प्रकट हो सकती है; (iii) स्वास्थ्य चिन्ता अनेक शारीरिक रोग समस्याओं के साहचर्य में प्रकट हो सकती है।

सैण्डर्स ने मनोदैहिक समस्याओं के व्यापक वर्णन में उन सभी कोटि की समस्याओं को सम्मिलित किया है जिनके विषय में उन्हें अपने परामर्शियों के मध्य कार्य करना पड़ा किन्तु जैसा कि वर्गीकरण में स्पष्ट है मनोदैहिक समस्याओं की (प्रथम श्रेणी में वर्णित) अपनी पृथक श्रृंखला है जिसके विषय में प्रकार्यात्मक लक्षणों, देहरूप धारण लक्षणों तथा स्वास्थ्य चिन्ता से पृथक अधिक विस्तृत वर्णन की आवश्यकता है। मूलतः मनोवैज्ञानिक एवं सांवेगिक कारणों से उत्पन्न एवं अनुरक्षित होने वाली इन समस्याओं का **कोलमैन** ने

10 उपवर्गों के रूप में वर्णन किया है जिनमें से प्रत्येक उपवर्ग में एक विशिष्ट वर्ग के अनेक लक्षण सम्मिलित होते हैं। उक्त 10 श्रेणियाँ एवं उनमें वर्णित कुछ लक्षणों का संक्षिप्त परिचय यहाँ प्रस्तुत है:—

(i) मनोदैहिक त्वचा विकृतियाँ—न्यूरोडर्मिटाइटिस, एटॉपिक डर्मिटाइटिस, एक्जीमा एवं झांई के कुछ रूप;

(ii) मनोदैहिक माँसपेशीय अस्थि विकृतियाँ—पीठ में दर्द, मांसपेशियों में खिंचाव एवं गठिया के कुछ रूप;

(iii) मनोदैहिक श्वास समस्याएँ—ब्रांको-अस्थमा, तेज गति से श्वसन संक्रमण, हिचकी एवं बार-बार होने वाली ब्रांकाइटिस;

(iv) मनोदैहिक हृदय एवं धमनी विकार—आवेगी प्रद्-क्षिप्रता (पेराक्सिजमल टैचीकार्डिया), उच्च रक्तचाप, धमनियों का अतिकुंचन एवं माइग्रेन;

(v) मनोदैहिक हेमिक एवं लिम्फेटिक विकार;

(vi) मनोदैहिक गैस्ट्रोइंटेस्टाइनल विकार—पेप्टिक अल्सर, दीर्घकालिक गैस्ट्रिक समस्या एवं म्यूकस कोलाइटिस;

(vii) मनोदैहिक जेनिटोयूरिनरी विकार—मासिक स्राव में गड़बडी;

(viii) मनोदैहिक अंतःस्रवी ग्रंथि विकार—थॉयराइड ग्लैंड की अतिसक्रियता, मोटापा (bilumia से सम्बन्धित) एवं अन्य अंतःस्रावी समस्याएँ जिनमें सांवेगिक तनाव की कारणात्मक भूमिका होती है;

(ix) मनोदैहिक संवेदी विकृतियाँ—रूपान्तरण लक्षणों को छोड़कर अन्य;

(x) मनोदैहिक स्नायुविक समस्याएँ—जिनके मूल में सांवेगिक कारण होते हैं।

उपर्युक्त दस उपवर्गों में ऐसी सभी प्रमुख समस्याएँ सम्मिलित हैं जिनके लिए प्रायः हम सामान्य चिकित्सकों (जेनरल फिजीशियन) के पास या आउटडोर क्लीनिक में जाते रहते हैं किन्तु इनमें से उच्च रक्तचाप, पेप्टिक अल्सर, माइग्रेन, अस्थमा एवं एक्जीमा कुछ अधिक प्रचलित मनोदैहिक विकार हैं जिनका मूल कारण मनोवैज्ञानिक या सांवेगिक होता है। प्रायः इन सभी समस्याओं में व्यक्ति की तनाव ग्रस्तता के कारण रक्त प्रवाह प्रभावित होता है; धमनियों के अन्दर आकुंचन आ जाने के फलस्वरूप रक्त प्रवाह सहज नहीं रह जाता (या अस्थमा में श्वास नलिका में आकुंचन के कारण वायु प्रवाह बाधित होता है) है।

मनोदैहिक समस्याओं की व्याख्या (Explanation of Psychosomatic Problems)

मनोदैहिक समस्याओं के विकास में मूलतः कुछ मनोवैज्ञानिक/सांवेगिक समस्याओं की भूमिका होती है जिनके कारण या तो उक्त समस्याएँ उत्पन्न होती है अथवा जैविक कारणों से उत्पन्न होने एवं उपचार किये जाने के पश्चात् भी मनोवैज्ञानिक लाभ के लिए व्यक्ति द्वारा इन लक्षणों का अनुरक्षण किया जाता रहता है। इस प्रकार मनोवैज्ञानिक कारण से अनुरक्षित मनोदैहिक समस्या के दैहिक लक्षण/संलक्षण दैहिक स्तर पर उपचार लाभ से परे हो जाते हैं; औषधियाँ लाभ पहुँचाने में विफल हो जाती हैं।

मनोवैज्ञानिक कारकों में परिवार की संरचना, तनाव, मनोरचनाएँ एवं स्वचालित स्नायुमण्डल के अनुबंधन प्रमुख घटक है, जिस व्यक्ति को परिवार में उचित ढंग से प्यार/स्नेह नहीं मिलता है वह इन लक्षणों की उत्पत्ति के माध्यम से स्नेह प्राप्त की चेष्टा करता है।

मनोदैहिक समस्याओं में तनाव की भूमिका प्रतिरोधक क्षमता घटाने वाले कारक के रूप में देखी जाती है। इस प्रकार अनेक दैहिक समस्याएँ जो जीवाणुजन्य होती हैं, तनाव की दशा में सरलतापूर्वक हमें प्रभावित करने लगती हैं। कुण्ठा एवं तनाव के फलस्वरूप चिन्ता एवं क्रोध की उत्पत्ति होती है जो आमाशय में पेप्टिक एसिड के स्राव की मात्रा को बढ़ा देता है तथ हमें पेप्टिक अल्सर हो जाता है। लेशान (Leshan, 1966) ने 450 कैंसर रोगियों के अध्ययन में पाया कि इनमें से 72 प्रतिशत में कैंसर होने से उनके आरंभिक जीवन में गंभीर संकट आया हुआ रहता है तथा प्रायः कैंसर होने के छः माह से आठ वर्ष पूर्व उनके जीवन में पुनः द्वितीय संकट को घटित हुआ पाया गया; इस तुलना में नियंत्रित समूह में ऐसे संकट का अनुपात 10 प्रतिशत ही पाया गया।

मनोदैहिक विकार से पीड़ित व्यक्तियों के अध्ययन (Davies, 1970; Pedder, 1969) से यह प्रदर्शित हुआ है कि जिन व्यक्तियों को अपने संवेगों को अभिव्यक्त करने का शाब्दिक या अशाब्दिक रूप में उपयुक्त माध्यम प्राप्त नहीं होता है उन्हें मनोदैहिक लक्षणों/संलक्षणों की भाषा में अपने संवेगों को अभिव्यक्त करने की आवश्यकता होती है।

मनोदैहिक समस्याओं, देहरूप में अभिव्यक्त लक्षणों एवं स्वास्थ्य चिन्ता के विषय में मायू एवं अन्य (Mayou et. al., 1995) एवं सैण्डर्स (Sanders, 1996, 2000) ने दैहिक एवं मनोवैज्ञानिक कारणों की अंतर्क्रिया को संज्ञानात्मक उपचार प्रणाली के परिप्रेक्ष्य में एक मॉडल के माध्यम से समझाने का प्रयास किया है। इस मॉडल में दैहिक लक्षणों, संवेगों, व्यवहार, लक्षणों के विषय में व्यक्ति समझ/संज्ञान एवं समस्या के विषय में व्यक्ति के अन्तर्निहित विश्वासों और अभिग्रहों के मध्य व्याप्त अन्तर्क्रिया के आधार पर मनोदैहिक समस्या की व्याख्या की गयी है।

इस मॉडल में दैहिक लक्षणों की उत्पत्ति अनेक स्रोतों (दैहिक, चिन्ता, विषाद, मन्द मूड आदि) से होती है। तनाव एक मध्यस्थताकारी घर है जिसके कारण पाचनक्रिया एवं निद्रा में कमी आती है, जिसके फलस्वरूप शारीरिक/दैहिक कष्ट होता है, इसे रेखाचित्र सं॰-24.1 के माध्यम से सैण्डर्स द्वारा दर्शाया गया है। सैण्डर्स (2000) के अनुसार ऐसे लोगों में यह प्रवृत्ति पायी जाती है कि वे अपनी दैहिक समस्या पर ध्यान देते हैं; उसे स्वीकार करते हैं, किन्तु मनोवैज्ञानिक पक्ष पर ध्यान नहीं देते हैं।

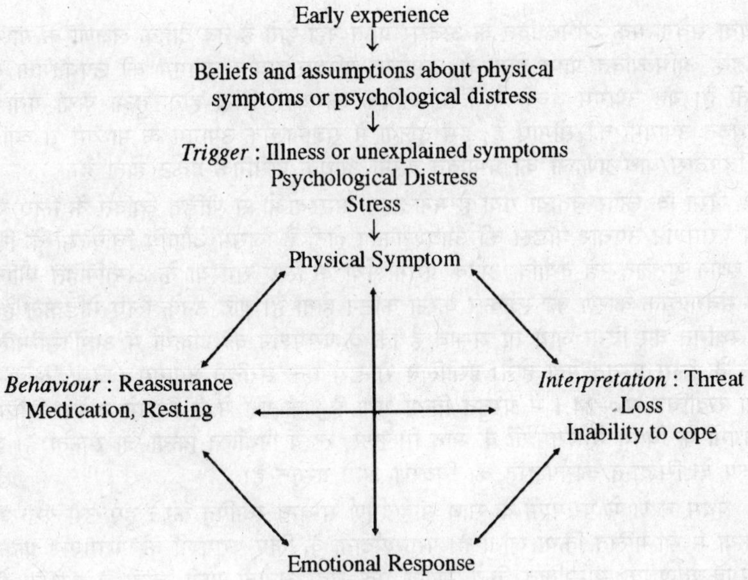

रेखाचित्र सं० 24.1

नोट : उपरोक्त रेखा चित्र Salkoskis and Bass, 1996; Sanders, 1996 पर आधारित है जिसे Sanders (2000) से, उनके विचारों का वर्णन करने हेतु, यथावत् लिया गया है।

सैण्डर्स (Sanders, 1996) ने मनोदैहिक समस्या के मूल में व्यक्ति के चार प्रकार के अभिग्रहों को रेखांकित किया है:—

(i) व्यक्ति अपने संवेगों को शब्दों के माध्यम से अभिव्यक्त नहीं कर पा रहा है अतः मनोवैज्ञानिक संकट के दैहिक पक्ष पर व्यक्ति ध्यान देता है।

(ii) यह विश्वास प्रचलित है कि संवेग अस्वीकार्य एवं खतरनाक होते हैं, अतः उनकी अभिव्यक्ति के स्थान पर दैहिक लक्षण उपस्थित होते हैं।

(iii) यह विश्वास प्रचलित है कि व्यक्ति अपने जीवन के सभी पक्षों पर ध्यान दे सकता है अतः समस्याओं का होना कमजोरी का चिह्न है।

(iv) व्यक्ति में यह विश्वास रहता है कि उसके लिए अपनी आवश्यकताओं की पूर्त्ति का एक मात्र मार्ग रोग ही है।

मनोदैहिक समस्याओं के लिए परामर्शन
(Counselling/Therapy for Psychosomatic Problems)

मनोदैहिक समस्याओं के उपचार हेतु चिकित्सा विज्ञान, मनोविज्ञान एवं सामाजिक सांस्कृतिक स्तर पर सम्भव उपायों के समन्वयन की आवश्यकता है (कोलमैन, 1972) स्वचालित स्नायुमंडल के स्तर पर विकसित अनुबंधनों को ध्यान में रखकर व्यवहार परिमार्जन की प्रणाली उपयुक्त हो सकती है। जैसा कि ऊपर वर्णित है पारिवारिक संरचना में विकार के कारण जब व्यक्ति को उपयुक्त सांवेगिक अनुभूतियाँ प्राप्त नहीं होती है

अथवा संवेगात्मक अभिव्यक्ति के अवसर प्राप्त नहीं होते हैं तब दैहिक लक्षणों के माध्यम से इन्हें अभिव्यक्ति प्राप्त होती है, इसलिए परिवार/सर्वांग उपागम की उपयोगिता बढ़ जाती है। यह उपागम बच्चों के लिए अधिक लाभकारी सिद्ध होता हुआ पाया गया है। उपर्युक्त उपागमों की सीमाएँ है; इस तुलना में संज्ञानात्मक उपागम के माध्यम से व्यक्ति के विश्वास/बोध प्रणाली को प्रभावित करना अधिक प्रासंगिक प्रकट होता है।

जैसा कि ऊपर बताया गया है मनोदैहिक समस्याओं से पीड़ित व्यक्ति के लिए एक ऐसे परामर्शन/उपचार मॉडल की आवश्यकता होती है जिसमें औषधि चिकित्सा के लिए भी स्थान सुरक्षित रहे क्योंकि अनेक परामर्शियों के लिए समस्या के अन्तर्निहित मौलिक पक्ष-संवेगात्मक कारण को स्वीकार करना कठिन होता है। यदि उनके लिए मेडिकल हेल्प को स्थगित कर दिया जाये तो सम्भव है कि वे परामर्शन की प्रक्रिया में आगे सम्मिलित रहने के लिए प्रस्तुत नहीं होंगे। इसीलिए सैण्डर्स एक संरचित उपागम (जैसा कि उनके द्वारा रेखाचित्र सं०-24.1 में प्रस्तुत किया गया है) के पक्ष में हैं जिसमें अनेक विशिष्ट उपागमों के विषय में परामर्शी के साथ मिलकर, लक्ष्य निर्धारित किया जा सकता है। इस प्रारूप के सिद्धान्त/कार्यपद्धति का विवरण आगे प्रस्तुत है।

प्रथम चरण में परामर्शी के साथ सौहार्द्रपूर्ण सम्बन्ध स्थापित करते हुए उसे परामर्शन प्रक्रिया में सम्मिलित किया जाता है। परामर्शदाता के लिए परामर्शी को परामर्शन प्रक्रिया में सक्रियतापूर्वक सम्मिलित किये रखना एक बड़ी चुनौती मानी जाती है क्योंकि ऐसे क्लायंट्स में से अधिकतर अनिच्छापूर्वक, न्यून अभिप्रेरणा के साथ, किसी अन्य के द्वारा रेफर किये जाने पर सम्पर्क स्थापित करते हैं तथा अपने संकट के कारण के रूप में शारीरिक समस्या, यहाँ तक कि तनाव का कारण भी शारीरिक रोग (न कि तनाव को शारीरिक रोग का कारण) को मानते हैं तथा चिकित्सकों की विफलता (उनके रोग को समझ पाने एवं उपचार कर पाने की दृष्टि से) को अपनी वर्तमान स्थिति के लिए कारण मानते हैं। यदि परामर्शदाता परामर्शी को परामर्शन प्रक्रिया में सम्मिलित/व्यस्त (engage) कर पाता है तो यह एक बड़ी सफलता मानी जाती है।

परामर्शदाता (Goldberg et. al, 1989; Murphy, 1993; Sanders, 2000) क्लायंट की परामर्शन प्रक्रिया में सक्रिय भागीदारी (engagement) सुनिश्चित करने के लिए 'पहले लक्षणों को सुनो और बाद में वार्ता का विस्तार करो' (Listening to the symptoms and broadening the agenda) की नीति का अनुपालन करना उचित मानते हैं। पहले क्लायंट को अपने लक्ष्यों के विषय में बताने का पूरा अवसर दिया जाता है। इस प्रक्रिया द्वारा हमें क्लायंट के दृष्टिकोणों, विश्वासों को भी समझने का अवसर मिलता है। जब क्लायंट अपनी समस्या एवं लक्षणों का वर्णन कर लेता है तब उसे इसके कारण की व्याख्या अर्थात इस सम्बन्ध में उसकी परिकल्पना का वर्णन करने के लिए कहा जाता है। उसकी परिकल्पना/व्याख्या (यथाः भोजन में कुछ मिला हुआ खा लिया; किसी ने टोटका कर दिया; कोई खतरनाक जीवाणु रक्त में सम्मिलित हो गया है जिसकी पहचान चिकित्सकों द्वारा नहीं हो पा रही है; आदि) की सीधी आलोचना/प्रतिवाद से बचते हुए उसे वैकल्पिक परिकल्पनाओं का विकास करने के लिए कहा जा सकता है। क्लायंट के साथ वार्ता के माध्यम से प्रकट हुए तथ्यों के आधार पर उसकी मनोदैहिक समस्या के आरंभ होने से सम्बन्धित तात्कालिक कारणों (precipitating causes) को उन कारणों से पृथक करने का प्रयास किया जाता है जिनके फलस्वरूप लक्षणों का वास्तविक शारीरिक रोग (यदि था तो) के ठीक ही चुकने के पश्चात् भी, अनुरक्षण किया जा रहा है। इस

प्रकार आगे बढ़ते हुए परामर्शदाता चित्र में दिये गये मॉडल को प्रस्तुत कर पाता है तथा लक्षणों की अन्तर्क्रियों पर वार्ता हो पाती है; वार्ता की सीमाएँ विस्तृत हो जाती है।

वार्ता का क्षेत्र विस्तृत होने के पश्चात् समस्या की व्यवस्था के लिए वैकल्पिक परिकल्पनाओं के पक्ष एवं विपक्ष पर संयुक्त रूप में विचार किया जाता है। इस बात पर सहमति विकसित करने का यत्न किया जाता है कि 'मनोवैज्ञानिक/सांवेगिक कारण की परिकल्पना का परीक्षण किया जाये तथा यदि परीक्षण में इस नयी परिकल्पना के साथ जीवन-यापन करने में व्यक्ति की समस्या में कोई वृद्धि नहीं होती है तब पुरानी/मूल परिकल्पना के औचित्य परीक्षण हेतु कार्य किया जाता है। इस प्रकार परामर्शदाता क्लायंट के साथ टकराव से बचता है, परामर्शी को स्वयं ही एक पृथक परिप्रेक्ष्य (परामर्शदाता द्वारा सुझाये गए वैकल्पिक परिप्रेक्ष्य) अपनाकर अपनी पुरानी परिकल्पना के परीक्षण का अवसर मिलता है, परामर्शदाता की परिकल्पना उसके द्वारा तत्काल थोप देने की अपेक्षा, परामर्शी द्वारा हीं वह परिकल्पना (यद्यपि थोड़े विलम्ब के साथ) स्वीकार कर ली जाती है।

यथार्थवादी लक्ष्यों का निर्धारण
(Negotiating Realistic Goals)

मनोदैहिक समस्याओं के संदर्भ में परामर्शन कार्य करते समय यथार्थवादी लक्ष्यों का निर्धारण किया जाना अत्यन्त आवश्यक होता है क्योंकि मनोदैहिक समस्याओं की प्रकृति के कारण लक्षणों/संलक्षणों से सम्पूर्ण या पर्याप्त लाभ प्राप्त होना सुनिश्चित नहीं रहता है। परामर्शन/उपचार की सम्पूर्ण अवधि के पश्चात् लक्षणों में कमी आ सकती है या नहीं भी आ सकती है तथा अंततः लाभ मिलने के उपरान्त भी समस्या कुछ सीमा तक बनी रहती है, अतः यहाँ परामर्शन के लक्ष्य अनेक प्रकार के हो सकते हैं (Sharpe, M., Peveles, R., Mayou R.; 1992) :–

(i) लक्षणों एवं संलक्षणों की तीव्रता में कमी लाना,
(ii) लक्षणों एवं संलक्षणों का बेहतर ढंग से सामना करना,
(iii) लक्षणों एवं संलक्षणों के विषय में चिन्ता में कमी लाना,
(iv) लक्षणों के कारण व्यक्ति की अपंगता को दूर करना,
(v) चिकित्सकों से परामर्श प्राप्त करने की दर का घटना।

उपर्युक्त लक्षणों पर विचार करने से स्पष्ट होता है कि मनोदैहिक समस्याओं के क्षेत्र में परामर्शन उद्देश्य विकृति/पीड़ा का उपचार करने तक सीमित नहीं है; इसका उद्देश्य व्यक्ति के जीवन की गुणवत्ता में सुधार करना है। यदि एक सीमा तक वैकल्पिक परिकल्पनाओं के विकास के माध्यम से व्यक्ति को लक्षणों से मुक्ति मिलती है तो यह प्रत्यक्ष एवं प्रथम लाभ है किन्तु इससे भी महत्त्वपूर्ण विषय यह है कि समस्या जितनी भी, जिस किसी रूप में भी हो, व्यक्ति अपने जीवन में पंगु रहने की अपेक्षा स्वास्थ्य सम्बन्धी चिन्ताओं से मुक्त होकर सामान्य जीवन-यापन की दिशा में अग्रसर हो। व्यक्ति जिन कारणों से मनोदैहिक लक्षणों का अनुरक्षण करता है उन कारणों को दूर करना एक महत्त्वपूर्ण विशिष्ट लक्ष्य माना जाता है।

❑

अध्याय 25

वैवाहिक एवं यौनिक समस्याएँ

(MARITAL AND SEXUAL PROBLEMS)

मानव जीवन में विवाह एवं वैवाहिक जीवन में यौनिक सम्बन्ध का विशेष महत्त्व है। विवाह पारिवारिक जीवन का आधार बिन्दु है, हमारे जीवन में पारिवारिक एवं वैवाहिक सम्बन्ध की विशेषताओं का व्यापक प्रभाव पड़ता है। यदि वैवाहिक सम्बन्ध में किसी प्रकार की समस्या हो तो जीवन की गुणवत्ता में; जीवन के विविध पक्षों से सम्बन्धित सुखानुभूति में कमी आती है। विवाह हमारे अंतरंग, अतिघनिष्ट सम्बन्ध का पारम्परिक रूप है। पश्चिमी देशों में विवाह की संस्था कमजोर हो रही है; विवाह का स्थान अनेक दूसरे सम्बन्ध स्वरूपों द्वारा ग्रहण किया जा रहा है जिनमें अविवाहित सहजीवन-यापन (cohabitation), समलिंगी सहजीवन (gay and lesbian relationships) सम्मिलित हैं। हम यहाँ जिन वैवाहिक समस्याओं के संदर्भ में विचार कर रहे हैं उनकी सार्थकता अन्य प्रकार के अपारम्परिक घनिष्ठ सम्बन्ध स्वरूपों के लिए भी समान महत्त्व की है किन्तु भारतीय सामाजिक संदर्भ में आज भी विवाह लगभग सभी व्यक्तियों के जीवन में एक महत्त्वपूर्ण पारम्परिक व्यवस्था है अतः यूरोपी-अमेरिकन शैली में हमारे लिए 'सम्बन्ध समस्या' (Relationship proplems) की अपेक्षा 'वैवाहिक समस्याएँ ही उपयुक्त विचारणीय विषय प्रकट होता है। वैवाहिक जीवन में यौनिक सम्बन्ध स्वयं में एक समस्याप्रद पक्ष हो सकता है तथा यह वैवाहिक जीवन के अनेक आयामों को प्रभावित कर सकता है, अतः इस विषय में विशेषतः विचार किया जाना है। इस अध्याय में हम वैवाहिक एवं यौनिक समस्याओं की व्याख्या एवं उसके लिये उपयुक्त परामर्शन कार्यक्रम का अन्वेषण करने से पूर्व वैवाहिक सम्बन्ध से जड़े हुए कई बिन्दुओं के विषय में विचार करेंगे, यथा : व्यक्ति के कुशलक्षेम/भले के लिए विवाह का महत्त्व; विवाह के व्यवहारात्मक आयाम; पति-पत्नी दोनों व्यवसाय/कार्यरत हो तो किसके लिए कितना अच्छा या कितना बुरा; वैवाहिक सम्बन्धों में शक्ति समीकरण की भूमिका; एवं वैवाहिक सम्बन्ध में समस्याओं के विविध रूप।

वैवाहिक सम्बन्ध : कतिपय विचारणीय बिन्दु
(Marital Relationship : Some Inssues)

वैवाहिक सम्बन्ध, जिससे परिवार का गठन होता है, के अनेक पक्ष है। परिवार की हमारे जीवन में सकारात्मक एवं नकारात्मक दोनों प्रकार की भूमिका हो सकती है। परिवार का महत्त्व मनोविज्ञान में शोध का एक महत्त्वपूर्ण विषय रहा है, किन्तु परिवार के जिस रूप के विषय में अधिकतर शोध अध्ययन हुए हैं वे मुख्यतः पति-पत्नी तक सीमित या अधिक-से-अधिक एक-दो बच्चों को सम्मिलित करते हुए बने परिवार से सम्बन्धित हैं। अतः इन शोध अध्ययनों के माध्यम से भी मुख्यतः दम्पतियों के सम्बन्ध की जानकारी

प्राप्त होती है। वर्णन के लिए यह विषय अत्यन्त विस्तृत हो सकता है, अनेक पुस्तकें परिवार के विषय को ही संबोधित करती हैं। हम यहाँ कुछ बिन्दुओं पर संक्षेप में विचार करेगें।

व्यक्ति के कुशलक्षेम में विवाह का महत्त्व (*Importance of Marriage for Well-being of the Individual*)

व्यक्ति के कुशलक्षेम के लिए उसके जीवन में अवश्यसम्भावी रूप में आने वाले संकटों की घड़ी में सामाजिक सहयोग तंत्र (social support network) की भूमिका महत्त्वपूर्ण होती है। सामाजिक सहयोग की प्राप्ति व्यक्ति को परिवार, मित्रमंडल किन्तु सर्वाधिक महत्त्वपूर्ण रूप में अपने पति/पत्नी (जीवनसंगी-spouse) से होती है। इसलिए विवाह की भूमिका सामाजिक सहयोग तंत्र के गठन में मानी जा सकती है।

मनुष्य स्वभावतः मिलनसार होता है और युवा वर्ग में मिलनसारिता की मात्रा और अधिक पायी जाती है। समाजशास्त्रीय अध्ययनों से प्रकट होता है कि हमारे सम्बन्ध तंत्र में परिजनों की भूमिका अत्यन्त व्यापक होती है, हमारा अधिकतर समय उन्हीं के सम्पर्क में व्यतीत होता है। संकट की घड़ी में हम अपने निकट संबंधियों पर अधिक निर्भर (Giffith, 1985, ने कैलिफोर्निया में यह अनुपात 57% पाया) होते हैं। फिशर (1982) के अध्ययनों में परिवार की सामाजिक सहयोग की दृष्टि से प्रमुख भूमिकाएँ— (i) परामर्शन; (ii) सहचारिता (companionship); तथा (iii) व्यावहारिक समर्थन के रूप में पायी गयी। परामर्शन की दृष्टि से दम्पति (spouse) की भूमिका महत्त्वपूर्ण होती है।

व्यक्ति के कुशलक्षेम (well-being) की दृष्टि से यू. एस. ए. की जनगणना के आँकड़ों का विश्लेषण करते हुए वरब्रज्ज (Verbrugge, 1979) की टिप्पणी उद्धरणीय है :—

Divorced and separated people have the worst health status ....widowed people rank second for health status, followed by single people. Married people appear healthiest.

विवाहित व्यक्तियों की स्वास्थ्य अवस्था श्रेष्ठतर होने के कारण उनकी आयु अधिक, मृत्यु दर कम होती है। शारीरिक स्वास्थ्य के साथ-साथ उनका सकारात्मक मानसिक स्वास्थ्य (अर्थात लक्षणों के अभाव की दृष्टि से नहीं) भी अन्य समूहों की तुलना में श्रेष्ठ होता है। ब्लूम एवं अन्य (Bloom, White & Ashes, 1975) ने शोध अध्ययनों की समीक्षा से विवाहित लोगों को मानसिक चिकित्सालयों में न्यूनतम पंजीकरण पाया।

The "admission rates into psychiatric facilities are lowest among the married, intermediate among widowed and never-married adults and highest among divorced and separated."

वरब्रज्ज (1979) एवं गोव (Gove, 1972) ने मनोचिकित्सालयों में भर्त्ती/रह रहे व्यक्तियों (रोगियों), या सामुदायिक रिपोर्टिंग की दृष्टि से विवाहितों का दर कम होना पाया। पर्लमैन एवं पेपलू (Perlman & Peplau, 1984) ने विवाहित लोगों में मानसिक स्वास्थ्य के एक आयाम अकेलापन (loneliness) की शिकायत कम पाई। इसी प्रकार बर्नार्ड (Bernard, 1972) एवं ग्लेन (Glen, 1975) के अध्ययनों में विवाहित लोगों में जीवन संतुष्टि (life satisfaction) की मात्रा अविवाहित, विधवा एवं सम्बन्ध विच्छेदित

समूहों की अपेक्षा अधिक पाया। इस प्रकार प्रकट है कि विवाह व्यक्ति के कुशलक्षेम के लिए लाभकारी सिद्ध होता है। कार्गन एवं मेल्को (Cargan and Melko, 1982) ने यह निष्कर्ष प्राप्त किया कि एकाकी जीवन व्यतीत करने वाले व्यक्तियों में तनाव, औषधि दुरुपयोग एवं आत्महत्या के विचार जैसी समस्याएँ अधिक पायी जाती हैं। अनेक अध्ययनों की समीक्षा से **पर्लमैंन** एवं **रूक** (Daniel Perlman & Karen S. Rook, 1987) तीन निष्कर्षों तक पहुँचते हैं:—(i) महिलाओं की अपेक्षा पुरुषों को विवाह से अधिक लाभ प्राप्त होता है; किन्तु, ऐसा मानना कि इसका प्रभाव महिलाओं के लिए ऋणात्मक होता है, त्रुटिपूर्ण निष्कर्ष होगा; (ii) वैवाहिक सम्बन्ध विच्छेद निश्चय ही त्रासद, दुःखद होता है; (iii) सम्भवतः विवाह के माध्यम से प्राप्त होने वाला सामाजिक सहयोग वह महत्त्वपूर्ण कारक है जिसके कारण विवाहितों का मानसिक स्वास्थ्य श्रेष्ठतर होता है। व्यक्ति के कुशलक्षेम में विवाह की भूमिका के संदर्भ में सामाजिक सहयोग की परिकल्पना (social support hypothesis) की वैधता के दो आधार कारणों का अभिग्रह (assumption) महत्त्वपूर्ण है:—(i) सामाजिक सहयोग व्यक्तियों को अनुभव होने वाले बाह्य प्रबलों (external stressors) की तीव्रता को घटा सकता है; एवं (ii) सामाजिक सहयोग तनाव को घटा (mitigate) सकता है या उसके प्रभाव के विरुद्ध प्रतिरोधक (buffer) का कार्य कर सकता है। यह सामाजिक सहयोग पति/पत्नी, परिजन, मित्रों में से एक या अनेक से संयुक्त रूप में प्राप्त हो सकता है किन्तु इसमें किसकी भूमिका अधिक होगी यह व्यक्ति की उसके साथ सन्निकटता द्वारा प्रभावित होती है। आधुनिक वैवाहिक सम्बन्धों में सन्निकटता एवं अत्मीयता (closeness and intimacy) प्रमुख लक्ष्य होता है अतः दम्पति (पति/पत्नी) सामाजिक समर्थन के सर्वाधिक महत्त्वपूर्ण स्रोत बन जाता है; सहजीवन एवं विवाह में व्यक्ति स्वतंत्रता एवं घनिष्ट सम्बन्धन दोनों को पाने की चेष्टा करता है (Reis, 1987) जबकि 'व्यक्ति के कुशलक्षेम का विकास भावात्मक रूप से निकट या आत्मीय पार्टनर के सम्पर्क से होता है। ("Well being is most likely to stem from contact with affectionately close or intimate partners"—Reis, 1984) है।

वीस्स (Weiss, 1944) ने सम्बन्धों के महत्त्व के छः आयाम : लगाव (attachment), सामाजिक समन्वयन (social intergration), देखभाल का अवसर (opportunity for nurturance), महत्त्व का आश्वासन (assurance of worth), विश्वसनीय संसर्ग की भावना (a sense of reliable alliance) एवं निर्देशन/मार्गदर्शन (guidance) बताया। उपर्युक्त में से अनेक एवं प्रमुखतः लगाव की पूर्त्ति विवाह के माध्यम से होती है। रूक (Rook; 1984, 1985) ने सामाजिक सम्बन्ध के तीन प्रकार्य बताये हैः—सहायता (help), साथ या घनिष्ठ अन्तर्क्रिया (companionship/intimate interaction) एवं नियंत्रण (regulation)। इन तीनों प्रकार्यों का व्यक्ति के लिए महत्त्व है तथा इन प्रकार्यों की दृष्टि से वैवाहिक सम्बन्ध सर्वाधिक महत्त्वपूर्ण है। यहाँ पर यह विवरण पर्लमैंन एवं रूक (1987) के द्वारा प्रस्तुत तालिका सं० 25.1 के माध्यम से यथावत प्रस्तुत एवं वर्णित हैं।

Table 25.1 : Three functions of Social Bonds with Examples and Consequences

Function	Examples	Major Benefits	Salient Outcomes
1. Help (e.g., emotional support, informational support, appraisal support, instrumental support)	Empathic listening, Expression of caring/concern, Reassurance of worth, Advice Provision of material aid/services	Reduce threats to well-being (restore equlibrium, prevent pathology)	Stress-related physical illnesses Psychiatric symptoms (particularly worry, anxiety, depression) Quality of coping responses Sense of self-efficacy
2. Companionship/intimate interaction (e.g. pleasurable social activity, stimulation/ challenge, self-revelational)	Shared leisure/recreation Discussion of common interests Humor, Affection Disclosure of hopes, fantasies, beliefs	Provide positive inputs to well-being (increase contentment, promote positive mental health)	Quality of life/positve mental health (e.g., happiness, life satisfaction, sense of self-worth) Mood (absence of positive inputs leads to depression)
3. Regulation (e.g. deterrence from deviant acts, prompting of stable role performance, prompting of health-sustaining behaviour)	Feedback about inappropriate behaviour Direct intervention to prevent self-injurious acts Reminder of role obligations Threats for ineffective role performance Requests for better self-care Modeling of effective self-care or role performance	Prevent deviance (supplement internal restraints) Maintain stable functioning (provide structure to daily functioning)	Deviant and self-injurious behaviour, Risk-taking (e.g., alcohol and substance abuse, reckless driving), Quality of role performance (e.g., work attendance, productivity, performance of household and parenting duties), Quality of self-care (e.g., diet, exercise, compliance with medical regimen)

Source : Denial Perlman and Karen S. Rook (1987), Social Support, Social Deficits and the Family, In-Family Processes and Problems : Social Psychological Aspects, Applied Social Psychology Annual (7) : Sage Publications, Inc. California.

परिवार एवं विवाह की व्यक्ति के कुशलक्षेम में भूमिका/महत्त्व विषयक उपर्युक्त प्रतिपादन (thesis) के विपरीत प्रतिपादन (antihesis) को साथ में प्रस्तुत करते समय पर्लमैन एवं रूक ने विवाह से सम्बन्धित समस्याओं एवं हमारे कुशलक्षेम में उनके प्रभाव के रूप में विवाह से असंतोष, आक्रामक व्यवहार एवं वैवाहिक सम्बन्ध विच्छेद का विशेष उल्लेख किया है।

विवाह का व्यवहारात्मक पक्ष *(Behavioural Aspects of Marriage)*

मनोवैज्ञानिक के लिए विवाह के सामाजिक पक्ष की तुलना में व्यवहारात्मक पक्ष अधिक महत्त्वपूर्ण है। विभिन्न समाजवैज्ञानिकों द्वारा व्यवहार के सात आयामों की पहचान की गयी है (Bernard, 1964; Burgess and Locke, 1945; Burgess & Wallin, 1953, Cuber & Haroff, 1965 Faber, 1962; Pydes, 1970); इनमें से तीन : सहचारिता (companionship), वैवाहिक भूमिका निष्पादन (marital role performance) एवं अन्तर्क्रिया का भावात्मक गुण (affective quality of interaction) को ह्युस्टन एवं अन्य (Huston, Robins, Atkinson and McHale, 1987) ने वैवाहिक सम्बन्ध की विशेषता अर्थात द्विकीय सम्बन्ध (dyadic relationship) से सम्बन्धित बताया जबकि अन्य चार विमाओं : मूल परिवार एवं अन्य परिजनों के साथ संलिप्तता (involvement with family of origin and other kins), मित्रों, सहकर्मियों एवं अन्य गैर परिजनीय सम्बन्धों में संलिप्तता, बच्चों के साथ संलिप्तता एवं सामुदायिक गतिविधियों में संलिप्तता का सम्बन्ध सामाजिक संदर्भ या अन्तर्वैयक्तिक सम्बन्ध तंत्र से है। ह्युस्टन एवं अन्य (1987) ने अपने शोधकार्य में पति/पत्नी के जीवन की घटनाओं के आत्म-वर्णन (self report) आंकड़ों के आधार पर समस्त गतिविधियों को (अ) गृह कार्य, (ब) विश्राम-काल गतिविधियाँ (स) सकारात्मक एवं नकारात्मक अन्तर्क्रिया घटना (Positive and Negative Interaction Events) की श्रेणी में विभाजित किया है। वैवाहिक समस्याओं को समझने की दृष्टि से इन सकारात्मक एवं नकारात्मक घटनाओं का वर्णन महत्त्वपूर्ण है। **ह्युस्टन एवं अन्य** (1987) द्वारा अधोवर्णित घटनाओं द्वारा वैवाहिक एवं यौनिक समस्याओं के प्रारूप का भी परिचय प्राप्त होता है:—

(1) Positive/Pleasing Behaviours (सकारात्मक/सुखदायी व्यवहार)

(i) Spouse expressed approval of you or complimented you about something you did (आपके पति/पत्नी ने आपका अथवा आपके द्वारा किये गये कार्य का अनुमोदन किया।)

(ii) Spouse did or said something to make you laugh (आपके पति/पत्नी ने कुछ ऐसा किया अथवा कहा जिसपर आप हँसे)

(iii) Spouse said "I love you" (आपके पति/पत्नी ने आपसे 'आई लव यू' कहा)

(iv) You talked to each other about things that happened to each of you during the day, while you were apart (आपने एक-दूसरे से ऐसे विषय में बात की जो उस समय घटित हुआ जबकि आप अलग थे।)

(v) You had sexual intercourse (आपने यौनिक सम्भोग किया)

(vi) You expressed physical affection with spouse, such as kissing, hugging or cudding (outside of sexual intercourse) आपने यौनिक

सम्भोग क्रिया से अलग शरीर की भाषा में स्नेह प्रदर्शित किया, यथा चुम्बन, आलिंगन, जुगाली।)

(viii) You shared your emotions, feeling or problems with each other (आपने अपनी भावनाओं, अनुभूतियों, या समस्याओं के विषय में एक-दूसरे से बात की।)

(ix) Spouse initiated sex with you (पति/पत्नी ने आपके साथ सेक्स के लिए पहल की।)

(x) Spouse did something nice for you that you did not expect (पति/पत्नी ने आपके प्रति कुछ ऐसा अच्छा किया जिसके विषय में आपने अपेक्षा नहीं की थी।)

(2) Negative/Displeasing Behaviours (नकारात्मक/दुखदायी व्यवहार)

(i) Spouse seemed bored or uninterested while you were talking (पति/पत्नी आपकी बातचीत से बोर या उसमें रुचि न लेते हुए प्रतीत हुए।)

(ii) Spouse dominated a conversation with you, such as interrupting you or not giving you chance to talk (पति/पत्नी आपकी वार्ता में वर्चस्व स्थापित कर रहे थे, आपको बोलने से रोक रहे थे या आपको बोलने का अवसर नहीं दे रहे थे।)

(iii) Spouse showed anger or impatience by yelling, snapping or raising his or her voice at you (पति/पत्नी ने अपनी आवाज उठाकर, चिल्लाकर, फटकार कर आपके प्रति क्रोध या आधीरता प्रकट किया।)

(iv) Spouse criticized you or complained about something you did or didn't do (आपके जो कुछ किया अथवा नहीं भी किया उसकी आपके पति/पत्नी ने आलोचना या शिकायत की।)

(v) Spouse turned down or avoided your sexual advance (पति/पत्नी ने आपकी सेक्स के विषय में पहल को नकार दिया।)

(vi) Spouse failed to do, or that you asked to get done (such as not runing an errand, coming home late etc. (पति/पत्नी ने वह नहीं किया जिसकी आपने उनसे अपेक्षा की थी।)

(vii) Spouse did something knowing it annoyed you (some habit, leaving on a light, not picking up his or her clothes, etc.) (पति/पत्नी ने कुछ ऐसा किया जिसके विषय में उन्हें ज्ञात था कि इससे आपको झुझलाहट होगी जैसे—कोई आदत, बिजली जलती छोड़ देना, अपने कपड़े ठीक से न रखना, आदि।)

ह्यूस्टन (Huston) एवं अन्य के शोध परिणाम के कुछ विचारणीय बिन्दु इस प्रकार है :—

(i) यह साधारणतः मानकर चला जाता है कि लोगों के सम्बन्धों में एकरूपता बनी रहती है; किन्तु, कुछ क्षेत्रों (जैसे गृह प्रबंधन एवं बच्चों की देखभाल) में छोटी अवधि के लिए अधिक एकरूपता पायी जाती है जबकि द्वन्द्व जैसे आयामों पर यह एकरूपता नहीं पायी जाती है।

(ii) व्यवहार युगल के प्रतिदिन के जीवन की तात्कालिक परिस्थितियों एवं उनकी मनोवैज्ञानिक अवस्था एवं शीलगुणों के प्रभाव में बदलता रहता है।

दोहरे कैरिअॅर वाले परिवार : किसके लिए, कितना अच्छा, कितना बुरा? (*Dual Carrer Families : How Good, How Bad, for Whom ?*)

विवाह के स्वरूप में पति-पत्नी के मध्य शक्ति समानता का महत्त्व होता है तथा इस शक्ति समीकरण का दोनों के कैरिअॅर के साथ सम्बन्ध होता है।

रपापोर्ट एवं **रपापोर्ट** (1971) ने उन परिवारों को दोहरे-कैरिअॅर परिवार के रूप में परिभाषित किया जहाँ परिवार के दोनों मुखिया एक ही समय पर अपना कैरिअॅर अपनाते हैं तथा पारिवारिक जीवन भी साथ-साथ व्यतीत करते हैं। ऐसे परिवारों में पत्नियाँ ऐसे रोजगार में लीन होती है जिसके लिए विशेष शिक्षा की आवश्यकता होती है, जीवनभर का उस रोजगार के प्रति समर्पण होता है तथा उसमें क्रमोत्तर उपलब्धियाँ प्राप्त होती हैं (Setil & Turetsky, 1987)। गिलबर्ट (1989) रोजगार में दोनों की व्यस्तता के अतिरिक्त दोनों के मध्य घरेलू एवं नौकरी की भूमिकाओं की दृष्टि से समानता अभिग्रह भी स्वीकार करते हैं किन्तु यह भी कहते हैं कि दोहरे करिअॅर परिवार में अपेक्षित एवं व्यावहारिक स्थिति के मध्य अन्तर पाते हैं। प्रायः पत्नियों की नौकरी को दोयम दर्जे की हैसियत प्राप्त होती है, उसके कमिटमेंट की उपेक्षा की जाती है। पत्नियाँ अलाभकर अवस्था में होती हैं।

बर्नार्ड (Bernard, 1972) ने कहा कि सभी विवाहों में वस्तुतः दो पक्ष होते है : उसका ('his') तथा उसकी (hers)। प्रायः 'उसका' विवाह 'उसकी' शादी से अच्छा होता है, अर्थात् पति लाभ की दशा में होता है। विवाह के फलस्वरूप पतियों के कुशलक्षेम में प्रायः वृद्धि होती है तथा विवाह के कारण किसी प्रकार के लक्षण के उत्पन्न होने की सम्भावना नहीं होती है किन्तु पत्नियों के लिए विवाह उतना अच्छा सिद्ध नहीं होता है। बर्नार्ड ने पाया कि विवाहित महिलाएँ अविवाहित महिलाओं की तुलना में तो श्रेष्ठ दशा में होती हैं किन्तु उन्हें मानसिक स्वास्थ्य की समस्या का विवाहित पुरुषों की तुलना में अधिक सामना करना पड़ता है। लिंग, वैवाहिक संस्थिति और मानसिक स्वास्थ्य के सम्बन्ध के विषय में शोध करने वाले 17 अध्ययनों के परिणाम की समीक्षा से स्टील एवं ट्यूरेस्की (Steil & Turetsky, 1987) से तीन निष्कर्ष निकाले : प्रथम, विवाहित महिलाओं में विवाहित पुरुषों की अपेक्षा मानसिक समस्याएँ अधिक पायी जाती हैं। द्वितीय सभी श्रेणी के अकेले (कभी विवाहित नहीं, विधुर, सम्बन्ध विच्छेदित) पुरुषों में अविवाहित महिलाओं की अपेक्षा मनोरोग की दर अधिक होती है। तृतीय, मात्र विवाहित महिलाओं के वर्ग में ही पुरुषों की अपेक्षा मनोरोग का घटनाक्रम अधिक पाया जाता है।

विवाहित पुरुषों की अपेक्षा विवाहित महिलाओं में मनोरोग की अधिक घटना की व्याख्या जैविक संरचना, सहायता अर्जित करने सम्बन्धी व्यवहार, अभिव्यक्ति की स्वतंत्रता, महिलाओं की सामाजिक भूमिका आदि के आधार पर की गयी है किन्तु नौकरी/रोजगार/ उद्यमरत महिलाओं के विषय में यह व्याख्या अपर्याप्त प्रकट होती है। सम्भवतः महिलाओं के रोजगार की निम्नतर दशा के कारण तथा घर और बाहर की दोहरी भूमिका के कारण उनकी दशा अधिक दयनीय हो जाती है।

चूँकि यह तो स्पष्ट है कि विवाह के कारण महिलाओं की कुशलता में कमी नहीं आती है, तो प्रश्न यह प्रकट होता है कि क्या उद्यमरत विवाहित महिलाओं की निम्नतर दशा का कारण पुरुषों की अपेक्षा उनके स्तर एवं शक्ति की असमानता (inequality of status and power) है? समानता अंतरंग सम्बन्ध का सर्वाधिक सबल आधार माना जाता है।

वैवाहिक सम्बन्ध में समस्याएँ (*Problems in Marital Relationship*)

पति-पत्नी के सम्बन्ध में मुख्य निम्न प्रकार की समस्याएँ पायी जाती है (Derek Hill, 2000) :–

(i) आपसी सम्वाद की समस्या
(2) आवश्यकताओं का द्वन्द्व एवं पार्थक्य
(3) विवाहेतर प्रेम प्रसंग
(4) यौनिक समस्याएँ
(5) माता-पिता के रूप में द्वन्द्व
(6) बलपूर्वक स्थापित भूमिका में बदलाव
(7) आक्रामकता
(8) औषधि/पदार्थ दुरुपयोग
(9) ईर्ष्या/स्वत्वबोध (पजेसिवनेस)

यौनिक समस्याओं के तीन रूप होते हैं—(i) नारी यौनिक प्रकार्यात्मकता के दोष—सेक्स में रुचि एवं/अथवा उत्तेजना का अभाव, आर्गाज्म (चरम सुख) की प्राप्ति न होने की समस्या, योनि मार्ग में पीड़ा की अनुभूति; (ii) पुरुषों की यौनिक प्रकार्यात्मकता के दोष—सेक्स में रुचि का अभाव, लिंग स्तम्भन की समस्या, शीघ्र पतन की समस्या; (iii) दम्पति स्तर की समस्या—दोनों सदस्यों की सेक्स सम्बन्धी रुचि की मात्रा में अन्तर, संवाद की समस्या, सम्बन्धात्मक समस्या के कारण सेक्सुअल प्राब्लम।

सम्बन्ध परामर्शन
(Relationship Counselling)

वैवाहिक एवं यौनिक समस्याओं की जड़ें एवं वांछित समाधान मुख्यतः पति-पत्नी के सम्बन्धों से जुड़ी होती है। समस्याएँ प्रायः एक साथ ही अनेक श्रेणियों की होती है, कई व्यवहारात्मक पक्ष एक साथ मिलकर समस्या को जन्म देती हैं। परामर्शन कार्य दम्पति के स्तर पर करने की आवश्यकता होती है अतः पति-पत्नी दोनों की सहभागिता अपेक्षित होती है।

सम्बन्ध परामर्शदाता/सेक्स परामर्शदाता अनेक उपागमों के साथ कार्य करते हुए देखे जा सकते हैं। प्रयुक्त उपागमों में मनोगत्यात्मक, संज्ञानात्मक व्यवहारात्मक एवं सर्वांग उपागम प्रमुख हैं। संक्षिप्त मनोगत्यात्मक उपागम द्वारा दम्पति में ऐसे महत्त्वपूर्ण परिवर्तन उत्पन्न हो सकते हैं जिनके आधार पर आपसी सम्बन्ध को नया रूप देने के लिए पति/पत्नी स्वयं प्रयास कर सकते हैं। संक्षिप्त फोकस्ड कार्य (brief focused work) द्वारा सम्बन्ध को टूटने या खतरनाक मोड़ लेने से रोका जा सकता है। घरेलू हिंसा को 'शून्य हिंसा संविदा' (zero-violence contract) के माध्यम से दूर करने में सहायता मिल सकती है।

यौनिक समस्याओं के लिए कार्य करने से पूर्व शारीरिक कारणों की सम्भावना का पता लगाया जाना चाहिए और यदि समस्या का कारण शारीरिक स्तर पर हो तो उसका उपचार उसी स्तर पर किया जा सकता है, यथाः पुरुषों में स्तंभन की समस्या का समाधान 'वियाग्रा' द्वारा किया जा सकता है, किन्तु यौनिक समस्याओं में से अधिकतर (जैसे शीघ्र पतन, योनि मार्ग में भय के कारण उत्पन्न होने वाली पीड़ा आदि) का सम्बन्ध 'आपसी

संबंध की समस्या' से होता है। ऐसे में **मास्टर्स** एवं **जॉनसन** (Masters & Johnson, 1966) का संवेदना केन्द्रित मॉडल (sensate focus model) उपयुक्त होता है। इस मॉडल में तीन अवस्थाएँ होती हैं :—

(i) जननांगों से अलग शरीर के अन्य क्षेत्रों पर सांवेदिक अनुभव के साथ समायोजन के लिए कार्य करना; जैसे—जनानांगों एवं स्तन को छोड़कर अन्य अंगों को स्पर्श करते हुए तनावरहित होने का अभ्यास किया जाना।

(ii) इस अवस्था में जननांगों पर ध्यान दिया जाता है, उन्हें स्पर्श करते हैं, प्राप्त होने वाली संवेदना के साथ तनावरहित रहने का अभ्यास करते हैं किन्तु योनि मार्ग में प्रविष्ट नहीं हुआ जाता है। जब व्यक्ति उत्तेजनाहीन स्पर्श के साथ तनावरहित रहते हुए आगे चलकर उत्तेजना के अनुभव की ओर अग्रसर होते हैं तब तीसरी अवस्था की ओर अग्रसर होते हैं।

(iii) तीसरी अवस्था में लिंग प्रवेश का समय आता है आरम्भ में अच्छा यह माना जाता है कि पति पीठ के बल सीधा लेटा रहे और पत्नी ऊपर आकर धीरे-धीरे पीड़ा रहित अनुभूति के साथ लिंग को ग्रहण करें। जब इस क्रिया में सहजता का अनुभव होने लगे, जब आत्म विश्वास में वृद्धि होने लगे तब अधिक सक्रिय होना चाहिए तथा दम्पति को अन्य प्रकार के आसनों की अपने लिए उपयुक्तता का परीक्षण करना चाहिए।

यौनिक रुचि की दृष्टि से पति-पत्नी के मध्य समस्या होने पर संज्ञानात्मक उपागम का उपयोग कर सहयोग वृत्ति का विकास किया जा सकता है।

इस क्षेत्र में कार्यरत परामर्शदाता से गोपनीयता की सम्पूर्ण अपेक्षा की जाती है किन्तु यदि ऐसी सूचनाएँ प्रकट हो जिससे किसी को (पति, पत्नी या अन्य किसी की) गंभीर क्षति पहुँचने की सम्भावना हो तब उपयुक्त एजेंसी/अधिकारी को इस विषय में सजग किया जाना चाहिए। परामर्शदाता को प्रत्येक सदस्य के साथ बराबर सम्बन्ध रखना चाहिए, पति-पत्नी के मध्य कोई भेद-भाव नही करना चाहिए।

❑

अध्याय 26

अनुर्वरता : मनोवैज्ञानिक प्रभाव
(INFERTILITY : PSYCHOLOGICAL IMPACT)

संतति के माध्यम से अपनी प्रजाति को आगे बढ़ाने की नैसर्गिक प्रवृत्ति सभी प्राणियों में पायी जाती है, ऐसा बहुसंख्य प्रकृतिवादियों का अभिमत है। सामाजिक स्तर पर भी यह अपेक्षा की जाती है कि सभी दम्पति इस प्रक्रिया को आगे बढ़ाने में सहभागी होंगे। संतति के माध्यम से हमारी सामाजिक स्वीकार्यता एवं प्रभुत्व में वृद्धि आती हुई देखी जाती है, किन्तु लगभग 16 प्रतिशत दम्पति बच्चों को जन्म देने में कठिनाई का सामना करते हैं जबकि लगभग 4 प्रतिशत दम्पति अनचाहे ही बच्चों को जन्म नहीं दे पाते हैं। दम्पतियों की अनुर्वरता का उनके ऊपर प्रतिकूल मनोवैज्ञानिक प्रभाव पड़ता है।

अनुर्वरता की समस्या से पीड़ित दम्पतियों/व्यक्तियों को अनेक स्तरों पर परामर्शन की आवश्यकता होती है। प्रथम, अनुर्वरता के जैविक कारणों का उपचार प्राप्त करने हेतु वे कहाँ, किन विशेषज्ञों से सम्पर्क करें। इस प्रकार का परामर्शन मनोवैज्ञानिक परामर्शन से बाहर का क्षेत्र है। द्वितीय, अनुर्वरता का उपचार प्राप्त करने के लिए मानसिक तैयारी, उपचार की अवधि में तनाव प्रबंधन से सम्बन्धित परामर्शन का विषय क्षेत्र है। तृतीय, जो लोग अंततः प्रजनन सम्बन्धी समस्याओं के उपचार के उपरान्त भी निःसंतान रह जाते हैं या उपचार स्वीकार नहीं करते हुए बच्चें को जन्म दिये बिना रह जाते हैं, उन्हें अनेक प्रकार की मनोवैज्ञानिक समस्याओं का सामना करना पड़ता हैं और उनके लिए परामर्शन सेवा की आवश्यकता होती है। यहाँ इस अध्याय में हम द्वितीय एवं तृतीय श्रेणी की समस्याओं के लिए परामर्शन कार्य के विविध पक्षों पर विचार करेंगे।

अनुर्वरता के मनोवैज्ञानिक प्रभाव
(Psychological Impact of Infertility)

क्राइस्टा डेन्नान (Christa Drennan, 2000) ने अनुर्वरता के निम्न प्रभावों का वर्णन किया है:—

शोकग्रस्तता–हम साधारणतः बच्चों को जन्म देने/न देने, उनकी संख्या, जन्म देने के समय के बारे में निर्णय लेना अपना अधिकार मानते हैं और इसके साथ यह विश्वास भी सम्मिलित होता है कि बच्चों को जन्म देने में हम सक्षम हैं। ऐसे में जब हम बच्चें को जन्म देने में विफल होते हैं तब हमें भविष्य का पुनर्मूल्यांकन करना पड़ता है। बच्चा, जो हमारी भविष्य की गतिविधियों के केन्द्र बिन्दु के रूप में प्रकट होता है, न होने पर भविष्य अनिश्चित, अंधकारमय प्रतीत होने लगता है तथा हम शोकग्रस्तता के शिकार होने लगते हैं। यदि पत्नी का ऋतुचक्र अभी चल रहा है तो प्रत्येक माह एक नई आशा का आगमन होता है किन्तु तनाव ग्रस्तता एवं अपने स्तर पर सम्भव प्रयास के साथ पुनः परिणाम की प्रतीक्षा करनी पड़ती है, विफलता एवं निराशा की पुनरावृत्ति का सामना करना पड़ता है।

आपसी सम्बन्ध की समस्या–कुछ पति-पत्नी निःसंतान होने पर एक-दूसरे के अधिक समीप आकर एक-दूसरे को सहारा देते हैं किन्तु अधिकतर घटनाएँ आपसी संचार, प्रेम के बिखराव के रूप में देखी जा सकती हैं।

पार्थक्य–बच्चे के आगमन की प्रतीक्षा पति-पत्नी के अतिरिक्त परिवार में एवं परिजनों/समाज में अन्य लोगों को भी रहती है। बच्चें के जन्म की घटना से जहाँ पति-पत्नी का प्रोन्नयन माता-पिता के रूप में होता हैं वही परिवार के अन्य सदस्यों का भी अनेक प्रकार से प्रोन्नयन होता है। अतः बच्चा नहीं होने पर अन्य लोग भी प्रभावित होते हैं किन्तु सर्वाधिक प्रभावित तो पति-पत्नी ही होते है। वे स्वयं को अपने वृहत्तर परिवार, मित्रों, समाज से अलग-थलग पाते हैं, बच्चें वाले दम्पतियों से वे कुछ अधिक दूरी अनुभव करने लगते हैं। अनेक सामाजिक अवसरों, जैसे किसी के बच्चें के जन्म दिन उत्सव, पर उन्हें उपस्थित रहना अच्छा नहीं लगता है।

आत्म-दोषारोपण—अनेक महिलाओं/दम्पतियों के साथ ऐसी घटना हो सकती है कि किसी परिस्थितिवश उन्हें गर्भसमाप्ति का निर्णय लेना पड़ा रहा हो और अब अनुर्वरता की समस्या का सामना करना पड़ रहा हो। ऐसे में प्रायः उन्हें अपने पिछले कार्य व्यवहार पर पछतावा होने लगता है तथा वर्तमान समस्या के लिए स्वयं को उत्तरदायी मानने लगते हैं। विवाह में विलम्ब को अनुर्वरता के साथ जोड़कर भी व्यक्ति स्वयं को दोषी मानने लगता है।

मनोयौनिक प्रभाव—बच्चे को जन्म दे पाने की विफलता का व्यक्ति की काम-प्रवृत्ति (लिबिडो) पर प्रतिकूल प्रभाव उत्पन्न होने लगता है : व्यक्ति की यौनिक रूचि घट जाती है, काम-क्रिया से दूर रहने लगता है; उत्तेजना सम्बन्धी दोष (कमी) आने लगता है। उर्वरता उपचार के व्यक्ति के जीवन में हस्तक्षेपात्मक स्वरूप के कारण भी उक्त प्रभाव उत्पन्न हो सकते हैं।

उर्वरता उपचार के मनोवैज्ञानिक प्रभाव
(Psychological Impact of Fertility Treatment)

अनुर्वरता एक जैविक समस्या है, इसका जैविक स्तर पर उपचार हो जाना सम्भव है, यद्यपि सफलता प्राप्ति के विषय पूर्णतः आश्वस्त नहीं हुआ जा सकता है। उपचार की प्रविधियों का टेस्ट-ट्यूब बेबी की सीमा तक विकास हुआ है। अनुर्वरता का उपचार प्राप्त करना या नहीं करना व्यक्ति/दम्पति के लिए एक कठिन निर्णय होता है; इस निर्णय तक पहुँचने की प्रक्रिया में अनेक द्वन्द्वात्मक प्रश्नों का उत्तर खोजना पड़ता है। एक बार अनुर्वरता का उपचार स्वीकार करने और उसके स्वरूप के विषय में निर्णय ले चुकने के पश्चात उपचारात्मक अवधि/प्रक्रिया में भी व्यक्ति के ऊपर अनेक प्रकार के मनोवैज्ञानिक प्रभाव उत्पन्न होते हैं। उपचार के लिए निर्णय लेने की प्रक्रिया में और उपचार की अवधि में पत्नियाँ/महिलाएँ मनोवैज्ञानिक स्तर पर अधिक प्रभावित होती हैं। कुछ प्रमुख प्रभावों का वर्णन प्रस्तुत है।

उपचार की विफलता—अनेक श्रेणियों की अनुर्वरता औषधियों एवं साधारण शल्य क्रियाओं द्वारा ठीक की जा सकती हैं। किन्तु दम्पतियों का एक बड़ा वर्ग सफलता से वंचित रह जाता है। ऐसे दम्पतियों को अनुर्वरता का प्रत्यक्ष समाधान प्राप्त नहीं हो पाने पर, अर्थात गर्भधारण नहीं होने पर बच्चे प्राप्त करने के लिए दूसरे उपायों, यथा; धाय माँ एवं टेस्ट ट्यूब बेबी को माध्यम से बच्चा प्राप्त करने में सफलता प्राप्त हो पाती है किन्तु ऐसी प्रविधि

को 'अनुर्वरता का उपचार' नहीं बल्कि 'बच्चे प्राप्त नहीं होने की समस्या का समाधान' माना जाता है। अनुर्वरता के उपचार के लिए नयी प्रविधियाँ विकसित हो रही हैं किन्तु यूरोप-अमेरिका में भी ऐसे उपचारों के माध्यम से उपचार प्राप्त करने वालों में से मात्र बीस प्रतिशत को ही गर्भधारण हो पाता है। नई तकनीकी क्रांति के परिणामस्वरूप आशाएँ तीव्रतम किन्तु सफलताएँ कम एवं बहुधा निराशा (ड्रेनान, 2000) प्राप्त होती है।

उपचार की उच्च लागत—प्रायः सभी देशों में अनुर्वरता के उपचार हेतु आने वाली उच्च लागत के लिए शासकीय स्तर पर अनुदान देने की कोई व्यवस्था उपलब्ध नहीं है। उपचार की लागत अधिक होने पर मध्य एवं निम्न आय वर्ग के दम्पति उपचार के लिए लम्बी अवधि तक भुगतान नहीं कर पाते हैं अतः उन्हे उपचार बन्द करना पड़ जाता है जो कि निश्चय ही उनके लिए मनोवैज्ञानिक दृष्टि से अत्यन्त त्रासद अनुभव होता है।

निजी जीवन में हस्तक्षेप—प्रजनन प्रक्रिया के अनेक पक्ष व्यक्ति के जीवन के ऐसे अंतरंग एवं निजी पक्ष होते हैं कि व्यक्ति इस प्रकार के अनुभवों को अन्य लोगों के साथ बाँटना (शेयर करना) नहीं चाहता है किन्तु अनुर्वरता के उपचार की प्रक्रिया में चिकित्सक व्यक्ति के निजी जीवन में हस्तक्षेप करता है, प्रश्न पूछता है, उनके जीवन के भीतर झाँकता है और अनेक प्रकार के 'करो-न-करो' (dos and do nots) बताता है। यह अनुभव उन्हें परेशान करता है, बार-बार डाक्टर से मिलने की आवश्यकता उन्हें झुँझला देता है। इसके अतिरिक्त एच॰आई॰वी॰ तथा एस॰टी॰डी॰ आदि के परीक्षण की आवश्यकता भी दम्पतियों को जीवन में अनावश्यक हस्तक्षेप जैसी लगती है।

शक्तिहीनता की अनुभूति—अनुर्वरता की समस्या से पीड़ित दम्पति की दशा चिकित्सा की अवधि में नितान्त असहाय व्यक्ति जैसी हो जाती है, कुछ भी उसे अपने नियंत्रण में प्रकट नहीं होता है, उसे चिकित्सक से अत्यधिक अपेक्षा होती है किन्तु सक्षम चिकित्सक के सम्पर्क में आशान्वित रहते हुए भी उसे अपनी शक्ति हीनता का निरंतर बोध होता रहता है। अनुर्वरता उपचार की सम्पूर्ण प्रक्रिया मूलतः नारी केन्द्रित होती है (क्योंकि गर्भधारण उसे करना होता है, जिसके लिए उसे टेस्ट ट्यूब बेबी से लेकर कृत्रिम गर्भाधान/डोनेटेड शुक्राणु तक की प्रक्रियाओं का सहारा लेना पड़ सकता है) जिसमें पति स्वयं को सहायक की भूमिका में परिधि/सीमा पर खड़ा असहाय एवं शक्तिहीन व्यक्ति के रूप में देखता है।

नैतिक दुविधा—हम सभी लोगों का जिस सामाजिक-सांस्कृतिक पृष्ठभूमि में विकास होता है उसमें प्रायः यह स्वीकार किया जाता है कि बच्चों का जन्म ऊपर वाले की/कुदरत की देन है; वह जैसा चाहता है वैसा करता है अतः हमें उसकी व्यवस्था में हस्तक्षेप करने का अधिकार नहीं है। इसके विपरीत चिकित्सा विज्ञान निरंतर विकास करते हुए अनुर्वर निराश दम्पतियों को विभिन्न प्रकार से सहायता देने का प्रयास कर रहा है। अनुर्वर दम्पति दुविधाग्रस्त हो जाता है, उसे समझ में नहीं आता है कि वह क्या-क्या करें; क्या प्रकृति/कुदरत की दैवीय व्यवस्था में हस्तक्षेप करें; क्या चिकित्सा की शरण में जाना ईश्वरीय व्यवस्था में हस्तक्षेप माना जायेगा; आदि।

भागते हुए समय को पकड़ने का दबाव—अनुर्वरता की समस्या प्रकट होने तक दम्पतियों के जीवन का एक बड़ा भाग व्यतीत हो चुका रहता है। प्रजनन काल के बचे हुए वर्षों में उपचार एवं सफलता के लिए बहुत अधिक समय नहीं बचा रहता है, इसलिए उनके ऊपर समय की गति को थामने का दबाव रहता है किन्तु प्रजनन सम्बन्धी उपचार की

प्रक्रिया ही ऐसी होती है कि निरीक्षण, परीक्षण/जाँच-परख और डाक्टर से पुनः मिलना लम्बी-लम्बी अवधि के पश्चात हुआ करता है क्योंकि उपचार के प्रभाव के विषय में अन्य रोगों की भाँति दिन प्रतिदिन के आधार पर जाँचना-परखना सम्भव नहीं हो सकता है। प्रतीक्षा काल और बढ़ती आयु दोनों का दबाव दम्पतियों को तनावग्रस्त बना देता है।

प्रतीक्षा-आखिर कब तक—उपचार की सफलता दर बहुत अधिक नहीं होती है तथा सफलता के लिए लम्बे समय तक प्रतीक्षा करनी पड़ती है। इस प्रक्रिया में समय; धन, धैर्य सबकी परीक्षा होती है। व्यक्ति को निरंतर इस प्रश्न से जूझना पड़ता है कि आखिर कब तक धैर्यपूर्वक प्रतीक्षा की जाये और कब निराश होकर उपचार को रोक दिया जायें।

अनुर्वरता के लिए परामर्शन कार्य : कब और कैसे? (Counselling Work with Infertility : When and How?)

अनुर्वरता की समस्या का सामना कर रहे दम्पति को तीन परिस्थितियों में परामर्शन की आवश्यकता होती है। प्रथम, जब दम्पति अनुर्वरता का उपचार प्राप्त करना चाहते हैं और उन्हें यह निर्णय लेना होता है कि अनुर्वरता के लिए किस उपचार प्रणाली को कहाँ, किस चिकित्सक/चिकित्सालय से प्राप्त करना उनके लिए उपयुक्त होगा। द्वितीय, जब अनुर्वरता की समस्या के समाधान के लिए उनके मनो-यौनिक समस्या का समाधान किया जाना आवश्यक प्रतीत होता है। तृतीय, अनुर्वरता के उपचार की अवधि में उत्पन्न हो रहे प्रभावों को कम करने के लिए परामर्शन कार्य आवश्यक माना जाता है। अनेक देशों में (यथा यू. के.) फर्टिलिटी क्लीनिक के लिए कानूनी स्तर पर लाइसेंसिंग शर्तों के अन्तर्गत यह निर्दिष्ट रहता है कि परामर्शन सेवा की व्यवस्था अवश्य की जानी चाहिए।

अनुर्वरता के साथ कार्य करते समय परामर्शन का कोई उपागम विशेषतः लाभकारी होना वर्णित नहीं है किन्तु कतिपय परामर्शन प्रारूप जैसे दम्पति परामर्शन (couple counselling), परिवार उपचार परामर्शन (family therapy) एवं समूह कार्य (group work) अधिक उपयोगी हो सकता है। इस सम्बन्ध में मनोयौनिक परामर्शन (psychosexual counselling) एवं तनाव प्रबंधन (stress management) के लिए कार्य किये जाने की आवश्यकता होती है।

❑

अध्याय 27

आघात-पश्चात् तनाव विकार
(POST-TRAUMATIC STRESS DISORDER)

मानव जीवन अनिश्चितताओं, असुरक्षा की दशाओं, आपात संकटों आदि से भरा हुआ पाया जाता है; हम सभी साधारणतः अपेक्षाकृत सुरक्षित एवं निरापद जीवन का अनुभव करते हुए जीवन में आगे बढ़ते रहते हैं किन्तु अनेक बार अपेक्षाकृत निरापद एवं सुरक्षित परिवेश अचानक ही अत्यन्त आतंकित करने वाला रूप धारण कर लेता है, व्यक्ति हिंसक आक्रमण या दुर्घटना का शिकार बन जाता है जहाँ शरीर की क्षति के अतिरिक्त व्यक्ति अतिशय मानसिक आघात से पीड़ित हो सकता है। दुर्घटना या हिंसक आक्रमण के परिणामस्वरूप प्रकट होने वाले मानसिक आघात सम्बन्धी लक्षणों की समस्या को आघात पश्चात संलक्षण (post traumatic syndrome) या आघात मनस्ताप (traumatic neurosis) के रूप में सम्बोधित किया जाता रहा है (see-Coleman, 1972) जिसे प्रथम बार 1980 में (In, Diagnostic and Statistical Manual of Mental Disorders – DSM III) आघात-पश्चात् तनाव विकार (PTSD) के रूप में वर्गीकृत किया गया।

किस प्रकार की समस्या का आघात पश्चात् मनोविकार के रूप में वर्णन किया जाता है? ए॰पी॰ए॰ (A.P.A., 1994) द्वारा डी॰एस॰एम॰-IV (D.S.M. IV) में यह बताया गया है कि इसके लिए आधार शर्त यह है कि व्यक्ति ने पहले एक ऐसी घटना या घटनाओं का अनुभव, साक्षात्कार या सामना किया हो जिसमें गहरी चोट या मृत्यु की वास्तविक या सम्भावित आशंका रही हो अथवा स्वयं उस व्यक्ति को या किसी अन्य शरीरिक अक्षमता के लिए आशंका हो। समस्या के आघात पश्चात प्रभाव के रूप में वर्णित होने के लिए दूसरा अर्हकारी मानक यह बताया गया है कि व्यक्ति की अनुक्रिया में तीव्र भय, असहाय होने की अनुभूति, संत्रास सम्मिलित रहा हो; या बच्चों की दशा में व्यवहार विसंगठित अथवा घबड़ाहटपूर्ण रहा हो। ए.पी.ए (A.P.A, 1994) के वर्णन में यह भी आवश्यक माना गया है कि लक्षण अवधि एक माह से अधिक समय के लिए देखी गयी हो तथा इसके प्रभाव में सार्थक नैदानिक संकट देखा गया हो और व्यक्ति को सामाजिक, व्यावसायिक या अन्य महत्त्वपूर्ण क्षेत्रों में क्षति पहुँची हो।

संवेगात्मक विकृति के संज्ञानात्मक सिद्धान्त में संवेगात्मक विकारों में सम्मिलित संज्ञानात्मक तत्वों के आधार पर विभेद किया जाता है (Alford and Beck, 1997)। ऐसा ही विभेदन स्कॉट एवं स्ट्रेडलिंग (Scot and Stradling, 2001) ने आघात-पश्चात दशाओं के लिए किया है जिसमें आघात-पश्चात तनाव विकार (PTSD) का संज्ञानात्मक तत्त्व 'क्या हुआ' (what did happen'); अर्धसंलक्षणीय आघात-पश्चात तनाव (subsyndromal PTSD) का संज्ञानात्मक तत्त्व 'क्या कुछ हो सकता था' (what could have happened'); विषादपूर्ण दशा प्रकट होने पर 'मैं अब क्या नहीं कर सकता'

(what I can't do now) जैसे प्रश्न; एवं कुछ संलग्नक लक्षणों के प्रकट होने पर 'मुझे क्या करना चाहिए था/अथवा क्या नहीं करना चाहिए था' (what I should/should not have done) जैसा प्रश्न प्रकट होता है। पीटीएसडी के विकास की **कोलमैन** ने तीन अवस्थाएँ बताई है (i) आघात अवस्था जहाँ व्यक्ति भौंचक रह जाता है; (ii) सुझाव अदस्था जहाँ व्यक्ति निष्क्रिय रहता है, राहतकर्मियों के निर्देशानुसार व्यवहार करता है; (iii) स्वास्थ्य लाभ/रिकवरी स्टेज-जहाँ व्यक्ति धीरे-धीरे मानसिक संतुलन प्राप्त करता है।

युद्ध एवं हिंसक दंगों (भारत में हम ऐसे दंगों से बचकर निकले अनगिनत लोगों को जानते हैं जिन्होंने अपनी आँखों के सामने अपने परिजनों को जिन्दा जलते देखा है—जैसे 1984 में सिखों का मारा जाना/जलाया जाना अथवा गोधरा या गुजरात के कुछ अन्य स्थलों पर हिन्दुओं/मुसलमानों का जलाया जाना/मारा जाना) में जीवित बचे लोगों में आघात-पश्चात तनाव से पीड़ित अनेक लोग देखे जाते हैं। जीवन के लिये खतरा बनकर प्रकट हुए आघातों में बचे लोगों पर प्रभाव के अनेक रूप पाये जाते हैं। हॉजिन्सन (Peter Hodgkinson, 2000) के अनुसार लगभग 25 प्रतिशत लोगों पर आघातों का कोई प्रभाव नहीं पड़ता हैं; दूसरे 25 प्रतिशत व्यक्तियों में अस्थायी प्रभाव प्रकट होते हैं जो अगले लगभग छः सप्ताहों में धीरे-धीरे समाप्त हो जाते हैं; अन्य 50 प्रतिशत व्यक्तियों पर सतत् रूप में मनोवैज्ञानिक लक्षणात्मक प्रभाव देखा जा सकता है जो प्रशिक्षित परामर्शदाता की सहायता के बिना दूर नहीं हो पाता है। जिन लोगों में यह विकार उत्पन्न होता है उनमे से आधे में एक वर्ष में समस्या दूर हो सकती हैं किन्तु शेष आधे में उपचार नहीं किये जाने की दशा में समस्या का रूप गहरा/दीर्घकालिक हो जाता है जो दस/बीस वर्ष तक चलता रहा सकता है; एक तिहाई में तो चिन्ता/विषाद आदि समस्याएँ प्रकट हो सकती हैं। ऐसी अवस्थाओं में प्रायः (Coleman, 1972) इस समस्या को आघात मनस्ताप (traumatic neurosis) कहा जाता है। जब आघात के परिणामस्वरूप व्यक्ति को अपने अंगभंग का सामना बाद में करना पड़ता है अथवा व्यक्ति को अपनी पंगु दशा का अभिज्ञान विलम्ब से होता है तब विलम्बित आघात मनस्ताप (delayed traumatic neurosis) प्रकट हो सकता है। औद्योगिक दुर्घटनाओं में बचे हुए 10 से 25 प्रतिशत तक कर्मियों में विलम्बित आघात मनस्ताप विकसित होते हुए देखा गया है। थॉमसन (Thompson, 1965) ने बहुसंख्य पीड़ितों में चिन्ता मनस्तापीय, हिस्टीरिकल या फोबिक प्रतिक्रिया उत्पन्न होना बताया है। थॉमसन ने एक तिहाई पीड़ित व्यक्तियों में विषाद के कारण व्यक्ति की दशा को जटिल होता हुआ बताया है।

आघात-पश्चात् तनाव विकार के लक्षण

हॉजिन्सन (2000) ने पी.टी.एस.डी. (PTSD) के लक्षणों की तीन श्रेणियों को बताया है। पीटीएसडी से पीड़ित व्यक्ति में इन तीन श्रेणियों से सम्बन्धित अनेक लक्षण पाये जाते हैं। **हॉजिन्सन** (2000) ने तीन श्रेणियों में लक्षणों का निम्नवत वर्णन किया है:—

(1) पुनरानुभव गोचर *(Re-experience phenomena)*—व्यक्ति को दुर्घटना/आघात का निम्न में से एक या अनेक रूपों में निरंतर पुनरानुभव होता रहा सकता है:—

(i) घटना से सम्बन्धित बिम्बों, विचारों या प्रत्यक्षणों का बार पुनर्स्मरण होना जिससे व्यक्ति व्यथित हो जाता है;

(ii) घटना के विषय में व्यथित कर देने वाले स्वप्न का बार-बार आना;

(iii) ऐसे व्यवहार/अनुभूति का बार-बार प्रकट होना जैसे कि दुर्घटना पुनः घटित हो रही हो;

(iv) आघाती घटना के साथ जुड़े हुए अथवा मिलते-जुलते हुए किसी बाहरी या आन्तरिक संकेत के साथ साक्षात्कार होने पर तीव्र मानसिक व्यथा का उत्पन्न होना;

(v) आघाती घटना के साथ जुड़े हुए अथवा उससे मिलते जुलते कोटि के किसी बाहरी अथवा आंतरिक संकेत का सामना होने पर शारीरिक पुनर्संक्रियता।

(2) परिहारात्मक अथवा जड़वत्ता गोचर *(Avoidance or numbing phenomena)*—पीड़ित व्यक्ति आघात से जुड़ी हुई वस्तुओं/गोचरों का निरंतर परिहार करता है एवं उसकी सामान्य प्रतिक्रियाशीलता में जड़वत्ता आ जाती है जो अधोवर्णित लक्षणों में से किन्हीं तीन (या अधिक) के माध्यम से प्रकट हो सकती हैः—

(i) आघात के साथ जुड़े हुए विचारों, अनुभूतियों या संवादों के परिहार का प्रयत्न;

(ii) ऐसी क्रियाओं, स्थलों एवं व्यक्तियों के परिहार का प्रयत्न जिनके सम्पर्क में आने से आघात का पुनः स्मरण सक्रिय हो जाता है;

(iii) आघात के किसी महत्त्वपूर्ण पक्ष का प्रत्याह्वान नहीं कर पाना;

(iv) महत्त्वपूर्ण गतिविधियों में रुचि या सहभागिता में पर्याप्त कमी आना;

(v) अन्य लोगों के प्रति उदासीनता या विलगाव/पार्थक्य की अनुभूति;

(vi) भावानुभूतियों के सीमा विस्तार में कमी, जैसे प्रेम की अनुभूति का नहीं होना;

(vii) भविष्य के सीमित हो जाने की अनुभूति, जैसे करिअॅर, विवाह, बच्चे या लम्बे जीवन की अपेक्षा नहीं करना।

(3) अधिक उत्तेजनात्मकता के लक्षण *(Symptoms of increased arousal)*—अधोवर्णित में से कम-से-कम दो लक्षणों की व्यक्ति मे निरंतर विद्यमानता पायी जाती है :

(i) सोने या सोये रह पाने में कठिनाई;

(ii) चिड़चिड़ापन या क्रोध की लहर;

(iii) ध्यान केन्द्रित करने में कठिनाई;

(iv) बहुत अधिक चौंकना।

आघात-पश्चात् तनाव विकार को प्रभावित करने वाले कारक (Factors Influencing Development of Post Traumatic Stress Disorder)

आघात पश्चात तनाव विकार को प्रभावित करने वाले कारकों में व्यक्ति, आघात एवं परिवेश की विशेषताओं के रूप में तीन श्रेणियाँ होती हैं।

व्यक्ति से सम्बन्धित कारकों में पूर्ववर्ती मानसिक स्वास्थ्य सम्बन्धी समस्याएँ, पूर्ववर्ती अत्याचार एवं प्रतिकूल जीवन वृतांत तथा संकट का सामना करने सम्बन्धी व्यक्ति की अभिवृत्तियाँ एवं विश्वास सम्मिलित हैं। पुरुषों की अपेक्षा महिलाओं में पीटीएसडी विकसित होने की सम्भावना अधिक पायी जाती है तथा आयु में वृद्धि के साथ-साथ भी समस्या विकसित होने की संभावना बढ़ती जाती है।

आघात सम्बन्धी विशेषताओं में घटना की अवधि, धमकियों/खतरों की संख्या; समस्या का अनुभव/प्रभाव कितने लोगों पर पड़ रहा है; खतरे की पुनरावृत्ति की सम्भावना एवं यह कि क्या घटना के साथ शोकसंतप्ता भी सम्मिलित रही है, प्रमुख कारक हैं।

परिवेश में सामाजिक सहयोग की उपलब्धता एवं उसकी मात्रा तथा प्राप्त सहयोग की उपयोगिता का प्रत्यक्षण; तनाव कारकों की निरंतर सक्रियता, समस्या से बाहर आने के सांस्कृतिक उपाय एवं समाज, समुदाय, मीडिया का घटना के प्रति दृष्टिकोण पीटीएसडी के विकास को प्रभावित करता है।

आघात-पश्चात् तनाव विकार की गत्यात्मकता
(Dynamics of PTSD)

पीटीएसडी (PTSD) की मात्रा/स्वरूप को प्रभावित करने वाले व्यक्ति, आघात एवं परिवेश सम्बन्धी कारकों के विषय में ऊपरी खण्ड में विचार किया गया है किन्तु प्रश्न यह है कि पीटीएसडी की उत्पत्ति होती ही क्यों है। जीवन की सामान्य दशाओं में आने वाली समायोजनात्मक चुनौतियों का सामना करने के लिए व्यक्ति तैयार रहता है; अनेक दशाएँ पूर्व अनुमानित रहती हैं; व्यक्ति स्वयं को संकट की उक्त दशाओं के लिए तैयार करता रहता है, ऐसे संकटों का सामना करने के लिए अपने संसाधनों का विकास करता है किन्तु आघात की दशाएँ; व्यक्ति को अज्ञात रहती हैं; उत्पन्न परिस्थिति के लिए व्यक्ति के समायाजोनात्मक संसाधन अपर्याप्त होते हैं। जीवन की अनेक कठिन परिस्थितियों से व्यक्ति स्वयं को दूर रख सकता है, वह परिहारात्मक प्रयत्न कर सकता है किन्तु आघात की दशा से व्यक्ति न तो दूर भाग पाता है और न ही उसपर विजय/नियंत्रण स्थापित कर पाता है। व्यक्ति की आघात के पश्चात होने वाली अनेक प्रतिक्रियाएँ अर्थात पीटीएसडी लक्षण (यथाः भावशून्यता, स्तब्धता, अचेत हो जाना आदि) व्यक्ति द्वारा तनाव की चेतन अनुभूति के विरूद्ध प्रयुक्त होने वाले रक्षातंत्र प्रतीत होते हैं।

आघात की दशा में संत्रास/भगदड़ का व्यवहार (panic reactions), जो कि सभी लोगों में नहीं पाये जा सकते हैं, की उत्पत्ति तीन परिस्थितियों में होती हुई बताई गयी है:– (i) जब व्यक्तियों के किसी समूह पर सीधा खतरा प्रकट होता है, जैसे आग लग जाना; (ii) जब परिस्थिति से भागना सम्भव है लेकिन भागने का अवसर कुछ ही लोगों के पास उपलब्ध हो सकता है तथा उसके लिए कुछ क्षण का ही समय शेष रहता है, तथा (iii) समूह आश्चर्यचकित/भौंचक है, उसने ऐसी परिस्थिति के लिए कोई पूर्व योजना या तैयारी नहीं की है। प्रायः भगदड़ की प्रतिक्रिया में लोगों के व्यवहार इतने असंगठित एवं हतोत्साहित करने वाले होते हैं कि अनेक लोगों कि मृत्यु भगदड़ के फलस्वरूप नाहक ही हो जाती है। आग लगने की अनेक घटनाओं के अतिरिक्त भारत में कई बार धर्मिक मेले में मदिर या उसके आसपास भगदड़ में लोगों की मृत्यु हुई है। ऐसे ही कुछ वर्ष पूर्व नई दिल्ली एवं मुगलसराय रेलवे स्टेशनों पर भगदड़ (जो एक छोटी दुर्घटना से आरम्भ होती है) में अनेक जानें लोगों द्वारा कुचले जाने कारण चली गयी, भगदड़ वाली प्रतिक्रिया में वास्तविक आघात में मृत/घायल हुए लोगों से भी अधिक संख्या में लोगों की मृत्यु हो जाती है।

आघात : संकटकालीन हस्तक्षेप
(Trauma : Crisis Intervention)

अप्रत्याशित, गहरे, अपरिहार्य आघातों के फलस्वरूप व्यक्ति के जीवन में गंभीर संकट आ जाता है; व्यक्ति के संसाधन इस संकट का सामना करने के लिए अपर्याप्त सिद्ध होने लगते है; लोगों की जीवन के विषय में स्थापित मान्याताएँ/अवधारणाएँ ढहने लगती

है; हमें यह अनुभव होने लगता है कि जीवन अत्यन्त असुरक्षित, अव्यस्थित, नाजुक डोर से जुड़ा हुआ है, जीवन की कुशलता पर हमारा कोई नियंत्रण नहीं है। आपदकाल/संकटकाल में वास्तविक संकट से बाहर आने के लिए संकटग्रस्त लोगों को चिकित्सकीय, आर्थिक, सामाजिक एवं मनोवैज्ञानिक स्तर पर विविध रूपों में सहातया की इस प्रकार आवश्यकता होती है कि व्यक्ति यथाशीघ्र सामन्य जीवन की ओर वापस लौट सके।

संकट काल में व्यक्ति को आघात से जुड़ी स्मृतियों/बिम्बो के कारण संवेगात्मक जड़ता का अनुभव होने लग सकता है, व्यक्ति चिन्तन की खाई में धँसता जाता है, क्या करे-इस विषय में परेशान रहने लगता है, वह आश्चर्यचकित रह जाता है कि जीवन में कितना परिवर्तन आ गया है। व्यक्ति का मानसिक जीवन सामान्य कोटि का नहीं रह जाता है किन्तु थोड़े से प्रयत्न द्वारा उसका मनोवैज्ञानिक पुनर्वास सम्भव हो सकता है।

मनोवैज्ञानिक स्तर पर संकटकालीन हस्तक्षेप हेतु मनोवैज्ञानिक वर्णन/पृच्छा पद्धति (psychological debriefing) एक अच्छी प्रविधि मानी गयी है। यद्यपि मनोवैज्ञानिक पृच्छा पद्धति आघात-पश्चात लक्षणों को दूर नहीं करती हैं किन्तु स्वास्थ्य लाभ कार्यक्रम को निर्धारित करने में अवश्य सहायक प्रतीत होती है (हॉजिन्सन, 2000)। यह प्रक्रिया स्वतःशोध की पद्धति है जिसमें व्यक्ति अपने अनुभवों का एक ऐसा व्यवस्थित ब्यौरा तैयार कर पाता है जिसकी सहायता से वह कतिपय भविष्यकथन कर सकता है, यह समझ सकता है कि जो कुछ उसके पास है (शेष जीवन, शेष स्वास्थ्य, सम्पदा, सम्बन्ध आदि) उसका प्रबंधन किया जा सकता है। स्पष्टतः मनोवैज्ञानिक वर्णन/पृच्छा पद्धति एक संज्ञानात्मक प्रणाली है।

मनोवैज्ञानिक पृच्छा पद्धति का साधारणतः समूह दशा में उपयोग किया जाता है तथा दुर्घटना के 48-72 घंटे बाद का समय अधिक उपयुक्त माना जाता है। प्रायः तीन सप्ताह पश्चात पुनः अनुवर्तन (follow-up) कार्यक्रम सम्पन्न किया जाता है जिसमें व्यक्ति के लिए विशिष्ट हस्तक्षेप कार्य योजना निर्धारित की जाती है। इस प्रक्रिया द्वारा व्यक्ति के लिए निम्नांकित लाभ लक्ष्य किया जाता है (हॉजिन्सन, 2000):–

(i). अवधारणाओं, प्रतिक्रियाओं एवं अनुभूतियों की खुलकर अभिव्यक्ति, विचार-विमर्श;

(ii) घटनाओं एवं उसके प्रति प्रतिक्रियाओं के स्पष्ट बोध के आधार पर संज्ञानात्मक संगठन की प्रोन्नति;

(iii) एक-दूसरे के अनुभवों की साझेदारी के आधार पर यह समझ पाना कि एक व्यक्ति किसी दृष्टि से विशेष या अपवाद नहीं है और इस प्रकार व्यक्ति सामान्य दशा बोध की दिशा में अग्रसर हो सकता है;

(iv) समूह गठन, सहकार एवं संगति के आधार पर समूह के आन्तरिक एवं बाह्य संसाधनों का संघटन/संग्रहण;

(v) लक्षणात्मक अनुभवों के लिए तैयार होना;

(vi) सहयोग के सम्भव बिन्दुओं की पहचान करना।

मनोवैज्ञानिक पृच्छा पद्धति के सम्बन्ध में शोध कार्यों का अभाव है तथा जो थोड़े शोध साक्ष्य उपलब्ध हैं उनसे सकारात्मक एवं नकारात्मक दोनों प्रकार के प्रभावों की सूचना मिलती है, इसलिए हॉजिन्सन (2000) ने इस पद्धति के उपयोग में कतिपय सावधानियाँ

सुझाई है:—

(i) इस पद्धति का उपयोग सम्पूर्ण हस्तक्षेप कार्यक्रम के एक अंग के रूप में तथा अनुवर्तन कार्यक्रम सहित किया जाना चाहिए।

(ii) इस कार्यक्रम का क्रियान्वयन समूह विशेष की आवश्यकताओं को ध्यान में रखकर, आवश्यक परिमार्जनों के साथ किया जाना चाहिए।

(iii) इन प्रणाली का क्रियान्वयन निपुण विशेषज्ञों द्वारा संज्ञानात्मक एवं शैक्षिक पक्षों पर ध्यान देते हुए किया जाना चाहिए।

(iv) दुर्घटना के घटित होने के पश्चात 48 घंटों से पहले यह कार्यक्रम क्रियान्वित नहीं किया जाना चाहिए।

(v) परामर्शन/कार्य सत्रों में बहुत अधिक बिन्दुओं/पक्षों पर ध्यान नहीं दिया जाना चाहिए किन्तु सत्र समय 90 मिनट से कम नहीं होना चाहिए।

(vi) इस प्रणाली को मूल्यांकन प्रणाली/समस्या की पहचान प्रणाली के रूप देखना चाहिए तथा इसका उपयोग पीड़ित लोगों को पुनर्वास कार्यक्रम में सम्मिलित करने (engagement) के लिए किया जाना चाहिए।

पीटीएसडी : उपचार/परामर्शन
(PTSD : Therapy/Counselling)

पीटीएसडी से जुड़े लक्षणों को दूर करने के लिए आश्वस्त करना, सामाजिक स्तर पर सहयोग देना, अनावृत्ति एवं संज्ञानात्मक पुनर्गठन की प्रविधियाँ प्रयुक्त की जाती हैं। प्रायः हल्के स्तर पर आश्वस्त करने/ढाँढस बँधाने एवं उपयुक्त विश्राम (आवश्यक होने पर औषधियाँ प्रयुक्त करते हुए) द्वारा व्यक्ति को पर्याप्त लाभ प्राप्त होता है।

आघात के परिणामस्वरूप व्यक्ति आघात की दशा से जुड़े उद्दीपकों का परिहार करने लगता है। इस प्रवृत्ति को व्यवहार परिमार्जन की अनावृत्ति प्रविधि (exposure technique) द्वारा सुधारा जा सकता है। क्लायंट अनेक बार दुर्घटना सम्बन्धी अनुभवों का वर्णन करता है तो उसकी कल्पना में दुर्घटना से सम्बन्धित उद्दीपकों एवं प्रतिक्रियाओं की बाढ़ आ जाने जैसी दशा उत्पन्न हो जाती है और इस प्रकार क्लायंट भय पर नियंत्रण पा सकता है। भयप्रद दशाओं का प्रत्यक्ष रूप में सामना किये जाने का अभ्यास भी उपयुक्त माना जाता है।

अनावृत्ति प्रक्रिया में क्लायंट द्वारा प्रस्तुत किये गए विवरणों पर ध्यान देने से उसके विचार/चिंतन की प्रणाली की विकृतियाँ प्रकट होने लगती है। क्लायंट के विवरणों की विकृतियों पर ध्यान देकर संज्ञानात्मक पुनर्गठन के लिए कार्य किया जा सकता है।

तनाव प्रतिरोधक (Stress Innoculation) उपचार, साकरेटिक प्रश्न पृच्छा प्रविधि, वैकल्पिक परिप्रेक्ष्यों के विकास की प्रविधि एवं संज्ञानात्मक अभ्यास प्रविधि पीटीएसडी के उपचार हेतु उपयुक्त मानी गयी है।

पीटीएसडी के उपचार में संज्ञानात्मक-व्यवहारात्मक उपचार (CBT) पद्धति की उपयोगिता का मूल्यांकन करने के लिए उपचारोपरान्त मध्यमान में से उपचार पूर्व मध्यमान को घटाकर मानक विचलन से विभाजित करके प्रभाव आकार की गणना की गई जिससे पीटीएसडी के लिए सीबीटी का प्रभाव आकार 1.89 ज्ञात हुआ जबकि औषधियों (Prozac and Seroxat) के लिए यह प्रभाव आकार 1.43 आया। स्पष्टतः संज्ञानात्मक व्यवहार उपचार (CBT) एक अच्छी प्रविधि प्रकट होती है।

❑

अध्याय 28

क्रोध नियंत्रण

(ANGER CONTROL)

मानव जीवन संवेगों के कारण विविधरंगी हो जाता है। संवेगों के बिना जीवन नीरस, रंगहीन, मशीनी प्रकट होने लगेगा। संवेगों की अभिव्यक्ति व्यक्ति के स्वास्थ्य एवं सामाजिक सम्बन्धों के विकास के लिए महत्त्वपूर्ण होती है किन्तु हमारे सामाजिक जीवन में संवेगों की अभिव्यक्ति को उपयुक्त रूप प्रदान करना तथा इस हेतु संवेगों पर नियंत्रण करना आवश्यक माना जाता है। क्रोध उन संवेगों में सम्मिलित है जिनके नियंत्रण की अपेक्षा अधिकतर सामाजिक संदर्भों में लगभग वैश्विक रूप में की जाती है।

क्रोध परिवेश के साथ व्यक्ति के समस्याग्रस्त सम्बन्ध को अभिव्यक्त करता है। क्रोध को एक ऐसी सांवेगिक दशा के रूप में परिभाषित किया जा सकता है जिसमें व्यक्ति को समुत्पन्न खतरों या चुनौतियों के प्रति अपनी सुरक्षा, बचाव या आक्रमण के लिए आवेग का अनुभव होता है (Emma Williams & Michael Scott, 2000)। क्रोध को डीएसएम IV में स्वयं में किसी समस्या के रूप में वर्गीकृत नहीं किया गया है। क्रोध समस्या का रूप तब धारण कर लेता है जब इसकी आवृत्ति एवं तीव्रता इस प्रकार अधिक होती है कि व्यक्ति के लक्ष्य प्राप्ति में बाधक हो जाये, अन्यथा क्रोध की व्यक्ति के जीवन में उपयोगी, सकारात्मक एवं सशक्तीकारक भूमिका हो सकती है। नियंत्रित मात्रा में होने पर क्रोध द्वारा व्यक्ति को अपने परिवेश में घटित हो रही अनुचित एवं हानिकारक गतिविधियों पर विजय प्राप्त करने में सहायता प्राप्त हो सकती है।

क्रोध की उत्पत्ति जिन परिस्थितियों में होती है उसकी निम्न विशेषताएँ होती हैं (Lazarus, 1975) :—

(i) व्यक्ति को हानि पहुँचाने वाला कोई स्पष्टतः प्रकट/परिभाषित बाहरी स्रोत देखा जा सकता है;

(ii) व्यक्ति को यह अनुभव होता है कि उसे अन्यायपूर्ण ढंग से आघात पहुँचाया जा रहा है अथवा उसे नीचा दिखाया जा रहा है;

(iii) व्यक्ति को क्रोध की उत्पत्ति एवं अभिव्यक्ति न्यायोचित प्रकट होती है, क्रोध के माध्यम से व्यक्ति स्वयं के कार्य एवं व्यवहार को न्यायोचित सिद्ध कर पाता है;

(iv) क्रोध एवं आक्रमण के मध्य के सम्बन्ध तीन रूप में प्रकट हो सकते हैं : क्रोध के साथ/उपरान्त आक्रमण; क्रोध के साथ किसी प्रकार का आक्रमण नहीं अर्थात क्रोध की नितान्त पृथक अभिव्यक्ति; एवं ऐसा आक्रमण जिसके साथ क्रोध संलग्न नहीं हो। क्रोध एवं आक्रमण को साथ साथ घटित होते हुए तब पाया जाता है जबकि व्यक्ति के लिए क्षति स्रोत स्पष्ट होता है। क्षति या खतरे का स्रोत स्पष्ट

नहीं होने पर क्रोध किसी सहज/सरल लक्ष्य (बलि के बकरे-convenient scapegoat) के प्रति विस्थापित (displace) हो जाता है।

क्रोध की अभिव्यक्ति अनेक प्रकार की अनुकूलनीय प्रतिक्रियाओं, जैसे-समस्या समाधान, दृढ़-आग्रहिता, सुनियोजित ढंग से पीछे हट जाने, सामाजिक प्रत्याहार, शाब्दिक एवं अशाब्दिक आक्रामकता में एवं कतिपय दैहिक प्रतिक्रियाओं जैसे हृदय गति में वृद्धि, पसीना आना, त्वचा लाल हो जाने के रूप में होती हुई देखी जा सकती है।

आक्रामकता/क्रोध के निर्धारक
(Determinants of Aggression)

क्रोध की उत्पत्ति आन्तरिक एवं बाह्य कारकों के मध्य अन्तर्क्रिया के फलस्वरूप होती है। जब व्यक्ति कुण्ठित होता है—कुण्ठा का स्वरूप वास्तविक अथवा आगत धमकी या क्षति (perceived threat or harm) के रूप में हो सकता है—तब कुण्ठा के स्रोत के रूप में जिस व्यक्ति या लक्ष्य का प्रत्यक्षण होता है उसके प्रति क्रोध की उत्पत्ति होती है। कुण्ठा के स्वरूप निर्धारण में व्यक्ति के अनुभवों, मुख्यतः परिवार में हिंसा या आक्रमकता के इतिहास, दबंगपन या धौंस जमाने सम्बन्धी अनुभव, शारीरिक एवं यौनिक शोषण के अनुभव, सांवेगिक शोषण या तिरस्कार की भूमिका प्रमुख मानी जाती है। शारीरिक कारणों में हारमोन की अतिसक्रियता एक प्रमुख कारण हो सकता है। लम्बी या असाध्य बीमारी अथवा असह्य कष्ट के कारण भी व्यक्ति में क्रोध की अधिकता आ जाती है।

क्रोध के निर्धारक परिस्थितियों की विशेषताओं में भी सम्मिलित पाये जाते है। कोलाहल, भीड़; जीवन-यापन की कठिन दशा, जैसे—कार्य के लम्बे घंटे; बिजली, पानी जैसी आवश्यकताओं की आपूर्ति का अभाव क्रोध को बढ़ाता है। क्रोध के निर्धारकों की सामाजिक दशाओं की श्रेणी में उकसावा एवं मित्रों के प्रभाव की गणना की जा सकती है।

क्रोध के साथ संलग्न समस्याएँ
(Problems Accompanying Anger)

क्रोध नियंत्रण व्यक्ति के लिए इसलिए महत्त्वपूर्ण विषय है कि क्रोध की उत्पत्ति एवं अभिव्यक्ति का व्यक्ति के शारीरिक, मानसिक एवं सामाजिक दशा पर प्रभाव पड़ता है। क्रोध नियंत्रण के लिए परामर्शन/मनोपचारात्मक कार्य व्यक्ति के क्रोध रूपी संवेग के साथ-साथ इन समस्याओं पर भी ध्यान केन्द्रित करता है। क्रोध के प्रभावों को Emma Williams एवं Michael Scott (2000) ने एक रेखाचित्र के माध्यम से प्रस्तुत किया है जिसे यहाँ रेखाचित्र सं०-28.1 के रूप में यथावत प्रस्तुत किया जा रहा है।

क्रोध : घटनाक्रम
(Anger : Incidence)

क्रोध के विषय में शोधकार्यों का विगत तीन दशकों से अभाव रहा है। भारत में शोध समीक्षा सम्बन्धी प्रकाशित ग्रंथों (*Psychology in India; Psychology in India :* Revistited; Janak Pandey (ed) में मनुष्यों में क्रोध सम्बन्धी किसी शोध/सर्वेक्षण का तो नितान्त अभाव है। क्रोध की उत्पत्ति और अभिव्यक्ति एवं इस सम्बन्ध में वैधानिक/सामाजिक शिकायत के मध्य लम्बा अन्तराल पाया जाता है। इस विषय में शिकायत किया

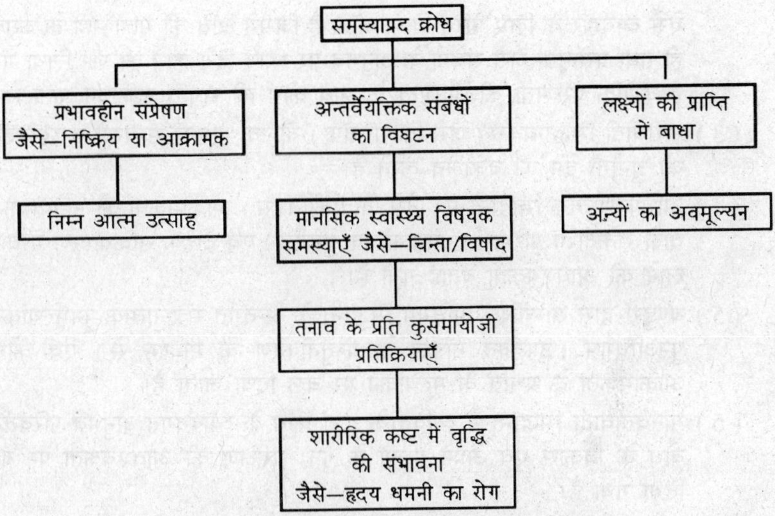

चित्र 28.1 : क्रोध एवं सहसंलग्न समस्याएँ (स्रोत-Emma Williams and Michael Scott, 2000; हिन्दी में यथावत् साभार रूपान्तरित)

जाना इस बात पर निर्भर होता है कि किसी व्यक्ति या समाज/संस्कृति में क्रोध एवं आक्रामकता के लिए सहिष्णुता की मात्रा कैसी है। घरेलू हिंसा के सम्बन्ध के अमेरिकी आंकड़ों से ज्ञात होता है कि लगभग एक तिहाई परिवारों में पति-पत्नी के मध्य हिंसा व्याप्त है तथा औसतन 35 घटनाओं के पश्चात ही पुलिस में शिकायत दर्ज की जाती है। 27 प्रतिशत परिवारों में बच्चे शारीरिक आघात से पीड़ित पाये गये। महिलाओं की तुलना में पुरुषों में क्रोध की अभिव्यक्ति अधिक पायी गयी है।

क्रोध नियंत्रण : प्रयुक्त प्रविधियाँ
(Anger Control : Techniques Applied)

क्रोध नियंत्रण का अर्थ क्रोध का शमन या अवदमन नहीं होता है; इसका तात्पर्य क्रोध की उत्पत्ति को नियंत्रित करने से है। हमारा समाज और संस्कृति आदर्शों, मूल्यों, आचार-संहिता, दार्शनिक व्याख्याओं के माध्यम से हमारे क्रोध को नियंत्रित करने की चेष्टा करता है। कोई परामर्शदाता किस प्रविधि को प्रयुक्त करेगा यह उसकी प्रशिक्षण/प्रैक्टिस सम्बन्धी पृष्ठभूमि पर निर्भर होता है। विभिन्न सिद्धान्तों की क्रोध उत्पत्ति के सम्बन्ध में व्याख्याएँ पृथक हैं, तद्नुरूप उनके द्वारा अनुशंसित प्रविधियाँ पृथक होती हैं। कुछ प्रमुख अनुशंसित प्रविधियों का **विलियम्स** एवं **स्कॉट** (2000) ने संक्षेप में निम्नवत वर्णन किया है :—

(1) मनोगत्यात्मक सिद्धान्त में आक्रमकता की आवश्यकता को पुनर्निदेशित करते हुए सकारात्मक दिशा की ओर ले जाने के प्रयत्न पर बल दिया गया है, अतः संवेगात्मक अभिव्यक्ति के अतिरिक्त युद्धप्रिय क्रीड़ा में सहभागिता एवं क्रोध/आक्रामकता के सृजनात्मक उद्देश्य के प्रति विस्थापन की अनुशंसा की गयी है।

(2) विकासवादी सिद्धान्त (जैसे कि लॉरेंज) द्वारा क्रोध के संकलन से बचाव हेतु

ऐसे व्यवहार के लिए प्रेरित किया जाता है जिसमें क्षति की मात्रा नहीं के बराबर हो तथा प्रसन्नता जैसे संवेगों के अनुभव पर ध्यान दिये जाने का पक्ष लिया गया है क्योकि प्रसन्नता की अनुभूति के साथ क्रोध की संगति नहीं बन पाती है।

(3) नारीवादी सिद्धान्तकार (जैसे कि रॉरबॉफ) यौनिक भूमिका सम्बन्धी रूढ़युक्तियों को चुनौती देने की वकालत करते हैं।

(4) अभिप्रेरणात्मक सिद्धान्त में (जैसे कि बर्कोविट्स) आक्रामकता को उद्दीप्त करने वाले संकेतों में परिमार्जन, संज्ञानात्मक पुनर्गठन एवं दैहिक सक्रियकरण में कमी लाने की आवश्यकता बताई गयी है।

(5) बण्डुरा द्वारा सामाजिक अधिगम सिद्धान्त के अन्तर्गत संज्ञानात्मक पुनर्मूल्यांकन, पुनर्अधिगम (उपयुक्त मॉडल के प्रस्तुतीकरण के माध्यम से) एवं क्रोध/आक्रामकता के प्रभाव के मूल्यांकन पर बल दिया जाता है।

(6) मानवतावादी सिद्धान्त में व्यक्ति के द्वारा क्रोध के व्यक्तिगत अनुभव परिवर्तन, बोध के विकास एवं अपने मूल्यों के पुनः परीक्षण की आवश्यकता पर बल दिया गया है।

(7) तनाव-प्रतिरोध सिद्धांत (जैसे-मीशेनबॉम) द्वारा तनाव की प्रबंधनीय मात्रा के प्रति अनावृत्ति, क्षमता अधिग्रहण, आत्म-निर्देशनात्मक प्रशिक्षण पर बल दिया जाता है।

(8) संज्ञानात्मक-व्यवहारात्मक सिद्धान्त (जैसे-बेक) द्वारा आक्रामकता को उद्दीप्त करने वाली दशाओं के पूर्वानुमान, दैहिक सक्रियकरण में कमी लाने, स्थापित विचारों को चुनौती देने, विश्वासों में परिवर्तन एवं व्यवहार/अनुक्रिया में परिमार्जन पर बल दिया गया है।

(9) पुनरावृत्ति-परिहार सिद्धान्त (जैसे मॉरलट एवं गॉर्डन) द्वारा आक्रामकता से सम्बन्धित परिस्थितियों, व्यवहार एवं परिणाम के विषय में बोध के विस्तार; आरंभिक संकेतों एवं उच्च रिस्क वाली परिस्थितियों के प्रबंधन, उपयुक्त व्यवहार के अभ्यास एवं पुनरावृत्ति के परिहार का प्रबंधन किये जाने पर बल दिया गया है।

उपर्युक्त प्रविधियों में से किसकी श्रेष्ठता है यह स्पष्टतः नहीं कहा जा सकता है। एडमंडसन एवं कॉन्गर (Edmondson and Conger, 1996) ने 18 अध्ययनों का मूल्यांकन करते हुए यह कहा कि विभिन्न प्रविधियों में कोई क्रोध के किसी पक्ष में अधिक प्रभावशाली सिद्ध होती प्रकट होती है किन्तु अन्यत्र उसका प्रभाव उस रूप में प्रकट नहीं हो पाता है। अतः क्लायंट की विशेषताओं एवं समस्या विशेष के स्वरूप के आधार पर प्रविधि की उपयुक्तता के विषय में निर्णय लिया जाना चाहिए।

विलियम्स एवं **बार्लो** (Williams & Barlow, 1998) ने क्रोध समस्या से पीड़ित परामर्शियों के लिए व्यापक उपचार प्रणाली प्रस्तुत की है जिसमें अनेक प्रविधियों के प्रमुख तत्त्वों को समायोजन किया गया है :—

(i) क्लायंट को क्रोध एवं आक्रामक व्यवहार के स्वयं अपने लिए एवं अन्य लोगों के लिए कुप्रभाव का परीक्षण करने के लिए कहा जाता है; इस प्रकार वह क्रोध घटाने के लिए अभिप्रेरित होता है।

(ii) क्लायंट के क्रोध से सम्बन्धित पूर्वनिहित कारणों, तात्कालिक उद्दीपन पर विचार करके क्रोध की स्वयं-पराजयी (self defeating) प्रकृति को समझने की चेष्टा की जानी चाहिए।

(iii) क्लायंट के विश्वासों एवं चिन्तन में परिमार्जन द्वारा अधिक अनुकूलनीय समायोजनात्मक प्रणालियों का विकास किया जाता है।

(iv) क्रोध की उत्पत्ति से सम्बन्धित आरंभिक संकेतों, अधिक जोखिम वाली परिस्थितियों जीवन शैली आदि की पहचान की जाती है तथा क्रोध की पुनरावृत्ति से बचाव के लिए योजना पर कार्य किया जाता है।

उपर्युक्त के क्रम में **विलियम्स** एवं **स्कॉट** (Williams & Scott, 2000) ने क्रोध नियंत्रण हेतु परामर्शन कार्य की सफलता के लिए कतिपय बातों पर ध्यान दिया जाना आवश्यक बताया हैः—

प्रथम, क्रोध नियंत्रण के लिए कोई भी कार्य तब तक सफल नहीं होगा जब तक कि व्यक्ति यह स्वीकार न करें कि क्रोध एक समस्या है, क्रोध उसकी निजी समस्या है। क्रोध नियंत्रण कार्यक्रम की सफलता के लिए अभिप्रेरित किया जाना महत्त्वपूर्ण है। व्यक्ति में स्वयं में परिवर्तन के लिए एवं आवेग नियंत्रण हेतु अभिप्रेरणा होनी चाहिए।

द्वितीय, क्रोध के कारणों में यदि जैविक/शारीरिक कारण सम्मिलित है तो उन्हें दूर किया जाना चाहिए।

तृतीय, मद्यपान एवं औषधि व्यसनिता को नियंत्रित किये बिना क्रोध नियंत्रण की सफलता कठिन होगी।

चतुर्थ, क्रोध नियंत्रण हेतु अन्य मनोवैज्ञानिक समस्याएँ दूर की जानी चाहिए।

पंचम, क्रोध नियंत्रण कार्य विवाह/युग्म परामर्शन का एक अभिन्न अंग हो सकता है।

❑

अध्याय 29

तनाव प्रबंधन

(STRESS MANAGEMENT)

हम सभी लोग जीवन पर्यंत समायोजन स्थापित करने के लिए प्रयत्नशील रहते हैं। समायोजनात्मक प्रयत्न में हम अनेक प्रकार के लक्ष्यों को प्राप्त करने की चेष्टा करते हैं। यदि हमें वांछित अथवा निर्धारित लक्ष्य अपने आरम्भिक प्रयत्नों के माध्यम से प्राप्त हो जाया करते तो हम लोगों का जीवन निश्चय ही अत्यन्त सरल होता किन्तु लक्ष्य प्राप्ति के मार्ग में हमें अनेक बाधाओं का सामना करना पड़ता है, हमें कुण्ठा एवं द्वन्द्व का अनुभव होता है, तनाव का अनुभव होता है। आधुनिक जीवन में तनावग्रस्तता अत्यन्त गहन एवं व्यापक हो गयी है। तनाव का समुचित प्रबंधन करके हम तनाव जनित प्रभावों को नियंत्रित कर सकते हैं तथा अच्छे स्वास्थ्य (शारीरिक एवं मानसिक) की दशा विकसित कर सकते हैं।

समायोजनात्मक माँग एवं तनाव (*Adjustive Demands and Stress*)

सभी व्यक्तियों पर दो प्रकार के माँग प्रकट होती हैं जिनके प्रति समायोजन स्थापित करने के लिए व्यक्ति को अनेक प्रकार के व्यवहार करने होते हैं। 'माँग' शब्द का अर्थ यह है कि इनके द्वारा व्यक्ति पर दबाव उत्पन्न होता है जिसकी व्यक्ति उपेक्षा नहीं कर सकता है। उत्पन्न माँग की उपेक्षा व्यक्ति के जीवन, अस्तित्व अथवा स्वास्थ्य के लिए क्षतिकारक सिद्ध हो सकती है। व्यक्ति के समक्ष उत्पन्न माँगों में प्रथम श्रेणी आन्तरिक माँग (internal demand) से सम्बन्धित है। इसका सम्बन्ध व्यक्ति की जैविक रचना से होता है। इनमें भूख, प्यास, थकान एवं यौनिकता (जैविक आवश्यकता के रूप में) जैसी आवश्यकताओं से सम्बन्धित लक्ष्य को प्राप्त करने का दबाव प्रकट होता है। द्वितीय श्रेणी बाह्य माँग (external demand) से सम्बन्धित है। बाह्य माँग का सम्बन्ध हमारे समाज मनोवैज्ञानिक जीवन से होता है। उपलब्धि, सम्बद्धता, सामाजिक अनुमोदन, आक्रामकता, परार्थ और अन्य अनेक आवश्यकताएँ व्यक्ति में उसके सामाजिक अनुभवों के फलस्वरूप विकसित होती हैं। लेजॉरस (Lazarus, 1976) का मत है कि जो लक्ष्य बाहरी सामाजिक माँग के रूप में प्रकट होते है कालान्तर में धीरे-धीरे आन्तरिक माँग का रूप ग्रहण कर लेते हैं। प्रकृति या परिवेश हमारे समक्ष माँग प्रस्तुत करने के साथ ही हमें उनकी आपूर्त्ति करने हेतु संसाधन भी उपलब्ध कराता है किन्तु अनेक बार हमारे सम्मुख प्रस्तुत माँग एवं उनकी आपूर्त्ति हेतु उपलब्ध संसाधन के मध्य संतुलन का अभाव होता है अर्थात् दोनों के मध्य मेल का अभाव (mismatch) होता है। माँग और संसाधन के मध्य संतुलन का अभाव व्यक्ति के लिए तनाव का कारण बनता है।

तनाव क्या है ?
(What is Stress ?)

लेजॉरस (Lazarus, 1976) ने कहा ''तनाव की उत्पत्ति तब होती है जब व्यक्ति पर ऐसी माँगे प्रकट होती है जो व्यक्ति के समायोजनात्मक संसाधन से परे होती है।''

'What is stress ? In the simplest and most general sense, stress occurs when there are demands on the person which tax or exceed his adjustive resources'.

लेजॉरस की उपर्युक्त परिभाषा उस दशा का वर्णन करती है जब तनाव की उत्पत्ति होती है। इस परिभाषा द्वारा यह स्पष्ट होता है तनाव व्यक्ति की समायोजनात्मक दृष्टि से विचार किये जाने पर एक ऐसी कमजोर दशा है जहाँ व्यक्ति के पास उपलब्ध संसाधन उसकी समायोजनात्मक आवश्यकताओं की पूर्त्ति हेतु अपर्याप्त सिद्ध होते हैं।

जीतेन्द्र मोहन (J. Mohan, 2005) ने तनाव को परिवेश की माँगों के प्रति होनेवाली मनोवैज्ञानिक एवं दैहिक प्रतिक्रियाओं के एक ऐसे प्रारूप के रूप में परिभाषित किया है जिसके कारण हमारे संसाधन के एक बड़े भाग का आगत खतरों के प्रति समायोजन या अपने बचाव के लिए व्यय हो जाने का खतरा होता है।

Stress is the pattern of psychological and physiological reations to demands in the environment that threaten us to devote a great deal of our resources to coping with the danger and defending ourselves (Jitendra Mohan, 2005).

बॉण्ड (Bond, 1986) ने तनाव को अत्यधिक दुःखद अनुभव अथवा अतिन्यून उत्तेजना की ऐसी दशा के रूप में परिभाषित किया है जो खराब स्वास्थ्य उत्पन्न करता है अथवा हमें खराब स्वास्थ्य की दिशा में ले जाता है।

जेफ्फरी (Holm E. Jeffery) ने तनाव को द्वन्द्व, परिवर्तन, थकान एवं दबाव के प्रति होने वाली समग्र प्रतिक्रिया (holistic reaction) के रूप में परिभाषित किया है।

तनाव के लक्षणों के रूप में **जीतेन्द्र मोहन** (J. Mohan, 2005) ने निम्नांकित को रेखांकित किया है :—

(i) दीर्घकालिक चिन्ता/परेशानी (chronic worry)
(ii) विश्रांति प्राप्त कर पाने में विफलता
(iii) अत्यधिक मद्यपान एवं धूम्रपान
(iv) अनिद्रा
(v) असहयोगात्मक रवैया
(vi) समायोजन का अभाव
(vii) सांवेगिक अस्थिरता
(viii) पाचन विकार
(ix) उच्च रक्त चाप
(x) घबड़ाहट/नाखून कुतरना
(xi) सरदर्द
(xii) त्वचा में चकते/गठिया/डायबिटीज
(xiii) ध्यान केन्द्रित करने में कठिनाई/विस्मरण प्रवृत्ति
(xiv) अत्यधिक थकान अनुभव होना
(xv) भयग्रस्तता (पैरानोइया)
(xvi) क्षुधा समस्या

तनाव का प्रभाव
(Consequences of Stress)

साधारणतया हमारा ध्यान तनाव के परिणामस्वरूप उत्पन्न होने वाली कुसमायोजी विकृतियों की दिशा में ही जाता है। तनाव के फलस्वरूप अनेक प्रकार के तीव्र संवेगों जैसे क्रोध (anger), भय (fear), चिन्ता (anxiety), ग्लानि (guilt) एवं लज्जा (shame) की उत्पत्ति होती है। इन संवेगों के प्रभावस्वरूप कुसमायोजन उत्पन्न होता है किन्तु लेजॉरस ने इस तथ्य की ओर भी हमारा ध्यान आकृष्ट किया है कि कभी-कभी तनाव के फलस्वरूप अप्रत्याशित रूप में सबल एवं सफल/प्रभावशाली समायोजनात्मक प्रतिक्रियाएँ भी उत्पन्न होती हैं। इस प्रकार कभी-कभी तनाव ऐसे लोगों के लिए श्रेष्ठ विकास का मार्ग प्रशस्त करता है जो संकट की दशा में होते हैं किन्तु उनके पास पर्याप्त संसाधन उपलब्ध होता है।

तनाव के कारण व्यक्ति को अनेक प्रकार की कीमत चुकता करनी पड़ती है। व्यक्ति को होने वाली स्वास्थ्य क्षति के अतिरिक्त व्यक्ति के सामान्य समायोजनात्मक प्रयासों की सफलता में भी बाधा आती है। ऐसी बाधा के दो कारण होते हैं प्रथम, तनाव जन्य संवेगों के कारण व्यक्ति का ध्यान समस्या समाधान की दिशा में केन्द्रित नहीं हो पाता है, व्यक्ति सृजनात्मक एवं उत्पादक चिन्तन (productive thinking) नहीं कर पाता है। समस्या समाधान के लिए समस्या का उपयुक्त संप्रत्ययन एवं संज्ञानात्मक पुनर्गठन महत्त्वपूर्ण होता है जबकि तनाव इसमें व्यवधान डालता है। उदाहरण के लिए तनाव की दशा में प्रश्न का अर्थ समझने या उसका समाधान खोजने में कठिनाई आती है। द्वितीय, तनाव के कारण व्यक्ति की प्रतिक्रिया अव्यावहारिक अथवा वास्तविकता से पृथक (unrealistic) होती है। ऐसे में समस्या का समाधान होने के स्थान पर उसी कड़ी में नयी समस्याएँ प्रकट होने लगती है। यदि कोई परीक्षार्थी परीक्षा सम्बन्धी तनाव का सामना करने के लिए परीक्षा की कठिनाई एवं अपनी तैयारी की कमी को अनुपयुक्त ढंग से झुठलाने लगे तो उसकी समस्या और भी अधिक बढ़ जाती है।

तनाव के स्रोत
(Sources of Stress)

तनाव की उत्पत्ति माँग और संसाधन के मध्य मेल के अभाव में होती है। माँग के स्रोत प्राथमिक, जैविक आवश्यकता और द्वैतीयक, समाज मनोवैज्ञानिक परिवेश में निहित होते हैं। मानवजीवन में बाह्य परिवेश द्वारा प्रस्तुत माँग का महत्त्व जैविक आवश्यकताओं की तुलना में अधिक गहरा होता है। हमारे धनात्मक संवेगों, यथा—प्रेम, हर्ष/आनन्द, उल्लास एवं ऋणात्मक संवेगों, यथा—भय, चिन्ता, क्रोध, विषाद, ग्लानि का मुख्य स्रोत बाह्य/सामाजिक परिवेश की माँगों की पूर्त्ति में निहित होता है। बाह्य माँग को प्रायः हम इस प्रकार अपने जीवन में आत्मसात कर लेते हैं कि उनका स्वरूप आन्तरिक माँग जैसा ही हो जाता है।

तनाव का संप्रत्ययन तीन घटकों के मध्य संतुलन के अभाव के रूप में किया जा सकता है : आवश्यकता, व्यक्ति की क्षमता एवं विशेषता, एवं परिवेश जिसकी विशेषताएँ हमारी आवश्यकताओं की पूर्त्ति में सहायक अथवा बाधक हो सकती है। आवश्यकता के अतिरिक्त उल्लिखित अन्य दोनों घटक हमारे संसाधन के स्वरूप का वर्णन करते हैं। उक्त

तीन घटकों के मध्य संतुलन अथवा मेल (match) के अभाव का प्रतिफल व्यक्ति के लिए कुण्ठा एवं धमकी (frustration and threat), द्वन्द (conflict) तथा दबाव (pressure) के अनुभव के रूप में प्रकट हो सकता है।

जब कोई व्यक्ति किसी लक्ष्य के लिए प्रयास करता है और उसकी प्राप्ति में भौतिक बाधा, शारीरिक सीमाओं, सामाजिक व्यवधान या आर्थिक अभाव के कारण लक्ष्य आपूर्ति में विफलता (failure or thwarting of goal gratification) का अनुभव होता है तब व्यक्ति को प्राप्त हो रहे अनुभव की कुण्ठा (frustration) के रूप में व्याख्या होती है। कुण्ठा की धमकी के साथ तुलना महत्त्वपूर्ण है। कुण्ठा की दशा में लक्ष्य प्राप्ति के प्रयत्न के सम्मुख वास्तविक क्षति (harm) की घटना देखी जा सकती है; जबकि धमकी या आसन्न खतरे (threat) की दशा में क्षति अभी घटित नहीं हुई रहती है, क्षति के निकट भविष्य में घटित होने की आशंका प्रकट होती है। परीक्षा में विफलता, किसी प्रिय की मृत्यु, नौकरी का छूट जाना कुण्ठा के उदाहरण हो सकते हैं। परीक्षा में विफलता का भय, प्रेम में विफलता की आशंका (कहीं मेरा पति मुझे मेरी गम्भीर बीमारी के कारण/अपनी प्राइवेट सेक्रेटरी के कारण छोड़ तो नहीं देगा) धमकी के उदाहरण है। धमकी की दशा में क्षति के विषय में व्यक्ति अनुमान करता है। अनुमानित क्षति जितनी अधिक होती है तनाव की मात्रा उतनी ही अधिक होती है। कुण्ठा अथवा धमकी की तीव्रता का आकलन बाहर से वस्तुनिष्ठ मापन के रूप में करना कठिन है। कुण्ठा अथवा धमकी की तीव्रता को प्रभावित करने वाले कारकों में सर्वाधिक महत्त्वपूर्ण तत्त्व आवश्यकता की तीव्रता या व्यक्ति के लिए आवश्यकता/लक्ष्य का महत्त्व को माना जाता है। इसप्रकार धमकी मनोवैज्ञानिक रूप में तनाव को उत्पन्न करती है। मनोवैज्ञानिक रूप में उत्पन्न हुआ तनाव वास्तविक क्षति के माध्यम से उत्पन्न हुए तनाव की तुलना में अधिक क्षतिकारक होता है।

धमकी के संप्रत्यय में क्षति के विषय में व्यक्ति द्वारा पूर्वानुमान एवं मूल्यांकन किया जाना सम्मिलित होता है। इस पूर्वानुमान एवं मूल्यांकन का आधार व्यक्ति के वर्तमान जीवन संदर्भ की विशेषता एवं ऐसी ही समतुल्य परिस्थिति के संदर्भ में उसका पूर्व अनुभव हो सकता है। व्यक्ति के पूर्वानुमान को उसका व्यक्तित्व एवं अन्य लोगों का उक्त संदर्भ के विषय में मत प्रभावित कर सकता है, यथा—कोई बीमारी/रोग लक्षण प्रकट होने पर रोगी एवं उसके परिजन अनभिज्ञ होने कारण तनावरहित हो सकते हैं किन्तु किसी पड़ोसी का यह वक्तव्य कि उक्त बीमारी तो बहुत गम्भीर है, उसके एक रिश्तेदार की ऐसी बीमारी में मृत्यु हो गयी थी, रोगी एवं उसके परिजनों में मनोवैज्ञानिक तनाव उत्पन्न कर सकता है। इस प्रकार यह प्रकट होता है कि तनाव की उत्पत्ति परिस्थितियों में निहित वास्तविक खतरों द्वारा ही नहीं, आशंका द्वारा भी होती है। धमकी का अनुभव (आशंका) परिस्थिति के विषय में व्यक्ति के बोध या विश्वास के आधार पर होता है; व्यक्ति का बोध या विश्वास परिस्थिति की वस्तुनिष्ठ विशेषताओं से असम्बन्धित होता है।

द्वन्द्व तनाव का दूसरा स्रोत होता है। द्वन्द्व की दशा में व्यक्ति के सम्मुख दो या अधिक लक्ष्य एक साथ प्रकट होते है और चूँकि दोनों लक्ष्यों की पूर्ति एक साथ सम्भव नहीं हो सकती है इसलिए एक लक्ष्य की विफलता या उसकी पूर्ति में विलम्ब अपरिहार्य होता है। इस प्रकार द्वन्द्व एक ऐसी दशा होती है जिसमें कुण्ठा अथवा धमकी की आशंका प्रकट होती है। द्वन्द्व के तीन रूप हो सकते हैं। प्रथम, ग्राह्य-ग्राह्य द्वन्द्व (approach-approach conflict) की दशा में दो धनात्मक लक्ष्यों की उपस्थिति के कारण व्यक्ति निर्णय नहीं कर पाता है कि उसकी समायोजनात्मक प्रतिक्रिया कैसी हो। त्याज्य-त्याज्य द्वन्द्व (avoidance

avoidance conflict) में व्यक्ति दो ऋणात्मक किन्तु विपरीत दिशा में स्थित लक्ष्यों (जैसे माता-पिता के तिरस्कार से बचने की चाह एवं साथ में प्रेमिका से सम्बन्ध टूटने के भय से बचने का प्रयास; या परीक्षा में विफलता एवं परिश्रम दोनों से बचने की इच्छा आदि) से बचना चाहता है, तृतीय, ग्राह्य-त्याज्य द्वन्द्व (approach avoidance conflict) की दशा में व्यक्ति एक ही लक्ष्य को ग्रहण करने अथवा त्यागने की उलझन में फँसा होता है, जैसे व्यक्ति अच्छे वेतन वाली नौकरी स्वीकार करना चाहता है किन्तु कार्य की कठिन दशा या दूर देश की नौकरी होने के कारण उसे स्वीकार नहीं करना चाहता है।

कुण्ठा एवं द्वन्द्व में तनाव की उत्पत्ति लक्ष्य प्राप्ति के मार्ग में बाधा आने के कारण होती है। इससे पृथक दबाव (pressure) लक्ष्य को प्राप्त करने या एक निश्चित प्रकार का व्यवहार करने की जबरदस्त माँग है। दबाव बाहर से (माता-पिता, शिक्षक, सामाजिक परिवेश आदि) या व्यक्ति के स्वयं के अन्दर की तीव्र इच्छा के कारण प्रकट हो सकता है। दबाव के कारण व्यक्ति को अपने कार्य की क्षमता, गति, दिशा आदि को बदलना पड़ता हैं। आधुनिक जीवन परिदृश्य में कुण्ठा एवं द्वन्द्व की तुलना में दबाव की भूमिका अधिक व्यापक रूप में देखी जा सकती है। उदाहरण के लिए बच्चों पर अच्छे परीक्षा परिणाम के लिए, युवकों पर अधिक आय के लिए, युवतियों/महिलाओं पर पड़ोसी के बराबर आभूषण, फ्रिज, टीवी या मोबाइल अर्जित करने के लिए दबाव के कारण तनाव को उत्पन्न होते हुए देखा जा सकता है।

तनाव प्रबंधन नीतियाँ
(Stress Management Strategies)

तनाव के प्रति हम सभी लोग अनेक प्रकार से प्रतिक्रिया करते है। इन प्रतिक्रियाओं में से कुछ के द्वारा तनाव में वास्तविक कमी आती है, जबकि अन्य तनाव घटाने में विफल होती है अर्थात व्यक्ति को दूसरी नीतियाँ अपनाने की आवश्यकता होती है। इस प्रकार अध्याय के इस खण्ड में दो प्रकार के प्रश्नों का उत्तर अपेक्षित है, प्रथम, हम तनाव के प्रति कैसे व्यवहार करते है? (How do we cope with stress?)। हमारी समायोजनात्मक प्रतिक्रिया की विफलता के कारण दूसरा प्रश्न प्रकट होता है : क्या तनाव प्रबंधन के लिए वैकल्पिक, श्रेष्ठ नीति सम्भव है (can there be an alternative, a better strategy to cope with stress?)। यहाँ दूसरे प्रश्न पर विचार करना हमारे लिए अधिक महत्त्वपूर्ण है किन्तु उससे पहले प्रथम प्रश्न का उत्तर पाना आवश्यक है।

तनाव के प्रति समायोजनात्मक प्रतिक्रिया

तनाव का सामना (coping) करना तनाव के प्रति प्रतिक्रिया की दिशा में इंगित करता है। इसकी तुलना में समायोजनात्मक प्रतिक्रिया (adjustive reactions) अधिक व्यापक संप्रत्यय माना गया है (Lazarus, 1976) क्योंकि समायोजन के अन्तर्गत परिवेशीय एवं आन्तरिक माँगों के प्रति होने वाली समस्त प्रतिक्रियाओं को सम्मिलित किया जाता है।

कुण्ठा, चिन्ता एवं तनाव के प्रति हमारी प्रतिक्रियाएँ दो श्रेणियों में विभाजित की जाती हैं : प्रत्यक्ष प्रतिक्रियाएँ (direct reactions) एवं अहं-रक्षा युक्तियाँ (ego defense mechanism) या मनोरचनाएँ (mental mechanism)। प्रत्यक्ष प्रतिक्रियाओं की श्रेणी में व्यक्ति की उन प्रतिक्रियाओं को सम्मिलित किया जाता है जिनका उद्देश्य क्षति, धमकी या चुनौती का सामना करने के लिए परिवेश के साथ समस्याग्रस्त व्यवहार को परिमार्जित

करना होता है। इस प्रकार व्यक्ति अपने व्यवहार में परिवर्तन करके माँगों की पूर्ति के लिए कार्य करता है अथवा परिवेश को प्रभावित करके उसकी माँग को अपने अनुरूप रूपान्तरित कर सकता है। अहं रक्षायुक्तियों का उद्देश्य लक्ष्य की प्राप्ति किये बिना ही समायोजन अर्जित होने की अनुभूति पाना होता है। व्यक्ति अपने 'स्व' (self) की सुरक्षा का अनुभव प्राप्त करने का प्रयास करता है। चिन्ता एवं तनाव के संदर्भ में इन प्रतिक्रियाओं का उद्देश्य शारीरिक एवं मानसिक कष्टानुभूति को घटाना एवं सहजता (comfort) का अनुभव प्राप्त करना होता है।

प्रत्यक्ष/लक्ष्योन्मुख (direct/task-oriented) प्रतिक्रियाओं की श्रेणी में अतिरिक्त प्रयास (increased effort), क्षति का सामना करने के लिए क्षति के स्रोत को घटाना या निष्कासित कर देना, आक्रामकता, क्षतिपूर्त्ति (compensation), विस्थापन (displacement) आदि को सम्मिलित किया जाता है। यहाँ यह भी उल्लेख्य है कि उपर्युक्त सभी प्रतिक्रियाओं में लक्ष्योन्मुखता की मात्रा में अन्तर है। क्षतिपूर्ति या विस्थापन आदि में लक्ष्योन्मुखता विशुद्ध रूप में नहीं पायी जाती है, इनमें कुछ सीमा तक मूल लक्ष्य से दूर हटकर अन्य मार्गो से सुखानुभूति/संतुष्टि अर्जित करने की चेष्टा देखी जा सकती है। परिहार (avoidance) भी एक लक्ष्योन्मुख प्रतिक्रिया हो सकती है। परिहार को पलायन (flight) से भिन्न रूप में देखा जाना चाहिए। परिहार की प्रक्रिया में व्यक्ति सक्रिय प्रयत्न द्वारा खतरनाक कारकों से होने वाली सम्भावित क्षति से बचने का प्रयास करता है।

अहं-रक्षोन्मुख प्रतिक्रियाओं के अन्तर्गत अवदमन (repression), शमन (suppression), प्रतिगमन (regression), प्रतिक्रिया निर्माण (reaction formation), युक्तिकरण (rationalization), तादात्मीकरण (identification), अन्तर्निवेशन (internalization), पलायन (withdrawal & flight), दिवास्वप्न (daydreaming) प्रक्षेपण (projection), अस्वीकृति (denial) आदि को सम्मिलित किया जाता है। इन प्रतिक्रियाओं द्वारा मूल लक्ष्य को प्राप्त किये बिना ही विफलता की अनुभूति को निरस्त करने का प्रयास किया जाता है। अर्थात मानसिक तल (intrapsychic level) पर ही सफलता एवं स्व/अहं की सुरक्षा का प्रबंध किया जाता है। स्व/अहं के लिए इस प्रकार अर्जित की गयी सुरक्षानुभूति मिथ्या होती है। ऐसी प्रतिक्रियाओं द्वारा सही अर्थों में समायोजन की स्थापना नहीं हो पाती है। व्यक्ति मूल लक्ष्यों से दूर हटने की प्रवृत्ति विकसित कर लेता है तथा मानसिक स्वास्थ्य में क्रमशः अवनति आती है। अहं-रक्षोन्मुख प्रतिक्रियाओं/मनोरचनाओं का स्वरूप प्रशमनात्मक (palliative) होता है।

हमारी प्रशमनात्मक प्रतिक्रियाओं की श्रेणी में कतिपय लक्षणोन्मुखी (symptom-directed) प्रतिक्रियाएँ भी आती है। मद्यपान, औषधि दुरूपयोग एवं शारीरिक शिथलीकरण प्रविधियाँ (physical relaxation techniques) इसी श्रेणी में आती हैं। इन व्यवहार शैलियों द्वारा तनाव की अनुभूति चेतन से कुछ समय के लिए बहिष्कृत हो सकती है किन्तु तनाव के कारण/स्रोत की विद्यमानता बनी रहती है। ऐसे व्यवहार के कारण भी व्यक्ति समस्या समाधान की चेष्टा से पृथक हो जाता है, समस्या का स्वरूप इस प्रवृत्ति के कारण और भी अधिक जटिल होता जाता है। इस प्रकार तनाव के साथ ऐसी प्रतिक्रियाओं का दुष्चक्रात्मक सम्बन्ध स्थापित हो जाता है, यथा—पहले तनाव से बचने के लिए मद्यपान→ मद्यपान के कारण समस्या का समाधान नहीं कर पाना तथा अन्य नई समस्याओं का मूल समस्या में जुड़ जाना → अधिक तनाव → और भी अधिक मद्यपान।

यहाँ हमने कुण्ठा, चिन्ता एवं तनाव की दशा में घटित होने वाली प्रतिक्रियाओं का

वर्णन किया है। ऊपर वर्णित प्रतिक्रियाओं में से लक्ष्योन्मुख प्रतिक्रियाएँ ही मानसिक स्वास्थ्य के उन्नयन हेतु उपयुक्त मानी जाती है। शेष प्रतिक्रियाएँ तनाव को घटाने, दूर करने या तनाव से बचने के लिए अनुपयुक्त पायी गयी हैं।

श्रेष्ठ तनाव प्रबंधन नीतियाँ (*Better Stress Management Strategies*)

तनाव का श्रेष्ठ प्रबंधन करने के लिए आवश्यक है कि तनाव उत्पन्न न होने दें; तनाव से बचें; एवं तनाव होने पर उचित समाधान करें। कुछ श्रेष्ठ नीतियाँ अधोवर्णित है; परामर्शदाता इन बिन्दुओं पर क्लायंट के साथ कार्य कर सकता है:—

(1) तनाव प्रबंधन की प्रक्रिया आवश्यक रूप में तनाव उत्पन्न होने के पश्चात आरंभ होती है ऐसा सोचना उपयुक्त नहीं है। व्यक्ति की क्षमता एवं विशेषता का विकास इस प्रक्रिया का सर्वाधिक महत्त्वपूर्ण भाग है। तनाव व्यक्ति की आवश्यकताओं, क्षमताओं एवं विशेषताओं तथा परिवेश के मध्य असंतुलन की दशा है अतः तनाव से बचने के लिए उक्त तीन में किसी एक या अनेक के स्तर पर हस्तक्षेप किया जा सकता है। यदि किसी छात्र, कर्मचारी या गृहणी के तनाव का स्रोत उसे अंग्रेजी नहीं आने, संप्रेषण सामर्थ्य की कमी, आत्मविश्वास की कमी आदि है तो उसका पुनः प्रशिक्षण किया जाना चाहिए, उसमें उन क्षमताओं का विकास किया जाना अच्छा उपाय होगा। सीखने के लिए कोई भी आयु बाधक नहीं होनी चाहिए। अनेक प्रकार की आदतों का परिमार्जन महत्त्वपूर्ण हो सकता है।

(2) आधुनिक जीवन परिदृश्य में आवश्यकताएँ बढ़ती जा रही है। परिवेशीय दबाव के कारण हमारी सामर्थ्य से परे आवश्यकताओं/लक्ष्यों का जन्म हो रहा होता है। तनाव की दशा में व्यक्ति द्वारा अपनी तनावग्रस्तता के संदर्भ में आवश्यकता का पुनर्निरीक्षण, पुनर्मूल्यांकन, पुनर्स्थापन किया जाना चाहिए। हम यथासम्भव अपनी सामर्थ्य, क्षमता, विशेषताओं का विकास कर सकते हैं किन्तु हमारी आवश्यकता यदि इससे परे है अथवा परिवेश के प्रतिकूल है तब आवश्यकता को पुनः परिभाषित करना आवश्यक हो जाता है। उदाहरण के लिए भारतीय ग्रामीण अथवा उपनगरीय जीवन संदर्भ में किसी प्रकार का फैशन अस्वीकार्य हो सकता है, अर्द्धनग्नता वहाँ गम्भीर विषय होता है। ऐसे में किसी महिला के लिए परिवेश को ध्यान में रखते हुए अपनी वस्त्रनीति को पुनः परिभाषित करना चाहिए। उसके लिए यह समझना महत्त्वपूर्ण होगा कि दोष उसके लक्ष्य में, उसकी इच्छा में नहीं है, मात्र समस्या यह है कि जो फैशन उसके लिए यूरोपीय/महानगरीय संदर्भ में उचित हो सकता है वही उपनगरीय जीवन में अनुपयुक्त हो सकता है। हमारे लिए अपने वर्तमान परिवेश के सकारात्मक पक्षों का निरीक्षण किया जाना भी लाभकारी होता है। यदि गाँवों में अनेक समस्याएँ हमें परेशान करती हैं तो वहाँ की शान्ति, वायु शुद्धता, जीवन सरलता आकर्षण का विषय हो सकता है। अर्थात् आवश्यकताओं को व्यक्ति के परिवेश एवं सामर्थ्य के संदर्भ में पुनः परिभाषित करने के लिए पुनर्शिक्षण की आवश्यकता होती है।

(3) ऊपर वर्णित प्रथम बिन्दु में व्यक्ति की क्षमता एवं विशेषता को प्रभावित करने का प्रस्ताव है तो दूसरी नीति आवश्यकता को प्रभावित करना था। समायोजन का तीसरा घटक परिवेश है। परिवेश में तनाव उत्पन्न करने वाले अनेक कारक (stressors) विद्यमान होते हैं जिनमें से कुछ को व्यक्ति द्वारा स्वयं अपने स्तर पर, कुछ अन्य को परिवार या संस्था संगठन के स्तर पर तथा अन्य अनेक को व्यापक सामाजिक-राजनीतिक स्तर पर दूर किया जा सकता है। परामर्शदाता द्वारा तनाव प्रबंधन कार्य करते समय व्यक्ति, परिवार, संस्था/संगठन के स्तर पर ऐसे स्रोतों की पहचान करने एवं उन्हें दूर किये जाने

की आवश्यकता स्वीकार किये जाने के लिए कार्य किया जा सकता है। यदि माता-पिता बच्चों से असंगत अपेक्षा रखते हों, अध्यापक विद्यार्थियों में दण्ड का अत्यधिक भय उत्पन्न करके विद्यालय परिवेश तनावपूर्ण बना रहे हों, यदि उद्योग कार्य के अनुचित घंटे/मानक स्थापित करके कर्मचारियों में तनाव का बीजारोपण कर रहा हो तो परामर्शदाता इन इकाइयों को यह समझने में सहायता दे सकता है कि उनकी नीतियों द्वारा कैसे सम्बन्धित सदस्यगण दुष्प्रभावित हो रहे हैं। तनाव के स्रोत की पहचान करने के अतिरिक्त उन्हें दूर करने के लिए कार्य नीति नियोजन एवं क्रियान्वयन में भी परामर्शदाता सहायता प्रदान कर सकता है।

(4) तनाव प्रबंधन के लिए व्यक्ति की (i) आवश्यकता (ii) क्षमता एवं विशेषता (iii) परिवेश को प्रभावित किया जाना उपयुक्त नीति के अन्तर्गत आता है किन्तु ऐसे प्रयासों के उपरान्त भी तनाव का उत्पन्न होना स्वाभाविक हो सकता है। जीवन को अच्छे और बुरे पक्ष के मध्य विभाजित नहीं किया जाना चाहिए। जीवन के प्रति एक समग्र दृष्टि (holistic view) की आवश्यकता होती है। जीवन में सुख एवं दुख दोनों की सम्मिलित रहेगा। मात्र तनाव के परिहार और उपचार पर ध्यान केन्द्रित करने की अपेक्षा जीवन में सुखद क्षणों के अन्वेषण और उनके विकास पर ध्यान दिया जाना चाहिए। यदि सुखानुभूतियों में वृद्धि होगी तो दुखानुभूतियों एवं तनाव कारकों के प्रभाव में कमी आयेगी। अतः तनाव प्रबंधन प्रक्रिया में नयी जीवन शैली के विकास पर ध्यान दिया जाना चाहिए। सभी लोगों के कतिपय शौक (hobbies) होते है, सम्भव है व्यक्ति उन्हें पहचान नहीं पा रहा हो या जीवन की त्रुटिपूर्ण शैली में उसने इनकी अनदेखी कर दी हो है। शौक के विकास, अन्वेषण, अनुसरण द्वारा व्यक्ति को सुखानूभूति प्राप्त होगी जो तनाव के विरुद्ध प्रतिरोधक (shock absorber) भाँति कार्य करेगा। राय ने एक विकल्प के रूप में यह सुझाव दिया कि हम सामाजिक समस्याओं के समाधान की प्रक्रिया का अंग बनकर जहाँ दूसरों को लाभ पहुँचाते हैं वहीं ऐसा करके हम अपने पार्थक्य (alienation) को घटा सकते हैं; पार्थक्य घटेगा और इनवाल्वमेंट बढ़ेगा तो तनाव दूर होगा, मानसिक स्वास्थ्य श्रेष्ठ होगा। अतः इन्वाल्व एण्ड साल्व (involve and solve) की नीति में हम दूसरों की सहायता करने की प्रक्रिया में वस्तुतः स्वयं की सहायता करते हैं।

(5) तनाव प्रबंधन प्रक्रिया में शारीरिक व्यायाम, योगाभ्यास/प्राणायाम, सुबह टहलना सहायक हो सकता है किन्तु इसपर सम्पूर्ण निर्भरता अच्छी नहीं होगी। इन प्रविधियों द्वारा सुस्त जीवन शैली से बाहर आने में सहायता प्राप्त हो सकती है किन्तु अधिक ध्यान तनाव के वास्तविक स्रोतों की पहचान करने एवं उसे दूर करने पर दिया जाना चाहिए।

परामर्शदाता उक्त लक्ष्यों को प्राप्त करने की दिशा में क्लायंट/परामर्शी के लिए सहायक बनने की प्रक्रिया में प्रमुख रूप से संज्ञानात्मक-व्यवहारात्मक उपागम, तनाव प्रतिरक्षण प्रविधि (stress innoculation technique), दृढ़-आग्रहिता प्रशिक्षण, मनो-शैक्षिक उपागम, बहुआयामी दक्षता प्रशिक्षण (multimodal skills training), आर॰ई॰बी॰टी॰ (REBT), जीवन-शैली प्रबंधन (life style management) विश्रांति प्रशिक्षण (relaxation training), सामाजिक सहयोग विकास, अभिव्यक्ति/संचार प्रशिक्षण (communication skill training), समय-प्रबन्धन (time-management), धैर्य/सहशीलता प्रशिक्षण (endurance training), संवेगात्मक अभिव्यक्ति प्रशिक्षण (emotional outlet training) यथा बोलना या लिखना के अतिरिक्त मनोपचार एवं तनाव पश्चात विकृति समाधान जैसी अनेक प्रविधियों का उपयोग करता है।

❑

अध्याय 30

यौन शोषण/दुर्व्यवहार
(SEXUAL ABUSE)

यौनिक आवश्यकता एवं उसकी पूर्ति के लिए किया गया व्यवहार व्यक्ति की जैविक एवं मानसिक आवश्यकता रूपी दोनों श्रेणियों की अभिप्रेरणा से सम्बन्धित है। इसमें औचित्य एवं अनौचित्य के प्रश्न सम्मिलित हैं। दो सदस्यों के मध्य होने वाला यौनिक व्यवहार उचित है अथवा अनुचित, यह सदस्यों की सहमति के स्वरूप पर निर्भर होता है। दूसरे सदस्य की सहमति के बिना बलप्रयोग के आधार पर किया गया यौनिक व्यवहार बलात्कार अथवा उत्पीड़न की श्रेणी में आ जाता है किन्तु यदि सहमति भी प्राप्त है और यह सहमति दूसरे सदस्य के भय, मजबूरी, अज्ञानता, विवशता आदि से प्राप्त हुई है या दूसरे सदस्य की निर्बलता के कारण कोई प्रत्यक्ष विरोध प्रकट न हुआ जिसे कि मौन सहमति माना गया हो अथवा उसकी व्याख्या उसकी मौन सहमति के रूप में कर ली गयी हो अर्थात् दूसरे सदस्य की स्वाभाविक/आत्मप्रेरित सहमति न रही हो तब भी उसके प्रति घटित व्यवहार यौन शोषण अथवा दुर्व्यवहार की श्रेणी में आता है। यौनिक शोषण/दुर्व्यवहार (sexual abuse) का सीधा अर्थ यह है कि किसी अन्य के प्रति, मुख्यतः महिलाओं एवं बच्चों के प्रति, यौनिक जीवन से सम्बन्धित अनुचित बर्ताव किया गया है।

यौन शोषण : मिथक
(Sexual Abuse : Myths)

यौन शोषण, दुर्व्यवहार, बलात्कार जैसे व्यवहार को परिभाषित करने में अनेक कठिनाइयाँ आती हैं। इस कठिनाई का मुख्य कारण प्रचलित मिथक (myth) हैं। एक मुख्य मिथक यह है कि किसी महिला की सहमति के बिना शिश्न प्रविष्ट नहीं हो सकता है अतः बलात्कार कभी भी असम्भव है। ऐसी व्याख्या करने वाले लोग उस समय एक महिला की ऐसी विवशता जिसमें भयवश माँसपेशियाँ निष्क्रिय हो सकती है और वह कोई प्रतिरोध नहीं कर सकती है क्योंकि सबकुछ अचानक हो सकता है, अथवा चोट या मृत्यु का खतरा होता है—की अनदेखी करते हैं। अनेक बार महिला स्वयं अपनी या अपने परिवार की जीवन रक्षा के लिए अनिच्छापूर्वक सहमत हो सकती है। निर्बल सामाजिक पृष्ठभूमि या आत्मबल की कमी वाली महिला तो गरजती आवाज (authoritarian tone) से ही घबड़ाकर आत्मसमर्पण कर सकती है। ऐसे में यह कहना कि उसके प्रति हुआ व्यवहार बलात्कार, शोषण या दुर्व्यवहार नहीं अपितु उसकी सहमति से सम्पन्न हुआ यौनिक व्यवहार था, सत्य से इनकार करना, सत्य को झुठलाना होगा। किसी पुरुष द्वारा महिला के प्रति हुए व्यवहार के शोषण/दुर्व्यवहार के रूप में वर्गीकरण के मार्ग में बाधक दूसरा मिथक यह है कि पुरुष को महिला द्वारा अपने रंग, रूप भावाभिव्यक्ति (जैसे उत्तेजक वस्त्रादि) के माध्यम से प्रेरित या उत्तेजित किया गया था अतः पुरुष का व्यवहार

शोषण या दुर्व्यवहार अथवा बलात्कार की श्रेणी में नहीं आता है; अर्थात् पीड़िता ही अपराध की जननी (victim precipitated crime) है। ऐसी व्याख्या में यह माना जाता है कि नारी स्वयं अपने प्रति ऐसा चाहती थी (she was asking for it) नारी ने पुरुष को भड़काया था और पुरुष के लिए नियंत्रण रख पाना सम्भव नहीं था। प्रायः कानूनी दॉवपेंच में ऐसी ही व्याख्याओं का सहारा लिया जाता है। वस्तुतः मिथकों की पृष्ठभूमि में पुरुषों के वर्चस्व से सिंचित वह समाज है जहाँ यौन शोषण रूपी कुरूप कृत्य को सुन्दर समागम के रूप में प्रस्तुत किया जाता है।

यौन शोषण : समस्या का स्वरूप
(Sexual Abuse : Nature of Problems)

यौन शोषण के भुक्तभोगी वर्ग में मुख्यतः महिलाएँ एवं बच्चे (लड़के और लड़कियाँ) होते हैं, शोषक मुख्यतः पुरुष (कुछ अध्ययनों में 97 प्रतिशत तक) होते हैं। शोषक पुरुषों में अपरिचित व्यक्तियों के अतिरिक्त अधिसंख्या पूर्व परिचित, मित्र एवं करीबी रिश्तेदार (यहाँ तक कि परिजन भी) पाये जाते हैं। शोषण व्यवहार अथवा दुर्व्यवहार के अनेक रूप होते हैं।

दुर्व्यवहारों की प्रथम श्रेणी में शारीरिक सम्पर्क की गणना होती है। ऐसे व्यवहार में सामाजिक, विधिक, धार्मिक मान्यताओं एवं व्यवस्थाओं से भिन्न अमान्य रूप में स्पर्श करना, योनि अथवा गुदा मार्ग में शिश्न प्रवेश; शिश्न अथवा योनि को चुम्बन, स्पर्श आदि द्वारा सुखोत्तेजित करना (fellatio or cunnilingus); चुम्बन, आलिंगन, हस्तमैथुन करना अथवा शरीर को दुलारना, पुचकारना सम्मिलित किया जा सकता है। दुर्व्यवहार के दूसरे रूप में शरीर का स्पर्श नहीं होता है; इसमें भद्दे इशारे करना, फबतियाँ कसना, जननांग प्रदर्शन करना, कामुक चलचित्र (ब्लू फिल्म) दिखाना, अश्लील चित्र दिखाना, अश्लील साहित्य पढ़ने के लिए देना, टेलीफोन पर कामुक बातें कहना, किसी का नंगा चित्र उतारना आदि सम्मिलित किया जाता है।

यौन शोषण/दुर्व्यवहार या बलात्कार से पीड़ित सदस्य एक (अकेला) सदस्य हो सकता है जिसके प्रति एक व्यक्ति या एक समूह/गैंग द्वारा दुर्व्यवहार किया जा सकता है। यह घटना राह चलते, सुनसान स्थल पर या घर अथवा कार्यालय के किसी एकान्त कोने में हो सकती है। यौनिक शोषण कार्यस्थल पर महिला की मजबूरी का लाभ उठाकर किया जा सकता है। शोषित महिला अपनी बदनामी से बचने के लिए अथवा आर्थिक मजबूरी में नौकरी छूट जाने के पश्चात् आने वाले संकटों के आतंक से भयभीत होकर चुप्पी साधे रख सकती है। यहाँ ध्यान देने की बात है कि महिला यौनिक कार्यकलाप में भुक्तभोगी के रूप में सम्मिलित है, वह न तो पहल कर रही है न ही यौनिक आनन्द पा रही है, वह लगातार यंत्रणा सह रही है जिसका विरोध बलपूर्वक नहीं कर पा रही है। वह तो स्वयं को असहाय पाकर अपनी दशा की पीड़ा को अन्य प्रकार की पीड़ा से बचने के लिए स्वीकार कर रही है। ऐसे में उसके मानसिक तल पर शोषण की पीड़ा उत्पन्न हो रही होती है।

यौन शोषण के पीड़ित समूह में पत्नियों का भी एक ऐसा बड़ा वर्ग सम्मिलित हो सकता है जहाँ पत्नियों को अनेक प्रकार के शारीरिक यंत्रणा दी जाती है। कभी कोई पति पत्नी को सिगरेट की आग से जगह-जगह जला देता है, कोई नंगा करके बेल्ट से पीटता है, कोई जननांगों में डण्डे डाल देता है अर्थात विभिन्न प्रकार से पीड़ा देकर सुखानुभूति (sadistic pleasure) का अनुभव प्राप्त करता है। कई पति अपनी पत्नियों को अपने

प्रोमोशन के लिए साधन के रूप में प्रयुक्त करते पाये जाते हैं, यह शोषण का अनोखा रूप है।

अनेक प्रकार के पदों पर कार्यरत महिलाओं का बॉस द्वारा विभिन्न प्रकार से शोषण किया जाता है। ऐसे कर्मियों में स्टेनोटाइपिस्ट, गायिकाएँ, वेट्रेस, एक्ट्रेस एवं ऐसे अन्य अनेक पदों पर कार्यरत महिलाओं को सम्मिलित किया जा सकता है। प्रायः यह भी एक विश्वजनीन दृश्य है कि महिलाएँ पुलिस के द्वारा सुरक्षा के स्थान पर शोषण ही पाती हैं।

कभी-कभी राजनीतिक, युद्धक, आर्थिक या जातीय वर्गभेद सम्बन्धी शासकीय नीतियों के कारण किसी एक वर्ग से सम्बन्धित महिलाओं का पूरा समूह ही बलात्कार का शिकार हो जाता है। इतिहास पराजित समूहों, जातियों, समुदायों से सम्बन्धित महिलाओं के सामूहिक बलात्कार की नग्न घटनाओं से भरा पड़ा हुआ है। ऐसी घटनाओं में महिलाओं के साथ अत्यन्त निर्मम व्यवहार किया जाता है, एक ही महिला का अनेक बार बलात्कार करके सिपाहियों द्वारा उन्हें खून से लथपथ जीवन के लिए संघर्ष करने हेतु असहाय छोड़ दिया जाता है। विश्वयुद्धों में नाजियों द्वारा अथवा वियतनाम युद्ध में, नानकिंग में एवं पाकिस्तान-बांगलादेश युद्ध में ऐसी अनेक वीभत्स घटनाएँ घटित हुईं। नाजियों ने वीभत्स व्यवहार की समस्त सीमाएँ ही पार कर ली थीं। अभियोग रिकार्ड से पता चलता है कि बेलारूस के बॉरीसोव (Bororiesov in Bielorussia) में 75 लड़कियाँ भागते समय जर्मन सिपाहियों द्वारा पकड़ी गयी। इन सबका बलात्कार हुआ तथा इनमें से 36 की हत्या कर दी गयी।

भारतीय जनता के दिलदिमाग पर निठारी कांड या दर्शन सिंह के कारनामें इस प्रकार छाये हुए हैं कि बच्चों, महिलाओं की सुरक्षा के संदर्भ में हमारी नींदे उड़ जाती हैं।

यौनिक शोषण के परिणामस्वरूप प्रस्तुत समस्याएँ
(Problems Presented Consequent to Sexual Abuse)

यौनिग शोषण का विभिन्न व्यक्तियों के जीवन पर विविध प्रकार से प्रभाव पड़ता है। कुछ इस परिस्थिति के साथ शीघ्रतापूर्वक समायोजित हो जाते है, कुछ व्यक्तियों पर थोड़े प्रभाव पड़ते है किन्तु अन्य कुछ शोषित व्यक्तियों पर दीर्घकालिक एवं गंभीर प्रभाव उत्पन्न होते हैं। जिन बच्चों का लम्बी अवधि तक शोषण होता है उनमें से आधे में मानसिक स्वास्थ्य की समस्याएँ उत्पन्न होती है तथा लगभग एक चौथाई में उनके वयस्क जीवन में गंभीर मानसिक समस्याएँ प्रकट होती हैं (Mary Berry, 2000)। इन समस्याओं में चिन्ता, भय, क्रोध, भोजन ग्रहण सम्बन्धी समस्या, औषधि दुरूपयोग, स्वयं अंग-विच्छेदन करना, डिप्रेशन, आत्म-हत्या, यौनिक समस्या, विकासात्मक एवं सम्बन्धात्मक समस्या सम्मिलित है। यह विचारणीय माना गया है कि क्या यौन शोषण के पश्चात वैसी ही समस्याएँ प्रकट होती हैं जैसी कि आघात पश्चात तनाव विकृति (PTSD) में प्रकट होती हैं।

यौन शोषण के परिणामस्वरूप मानसिक स्वास्थ्य सम्बन्धी समस्याओं के अतिरिक्त प्रायः दैहिक समस्याएँ भी प्रकट होती है। दैहिक लक्षणों के अन्तर्गत निद्रा विकार, सिर दर्द, दीर्घकालीक माँशपेशीय तनाव, उदर पीड़ा, गैस्ट्रिक-आंत्र समस्याएँ, गाँयनिक समस्याएँ, जेनिटल-यूरीनरी प्रॉब्लम, यौनिक समस्याएँ (जैसे vaginismus, or sexual compulsivity or aversion) पायी जाती हैं।

यौन शोषण के शिकार हुए क्लायंट के लिए अपने संवेगों को अभिव्यक्त करने में कठिनाई प्रकट होती है। जीवन इतिहास में प्रेम, स्नेह, घृणा/शोषण का मिश्रित अनुभव प्राप्त होने के कारण संज्ञानात्मक-विसंगति पायी जाती है। व्यक्तित्व की वियोजनात्मक प्रतिक्रियाओं के माध्यम से व्यक्ति अपने विगत जीवन के दुःखद अनुभवों से विस्मृति, वियोजन के माध्यम से पृथक होना चाहता है।

जब शोषक व्यक्ति/बच्चे का निकट सम्बन्धी होता है, जब शक्ति का प्रयोग होता है या जब लम्बे समय तक निरंतर शारीरिक सम्पर्क रूपी शोषण/दुर्व्यवहार होता है तब समस्या गंभीर हो जाती है। इस तुलना में जब शोषण शारीरिक स्तर पर घटित नहीं हुआ रहता है तब प्रभाव उतने गंभीर नहीं होते हैं। शोषित व्यक्ति के प्रति परिजनों का लगावपूर्ण/प्रेमपूर्ण व्यवहार होने पर भी गम्भीर दुष्प्रभाव की सम्भावना कम हो जाती है।

यौन शोषण : सैद्धांतिक व्याख्या
(Sexual Abuse : Theoretical Interpretation)

इस अध्याय का केन्द्रीय लक्ष्य विषय यौनिक शोषण की शिकार नारी या बच्चे, शोषण जनित उनकी मानसिक सांवेगिक पीड़ा, पीड़ा की अनुभूति या शोषण का शोषित पर उत्पन्न होने वाले प्रभाव के अन्तर एवं एतद् सम्बन्धी कारण को समझना है। यौनिक शोषण/दुर्व्यवहार/बलात्कार करने वाले व्यक्ति के व्यवहार के कारण की व्याख्या करना मुख्य विषय नहीं है तथापि यह समझना आवश्यक हो जाता है कि कोई यौन शोषण का शिकार क्यों हो जाता है। शोषित नारी/बच्चे किस सीमा तक स्वयं को अथवा कोई अन्य व्यक्ति किस सीमा तक उन्हें इसके लिए जिम्मेदार सिद्ध कर सकता है और जबकि शोषित व्यक्ति दुर्भाग्यवश या परिस्थितिवश अन्य के वहशीपन का शिकार बना हो तब दुर्घटना/अपराध के प्रति उसकी संज्ञानात्मक एवं संवेगात्मक प्रतिक्रिया किस रूप में होनी चाहिए।

यौन शोषण, बलात्कार या यौन दुर्व्यवहार की व्याख्या हेतु प्रस्तुत सिद्धान्तों (मुख्यतः बलात्कार के संदर्भ में विकसित) को मुख्यतः दो श्रेणियों में रखा जाता है। प्रथम श्रेणी में पुरुष केन्द्रित (androcentric) सिद्धान्त सम्मिलित होते है। द्वितीय श्रेणी नारीवादी (feminist) सिद्धान्तों की है।

पुरुषकेन्द्रित सिद्धान्तों में संकेताश्रित अन्तर्क्रियावादी (symbolic interactionist) एवं मनोविश्लेषणात्मक (psychoanalytic) सिद्धान्त प्रमुख हैं। संकेताश्रित अन्तर्क्रियावादी सिद्धान्त की व्याख्या यह है कि सामाजिक अन्तर्क्रिया की मध्यस्थता संकेतों एवं प्रतीकों, नयन सम्पर्क, हावभाव एवं शब्दों के माध्यम से होती है अतः बलात्कार जैसे व्यवहार का कारण पुरुष एवं नारी के मध्य एक-दूसरे के विषय में अभिवृत्तियों, अनुभूतियों के संप्रेषण के प्रारूप में निहित होता है। शोषितजन्य अपराध सिद्धान्त (victim precipitated crime theory) इस कोटि का सिद्धान्त है जिसमें व्यवहार में सामाजिक-सांस्कृतिक मानक की रक्षा का भार नारी पर होता है। अतः जहाँ कहीं भी यौनिक व्यवहार सम्बन्धी मानकों का उल्लंघन होता है वहाँ नारी को उत्तरदायी ठहराया जाता है। इस व्याख्या का दोष यह है कि इसमें यह मान कर चला जाता है कि नारी घटना को रोकने में सक्षम है किन्तु ऐसा तभी सम्भव है जब कि पुरुष और नारी के मध्य सामर्थ्य की समानता हो जो कि प्रायः नहीं होती है। प्रायः नारी शक्ति संतुलन में विभिन्न प्रकार से पुरुषों के सापेक्ष कमजोर होने के कारण अपराध के घटित होते समय घुटने टेकने (surrender) के लिए मजबूर होती है।

मनोविश्लेषणात्मक सिद्धान्त बलात्कारी व्यवहार करने वाले पुरुष के व्यवहार के कारणों को बात्यकालीन अनुभवों में स्थापित करता है। बाल्यकालीन यौनिक (infantile sexuality) आवश्यकता की अंसतुष्टि के कारण व्यक्ति का यौनिक विकास सामान्य रूप में नहीं होता है, उसमें नारी वर्ग के लिए घृणा विकसित हो जाती है (जिसकी अभिव्यक्ति उसके प्रति अश्लील व्यवहार के रूप में होती है); अथवा बचपन में हीनता की ग्रंथि (interiority complex) विकसित हो जाती है तथा व्यक्ति अपने पुरुषत्व को सिद्ध करने के लिए/अपनी श्रेष्ठता (superiority) सिद्ध करने के लिए ऐसे आक्रामक व्यवहार करता है जिसमें वह नारी को बलपूर्वक नियंत्रित करता हुआ प्रकट होता है। आक्रामक यौनिक व्यवहार करने वाला व्यक्ति दूसरे को पीड़ा पहुँचाने अथवा मृत्यु की मूल प्रवृत्ति (thanatos) द्वारा प्रेरित होता है, उसका व्यक्तित्व असामान्य होता है। ऐसे में उसे अपने अनुभवों का दास माना जाता है अतः उसे सामान्य श्रेणी का अपराधी नहीं माना जा सकता, उसके अपराध का उत्तरदायित्व उसके चेतन पक्ष के अन्तर्गत नहीं आता है। कुल मिलाकर पुरुष जानबूझकर अपराध करता हुआ नहीं माना जाता है।

नारीवादी दृष्टिकोण यौनिक दुर्व्यवहार की व्याख्या सभी प्रकार की सामाजिक व्यवस्थाओं (e.g. capitalism, socialism, imperialism, racism, family, state etc) की स्थापना को पुरुष प्रभुत्व की रचना करने के उद्देश्य से प्रेरित मानते हुए करता है, इन सभी व्यवस्थाओं में नारी को असमानता (inequality) का सामना करना पड़ता है अतः उसका शोषण होता है; नारी को सुनियोजित ठंग से स्थापित अपनी हीन दशा के कारण यौनिक दुर्व्यवहार का सामना करना पड़ता है। डायना रसेल (1975) ने महिलाओं के प्रति पुरुषों के दुर्व्यवहार की व्याख्या पुरुषों में अन्तरस्थ पुरुषत्व की सुरक्षा के लिए खतरे की भावना के आधार पर की है। **क्लार्क** एवं **लेविस** (Loreme Clark & Debra Lewis, 1977) ने अवसर संरचना सिद्धान्त के माध्यम से यौनिक दुर्व्यवहार/बलात्कार की व्याख्या की है। इस सिद्धान्त के अनुसार पुरुष महिलाओं को विक्रय योग्य यौनिक सम्पत्ति की मालकिन मानते हैं। इनके शब्दों में, "From the male point of view female sexuality is a commodity in the possession of women, even if it is something men will come to own and control under the appropriate circumstances. Women are seen as hoarders and miserly dispensers of a much desired commodity and men must constantly wheedle, bargain, and pay a price for what they want. And if anything lies at the root of misogyny, this does. Men naturally come to resent and dislike women because they see them as having something which they want and have a perfect right to, but which women are unwilling to give them freely. The right to female sexuality must be purchased."

नारी यौनिकता खुले बाजार में खरीदी और बेची जाती है। नारी इसका जो मूल्य प्राप्त कर सकती है उसकी सीमा है। इस मोलभाव में पुरुष विविध प्रकार से जोर जबरदस्ती करता है। वह वादा कर सकता है किन्तु उतना मूल्य बाद में नहीं चुकता करता है जितने के लिए वह वादा किया रहता है। पुरुष कितनी जोर-जबरदस्ती करेगा यह उसके संसाधन पर निर्भर होता है। वह धन, पद, शारीरिक बल के प्रभाव का उपयोग कर सकता है। इसके द्वारा देय मूल्य उसके लिए लाभ की गणित के आधार पर स्वयं उसी के द्वारा तय किया

जाता है। यदि वह बेशकीमती नारी का मूल्य चुकता नहीं कर सकता है (धन अथवा अन्य प्रलोभन आदि द्वारा) तब वह इस बेशकीमती नारी यौनिकता को चुरा लेना चाहता है। यौनिक सम्बन्ध अंशतः बल प्रयोग/जोर जबरदस्ती (coercion) के आधार और अंशतः बाजार की प्रतिस्पर्धा के आधार पर स्थापित होता है। क्लार्क एवं लेविस (1977) के उक्त विचारों में जुलिया एवं स्वेनडिंग (1983) को सीमाएँ अवश्य दिखती हैं क्योंकि ऐसे पति-पत्नी भी होते हैं जो सभी प्रकार के कष्ट में रहकर भी एक-दूसरे के लिए सभी प्रकार की पीड़ा उठाने को तत्पर रहते हैं।

नारीवादी दृष्टिकोण की मुख्य अवधारणा यही है कि पुरुष एवं नारी के मध्य सामाजिक व्यवस्था के माध्यम से ऐसी असमानता की स्थापना की गयी है जिसमें पुरुष नारी के शोषण को उचित मानता है। विभिन्न प्रकार की रूढ़ियाँ, पूर्वाग्रह, विभेदन पुरुष को लाभ की स्थिति उपलब्ध कराते हैं। यौनिक शोषण/दुर्व्यवहार/बलात्कार के रोकथाम हेतु समानता आधारित सामाजिक व्यवस्था की रचना करनी होगी।

यौन शोषण के प्रभाव के निर्धारक
(Determinants of Effects of Sexual Abuse)

यौनिक शोषण के प्रभाव की मात्रा शोषण के स्वरूप (शारीरिक सम्पर्कयुक्त यौन शोषण/दुर्व्यवहार); शोषण की अवधि (निरंतर एवं दीर्घकालिक); शोषक के साथ सम्बन्ध (रक्त सम्बन्ध), दुर्व्यवहार में प्रयुक्त शक्ति की मात्रा, परिवार में अन्य प्रकार की मानसिक समस्याओं की घटना, मद्यपान का प्रचलन तथा यौन शोषण के अतिरिक्त शारीरिक एवं सांवेगिक दुर्व्यव्यवहार के कारण बढ़ जाती है। शारीरिक सम्पर्क हीन यौन शोषण के प्रभाव की तीव्रता कम पायी जाती है। शोषित नारी या बच्चे की सामाजिक-सांस्कृतिक पृष्ठभूमि भी एक महत्त्वपूर्ण निर्धारक है। कुछ समूह, समुदाय, संस्कृतियाँ यौनिक व्यवहार के लिए अतिगंभीर मानकों को अनुपालन सुनिश्चित कराती है जबकि अन्य में छोटी-छोटी दुर्घटनाओं को गंभीरतापूर्वक ग्रहण नहीं किया जाता है। सामाजिक सांस्कृतिक दृष्टिकोण की गंभीरता के कारण शोषण/दुर्व्यवहार का व्यक्ति के ऊपर गहरा प्रभाव उत्पन्न होता है।

यौन शोषण से पीड़ित क्लायंट के साथ परामर्शन कार्य
(Counselling with the Victim of Sexual Abuse)

यौनिक शोषण की समस्या से पीड़ित परामर्शियों (क्लायंट) के लिए एक ऐसे सुरक्षित परिवेश का विकास जिसमें वह स्वयं को निर्भयतापूर्वक अभिव्यक्त कर सके तथा जहाँ उसे यह अनुभव हो कि परिवेश में उपस्थित व्यक्ति की उसमें (उसकी समस्या में) ईमानदार रुचि है, लाभकारी होता है। मनोपचारी सम्बन्ध इस दृष्टि से महत्त्वपूर्ण होता है। प्रायः इस श्रेणी के क्लायंट के सथ (कुछ अपवादों को छोड़कर) मनोपचारी सम्बन्ध की स्थापना कठिन नहीं होती है। एक अध्ययन में यह प्रकट हुआ कि क्लायंट के साथ मनोपचारी सम्बन्ध स्थापित होने में कठिनाई आये तो उसके साथ परामर्शदाता/मनोपचारक का कार्यकारी सम्बन्ध (working alliance) भी लाभकारी होता है। सुरक्षित परिवेश के विकास द्वारा 53 प्रतिशत यौन शोषित बच्चों को लाभान्वित होते देखा गया है (Dale, Allen & Measor, 1998)।

परामर्शन/मनोपचार के क्षेत्र में इस विषय में विवाद है कि 'क्या शोषित के शोषण/दुर्व्यवहार सम्बन्धी घटना के अनुभव का पुनः निरीक्षण आवश्यक है' किन्तु साधारणतः दुर्घटना की स्मृति को सामने लाना, उसे सत्य अनुभव विवरणी के रूप में स्वीकार किया जाना एवं संवेगात्मक अभिव्यक्ति (catharsis) को लाभकारी माना जाता है।

परामर्शन की अवधि को दीर्घकालिक बनाया जा सकता है जिसमें मनोगत्यात्मक अथवा नारीवादी उपागम के परिप्रेक्ष्य में क्लायंट के लगाव सम्बन्धों, अनुभूतियों आदि का परीक्षण किया जा सकता है किन्तु यह स्वीकार किया गया है कि क्लायंट को यह छूट होनी चाहिए कि वह जब भी चाहे ऐसी दीर्घकालिक परामर्शन प्रक्रिया से स्वयं को अलग कर लें।

परामर्शदाता एवं क्लायंट यौनिक शोषण/दुर्व्यवहार/बलात्कार को जीवन में आघात (trauma) के रूप में देखने के लिए सहमत हो सकते हैं। इस परिप्रेक्ष्य में आघात के मनोवैज्ञानिक प्रभावों (जैसे चिन्ता, विषाद, वियोजन, यौनिक समस्याएँ एवं आघात पश्चात प्रभाव आदि) के समाधान के लिए कार्य योजना पर कार्य किया जा सकता है। कुछ परामर्शियों को उक्त में से कुछ एक पर कार्य करने से भी पर्याप्त लाभ मिलता है। कुछ परामर्शियों को पर्याप्त आराम निद्रा या सक्रिय यौन जीवन (जहाँ कोई भय नहीं हो) में लिप्त होने से लाभ होता है।

यौन शोषण पीड़ितों के साथ कार्य करने के लिए मल्टी-डिसिप्लिनरी प्रयास अधिक उपयोगी होता है।

❑

अध्याय 31

एच आई वी / एड्स

(H I V / AIDS)

आधुनिक चिकित्सा विज्ञान के युग में मानव जीवन के लिए दीर्घकाल तक टी॰बी॰, मलेरिया एवं कैंसर तीन अविजित चुनौतियाँ मानी गयी जिनसे बचाव के कारगर उपाय विकसित नहीं किये जा सके हैं। अभी हम उक्त तीन बीमारियों का सामना कर ही रहे थे कि एचआईवी/एड्स के रूप में एक नयी चुनौती प्रकट हो गई जिसके विषय में आरंभ में यह माना गया कि किसी व्यक्ति को एड्स होना उसके लिए मृत्यु दण्ड के आदेश पर हस्ताक्षर कर दिये जाने जैसी घटना है (यद्यपि अब ऐसा नहीं माना जाता है किन्तु समस्या गम्भीर अवश्य ही बनी हुई है)।

मनुष्य के स्वास्थ्य का सर्वाधिक महत्त्वपूर्ण संसाधन रोगों के विरुद्ध प्रतिरोधक क्षमता को माना जाता है। टी॰बी॰, मलेरिया एवं कैंसर हमारे लिए इसी कारण गंभीर चुनौतियाँ बनी हुई हैं कि हमारे शरीर में इनके प्रतिरोध की क्षमता नहीं होती है जिसके कारण हमारे मध्य इनका प्रसार, उत्पत्ति एवं विकास होता रहता है। एड्स (AIDS : Acquired Immune Deficiency Syndrome) रोग प्रतिरोध की हमारी स्वाभाविक क्षमता को निर्बल बनाने वाला अर्जित रोग संलक्षण है; एड्स के फलस्वरूप जब रोगों के प्रतिरोध की क्षमता कमजोर हो जाती है तब हम रोगों को तीव्रता के साथ ग्रहण करने लगते हैं। एड्स की उत्पत्ति तब होती है जब मानवशरीर में एचआईवी (HIV) श्रेणी के वायरस का प्रवेश होता है। एचआईवी का किसी स्वस्थ व्यक्ति के शरीर में प्रवेश तब होता है जब वह एचआईवी से संक्रमित व्यक्ति के साथ विषमलिंगी अथवा समलिंगी (vaginal or anal penetration) यौनिक सम्बन्ध स्थापित करता है अथवा जब एचआईवी संक्रमित रक्त का किसी अन्य स्वस्थ व्यक्ति के शरीर में संचार (यथा माँ से गर्भस्थ शिशु को, दूषित रक्त दान प्राप्त किये जाने से या संक्रमित सुई के माध्यम से) होता है। एक बार स्वस्थ व्यक्ति के शरीर में एचआईवी प्रविष्ट होने के पश्चात भी अनेक वर्षों तक एड्स की समस्या सुषुप्तास्था में ही रहती है तथा अनेक वर्षों के पश्चात ही पूर्ण विकसित रूप में एड्स प्रकट होता है।

एड्स की उत्पत्ति के पश्चात चिकित्सा विज्ञानियों ने तेज गति से शोध कार्य सम्पन्न किया है तथा अनेक लाभकारी एन्टी-वायरस औषधियाँ विकसित की गयी हैं। एड्स/ एचआईवी से बचाव के लिए कारगर टीके के विकास का प्रयास चल रहा है किन्तु सफलता अभी दूर है। एड्स के उपचार के लिए उपलब्ध एन्टी-वायरस औषधियाँ ऊँची कीमत के कारण अभी जनसामान्य की पहुँच से दूर हैं। एड्स से बचाव के लिए आकर्षक एवं सरल उपाय का अभाव, उपचार के लिए औषधियों का अभाव, उपचार की ऊँची लागत के अतिरिक्त इस रोग के साथ जुड़े लांछना एवं जीव के लिए गंभीर खतरों के कारण इस रोग से पीड़ित व्यक्ति, उसके पति/पत्नी एवं बच्चों, परिजनों, सम्बन्धियों एवं

मित्रों के समक्ष मानसिक शारीरिक, सामाजिक, आर्थिक, नैतिक स्तरों पर अनेक गंभीर संकट प्रकट होते हैं अतः इन सभी लोगों के लिए विविध स्तरों पर परामर्शन आवश्यक हो जाता है।

एड्स : समस्या की व्यापकता
(AIDS : Global Nature of Problem)

वर्ष 2002 के अन्त तक समूचे विश्व में 42,000,000 लोग HIV/AIDS से ग्रसित हो चुके थे अर्थात 1.2 प्रतिशत जनसंख्या इस समस्या से ग्रसित बतायी गयी (UNAIDS and NACO द्वारा अनुमानित) जबकि उसी वर्ष 5,000,000 नये केस इस संख्या में सम्मिलित होना अनुमानित है। समस्या की व्यापकता अलग-अलग क्षेत्रों में पृथक दर पर देखी जा सकती है। 15-49 आयु वर्ग की जनसंख्या में विश्व में 1.2 प्रतिशत व्यापकता की तुलना में उप-सहारीय अफ्रीका में 8%, दक्षिण पूर्व एशिया में 0.6%, भारत में 0.8%, पूर्व एशिया में 0.1%, यूरोप में 0.4% एवं उत्तर अमेरिका में 0.6% की व्यापकता का अनुमान व्यक्त किया गया है। वर्ष 2002 में 31 लाख लोग एड्स से मर गये जिनमें से 12 लाख महिलाएँ थी।

प्रत्येक मिनट कहीं-न-कहीं (अधिकतर सहारीय अफ्रीका में) एक बच्चे की एड्स के कारण मृत्यु हो रही है। लगभग 50 प्रतिशत बच्चों को माँ से HIV का संक्रमण स्तनपान की प्रक्रिया में हो जाता है। 2002 के अन्त तक 30 लाख से अधिक बच्चों में एचआईवी का संक्रमण पाया गया। 2010 तक 250 लाख बच्चों के एड्स के कारण अनाथ होने की आशंका बतायी गयी है।

15-24 आयु वर्ग का एक युवा प्रत्येक 15 सेकेण्ड में कहीं-न-कहीं से HIV/AIDS संक्रमित की श्रेणी में सम्मिलित हो जाता है।

भारत में एड्स से पीड़ित होने वाले व्यक्ति की पहली घटना 1986 में प्रकाश में आयी। आरम्भ में एड्स की समस्या को भारत में नकारा गया, यह माना गया कि भारत में इसके प्रसार की सम्भावना प्रबल नहीं है क्योंकि यहाँ यौनिक जीवन में व्यापक स्वच्छंदता नहीं हैं किन्तु 1990 के दशक में इसके खतरे को स्वीकार करते हुए नियंत्रण के उपायों पर विचार किया जाने लगा। भारत में एचआईवी/एड्स तेजी से फैल रहा है। पीड़ित व्यक्तियों की संख्या वर्ष 1986 में 2, 1990 में 2,00,000, वर्ष 2000 में 3,860,000 एवं वर्ष 2002 में 4,580,000 होना आकलित है। भारत में तमिलनाडु, महाराष्ट्र, कर्नाटक, आंध्रप्रदेश, मणिपुर में इसकी व्यापकता अधिक है। सेक्स वर्कर्स, सेक्स वर्कर के ग्राहकों (जैसे ट्रक ड्राईवर, महानगरों में अकेले रह रहे लोग, सैनिक एवं अर्धसैनिक बलों के कर्मचारी जो परिवार से अलग रह रहे होते हैं।) ऐसे सेक्स ग्राहकों की पत्नियों, एक ही सुई द्वारा मिला-जुलकर नशा का सेवन करने वाले लोगों में ऐसे संक्रमण का खतरा अधिक पाया गया है। वर्तमान में भारत में कुल केसेज में से 85.3% केसेज में इसका प्रसार यौन सम्बन्ध के माध्यम से ही हुआ पाया गया है।

एड्स की व्याकता को प्रभावित करने वाले कारक
(Factors Influencing Globalization of AIDS)

एड्स जैसी समस्या के व्यापक रूप में फैलने के लिए अनेक सामाजिक आर्थिक-सांस्कृतिक कारक जिम्मेदार माने जा सकते है। ऐसे प्रमुख कारकों में कुछ एक के महत्त्व

को यहाँ रेखांकित किया जा रहा है :—

(1) रोजी-रोटी की तलाश में बहुत अधिक संख्या में युवकों को अपनी पत्नियों से दूर नगरों में अकेले रहना पड़ता है जहाँ सेक्स रूपी दैहिक आवश्यकता की पूर्ति हेतु ऐसे युवा सेक्स वर्कर के साथ यौन सम्बन्ध स्थापित करते हैं।

(2) गरीबी के कारण अनेक युवतियों को मजबूर होकर देह व्यापार के क्षेत्र में सक्रिय होना पड़ता है।

(3) सेक्स भारत में बात-चीत के लिए वर्जित क्षेत्र माना जाता है, यौन शिक्षा का विरोध किया जाता है अतः भारत का युवा सेक्स और सेक्स सम्बन्धी बीमारियों, उनसे बचाव के तरीकों के विषय में अनभिज्ञ होता है। इस अज्ञानता के कारण यौन रोगों (STD) का प्रसार होता रहता है, यौग रोगों का उपचार नहीं कराया जाता है। ऐसे यौन रोगियों में एड्स/एचआईवी संक्रमण का खतरा अधिक होता है।

(4) भारत में पुरुषों का वर्चस्व अधिक होता है, पुरुषों को महिलाओं की अपेक्षा अधिक स्वच्छंदता प्राप्त है। पुरुषों में आये संक्रमण द्वारा पत्नियाँ संक्रमित/प्रभावित हो जाती हैं। यद्यपि इन पत्नियों का कोई दोष स्वयं के स्तर नहीं होता है किन्तु मूकदर्शक की भाँति उन पर इनका प्रभाव आता है।

(5) झोला-छाप डाक्टरों द्वारा सूई को संक्रमणहीन किये बिना अनेक रोगियों के साथ उपयोग में लाया जा रहा है, अनेक दन्त चिकित्सक जो कि विधिवत प्रशिक्षित नहीं हैं दाँत निकालने आदि में शल्य क्रिया में अपनायी जाने वाली सावधानी का ध्यान नहीं रखते हैं तथा इस प्रकार एचआईवी संक्रमण को फैलाने में सहायक कारक बन जाते हैं।

(6) भारत में यौन रोगों (STD) की घटना दर बहुत अधिक है तथा इसके लिए उपचार सुविधाओं की माँग उपलब्धता दोनों ही कम है। इस कारण एड्स के फैलने का खतरा प्रबल हो जाता है।

(7) स्वास्थ्य विषयक जानकारी का अभाव है। एड्स के विषय में सम्यक ज्ञान (क्या है, क्यों होता है, कैसे बचाव हो सकता है) के अभाव के कारण खतरनाक व्यवहार (risk behaviour) जिससे एड्स होने की सम्भावना है, के प्रति लापरवाही विद्यमान पायी गयी है। ऐसी अज्ञानता ग्रामीण क्षेत्रों में एवं महिलाओं में अधिक है। बाहरी सदस्यों के साथ यौन सम्बन्ध में बचाव न किये जाने पर एड्स का खतरा होता है इसकी जानकारी नगरों में : (पुरुष वर्ग 89%, महिलाएँ 80.03%) तथा ग्रामीण क्षेत्र में : पुरुष 74.6%, महिलाएँ 59.8% पायी गयी। उत्तर प्रदेश के ग्रामीण क्षेत्र में : पुरुष 55.8%, महिलाएँ 24.3% तथा बिहार में पुरुष वर्ग 46.6%, महिलाएँ 18.7% मात्र इस विषय में जानती हुई पायी गयीं। यह अत्यन्त चिन्ताजनक पक्ष है।

एड्स : व्यक्ति के लिए शारीरिक, मानसिक, आर्थिक एवं सामाजिक आघात
(AIDS : Physical, Mental, Economic and Social Trauma for Individual)

एचआईवी संक्रमित/एड्स पीड़ित व्यक्ति को शारीरिक चुनौतियों के अतिरिक्त जीवन के सभी आयामों पर संकट का सामना करना पड़ता है। कुछ प्रमुख चुनौतियाँ निम्नांकित हैः—

(1) व्यक्ति समाज एवं परिवार द्वारा बहिष्कृत कर दिया जाता है, उसे सामाजिक लांछन का सामना करना पड़ता है। चिकित्सक एवं अन्य सहयोगी कर्मचारी भी उससे दूर भागते हुए पाये गये हैं।

(2) व्यक्ति अपनी दशा के लिए अत्यधिक आत्मग्लानि, पाप बोध से पीड़ित देखा जाता है।

(3) प्रायः पीड़ित व्यक्ति को नौकरी से अलग कर दिया जाता है और इस प्रकार उसे आर्थिक क्षति होती है जबकि उपचार के उसे अतिरिक्त आर्थिक संसाधन की आवश्यकता होती है।

(4) पीड़ित व्यक्ति के समक्ष नयी समायोजनात्मक चुनौतियाँ प्रकट होती है।

(5) व्यक्ति के शारीरिक एवं मानसिक स्वास्थ्य के विकास में इच्छा शक्ति की भूमिका होती है। एड्स से पीड़ित व्यक्ति में प्रायः जीवन के लिए इच्छा शक्ति का अभाव पाया जाता है।

एच आई वी/एड्स में मनोवैज्ञानिक हस्तक्षेप
(Psychological Intervention in HIV / AIDS)

एचआईवी/एड्स से प्रभावित व्यक्ति संक्रमण की पहचान होने के समय से ही अनेक समस्याओं का सामना करता है। प्रथम उसे यह लगने लगता है कि उसके मृत्यु वारंट पर हस्ताक्षर हो चुका है। द्वितीय, वह सामजिाक/नैतिक स्तर पर लांछित किया जाता है। तृतीय, परिवार, मित्रों, सहकर्मियों आदि द्वारा सामाजिक स्तर पर (बहुत कुछ भयवश) बहिष्कृत कर दिया जाता है; यहाँ तक कि चिकित्सक भी उसकी अपेक्षा करते पाये जाते हैं। चतुर्थ, उपचार की ऊँची कीमत के कारण उसके समक्ष आर्थिक संकट प्रकट होता है। उक्त सभी के संयुक्त प्रभाव का सामना कर पाने के लिए पीड़ित व्यक्ति को परामर्शन सहायता की आवश्यकता होती है। व्यक्ति की पहली आवश्यकता ऐसे स्वैच्छिक संगठनों के विषय में जानकारी पाना होता है जो उसे विभिन्न स्तरों पर सहायता प्रदान कर सकते हैं। वस्तुतः एचआईवी की जाँच होने से पहले ही मनोवैज्ञानिक परामर्शन की आवश्यकता समुत्पन्न हो जाती है क्योंकि पहले तो व्यक्ति को एचआईवी की जाँच सम्बन्धी विचार/प्रस्ताव के साथ ही समायोजित होना पड़ता है तथा परीक्षणोपरांत आने वाली किसी अशुभ सूचना का सामना कर पाने के लिए भी तैयार होना पड़ता है। परीक्षा किये जाने से पूर्व सभी क्लायंट्स को मनोवैज्ञानिक परामर्शन एक नियमित प्रक्रिया के अधीन आवश्यक रूप से उपलब्ध कराया जाना चाहिए (Bernard Ratigan, 2000)। ऐसा परीक्षण कराने के विचार मात्र से अधिकतर व्यक्तियों में सांवेगिक संकट प्रकट हो जाता है। ऐसे व्यक्ति भी एचआईवी/एड्स के भय से ग्रसित पाये जाते हैं जो कि संक्रमण मुक्त (sero negative)

होते हैं। ऐसा भय मनोविक्षिप्तता या मनोग्रस्तता बाध्यता का परिणाम भी हो सकता है। ऐसे क्लायंट के लिए संज्ञानात्मक-व्यवहारात्मक उपचार पद्धति उपयुक्त मानी जाती है।

एचआईवी/एड्स से पीड़ित व्यक्तियों के समक्ष जब अलग-थलग (isolate) कर दिये जाने का संकट आता है तब परामर्शदाता का कर्त्तव्य उपलब्ध सेवाओं का सदुपयोग सहज बनाना होता है।

एचआईवी/एड्स के उपचार के लिए अनेक ऐसी कारगर औषधियों का अब विकास हो चुका है जो जीवन की सम्भावना को बढ़ाते हैं किन्तु ऐसा देखा गया है कि जिन व्यक्तियों में स्वयं को मनोवैज्ञानिक स्तर पर संगठित करने की सामर्थ्य होती है वे उपचार अधिक अच्छे ढंग से स्वीकार करते हैं। परामर्शन सहायता के फलस्वरूप व्यक्ति लम्बी आयु से सम्बन्धित चुनौतियों का सामना कर सकता है।

एचआईवी परामर्शन/उपचार के क्षेत्र में मानवतावादी, संज्ञानात्मक अस्तित्ववादी एवं सर्वांग उपागम अधिक प्रयुक्त होता है। क्लायंट को जिस प्रकार परिवार/प्रणालीगत स्तर पर सहायता की आवश्यकता होती है उसे देखते हुए सर्वांग उपागम (systemic approach) की उपयोगिता महत्त्वपूर्ण हो सकती है। चूँकि समस्या का मौलिक समाधान विशेषज्ञ चिकित्सकों द्वारा किया जाना होता है अतः परामर्शदाता/मनोपचारक को कार्यदल के सक्रिय सदस्य के रूप में कार्य करने की आवश्यकता होती है।

एचआईवी संक्रामित व्यक्ति परीक्षणोपरान्त सर्वप्रथम परिणाम के बारे में अविश्वास की प्रतिक्रिया से आरंभ करता है किन्तु तत्पश्चात वह पूरी तरह टूट जाने की अवस्था में पहुँचता है। परामर्शन कार्य द्वारा उसे अपनी दशा का सृजनात्मक रूप में सामना करते हुए लम्बी आयु तक सफलतापूर्वक जीवन-यापन करने की दिशा में सहायता दी जा सकती है। व्यक्ति के समक्ष जीवन के संकट के फलस्वरूप खतरे एवं चुनौतियाँ दोनों ही प्रकट होती है। ऐसे व्यक्ति के लिए निराशा, असहायता जैसी ऋणात्मक अनुभूतियाँ उपयुक्त नहीं होती है। सामाजिक स्तर पर क्या उचित और अनुचित है इस विषय का पुनर्मूल्यांकन किया जा सकता है। व्यक्ति के लिए आत्मग्लानि एवं लज्जा की अनुभूति से बाहर आने की आवश्यकता होती है। मनोपचार/परामर्शन के अन्तर्गत इस विषय में कार्य किया जा सकता है। क्लायंट के लिए इस समग्र प्रयास में गोपनीयता अत्यन्त महत्त्वपूर्ण होती है।

कुछ क्लायंट द्वारा आत्म हत्या, ऐच्छिक मृत्यु (euthnasia) की माँग जैसे विचार प्रस्तुत किया जा सकता है, वे अपनी वसीयत तैयार कराना चाहते हैं। ऐसे संदर्भ में परामर्शन कार्य का उद्देश्य लम्बी आयु के लिए संघर्ष हेतु क्लायंट को तैयार करना होना चाहिए क्योंकि जीवन समापन एंव जीवनोपरान्त विषयों पर विचार-विमर्श से उपचार एवं समायोजन कार्य प्रभावित होता है।

❑

अध्याय 32

औषधि दुरुपयोग

(DRUG ABUSE)

औषधि दुरुपयोग वर्तमान समाज के लिए, विशेषकर हमारी युवा पीढ़ी के लिए एक गंभीर चुनौती है। यह चुनौती वैसे तो साधारण मात्रा में प्राचीन सभ्यता काल में भी रही है किन्तु अब औषधि दुरुपयोग की वृत्ति व्यापक हो गयी है, अतः अधिक चिन्तनीय है। इस समस्या के विवरण में औषधि व्यसनिता (drug addiction), औषधि निर्भरता (drug dependence) एवं औषधि/पदार्थ दुरुपयोग (drug/substance abuse) जैसे विविध शीर्षक प्रकट होते हैं। आधुनिक लेखन में औषधि दुरुपयोग का प्रचलन अधिक है।

'कोई औषधि (i) साधारणतः ऐसे पदार्थ के रूप में परिभाषित की जाती है जिसका सेवन पोषण के अतिरिक्त किसी अन्य कारण से किया जाता है तथा (ii) इसकी विवेचना उस दशा में की जाती है जब इसका सेवन हमें व्यसनिता की ओर ले जाता है तथा हमारी शारीरिक, सामाजिक एवं आर्थिक कुशलता में पर्याप्त कमी आती है' (Phil & Peterson, 1992)। इस प्रकार औषधि दुरुपयोग साधारणतः व्यक्ति द्वारा चिन्ता, तनाव या पीड़ा के प्रतिरोध के लिये अथवा आनन्दानुभूति के लिए बिना किसी उपचारात्मक उपयोग के अथवा चिकित्सकीय परामर्श के बिना स्वयं के स्तर पर किया जाने वाला उपयोग है। औषधि उपयोग से आरंभ हुआ व्यवहार औषधि दुरुपयोग में परिवर्तित हो जाता है एवं लम्बे समय तक दुरुपयोग होने पर दुरुपयोग में लायी जा रही औषधि के लिए निर्भरता उत्पन्न हो जाती है, व्यक्ति में उस औषधि की लत लग (आदत बन) जाती है, व्यक्ति औषधि व्यसनी बन जाता है।

दुरुपयोग में लायी जाने वाली औषधियाँ
(Drug Put Up to Abuse)

सभ्यता के आरंभिक युग में तम्बाकू एवं मद्य दुरुपयोग में लाये जाने वाले प्रमुख पदार्थ थे। भारत में तो चीनी यात्री फाह्यान के अनुसार मद्यपान का प्रचलन नहीं था। वैसे अनेक ग्रन्थ सीमित दायरे में इसके प्रचलन का संकेत देते हैं किन्तु निश्चय ही यह एक गंभीर सामाजिक चुनौती नहीं थी। मध्यकाल के पश्चात मद्यपान के विश्वव्यापी प्रचलन में वृद्धि देखी गयी है। 20वीं शताब्दी में अफीम से अनेक पदार्थों : मॉरफीन, हेरोइन, कोकीन, ब्राउन सुगर, का निर्माण आरंभ हुआ। मारीजुआना जिससे हशीश बनता है, सिगरेट के रूप में प्रयुक्त होने लगा; तथा इसके डंठल के चिपचिपे रस को सुखाकर हशीश बनने लगा। 1940 के दशक में हैलुसिनोजेन पदार्थों का प्रचलन आरंभ हुआ।

औषधीय पदार्थों की मुख्यत; तीन श्रेणियाँ (i) नार्कोटिक्स (norcotics) (ii) प्रशांतक (depressants) एवं (iii) उत्तेजक (stimulants) होती है। इन श्रेणियों से सम्बन्धित कतिपय औषधियों एवं उनके प्रभाव का संक्षिप्त विवरण तालिका

सं० (32.1) में प्रस्तुत है। भारत में तम्बाकू का सेवन विविध रूपों में प्रचलित है जिसकी सामाजिक मान्यता देखी जा सकती है। पान, पान मसाला, सुर्ती/खैनी, गुटखा के सेवन के विरुद्ध सामाजिक प्रतिक्रिया में तीव्रता नहीं देखी जाती है तथा जनसामान्य ऐसे पदार्थों के सेवन को औषधि दुरुपयोग नहीं मानता है तथापि इन्हें इस श्रेणी से हम बाहर नहीं कर सकते हैं क्योंकि (i) इनका भी व्यक्ति के लिए भोजन/पोषण की दृष्टि से कोई उपयोग नहीं है, तथा (ii) इनके सेवन से व्यक्ति को शारीरिक, मानसिक, आर्थिक, सामाजिक स्तरों पर विविध रूप में गंभीर क्षति होती है।

औषधि दुरुपयोग : कारण
(Drug Abuse : Causes)

औषधि दुरुपयोग क्यों? उस प्रश्न का उत्तर प्रस्तुत करने के लिए अनेक मॉडल प्रस्तुत किये गये हैं किन्तु इन्हें मुख्यतः तीन श्रेणियों में रखा जा सकता है (**राखी श्री० एवं आर० एस० सिंह**, 1993) : (i) बॉयोपैथोलॉजिकल जेनेटिक मॉडल (ii) साइकोपैथोलॉजिकल तथा पर्सनालिटी मॉडल एवं (iii) सोशल तथा बिहैवियरल मॉडल।

बॉयोपैथोलॉजिकल जेनेटिक मॉडल के अनुसार जेनेटिक विकृति सम्बन्धी कारणों से औषधि दुरुपयोग की संभावना बढ़ जाती है। इस मॉडल के दूसरे रूप में औषधि दुरूपयोग का कारण दैहिक कारकों के निहित बताया गया है। गुडविन और उनके सहयोगियों ने पाया कि जैविक पिता में मद्यपान की आदत होने पर बच्चों में उन्हीं परिवारों द्वारा गोद लिए गये बच्चों की तुलना में मद्यपान की सम्भावना चार गुना अधिक थी। दैहिक सहचरों (यथा : औषधि के प्रति सहनशीलता) के आधार पर औषधि दुरुपयोग की मात्रा में वृद्धि की व्याख्या सम्भव हो पायी है किन्तु यह व्याख्या करना सम्भव नहीं हो पाया है कि आखिरकार कोई व्यक्ति औषधि दुरुपयोग क्यों करता है।

साइकोपैथोलॉजिकल तथा पर्सनालिटी मॉडल मं व्यक्तित्व की विशेषताओं अर्थात व्यक्तित्व शीलगुणों को औषधि दुरुपयोग की प्रवृत्ति के लिए उत्तरदायी बताया गया है। इसके अनुसार व्यक्तित्व में निहित व्यक्तित्व-शीलगुण या मनोविकृति व्यक्ति में ऐसे संवेग विकसित करते हैं जिनके प्रभाव में (जिनसे मुक्त होने के लिए) व्यक्ति औषधियों का दुरुपयोग करता है। इस सिद्धान्त के अनुसार औषधि दुरुपयोग व्यक्ति के व्यक्तित्व में निहित मनोवैज्ञानिक विकृति का एक लक्षण मात्र है। इस प्रकार इस मॉडल के अनुसार औषधि दुरुपयोग की समस्या का समाधान करने के लिए अन्तर्निहित मनोवैज्ञानिक विकृति को दूर किया जाना चाहिए।

सोशल तथा बिहेवियरल मॉडल के अनुसार औषधि दुरुपयोग सामाजिक परिवेश के प्रभाव में सीखा गया व्यवहार है। हमारे समूह/समुदाय द्वारा अनेक प्रकार के व्यवहारों का प्रतिबलन (reinforcement) अनेक व्यवहारों के सीखने का आधार होता है। मद्यपान एवं औषधि दुरुपयोग ऐसे ही समाज अधिगमित व्यवहार हैं। धार्मिक, सामाजिक, राजनैतिक, पारिवारिक, व्यावसायिक समारोहों में औषधि दुरुपयोग (भारत में विशेषत : मद्यपान/तम्बाकू सेवन) का बढ़ता प्रचलन इसी व्याख्या के अनुरूप घटित हो रही घटना है।

यदि उपर्युक्त सैद्धान्तिक प्रारूपों/मॉडल्स में निहित चरों को सूचीबद्ध किया जाये तो

तालिका 32.1 : मादक पदार्थों का वर्गीकरण - प्रयोग और प्रभाव

क्रमांक	औषधि	प्रचलित नाम	प्रभाव की अवधि (घंटों में)	शारीरिक निर्भरता	मनोवैज्ञानिक निर्भरता	इस्तेमाल के सामान्य तरीके	चिकित्सीय प्रयोग	सम्भव प्रभाव	उच्च मात्रा में प्रयोग के परिणाम
1	2	3	4	5	6	7	8	9	10
(I)	**नार्कोटिक्स**	डोवर पाउडर ओपे	3-6	उच्च	उच्च	मुँह से खाना	दर्द निवारक	अत्यधिक नशा	सांस की गति
1.	अफीम	मेदक चांडू						शिथिलता	धीमी हो जाना।
2.	मॉर्फीन	पेक्टोरल सिरप	3-6	उच्च	उच्च इंजेक्शन	मुँह से धूम्रपान	दर्द निवारक	सांस की असमान्यता	हृदय की गति धीमी
3.	पेथेडीन	मेपेरिडिन पेथाडाल	3-6	-	-	मुँह से खाना इंजेक्शन	-	जी मिचलाना	बेहोशी में मृत्यु
4.	मेथाडोन	डालफीन मेथाडोज	12-24	उच्च-मध्यम	उच्च/मध्यम	मुँह से खाना इंजेक्शन	-	-	-
5.	कोडेन	-	3-6	उच्च	उच्च	-	-	-	-
6.	हेरोइन	थाईवाइट हार्ल, स्मैक, ब्राउन शूगर	3-6	उच्च	उच्च	मुँह से, धूम्रपान व साँस के साथ	खोज की जा रही है	-	
7.	कोटोपिन	-	3-6	-	-	मुँह से खाना, इंजेक्शन	दर्द निवारक	ज़ी मिचलाना	-
8.	डाइजीपाम्स	-	3-6	-	-	-	-	-	-
(II)	**डिप्रेसेंट्स**								
1.	बार्विट्रेऐरेट्स	वार्ब, ड्राउनर्स़ पिनोबार्विटल्स	1-6	उच्च	उच्च	मुँह से इंजेक्शन	दर्द निवारक सिडेम्किव	सोचने की शक्ति में कमी	साँस की धीमी गति और शरीर का बेढ़ंग होना

1	2	3	4	5	6	7	8	9	10
2.	ट्रांक्विलाइजर्स वेलियम सिबयुम	वार्ब, ड्राउनर्स फिनोबार्बिटल्स	3-6	मध्य	मध्य	मुँह से खाना	उत्तेजना की शांति	बोलने में कठिनाई	सांस की धीमी गति और शरीर बेढंग होना
3.	मेथाक्वेलान	मेंडेक्स	4-8	उच्च	उच्च	मुँह से, इंजेक्शन	सिडेटिव हिप्रेटिक	आत्मविस्मृति	पुतलियों का फैल जाना, कमजोर होना
4.	एल्कोहल	-	1-6	उच्च	उच्च	पीना	-	नशे में आना	बेहोशी
5.	क्लोरल हाउट्रेट	नाक्टैक्सोमनोस	5-8	मध्य	मध्य	मुँह से खाना	हिप्लोटिफ	-	-
(III)	**स्टिमुलेंट्स**								
1.	कोकेन	कोक, फ्लेक स्नो	1-2	सम्भव	उच्च	सांस से खींचना, खाना, इंजेक्शन	स्थानिक दर्द निवारक	उत्तेजना में वृद्धि, सुख, भ्रांति	शरीर का तापमान कम हो जाना मृत्यु
2.	एम्फेटेमिन्स डिक्सोक्सीन	बेंजेड्रीन, मैथड्रीन	2-4	-	-	मुँह से खाना	राइपर फोनेसिस भूख की समाप्ति	रक्तचाप में वृद्धि	-
3.	निकोटीन	सिगरेट, सिगार बीड़ी, तम्बाकू, पान	-	-	-	धूम्रपान, मुँह से	-	रक्तचाप में वृद्धि सांस व हृदयगति में अनियमितता	भूख में कमी फेफड़े का कैंसर मुँह का कैंसर
4.	एल०एस०डी० (लाइर्जिक एसिड)	एसिडमाइक्रोडाट	8-12	कुछ नहीं	स्तर का	मुँह से, इंजेक्शन पता नहीं	-	दिशाभ्रम आत्म विस्मृतता	मृत्यु संभव
5.	हशीश (भांग)	हशीश चरस पिनोबार्विटल्स	2-4	स्तर का	मध्य	मुँह से, इंजेक्शन	-	-	-

शोध अध्ययनों में प्रकट होने वाले औषधि दुरुपयोग के प्रमुख निर्धारक अधोवर्णित श्रेणी के हो सकते हैं:—

(1) औषधि की सहज उपलब्धता—औषधियों के सहज उपलब्धता का कारण आर्थिक लाभ, अपराध जगत का लाभ; किसी व्यक्ति, समूह या समुदाय को पथभ्रष्ट करने की राजनीति में निहित हो सकता है किन्तु निश्चय ही सहज उपलब्धता औषधि दुरुपयोग को बढ़ावा देती है।

(2) औषधि सेवन का धर्म/पंथ की मान्यता के अनुरूप होना—कतिपय धार्मिक/पंथिक समूहों के लिए गाँजा, चरस, भाँग, पान, मद्यपान का उपयोग उनके अनुष्ठान का अंग होता है अथवा सदस्यों के द्वारा उन पदार्थों के सेवन को स्वीकृति मिली होती है। इस प्रकार की धार्मिक स्वीकार्यता औषधि सेवन की प्रोत्साहित करती है।

(3) प्रतिरूप अधिगम (*Model Learning*)—हमारे युवाओं पर प्रमुख सामाजिक प्रतिरूपों (नेता, अभिनेता, मॉडलिंग क्षेत्र के प्रमुख नाम, ऐतिहासिक पात्र आदि) का गहरा प्रभाव पड़ता है। बच्चे एवं युवक मॉडल के व्यवहार का अनुकरण की प्रणाली द्वारा अधिगम करते हैं। यदि बच्चों/युवकों को वास्तविक जीवन सम्पर्क द्वारा अथवा चलचित्र/टीवी के माध्यम से मॉडल को औषधि सेवन करते हुए देखा जाता है तो उनके अन्दर ऐसे व्यवहार के विकास की सम्भावना प्रबल हो जाती है।

(4) समूह का दबाव (*Peer pressure*)—किशोरावस्था में हम अपने मित्रों को अन्य की अपेक्षा अधिक महत्त्व देते हैं। यदि सम्पर्क में रह रहे मित्रों में औषधि व्यसनिता का प्रचलन है तो उनके प्रत्यक्ष एवं अप्रत्यक्ष दबाव में व्यक्ति औषधि दुरुपयोग आरम्भ कर देता है।

(5) कुण्ठा एवं द्वन्द—व्यक्तित्व से सम्बन्धित चरों में कुण्ठा एवं द्वन्द्व तथा इनके कारण उत्पन्न चिन्ता एवं तनाव ऐसे प्रमुख मनोवैज्ञानिक चर है जिनकी अधिकता होने पर व्यक्ति के लिए औषधि दुरुपयोग की दिशा में अग्रसर होने की सम्भावना बढ़ जाती है। जब कोई व्यक्ति अपने जीवन की समस्याओं का प्रत्यक्ष समाधान नहीं कर पाता है तब उन समस्याओं के कारण उत्पन्न हो रहे ऋणात्मक संवेगों से बचने के लिए व्यक्ति औषधि सेवन की दिशा में अग्रसर होता है।

(6) उत्तेजना का अन्वेषण (*Sensation seeking*)—जुकरमैन (Zuckerman, 1979, 1983,1999) ने व्यक्ति में उत्तेजन अन्वेषण आयाम का वर्णन किया है। कुछ लोग इस प्रवृत्ति के कारण अत्यधिक उत्तेजित करने वाले खेल, करतब या ऐसी ही अन्य गतिविधियों में सम्मिलित होते पाये जाते हैं। ऐसे ही एक अन्य शोध (Frank H. Farley, 1990) में मनोजैविक अभिप्रेरणा (psychobiological motives) का टाइप-टी सिद्धांत (Type-T theory) प्रस्तुत किया गया है जिसमें टी का अर्थ रोमांच अन्वेषण (thrill-seeking) है। इस प्रकार की विशेषता का औषधि दुरुपयोग से गहरा सम्बन्ध है।

अनेक शोध अध्ययनों द्वारा यह प्रमाणित हुआ है कि उत्तेजना अन्वेषण का औषधि उपयोग एवं अनेक औषधियों के साथ प्रयोग करने की प्रवृति के साथ गहरा सम्बन्ध है, यह कारक अन्य कारकों, जैसे—सामाजिक वर्ग, आत्म-उत्साह, मानसिक स्वास्थ्य और सामाजिक रिश्तों के संकेतक आदि की अपेक्षा अधिक सफलतापूर्वक औषधि व्यसनियों को अन्य सामान्य लोगों से पृथक कर पाता है। (Peterson et. al., 1989)। उत्तेजना का

अन्वेषण करने वाले औषधि दुरुपयोग के माध्यम से प्राप्त होने वाले नये अनुभवों को पुनर्बलक के रूप में ग्रहण करते हैं।

(7) कल्पना लोक की विचरणशीलता—कुछ लोग वास्तविक जीवन से दूर अवास्तविकता से सम्बन्धित संसार का अन्वेषण करना चाहते हैं। इस प्रयत्न में व्यक्ति हैलुसिनोजेन के सेवन की ओर अग्रसर होता है।

(8) विद्रोह का स्तर—कुछ व्यक्ति व्यवस्था (पारिवारिक, विद्यालयी, सामाजिक, प्रशासनिक व्यवस्था) के विरूद्ध विद्रोह करने के लिए उनके द्वारा वर्जित पदार्थों के सेवन की दिशा में अग्रसर होते हैं।

(9) दुष्प्रभाव के विषय में अज्ञानता—कुछ बच्चे/युवक औषधियों के दुष्प्रभाव को भली प्रकार नहीं जानते हैं और अज्ञानतावश (जैसे यह कथन कि 'अरे कुछ भी असर नहीं होता है' या यह कि 'बड़ा मजा आता हैं' जैसी भ्रांति) औषधियों का उपयोग आरंभ करते हैं जो दुरुपयोग और व्यसनिता में परिवर्तित हो जाता है।

(10) दर्द निवारक के रूप में दुरुपयोग—कुछ लोग अपनी शारीरिक थकान की अनुभूति को दूर करने के लिए औषधियों के उपयोग/दुरुपयोग की आदत विकसित कर लेते हैं।

(11) पार्थक्य/विलगाव *(Alienation)*—पोप एवं अन्य (Pope, Ionescu-Pioggia, Azley and Varma, 1990) ने 1969, 1978 एवं 1989 में अमेरिकी समाज के कॉलेज विद्यार्थियों में औषधि दुरुपयोग का अध्ययन किया। इस अध्ययन से यह प्रकट हुआ कि पार्थक्य के आधार पर 1969 में औषधि सेवन करने वालों को औषधि सेवन नहीं करने वालों से अलग किया जा सका। 1969 के पश्चात औषधि के अवैध/गैरकानूनी (illicit) उपयोग में कमी आयी यद्यपि कि समाज द्वारा स्वीकृति औषधि (licit drug) के उपयोग में कमी नहीं आयी है। जो व्यक्ति पार्थक्य का अनुभव करते हैं वे सामाजिक व्यवस्था पर भरोसा नहीं करते हैं अतः औषधियों के साथ प्रयोग (experimentation) करते हैं।

उपर्युक्त विवरण के आलोक में औषधि दुरुपयोग को (i) औषधि उपलब्धता (ii) वैयक्तिक कारकों एवं (iii) सामाजिक कारकों की अन्तर्क्रिया का प्रतिफल समझा जा सकता है। इसे रेखाचित्र 32.1 के माध्यम से प्रस्तुत किया जा सकता है (यह रेखाचित्र R. O. Phil and J. B. Peterson, 1992) द्वारा प्रस्तुत किये गये प्रारूप के आधार पर नवीन अनुकूलन है) :

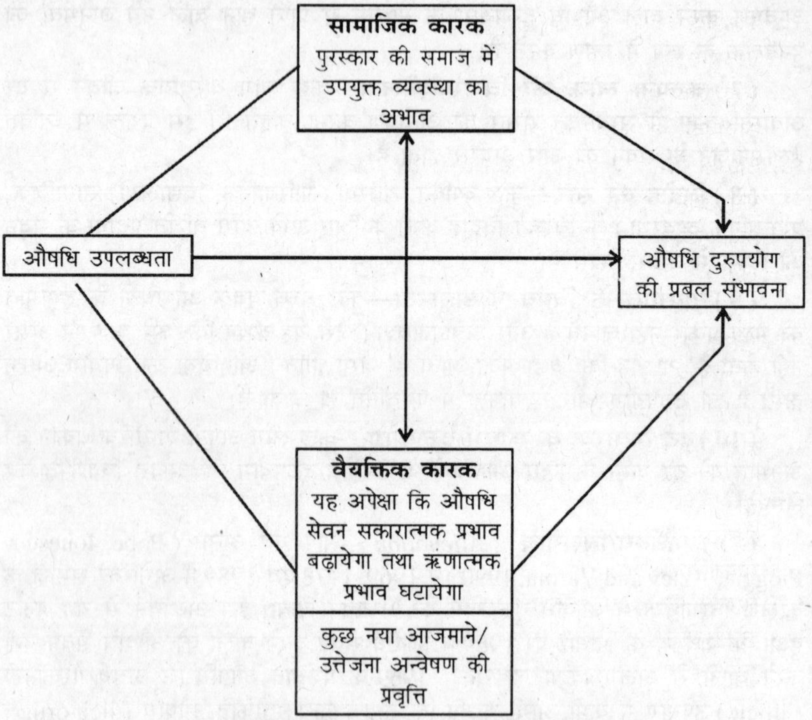

रेखाचित्र 32.1 : औषधि दुरुपयोग के कारण

औषधि सेवन आरम्भ होने की चेतावनी देने वाले कारक (Warning Signs of the Initiation of Drug use)

कुशवाह एवं **अन्य** (J. S. Kushwah, S. S. Kushuwah, & H. P. Singh, 1993) ने बच्चों में औषधि सेवन आरंभ होने से सम्बन्धित संकेतिक चेतावनियों का निम्नवत वर्णन किया है :—

वैयक्तिक चिह्न

घर से बाहर अधिक समय बिताना
देर रात में या बेतुके समय पर घर लौटना
टॉयलेट/बाथरूम में अधिक समय बिताना
अध्ययन एवं सहशैक्षिक कार्यों में रुचि घटना
विद्यालय/कॉलेज में अनुपस्थिति
परीक्षा परिणाम में गिरावट
क्रोध आना, बार-बार मूड परिवर्तित होना
झूठ बोलने की आदत का बढ़ना
अविवेकपूर्ण व्यवहार को सही ठहराने की कोशिश

स्वास्थ्य एवं अपियरेन्स के विषय में लापरवाही
परफ्यूम, इत्र, रूम-फ्रेशनर आदि का अधिक उपयोग
भूख एवं वजन का घटना
अचानक मिठाई की चाह
अधिक पैसों एवं संवेगात्मक संरक्षण की माँग
पैसे उधार लेना
निजी उपयोग की कीमती वस्तुओं (कैमरा, मोबाइल, साइकिल आदि का गायब होना)
पलकों का लटकना, आँखों का धँसना, पुतलियों का फैलना,
खोयी नजरें तथा खाली आँखें
ऊँगलियों पर जले का दाग
कपड़ों पर जलने के छिद्र
हाथों पर सुई चुभने के निशान

वस्तुओं से सम्बन्धित चिह्न

सिगरेट, दियासलाई, लाइटर का पाया जाना
मोमबत्तियाँ पाना
सिल्वर फायल के टुकड़ों का मिलना
छोटी बोतलों का होना
मुड़े-तुड़े कागज
स्ट्रा
सिरिंज एवं नीडल आदि का पाया जाना।

सामाजिक चिह्न

नये संदिग्ध मित्रों का होना
पुराने दोस्तों से दूरी बढ़ाना
समूची मित्र/सहपाठी मंडली का विद्यालय से गायब रहना
सामूहिक स्तर पर धौंस जमाने का प्रवृत्ति
अजनबियों एवं अपराधियों से बातचीत करना
औषधि व्यसनियों की वाणी बोलना
गुप्त स्थानों पर मीटिंग
किसी व्यक्ति के विषय में औषधि सेवन की लत विषयक अफवाह

औषधि दुरुपयोग के विरूद्ध परिहारात्मक उपाय (*Preventive Measures Against Drug Abuse*)

यह पुस्तक परामर्शन/मनोपचार की प्रविधियों का वर्णन करने हेतु नियोजत है किन्तु औषधि दुरुपयोग और मानसिक स्वास्थ्य जैसे विषयों पर यहाँ यह रेखांकित करने की आवश्यकता नहीं है कि उपचार से अच्छा समस्या का परिहार/बचाव (prevention) होता है। औषधि दुरुपयोग से बचाव के उपायों का संक्षिप्त परिचय प्रस्तुत है:—

जैसा कि ऊपर वर्णित है औषधि दुरुपयोग का आरंभ औषधि उपयोग से होता है और

परिहार या बचाव के लिए औषधि उपयोग की प्रक्रिया आरंभ होने के लिए जिम्मेदार करकों—औषधि की सहज उपलब्धता, प्रतिरूप अधिगम, समूह दबाव, पारिवारिक जीवन में सांवेगिक संतुष्टि का अभाव, दुष्प्रभाव के विषय में अनभिज्ञता आदि के प्रभाव को नियंत्रित अथवा सीमित करना होगा। किशोरों और नवयुवकों को औषधि के अवैध सेवन के लिए निर्धारित दण्ड एवं शारीरिक दुष्प्रभाव के विषय में शिक्षित किये जाने की आवश्यकता होती है। जब बच्चे सांवेगिक असुरक्षा की अवधि में हो तब उन्हें समुचित सांवेगिक सरंक्षण प्राप्त होना चाहिए।

औषधि दुरुपयोग से बचाव के लिए कुछ सकारात्मक प्रयास भी महत्त्वपूर्ण हो सकते है। पार्थक्य (alienation) औषधि दुरुपयोग का कारण बन जाता है। पार्थक्य का विपरीत घटक इनवाल्वमेंट (involvment) होता है जिसका विभिन्न क्षेत्रों के साथ (यथा—शैक्षिक, सामाजिक, पारिवारिक एवं धार्मिक) सहसम्बन्ध पाया जाता है (A. N. Rai & Y. K. Singh, 2005) अतः किन्हीं जीवन क्षेत्रों में (रुचि एवं अभिक्षमता को ध्यान में रखकर) इनवाल्वमेंट बढ़ाने के प्रयत्न किये जा सकते हैं जिससे यह अपेक्षा की जानी चाहिए कि पार्थक्य में कमी आयेगी और इस प्रकार औषधि दुरुपयोग की सम्भावना को कम किया जा सकेगा। इसी प्रकार औषधि दुरुपयोग से बचने के विषय पर ध्यान केन्द्रित करने की अपेक्षा स्वास्थ्य विकास के उपायों पर ध्यान केन्द्रित किया जाना चाहिए। योग एवं ध्यान जैसी प्रणालियों का अभ्यास करते हुए स्वास्थ्य को विकसित करने के प्रयास में सम्मिलित होने पर युवक स्वतः स्वास्थ्य को क्षति पहुँचाने वाले तत्वों से अपना बचाव करने लगेंगे।

औषधि दुरुपयोग की समस्या के लिए उपचार
(Therapy for Drug Abuse Related Problems)

गपी एवं वुड्स (Andrew Guppy and Sally Woods, 2000) ने औषधि दुरूपयोंग के उपचार हेतु नारकोटिक एनानिमस/अल्कोहलिक्स एनानिमस उपागम (Narcotics Anonymous/Alchoholics Anonymous Approach), क्षति न्यूनीकरण उपागम (Typical Harm Reduction Approach) एवं मनोवैज्ञानिक परामर्शन उपागम (Psycho-logical Counselling Approach) का वर्णन किया है।

अलकोहलिक एमानिमस और उसके प्रारूप के आधार पर विकसित नारकोटिक्स एनानिमस के उपचारात्मक उपागम में सम्मिलित प्रमुख प्रविधियाँ कुछ बातों पर विशेष ध्यान देती है—(i) उपचार प्रक्रिया में किसी व्यक्ति को 'व्यसनी' जैसा किसी प्रकार का नामकरण (label) नहीं दिया जाना चाहिए; (ii) शरीर में विद्यमान औषधि अवशेष के विषैले एवं आपूर्ति की माँग उत्पन्न करने वाले प्रभाव को डिटॉक्सीफिकेसन (detoxification) के माध्यम से दूर करना चाहिए; (iii) यह स्वीकार किया जाना चाहिए कि व्यक्ति स्वयं को नियंत्रित कर पाने की दृष्टि से अक्षम (powerless) है; (iv) व्यक्ति द्वारा किसी उपचारक अथवा मनोपचारक को अधिक सक्षम व्यक्ति के रूप में स्वीकार किया जाना चाहिए; (v) व्यक्ति की उपचार प्रक्रिया में सक्रिय भागीदारी प्रोत्साहित की जानी चाहिए; (vi) क्लायंट व्यक्ति को अपनी कमियों (shortcomings) की जानकारी होनी चाहिए तथा उसे दूर करने का प्रयास किया जाना चाहिए; (vii) उपचारात्मक प्रक्रिया में सम्पूर्ण परिवार को सम्मिलित किया जाना चाहिए; (viii) उपचार प्रक्रिया को अनेक आयामों : साइकियाट्रिक, साइकोलाजिकल, आध्यात्मिक, सामाजिक; पर ध्यान देना चाहिए;

(ix) उपचार प्रक्रिया दीर्घकालिक होनी चाहिए, जिसमें जीवन के लिए आशा का तत्व सम्मिलित होना चाहिए; (x) ऐसे व्यक्तियों में अपने जैसे अन्य व्यक्तियों की सहायता करने के लिए समर्पण/वचनबद्धता होनी चाहिए।

क्षति न्यूनीकरण उपागम का अभिग्रह यह है कि औषधि का दुरुपयोग करने वाले व्यक्तियों का उपचार उनकी शर्तों पर किया जाना चाहिए। इसके प्रथम चरण में औषधि सेवन की मात्रा को स्थिर किया जाता है अर्थात् मात्रा को बढ़ने से रोका जाता है। अगले चरण में सेवन में लायी जा रही मात्रा को घटाया जाता है। प्रायः उपचार की पूरी अवधि में मनोपचार (बहुधा समूह कार्य) प्रदान किया जाता है। सामाजिक कार्यकर्ताओं की भी सहायता ली जाती है, तथा समस्या केंद्रित निर्देशात्मक परामर्शन प्रक्रिया में उनकी सहभागिता हो सकती है, यद्यपि इस उपागम की इस आधार पर आलोचना की जाती है कि यह प्रक्रिया व्यक्ति को औषधि दुरुपयोग की वर्तमान मात्रा को बनाये रखने के लिए प्रोत्साहित करती है किन्तु दूसरी दृष्टि से विचार करने पर यह प्रक्रिया कहीं अधिक यथार्थवादी प्रकट होती है।

औषधि दुरुपयोग के मनोपचार हेतु मुख्यतः संज्ञानात्मक-व्यवहारात्मक उपागम एवं आरईबीटी (REBT) उपागम का उपयोग किया जाता है। अनुबंधन आधारित प्रक्रियाओं की श्रेणी में (i) प्रच्छन्न विलोप (covert extinction) (ii) विरुचिकारक प्रतिअनुबंधन (aversive counter conditioning) एवं (iii) प्रच्छन्न संवेदीकरण (covert sensitization) प्रमुख लाभकारी प्रविधियाँ है (फहमीदा जैदी एवं आर. एस. सिंह, 1993)।

औषधि दुरुपयोग उपचार प्रक्रिया का एक अतंरंग पक्ष पुनरावृति की समस्या का प्रबंधन (relapse management) है (Marlatt and Gordon, 1985)। यदि किसी व्यक्ति की यह जीवन शैली बन गयी है कि वह जीवन की समस्याओं तथा तनाव का सामना करने से बचता है तथा औषधि सेवन के शरण में तनाव से विश्रांति का अन्वेषण करता है तो उसके द्वारा उपचारोपरान्त पुनः सेवन आरंभ किये जाने की सम्भावना प्रबल होती है। ऐसे व्यक्ति के लिए तनाव प्रबंधन सीखना, जीवन की समस्या का डटकर सामना करने की प्रवृत्ति विकसित करना उपयोगी होगा। ऐसे व्यक्ति के लिए उन परिस्थितियों की पहचान महत्त्वपूर्ण है जहाँ औषधि सेवन की सम्भावना प्रबल हो जाती है। ऐसी सामाजिक दशाओं, जीवन घटनाओं या परिस्थितियों का सामना करने के लिए वैकल्पिक संज्ञान एवं व्यवहार का विकास उपयोगी होगा।

❑

सप्तम : खण्ड

संदर्भ एवं प्रवृत्तियाँ
(CONTEXT AND TRENDS)

- भारतीय संदर्भ में परामर्शन
  (Counselling in Indian Context)
- परामर्शन मनोविज्ञान : वर्तमान प्रवाह एवं भविष्य की सम्भावित दिशाएँ
  (Counselling Psychology : Current Trends and Future Orientations)

अध्याय 33

भारतीय संदर्भ में परामर्शन

(COUNSELLING IN INDIAN CONTEXT)

किसी व्यक्ति के व्यक्तित्व, मानसिक विकार एवं उसके लिए उपयुक्त परामर्शन/ मनोपचार पद्धति को उसके सामाजिक, सांस्कृतिक, राजनैतिक तथा आर्थिक संदर्भों से अलग रखकर उपयुक्त ढंग से नहीं समझा जा सकता है। व्यक्ति के संदर्भ का संज्ञानात्मक सृष्टि (cognitive world) की रचना में महत्त्वपूर्ण योगदान होता है। व्यक्ति के संदर्भों के अनुरूप ही उसका जीवन दर्शन विकसित होता है। जीवन और परिवेश में घटित होने वाली घटनाओं को व्यक्ति अपने जीवन दर्शन एवं दृष्टिकोण के अनुरूप अर्थ प्रदान करता है। व्यक्ति की आशाओं, अभिलाषाओं एवं जीवन में व्याप्त द्वन्द्वों का व्यक्ति के जीवन दर्शन के साथ घनिष्ट सम्बन्ध होता है। विभिन्न व्यक्तियों के लिए जीवन में घटित होने वाली घटनाओं के निजी अर्थ होते हैं जो उसके संदर्भों द्वारा प्रभावित रहते हैं। परामर्शन की विविध प्रणालियाँ व्यक्ति के संज्ञान को पुनर्गठित करना लक्ष्य करती हैं। स्वाभाविक रूप में संज्ञानात्मक संगठन को समझने एवं पुनर्गठित करने के लिए उसके संदर्भ को ध्यान में रखा जाना चाहिए। भारत एक व्यापक रूप में फैला हुआ भूक्षेत्र होने के अतिरिक्त प्राचीन संस्कृति, धर्मपरायणता, धार्मिक विश्वासों की विविधता, लम्बे इतिहास; विकास की झलक के साथ सामाजिक, आर्थिक, शैक्षिक पिछड़ेपन के प्रभाव का चित्र प्रस्तुत करता है। परामर्शन कार्यक्रम के गठन और परामर्शन प्रविधि के चयन में इन कारकों को ध्यान में रखा जाना चाहिए।

भारतीय संदर्भ में परामर्शन के बारे में अलग अध्याय के तीन उद्देश्य हो सकते हैं— **प्रथम,** यह विचार करना कि भारत में लोगों की समस्याओं के प्रमुख रूप, उनकी आवृति और परामर्शन सम्बन्धी आवश्यकताओं का रूप कैसा है। यह भी विचारणीय है कि लोगों की परामर्शन आवश्यकताओं की पूर्ति के लिए उपलब्ध सेवाओं का स्वरूप कैसा है। **दूसरा** विचाणीय विषय यह है कि भारतीय जीवन दर्शन, जीवन शैली, परिवेशीय संदर्भ में पाश्चात्य, आधुनिक, वैज्ञानिक चिन्तन के परिप्रेक्ष्य में विकसित परामर्शन उपागम और उनकी प्रविधियाँ किस सीमा तक उपयोगी हैं। परामर्शन मनोविज्ञान की आधुनिक प्रविधियाँ जिनका विकास पाश्चात्य सभ्यता के संदर्भों में किया गया है, जिनकी वैधता और उपयोगिता के सम्बन्ध में अमेरिका और यूरोपीय देशों में सम्पन्न किये गये शोध अध्ययनों द्वारा साक्ष्य प्राप्त हुए हैं, भारतीय संदर्भ में यथावत उपयोगी सिद्ध नहीं हो सकते हैं। भारतीय संदर्भ में उक्त उपागमों एवं उनकी प्रविधियों को सतर्कतापूर्वक प्रयुक्त किया जाना चाहिए। इस अध्याय का **तीसरा** और सर्वाधिक महत्त्वपूर्ण प्रश्न भारतीय संदर्भों में विकसित वैकल्पिक प्रणालियों के बारे में विचार करना है। भारतीय चिंतन और कष्ट निवारण की पद्धतियों का पुराना इतिहास है। सभी पद्धतियों की उपयोगिता निर्विवाद नहीं

हो सकती है किन्तु अनेक पद्धतियों के महत्त्व और उपयोगिता को आज समूचे विश्व में स्वीकार किया जा रहा है।

भारत में परामर्शन की आवश्यकताओं और उपलब्ध सेवाओं का स्वरूप (Nature of Counselling Needs and Available Services in India)

परामर्शन सम्बन्धी आवश्यकताओं को (i) शैक्षिक, व्यावसायिक, उपव्यावसायिक निर्देशन से जुड़ी आवश्यकताओं; (ii) विशिष्ट मनोविकारों, तथा (iii) अन्य विशिष्ट आवयकताओं के रूप में देखा जा सकता है। अनेक दशकों से निर्देशन एवं परामर्शन का संप्रत्यय और प्रविधियों के अस्तित्व में होने के बाद भी भारतीय विद्यालयों में निर्देशन एवं परामर्शन सेवाएँ अंगीकृत नहीं हो पायी हैं। इस उपेक्षा का मूल्य शिक्षा की गुणवत्ता के अतिरिक्त बच्चों, किशोरों और नवयुवकों में आचरण, व्यवहार और मानसिक स्वास्थ्य सम्बन्धी समस्याओं के रूप में देखा जा सकता है। विद्यालयों, शिक्षा क्षेत्र के प्रबंधकों/प्रशासकों का ध्यान संख्यात्मक पक्ष पर केन्द्रित होने के कारण, संसाधनों के अभाव एवं आर्थिक दृष्टि से लाभ-हानि या लागत-लाभ के रूप में मूल्यांकन किये जाने के कारण परामर्शन की इस रूप में उपयोगिता महानगरीय, धनिक वर्ग के लिए संचालित विद्यालयों तक ही सीमित रह जाती है।

भारतीय जनसमूह में मनस्ताप, मनोविक्षिप्तता और मनोदैहिक समस्याओं के घटनाक्रम के बारे में अनेक सर्वेक्षण अध्ययनों द्वारा जानकारियाँ प्राप्त हुई हैं। मनोदैहिक समस्याओं में वृद्धि के संकेत प्राप्त हो रहे हैं। कुछ परामर्शदाताओं का मानना है कि प्राथमिक स्वास्थ्य केन्द्रों और चिकित्सालयों के बहिरंग विभाग में उपचार के लिए आने वाले या दवा की दुकानों पर क्रय करने वाले पीड़ित व्यक्तियों में से बहुसंख्यक (आँकड़े 16 से 35 प्रतिशत तक फैले हुए हैं) लोगों को किसी प्रकार की दवा की आवश्यकता नहीं होती है। भारत जैसे विकासशील देशों में मनोवैज्ञानिक समस्याओं की दैहिक पीड़ा के रूप में अभिव्यक्ति एक सामान्य विशेषता है (A. K. Agrawal, 1991)। प्रमुख समस्याएँ दर्द (पेट, सीना, सिर), चकराना, कमजोरी, थकान, अनिद्रा, भूख की कमी और सेक्स सम्बन्धी कमजोरी आदि के रूप में पायी जाती है। गृहणियों में ऐसी समस्याएँ अधिक पायी जाती हैं। ऐसे लोगों की पीड़ा को प्रकार्यात्मक पीड़ा कहा जाता है।

हिस्टीरिया जो कि पश्चिम में अब कदाचित ही देखा जाता है, की घटना अभी भी भारत के कुल रोगियों में 10 से 15 प्रतिशत तक पायी जाती है (N. N. Wig et. al. 1982)। मनस्ताप के अन्य रूपों में चिन्ता मनस्ताप, मनोग्रस्तता-बाध्यता प्रमुख हैं।

कुछ संस्कृति-विशिष्ट संलक्षणों (culture bound syndromes) का वर्णन देखा गया है जिनमें धातु, कोरो और झिनझिनी प्रमुख है। सिंह (G. Singh, 1985) ने पुरुष नपुंसकता की शिकायत वाले व्यक्तियों में से 62 प्रतिशत में 'धातु' की हानि की शिकायत पायी। यह बताने पर भी कि वीर्य हानि कोई समस्या नहीं है व्यक्ति को प्रायः लाभ नहीं हो पाता है। नन्दी एवं अन्य (1992) ने 'झिनझिनी' की घटना का वर्णन किया है जिसमें व्यक्ति में अचानक गूँगापन, पक्षाघात, असहायता, भय से बेहोश होने जैसी समस्याएँ प्रकट होती हैं। इन झिनझिनी को लोग प्रायः बुरी आत्माओं का प्रभाव मानते हुए पाये गये हैं। चौधरी एवं अन्य (1988, 1991, 1992) ने 'कोरो' संलक्षण का अध्ययन किया जिसमें शिश्न स्तम्भन (penile erection), शिश्न सिकुड़ने, महिलाओं में लेबिया (labia) या

स्तन सिकुड़ने और उसके कारण अंततः मृत्यु हो जाने की आशंका पायी जाती है। इस घटना की शिकायत आसाम और बंगाल के क्षेत्रों में देखी गयी है।

मेहता एवं अन्य (Mehta, Joseph & Verghese, 1989) ने तमिलनाडु में प्रति 100 व्यक्तियों में 14.1 घटना मनोविक्षिप्तता की पायी जबकि पद्मावती एवं अन्य (1987) के अध्ययन में प्रति 1000 की जनसंख्या में 2.49 मनोविदलिता (schizophrenia) तथा मनोविक्षिप्तता 5.6 प्रति 1000 की दर से पायी गयी। पंजाब में (Kapoor & Singh, 1983) प्रति 1000 भावात्मक विकार 49.1 में पाया गया।

महिलाओं, गरीब लोगों, ग्रामीण और गन्दी बस्तियों में रहने वालों में इन समस्याओं की आवृत्ति अधिक पायी गयी है।

युवकों में मनोविकार अधिक पाया जाता है किन्तु बच्चों में संवेदनशीलता, ध्यान आकृष्ट करने एवं सक्रियता की समस्या (ADHD) और चारित्रिक समस्याएँ देखी जाती है। महानगरों में जहाँ बच्चों पर अच्छे परिणाम हेतु दबाव डाला जाता है और माता-पिता समुचित समय देने की स्थिति में नहीं होते हैं वहाँ बच्चोां में ADHD के अतिरिक्त तनाव की दैहिक पीड़ा के रूप में अभिव्यक्ति अधिक पायी जाती है। वृद्ध जनों में (Venkoba Rao & Madhavan, 1983) भावात्मक समस्याएँ पायी गयी है। वृद्ध लोगों का जनसंख्या में अनुपात बढ़ रहा है तथा छोटे परिवारों की कल्पना में वृद्धि के साथ-साथ वृद्ध जनों की उपेक्षा की घटनाएँ बढ़ रही है।

उपर्युक्त विशिष्ट समस्याओं के अतिरिक्त औषधि व्यसन, मद्यपान, प्रजनन स्वास्थ्य सम्बन्धी समस्याएँ (HIV/AIDS) किशोर एवं युवकों के मध्य परामर्शन के नये आयाम के रूप में प्रकट हो रही हैं। पारम्परिक होने के बावजूद युवकों में आधुनिकता, यौनिक स्वच्छन्दता एवं भौतिकवादी प्रतिस्पर्धा में वृद्धि देखी जा सकती है। जिसके फलस्वरूप अनेक प्रकार की चिन्ताएँ, भय, तनाव, पारिवारिक जीवन में कलह, विवाह विच्छेद (divorce) जैसी समस्याओं के घटनाक्रम में वृद्धि का अनुभव किया जा रहा है।

भारतीय समाज में पुत्र वरीयता और पुत्री उपेक्षा जैसी समस्या सर्वत्र देखी जा सकती है। इस विभेद के कारण मादा भ्रूण हत्या, कन्या हत्या और दहेज हत्या की शिकायत सभी जगहों पर सुनी जाती है। 2001 की जनगणना में 0-5 आयुवर्ग में बालिकाओं की संख्या में (विशेषकर उ०प्र०, बिहार, पंजाब, दिल्ली राज्यों में) बहुत कमी आ गयी है। यह समस्या आनेवाले 10–15 वर्षों में अनेक नयी व्यवहार सम्बन्धी समस्याओं, नारी असुरक्षा, युवकों का विवाह न हो पाने, अनुचित यौन सम्बन्धों में वृद्धि के रूप में प्रकट हो सकती है। बालिकाओं के लिए घर भी पूर्णतः सुरक्षित नहीं रह गया है, ऐसी शिकायतें समाचार पत्रों में देखी जा रही हैं।

यद्यपि मनोविकृतियाँ एवं समाज मनोवैज्ञानिक व्यवहारात्मक समस्याएँ विविध रूपों में विभिन्न आयु वर्गों एवं सामाजिक/सामुदायिक वर्गों में व्यापक रूप में प्रकट होती हुई पायी गयी हैं किन्तु इनके समाधान के लिए न तो लोगों में आवश्यक जागरूकता देखी जाती है और न ही वांछित परामर्शन सेवाओं की उपलब्धता ही पायी जाती है। मालविका कपूर (2002) ने सूचनाओं के अभाव में या लांछना के आधार पर मानसिक समस्याओं के प्रति स्थापित अभिवृत्तियों में परिवर्तन की आवश्यकता को रेखांकित करते हुए सामुदायिक स्तर पर यथार्थवादी, मानवीय एवं सहिष्णुतापूर्ण ऐसी अभिवृत्तियों को विकसित किये जाने की

आवश्यकता पर बल दिया है जिसमें समस्याग्रस्त व्यक्तियों/मनोरोगियों तथा उनके परिवार द्वारा अनुभव की जा रही समस्या की तीव्रता का ध्यान रखा गया हो। गुप्ता एवं अन्य (Gupta, Gautam & Kamal, 1992) के अध्ययन द्वारा ज्ञात हुआ कि सामान्य चिकित्सा की दृष्टि में मानसिक समस्याओं को आनुवांशिक तथा तनाव की दशा में सामान्य व्यक्तियों में भी प्रकट हो सकने वाला बताया गया किन्तु समाज में इसके प्रति सकारात्मक अभिवृत्ति का अभाव पाया गया है।

मानसिक समस्याओं के बारे में उपयुक्त दृष्टिकोण आवश्यक है किन्तु यह अपने आप में पर्याप्त नहीं हो सकता है। मानसिक स्वास्थ्य सेवाओं की आवश्यकता किन्तु उपलब्धता का अभाव परामर्शदाताओं एवं मनोवैज्ञानिकों द्वारा अनुभव किया जा रहा है। मेहता, जोसेफ एवं वर्जीस (1984) ने प्राथमिक स्वास्थ्य कार्यकर्ताओं को (i) मनोरोगों के परिहार के लिए शिक्षित करने एवं मानसिक स्वास्थ्य के आधारों को मजबूत करने; (ii) मनोवैज्ञानिक समस्याओं की पहचान करने;(iii) समर्पण(referral) के मानदण्डों को समझने की क्षमता; और (iv) एक संसाधन (resource) के रूप में कार्य कर सकने योग्य बनाने के लिए प्रशिक्षित किये जाने की आवश्यकता को रेखांकित किया है। नारायण रेड्डी एवं अन्य(1986) ने मानसिक स्वास्थ्य सेवा प्रदान करने के लिए मुख्य चिकित्सालयों के चतुर्दिक क्लीनिक स्थापित करने का प्रस्ताव किया। निमहान्स (Nimhans) बंगलौर के पास चार तालुकों में क्लीनिक स्थापित भी किये गये। कुल मिलाकर भारत में जनसंख्या तथा उसमें मनोरोगियों की बड़ी संख्या के अनुपात में मनोचिकित्सकों का अभाव है। इसलिए नारायण रेड्डी, चन्नावासन्ना और श्रीनिवासमूर्ति ने स्वास्थ्य-व्यवस्था से जुड़े लोगों को प्रशिक्षित करने की आवश्यकता पर बल दिया है। मालविका कपूर (1992) ने आम लोगों एवं अध्यापकों को इस दृष्टि से प्रशिक्षित करने पर बल दिया है। वस्तुतः भारत में मनोचिकित्सकीय सेवाओं का अभाव है। मनोविज्ञान के अध्यापकों एवं विद्यार्थियों का विशेष उत्तरदायित्व है कि वे मानसिक विकृतियों से बचाव और मानसिक स्वास्थ्य के विकास के लिए अपनी समझ का उपयोग करे। इतने बड़े अल्प-शिक्षित, अल्प-विकसित राष्ट्र में हमें बहुत कुछ अपने स्तर से करने की आवश्यकता है। राय एवं अन्य (Rai, A. N.; Asthana, M. & N. Singh, Y. K.) ने प्राथमिक विद्यालय के स्तर पर अध्यापकों को प्रेरित करके अध्यापकों में बच्चा को सुनने की प्रवृत्ति अपनाने के लिए विगत बारह वर्षो से कार्य किया है। इस उपागम द्वारा सभी बच्चों के लिए न्यूनतम अल्पतम मानसिक स्वास्थ्य सेवा उपलब्ध कराये जाने के लिए ALPA Model (Active Listening with Positive Attitude) प्रस्तुत किया गया है। इस मॉडल के दो मुख्य तत्त्व है—(i) सक्रियतापूर्वक एवं रुचिपूर्वक बच्चों को सुनना तथा अनुचित अवधारणाओं को चुनौती देना; एवं (ii) बच्चो में स्वयं के प्रति तथा परिवेश के प्रति सकारात्मक अभिवृत्ति विकसित करना। ऐसा करने के लिए उपलब्ध संसाधन का अच्छा उपयोग किया जाना चाहिए। यह अनुभव किया गया है कि आज के एकाकी परिवारों में, ऐसे लोगों का अभाव है जिनके साथ बच्चे बातचीत कर सके, उन्हें अपना समय दे सके। ऐसे बच्चों को विद्यालय प्रांगण में अध्यापक या अन्य श्रोताओं की आवश्यकता होती है। राय (Rai, A. N. 2002) ने यह विचार व्यक्त किया है कि यदि विद्यालयों तथा सेवानिवृत्त व्यक्तियों के मध्य सहयोग स्थापित किया जाय तो बच्चों एवं वृद्धों को सांवेगिक अभिव्यक्ति प्राप्त होने के अतिरिक्त समाज की अनेक समस्याओं के समाधान में भी सहायता की प्राप्ति हो सकती है।

भारतीय संदर्भ में परामर्शन के आधुनिक उपागम
(Modern Counselling Approaches in Indian Context)

जैसा कि पिछले अध्याय में वर्णन किया गया है मनोवश्लेषणात्मक उपागम के विकास के बाद पिछले लगभग 100 वर्षों में सैकड़ों उपागमों एवं प्रक्रियाओं का विकास हुआ है। व्यक्ति की समस्याओं और उसके समाधान में संज्ञानात्मक संरचनाओं एवं शैलियों के महत्त्व को अनेक उपागमों में स्वीकार किया जाता है तथा व्यक्ति की संज्ञानात्मक शैलियों, रूढ़ियों, पूर्वाग्रहों, अपेक्षाओं, जीवन शैली, मूल्यों आदि का व्यक्ति की सांस्कृतिक पृष्ठभूमि के साथ घनिष्ठ सम्बन्ध स्वीकार किया जाता है। इसलिए अनेक परामर्शदाताओं को पश्चिमी संदर्भों में विकसित उपागमों और उनकी प्रविधियों की भारतीय संदर्भ में वैधता एवं उपयोगिता पर संदेह है किन्तु प्रभु (1988) और शामसुन्दर (Shamasundar, 1988) का कथन है कि वे भारतीय सांस्कृतिक संदर्भ में भी उपयोगी हैं। हॉच (Hoch, 1990) ने भारतीय क्लायंट के लिए तथा मनोचिकित्सकीय प्रशिक्षण के लिए पाश्चात्य उपागमों की उपयोगिता का पक्ष लेते हुए बताया है कि संक्रमणशील समाज के आधुनिक वर्ग के लिए, जहाँ मिश्रित मूल्य एवं व्यवहार का प्रचलन है, वे विशेष रूप में उपयोगी है। यद्यपि अग्रवाल (A. K. Agrawal, 1989) यह विचार प्रकट करते हैं कि क्लायंट और परामर्शदाता की पृष्ठभूमि में अन्तर के कारण लाभ प्राप्ति में कठिनाई आती है किन्तु हॉच (1990) का कथन है कि प्रकट अन्तराल मात्र एक भ्रम है। हॉच ने परामर्शदाताओं और क्लायंट के मध्य अनेक समानताओं के आधार पर यह विचार प्रकट किया है कि वस्तुतः दोनों के मध्य सांस्कृतिक सहभागिता के अनेक आधार होते हैं।

मालविका कपूर (Malvika Kappor, 2001) का विचार है कि मनोचिकित्सकीय शोध को मनोचिकित्सकीय प्रक्रिया के सभी पक्षों—क्लायंट, परामर्शदाता, प्रविधियों और परिस्थितियों, पर ध्यान देना चाहिए। किसी संदर्भ विशेष के लिए उपयुक्त प्रविधियों का अन्वेषण किया जाना महत्त्वपूर्ण एवं आवश्यक है किन्तु हमें यह सतर्कता भी बरतनी होगी कि देशज सम्प्रत्ययों एवं प्रविधियों के नाम पर अनुचित, अनुपयुक्त, अवैज्ञानिक प्रविधियाँ स्थापित न हो जाये तथा कोई उपयुक्त प्रविधि मात्र इस कारण से नकार न दी जाय कि उसका विकास दूसरे सांस्कृतिक संदर्भों में हआ है। अधिक उपयुक्त यह होगा कि शोध कार्य में तीव्रता लाकर वैज्ञानिक रूप में वैध सिद्ध हुई विधियों में आवश्यकतानुसार अनुकूलन एवं परिमार्जन के तत्त्व सम्मिलित किये जाएँ।

परामर्शन एवं मनोपचार की भारतीय प्रविधियाँ
(Indian Techniques of Counselling and Psychotherapy)

मनोविकारों, व्यवहारगत समस्याओं एवं जीवन में प्रायः घटित होने वाली सामान्य समस्याओं के समाधान के लिए; तथा मानसिक, शारीरिक, आध्यात्मिक, नैतिक स्वास्थ्य के विकास हेतु अर्थात व्यक्ति के समग्र/सर्वांगीण स्वास्थ्य के विकास के लिए समूची दुनिया में आज वैकल्पिक पद्धतियों की खोज की जा रही है। मनोपचार की प्रचलित पद्धतियों की अनेक सीमाएँ हैं। भारत में अनेक प्रविधियाँ प्रचलित रहीं हैं जिनमें से अनेक रूढ़िवादी, अतार्किक, असंगत, अनुपयुक्त एवं लाभ की दृष्टि से अत्यन्त संदिग्ध प्रतीत होती है किन्तु कुछ प्रणालियों के महत्त्व एवं उपयोगिता के वैज्ञानिक साक्ष्य प्राप्त होने के पश्चात उनकी स्वीकृति सर्वत्र देखी जा सकती है। भारतीय संदर्भ में विकसित उक्त वैकल्पिक प्रणालियाँ

आज अत्यन्त प्रचलित प्रविधियों की श्रेणी में सम्मिलित हो गयी हैं। स्वास्थ्य के प्रति भारतीय दृष्टिकोणों का उद्देश्य सदैव ही समग्रवादी या सर्वांगवादी (holistic) रहा है। भारतीय उपागमों का बल रोग के उपचार के साथ-साथ व्यक्ति के सम्पूर्ण स्वास्थ्य के विकास पर होता है। भारतीय पद्धतियाँ मुख्यतः प्राचीन हैं किन्तु इसमें कुछ नवीन आयाम जोड़ने के प्रयास भी समय-समय पर होते रहे हैं। मंत्र-तंत्र, वैदिक, बौद्ध और जैन उपागम भारतीय मनोविज्ञान एवं उपचार/मनोपचार की चार प्रमुख परम्पराएँ हैं। उक्त सभी उपागम 2500 वर्षों से भी अधिक प्राचीन हैं। आधुनिक युग में चैतन्य महाप्रभु, रामकृष्ण परमहंस, विवेकानन्द और महर्षि महेशयोगी के द्वारा आध्यात्मिक/आधिभौतिक परिध्यान (Transcedental Meditation – TM) की प्रणाली विकसित की गयी है। मंत्र-तंत्र प्रणाली आज भी प्रचलन में है किन्तु वैज्ञानिक प्रमाण के अभाव में यहाँ वर्णन योग्य नहीं है। वैदिक उपागम के अन्तर्गत योग की विविध प्रणालियाँ सम्मिलित हैं। बौद्ध उपागम की मुख्य पद्धति विपश्यना के नाम से जानी जाती है। यहाँ पर मुख्यतः योग पद्धतियों तथा आधिभौतिक परिध्यान की पद्धतियों का वर्णन प्रस्तुत है क्योंकि उनकी लोकप्रियता में वृद्धि आयी है। विपश्यना पद्धति का भी प्रभाव क्षेत्र विस्तृत हो रहा है अतः इस पद्धति का परिचय वांछित हो जाता है। समस्त भारतीय मनोपचार पद्धतियों का परिचय प्राप्त करने के लिए सिंह (H. G. Singh, Psychotherapy in India, from Vedic to Modern Times, 1977, National Psychological Corporation) द्वारा लिखी गयी पुस्तक उपयोगी सिद्ध हो सकती है। सिंह ने 16 श्रेणियों के अन्तर्गत आने वाली 36 प्रणालियों का वर्णन किया है।

स्वास्थ्य एवं मनोपचार की योग पद्धति
(Yoga System of Health and Psychotherapy)

योग पद्धति के तत्त्वों के महत्त्व का समुचित मूल्यांकन करने के लिए वैदिक दर्शन में निहित इसके आधारों का परिचय प्राप्त किया जाना उपयोगी होगा। वैदिक साहित्य के चार मूलग्रंथ है—ऋग्वेद, यजुर्वेद, सामवेद और अथर्ववेद। इन वेदों का सम्बन्ध क्रमशः ज्ञान, कर्त्तव्य, आदर्श की पूजा और आत्मज्ञान से है। अथर्ववेद में आत्मज्ञान एवं सांसारिक उपलब्धियों की प्रविधियों का वर्णन किया गया है। अथर्ववेद का ही एक उपवेद आयुर्वेद है जो व्याधियों का वर्गीकरण एवं उपचार साधन का वर्णन प्रस्तुत करता है। वेदों के अतिरिक्त उपनिषद, ब्राह्मण, आरण्यक प्रमुख वैदिक साहित्य हैं। इनके द्वारा धर्मदर्शन, जीवन दर्शन, स्वस्थ जीवन की पद्धति, व्याधियों के परिहार/निरोधन एवं उपचार की प्रविधियों का परिचय प्राप्त होता है। स्वास्थ्य, व्याधि निरोधन एवं उपचार में आत्मज्ञान का महत्त्व है।

आत्मज्ञान के दो प्रकार होते हैं—निर्गुण एवं सगुण। वेदान्तियों के अनुसार आत्म ज्ञान निर्गुण एवं सगुण दोनों ही रूप में होता है। तार्किक आत्मा को सगुण मानते हैं तथा सांख्य दर्शन के अनुयायी इसे निर्गुण मानते है। ऋषि कपिल ने निर्गुण आत्मज्ञान को प्रकाशित किया। वेद की तुलना में यह ज्ञान उपनिषद् में अधिक स्पष्ट रूप में देखा जाता है। महाभारत के टीकाकारों के अनुसार "जो महान ज्ञान महान व्यक्तियों में, वेदों के भीतर तथा योगशास्त्रों में देखा जाता है और पुराण में भी विविध रूपों में पाया जाता है वह सांख्य से आया है।" (स्वामी हरिहरानन्द आरण्य, 1980)। स्वामी हरिहरानन्द लिखते है कि पहले कर्मकाण्ड का उद्‌भव हुआ,बाद में सगुण आत्मज्ञान और उसके बाद सांख्यीय निर्गुण पुरुष ज्ञान प्रकट हुआ। महर्षि पञ्चशिख ने कपिल के उपदेशों का अवलम्बन करके

जिस सांख्यसूत्र का प्रणयन किया वह अब अंशमात्र ही उपलब्ध है। कपिल ने निर्गुण पुरुष विद्या तथा कैवल्य प्रापक योग का प्रवर्तन किया है।

भारत में धर्म के दो भेद हैं, प्रवृत्ति धर्म और निवृत्ति धर्म या मोक्ष धर्म। निवृत्ति धर्म का भारत में ही आविष्कार हुआ। प्रवृत्ति धर्म इस संसार में सर्वत्र पाया जाता है। जिस धर्म से इहलोक और परलोक में सर्वाधिक सुख लाभ होता है उसे प्रवृत्ति धर्म कहते हैं। निवृत्ति धर्म द्वारा निर्वाण और शान्ति लाभ प्राप्त होता है। निवृत्ति धर्म के दो सम्प्रदाय हैं; आर्ष और अनार्ष। आर्ष सम्प्रदाय में सांख्य और वेदांत तथा अनार्ष सम्प्रदाय में बौद्ध और जैन आदि की गणना की जाती है। प्रवृत्ति धर्म में (i) ईश्वर या महापुरुष की अर्चना, तथा (ii) दान, परोपकार, मैत्री आदि सम्मिलित है। निवृत्ति धर्म का मत है कि सम्यक् दर्शन द्वारा जन्म परम्परा या संसार की निवृत्ति होती है; और, सम्यक् योग तथा सम्यक् वैराग्य, सम्यक् दर्शन या प्रज्ञा के कारण है। सांख्य का साधन रूप योग है। काम, क्रोध, भय, निद्रा और श्वास का दमन करके ध्यान-मग्न होना सांख्य योग का साधन है। स्वामी हरिहरानन्द आरण्य लिखते हैं कि सांख्य 'मोक्ष धर्म का तत्त्वकाण्ड है तथा योग साधनकाण्ड है।

सांख्य दर्शन के अनुसार व्यक्ति एक आत्म मनोदैहिक इकाई है जिसके तीन तल हैं—दैहिक, मानसिक; और आत्मिक। इस आत्म मनोदैहिक इकाई के दैहिक तल पर तीन गुण—वायु, पित्त, कफ होते हैं; मानसिक तल पर तीन गुण-सत्व, रज और तम; एवं आत्मिक तल निर्गुण होता है। दैहिक और मानसिक तल पर व्याप्त गुणों के संतुलन से स्वास्थ्य और असंतुलन से रोग की उत्पत्ति होती है।

सांख्य दर्शन के अनुसार मनुष्य के दो पक्ष—पुरुष (आत्मा) और प्रकृति (चित्त एवं देह) होते हैं। चित्त अर्थात् मानस प्रकृति का सूक्ष्म रूप है और देह इस प्रकृति का स्थूल रूप हैं।

चित्त अर्थात मानस का तात्पर्य बुद्धि, अहंकार और मन के समुच्चय से है, चित्त के त्रिगुणात्मक स्वरूप के कारण चित्त वृत्तियाँ उत्पन्न होती हैं अर्थात व्यक्ति को अहंकार होता है, उसे मैं और मेरा का बोध होता है तथा मन की चंचलता के कारण व्यक्ति विभिन्न प्रकार से उलझनों में लिप्त होता है। आत्मा (पुरुष) निर्गुण, निर्विकार द्रष्टा है किन्तु चित्त के साथ सबंध के कारण उसकी दृष्टि भी तदनुरूप हो जाती है। पुरुष (आत्मा) और प्रकृति (चित्त एवं देह) के मध्य इस तादत्म्य के कारण दुःख होता है; रोग की उत्पत्ति होती है; समग्र स्वास्थ्य की स्थापना में बाधा आती है। दुःख दूर करने के लिए पुरुष और प्रकृति के मध्य के तादात्म्य को दूर किया जाना आवश्यक है। जब पुरुष त्रिगुणों के बन्धनों से मुक्त होकर कैवल्य अवस्था को प्राप्त करता है, त्रिगुणातीत हो जाता है तब मोक्ष या निर्वाण की प्राप्ति होती है। चित्तवृत्तियों के निरोधन के लिए महर्षि पातंजलि ने योग प्रणाली का विकास किया।

योग क्या है और क्या नहीं है इसे संक्षेप में लिखते हुए हरिहरानन्द आरण्य कहते हैं : अभ्यास और वैराग्यपूर्वक चित्तवृत्ति का निरोध करना ही यथार्थ मोक्षप्रापक योग है। चित्रवृत्ति-निरोध का अर्थ है-मन में एक ही ज्ञान को उदित रखकर अन्य सभी ज्ञानों का निरोध (सम्प्रज्ञात) अर्थात व्यावहारिक ज्ञानों का (निद्राज्ञान का भी) निरोध (असम्प्रज्ञात)। अभ्यास का अर्थ है पुनः चेष्टा करना। अतएव बार-बार चेष्टा या इच्छापूर्वक जो चित्तवृत्ति-निरोध है वही योग है।

चेष्टा न करके अथवा स्वतः वा इच्छा के अनाधीन रूप से यदि कदाचित् चित्त का

स्तब्धभाव हो भी जाए तो उसको योग नहीं कहा जा सकता। पुनः लिखते हैं—एक ही ज्ञान को स्थिर रखकर अन्य को रूद्ध करना रूप योग का तारतम्य है, जब एक तान भाव से कुछ काल तक एक ही ज्ञान वृत्ति स्थिर रखी जा सकती है तब उसे ध्यान रूप योगांग कहते हैं और जब यही एकतानता इतनी प्रगाढ़ होती है कि और सबकुछ भूलकर यहाँ तक कि अपने को भी भूलकर केवल ध्येय विषय में चित्र को स्थिर रखा जाता है तब तादृश स्वेच्छाधीन स्थैर्य को समाधि कहते है।

सांख्ययोग विशुद्ध न्याय एवं मिथ्याकल्पना-शून्य तथा अन्ध विश्वासहीन आन्वीक्षिकी की प्रणाली है। सांख्योग के वस्तुतः सभी अधिकारी नहीं हैं। 'जिनकी बुद्धि ऐसी है कि मोक्ष धर्म के मूलपर्यन्त ग्रहण करने में कहीं पर भी अन्धविश्वास की सहायता नहीं लेनी पड़ती है तथा जिनकी मेधा ऐसी न्यायनिष्ठ है कि न्यायानुसार जो सिद्ध होगा उसी में निश्चितमति होकर कर्त्तव्यमार्ग पर बढ़ने को तैयार होते हैं, कर्तव्यमार्ग में चलने के लिए जिन्हें भय, लोभ अथवा अन्धविश्वास से प्रयोजन नहीं होता, जिसके हृदय स्वभाव से ही अहिंसा, सत्य आदि विशुद्धशील के पक्षपाती है, वे ही सांख्ययोग के अधिकारी हैं।

यह सामान्य आधुनिक अवलोकन है कि बुद्ध ने योग का कठोर आचरण करने पर भी फल की प्राप्ति नहीं होता देखकर मध्यमार्ग का अवलम्बन किया था। यह सम्पूर्ण भ्रान्ति है। सांख्ययोग में व्यर्थ की कठोर साधना निषिद्ध है।

'विद्यया तदारोहन्ति यत्र कामाः परागतः।
न तत्र दक्षिणा यन्ति नविद्वांसस्तपस्विनः।।

(शतपथ 10/5/4/15)

अर्थात् अविद्वान या ब्रह्मविद्या से वर्जित, केवल कायिक तपस्या करने वाले वहाँ (अर्थात मोक्षमार्ग) पर नहीं जा सकते हैं। यहाँ पर यह विशेष रूप से उल्लेख्य है कि दुर्भाग्य से योग के जिस स्वरूप का आज प्रचलन बढ़ रहा है वह योग की पूर्णता या विशुद्धता नहीं है। अन्धविश्वास से दूर हुए बिना, न्यायनिष्ठ मेधा प्रयुक्त किये बिना, अहिंसा एवं सत्य आदि शीलों को हृदय में अपनाये बिना कुछ एक शरीरी क्रियाओं-व्यायाम/आसनादि-मात्र द्वारा योग के माध्यम से वांछित लाभ की अपेक्षा नहीं की जानी चाहिए।

योग के विभिन्न प्रकार पाये गये हैं। जिनका संक्षिप्त वर्गीकरण यहाँ प्रस्तुत है :—

(1) **ईश्वरवादी**—(अ) मनोवैज्ञानिक पद्धतियाँ—

(i) राजयोग (ध्यान, धारणा, आसन, समाधि आदि का उपयोग)

(ii) ज्ञानयोग (संज्ञान का उपयोग)

(iii) भक्तियोग (भावों का उपयोग)

(iv) कर्मयोग (संकल्प-संकाय का उपयोग)

(ब) मनोदैहिक पद्धतियाँ—

(i) मंत्र योग (ध्वनि का उपयोग)

(ii) तंत्र योग (मानसिक एवं भौतिक ब्रह्माण्ड तत्त्वों का उपयोग)

(iii) लय योग (ब्रह्माण्डीय स्व के साथ योग के लिए मनोदैहिक रूप में आत्मसातीकरण)

(2) **अनीश्वरवादी**—(अ) जैन पश्चर्या, (ब) बौद्ध साधना

महर्षि पातंजलि ने योग के आठ अंगों को विशद् व्याख्या के साथ प्रस्तुत किया है। इसलिए इस प्रणाली को अष्टांग योग कहते हैं। इसका संक्षिप्त वर्णन यहाँ प्रस्तुत किया जा रहा है।

योग-सूत्र की 'अष्टांग-योग' प्रणाली (*Ashtanga-Yoga System of Yoga Sutra*)

योग का तात्पर्य है कि व्यक्ति के चित्त और ब्रह्माण्डीय चित्त (individual mind & cosmic mind) के सर्वोच्च मिलन का एकीकरण हो जाये। यम, नियम, आसन, प्राणायाम, प्रत्याहार, धारणा, ध्यान और समाधि योग पद्धति के आठ अंग हैं।

(1) **यम** (*Self-restraint*)—यम का उद्देश्य शरीर, वाणी और मन का नियंत्रण है। यम के पाँच व्रत रूप हैं—

(i) **अहिंसा**—किसी भी जीवन को किसी प्रकार से (मन, वचन और देह से) कोई आघात न पहुँचना;

(ii) **सत्य**—मन तथा वाणी में यथार्थता का होना अर्थात वैसा ही बोलना जैसा कि देखा है और वैसी ही स्मृति का होना जैसा कि देखा, सुना या कल्पना किया;

(iii) **अस्तेय**—किसी दूसरे की वस्तुओं कों चुराने, चोरी के लिए बात करने, यहाँ तक कि ऐसी इच्छा से बचना;

(iv) **ब्रह्मचर्य**—संवेदी सुखानुभूति, विशेषतया यौनिक सुखानुभूति के अन्वेषण (मन, वाणी, या शरीर किसी भी स्तर पर) से बचना;

(v) **अपरिग्रह**—अपनी न्यूनतम आवश्यकताओं से अधिक मात्रा में सामग्रियों का संग्रह न करना।

(2) **नियम**—नियम के अन्तर्गत उच्चतर श्रेणी की सिद्धियों के लिए व्यक्तित्व को अभिप्रेरित करने वाले कुछ सिद्धान्त (life regulating moral sides of observances) सम्मिलित हैं। नियमों के पाँच प्रकार हैं—

(i) **शौच**—इसका उद्देश्य शरीर, मन और परिवेश को स्वच्छ रखना है; मन की आन्तरिक स्वच्छता/शुद्धता की प्राप्ति सहानुभूति, मैत्री, प्रसन्नता, विरक्ति आदि से आती है; भोजन की शुद्धता से शरीर की शुद्धता बढ़ती है। मल-मूत्र का त्याग बाह्य शौच एवं करुणा, दया, ममता, क्षमा आदि गुणों का विकास अभ्यांतर शौच कहलाता है।

(ii) **संतोष**—संतोष का तात्पर्य सहज ढंग से कर्त्तव्य-पालन द्वारा प्राप्त फल से संतुष्ट होना है; योगी सुख-दुख, लाभ-हानि, सम्मान-अपमान, सफलता-विफलता, सहानुभूति-आक्रोश को समान रूप में स्वीकार करता है।

(iii) **तप**—तप द्वारा आत्म-नियंत्रण में वृद्धि होती है। अभ्यास द्वारा स्वधर्म पालन में प्राप्त होने वाले कष्ट, ताप, शीत आदि के लिए सहनशीलता में अभ्यास द्वारा वृद्धि आती है।

(iv) **स्वाध्याय**—स्वाध्याय का अर्थ है धार्मिक ग्रन्थों के अध्ययन द्वारा बुद्धि एवं उच्च मानसिक क्षमताओं का विकास; जीवन का निरीक्षण एवं अध्ययन।

(v) **ईश्वर प्राणीधान**—ईश्वर प्राणीधान का अर्थ है ईश्वर को सदैव स्मरण करना तथा सब कुछ ईश्वर को समर्पित कर देना।

(3) आसन—आसन व्यक्ति के दृढ़तापूर्वक किन्तु पूर्णतः शिथिलता के साथ (सुखपूर्वक) विभिन्न मुद्राओं में बैठने (restful bodily postures of sitting) से है जिसका उद्देश्य मन की शान्ति एवं शरीर के अंगों का चुस्त-दुरुस्त एवं नियंत्रित करना होता है। योग-सूत्र में अनेक प्रकार के आसनों (मुद्राओं) का वर्णन किया गया है। दुर्भाग्यवश इसके अनेक विकृत रूप भी आजकल योगासन के नाम से प्रचारित है तथा यह भ्रांति फैली हुई देखी जा सकती है कि कतिपय आसनों को ही योग का सम्पूर्ण पर्याय समझ लिया जाता है।

(4) प्राणायाम—वायु का श्वासरूप जो अभ्यांतर गति एवं प्रश्वासरूप जो बहिर्गति है उनका विच्छेद ही प्राणायाम होता है; अर्थात श्वासगति तथा प्रश्वासगति का रोध करना ही प्रणायाम है। इसके तीन भेद होते हैं : बाह्यवृत्तिक, आभ्यंतर वृत्तिक एवं स्तम्भ वृत्तिक। प्राणायाम की सिद्धि यम, नियम एवं आसन की सिद्धि के उपरान्त करने से ही लाभकारी होती है। अस्थिर चित्त का प्राणायाम योगांग नहीं होता है। प्राणायाम हेतु शरीर की स्पन्दनहीनता तथा मन की एक विषयता महत्त्वपूर्ण होती है। अतः सर्वप्रथम आसन के साथ एकाग्रता का अभ्यास करना आवश्यक बताया गया है।

हरिहरानन्द लिखते है : श्वास लेकर प्रश्वास का गतिविच्छेद करना एक प्रकार का प्राणायोम है जबकि प्रश्वास करके श्वास का गतिविच्छेद करना दूसरे प्रकार का प्राणायाम होता है। श्वास-प्रश्वास का प्रयत्न न कर कुछ पूरित या कुछ रेचित अवस्था में ही एक प्रयत्न से श्वासयंत्र को रूद्ध करना स्तम्भवृत्ति कही जाती है। इस अवस्था में ऐसा बोध होता है मानो समग्र शरीर का वायु सूखा जा रहा है। स्तम्भवृत्ति द्वारा श्वास-प्रश्वास एक साथ रूद्ध होते हैं अर्थात प्रयत्नपूर्वक वायु को बाहर निकालकर विधारणपूर्वक गति-विच्छेद नहीं करना पड़ता है; अथवा इसी रीति से आभ्यन्तर में वायु प्रवेश कराकर विधारणपूर्वक गतिविच्छेद नहीं करना पड़ता है। अभ्यास के अनुरूप उक्त कृत्तियाँ दीर्घ एंव सूक्ष्म होती हैं। चिरकाल तक अभ्यस्त होकर जब वाह्य और आभ्यन्तर वृत्तियाँ अतिसूक्ष्म होती है तब उनका आक्षेप या अतिक्रमपूर्वक जो स्तम्भवृत्ति आती है वह चतुर्थ प्राणायाम (स्तम्भवृत्ति का अतिसूक्ष्म रूप) होता है।

(5) प्रत्याहार– 'स्व-विषय के साथ असंयुक्त होने पर इन्द्रियों का जो चित्तस्वरूपानुकार होता है वही प्रत्याहार है अर्थात् चित्तनिरोध होने पर निरूद्ध चित्त के समान उसके साथ इन्द्रियगण का विरुद्ध होना प्रत्याहार होता है। इस प्रक्रिया के अभ्यास द्वारा चित्त लौकिक कारकों के प्रभाव से मुक्त होकर अपने ध्येय (उद्देश्य) पर केन्द्रित हो पाता है। प्रत्याहार साधन के दो प्रधान उपाय है—(i) वाह्य विषय पर ध्यान न देना और (ii) मानस भाव लेकर रहना। अभ्यासपूर्व इन्द्रियजय ही प्रत्याहार कहा जाता है। मिर्गी अथवा सम्मोहन में होने वाला इन्द्रिय रोध प्रत्याहार नहीं कहा जा सकता है।

योग के ऊपर वर्णित पाँच अंगों को योग का बहिरंग साधन बताया गया है तथा अधोवर्णित तीन अंगों को अंतरंग साधन कहा गया है।

(6) धारणा—धारणा का अर्थ होता है चित्त (मन) का किसी एक सर्वोच्च बिन्दु पर ठहरना या केन्द्रित (fixing of mind on the supreme) होना। यह बिन्दु बाहरी हो सकता है या आंतरिक अंग या कोई बिम्ब हो सकता है। यह क्रिया समाधि की तैयारी की अवस्था होती है। धारणा प्रधानतः द्विविध होती है-तत्त्वज्ञान धारणा तथा वैषयिक धारणा।

(7) ध्यान—किसी ध्येय वस्तु की ओर चित्त का केन्द्रित (absorption of self) होना तथा उस दिशा में विचारों का अविरल प्रवाह ध्यान कहा जाता है। ध्यान की अवस्था में मस्तिष्क में एक ही जैसी अनेक तरंगें उतनी तीव्र गति से प्रवाहित होती है कि एक तरंग के शान्त होने से पूर्व ही दूसरी तरंग का प्रवाह आरंभ हो जाता है। इस प्रकार पूर्ण निरंतरता बनी रहती है। इसे स्पष्ट करते हुए हरिहरानन्द ने उदाहरण दिया है कि धारणा में जो प्रत्यय है वह पानी की बूंद की धारा के समान है और ध्यान में जो प्रत्यय है वह मानो तेल की, शहद की धारा के समान एकतान है।

(8) समाधि—समाधि योग को अंतिम अवस्था है। जब ध्यान में ध्येय के अतिरिक्त कुछ भी शेष नहीं रह जाता है, चित्त शून्य हो जाता है, आत्मा-मुक्त हो जाती है (liberation of soul) तब उसे समाधि कहते हैं। ध्यान के चरम उत्कर्ष का नाम ही समाधि है; यह चित्तस्थैर्य की सर्वोत्तम अवस्था है। ऐसा ध्यान जिसमें आत्मविस्मृति हो जाये समाधि कहा जाता है। ध्यान करते करते जब हम आत्मविस्मृत हो जाते हैं, जब केवल ध्येय विषय परमसत्ता ही स्मृति में शेष रह जाती है, जब अपनी सत्ता विस्मृत हो जाती है, जब हमें ध्येय से स्वयं के पृथक होने का ज्ञानगोचर नहीं होता है, ध्येय विषय पर ऐसे चित्तस्थैर्य को समाधि कहते हैं।

योग के आठ अंगों द्वारा व्यक्ति के व्यक्तित्त्व का सम्यक् विकास होता है। उसे अपने यथार्थ स्वरूप का अनुभव होता है। पुरुष (आत्मा) और प्रकृति (चित्त एवं देह) का तादात्म्य भंग होता है, पुरुष चित्तवृत्ति के प्रभाव से मुक्त होता है जिसके फलस्वरूप दुःख (विकार) के कारण का उन्मूलन होता है और सुख (स्वास्थ्य) की दशा विकसित होती है।

अष्टांग योग के उपर्युक्त आठ साधनों की हमारे व्यक्तित्त्व विकास, दुःख निवारण में भूमिका को रेखाचित्र के माध्यम से समझा जा सकता है।

रेखाचित्र 34.1 अष्टांग योग : अंग, साधन एवं सिद्धियाँ/लाभ

योगांग		साधन						सिद्धियाँ/लाभ
यम	→	अहिंसा	सत्य	अस्तेय	ब्रह्मचर्य	अपरिग्रह	→	बाह्य आचरण की शुद्धता
नियम	→	शौच	संतोष	तप	स्वाध्याय	प्राणीधान	→	अंतःकरण की शुद्धता
आसन	→	पूर्ण शिथिलता के साथ विभिन्न मुद्राओं में शारीरिक अभ्यास					→	शरीर की शुद्धता
प्राणायाम	→	श्वांस-प्रश्वांस की गति विच्छेन का अभ्यास					→	श्वांस की शुद्धता
प्रत्याहार	→	इन्द्रिय जय का अभ्यास					→	इंद्रियों की शुद्धता
धारणा	→	चित्त को एक सर्वोच्च बिंदु पर केंद्रित करना					→	मन की शुद्धता
ध्यान	→	ध्येय पर चित्त को केन्द्रित करना					→	बुद्धि का उन्नयन
समाधि	→	ध्यान को प्रगाढ़ करके चित्त की शून्य अवस्था का अनुभव पाना					→	अलौकिक ज्ञान एवं शक्ति का लाभ

मानसिक समस्याएँ एवं योग
(Mental Problems and Yoga)

योग द्वारा मानसिक जीवन में लाभ के पक्ष में अनेक शोध परिणाम प्राप्त हैं। योग के द्वारा आपराधिक व्यवहार में कमी आती है (J. C. Goleman, et 1974); चिन्ता एवं विषाद में कमी आती है (Sohi, 1986; Vicente, 1987; Udupa, 1988); सकारात्मक दृष्टिकोण विकसित करने में सहायता प्राप्त होती है। अन्य अनेक शोधकार्य विविध आसनों एवं प्राणायाम के लाभ को प्रमाणित करते हैं। इस संदर्भ में अनेक प्रकार के प्रश्न यहाँ संक्षेप में विचारणीय हैं।

प्रथम विचारणीय प्रश्न यह है योग हमें किस प्रकार लाभान्वित करता हैं। यदि हम योग के सीमित स्वरूप, बाह्य साधनों—यम, नियम, आसान, प्राणायाम, प्रत्याहार—पर विचार करें तो योग के इन अंगों द्वारा बाह्य आचरण, अंतःकरण, शरीर, श्वास एवं इंद्रियों की शुद्धता के विकास को लक्ष्यरूप में स्थापित किया गया है। यदि हम आज प्रचलन में आए योगाभ्यास रूपों पर विचार करें तो पायेंगे कि उनका समस्त ध्यान आसन और प्राणायाम पर केन्द्रित है। तो, क्या यम नियम का पालन किये बिना आगे बढ़ने से वांछित लाभ प्राप्त होगा। यम, नियम द्वारा हमारे जीवन को दार्शनिक आधार प्राप्त होता है। जीवन दर्शन बिना जीवन का आधार कमजोर हो जायेगा। आसनों एवं प्राणायाम के माध्यम से स्नायु तंतुओं की शिराओं को उद्दीप्त करके रक्त प्रवाह विभिन्न अंगों में निर्मित होने वाले रसायनों की सक्रियता बढ़ाने में सहायता मिलती है। प्राणायाम द्वारा ऑक्सीजन की श्रेष्ठ आपूर्त्ति हो पाती है तथा ध्यान केन्द्रित करने में सहायता मिलती है। इन सब माध्यमों से मस्तिष्क की क्रियाशीलता उचित दिशा में बढ़ती है। लाभ का मुख्य आधार शरीर एवं मन के मध्य की अन्तर्क्रिया है। शरीर एवं मन को परस्पर एक-दूसरे से प्रभावित होता हुआ पाया गया है। अतः आसन एवं प्राणायाम के माध्यम से शरीर को प्रभावित करते हुए मन के तल पर लाभ अर्जित करने की चेष्टा की जाती है। इस प्रकार मनोदैहिक कष्ट में जहाँ शरीर के तल पर व्याप्त व्याधि का कारण स्रोत मन के तल पर अवस्थित है वहाँ शरीर को विभिन्न प्रकार से सक्रिय करके शरीर एवं अंततः मन को प्रभावित करने का यत्न किया जाता है। विशुद्ध रूप में मनोवैज्ञानिक पद्धतियों के समर्थकों का इस विषय में प्रश्न यह है कि जब समस्या का कारण मानसिक/संज्ञानात्मक स्तर पर व्याप्त हो तब संज्ञानात्मक स्तर पर समाधान प्राप्त करने की अपेक्षा शारीरिक स्तर पर समाधान का प्रयास क्यों किया जाना चाहिए, प्रश्न यह उपस्थित होता है कि यदि फोबिया की समस्या अथवा किसी परिस्थिति विशेष में चिन्ता की सक्रियता का करण वहाँ विद्यमान उद्दीपक जगत के विषय में व्यक्ति का मूल्यांकन दोष अर्थात् संज्ञानात्मक शैली जनित विकृति है तो संज्ञानात्मक शैली को सुधारा जाना अधिक श्रेयस्कर, अधिक्ष प्रत्यक्ष उपाय नहीं होगा क्या? समस्या के मूल का विश्लेषण करते हुए समाधान का प्रयास भी उसी स्तर पर किया जाना अधिक उपयुक्त नहीं होगा क्या? वैसे यदि द्वितीय योगांग-नियम पर ध्यान दें तो आभ्यांतर शौच का लक्ष्य इस दृष्टि से महत्त्वपूर्ण घटक है किन्तु पुनः प्रश्न यह प्रकट होता है कि क्या मनस्ताप अथवा मनोविक्षिप्तता की दशा से पीड़ित व्यक्ति आभ्यांतर शौच, संतोष आदि प्राप्त कर सकता है? मनोविज्ञान के विद्यार्थी यह जानते हैं कि मनस्ताप की अवस्था में व्यक्ति अपनी अनेक प्रकार की अनुक्रियाओं के अनौचित्य को जानते हुए भी उनका त्याग करने के लिए स्वयं को असहाय पाता है। क्या यह संभावना नहीं है कि चिन्ता, मनस्ताप एवं विषाद आदि के अध्ययनों में प्रकट होने वाला लाभ वस्तुतः सामूहिक स्तर पर योग

क्रिया करने, अन्य लोगों द्वारा व्यक्ति में रूचि लेने जैसे मनोपचारी तत्वों का परिणाम हो। यहाँ पर यह विचार करना महत्त्वपूर्ण होगा कि भारतीय संदर्भ में चिन्ता, विषाद आदि के उपचार हेतु योग का उपयोग मनोपचार/परामर्शन की मनोगत्यात्मक, संज्ञानात्मक-व्यवहारात्मक, व्यक्ति केन्द्रित, समूह कार्य आदि, उपागमों के साथ में किया जाये या कि उसे ही एकमात्र साधन के रूप में अपनाया जाये। हमारा व्यक्तिगत मत यह है कि हम योग पद्धति के समस्त लाभ प्राप्त करे और ऐसा करते समय शुद्ध रूप में योग के विषय में बताये गये चरणों को सतर्कतापूर्वक पूर्णता के साथ अपनायें। यम, नियम की अनदेखी करके आसन एवं अधूरे कोटि के प्राणायाम पर निर्भर होना उचित नहीं होगा। साथ ही यह भी ध्यान में रखा जाना चाहिए कि मानसिक समस्याओं का कारण व्यक्ति की संज्ञानात्मक शैली, उसके आरंभिक अनुभवों, उसके शिक्षा-प्रशिक्षण की दोषपूर्ण प्रणाली एवं अनेक बार उसके वर्तमान परिवेश की संरचना में व्याप्त होता है। क्या कार्यस्थल पर काम के अनुचित घंटों अथवा कोलाहल के लिए वहाँ के परिवेश को परिमार्जित करके समस्या का समाधान नहीं किया जाना चाहिए। क्या सभी छोटी-बड़ी समस्याओं से मुक्ति पाने के लिए इंद्रियों पर ही लगाम कसी जानी चाहिए। मानसिक समस्याओं के समाधान के प्रति व्यापक दृष्टिकोण अपनाया जाना चाहिए जिसमें व्यक्ति, परिवार, समाज एवं संस्कृति के कतिपय तत्वों एवं कार्यस्थल आदि सभी स्तरों पर विकासात्मक, परिहारात्मक एवं उपचारात्मक प्रयत्न किया जाना चाहिए। सभी वैकल्पिक प्रविधियों को व्यक्ति के संदर्भ को ध्यान में रखकर समुचित महत्त्व दिया जाना चाहिए। किसी व्यक्ति के लिए राजयोग और दूसरों के लिए कर्मयोग, ज्ञानयोग, भक्तियोग अधिक उपयोगी हो सकता है। कुछ अन्य लोगों के लिए क्रीड़ा उपचार, संगीत उपचार या पार वैयक्तिक/उत्कृष्ट अनुभव की प्रविधियाँ अधिक लाभकारी हो सकती हैं जबकि अन्य बहुतेरे लोगों के लिए संज्ञान-व्यवहारात्मक परिमार्जन, संवेगात्मक अभिव्यक्ति के अवसर के बिना लाभ नहीं अपेक्षित है। इसलिए विविध उपागमों की व्यक्ति विशेष के लिए उसकी समस्या और परिवेश के संदर्भ में उपयुक्तता पर ध्यान दिया जाना चाहिए। किसी भी एक उपागम के पक्षधर सभी गुणों का अवलोकन एक ही पद्धति में करते हैं। वैसे भी योग को उपचार/परामर्शन की प्रणाली की अपेक्षा जीवन की एक पद्धति के रूप में देखना अधिक लाभदायक होगा। योग जीवन के लिए विभिन्न प्रकार के विकास का साधन है। योगांगों का क्रमबद्ध ढंग से व्यक्ति एवं उसके व्यक्तित्व के विकास के लिए उपयोग किया जाना चाहिए। अच्छा व्यक्तित्व स्वास्थ्य में वृद्धि एवं समस्याओं के विरुद्ध निरोध का कार्य करेगा। उपचारात्मक स्तर पर सभी विकल्पों पर विचार किया जाना चाहिए किन्तु योगाभ्यास द्वारा भाग दौड़ भरे जीवन में चित्त को स्थिर करके शांति पाने का एक मार्ग उपलब्ध होता है। इस प्रकार योग प्रतिदिन के जीवन का अंग बनाया जाना चाहिए।

आधिभौतिक परिध्यान कार्यक्रम
(Transcendental Meditation Programme)

आधिभौतिक या अनुभवातीत प्रणाली के विकास में चैतन्य-महाप्रभु, रामकृष्ण परमहंस, विवेकानन्द एवं महर्षि महेश योगी का योगदान स्वीकार किया जाता है। इस प्रविधि का प्रभाव क्षेत्र आज समूचे विश्व में महर्षि महेश योगी द्वारा स्थापित संस्थाओं के माध्यम से विस्तृत हुआ है।

महर्षि के अनुसार आधिभौतिक परिध्यान (T.M.) व्यक्ति के बोध को विस्तृत करता है, सृजनात्मक बुद्धि को विकसित करता है, संज्ञान की स्पष्टता में वृद्धि करता है तथा गहरी विश्रांति प्रदान करता है। यह पद्धति मन की स्वाभाविक प्रवृत्तियों को ही विकसित करके सीमाओं से परे जाकर असीमित बोध अर्जित करने में उसकी सहायता करती है। टी.एम. प्रविधि को किसी शिक्षक के सहयोग द्वारा सरलतापूर्वक सीखा जा सकता है इसीलिए उन्नीस सौ साठ के दशक में इस प्रविधि के प्रति पश्चिमी देशों में रहने वाले आधुनिक जीवन शैली के लोगों का आकर्षण बढ़ा। यह प्रणाली व्यक्ति को शारीरिक विश्रांति की अवस्था में रहते हुए, विचारों के ठहराव की प्रक्रिया के माध्यम से चेतना की गहन अनुभूति प्राप्त करने में सहायता देती है। चेतना की इस अवस्था में किसी विशिष्ट तत्त्व का बोध नहीं होता है। महर्षि के अनुयायी टी॰एम॰ को सृजनात्मक बुद्धि का विज्ञान बताते हैं।

टी.एम. (T.M.) चितंन प्रक्रिया/ध्यान प्रक्रिया (meditation) से भी आगे या उत्कर्ष की ओर जाने की प्रविधि है। टी.एम. सीखने के लिए महर्षि ने सात सोपानों वाली अधिगम प्रणाली को विकसित किया है। पहले दो सोपानो में इस प्रविधि के लाभ बताये जाते हैं, तत्पश्चात इस प्रविधि की क्रिया पद्धति बतायी जाती है। तृतीय चरण में प्रशिक्षक के साथ व्यक्तिगत साक्षात्कार सम्पन्न होता है। यदि प्रशिक्षु सब कुछ समझकर आगे टी. एम. को सीखना चाहता है तो आवेदन करता है। अब शिक्षक प्रशिक्षु को एक मंत्र देता है और उसका भली प्रकार उच्चारण करना सिखाता है। चौथे चरण में प्रशिक्षु सुबह और शाम 15-20 मिनट तक आँखें मूँदकर मन में मंत्रोच्चारण करता है जिसके फलस्वरूप विचारों का प्रवाह रोकने में सहायता मिलती है और व्यक्ति को चेतना की गहन अवस्था की प्राप्त होती है। पाँचवें, छठे और सातवें सोपानों की अवधि में एक प्रशिक्षक के साथ जुड़े सभी प्रशिक्षार्थी व्यक्तिगत एवं सामूहिक सभालाप (meeting) में सम्मिलित होते हैं। किसी प्रकार के संदेह या समस्या के निवारण के लिए अनुवर्ती कार्यक्रम की व्यवस्था की जाती है।

लॉरेन्स (Domash H. Lawrence, 1977) के अनुसार व्यक्ति प्रायः यह बताते हैं कि शरीर अविलम्ब विश्रांति का अनुभव करता है तथा विचार प्रक्रिया ठहर जाती है, शारीरिक संवदेना विलुप्त हो जाती है किन्तु पूर्ण चेतना पहले से कहीं अधिक स्पष्ट एवं विस्तृत चेतन बोध का अनुभव करती है। कभी-कभी टी॰एम॰ की अवधि में लोगों को विचार क्रिया पूर्णतः रुक जाने का अनुभव होता है। उन्हें केवल चेतना या बोध का अनुभव होता है, उसमें कोई तत्त्व नहीं होता है। इस प्रक्रिया द्वारा गहन सुखानुभूति प्राप्त होती है, व्यक्ति को ताजगी, शक्ति और चित्त (मन) की स्पष्टता की प्राप्ति होती है।

वैज्ञानिक अध्ययनों द्वारा ज्ञात हुआ है कि टी.एम. द्वारा ऑक्सीजन ग्रहण और कार्बन-डाई-ऑक्साइड निष्कासन के दर में वृद्धि आती है, हृदयगति और श्वसन गति में कमी आती है। टी.एम. द्वारा अनिद्रा, बल्ड प्रेशर में लाभ बताया गया है। टी.एम. चेतना की तीन पूर्व ज्ञात अवस्थाओं—जागृति, स्वप्न और गहन निद्रा से भी आगे की चौथी अवस्था विश्रामयुक्त सजगता (restful alertness) की अवस्था होती है।

बौद्ध उपागम
(Buddhist Approach)

बौद्ध दर्शन और जीवन पद्धति का विकास लगभग 2500 वर्ष पूर्व जीवन में दुखों से मुक्ति पाने के लिए गौतम बुद्ध द्वारा किया गया है। यद्यपि बुद्ध के अनुयायी आगे चलकर एक धर्म सम्प्रदाय को संचालित करने लगे किन्तु स्वयं बुद्ध ने धर्म सम्प्रदाय स्थापित करने का प्रयास नहीं किया था। उन्होंने मानव जीवन में व्याप्त कष्टों के समाधान के लिए, दुःख निवारण के लिए हिन्दू/वैदिक व्यवस्था की क्लिष्ट पद्धतियों और प्रचलित कुव्यवस्थाओं के स्थान पर मध्यमार्ग प्रचलित किया। बौद्ध पद्धति की अनेक बिन्दुओं पर सांख्ययोग के साथ समतुल्यता पायी जाती है।

बौद्ध दर्शन के अनुसार दुख का कारण हमारे दृष्टिकोण में व्याप्त है, हमारी जीवन शैली में व्याप्त है। जीवन के सत्य को समझ कर एवं साधना की सरल पद्धति अपनाकर निर्वाण अर्थात परम शांति की अवस्था को प्राप्त किया जा सकता है। बौद्ध उपागम का उद्देश्य केवल मनोजन्य दुखों का निवारण नहीं अपितु निर्वाण के उच्चतम शिखर को प्राप्त करना होता है।

बौद्ध मत के अनुसार जीवन के तीन गुण होते हैं—परिवर्तन, दुःख एवं आत्म-भ्रम। जीवन में स्थिरता का अभाव होता है, परिवर्तन जीवन का सत्य है, किन्तु मनुष्य अपनी अज्ञानता के कारण इसे स्थिरता देना चाहता है। यदि परिवर्तन जीवन का नियम है तो हमें इसे स्थिर रूप देने का प्रयत्न नहीं करना चाहिए। दुःख की उत्पत्ति तब होती है तब हम अस्थिर को स्थिर करने का विफल प्रयत्न करते हैं। यद्यपि परिवर्तन विश्व में व्याप्त है किन्तु दुःख की अनुभूति मन में होती है। चूँकि हम अज्ञानी हैं अतः अनेक विषयों की कामना करते हैं, लोभ और द्वेष घृणा करते हैं। राग, द्वेष, मोह तीन अग्नियाँ हैं जिन्हें दूर करके निर्वाण की प्राप्ति हो सकती है। बुद्ध ने अहं (self) को क्रूर मालिक की संज्ञा दी, अहं सभी दुखों का रचयिता है।

जीवन के तीन चिह्नों के अतिरिक्त चार सत्य बताये गये हैं—(i) जीवन में दुःख होता है; (ii) दुःखों का कारण दूसरा सत्य है। (iii) तीसरा सत्य यह है कि दुःखों का अन्त सम्भव है; तथा (iv) चौथा, अंतिम सत्य यह है कि आठ योग मार्गों का अनुसरण करके जीवन में तीन अग्नियों राग, द्वेष, मोह को बुझाकर निर्वाण प्राप्त किया जा सकता है। जीवन के निर्दिष्ट आठ मार्ग अतिवादी नहीं है; न तो वे उस समय प्रचलित वैदिक जीवन पद्धति की भाँति क्लिष्ट है और न ही भोगवादी अनियंत्रित प्रणाली की भाँति है। इसे मध्य मार्ग कहा गया है अर्थात मनुष्य के लिए थोड़े से प्रयत्न द्वारा इस साधना पद्धति का अनुसरण किया जा सकता है।

बौद्ध साधना के आठ मार्ग हैं—(i) सम्यक् बोध या सम्यक् दृष्टि (right understanding or right views), (ii) सम्यक् संकल्प (right resolution or right motives), (iii) सम्यक् वाणी (right speech), (iv) सम्यक् कार्य (right-action), (v) सम्यक् आजीविका (right occupation), (vi) सम्यक् चेष्टा (right endeavour), (vii) सम्यक् चित्तवृत्ति (right mindfulness) और (viii) सम्यक् समाधि (right meditation)

(1) सम्यक् बोध (right understanding) का अर्थ है जीवन के तीन चिह्नों की पहचान, जीवन की तीन अग्नियों की पहचान तथा जीवन के चार सत्य को स्वीकार करना।

(2) सम्यक् संकल्प (right resolution or right movier) का तात्पर्य व्यक्ति द्वारा स्वीकार किये गये सत्य के अनुरूप पूरी दृढ़ता के साथ आचरण को नयी दिशा देने से है। हमारे कार्य हमारे संकल्प को प्रकट करते हैं। यदि हम किसी विचार को (सत्य को) व्यवहार में रूपान्तरित करने के लिए तैयार नहीं है तो इसका अर्थ है कि हमें इस पर विश्वास नहीं है। हमें विभ्रम नहीं होना चाहिए। सम्यक् अभिप्रेरणा का अर्थ है कि जो अपने लिए उचित है वही दूसरे के लिए/दूसरे के प्रति उचित है।

(3) सम्यक् वाणी (right speech) में प्रबुद्ध कथन का समावेश होता है। हमारे शब्दों में कटुता, अहं, असत्य, द्वेष, निन्दा, मूर्खता, व्यर्थ पर नियंत्रण होना चाहिए। वाणी में दया, प्रेम होना चाहिए। वाणी संचार का मुख्य साधन है, इसमें ऊर्जा व्यय होती है अतः इसे संरक्षित करना चाहिए। निरंतर बोलने और चुप रहने की तुलना में मध्यमार्ग उचित बताया जाता है। वाणी में आत्मकेन्द्रिता का त्याग किया जाना चाहिए।

(4) सम्यक् कार्य (right action) के अन्तर्गत पाँच नियम आते हैं जिन्हें सभी बौद्ध मतानुयायी ग्रहण करते हैं (i) सभी जीवों को किसी भी प्रकार का चोट पहुँचाने से विरत होना, अर्थात अहिंसा का अनुसरण, जीवों पर दया करना; (ii) जो कुछ दिया न गया हो उसे न लेना, किसी झूठे बहाने से भी कुछ ग्रहण न करना; (iii) यौनिक दुराचरण से दूर रहना; (iv) सत्य का अनुपालन करना, झूठ से विरत होना; (v) मादक पेय के सेवन से विरत होना। अनेक दृष्टियों से सम्यक् कार्य की सांख्य योग के साथ समानता देखी जा सकती है।

(5) सम्यक् आजीविका (right occupation) का अर्थ है कि हमें जीवन निर्वाह के लिए अनुचित साधन के उपयोग से विरत रहना चाहिए सम्यक् उपजीविका को पाँच नैतिक नियमों (ऊपर वर्णित) के आधार पर परखा जा सकता है। इस प्रकार कसाई की आजीविका अनुचित ठहरती है; शराब बेचना या किसी प्रकार भोग व्यवसाय में लिप्त होना अनैतिक कार्य होने के साथ-साथ अनुचित आजीविका भी है। बौद्ध भिक्षु का जीवन सम्यक् आजीविका का उत्कर्ष है।

(6) सम्यक् चेष्टा (right endeavour) और सम्यक् चित्तवृत्ति का सम्बन्ध सम्यक् समाधि से ही है। सम्यक चेष्टा उचित चित्तवृत्ति नियंत्रण द्वारा भ्रम से मुक्ति पाने का प्रयास है। संज्ञान, धर्म का अन्वेषण, बल, हर्ष, शांति, एकाग्रता और समभाव को बुद्धत्व के सात कारकों के रूप में वर्णित किया गया है। लोभ, द्वेष और मिथ्या विचार से दूर रहना सम्यक् चेष्टा है।

धम्मपद में कहा गया है कि वह जो स्वयं पर विजय प्राप्त कर लेता है, सबसे बड़ा योद्धा होता है। सम्यक् चित्तवृत्ति (right mindfulness) की दशा तब आती है जब व्यक्ति की चेतना अतिसूक्ष्म और तीक्ष्ण हो जाती है जिसमें व्यक्ति को प्रगाढ़ बोध प्राप्त होता है। इस अवस्था को प्राप्त करने के लिए व्यक्ति को 'विपश्यना' (vipasyana) की प्रविधि की सहायता लेनी होती है। विपश्यना का अभ्यास काय (body), वेदना (feeling), चित्त (mind) और चित्त ध्येय (mind-object) के साथ होता है। इसका उपयोग दैनिक जीवन की सभी क्रियाओं में किया जा सकता है। अनुभूतियों के क्षेत्र में विपश्यना द्वारा आत्म-बोध और वैराग्य की प्राप्ति होती है, व्यक्ति जीवन का निरीक्षण रागानुभूति के बिना

(detached observation) करता है। बुद्ध ने स्वयं कहा है (मनिझम् निकाय, iii, 82) कि श्वसन द्वारा सम्यक् चित्तवृत्ति के चार आधारों में (ऊपर वर्णित) तथा सात कारकों (पूर्व वर्णित) में परिशुद्धता आती है।

सम्यक् चेष्टा और सम्यक् चित्तवृत्ति के अभ्यास से व्यक्ति समाधि की स्थिति में आता है। समाधि अष्ट मार्ग का अंतिम पड़ाव है किन्तु यह स्मरणीय है कि यह अष्टमार्ग का एक अंग मात्र है। अष्टमार्ग का उद्देश्य इस जीवन की बुराइयों से मुक्ति पाना है। इसलिए लंकावतार सूत्र में समाधि के किसी अन्य प्रकार के उद्देश्य को आत्म केन्द्रित बताया गया है तथा ऐसी दशा के विरुद्ध आगाह किया गया है। बौद्ध पद्धति में समाधि का उपयोग विशिष्ट क्षमताओं को अर्जित करने के लिए नहीं अपितु आध्यात्मिक जीवन के स्रोत को प्रगाढ़ करने, उसे स्फूर्ति प्रदान करने और सम्यक् कार्य करते हुए जीवन को सम्पूर्णता के साथ जीने की दिशा में सक्षम बनाने हेतु किया जाता है। समाधि अत्यन्त स्वाभाविक क्रिया है जिसका उद्देश्य मनुष्य के आध्यात्मिक स्वरूप का उन्नयन है।

❑

अध्याय 34

परामर्शन मनोविज्ञान : वर्तमान प्रवाह एवं भविष्य की सम्भाविता दिशाएँ

(COUNSELLING PSYCHOLOGY : CURRENT TRENDS AND FUTURE ORIENTATION)

मनोपचार का इतिहास एक सौ वर्ष से अधिक पुराना हो चुका है। इस अवधि में परामर्शन मनोविज्ञान के क्षेत्र में अनेक प्रकार के परिवर्तनों को घटित होते हुए देखा गया है। परामर्शन मनोविज्ञान के क्षेत्र से बाहर सामाजिक राजनीतिक आर्थिक परिदृश्य में भी व्यापक बदलाव आया है। हमारे जीवन के संदर्भ में घटित परिवर्तनों के फलस्वरूप जीवन की नई चुनौतियाँ विकसित हुई हैं। इक्कीसवीं सदी के क्लायंट द्वारा परामर्शदाता के समक्ष प्रस्तुत की जा रही समस्याओं के स्वरूप में बदलाव आ रहा है जिनके प्रति परामर्शन क्षेत्र की प्रतिक्रियाओं के फलस्वरूप परामर्शन मनोविज्ञान के क्षेत्र में अनेक महत्त्वपूर्ण परिवर्तनों को रेखांकित किया जा सकता है। वैश्विक गाँव में जीवन-यापन कर रहे लोगों की सेवा में सक्रिय परामर्शन मनोविज्ञान के वर्तमान प्रवाह की दिशाओं एवं भविष्य की सम्भावित दिशाओं की समीक्षा पुस्तक के अंतिम अध्याय के लिए आवश्यक प्रतीत होती है। परामर्शन मनोविज्ञान में हो रही प्रगति, उसमें अवलोक्य बदलाव का प्रवाह विविध दिशाओं में विविध रूपों में देखा जा सकता है। हमने यहाँ प्रवाह की बारह महत्त्वपूर्ण धाराओं (trends) को वर्णन हेतु चुना है।

परामर्शन मनोविज्ञान के क्षेत्र में विज्ञान और वृत्ति के एकीकृत प्रारूप के विकास का प्रयत्न *(An Attempt to Create a More Unified Model of Science and Practice)*

हेस्ट एवं अन्य (Haste et. al., 2001) ने मनोविज्ञान के व्यापक क्षेत्र में बदलावों की समीक्षा करते हुए चौबीस बिन्दुओं को रेखांकित करते हुए उन प्रवाह धाराओं को चार श्रेणियों में विभाजित किया। इनमें से प्रथम श्रेणी में शैक्षिक एवं वृत्तियात्मक क्षेत्रों के मध्य बिखराव (fragmentation) से सम्बन्धित परिवर्तनों को सम्मिलित किया गया किन्तु परामर्शन-मनोविज्ञान में जिस प्रकार के प्रवाह का दर्शन होता है वह हेस्ट के अवलोकन (अथवा पीड़ा) से पृथक है। यद्यपि एल्टन विल्सन एवं बारखम (Elton Wilson & Barkham, 1994) ने परामर्शन मनोवैज्ञानिकों की कुछ एक केस स्टडीज़ से संतुष्ट होने की प्रवृत्ति की आलोचना की किन्तु फेल्थम (Colin Feltham, 2000) एवं, फ्रेंकलैण्ड (Allan Frankland, 2003) ने परामर्शन मनोवैज्ञानिकों के कार्य में शोध एवं वृत्ति (research & practice) दोनों की प्रगति का वर्णन किया है। परामर्शन मनोवैज्ञानिकों के

कार्य में इस प्रवृत्ति के विकास द्वारा परामर्शन मनोविज्ञान के शैक्षिक एवं वृत्तियात्मक दोनों क्षेत्रों को लाभ पहुँच रहा है।

गुणात्मक अर्थबोध के प्रति झुकाव *(Shift Towards Qualitative Understanding)*

हेस्ट एवं सहयोगियों (Haste et. al., 2001) ने मनोविज्ञान के भविष्य का अनुमान करते हुए यह अनुभव किया कि आगामी दशकों में मनोविज्ञान को सतत क्रम में पुनः-पुनः परिभाषित किया जायेगा। एक ओर जहाँ मनोविज्ञान का जैविक आधार विस्तृत होगा, व्यवहार के अध्ययन में मनोजीवविज्ञान (psychobiology), उद्भव कारकों (evolutionary factors) तथा स्नायुमनोविज्ञान (neuropsychology) की भूमिका का महत्त्व बढ़ेगा वहीं दूसरी ओर जीवन की प्रतिदिन की समस्याओं, जीवन की गुणवत्ता के प्रश्न, जैविक आधार एवं मात्रात्मक अध्ययन (quantitative study) पर गुणात्मक विधियों (quantitative methods) के महत्त्व को रेखांकित करेंगे। हेस्ट एवं सहयोगियों का मत है कि उक्त द्वय परिवर्तन मनोवैज्ञानिकों की भूमिका/उपयोगिता विषयक प्रत्यक्षण को बढ़ाने में सहायक होंगे। स्वास्थ्य सेवा क्षेत्र में पश्चिमी दुनिया में भी स्वास्थ्य विशेषज्ञों के अतिरिक्त परामर्शदाताओं (गैरमनोवैज्ञानिक) एवं नैदानिक मनोवैज्ञानिकों का ही महत्त्व रहा है किन्तु अब परामर्शन मनोवैज्ञानिकों की भूमिका बढ़ेगी जो गुणात्मक बोध (qualitative understanding) के आधार पर आघात पश्चात तनाव एवं विषाद से पीड़ित लोगों के उपचार में सहायक होंगें।

परामर्शन मनोविज्ञान के क्षेत्र में प्रशिक्षण एवं चयन का विस्तार *(Expansion in Training and Recruitment in Counselling Psychology)*

विगत कुछ वर्षों की अवधि में परामर्शन मनोविज्ञान के क्षेत्र में प्रशिक्षण एवं रोजगार के अवसरों का विस्तार हुआ है। यूरोप एवं अमेरिका के साथ-साथ भारत में भी इस प्रक्रिया की शुरूआत हो चुकी है। अनेक विश्वविद्यालयों में परामर्शन मनोविज्ञान के परास्नातक डिप्लोमा एवं अन्य दीर्घ अवधि के पाठ्यक्रम प्रस्तुत किये हैं। इसीलिए हमें इस पुस्तक के लेखन की अभिप्रेरणा प्राप्त हुई।

प्रोफेशनलाइजेशन *(Professionalization)*

प्रोफेशनलाइजेशन शब्द परिभाषा की दृष्टि से जटिल है इसीलिए उसका हिन्दी रूपान्तरण प्रस्तुत करके हम जटिलता को और अधिक नहीं बढ़ाना चाहते है। कालिन फेल्थम (2000) प्रोफेशनलाइजेशन एवं प्रोफेशनलिज्म के मध्य अन्तर स्थापित करते हुए बताते हैं कि प्रोफेशनलाइजेन का यहाँ अर्थ यह है कि परामर्शन मनोवैज्ञानिकों की पहचान अब अन्य वृत्तियों जैसे मेडिसीन, विधि, चार्टर्ड एकाउन्टेन्ट आदि की तरह एक ऐसे विशेषज्ञ की है जिसके कार्यों का विभिन्न मान्यता देने वाली संस्थाओं के अधीन पर्यवेक्षण किया जाता है। भारत में भी रिहेबिलिटेशन कौंसिल ऑफ इण्डिया द्वारा इस क्षेत्र में कार्य करने वाले विशेषज्ञों एवं संचालित होने वाले पाठ्यक्रमों को मान्यता प्रदान की जाती है। ऐसी मान्यता परामर्शदाता की दक्षता एवं योग्यता को प्रमाणित करती है।

उपागमों का प्रचुरोद्भव *(Proliferation of Approaches)*

जैसा कि इस पुस्तक 'परामर्शन उपागम' नामक अध्याय में आरम्भ में ही वर्णित है परामर्शन उपागमों की संख्या 400 से अधिक बताई गई है। यद्यपि यह गणना एक

अतिशयोक्ति है क्योंकि अनेक उपागम वस्तुतः एक ही उपागम/प्रविधि के ऐसे संस्करण हैं जिनमें मामूली अंतर पाया जाता है तथापि इस विषय को स्वीकार करना होगा कि परामर्शन मनोविज्ञान के विकास के साथ अनेक नई प्रविधियों का उद्भव हुआ। फेल्थम ने इसे सामाजिक, सांस्कृतिक, राजनैतिक परिदृश्य पर घटित हो रहे परिवर्तनों के अनुरूप बताया है। आज उत्तर आधुनिकतावादी युग में हम विचारों, प्रवृत्तियों, शैलियों की बहुलता को सकारात्मक रूप में स्वीकार करते हैं। उपागमों की बहुलता यह भी प्रदर्शित करती है कि बीते दशकों में साक्ष्य की आवश्यकता पर बल नहीं दिया गया था या यह कि व्यावसायीकरण या बाजारीकरण के दौर में एक ही प्रविधि की अलग-अलग ढंग से पैकेजिंग कर दी गई है।

उपागमों/प्रविधियों का समन्वयन (*Integration of Approaches*)

अस्सी के दशक में प्रविधियों के प्रचुरोद्भव के साथ-साथ समन्वय का दौर भी देखा गया जो आगे भी जारी रहा। इस दौर में अनेक प्रविधियों की विशेषताओं को आपस में समन्वित करके ऐसी प्रविधियाँ विकसित की गयीं जिनमें मूल प्रविधियों की महत्त्वपूर्ण विशेषताओं का युक्तिसंगत ढंग से समावेश हो सके। इसी प्रयास में ही संज्ञानात्मक विश्लेषणात्मक मॉडल का उद्भव हुआ। समन्वयन के प्रयासों के फलस्वरूप एक बार पुनः उपागमों की संख्या सीमित होने के स्थान पर और भी अधिक बढ़ने लगी किन्तु अपेक्षा की जानी चाहिए कि इस प्रक्रिया द्वारा अन्ततः उपागमों की संख्या सीमित होगी।

समन्वयन की प्रक्रिया मात्र परामर्शन के उपागमों/प्रविधियों के समन्वयन तक ही सीमित नहीं रही। परामर्शन मनोविज्ञान का समन्वयन अन्य क्षेत्रों यथा-वैकासिकी/उद्भव सिद्धान्त (evolutionary theory) के क्षेत्र में हो रहे विकास, सामाजिक पीढ़ी के रोग विज्ञान (epidemology of social suffering), पारसांस्कृतिक उपागम, सामाजिक स्थिरता एवं समावेश जैसे विविध क्षेत्रों के योगदान के साथ भी हुआ। इस समूची प्रवृत्ति के प्रतिफल रूप में वैकल्पिक उपागमों में भी रुचि का विकास हुआ। मनोपचार, परामर्शन, मानव विकास के लिए उत्कृष्ट अनुभव उपागम (trans-personal approach) एवं योग, विपश्यना आदि में रुचि का विकास भी परामर्शन मनोविज्ञान के अन्य ज्ञान विधाओं के साथ समन्वयन का ही उदाहरण है।

स्वतंत्र वृत्ति (*Independent Practice*)

परामर्शन मनोविज्ञान की भूमिका की स्वीकार्यता सामाजिक स्तर पर जितनी विस्तृत हो रही है उतनी ही अधिक सम्भावना प्रबल हो रही है कि अधिकाधिक प्रशिक्षित लोग परामर्शन मनोविज्ञान को स्वतंत्र वृत्ति के रूप में (अकेले या छोटे समूह बनाकर) अपनायेंगे। इस प्रवृत्ति के दो कारण सम्भव हैं (Frankland, 2003) : प्रथम, मनोपचार सेवाओं के लिए माँग में वृद्धि; एवं द्वितीय, स्व रोजगार का लचीलापन। स्वतंत्र वृत्ति अपनाने वाले यह कार्य अपने घर पर रहते हुए कर सकते है, उनके कार्य के घंटे लचीले हो सकते हैं, आने-जाने में व्यय होने वाला समय घट सकता है। ऐसे अनेक कारण आने वाले वर्षों में स्वतंत्र वृत्ति के रूप में परामर्शन मनोविज्ञान को और भी अधिक आकर्षक बना देंगे।

परामर्शन उपागमों के लिए शोध साक्ष्य की माँग (*Demand of Research Evidence for Counselling Approaches*)

आज के दौर में कोई परामर्शदाता ऐसी सेवाएँ नहीं दे सकता है जिसके लिए पर्याप्त शोध साक्ष्य उपलब्ध नहीं हो (Libby Wattis, 2001) विशेषतः तब जबकि अनेक उपागमों की श्रेष्ठता का दावा प्रस्तुत किया जा रहा हो और सेवा का उपभोक्ता (क्लायंट) अपने व्यय का पूर्ण मूल्य सेवा संतुष्टि के रूप में प्राप्त करने के लिए सजग हो। वैसे तो आधुनिक परामर्शन मनोविज्ञान इस अपेक्षा का अनुरक्षण करता है कि सभी परामर्शदाता वैज्ञानिक-प्रैक्टिशनर प्रारूप (जिसके विषय में प्रथम अध्याय में विचार किया गया है) को अपनी वृत्ति में सम्मिलित करेंगे।

परामर्शन मनोविज्ञान के क्षेत्र में शोध का प्रारूप मुख्यतः परिणाम शोध (outcome research) के रूप में स्वीकार किया जाता है। यद्यपि हान्स आइजेन्क (Hans Eyeseck) ने यह रेखांकित किया था कि अनेक क्लायंट में अवलोक्य सुधार स्वाभाविक घटाव/कमी (spontaneous remission) का प्रतिफल हो सकता है तथापि नियंत्रित समूह वाली शोध प्रविधि की इस क्षेत्र में बहुत सराहना नहीं की जाती है क्योंकि नियंत्रित समूह शोध विधि अपनाने में अनेक नैतिक एवं व्यावहारिक समस्याएँ प्रकट होती हैं (John Mcleod, 2000)। कोई ऐसा शोध जो सांख्यिकीय आधार पर किसी एक प्रविधि को दूसरे की तुलना में अधिक श्रेष्ठ प्रदर्शित करता है, भी बहुत अधिक नहीं सराहा जाता है। मैक्लिऑड (McLeod, 1994) ने प्रभाव आकार (effect size) को महत्त्व दिया है अर्थात इस बात की गणना कि किस अनुपात में परामर्शियों ने नैदानिक रूप में सार्थक परिवर्तन (clinically significant change) की सूचना प्रदान की है। इस प्रकार परामर्शन प्रविधि का मूल्यांकन मात्रात्मक एवं गुणात्मक दोनों ही आधारों पर किया जा रहा है।

सामाजिक संदर्भ का महत्त्व (*Importance of Social Context*)

परामर्शन में सामाजिक संदर्भ के विविध आयामों के महत्त्व का वर्णन अध्याय–4 में किया गया है। आधुनिक परामर्शन मनोविज्ञान में सामाजिक संदर्भ का व्यापक महत्त्व है। आज हम जिस समाज में रहते हैं वहाँ मनुष्य को दुःखों से मुक्ति दिलाने के साधन के रूप में धर्म एवं आध्यात्म का प्रभाव क्षेत्र सिमट गया है; औषधियाँ अपर्याप्त साधन है; इक्कीसवीं सदी में परामर्शी की समस्याएँ बीसवीं सदी की समस्याओं से भिन्न होगी; अधिसंख्य लोगों के लिए निर्देशन एवं परामर्शन की सहायता आवश्यक हो जायेगी। हम ऐसे समाज में रह रहे हैं जहाँ अत्यधिक सम्पन्नता के साथ-साथ भुखमरी है; कुछ लोग अपनी शर्तों पर रोजगार बदल सकते हैं तो कुछ लोग रोजगार पाने के लिए ढेरों शर्तों को स्वीकार करने को तत्पर होते हुए भी बैरोजगार हैं; जिनके पास पैसा है उनके पास उसे उपभोग करने का समय नहीं हैं और अन्य लोग केवल उनसे ईर्ष्या कर सकते है। हमारे जीवन में जनसंचार के माध्यमों का वर्चस्व बढ़ता जा रहा है। सामाजिक सम्बन्ध बेमानी बनते जा रहे हैं। आयु बढ़ने के साथ दीर्घायु लोगों के जीवन में नयी समस्याओं का आगमन हो रहा है। इन सभी संदर्भों में परामर्शन मनोविज्ञान की भूमिका पुनर्परिभाषित हो रही है।

साइमन ड्यू प्लॉक (Simon Du Plock, 2000) परामर्शन मनोविज्ञान एवं प्रैक्टिशनर के द्वन्द्व को रेखांकित करते हुए बताते हैं कि अब हमें अधिक सक्रिय सामाजिक भूमिका

का निर्वाह करना होगा। परामर्शन कार्य की संस्कृति में बदलाव लाना होगा। एक तरफ जहाँ परामर्शन कार्य में सफलता के लिए परामर्शी को दबावमुक्त परिवेश प्रदान करना होगा जिससे कि वह अपने आन्तरिक संसार का अन्वेषण कर तनाव जनित समस्याओं से मुक्ति प्राप्त कर सके वहीं यदि हम समाज पर अपना प्रभाव डालना चाहते हैं तो उस पर दबाव डालना होगा। प्लॉक के अनुसार यदि हम चाहते है कि हमारी आवाज सुनी जाये तो हमें राजनीतिक क्षेत्र में हस्तक्षेप करना होगा। स्वाभाविक रूप में इस प्रकार क्लायंट और समाज के साथ हमारे दो विरोधी प्रकार के सम्बन्धों के कारण हमें द्वन्द्व का अनुभव होगा लेकिन ऐसा करके ही हम व्यक्ति के जीवन के मानसिक क्षेत्र और सामाजिक राजनीतिक क्षेत्र अर्थात व्यक्ति के भीतरी एवं अन्तर्वैयक्तिक (intrapersonal and intersubjective) क्षेत्र को समझ पायेंगे; तथा इसके मध्य के अन्तराल को कम करने एवं उपचार की नई पद्धतियों को विकसित करने में सफल होंगे।

साइमन ड्यू प्लॉक लिखते है कि 'उपचार राजनीतिक है' (therapy is political)। इस कथन का एक अर्थ यह है कि जब मनोपचार द्वारा एक व्यक्ति के व्यक्तित्व में परिवर्तन स्थापित करते हैं तब इसका प्रभाव अन्य लोगों पर पड़ता है; इस प्रक्रिया द्वारा नये पारिवारिक, कार्यस्थलीय, सामाजिक एवं अन्य सम्बन्धों की रचना होती है और इस कथन का दूसरा अर्थ यह है कि मनोपचारक/परामर्शदाता को समाज को संचालित करने के तरीको का या तो सक्रिय समर्थन करना होगा अथवा उसे सक्रियतापूर्वक चुनौती देनी होगी। परिवार एवं सर्वांग उपागम व्यक्ति के जीवन में समाज या परिवार अथवा हमारे सर्वांगिक संदर्भ के महत्त्व को स्वीकार करता है। व्यक्ति के मानसिक जीवन में चल रहे संघर्षों में सामाजिक एवं राजनीतिक व्यवस्था की भूमिका है अतः हमें उसके साथ वाद-विवाद करने के लिए तत्पर रहना होगा।

वाद एवं बीमा *(Litigation and Insurance)*

आधुनिक परामर्शन वृत्ति के क्षेत्र में क्लायंट एवं समाज के प्रति हमारी जवाबदेही बढ़ी है, सेवा की गुणवत्ता सुनिश्चित करना आवश्यक हो गया है। सेवा का उपभोक्ता अपने हितों के प्रति सजग है, तीसरा पक्ष (जैसे मेडिकल इश्योरेंस) भी क्लायंट और अपने निजी हितों के प्रति सजग है। इसके फलस्वरूप परामर्शदाता के लिए इश्योरेंस की आवश्यकता है जिसकी लागत वाद दर में वृद्धि के साथ-साथ बढ़ती जा रही है किन्तु इसका एक दुखद प्रतिफल यह भी होगा कि परामर्शदाता अपने प्रयत्नों में अधिक सुरक्षात्मक एवं इस प्रकार का सृजनात्मक रवैया अपनायेगा। (Feltham & Horton, 2000) जो इस वृत्ति एवं विज्ञान के विकास के व्यापक हित में नहीं होगा।

कर्मचारी सहायता कार्यक्रम *(Employee Assistance Programmes – EAP)*

बड़े संगठन, विशेषतः ऐसे सेवायोजक जहाँ कर्मचारी की तनावग्रस्तता उन्हें बहुत प्रभावित करती है, जो अपने कर्मचारियों के प्रशिक्षण पर बल देते हैं; जिनके लिए अपने कर्मचारियों का मानसिक स्वास्थ्य महत्त्वपूर्ण है, जो अपने कर्मचारियों का अमूल्य समय चिकित्सकीय अवकाश के माध्यम से नष्ट नहीं होने देना चाहते हैं, आज परामर्शन मनोवैज्ञानिकों की सेवा लेते हैं।

कर्मचारी सहायता कार्यक्रम के अन्तर्गत कार्य करते समय परामर्शदाता के सम्मुख मूल्य आधारित द्वन्द्व प्रकट होता है। परामर्शदाता अपने प्रशिक्षण के स्वरूप के कारण कर्मचारी/व्यक्ति को एक अद्वितीय/विशिष्ट इकाई के रूप में देखता है; उसके लिए व्यक्ति का हित मूल्यवान है (unique value of person – Frankland) किन्तु परामर्शदाता के सेवायोजक या उसके साथ अनुबंध स्थापित करने वाले कर्मचारियों के नियोक्ता के लिए संगठन के लाभ का प्रथम महत्त्व होता है। इस द्वन्द्व में अधिकतर परामर्शदाता स्वयं को मध्य मार्गी के रूप में देखते हैं जो सेवायोजक के लिए शोध साक्ष्य आधारित उपागम का मैनुअल की भाँति अनुपालन करता है किन्तु कर्मचारियों (अर्थात अपने वास्तविक क्लायंट) के लिए मानवतावादी मूल्यों का अनुरक्षण करता है। इन दो विरोधी दबावों के समाधान के रूप में यह आशा की जानी चाहिए कि भविष्य में परामर्शन मनोविज्ञान के लिए अधिक व्यापक एवं उपयुक्त मूल्य आधार का विकास हो पायेगा। यह निश्चित रूप से सम्भव हो पायेगा कि कर्मचारी का हित, उसे मिलने वाली कार्य संतुष्टि और सेवायोजक के आर्थिक लाभ का पक्ष, दोनों का विकास एक साथ हो।

परामर्शन मनोविज्ञान के तकनीकी चेहरे का विकास *(Development of a Techno-face of Counselling Psychology)*

कम्प्यूटर, मोबाइल, ई-मेल, मैसेजिंग, टेली-कान्फरेंलिंग, बेब-कान्फरेंसिंग आदि तकनीकों का आधुनिक जीवन के सभी क्षेत्रों में प्रभाव देखा जा सकता है। परामर्शन वृत्ति के क्षेत्र में भी इनके बढ़ते हुए वर्चस्व को देखा जा सकता है। क्लायंट के साथ समय निर्धारण, उनके बारे में गोपनीय सूचनाओं के अभिलेखन में इन तकनीकों का महत्त्व बढ़ा है। अनेक क्लायंट टेलीविजन, मैंगजीन आदि पर प्रसारित होने वाले कार्यक्रमों के माध्यम से अपनी समस्याओं का समाधान प्राप्त करते हैं जबकि अन्य अनेक ई-मेल के माध्यम से व्यक्ति स्तर पर समस्याओं पर वार्ता कर रहे है। इसमें कोई आश्चर्य नहीं होगा यदि भविष्य में परामर्शन कार्य का एक बहुत बड़ा भाग व्यक्तिगत (one-to-one setting) से बाहर दूरस्थ सम्पर्क की प्रणालियों (टेलीफोन, मेसेजिंग, ई-मेल आदि) की दिशा में स्थानान्तरित हो जाये।

❑

परिशिष्ट-I
(APPENDIX-I)

भारत में क्लीनिकिल साइकोलॉजी, कौंसलिंग साइकोलॉजी एवं पुनर्वास क्षेत्र में रिहैबिलिटेशन कौंसिल ऑफ इण्डिया द्वारा मान्यता प्राप्त प्रमुख प्रशिक्षण संस्थान।

1. एम. फिल. पाठयक्रम का संचालन करने वाले संस्थान

(i) Nimhans, Banglore, (www.nimhans. kar.nic. in)
(ii) CIP, Kanke, Ranchi, (www. Cip.Ranchi.nic.in)
(iii) Ranchi Institute of Neuropsychiatry and Allied Sciences, Kanke, Ranchi
(iv) SRC Medical College, Chennai
(v) Pt. Ravi Shankar Shukla Institute, Raipur (www. prssu.ac. in)
(vi) Manipal Academy of Higher Education, Banglore
(vii) Institute of Mental Health, Tejpur, Assam
(viii) Department of Psychology, Calcutta University. (www. caluniv. ac. in)
(ix) Institute of Human Behaviour & Allied Sciences, Jhilmil, Shahadara, New Delhi. (www.ihbas.delhi govt.nic.in)
(x) Amity University Noida.
(xi) National Institute of Mentally Handicapped, Secunderabad

2. डिप्लोमा/सर्टिफिकेट पाठ्यक्रम का संचालन करने वाले संस्थान

(i) Shivaji Rao Univ. Baroda
(ii) Himachal University
(iii) NCERT, New Delhi
(iv) IGNOU, New Delhi
(v) University of Bombay, Bombay
(vi) Karnatak University, Dharwad, Karnataka
(vii) All India Institue for Physical Handicap
(viii) Annamalai University
(ix) Raipur Univesity
(x) Amity University
(xi) Univesity of Madras
(xii) Punjab University
(xiii) Aligarh Univessity
(xiv) U. P. Psychological Beureau, Allahabad

❑

प्रमुख संदर्भ
(IMPORTANT REFERENCES)

Anastasi, (1959) : *Psychological Testing*—New York Macmillan Co.

Albee, George W., Justin M. Joffe & Linda A. Dusenbury (1988) *Prevention Powerlessness, and Politics.* California : Sage Publication

Brayfield, A. H. Ed (1950) : *Readings in Modern Methods of Counselling*—New York : Appleton-century-Crofls Inc.

Beck, J. S. (1995) : *Cognitive Therapy : Basics and Beyond*—N. Y : Guilford

Crow, L. D. and Crow, A. (1960) (Indian reprint, 1962) : *An Introduction to Guidance*—New Delhi : Eurasia Publicity House.

Coleman, J. C. (1972) : *Abnormal Psychology and Modern Life*—Glenview : Scott, Foresman and Company.

Dollard, J. and Miller, N.E. (1950) : *Personality and Psychotherapy*—New York : Mc Graw Hill.

Egan, G. (1998) : *The Skilled Helper.* Pacific Grove, C.A : Brooks/Cole

Ellis, A. (1994) : *Reason and Emotion in Psychotherapy*—N. Y. : Birch Lane Press

Ellis, A. and Dryden, W. (1990) : *The Practice of Rational Emotive Behaviour Therapy*—London : Free Association Books.

Feltham, C. and Horton, I. (2000) : *Handbook of Counselling and Psycho-Therapy*—London : Sage Publications Ltd.

Freud, S. (1924/1970) : *A General Introduction to Psychoanalysis*—New York, Simon & Schuster Inc.

Friedman, Haward S. & Marian W. Shustack (2003) : *Personality : Classic Theories and Modern Research*—Singapore : Pearson Education

Fussel, Ronald (1955) : *The Buddha And His Path To Self-enlightment*—London : The Buddhist Society.

Gelso, Charles J. & Bruce R. Fretz (1995) : *Counselling Psychology.*

Ghiselli, E. E. Brown, C.W. (1955) : *Personnel and Industrial Psychology*—New York : Mc Graw Hill.

Ginzberg, E. (1951) : *Occupational Choice : An Approach to General Theory*—New York, Columbia University Press.

Hall, C.S. and Lindzey, G. (1978) : *Theories of Personality*—New Delhi : Wiley Eastern Limited.

Harper, R. (1959) : *Psychoanalysis and Psychotherapy : 36 Systems*—Engelwood Cliff. N. J. : Prentice-Hall

Hatches, Robert A., Ward Rinehart, Richard Blackburn & Judith S. Geller (1997) *The Essentials of Contraceptive Technology*—Baltimore : Population Information Program, Centre for Communication Programs at The John Hopkins School of Public Health.

Havighurst, R. J. (1993) : *Human Development ond Education*—New york : David McKay.

Hurlock, E. B. (1968) : *Devlopmental Psychology* (Indian reprint, 1974)—New Delhi · Tata Mc Graw-Hill Publishing Company.

Hurlock, E. B. (1978) : *Child Development.* International Student Edition Tokyo : Mc Graw-Hill Book Company.

Jones, A.J. (1970) : *Principles Of Guidance*—Indian Ed. Bombay: Tata Mc Graw Hill Pubishing Company Ltd. (Sixth Edition revised By Buford Stefflre and N. S. Stewart).

Julia, R. & Herman Schwendinger (1983) : *Rape and Inequality*—Baverly Hills : Sage Publications.

Kapoor, M. (1995) : *Mental Health of Indian Children*—New Delhi, Sage Publications.

Kapoor, M. (1997) : *Mental Health of Children in Indian Schools*—New Delhi : Sage Publications.

Kapoor, M. (2001) : *Mental Health, Illness and Therapy.* In Janak Pandey, J.—(Ed.) Psychology in India Revisited. New Delhi : Sage Publications.

Kochar, S. K. (1984) : *Guidance and Counselling in Colleges and Universities.* —New Delhi : Sterling Publisher Pvt. Ltd.

Korchin, S. J. (1975) : *Modern Clinical Psychology.*—New York : Basic Books, Inc.

Krumboltz, J. D. & Horesen, (1968) : *Behavioural Counselling,*—New York, Holt, Rinehart & Winston.

Lazarus, A. (1989) : *The Practice of Multimodal Therapy : Systematic, Comprehensive and Effective Psychotherapy.*—Balti More, M. A. : John Hopkins University Press.

Lazarus, Richard S. (1976) : *Patterns of Adjustment.* Tokyo—McGraw-Hill.

Mathur, S.S. (1985) *Clinical Psychology.* Agra : Vinod Pustak Mandir.

Munnally, Elam W., Catherine S. Chilman, & Fred M. Cox (1988) : *Mental Illness, Delinquency, Addictions and Neglect*—California : Sage Publications.

Oskamp, Stuart Ed. (1987) : *Family Processes and Problems.* California :— Sage.

Pachauri, Saroj (Ed.) (1999) : *Implementing A Reproductive Health Agenda In India.*—New Delhi : Population Council.

Patterson, C.H. (1973) : *Theories of Counselling and Psychotherapy*—New York : Harper and Row.

Perls, F. (1969) : *Gestalt Therapy Verbation Moab*—UT; People Press.

Rao, S. Narayana (1982) : *Counselling Psychology*—New Delhi : Tata McGraw Hill Publishing Co. Ltd.

Phil, R. O. & J. B. Peterson (1992) : *Etiology in James W. Langenbucher et. al.* (Eds) Annual Review of Addictions Research and Treatment. New York : Pergamon Press.

Price, Sharon J. & Patrick C. McKenry (1988) : *Divorce. California Sage.*

Rapaport, D. (1959) : *The Structure of Psychoanalytic Theory : Systematic Attempt.*—In S. Koch (Ed). *Psychology The Study of a Science.*

Robbins, S. P. (2001) : *Organizational Behaviour*—New Delhi : Prentice Hall of India, Pvt Ltd.

Robinson, F. P. (1950) : *Principles and Practices in Student Counseling,* New York : Harper and Row.

Roe, A. (1956) : *The Psychology of Occupations*—New york. Wiley.

Roeber, E. C.; Smith, C. E. Erickson, (1955) : *Organization and Administration of Guidance Services*—New York : McGraw Hill.

Rogers, C. R. (1931) : *Client Centered Therapy.* Boston ; Houghton Miffin Co.

Rogers, C. R. (1959) : *A Theory of Therapy, Personality and Interpersonal Relationships, as Developed in the Client-centered frame work.* In S. Koch (Ed) Psychology—*The Study of a Science.* N. Y.—McGraw-Hill.

Rogers, C. R. (1961) : *On Becoming a Person.* Boston—Houghton Miffin Co.

Ryle, A. (1990) : *Cognitive-Analytic Therapy : Active Participation in Change: A New Intergration in Brief Psychotherapy*—Chichester.

Satyavathi, K (1988) : *Mental Health. in J. Pandey*—(Ed.) Psychology in India Vol 3, New Delhi : Sage Publications.

Sills, C. (ed.) (1997) : *Contracts in Counselling,* London : Sage.

Singh, R. S. & C. D. Singh (Eds.) (1993) : *Drug Abuse : Problems and Prevention*—Varanasi; Vishvavidyalaya Prakashan.

Smith, G. E. (1951) : *Principles and Practices of the Guidance Program*—New York : The McMillan Co.

Strang, R. (1947) *Educational Guidance : Its Principles and Practice*—New Yourk : The McMillan Co.

Super, D. E. (1949) : *Appraising Vocational Fitness by Means of Psychological Tests,* New York : Harper & Brothers.

Thorndike, R. L. (1949) : *Personnel Selection*—New York : Wiley

Torrence, P. E. (1962) : *Guiding Creative Talents*—Engelwood cliffs, N. J : Prentice-Hall.

Traxler, A. E. and North, R.D. (1957) : *Techniques of Guidance*—New York, Harper and Row.

Veerarghavan, Vimla & Singh Stalini (2002) : *Anxiety Disorders*—New Delhi : Sage.

Verma, S.K. (1980) *Mental Illness and Treatment.* In J. Pandey, (Ed.) *Psychology in India,* Sage Publication

Walberg, L.R. (1984) *The Techniques of Psychotherapy.* New York : Gruned Strattion.

Woolfe, Ray., Windy Dryden & Strawbridge S. (2003) *Handbook of Counselling Psychology.* London : Sage

आरण्य, स्वामी हरिहरानन्द (1980) *पातंजलि योगदर्शन,* दिल्ली : मोतीलाल बनारसीदास

❑